中文版

After Effects CC 影视后期制作一本通

优图视觉 组编
金润姬 等 编著

精通 软件操作
高手 活学活用
全能 职场选手

专门为零基础渴望自学成才在职场出人头地的你设计的书

本书是一本全面介绍使用After Effects CC进行影视后期制作的自学类图书。本书内容针对初学者，循序渐进，从易到难，使读者掌握所学知识，逐步达到学会和精通使用 After Effects CC 的方法。

本书共有 14 章，第 1、2 章为基础知识、After Effects 的基本操作，作为全书的铺垫。第 3、4 章为图层操作、蒙版与遮罩，全面地讲解了各种图层、蒙版与遮罩的应用。第 5 ～ 7 章为关键帧动画、文字效果、跟踪和稳定。第 8 ～ 10 章为滤镜效果、调色与抠像和表达式。第 11 ～ 13 章为粒子效果、多彩光效、影片的渲染和输出。第 14 章为综合案例效果，通过五个大型的项目案例，让读者了解工作的全部流程。读者通过反复的练习，可以达到掌握技术更全面、水平提升速度更快的目的。

图书在版编目（CIP）数据

After Effects CC 影视后期制作一本通 / 优图视觉组编　金润姬等编著 . --北京：机械工业出版社，2014.8

ISBN 978-7-111-47409-8

Ⅰ . ① A… Ⅱ . ①优… Ⅲ . ①图像处理软件 Ⅳ . ① TP391.41

中国版本图书馆 CIP 数据核字（2014）第 161662 号

机械工业出版社（北京市百万庄大街 22 号 邮政编码 100037）
策划编辑：刘志刚　　　责任编辑：刘志刚　时颂
封面设计：张　静　　　责任校对：王翠荣
责任印制：乔　宇
保定市中画美凯印刷有限公司印刷
2015 年 5 月第 1 版 · 第 1 次印刷
210mm×285mm · 27.75 印张 · 912 千字
标准书号：ISBN 978-7-111-47409-8
978-7-89405-772-3(光盘)
定价：98.80 元（含 1DVD）

凡购本书，如有缺页、倒页、脱页，由本社发行部调换

电话服务
服务咨询热线：（010）88361066
读者购书热线：（010）68326294
（010）88379203

网络服务
机工官网：www.cmpbook.com
机工官博：weibo.com/cmp1952
教育服务网：www.cmpedu.com
金书网：www.golden-book.com

前 言

After Effects CC 是世界范围内应用最为广泛的影视后期制作软件，以其强大的特效著称。After Effects CC 广泛应用于影视制作、特效制作、广告制作等行业。

本书从影视后期常用的基础知识入手，使读者在学习 After Effects CC 之前，学会基础的知识，并结合大量的经典实例（93 个进阶案例 +5 个综合大型项目实例），细致地讲解了 After Effects CC 影视后期制作的完整流程。

本书的写作方式新颖、章节安排合理、知识难点全面、层次从入门到精通。具体章节内容介绍如下：

第 1 章基础知识。主要讲解影视后期制作的相关理论知识。

第 2 章 After Effects 的基本操作。主要讲解 After Effects CC 的常用基本操作，为后面的章节学习做铺垫。

第 3 章图层操作。主要讲解图层的相关知识。

第 4 章蒙版与遮罩。主要讲解蒙版和遮罩的创建及编辑方法。

第 5 章关键帧动画。主要讲解关键帧的创建和动画的制作技巧。

第 6 章文字效果。主要讲解各种风格、质感的文字制作。

第 7 章跟踪和稳定。主要讲解跟踪镜头和稳定画面的方法。

第 8 章滤镜效果。主要讲解各种特效滤镜的详细参数和模拟的效果。

第 9 章调色与抠像。主要讲解颜色校正和抠像合成的处理技巧。

第 10 章表达式。主要讲解表达式的书写及注意事项。

第 11 章粒子效果。主要讲解综合的常用粒子效果。

第 12 章多彩光效。主要讲解综合的常用光线效果。

第 13 章影片的渲染和输出。主要讲解影片最终的渲染输出方法，包括输出不同大小、质量、要求的影片。

第 14 章综合案例效果。以五个大型的综合案例，讲解影视后期制作大型项目的完整流程和思路。

本书编写结合了大量的特色模块（如求生秘籍——技巧提示、求生秘籍——软件技能、技巧与提示、FAQ 常见问题解答等），这些模块可以让读者更深一步地了解软件的使用方法、了解行业的知识。

本书附带一张 DVD 教学光盘，内容包括本书所有实例的源文件、素材文件、贴图，并包含本书所有实例的视频教学录像，供读者使用。

本书技术实用、讲解清晰，不仅可供 After Effects 初、中级读者学习使用，也可以作为大中专院校相关专业及 After Effects 培训班的教材，更适用于影视制作、特效制作、广告制作等行业的从业人员使用。

本书由优图视觉策划，主要由曹茂鹏和瞿颖健编写，参与本书编写和整理的还有金润姬、艾飞、曹爱德、曹明、曹诗雅、曹玮、曹元钢、曹子龙、崔英迪、丁仁雯、董辅川、高歌、韩雷、鞠闯、李化、李进、李路、马啸、马扬、瞿吉业、瞿学严、瞿玉珍、孙丹、孙芳、孙雅娜、王萍、王铁成、杨建超、杨力、杨宗香、于燕香、张建霞、张玉华等。

由于时间仓促，加之编者水平有限，书中难免存在错误和不妥之处，敬请广大读者批评和指正。

编　者

目 录

第 1 章 基础知识

本章学习要点：

- ★ 认识 After Effects CC
- ★ 掌握 After Effects CC 的安装方法
- ★ 了解 After Effects CC 的新功能
- ★ 了解后期制作流程
- ★ 了解问题的解答

1.1 初识 After Effects CC

After Effects 是 Adobe 公司一款用于视频后期制作和剪辑的软件，它能够为视频、图片、音频等素材添加特效并进行合成，其中对图层开启三维图层模式还可以使画面产生空间感和立体感，并且能够添加关键帧和路径，从而制作出丰富的动画效果。

1.1.1 After Effects CC 的应用领域

After Effects 因为其强大的后期功能，被广泛应用于数字和电影后期、电视包装、广告、宣传片等制作中，是电视台、后期工作室和动画公司的常用软件。我们在电视或电影中看到的各种绚丽的视频特效有很多都是通过 Adobe After Effects 软件加工处理进行制作的，如图 1-1 所示。

图 1-1

1.1.2 After Effects 的优势

After Effects 的界面清晰明了，入门简单，特效功能强大，是影视后期制作最常用的软件之一，而且它借鉴了许多优秀软件的成功之处，将视频特效合成上升到了一个新的高度。而且 After Effects 有很多相应的脚本、表达式以及插件，可以辅助制作出极其复杂的效果。新版的 After Effects CC 除了与 Adobe 系列的软件具有相互兼容性外，还可以与主流的三维软件互通，方便相互之间的更改与制作。同时它具有的高效视频处理系统，能够使输出的视频保证较高的质量。

1.2 After Effects CC 的系统要求

由于 Adobe After Effects CC 添加了一些新的功能和编辑技巧，其中包括集成实时的 3D Pipeline 和支持 CINEMA 4D 对象，所以对安装该版本软件的计算机和系统有一定的要求。

1.2.1 Windows 系统

系统版本：64 位的 Microsoft® Windows® 7 需要 Service Pack 1 补丁，Windows 8 或 Windows 8 Pro。

软件插件：为了支持 QuickTime 的功能，需要安装 QuickTime 7.6.6 软件。

CPU：英特尔 Core ™ 2 双核或 AMD Phenom® II 处理器，需要 64 位系统支持。

内存：4GB 的内存（建议使用 8GB 以上）。

硬盘空间：5GB 的可用硬盘空间（无法安装在可移动闪存设备，在安装过程中需要额外可用空间）。

额外磁盘空间：磁盘高速缓存的磁盘空间（建议使用 10GB 以上）。

显示器：1280 × 900 及以上分辨率的显示器。

声卡：为了支持 QuickTime 的功能，需要安装 QuickTime 软件。

显卡：支持 OpenGL 2.0 的系统，为了支持 GPU 加速的光线追踪 3D 渲染器，可以选择 Adobe 认证的至少 1GB 内存的显卡。

网络状态：互联网连接，通过会员验证和访问在线服务来激活所需的软件。

1.2.2 MacOS 系统

系统版本：Mac OS X v10.7.4 或 v10.8。

软件插件：为了支持 QuickTime 功能，需要安装 QuickTime 7.6.6 软件。

CPU：支持 64 位系统的多核英特尔 ® 处理器。

内存：4GB 的内存（建议使用 8GB 以上）。

硬盘空间：5GB 的可用硬盘空间用于安装（无法安装在可移动闪存设备，在安装过程中需要额外可用空间）。

额外磁盘空间：磁盘高速缓存的磁盘空间（建议使用 10GB 以上）。

显示器：1280 × 900 及以上分辨率的显示器。

显卡：支持 OpenGL 2.0 的系统，为了支持 GPU 加速的光线追踪 3D 渲染器，可以选择 Adobe 认证的至少 1GB 内存的显卡。

网络状态：互联网连接，通过会员验证和访问在线服务来激活所需的软件。

1.3 After Effects CC 的下载与安装

新版的 After Effects CC 软件需要通过 Adobe Creative Cloud 来下载。Adobe Creative Cloud 中包括 Photoshop、Premiere、After Effects 等所有 Adobe 软件的最新版本。但 Adobe Creative Cloud 是一种需要付费订阅的服务，它集制作、分享和发布为一体，是一种“云端”的工作方式。用户可以按月或按年付费订阅，即可以订阅单个软件也可以订阅全套的产品。

FAQ 常见问题解答：什么是“云端”？

“云端”是一种虚拟的技术，能够实现软件的便携化，像 U 盘一样的作用。可以对软件进行备份，并通过云端来进行使用，无需再次下载，而且能够保证系统的干净，避免污染。云端可以实现计算机的互通性，更换计算机也无需担心。

1.3.1 下载 Adobe Creative Cloud

若要下载 Adobe Creative Cloud，首先需要在 Adobe 的官方网站注册 Adobe ID，在 ID 注册成功后即可登录。然后可以在网页上单击【Creative Cloud】/【下载】，如图 1-2 所示。

Creative Cloud　　下载

图 1-2

1.3.2 下载、安装和更新程序

在【Creative Cloud】安装完成后，即可打开该软件。在打开的界面中可以看到 Adobe 系列的各种软件，然后单击相应软件图标后面的【安装】或【试用】按钮即可，如图 1-3 所示。

1.3.3 上传和分享

利用【Creative Cloud】不仅可以下载、安装和更新应用程序，还可以在【Behance】上展示和探索创意作品。在【Behance】中，会员可以分享和探讨作品。如图 1-4 所示。

注册成为【Creative Cloud】的付费会员，就可以存取学习视频、应用程序，并拥有 20GB 的云端文件储存空间和文件分享功能。在 Adobe 的官方网站上即可选择付费的方式，如图 1-5 所示。

图 1-3

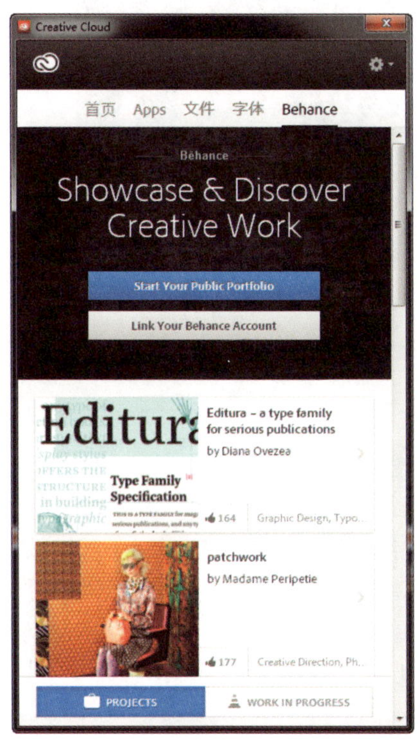

图 1-4

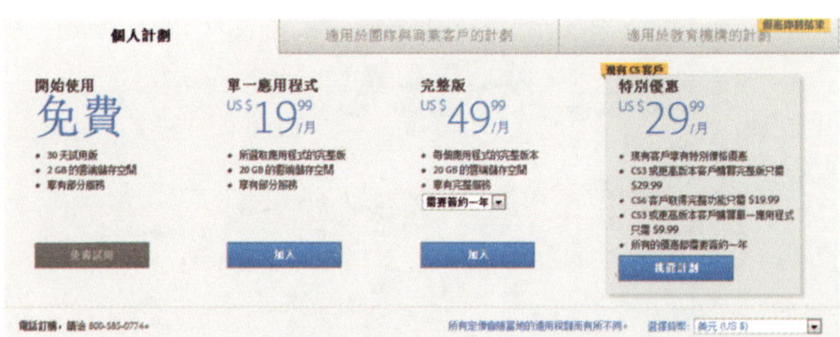

图 1-5

1.4　After Effects CC 的新功能

Adobe After Effects CC 较之前的版本增加了一些新的功能特性和操作方式，增强了多处理器的支持，还集成了 CINEMA 4D 的支持，以及增强的动态抠像和追踪效果，同时整合了一些功能与命令，从而使操作变得更加简单易行。

1.4.1　与 CINEMA 4D 的结合

After Effects CC 可以与 MAXON CINEMA 4D 相互结合，并能在 After Effects CC 中创建 CINEMA 4D 文件，并进行 3D 元素和场景的编辑操作，如图 1-6 所示。

图 1-6

在 After Effects CC 中还可以渲染 C4D 文件，并能以图层为基础，进行部分渲染，实现了软件的互通性，使作品制作变得更加快捷方便。

在 After Effects CC 中使用 C4D 文件创建合成时，会自动对创建的图层应用 CINEWARE 效果，该效果可以直接使用 3D 元素和场景。

FAQ 常见问题解答：什么是 CINEMA 4D？

CINEMA 4D 的表面含义为 4D 电影，也称 C4D。但其实质还是 3D 的表现软件，是一种 3D 的绘图软件，该软件具有较高的运算速度和强大的渲染插件，常被应用于电影场景制作和电视包装领域中。

1. 创建 C4D 文件

在 After Effects 中创建 C4D 文件，可以在菜单栏中执行【文件】/【新建】/【MAXON CINEMA 4D 文件】命令，如图 1-7 所示。

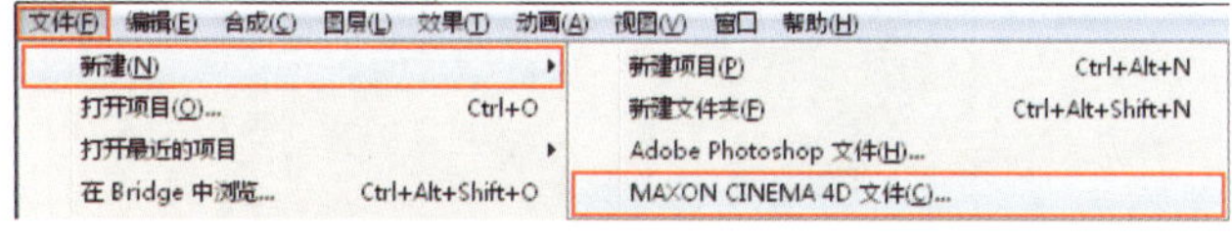

图 1-7

2. 编辑 C4D 文件

在 After Effects 中若要编辑 C4D 文件，首先需要选择 C4D 素材文件或图层，然后在菜单栏中执行【编辑】/【编辑原稿】命令，如图 1-8 所示。

1.4.2　增强的动态抠像工具

抠像的主要功能就是将前景对象与背景分开，然后再进行更换背景和一些其他的视觉效果合成。After Effects CC 中新增的动态抠像工具可以使动态抠像更加简单，效果更加显著。在【工具栏】中可以看到【Roto 笔刷】工具和【调整边缘】工具，如图 1-9 所示。

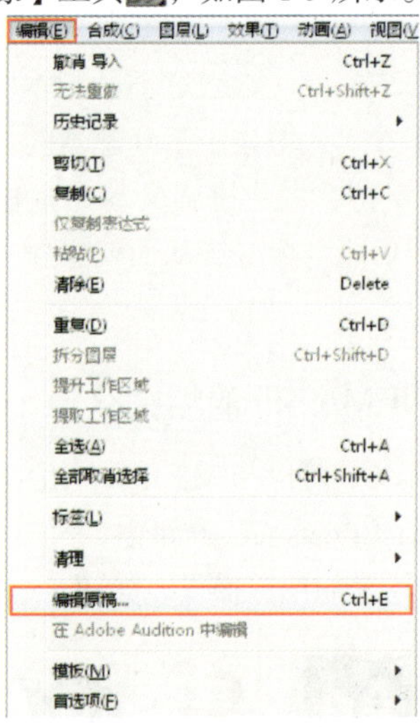

图 1-8

图 1-9

重点参数提醒：

【调整边缘】工具：使用该工具，能够对包含细节的区域创建部分透明 Alpha 边缘，如毛发等。并能够改善图层原来已有遮罩的效果，如图 1-10 所示。

求生秘籍——软件技能：对【Roto 笔刷工具】和【调整边缘工具】进行设置

在对图层使用【Roto 笔刷】工具和【调整边缘】工具后，在【效果控件】面板中会出现【Roto 笔刷和调整边缘】效果，可以在【效果控件】中对【Roto 笔刷工具】和【调整边缘工具】进行相应设置，如图 1-11 所示。

图 1-10

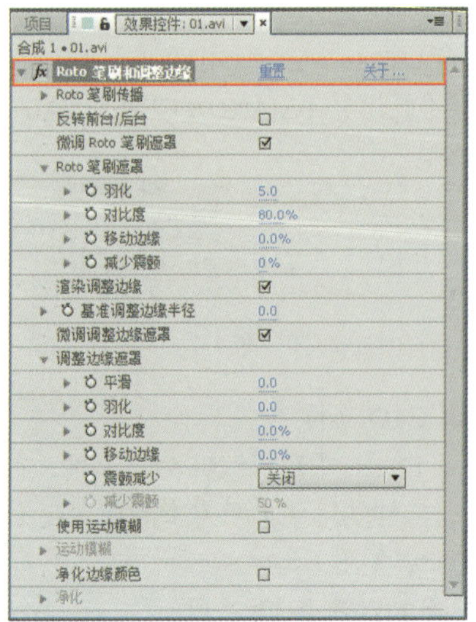

图 1-11

1.4.3 图层的双立方采样

在 After Effects CC 中可以为素材图层选择双立方采样。在一些情况下，双立方采样会比双线性取得更好的效果，但是速度会相对较慢，指定的采样算法可应用于质量设置为【最佳】品质的图层。

选择图层，然后在菜单栏中执行【图层】/【品质】/【双立方】命令，即可启用双立方采样，如图 1-12 所示。

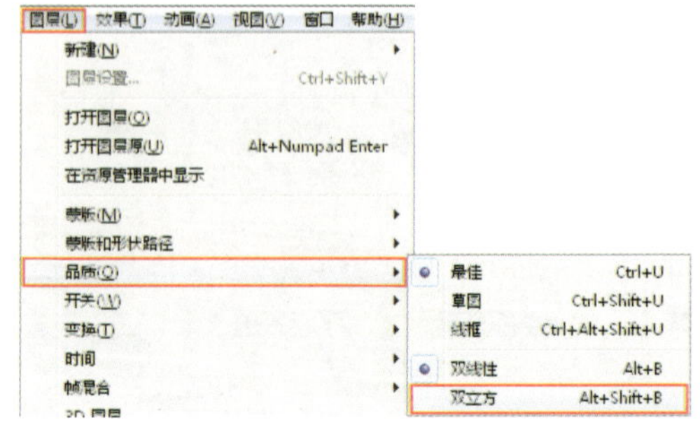

图 1-12

也可以在【时间线】窗口中单击切换图层的【品质】和【采样】，曲线代表【双立方】采样，如图 1-13 所示。

图 1-13

1.4.4　同步设置

CC 版本的软件可以通过 Adobe Creative Cloud 进行同步设置，包括软件设置、窗口、首选项和制作中的文件，都可以同步到“云端”，然后在其他计算机上再次登陆 Adobe ID，立即找回熟悉的界面继续制作。而且通过 Adobe Creative Cloud 可以使多台计算机之间实现同步首选项和设置。

1. 上载和下载设置

同步设置首先需要上载到 Creative Cloud 账户，然后再下载到其他计算机上。也可以用其他的 Creative Cloud 账户进行同步设置。After Effects 用户在当前的计算机上创建用户配置文件，然后使用此配置文件与关联的 Creative Cloud 账户之间进行同步即可。

（1）启动同步设置。在菜单栏中执行【编辑】/【用户的 AdobeID】/【立即同步设置】命令，如图 1-14 所示。

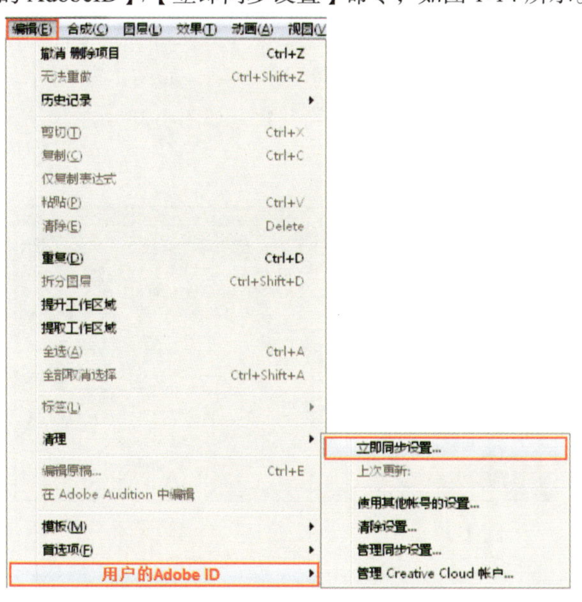

图 1-14

（2）弹出【同步设置】对话框，包含【下载设置】和【上载设置】，如图 1-15 所示。

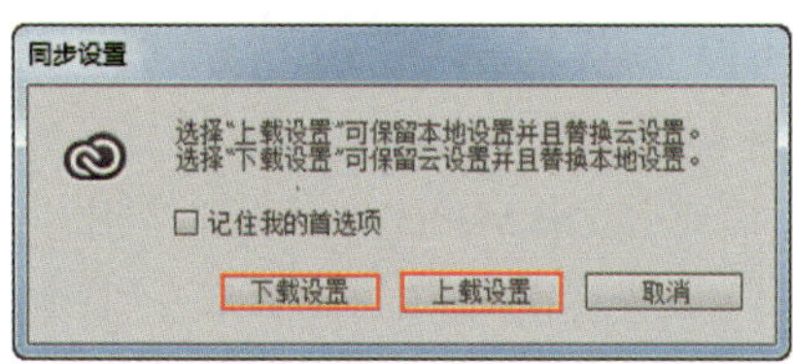

图 1-15

重点参数提醒：

（1）下载设置：将设置从 Creative Cloud 中同步到计算机中；即可将 Creative Cloud 中的设置覆盖本地的设置。

（2）上载设置：将当前设置从本地计算机中同步到 Creative Cloud。

2. 切换 Adobe ID

（1）在默认的情况下，会使用当前产品许可相关的 Adobe ID 来同步首选项。若要使用不同的 Adobe ID 来同步设置，可以在菜单栏中执行【编辑】/【用户的 Adobe ID】/【使用其他账号的设置】命令，如图 1-16 所示。

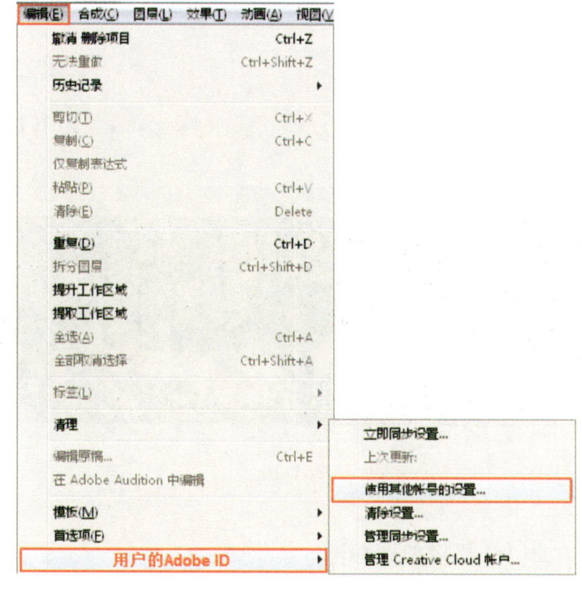

图 1-16

（2）此时在弹出的【Adobe Creative Cloud 身份验证】对话框中输入 Adobe ID 和密码，即可进行 ID 切换，如图 1-17 所示。

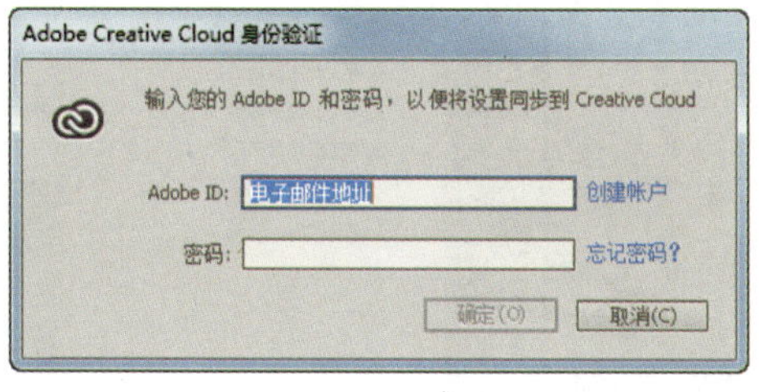

图 1-17

1.4.5　效果和稳定

After Effects CC 中添加了新的像素运动模糊效果和跟踪稳定效果。

1. 【像素运动模糊】效果

【像素运动模糊】效果可以对运动效果进行运动模糊混合，会使运动画面更加真实。After Effects CC 中新添加了【像素运动模糊】效果，该效果会分析视频素材，并根据运动矢量人工合成运动模糊。

在【效果和预设】面板中可以找到【时间】/【像素

运动模糊】效果，如图 1-18 所示。

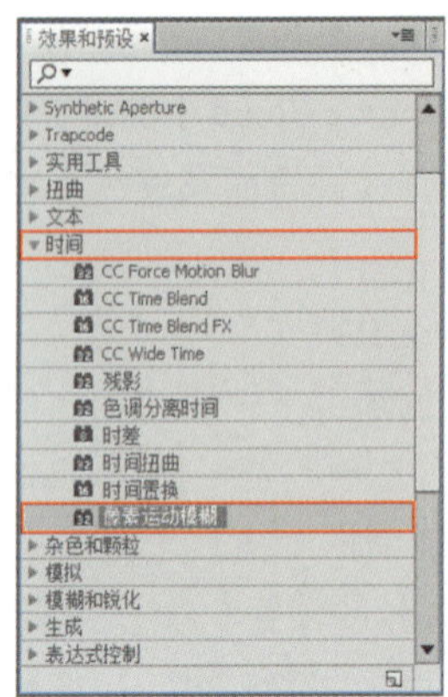

图 1-18

添加【像素运动模糊】效果前后的对比效果，如图 1-19 所示。

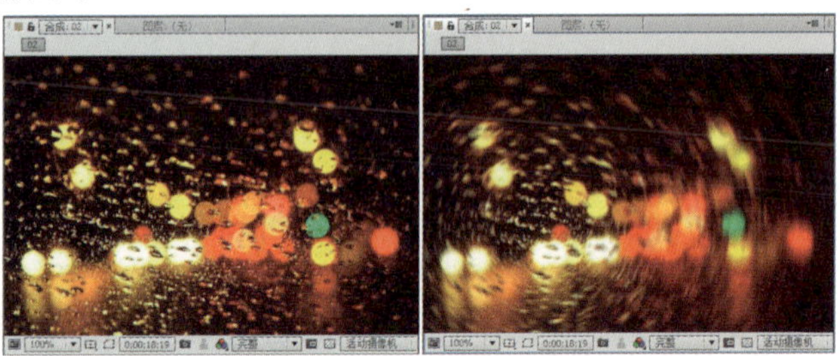

图 1-19

2. 3D 摄像机跟踪器

After Effects CC 可以在 3D 摄像机追踪效果中定义地平面或参考面以及源点，如图 1-20 所示。

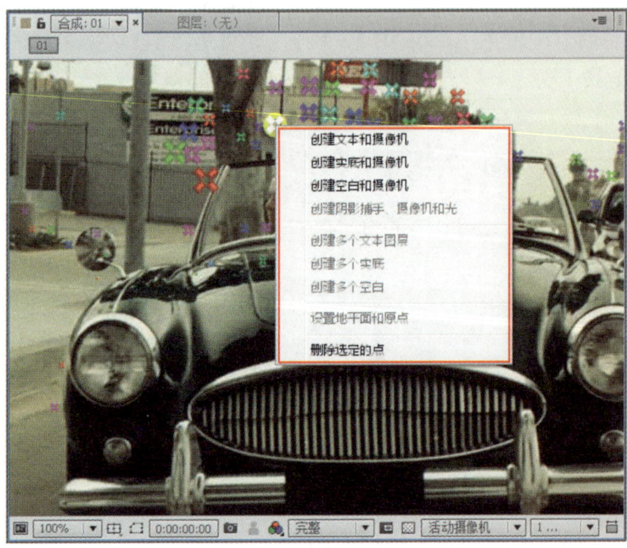

图 1-20

在【合成】窗口中使用新的跨时间自动删除跟踪点选项时，同一对象上相对应的跟踪点也会在其他时间位置删除。After Effects 会自动分析素材，并删除其他帧上相应的轨迹点。

3. 变形稳定器 VFX 效果

新的变形稳定器——VFX 效果的稳定器控制能力更强，而且还具有类似于新的 3D 摄像机跟踪器的控件。该效果属性提供了【保持缩放】、【目标】和【跨时间自动删除点】的相关选项。【目标】的选项在稳定或应用到抖动素材时较为有效，如图 1-21 所示。

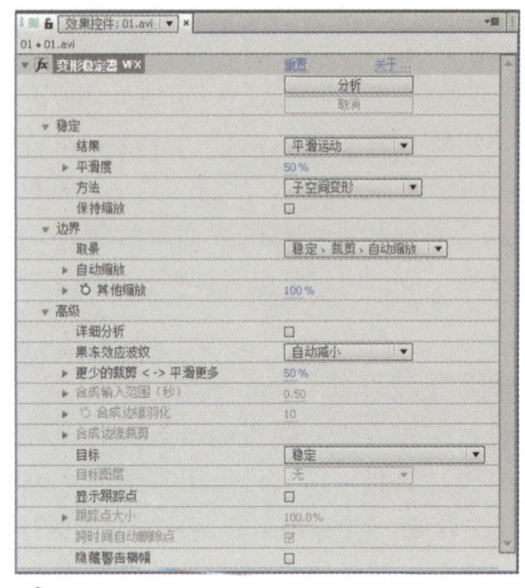

图 1-21

4. 渐变曲线

之前版本中的【渐变】效果在 After Effects CC 中已重新命名为【梯度渐变】效果，在【效果和预设】面板中可以找到【生成】/【梯度渐变】效果，如图 1-22 所示。而且相应的设置参数也有适当变化，如图 1-23 所示。

图 1-22

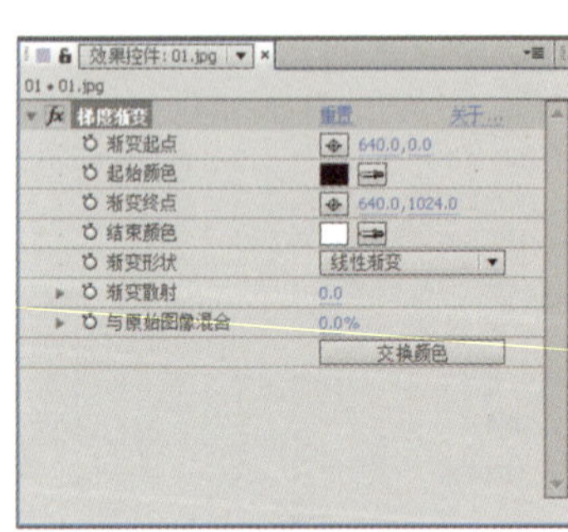

图 1-23

1.4.6 渲染和编码

在 After Effects CC 中可以同时对多个帧进行多重渲染处理。而且可以使用 Adobe Media Encoder 对项目合成文件进行渲染。

1. 添加到 Adobe Media Encoder 队列

在 After Effects CC 中可以使用菜单命令和快捷键将选定的合成添加到 Adobe Media Encoder 队列中。

方法一：在菜单栏中执行【合成】/【添加到 Adobe Media Encoder 队列 ...】命令，快捷键为 <Ctrl+Alt+M>，如图 1-24 所示。

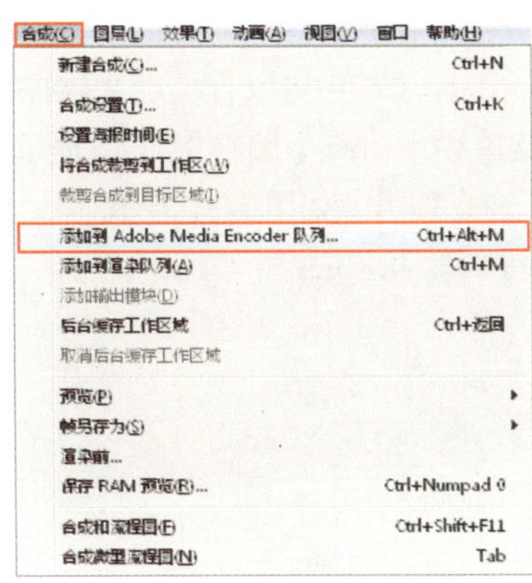

图 1-24

方法二：在菜单栏中执行【文件】/【导出】/【添加到 Adobe Media Encoder 队列 ...】命令，如图 1-25 所示。

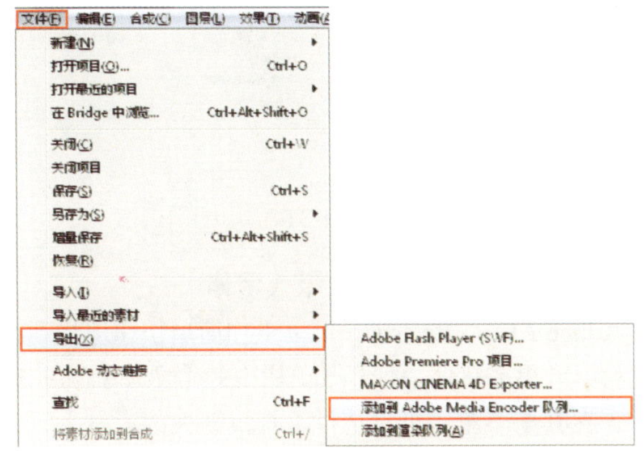

图 1-25

2. 同时渲染多个帧多重处理

增强了同时渲染多个帧的多重处理功能，能够在同时渲染多个帧时加快处理速度。新的设置可以将同时渲染多个帧多重处理功能仅限制到渲染队列。在启用后，RAM 预览不使用同时渲染多个帧多重处理。

若要启用此选项，可以在菜单栏中执行【编辑】/【首选项】/【内存和多重处理】命令，如图 1-26 所示。然后设置仅限渲染队列，不用于 RAM 预览。

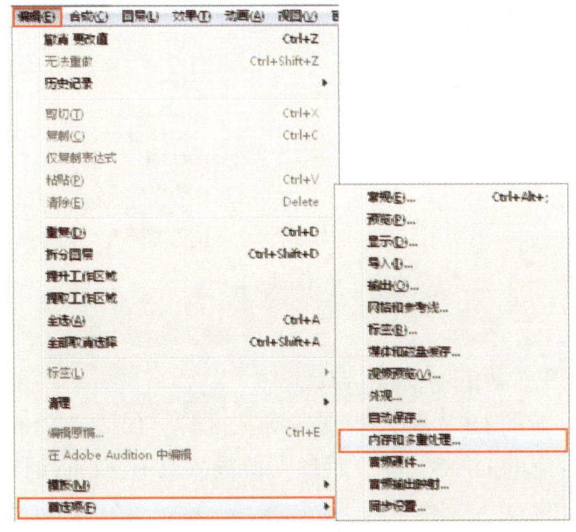

图 1-26

求生秘籍——软件技能：RAM 的分配与选择

每个 CPU 的后台 RAM 分配的默认选项也有新的增加。用户可以分配最多 6GB RAM。可用的选项为 1GB、1.5GB、2GB、3GB、4GB 或 6GB。

但是，如果用户的计算机上未安装足够的 RAM，则会禁用同时渲染多个帧的功能。必须安装 5GB 或更多的 RAM 才能启用该功能。

1.4.7　增强的基础功能

After Effects CC 版本软件也增加了一些基础功能，使操作更加方便快捷，包括窗口图层对齐、重新自动加载素材、查找缺失素材等。

1. 在【合成】窗口中对齐图层

After Effects CC 可以在【合成】窗口中拖动图层的同时对齐图层，包括图层的锚点、中心、角或蒙版路径上的点。对于 3D 图层，还包括表面的中心或 3D 体积的中心。在拖动图层到其他图层附近时，目标图层将突出显示出对齐点。

首先要勾选【对齐】选项，然后在【合成】窗口中按住鼠标左键拖动图层，即可对齐图层，如图 1-27 所示。

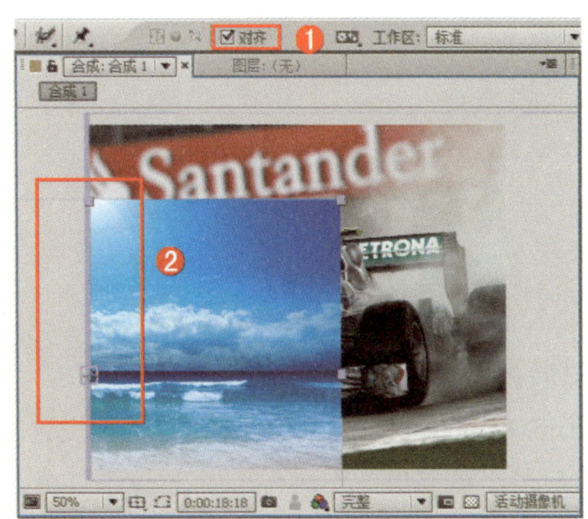

图 1-27

求生秘籍——技巧提示：应用【对齐】选项的快捷键

在默认情况下【对齐】选项是未勾选的，对齐图层除了在工具面板中勾选【对齐】选项外，还可以按住 <Ctrl> 键的同时拖动图层。

在按住 <Shift> 键的同时对图层执行父级动作，如图 1-28 所示。子项将会与父项对齐，但是相对于父项图层，子项图层的动画和变换将会被保留。

2. 重新自动加载素材

若在其他应用程序中对素材进行更改，再切换回 After Effects CC 时，已经更改的素材将会自动重新加载到 After Effects CC 中。

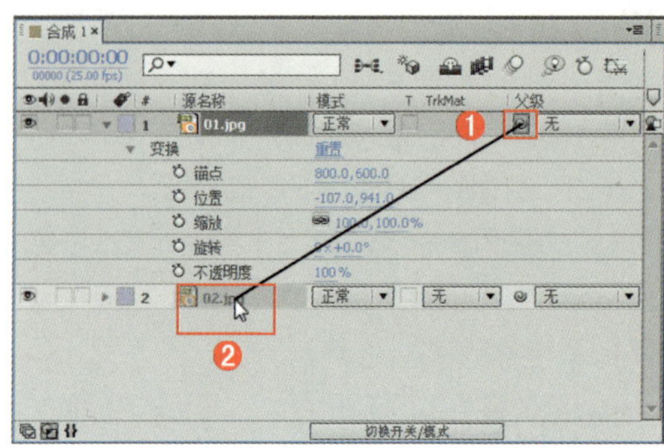

图 1-28

在菜单栏中执行【编辑】/【首选项】/【导入】命令，然后在弹出的对话框中可以设置【自动重新加载素材】的相关选项，如图 1-29 所示。

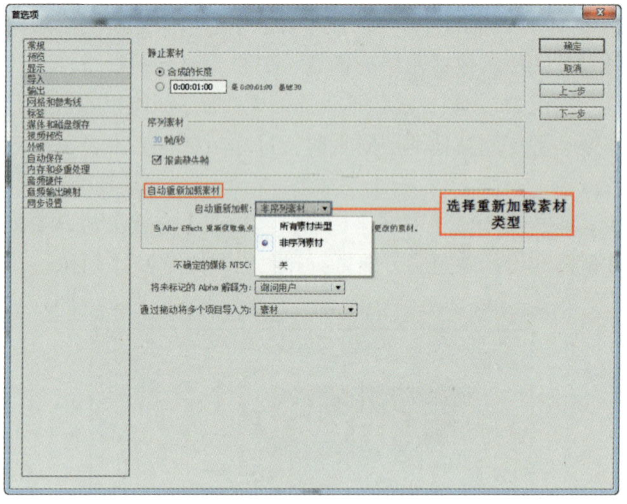

图 1-29

3. 图层相关首选项

在 After Effects CC 中，可以通过首选项设置双击图层时打开的窗口。在菜单栏中执行【编辑】/【首选项】/【常规】命令，然后在该面板中可以设置【双击打开图层】的相关选项，如图 1-30 所示。

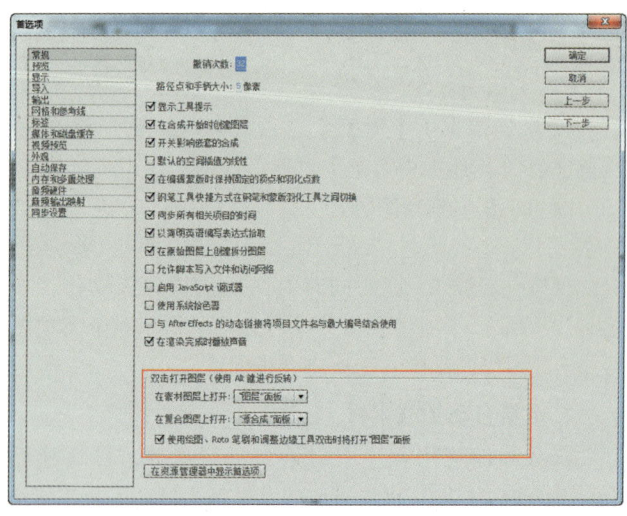

图 1-30

4. 清理 RAM 和磁盘缓存

在 After Effects CC 中可以直接对 RAM 和磁盘缓存进行清理。在菜单栏中执行【编辑】/【清理】/【所有内存和磁盘缓存】命令即可，如图 1-31 所示。

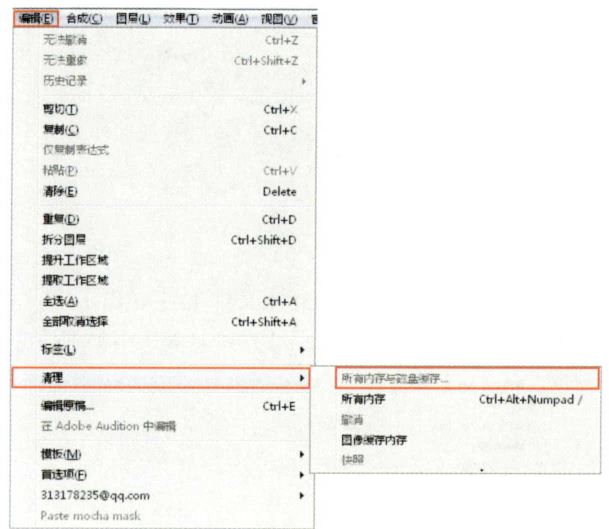

图 1-31

5. 查找缺失的素材、效果或字体

Adobe After Effects CC 可以更加简单快速地找到缺失的素材、效果或字体。打开菜单栏中的【文件】/【整理工程】，在其子菜单中可以选择【查找缺失的素材】、【查找缺失的效果】或【查找缺失的字体】，如图 1-32 所示。

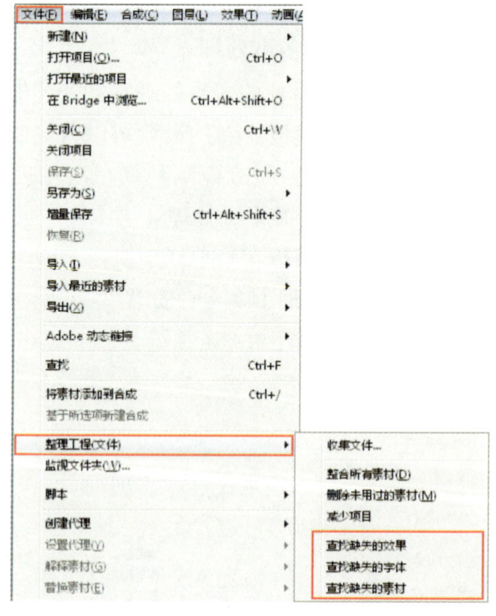

图 1-32

1.4.8 新的导入和导出

新的 DPX 导入器支持导入 8 位、10 位、12 位和 16 位通道的 DPX 文件。而且支持导入具有 Alpha 通道和时间码的 DPX 文件。

在【ARRIRAW 源设置】对话框中，能够设置色彩空间、曝光、白平衡以及色调。若要重置为 ARRIRAW 文件中作为元数据存储的值，可以单击【从文件重新加载】。

Adobe After Effects CC 可以导入 XAVC（Sony 4K）文件、AVC-Intra200 文件、其他 QuickTime 视频类型文件、RED（.r3d）文件的其他特性：RedColor3、RedGamma3 和 MagicMotion。

1.4.9　其他新增与删改的功能

After Effects CC 还增加了一部分细节的命令与功能，并将一些功能删除和整合。

1. 新增的其他小功能

（1）图层菜单和图层的右键菜单中添加了【在资源管理器中显示】命令。

（2）在首选项中添加了在渲染完成时播放声音的设置，当渲染队列中的最后一项渲染结束后会出现音频提示。可以在【首选项】的【常规】面板中可以进行设置。

（3）时间轴面板菜单和右键菜单中添加了【关闭其他时间轴面板】命令。

（4）关键帧和标记的右键菜单中添加了【转到关键帧时间】和【转到标记时间】选项。

（5）在项目窗口中的素材上单击鼠标右键，然后在弹出的菜单中使用【替换为预合成】命令可以创建新的预合成。该合成会将选定的图层放置在该合成中，并把对该素材的所有引用替换为新合成。

（6）在【项目】窗口中会显示【像素大小】和【像素长宽比】视频信息。

（7）导入的文件可以在【资源管理器】中显示和查看。

2. 更改的功能

（1）在旧版本中打开【合成微型流程图】的快捷键为【Shift】键，CC 版本中打开的快捷键为【Tab】键。

（2）【图表编辑器】在默认情况下显示值图表。

（3）缺失帧警告详细说明了在导入的图像序列中缺少哪些帧。

（4）单击【渲染队列】面板中的【日志文件】链接可打开包含日志文件的文件夹。

（5）如果面板的搜索显示仅显示一项，此时按【Enter】或【Return】键即可应用该效果或预设。

（6）在 After Effects CC 中可以使用向后平移工具拖动 3D 轴控件，从而移动锚点。

（7）【项目】面板中的缩略图会继承预览项的长宽比。

（8）模糊焦距单位在现版本中为像素，而不是 0 ~ 1 之间的无单位分数。

3. 删除的功能

（1）XFL 导出不再可用。

（2）Targa 图像序列的 16 位 / 像素选项已被删除，但可以使用 24 位 / 像素或 32 位 / 像素。

（3）实时更新按钮已从时间轴面板中删除。若要使用实时更新，可使用快捷键【Alt】键。

（4）联机帮助会显示在用户的默认浏览器中，【Community Help Client】不再可用。

（5）【每日提示】在欢迎屏幕上不再可用。

（6）转到【Adobe Story】命令不再可用。

1.5　After Effects CC 支持的文件格式

After Effects CC 支持多种文件格式的导入，大致可以分为动画格式、图像格式和音频文件格式三大类。下面介绍一些常用的格式：

BMP 格式：是 DOS 和 WINDOWS 平台上常用标准图像格式，支持 RGB、索引颜色、灰度和位图色彩模式，但不支持 Alpha 通道。

JPG（JPEG）格式：是一种图像压缩格式，以 24 位颜色存储单个位图，支持最高级别的压缩，但是会出现压缩损耗。

Filmstrip（*.flm）格式：这个是 Adobe 公司的一种文件格式，即胶片格式。

FLC/FLI（*.flc*.fli）格式：FLC 文件是 Autodesk 公司在其出品的 Autodesk Animator/Animator Pro/3D Studio 等 2D/3D 动画制作软件中采用的彩色动画文件格式。

Generic Eps（*.ai*.eps*.pdf）格式：*.eps 是用 PostScript 语言描述的一种 ASCII 图形文件格式，在 PostScript 图形打印机上能打印出高品质的图形图像，最高能表示 32 位图像。

IFF（*.iff*.tdi）格式：*.iff 即为 Image File Format，是 Amiga 等超级图形处理平台上使用的一种图形文件格式。

PCX（*.pcx）格式：*.pcx 最早由 Zsoft 公司的 PC Paintbrush 软件所支持的一种经过压缩的 PC 位图文件格式。

Photoshop（*.pdf*.psd）格式：*.pdf(Portable Document Format) 文件格式是 Adobe 公司开发的电子文件格式。该格式文件应用及其广泛。

PICT（*.pct）格式：*.pct 即为 pict resource，是包含在 MacOS 文件资源部分的 pict 文件，如应用程序的首屏幕或【剪贴册】中的内容。pictresource 格式支持一个 Alpha 通道的 RGB 文件和不带 Alpha 通道的索引颜色、灰度及位图文件。

PIXAR（*.pxr）格式：*.pxr 文件格式支持灰度图像和 RGB 彩色图像。

PNG（*.png）格式：*.png 是一种能存储 32 位信息的位图文件格式，该格式图像可以是灰阶的（16 位）或彩色的（48 位），也可以是 8 位的索引色。

Quicktime movie(*.mov*.aif*.gif*.swf*.dv*.mp4)格式：*.mov 格式是美国 Apple 公司开发的一种视频格式，默认的播放器是苹果的 QuickTime Player。

RLA/RPF（*.rla*.rpf）格式：是一种包括 3D 信息的文件格式，通常用于三维软件在特效合成软件中的后期合成。该格式中可以包括对象的 ID 信息、Z 轴信息及法线信息等。

TGA 格式：*.tga 是 True Vision 公司开发的一种图像文件格式，其最高色彩数可达 32 位。

Video For Windows（*.avi）格式：*.avi 格式全称为 Audio Video Interleaved，即音频视频交错格式。是将语音和影像同步组合在一起的一种文件格式。

Video For Windows（*.wav）格式：*.wav 格式是为 Microsoft 公司开发的一种声音文件格式，用于保存 Windows 平台的音频信息资源。

Video For Windows（*.mpg）格式：MPG 又称 MPEG（Moving Pictures Experts Group）即动态图像专家组，主要致力于运动图像（MPEG 视频）及其伴音编码（MPEG 音频）的标准化工作。

Video For Windows（*.mp3）格式：MP3 是一种常用的音频压缩技术，其全称是动态影像专家压缩标准音频层面 3（Moving Picture Experts Group Audio Layer III），简称为 MP3。

1.6 电视制式

制式就是电视台和电视机之间共同实行的一种处理视频和音频信号的标准，当标准统一时，即可实现信号的接收。世界上广泛使用的主要电视广播制式有 PAL、NTSC 和 SECAM 三种，中国大部分地区、印度等国家都使用 PAL 制式，欧美国家、日韩和东南亚地区主要使用 NTSC 制式，而俄罗斯则主要使用 SECAM 制式。

1.6.1 PAL 制式

PAL 制式是采用逐行倒相正交平衡调幅的方法，弥补了 NTSC 制式相位敏感造成色彩失真的缺点。而且该制式相位偏差并不敏感，而且在传送过程中对画面色彩的影响较小。

PAL 制式常用来指 625 线，每秒 25 幅画面，隔行扫描的色彩编码制式。而且 PAL 和 NTSC 这两种制式是不能够相互兼容的。

1.6.2 NTSC 制式

NTSC 制式是最早的彩色制式，该制式采用的交平衡调幅的方法，其优点是解码的线路简单、成本较低，NTSC 制式标准自问世以来，除了增添了色彩信号的新参数之外并没有其他显著变化。而且 NTSC 信号是不能直接兼容于计算机系统的。

1.6.3 SECAM 制式

SECAM 制式是法语的缩写，是指按顺序传送色彩信号与存储恢复彩色信号制，同样也弥补了 NTSC 制式相位失真的缺点，采用的是时间分隔的方法来传送两个色差信号，其主要优点是在三种制式中受传输过程中的影响最小，而且色彩效果最好。

1.7 视频基础

视频就是将一系列的静态图像以连续的方式进行播放，从而形成的动态画面效果。当每秒图像变化超过 24 帧时，由于人体的视觉画面暂留原理，所以人眼无法分辨出单帧的画面，而是平滑的视频效果。因为日益数字化的发展，视频的应用也从电视到网络等领域。

1.7.1 视频分辨率

视频分辨率就是视频画面的大小，以像素为单位。即视频的高和宽的像素值，像素越高画面质量越高，而像素越低时画面质量就越低。每英寸的有效像素填充量影响着视频的大小和质量，当有效像素较低时，而画面被放大就会出现显卡自动添加的差值，画面就会模糊。在通常情况下单位尺寸越大，有效像素就越小，也就越清晰。

1.7.2 长宽比

像素长宽比主要指视频画面与画面元素的比例，而数字视频的像素与计算机中常用的方形像素不同，如传统的电视屏幕长宽比为 4:3，HDTV 制式的长宽比为 16:9，就是非方形像素的格式。较窄的像素块多形成 4:3 的画面，较宽的像素块则多形成 16:9 的画面。图 1-33 所示为不同长宽比的视频画面对比效果。

图 1-33

1.8　了解后期制作

影视媒体是当前最广泛、最大众化、最具影响力的传播形式，包括电视、电影、广告片段等都时时刻刻的影响着人们的生活。日益数字化的技术使得这些媒体传播更加丰富和多样。而在这些影视媒体的背后，就是影视制作。

影视制作分为前期和后期，前期制作主要是采集素材，对素材进行初步剪辑处理，形成半成品。后期制作就是将拍摄所得的素材通过三维动画和特效合成等方法制作出特殊的画面效果，然后将相应的画面进行组接，字幕，配音等，最后形成一套完整的影片效果。

1.8.1　后期制作流程

影视后期制作一般主要包括镜头组接、特效制作、声音合成三个部分。

1. 镜头组接

首先需要将采集录制的素材进行剪辑，剪辑分为初剪、精剪两部分。按照已定的脚本进行初步剪辑和拼接，在初剪通过后，即可进入细致的精剪部分，并调整镜头与镜头间的组接方式。从而形成一个没有视频特效、没有配乐和旁白的视频版本。

求生秘籍——技巧提示：影片的蒙太奇技巧

蒙太奇技巧：影片后期制作主要分为画面剪辑与合成两个部分，通过对素材的剪辑可以将画面进行平行并列和叠化，从而使画面过渡增加深意，并且过渡效果柔和。在影片中添加不同地点、不同距离和角度、不同拍摄方法的镜头，并进行相关排列合成，从而强调影片含义、氛围。这就是蒙太奇的刻画手法。

2. 特效制作

在镜头的组接完成后，即可对影片进行特效相关的合成，该部分的制作直接影响最终的画面呈现效果。对影片的一些镜头进行特效处理，包括抠像与光效合成等。许多影片中出现的十分震撼的画面效果，多数是在这一部分进行制作的。

3. 声音合成

当作品的所有镜头画面效果完成后，就可以进行声音的合成，包括旁白、对白和配乐等。根据镜头进行声音匹配，然后添加音效与背景音乐，并设置音效的立体声和远近效果，从而使声音更加真实。

FAQ 常见问题解答：线性编辑与非线性编辑的区别有哪些？

传统的影片编辑是在编辑机上完成的，包括放像机和录像机。但是磁带的画面是按顺序排列的，且无法插入和删除镜头，从而有较大的局限性，这就是线性编辑。

非线性编辑主要是数字化的编辑，无需过多的外部设备。在剪辑过程中可以打破时间顺序，将镜头重新组接、删除和添加，而且画面质量不会因此而降低。因为非线性编辑的灵活性和快捷性，所以现在的应用十分广泛。

1.9　After Effects CC 常见问题解答

初学者在开始使用 AfterEffectsCC 软件时，有时会出现一些操作或应用上的问题，下面就列举了一些常见的问题与解答：

（1）问：为什么无法导入 MOV 格式文件？

答：MOV 格式是 Apple 公司的视频格式，用于 QuickTime 软件播放。所以若要在 Adobe 系列软件中应用 MOV 格式视频文件，需要在计算机中安装 QuickTime 软件。安装完成后，即可导入该格式文件，并应用。

（2）问：为什么无法导入 RMVB 格式文件？

答：RMVB 格式的文件无法导入和再次编辑，因为该格式的压缩比很高。所以可以先将该格式的文件转换为其他格式再导入应用。

（3）问：在图层的右键菜单中使用【时间】/【时间伸缩】来延长素材的播放时间，该图层上的关键帧也会被拉长，如何在拉长素材的同时保持关键帧在原位？

答：将光标指针移动到图层边缘，然后按住鼠标左键的同时按住快捷键 <Ctrl+Alt+T>，接着左右拖拽即可改变该图层的播放长度，如图 1-34 所示。

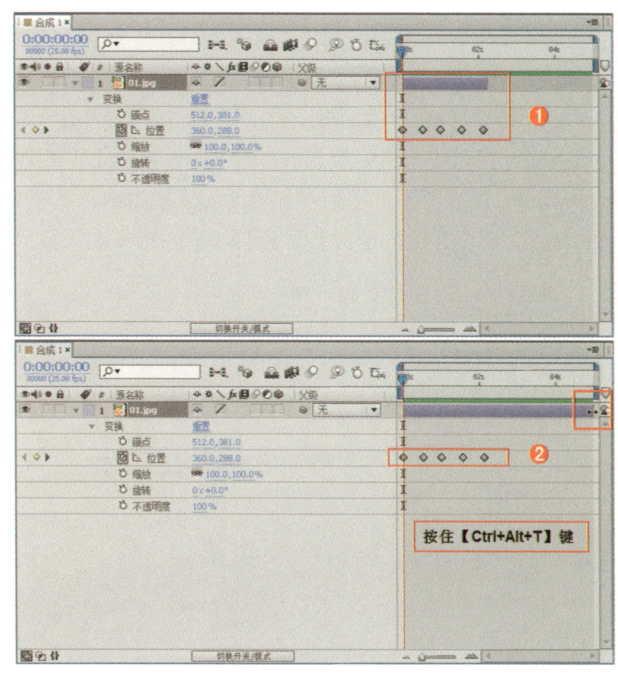

图 1-34

（4）问：为什么在预览时，预览到一半就停止了？

答：预览的时间与项目的复制程度和当前的内存大小有关。越复杂的效果和图层，预览时间就会越长。如果内存大小用完了，预览就会自动停止了。可以通过增加内存大小、降低预览画面的质量和设置虚拟内存大小的方式来解决这一问题。

（5）问：画面被锁住，无法刷新操作，而且下面出现红色警示条，如图 1-35 所示。该怎么办？

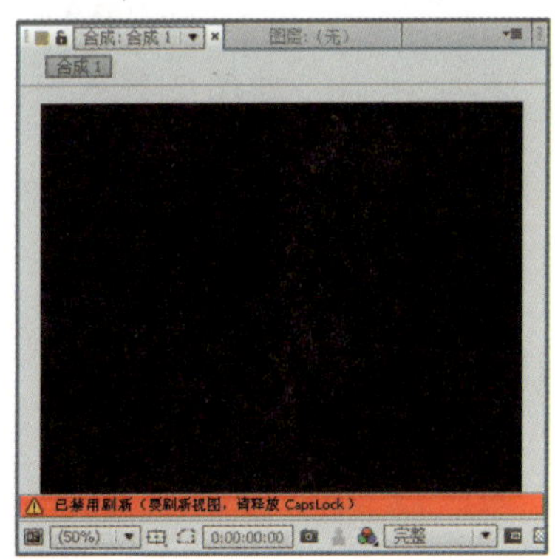

图 1-35

答：这是因为开启了键盘上的【CapsLock】键，再次按下该键，即可解锁。

（6）问：在对带有音频的合成进行预览时，为什么没有声音？

答：按小键盘上的“0”键即可预览，而且在预览之前要在时间线窗口中开启【音频】按钮，并检查好音量和喇叭是否完好。

（7）问：在 AfterEffects 中的图层上建立父子关系，子图层可否影响父图层？

答：利用父子关系将两个图层连接在一起，父图层位置、旋转灯改变会影响子图层，而子图层却无法影响父图层。

（8）问：如何更改 After Effects 软件的界面亮度？

答：可以在菜单栏中执行【编辑】/【首选项】/【外观】命令，如图 1-36 所示。然后在弹出的对话框中即可调整界面的亮度，调整完成后单击【确定】即可，如图 1-37 所示。

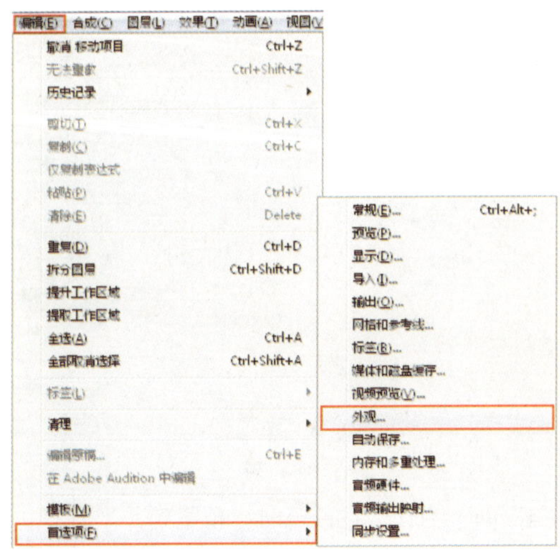

图 1-36

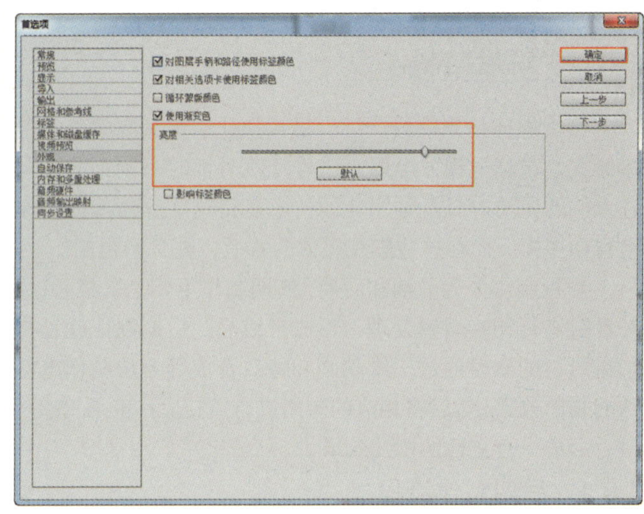

图 1-37

（9）问：如何快速调出【效果控件】面板？

答：在时间线面板选择一个图层，然后按 <F3> 键，即可快速打开【效果控件】面板。

（10）问：怎样让图层水平或垂直翻转？

答：令图层翻转的方法有两种，一种是将图层的【约束比例】按钮取消，然后修改水平或垂直方向的缩放为 – 100，如图 1-38 所示。第二种是选择当前图层，然后在右键菜单中执行【变换】/【水平翻转】或【垂直翻转】命令，如图 1-39 所示。

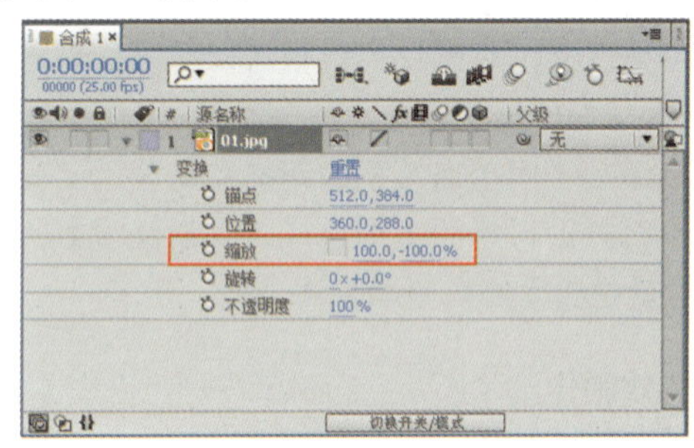

图 1-38

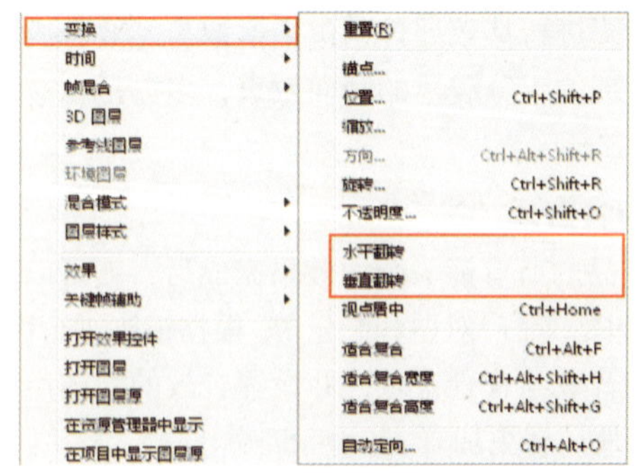

图 1-39

（11）问：如何让【字符】面板中的中文字体名称以中文显示？

答：在【字符】面板的菜单中勾选掉【显示英文字体名称】即可，而且可以通过勾选该选项对中文字体的名称进行中英文切换，如图 1-40 所示。

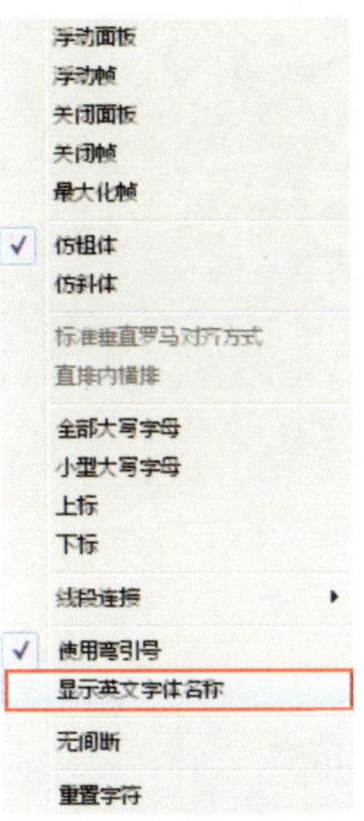

图 1-40

（12）问：如何安装从网上下载的各式各样的漂亮字体？

答：将从网络上下载的各式各样的漂亮字体文件直接复制到【控制面板】的【字体】文件夹中，如图 1-41 所示。即可在 Adobe After Effects CC 软件中使用这些字体了。

图 1-41

（13）问：如何安装 After Effects CC 的外挂效果插件？

答：一般外挂效果的插件格式为 *.aex，直接将 *.aex 文件复制安装到【Adobe After Effects CC】/【Support Files】/【Plug-ins】文件夹下即可，如图 1-42 所示。

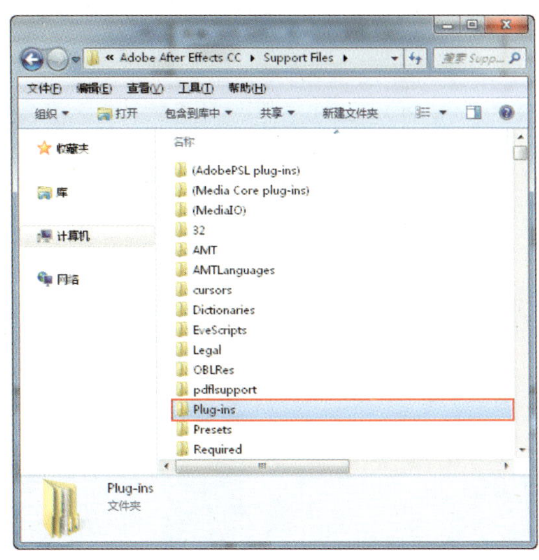

图 1-42

第 2 章 After Effects CC 的基本操作

本章学习要点：

★ 掌握 After Effects CC 的安装方法
★ 了解 After Effects CC 的新功能
★ 了解 After Effects CC 的界面
★ 掌握 After Effects 的基本操作方法

2.1 After Effects CC 操作界面

After Effects CC 的操作界面设计非常人性化，界面中的各个窗口和面板可以随意排列和浮动。用户可以根据个人的习惯适当组合界面窗口和面板，达到方便操作的目的。而且能够对设置好的工作界面进行储存，以方便下次的使用。

2.1.1 启用界面

在安装完成后，可以在桌面上创建 Adobe After Effects CC 的快捷方式，这时可以在桌面上双击该图标，即可启动软件，启动画面如图 2-1 所示。

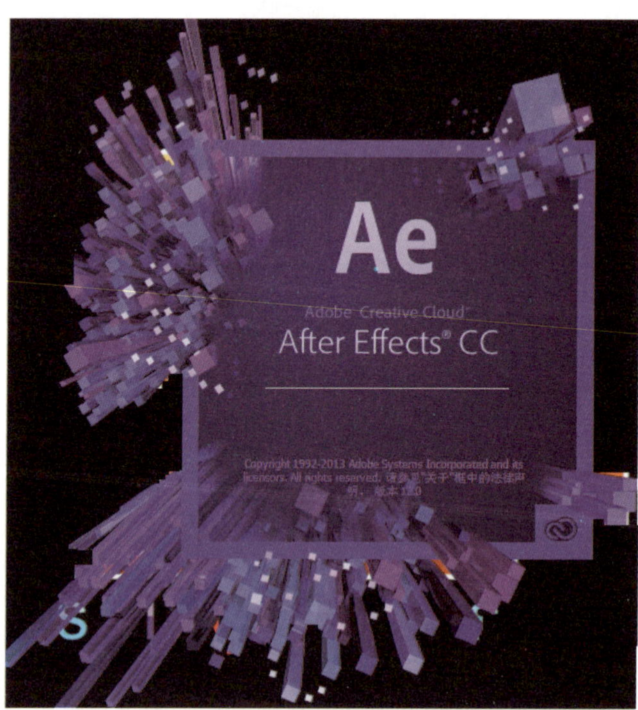

图 2-1

2.1.2 选择不同的工作界面

开启 Adobe After Effects CC 软件后，可以看到其工作界面，如图 2-2 所示。

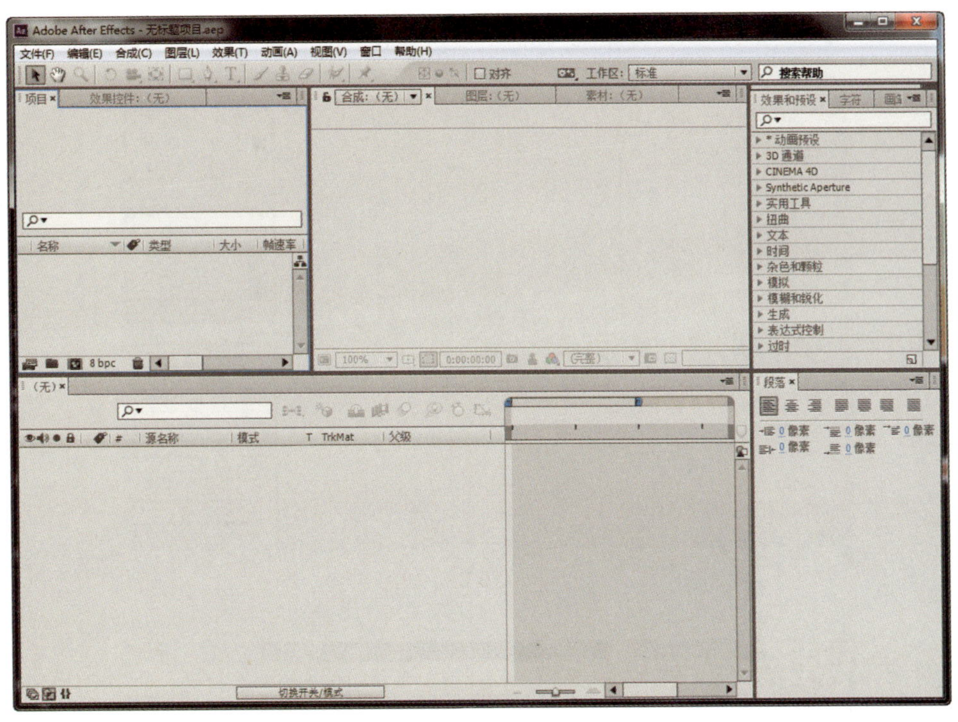

图 2-2

1. 工作空间方案

在菜单栏中执行【窗口】/【工作区】命令，其子菜单中 Adobe After Effects CC 预设了下面几种工作空间方案，选择某一界面方案即可应用。通过选择不同的工作空间方案，可以适合不同的项目制作，如图 2-3 所示。

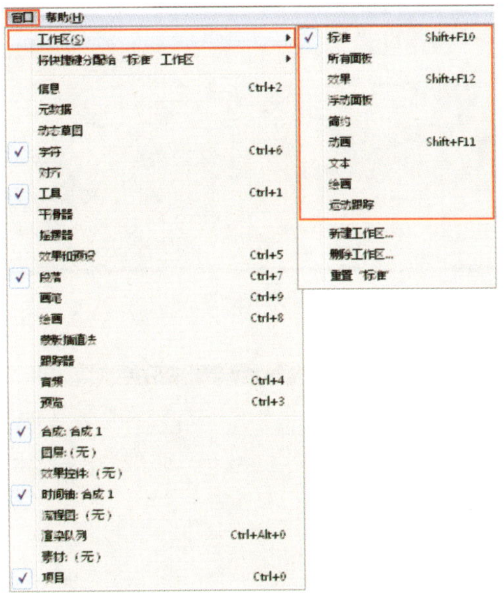

图 2-3

重点参数提醒：

（1）标准：默认工作界面。

（2）所有面板：该界面方案包括所有可用的面板，包含的功能元素最丰富，如图 2-4 所示。

（3）效果：该界面方案包含方便创建特效的面板。

（4）文本：该界面方案适合创建文本效果，如图 2-5 所示。

（5）绘画：该界面方案面板适合制作绘画作品，如图 2-6 所示。

（6）运动跟踪：该界面方案适合对关键帧进行编辑处理。

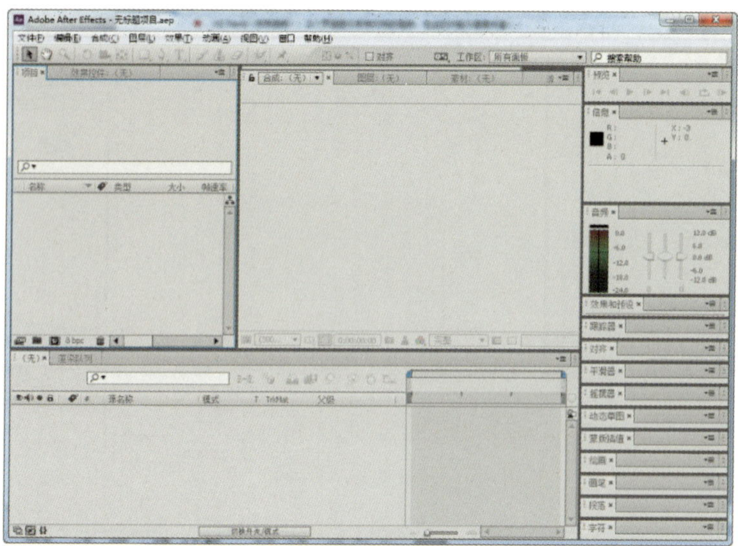

图 2-4

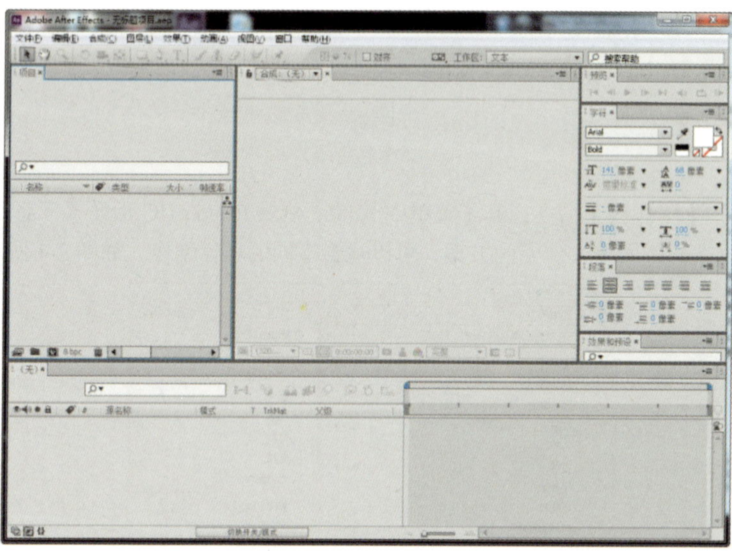

图 2-5

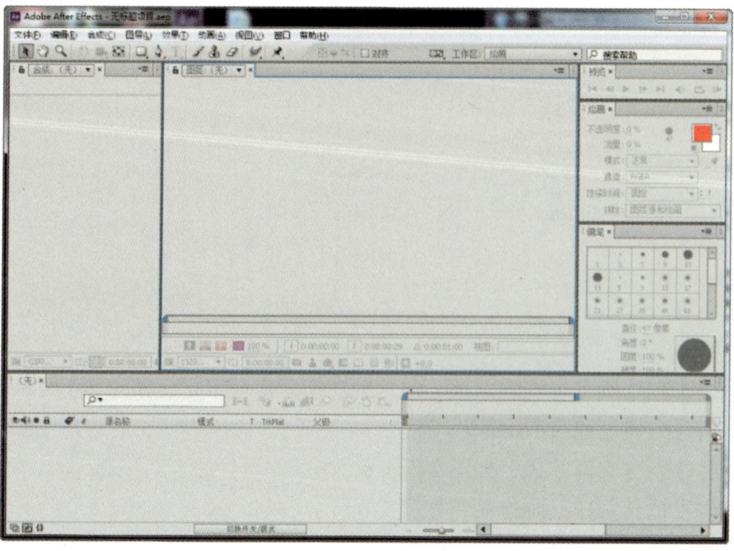

图 2-6

2.1.3　新建工作区界面

在菜单栏中执行【窗口】/【工作区】/【新建工作区】命令，然后在弹出【新建工作区】对话框中输入新工作空间的名称，接着单击【确定】按钮，即可创建一个新的工作区域，如图 2-7 所示。

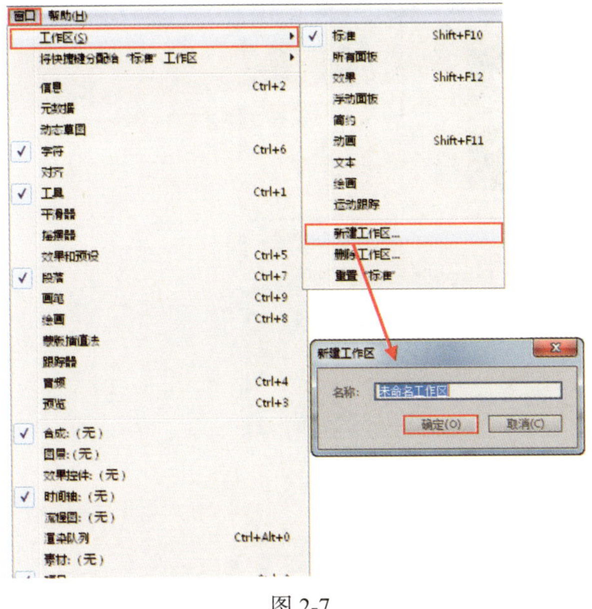

图 2-7

求生秘籍——技巧提示：工作区界面在关闭时会自动保存

关闭时自动保存该工作界面，下次再进入时会保持该界面。

2.1.4　删除工作界面方案

在菜单栏中执行【窗口】/【工作区】/【删除工作区】命令，然后在弹出的对话框中选择要删除的界面方案，接着单击【确定】按钮即可删除，如图 2-8 所示。

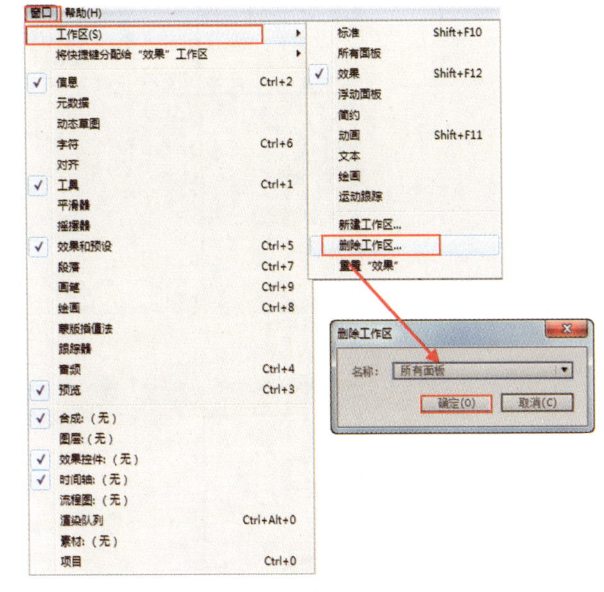

图 2-8

2.1.5　工作界面的区域大小

在使用 After Effects CC 的过程中，可以根据实际需要使用鼠标拖动或者快捷键来调整某些窗口或面板的大小，达到方便操作的目的，当然这些操作不会对最终的效果产生影响。

1. 水平调整区域大小

将鼠标移至两个水平的窗口之间时，鼠标指针会发生变化，此时按住鼠标左键左右拖动，即可水平改变两个窗口的宽度，如图 2-9 所示。

2. 垂直调整区域大小

将鼠标移至两个垂直的窗口之间时，鼠标指针会发生变化，此时按住鼠标左键上下拖动，即可垂直改变两个窗口的高度，如图 2-10 所示。

3. 同时调整水平和垂直大小

将鼠标移至多个窗口交汇处时，鼠标指针会发生变化，此时按住鼠标左键上下左右拖动，即可水平或垂直方向的窗口大小，如图 2-11 所示。

图 2-9

第 2 章

4. 快捷键调整区域大小

当选择某一窗口时，按 <`> 键可以将当前选择的窗口放大至 After Effects 界面内的最大尺寸，再次按 <`> 键可以将最大化的窗口恢复到原来的尺寸，前后对比效果如图 2-12 所示。

图 2-10

图 2-11

图 2-12

2.1.6　分离面板和框架

在需要分离的窗口右上角选择▾≡，在弹出的菜单中选择【浮动面板】命令，如图 2-13 所示。此时项目窗口已经被分离出来，如图 2-14 所示。

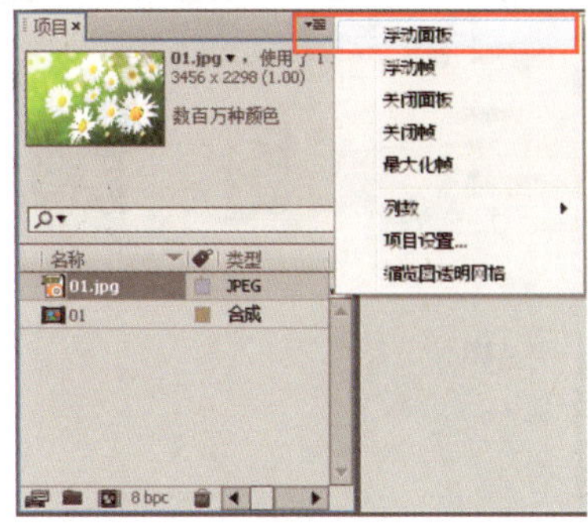

图 2-13

图 2-14

分离出来的窗口可以再次拖放回原来的位置。在窗口左上角按住鼠标不放，然后将窗口拖至需要停靠的位置，此时会出现将要加入阴影区域的提示，接着释放鼠标，项目窗口即可被拖回到原来的位置，如图 2-15 所示。

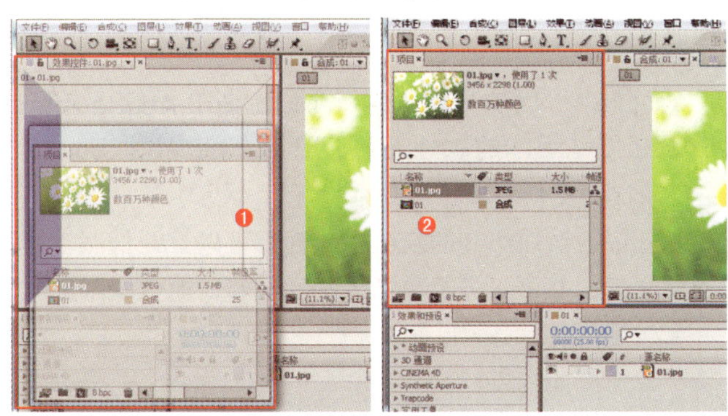

图 2-15

2.1.7　复原工作界面

如果对调整过的界面风格不满意，可以轻松复原。在菜单栏中执行【窗口】/【工作区】/【重置“标准”】命令，此时会弹出【重置工作区】对话框，单击【确定】按钮即可，如图 2-16 所示。此时，当前对界面的修改已经撤销，工作界面恢复到初始状态或以前保存过的状态。

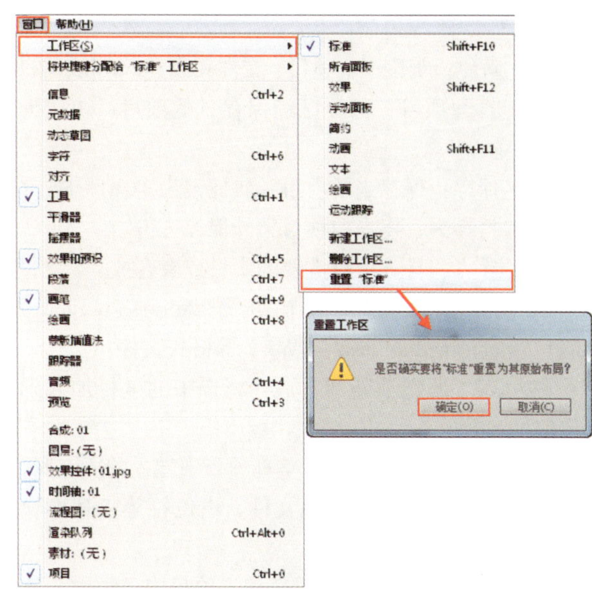

图 2-16

2.2　菜单栏

Adobe After Effects CC 的菜单栏包括文件菜单、编辑菜单、合成菜单、图层菜单、效果菜单、动画菜单、视图菜单、窗口菜单和帮助菜单。下面将对各个菜单进行介绍。

2.2.1　【文件】菜单

在菜单栏中的【文件】菜单主要用来执行打开、关闭、保存项目，以及导入素材等操作，如图 2-17 所示。

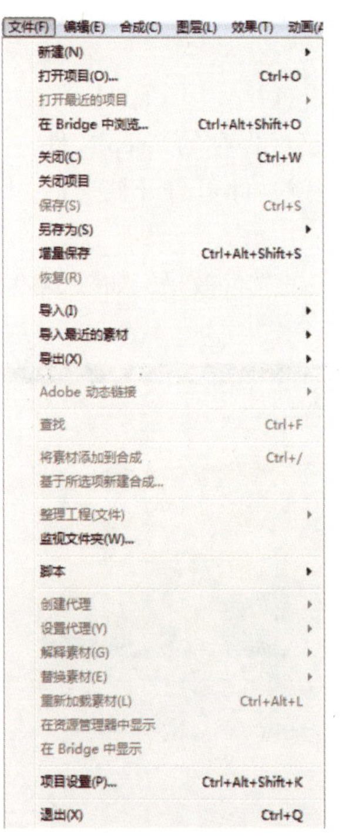

图 2-17

重点参数提醒：

（1）新建：新建一个项目、文件夹或 Photoshop 图片。

（2）打开项目：打开已经保存过的项目，快捷键为 <Ctrl + O>。

（3）保存：保存当前项目，快捷键为 <Ctrl + S>。

（4）另存为：将当前项目另外保存一份。

（5）导入：导入项目需要的素材或者合成。

（6）导出：将项目输出为 Adobe Premiere Pro Project、Macromedia Flash（SWF）等格式文件。

（7）基于所选项新建合成：将选中的素材加入到一个新建的合成中。

（8）整理工程（文件）：整理项目中导入的所有素材。

（9）替换素材：用其他文件、占位符等来替换项目中已经导入的素材。

（10）重新载入素材：重新载入项目中已经导入的素材。当素材源文件有变动时，可以在 After Effects 中同步更新。

（11）退出：退出 After Effects 软件，快捷键为 <Ctrl + Q>。如果当前项目未保存，会弹出对话框提示保存。

进阶案例：打开文件

案例文件	进阶案例：打开文件 .aep
视频教学	DVD/ 多媒体教学 /Chapter02/ 进阶案例：打开文件 .flv
难易指数	★★☆☆☆
技术掌握	掌握打开文件的方法

可以将已经储存的 *.aep 文件在 After Effects CC 软件中打开，而且打开文件的方法有很多种，下面介绍一些常用的打开文件方法：

方法 1：双击打开

（1）选择已经保存的 *.aep 文件，然后双击鼠标左键，即可打开该文件，如图 2-18 所示。

图 2-18

（2）打开后的文件效果，如图 2-19 所示。

图 2-19

方法 2：拖拽打开

选择已经保存的 *.aep 文件，然后将其直接拖拽到 Adobe After Effects CC 的快捷方式上，如图 2-20 所示。

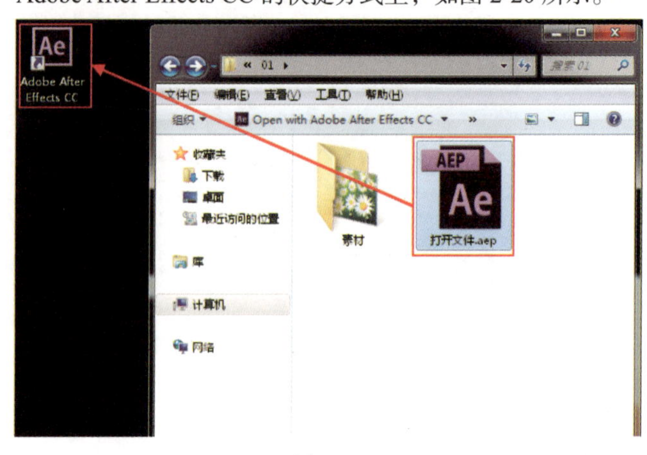

图 2-20

方法 3：菜单命令打开

打开 Adobe After Effects CC 软件，然后在菜单栏中执行【文件】/【打开项目】命令，接着在弹出的对话框中选择需要打开的文件，如图 2-21 所示。

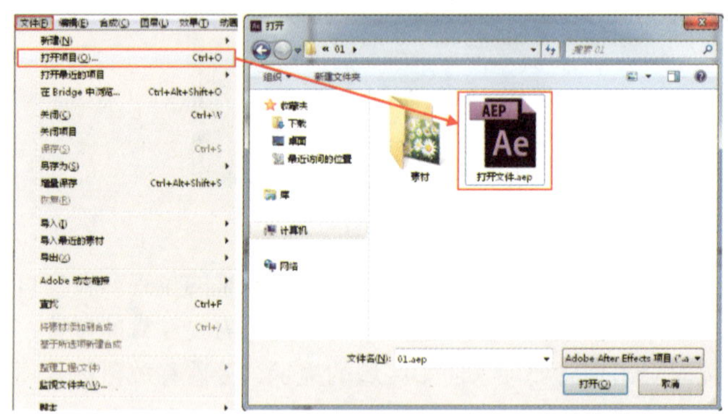

图 2-21

FAQ 常见问题解答：为什么低于 Adobe After Effects CC 版本的软件无法打开 Adobe After Effects CC 储存的文件？

Adobe 系列产品的新版本软件都可以打开低版本储存的文件，并可以进行重新保存和编辑。而低版本的软件无法打开高于当前版本的文件。

2.2.2 保存文件

当制作项目过程中，需要常常将文件进行保存，防止因为失误或者断电等，使当前项目丢失。保存文件的方法主要有以下两种：

方法 1：覆盖当前文件保存

打开已经保存的 *.aep 文件，然后可以对其进行适当调整和操作。接着在菜单栏中执行【文件】/【保存】命令即可，也可使用快捷键 <Ctrl+S>，如图 2-22 所示。

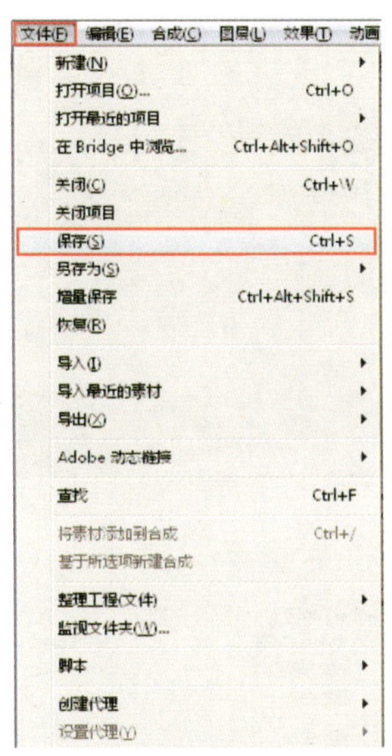

图 2-22

求生秘籍——软件技能：使用快捷键可以随时替换当前已保存的项目

已经将当前项目保存，再对项目继续进行编辑操作后，可以直接执行 <Ctrl+S> 保存当前状态，会直接替换之前保存的项目状态。

方法 2：将文件另存为

在菜单栏中执行【文件】/【另存为】/【另存为 ...】命令，如图 2-23 所示。此时在弹出的【另存为】对话框中设置合适的路径和文件，接着单击保存，如图 2-24 所示。

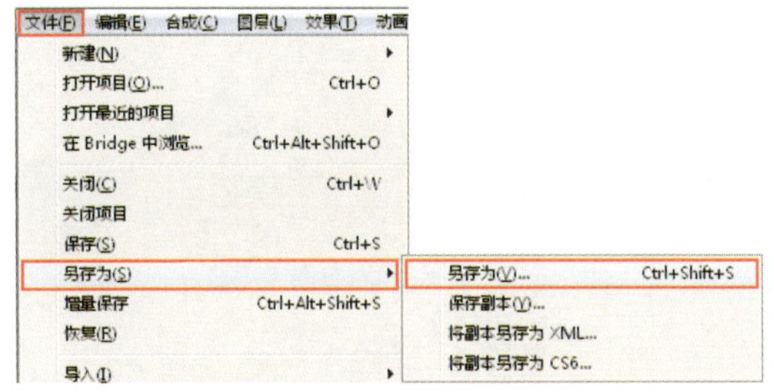

图 2-23

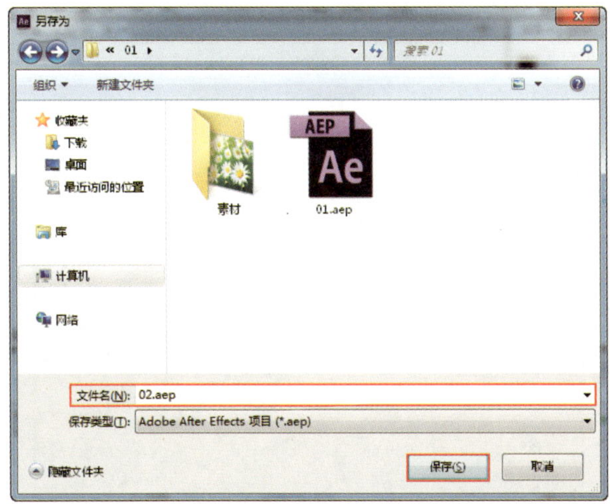

图 2-24

FAQ 常见问题解答：【保存】和【另存为】的主要区别是什么?

【保存】是直接将原有已保存的文件进行替换，而【另存为】是在原有已保存文件不更改的情况下，另外保存一个新的文件。

2.2.3　【编辑】菜单

在【编辑】菜单中主要包括复制、剪切、粘贴、拆分、撤销和首选项等基本操作，如图 2-25 所示。

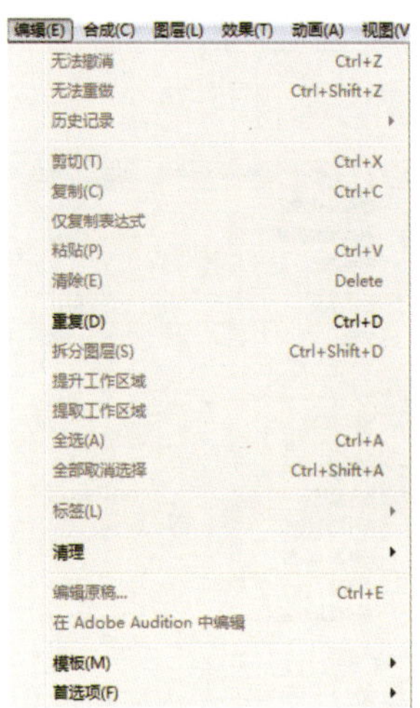

图 2-25

重点参数提醒：

（1）撤销：撤销最近一次操作。快捷键为 <Ctrl + Z>。

（2）剪切：剪切选中的对象。快捷键为 <Ctrl + X>。

（3）复制：复制选中的对象到剪贴板。快捷键为 <Ctrl + C>。

（4）粘贴：粘贴剪贴板的对象到当前位置。快捷键为 <Ctrl + V>。

（5）清除：将选中的对象删除。快捷键为 <Delete>。

（6）重复：将选中的对象“复制 + 粘贴”一份。快捷键为 <Ctrl + D>。

（7）拆分图层：快捷键为 <Ctrl + Shift + D>。

（8）全选：选中所有的对象。快捷键为 <Ctrl + A>。

（9）标签：将选中的对象（素材）打上分类的颜色标签。

（10）首选项：对软件的运行环境、外观、输入输出等进行设置，提高工作效率。

2.2.4　【剪切】、【复制】和【粘贴】文件

在 After Effects CC 中可以通过菜单命令和快捷键对素材和图层进行剪切、复制和粘贴操作。操作方法如下所示：

1. 剪切文件

（1）在【时间线】窗口中选择【01.jpg】素材文件，

如图 2-26 所示。然后在菜单栏中，执行【编辑】/【剪切】命令，或者使用快捷键 <Ctrl+X>，如图 2-27 所示。

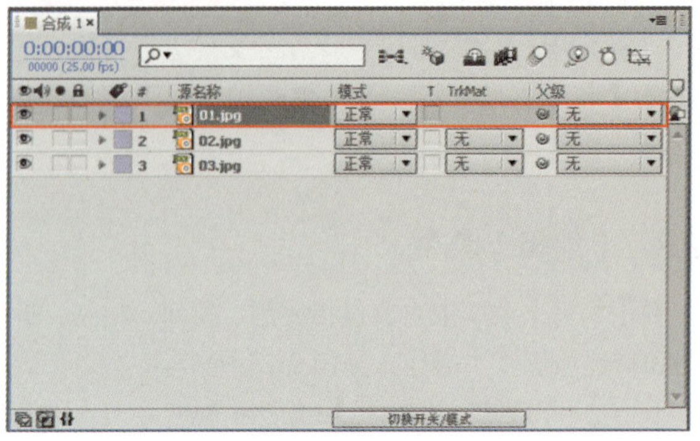

图 2-26

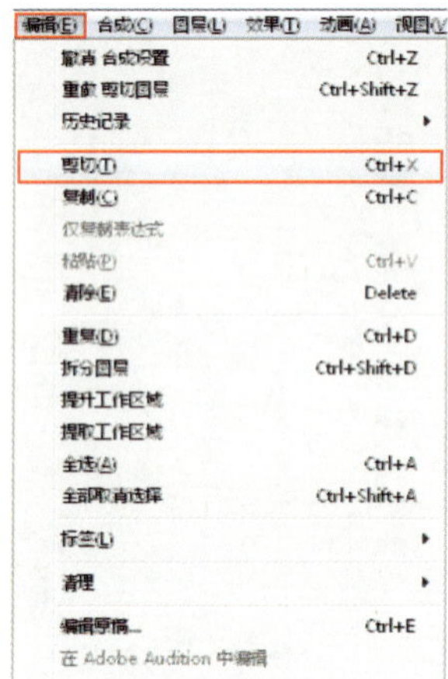

图 2-27

（2）此时【01.jpg】素材文件已经被剪切，如图 2-28 所示。

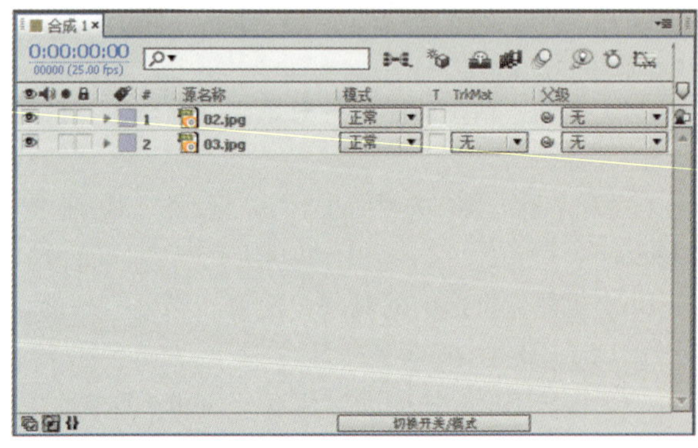

图 2-28

2. 复制和粘贴文件

（1）在【时间线】窗口中选择【01.jpg】，如图 2-29 所示。然后在菜单栏中，执行【编辑】/【复制】命令，或者使用快捷键 <Ctrl+C>，即将该素材文件进行复制，如图 2-30 所示。

（2）继续选择【时间线】窗口，然后在菜单栏中执行【编辑】/【粘贴】命令，如图 2-31 所示。此时【01.jpg】素材文件会粘贴到【时间线】窗口，如图 2-32 所示。

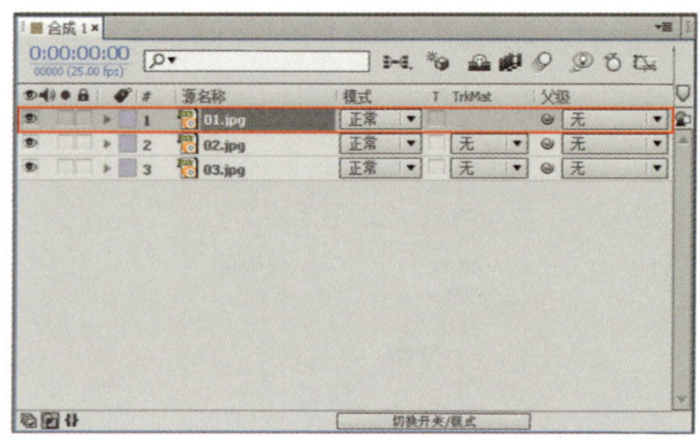

图 2-29

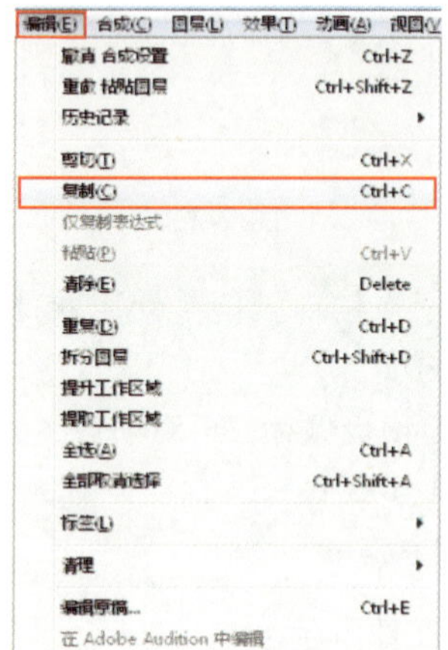

图 2-30

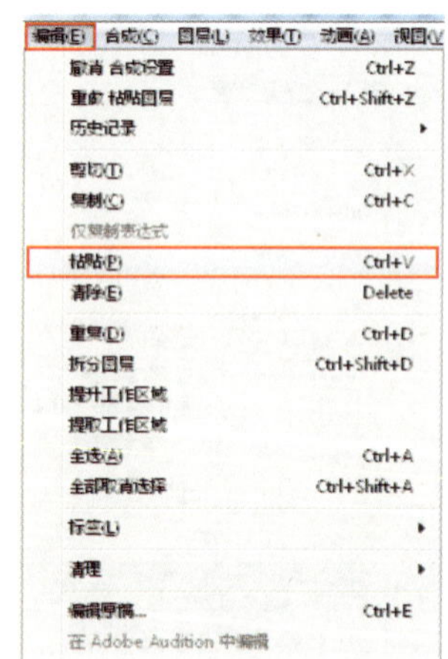

图 2-31

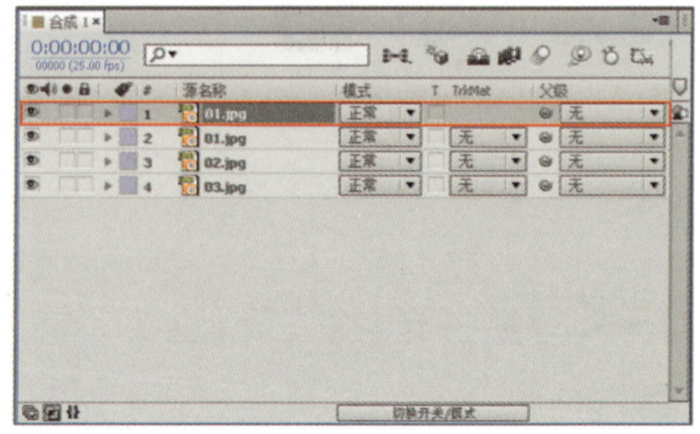

图 2-32

求生秘籍——技巧提示：可以对素材的特效执行【剪切】、【复制】和【粘贴】命令

【剪切】、【复制】和【粘贴】命令同样适用于素材添加的特效。

2.2.5　【合成】菜单

【合成】菜单中主要包括新建合成和合成相关的参数设置，如图 2-33 所示。

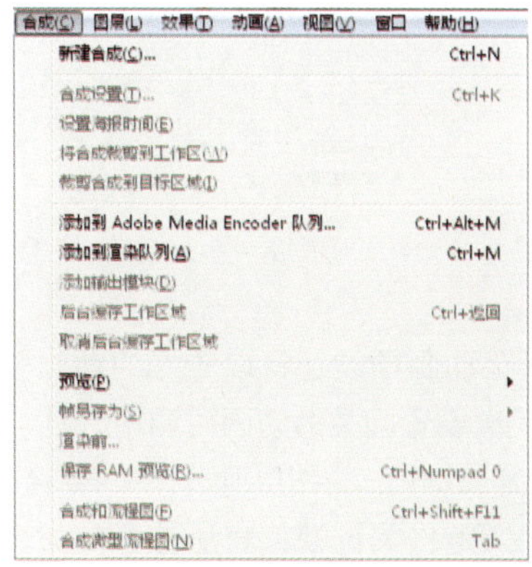

图 2-33

重点参数提醒：

（1）新建合成：为项目新建一个合成。快捷键为 <Ctrl + N>。

（2）合成设置：设置合成参数。快捷键为 <Ctrl+K>。

（3）添加到渲染队列：将合成或素材添加到渲染序列窗口中等待渲染。快捷键为 <Ctrl+M>。帧另存为：将时间线中当前时间指示处的画面存储为单帧的图像文件。

（4）保存 RAM 预览：将预览时存储在内存中的临时文件存储下来。快捷键为 <Ctrl+Numpad 0>。

2.2.6　【图层】菜单

【图层】菜单中主要包括新建图层、标记、混合模式和图层样式等图层相关操作命令，如图 2-34 所示。

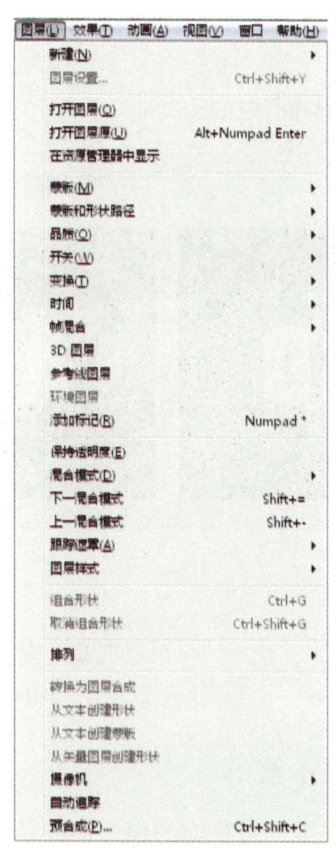

图 2-34

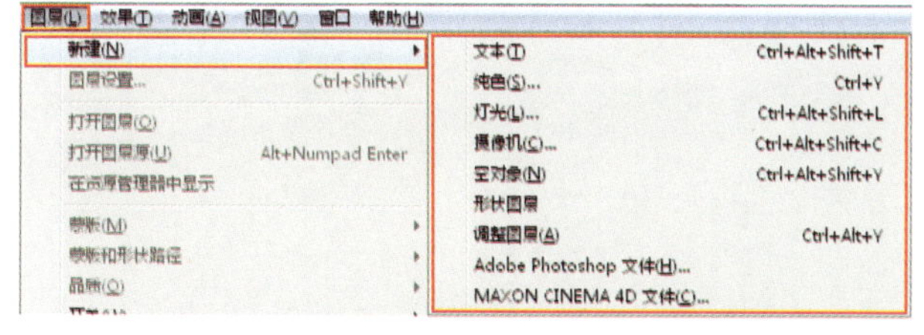

图 2-35

重点参数提醒：

（1）新建：在合成的时间线窗口中新建多种类型的层，包括文本层、纯色层、灯光层、摄像机层、空对象层、形状图层、调整图层、Adobe Photoshop 文件和 MAXON CINEMA 4D 文件，如图 2-35 所示。

（2）打开图层：打开所选择的图层窗口。

（3）蒙版：对图层建立新的遮罩或对图层的遮罩进行相关操作。

（4）添加标记：为所选图层添加时间位置标记点。快捷键为 Numpad *。

（5）图层样式：在 After Effects 中为层设置诸如阴影、外发光、内发光、轮廓等图层样式，如图 2-36 所示。

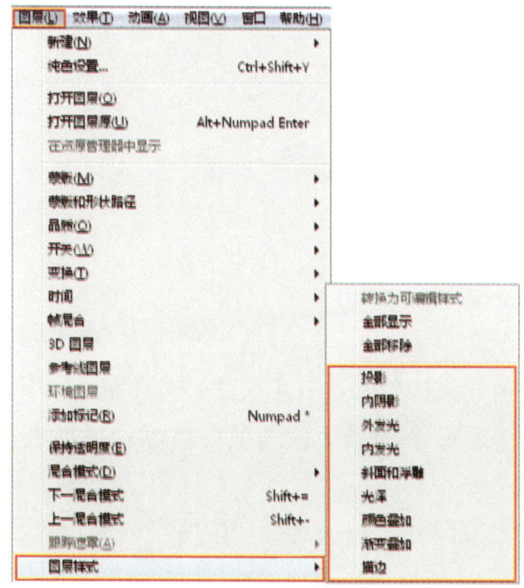

图 2-36

（6）转换为图层合成：对于 Photoshop 中分层格式的 PSD 中保存的文字层，在没有合并或转换为图层情况下，可以将其转换为可编辑的文字状态，进行修改文字或其他文字属性操作。

（7）从文本创建形状：将文字转换为文字的形状图层。

（8）从文本创建蒙版：可以将文本图层转换为文字形状的遮罩图层，如图 2-37 所示。

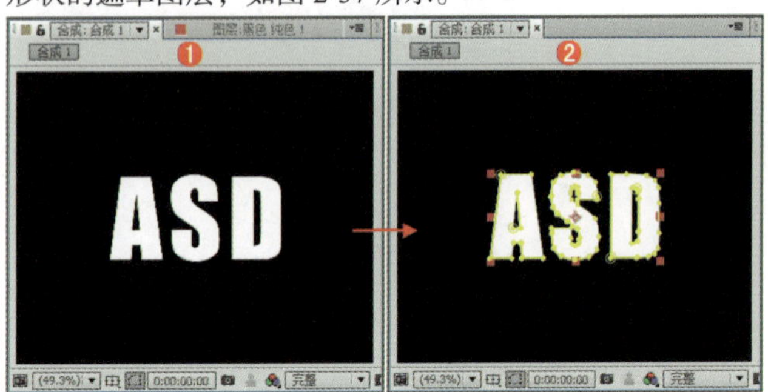

图 2-37

（9）预合成：由一个合成时间线中直接创建一个新的合成嵌套在其中。快捷键为 <Ctrl+Shift+C>。

2.2.7 【效果】菜单

效果菜单中主要包括为图层添加的各种效果滤镜，如图 2-38 所示。

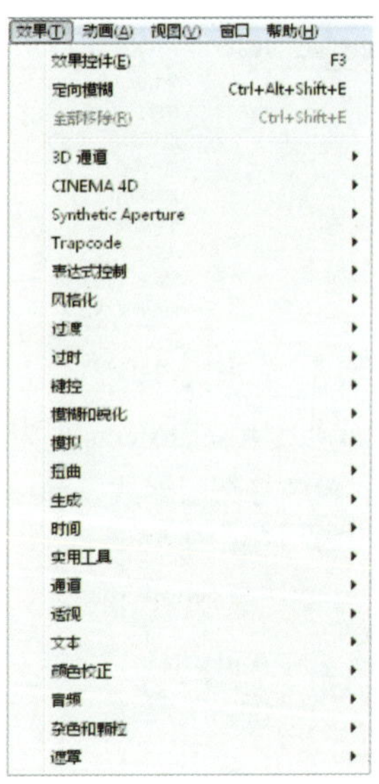

图 2-38

重点参数提醒：

（1）效果控件：打开【效果控件】面板。

（2）上一个效果：该选项可以显示近期添加使用过的滤镜。

（3）全部移除：将所选择层中所添加的特效全部移除。

2.2.8 【动画】菜单

【动画】菜单中主要包括设置关键帧、关键帧速度和添加表达式等动画相关参数，如图 2-39 所示。

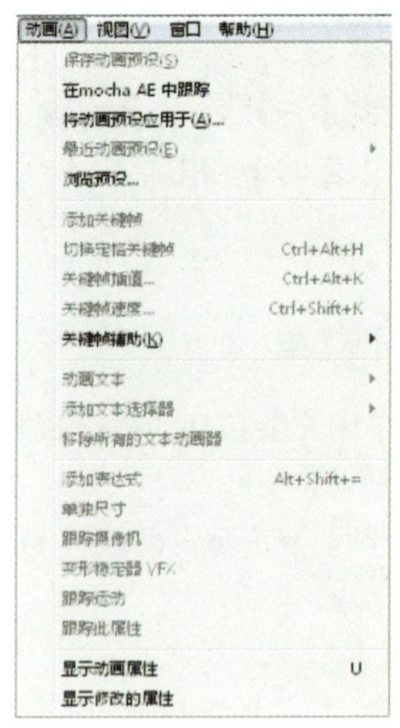

图 2-39

重点参数提醒：

（1）保存动画预设：将设置好的动画关键帧保存到预设中，供下次设置同类的动画时调用。

（2）设置关键帧：为图层所选择项的参数添加关键帧。

（3）切换定格关键帧：将所选择的关键帧冻结。快捷键为 <Ctrl+Alt+H>。

（4）关键帧速度：对选择的关键帧进行速率调节。快捷键为 <Ctrl+Shift+K>。

（5）添加表达式：为图层的参数项添加表达式。快捷键为 <Alt+Shift+=>。

（6）变形稳定器 VFX：将对弯曲的画面进行稳定。

（7）跟踪运动：对视频画面中的某一部分进行动态跟踪。

（8）显示动画属性：显示所选图层的所设置的动画属性。快捷键为 <U>。

2.2.9 【视图】菜单

【视图】菜单主要用于合成视图窗口中的查看和显示，如图 2-40 所示。

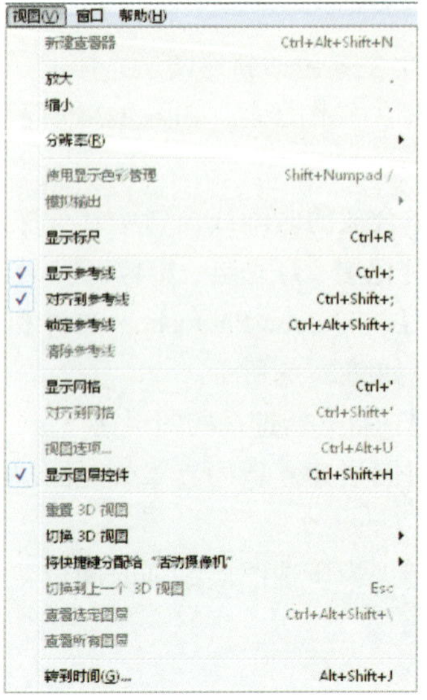

图 2-40

重点参数提醒：

（1）新建查看器：在合成视图窗口中新建一个视图窗口。快捷键为 <Ctrl+Alt+Shift+N>。

（2）显示标尺：选择菜单【显示标尺】命令，显示或隐藏合成窗口的标尺显示。快捷键为 <Ctrl+R>，如图 2-41 所示。

图 2-41

（3）显示参考线：显示合成窗口中的参考线。快捷键为 <Ctrl+;>。

（4）显示网格：在窗口中显示参考网格线。快捷键为 <Ctrl+,>，如图 2-42 所示。

图 2-42

（5）切换 3D 视图：对 3D 视图进行不同方位摄像机视角的切换。

（6）查看选定图层：用当前的摄像机以最大化的方式观察所选图层的全貌。快捷键为 <Ctrl+Alt+Shift+\>。

（7）转到时间：将时间指示线的位置精确地移动到指定的时间。快捷键为 <Alt+Shift+J>。

2.2.10 【窗口】菜单

【窗口】菜单主要用于开启和关闭各种面板窗口，如图 2-43 所示。

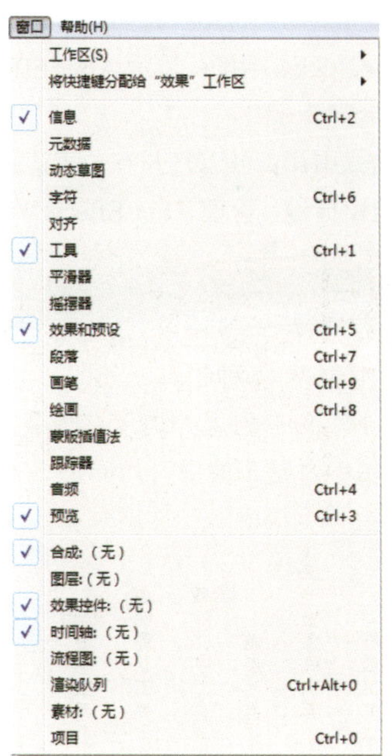

图 2-43

重点参数提醒：

（1）字符：显示或隐藏【字符】面板，是文字图层常用的面板。

（2）工具：显示或隐藏【工具】面板，各种常用工具都在该面板中。

（3）效果和预设：显示或隐藏【效果和预设】面板，是对图层添加各种效果和预设的主要面板。

（4）画笔：显示或隐藏【画笔】面板，使用画笔工具时，可以在该面板中进行画笔设置。

（5）合成：显示或隐藏【合成】面板，可以在该面板中预览时间线窗口中的素材效果。

（6）项目：显示或隐藏【项目】面板，该面板中显示当前项目中的各种素材与合成。

2.2.11 【帮助】菜单

【帮助】菜单中提供各种 After Effects 相关的帮助信息，如图 2-44 所示。

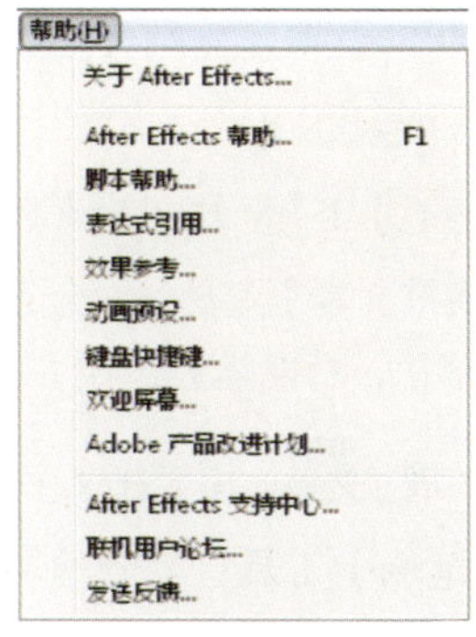

图 2-44

重点参数提醒：

（1）After Effects 帮助：显示 After Effects 软件的【帮助】窗口，快捷键为 <F1>。

（2）表达式引用：可以打开有关表达式的参考文档。

（3）键盘快捷键：管理 After Effects 中的键盘快捷键。

2.3 主工具栏

主工具栏中包含 14 种工具，如图 2-45 所示。其中右下角带有黑色小三角形标志的表示有隐藏 / 扩展工具，在该图标上按住鼠标左键不放即可访问扩展工具，如图 2-46 所示。

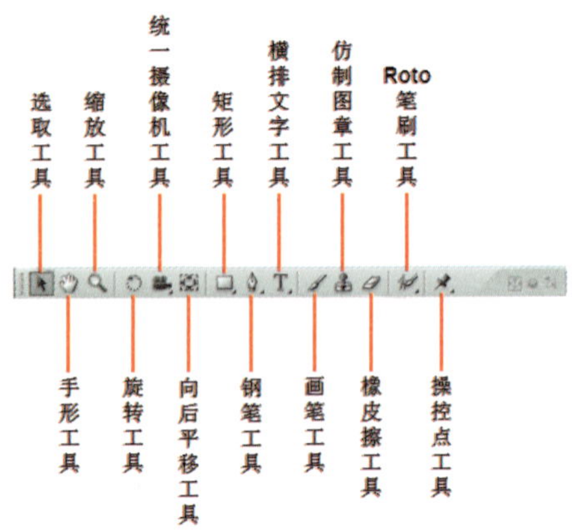

图 2-45

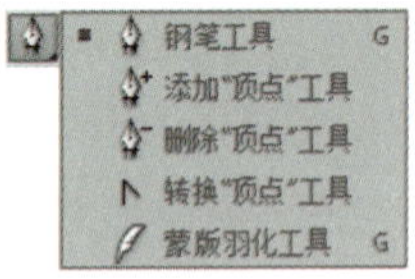

钢笔工具 G
添加"顶点"工具
删除"顶点"工具
转换"顶点"工具
蒙版羽化工具 G

图 2-46

重点参数提醒：

（1）【选择】工具：用于在合成图像和层窗口中选取、移动对象。

（2）【旋转】工具：用于在合成图像和层窗口中对素材进行旋转操作。

（3）【矩形】工具：可以建立矩形遮罩。扩展选项是另外几个形状的遮罩，分别为工具、工具、工具、工具和工具。

（4）【钢笔】工具：用于为素材添加不规则遮罩。

（5）【横排文本】工具：为合成图像加入文字层，支持文字的特效制作，功能强大，在【文本】工具上按住鼠标左键，弹出扩展项，用竖排文字工具。

（6）【笔刷】工具：复制的一个图层后，单击工具将出现【笔刷】对话框。

（7）【橡皮擦】工具：擦除多余的像素。

2.4 【项目】窗口

在【项目】窗口中可以显示当前项目中的素材与合成，如图 2-47 所示。

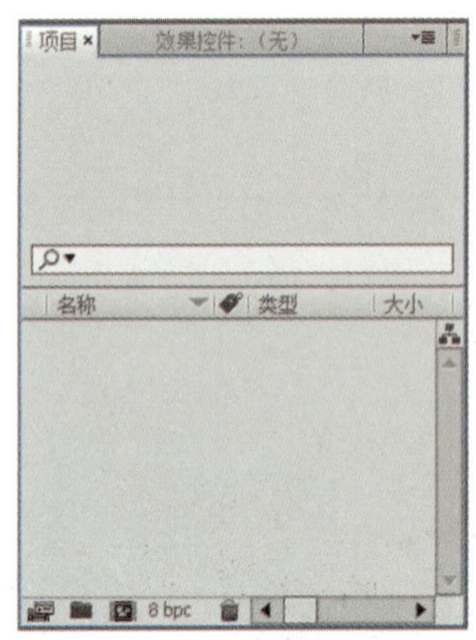

图 2-47

重点参数提醒：

（1）【搜索栏】：可以在【项目】窗口中搜索素材，当【项目】窗口中有较多的素材、合成或文件夹时，可以使用这个功能进行快速查找。

（2）【新建文件夹】按钮：单击该按钮可以在【项目】窗口中新建一个文件夹。

（3）【新建合成】按钮：单击该按钮可以在【项目】窗口中新建一个合成。

单击【项目】窗口上的会弹出相关的【窗口】菜单，如图 2-48 所示。

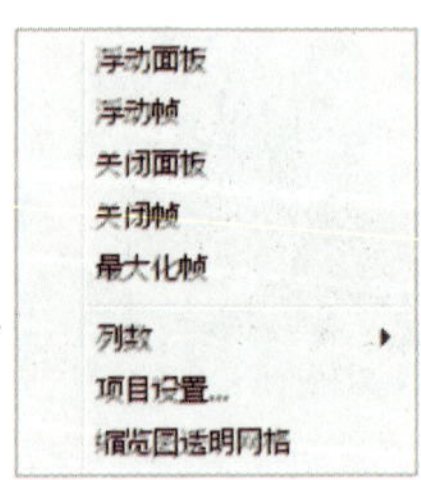

图 2-48

重点参数提醒：

（1）列数：【项目】窗口中所显示的素材信息栏队列内容，其下级菜单中勾选上的内容均被显示在【项目】窗口中。

（2）项目设置：打开【项目设置】窗口，在其中进行相关的项目设置。

（3）缩览图透明网格：当素材具有透明背景时，勾选此选项能以透明网格的方式来显示缩略图的透明背景部分。

2.5 【合成】窗口

Adobe After Effects CC 中的【合成】窗口可以显示当前时间线窗口中的素材效果，如图 2-49 所示。

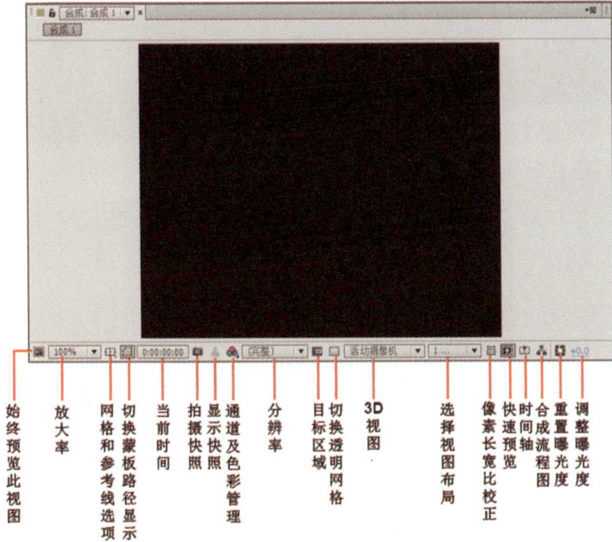

图 2-49

重点参数提醒：

（1）100%（放大率）：当前【合成】窗口中的显示百分比。

（2）（切换蒙版路径显示）：单击该按钮可以切换在【合成】窗口中是否显示蒙板和形状路径，如图 2-50 所示为切换前后的对比效果。

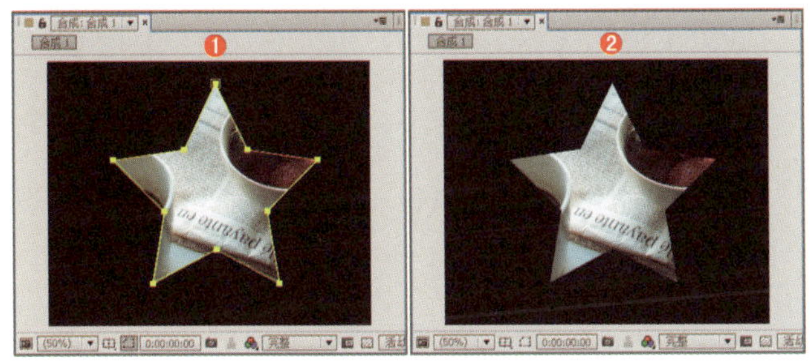

图 2-50

（3）0:00:00:00（当前时间）：显示当前时间线滑块所在的时间位置，单击该按钮，可以在弹出的对话框中进行【转到时间】编辑，如图 2-51 所示。

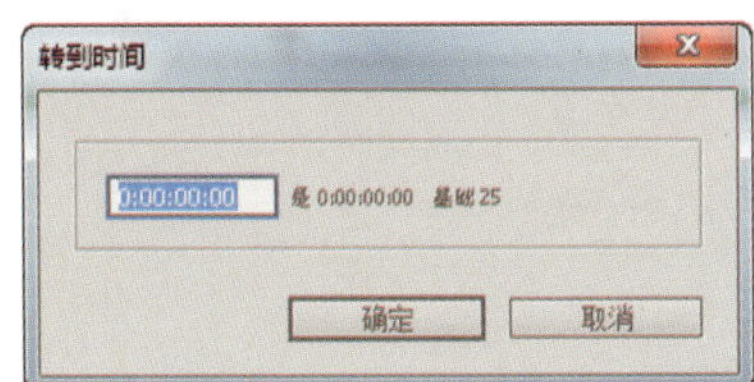

图 2-51

（4）(完整)（分辨率）：【合成】窗口中显示的分辨率，即清晰度。

（5）（切换透明网格）：单击该按钮可以切换是否显示透明网格背景。

（6）活动摄像机（3D 视图）：可以选择摄像机角度的视图。

（7）1 ...（选择视图布局）：可以选择显示 1 个、2 个或 4 个视图。

在【合成】窗口左上方的下拉菜单中可以选择要显示的合成，如图 2-52 所示。

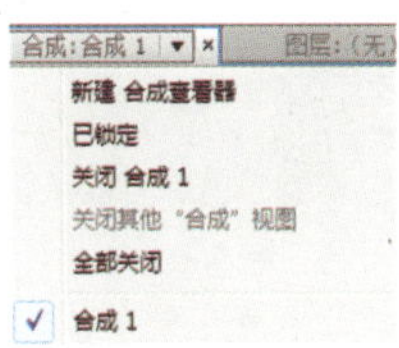

图 2-52

单击右上方的按钮会弹出相关的菜单，如图 2-53 所示。

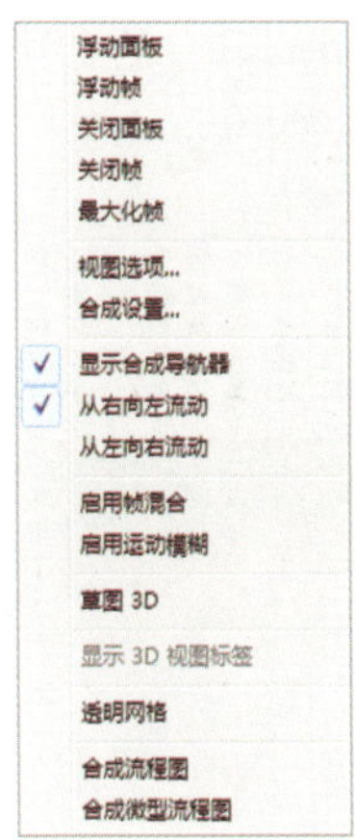

图 2-53

重点参数提醒：

（1）视图选项：单击该选项会弹出相关对话框，可以设置参数的显示与隐藏，如图 2-54 所示。

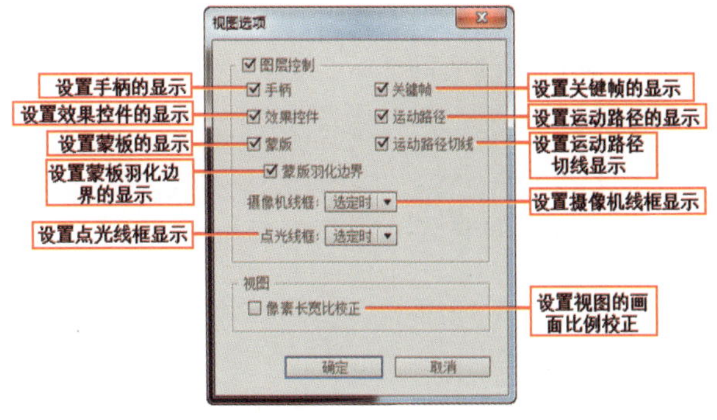

图 2-54

（2）合成设置：单击该命令，也可以弹出【合成设置】窗口。

（3）启用运动模糊：打开【合成】中运动动画的【运动模糊】开关。

（4）透明网格：取消背景颜色的显示，以透明网格的方式来显示背景，有助于查看有透明背景的图像，如图 2-55 所示。

图 2-55

2.6 【时间线】窗口

在 Adobe After Effects CC 的【时间线】窗口中可以对图层进行编辑和制作，如图 2-56 所示。

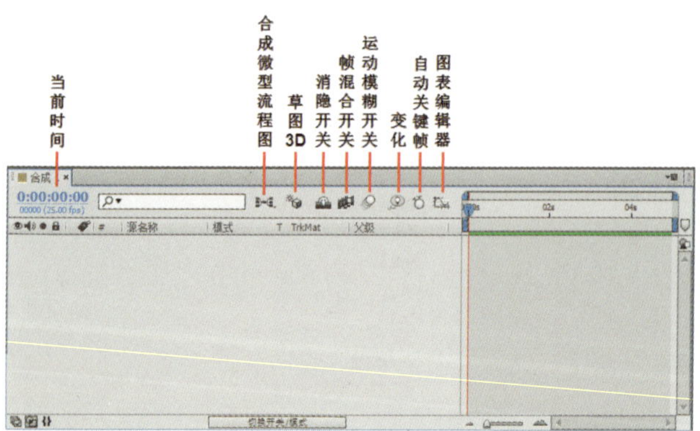

图 2-56

重点参数提醒：

（1）0:00:00:00 00000 (25.00 fps)：显示当前时间线滑块所在的时间位置，单击即可对时间进行编辑。

（2）（帧混合开关）：可以打开或关闭全部对应图层中的帧混合。

（3）（运动模糊）：运动模糊开关，可以打开或关闭全部对应图层中的运动模糊。

（4）（自动关键帧）：修改属性数值时会自动生成关键帧。

（5）（图表编辑器）：图标编辑器，可以打开或关闭对关键帧进行图表编辑的窗口。

2.7 其他常用窗口面板

在 Adobe After Effects CC 中，还有一些其他常用的窗口面板，如【效果控件】窗口、【信息】面板、【音频】面板、【时间控制】面板、【效果 & 预设】面板、【图层】窗口等。

2.7.1 【效果控件】面板

在【效果控件】面板中可以对图层添加的各项效果进行设置，如图 2-57 所示。

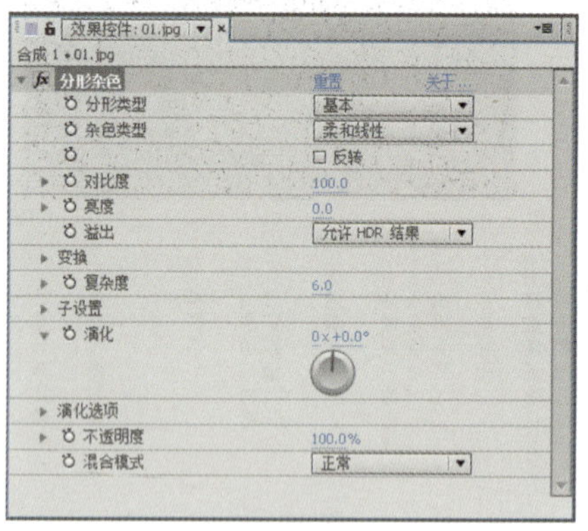

图 2-57

单击右上方的按钮会出现面板菜单，如图 2-58 所示。

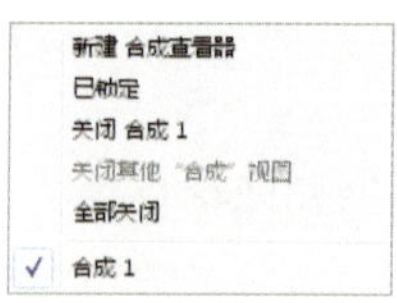

图 2-58

2.7.2 【信息】面板

在【信息】面板中会显示当前的素材信息，如图 2-59 所示。

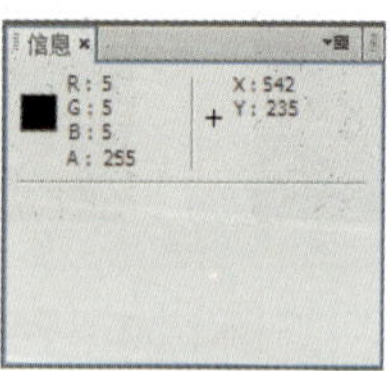

图 2-59

单击右上方的按钮会出现面板菜单，如图 2-60 所示。

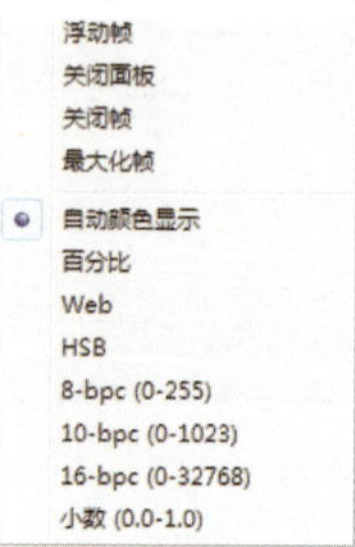

图 2-60

2.7.3 【音频】面板

在【音频】面板中会显示当前的音频参数，如图 2-61 所示。

单击右上方的按钮可以选择菜单，如图 2-62 所示。

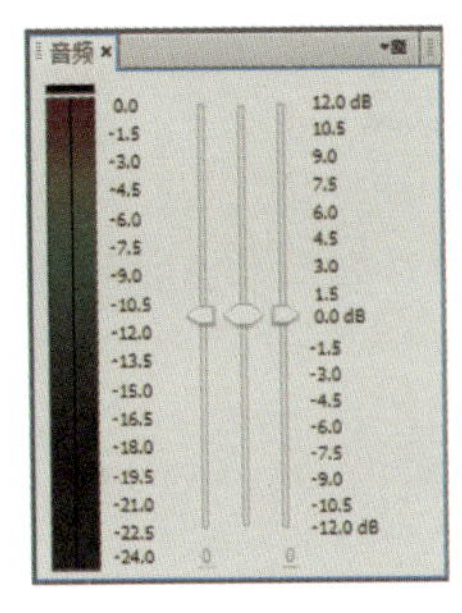

图 2-61

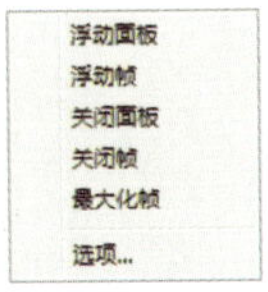

浮动面板
浮动帧
关闭面板
关闭帧
最大化帧
选项...

图 2-62

2.7.4 【预览】面板

在【预览】面板中包括帧速率、分辨率等参数，还有播放 / 暂停等按钮，如图 2-63 所示。

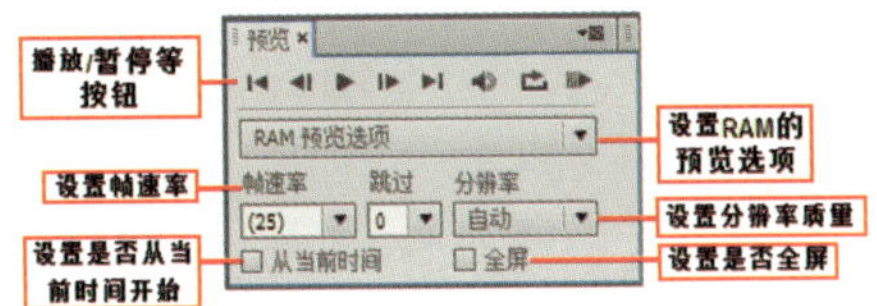

图 2-63

重点参数提醒：

（第一帧）：跳转到第一帧。

（上一帧）：跳转到当前位置的前一帧。

（播放 / 暂停）：单击该按钮可以播放或暂停预览。

（静音）：可以使预览中的音频静音。

（循环）：单击可以更改循环类型，包括（乒乓循环）、（播放一次）和（循环）三种。

（RAM 预览）：单击该按钮，可以进行 RAM 预览。

帧速率：设置帧速率。

跳过：设置跳过的帧数。

分辨率：设置分辨率的质量。

从当前时间：勾选该选项即从当前时间开始预览。

单击右上方的按钮可以选择菜单，如图 2-64 所示。

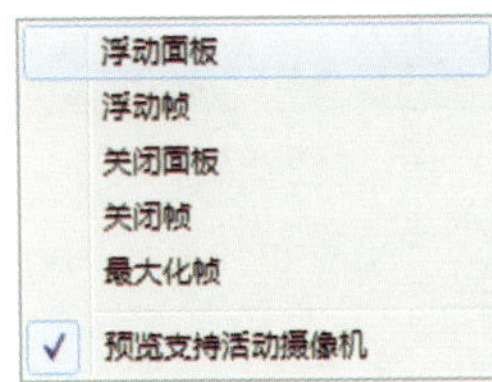

图 2-64

2.7.5 【效果和预设】面板

在【效果和预设】面板中包括所有的滤镜效果和预设效果，如图 2-65 所示。

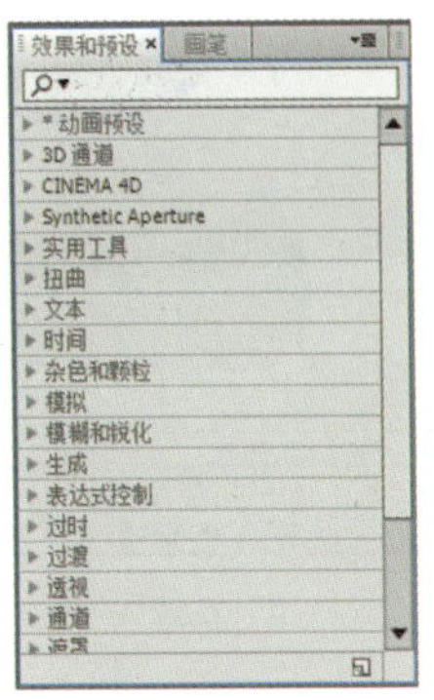

图 2-65

FAQ 常见问题解答：【效果和预设】面板中与【效果】菜单中的滤镜效果有何不同？

【效果和预设】面板中的滤镜效果和预设效果与菜单栏中的【效果】菜单相同，只是显示方式不同。

单击右上方的按钮可以选择菜单，如图 2-66 所示。

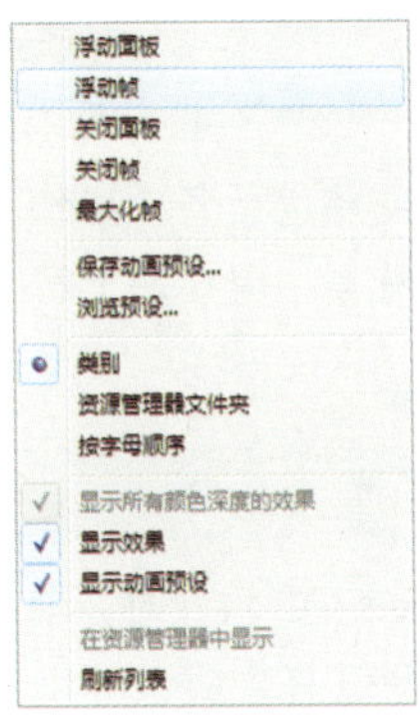

图 2-66

2.7.6 【图层】窗口

Adobe After Effects CC 的【图层】窗口与【合成】窗口类似，【合成】窗口为当前合成中多个图层素材的最终效果，而【图层】窗口只是合成中单独一个图层的原始效果。【合成】窗口，如图 2-67 所示。

图 2-67

【图层】窗口，如图 2-68 所示。

图 2-68

单击右上方的按钮可以选择菜单，如图 2-69 所示。

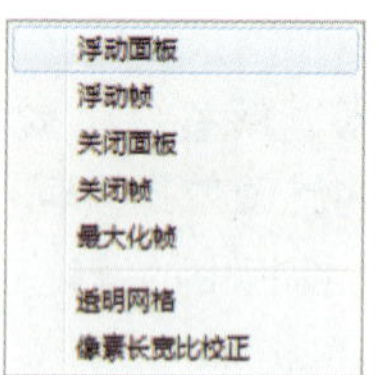

图 2-69

2.8 基本操作

在制作项目时需要进行各项操作，包括项目的设置、新建合成、导入素材等。现在来了解一下一些基本操作的方法。

2.8.1 项目设置

启动 After Effects CC 软件时，会自动建立一个空的项目。此时该项目中并没有合成，可以对需要建立的项目进行设置。

（1）启动 After Effects CC 软件，会出现一个空白的操作界面，如图 2-70 所示。

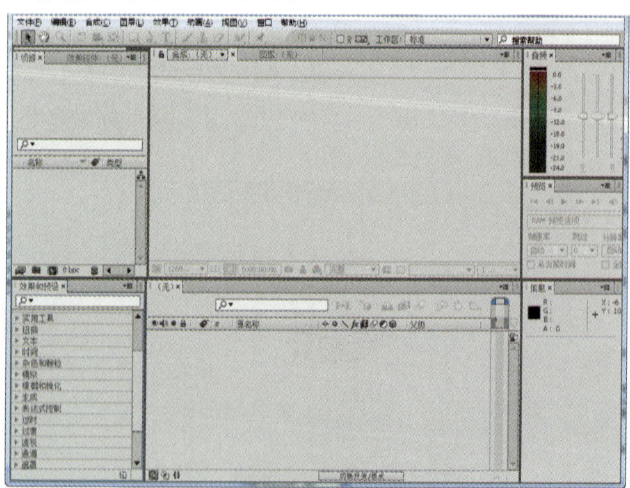

图 2-70

（2）对新建项目进行设置。在菜单栏中执行【文件】/【项目设置】命令，打开【项目设置】窗口，如图 2-71 所示。然后在对话框中可以查看或修改【时间显示样式】、【颜色设置】和【音频设置】相关选项，如图 2-72 所示。

图 2-71

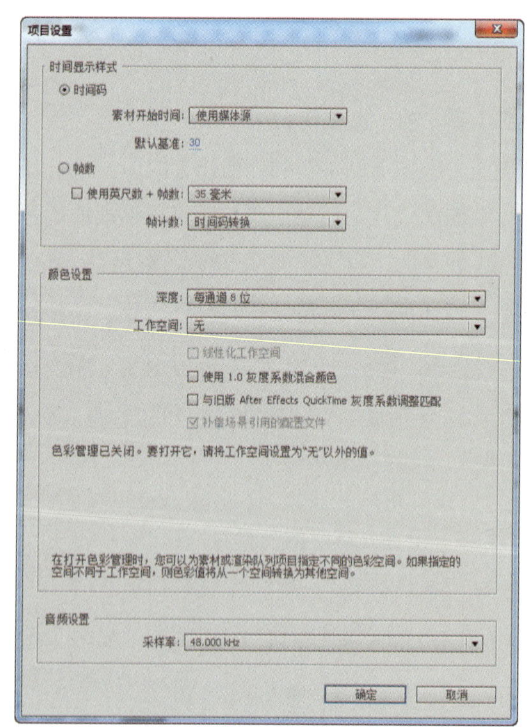

图 2-72

2.8.2 新建项目

在菜单栏中执行【文件】/【新建】/【新建项目】命令，即可新建一个项目，如图 2-73 所示。

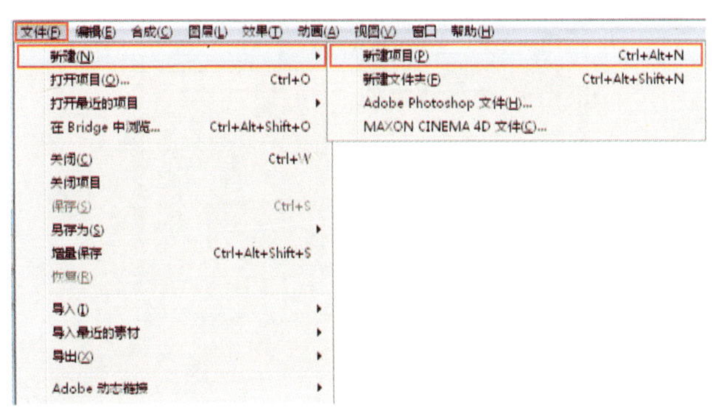

图 2-73

2.8.3　新建合成

合成是在【项目】窗口内创建的，属于项目的一部分。一个项目文件中只能存在一个项目，而一个项目中可以拥有多个合成。新建合成的方法如下：

方法 1：菜单命令创建

（1）在菜单栏中，执行【合成】/【新建合成】命令，或使用快捷键 <Ctrl+N>，如图 2-74 所示。此时在弹出的对话框中设置适当的参数和【合成名称】，接着单击【确定】按钮，如图 2-75 所示。

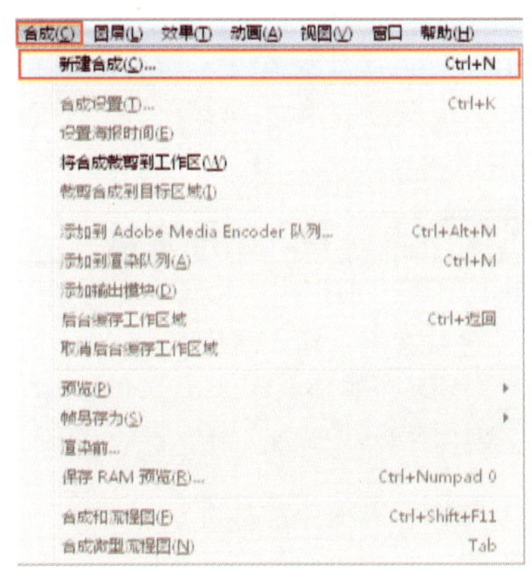

图 2-74

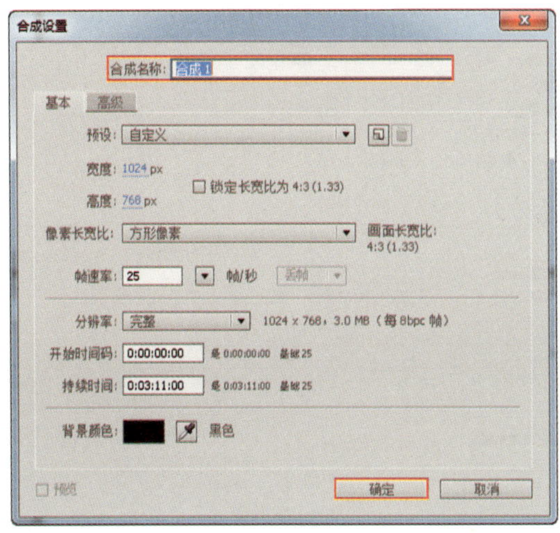

图 2-75

（2）新建合成后在【项目】窗口中的效果，如图 2-76 所示。

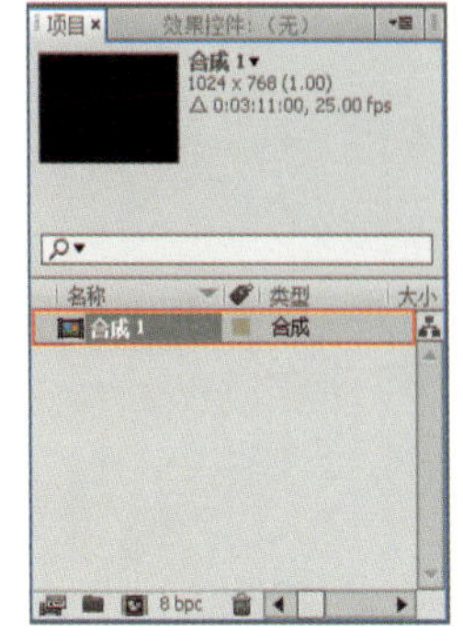

图 2-76

方法 2：【项目】窗口菜单创建

在【项目】窗口中的空白处单击鼠标右键，在弹出的菜单中选择【新建合成】，如图 2-77 所示。此时在弹出的对话框中设置适当的参数和【合成名称】，接着单击【确定】按钮，如图 2-78 所示。

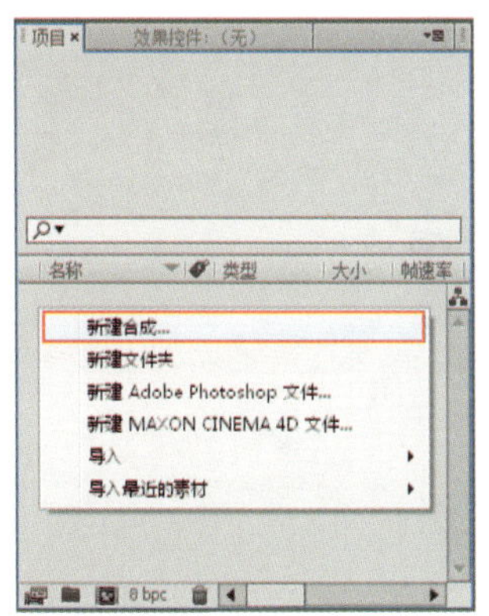

图 2-77

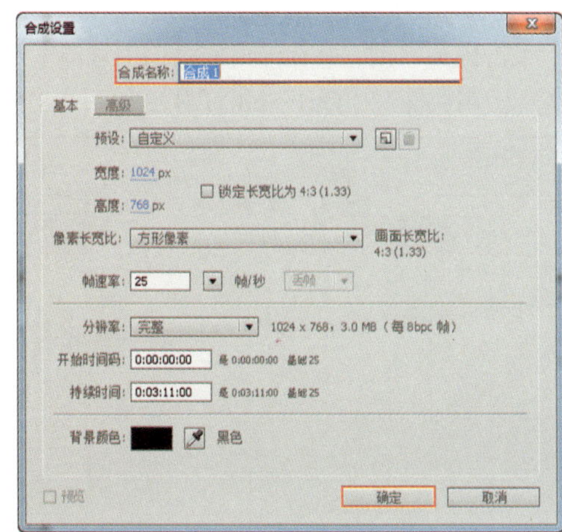

图 2-78

方法 3：窗口按钮创建

在【项目】窗口的下方单击【建立一个新合成】按钮，如图 2-79 所示。此时在弹出的对话框中设置适当的参数和【合成名称】，接着单击【确定】按钮，如图 2-80 所示。

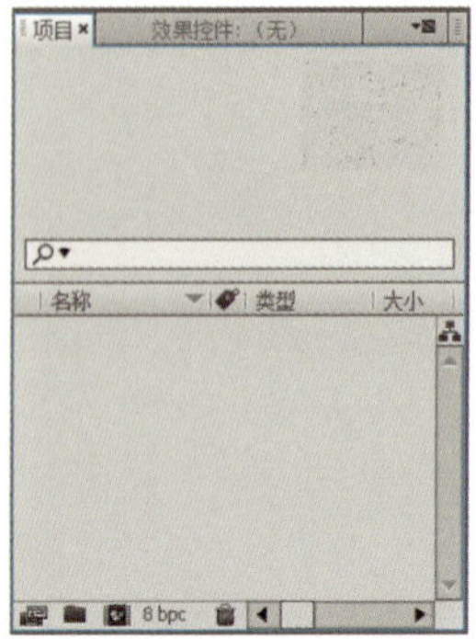

图 2-79

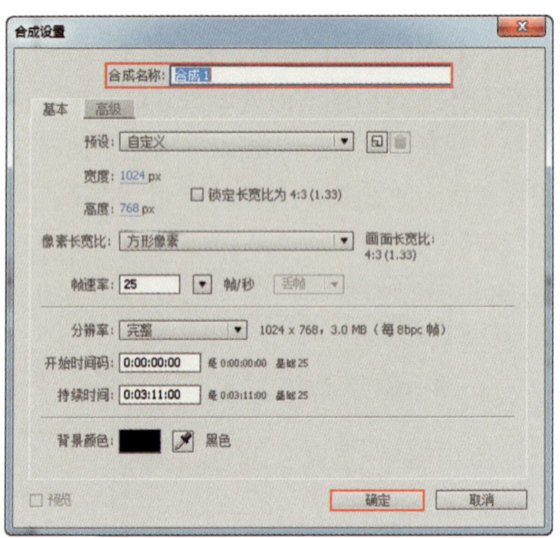

图 2-80

2.8.4 合并图层

合并图层就是在一个合成【时间线】窗口中，将其中若干图层合并成一个合成图层。

（1）选择【时间线】窗口中需要合并的图层，然后在图层上单击鼠标右键，并在弹出的菜单中选择【预合成】命令，或者使用快捷键【Ctrl+Shift+C】，如图 2-81 所示。

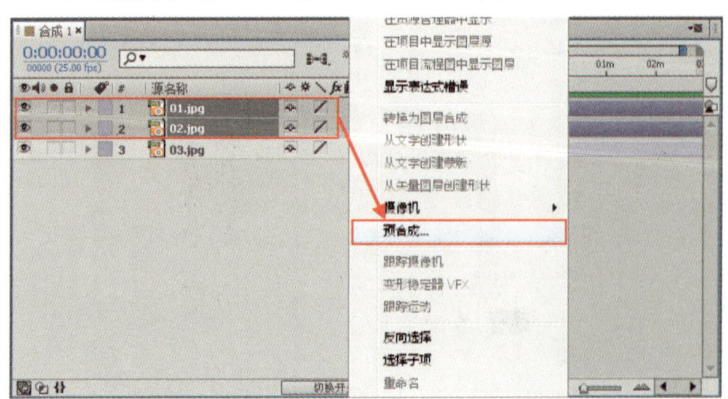

图 2-81

（2）接着在弹出的【预合成】窗口中设置【新合成名称】，并单击【确定】按钮，如图 2-82 所示。

（3）此时在【时间线】窗口中已经将图层进行合并，如图 2-83 所示。

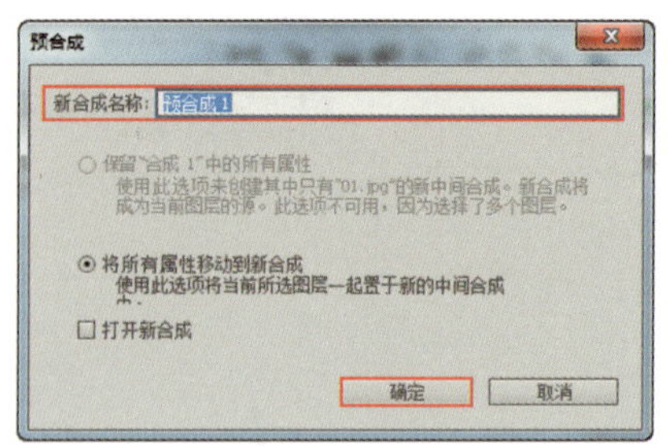

图 2-82

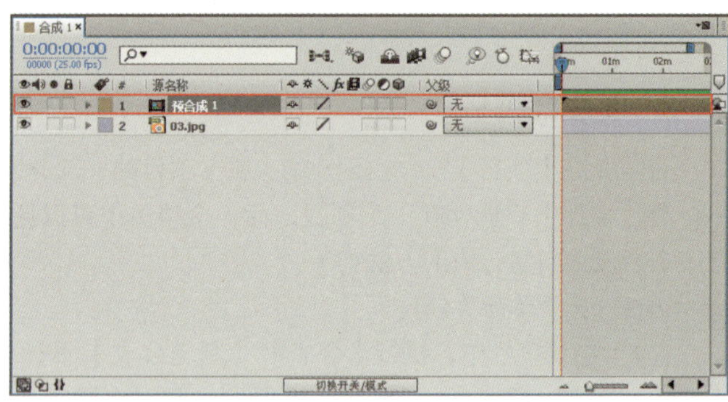

图 2-83

2.8.5 导入素材

在制作项目时，往往需要导入各种素材，包括图片素材、音频素材、视频素材和序列素材等。下面通过案例来介绍导入素材的方法。

重点 进阶案例：导入图片素材

素材文件	无
案例文件	进阶案例：导入图片素材 .aep
视频教学	DVD/ 多媒体教学 /Chapter02/ 进阶案例：导入图片素材 .flv
难易指数	★☆☆☆☆
技术掌握	掌握导入图片素材的方法

（1）新建 After Effects 项目文件，然后执行【文件】/【导入】/【文件】命令，如图 2-84 所示。此时在弹出对话框中选择图片素材，并单击【导入】按钮，如图 2-85 所示。

图 2-84

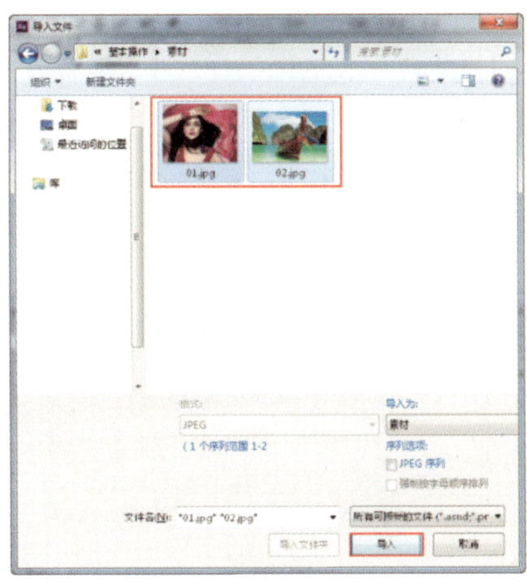

图 2-85

（2）将导入【项目】窗口中的图片素材拖拽到【时间线】窗口中的效果，如图 2-86 所示。

图 2-86

重点▶▶进阶案例：导入音视频素材

素材文件	无
案例文件	进阶案例：导入音视频素材 .aep
视频教学	DVD/ 多媒体教学 /Chapter02/ 进阶案例：导入音视频素材 .flv
难易指数	★☆☆☆☆
技术掌握	掌握导入音视频素材的方法

（1）新建 After Effects 项目文件，然后执行【文件】/【导入】/【文件】命令，或使用快捷键 <Ctrl+I>，如图 2-87 所示。此时在弹出的对话框中选择视频素材，并单击【导入】按钮，如图 2-88 所示。

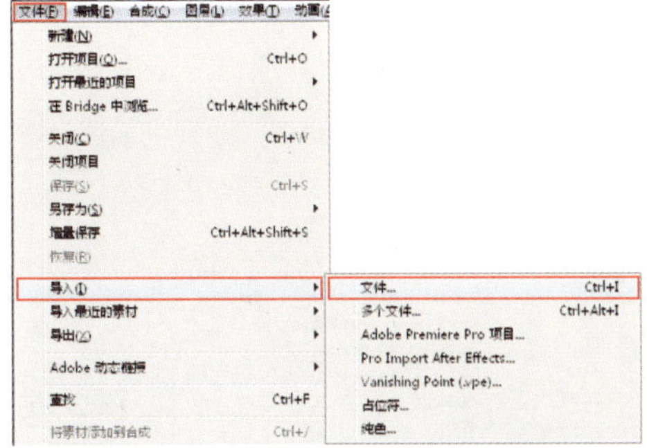

图 2-87

图 2-88

（2）在【项目窗】口中将【01.mov】素材文件拖至下方的按钮上，会创建一个相同名称的合成【01】，而这个合成的尺寸和长度与【01.mov】素材文件一致，如图 2-89 所示。

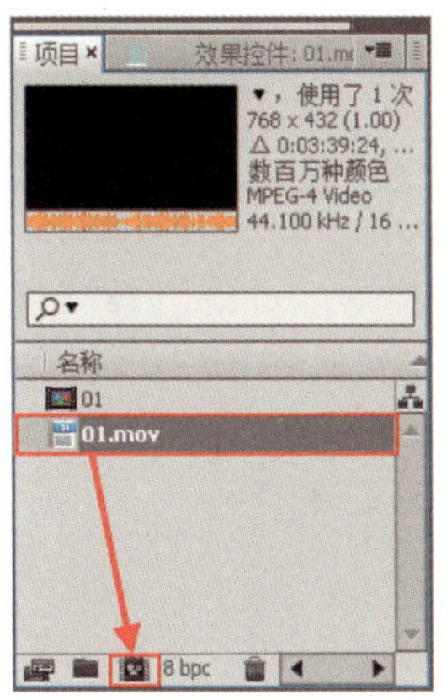

图 2-89

（3）按小键盘的 < 0 > 键可以进行预览播放，而按小键盘中的 < . > 则可以单独播放音频，如图 2-90 所示。

图 2-90

求生秘籍——技巧提示：【时间线】窗口中预览进度的体现

第一次播放时，在【时间线】窗口的工作区中会生成一条绿色的细线，表示在绿线范围内的已经预览完成，可以流畅的进行播放，如图 2-91 所示。

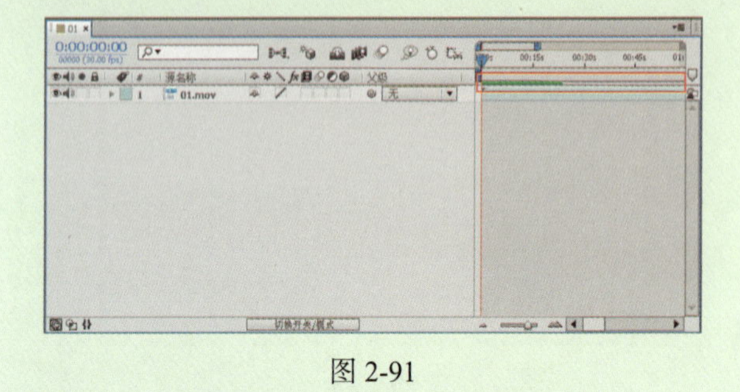

图 2-91

重点 进阶案例：导入 PSD 分层素材

素材文件	无
案例文件	进阶案例：导入 PSD 分层素材 .aep
视频教学	DVD/ 多媒体教学 /Chapter02/ 进阶案例：导入 PSD 分层素材 .flv
难易指数	★☆☆☆☆
技术掌握	掌握导入 PSD 分层素材的方法

（1）新建 After Effects 项目文件，然后执行【文件】/【导入】/【文件】命令，或使用快捷键 <Ctrl+I>，如图 2-92 所示。此时在弹出的对话框中选择视频素材，并单击【导入】按钮，如图 2-93 所示。

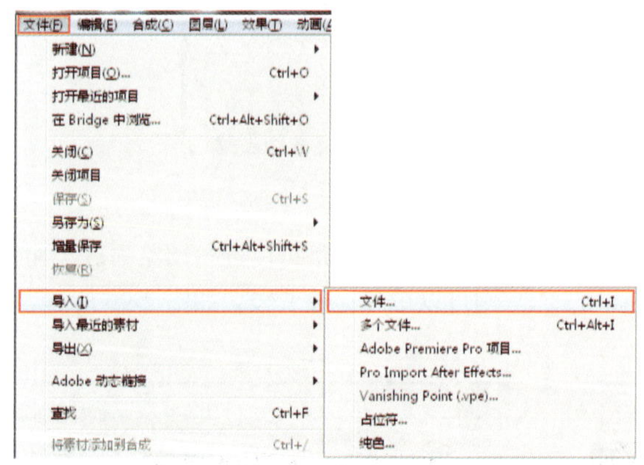

图 2-92

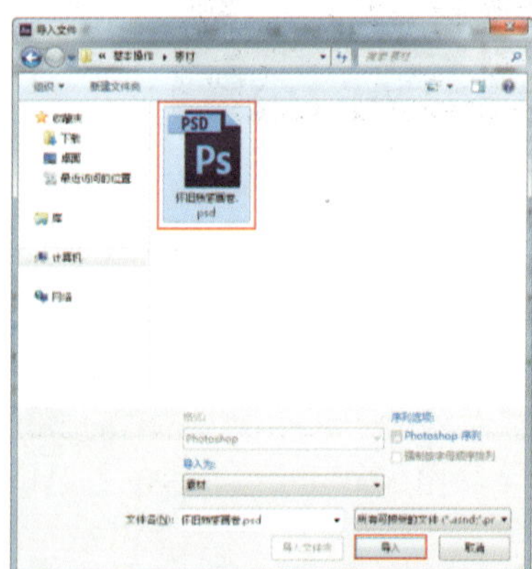

图 2-93

（2）在弹出的对话框中设置【导入种类】为【合成】，【图层选项】为【可编辑的图层样式】，然后单击【确定】按钮，如图 2-94 所示。

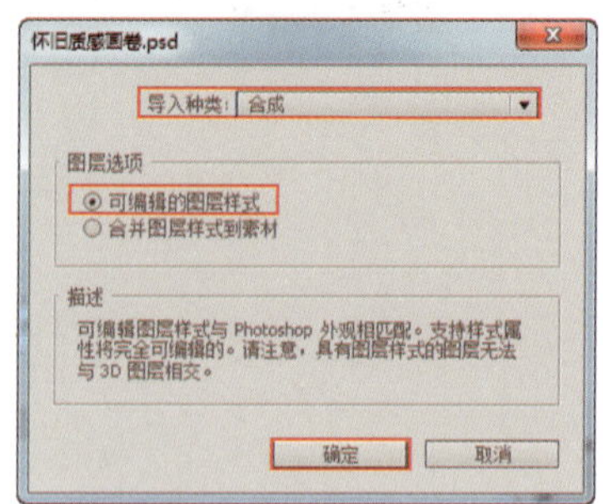

图 2-94

（3）此时查看导入 PSD 分成文件后的最终效果，如图 2-95 所示。

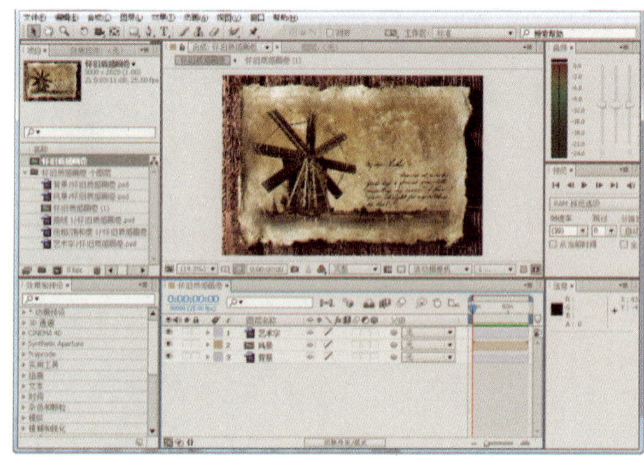

图 2-95

重点 进阶案例：导入序列素材

素材文件	无
案例文件	进阶案例：导入序列素材 .aep
视频教学	DVD/ 多媒体教学 /Chapter02/ 进阶案例：导入序列素材 .flv
难易指数	★☆☆☆☆
技术掌握	掌握导入序列素材的方法

（1）新建 After Effects 项目文件与合成，然后执行【文件】/【导入】/【文件】命令，或使用快捷键 <Ctrl+I>，如图 2-96 所示。此时在弹出的对话框中选择第一个序列素材文件，并勾选【JPEG 序列】，接着单击【导入】按钮，如图 2-97 所示。

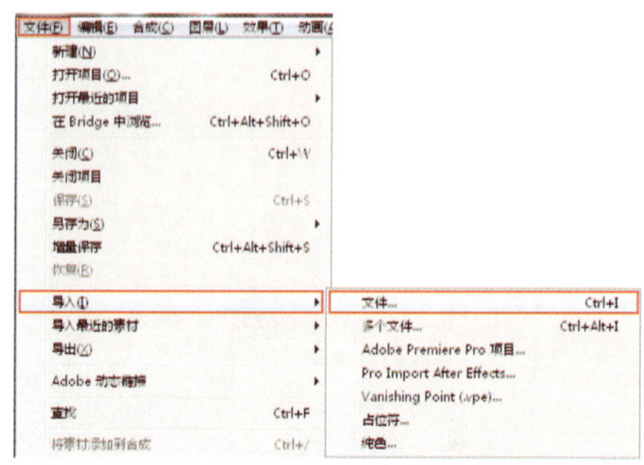

图 2-96

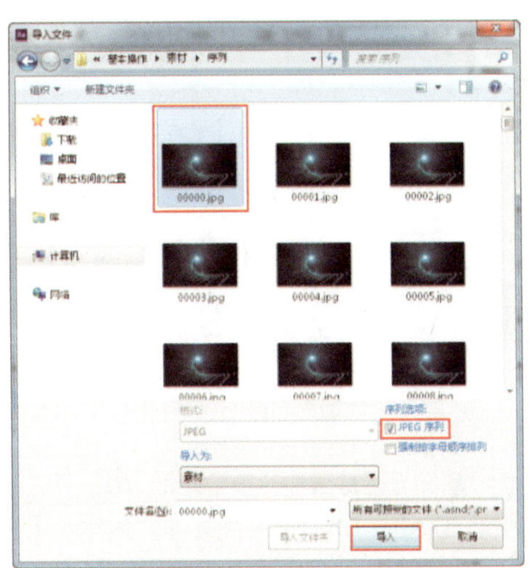

图 2-97

（2）导入序列素材图片后的最终效果如图 2-98 所示。

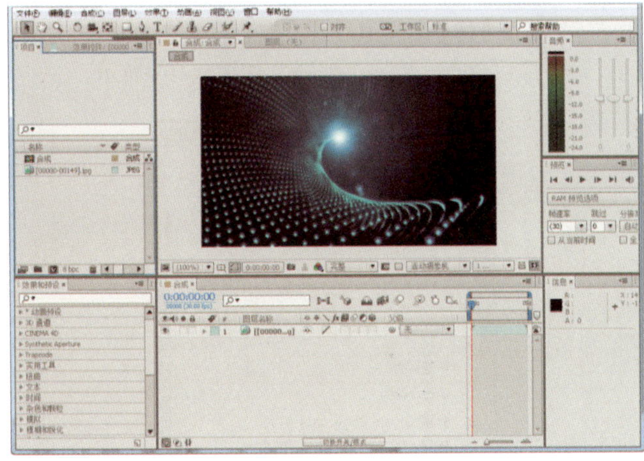

图 2-98

求生秘籍——技巧提示：导入序列素材的技巧

在导入序列图片时，还可以从特定的位置开始导入某一段的序列效果，例如从中间的某个图片开始。如果选择某个图片而不勾选【JEPG 序列】复选框，则导入的图片是静态的单一图片效果。

2.8.6　删除素材

（1）当【项目】窗口中或【时间线】窗口中的素材文件出现重复或剩余时，可以将该素材进行删除。首先选择需要删除的素材文件，可以进行多选，如图 2-99 所示。然后在菜单栏中执行【编辑】/【清除】命令即可删除，如图 2-100 所示。

（2）常用的简便方法为：选择需要删除的素材文件后，按 <Delete> 键即可进行删除，如图 2-101 所示。最终删除素材文件后的效果，如图 2-102 所示。

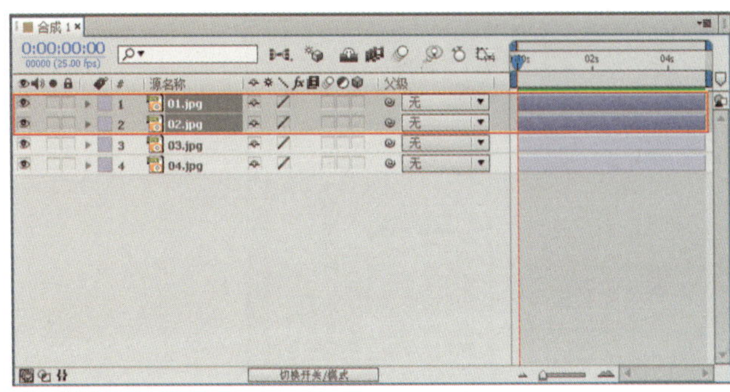

图 2-99

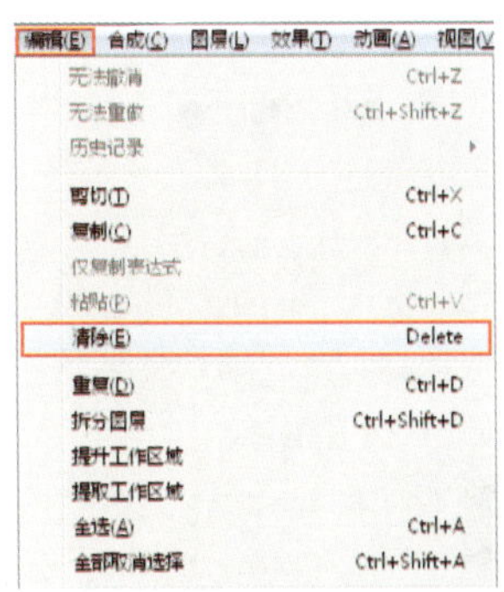

图 2-100

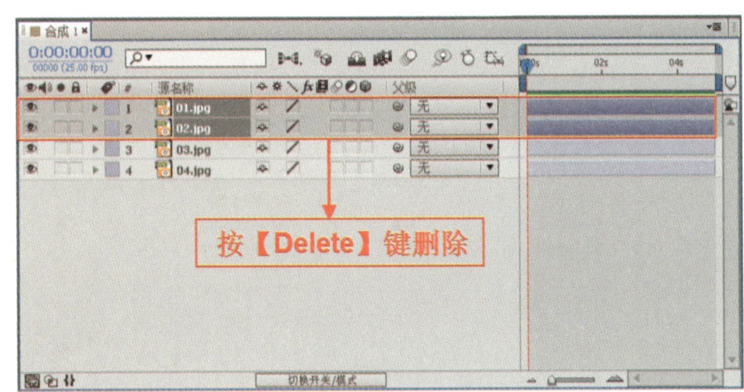

图 2-101

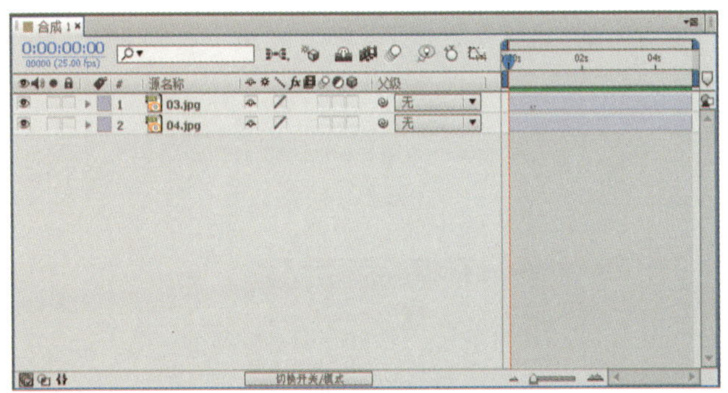

图 2-102

2.8.7　整理重复素材

（1）在【项目】窗口中有重复导入的素材文件时，如图 2-103 所示。可以在菜单栏中执行【文件】/【整理工程（文件）】/【整合所有素材】命令，如图 2-104 所示。

图 2-103

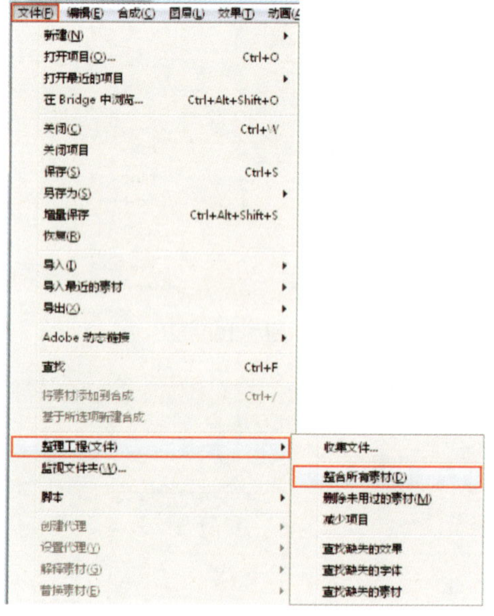

图 2-104

（2）接着在弹出的提示对话框中单击【确定】按钮即可，如图 2-105 所示。此时在【项目】窗口中的重复素材已经被删除整理，如图 2-106 所示。

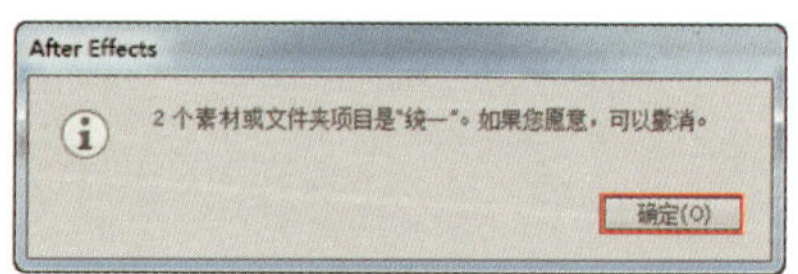

图 2-105

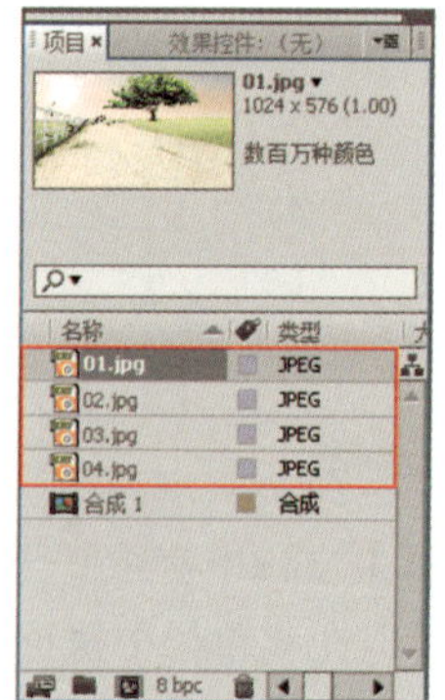

图 2-106

求生秘籍——技巧提示：快速删除项目合成中未使用的素材

使用【删除未用过的素材】命令则可以删除项目合成中没有使用的素材文件。

重点 进阶案例：为素材添加滤镜效果

素材文件	无
案例文件	进阶案例：为素材添加滤镜效果 .aep
视频教学	DVD/ 多媒体教学 /Chapter02/ 进阶案例：为素材添加滤镜效果 .flv
难易指数	★☆☆☆☆
技术掌握	掌握为素材添加滤镜效果的方法

（1）新建 After Effects 项目文件，然后在【项目】窗口的空白处单击鼠标右键，并在菜单中选择【新建合成】命令，如图 2-107 所示。接着在弹出的对话框中设置【合成名称】为【合成 1】，【宽度】为 720 像素，【高度】为 576 像素，【像素长宽比】为【方形像素】，【持续时间】为 5 秒，最后单击【确定】按钮，如图 2-108 所示。

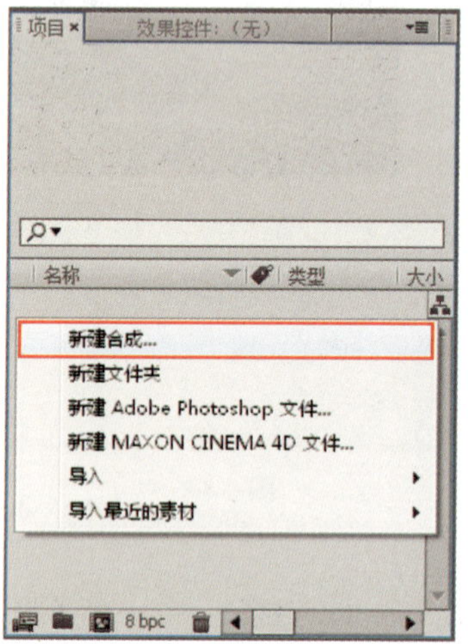

图 2-107

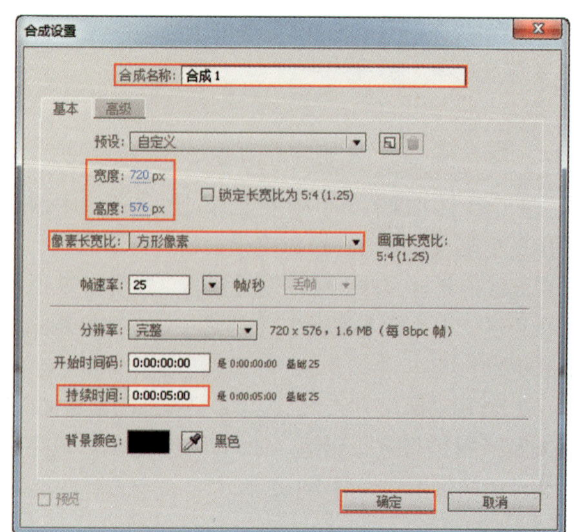

图 2-108

（2）使用快捷键 <Ctrl+I>，在弹出的【导入文件】窗口中选择素材文件，并单击【导入】按钮，如图 2-109 所示。

图 2-109

（3）将【项目】窗口中的【01.jpg】素材文件拖拽到【时间线】窗口中，如图 2-110 所示。

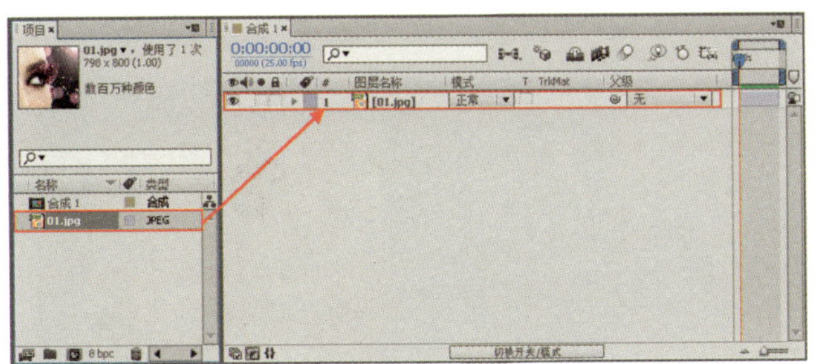

图 2-110

（4）选择【时间线】窗口中的【01.jpg】素材文件，然后在菜单栏中执行【效果】/【颜色校正】/【三色调】命令，如图 2-111 所示。此时该素材文件已经添加了该效果，如图 2-112 所示。

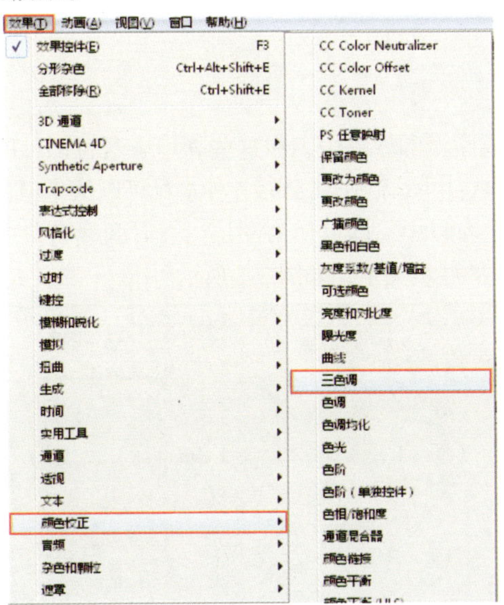

图 2-111

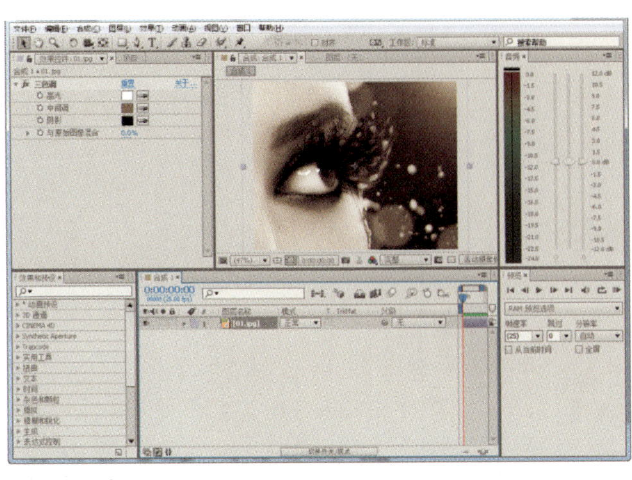

图 2-112

求生秘籍——技巧提示：从【效果和预设】面板中添加滤镜效果

也可以直接在【效果和预设】面板中搜索效果，或者直接找到需要的效果。然后直接将该效果按住鼠标左键拖曳到【时间线】窗口中的素材文件上，如图 2-113 所示。

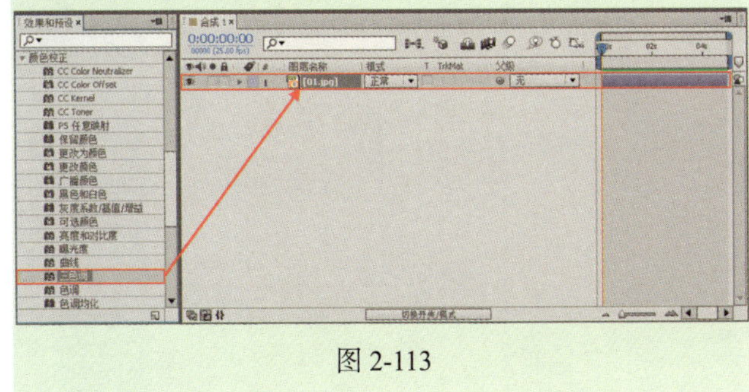

图 2-113

详细滤镜效果操作将在效果章节进行讲解。

第 3 章
图层操作

本章学习要点：

★ 了解常见类型的图层

★ 掌握各种图层的创建方法

★ 掌握图层属性的应用

3.1 了解图层

图层是构成图像的主要组成部分之一，许多画面效果可以通过对图层的直接操作而得到，所以图层操作是一种简单直观的方法。其实图层的原理很简单，就如同在多个叠加在一起的透明玻璃上绘画一样，在一张玻璃上绘画不会影响其他玻璃上的画。在移动一张玻璃时，该玻璃上的画也会跟着移动，所以，多张带有画面的玻璃叠加在一起即可得到丰富的覆叠效果，如图 3-1 所示。

图 3-1

3.1.1 什么是图层

图层存在于许多合成图像的软件中，在这些软件中素材都可以作为图层使用。在 After Effects 软件中，制作项目的各种素材可以从【项目】窗口中直接拖放到【时间线】窗口中，即可作为图层。在时间线窗口中，可以清晰明了地看到素材之间的层级关系，如图 3-2 所示。

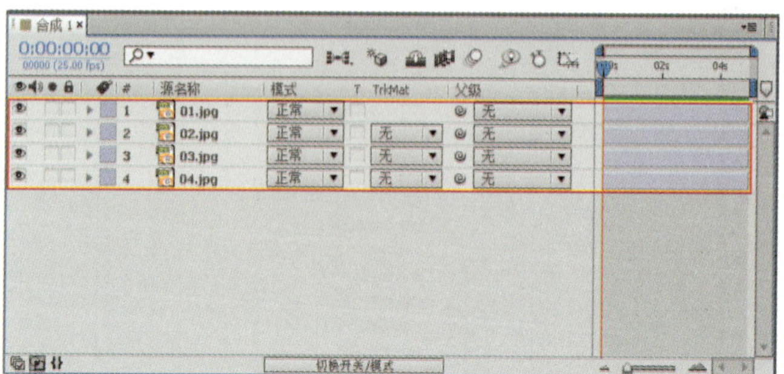

图 3-2

求生秘籍——软件技能：图层的覆盖顺序不同会产生不同效果

上面的图层会覆盖下面的图层，所以在【合成】窗口中显示的最终效果依图层的不同，可能会产生变化。

3.1.2　为什么要使用图层

在 After Effects 软件中无论是合成动画、图层混合或是遮罩应用都离不开图层，因此在制作项目时一定要了解和掌握图层。图层的优势在于每一个图层中的对象都可以单独进行处理，既可以移动图层，也可以调整图层堆叠排列的顺序。

FAQ 常见问题解答：分层制作的优势有哪些？

分层制作的作品可以方便地进行修改，例如整体图像的某一部分的位置或大小等不正确时，可以单独对该部分的图层进行移动或缩放等操作，也可以直接删除该图层，并重新制作。而其他图层上的图像则不受任何影响。利用这种图层优势，极大地提高了后期修改制作的速度，提高了工作效率。

3.2　图层的创建与选择

在 After Effects 软件中，可以创建图层，选择图层，还可以调整图层的顺序。创建图层和选择图层的操作方法有很多种，包括直接拖拽创建图层、右键菜单创建图层，选择单一的图层、选择同类标签的图层、选择连续的图层等。

3.2.1　创建图层

在 After Effects 中制作项目一般都需要创建图层，创建的方法主要有两种。

1. 拖拽素材创建

将【项目】窗口中的素材文件直接拖拽到【时间线】窗口中，即可创建一个素材图层，如图 3-3 所示。

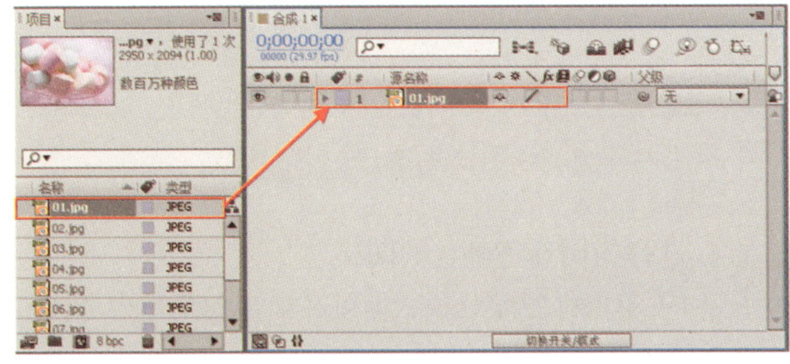

图 3-3

2. 新建图层

在【时间线】窗口中的空白处单击鼠标右键，在弹出的菜单中选择【新建】，并在子菜单中选择所需图层类型，如图 3-4 所示。

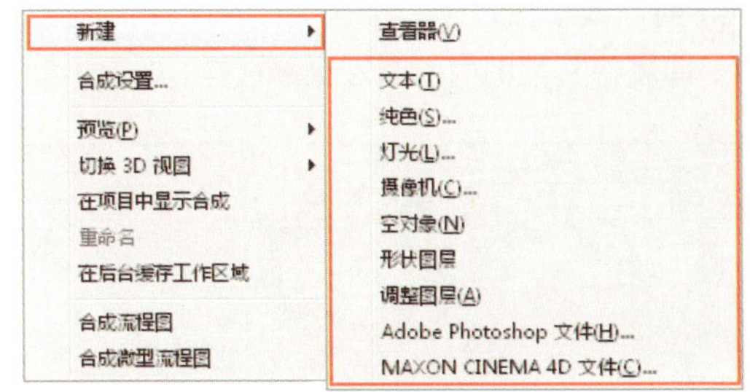

图 3-4

求生秘籍——软件技能：在菜单栏中也可以新建图层

该菜单与菜单栏中的【图层】/【新建】完全相同，功能也完全一样，根据个人习惯选择合适的操作方式即可，如图 3-5 所示。

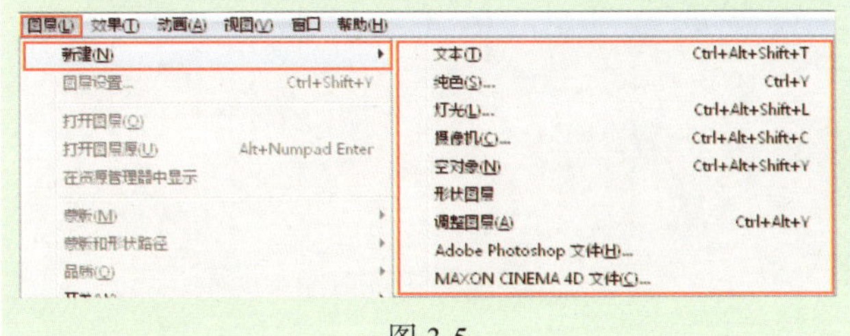

图 3-5

3.2.2　选择单个图层

在对某一图层进行操作时，可以在【时间线】窗口中选择该层，常用的方法有两种：

方法 1：鼠标单击选择

在【时间线】窗口中将鼠标指针移动到目标层上，然后单击该层，即可选择，如图 3-6 所示。

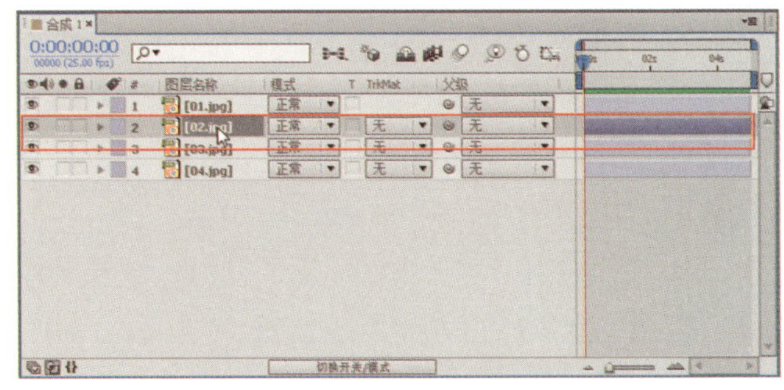

图 3-6

方法 2：键盘选择

在键盘右侧的小数字键盘中按数字键，【时间线】窗口中的每一层都标有序号，从 1 ~ 9 层分别对应小键盘上的 1 ~ 9 数字键，如图 3-7 所示。

3.2.3　选择多个图层

选择多个图层的方式主要有以下 4 种：

1. 直接框选图层

在【时间线】窗口中，按住鼠标左键直接框选所需素材文件，即可将其范围内的图层全部选择，如图 3-8 所示。

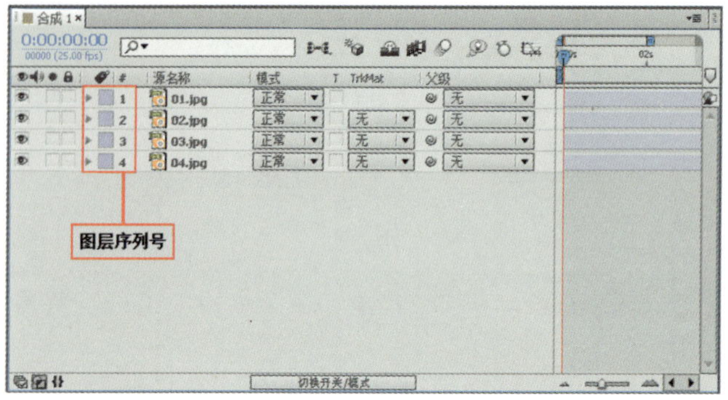

图 3-7

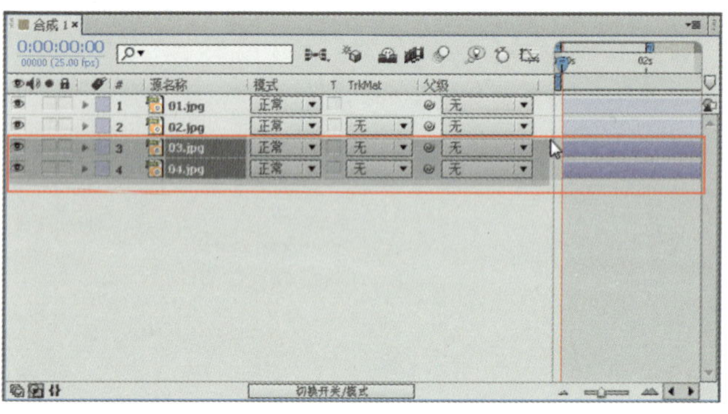

图 3-8

2. 分别选择图层

按住 <Ctrl> 键不放，然后分别单击或框选需要选择的图层，即可同时选择多个图层，如图 3-9 所示。

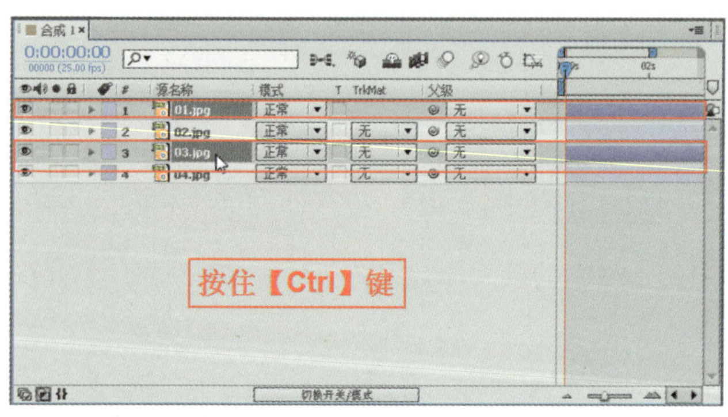

图 3-9

3. 选择连续的图层

在【时间线】窗口中单击需要选择的起始图层，然后按住 <Shift> 键不放，再单击需要选择的结束图层，即可将两者之间的图层全部选择，如图 3-10 所示。

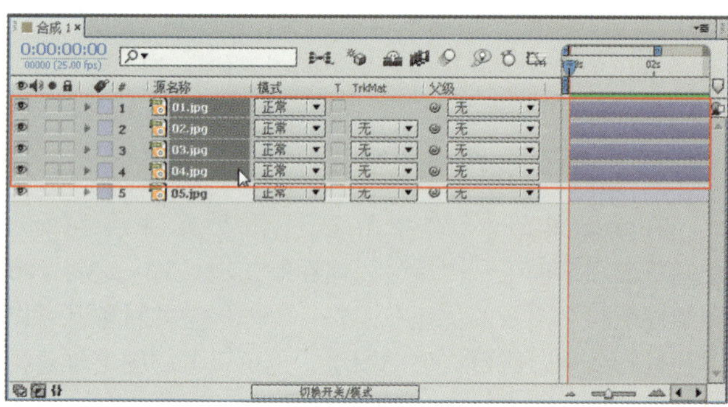

图 3-10

求生秘籍——软件技能：在【合成】窗口中可以直接单击选择素材

在【合成】窗口中单击一个素材或按住 <Shift> 键再单击多个素材，即可选择该素材的图层，同时在【时间线】窗口中素材图层也被选择，如图 3-11、图 3-12 所示。

图 3-11

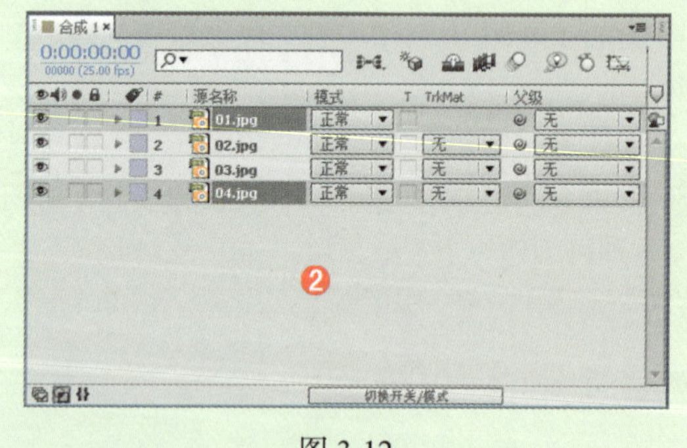

图 3-12

4. 选择相同标签颜色的图层

（1）单击标签颜色块，即可在弹出的菜单中选择不同的标签颜色，如图 3-13 所示。在目标图层的标签颜色上单击鼠标右键，然后在弹出的菜单中选择【选择标签组】命令，如图 3-14 所示。

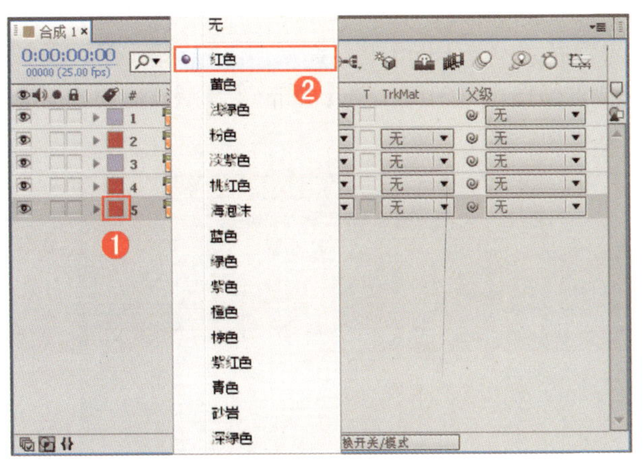

图 3-13

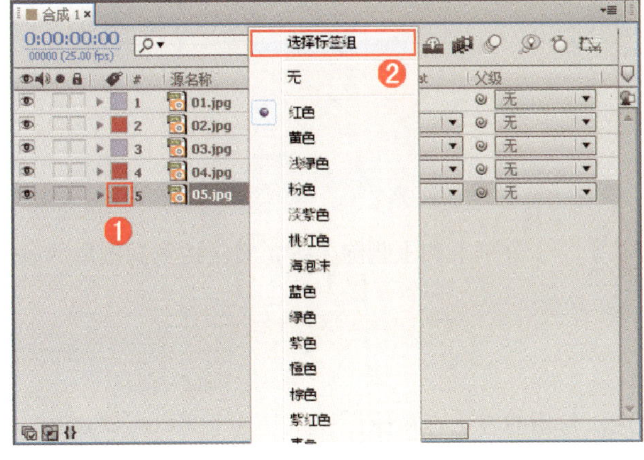

图 3-14

（2）此时，相同标签颜色的图层都已经被选择，如图 3-15 所示。

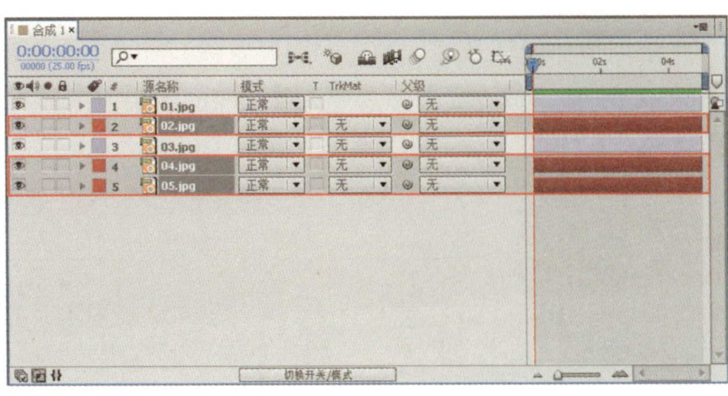

图 3-15

求生秘籍——软件技能：通过菜单栏命令可以对图层进行全选

在菜单栏中执行【编辑】/【全选】命令（快捷键为 <Ctrl+A>），即可选择【时间线】窗口中的所有图层，如图 3-16 所示。执行【编辑】/【全部取消选择】命令（快捷键为 <Ctrl+Shift+A>），可以将选中的图层全部取消，如图 3-17 所示。

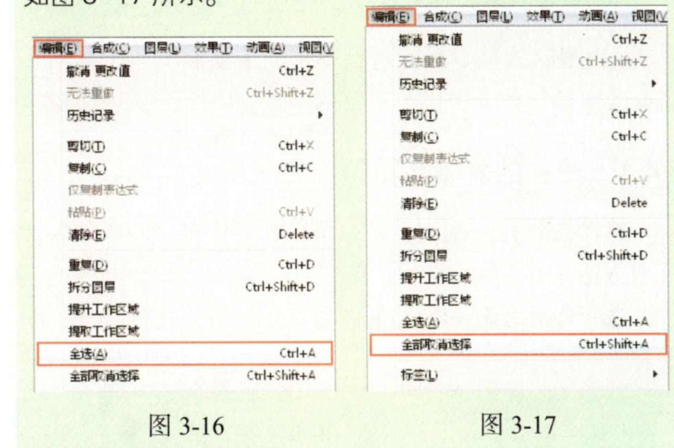

图 3-16　　图 3-17

3.3　图层顺序调节

【时间线】窗口中图层的顺序决定了最终画面的显示次序和效果。图层顺序的调节一般有两种方法。

1. 鼠标拖动调节

在【时间线】窗口中选择图层，并按住鼠标左键进行向上或向下拖动来调节图层的顺序，如图 3-18 所示为将所选图层向上拖动的操作。

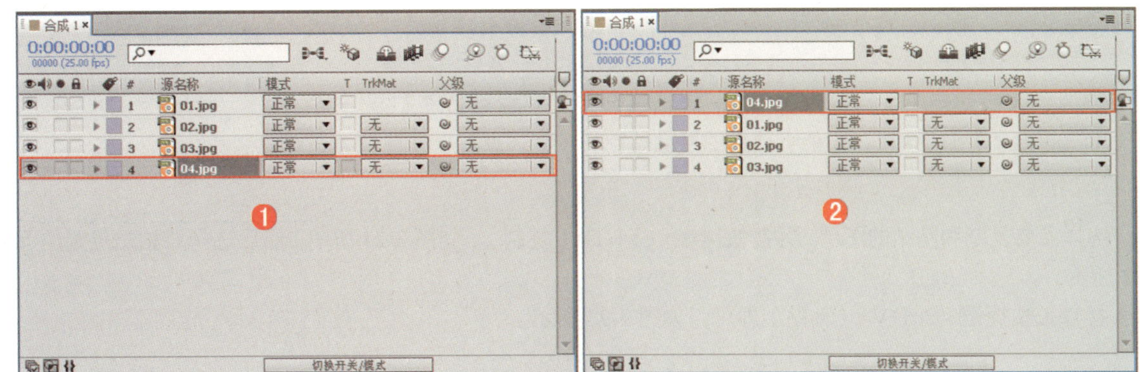

图 3-18

2. 快捷键调节

使用快捷键调节图层顺序：图层置顶为 <Ctrl+Shift+]>，图层置底为 <Ctrl+Shift+[>，图层向上为 <Ctrl+]>，图层向下为 <Ctrl+[>。首先要选择需要调节顺序的图层，然后再执行快捷键操作。图 3-19 为将【01.jpg】图层置底的快捷键操作效果。

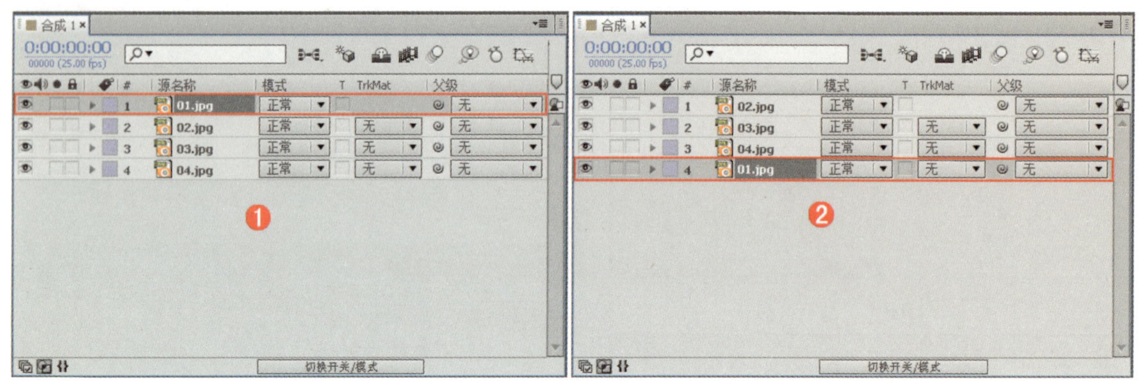

图 3-19

3.4 图层的基本操作

AE 图层的基本操作包括图层的【复制】、【粘贴】、【合并】、【分割】和【删除】等，灵活的掌握图层的各项基本操作是制作项目极为重要的一步。

3.4.1 图层的复制与粘贴

将图层进行复制和粘贴，可以在制作多个同样效果的时候应用。常用的方法有两种：

方法 1

选择需要复制和粘贴的图层，然后按快捷键 <Ctrl+D>，就会将当前选择的图层同时进行复制和粘贴操作，如图 3-20 所示。

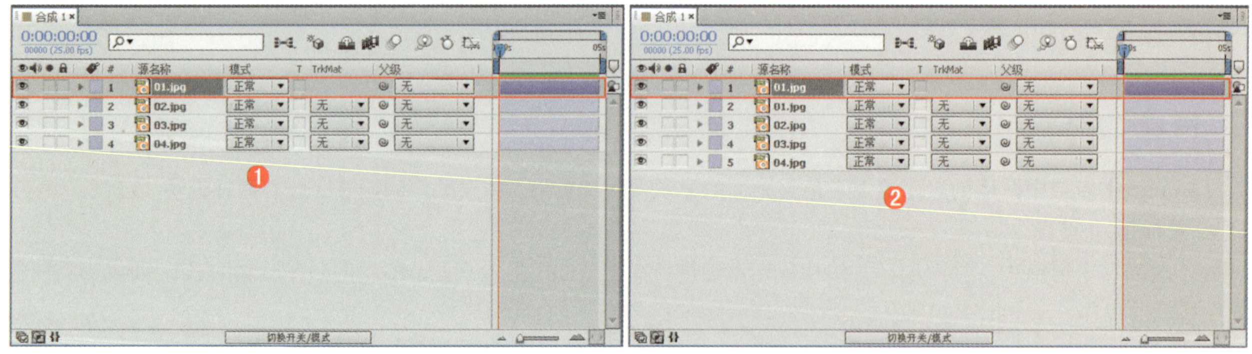

图 3-20

求生秘籍——技巧提示：按住 <Ctrl+D> 键只能在当前位置进行复制和粘贴

在使用快捷键 <Ctrl+D> 时，不能够选择图层粘贴到的位置，只能在当前位置进行复制和粘贴。

方法 2

（1）选择需要复制和粘贴的图层，并按快捷键 <Ctrl+C>（复制），如图 3-21 所示。然后选择要粘贴位置的下方图层，如图 3-22 所示。

（2）接着按快捷键 <Ctrl+V>（粘贴）即可，如图 3-23 所示。

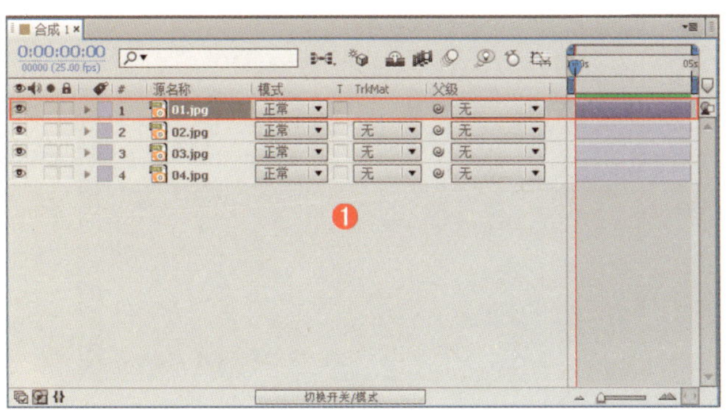

图 3-21

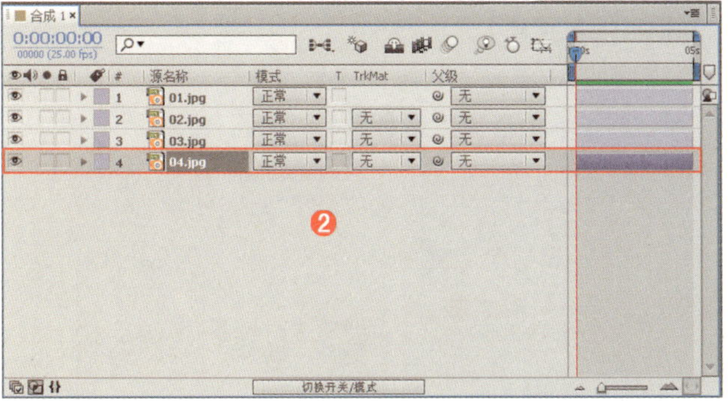

图 3-22

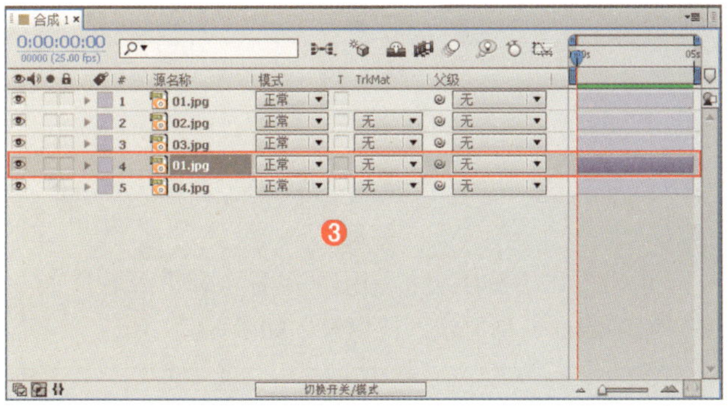

图 3-23

3.4.2　图层的合并

图层的合并，就是在当前合成中创建一个新的合成，方便对部分图层进行统一的操作。

（1）框选所需要合并的图层，或者按住 <Ctrl> 键，单击需要合并的图层，如图 3-24 所示。

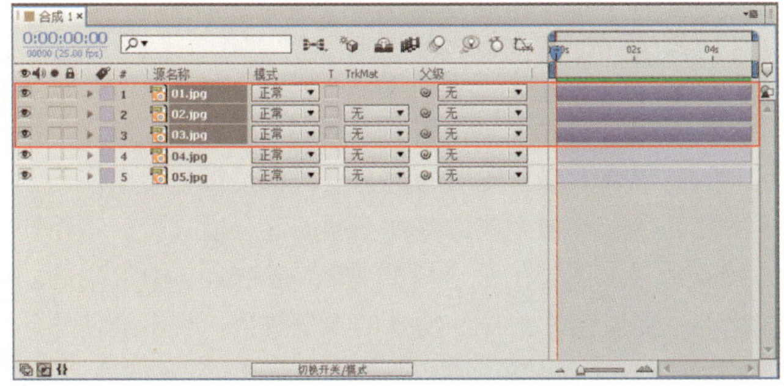

图 3-24

（2）然后按快捷键 <Ctrl+Shift+C>，在弹出的对话框中设置【新合成名称】，接着单击【确定】按钮，如图 3-25 所示。

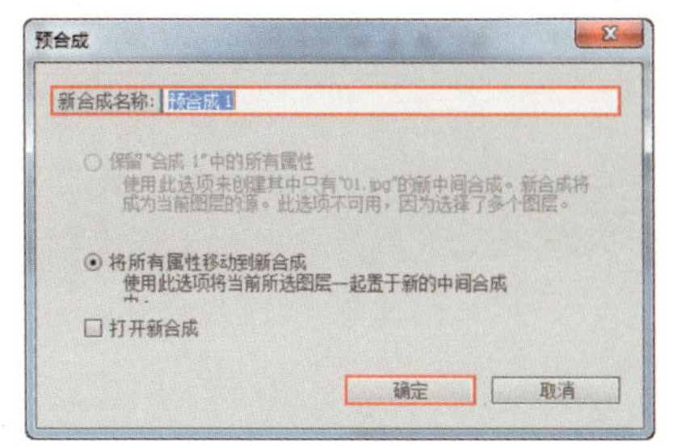

图 3-25

（3）此时为被选择图层合并后的效果，如图 3-26 所示。

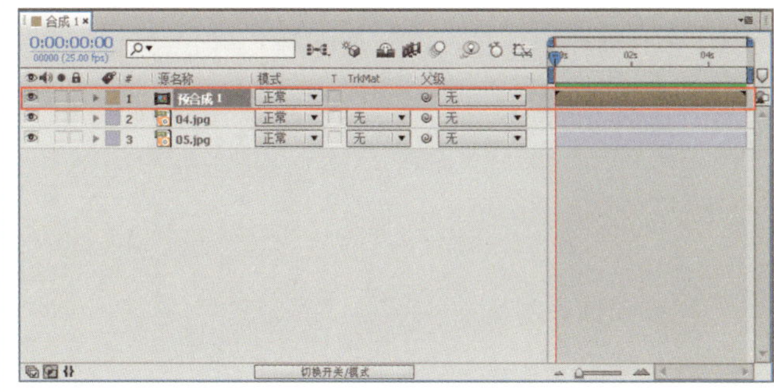

图 3-26

3.4.3　图层的切割

（1）在 After Effects 中可以在图层首尾之间的任何时间点进行分割。将时间线滑块拖到需要切割的位置，并选择需要切割的图层，如图 3-27 所示。

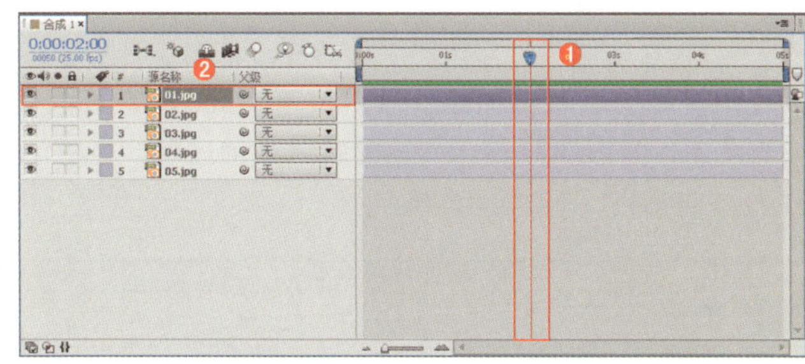

图 3-27

（2）然后在菜单栏中执行【编辑】/【拆分图层】命令或按快捷键 <Ctrl+Shift+D>，即可将当前选择的图层切割为两个图层，如图 3-28 所示。

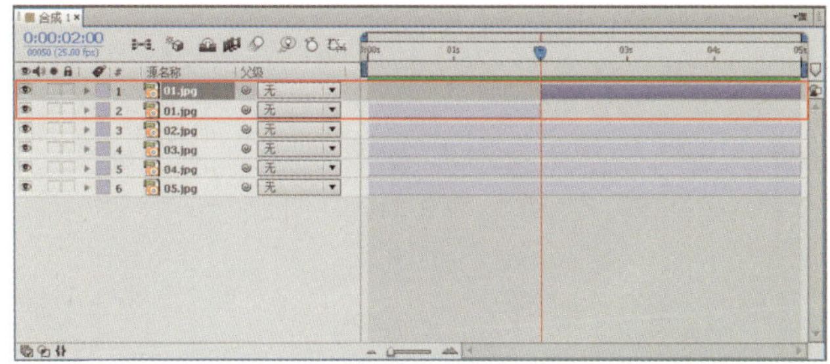

图 3-28

3.4.4 图层的删除

（1）图层的删除，选中一个或按住 <Ctrl> 键选择多个图层，如图 3-29 所示。

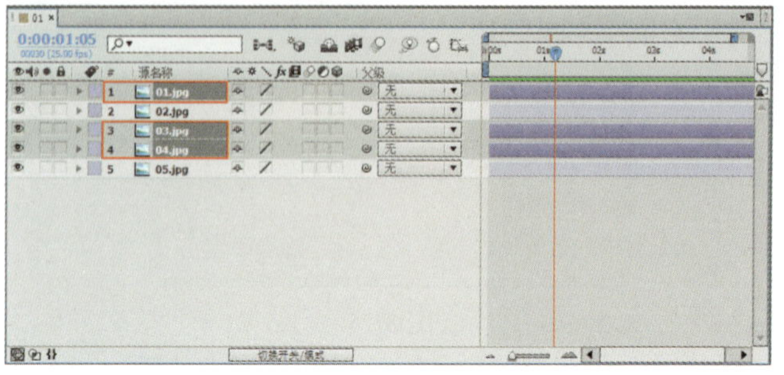

图 3-29

（2）然后按 <Delete> 键，即可删除，如图 3-30 所示。

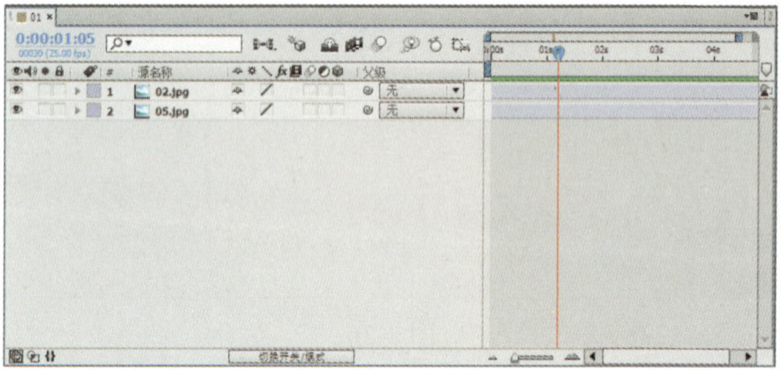

图 3-30

3.4.5 图层的重命名

在对图层进行复制和分割，以及多个素材合并后，可以对图层进行重新命名，便于查找和操作。

（1）在时间线上修改图层的名称。首先在时间线窗口选中要修改名称的图层，然后按下 <Enter> 键，进入编辑状态，如图 3-31 所示。此时输入新的名称，再按下 <Enter> 键即可，如图 3-32 所示。

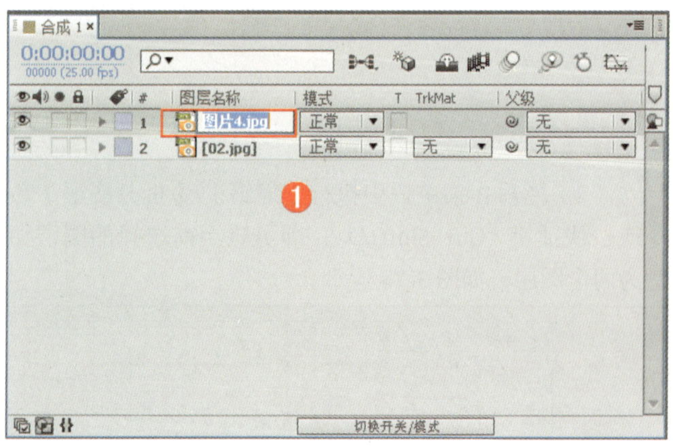

图 3-31

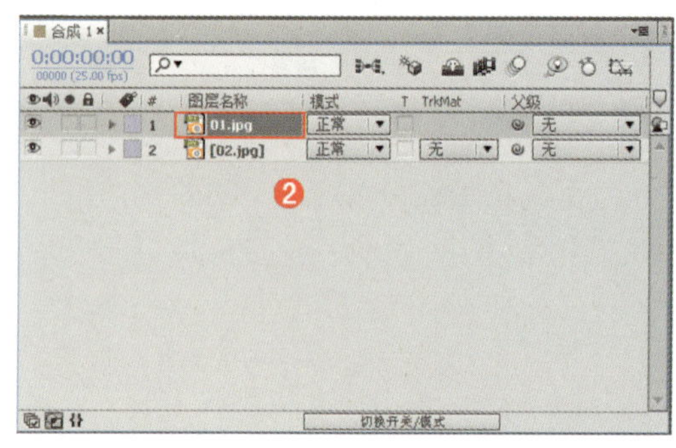

图 3-32

求生秘籍——软件技能：在图层的右键快捷菜单中选择【重命名】

也可以在要修改名称的图层上单击鼠标右键，然后在弹出的菜单中选择【重命名】，如图 3-33 所示。

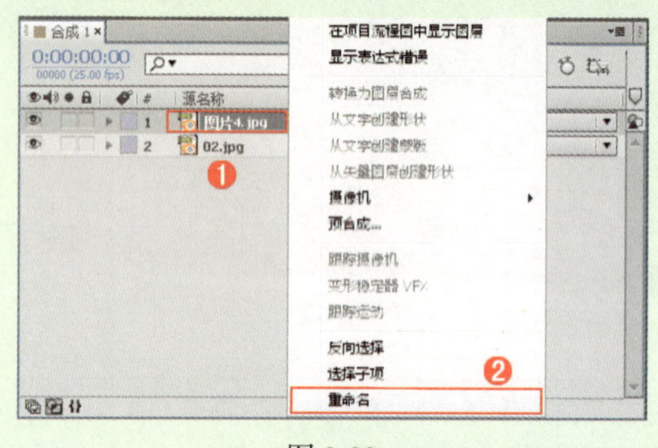

图 3-33

求生秘籍——软件技能：图层名称可以单击进行切换显示

单击图层名称上方的【图层名称】和【源名称】，可以对图层的名称显示进行切换，如图 3-34 所示。

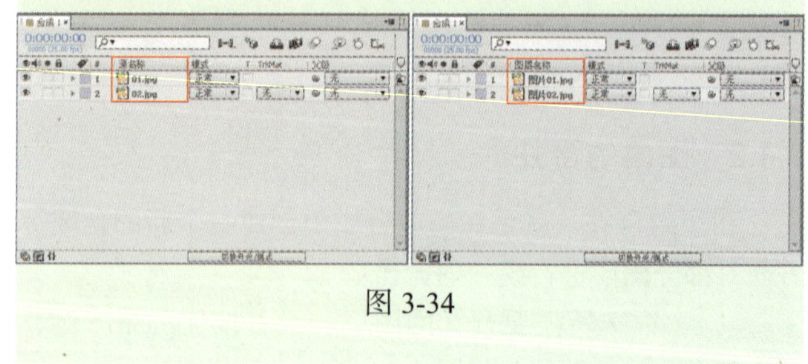

图 3-34

3.5 图层的混合模式

图层之间可以通过设置图层的混合模式来控制上下图层之间的混合效果。图层的混合模式就是指一个图层与其下图层的色彩叠加方式，各种不同的混合模式会产生不同的视觉效果。图层的混合模式是 After Effects 中常用的功能之一，能够制作出一些特殊的视觉效果，且不会使原始图像的任何内容发生改变。单击图层【模式】下的

正常 ▼按钮，在弹出的菜单中即可选择相应的混合模式，如图 3-35 所示。

或者在菜单栏中执行【图层】/【混合模式】命令，在子菜单中选择相应的模式。种类共计 38 种，效果与 PhotoShop 中的混合模式非常类似，如图 3-36 所示。

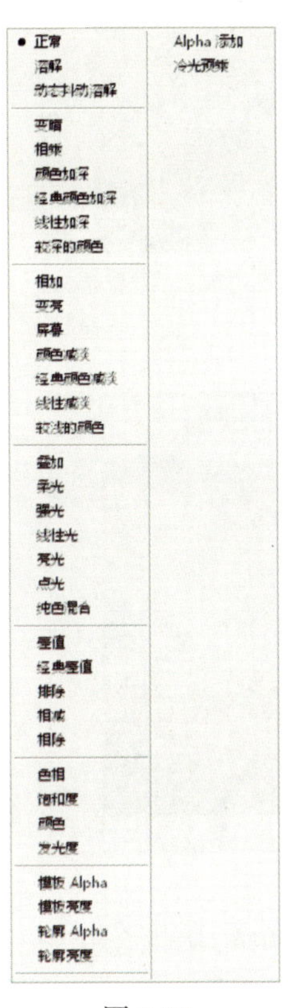

图 3-35

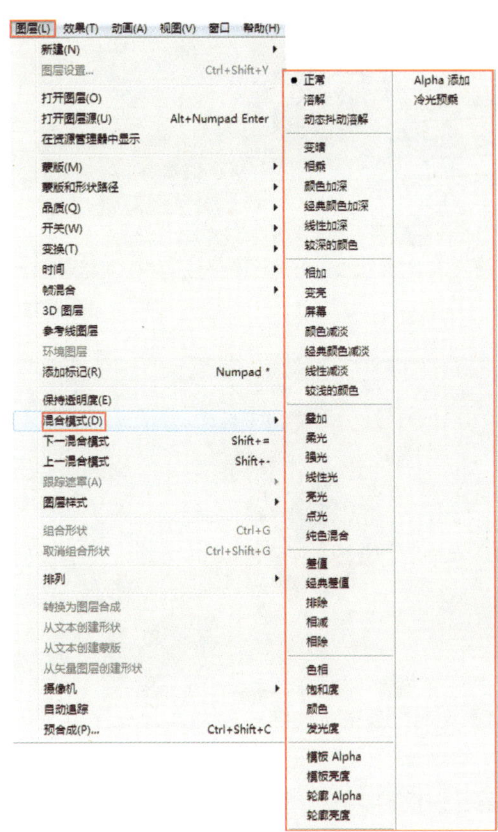

图 3-36

求生秘籍——软件技能：【切换开关 / 模式】按钮可以切换【时间线】窗口显示

在时间线窗口中单击【切换开关 / 模式】按钮可以切换到【时间线】窗口中显示，如图 3-37 所示。

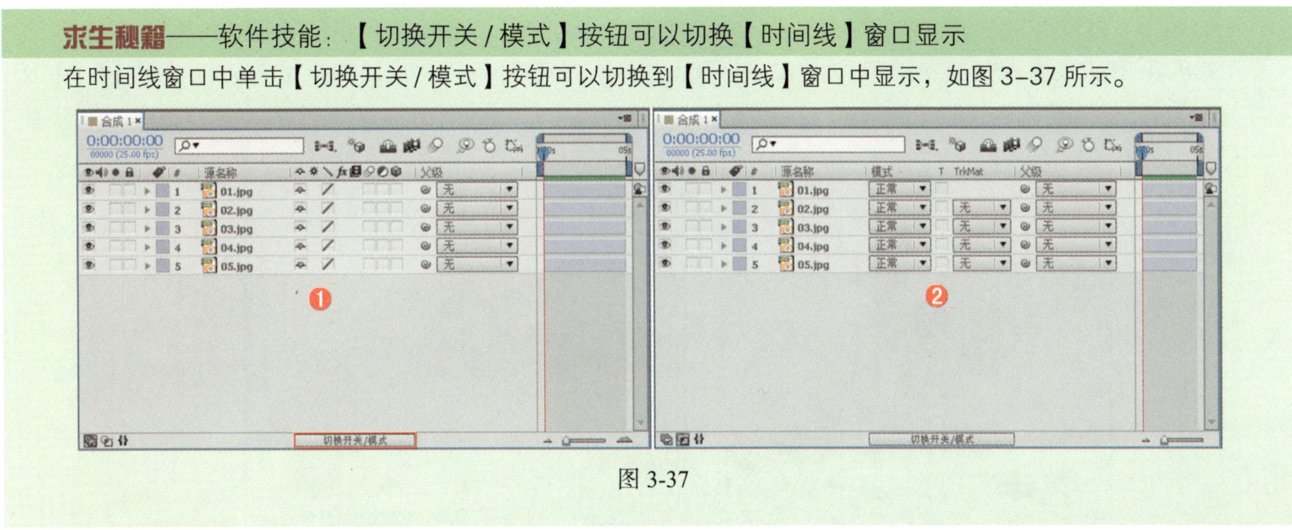

图 3-37

重点参数提醒：

（1）溶解：应用该混合模式会使当前图层产生类似溶解的效果，而且会对有羽化边缘的图层起到较大作用。如果当前图层为完全不透明状态，则也不会产生效果。溶解效果如图 3-38 所示。

（2）动态抖动溶解：该模式和溶解基本相同，只是对融合区域添加了随机动画。

（3）变暗：该混合模式中可以查看每个通道中的颜色信息，并选择基色或混合色中较暗的颜色做为最终的结果色。

（4）相乘：该模式可以将基色与混合色相乘，结果呈现出一种较暗的效果，任何颜色与黑色相乘产生黑色，与白色相乘则保持不变，如图 3-39 所示。

（5）颜色加深：该模式能够增加对比度使基色变暗，可以使图层暗部更暗，若混合色为白色则不产生变化。

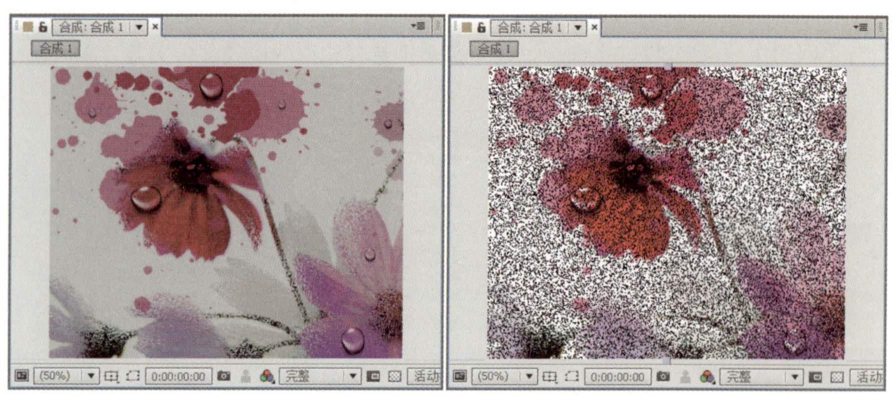

图 3-38

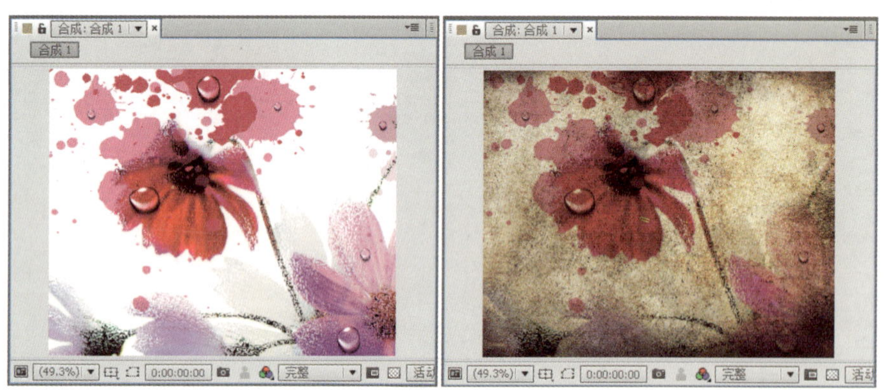

图 3-39

（6）线性加深：该模式能够通过减小亮度使基色产生变化，可以使图层暗部更暗，若混合色为黑色，则不产生变化。

（7）相加：该模式是将基色与混合色相加，从而得到更明亮的颜色，可以使图层亮部更亮，当混合色为黑色或白色时则不产生变化。

（8）变亮：该模式可以选择基色或混合色中较明亮的颜色为结果色，最终会只显示图层中较亮的部分。

（9）屏幕：该模式为一种加色混合模式，将混合色和基色相乘，呈现出一种比较亮的效果。该模式与【相乘】模式相反，如图 3-40 所示。

图 3-40

（10）颜色减淡：该模式能够通过减小对比度使基色变亮，若混合色为白色则不会发生变化。

（11）线性减淡：该模式能够通过增加亮度使基色变亮，从而反映出混合色，当与黑色混合时则不会发生变化。

（12）叠加：该模式能够使图层颜色相互叠加，并保留基色的明暗对比。对中间调的影响较为明显，而对高光部分和暗调部分影响不大，如图 3-41 所示。

（13）柔光：该模式能够使颜色变亮或变暗，并能产生较为柔和的效果，当与黑色或白色混合时会产生较暗或较亮的效果，如图 3-42 所示。

图 3-41

图 3-42

（14）强光：该模式与强烈的聚光灯照射在图像上相似，若混合色比 50% 的灰色亮，则图像会变亮，若比 50% 灰色暗，则图像会变暗。

（15）亮光：该模式能够通过减小或增加亮度来加深或减淡颜色。若混合色比 50% 的灰色亮，则会减小图像的对比度；若混合色比 50% 的灰色暗，则会增加图像的对比度。

（16）纯色混合：该模式能够产生一种强烈的混合效果，使图像的亮度区域变得更亮，暗部区域变得更暗。

（17）差值：该模式能够从基色中减去混合色，当与白色混合时会产生基色值的反转，与黑色混合则不产生变化。

（18）排除：该模式能够创建一种与【差值】模式相似但对比度更低的效果，当与白色混合时会发生基色值反转，与黑色混合则不发生变化。

（19）相减：减去来源颜色的基色。如果来源颜色是黑色的，则输出结果颜色的基色是黑色。

（20）相除：除去来源颜色的基色。如果来源颜色是白色的，则输出结果颜色的基色是白色。

（21）色相：该模式是以基色的亮度与饱和度以及混合色的色相创建出最终结果色。

（22）饱和度：该模式会以基色的亮度与色相以及混合色的饱和度创建出最终结果色，若在没有饱和度的图像上应用该模式则不会产生变化。

（23）颜色：用基色的亮度以及混合色的色相与饱和度创建结果色，这样可以保留图像中的灰阶，并且对于给单色图像上色和给彩色图像着色都非常有用，如图 3-43 所示。

图 3-43

（24）发光度：用基色的色相和饱和度以及混合色的亮度创建结果色，效果与【颜色】模式相反。该模式是除了【正常】模式外唯一能够完全消除纹理背景干扰的模式，如图 3-44 所示。

图 3-44

（25）模板 Alpha：该模式可以穿过当前图层的 Alpha 通道显示下面的图层效果。

（26）冷光预乘：该模式可以将图层的透明区域与底层产生相互作用，使 Alpha 通道边缘产生透光和光亮的效果。

3.6 图层的类型

After Effects 中除了可以导入视频、音频、图像、序列等素材外还可以创建不同类型的图层，这些图层主要包括【文本】、【纯色】、【灯光】、【摄像机】、【空对象】、【形状图层】、【调整图层】、【Addbe Photoshop 文件】、【MAXON CINEMA 4D 文件】。单击菜单栏中【图层】/【新建】，或在【时间线】窗口的空白处单击鼠标右键，在【新建】子菜单中选择即可进行创建，如图 3-45 所示。

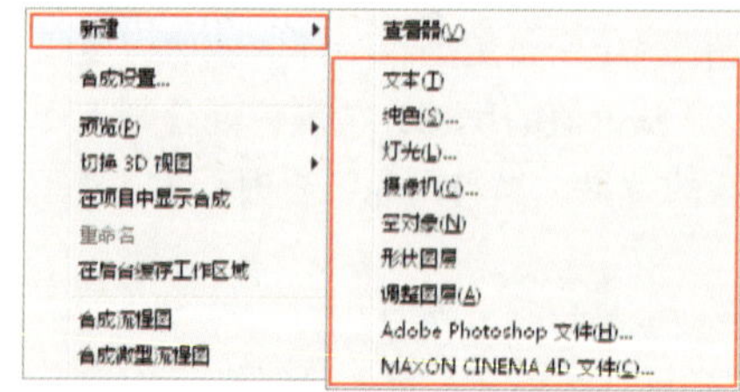

图 3-45

3.6.1 素材图层

素材图层是将图像、视频、音频等素材从外部导入到 After Effects 软件中，然后添加到【时间线】窗口中形成的图层，可以对其进行移动、缩放、旋转等各种基本操作的设置，如图 3-46 所示。

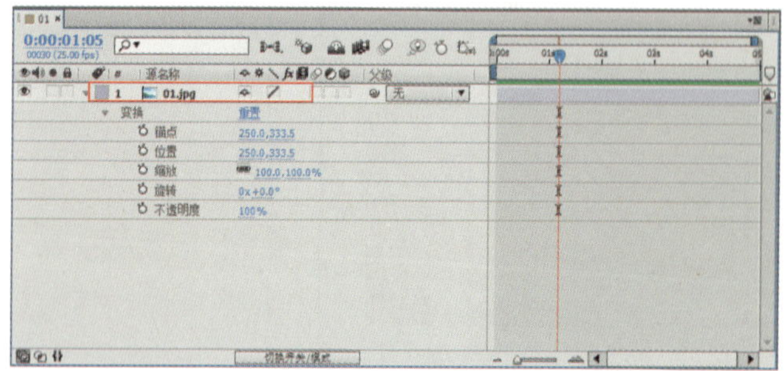

图 3-46

3.6.2 文本图层

使用文本图层可以快速地创建文字，并对文本图层制作文字动画，还可以进行移动、缩放、旋转及透明度的调节，如图 3-47 所示。

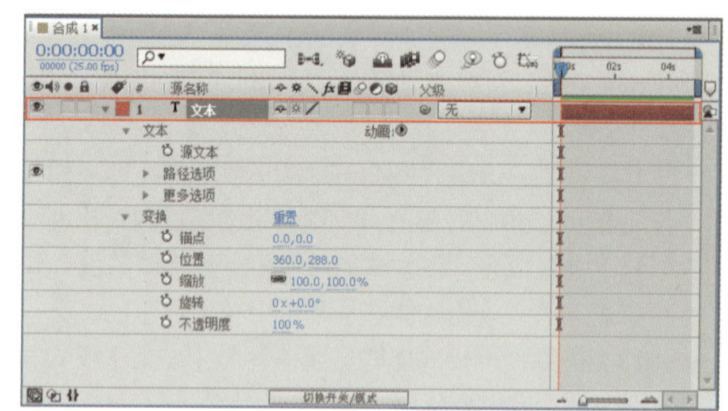

图 3-47

重点 进阶案例：应用文本图层

案例文件	进阶案例：应用文本图层 .aep
视频教学	DVD/ 多媒体教学 /Chapter03/ 进阶案例：应用文本图层 .flv
难易指数	★★☆☆☆
技术掌握	主要掌握文本图层的应用

案例分析：

在本案例中，主要学习文本图层的创建和使用，案例的最终渲染效果如图 3-48 所示。

图 3-48

思路解析如图 3-49 所示。

图 3-49

1. 制作背景

（1）创建新合成。在【项目】窗口中的空白处单击鼠标右键，然后选择【新建合成】，如图 3-50 所示。

图 3-50

（2）在【合成设置】窗口中，设置【合成名称】为【合成 1】，【宽度】为 720 像素，【高度】为 576 像素，【像素长宽比】为【方形像素】，【帧速率】为 25 帧 / 秒，【持续时间】为 5 秒，最后单击【确定】按钮，如图 3-51 所示。

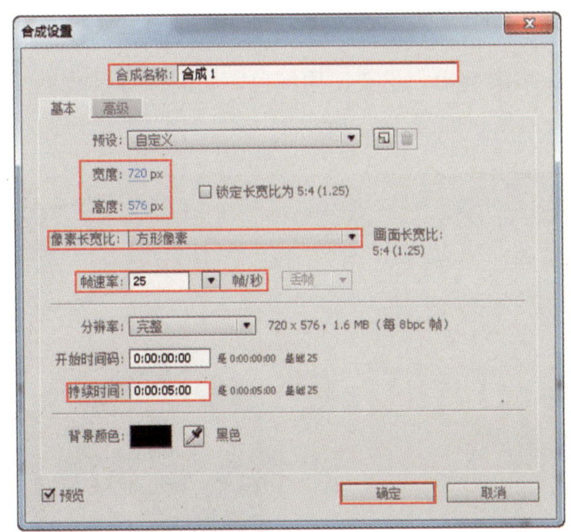

图 3-51

（3）在【项目】窗口中的空白处双击鼠标左键或按快捷键【Ctrl+I】，在弹出的窗口中选择所需素材文件，然后单击【导入】按钮，如图 3-52 所示。

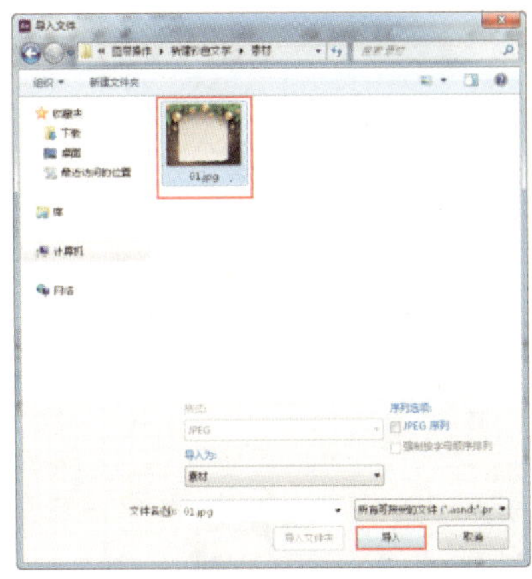

图 3-52

（4）将【项目】窗口中的【01.jpg】素材文件拖拽到【时间线】窗口中，并设置【缩放】为 74%，【位置】为（360.0,282.0），如图 3-53 所示。

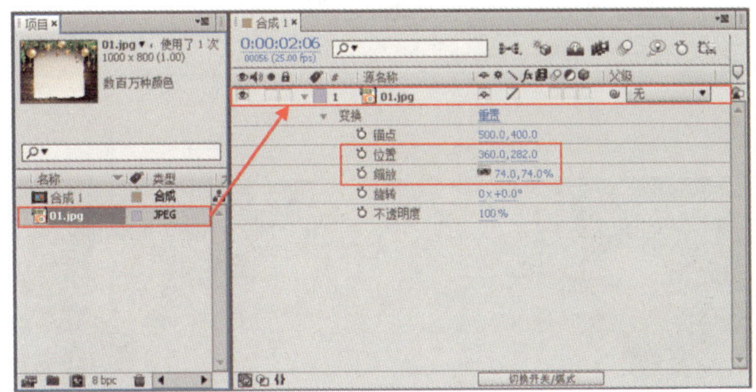

图 3-53

（5）此时背景效果如图 3-54 所示。

图 3-54

2. 制作彩色文字

（1）在【时间线】窗口中的空白处单击鼠标右键，然后在弹出的菜单中选择【新建】/【文本】，如图 3-55 所示。

（2）在监视器窗口中输入文字，然后设置合适的【字体】和【字体大小】。接着设置【文本颜色】为深黄色（R：187，G：128，B：47），如图 3-56 所示。

（3）此时在【合成】窗口中查看最终效果，如图 3-57 所示。

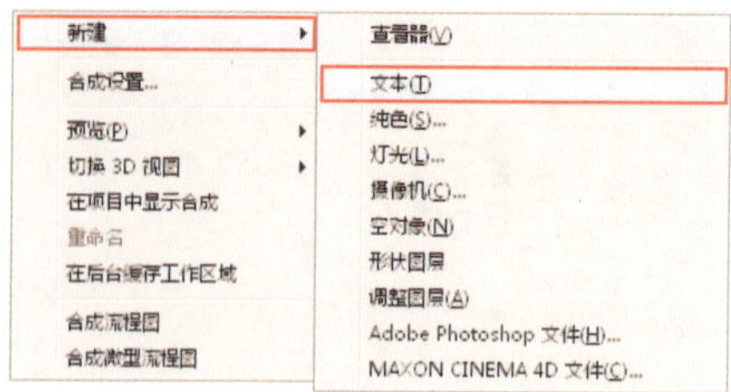
图 3-55

图 3-56

图 3-57

3.6.3 纯色图层

纯色图层主要用来制作影片中的蒙版效果，也可以作为承载编辑的图层，如图 3-58 所示。

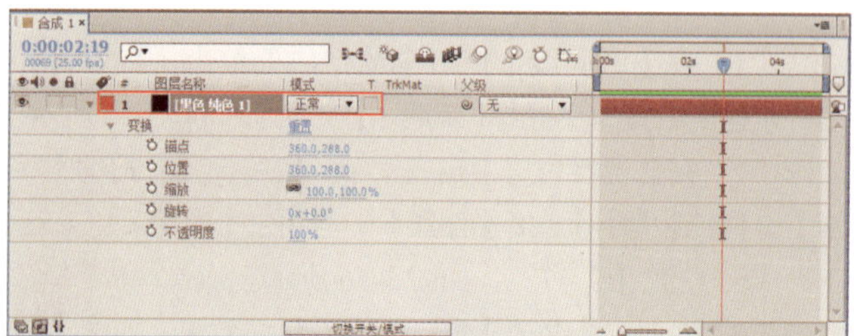
图 3-58

当在【时间线】窗口中首次建立一个纯色图层后，如图 3-59 所示。在【项目】窗口中会自动产生一个【固态层】文件夹，而且【时间线】窗口中的纯色图层也会放入该文件夹中，如图 3-60 所示。

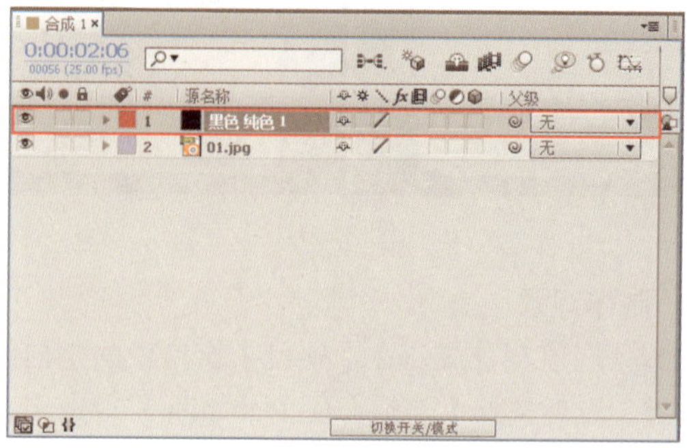
图 3-59

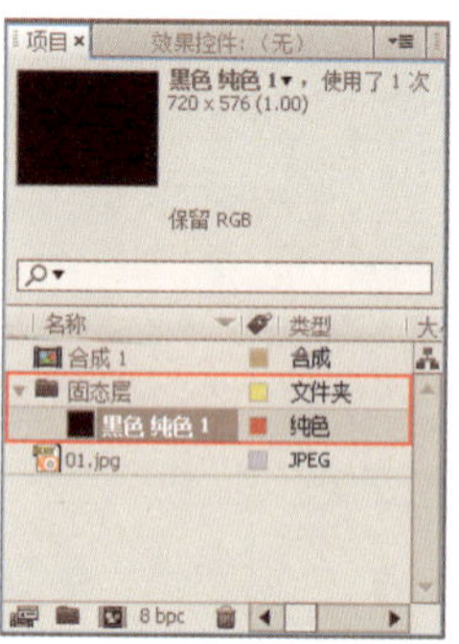
图 3-60

重点 进阶案例：利用纯色图层制作背景

案例文件	进阶案例：利用纯色图层制作背景 .aep
视频教学	DVD/ 多媒体教学 /Chapter03/ 进阶案例：利用纯色图层制作背景 .flv
难易指数	★★☆☆☆
技术掌握	主要掌握纯色图层的应用

案例分析：

在本案例中，主要使用纯色图层制作背景效果，最终的渲染效果，如图 3-61 所示。

图 3-61

思路解析如图 3-62 所示。

图 3-62

（1）创建新合成，并设置【合成名称】为【合成 1】，【宽度】为 720 像素，【高度】为 576 像素，【像素长宽比】为【方形像素】，【帧速率】为 25 帧 / 秒，【持续时间】为 5 秒，然后单击【确定】。接着在【项目】窗口中的空白处双击鼠标左键，在弹出的【导入文件】对话框中选择素材文件，并单击【导入】按钮，如图 3-63 所示。

图 3-63

（2）在【时间线】窗口中的空白处单击鼠标右键，然后在弹出的菜单中选择【新建】/【纯色】，如图 3-64 所示。

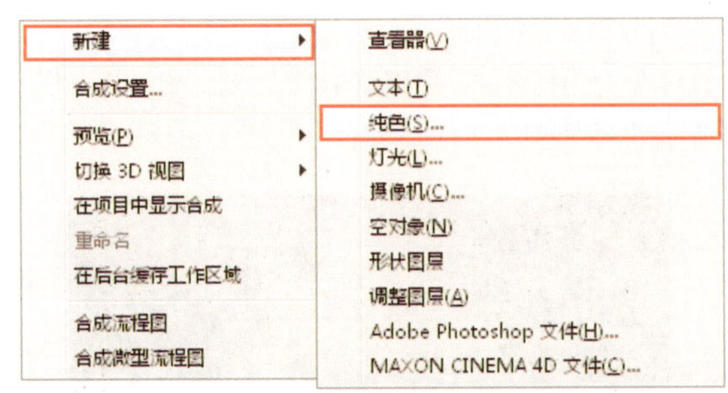

图 3-64

（3）在弹出的【纯色设置】对话框中设置【名称】为【背景】，【宽】为 720 像素，【高】为 576 像素，【颜色】为蓝色（R：42，G：104，B：106），然后单击【确定】按钮，如图 3-65 所示。此时效果如图 3-66 所示。

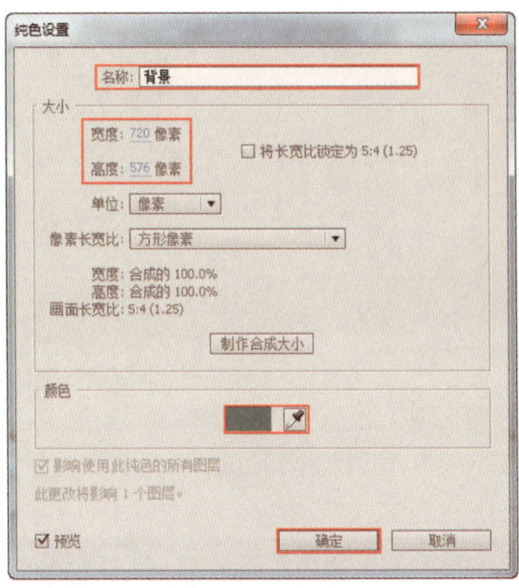

图 3-65

图 3-66

（4）选择【椭圆】工具，然后在【背景】图层上绘制一个椭圆遮罩，如图 3-67 所示。

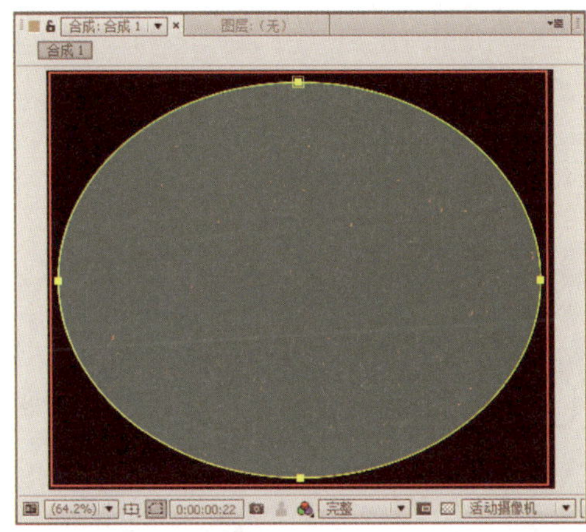

图 3-67

（5）打开【背景】图层下的【蒙版】效果，然后设置【蒙版 1】的模式为【相减】，【蒙版羽化】为 270 像素，【蒙版扩展】为 100 像素，如图 3-68 所示。此时背景效果如图 3-69 所示。

（6）将【项目】窗口中的【01.png】素材文件拖拽到【时间线】窗口中，并设置【缩放】为 74%，如图 3-70 所示。

（7）此时在【合成】窗口中查看最终效果，如图 3-71 所示。

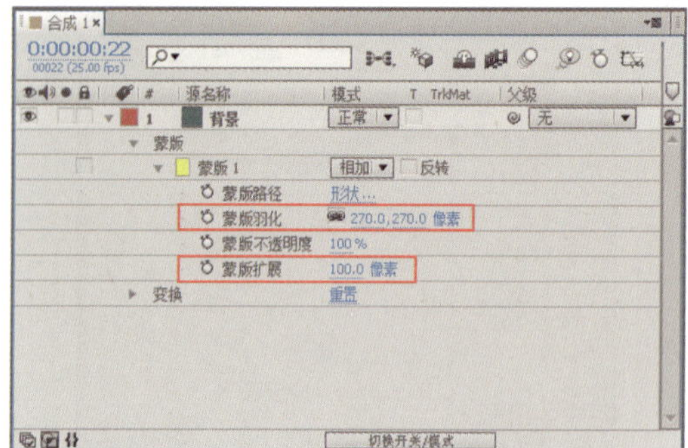

图 3-68

图 3-69

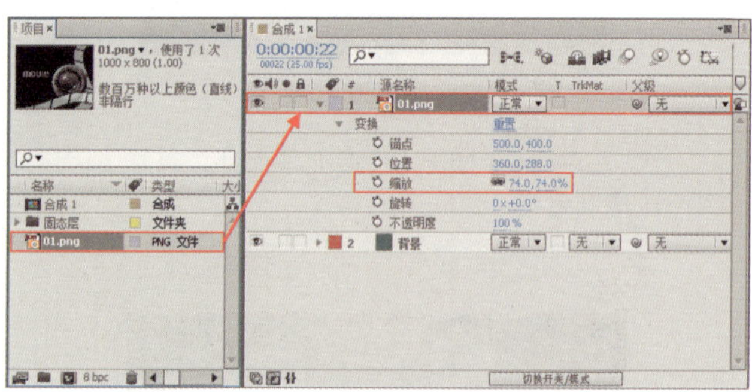

图 3-70

图 3-71

3.6.4 灯光图层

灯光图层用来模拟不同种类的真实光源，而且可以模拟出真实的阴影效果。灯光设置对话框如图 3-72 所示。

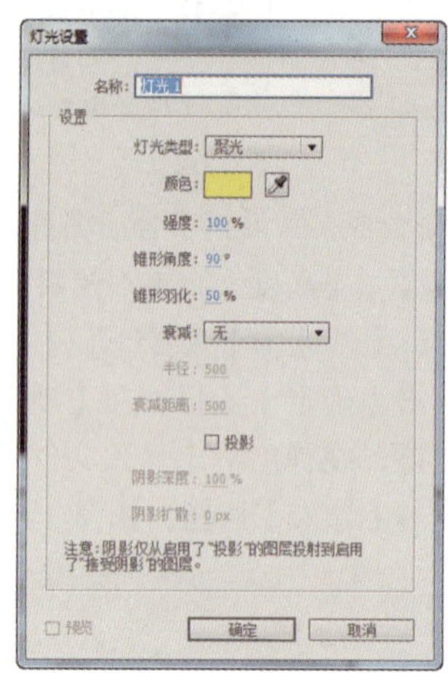

图 3-72

灯光图层的效果需要开启（3D 图层）按钮，才会起作用，如图 3-73 所示。

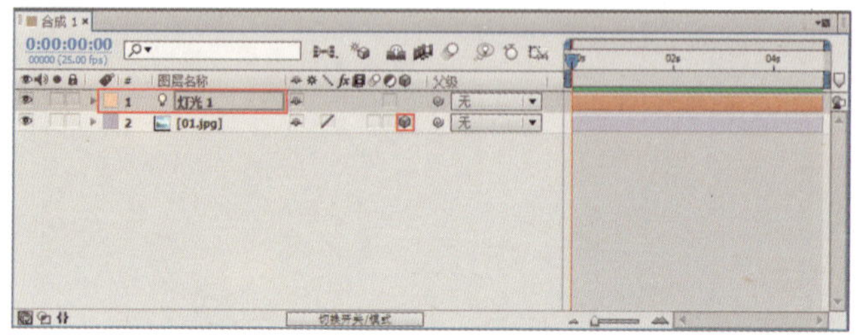

图 3-73

重点 进阶案例：使用灯光图层效果

案例文件	进阶案例：使用灯光图层效果 .aep
视频教学	DVD/ 多媒体教学 /Chapter03/ 进阶案例：使用灯光图层效果 .flv
难易指数	★★☆☆☆
技术掌握	主要掌握灯光图层的应用

案例分析：

在本案例中，主要使用灯光图层制作灯光照射效果，最终渲染效果如图 3-74 所示。

图 3-74

思路解析如图 3-75 所示。

图 3-75

（1）创建新合成，并设置【合成名称】为【合成 1】，【宽度】为 720 像素，【高度】为 576 像素，【像素长宽比】为【方形像素】，【帧速率】为 25 帧 / 秒，【持续时间】为 5 秒，然后单击【确定】按钮。接着在【项目】窗口中的空白处双击鼠标左键，在弹出的【导入文件】对话框中选择素材文件，并单击【导入】按钮，如图 3-76 所示。

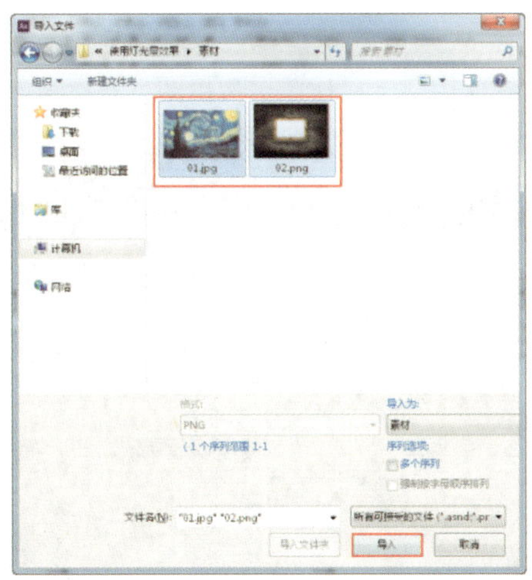

图 3-76

（2）将【项目】窗口中的【01.jpg】和【02.png】素材文件拖拽到【时间线】窗口中，并设置【02.png】素材文件的【缩放】为 72%，【01.jpg】素材文件的【位置】为（352.0,269.0），【缩放】为 28%，如图 3-77 所示。

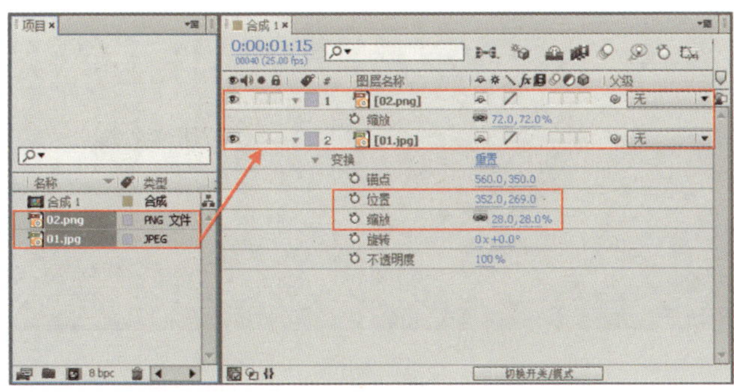

图 3-77

（3）此时在【合成】窗口中查看当前效果，如图 3-78 所示。

图 3-78

（4）在【时间线】窗口中的空白处单击鼠标右键，然后在弹出的菜单中选择【新建】/【灯光】，如图 3-79 所示。

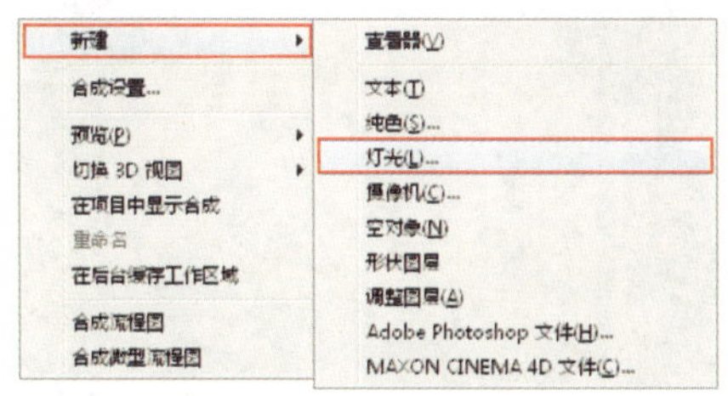

图 3-79

（5）在弹出的【灯光设置】对话框中设置【名称】为【灯光 1】，【灯光类型】为【聚光】，【颜色】为浅黄色（R：239，G：218，B：182），【强度】为 300%，【锥角】为 115°，【锥形羽化】为 64%，然后单击【确定】按钮，如图 3-80 所示。

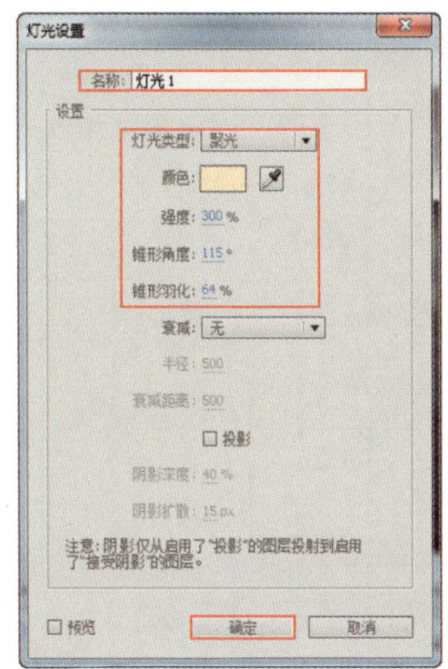

图 3-80

（6）开启【时间线】窗口中【01.jpg】和【02.png】素材文件的（3D 图层），然后设置【灯光 1】的【目标点】为（340.0，－95.0,183.0），【位置】为（368.0,-18.0，－93.0），【方向】为（293.0°,0.0°,0.0°），如图 3-81 所示。

（7）此时在【合成】窗口中查看最终效果，如图 3-82

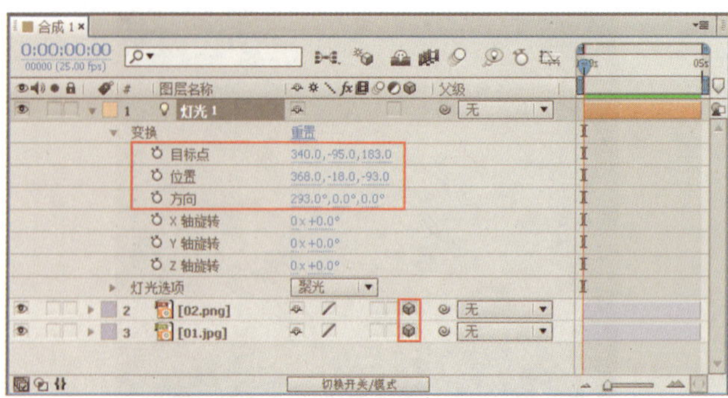

图 3-81

图 3-82

所示。

3.6.5 摄像机图层

摄像机图层常用来起到固定视觉角度的作用，并且可以制作摄像机动画，模拟真实的摄像机游离效果，如图 3-83

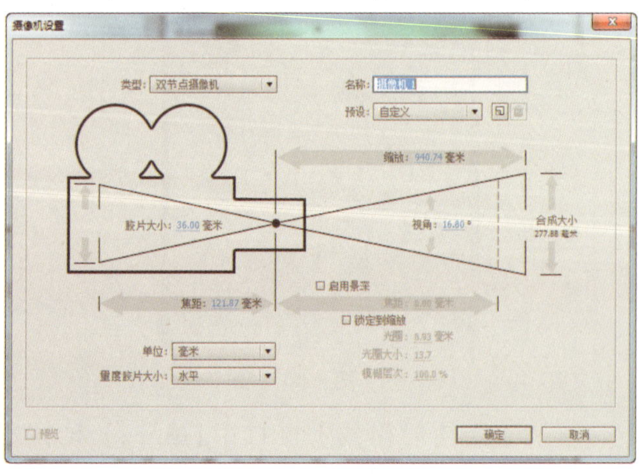

图 3-83

所示。

摄像机图层的效果需要开启（3D 图层）按钮，才

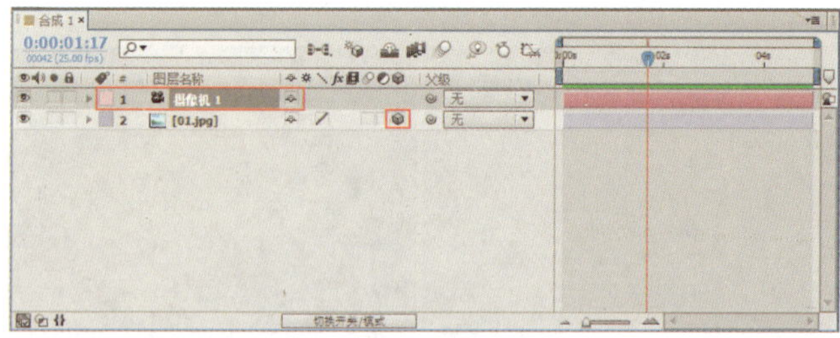

图 3-84

会起作用，如图 3-84 所示。

重点 进阶案例：摄像机动画效果

案例文件	进阶案例：摄像机动画效果 .aep
视频教学	DVD/ 多媒体教学 /Chapter03/ 进阶案例：摄像机动画效果 .flv
难易指数	★★☆☆☆
技术掌握	主要掌握摄像机图层的应用

案例分析：

在本案例中，主要使用摄像机图层制作摄像机动画效

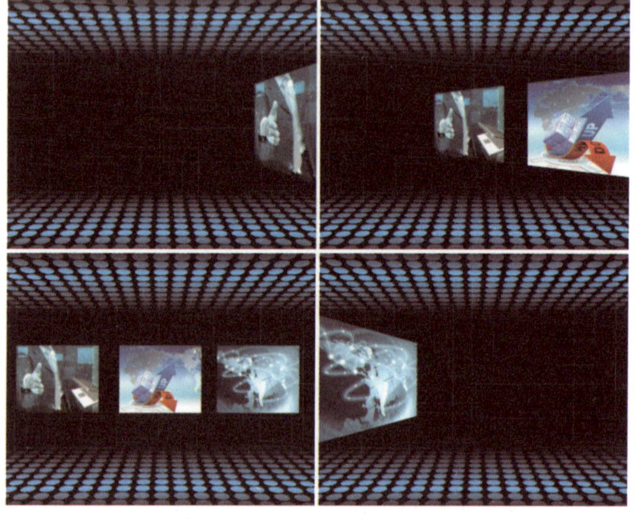

图 3-85

果，最终渲染效果如图 3-85 所示。

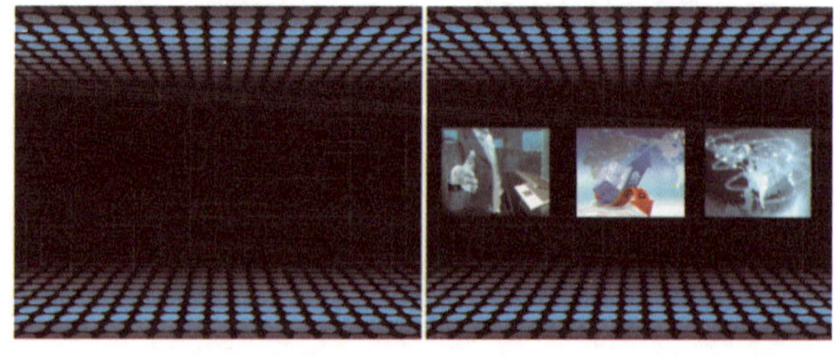

图 3-86

思路解析如图 3-86 所示。

1\. 制作背景

（1）创建新合成。设置【合成名称】为【合成 1】，【宽度】为 720 像素，【高度】为 576 像素，【像素长宽比】为【方形像素】，【帧速率】为 25 帧 / 秒，【持续时

间】为 5 秒。然后单击【确定】按钮。在【项目】窗口的空白处双击鼠标左键，在弹出的窗口中选择所需素材文件，接着单击【导入】按钮，如图 3-87 所示。

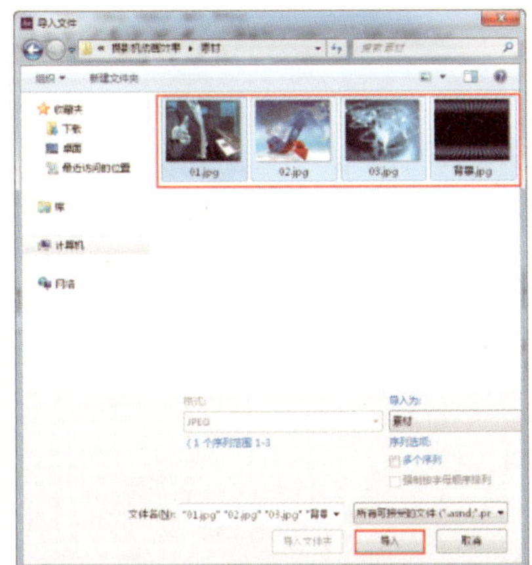

图 3-87

（2）将【项目】窗口中的素材文件按顺序拖拽到【时间线】窗口中，并设置【背景 .jpg】素材文件的【缩放】为 79%，【位置】为（360.0,293.0），如图 3-88 所示。

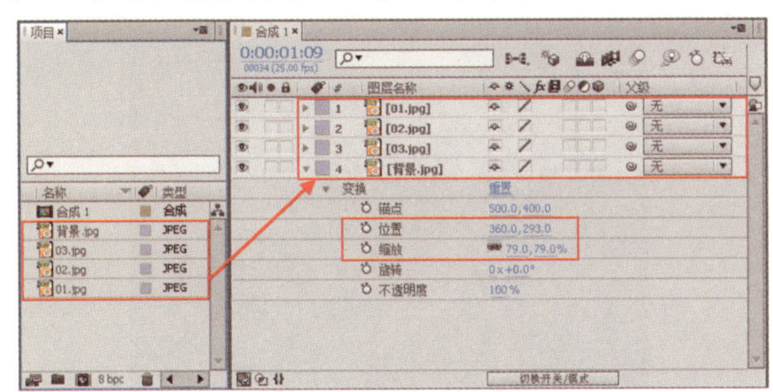

图 3-88

（3）设置【01.jpg】、【02.jpg】和【03.jpg】素材文件的【缩放】为 19%，然后设置【01.jpg】素材文件的【位置】为（122.0,288.0），【03.jpg】素材文件的【位置】为（586.0,288.0），如图 3-89 所示。此时效果如图 3-90 所示。

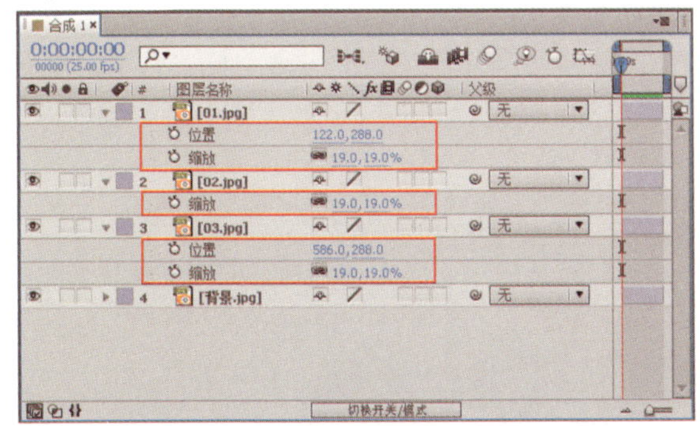

图 3-89

2. 创建摄像机

（1）在【时间线】窗口中的空白处单击鼠标右键，然后在弹出的窗口中选择【新建】/【摄像机】，如图 3-91 所示。

图 3-90

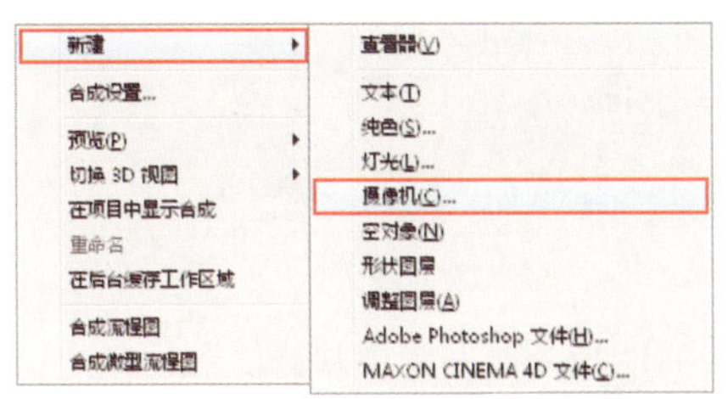

图 3-91

（2）在弹出的窗口中设置【名称】为【摄像机 1】，【胶片大小】为 36，接着单击【确定】按钮，如图 3-92 所示。

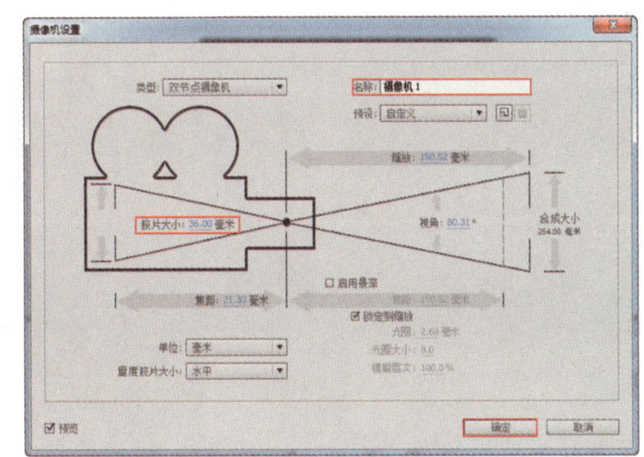

图 3-92

（3）开启除【背景 .jpg】素材文件外其他层的（3D 图层）。然后将时间线拖到起始帧的位置，并单击【位置】和【方向】前面的按钮，开启自动关键帧，接着设置【位置】为（360.0,288.0，－167.7），【方向】为（0.0°,253.0°,0°），如图 3-93 所示。

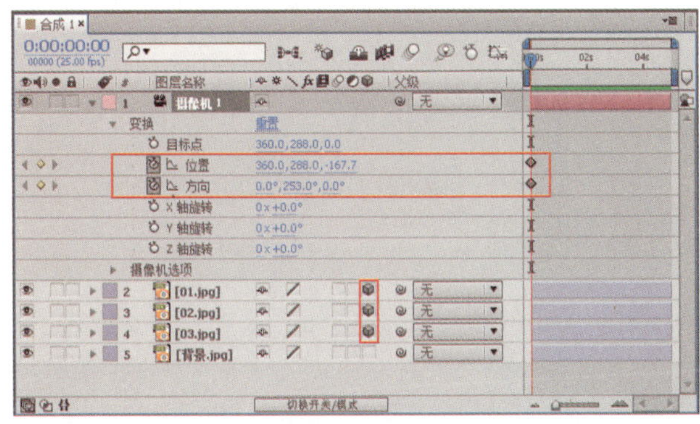

图 3-93

（4）继续将时间线拖到第 2 秒 12 帧，设置【位置】为(360.0,288.0，-424.0)，【方向】为(180°，180°，180°)。最后将时间线拖到结束帧的位置，设置【位置】为(360.0,288.0，-167.0)，【方向】为(0°，253°，0°)，如图 3-94 所示。

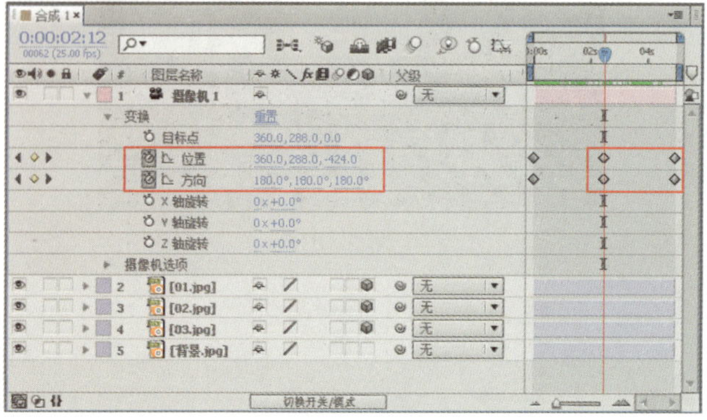

图 3-94

（5）此时拖动时间线滑块查看最终效果，如图 3-95 所示。

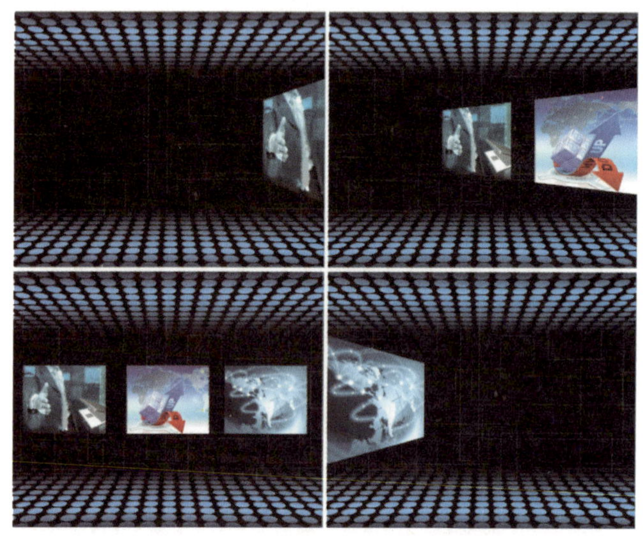

图 3-95

3.6.6 空对象图层

空对象图层可以在素材上进行效果和动画设置，以及起到制作辅助动画的作用。在【时间线】窗口中的效果，如图 3-96 所示。在时间线上建立的空对象图层是一个线框物体，它的左下角位于视图的中心处，如图 3-97 所示。

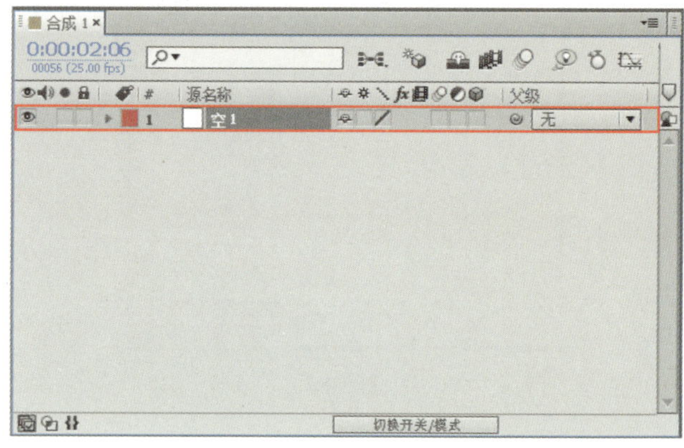

图 3-96

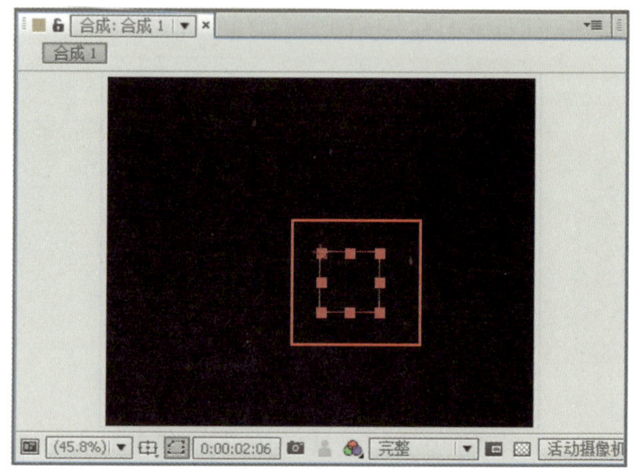

图 3-97

空对象图层可以进行辅助制作，单击图层后面的父子连接图标选择【空 1】，将多个图层连接到空对象图层上，空对象图层移动，其所连接的图层也会随之移动，如图 3-98 所示。

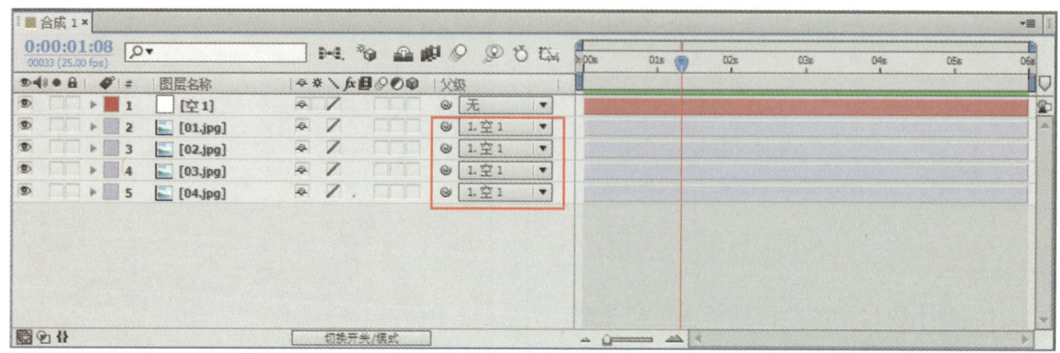

图 3-98

3.6.7　形状图层

形状图层可以制作多种矢量图形效果。在不选择任何图层的情况下，使用【遮罩】工具或【钢笔】工具直接在【合成】窗口中绘制形状，如图 3-99 所示。此时【时间线】窗口中的图层效果，如图 3-100 所示。

图 3-99

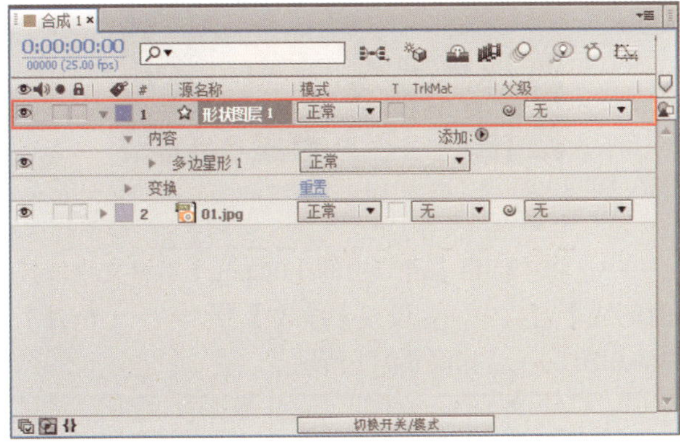

图 3-100

3.6.8　调整图层

调整图层可以来辅助影片素材进行色彩和效果调节，并且不影响素材本身。调整图层可以对该层下的所有图层起作用。调整图层效果，如图 3-101 所示。

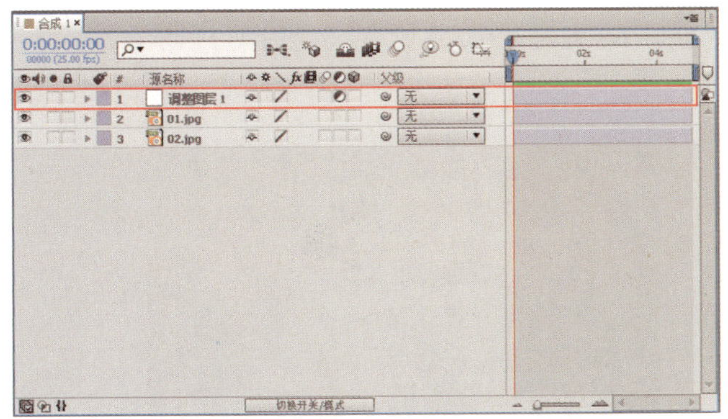

图 3-101

重点▶▶进阶案例：　应用调整图层

案例文件	进阶案例：应用调整图层 .aep
视频教学	DVD/ 多媒体教学 /Chapter03/ 进阶案例：应用调整图层 .flv
难易指数	★★☆☆☆
技术掌握	主要掌握调整图层的应用

案例分析：

在本案例中，主要使用调节图层制作模糊背景效果，最终渲染效果如图 3-102 所示。

图 3-102

思路解析如图 3-103 所示。

图 3-103

1. 制作背景

（1）创建新合成。并设置【合成名称】为【合成 1】，【宽度】为 720 像素，【高度】为 576 像素，【像素长宽比】为【方形像素】，【帧速率】为 25 帧 / 秒，【持续时间】为 5 秒。最后单击【确定】按钮。接着在【项目】窗口的空白处双击鼠标左键，在弹出的窗口中选择所需素材文件，接着单击【导入】按钮，如图 3-104 所示。

图 3-104

（2）将【项目】窗口中的【01.jpg】素材文件拖拽到【时间线】窗口中，并设置【01.jpg】素材文件的【缩放】为59%，如图3-105所示。

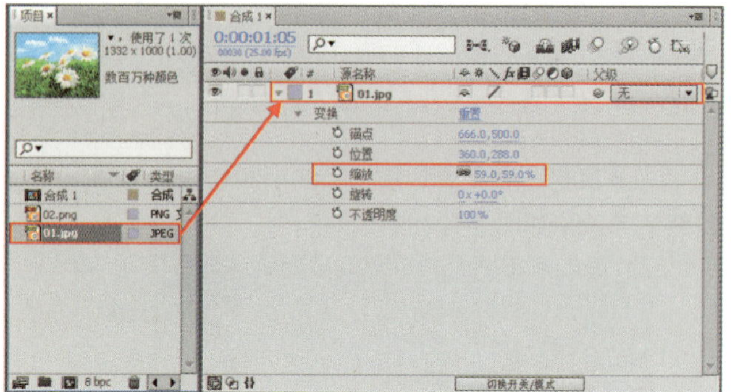

图 3-105

（3）此时在【合成】窗口中查看当前效果，如图3-106所示。

图 3-106

2. 创建调整图层

（1）在【时间线】窗口中的空白处单击鼠标右键，然后在弹出的窗口中选择【新建】/【调整图层】，如图3-107所示。

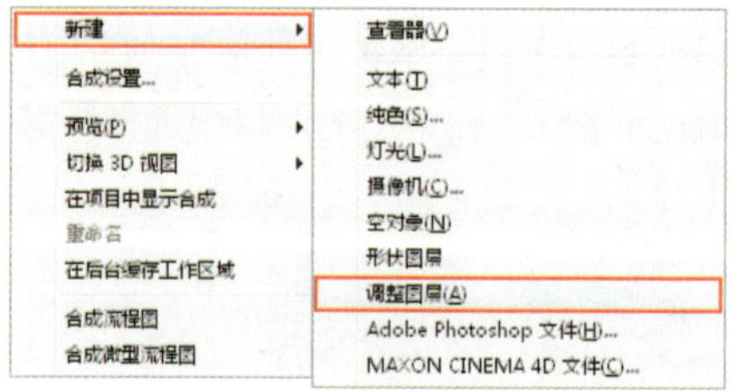

图 3-107

（2）将【效果和预设】面板中的【快速模糊】效果拖拽到【调整图层1】上，如图3-108所示。

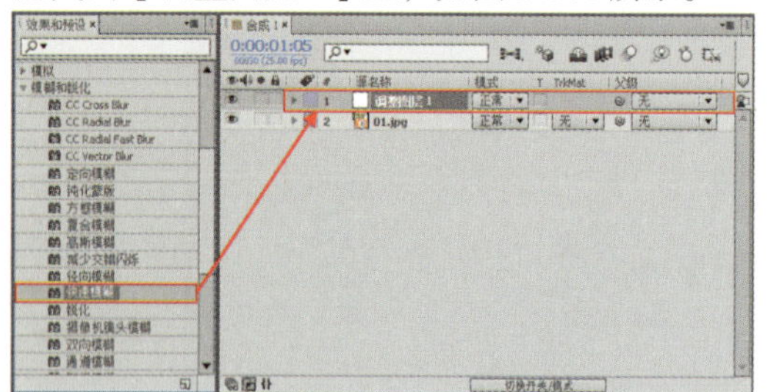

图 3-108

（3）选择【时间线】窗口中的【调整图层1】，然后在【效果控件】面板中设置【模糊度】为40，接着勾选【重复边缘像素】，如图3-109所示。

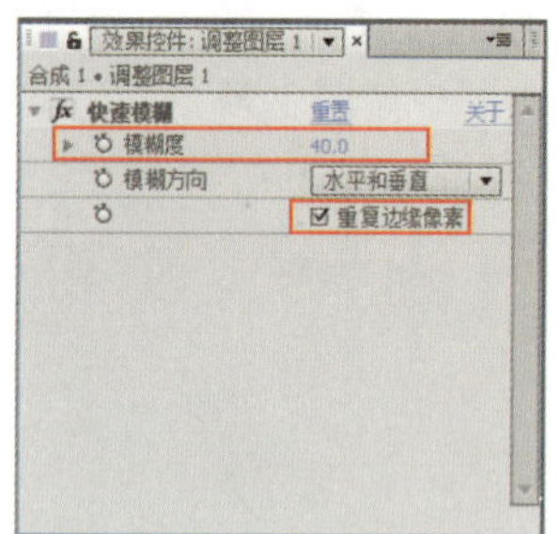

图 3-109

（4）此时拖动时间线滑块查看最终效果，如图3-110所示。

图 3-110

（5）将【项目】窗口中的【02.png】素材文件拖拽到【时间线】窗口中，并设置【缩放】为74%，【位置】为（360.0,207.0），如图3-111所示。

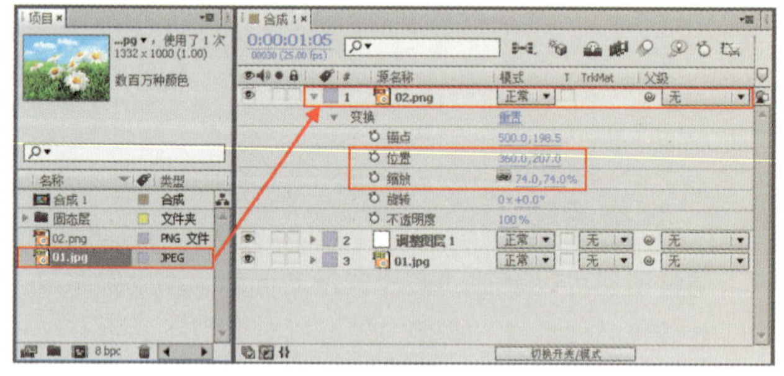

图 3-111

（6）此时查看最终效果，如图3-112所示。

图 3-112

3.7　图层的栏目属性

图层的栏目属性，主要包括控制隐藏 / 显示视频图标、音频、单独、锁定、图层标签、图层的顺序等功能。【时间线】窗口如图 3-113 所示。

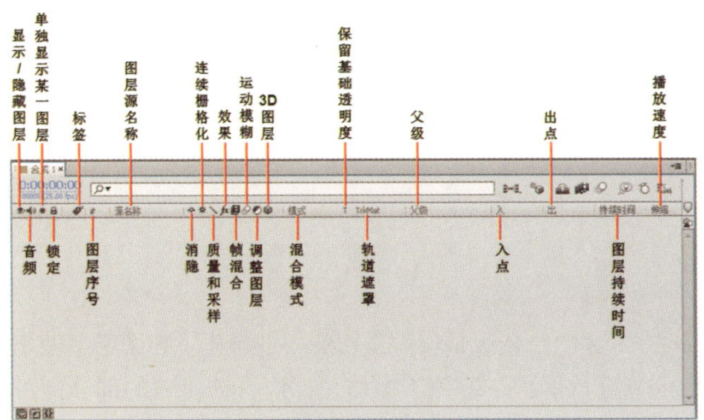

图 3-113

重点参数提醒：

（1）（隐藏 / 显示视频图标）：单击此图标可以控制此图层的隐藏或显示。

（2）（音频）：音频静音。在音频层中出现，单击显示或隐藏，同时控制音频层的开启或关闭。

（3）（标签）：可以设置不同的标签颜色进行不同的图层素材分类。单击图层标签即可在弹出的菜单中选择标签的颜色，如图 3-114 所示。

图 3-114

（4）fx（效果）：当图层添加滤镜效果时，当前图层显示效果图标。单击效果图标后，使用效果的图层就会取消效果的应用。

（5）（运动模糊）：记录图层位移动画时产生模糊效果。在为图层开启该效果时，需要先开启【时间】面板上方的【运动模糊】图标。

（6）（调整图层）：将该图层作为调整图层，使之透明，并对下面的图层起作用。

（7）（3D 图层）：将二维图层转化为三维图层的操作。开启后该图层会具有 Z 轴属性。开启 3D 图层的前后效果，如图 3-115 所示。

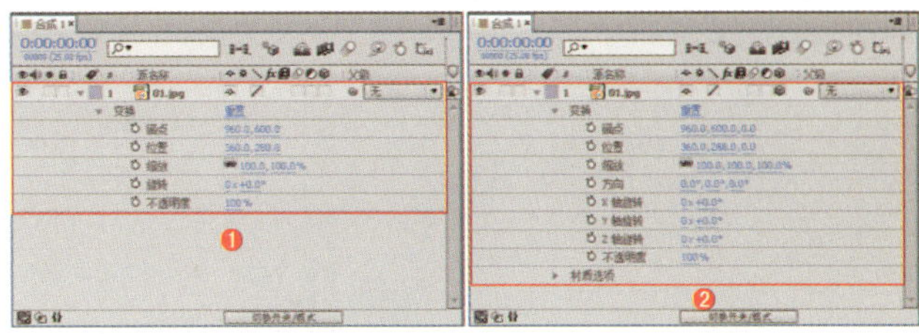

图 3-115

（8）TrkMat（轨道遮罩）：控制图层的轨道蒙版效果。

（9）（展开或折叠【图层开关】窗格）：显示开关面板。统一控制【隐藏】按钮，【塌陷】按钮，fx【特效】按钮，【帧混合】按钮，【运动模糊】按钮，【层调整】按钮，【三维属性】按钮，父级【父级】按钮。开启前后的对比效果，如图 3-116 所示。

图 3-116

（10）（展开或折叠【转换控制】窗格）：显示变换面板。统一控制模式【模式】按钮，T【保持下面透明度】按钮，TrkMat【轨道蒙版】按钮三个栏的显示或关闭，如图 3-117 所示。

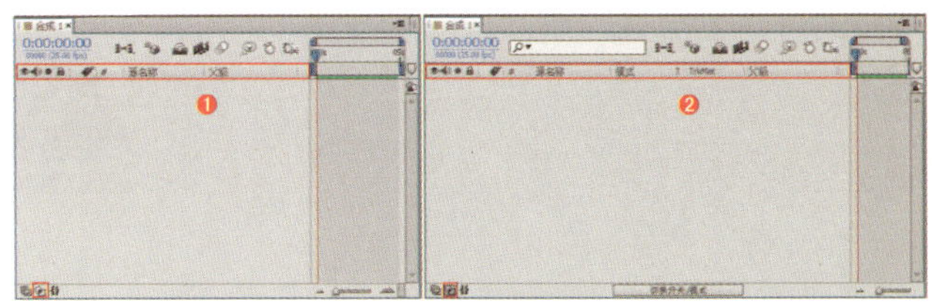

图 3-117

（11）：缩放素材长度和时间标尺，按住 <Alt> 键，并拨动鼠标滑轮可以控制放大或缩小。

（12）（当前时间指示器）：当前素材的时间位置。

第3章

第 4 章 蒙版与遮罩

本章学习要点：

★ 认识蒙版和遮罩
★ 了解蒙版和遮罩工具
★ 掌握蒙版和遮罩的使用
★ 掌握形状图层应用

4.1 认识蒙版

在 Adobe After Effects 中，蒙版是较为常用的一种操作。在图层上使用蒙版，可以对被选区域进行保护，避免于操作，而没有被遮盖的部分则可以进行相应操作。这种做法可以在不破坏素材本身的条件下对部分素材进行编辑。如图 4-1 所示为蒙版应用效果。

图 4-1

4.2 认识和使用蒙版工具

在 After Effects 中的【工具栏】中包含了绘制蒙版的工具，如图 4-2 所示。

图 4-2

使用蒙版工具

在蒙版工具的隐藏菜单中包括【矩形】工具、【圆角矩形】工具、

【椭圆】工具、【多边形】工具、【星形】工具，如图 4-3 所示。

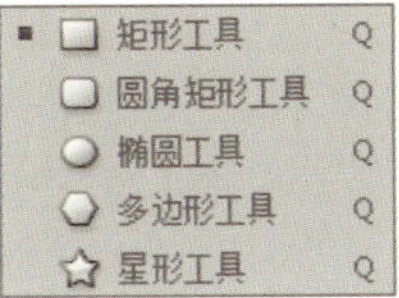

图 4-3

重点参数提醒：

（1）选择【时间线】窗口中的图层，然后在【合成】或【图层】窗口中使用【矩形】工具按钮，可以绘制出矩形的蒙版效果。

（2）使用【圆角矩形】工具可以制作出带有圆角的矩形蒙版效果，如图 4-4 所示。

图 4-4

（3）使用【椭圆】工具可以制作出圆形或椭圆形的蒙版效果，如图 4-5 所示。

图 4-5

（4）使用【多边形】工具可以制作出多边形的蒙版效果。

（5）使用【星形】工具可以制作出星形的蒙版效果，如图 4-6 所示。

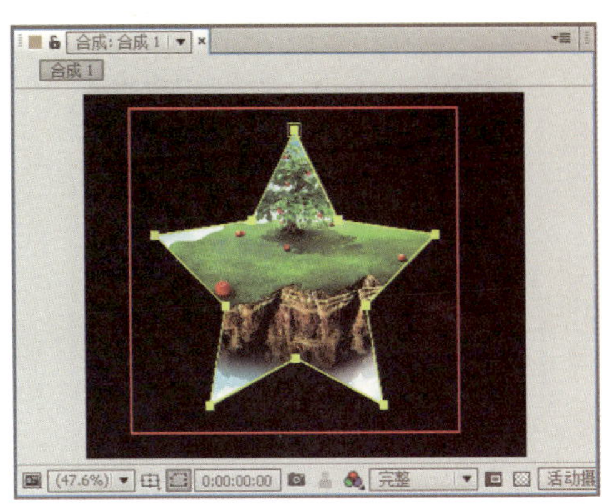

图 4-6

重点 进阶案例：镜头查看效果

案例文件	进阶案例：镜头查看效果 .aep
视频教学	DVD/ 多媒体教学 /Chapter04/ 进阶案例：镜头查看效果 .flv
难易指数	★★☆☆☆
技术掌握	【矩形】工具和【椭圆】工具的应用

案例分析：

在该案例中，主要学习使用【矩形】和【椭圆】工具来制作镜头查看效果，案例的最终效果如图 4-7 所示。

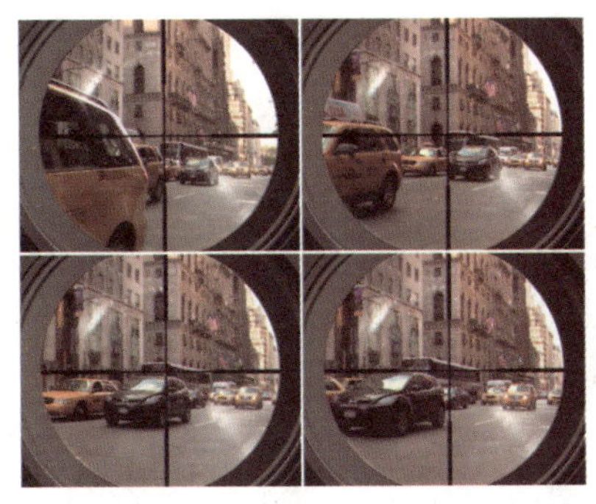

图 4-7

思路解析如图 4-8 所示。

图 4-8

1. 制作背景

（1）创建新合成。设置【合成名称】为【合成 1】，【宽度】为 720 像素，【高度】为 576 像素，【像素长宽比】为【方形像素】，【帧速率】为 25 帧 / 秒，【持续时间】为 5 秒。然后单击【确定】按钮。接着在【项目】窗口中的空白处双击鼠标左键，在弹出的窗口中选择所需素材文件，最后单击【导入】按钮，如图 4-9 所示。

（2）将【项目】窗口中的【车辆 .mov】素材文件拖拽到【时间线】窗口中，并设置【缩放】为 119%，如图 4-10 所示。

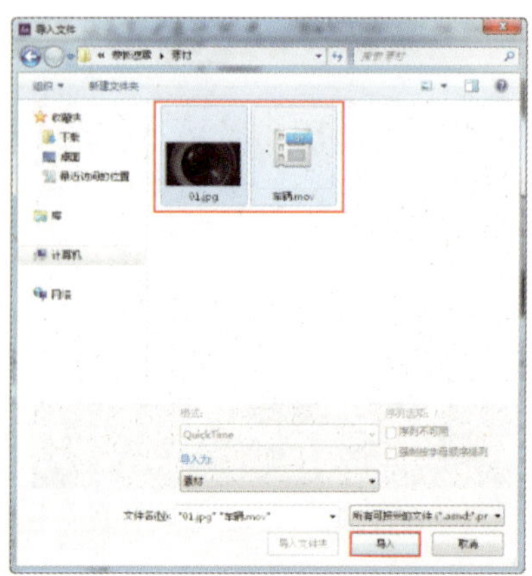
图 4-9

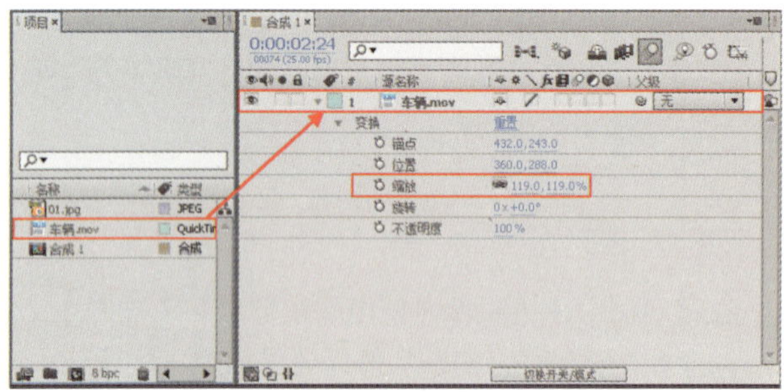
图 4-10

（3）此时拖动时间线滑块查看当前效果，如图 4-11 所示。

图 4-11

2. 制作镜头效果

（1）将【项目】窗口中的【01.jpg】素材文件拖拽到【时间线】窗口中，并设置【缩放】为 73%，【模式】为【相加】，如图 4-12 所示。

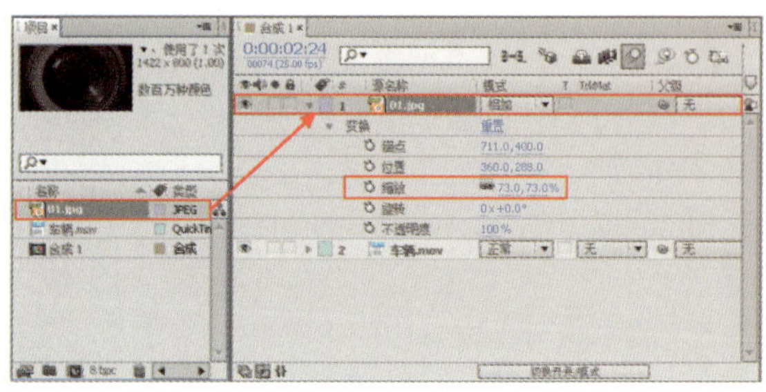
图 4-12

（2）在【时间线】窗口的空白处单击鼠标右键，在弹出的菜单中执行【新建】/【纯色】命令，如图 4-13 所示。

（3）在弹出的对话框中设置【名称】为【准星 1】，【宽度】为 720 像素，【高度】为 576 像素，【颜色】为黑色（R：0，G：0，B：0），接着单击【确定】，如图 4-14 所示。

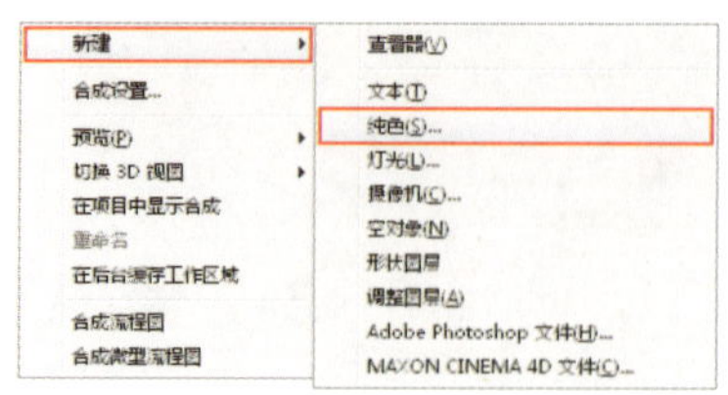
图 4-13

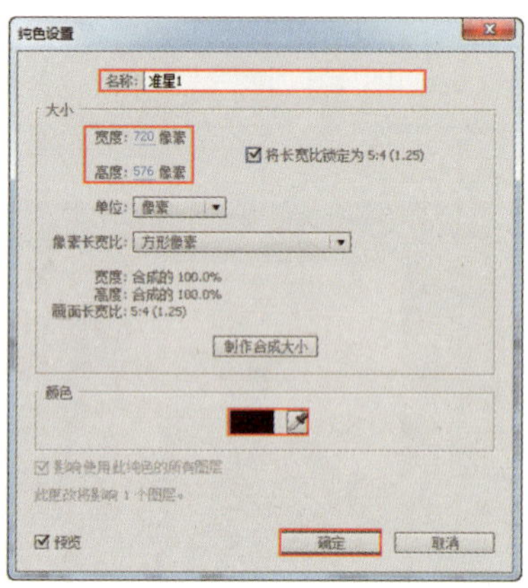
图 4-14

（4）选择【矩形】工具，然后在【准星 1】图层上绘制两个相同的矩形，如图 4-15 所示。

图 4-15

（5）将【时间线】窗口中的【准星 1】复制一份，并重命名为【准星 2】，然后分别设置【蒙版 1】和【蒙版 2】的【蒙版扩展】为 2 像素，如图 4-16 所示。

（6）选择【矩形】工具，然后在【准星 2】图层中心绘制一个矩形，如图 4-17 所示。接着设置【准星 2】的【蒙版 3】为【相减】，如图 4-18 所示。

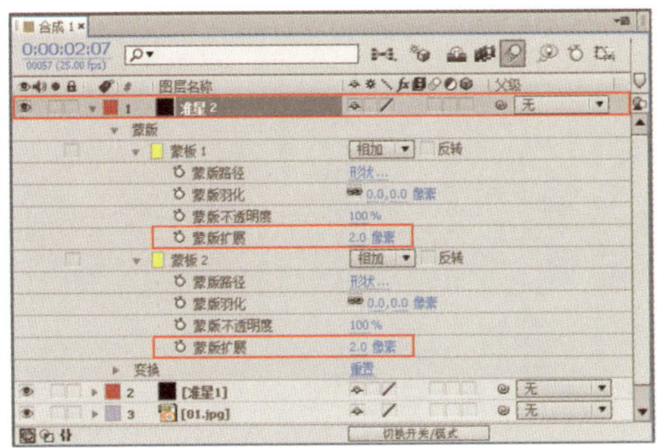
图 4-16

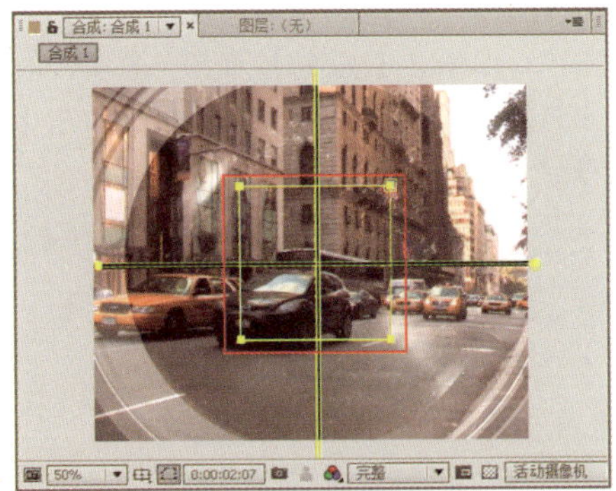
图 4-17

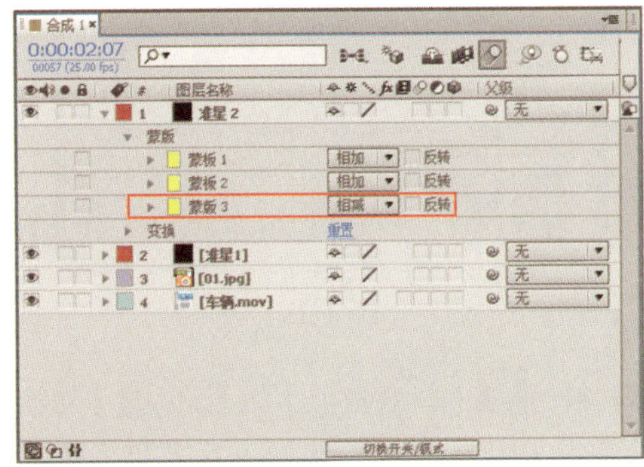
图 4-18

（7）将【时间线】窗口中的【01.jpg】素材文件复制一份，并置于顶端，然后重命名为【02.jpg】，如图 4-19 所示。

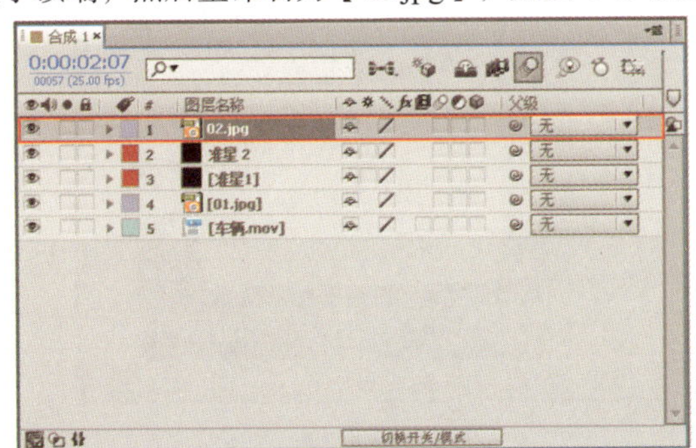
图 4-19

（8）选择【椭圆】工具，然后在【02.jpg】素材文件中按照图案绘制一个圆形遮罩，如图 4-20 所示。

（9）在【时间线】窗口中设置【02.jpg】素材文件的【蒙版 1】为【相减】，如图 4-21 所示。

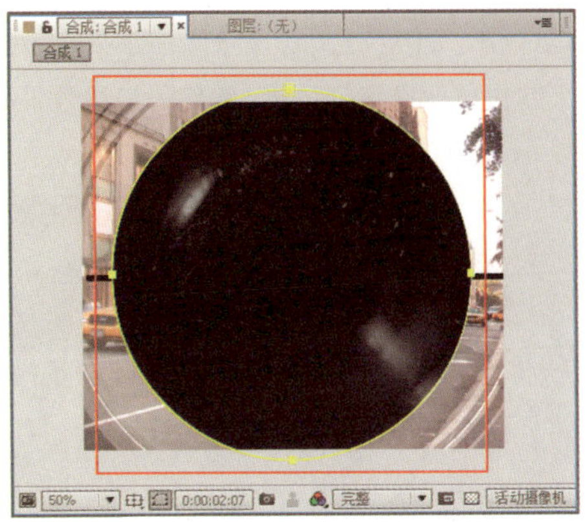
图 4-20

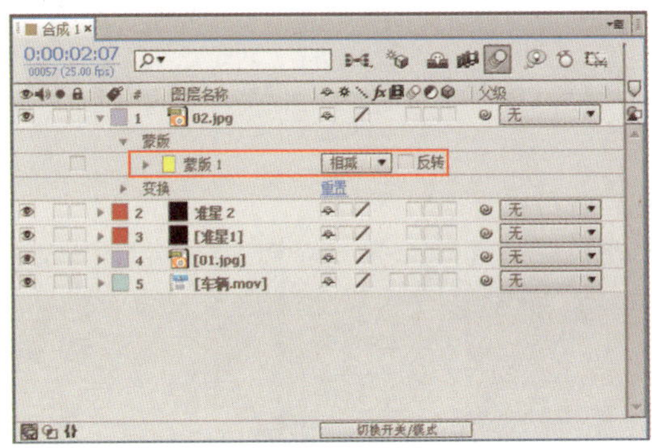
图 4-21

（10）此时拖动时间线滑块查看最终效果，如图 4-22 所示。

图 4-22

重点 进阶案例：玻璃文字框

案例文件	进阶案例：玻璃文字框 .aep
视频教学	DVD/ 多媒体教学 /Chapter04/ 进阶案例：玻璃文字框 .flv
难易指数	★★☆☆☆
技术掌握	主要掌握【圆角矩形】工具和【轨道遮罩】的应用

案例分析：

在该案例中，主要学习使用【圆角矩形】工具和【轨道遮罩】来制作玻璃文字框效果，案例的最终效果如图 4-23 所示。

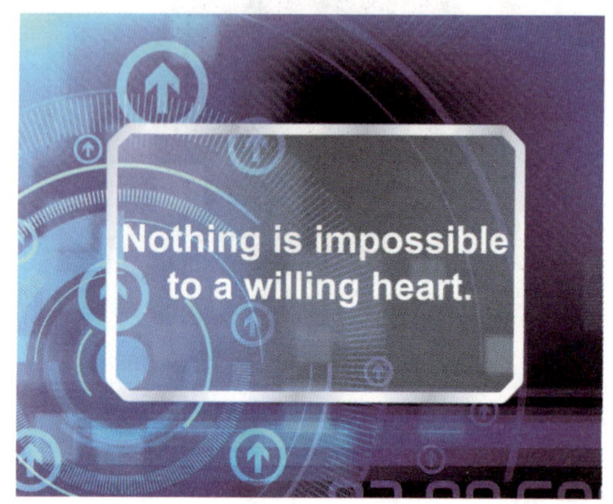

图 4-23

思路解析如图 4-24 所示。

图 4-24

（1）创建新合成。设置【合成名称】为【合成 1】，【宽度】为 720 像素，【高度】为 576 像素，【像素长宽比】为【方形像素】，【帧速率】为 25 帧 / 秒，【持续时间】为 5 秒。然后单击【确定】按钮。接着在【项目】窗口中的空白处双击鼠标左键，在弹出的窗口中选择所需素材文件，最后单击【导入】按钮，如图 4-25 所示。

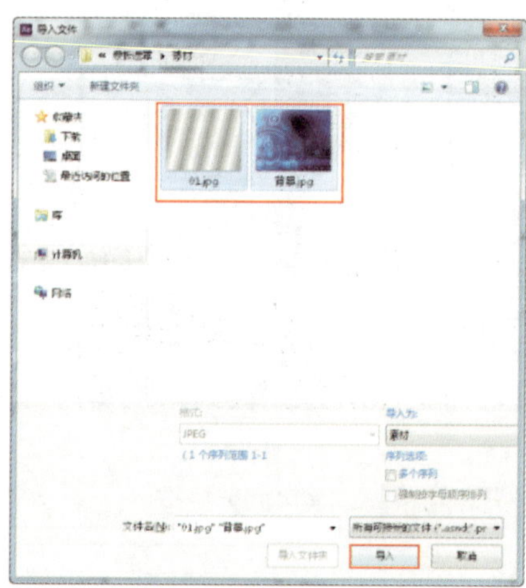

图 4-25

（2）将【项目】窗口中的【背景 .jpg】素材文件拖拽到【时间线】窗口中，并设置【缩放】为 74%，如图 4-26 所示。

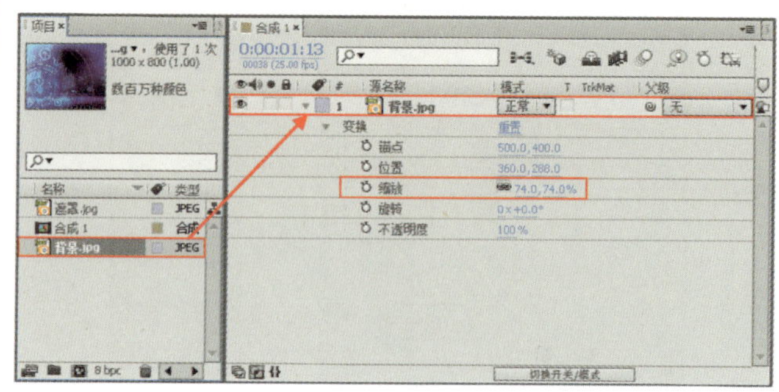

图 4-26

（3）新建一个纯色层，并设置【名称】为【矩形】，【宽度】为 720 像素，【高度】为 576 像素，【颜色】为白色（R：255，G：255，B：255），然后单击【确定】，如图 4-27 所示。

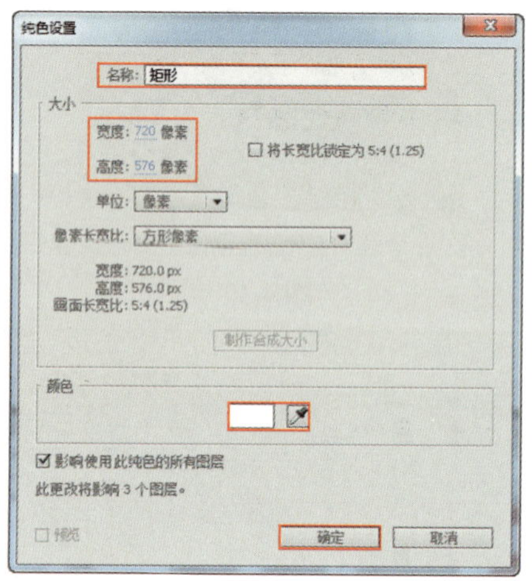

图 4-27

（4）利用【圆角矩形】工具和【转换顶点】工具在【矩形】图层上绘制如图所示的遮罩，如图 4-28 所示。

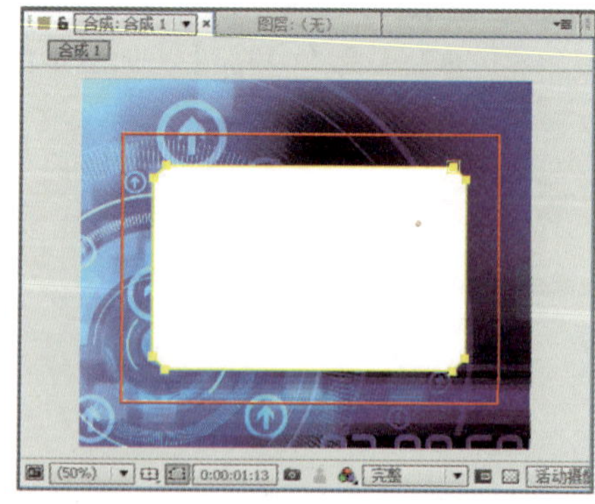

图 4-28

（5）打开【矩形】图层下的【蒙版】，并设置【蒙版不透明度】为 30%，如图 4-29 所示。

（6）将【矩形】进行复制，并重命名为【边框 1】，然后设置该图层【蒙版 1】的【蒙版不透明度】为 100%，如图 4-30 所示。

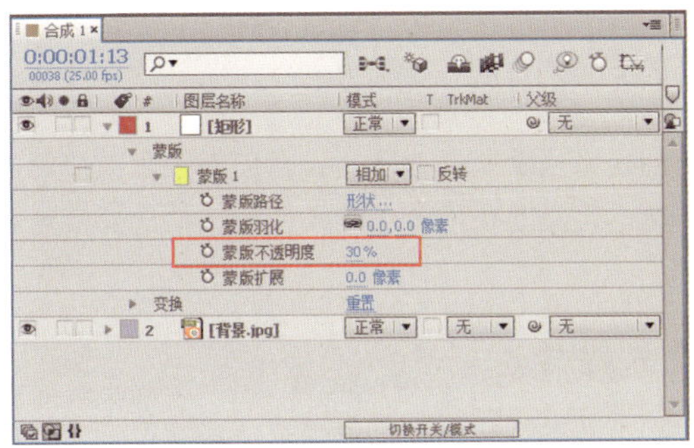
图 4-29

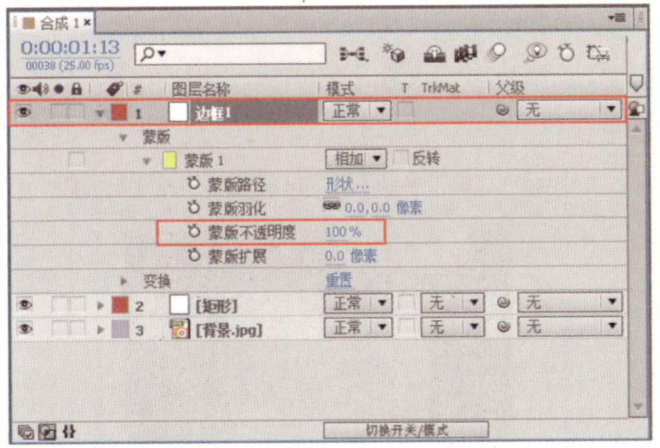
图 4-30

（7）为【边框 1】图层添加【3D Stroke（3D 描边）】效果，然后在【效果控件】面板中设置【3D Stroke（3D 描边）】的【Color（颜色）】为深蓝色（R：27，G：32，B：57），【Thickness（厚度）】为 7，如图 4-31 所示。此时效果如图 4-32 所示。

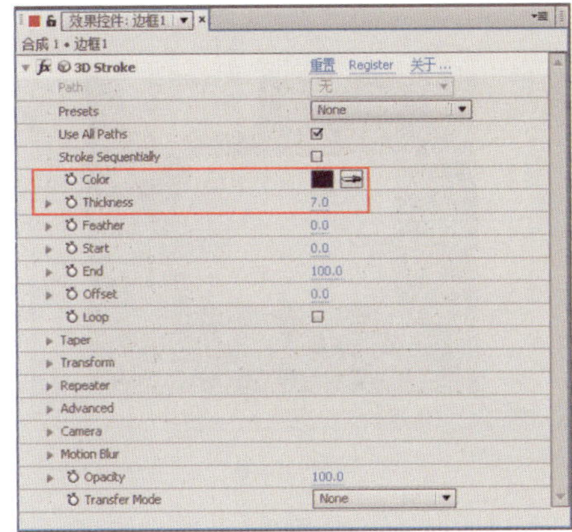
图 4-31

图 4-32

（8）将【时间线】窗口中的【边框 1】图层进行复制，并重命名为【边框 2】。然后重新设置【3D Stroke（3D 描边）】的【Color（颜色）】为白色（R：255，G：255，B：255），如图 4-33 所示。

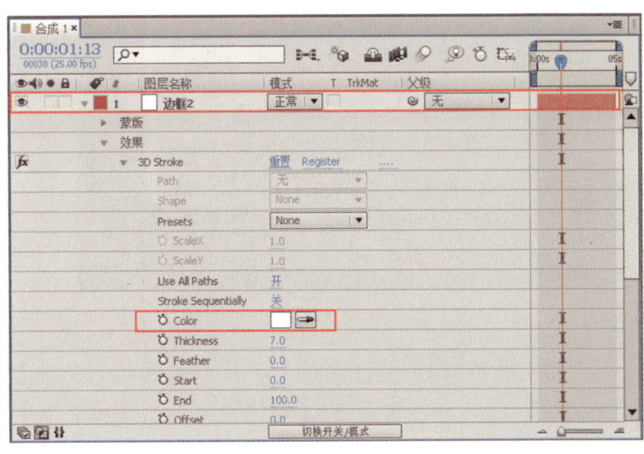
图 4-33

（9）将【01.jpg】素材文件拖拽到【时间线】窗口中，并设置【缩放】为 81%，如图 4-34 所示。

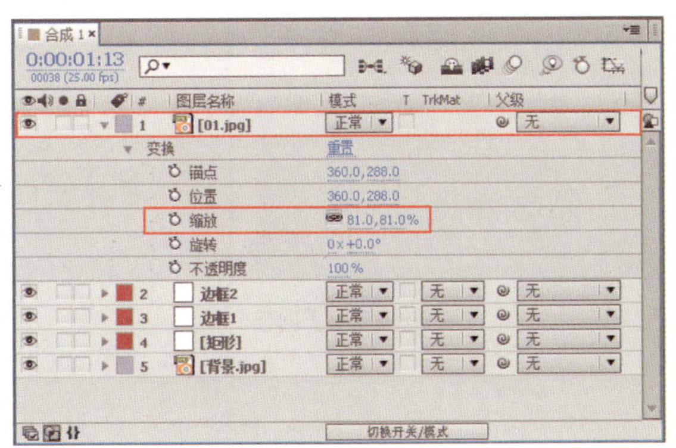
图 4-34

（10）设置【边框 2】图层的【模式】为【相加】，【轨道遮罩】为【亮度】，如图 4-35 所示。此时效果如图 4-36 所示。

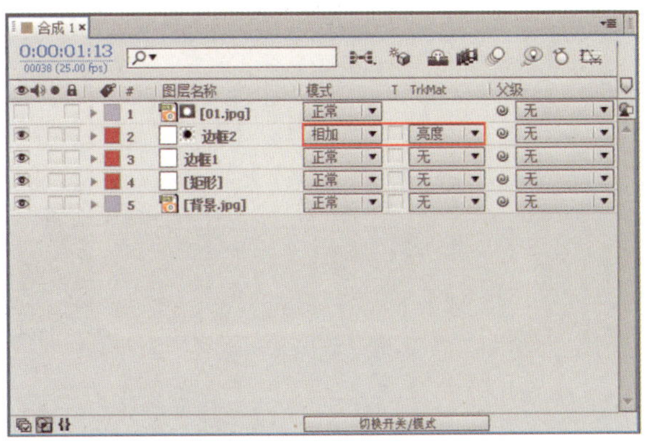
图 4-35

图 4-36

（11）选择【横排文字】工具，然后在【合成】窗口中输入文字，并设置合适的【字体系列】和【字体大小】，接着设置【填充颜色】为白色（R：255，G：255，B：255），如图 4-37 所示。

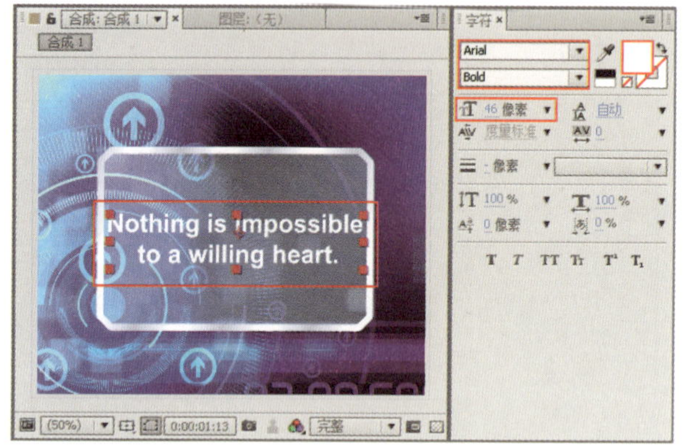

图 4-37

（12）此时在合成窗口中查看最终效果，如图 4-38 所示。

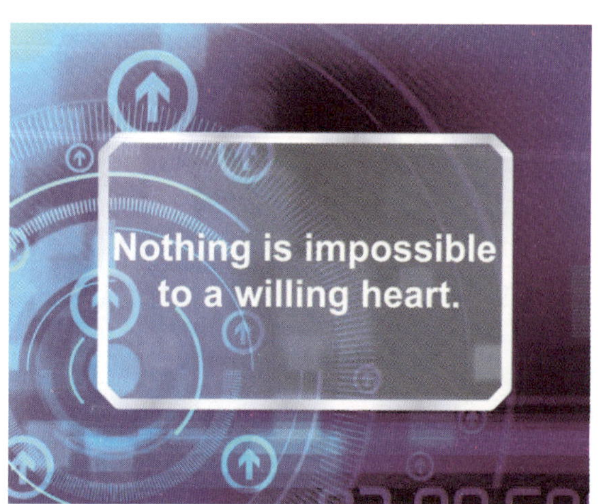

图 4-38

4.3 节点的选择与移动

在创建完成蒙版或遮罩后，可以对蒙版或遮罩的形状进行修改。其关键在于节点的操作，包括选择节点和移动节点等。

4.3.1 选择节点

若要对节点进行修改，首先要选择节点，才能进行节点的修改操作。选择节点有两种方法：

1. 单击选择

在工具栏中单击【选择】工具按钮，然后单击蒙版或遮罩上的节点，即选择了该节点。如图 4-39 所示。

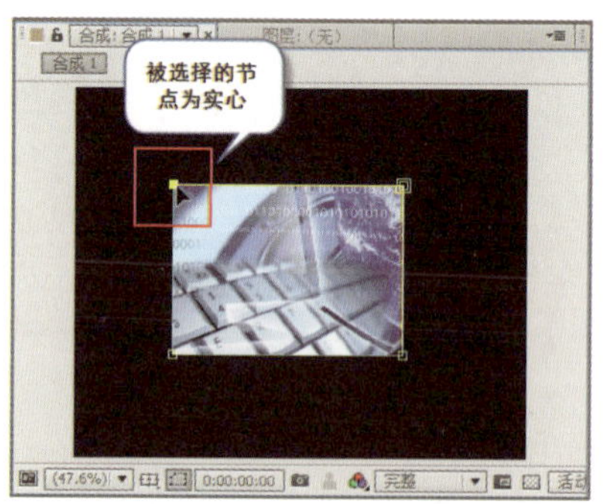

图 4-39

按住 <Shift> 键，然后再单击其他的节点，即可选择多个节点，如图 4-40 所示。

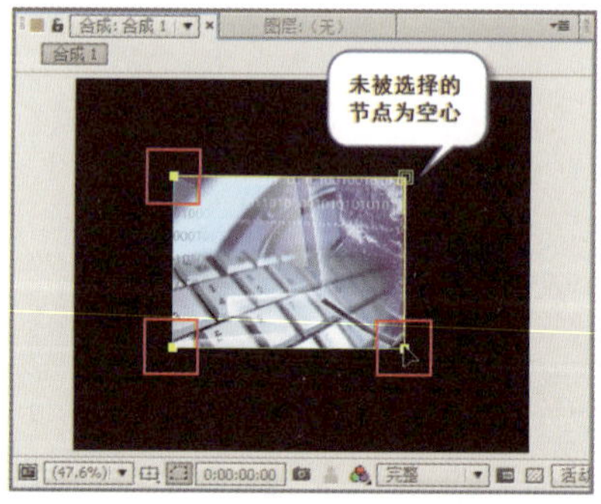

图 4-40

2. 框选节点

在【合成】或【图层】窗口中，单击鼠标左键并拖动，会出现一个矩形选框，该框内的节点就都会被选中，如图 4-41 所示。

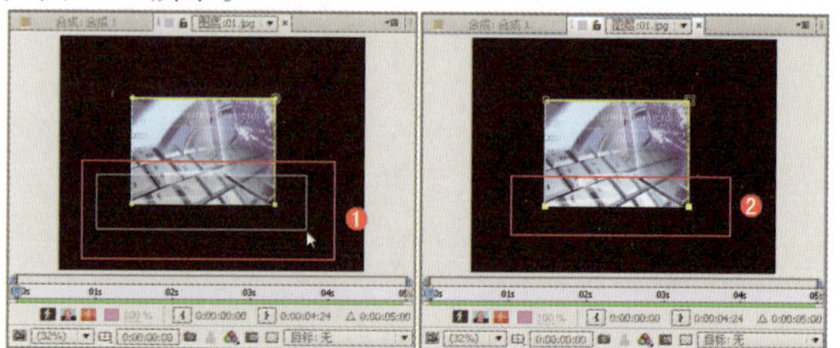

图 4-41

4.3.2 移动节点

使用【选择】工具选中一个或多个节点进行拖拽即可改变蒙版或遮罩的形状，如图 4-42 所示。

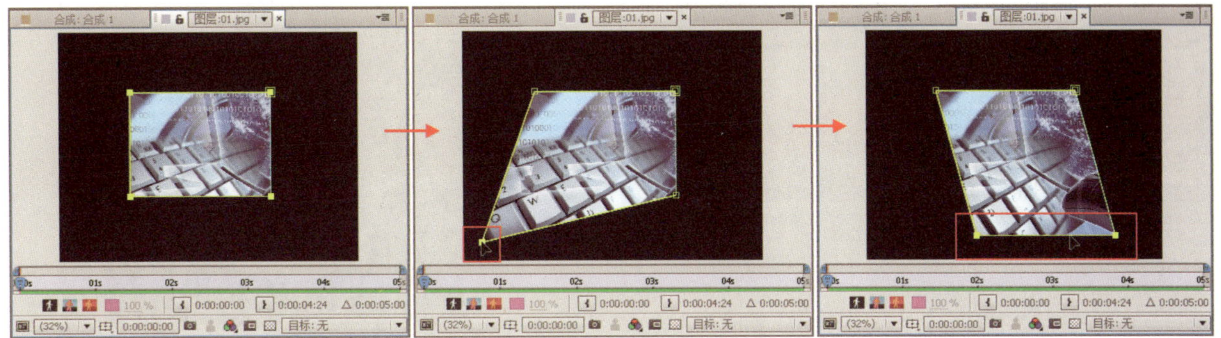

图 4-42

4.4 【遮罩】工具

利用【遮罩】工具可以绘制自定义的遮罩形状，【遮罩】工具包括【钢笔】工具、【画笔】工具和【橡皮擦】工具。

4.4.1 【钢笔】工具

【钢笔】工具可以在图层画面中绘制各种形状的遮罩，是最常用的遮罩工具。选择【时间线】窗口中的图层，然后使用【钢笔】工具，直接在【合成】或【图层】窗口中单击鼠标左键绘制即可，如图 4-43 所示。

图 4-43

求生秘籍——软件技能：绘制遮罩前要选择图层

遮罩必须在图层载体上才能绘制，所以在绘制遮罩前，需要选择需要绘制遮罩路径的图层，任何在【时间线】窗口中的图层都可以绘制遮罩。若没有选择任何图层的情况下绘制，则会在【时间线】窗口中出现形状图层。

在选择【钢笔】工具绘制遮罩时，【工具栏】中会出现【旋转贝塞尔曲线】选项，如图 4-44 所示。

图 4-44

重点参数提醒：

旋转贝塞尔曲线：勾选该选项，在绘制遮罩时，点的转折位置会呈现出顺滑的贝塞尔曲线效果。图 4-45 为勾选该选项前后的对比效果。

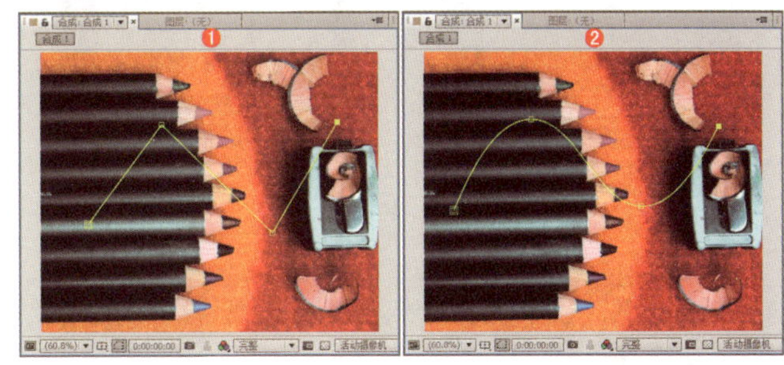

图 4-45

求生秘籍——技巧提示：绘制一个不闭合的路径

当绘制的遮罩首尾相接时，才会呈现出一个完整的遮罩，否则只显示绘制的路径，如图 4-46 所示。

图 4-46

1. 添加和删除节点

在对蒙版或遮罩进行修改时，可以适当地进行节点的添加和删除，以创建更好的形状效果。

重点参数提醒：

添加节点：选择【钢笔】工具下的【添加顶点】

工具，然后将该工具移动到需要添加节点的位置，单击鼠标左键即可，如图 4-47 所示。

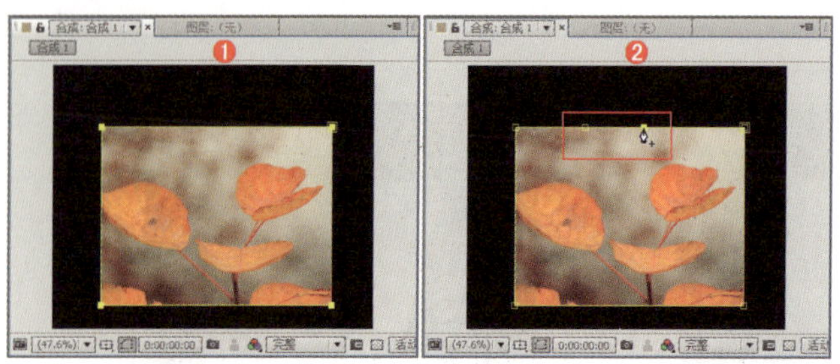

图 4-47

删除节点：选择【钢笔】工具下的【删除顶点】工具，然后将该工具移动到需要删除节点的位置，单击鼠标左键即可，如图 4-48 所示。

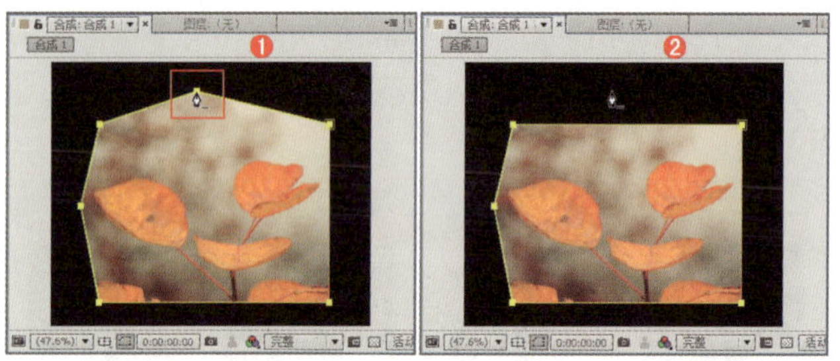

图 4-48

求生秘籍——技巧提示：节点未发生转换，蒙版的路径为直线

在两个节点之间，且节点未发生转换的情况下，蒙版的路径会呈直线状态。

2. 节点的转换

蒙版和遮罩的节点分为两种，分别是【角点】和【曲线点】，而且【角点】和【曲线点】之前是可以互相转换的。使用【钢笔】工具下的【转换顶点】工具可以将【角点】和【曲线点】进行转换。

重点参数提醒：

（1）角点：点两侧的线条都为直线，如图 4-49 所示。

图 4-49

（2）曲线点：点两侧都有控制柄，可以调节弧度，如图 4-50 所示。

图 4-50

角点转化为曲线点：选择【转换顶点】工具，然后对【角点】的控制柄进行拖拽，即可将【角点】转换为【曲线点】，并调整其弧度，如图 4-51 所示。

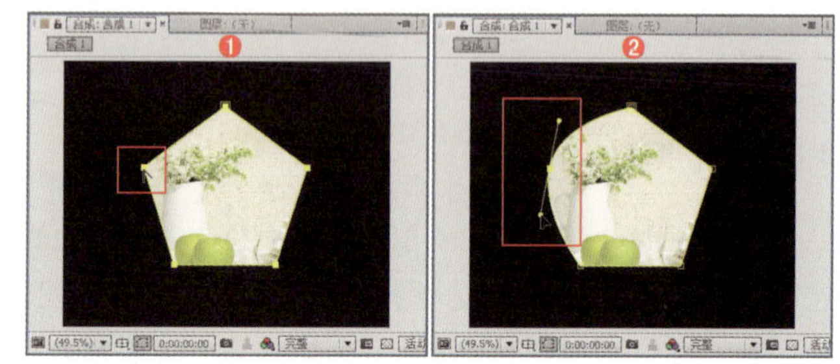

图 4-51

求生秘籍——技巧提示：【转换顶点】工具调整顶点

在【钢笔】工具的状态下，按住 <Alt> 键，然后移动到节点附近，就会出现【转换顶点】工具。

曲线点转化为角点：选择【转换顶点】工具，然后对【曲线点】单击鼠标左键，即可将【曲线点】转换为【角点】，如图 4-52 所示。

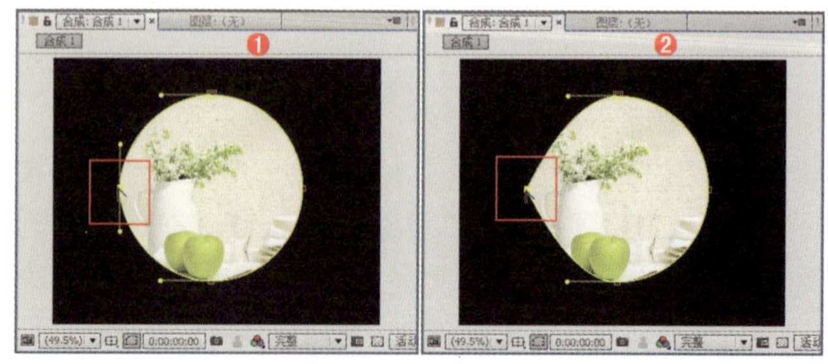

图 4-52

重点 进阶案例：　画面撕破效果

案例文件	进阶案例：画面撕破效果 .aep
视频教学	DVD/ 多媒体教学 /Chapter04/ 进阶案例：画面撕破效果 .flv
难易指数	★☆☆☆☆
技术掌握	主要掌握【钢笔】工具的应用

案例分析：

在该案例中，主要学习使用【钢笔】工具来制作画面撕破效果，案例的最终效果如图 4-53 所示。

图 4-53

思路解析如图 4-54 所示。

图 4-54

（1）创建新合成。设置【合成名称】为【合成 1】，【宽度】为 720 像素，【高度】为 576 像素，【像素长宽比】为【方形像素】，【帧速率】为 25 帧 / 秒，【持续时间】为 5 秒。然后单击【确定】按钮。接着在【项目】窗口中的空白处双击鼠标左键，在弹出的窗口中选择所需素材文件，最后单击【导入】按钮，如图 4-55 所示。

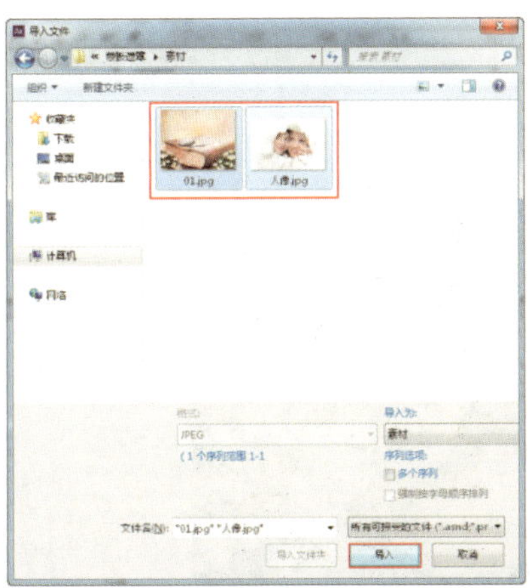

图 4-55

（2）将【项目】窗口中的【人像 .jpg】、【01.jpg】素材文件拖拽到【时间线】窗口中，并设置【人像 .jpg】素材文件的【缩放】为 74%，【01.jpg】素材文件的【缩放】为 91%，如图 4-56 所示。

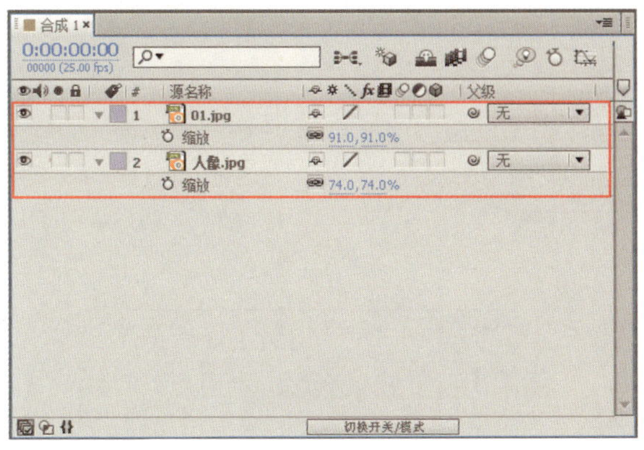

图 4-56

求生秘籍——技巧提示：快速展开图层属性和关键帧

用户可以使用快捷键快速的展开和隐藏图层的属性。首先选择该图层，然后执行相应的快捷键即可。快捷键对应功能如下所示：

快捷键 <A>：锚点，如图 4-57 所示。快捷键 <B>：位置，如图 4-58 所示。

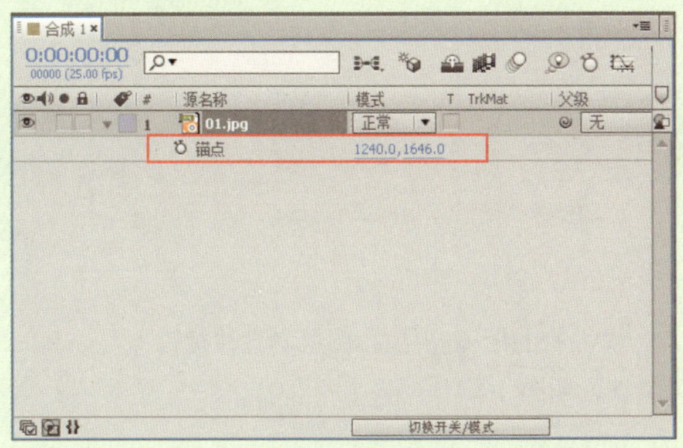

图 4-57

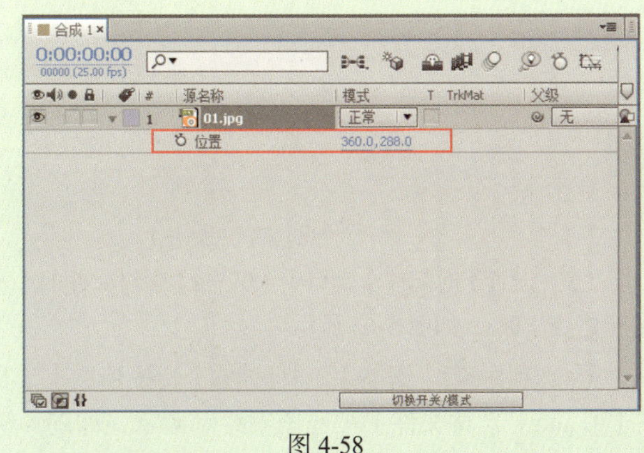

图 4-58

快捷键<S>: 缩放，如图4-59所示。快捷键<R>: 旋转，如图4-60所示。

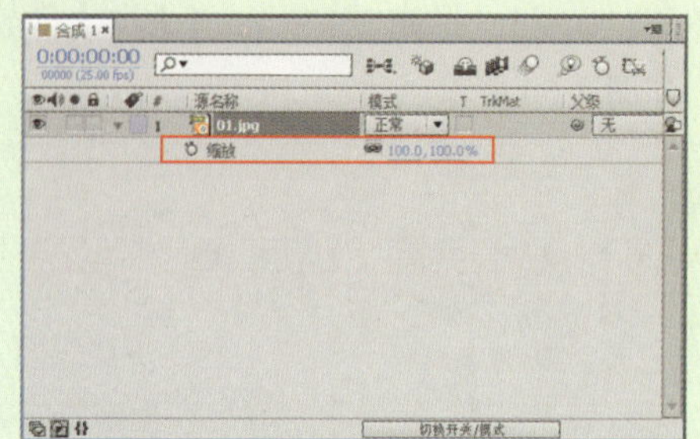

图 4-59

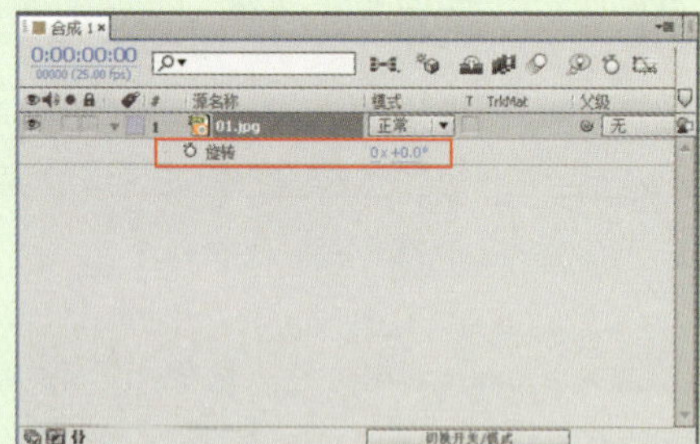

图 4-60

快捷键 <T>：不透明度，如图 4-61 所示。

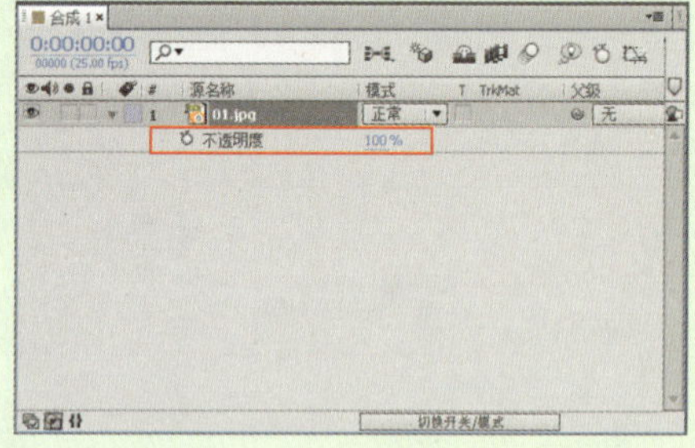

图 4-61

按住 <Shift> 键再执行图层属性快捷键，可以展开多个属性，如图 4-62 所示。

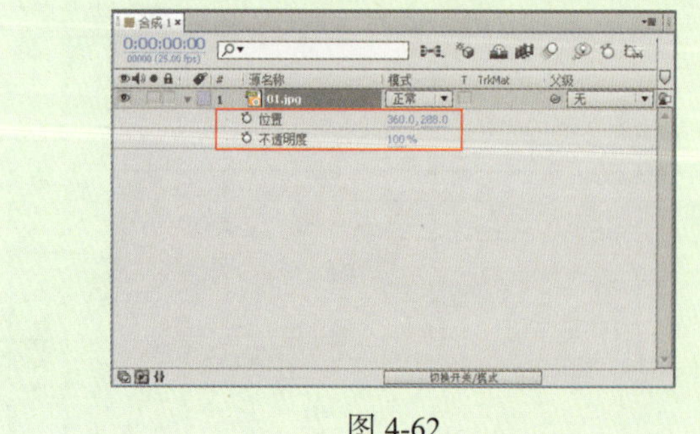

图 4-62

（3）设置【时间线】窗口中【01.jpg】素材文件的【不透明度】为 0%，如图 4-63 所示。

（4）利用【钢笔】工具和【转换顶点】工具在【01.jpg】素材文件上按照图案绘制遮罩，如图 4-64 所示。

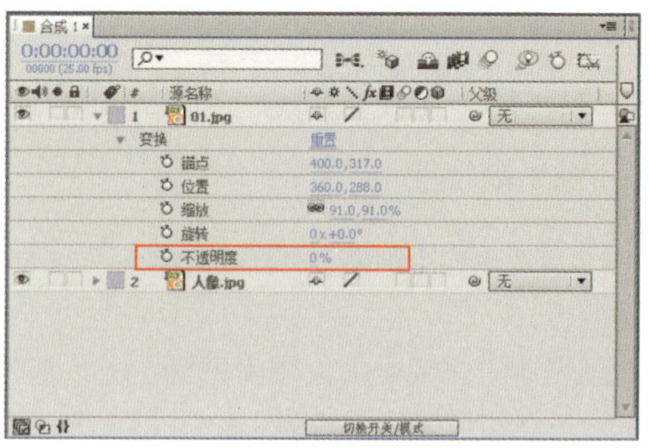

图 4-63

图 4-64

（5）在【时间线】窗口中设置【01.jpg】素材文件的【不透明度】为 100%，设置【蒙版 1】为【相减】，如图 4-65 所示。

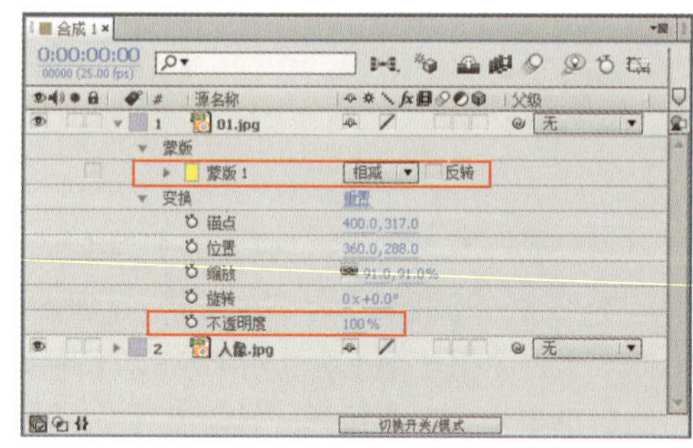

图 4-65

（6）此时拖动时间线滑块查看最终效果，如图 4-66 所示。

图 4-66

重点 进阶案例：夏日海浪蒙版效果

案例文件	进阶案例：夏日海浪蒙版效果 .aep
视频教学	DVD/ 多媒体教学 /Chapter04/ 进阶案例：夏日海浪蒙版效果 .flv
难易指数	★★☆☆☆
技术掌握	主要掌握【钢笔】工具的应用

案例分析：

在该案例中，主要学习使用【钢笔】工具来制作夏日海浪蒙版效果，案例的最终效果如图 4-67 所示。

图 4-67

思路解析如图 4-68 所示。

图 4-68

1. 制作背景

（1）创建新合成。并设置【合成名称】为【合成 1】，【宽度】为 720 像素，【高度】为 576 像素，【像素长宽比】为【方形像素】，【帧速率】为 25 帧 / 秒，【持续时间】为 5 秒，然后单击【确定】按钮。接着在【项目】窗口中的空白处双击鼠标左键，在弹出的窗口中选择所需素材文件，最后单击【导入】按钮，如图 4-69 所示。

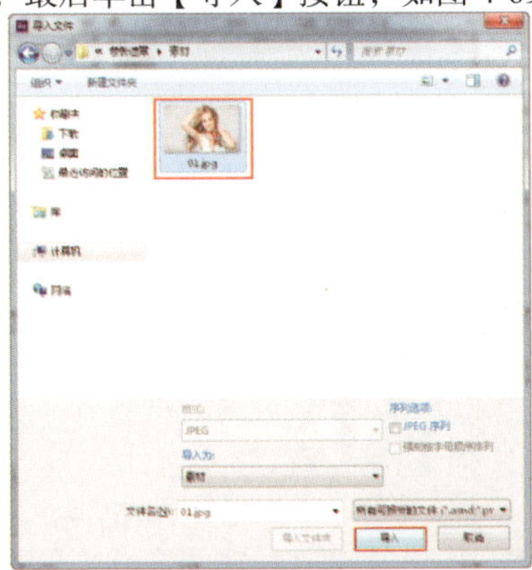

图 4-69

（2）将【项目】窗口中的【01.jpg】素材文件拖拽到【时间线】窗口中，并设置【缩放】为 72%，【位置】为（324.0,326.0），如图 4-70 所示。

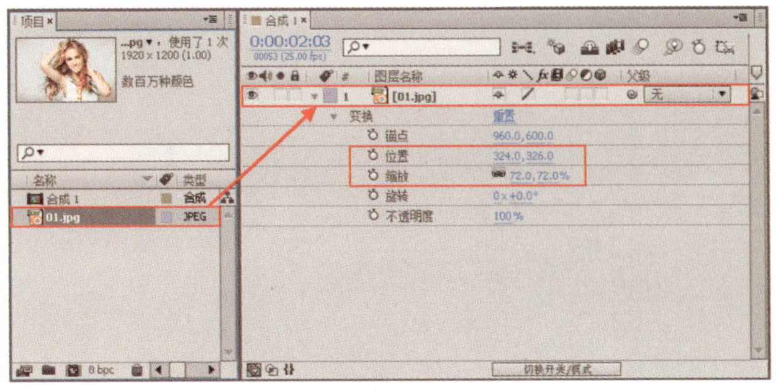

图 4-70

（3）此时在【合成】窗口中查看当前效果，如图 4-71 所示。

图 4-71

2. 绘制彩色遮罩

（1）在【时间线】窗口中的空白处单击鼠标右键，然后在弹出的菜单中执行【新建】/【纯色】命令，如图 4-72 所示。

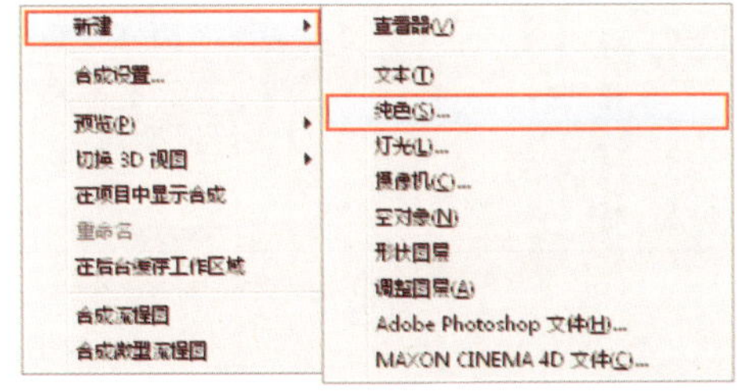

图 4-72

（2）接着在【纯色设置】对话框中设置【名称】为【图形 1】，【宽度】为 720 像素，【高度】为 576 像素，【颜色】为浅蓝色（R：69，G：200，B：246），并单击【确定】按钮，如图 4-73 所示。

（3）利用【钢笔】工具和【转换顶点】工具）在【图形 1】图层上绘制如图 4-74 所示的遮罩。

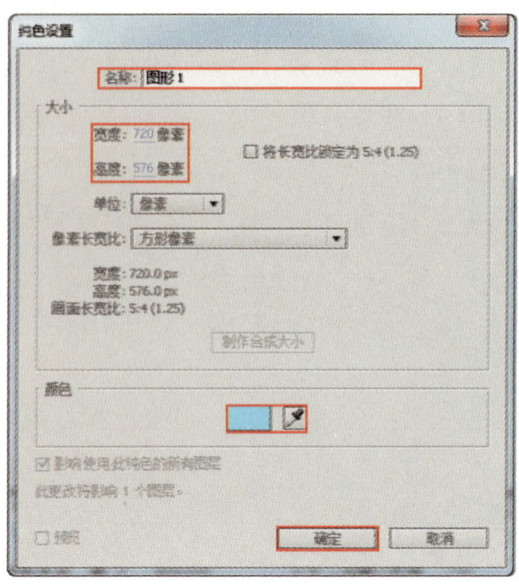
图 4-73

图 4-74

（4）将【效果和预设】面板中的【投影】效果添加到【图形 1】图层上，如图 4-75 所示。

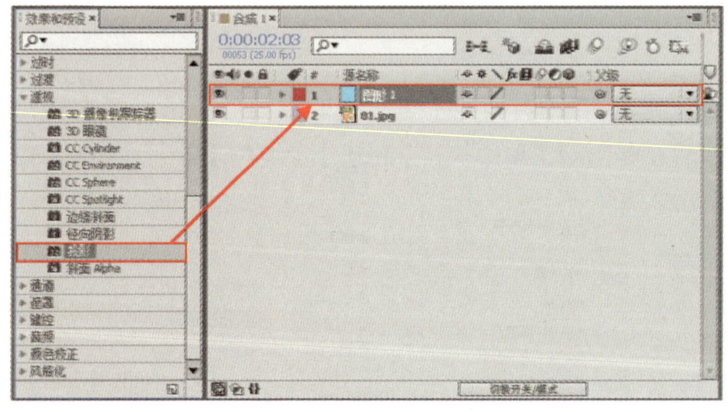
图 4-75

（5）选择【时间线】窗口中的【图形 1】，然后在【效果控件】面板中设置【投影】效果的不透明度为 70%，【方向】为 63°，【柔和度】为 40，如图 4-76 所示。此时效果，如图 4-77 所示。

（6）新建一个纯色层，并设置【名称】为【图形 2】，【宽度】为 720 像素，【高度】为 576 像素，【颜色】为蓝色（R：47，G：159，B：192），然后单击【确定】按钮，如图 4-78 所示。

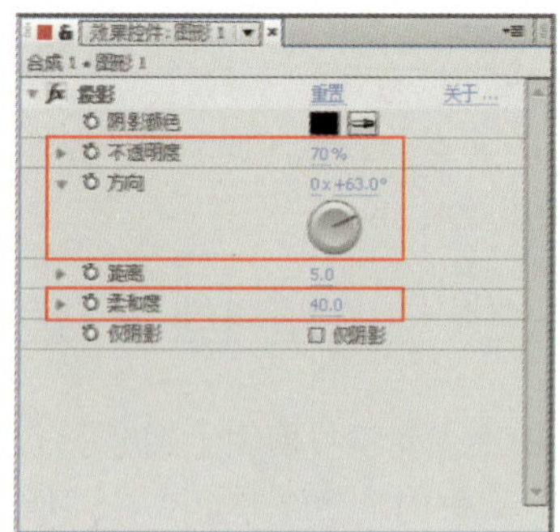
图 4-76

图 4-77

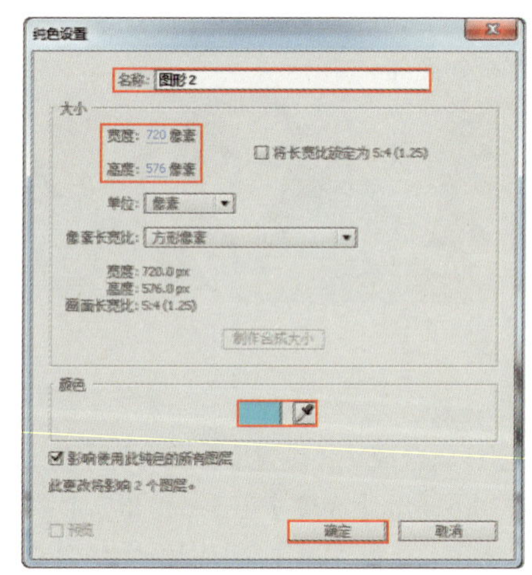
图 4-78

（7）利用【钢笔】工具和【转换顶点】工具在【图形 1】图层上绘制如图 4-79 所示的遮罩。

图 4-79

（8）将【图形 1】上的【投影】效果复制到【图形 2】上，此时效果如图 4-80 所示。

图 4-80

（9）分别将【图形 1】和【图形 2】图层进行复制，并重命名为【图形 3】和【图形 4】，如图 4-81 所示。

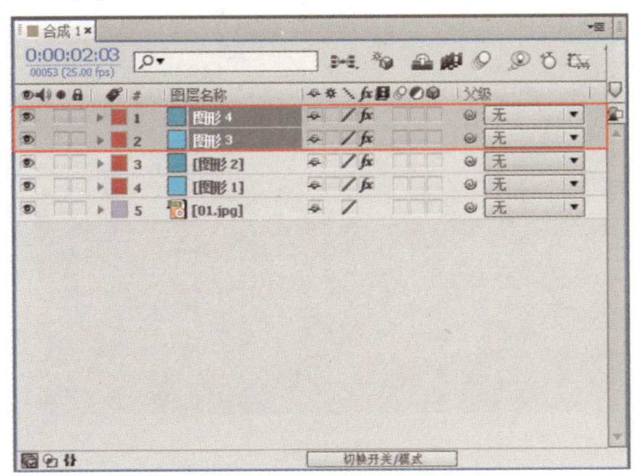

图 4-81

（10）利用【转换顶点】工具等更改【图形 3】和【图形 4】的遮罩形状，如图 4-82 所示。

图 4-82

（11）选择【横排文字】工具，然后在【合成】窗口中输入文字，并设置合适的【字体系列】和【字体大小】，接着设置【填充颜色】为红色（R：255，G：53，B：53）和黄色（R：255，G：228，B：0），如图 4-83 所示。

图 4-83

（12）此时在【合成】窗口中查看最终效果，如图 4-84 所示。

图 4-84

重点 进阶案例：彩条图案效果

案例文件	进阶案例：彩条图案效果 .aep
视频教学	DVD/ 多媒体教学 /Chapter04/ 进阶案例：彩条图案效果 .flv
难易指数	★★☆☆☆
技术掌握	主要掌握【钢笔】工具和【百叶窗】效果的应用

案例分析：

在该案例中，主要学习使用【钢笔】工具和【百叶窗】效果来制作彩条蒙版效果，案例的最终效果如图 4-85 所示。

图 4-85

第 4 章

思路解析如图 4-86 所示。

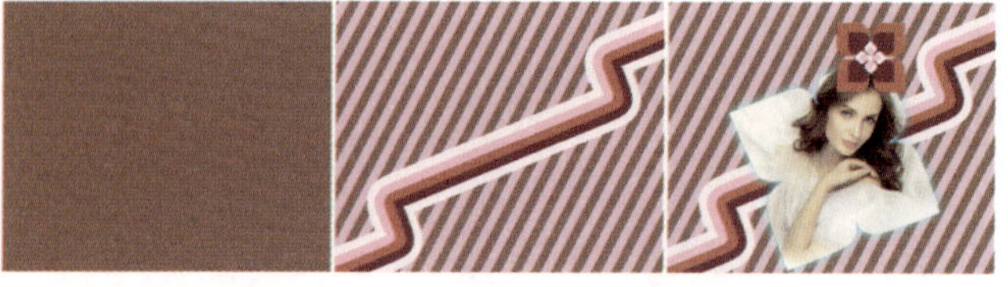

图 4-86

1. 制作彩条背景

（1）创建新合成。设置【合成名称】为【合成 1】，【宽度】为 720 像素，【高度】为 576 像素，【像素长宽比】为【方形像素】，【帧速率】为 25 帧 / 秒，【持续时间】为 5 秒，然后单击【确定】按钮。接着在【项目】窗口中的空白处双击鼠标左键，在弹出的窗口中选择所需素材文件，最后单击【导入】按钮，如图 4-87 所示。

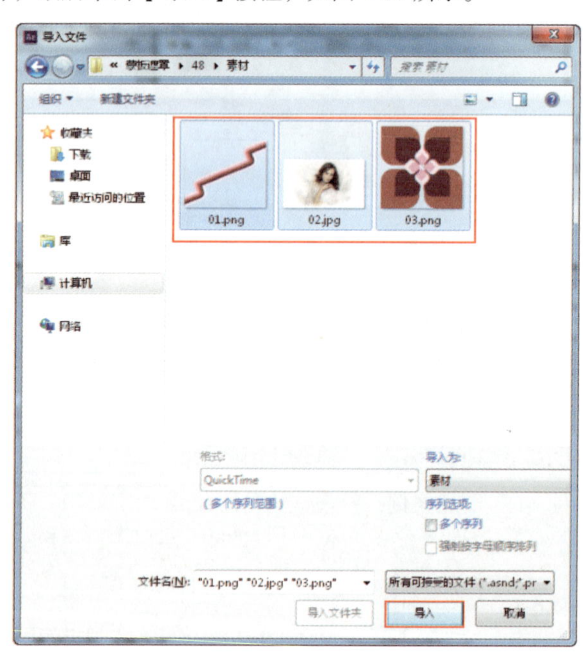

图 4-87

（2）在【时间线】窗口中的空白处单击鼠标右键，然后在弹出的菜单中执行【新建】/【纯色】命令，如图 4-88 所示。

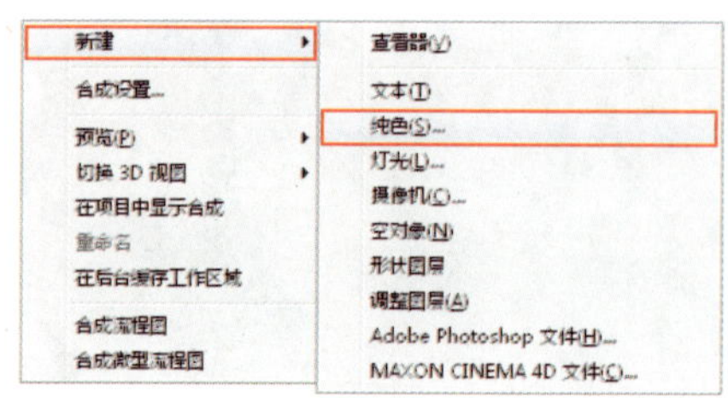

图 4-88

（3）在弹出的【纯色设置】对话框中设置【名称】为【背景 1】，【宽度】为 720 像素，【高度】为 576 像素，【颜色】为褐色（R：136，G：95，B：75，），然后单击【确定】按钮，如图 4-89 所示。此时效果，如图 4-90 所示。

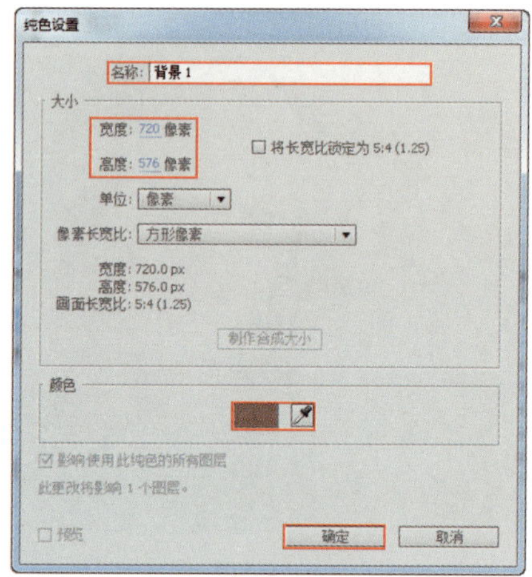

图 4-89

图 4-90

（4）新建一个纯色层，并设置【名称】为【背景 2】，【宽度】为 720 像素，【高度】为 576 像素，【颜色】为浅粉色（R：222，G：182，B：200），接着单击【确定】按钮，如图 4-91 所示。

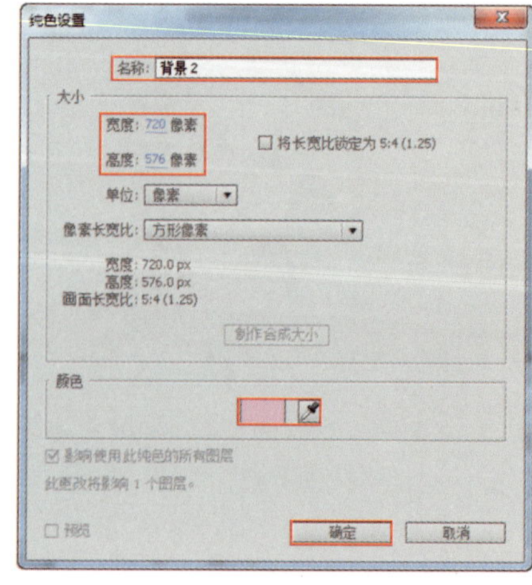

图 4-91

（5）为【背景 2】图层添加【百叶窗】效果，并在【效果控件】面板中设置【过渡完成】为 50%，【方向】为 28°，【宽度】为 39，如图 4-92 所示。

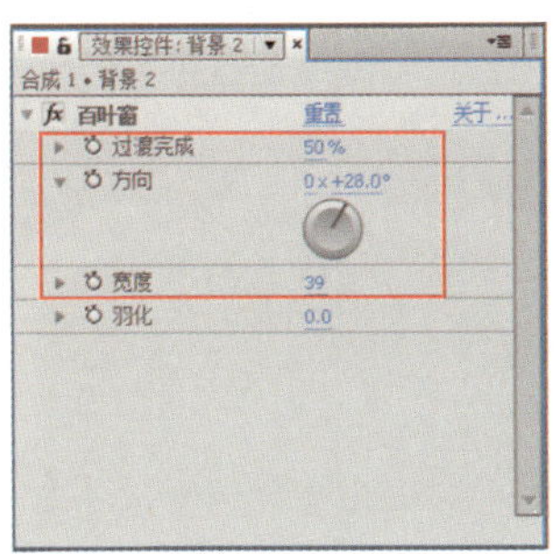

图 4-92

（6）此时在【合成】窗口中查看此时背景效果，如图 4-93 所示。

图 4-93

2. 制作照片遮罩

（1）将【项目】窗口【01.png】素材文件拖拽到【时间线】窗口中，并设置【缩放】为 78%，【位置】为（376.0,327.0），如图 4-94 所示。此时效果如图 4-95 所示。

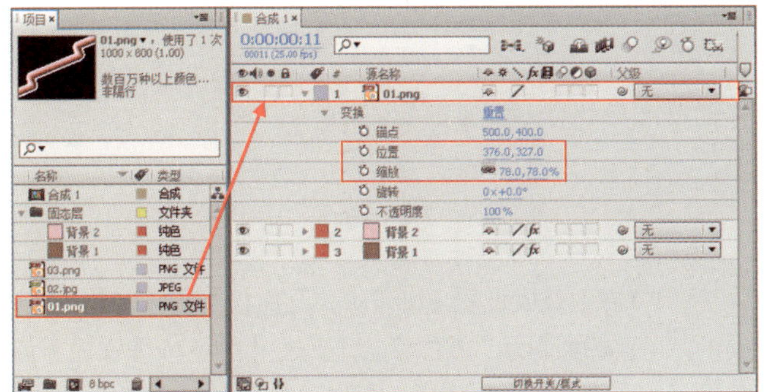

图 4-94

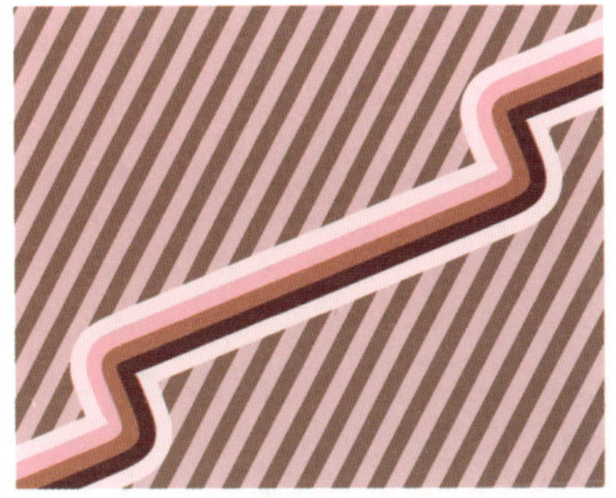

图 4-95

（2）将【02.jpg】素材文件拖拽到【时间线】窗口中，并设置【缩放】为 68%，【位置】为（360.0,335.0），如图 4-96 所示。

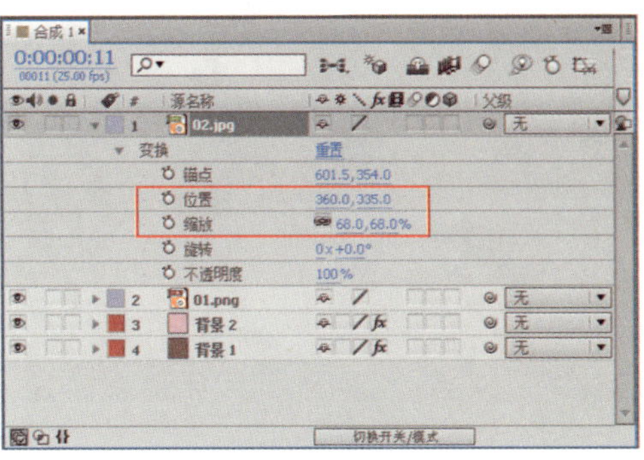

图 4-96

（3）利用【钢笔】工具和【转换顶点】工具在【02.jpg】图层上绘制遮罩图案，如图 4-97 所示。

图 4-97

（4）为【时间线】窗口中的【02.jpg】素材文件添加【投影】效果，并在【效果控件】面板中设置【阴影颜色】为浅蓝色（R：113，G：217，B：239），【透明度】为 100%，【距离】为 0，【柔和度】为 70，如图 4-98 所示。此时效果如图 4-99 所示。

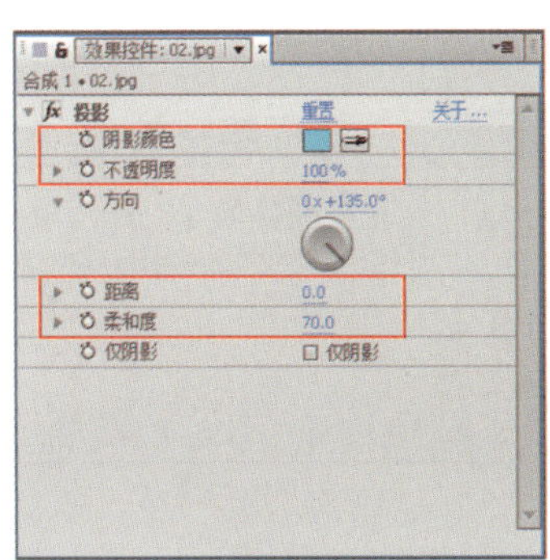

图 4-98

（5）将【03.png】素材文件拖拽到【时间线】窗口中，并设置【缩放】为 57%，【位置】为（445.0,117.0），如图 4-100 所示。此时查看最终效果如图 4-101 所示。

图 4-99

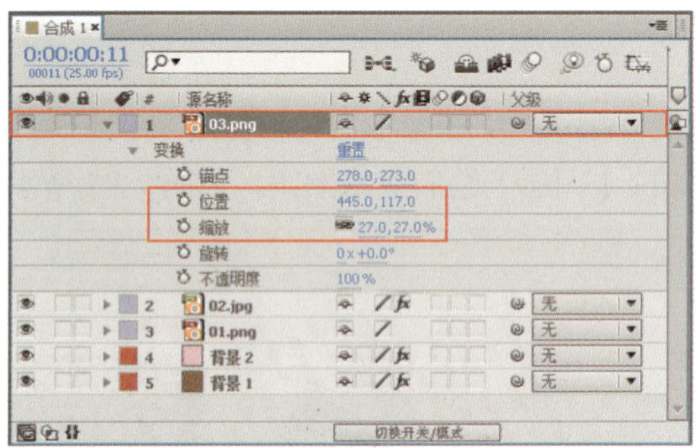

图 4-100

图 4-101

重点 进阶案例：花样便签效果

案例文件	进阶案例：花样便签效果 .aep
视频教学	DVD/ 多媒体教学 /Chapter04/ 进阶案例：花样便签效果 .flv
难易指数	★★☆☆☆
技术掌握	主要掌握【钢笔】工具和【梯度渐变】效果的应用

案例分析：

在该案例中，主要学习使用【钢笔】工具和【梯度渐变】效果来制作花样便签效果，案例的最终效果如图 4-102 所示。

思路解析如图 4-103 所示。

1. 制作背景

（1）创建新合成。在【项目】窗口中的空白处单击鼠标右键，然后选择【新建合成】。如图 4-104 所示。

图 4-102

图 4-103

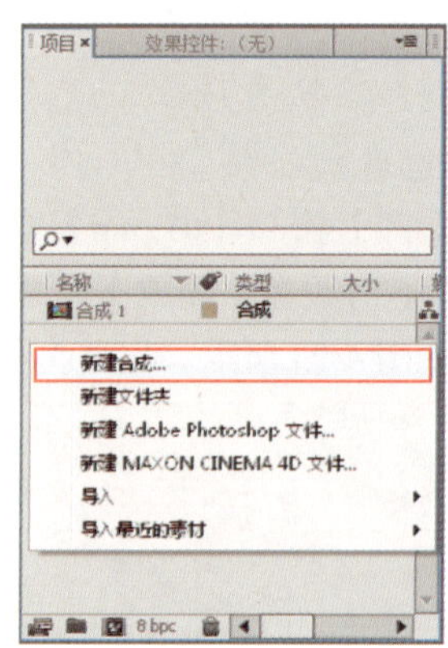

图 4-104

（2）在【合成设置】窗口中，设置【合成名称】为【合成 1】，【宽度】为 720 像素，【高度】为 576 像素，【像素长宽比】为【方形像素】，【帧速率】为 25 帧 / 秒，【持续时间】为 5 秒，最后单击【确定】按钮，如图 4-105 所示。

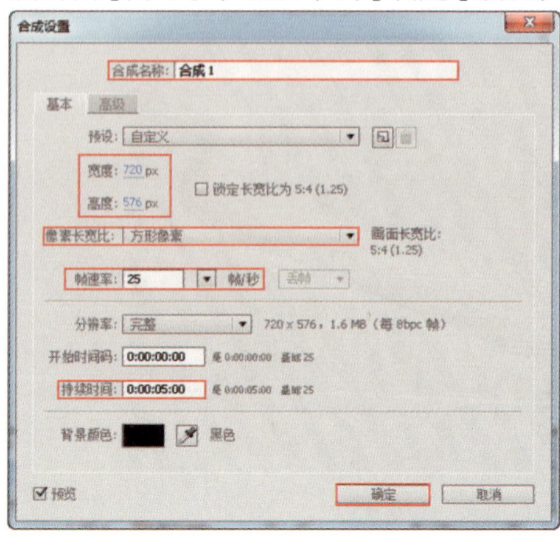

图 4-105

（3）新建一个纯色层，并设置【名称】为【背景】，【宽度】为 720 像素，【高度】为 576 像素，【颜色】为深灰色（R：77，G：77，B：77），然后单击【确定】按钮，如图 4-106 所示。此时效果如图 4-107 所示。

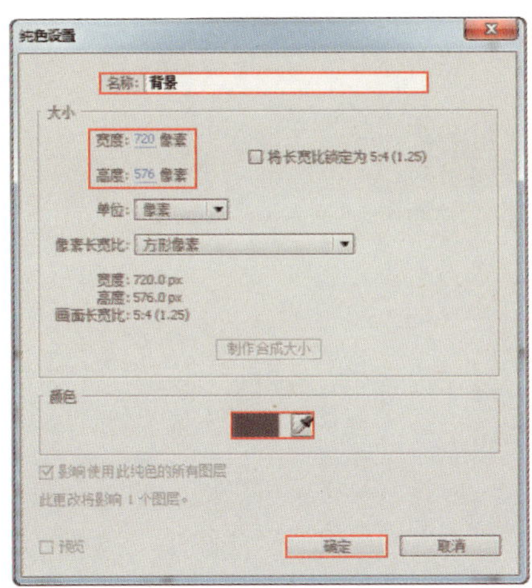

图 4-106

图 4-107

2．制作镂空图案

（1）新建一个纯色层，并设置【名称】为【绿色】，【宽度】为 720 像素，【高度】为 576 像素，然后单击【确定】按钮，如图 4-108 所示。

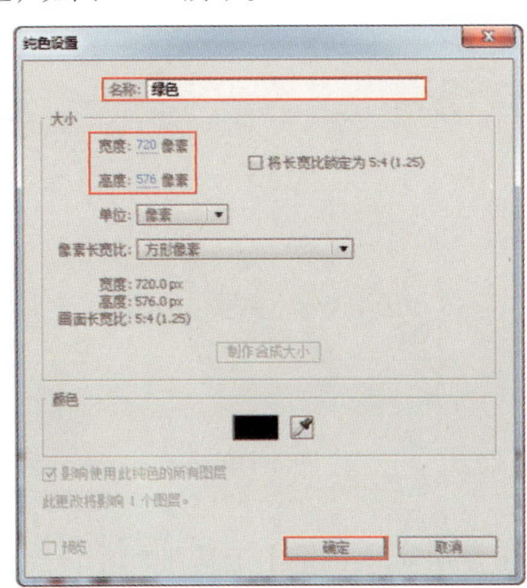

图 4-108

（2）将【效果和预设】面板中的【梯度渐变】效果添加到【绿色】图层上，如图 4-109 所示。

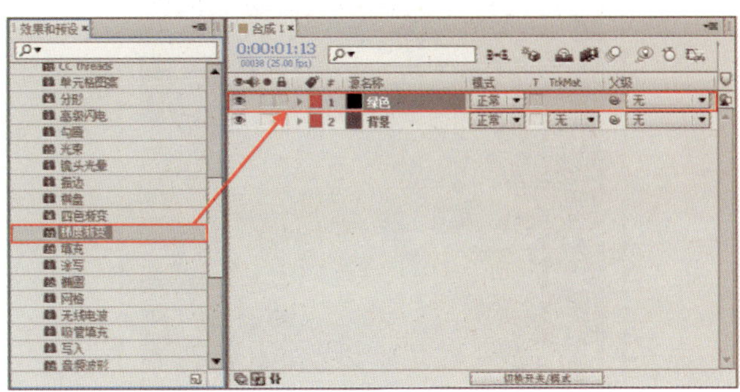

图 4-109

（3）选择【绿色】图层，然后在【效果控件】面板中设置【渐变起点】为（360.0,288.0），【起始颜色】为浅绿色（R：176，G：216，B：124）。【渐变终点】为（360.0,472.0），【结束颜色】为深绿色（R：144，G：202，B：67），如图 4-110 所示。此时效果，如图 4-111 所示。

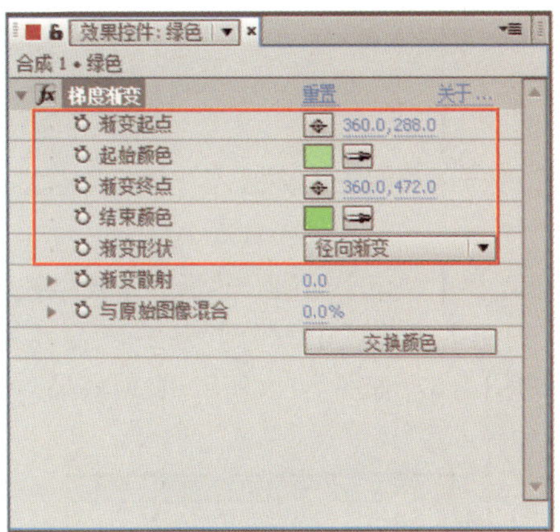

图 4-110

图 4-111

（4）使用【钢笔】工具和【转换顶点】工具在【绿色】图层上绘制一个闭合遮罩图案，如图 4-112 所示。

（5）将【效果和预设】面板中的【投影】效果添加到【绿色】图层上，如图 4-113 所示。

第 4 章

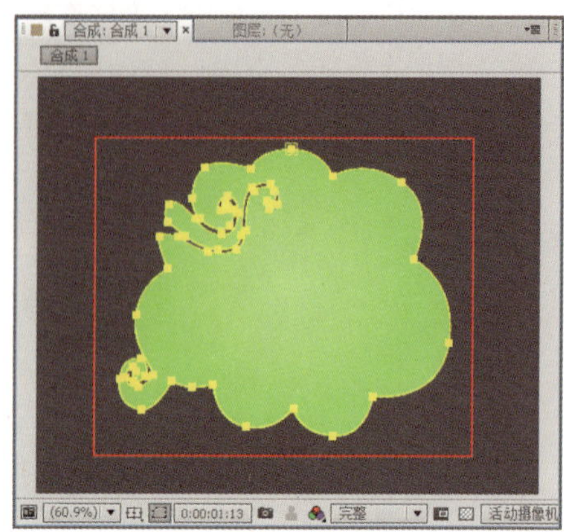

图 4-112

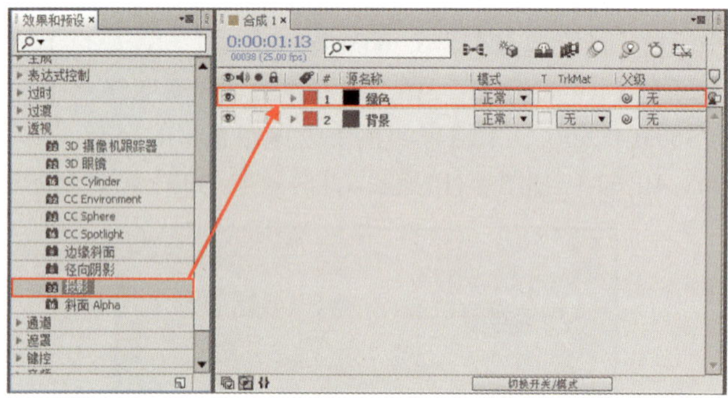

图 4-113

（6）选择【绿色】图层，然后在【效果控件】面板中设置【投影】效果的【方向】为 234°，【距离】为 52，【柔和度】为 67，如图 4-114 所示。此时效果，如图 4-115 所示。

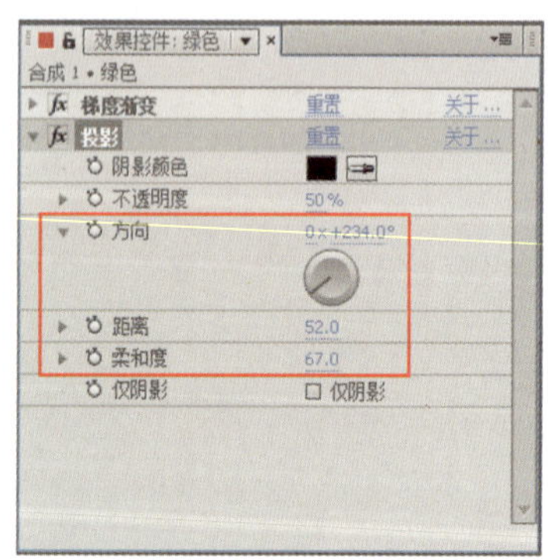

图 4-114

图 4-115

（7）新建一个纯色层，并设置【名称】为白色，【宽度】为 720 像素，【高度】为 576 像素，【颜色】为白色（R：255，G：255，B：255），然后单击【确定】，如图 4-116 所示。

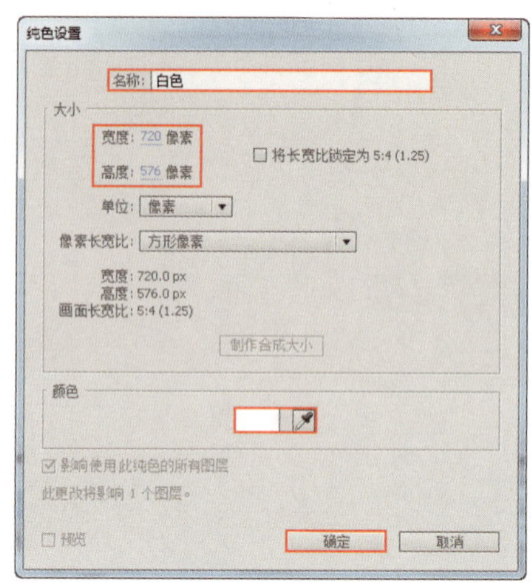

图 4-116

（8）将【绿色】图层上的【蒙版 1】复制到【白色】图层上，并设置【蒙版 1】为【相减】，如图 4-117 所示。

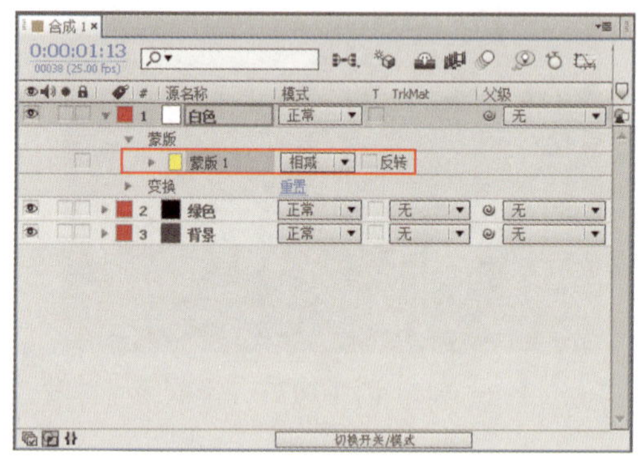

图 4-117

（9）此时查看在【合成】窗口中的效果，如图 4-118 所示。

图 4-118

（10）使用【钢笔】工具和【转换顶点】工具在【绿色】图层上继续绘制一个闭合遮罩图案，如图 4-119 所示。

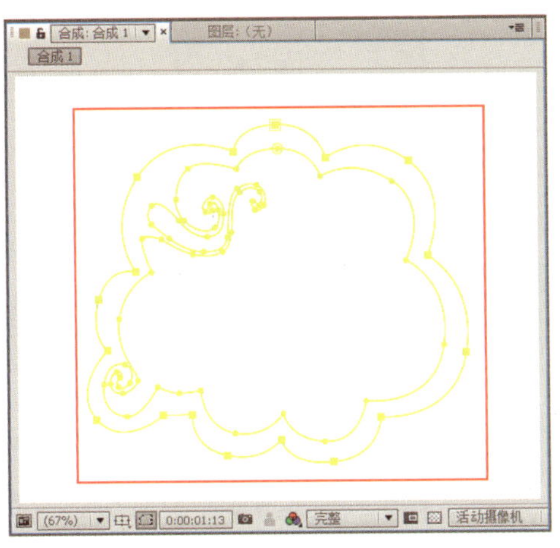

图 4-119

（11）打开【白色】图层的【蒙版】属性，并设置【蒙版 2】为【交集】，如图 4-120 所示。此时效果如图 4-121 所示。

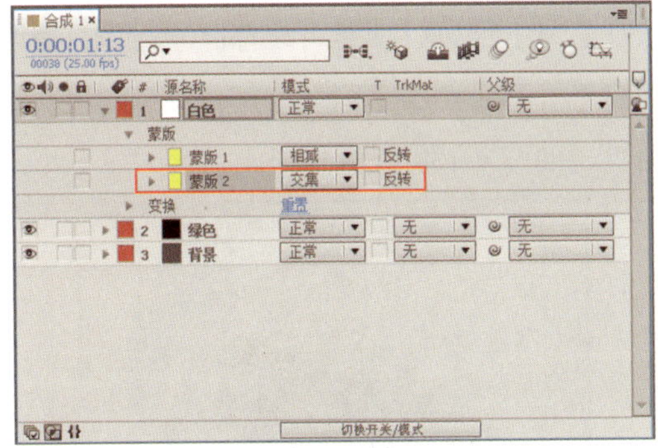

图 4-120

图 4-121

（12）为【白色】图层添加【投影】效果，然后【效果控件】面板中设置【投影】效果的【方向】为 234°，【距离】为 10，【柔和度】为 30，如图 4-122 所示。此时效果如图 4-123 所示。

（13）选择 T【横排文字】工具，然后在【合成】窗口中输入文字，并设置合适的【字体系列】和【字体大小】，接着设置【填充颜色】为白色（R：255，G：255，B：255），如图 4-124 所示。

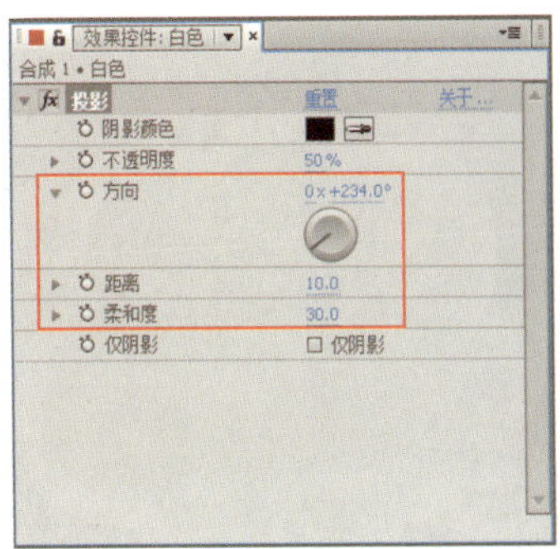

图 4-122

图 4-123

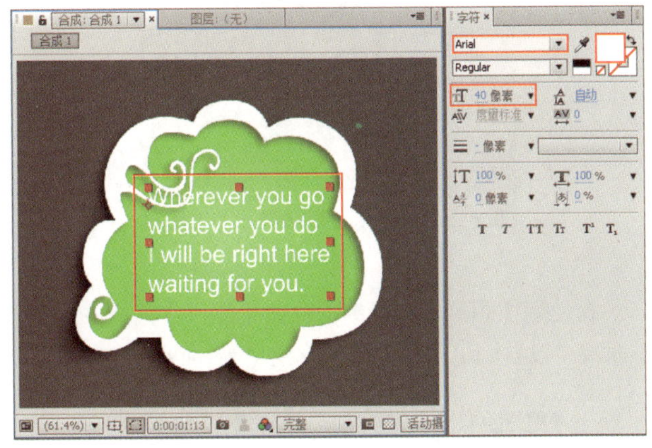

图 4-124

（14）将【时间线】窗口中的文字图层拖拽到【白色】图层下方，如图 4-125 所示。

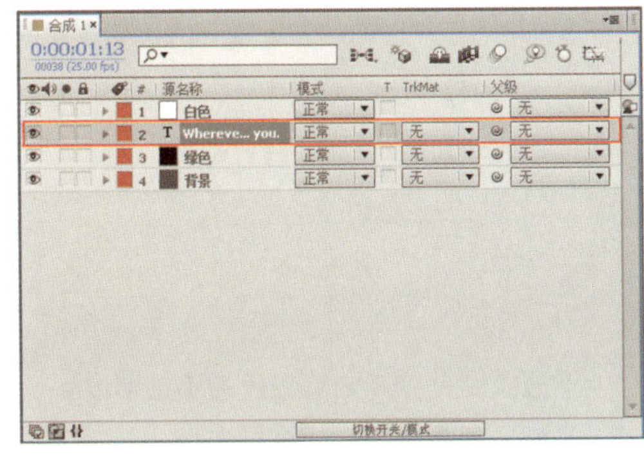

图 4-125

（15）此时在合成窗口中查看最终效果，如图 4-126 所示。

图 4-126

4.4.2 【画笔】工具

【画笔】工具可以像画笔一样进行随意涂抹绘制。双击【时间线】窗口中的图层，然后在素材的【图层】窗口中按住鼠标左键进行绘制，如图 4-127 所示。

图 4-127

在使用【画笔】工具时会弹出【绘画】面板，可以在该面板中设置画笔的混合模式和流量等，如图 4-128 所示。

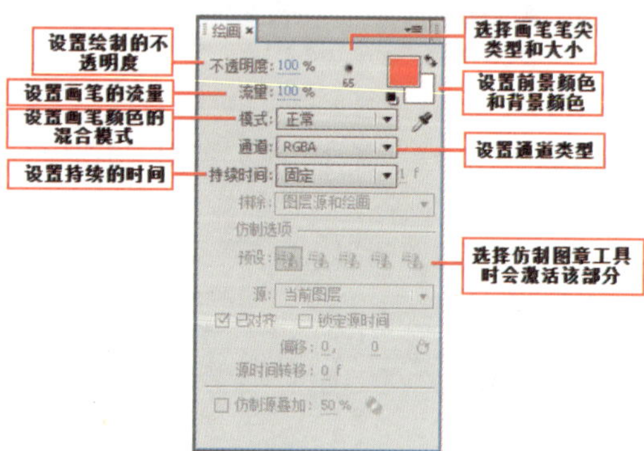

图 4-128

重点参数提醒：

（1）不透明度：控制画笔颜色的不透明度。

（2）流量：画笔绘制时的流量大小。

（3）（画笔笔尖）：单击打开画笔笔尖的选择器，即【画笔】面板。在该面板中可以设置画笔的类型、大小、硬度和角度等，如图 4-129 所示。

（4）模式：画笔绘制的颜色与素材的混合模式。

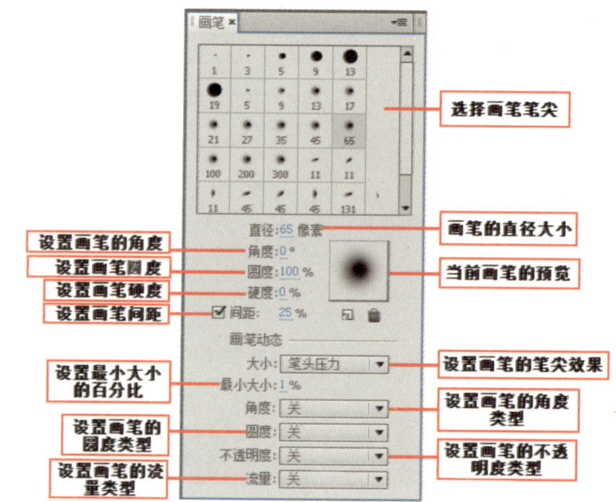

图 4-129

4.4.3 【橡皮擦】工具

【橡皮擦】工具的操作类似【画笔】工具，但是并非在素材上绘画，而是可以擦除素材，且擦除的效果较为自然。在【图层】窗口中按住鼠标左键直接进行擦除即可，如图 4-130 所示。

图 4-130

求生秘籍——软件技能：【橡皮擦】工具的操作面板

【橡皮擦】工具使用的操作面板同样是画笔工具的【绘画】和【画笔】面板。

重点 进阶案例：水墨画面效果

案例文件	进阶案例：水墨画面效果 .aep
视频教学	DVD/ 多媒体教学 /Chapter04/ 进阶案例：水墨画面效果 .flv
难易指数	★★☆☆☆
技术掌握	主要掌握【橡皮擦】工具的应用

案例分析：

在该案例中，主要学习使用【橡皮擦】工具来制作水墨画面效果，案例的最终效果如图 4-131 所示。

思路解析如图 4-132 所示。

图 4-131

图 4-132

1. 制作蒙版效果

（1）创建新合成。在【项目】窗口中的空白处单击鼠标右键，然后选择【新建合成】，如图 4-133 所示。

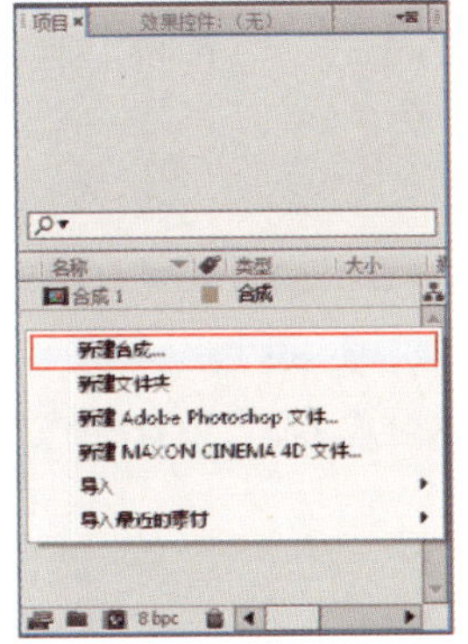
图 4-133

（2）在【合成设置】窗口中，设置【合成名称】为【合成 1】，【宽度】为 720 像素，【高度】为 576 像素，【像素长宽比】为【方形像素】，【帧速率】为 25 帧 / 秒，【持续时间】为 5 秒，最后单击【确定】按钮，如图 4-134 所示。

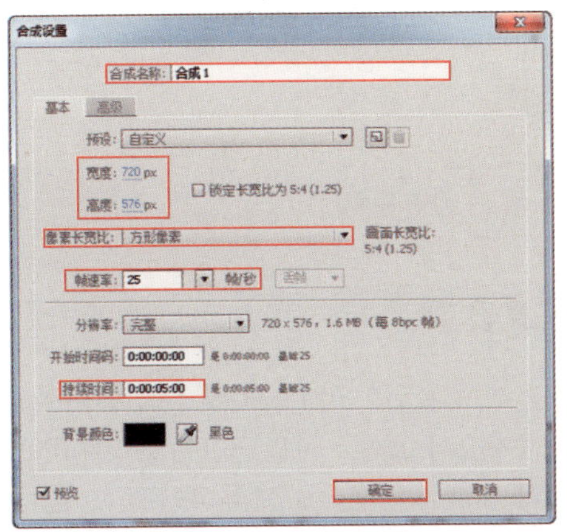
图 4-134

（3）在【项目】窗口中的空白处双击鼠标左键或按快捷键 <Ctrl+I>，在弹出的窗口中选择所需素材文件，最后单击【导入】按钮，如图 4-135 所示。

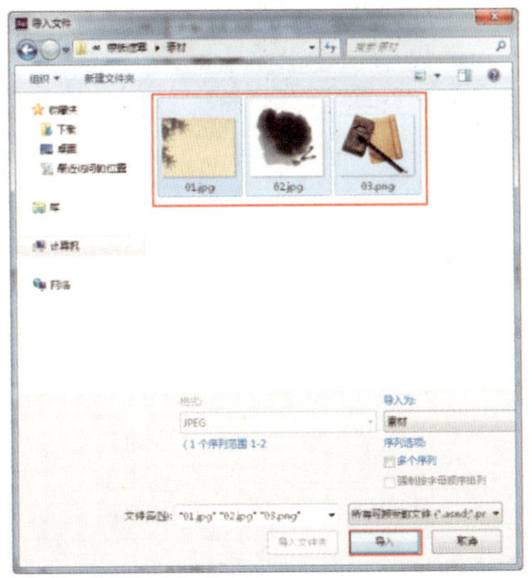
图 4-135

（4）在【时间线】窗口中的空白处单击鼠标右键，并在弹出菜单中执行【新建】/【纯色】命令，如图 4-136 所示。

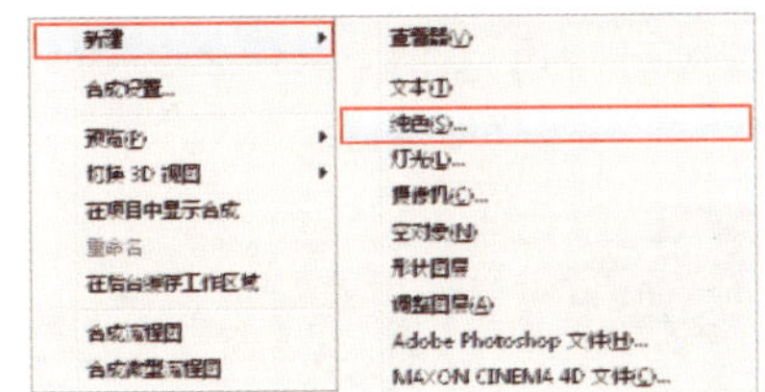
图 4-136

（5）将【项目】窗口中【03.jpg】素材文件拖拽到【时间线】窗口中，并设置该素材文件的【缩放】为 75%，如图 4-137 所示。

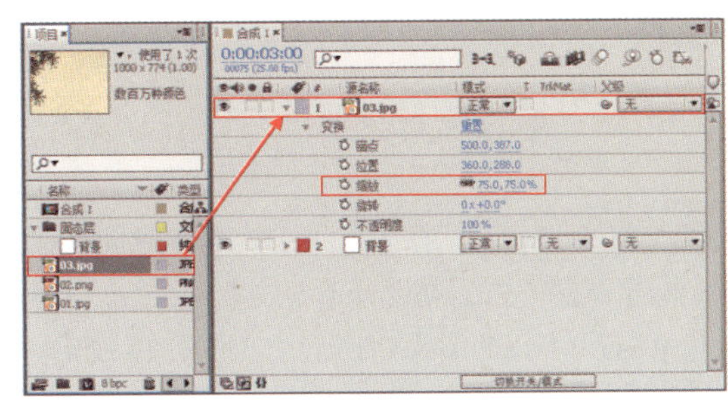
图 4-137

（6）双击【03.jpg】图层打开【图层】窗口，然后选择【橡皮擦】工具，设置适当的画笔和【直径】大小，接着在【03.jpg】图层上进行部分擦除，如图 4-138 所示。

2. 最终合成效果

（1）将【01.jpg】素材文件拖拽到【时间线】窗口中【03.jpg】图层下方，并设置【缩放】为 29%，【位置】为（308.0,288.0），如图 4-139 所示。此时在【合成】窗口中的效果如图 4-140 所示。

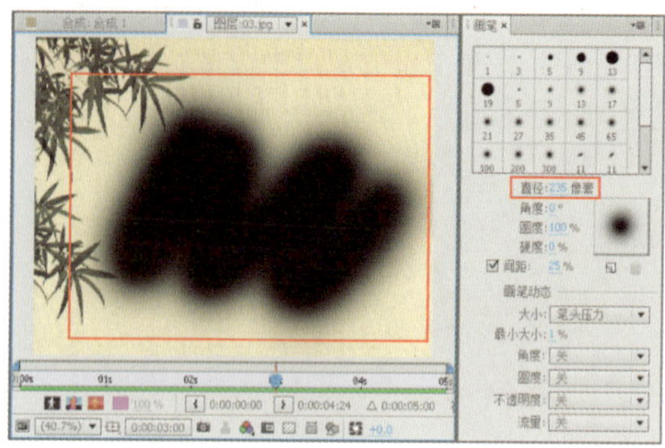
图 4-138

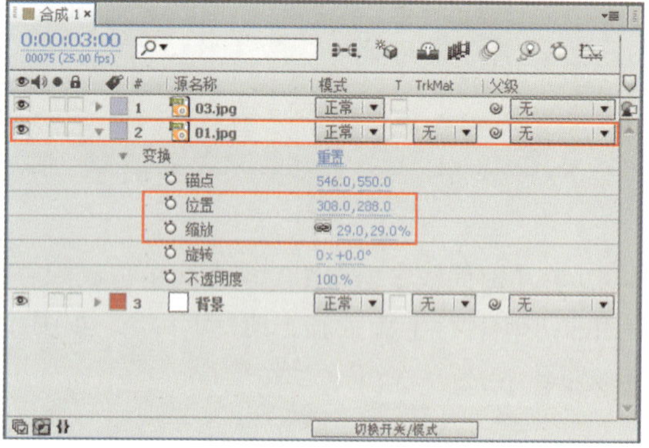
图 4-139

图 4-140

（2）将【02.png】素材文件拖拽到【时间线】窗口中【03.jpg】图层下方，并设置【缩放】为 56%，【位置】为（512.0,347.0），如图 4-141 所示。此时效果如图 4-142 所示。

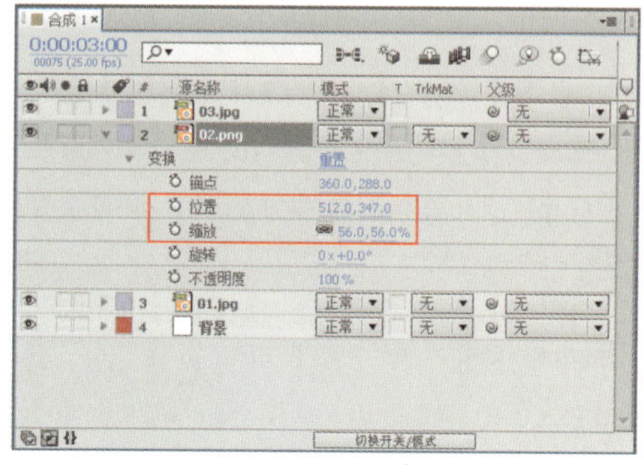
图 4-141

图 4-142

（3）为【02.png】素材文件添加【投影】效果，并在【效果控件】面板中设置【投影】效果的【不透明度】为 100%，【方向】为 230°，【柔和度】为 50，如图 4-143 所示。

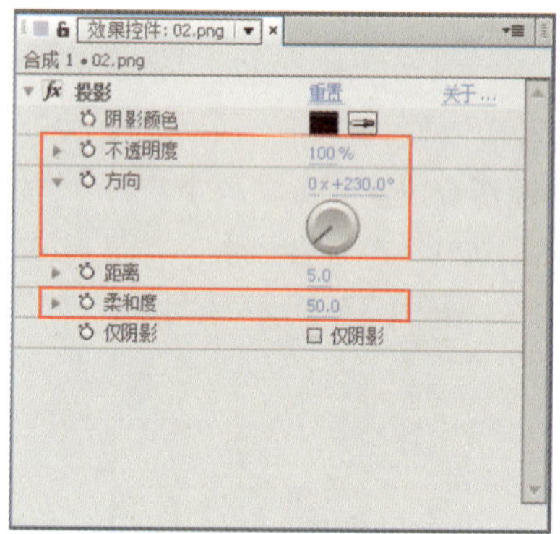
图 4-143

（4）此时在【合成】窗口中查看最终效果，如图 4-144 所示。

图 4-144

4.5 蒙版与遮罩设置

在一个图层上绘制蒙版后，在【时间线】面板中的该图层下会出现一个【蒙版】属性，可以通过对蒙版使用变换框来改变蒙版大小和旋转角度。如图 4-145 所示。也可以对【蒙版】属性的参数进行设置，包括混合模式、大小、羽化等参数，如图 4-146 所示。

图 4-145

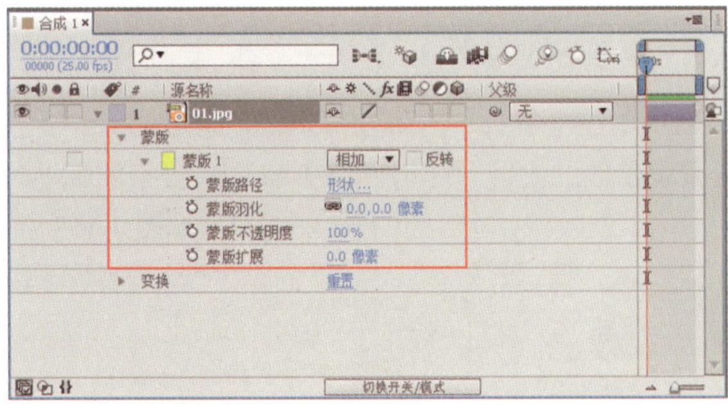

图 4-146

4.5.1　蒙版变换操作

在层上创建蒙版或遮罩后，可以选择层下的【蒙版】选项，如图 4-147 所示。然后执行快捷键 <Ctrl+T>，此时在【合成】窗口中即显示出变换框，如图 4-148 所示。

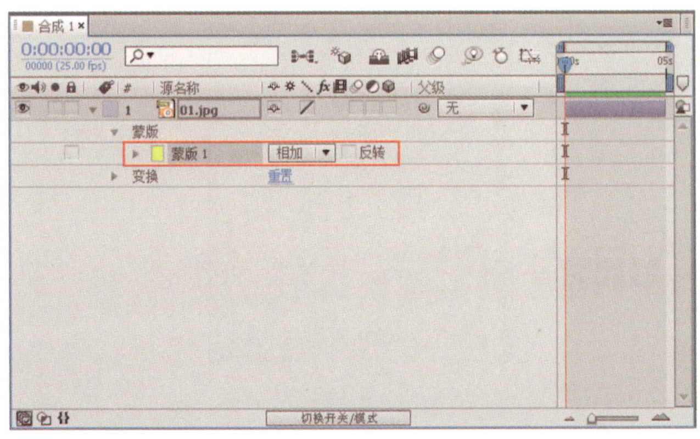

图 4-147

此时可以利用变换框进行大小和比例的更改。若想在比例不变的情况下更改蒙版大小，可以按住 <Shift> 键，然后拖动变换框的顶点调整大小，如图 4-149 所示。

直接拖动变换框的节点，即可调整蒙版长或宽的大小，如图 4-150 所示。

当鼠标指针接近变换框时，鼠标指针会变为旋转指针，此时可以按住鼠标左键对蒙版进行旋转，如图 4-151 所示。

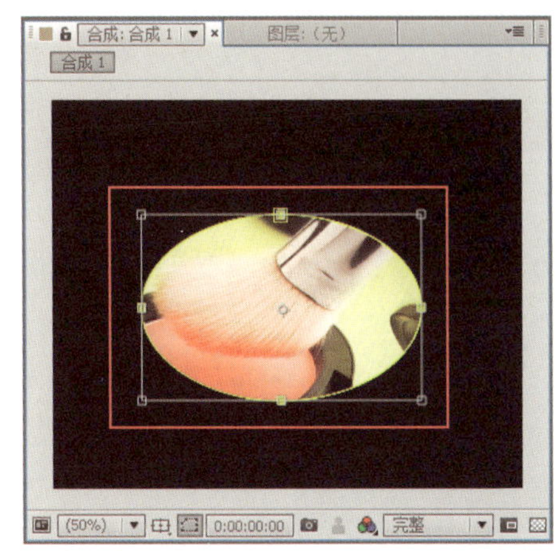

图 4-148

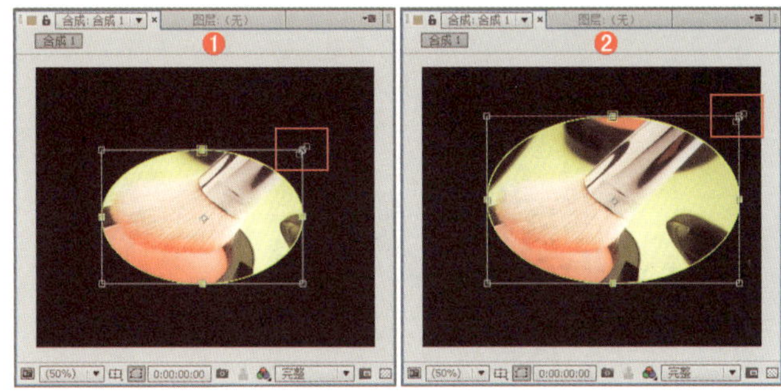

图 4-149

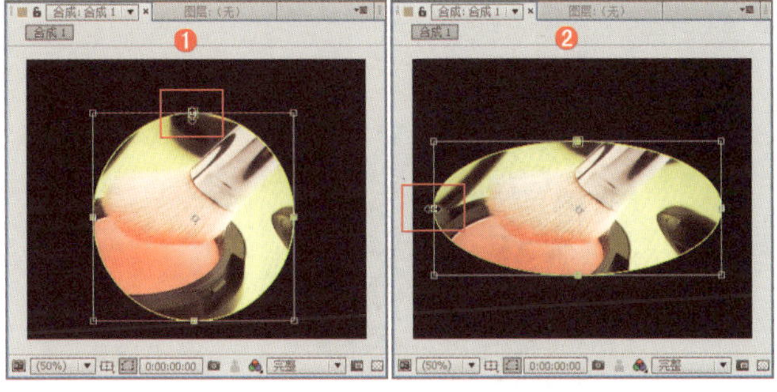

图 4-150

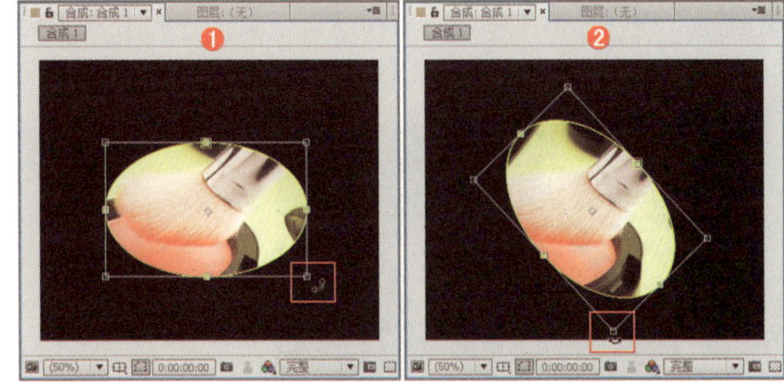

图 4-151

4.5.2 混合模式设置

在蒙版右侧的下拉菜单中可以选择该蒙版的混合模式，如图 4-152 所示。

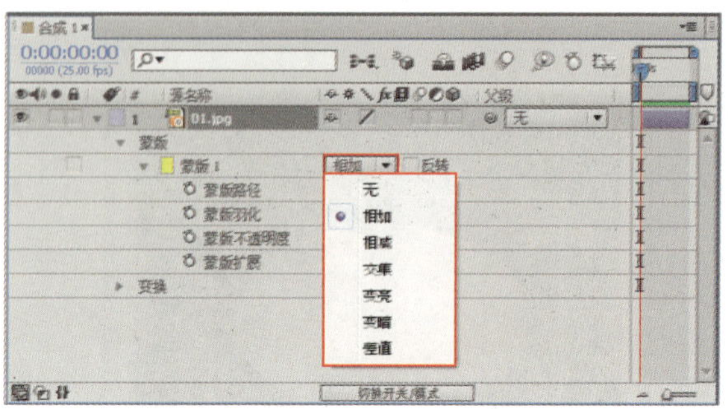

图 4-152

重点参数提醒：

（1）无：在该模式下，会使绘制的路径起不到蒙版作用，仅作为路径存在，可以作为描边效果、光线动画或路径动画效果的依据，如图 4-153 所示。

图 4-153

（2）相减：该模式会起到相减的作用，当前蒙版内的区域内容不显示，类似于从蒙版中抠除的效果，如图 4-154 所示。

图 4-154

（3）差值：该模式对于可视区域采取的是并集减交集的方式，先将当前蒙版与上面所有蒙版组合结果进行并集运算，然后将当前蒙版与上面所有蒙版组合的结果相交部分进行减去操作，如图 4-155 所示。

图 4-155

求生秘籍——软件技能：混合模式为【相加】的遮罩效果

在默认情况下，在图层上绘制的遮罩的混合模式为【相加】，如图 4–156 所示。

图 4-156

4.5.3 修改蒙版大小

通过调整【蒙版】的属性可以修改蒙版的大小，且不改变蒙版整体的比例。在【时间线】窗口中展开【蒙版】属性，然后单击【蒙版路径】后面的【形状 ...】，如图 4-157 所示。

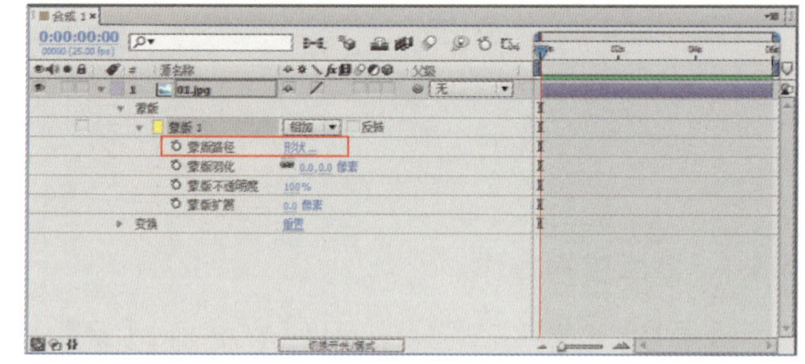

图 4-157

此时会弹出【蒙版形状】对话框，如图 4-158 所示。

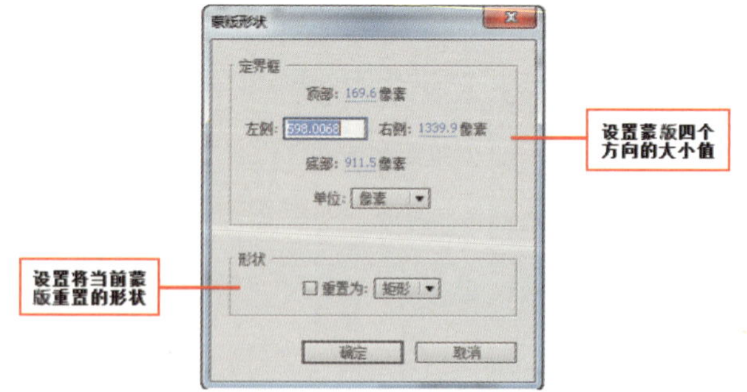

图 4-158

重点参数提醒：

（1）定界框：可以调整【顶部】、【左侧】、【右侧】和【底部】的数值改变蒙版大小。

（2）重置为：在该菜单中可以直接选择重置的形状。此时为将【矩形】蒙版重置为【椭圆】蒙版的效果，如图 4-159 所示。

图 4-159

4.5.4　蒙版的锁定

在绘制蒙版后，为了方便其他操作和避免失误，可以将蒙版锁定。当蒙版被锁定后，蒙版将不能被更改。

（1）首先在【时间线】面板中展开图层下的【蒙版】属性，如图 4-160 所示。

（2）然后单击【蒙版】前面的 ，就会出现 （锁定），此时蒙版已经被锁定，无法被选择或更改，如图 4-160 所示。

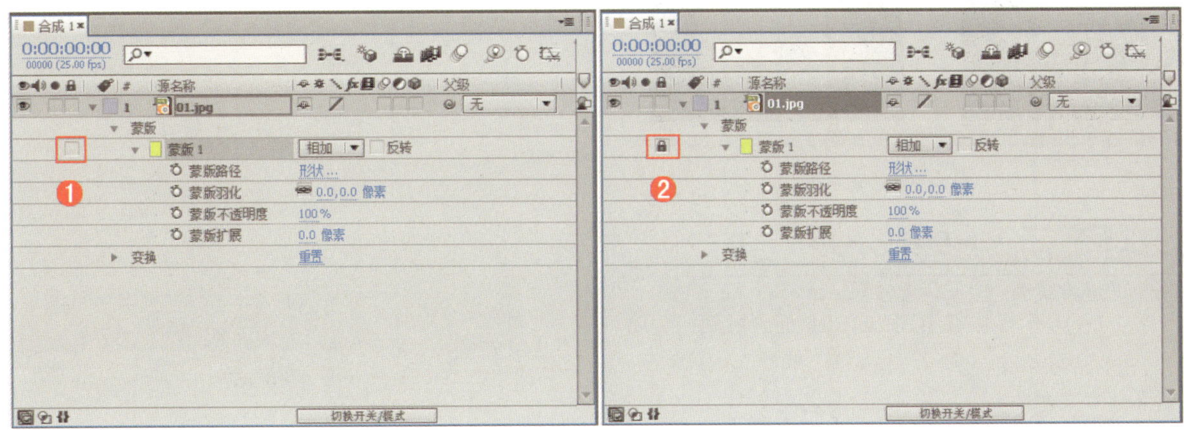

图 4-160

4.5.5　蒙版羽化

在蒙版属性面板中，可以更改【蒙版羽化】的数值控制蒙版的羽化程度，如图 4-161 所示。

此时是【蒙版羽化】为 0 像素和 80 像素时的对比效果，如图 4-162 所示。

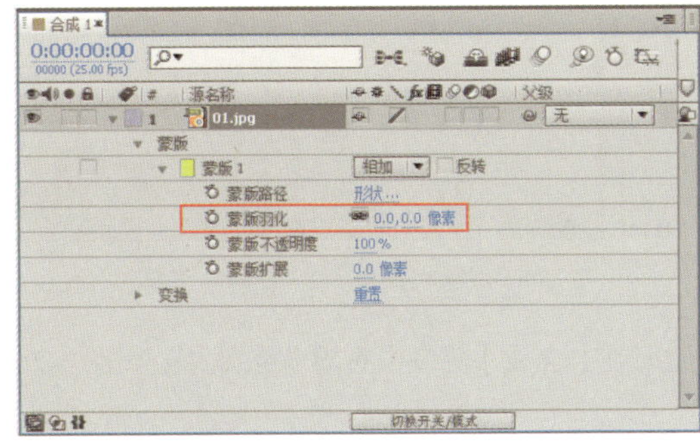

图 4-161

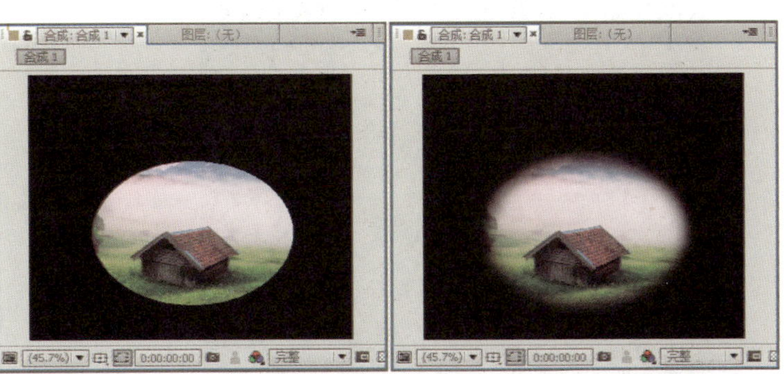

图 4-162

4.5.6 蒙版不透明度

调整【蒙版不透明度】的参数可以控制蒙版的不透明度效果，如图 4-163 所示。

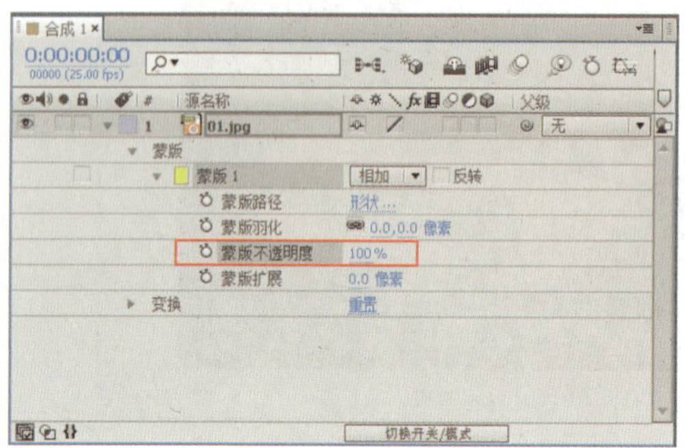

图 4-163

此时是【蒙版不透明度】为 50% 和 100% 时的对比效果，如图 4-164 所示。

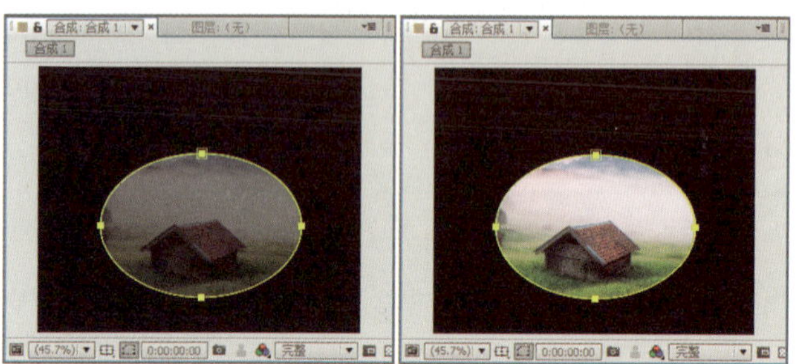

图 4-164

重点▶▶进阶案例：金属标志效果

案例文件	进阶案例：金属标志效果 .aep
视频教学	DVD/ 多媒体教学 /Chapter04/ 进阶案例：金属标志效果 .flv
难易指数	★★★☆☆
技术掌握	主要掌握【钢笔】工具、【3D 描边】和【斜面 Alpha】效果的应用

案例分析：

在该案例中，主要学习使用【钢笔】工具、【投影】、【3D 描边】和【斜面 Alpha】来制作金属标志效果，案例的最终效果如图 4-165 所示。

图 4-165

思路解析如图 4-166 所示。

图 4-166

1. 制作金属背景

（1）创建新合成。设置【合成名称】为【合成 1】，【宽度】为 720 像素，【高度】为 576 像素，【像素长宽比】为【方形像素】，【帧速率】为 25 帧 / 秒，【持续时间】为 5 秒，然后单击【确定】按钮。接着在【项目】窗口中的空白处双击鼠标左键，在弹出的窗口中选择所需素材文件，最后单击【导入】按钮，如图 4-167 所示。

图 4-167

（2）将【项目】窗口中的【背景 .jpg】素材文件拖拽到【时间线】窗口中，并设置【缩放】为 59%，如图 4-168 所示。

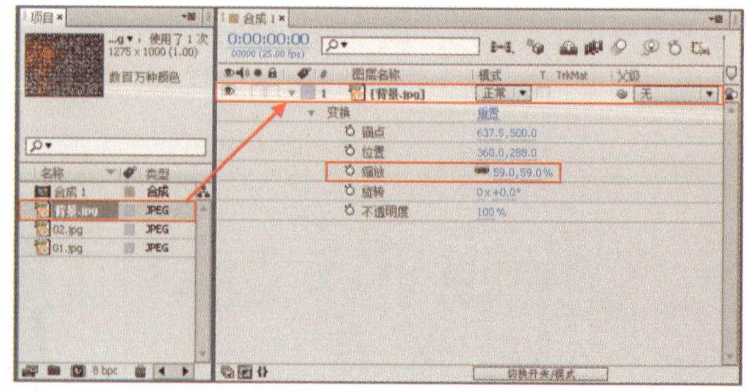

图 4-168

（3）此时在【合成】窗口中查看背景效果，如图 4-169 所示。

图 4-169

2. 制作标志图案

（1）将【01.jpg】素材文件拖动到【时间线】窗口中，并设置【旋转】为 – 28°，如图 4-170 所示。此时效果如图 4-171 所示。

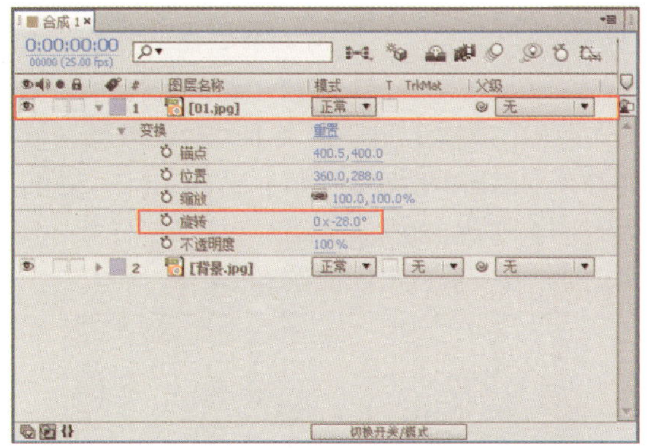

图 4-170

图 4-171

（2）为【01.jpg】图层添加【三色调】效果，然后在【效果控件】面板中设置【三色调】效果的【中间调】为深绿色（R: 94，G: 85，B: 44），如图 4-172 所示。此时效果如图 4-173 所示。

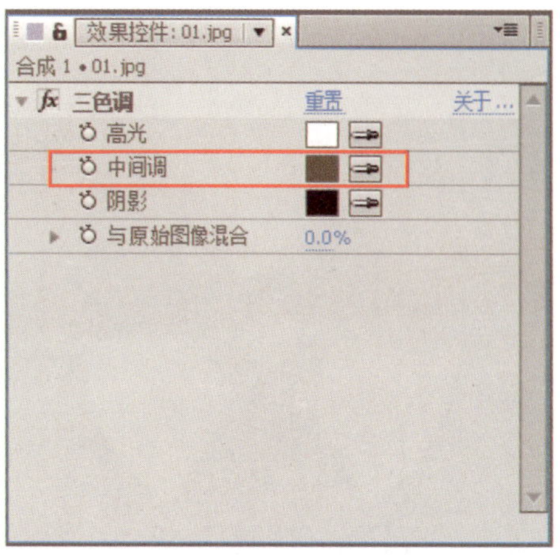

图 4-172

图 4-173

（3）新建一个纯色层，并设置【名称】为【形状】，【宽度】为 720 像素，【高度】为 576 像素，【颜色】为白色（R: 255，G: 255，B: 255），然后单击【确定】按钮，如图 4-174 所示。

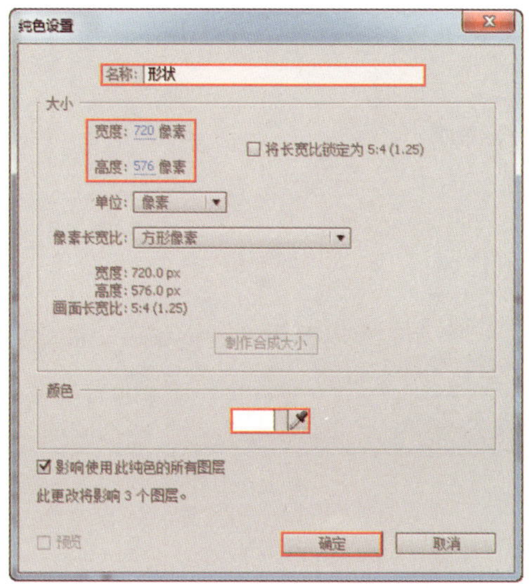

图 4-174

（4）利用【钢笔】工具和【椭圆】工具等在【形状】图层上绘制图案，如图 4-175 所示。

图 4-175

（5）设置【时间线】窗口中的【01.jpg】素材文件的【轨道遮罩】为【Alpha 遮罩“[形状]”】，如图 4-176 所示。此时效果如图 4-177 所示。

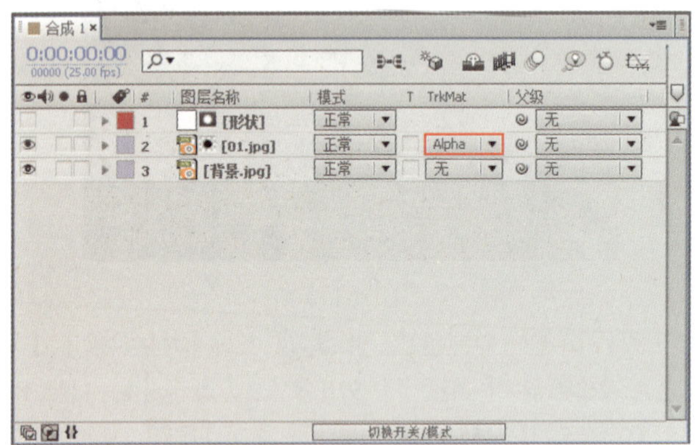

图 4-176

图 4-177

（6）选择【01.jpg】和【形状】图层，然后按快捷键 <Ctrl+Shift+C>，在弹出的【预合成】窗口中设置【预合成名称】为【图案】，并单击【确定】按钮，如图 4-178 所示。此时在【时间线】窗口中的效果如图 4-179 所示。

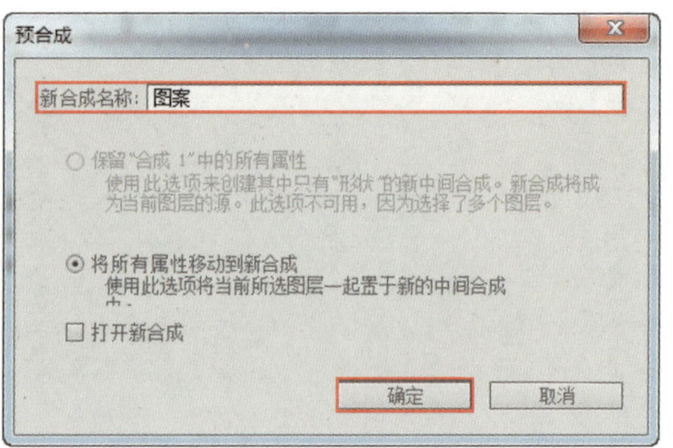

图 4-178

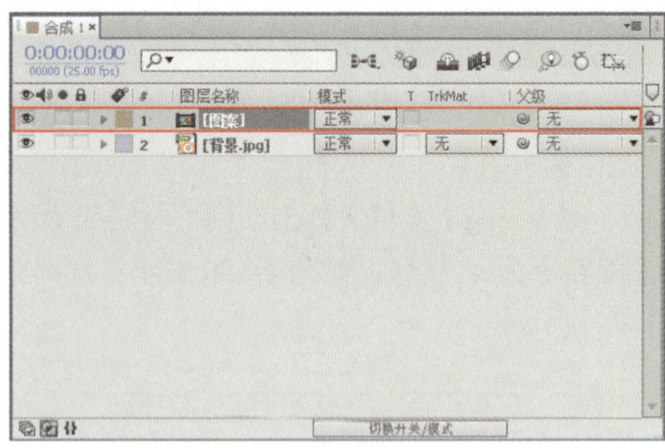

图 4-179

（7）为【图案】图层添加【投影】效果，然后在【效果控件】面板中设置【投影】效果的【不透明度】为 100%，【方向】为 180°，【距离】为 20，【柔和度】为 40，如图 4-180 所示。此时效果如图 4-181 所示。

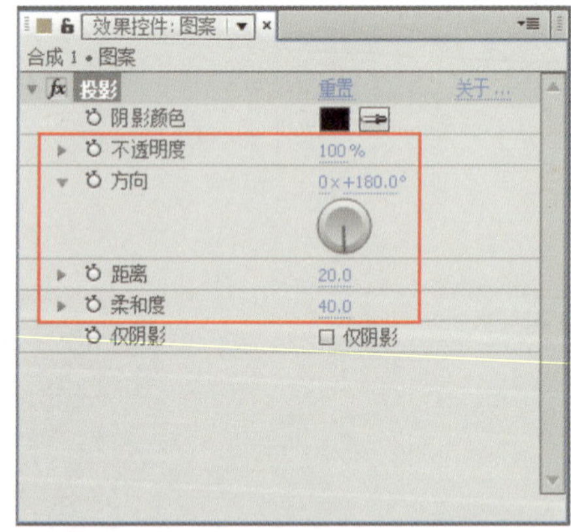

图 4-180

图 4-181

3. 制作标志边缘

（1）将【02.jpg】素材文件拖拽到【时间线】窗口中，并设置【缩放】为 74%，如图 4-182 所示。

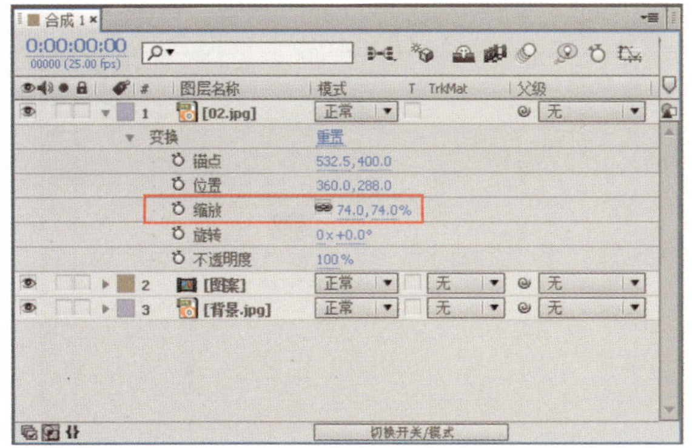

图 4-182

（2）将【图案】合成中的【形状】图层复制一份到【合成 1】中，并置于图层顶端，如图 4-183 所示。

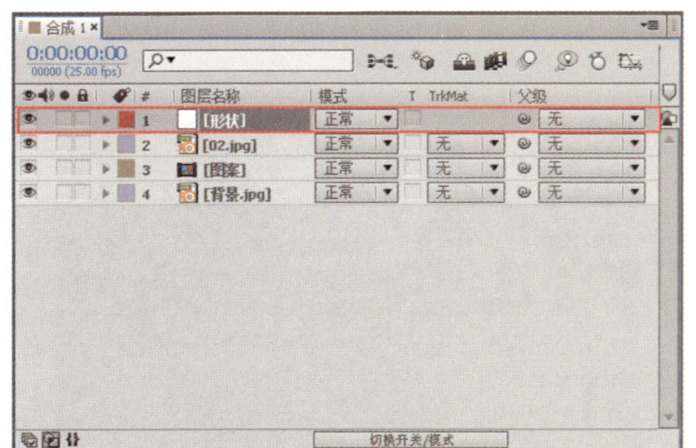

图 4-183

（3）为【合成 1】中的【形状】图层添加【3D Stroke（3D 描边）】效果，并设置【Thickness（厚度）】为 7，如图 4-184 所示。此时效果如图 4-185 所示。

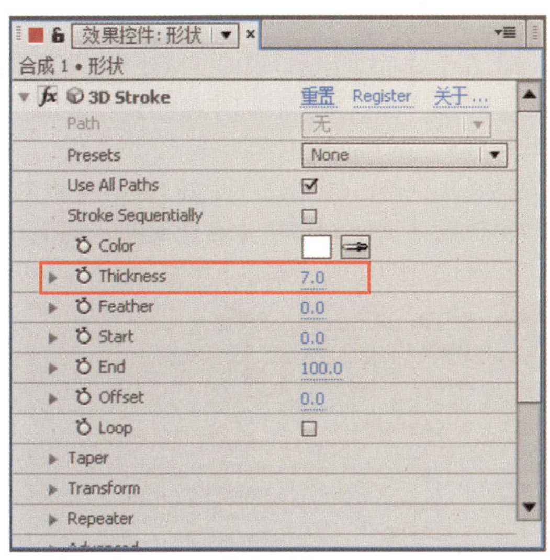

图 4-184

图 4-185

（4）在【合成 1】的【时间线】窗口中，设置【02.jpg】图层的【轨道遮罩】为【Alpha 遮罩“[形状]”】，如图 4-186 所示。此时效果如图 4-187 所示。

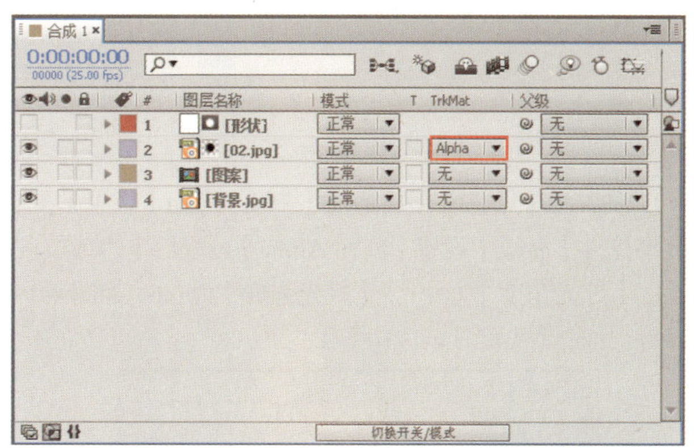

图 4-186

图 4-187

（5）选择【合成 1】中【形状】和【02.jpg】图层，然后按快捷键 <Ctrl+Shift+C>，接着在弹出的对话框中设置【新合成名称】为【边框】，并单击【确定】按钮，如图 4-188 所示。

（6）此时在【时间线】窗口中的效果如图 4-189 所示。

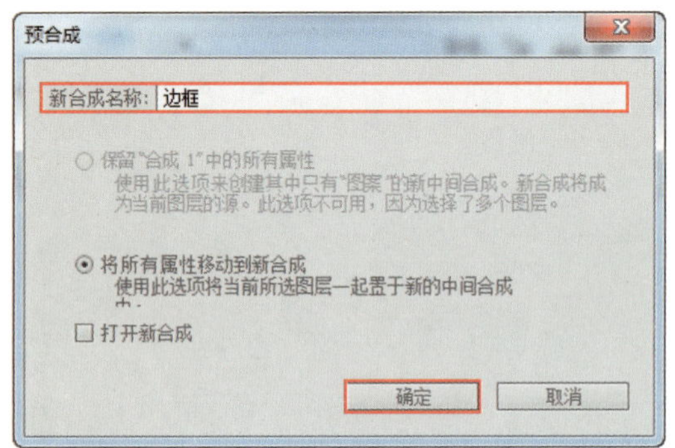

图 4-188

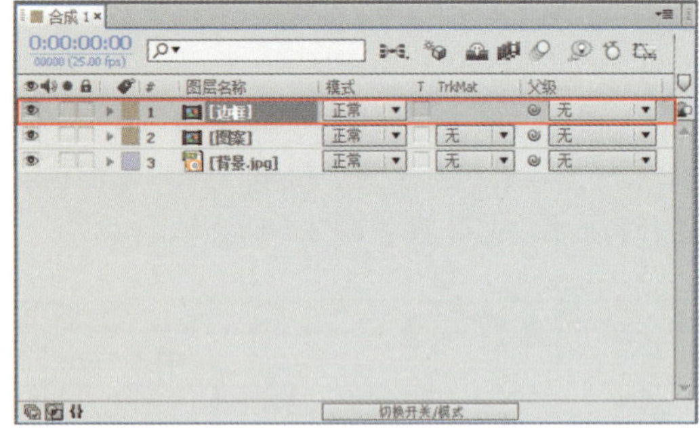

图 4-189

（7）为【边框】图层添加【斜面 Alpha】效果，并在【效果控件】面板中设置【斜面 Alpha】效果的【边缘厚度】为 3，【灯光角度】为 0°，【灯光强度】为 0.6，如图 4-190 所示。此时效果如图 4-191 所示。

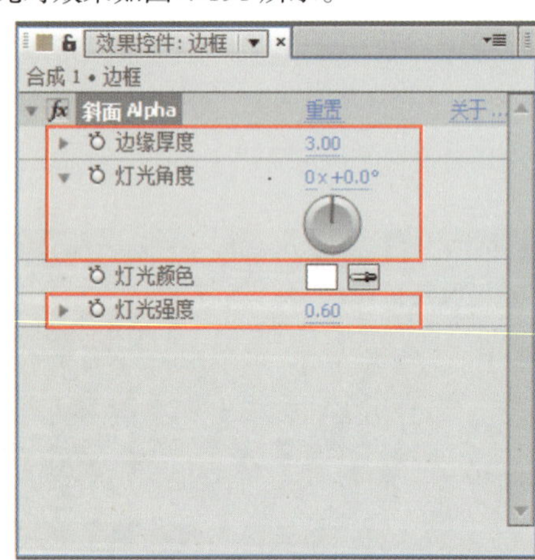

图 4-190

图 4-191

（8）为【边框】图层添加【投影】效果，并在【效果控件】面板中设置【斜面 Alpha】效果的【不透明度】为 100%，【方向】为 180°，【距离】为 3，【柔和度】为 15，如图 4-192 所示。此时效果如图 4-193 所示。

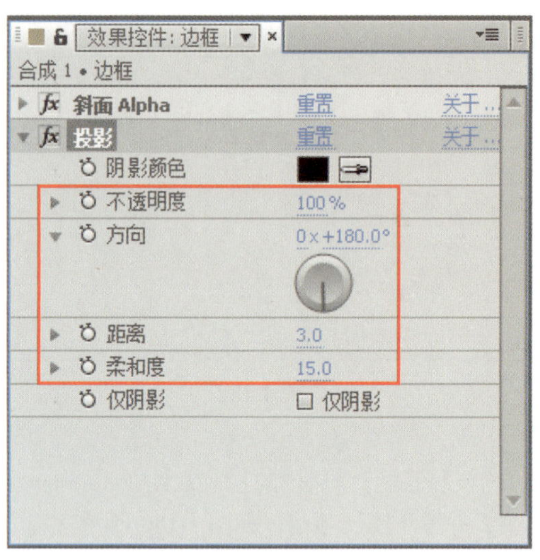

图 4-192

图 4-193

4. 制作阴影效果

（1）在【时间线】窗口中的空白处单击鼠标右键，然后在弹出的菜单中执行【新建】/【纯色】命令，如图 4-194 所示。

（2）在【纯色设置】对话框中设置【名称】为【黑色】、【宽度】为 720 像素，【高度】为 576 像素，【颜色】为黑色（R：0，G：0，B：0），接着单击【确定】按钮，如图 4-195 所示。

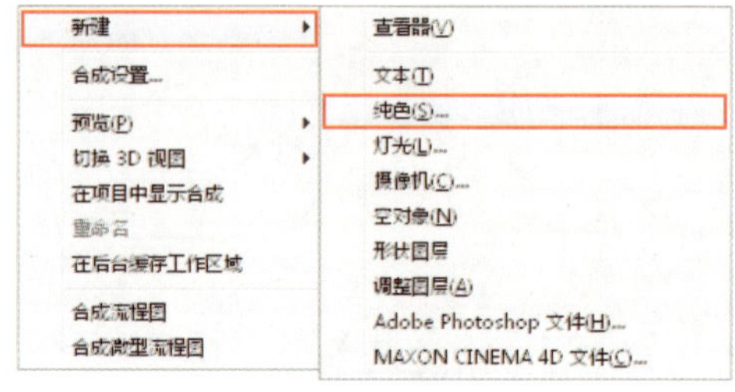

图 4-194

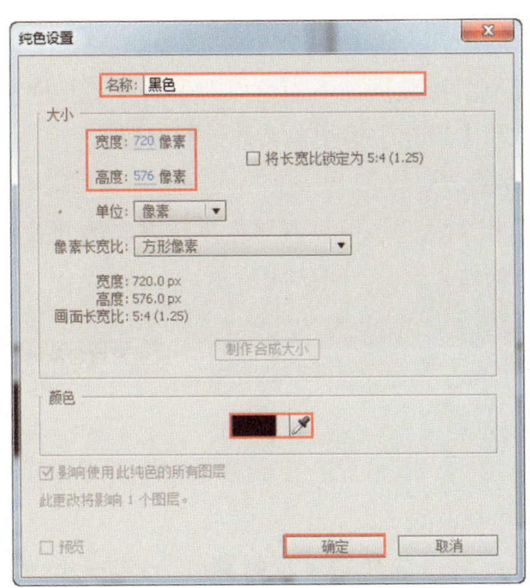

图 4-195

（3）选择【时间线】窗口中的【黑色】图层，如图 4-196 所示。然后双击【椭圆】工具，此时【黑色】图层已经自动添加一个椭圆遮罩，如图 4-197 所示。

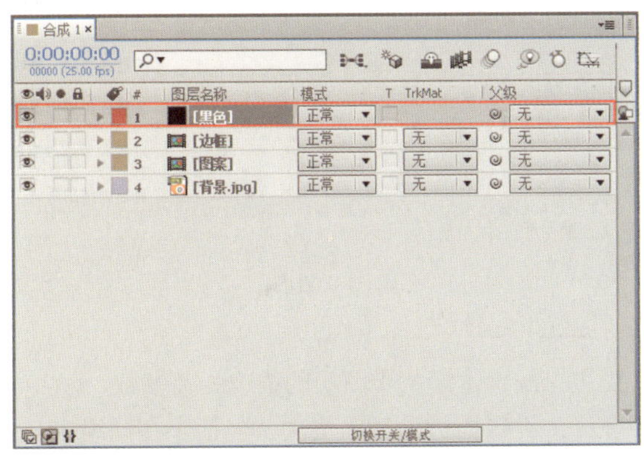

图 4-196

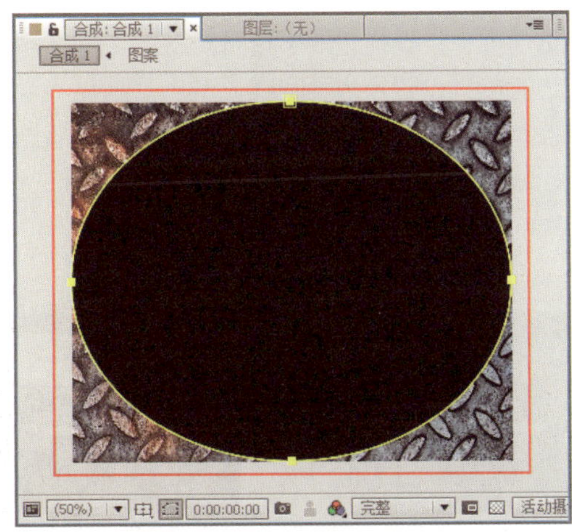

图 4-197

（4）打开【黑色】图层下的【蒙版】，并设置【蒙版 1】的【蒙版羽化】为 150%，【蒙版不透明度】为 60%，如图 4-198 所示。

（5）此时在合成窗口中查看最终效果，如图 4-199 所示。

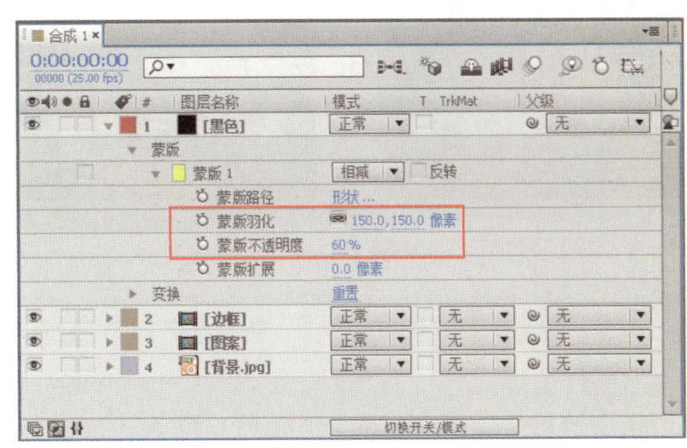

图 4-198

图 4-199

4.5.7　蒙版扩展

调整【蒙版扩展】的参数可以控制蒙版的范围大小，但不更改蒙版本身的比例，如图 4-200 所示。

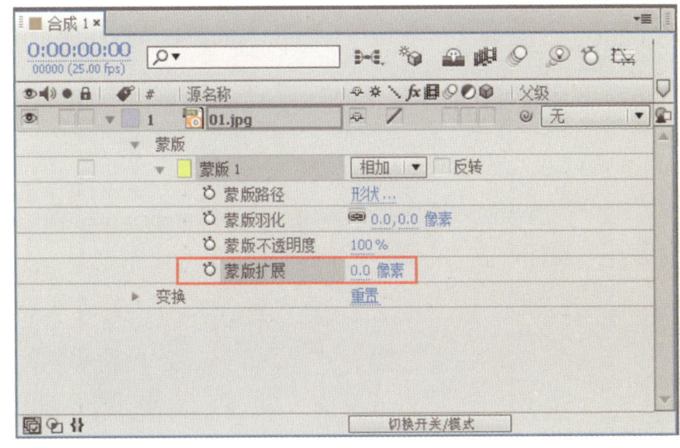

图 4-200

此时是【蒙版扩展】为 50% 和 100% 时的对比效果，如图 4-201 所示。

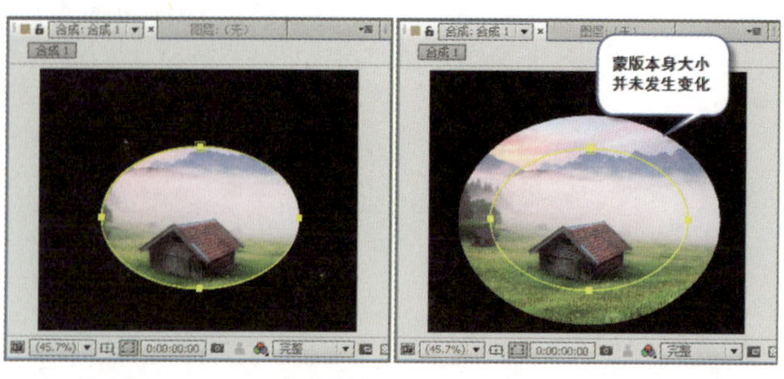

图 4-201

求生秘籍——软件技能：【蒙版扩展】的正负值效果

当【蒙版扩展】的参数为负值时，蒙版则会收缩，如图 4-202 所示是【蒙版扩展】为 0 和 -100 时的对比效果。

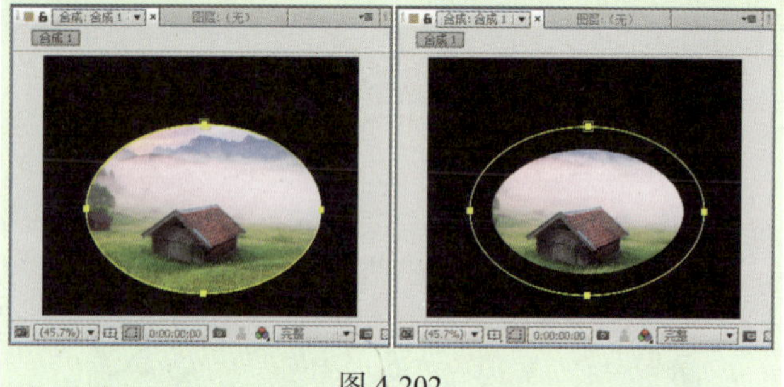

图 4-202

4.6 【形状】图层的应用

在不选择任何图层的情况下，使用蒙版工具或钢笔工具在【合成】窗口中进行绘制，即可得到【形状】图层。在【形状】图层下包括【内容】和【变换】两个选项，展开后可以进行详细的参数设置。如图 4-203 所示。

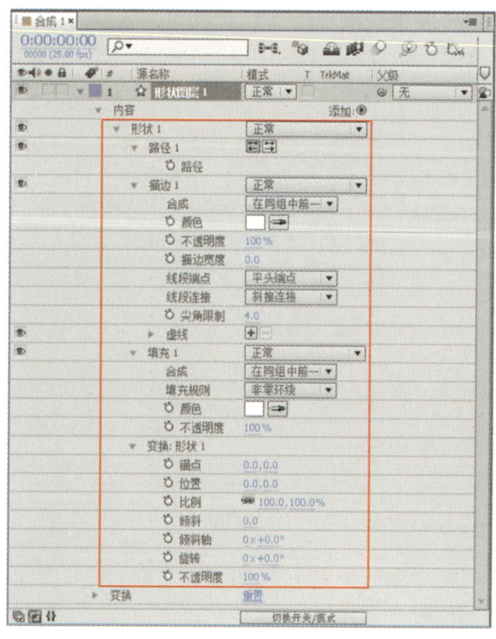

图 4-203

4.6.1 形状属性

在绘制的形状图层下面可以对【内容】下的【路径】、【描边】和【填充】等相关参数进行设置。

1. 路径

路径相关属性可以设置路径反转方向的开关和路径变化的关键帧效果。如图 4-204 所示。

图 4-204

重点参数提醒：

路径：可以选择（反转路径方向关闭）或（反转路径方向开启）。

2. 描边

为【形状】图层添加描边效果，并可以对描边的颜色、状态和颜色等进行设置。如图 4-205 所示。

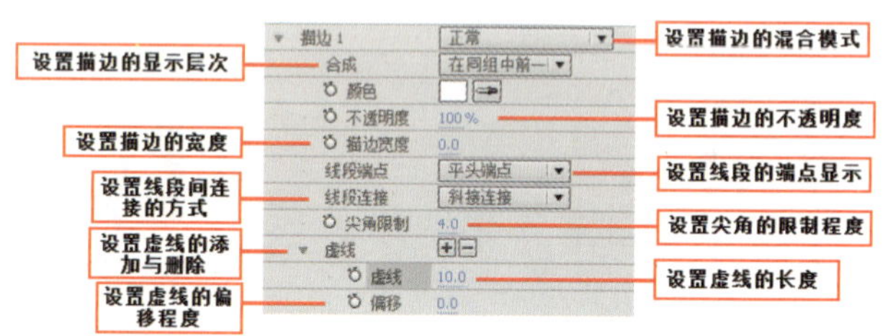

图 4-205

重点参数提醒：

描边：设置【形状】图层的描边相关参数。

合成：设置描边的显示层次，包括【在同组中前一个之下】和【在同组中前一个之上】两种。

颜色：设置描边的颜色。

不透明度：设置描边的不透明度。

描边宽度：设置描边的宽度。

线段端点：设置【形状】图层的描边线段端点效果，包括【平头端点】、【圆头端点】和【矩形端点】三种类型，如图 4-206 所示。

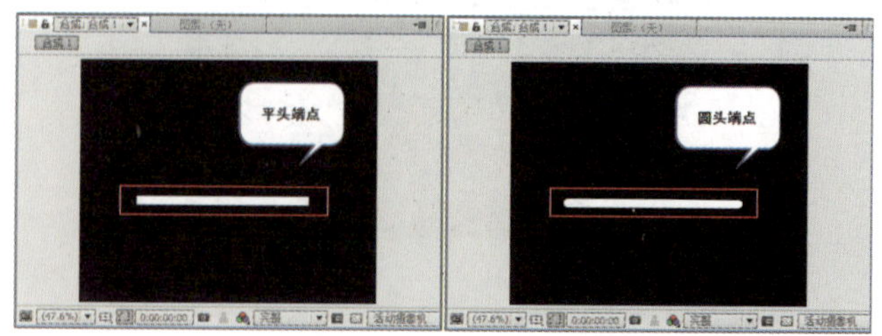

图 4-206

线段连接：设置【形状】图层的描边线段转角连接效果，包括【斜接连接】、【圆角连接】和【斜面连接】三种类型，如图 4-207 所示。

图 4-207

尖角限制：设置【形状】图层描边的尖角程度。

虚线：设置描边为虚线。单击【添加虚线或间隙】按钮即可添加虚线属性。可以设置虚线的长短和偏移的程度。如图 4-208 所示为添加虚线描边效果。单击【删除虚线或间隙】按钮即可删除添加的虚线属性。

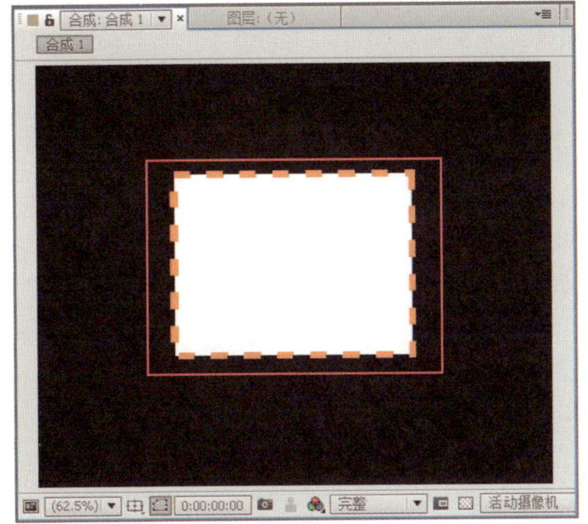

图 4-208

3. 填充

可以设置【形状】图层的填充相关参数，包括填充方式、混合模式和填充颜色等，如图 4-209 所示。

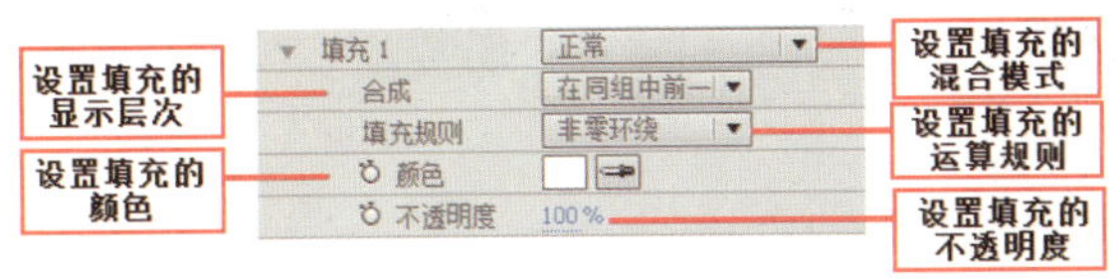

图 4-209

重点参数提醒：

填充规则：设置填充的运算规则，包括【非零环绕】和【奇偶】两种。两者主要体现在自相交的多边形上。如图 4-210 所示为【非零环绕】和【奇偶】两种填充方式。

颜色：设置填充的颜色。

不透明度：设置填充颜色的不透明度。

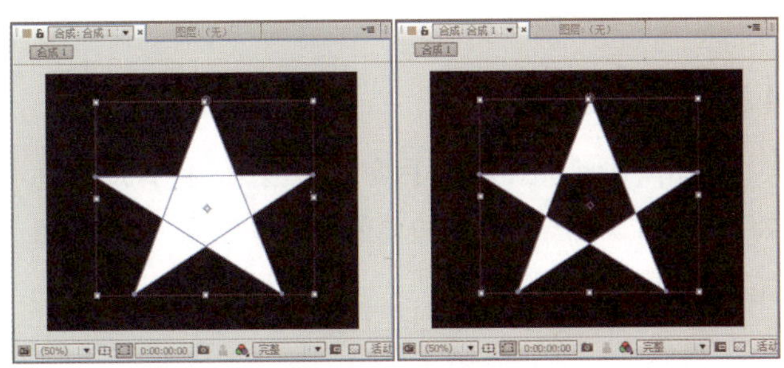

图 4-210

4. 变换形状

设置【形状】图层本身的变换相关参数，包括锚点、倾斜和旋转等，如图 4-211 所示。

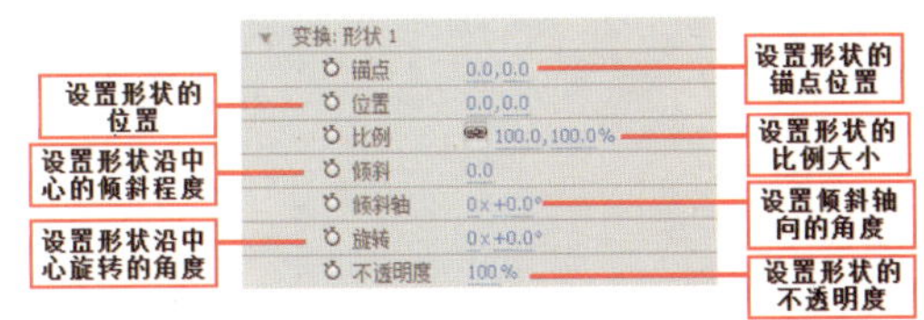

图 4-211

重点参数提醒：

锚点：设置【形状】图层的锚点位置。

位置：设置【形状】图层的位置。

比例：设置【形状】图层的比例大小。

倾斜：设置形状沿中心点的倾斜程度。

倾斜轴：在设置倾斜程度后，设置倾斜的角度。

旋转：设置【形状】图层沿中心旋转的角度。

4.6.2 形状设置工具

在绘制形状图层后，在【工具栏】中会出现相应的选项工具，如图 4-212 所示。

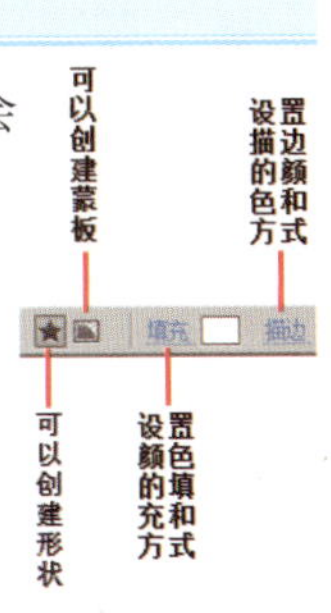

图 4-212

重点参数提醒：

【创建形状】工具：选择该按钮，创建的即为形状图层。

【创建蒙版】工具：选择该按钮，再进行创建，即为蒙版遮罩。

填充：设置形状图层填充的颜色。单击【填充】文字会弹出【填充选项】对话框，可以设置填充方式和混合模式，如图 4-213 所示。

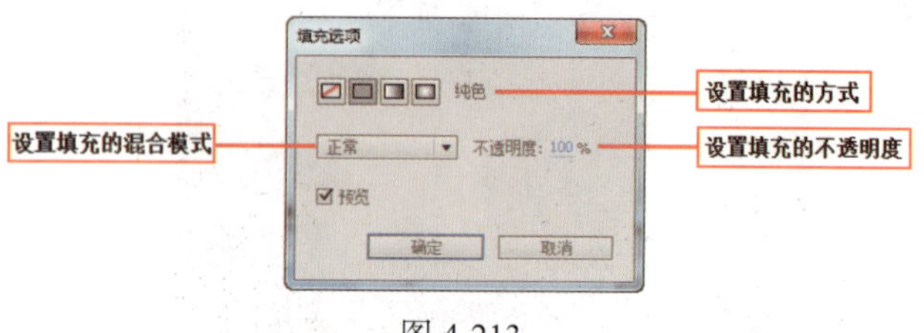

图 4-213

描边：可以设置【形状】图层的描边填充效果和混合模式，与【填充选项】功能一致。

4.6.3 添加属性

单击【形状】图层下【内容】属性后面的【添加】，如图 4-214 所示。在弹出的菜单中选择需要添加的属性，如图 4-215 所示。

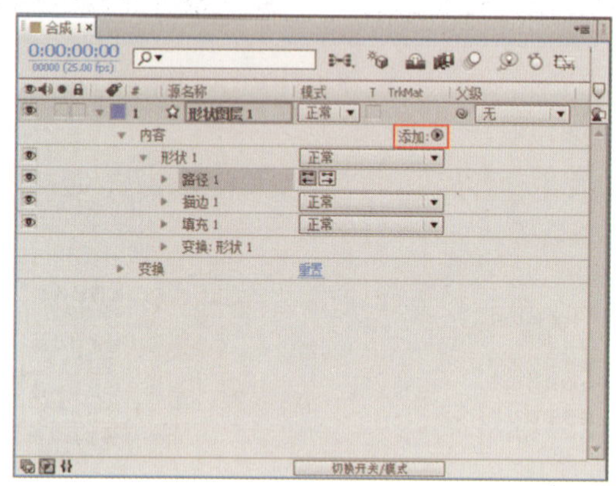

图 4-214

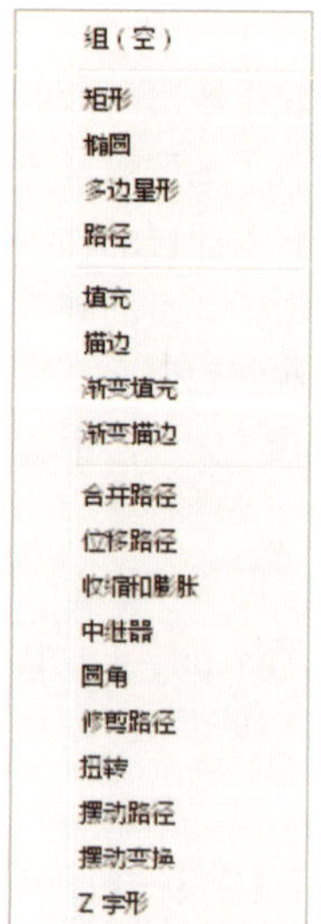

图 4-215

例如在添加【扭转】属性后，【形状】图层下会出现增加的属性参数，如图 4-216 所示。

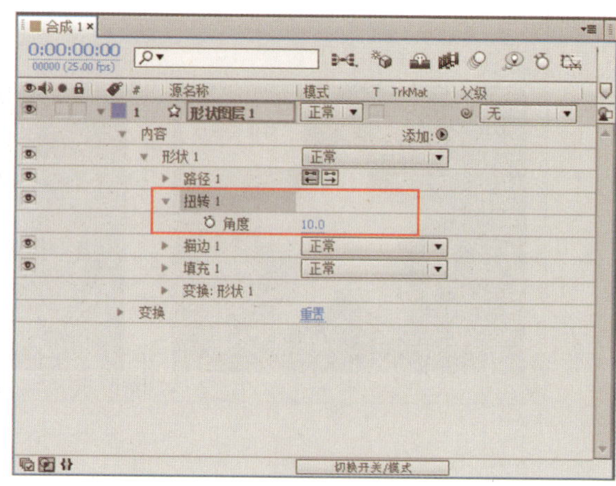

图 4-216

重点 进阶案例：照片标牌效果

案例文件　进阶案例：照片标牌效果 .aep

视频教学　DVD/ 多媒体教学 /Chapter04/ 进阶案例：照片标牌效果 .flv

难易指数　★★☆☆☆

技术掌握　主要掌握【圆角矩形】工具、【钢笔】工具和【斜面 Alpha】效果的应用

案例分析：

在该案例中，主要学习使用【圆角矩形】工具、【钢笔】工具和【斜面 Alpha】效果来制作照片标牌效果，案例的最终效果如图 4-217 所示。

图 4-217

思路解析如图 4-218 所示。

图 4-218

1. 制作光晕背景

（1）创建新合成。设置【合成名称】为【合成 1】，【宽度】为 720 像素，【高度】为 576 像素，【像素长宽比】为【方形像素】，【帧速率】为 25 帧 / 秒，【持续时间】为 5 秒，然后单击【确定】按钮。接着在【项目】窗口中的空白处双击鼠标左键，在弹出的窗口中选择所需素材文件，最后单击【导入】按钮，如图 4-219 所示。

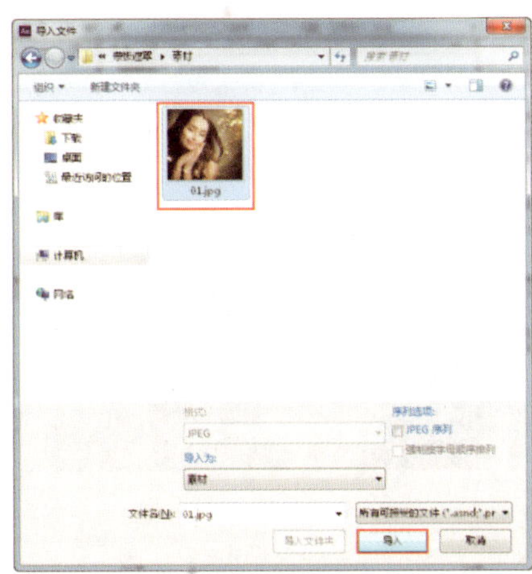

图 4-219

（2）在【时间线】窗口中的空白处单击鼠标右键，并在弹出的菜单中执行【新建】/【纯色】命令，如图 4-220 所示。

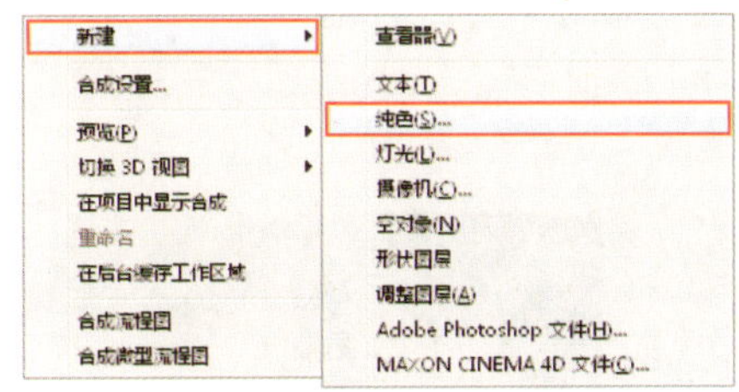

图 4-220

（3）在弹出的对话框中设置【名称】为【背景】，【宽度】为 720 像素，【高度】为 576 像素，【颜色】为黑色（R：0，G：0，B：0），然后单击【确定】按钮，如图 4-221 所示。

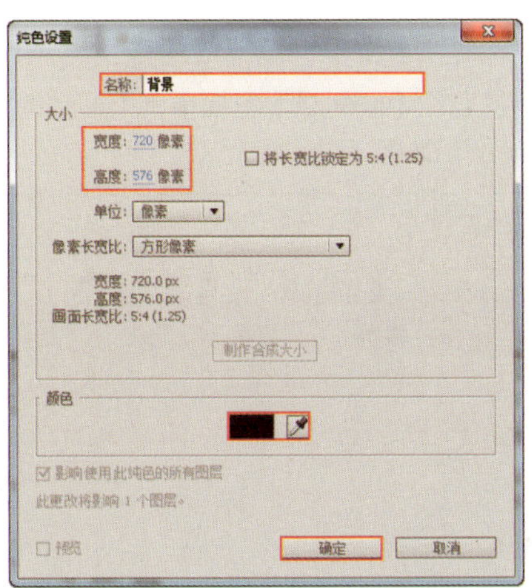

图 4-221

（4）将【效果和预设】面板中的【梯度渐变】效果拖拽到【背景】图层上，如图 4-222 所示。

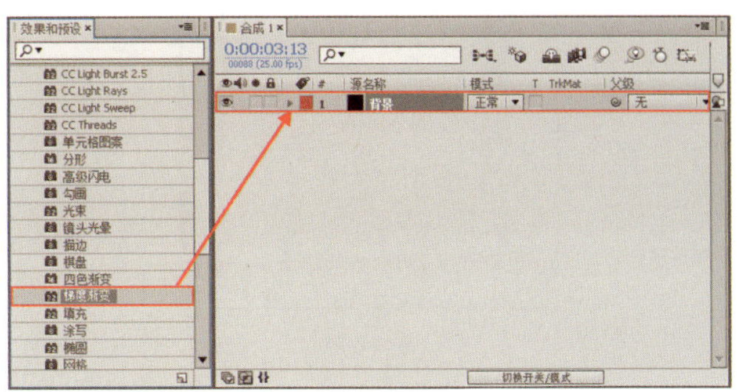

图 4-222

（5）选择【时间线】窗口中的【背景】图层，然后在【效果控件】面板中设置【梯度渐变】效果的【渐变形状】为【径向渐变】，【起始颜色】为浅灰色（R：218，G：218，B：218），【渐变终点】为（360.0,1304.0），【结束颜色】为深灰色（R：171，G：171，B：171），如图 4-223 所示。此时效果如图 4-224 所示。

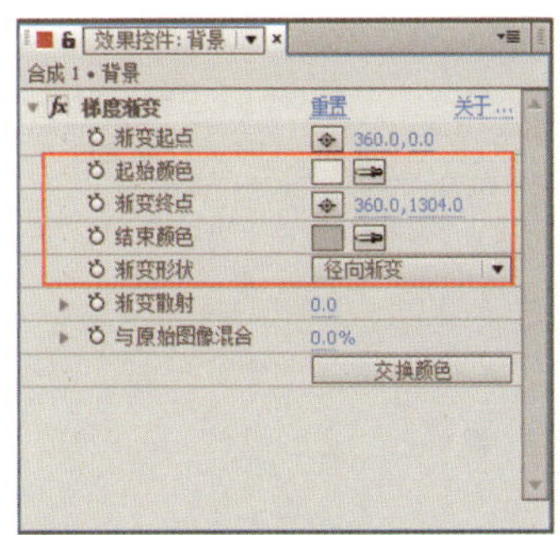

图 4-223

图 4-224

（6）为【背景】图层添加【镜头光晕】效果，并在【效果控件】面板中设置【镜头光晕】的【镜头类型】为【35 毫米定焦】，【光晕中心】为（360.0,0.0），【光晕亮度】为 160%，如图 4-225 所示。此时效果如图 4-226 所示。

2. 制作标牌图案

（1）将【01.jpg】素材文件拖动到【时间线】窗口中，并设置【缩放】为 56%，如图 4-227 所示。

（2）选择【圆角矩形】工具，然后在【01.jpg】素材文件上绘制一个遮罩，如图 4-228 所示。

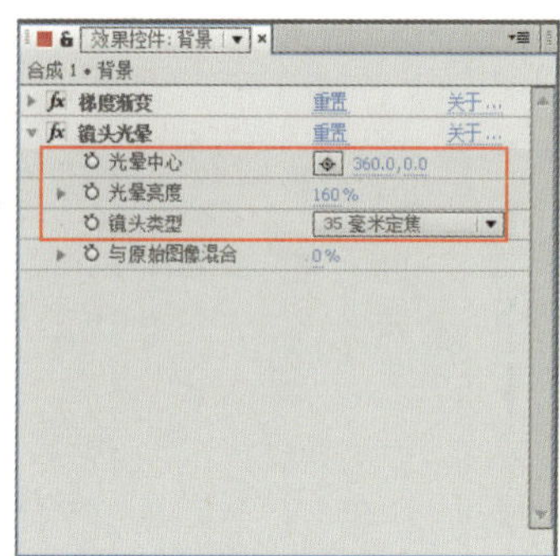

图 4-225

图 4-226

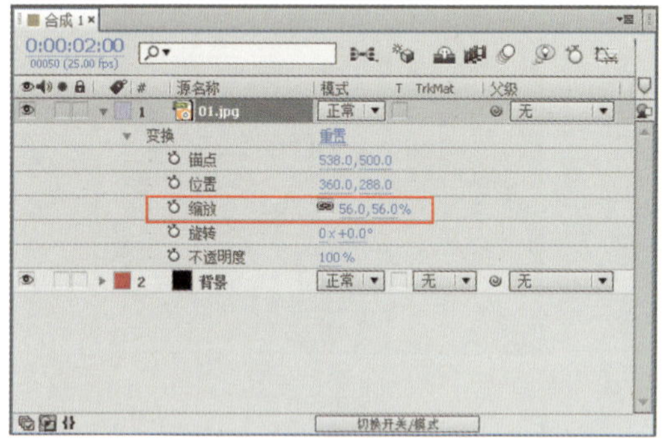

图 4-227

图 4-228

（3）为【01.jpg】素材文件添加【斜面 Alpha】效果，并在【效果控件】面板中设置【边缘厚度】为 14，【灯光角度】为 58°，【灯光强度】为 0.6，如图 4-229 所示。此时效果如图 4-230 所示。

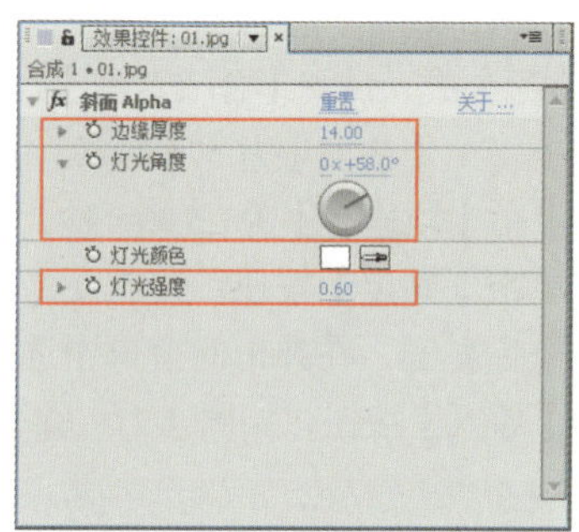

图 4-229

图 4-230

（4）在未选择任何图层的情况下，使用【钢笔】工具和【转换顶点】工具在【合成】窗口中绘制一个形状图层，如图 4-231 所示。

图 4-231

（5）接着在【时间线】窗口中将【形状图层 1】重命名为【标牌】，如图 4-232 所示。

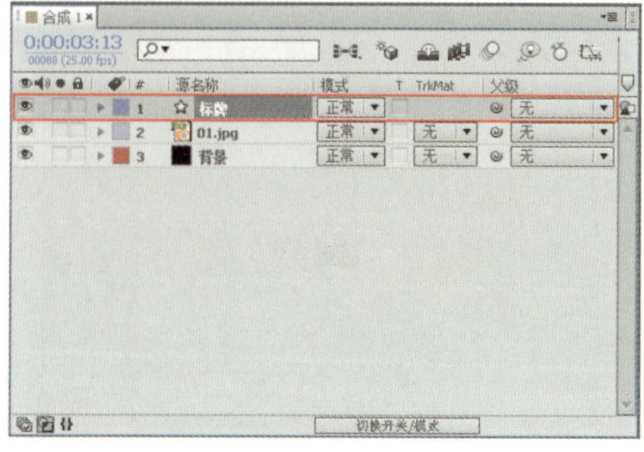

图 4-232

（6）为【标牌】图层添加【梯度渐变】效果，并在【效果控件】面板中设置【渐变起点】为（－42.0,396.0），【起始颜色】为深灰色（R：108，G：108，B：108），【渐变终点】为（629.0,382.0），【结束颜色】为浅灰色（R：205，G：205，B：205），如图 4-233 所示。此时效果如图 4-234 所示。

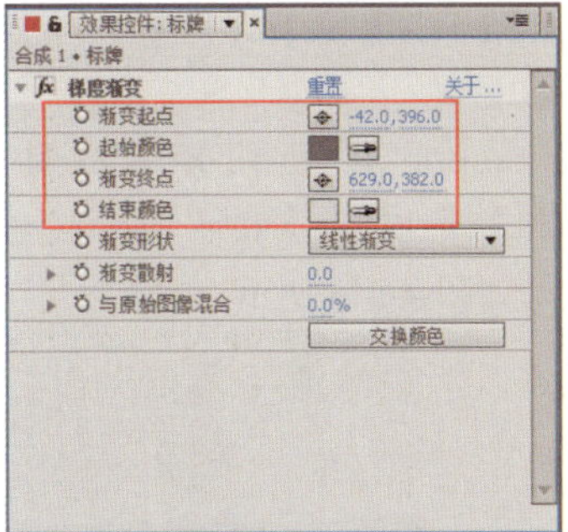

图 4-233

图 4-234

（7）为【标牌】图层添加【投影】效果，并在【效果控件】面板中设置【投影】效果的【柔和度】为 50，如图 4-235 所示。此时效果如图 4-236 所示。

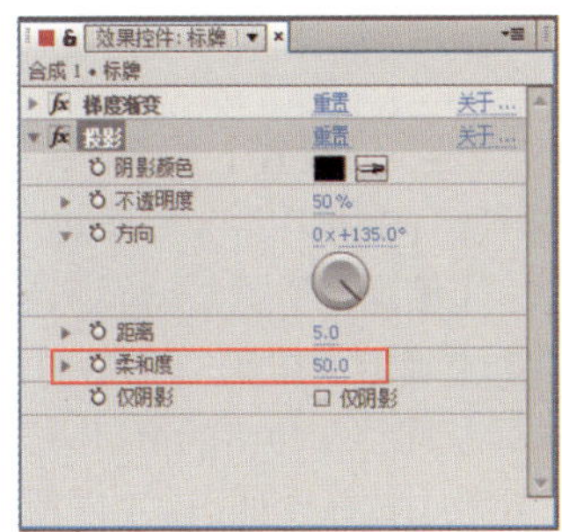

图 4-235

图 4-236

（8）选择 T【横排文字】工具，然后在【合成】窗口中输入文字，并设置合适的【字体系列】和【字体大小】，接着设置【填充颜色】为浅灰色（R：241，G：241，B：241），如图 4-237 所示。

图 4-237

（9）选择【标牌】和【文字】图层，然后按快捷键 <Ctrl+Shift+C>，接着在弹出的【预合成】对话框中设置【新合成名称】为【文字合成】，并单击【确定】按钮，如图 4-238 所示。此时在【时间线】窗口中的效果，如图 4-239 所示。

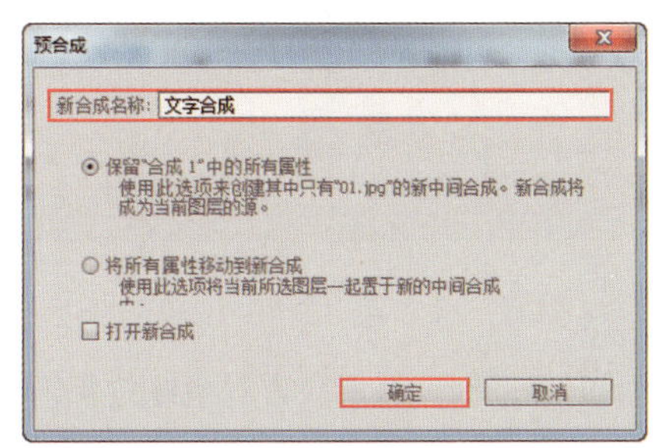

图 4-238

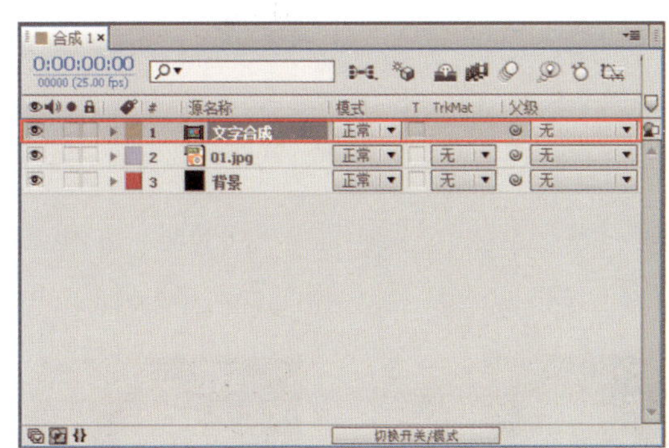

图 4-239

3. 制作关键帧动画

（1）将时间线拖到起始帧，然后单击【01.jpg】图层下【位置】前面的按钮，并设置【位置】为（366.0，－424.0）。接着将时间线拖到第 2 秒，设置【位置】为（366.0,329.0），如图 4-240 所示。

（2）将时间线拖到第 2 秒，单击【文字合成】

图层下【位置】前面的⏱按钮，并设置【位置】为（－494.0,288.0）。接着将时间线拖到第3秒，设置【位置】为（360.0,288.0），如图4-241所示。

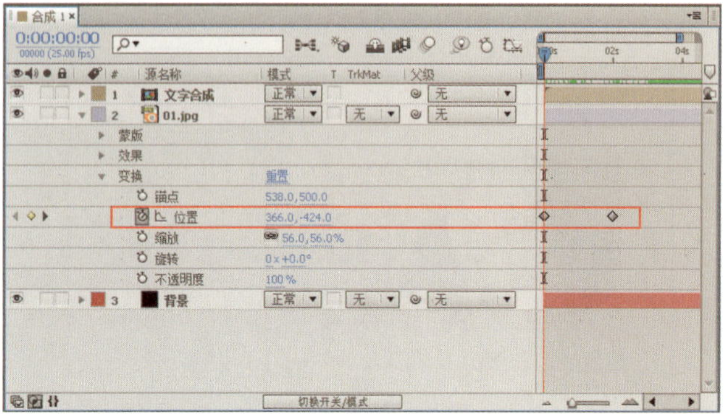

图 4-240

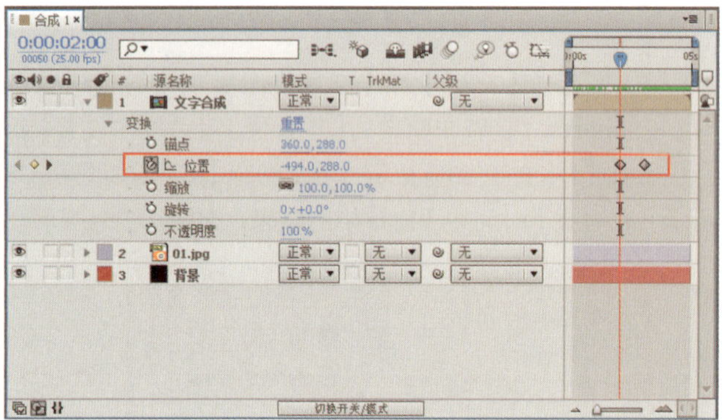

图 4-241

（3）此时拖动时间线滑块查看最终效果，如图4-242所示。

图 4-242

重点 进阶案例：三维空间照片效果

案例文件	进阶案例：三维空间照片效果.aep
视频教学	DVD/多媒体教学/Chapter04/进阶案例：三维空间照片效果.flv
难易指数	★★☆☆☆
技术掌握	主要掌握【矩形】工具、【3D图层】和【梯度渐变】、【线性擦除】、【斜面Alpha】效果的应用

案例分析：

在该案例中，主要学习使用【矩形】工具、【梯度渐变】、【斜面Alpha】和【线性擦除】效果等来制作照片倒影效果，案例的最终效果如图4-243所示。

图 4-243

思路解析如图4-244所示。

图 4-244

1. 制作背景

（1）创建新合成。并设置【合成名称】为【合成1】，【宽度】为720像素，【高度】为576像素，【像素长宽比】为【方形像素】，【帧速率】为25帧/秒，【持续时间】为5秒，然后单击【确定】按钮。接着在【项目】窗口中的空白处双击鼠标左键，在弹出的窗口中选择所需素材文件，最后单击【导入】按钮，如图4-245所示。

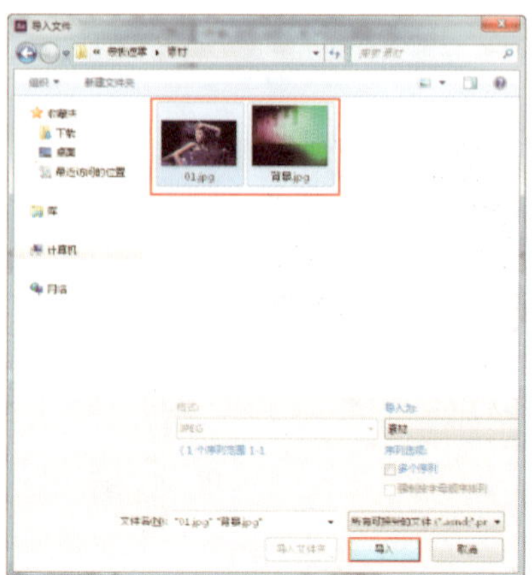

图 4-245

（2）将【项目】窗口中的【背景.jpg】素材文件拖拽到【时间线】窗口中，并开启【三维图层】。接着设置【缩放】为 96%，【位置】为（360.0,288.0,94.0），【方向】为（0°，7°，6°），如图 4-246 所示。

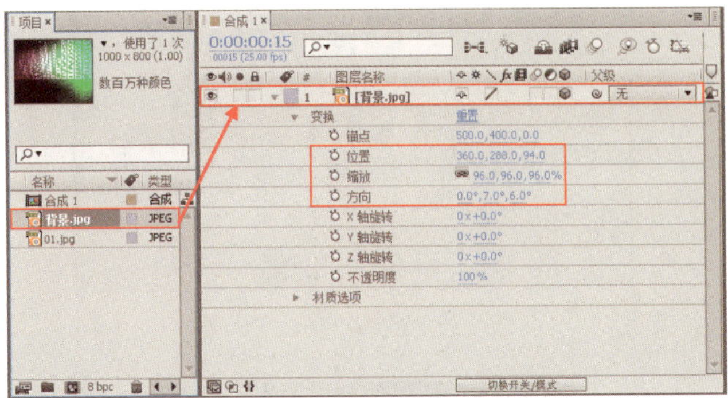

图 4-246

求生秘籍——技巧提示：开启三维图层的效果

为图层开启【三维图层】会增加图层的 Z 轴方向，使其产生空间感，不仅可以在 Z 轴方向位移，还可以在三个轴向上进行旋转。

（3）此时在【合成】窗口中查看背景效果，如图 4-247 所示。

图 4-247

2. 制作照片合成

（1）在未选择任何图层的情况下，然后使用【矩形】工具在【合成】窗口中绘制一个矩形，如图 4-248 所示。

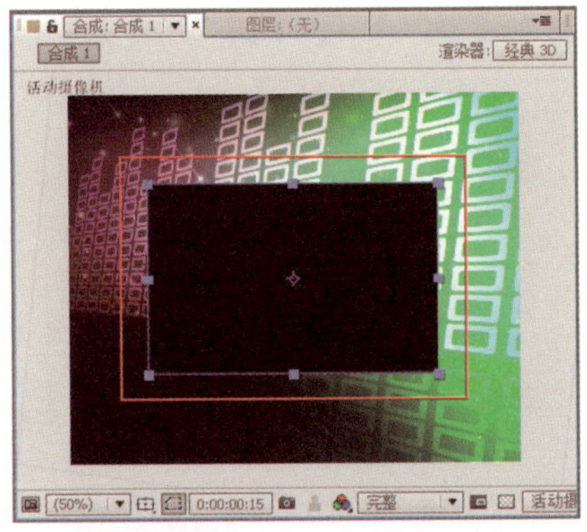

图 4-248

（2）接着在【时间线】窗口中将刚绘制的【形状图层 1】重命名为【边框】，如图 4-249 所示。

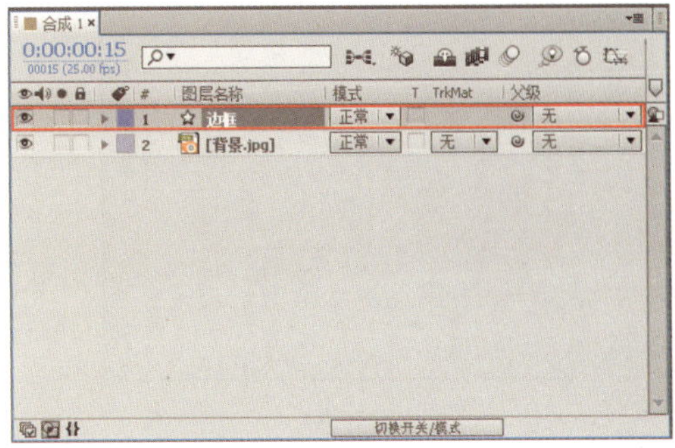

图 4-249

（3）为【边框】图层添加【梯度渐变】效果，然后在【效果控件】面板中设置【渐变起点】为（360.0,148.0），【起始颜色】为深灰色（R：113，G：118，B：127），【渐变终点】为（360.0,437.0），【结束颜色】为浅灰色（R：228，G：228，B：234），如图 4-250 所示。此时效果如图 4-251 所示。

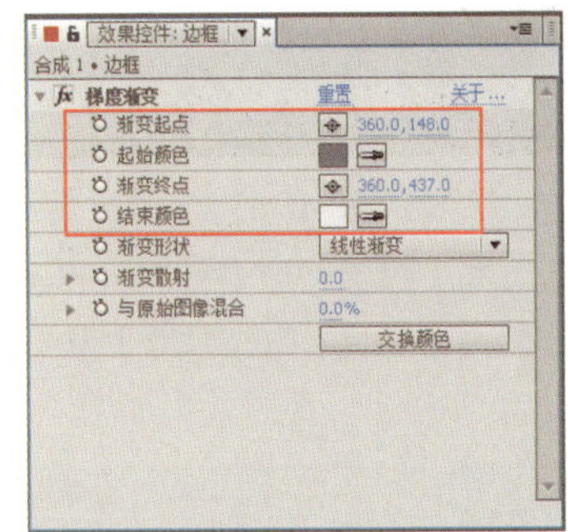

图 4-250

图 4-251

（4）为【边框】图层添加【CC Light Sweep（CC 扫光）】效果，然后在【效果控件】面板中设置【Center（中心）】为（360.0,289.0），【Direction（方向）】为 – 269°，【Width（宽）】为 70，【Sweep Intensity（扫光强度）】为 50，【Edge Intensity（边缘强度）】为 106，【Edge Thickness（边缘厚度）】为 0，如图 4-252 所示。此时效果如图 4-253 所示。

第 4 章

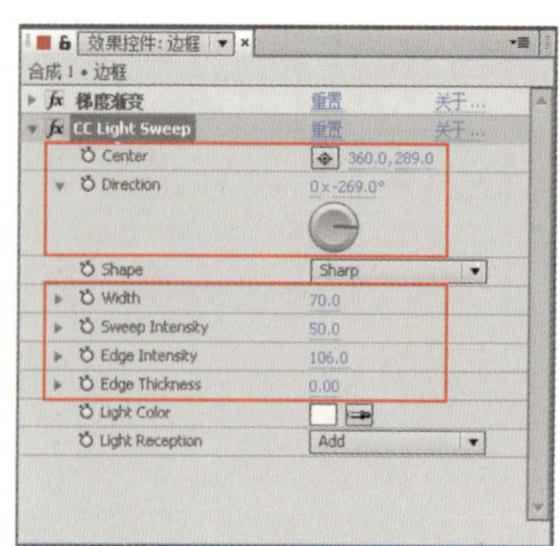
图 4-252

图 4-253

（5）为【边框】图层添加【斜面 Alpha】效果，然后在【效果控件】面板中设置【边缘厚度】为 5，【灯光角度】为 33°，如图 4-254 所示。此时效果如图 4-255 所示。

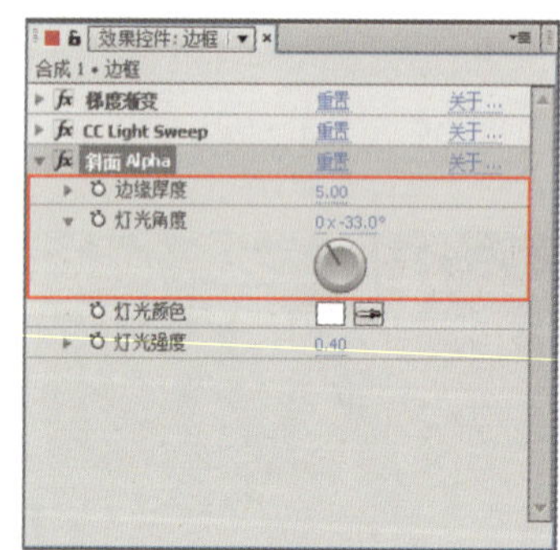
图 4-254

图 4-255

（6）将【01.jpg】素材文件拖动到【时间线】窗口中，并设置【缩放】为 43%，如图 4-256 所示。此时效果如图 4-257 所示。

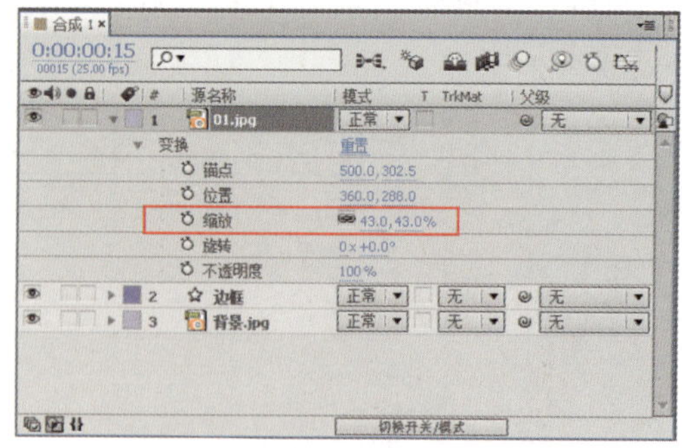
图 4-256

图 4-257

（7）选择【时间线】窗口中的【01.jpg】和【边框】图层，然后按快捷键 <Ctrl+Shift+C>，接着在弹出的对话框中设置【新合成名称】为【图案】，并单击【确定】按钮，如图 4-258 所示。

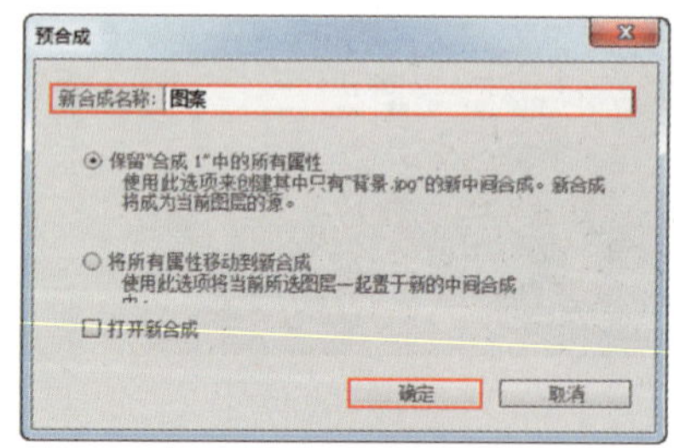
图 4-258

（8）开启【图案】的【三维图层】，然后设置【位置】为（404.0，314.0，0.0），【方向】为（0°，21°，6°），如图 4-259 所示。

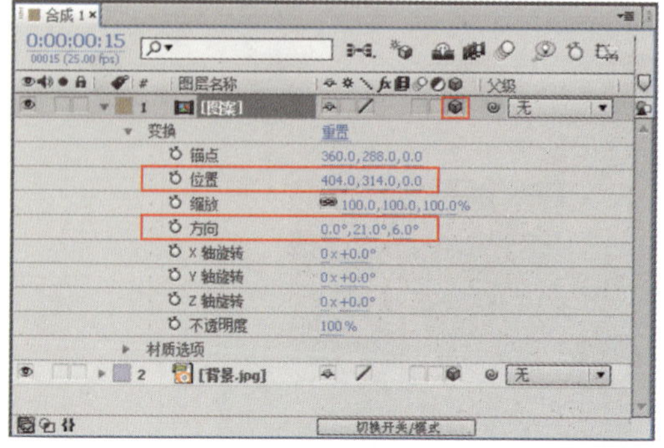
图 4-259

（9）此时在【合成】窗口中查看当前效果，如图 4-260 所示。

图 4-260

3. 制作倒影与光晕

（1）将【图案】图层进行复制，并置于【背景.jpg】图层上方，然后重命名为【倒影】。接着设置【位置】为（378.0,605.0,0.0），【方向】为（180°，339°，354°），【不透明度】为 60%，如图 4-261 所示。此时效果如图 4-262 所示。

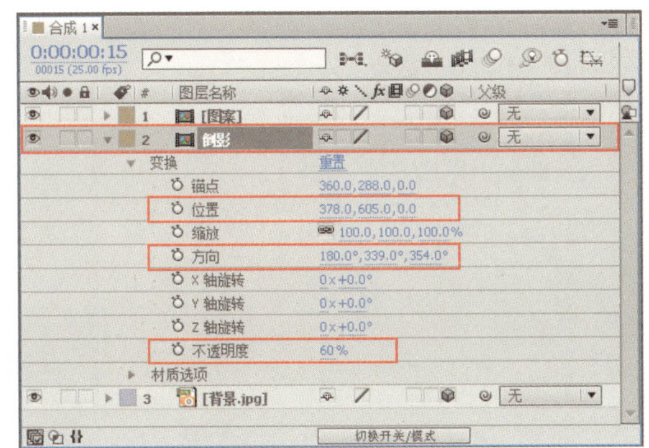

图 4-261

图 4-262

（2）为【倒影】图层添加【线性擦除】效果，然后在【效果控件】面板中设置【过渡完成】为 62%，【擦除角度】为 180°，【羽化】为 150，如图 4-263 所示。此时效果如图 4-264 所示。

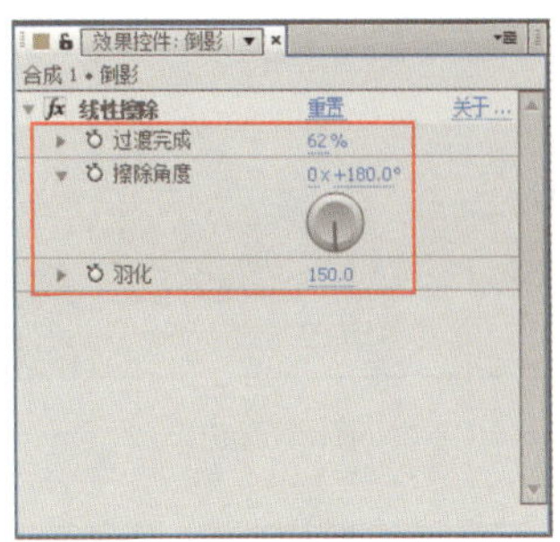

图 4-263

图 4-264

（3）新建一个纯色层，并设置【名称】为【光晕】，【宽度】为 720 像素，【高度】为 576 像素，【颜色】为黑色（R：0，G：0，B：0），然后单击【确定】按钮，如图 4-265 所示。

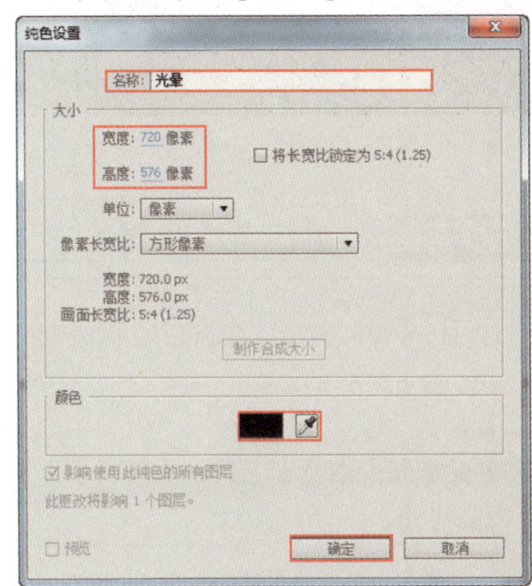

图 4-265

（4）将【效果和预设】面板中的【镜头光晕】效果添加到【光晕】图层上，如图 4-266 所示。

（5）选择【光晕】图层，然后在【效果控件】面板中设置【镜头光晕】效果的【光晕中心】为（70.0,61.0），【光晕亮度】为 132%，【镜头类型】为【105 毫米定焦】。如图 4-267 所示。此时效果，如图 4-268 所示。

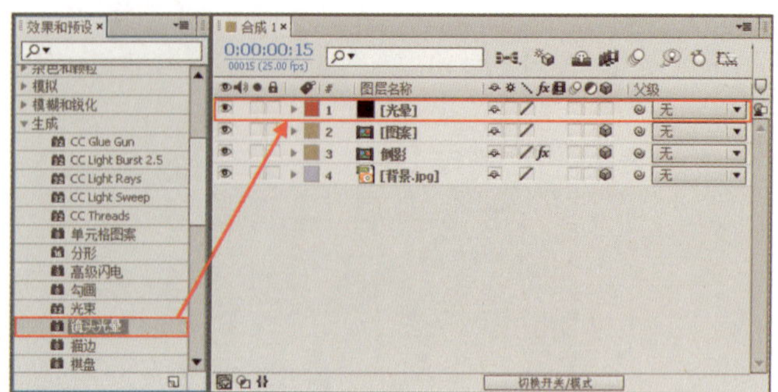

图 4-266

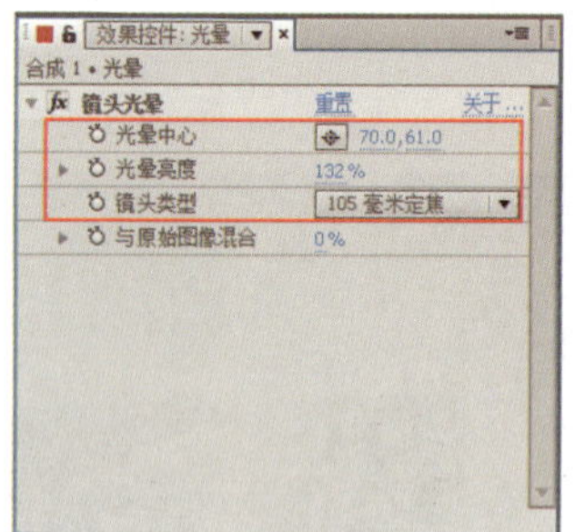

图 4-267

图 4-268

重点▶ 进阶案例：城市卡片效果

案例文件	进阶案例：城市卡片效果 .aep
视频教学	DVD/ 多媒体教学 /Chapter04/ 进阶案例：城市卡片效果 .flv
难易指数	★★☆☆☆
技术掌握	主要掌握【钢笔】工具、【椭圆】工具和蒙版属性的应用

案例分析：

在该案例中，主要学习使用【钢笔】工具和【椭圆】工具来制作城市卡片效果，案例的最终效果如图 4-269 所示。

思路解析如图 4-270 所示。

1. 制作天空背景

（1）创建新合成。设置【合成名称】为【合成 1】，【宽度】为 720 像素，【高度】为 576 像素，【像素长宽比】为【方形像素】，【帧速率】为 25 帧 / 秒，【持续时间】为 5 秒。然后单击【确定】按钮。接着在【项目】窗口中的空白处双击鼠标左键，在弹出的窗口中选择所需素材文件，最后单击【导入】按钮。如图 4-271 所示。

图 4-269

图 4-270

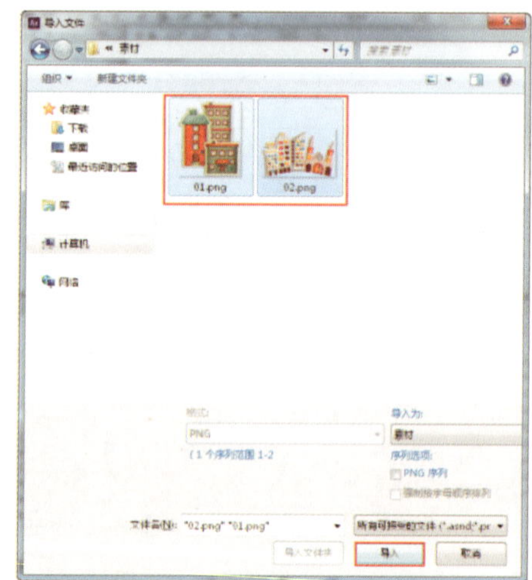

图 4-271

（2）新建一个纯色层，并设置【名称】为【背景】，【宽度】为 720 像素，【高度】为 576 像素，然后单击【确定】按钮，如图 4-272 所示。

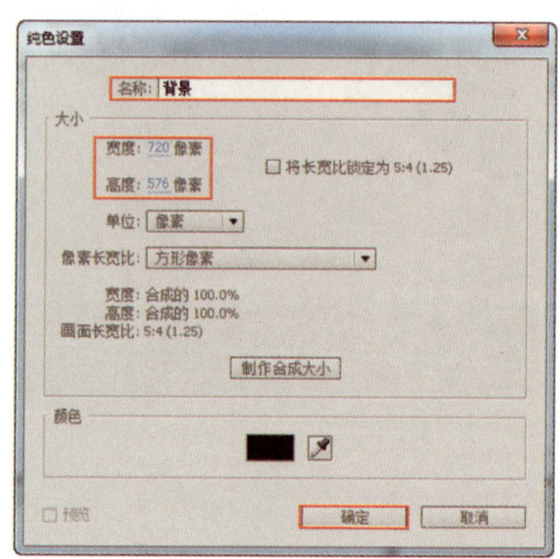

图 4-272

（3）为【背景】图层添加【梯度渐变】效果，然后在【效果控件】面板中设置【渐变形状】为【径向渐变】，【渐变起点】为（360.0,288.0），【起始颜色】为浅蓝色（R：160，G：210，B：224）。设置【渐变终点】为（360.0,744.0），【结束颜色】为蓝色（R：114，G：175，B：193），如图 4-273 所示。此时效果如图 4-274 所示。

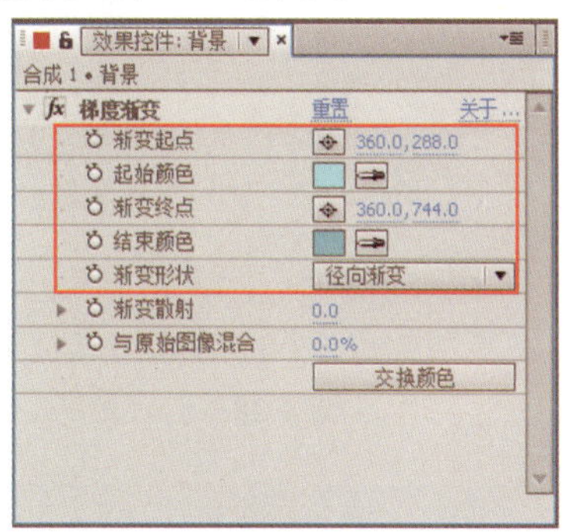

图 4-273

图 4-274

（4）新建一个纯色层，并设置【名称】为【云朵】，【宽度】为 720 像素，【高度】为 576 像素，【颜色】为白色（R：255，G：255，B：255），然后单击【确定】按钮，如图 4-275 所示。

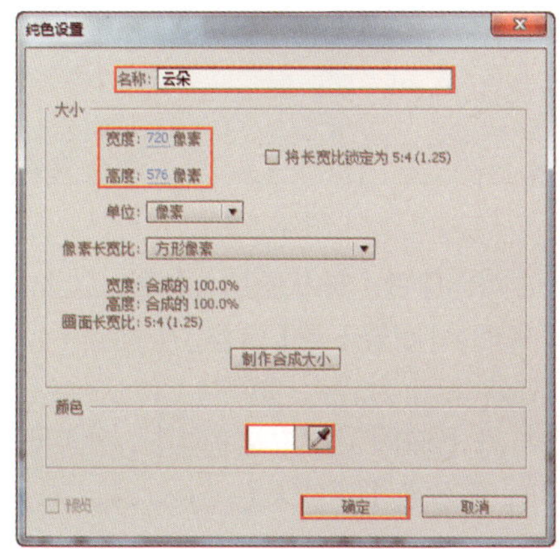

图 4-275

（5）使用【钢笔】工具和【转换“顶点”】工具在【云朵】图层上绘制云朵形状，如图 4-276 所示。

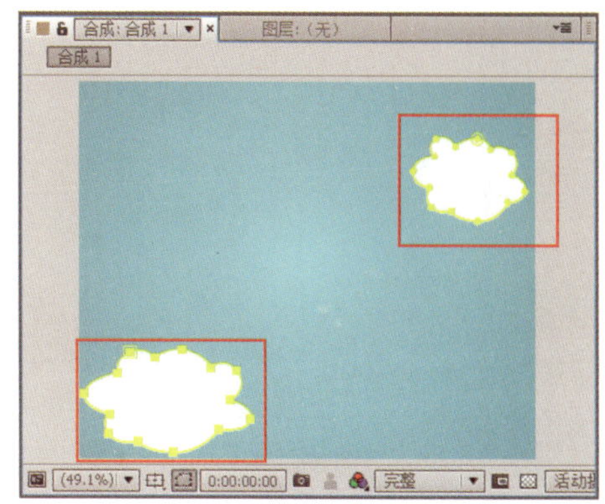

图 4-276

（6）为【云朵】图层添加【描边】效果，然后在【效果控件】面板中勾选【描边】效果下的【所有蒙版】，接着设置【颜色】为深蓝色（R：79，G：96，B：106），【不透明度】为 50%，如图 4-277 所示。此时效果如图 4-278 所示。

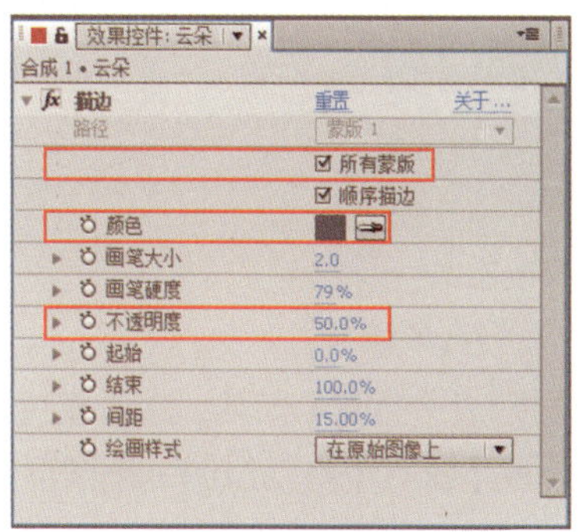

图 4-277

图 4-278

求生秘籍——技巧提示：使用【形状】图层绘制云朵

云朵的绘制还可以直接使用【形状】图层进行绘制，如图 4-279 所示。打开【形状】图层下的【内容】/【形状 1】/【描边 1】，进行描边的添加与设置，如图 4-280 所示。

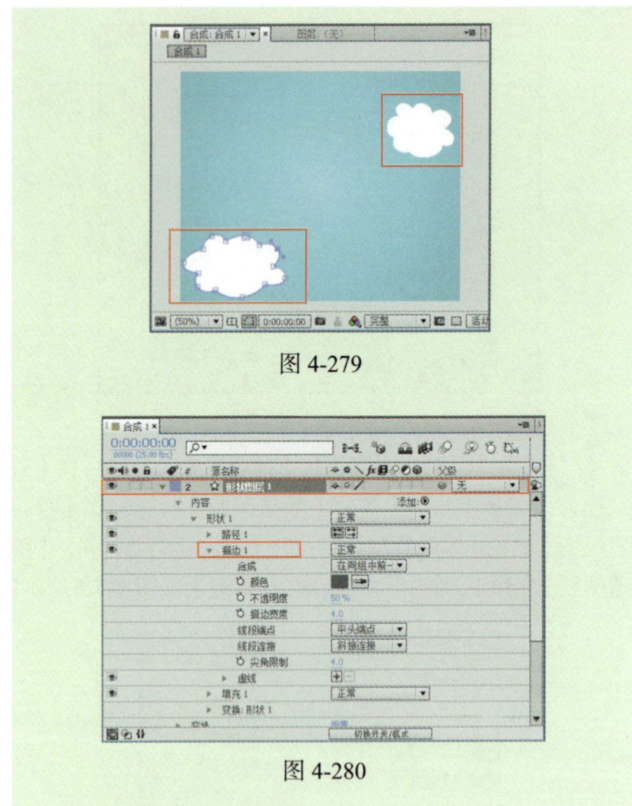

图 4-279

图 4-280

2. 制作最终合成效果

（1）选择【椭圆】工具，然后直接按住 <Shift> 键，并在【合成】窗口中拖动绘制一个圆形，如图 4-281 所示。

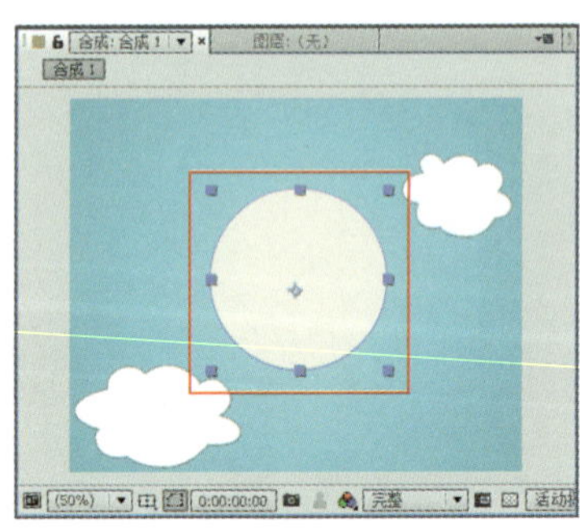

图 4-281

（2）在【时间线】窗口中将【形状图层 1】重命名为【圆形】，如图 4-282 所示。

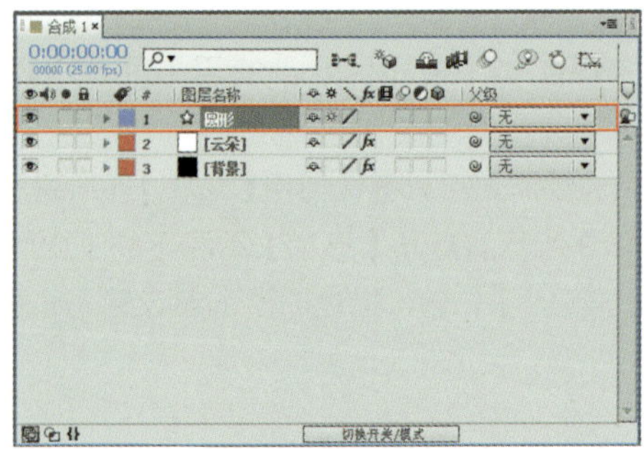

图 4-282

（3）将【01.png】素材文件添加到【时间线】窗口中，并设置【缩放】为 38%，【位置】为（360.0，308.0），如图 4-283 所示。此时效果如图 4-284 所示。

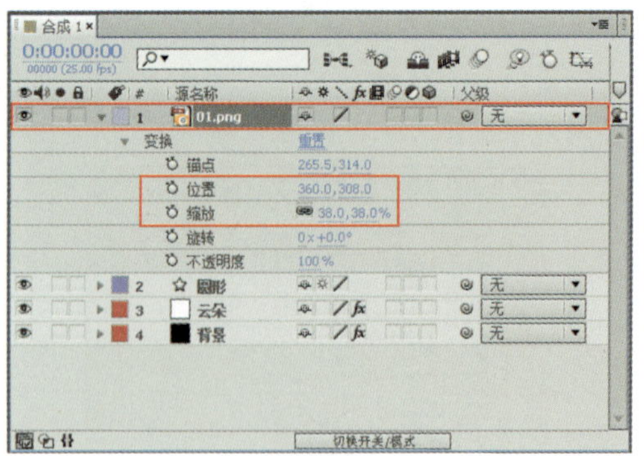

图 4-283

图 4-284

（4）选择【椭圆】工具，然后按住 <Shift> 键，并在【合成】窗口中拖拽绘制一个圆形，如图 4-285 所示。

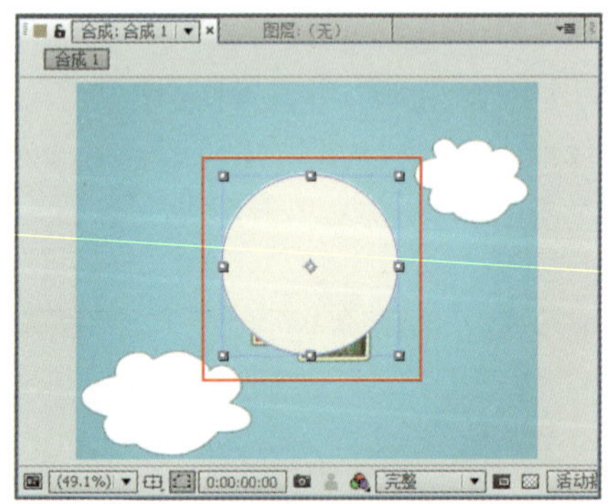

图 4-285

（5）将刚创建的【形状图层 1】重命名为【环形 1】，然后打开【环形 1】图层下的【内容】/【椭圆 1】/【填充 1】，并设置【不透明度】为 0%，如图 4-286 所示。

（6）打开【椭圆 1】/【描边 1】，然后设置【描边宽度】为 36，【颜色】为浅黄色（R：242，G：225，B：195），如图 4-287 所示。此时效果如图 4-288 所示。

（7）为【环形 1】添加【投影】效果，然后在【效果控件】面板中设置【投影】效果的【不透明度】为 70%，【距离】为 0，【柔和度】为 40，如图 4-289 所示。此时效果如图 4-290 所示。

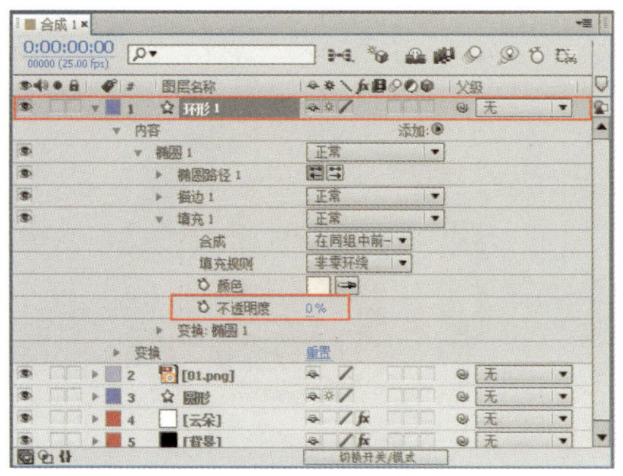

图 4-286

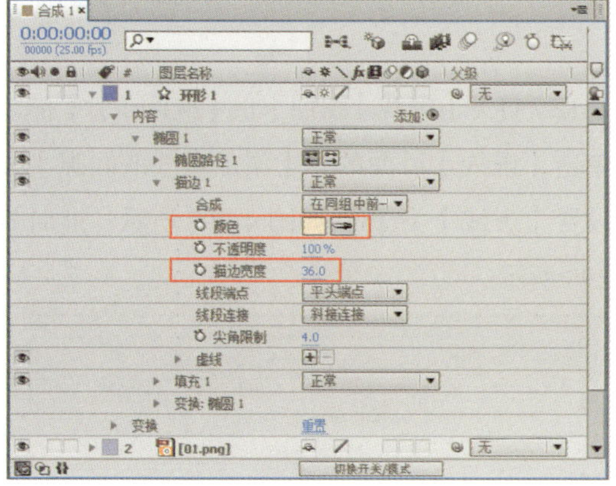

图 4-287

图 4-288

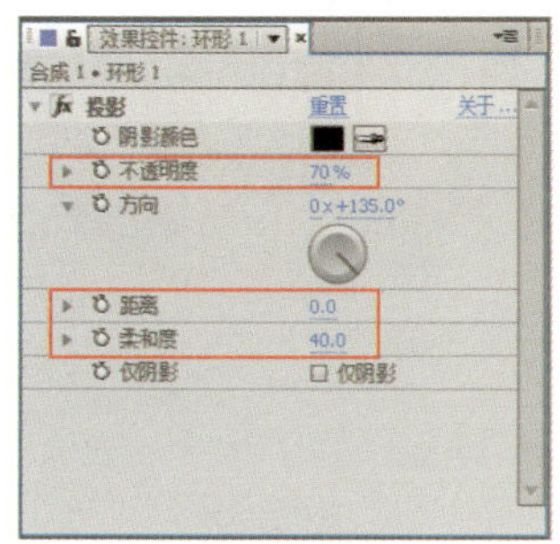

图 4-289

图 4-290

（8）将【环形 1】图层进行复制，并重命名为【环形 2】，如图 4-291 所示。

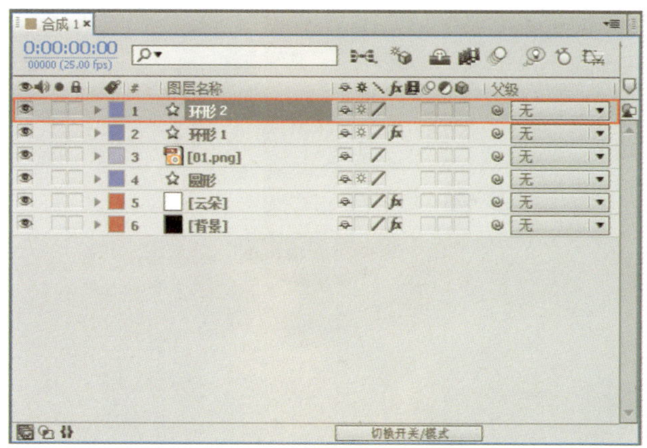

图 4-291

（9）打开【环形 2】图层下的【椭圆 1】/【变换：椭圆 1】，然后设置【比例】为 126%，如图 4-292 所示。

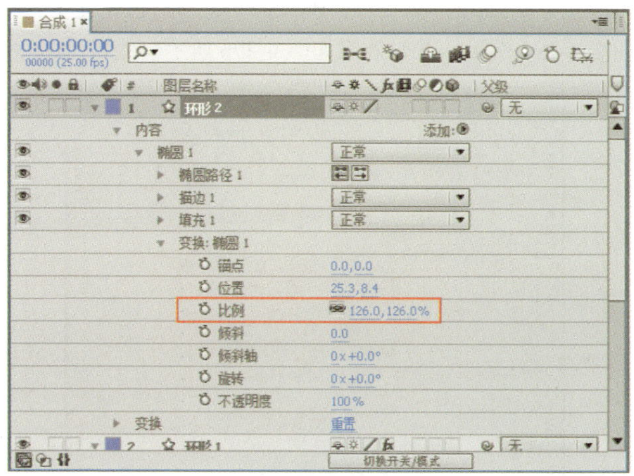

图 4-292

（10）打开【环形 2】图层下的【椭圆 1】/【描边 1】，然后设置【颜色】为紫色（R：127，G：108，B：128），【描边宽度】为 31，如图 4-293 所示。此时效果如图 4-294 所示。

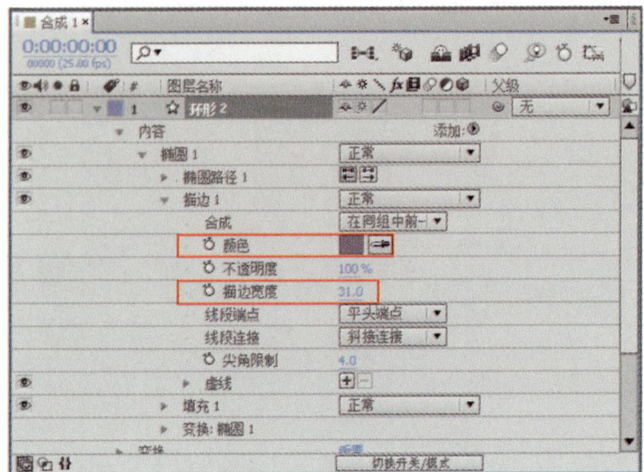

图 4-293

图 4-294

（11）将【环形 2】图层进行复制，并重命名为【虚线】。然后打开该图层下的【椭圆 1】/【描边 1】，设置【颜色】为白色（R：255，G：255，B：255），【描边宽度】为 2，如图 4-295 所示。此时效果如图 4-296 所示。

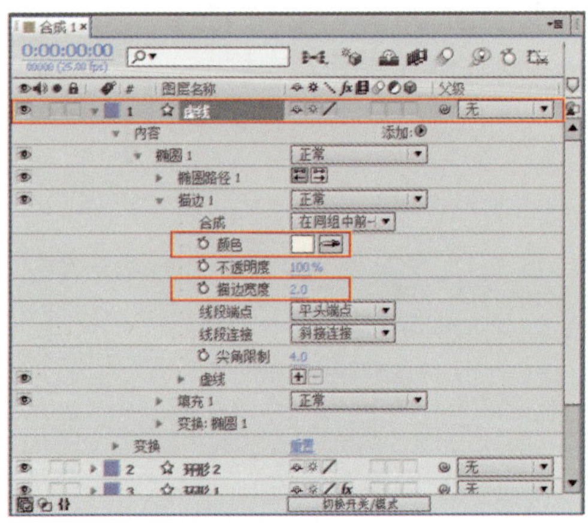

图 4-295

图 4-296

（12）打开【虚线】图层下的【椭圆 1】/【描边 1】，然后单击【虚线】后面的➕【添加虚线或间隙】按钮，接着设置【虚线】为 15，如图 4-297 所示。此时效果如图 4-298 所示。

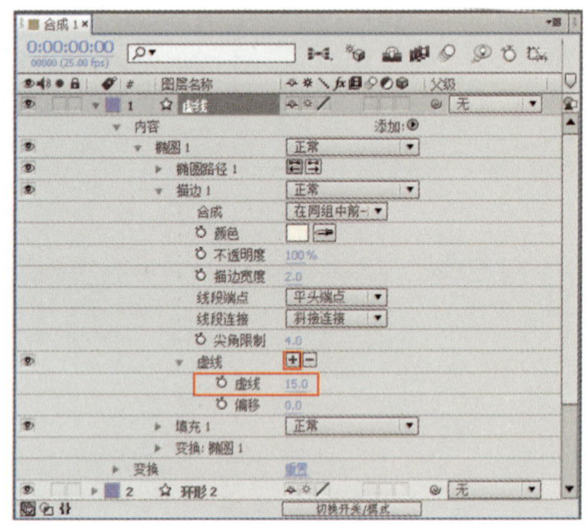

图 4-297

图 4-298

（13）将【02.png】素材文件拖拽到【时间线】窗口中，并置于【环形 2】图层下方。然后设置【02.png】图层的【缩放】为 54%，【位置】为（164.0,162.0），【旋转】为 – 59°，如图 4-299 所示。

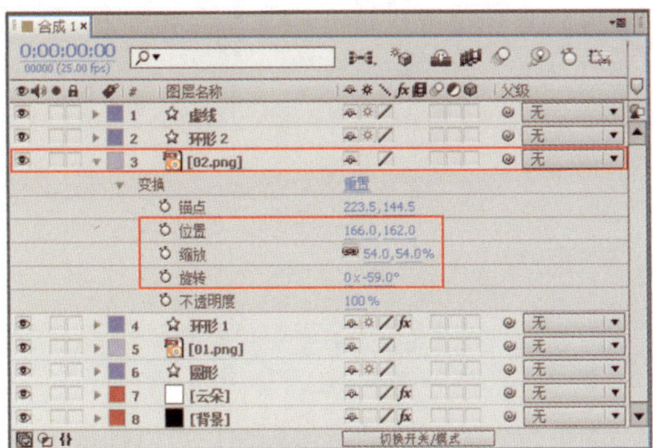

图 4-299

（14）此时在【合成】窗口中查看最终效果如图 4-300 所示。

图 4-300

第 5 章 关键帧动画

本章学习要点：

★ 了解关键帧
★ 如何创建关键帧
★ 利用关键帧制作动画

5.1 认识关键帧

“帧”是动画中最小的单位，是单幅的影像画面，可以理解为是一张图片。在动画软件的时间轴上，一格或一个标记就代表一帧。关键帧就相当于二维动画中的原画，是动画中最重要的部分。所以，关键帧动画就是给需要动画效果的属性添加一组和时间相关的值，这些值就是在动画序列中比较关键的帧。而其他时间帧的值，可以通过这些关键帧以特定的插值方法计算得出，进而得到较为流畅的动画效果，如图 5-1 所示。

图 5-1

5.1.1 创建关键帧

【时间变化秒表】：通过该按钮，在 AE 中可以对图层或添加的效果等进行动画设置。首先需要单击该按钮，使其处于状态，才可以进行关键帧的相关设置。通常创建关键帧的方法有两种：

求生秘籍——技巧提示：为图层制作动画的关键帧条件

为动画属性制作关键帧动画时，至少要添加两个不同参数的关键帧，使其在一定时间内产生不同的运动或变化，这个过程就是动画。

1. 自动添加关键帧

（1）首先将时间线滑块拖到需要建立关键帧的位置，然后单击该图层中要建立关键帧属性前面的【时间变化秒表】按钮，如图 5-2 所示。

（2）接着将时间线滑块拖拽到某一时间位置，修改添加关键帧的属性参数，此时会看到当前时间位置自动添加了一个关键点，如图 5-3 所示。

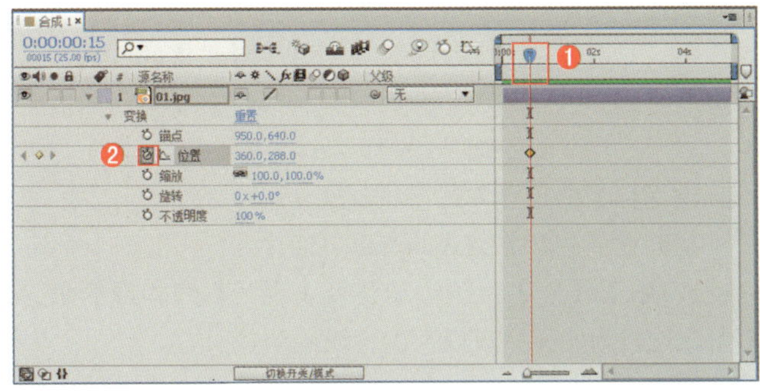

图 5-2

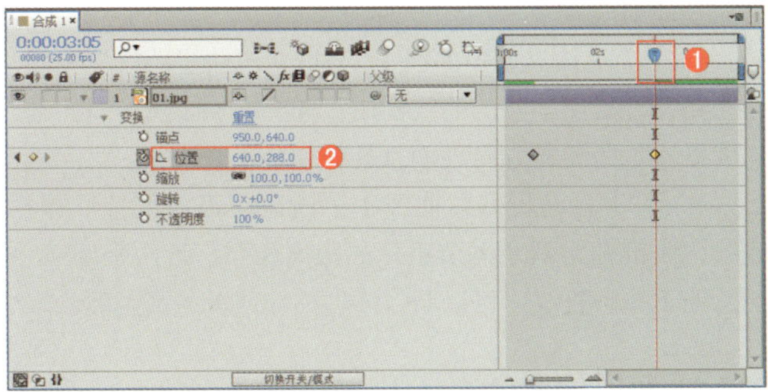

图 5-3

2. 手动添加关键帧

（1）首先将时间线滑块拖到需要建立关键帧的位置，然后单击该图层中要建立关键帧属性前面的【时间变化秒表】按钮，如图 5-4 所示。

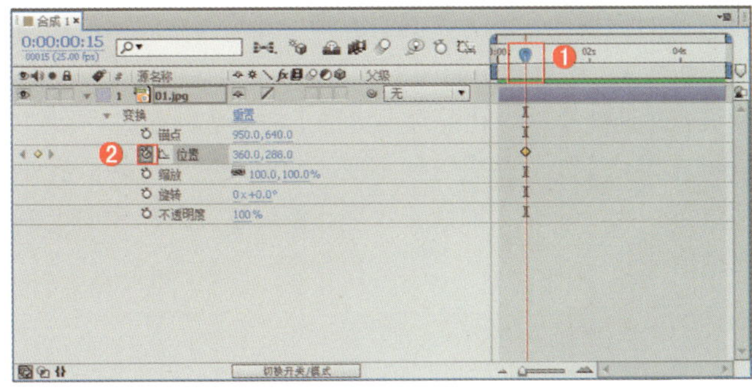

图 5-4

（2）接着将时间线滑块拖到某一时间位置，然后单击已经添加关键帧属性前面的【在当前时间添加或移除关键帧】按钮，即可在当前时间位置添加一个关键帧，如图 5-5 所示。

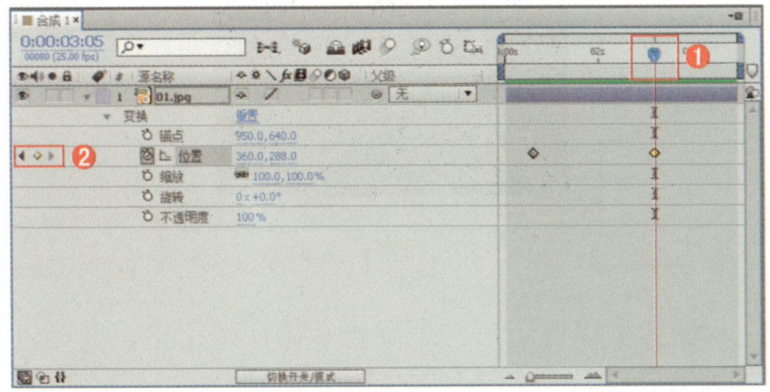

图 5-5

求生秘籍——软件技能：在当前时间快速添加或移除关键帧

当按钮为灰色时，表示当前位置没有关键帧，此时单击可创建一个关键帧。当按钮为黄色时表示当前时间线滑块位于关键帧上，此时单击该按钮即可删除当前时间位置的关键帧。

（3）此时也可以修改当前时间位置的关键帧属性参数，如图 5-6 所示。

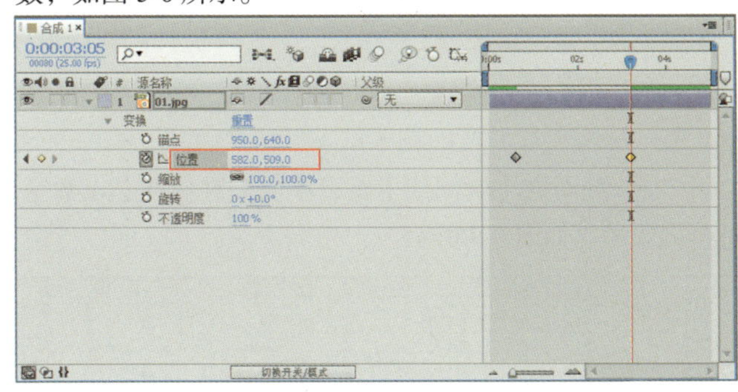

图 5-6

5.1.2　查看关键帧

为某一属性添加关键帧后，该属性的前面会出现【关键帧导航】按钮，如图 5-7 所示。

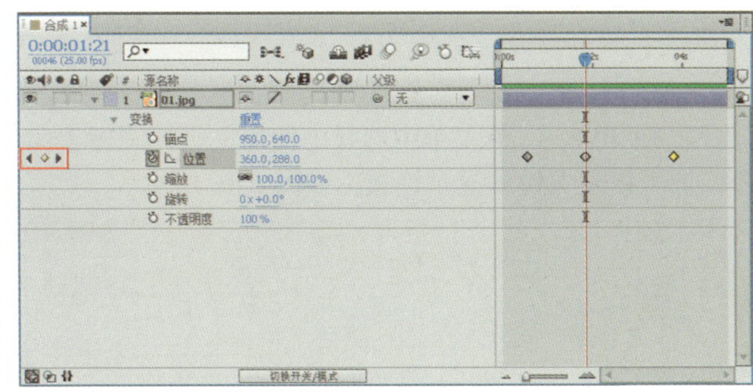

图 5-7

重点参数提醒：

（转到上一个关键帧）：当该按钮被激活时，单击该按钮即可跳转到当前位置前面的一个关键帧。

（转到下一个关键帧）：当该按钮被激活时，单击该按钮即可跳转到当前位置后面的一个关键帧。

5.1.3　关键帧显示

（1）关键帧不仅能够以关键帧形状显示，还能够以数字的形式显示。在【时间线】窗口中的右上角单击按钮，并在弹出的菜单中选择【使用关键帧索引】命令，如图 5-8 所示。

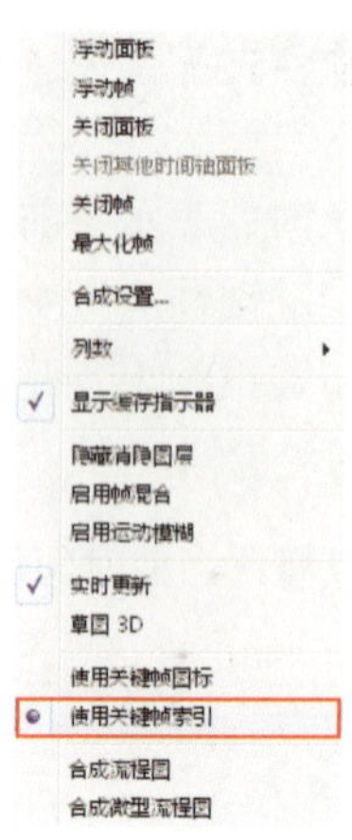

图 5-8

（2）此时在【时间线】窗口中的关键帧就会以数字的形式显示，如图 5-9 所示。

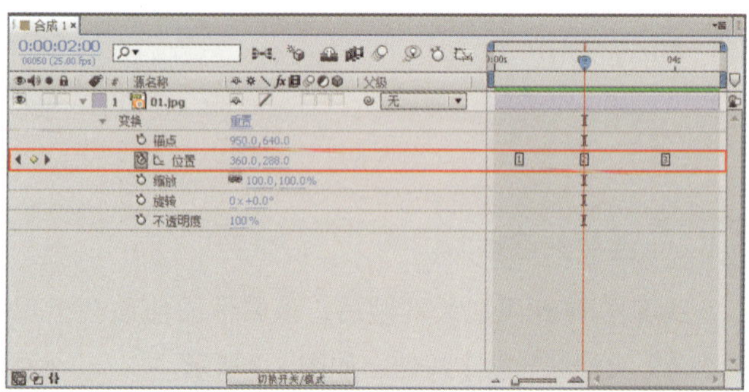

图 5-9

（3）再次在菜单中选择【使用关键帧图标】命令，即可恢复关键帧显示模式，如图 5-10 所示。

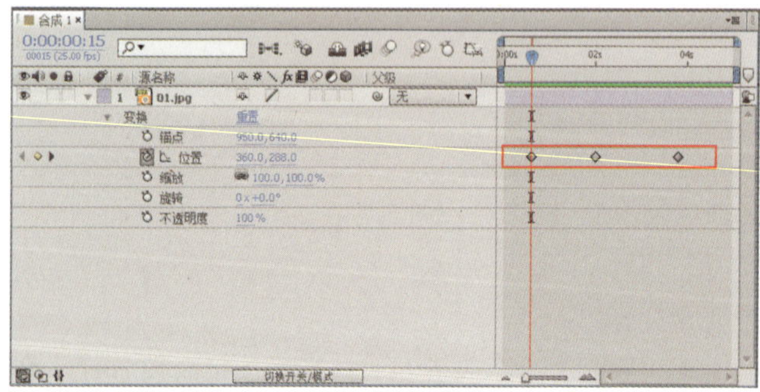

图 5-10

5.2 关键帧的插值类型

图层上添加的关键帧可以通过调整插值的方式产生不同的动画效果。关键帧插值包括【空间插值】和【临时插值】两种类型。

5.2.1 空间插值

空间插值主要用来控制关键帧的运动路径，通过为关键帧设置不同的空间运算，设置空间运动动画。在图层的属性中，只有【锚点】、【位置】和【效果】的控制点具有运动路径，也就是说，只有这几种属性具备空间插值属性。

空间插值的运算方式

空间插值的运算方式共有以下四种：

（1）【线性】：该运动路径表现为直线构成的角，节奏变化较为明显，可以产生直线运动。

（2）【贝塞尔曲线】：该运动路径是由平滑的曲线构成，而且曲线路径中包含调节手柄，拖动手柄可改变运动路径的曲线效果。

（3）【连续贝塞尔曲线】：与贝塞尔曲线的原理相同，运动路径也是由平滑的曲线构成。与贝塞尔曲线不同的是，连续贝塞尔曲线的方向手柄总是处于一条直线。

（4）【自动贝塞尔曲线】：该运动路径也为平滑的曲线，关键帧距两个调节手柄的距离相同，且两个调节手柄总处于一条直线。可以制作线性向曲线的平滑过渡。

5.2.2 临时插值

使用临时插值，不但可以使非匀速的运动画面效果更加真实，还可以通过产生运动速度的变化使画面出现节奏感，起到渲染情感的作用。临时插值主要用来修改关键帧的运动速度，令关键帧动画出现加速、减速等变速效果。

临时插值的运算方式

临时插值的运算方式共有五种，除了与空间插值相同的【线性】、【贝塞尔曲线】、【连续贝塞尔曲线】和【自动贝塞尔曲线】外，还包含【定格】插值运算方式。

【定格】：保持关键帧不变，相邻关键帧之间没有任何过渡变化，能够实现突变效果。该运算方式只能用于临时插值。

5.2.3 关键帧形态

◆：【线性】入，【线性】出。其运动路径和关键帧如图 5-11 所示。

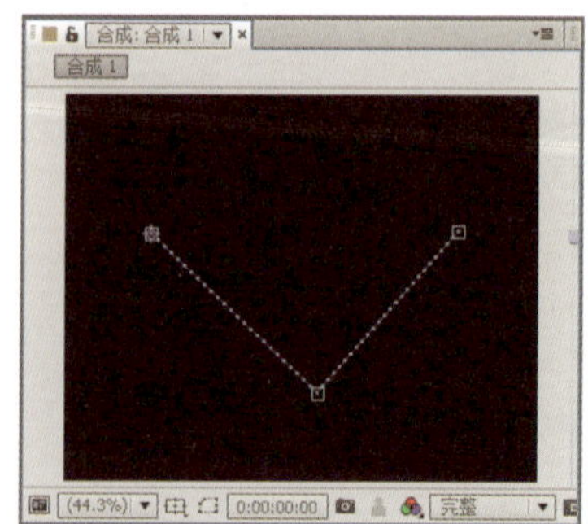

图 5-11

◀：【线性】入，【静止】出，即定格。其运动路径和关键帧如图 5-12 所示。

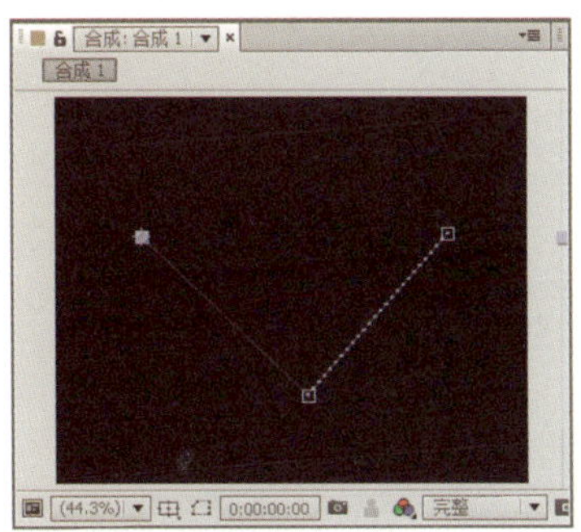

图 5-12

：前后动画都处于【定格】方式。其运动路径和关键帧如图 5-13 所示。

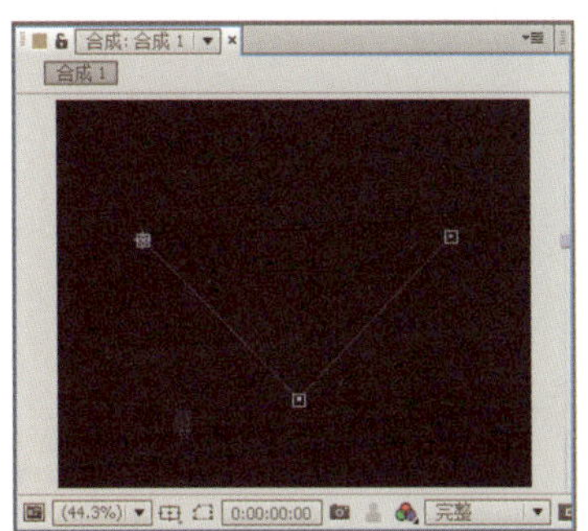

图 5-13

：【自动贝塞尔】方式。其运动路径和关键帧如图 5-14 所示。

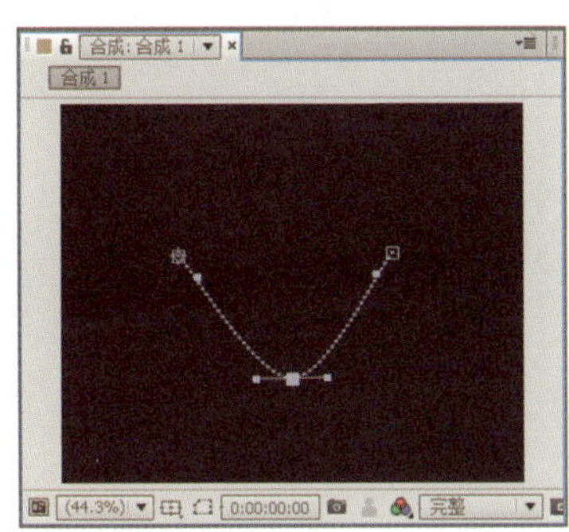

图 5-14

：【贝塞尔】入，【贝塞尔】出，即缓动。其运动路径和关键帧如图 5-15 所示。

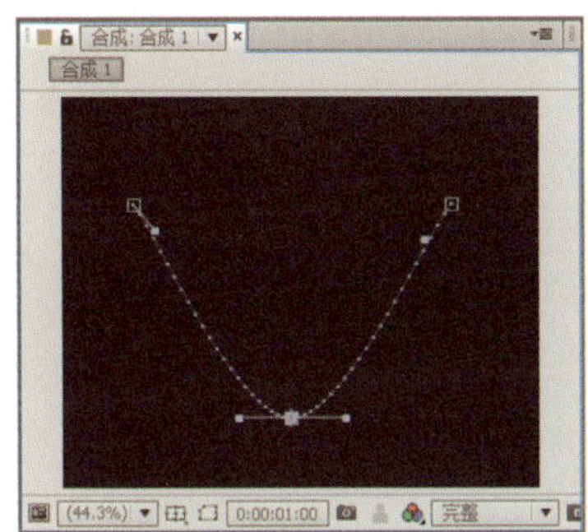

图 5-15

：【贝塞尔】入，【线性】出，即缓入。其运动路径和关键帧如图 5-16 所示。

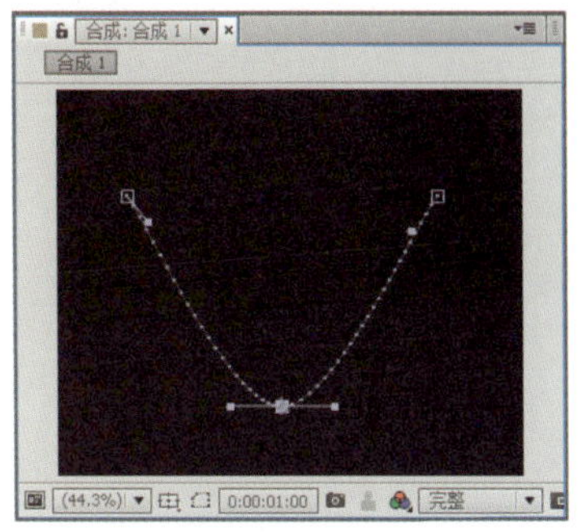

图 5-16

：【线性】入，【贝塞尔】出，即缓出。其运动路径和关键帧如图 5-17 所示。

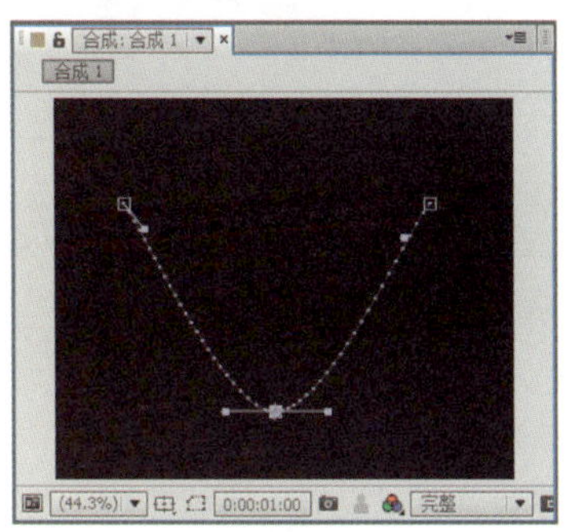

图 5-17

：【贝塞尔】入，【静止】出。其运动路径和关键帧如图 5-18 所示。

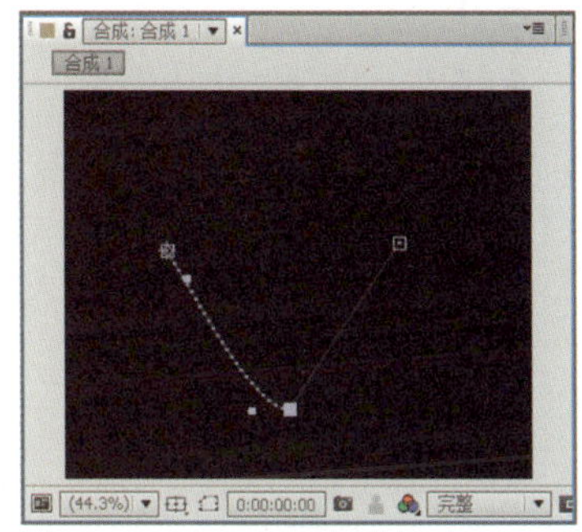

图 5-18

重点 进阶案例：渐显动画效果

案例文件	进阶案例：渐显动画效果 .aep
视频教学	DVD/ 多媒体教学 /Chapter05/ 进阶案例：渐显动画效果 .flv
难易指数	★★☆☆☆
技术掌握	主要掌握遮罩路径和关键帧的应用

案例分析：

在本案例中，主要学习使用梯度渐变、遮罩路径和关键帧等制作渐显动画效果，案例的最终渲染效果如图 5-19 所示。

思路解析如图 5-20 所示。

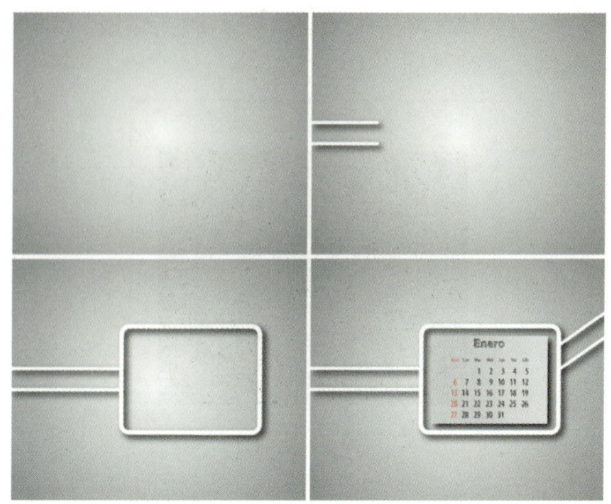

图 5-19

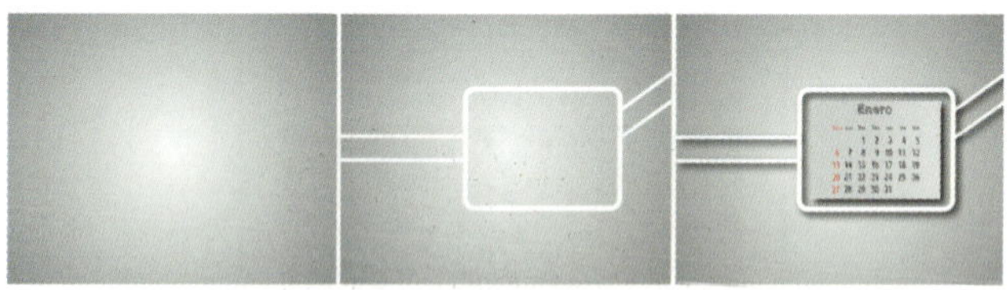

图 5-20

制作步骤：

1. 制作渐变背景

（1）创建新合成。设置【合成名称】为【合成 1】，【宽度】为 720 像素，【高度】为 576 像素，【像素长宽比】为【方形像素】，【帧速率】为 25 帧 / 秒，【持续时间】为 5 秒。然后单击【确定】按钮。接着在【项目】窗口中空白处双击鼠标左键，在弹出的窗口中选择所需素材文件，最后单击【导入】按钮，如图 5-21 所示。

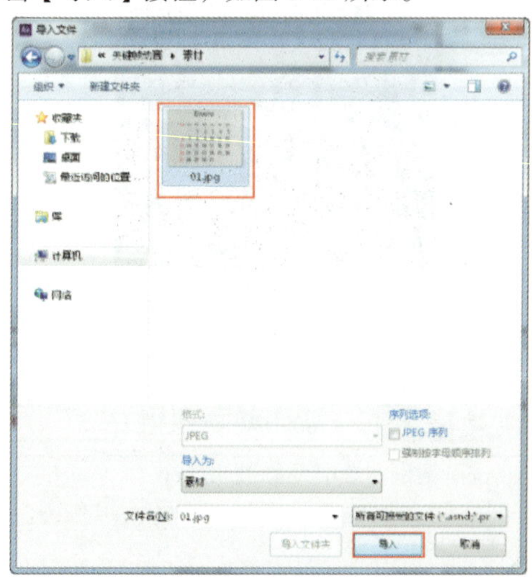

图 5-21

（2）在【时间线】窗口中的空白处单击鼠标右键，在弹出的菜单中执行【新建】/【纯色】命令，如图 5-22 所示。

（3）在弹出的对话框中设置【名称】为【背景】，【宽度】为 720 像素，【高度】为 576 像素，【颜色】为黑色（R：0，G：0，B：0），接着单击【确定】按钮，如图 5-23 所示。

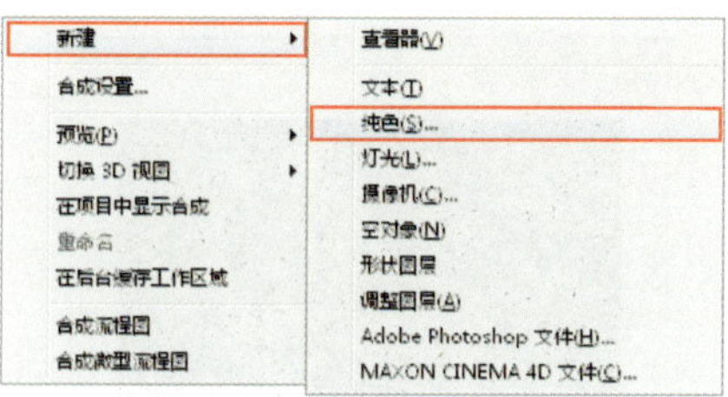

图 5-22

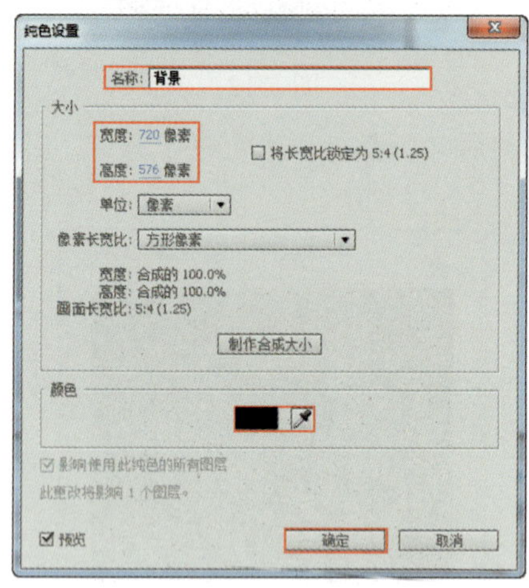

图 5-23

（4）将【效果和预设】面板中的【梯度渐变】添加到【背景】图层上，如图 5-24 所示。

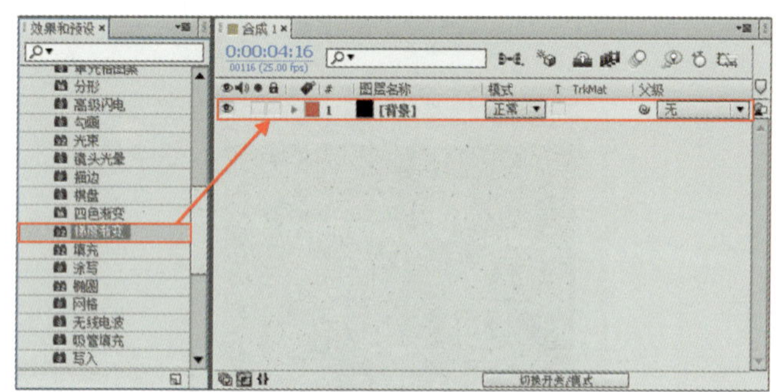

图 5-24

（5）选择【时间线】窗口中的【背景】图层，然后在【效果控件】面板中设置【渐变形状】为【径向渐变】，【渐变起点】为（360.0,288.0），【起始颜色】为白色（R：244，G：244，B：244），【渐变终点】为（360.0,750.0），【结束颜色】为灰色（R：137，G：137，B：137），如图 5-25 所示。此时效果，如图 5-26 所示。

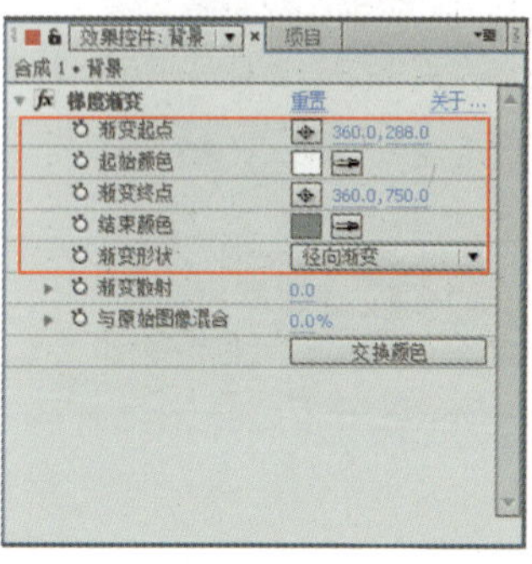

图 5-25

图 5-26

2. 制作路径动画

（1）新建一个黑色固态层，并设置【名称】为【路径 1】，【宽度】为 720 像素，【高度】为 576 像素，然后单击【确定】按钮，如图 5-27 所示。

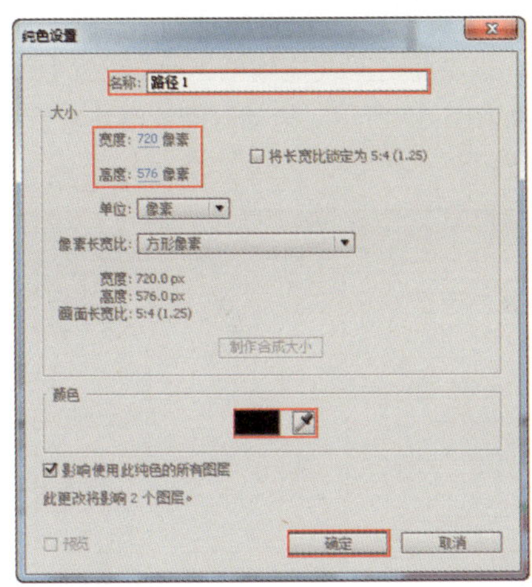

图 5-27

（2）选择【钢笔】工具，然后在【路径 1】图层上绘制两条路径，如图 5-28 所示。

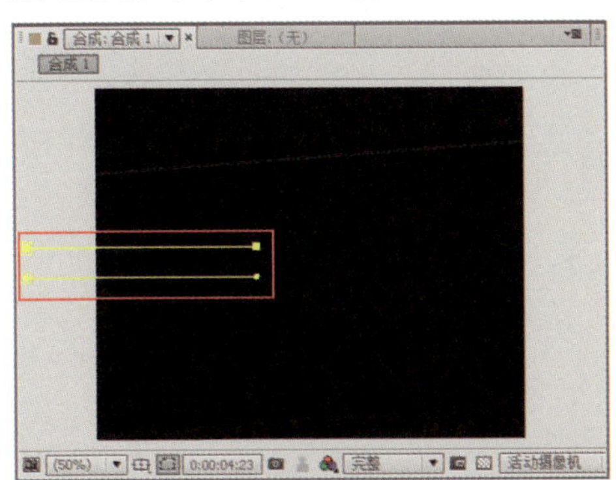

图 5-28

（3）为【路径 1】添加【描边】效果，并设置【所有蒙版】为“开”，【画笔大小】为 5，【绘画样式】为【在透明背景上】。然后将时间线拖到起始帧的位置，单击【结束】前面的按钮，并设置【结束】为 0%，接着将时间线拖到第 1 秒，设置【结束】为 100%，如图 5-29 所示。此时拖动时间线滑块查看效果，如图 5-30 所示。

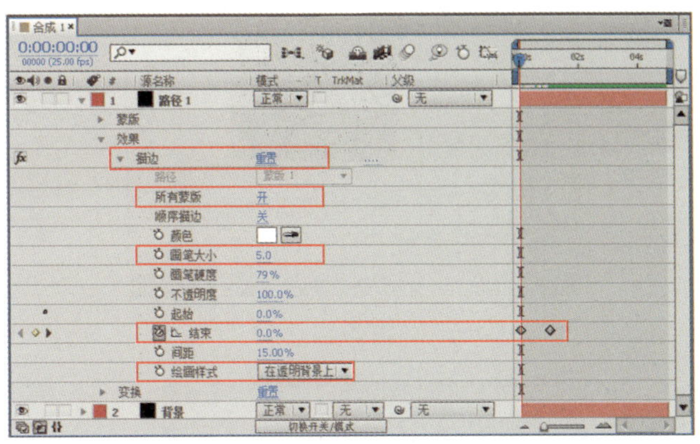

图 5-29

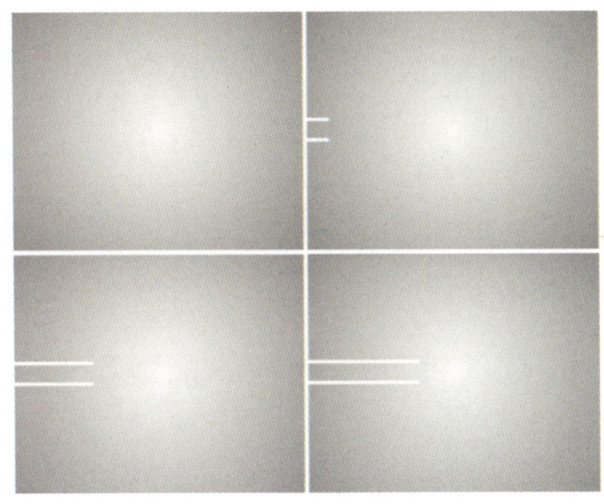

图 5-30

（4）将【项目】窗口中的【路径 1】进行复制，并命名为【路径 2】，然后将该固态层拖拽到【时间线】窗口中，并设置起始时间为第 1 秒，如图 5-31 所示。

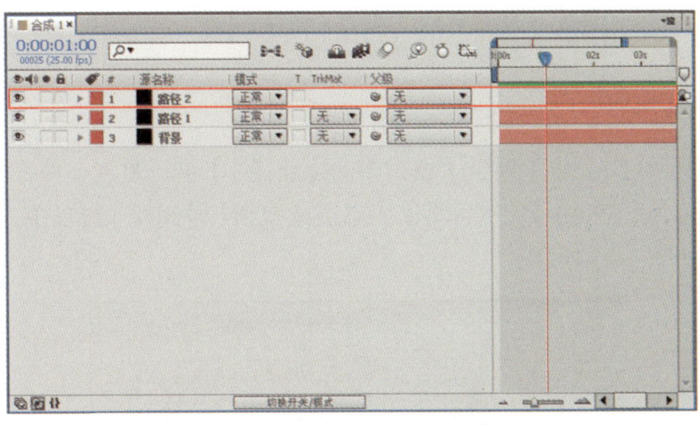

图 5-31

（5）选择【圆角矩形】工具，然后在【路径 2】图层上绘制一个圆角矩形遮罩，如图 5-32 所示。

（6）为【路径 2】图层添加【描边】效果，并设置【画笔大小】为 7，【绘画样式】为【在透明背景上】，如图 5-33 所示。此时效果如图 5-34 所示。

第 5 章

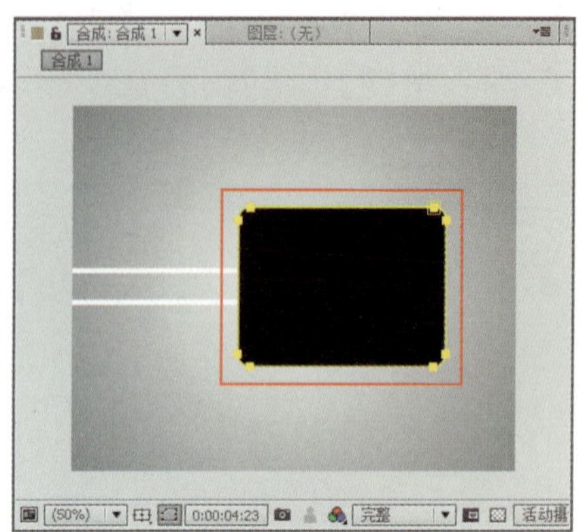

图 5-32

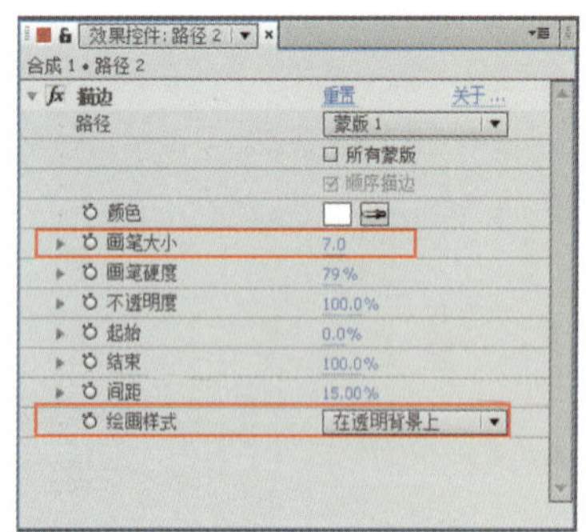

图 5-33

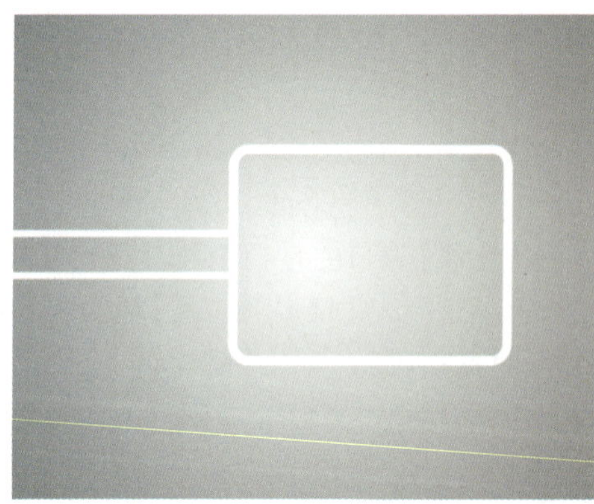

图 5-34

（7）将【项目】窗口中的【路径 1】进行复制，并命名为【路径 3】，然后将该固态层拖拽到【时间线】窗口中，如图 5-35 所示。

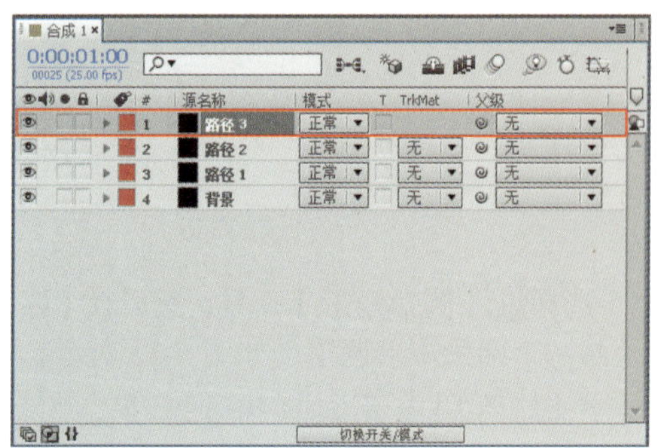

图 5-35

（8）选择【钢笔】工具，然后在【路径 1】图层上绘制两条路径，如图 5-36 所示。

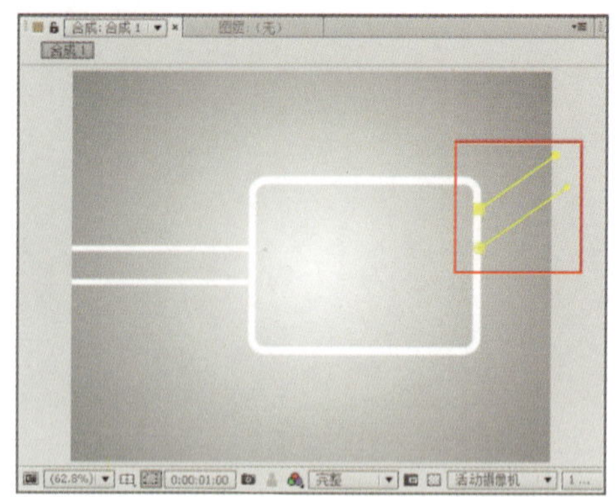

图 5-36

（9）为【路径 3】图层添加【描边】效果，并设置【所有蒙版】为“开”，【画笔大小】为 5，【绘画样式】为【在透明背景上】。然后将时间线拖到第 2 秒，并设置【结束】为 0%，接着将时间线拖到第 3 秒，设置【结束时间】为 100%，如图 5-37 所示。拖动时间线滑块查看此时效果，如图 5-38 所示。

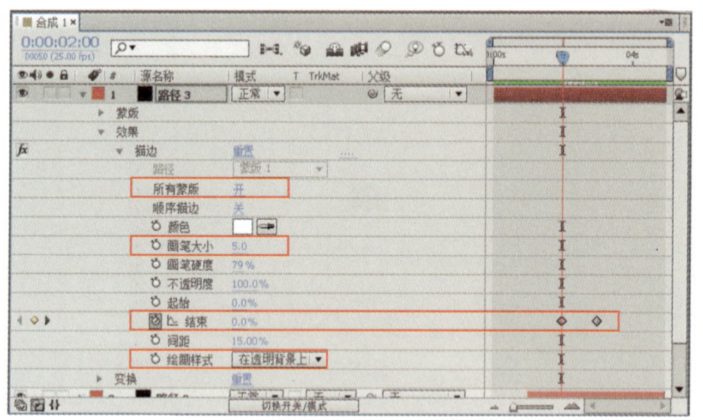

图 5-37

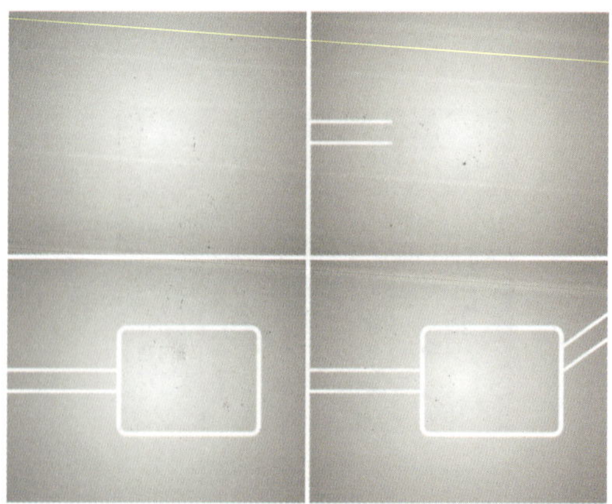

图 5-38

（10）将【项目】窗口中【01.jpg】素材文件拖动到【时间线】窗口中，然后设置【位置】为（438.0,288.0），【缩放】为 26%。接着将时间线拖到第 1 秒 05 帧，并设置【不透明度】为 0%，最后将时间线拖到第 1 秒 20 帧，设置【不透明度】为 100%，如图 5-39 所示。此时效果如图 5-40 所示。

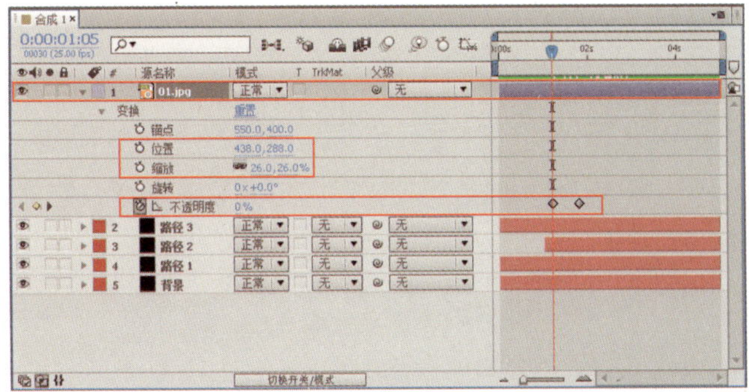

图 5-39

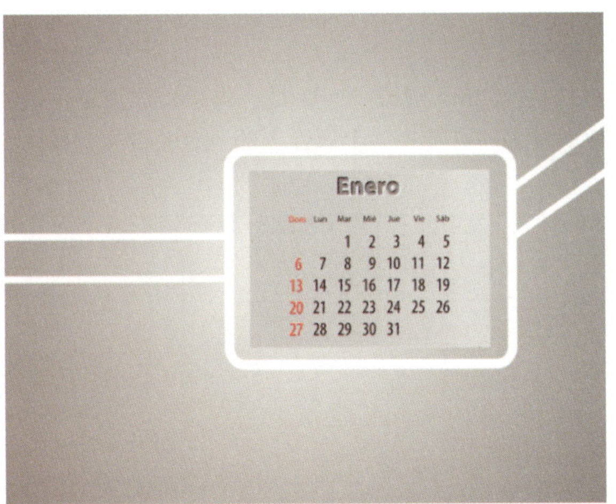

图 5-40

（11）选择【时间线】窗口中的【路径 1】、【路径 2】、【路径 3】和【01.jpg】素材文件，然后按快捷键 <Ctrl+Shift+C>，在弹出的对话框中设置【新合成名称】为【动画合成】，并单击【确定】按钮，如图 5-41 所示。

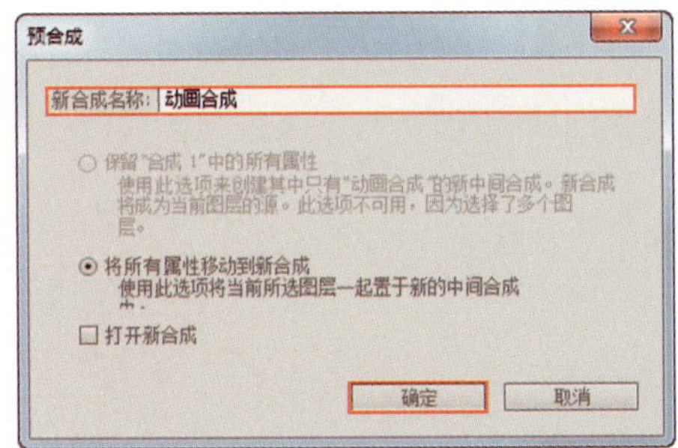

图 5-41

（12）将【效果和预设】面板中的【投影】效果添加到【动画合成】上，如图 5-42 所示。

（13）选择【时间线】窗口中的【动画合成】，然后在【效果控件】面板中设置【投影】效果的【不透明度】为 90%，【距离】为 12，【柔和度】为 35，如图 5-43 所示。此时拖动时间线滑块查看最终效果，如图 5-44 所示。

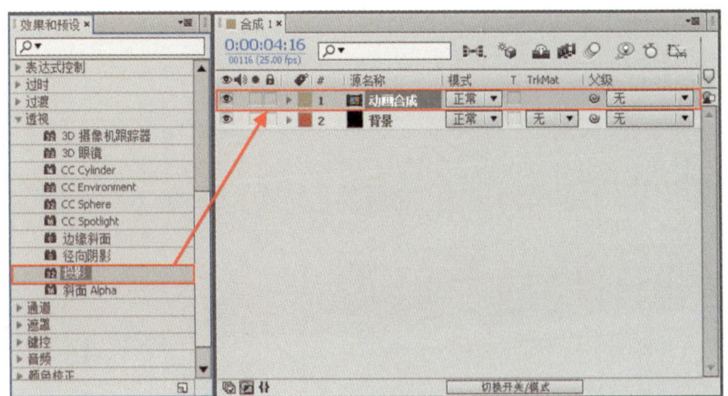

图 5-42

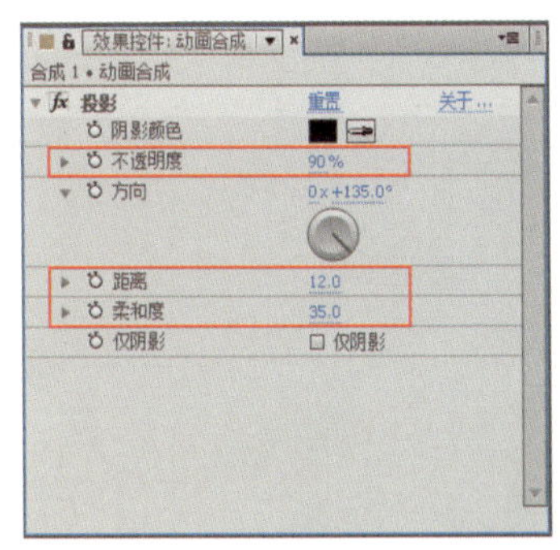

图 5-43

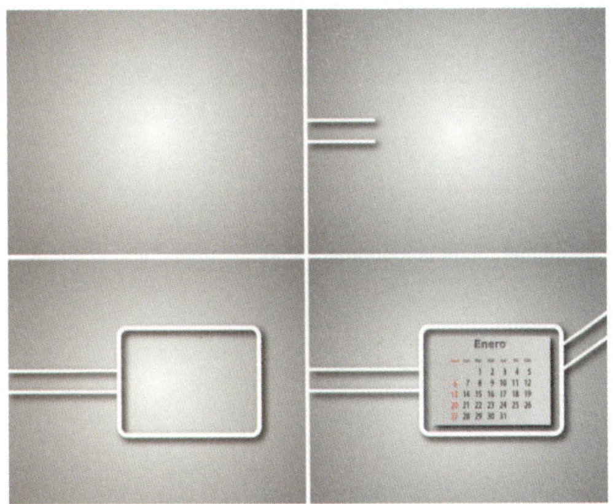

图 5-44

5.3　关键帧基本操作

为图层属性添加的关键帧可以进行查看和编辑等，如对关键帧进行选择、移动、复制、粘贴和删除等基本操作。

5.3.1　选择单个关键帧

选择单个关键帧的常用方法有两种：

1. 单击选择

在【时间线】窗口中将光标移动到关键帧上，然后单击鼠标左键即可选择该关键帧，如图 5-45 所示。

2. 在【合成】窗口中选择

在【合成】窗口中使用【选取】工具单击运动路径上的关键点，即可选择该关键帧，如图 5-46 所示。

此时在【时间线】窗口中也同时选择了该关键帧，如图 5-47 所示。

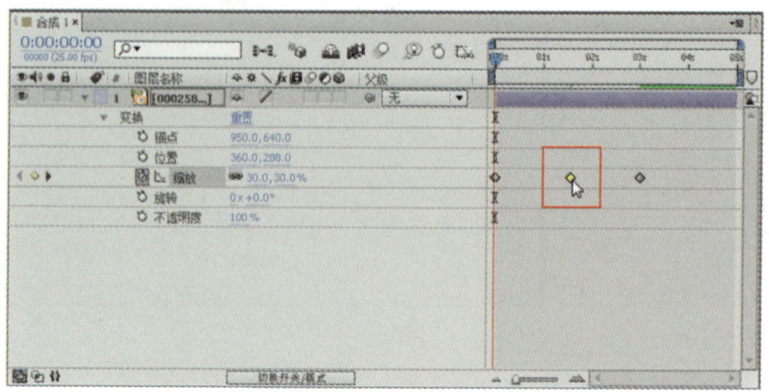

图 5-45

图 5-46

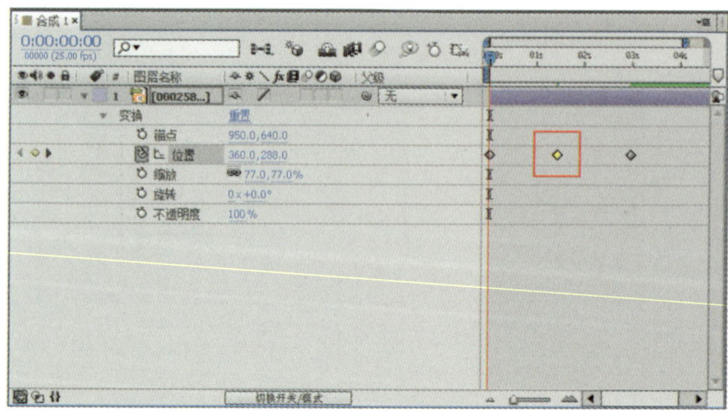

图 5-47

求生秘籍——技巧提示：带有关键帧路径动画的属性

在【合成】窗口或【图层】窗口中选择关键帧的方法需要具有关键帧运动路径动画的属性，如【位置】属性。被选择的关键点为实心状态，未被选择的关键点为空心状态。

5.3.2 选择多个关键帧

有时操作不仅需要选择一个关键帧，而是需要选择多个关键帧。选择多个关键帧的常用方法如下：

1. 属性选择

单击选择某一添加关键帧的属性名称，即可选择该属性上的所有关键帧，如图 5-48 所示。

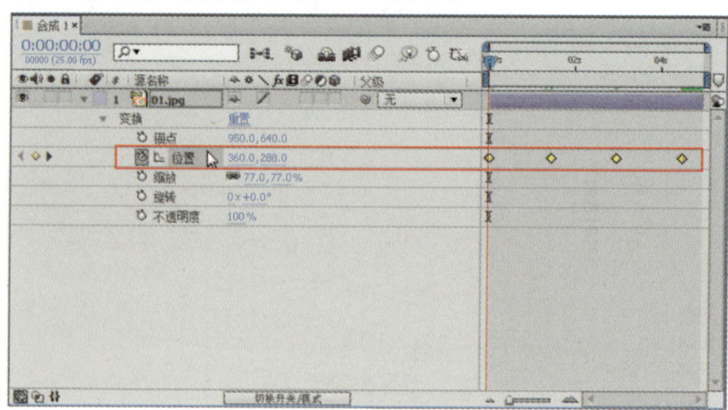

图 5-48

按住 <Shift> 键或 <Ctrl> 键，再单击添加了关键帧的其他属性，即可选择多个属性上的所有关键帧，如图 5-49 所示。

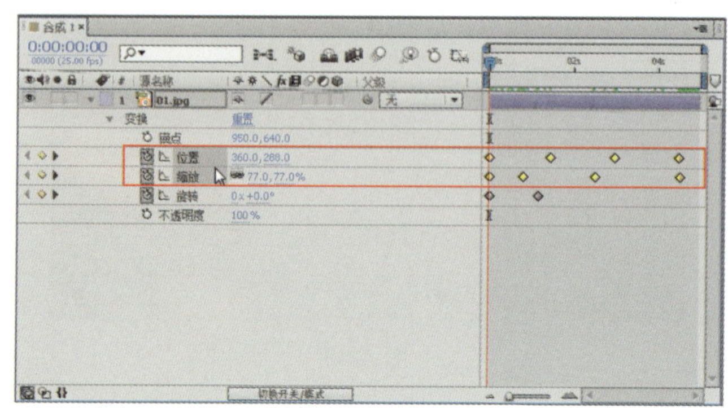

图 5-49

2. 鼠标框选

打开图层下添加关键帧的属性，然后按住鼠标左键并进行拖拽，此时在选框范围内的关键帧就都会被选择，如图 5-50 所示。

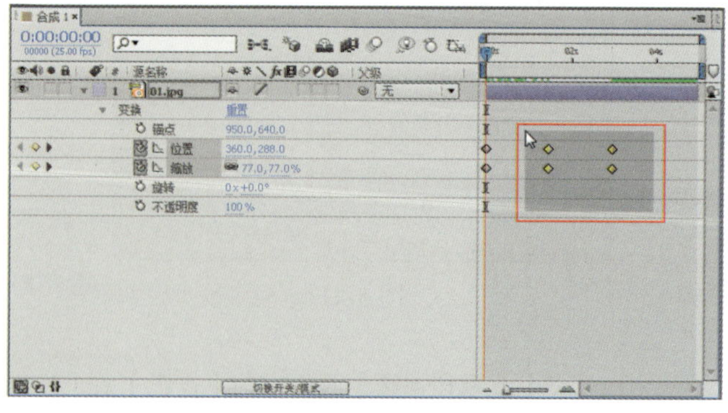

图 5-50

3. 在【合成】窗口中多选

具有动画运动路径的属性在【合成】窗口中会出现关键点，按住 <Shift> 键，然后单击多个关键点，即可选择这些关键帧，如图 5-51 所示。此时在【时间线】窗口中对应的关键帧也被选择，如图 5-52 所示。

图 5-51

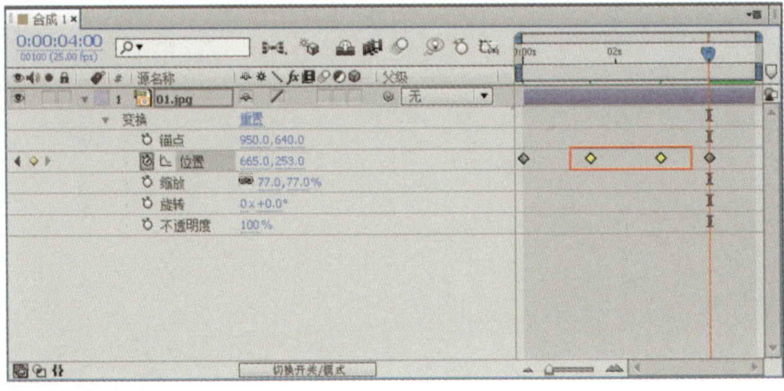

图 5-52

5.3.3　移动关键帧

当关键帧的时间位置需要进行移动时，首先选择需要移动的关键帧，然后按住鼠标左键进行左右拖动，接着在拖到的指定位置释放鼠标左键即可，如图 5-53 所示。

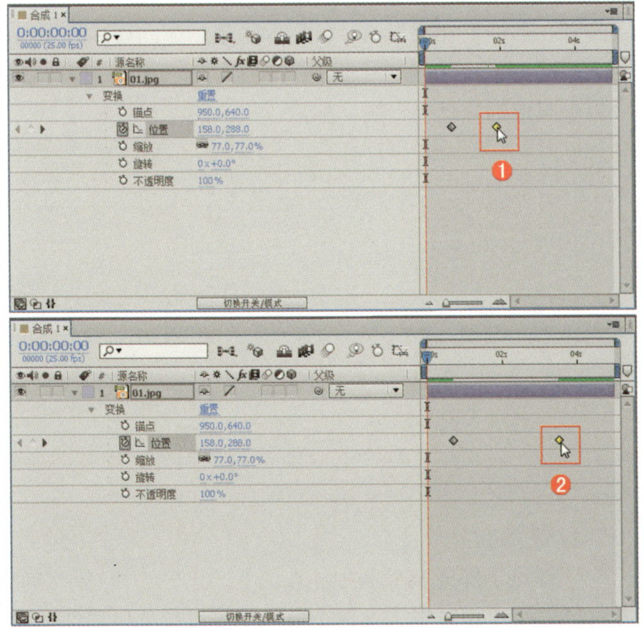

图 5-53

5.3.4　复制与粘贴关键帧

可以在同一图层或者不同图层的相同属性上进行关键帧的复制与粘贴，也可以在使用同类数据的不同属性间进行关键帧复制与粘贴。

（1）选择需要复制的关键帧，然后执行快捷键 <Ctrl+C>（复制），如图 5-54 所示。

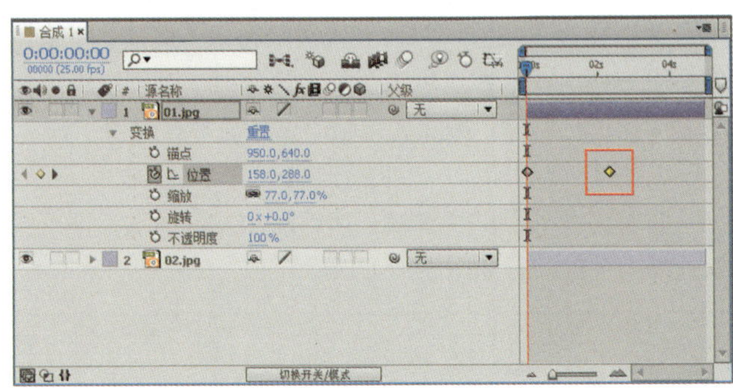

图 5-54

（2）将时间线滑块拖到需要粘贴关键帧的位置，并选择该图层。然后执行快捷键 <Ctrl+V>（粘贴），即可在当前时间线滑块位置粘贴刚才复制的关键帧，如图 5-55 所示。

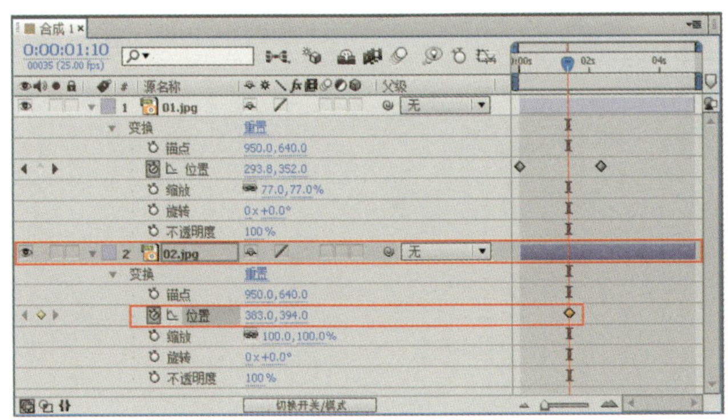

图 5-55

求生秘籍——技巧提示：应用菜单栏中的【复制】、【粘贴】命令

不使用快捷键 <Ctrl+C>（复制）和 <Ctrl+V>（粘贴），而使用菜单栏中的【编辑】/【复制】命令，或【粘贴】命令也一样，如图 5-56 所示。

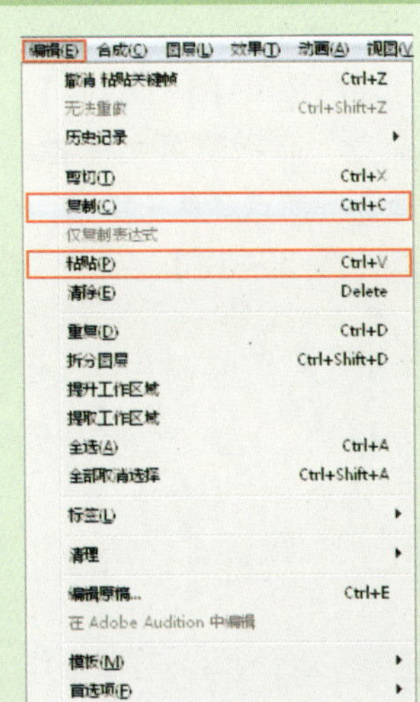

图 5-56

FAQ 常见问题解答：是否可以复制和粘贴多个关键帧到其他图层上？

使用以上的方法可以同时复制与粘贴多个关键帧到不同或相同的图层上。

5.3.5 删除关键帧

当关键帧出现错误时，有些时候删除关键帧并重新制作会更方便。或者在出现多余的关键帧时，都可以将选择的关键帧进行删除。删除关键帧的方法通常有两种：

1. 快捷键删除

选择需要删除的关键帧，然后按 <Delete> 键，即可删除选择的关键帧，如图 5-57 所示。

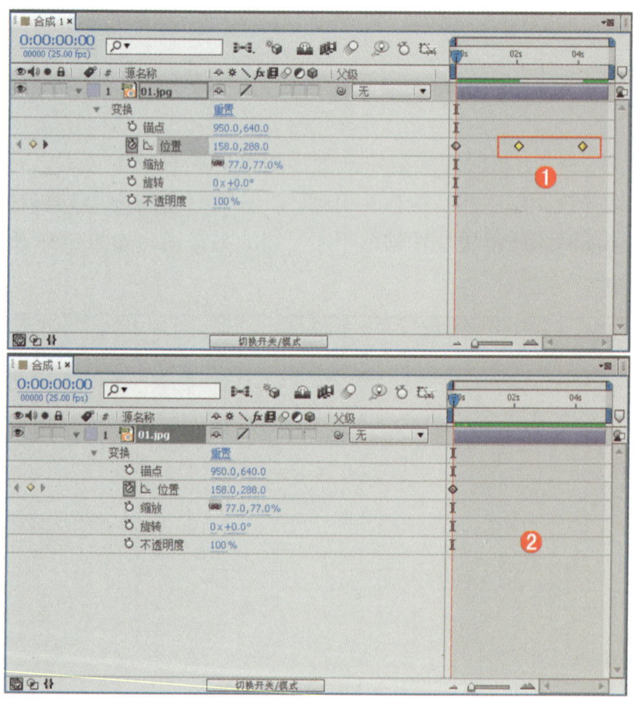

图 5-57

求生秘籍——软件技能：在菜单栏中执行【清除】命令

同样可以在菜单栏中执行【编辑】/【清除】命令，而不使用快捷键来删除所选择的关键帧，如图 5-58 所示。

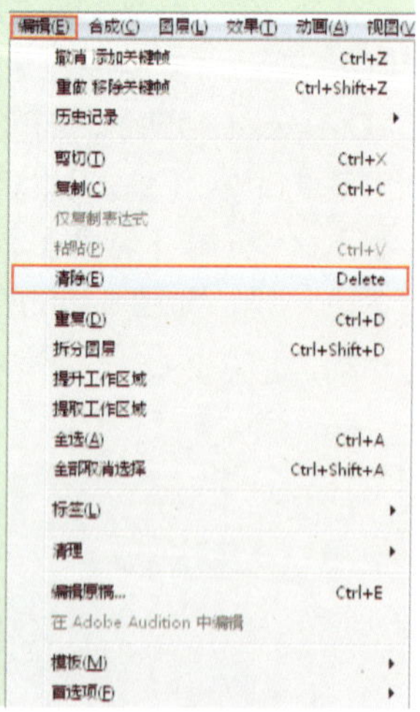

图 5-58

2. 按钮删除

将时间线滑块拖到需要删除的关键帧上，然后单击该属性前面的◀◆▶（在当前时间添加或移除关键帧）按钮，即可删除该关键帧，如图 5-59 所示。

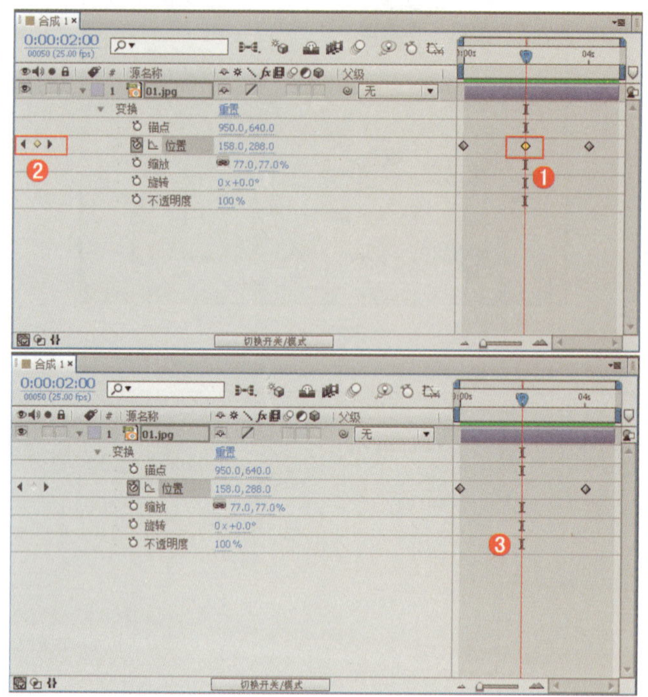

图 5-59

5.4 基本属性关键帧动画

一般图层都包含相同的【变换】选项属性，该选择下包含着位置、缩放、不透明度等属性。对这些属性的参数进行设置，即可得到相应的画面效果。而为这些属性添加关键帧，并设置相关参数，就能够出现相应的动画效果。

在【时间线】窗口中打开图层下的【变换】选项，即可看见相应的属性和参数，如图 5-60 所示。

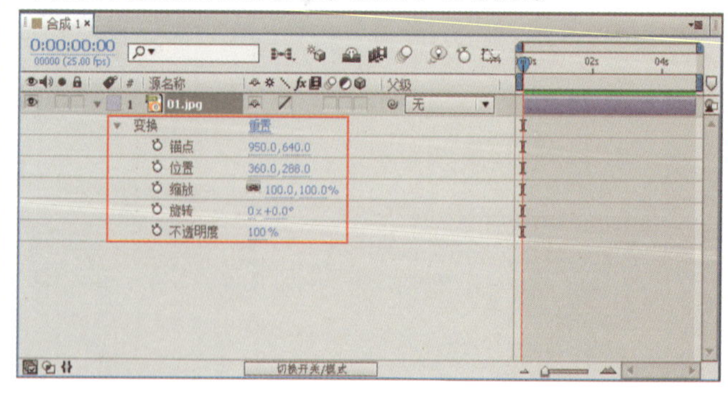

图 5-60

1. 锚点

【锚点】即为素材的中心点位置，该中心相对于当前素材图层而不相对于【合成】窗口。可以调整该属性的参数控制当前素材的中心点位置，如图 5-61 所示。

图 5-62 所示为不同【锚点】位置的对比效果。

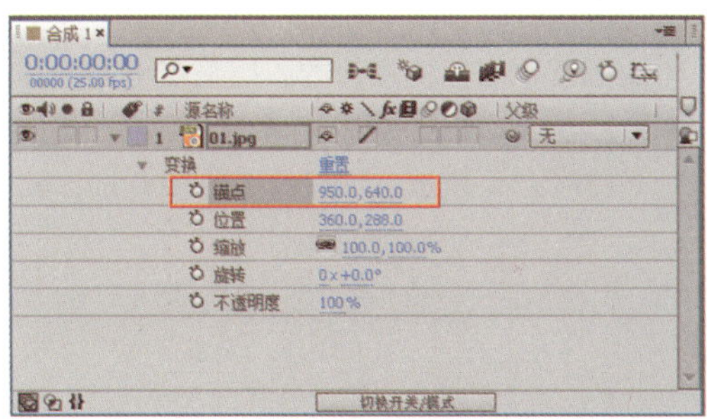

图 5-61

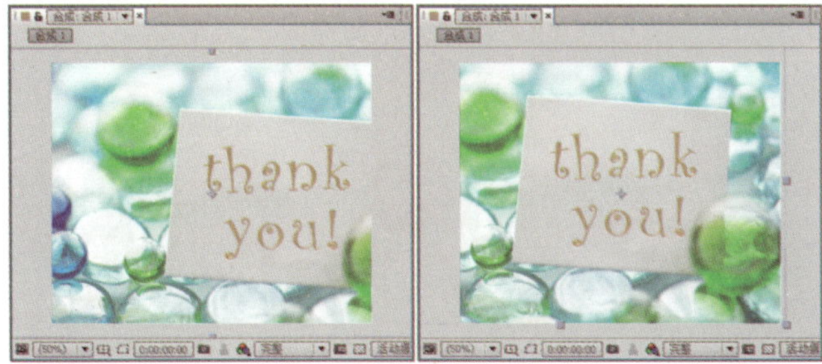

图 5-62

2. 位置

【位置】属性可以控制素材在【合成】窗口中的位置，如图 5-63 所示。除了可以在【时间线】窗口中设置属性的参数外，还可以在【合成】窗口中按住鼠标左键来移动当前图层的位置，如图 5-64 所示。

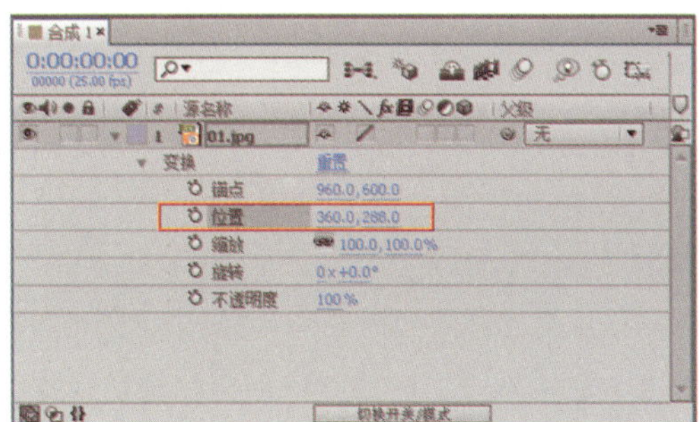

图 5-63

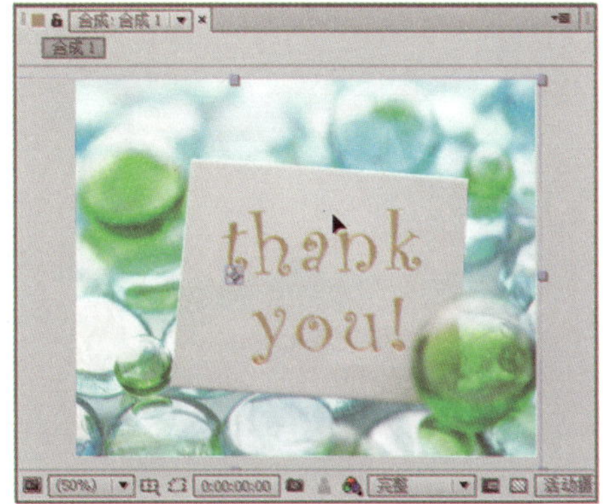

图 5-64

图 5-65 所示为不同【位置】的对比效果。

图 5-65

3. 缩放

【缩放】是以素材的中心点为基础对素材进行缩放，而且可以勾选掉（约束比例），再修改素材的大小，如图 5-66 所示。在【合成】窗口中拖动素材的边框即可调整素材的缩放，如图 5-67 所示。

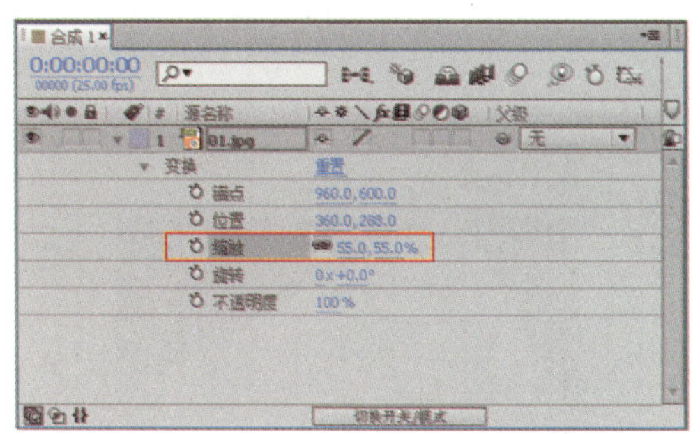

图 5-66

图 5-67

图 5-68 所示为不同【缩放】大小的对比效果。

图 5-68

4. 旋转

【旋转】是以素材的中心点为基础进行旋转的，当旋转的角度超过 360° 时，会以旋转一圈来标记，例如：旋转 450° 时，会显示 1x+90° ，如图 5-69 所示。

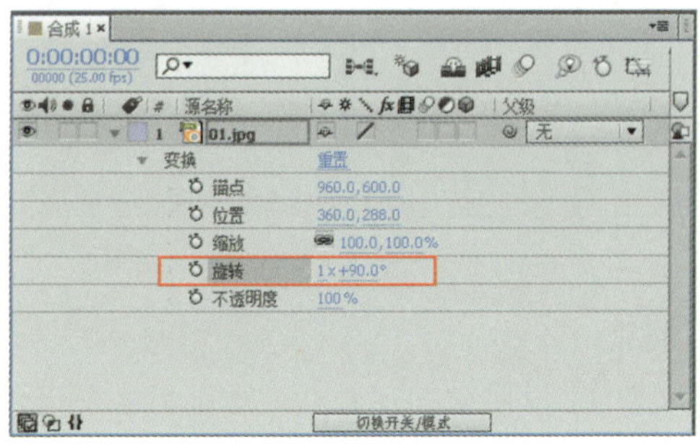

图 5-69

除了设置该属性的参数外，还可以选择【旋转】工具在【合成】窗口中按住鼠标左键进行旋转，如图 5-70 所示。

图 5-70

求生秘籍——技巧提示：旋转角度的快捷键应用

按住 <Shift> 键，然后拖动鼠标旋转时会每次旋转 45° ；按小键盘上的 <+> 键或 <-> 键，则可以向前或向后旋转 1° ；若按住 <Shift> 键，然后同时按小键盘上的 <+> 键或 <-> 键，即可向前或向后旋转 10° 。

【旋转】的参数为负值时是逆时针旋转，参数为正值时则是顺时针旋转。

图 5-71 所示为不同【旋转】角度的对比效果。

图 5-71

5. 不透明度

【不透明度】可以使当前的图层呈现不同的透明度效果。当参数为 100% 时，图层完全不透明；当参数为 0 时，图层则完全透明，并显示出下面的图像或背景，如图 5-72 所示。

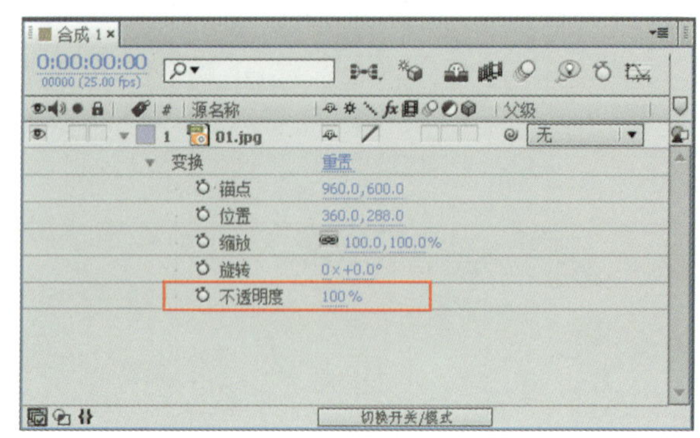

图 5-72

图 5-73 所示为不同【不透明度】参数的对比效果。

图 5-73

求生秘籍——技巧提示：显示图层中全部关键帧的快捷键

当制作项目的图层较为复杂，动画关键帧也较多时，分层查看会非常麻烦，所以可以使用快捷键快速切换出关键帧。选择需要显示关键帧的图层，然后按 <U> 键即可显示出该图层所有的关键帧，如图 5–74 所示。

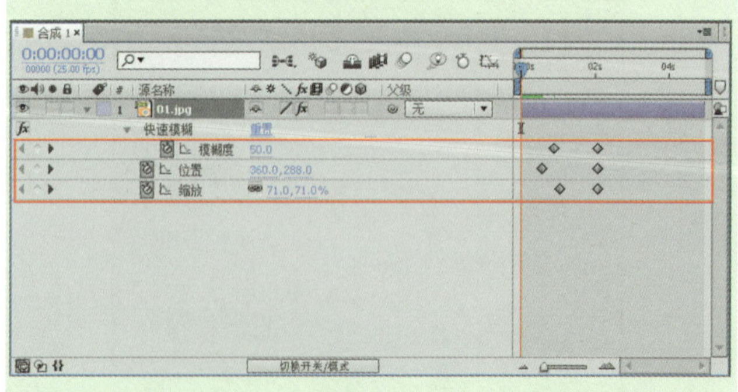

图 5-74

重点 进阶案例：缩放动画效果

案例文件	进阶案例：缩放动画效果 .aep
视频教学	DVD/ 多媒体教学 /Chapter05/ 进阶案例：缩放动画效果 .flv
难易指数	★★☆☆☆
技术掌握	主要掌握关键帧和运动模糊效果的应用

案例分析：

在本案例中，主要学习使用关键帧和运动模糊效果制作缩放动画效果，案例的最终渲染效果如图 5-75 所示。思路解析如图 5-76 所示。

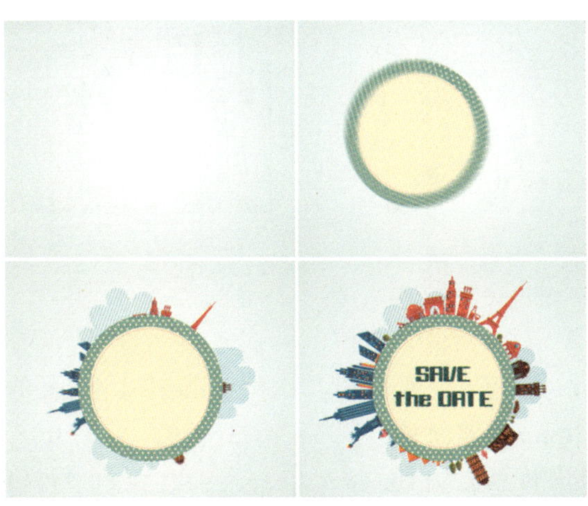

图 5-75

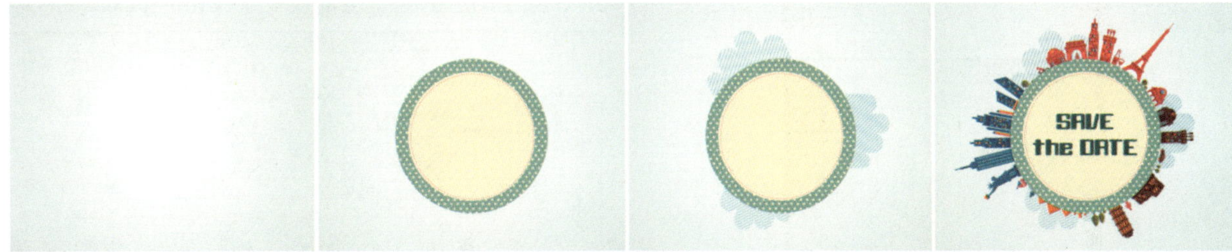

图 5-76

制作步骤：

1. 制作背景

（1）创建新合成。设置【合成名称】为【合成 1】，【宽度】为 720 像素，【高度】为 576 像素，【像素长宽比】为【方形像素】，【帧速率】为 25 帧 / 秒，【持续时间】为 5 秒，然后单击【确定】按钮。接着在【项目】窗口中空白处双击鼠标左键，在弹出的窗口中选择所需素材文件，最后单击【导入】按钮，如图 5-77 所示。

（2）在【时间线】窗口中的空白处单击鼠标右键，然后在弹出的菜单中执行【新建】/【纯色】命令，如图 5-78 所示。

（3）在弹出的【纯色设置】对话框中设置【名称】为【背景】，【宽度】为 720 像素，【高度】

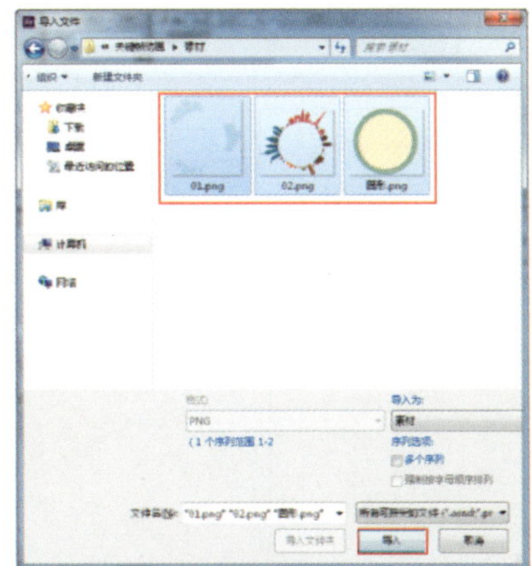

图 5-77

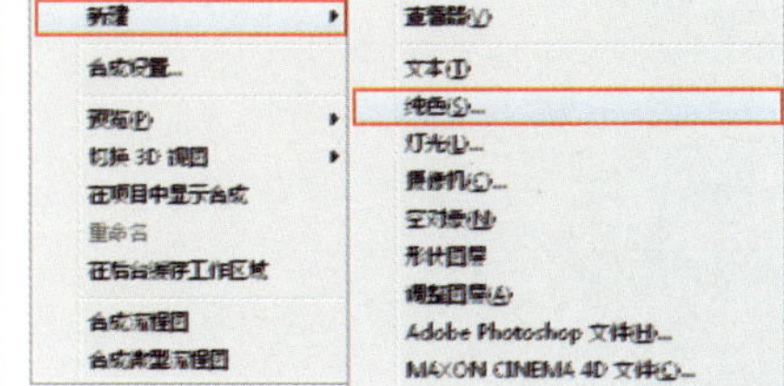

图 5-78

为 576 像素，【颜色】为黑色（R：0，G：0，B：0），并单击【确定】按钮，如图 5-79 所示。

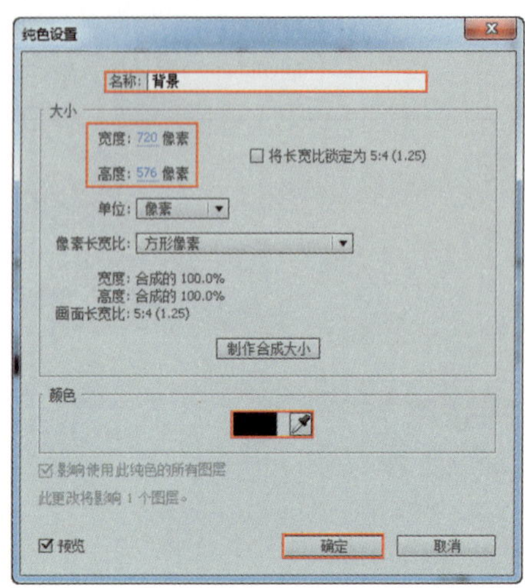

图 5-79

（4）为【背景】图层添加【梯度渐变】效果，并在【效果控件】面板中设置【渐变形状】为【径向渐变】，【渐变起点】为（360.0,288.0），【起始颜色】为白色（R：255，G：255，B：255）。设置【渐变终点】为（360.0,876.0），【结束颜色】为（R：217，G：227，B：218），如图 5-80 所示。

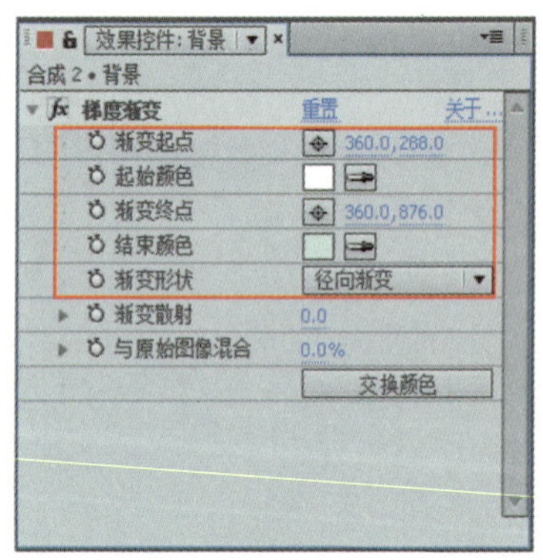

图 5-80

（5）此时查看背景效果，如图 5-81 所示。

图 5-81

2. 制作动画

（1）将【项目】窗口中的【圆形 .png】素材文件拖动到时间线窗口中，并设置【缩放】为 62%，【锚点】为（333.0,0.0），如图 5-82 所示。

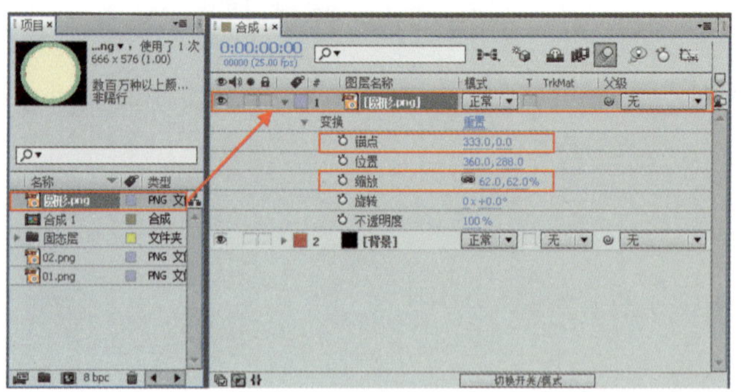

图 5-82

（2）将时间线拖到起始帧，然后单击【位置】和【旋转】前面的按钮，并设置【位置】为（360.0，－37.0），【旋转】为 154°；接着将时间线拖到第 15 帧，设置【位置】为（360.0,131.0），【旋转】为 0°；最后开启【运动模糊】按钮，并单击【圆形 .png】图层的【运动模糊】按钮，如图 5-83 所示。

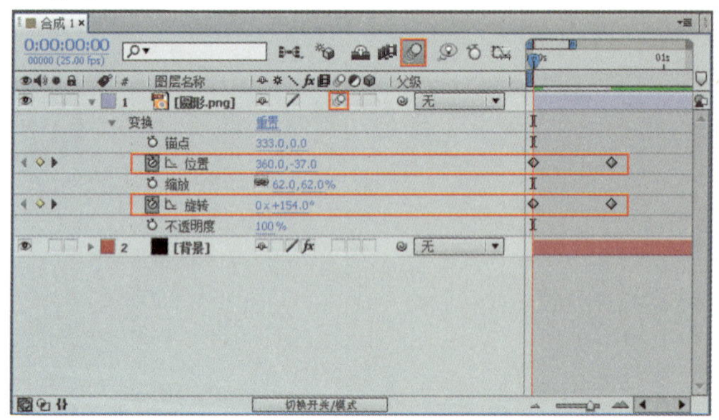

图 5-83

（3）此时拖动时间线滑块查看效果，如图 5-84 所示。

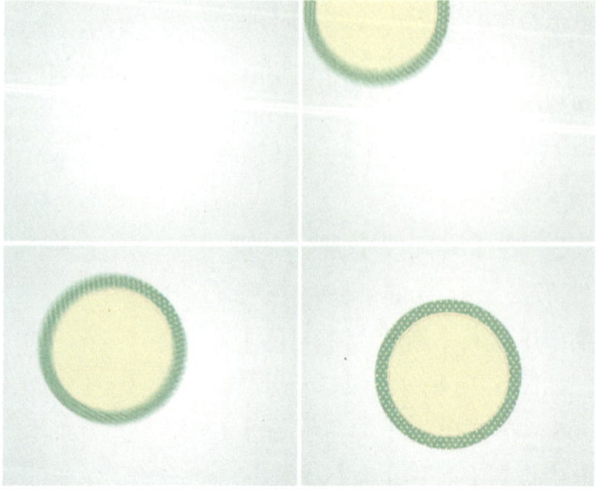

图 5-84

（4）将【项目】窗口中的【01.png】和【02.png】素材文件拖动到【时间线】窗口中【圆形.png】图层下方。然后设置【01.png】素材文件的【位置】为（403.0,294.0）。接着将时间线拖到第 15 帧，单击【缩放】前面的按钮，并设置【缩放】为 0%；继续将时间线拖到第 1 秒 10 帧，设置【缩放】为 80%；最后开启【01.png】和【02.png】图层的【运动模糊】效果，如图 5-85 所示。

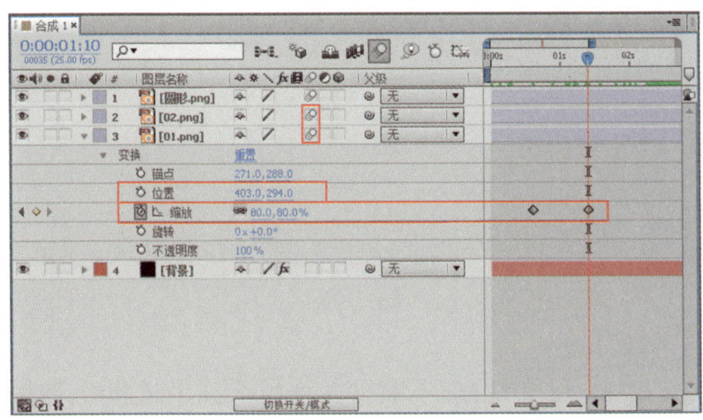

图 5-85

（5）设置【02.png】素材文件的【位置】为（333.0,292.0），将时间线拖到第 1 秒 10 帧，然后单击【缩放】前面的按钮，并设置【缩放】为 0%，接着将时间线拖到第 2 秒 05 帧，设置【缩放】为 88%，如图 5-86 所示。

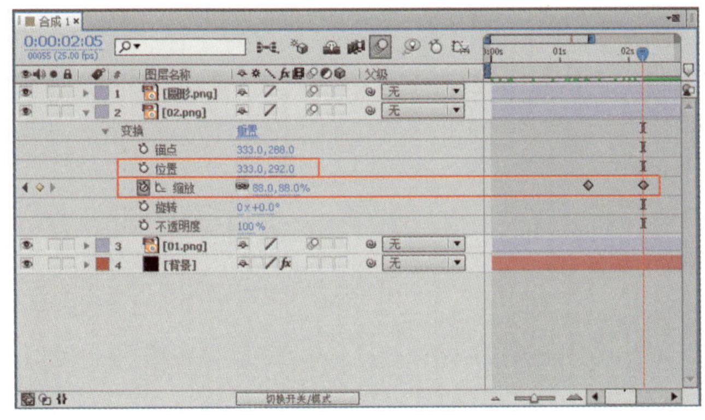

图 5-86

（6）选择【横排文字】工具，然后在【合成】窗口中输入文字，并设置合适的【字体系列】和【字体大小】，设置【填充颜色】为深绿色（R：30，G：96，B：77），如图 5-87 所示。

（7）此时拖动时间线滑块查看最终效果，如图 5-88 所示。

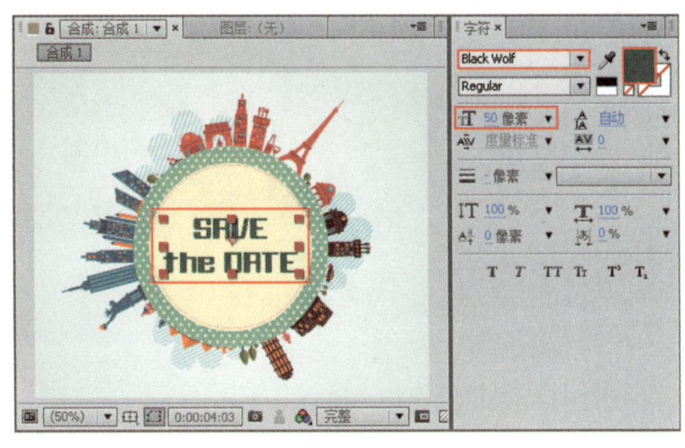

图 5-87

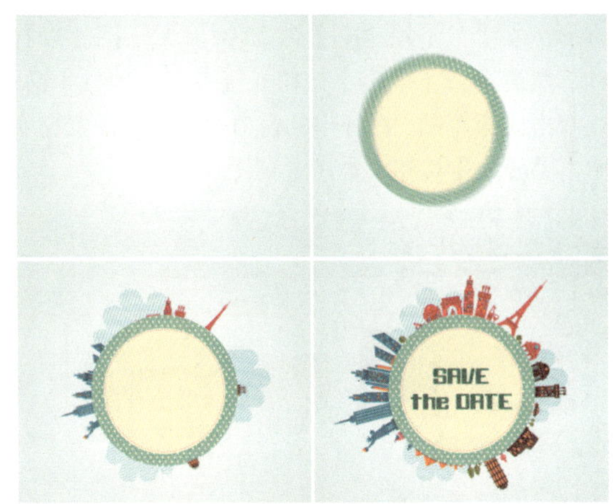

图 5-88

重点 进阶案例：递进动画效果

案例文件	进阶案例：递进动画效果 .aep
视频教学	DVD/ 多媒体教学 /Chapter05/ 进阶案例：递进动画效果 .flv
难易指数	★★☆☆☆
技术掌握	主要掌握关键帧和【投影】效果的应用

案例分析：

在本案例中，主要学习使用关键帧和【投影】效果制作递进动画效果，案例的最终渲染效果如图 5-89 所示。

图 5-89

思路解析如图 5-90 所示。

图 5-90

制作步骤：

1. 制作背景动画

（1）创建新合成。设置【合成名称】为【合成 1】，【宽度】为 720 像素，【高度】为 576 像素，【像素长宽比】为【方形像素】，【帧速率】为 25 帧 / 秒，【持续时间】为 5 秒。然后单击【确定】按钮。接着在【项目】窗口中空白处双击鼠标左键，在弹出的窗口中选择所需素材文件，最后单击【导入】按钮，如图 5-91 所示。

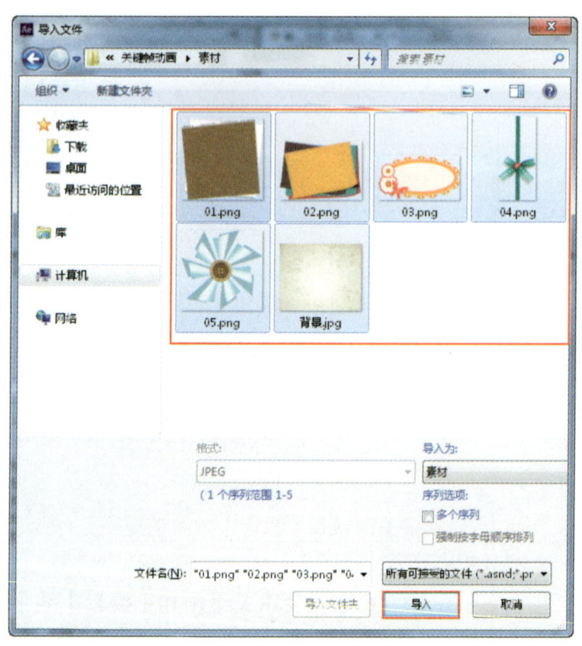

图 5-91

（2）将【项目】窗口中的【背景.jpg】、【01.png】和【02.png】素材文件拖拽到【时间线】窗口中，如图 5-92 所示。

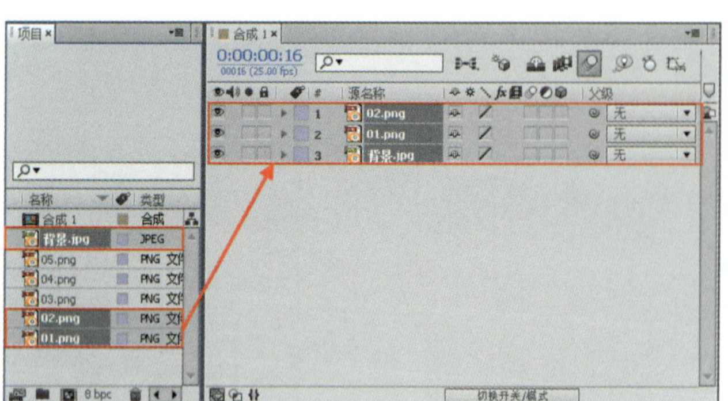

图 5-92

（3）将时间线拖到起始帧，单击【01.png】图层【缩放】的 按钮，并设置【缩放】为 0%；接着将时间线拖到第 16 帧，设置【缩放】为 90%。此时单击【02.png】图层【缩放】的 按钮，并设置【缩放】为 0%，最后将时间线拖到第 1 秒 10 帧，设置【缩放】为 90%，如图 5-93 所示。

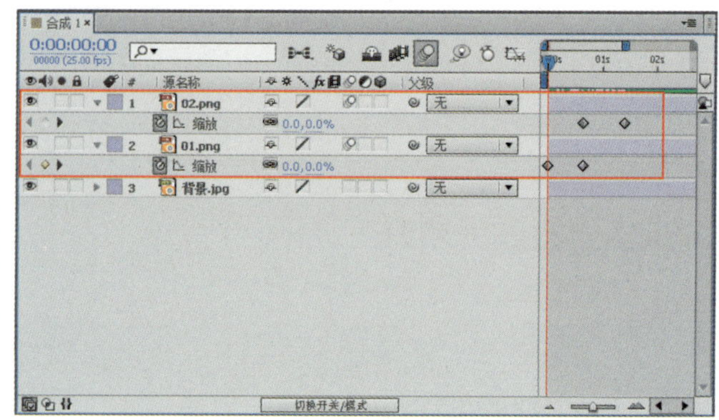

图 5-93

（4）将【03.png】素材文件拖拽到【时间线】窗口中，并设置【缩放】为 82%，然后将时间线拖到第 1 秒 10 帧，单击【位置】前面的 按钮，并设置【位置】为（－304.0，288.0）；接着将时间线拖到第 2 秒，设置【位置】为（360.0,288.0），如图 5-94 所示。此时拖动时间线滑块查看效果，如图 5-95 所示。

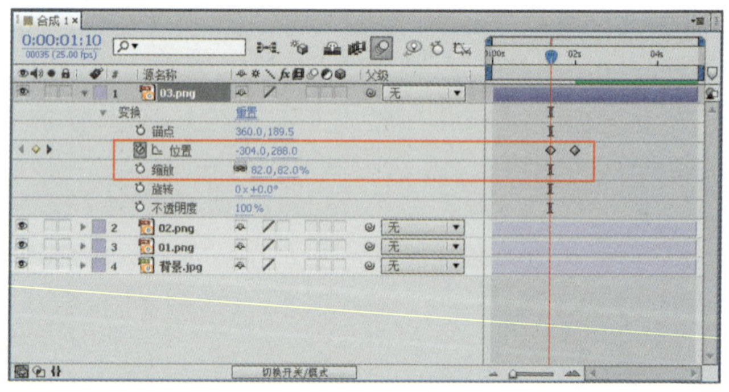

图 5-94

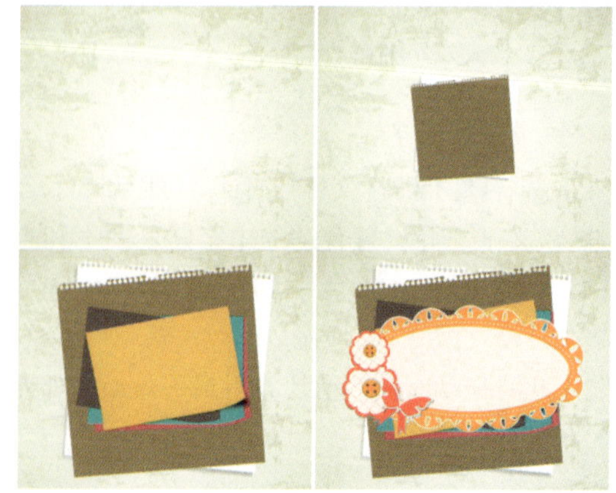

图 5-95

2. 制作文字和风车动画

（1）将【效果和预设】面板中的【投影】效果添加到【01.png】素材文件上，如图 5-96 所示。然后在【效果控件】面板中设置【投影】效果的【柔和度】为 25，如图 5-97 所示。

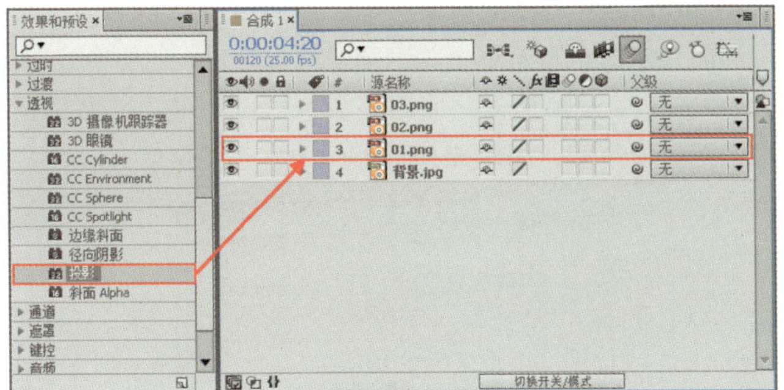

图 5-96

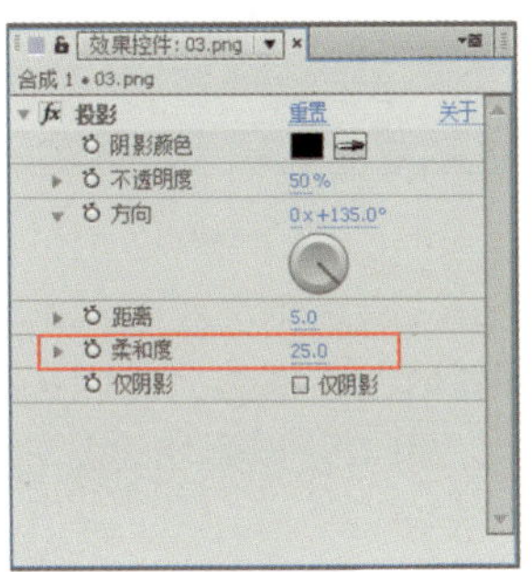

图 5-97

（2）依次将【01.png】素材文件上的【投影】效果复制到【02.png】和【03.png】素材文件上，如图 5-98 所示。此时拖动时间线滑块查看效果，如图 5-99 所示。

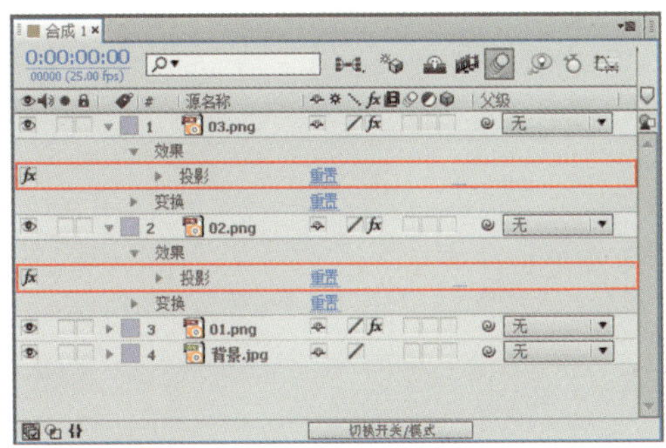

图 5-98

图 5-99

（3）选择 T【横排文字】工具，然后在【合成】窗口中输入文字，并设置合适的【字体系列】和【字体大小】，设置【填充颜色】为深黄色（R：179，G：126，B：53），如图 5-100 所示。

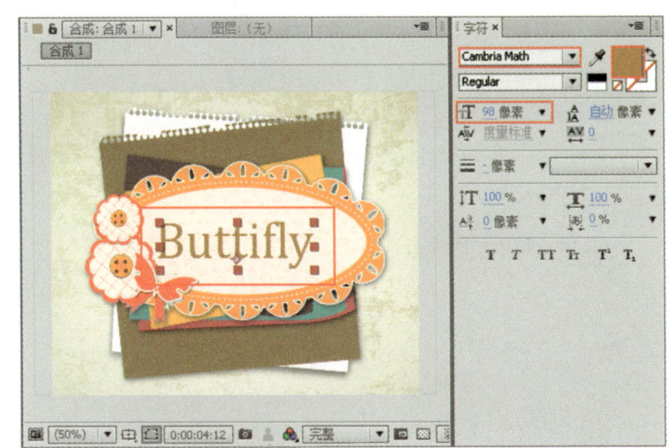

图 5-100

（4）将【04.png】和【05.png】素材文件拖拽到【时间线】窗口中，并设置起始时间为 2 秒 15 帧。接着设置【04.png】素材文件的【缩放】为 60%，【位置】为（555.0，467.0），如图 5-101 所示。

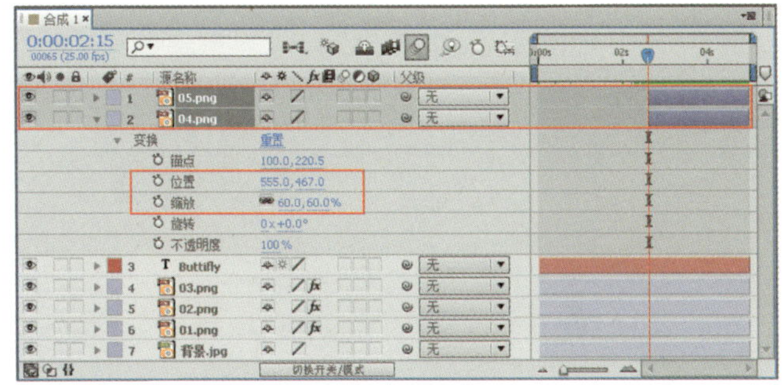

图 5-101

（5）设置【05.png】素材文件的【缩放】为 50%，【位置】为（558.0,341.0）。接着将时间线拖到第 2 秒 15 帧，单击【旋转】前面的 按钮，并设置【旋转】为 0°；最后将时间线拖到结束帧，设置【旋转】为 0°，如图 5-102 所示。

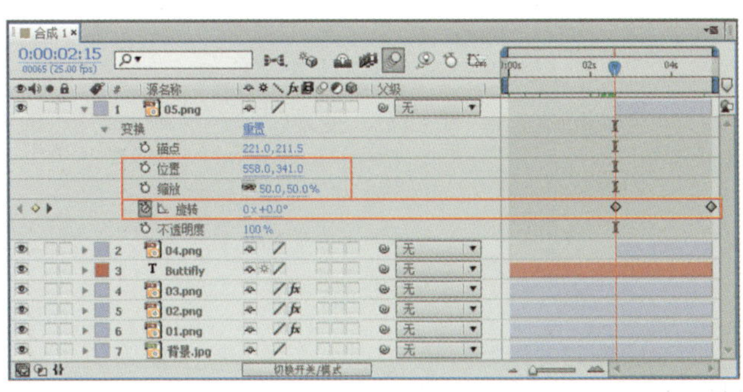

图 5-102

第 5 章

（6）此时拖动时间线滑块查看最终效果，如图 5-103 所示。

图 5-103

5.5 编辑关键帧

在添加关键帧后，可以对关键帧进行编辑。在关键帧上单击鼠标右键，然后在弹出菜单中选择相应的命令，即可进行编辑，如图 5-104 所示。

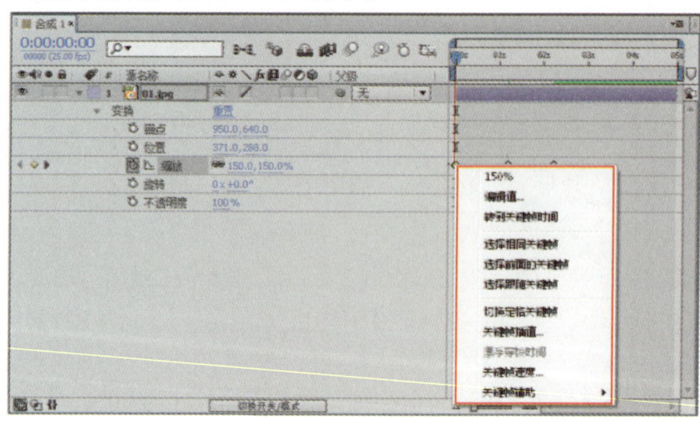

图 5-104

重点参数提醒：

（1）编辑值 ...：单击该选项会弹出相关属性的编辑对话框，可以对该属性的参数进行设置，如图 5-105 所示为【位置】属性的编辑对话框。

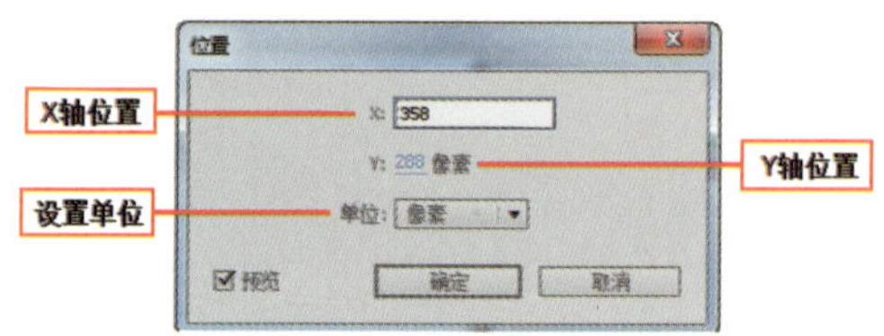

图 5-105

（2）转到关键帧时间：在某一个关键帧上使用该命令，即可将时间线滑块跳转到当前关键帧上。

（3）选择相同关键帧：在某一个关键帧上使用该命令，即可选择该属性上与当前关键帧参数相同的其他所有关键帧。

（4）选择前面的关键帧：在某一个关键帧上使用该命令，即可选择该关键帧前面所有关键帧。

（5）选择跟随关键帧：在某一个关键帧上使用该命令，即可选择该关键帧后面所有的关键帧。

（6）切换定格关键帧：使用该命令可以将当前关键帧的属性定格，直至下个关键帧的位置为止。

（7）关键帧插值：使用该命令可以在弹出的对话框中设置插值类型，如图 5-106 所示。

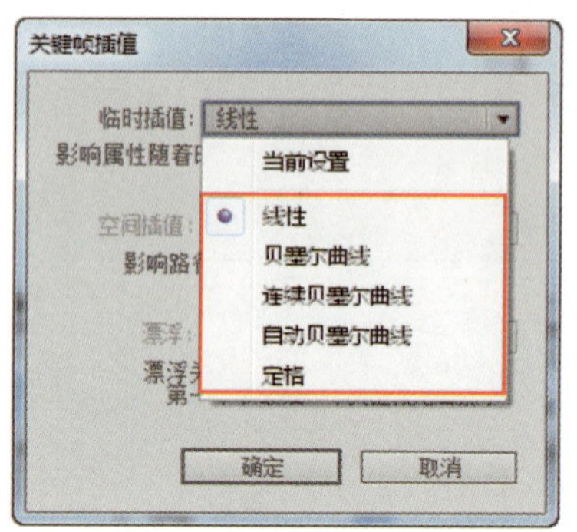

图 5-106

（8）漂浮穿梭时间：该选项只能在两个关键帧之间的关键帧上起作用，可以使该命令的关键帧产生漂浮游动效果，如图 5-107 所示。

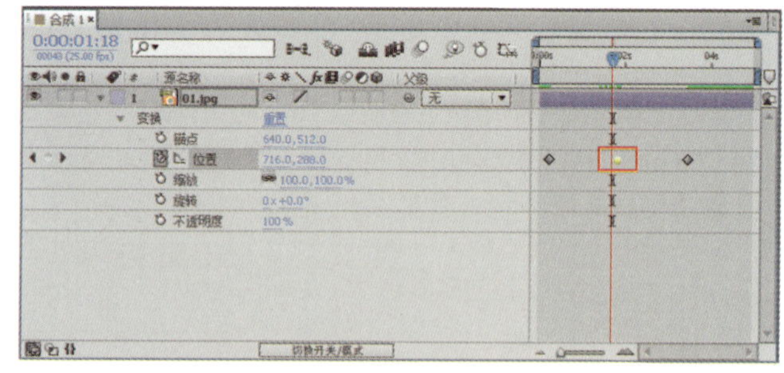

图 5-107

（9）关键帧速度：使用该命令，在弹出的对话框中可以设置进来速度和输出速度，如图 5-108 所示。

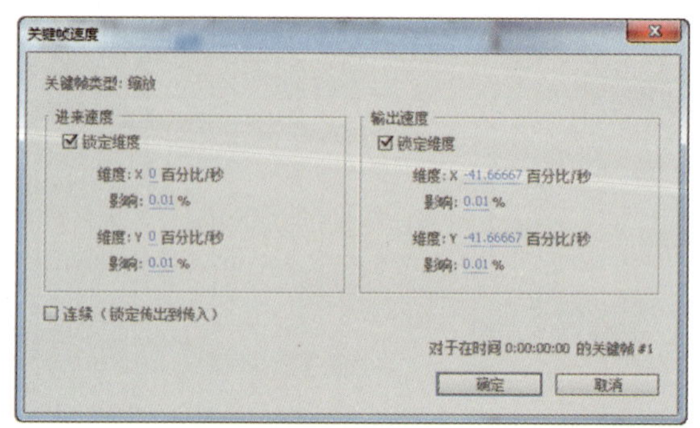

图 5-108

在【关键帧辅助】命令的子菜单中，包含【缓入】、【缓出】和【将表达式转换为关键帧】等操作，如图 5-109 所示。

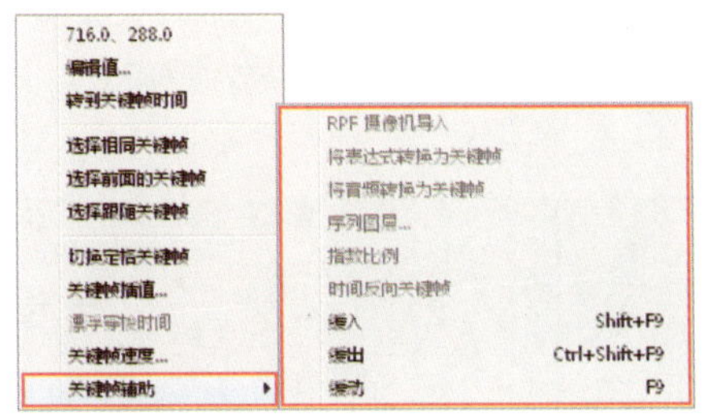

图 5-109

重点参数提醒：

（1）将表达式转换为关键帧：该命令可以将属性上添加的表达式转换为关键帧。

（2）将音频转换为关键帧：在音频层的关键帧上应用该命令，会出现【音频振幅】层，在该层下会出现音频的关键帧，如图 5-110 所示。

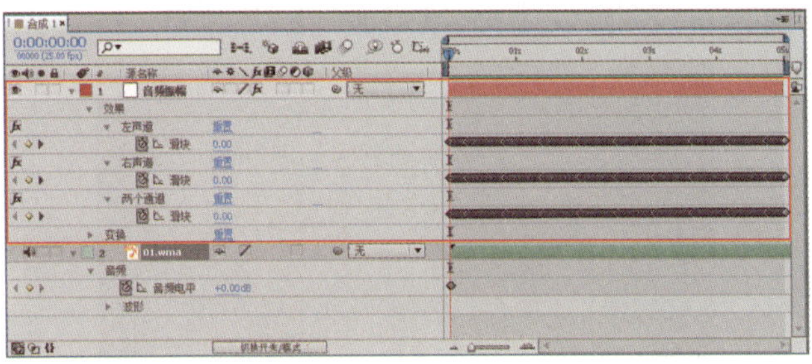

图 5-110

（3）序列图层：该命令可以制作序列图层效果。当需要排列多个序列图层效果时，可以选择所有图层，如图 5-111 所示。然后选择某一图层的关键帧，并应用该命令，如图 5-112 所示。

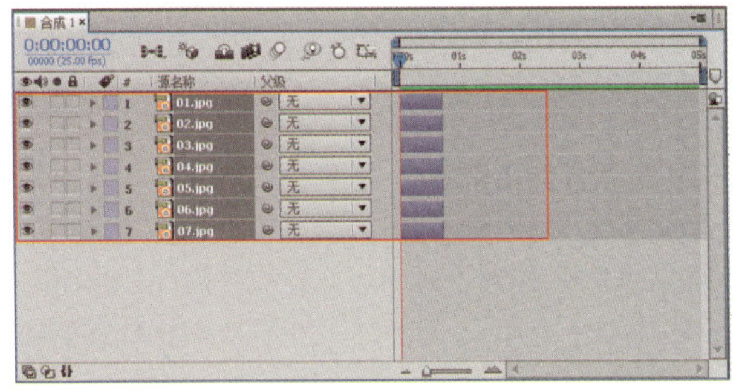

图 5-111

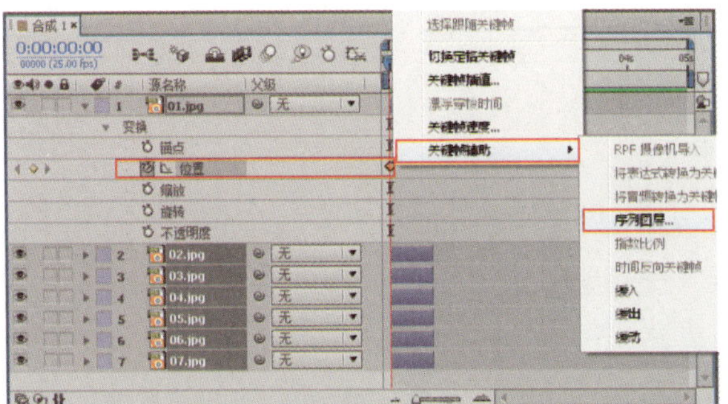

图 5-112

接着在弹出的对话框中设置合适的重叠程度和过渡，如图 5-113 所示。此时序列图层效果如图 5-114 所示。

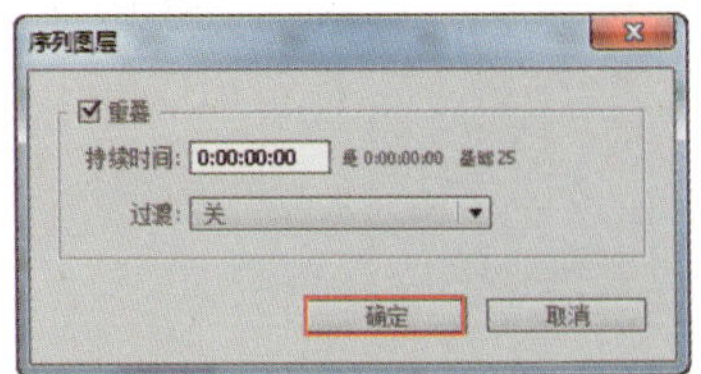

图 5-113

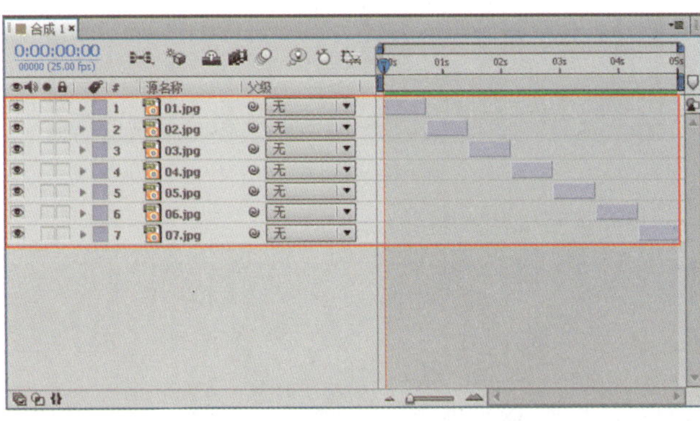

图 5-114

（4）指数比例：指数比例可以为属性逐帧添加关键帧，目的是使帧与帧的过渡不会太过突然，而是比较顺滑的。

求生秘籍——技巧提示：指数比例应用的条件

只有具有百分比数值的属性，并且需要同时选择两个关键帧以上该命令才能够应用和起作用。

（5）时间反向关键帧：选择当前属性上需要反向的关键帧，然后使用该命令，即可将关键帧的排列进行反向。

求生秘籍——技巧提示：时间反向关键帧的应用条件

选择需要反向的关键帧时，必须选择两个或两个以上的关键帧才会激活该命令。

（6）缓入：该命令可以使当前属性关键帧的起始动画变得柔和缓慢。

（7）缓动：该命令可以使当前属性所有的关键帧动画变得缓慢。

重点 进阶案例：水平移动效果

案例文件	进阶案例：水平移动效果 .aep
视频教学	DVD/ 多媒体教学 /Chapter05/ 进阶案例：水平移动效果 .flv
难易指数	★★☆☆☆
技术掌握	主要掌握关键帧和【斜面 Alpha】、【线性擦除】效果的应用

案例分析：

在本案例中，主要学习使用关键帧和【斜面 Alpha】、【线性擦除】效果制作移动倒影效果，案例的最终渲染效果如图 5-115 所示。

图 5-115

思路解析如图 5-116 所示。

图 5-116

制作步骤：

1. 制作背景

（1）创建新合成。设置【合成名称】为【合成 1】，【宽度】为 720 像素，【高度】为 576 像素，【像素长宽比】为【方形像素】，【帧速率】为 25 帧 / 秒，【持续时间】为 5 秒，然后单击【确定】按钮。接着在【项目】窗口中空白处双击鼠标左键，在弹出的窗口中选择所需素材文件，最后单击【导入】按钮，如图 5-117 所示。

图 5-117

（2）将【项目】窗口中的【背景 .jpg】素材文件拖拽到【时间线】窗口中，并设置【缩放】为 73%，如图 5-118 所示。

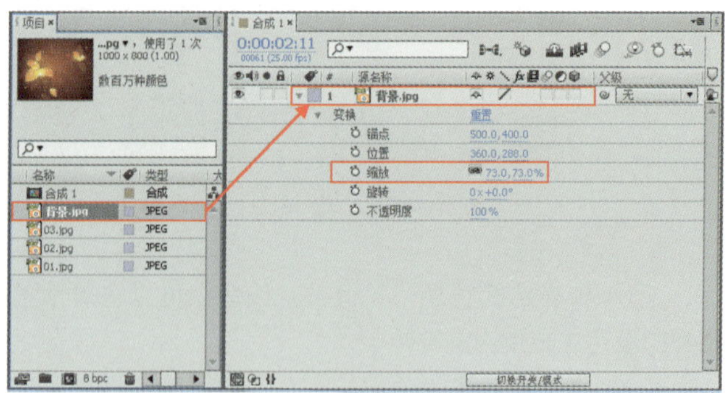

图 5-118

（3）此时查看背景效果，如图 5-119 所示。

图 5-119

2. 制作动画

（1）将【项目】窗口中的【01.jpg】、【02.jpg】和【03.jpg】素材文件拖动到时间线窗口中，并设置【01.jpg】素材文件的【缩放】为 34，然后将时间线拖到起始帧，单击【位置】前面的 ⏱ 按钮，并设置为（844.0,288.0）；接着将时间线拖到结束帧，设置【位置】为（– 600.0,288.0），如图 5-120 所示。此时效果如图 5-121 所示。

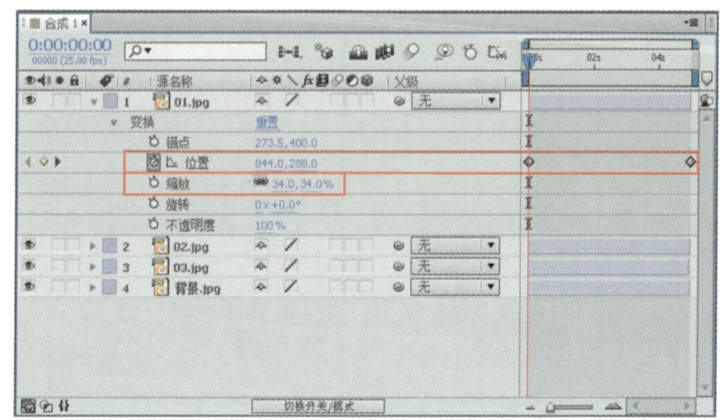

图 5-120

图 5-121

（2）将【01.jpg】素材文件的关键帧和属性复制到【02.jpg】和【03.jpg】素材文件上，如图 5-122 所示。

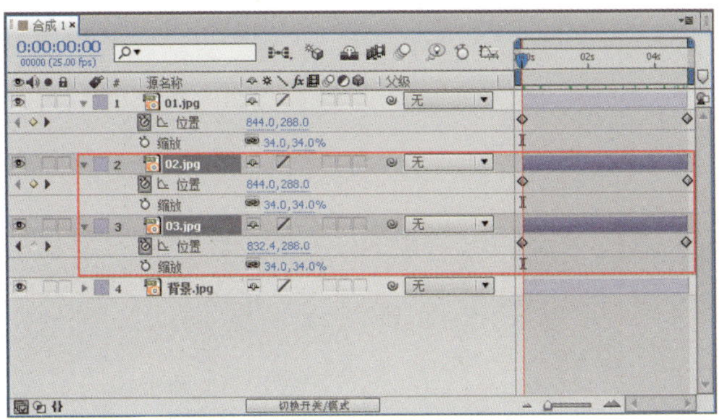

图 5-122

（3）选择【01.jpg】、【02.jpg】和【03.jpg】素材图层和关键帧，然后在这三个的任意图层中的关键帧上单击鼠标右键，然后在弹出的菜单中执行【关键帧辅助】/【序列图层】命令，如图 5-123 所示。

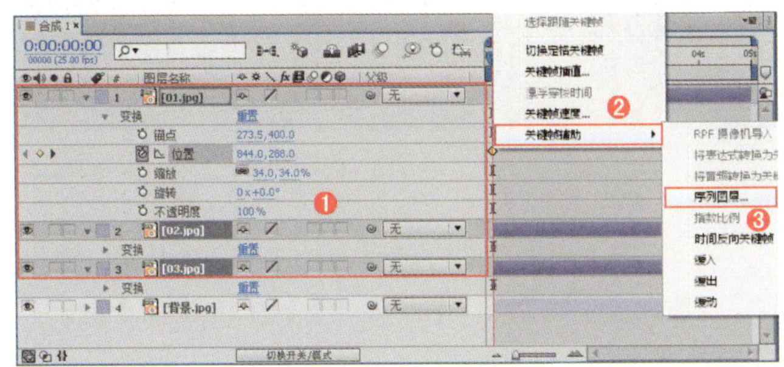

图 5-123

（4）在弹出的【序列图层】对话框中勾选【重叠】，并设置【持续时间】为【0:00:04:05】，最后单击【确定】按钮，如图 5-124 所示。

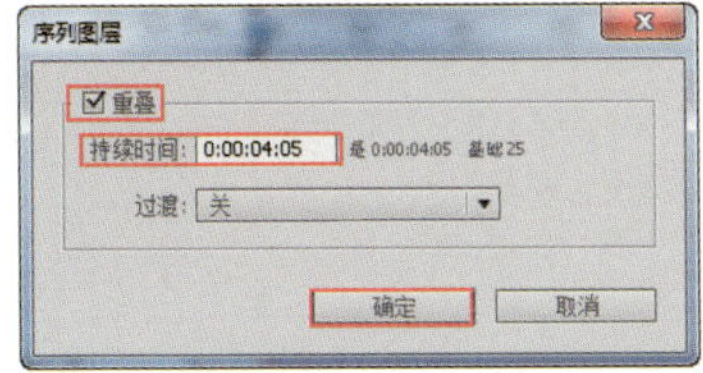

图 5-124

（5）此时在【时间线】窗口中的【01.jpg】、【02.jpg】和【03.jpg】素材图层已经依次排好，如图 5-125 所示。此时效果如图 5-126 所示。

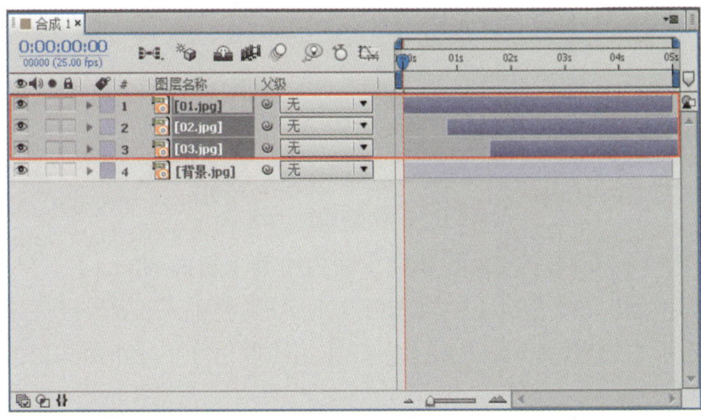

图 5-125

图 5-126

（6）选择【时间线】窗口中的【01.jpg】、【02.jpg】和【03.jpg】素材文件，如图 5-127 所示。然后按快捷键 <Ctrl+Shift+C>，接着在弹出的对话框中设置【新合成名称】为【合成动画】，并单击【确定】按钮，如图 5-128 所示。

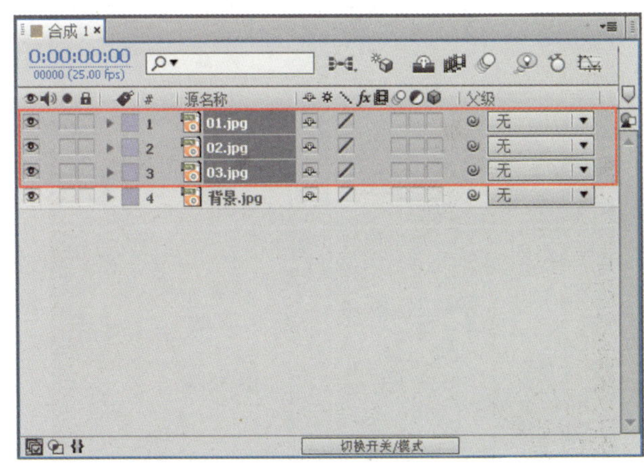

图 5-127

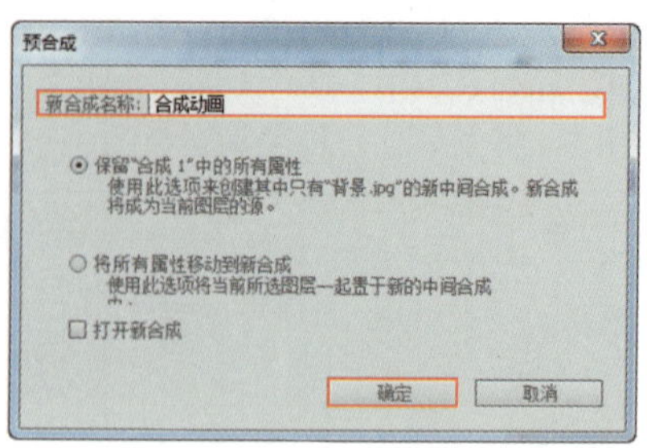
图 5-128

（7）将【效果和预设】面板中的【斜面 Alpha】效果拖拽到【动画合成】上，如图 5-129 所示。然后在【效果控件】面板中设置【斜面 Alpha】效果的【边缘厚度】为 4，如图 5-130 所示。

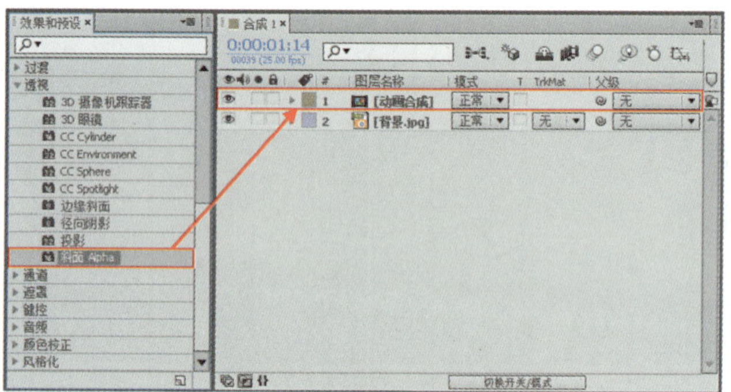
图 5-129

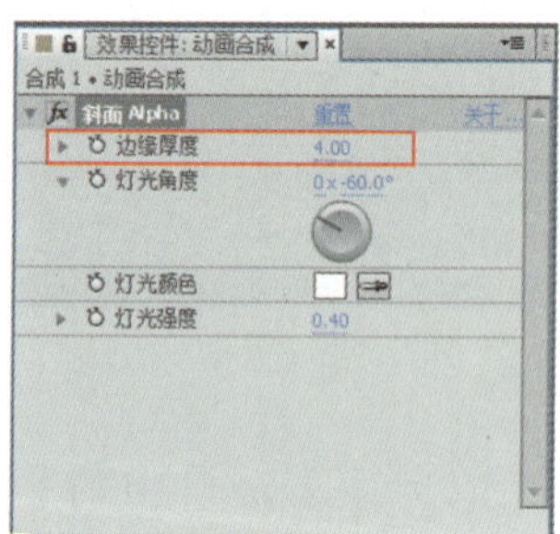
图 5-130

（8）拖动时间线滑块查看此时效果，如图 5-131 所示。

图 5-131

3. 制作倒影效果

（1）将【时间线】窗口中的【动画合成】复制一份，并重命名为【倒影】，然后取消【缩放】的【约束比例】，设置【缩放】为（100，－100%），【位置】为（360.0,570.0），【不透明度】为 60%，如图 5-132 所示。此时效果如图 5-133 所示。

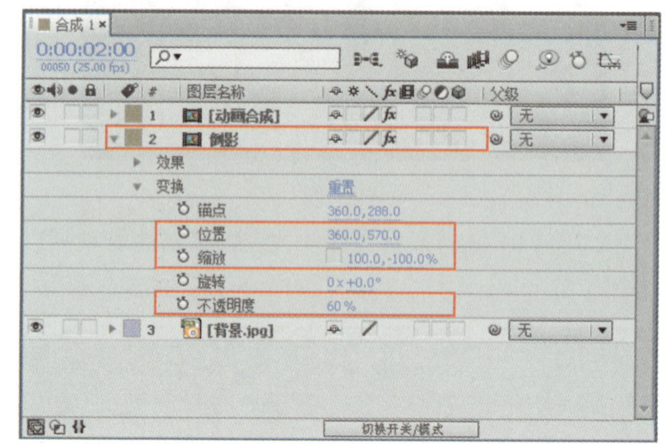
图 5-132

图 5-133

（2）为【倒影】图层添加【线性擦除】效果，并设置【过渡完成】为 70%，【擦除角度】为 180°，【羽化】为 150，如图 5-134 所示。

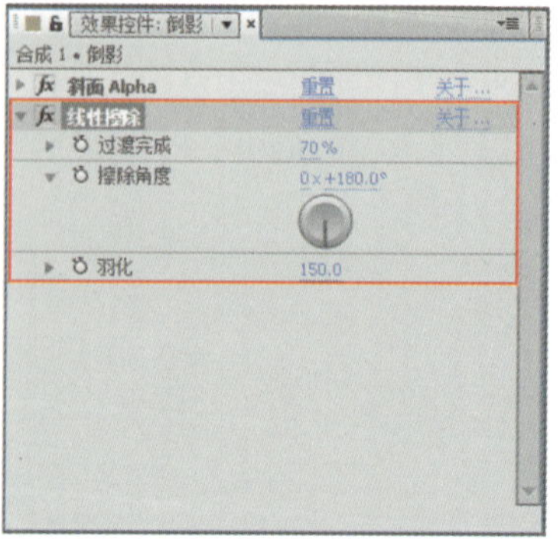
图 5-134

（3）此时拖动时间线滑块查看最终效果，如图 5-135 所示。

图 5-135

5.6　图表编辑器

图表编辑器会以图表的形式显示所用效果和动画，主要显示当前属性的数值和数值的速度变化情况。在图标中可以很直观的查看和操作属性值、关键帧、关键帧插值等。

单击【图表编辑器】按钮，会将图层及图层关键帧参数以图表的形式显示，如图 5-136 所示。

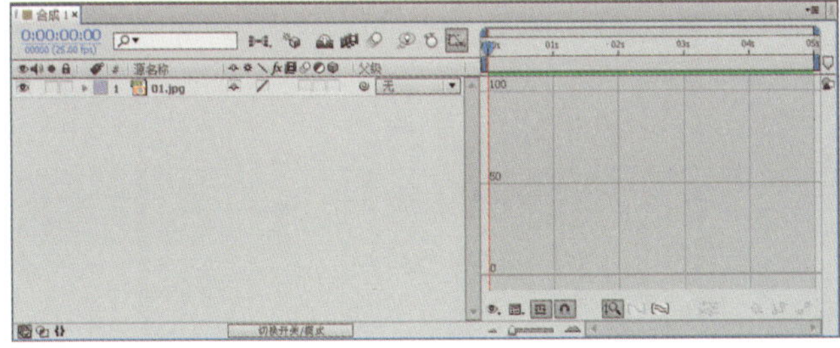

图 5-136

图表编辑器下方的属性按钮如图 5-137 所示。

图 5-137

重点参数提醒：

（1）（选择具体显示在图表编辑器中的属性）：单击该按钮，然后在弹出的菜单中选择在图表中显示的属性，如图 5-138 所示。

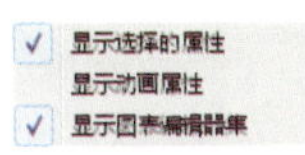

图 5-138

（2）（选择多个关键帧时显示“变换”框）：在图表中选择多个关键帧时会显示“变换”框，可以调节时间距离，如图 5-139 所示。

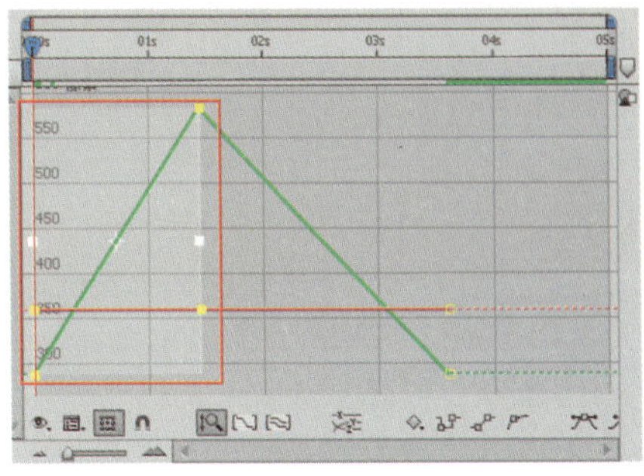

图 5-139

（3）（对齐）：开启该按钮可以在移动关键帧时自动对齐附近的线和点。

（4）（使所有图表适于查看）：在图表中完全显示关键帧曲线。图 5-140 所示为使用该按钮的前后对比效果。

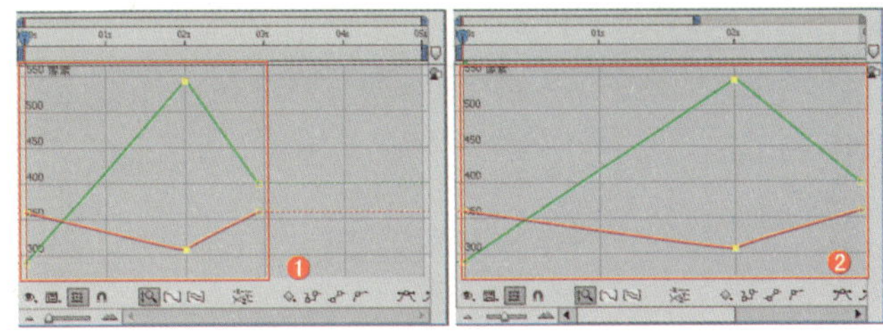

图 5-140

（5）（单独尺寸）：分开显示数组中的单项。

分开显示关键帧的属性，如【位置】的参数会以【X 位置】和【Y 位置】的方式显示，如图 5-141 所示。

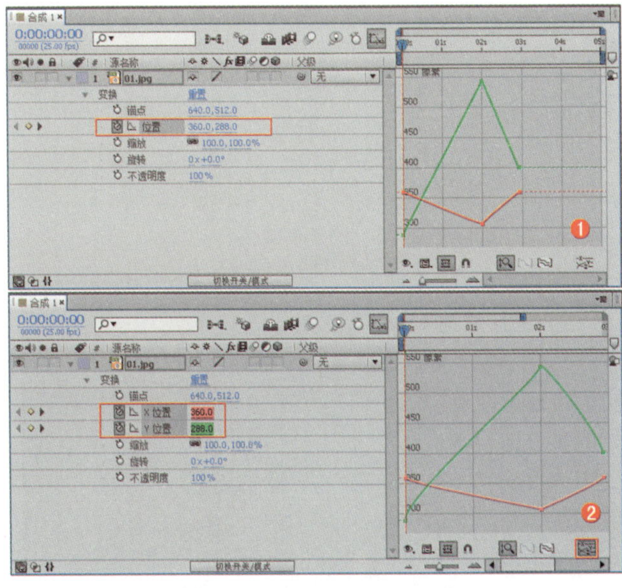

图 5-141

求生秘籍——技巧提示：在【图表编辑器】中进行缩放查看和移动查看

在【图表编辑器】中可以使用工具栏中的【缩放】工具进行查看，单击鼠标左键为放大，按住 <Alt> 键并单击鼠标左键为缩小。还可以使用【手形】工具进行查看。

重点 进阶案例：摇摆效果

案例文件	进阶案例：摇摆效果 .aep
视频教学	DVD/ 多媒体教学 /Chapter05/ 进阶案例：摇摆效果 .flv
难易指数	★★☆☆☆
技术掌握	主要掌握关键帧和【图表编辑器】的应用

案例分析：

在本案例中，主要学习使用关键帧和【图表编辑器】制作摇摆效果，案例的最终渲染效果如图 5-142 所示。

图 5-142

思路解析如图 5-143 所示。

图 5-143

制作步骤：

1. 制作悬挂木牌

（1）创建新合成。在【项目】窗口中的空白处单击鼠标右键，然后选择【新建合成】，如图 5-144 所示。

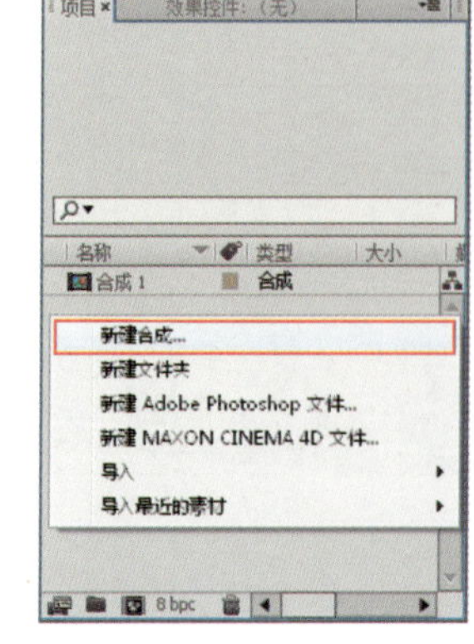

图 5-144

（2）在【合成设置】窗口中，设置【合成名称】为【合成 1】，【宽度】为 720 像素，【高度】为 576 像素，【像素长宽比】为【方形像素】，【帧速率】为 25 帧 / 秒，【持续时间】为 5 秒，最后单击【确定】按钮，如图 5-145 所示。

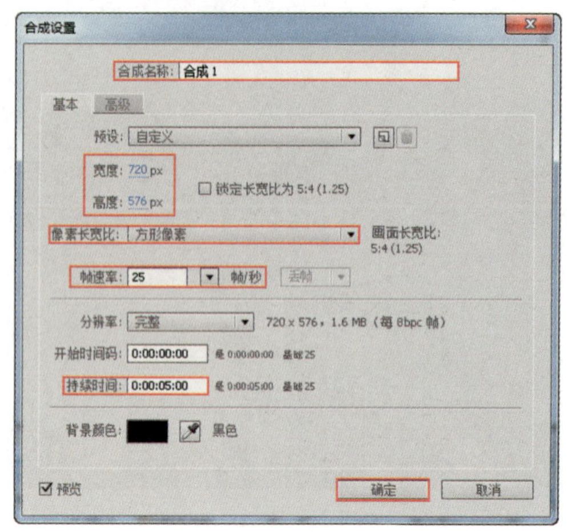

图 5-145

（3）在【项目】窗口中空白处双击鼠标左键或按快捷键 <Ctrl+I>，在弹出的窗口中选择所需素材文件，然后单击【导入】按钮，如图 5-146 所示。

图 5-146

（4）将【项目】窗口中的【背景 .jpg】素材文件拖拽到【时间线】窗口中，并设置【缩放】为 75%，如图 5-147 所示。

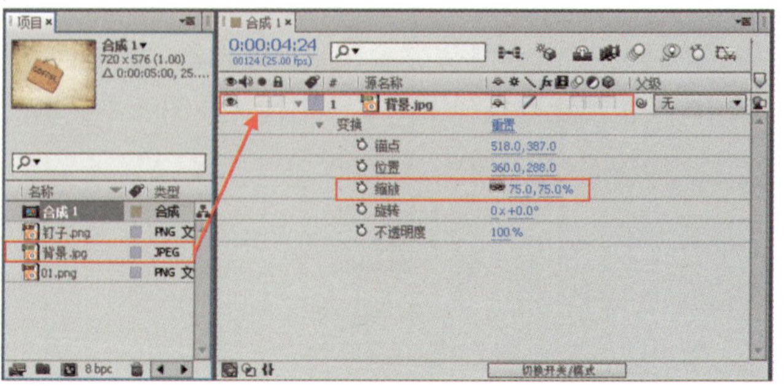

图 5-147

（5）将【01.png】素材文件拖拽到【时间线】窗口中，并设置【缩放】为 37%，【锚点】为【363.5,9.0】，【位置】为（360.0,155.0），如图 5-148 所示。此时效果如图 5-149 所示。

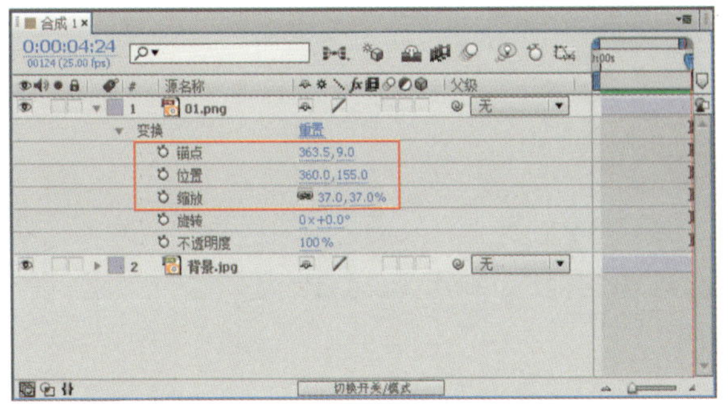

图 5-148

图 5-149

（6）将【钉子.png】素材文件拖拽到【时间线】窗口中，并设置【缩放】为 15%，【位置】为（370.0,160.0），如图 5-150 所示。此时效果如图 5-151 所示。

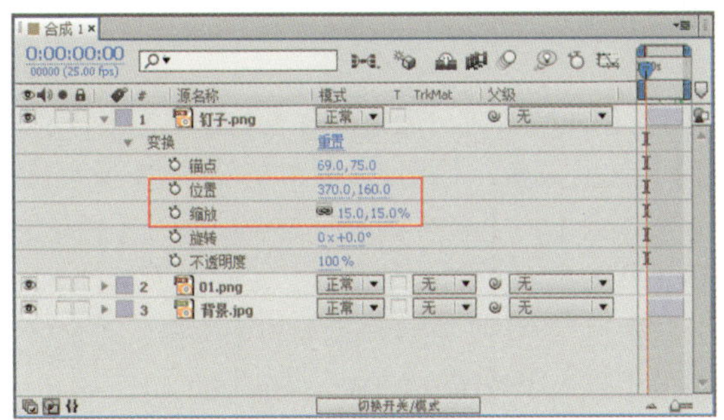

图 5-150

图 5-151

（7）将【效果和预设】面板中的【投影】效果拖拽到【时间线】窗口中的【01.png】素材文件上，如图 5-152 所示。

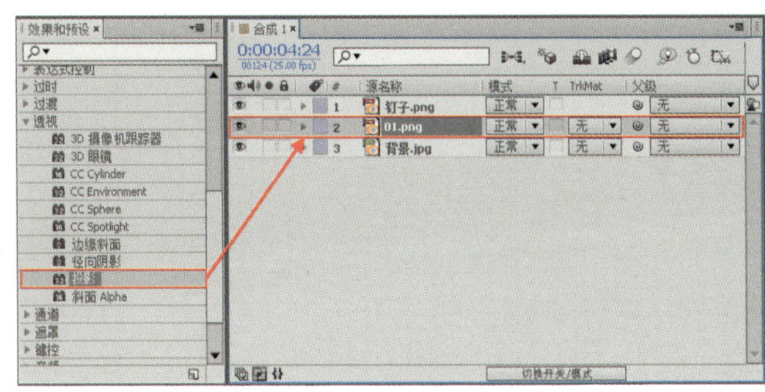

图 5-152

（8）在【效果控件】面板中设置【投影】效果的【不透明度】为 100%，【柔和度】为 60，如图 5-153 所示。

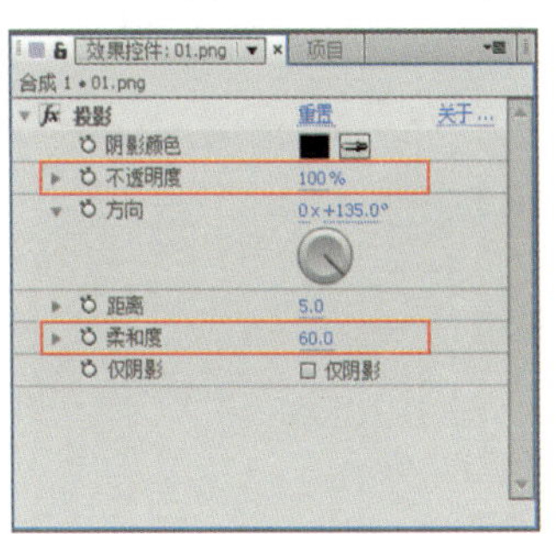

图 5-153

2. 制作摇摆动画

（1）将时间线拖到起始位置，然后单击【旋转】前面的 按钮，开启自动关键帧，设置【旋转】为 25°；接着将时间线拖到第 1 秒，设置【旋转】为 – 23°；继续将时间线拖到第 2 秒，设置【旋转】为 15°，如图 5-154 所示。

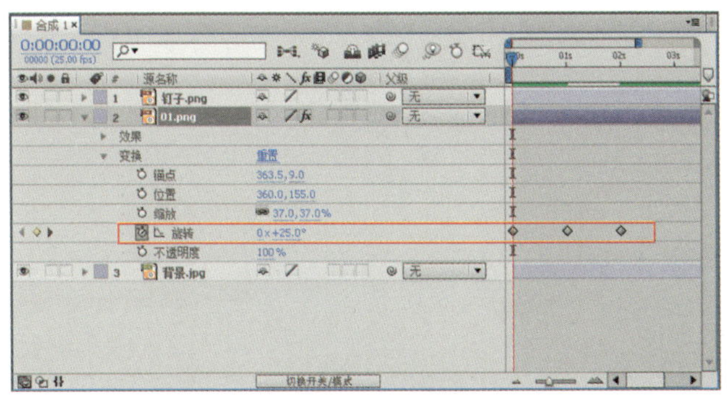

图 5-154

（2）将时间线拖到第 3 秒，设置【旋转】为 – 13°；然后将时间线拖到第 4 秒，设置【旋转】为 10°；最后将时间线拖到结束帧的位置，设置【旋转】为 0°，如图 5-155 所示。

第 5 章

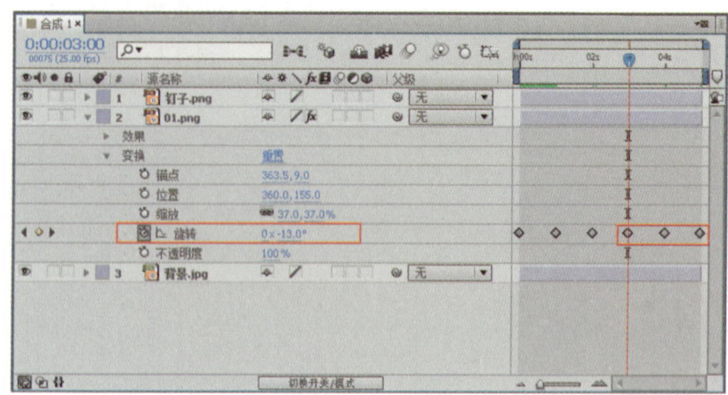

图 5-155

（3）选择【旋转】属性，然后单击【图表编辑器】按钮。接着选择【转换顶点】工具，并适当调整关键帧的曲线弧度效果，如图 5-156 所示。

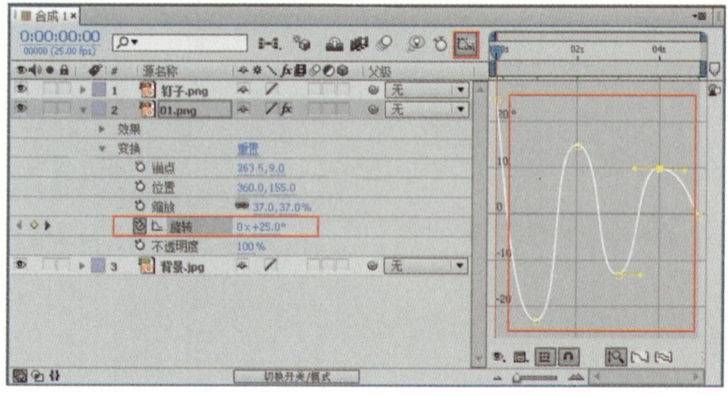

图 5-156

（4）此时拖动时间线滑块查看最终效果，如图 5-157 所示。

图 5-157

重点▶▶ 进阶案例：照片下落效果

案例文件	进阶案例：照片下落效果 .aep
视频教学	DVD/ 多媒体教学 /Chapter05/ 进阶案例：照片下落效果 .flv
难易指数	★★★☆☆
技术掌握	主要掌握关键帧、【3D 图层】和【摄像机】的应用

案例分析：

在本案例中，主要学习使用关键帧、【3D 图层】和【摄像机】制作照片下落效果，案例的最终渲染效果如图 5-158 所示。

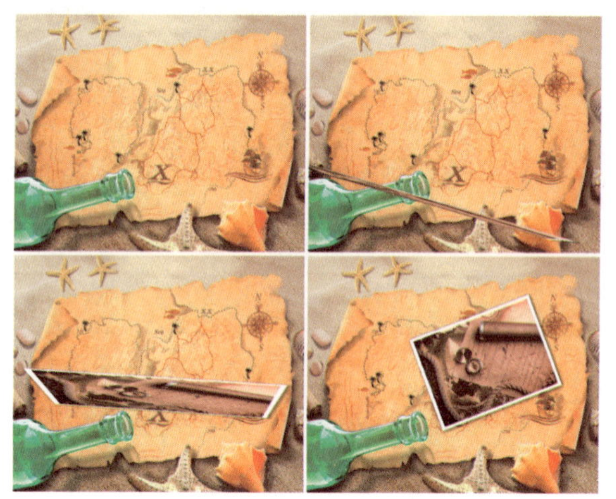

图 5-158

思路解析如图 5-159 所示。

图 5-159

制作步骤：

1. 制作背景

（1）创建新合成。设置【合成名称】为【合成 1】，【宽度】为 720 像素，【高度】为 576 像素，【像素长宽比】为【方形像素】，【帧速率】为 25 帧 / 秒，【持续时间】为 5 秒，然后单击【确定】按钮。接着在【项目】窗口中空白处双击鼠标左键，在弹出的窗口中选择所需素材文件，最后单击【导入】按钮，如图 5-160 所示。

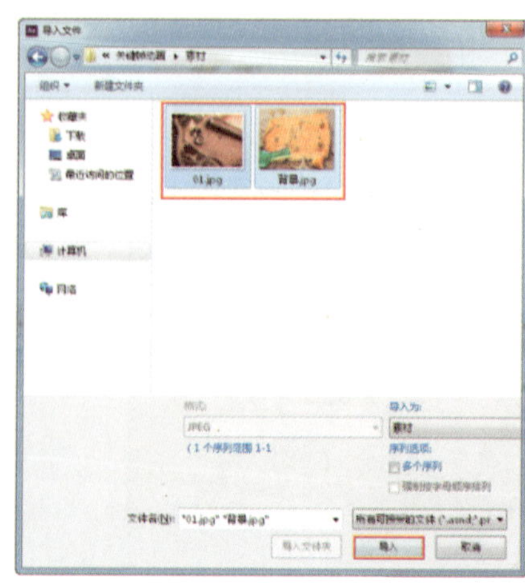

图 5-160

（2）将【项目】窗口中的【背景.jpg】素材文件拖拽到【时间线】窗口中，并设置【缩放】为72%，如图 5-161 所示。

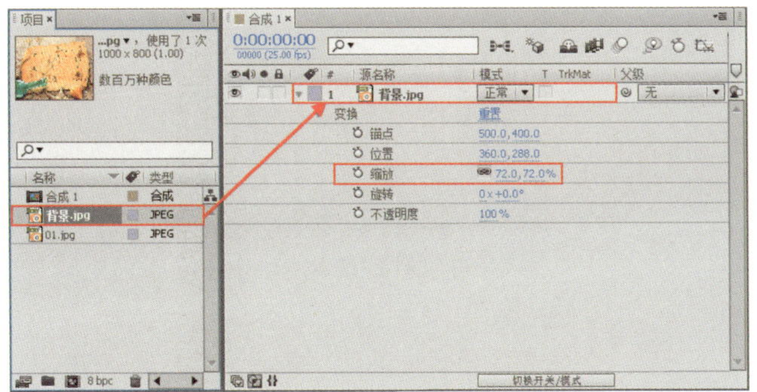

图 5-161

（3）此时拖动时间线滑块查看效果，如图 5-162 所示。

图 5-162

2. 制作下落动画

（1）将【项目】窗口中的【01.jpg】素材文件拖动到【时间线】窗口中，并开启【3D 图层】，设置【缩放】为 38%，如图 5-163 所示。

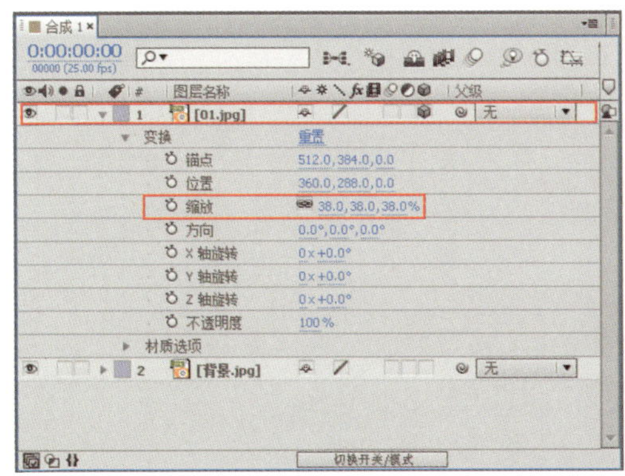

图 5-163

（2）将时间线拖到起始帧，开启【位置】、【X 轴旋转】和【Y 轴旋转】前面的 ，并设置【位置】为（244.0,408.0，－1000.0），【X 轴旋转】为 77°，【Y 轴旋转】为 35°；接着将时间线拖到第 1 秒，设置【位置】为（360.0,329.0，－763.0），【X 轴旋转】为 84°，【Y 轴旋转】为 15°，如图 5-164 所示。

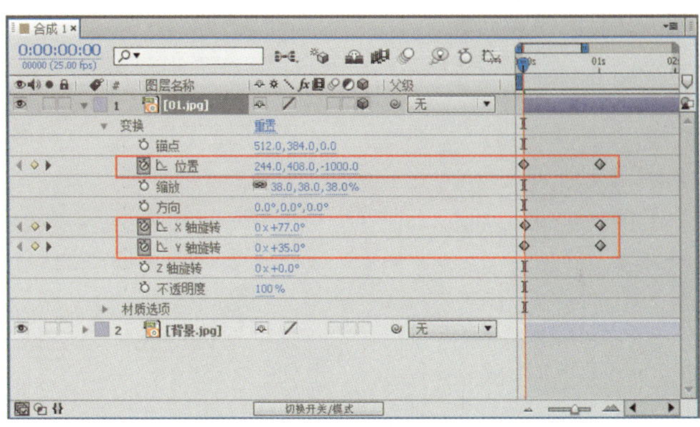

图 5-164

（3）将时间线拖到第 2 秒，设置【位置】为（360.0,288.0，－513.0），【X 轴旋转】为 54°，【Y 轴旋转】为 4°；接着将时间线拖到第 3 秒，设置【位置】为（466.0,288.0,0.0），【X 轴旋转】为 0°，【Y 轴旋转】为 0°，如图 5-165 所示。

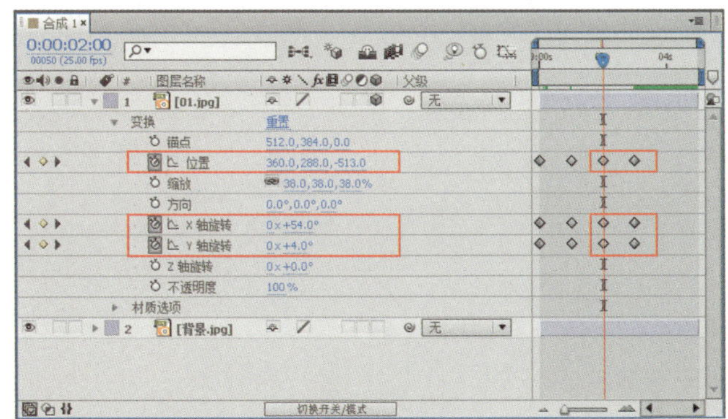

图 5-165

（4）在【时间线】窗口中空白处单击鼠标右键，在弹出的菜单中执行【新建】/【摄像机】命令，如图 5-166 所示。

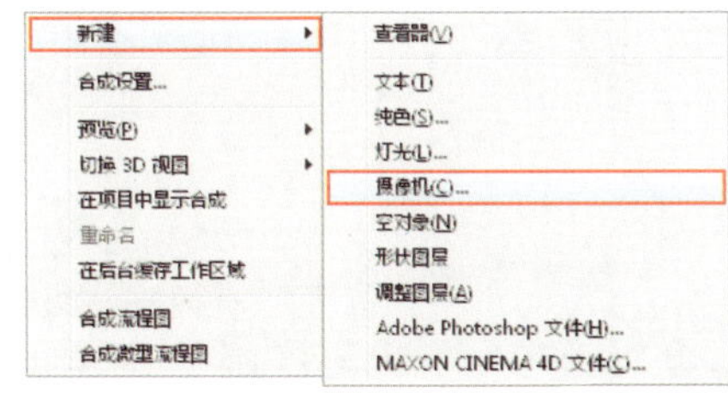

图 5-166

（5）在弹出的对话框中设置【名称】为【摄像机 1】，【胶片大小】为 36 毫米，【焦距】为 95 毫米，并单击【确定】按钮，如图 5-167 所示。

（6）将时间线拖到起始帧的位置，单击【摄像机 1】图层下【位置】和【方向】前面的 按钮，并设置【位置】为（360.0,253.0，－1704.0），【方向】为 0°；接着将时间线拖到第 3 秒，设置【位置】为（360.0,288.0，-2359.0），【方向】为（0°，0°，21°），如图 5-168 所示。

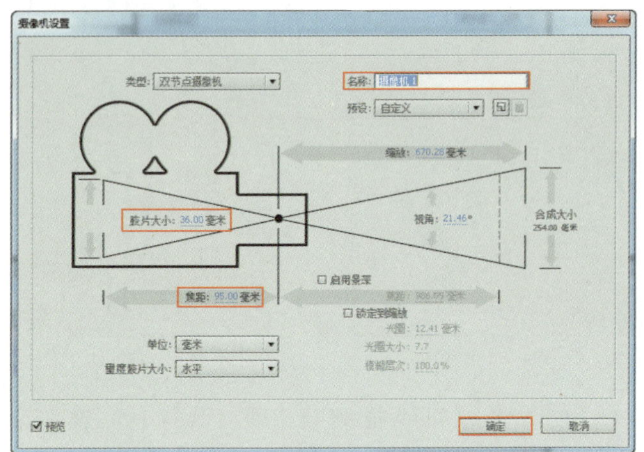

图 5-167

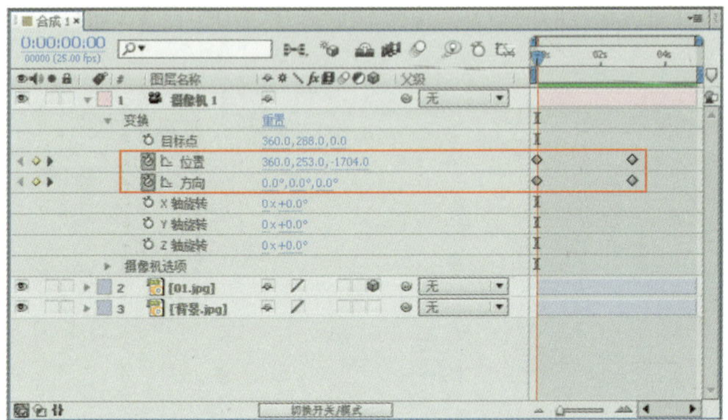

图 5-168

（7）将【效果和预设】面板中的【投影】效果添加到【01.jpg】素材文件上，如图 5-169 所示。

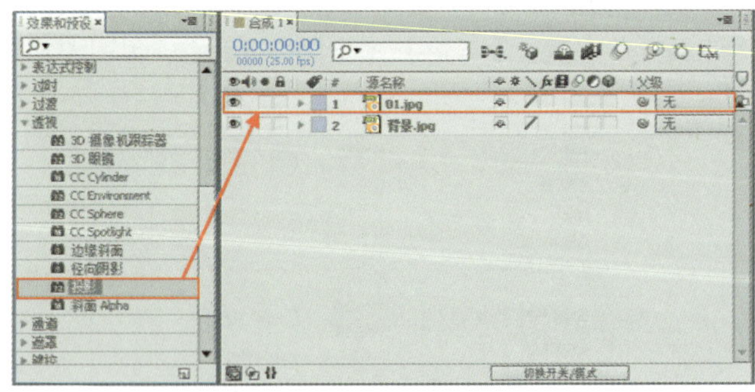

图 5-169

（8）选择【时间线】窗口中的【01.jpg】素材文件，然后在【效果控件】面板中设置【投影】效果的【不透明度】为 80%，【距离】为 10，【柔和度】为 60，如图 5-170 所示。

（9）此时拖动时间线滑块查看最终效果，如图 5-171 所示。

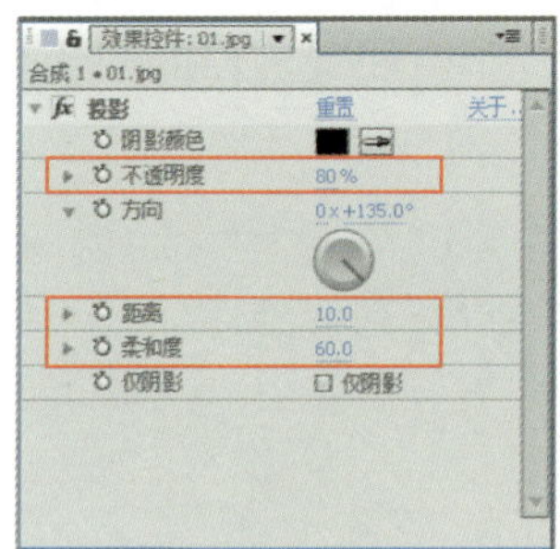

图 5-170

图 5-171

第 6 章 文字效果

本章学习要点：

- ★ 了解文本工具
- ★ 掌握创建文字的方法
- ★ 学习文字的属性动画
- ★ 掌握三维文字的创建方法

6.1 了解文字

文字是画面中最直观的元素，可以起到解释说明的作用。在制作各种绚丽的画面时，适当的搭配文字，能够增加画面说明度，丰富画面效果。或者直接以文字为主体进行制作，即有设计感又非常直观地体现出主题内容。缤纷多彩的文字效果，如图 6-1 所示。

图 6-1

好的文字设计可以让人感觉到作品所传递出来的感觉和氛围。而且文字本身的排列方式、大小和类型等可以影响画面的整体效果，因为文字不仅是信息的传递，也是视觉传达最直接的方式，是能够赋予画面审美价值的一项重要构成技术。

文字的类型：文字的类型非常多样，不同的文字类型可以表现出不同的视觉效果，例如印刷字体给人精简干练的感觉，装饰字体具有很强的装饰效果等等。不同的字体类型效果，如图 6-2 所示。

文字的大小：文字大小是版式设计中十分重要的一部分，因为在一些广告、杂志的排版中，根据文字的大小可以区别主次关系。而且较大的文字可以起到醒目的作用。不同的文字大小效果，如图 6-3 所示。

文字的位置：根据在画面中文字摆放的位置可以产生不同的画面效果，

例如摆放在中间的文字往往是点明主题的关键。不同的文字位置效果，如图 6-4 所示。

图 6-2

图 6-3

图 6-4

6.2 创建文字

在 After Effects CC 中，创建文字通常有三种方式。分别是利用文本层创建、利用文本工具创建和利用文本框创建。

6.2.1 利用文本层创建

（1）在【时间线】窗口中的空白处单击鼠标右键，然后在弹出的菜单中选择【新建】/【文本层】，如图 6-5 所示。

（2）创建完成后，在【合成】窗口中单击鼠标左键会出现一个光标符号，此时处于输入文字状态，如图 6-6 所示。

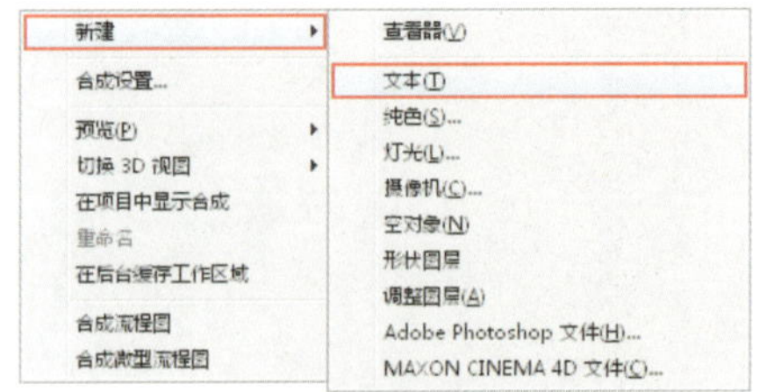

图 6-5

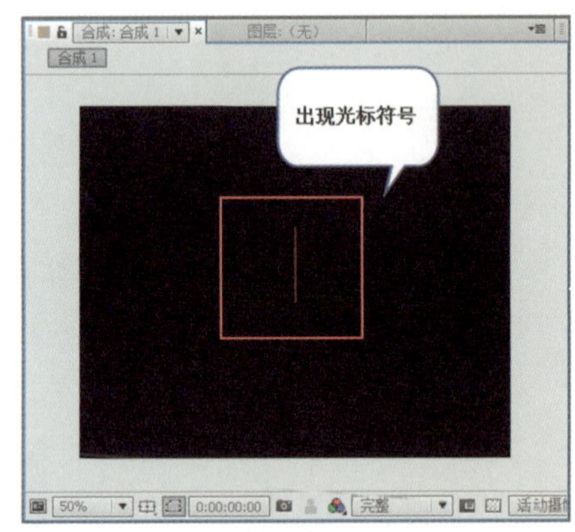

图 6-6

求生秘籍——软件技能：在菜单栏中或使用快捷键创建文本层

也可以在菜单栏中执行【图层】/【新建】/【文本】，或按快捷键 <Ctrl+Shift+Alt+T>，即可创建文本图层，如图 6–7 所示。

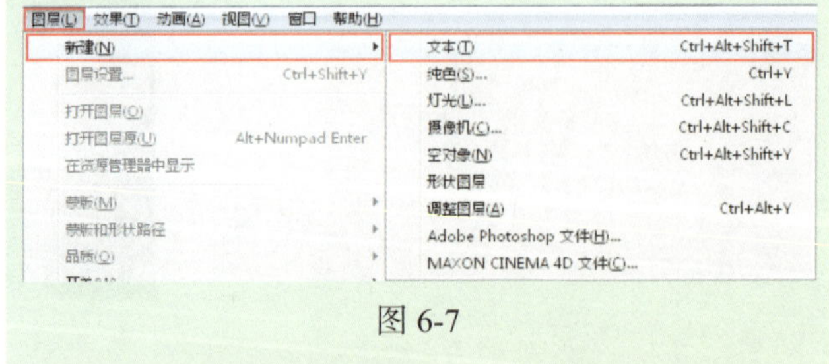

图 6-7

FAQ 常见问题解答：【合成】窗口中的文字光标消失了怎么办？

当【合成】窗口中出现光标符号时，鼠标若单击到其他面板，【合成】窗口中的文字光标就会消失。此时可以在【时间线】窗口中双击该文本图层，【合成】窗口中就又会出现文字光标了。

（3）此时在【合成】窗口中可以直接输入文字，在输入完成后，单击其他面板或按【回车】键即可，如图 6-8 所示。然后可以选择【选取】工具，直接在【合成】窗口中拖动文字的位置，如图 6-9 所示。

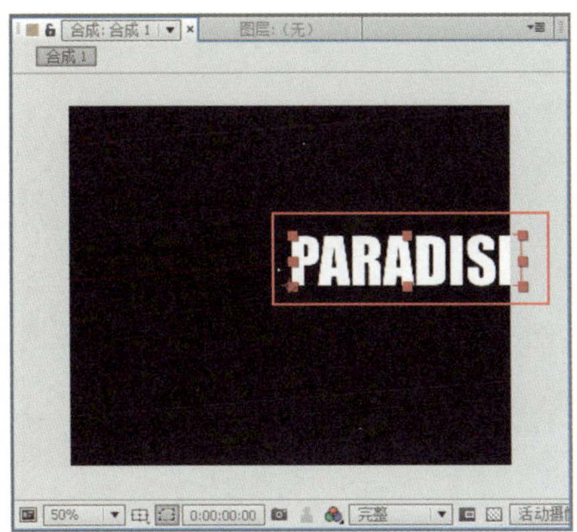

图 6-8

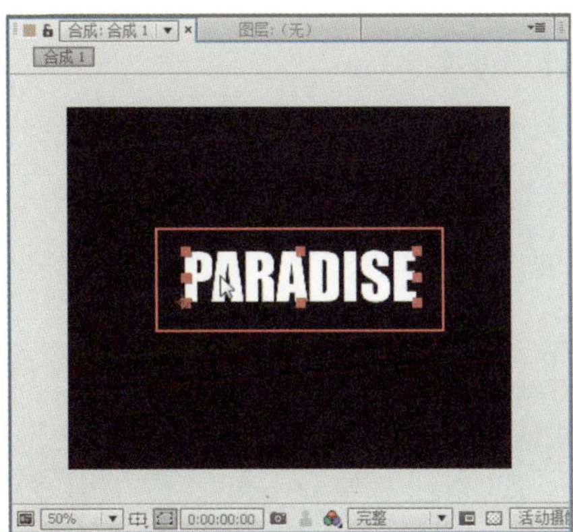

图 6-9

6.2.2　利用文本工具创建

（1）在工具栏中选择T【横排文字】工具，或使用快捷键 <Ctrl+T>。然后在【合成】窗口中单击鼠标左键，该单击处会出现文字光标，此时输入文字即可，如图 6-10 所示。

图 6-10

（2）在工具栏中选择IT【直排文字】工具，然后在【合成】窗口中单击鼠标左键，并输入文字，即为竖排的文字，如图 6-11 所示。

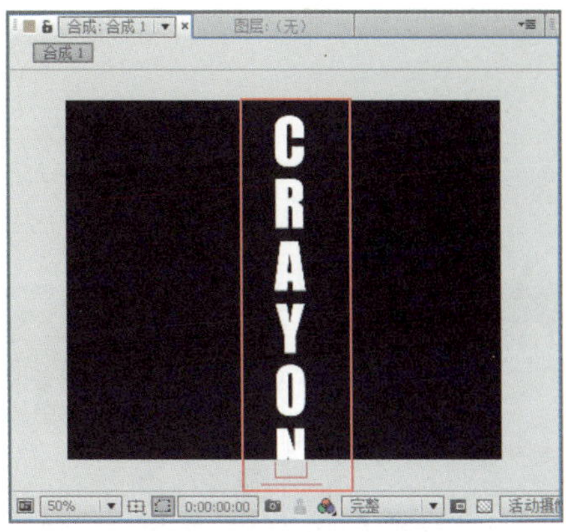

图 6-11

6.2.3　利用文本框创建

（1）在工具栏中选择T【横排文字】工具或IT【直排文字】工具，然后在【合成】窗口中按住鼠标左键并拖动，绘制一个矩形文本框，如图 6-12 所示。

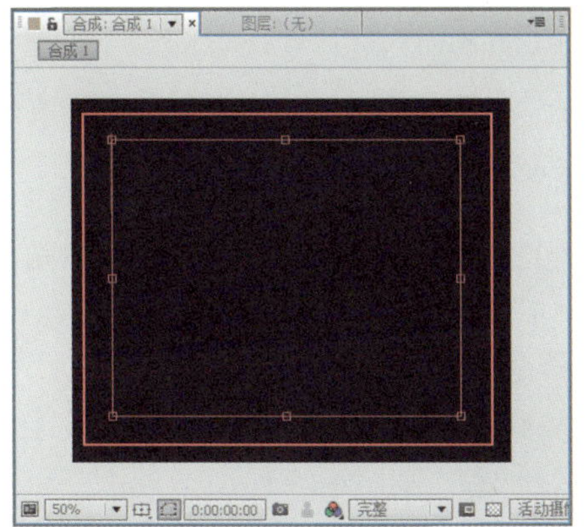

图 6-12

（2）此时直接输入文字，然后按 <回车> 键完成输入，如图 6-13 所示。

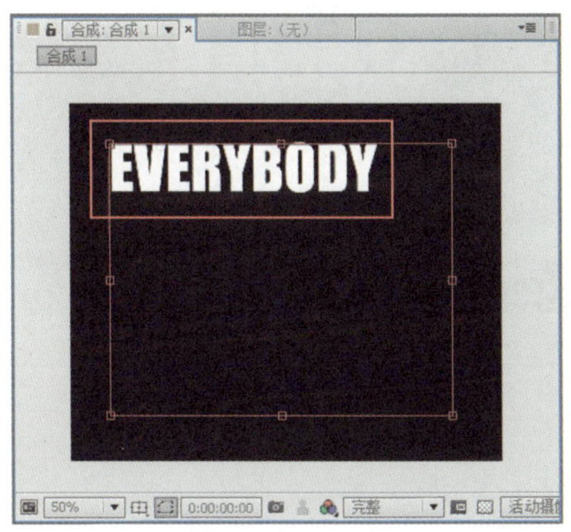

图 6-13

求生秘籍——技巧提示：文本框的大小影响框内文字的排列

调整当前文字的文本框大小和形状，可以影响文本框中文字的排列，如图 6–14 所示。

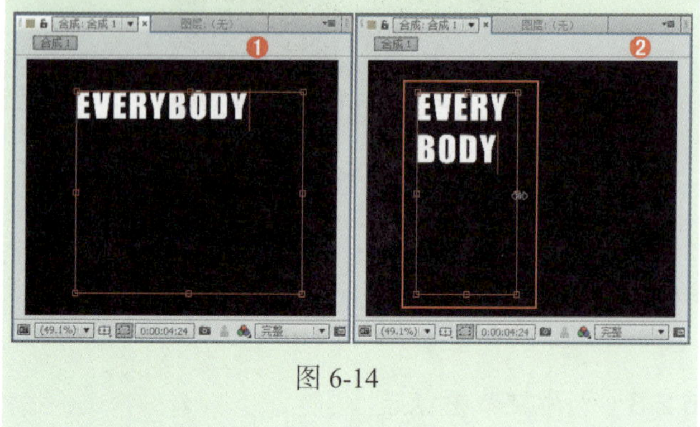

图 6-14

6.3 设置文字

当我们在 After Effects 中已经创建文本图层后，需要根据项目需求和画面效果对文字进行适当的调整，包括字体系列、字体大小和填充颜色等。

6.3.1 选择文字

若要对已经创建的文字进行修改，首先要选择需要修改的文字。下面介绍选择文字的方法：

1. 选择全部文字

在输入文字后，选择该文本图层，或者在【合成】窗口中单击选择文字，如图 6-15 所示。

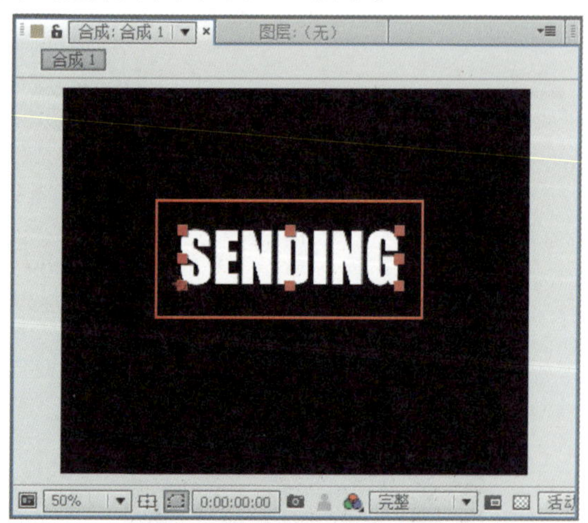

图 6-15

若要选择文本图层中的全部文字，还可以在【时间线】窗口中双击该文本图层，或者使用【选取】工具直接在【合成】窗口中双击该文字，即可选择全部文字，如图 6-16 所示。

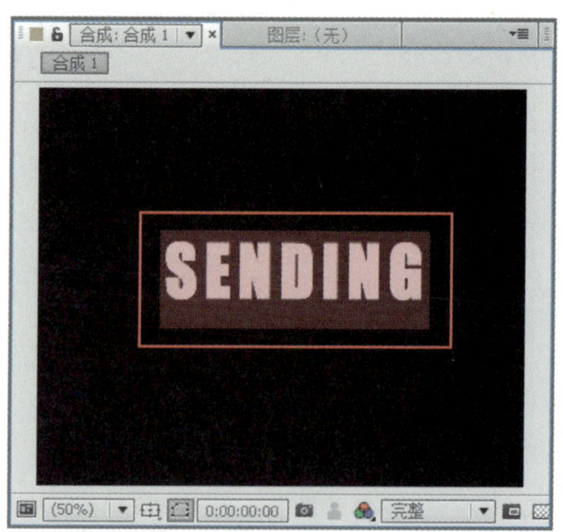

图 6-16

2. 选择部分文字

若要单独选择某个或多个文字。可以选择【横排文字】工具或【直排文字】工具，然后在【合成】窗口中直接在需要选择的文字上按住鼠标左键进行拖动，如图 6-17 所示。

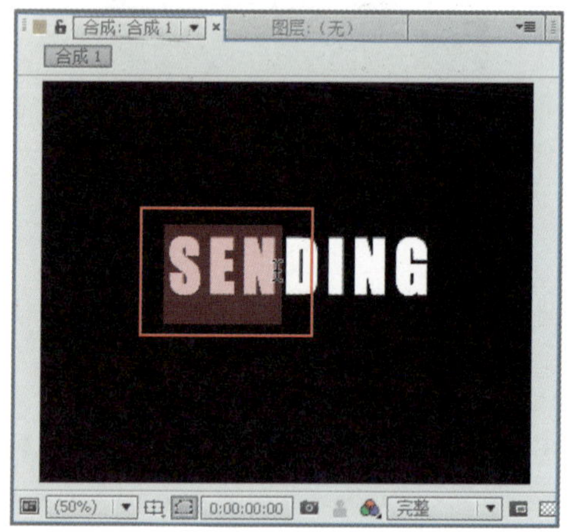

图 6-17

6.3.2 【字符】面板

在选择文字后，可以在【字符】面板中对文字的字体系列、字体大小、填充颜色和是否添加描边等进行设置，如图 6-18 所示。

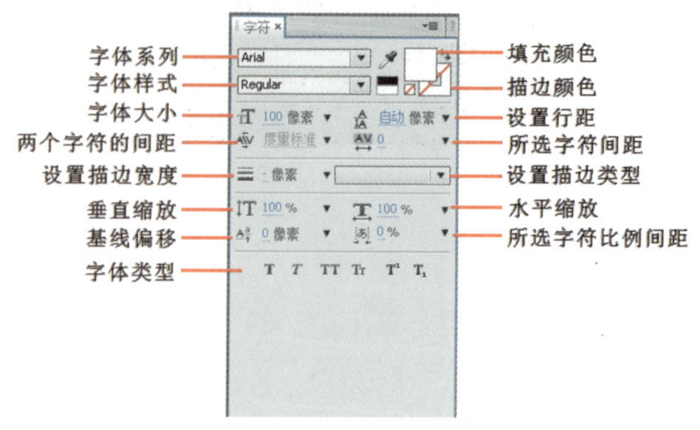

图 6-18

重点参数提醒：

（1）Arial（字体系列）：在该下拉菜单中可以选择所要应用的字体类型，如图 6-19 所示。选择某一字体类型后，当前所选的文字即应用该字体，如图 6-20 所示。

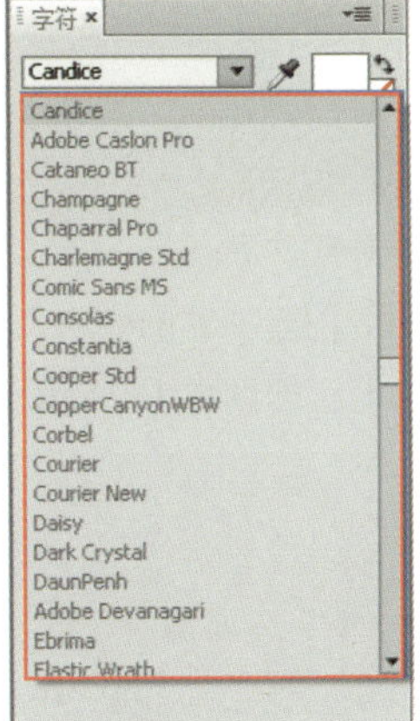

图 6-19

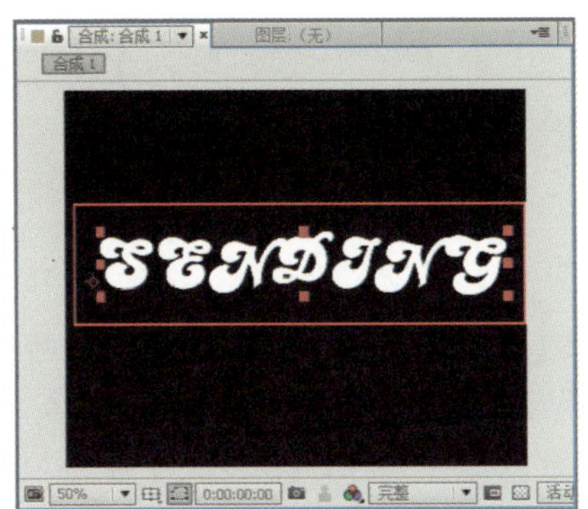

图 6-20

（2）100 像素（字体大小）：可以在该下拉菜单中选择预设的字体大小，如图 6-21 所示。也可以在数值上按住鼠标左键直接左右拖动或单击输入数值，如图 6-22 所示。

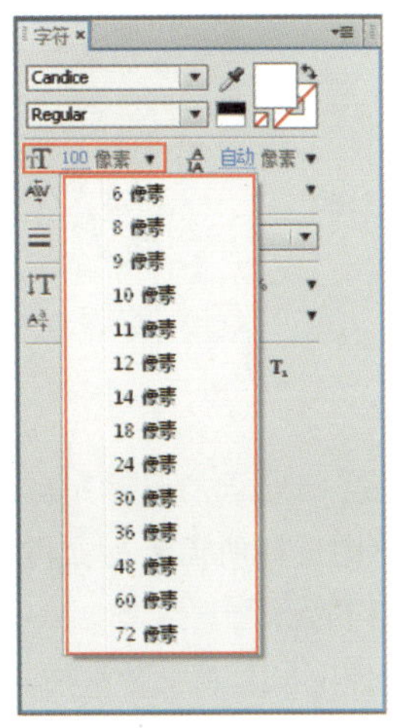

图 6-21

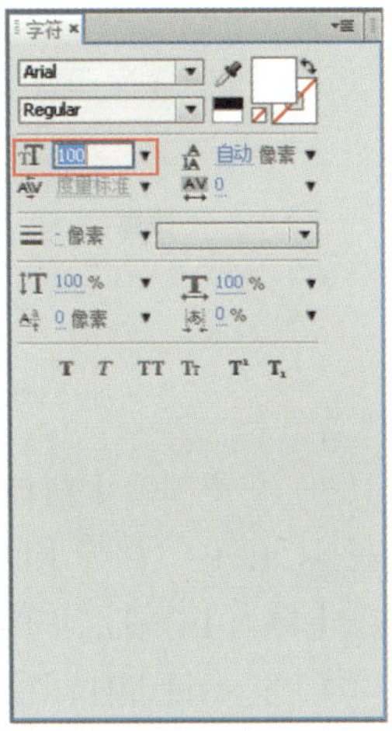

图 6-22

如图 6-23 所示为设置不同【字体大小】时的对比效果。

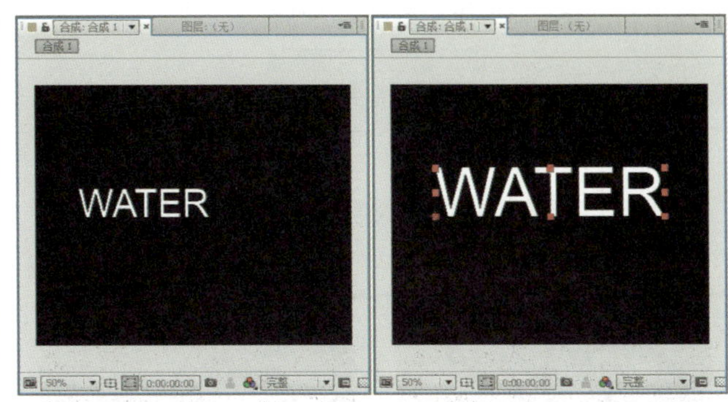

图 6-23

（3）□（填充颜色）：单击该方块，然后在弹出的【文本颜色】对话框中可以设置当前选择的文字颜色，如图 6-24 所示。

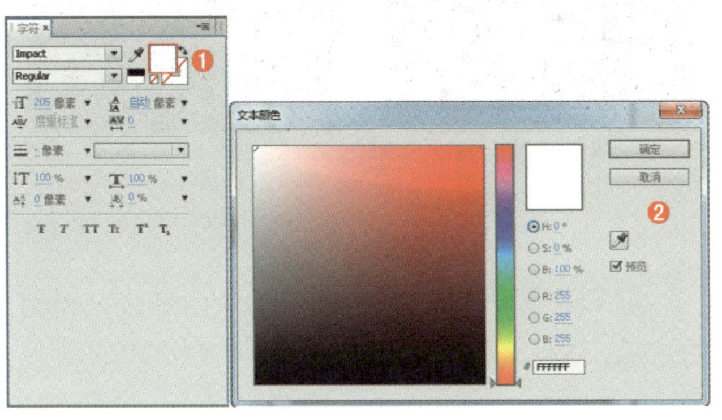

图 6-24

图 6-25 所示为设置不同【填充颜色】时的对比效果。

图 6-25

6.3.3　【段落】面板

【段落】面板可以调整文字的对齐方式和缩进大小，如图 6-26 所示。

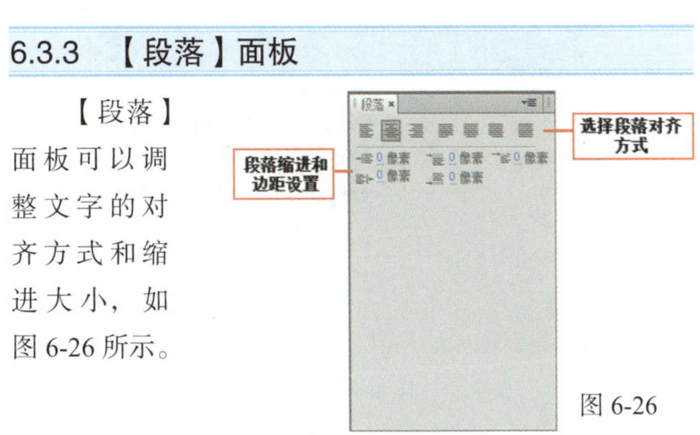

图 6-26

重点参数提醒：

对齐方式：该面板中共包含 7 种对齐方式，分别为【左对齐文本】、【居中对齐文本】、【右对齐文本】、【最后一行左对齐】、【最后一行居中对齐】、【最后一行右对齐】和【两端对齐】，如图 6-27 所示。

图 6-27

图 6-28 所示为将文字设置为【左对齐文本】和【居中对齐文本】时的对比效果。

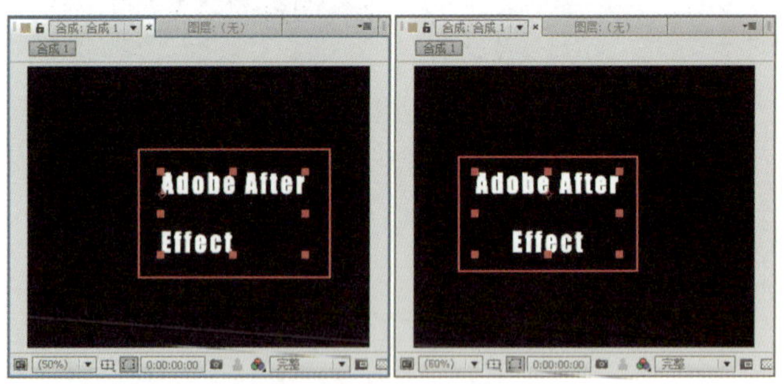

图 6-28

求生秘籍——软件技能：文字段落对齐的参考基础

文字的对齐方式是以当前文本图层的中心点位置为基础的。

重点 进阶案例：彩色描边文字

案例文件	进阶案例：彩色描边文字 .aep
视频教学	DVD/ 多媒体教学 /Chapter06/ 进阶案例：彩色描边文字 .flv
难易指数	★★☆☆☆
技术掌握	掌握文字的描边应用

案例分析：

在本案例中，主要使用文字【填充颜色】、【描边】，以及【斜面 Alpha】和【投影】效果制作彩色描边文字，最终的渲染效果，如图 6-29 所示。

图 6-29

思路解析如图 6-30 所示：

图 6-30

制作步骤：

1. 制作背景

（1）在【项目】窗口中的空白处单击鼠标右键，然后选择【新建合成】，如图 6-31 所示。

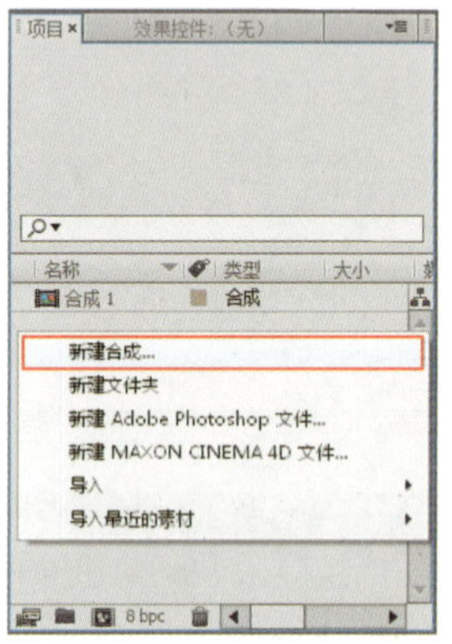

图 6-31

（2）在【合成设置】窗口中，设置【合成名称】为【合成 1】，【宽度】为 720 像素，【高度】为 576 像素，【像素长宽比】为【方形像素】，【帧速率】为 25 帧 / 秒，【持续时间】为 5 秒，最后单击【确定】按钮，如图 6-32 所示。

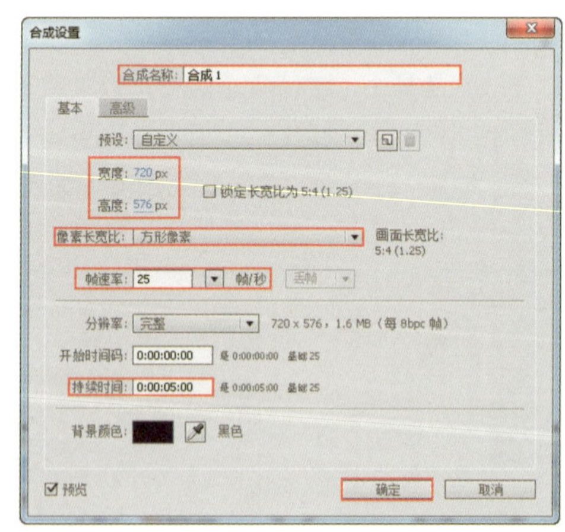

图 6-32

（3）在【项目】窗口中的空白处双击鼠标左键或按快捷键 <Ctrl+I>，在弹出的窗口中选择所需素材文件，然后单击【导入】按钮，如图 6-33 所示。

（4）将【项目】窗口中的【背景.jpg】素材文件拖拽到【时间线】窗口中，并设置【缩放】为 78%，如图 6-34 所示。

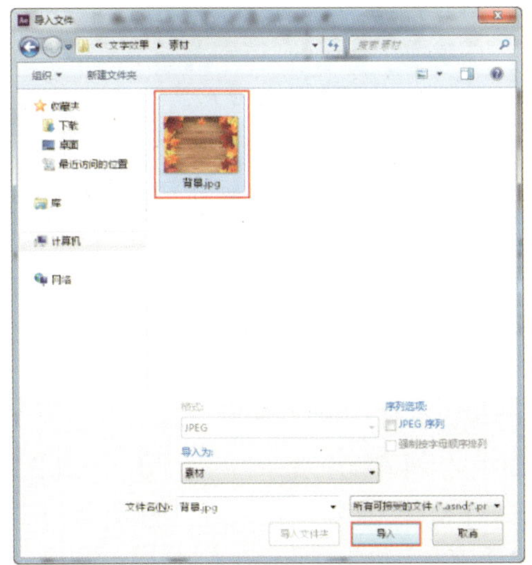

图 6-33

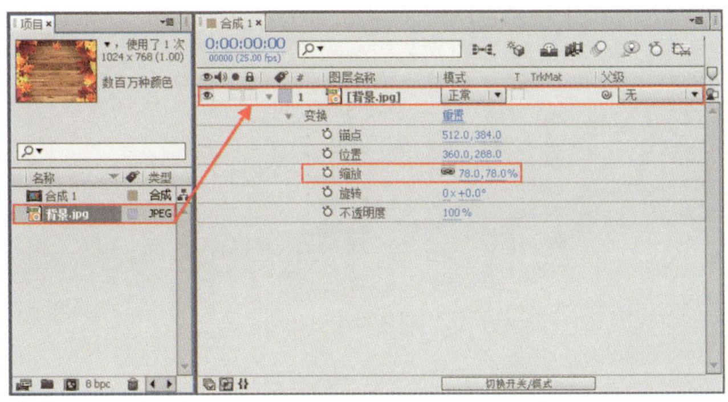

图 6-34

（5）此时在【合成】窗口中查看当前效果，如图 6-35 所示。

图 6-35

2. 制作彩色文字

（1）选择 T【横排文字】工具，然后在【合成】窗口中输入文字，并设置合适的【字体系列】和【字体大小】，设置【填充颜色】为黄色（R：255，G：252，B：8），【描边颜色】为深褐色（R：111，G：39，B：0），【描边宽度】为 17，【类型】为【在描边上填充】，如图 6-36 所示。

图 6-36

（2）将【效果和预设】面板中的【斜面 Alpha】效果添加到文本图层上，如图 6-37 所示。

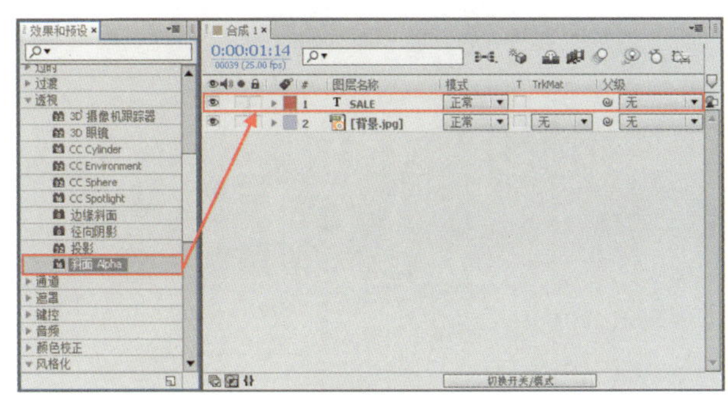

图 6-37

（3）选择文本图层，然后在【效果控件】面板中设置【斜面 Alpha】效果的【边缘厚度】为 3，【灯光强度】为 0.6，如图 6-38 所示。此时效果如图 6-39 所示。

图 6-38

图 6-39

（4）为文本图层添加【投影】效果，然后在【效果控件】面板中设置【投影】效果的【不透明度】为70%，【距离】为29，【柔和度】为45，如图6-40所示。最终效果如图6-41所示。

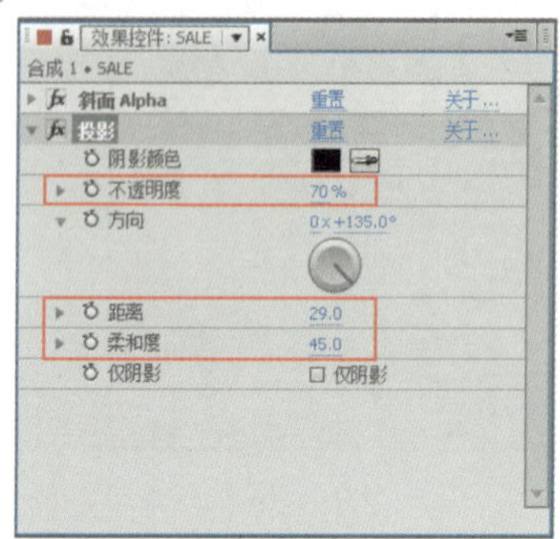

图 6-40

图 6-41

重点▶▶ 进阶案例：梦幻文字效果

案例文件	进阶案例：梦幻文字效果 .aep
视频教学	DVD/ 多媒体教学 /Chapter06/ 进阶案例：梦幻文字效果 .flv
难易指数	★★☆☆☆
技术掌握	掌握文字与背景的搭配

案例分析：

在本案例中，主要对文字使用合适的字体系列和填充颜色制作梦幻文字效果，最终渲染效果如图6-42所示。

图 6-42

思路解析如图6-43所示。

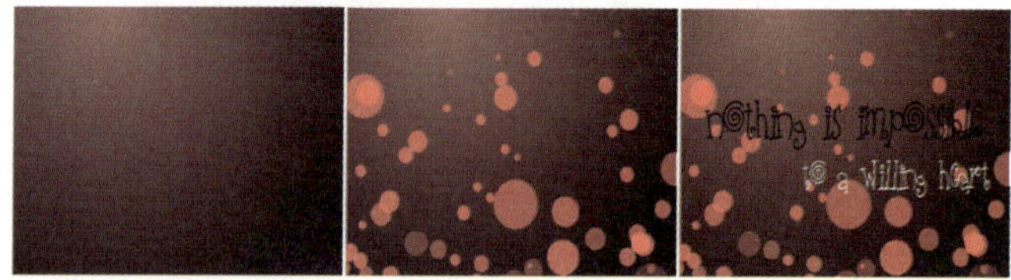

图 6-43

制作步骤：

1. 制作渐变背景

（1）新建合成。设置【合成名称】为【合成1】，【宽度】为720像素，【高度】为576像素，【像素长宽比】为【方形像素】，【帧速率】为25帧/秒，【持续时间】为5秒，最后单击【确定】按钮。然后在【项目】窗口中的空白处双击鼠标左键，在弹出的窗口中选择所需素材文件，然后单击【导入】按钮，如图6-44所示。

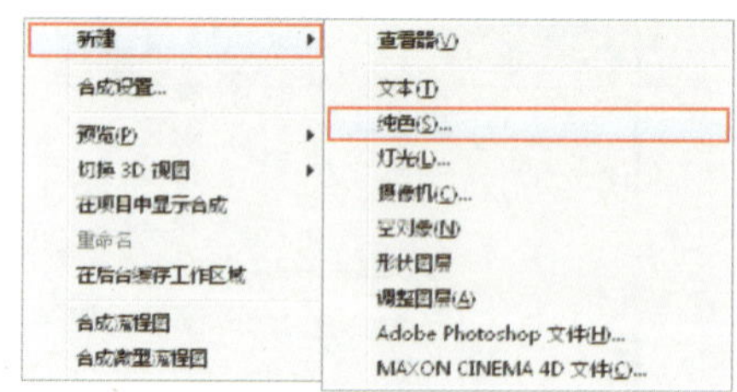

图 6-44

（2）在弹出的【纯色设置】对话框中设置【名称】为【背景】，【宽度】为720像素，【高度】为576像素，【颜色】为黑色（R：0，G：0，B：0），然后单击【确定】按钮，如图6-45所示。

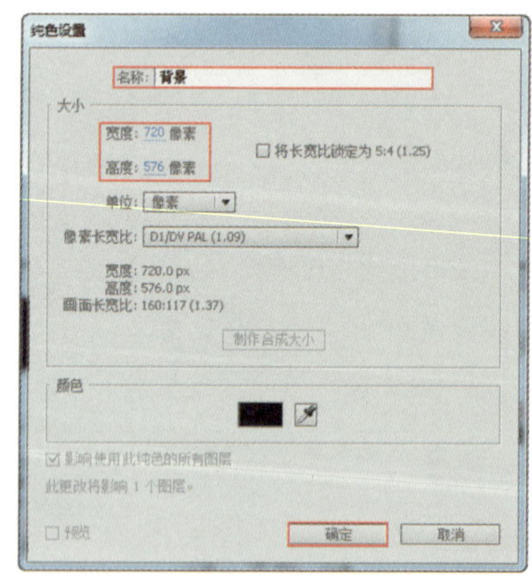

图 6-45

（3）为【背景】图层添加【梯度渐变】效果，然后在【效果控件】面板中设置【渐变形状】为【径向渐变】，【渐变起点】为（208.0,0.0），【起始颜色】为浅红色（R：149，G：89，B：89）。设置【渐变终点】为（468.0,627.0），【结束颜色】为深红色（R：32，G：0，B：1），如图6-46所示。此时效果如图6-47所示。

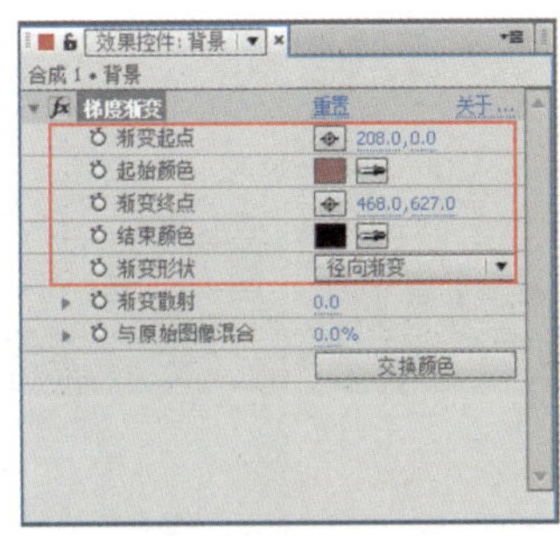

图 6-46

图 6-47

2. 制作粒子效果

（1）新建一个纯色层，并设置【名称】为【粒子】，【宽度】为 720 像素，【高度】为 576 像素，【颜色】为浅红色（R：231，G：79，B：80），然后单击【确定】按钮，如图 6-48 所示。此时效果如图 6-49 所示。

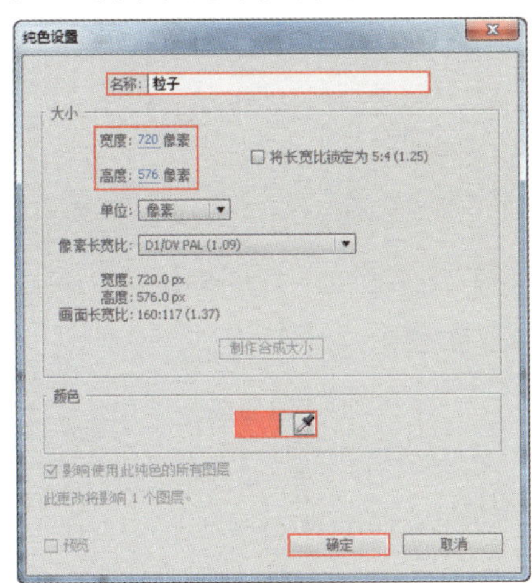

图 6-48

图 6-49

（2）为【粒子】图层添加【CC Particle World（CC 粒子世界）】效果，然后在【效果控件】面板中设置【Birth Rate（出生率）】为 1.5，【Longevity（sec）（寿命 / 秒）】为 4。接着设置【Particle（粒子）】属性下的【Particle Type（粒子类型）】为【Lens Convex（凸面镜）】，设置【Birth Size（出生大小）】为 1，【Death Size（死亡大小）】为 0.7，【Size Variation（大小变化）】为 31%，如图 6-50 所示。此时效果如图 6-51 所示。

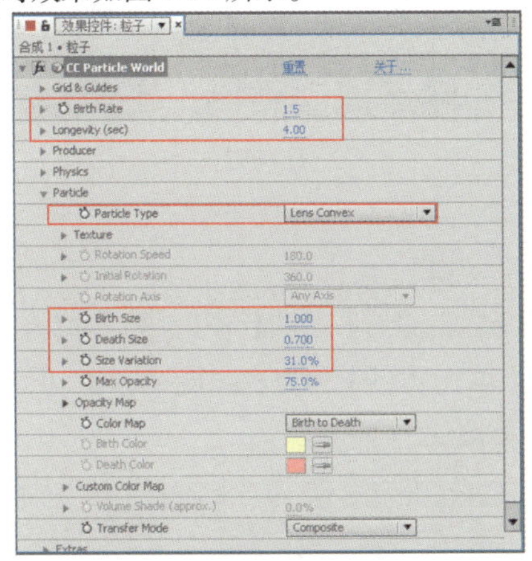

图 6-50

图 6-51

（3）在【效果控件】面板中设置【Producer（生产者）】下的【Position Y（Y 轴位置）】为 0.51，【Radius X（X 轴半径）】为 2.665。接着设置【Physics（物理）】下的【Velocity（速率）】为 1.8，【Gravity（重力）】为 0，如图 6-52 所示。此时效果如图 6-53 所示。

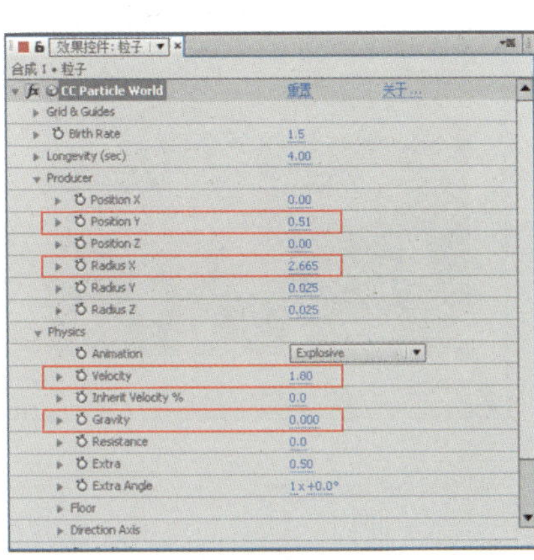

图 6-52

图 6-53

3. 添加可爱文字

（1）选择T【横排文字】工具，然后在【合成】窗口中输入文字，并设置合适的【字体系列】和【字体大小】，接着设置【填充颜色】为黑色（R：0，G：0，B：0），如图 6-54 所示。

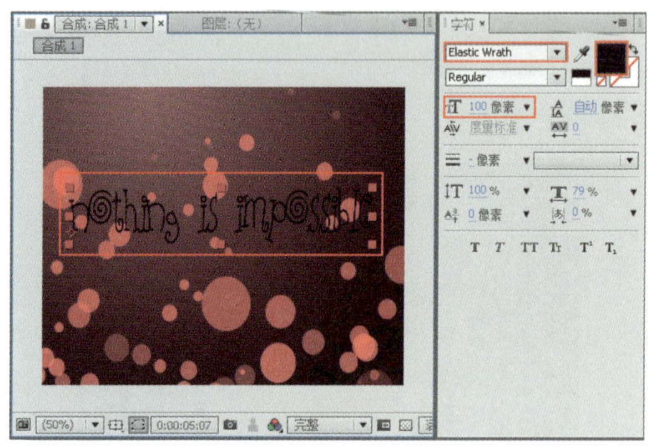

图 6-54

（2）使用同样的方法制作剩余的文本图层，然后设置合适的【字体系列】和【字体大小】，并设置【填充颜色】为白色（R：255，G：255，B：255），如图 6-55 所示。

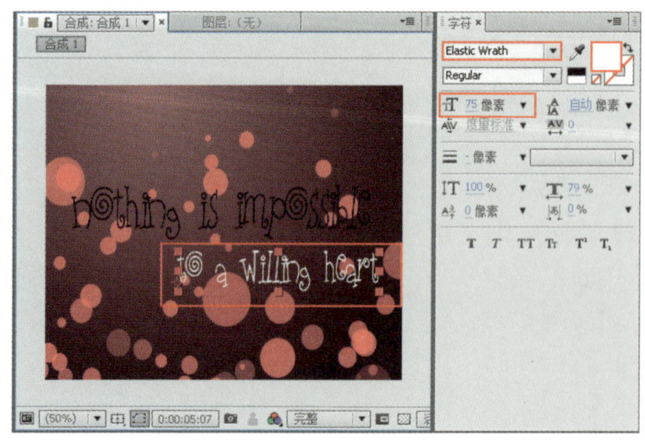

图 6-55

（3）此时拖动时间线滑块查看最终效果，如图 6-56 所示。

图 6-56

6.4 添加文字属性

在创建文本图层后，可以为文字添加不同的属性，可以用于制作相关动画等效果。

（1）在添加了文本图层后，在文本图层下单击【文本】后面的【动画】，如图 6-57 所示。即可在弹出的菜单中选择需要添加的属性，如图 6-58 所示。

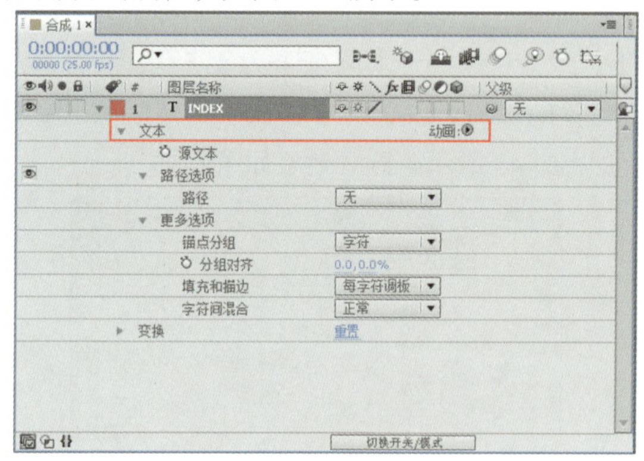

图 6-57

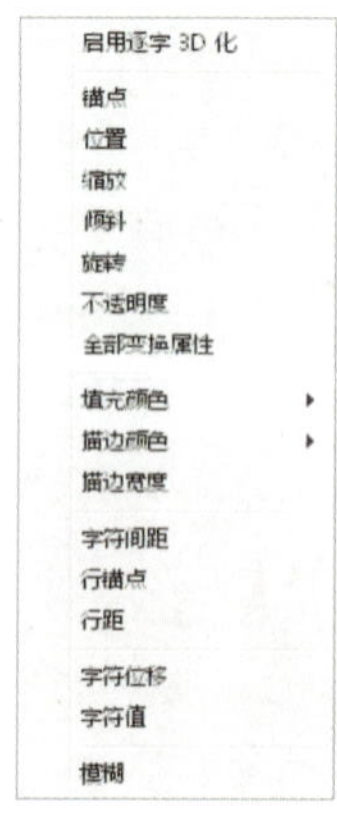

图 6-58

（2）添加属性后，在该文本图层下会出现一个【动画制作工具 1】属性栏，如图 6-59 所示。

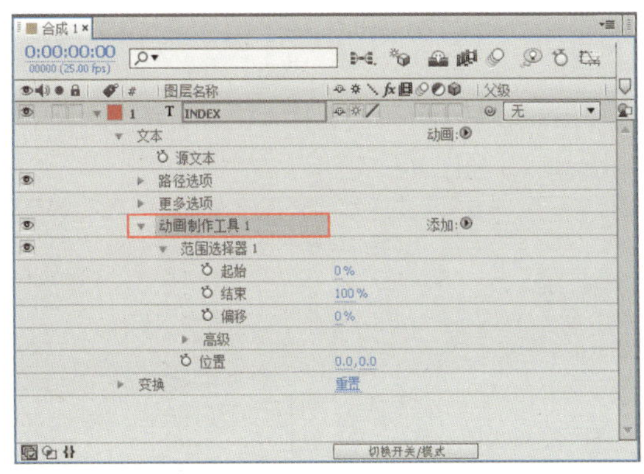

图 6-59

求生秘籍——软件技能：添加文字动画属性会出现动画制作工具属性

继续选择该文本图层，并添加【动画】属性，则会依次出现【动画制作工具 2】、【动画制作工具 3】等。

（3）单击【动画制作工具】后面的【添加】，然后可以继续添加【属性】，或者添加【选择器】，如图 6-60 所示。

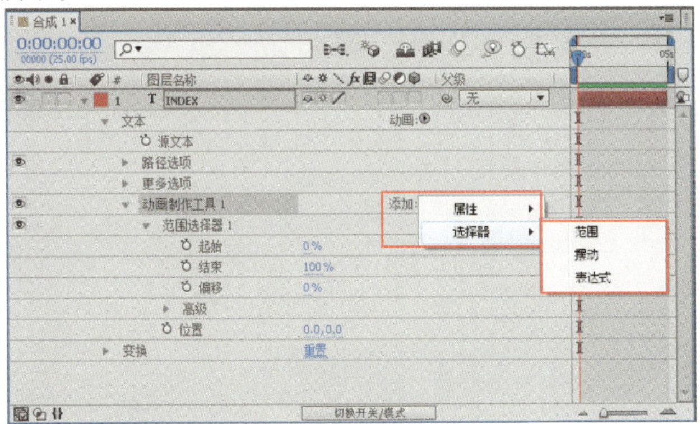

图 6-60

重点 进阶案例：随机文字动画

案例文件	进阶案例：随机文字动画 .aep
视频教学	DVD/ 多媒体教学 /Chapter06/ 进阶案例：随机文字动画 .flv
难易指数	★★☆☆☆
技术掌握	掌握文字动画属性的应用

案例分析：

在本案例中，主要使用文本图层下的【添加动画属性】功能制作随机文字动画效果，最终渲染效果如图 6-61 所示。

图 6-61

思路解析如图 6-62 所示。

图 6-62

制作步骤：

1. 制作投影文字

（1）新建合成。设置【合成名称】为【合成 1】,【宽度】为 720 像素，【高度】为 576 像素，【像素长宽比】为【方形像素】，【帧速率】为 25 帧 / 秒，【持续时间】为 5 秒，最后单击【确定】按钮，然后在【项目】窗口中的空白处双击鼠标左键，在弹出的窗口中选择所需素材文件，然后单击【导入】按钮，如图 6-63 所示。

图 6-63

（2）将【项目】窗口中的【背景 .jpg】素材文件拖拽到【时间线】窗口中，并设置【缩放】为 80%，如图 6-64 所示。

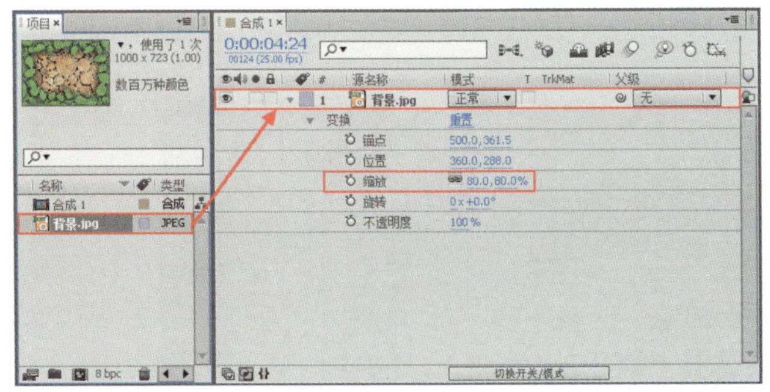

图 6-64

（3）选择 T【横排文字】工具，然后在【合成】窗口中输入文字，并设置合适的【字体系列】和【字体大小】，接着设置【填充颜色】为绿色（R：78，G：175，B：0），如图 6-65 所示。

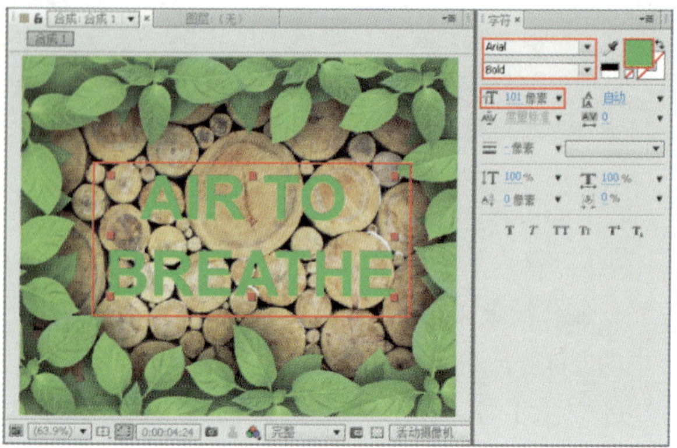

图 6-65

（4）将【效果和预设】面板中的【投影】效果添加到文本图层上，如图 6-66 所示。

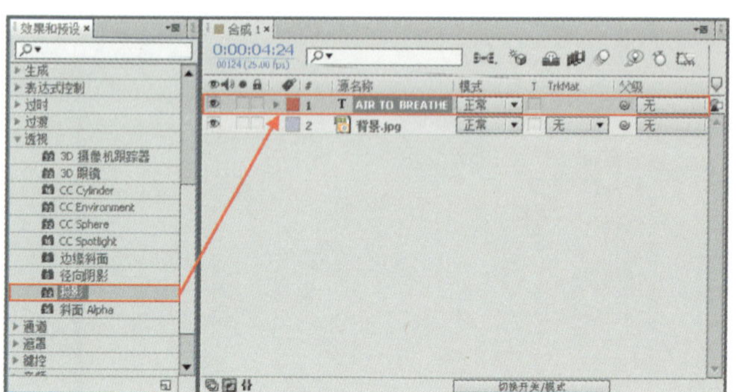

图 6-66

（5）选择文本图层，然后在【效果控件】面板中设置【投影】效果的【不透明度】为 70%，【柔和度】为 15，如图 6-67 所示。此时效果如图 6-68 所示。

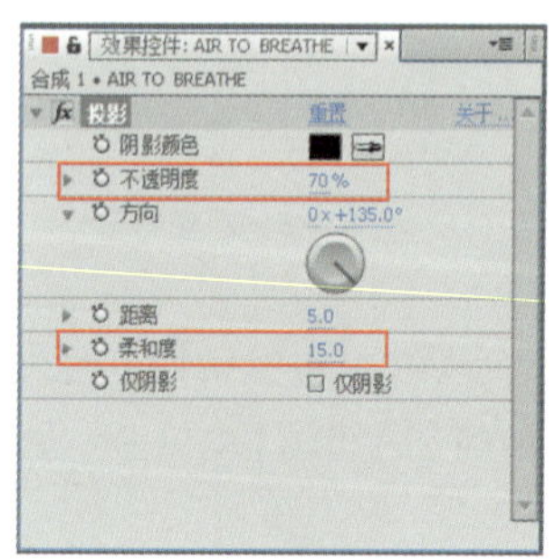

图 6-67

图 6-68

2. 制作文字动画

（1）打开文本图层，然后单击【文本】后面的【动画】，接着在弹出的菜单中分两次选择【位置】和【旋转】属性，进行属性添加，如图 6-69 所示。

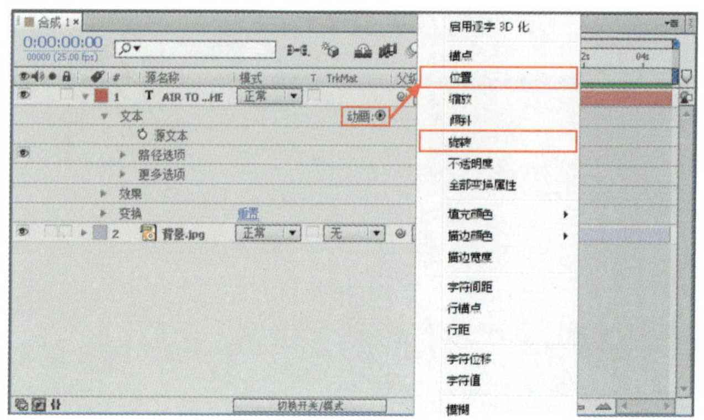

图 6-69

（2）设置新添加的【位置】属性为（1725.0，－100.0），【旋转】属性为 2x0°，如图 6-70 所示。

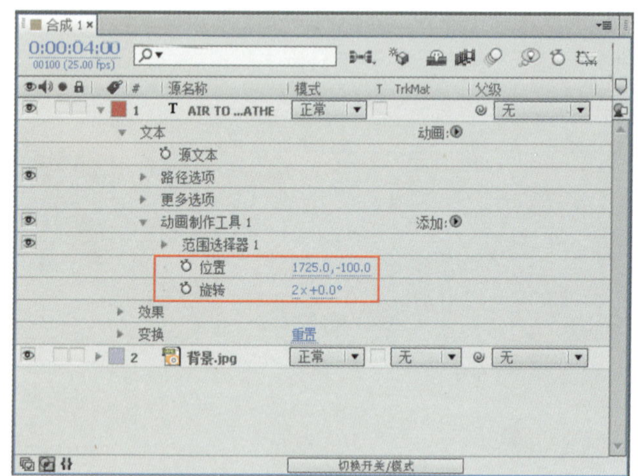

图 6-70

（3）将时间线拖到起始帧，单击【范围选择器 1】属性下【偏移】的按钮，并设置为 0%；然后将时间线拖到第 4 秒 02 帧，设置【偏移】为 100，如图 6-71 所示。

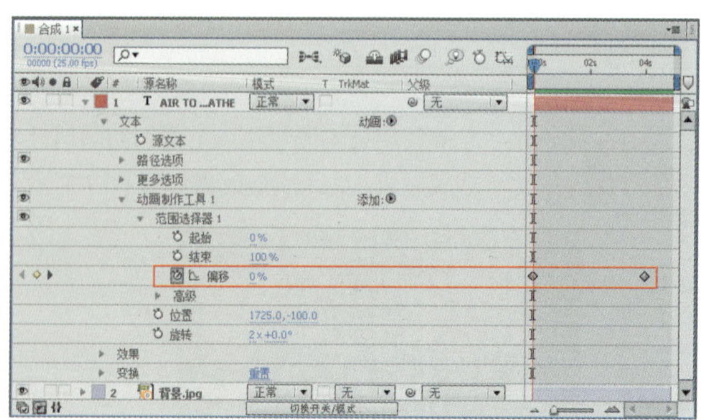

图 6-71

（4）选择两个关键帧，接着在关键帧上单击鼠标右键，并在弹出的菜单中执行【关键帧辅助】/【缓动】命令，如图 6-72 所示。

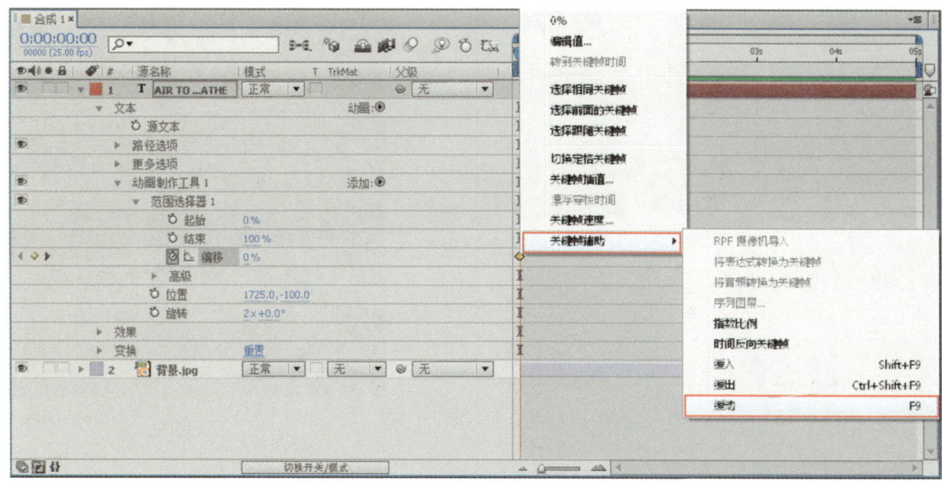

图 6-72

（5）此时关键帧的样式已经发生变化，接着打开【高级】选项，并设置【依据】为【不包含空格的字符】，【缓和高】为 25%，【缓和低】为 25%，【随机排序】为开，如图 6-73 所示。

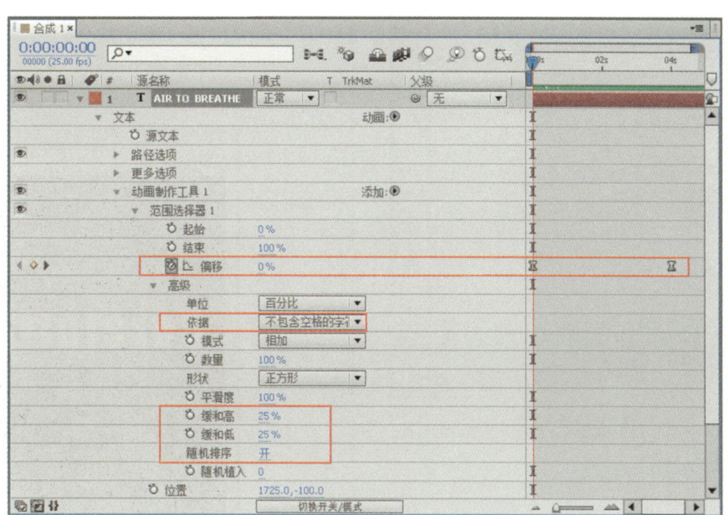

图 6-73

（6）此时拖动时间线滑块查看当前效果，如图 6-74 所示。

图 6-74

（7）单击【动画制作工具 1】后面的【添加】，然后在弹出的菜单中执行【选择器】/【摆动】，如图 6-75 所示。

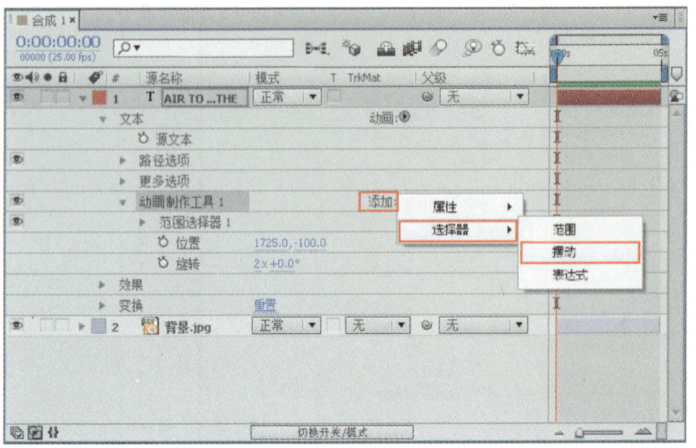

图 6-75

（8）打开添加的【摆动选择器 1】属性，然后设置【摇摆 / 秒】为 0.1，如图 6-76 所示。

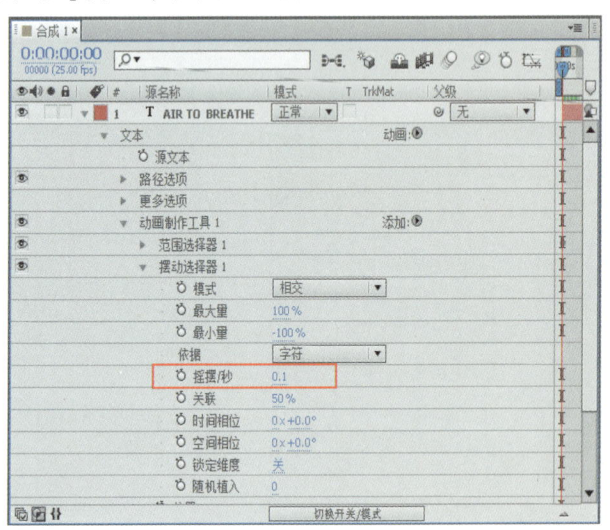

图 6-76

（9）将时间线拖到起始帧，然后单击文本图层下【不透明度】前面的⏱按钮，并设置【不透明度】为 0%；接着将时间线拖到第 1 秒，设置【不透明度】为 100%，如图 6-77 所示。

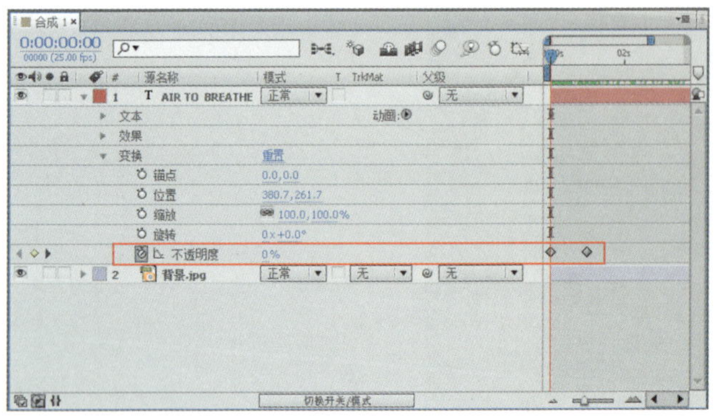

图 6-77

（10）此时拖动时间线滑块查看最终效果，如图 6-78 所示。

图 6-78

6.5 路径文字

在创建文本图层后，可以为文本图层添加遮罩路径，并能够使该层内的文字沿绘制的路径进行排列和运动，从而产生路径文字动画效果。

（1）首先在文本图层上绘制一个遮罩路径，如图 6-79 所示。

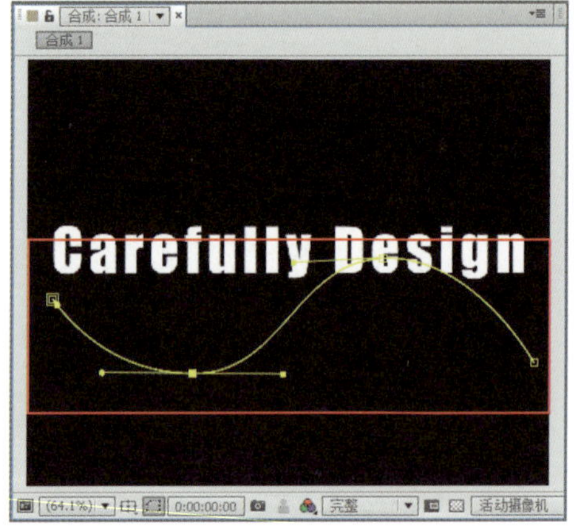

图 6-79

（2）然后打开文本图层下的【文本】/【路径选项】，并设置【路径】为【蒙版 1】，如图 6-80 所示。

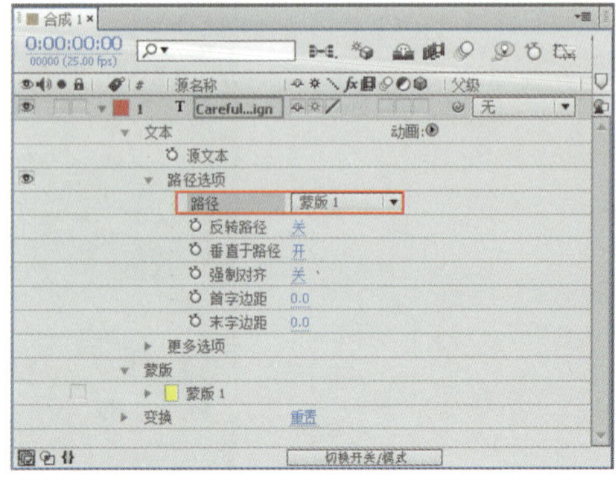

图 6-80

（3）此时文字已经沿遮罩路径垂直排列，如图 6-81 所示。

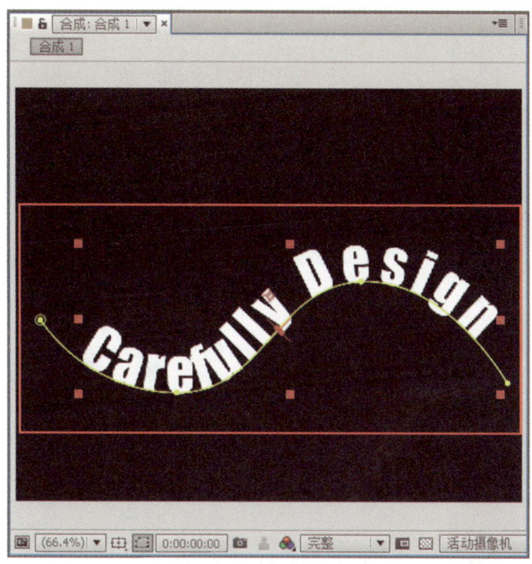

图 6-81

在为文本图层添加路径后，设置该层下路径的相关参数，如图 6-82 所示。

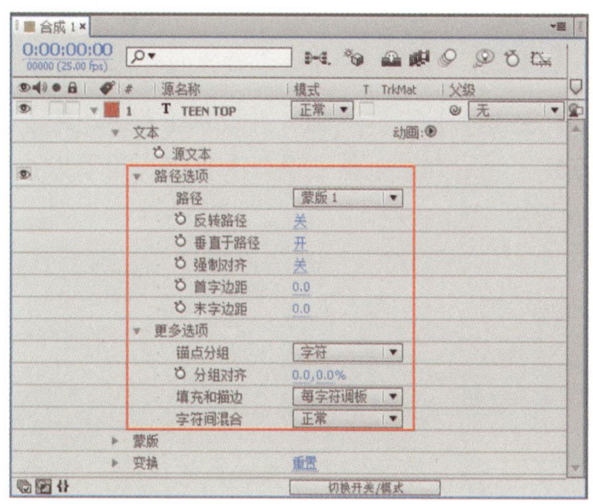

图 6-82

重点参数提醒：

路径：设置文字跟随的路径。

反转路径：可以控制是否反转路径。

垂直于路径：设置文字是否垂直于路径。

强制对齐：开启强制对齐，可以使文字与路径的首尾对齐。

首字边距：设置首字的边距大小。

锚点分组：设置文字锚点的分组依据，包括【字符】、【词】、【行】和【全部】。

分组对齐：设置文字锚点的分组对齐程度。

填充和描边：设置填充和描边的显示次序。

字符间混合：设置字符间的混合模式。

重点 进阶案例：彩色旋转文字

案例文件	进阶案例：彩色旋转文字 .aep
视频教学	DVD/ 多媒体教学 /Chapter06/ 进阶案例：彩色旋转文字 .flv
难易指数	★★☆☆☆
技术掌握	掌握制作路径文字的方法

案例分析：

在本案例中，主要使用文字路径、图层样式和关键帧制作彩色旋转文字，最终的渲染效果，如图 6-83 所示。

图 6-83

思路解析如图 6-84 所示。

图 6-84

制作步骤：

1. 制作背景

（1）新建合成。设置【合成名称】为【合成 1】，【宽度】为 720 像素，【高度】为 576 像素，【像素长宽比】为【方形像素】，【帧速率】为 25 帧 / 秒，【持续时间】为 5 秒，最后单击【确定】按钮。然后在【项目】窗口中的空白处双击鼠标左键，在弹出的窗口中选择所需素材文件，然后单击【导入】按钮，如图 6-85 所示。

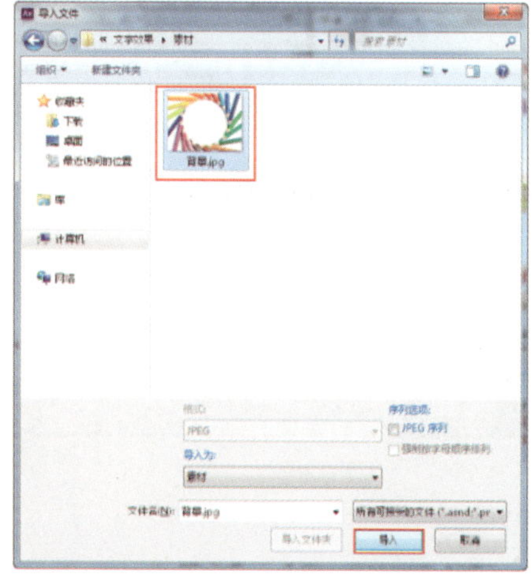

图 6-85

（2）将【项目】窗口中的【背景.jpg】素材文件拖拽到【时间线】窗口中，并设置【缩放】为 60%，如图 6-86 所示。

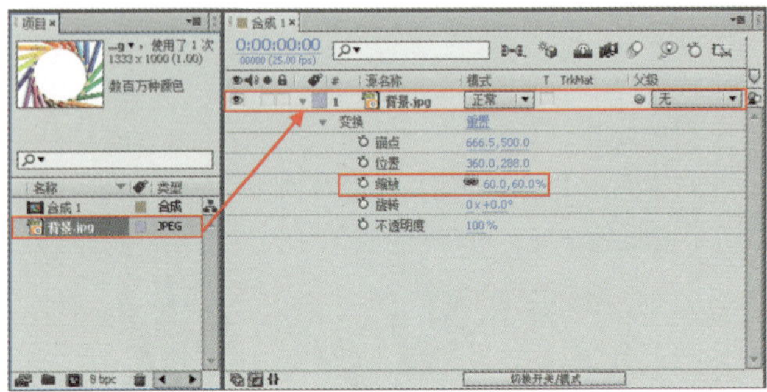

图 6-86

（3）此时在【合成】窗口中查看当前效果，如图 6-87 所示。

图 6-87

2. 制作路径文字

（1）选择【横排文字】工具，然后在【合成】窗口中输入文字，并设置合适的【字体系列】和【字体大小】，【填充颜色】为黑色（R：0，G：0，B：0），接着单击【仿粗体】按钮，如图 6-88 所示。

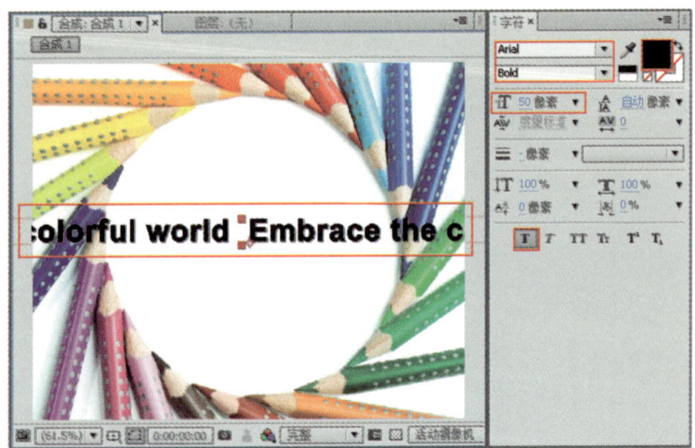

图 6-88

（2）选择【椭圆】工具，然后按住 <Shift> 键，在文本图层上绘制一个圆形遮罩，如图 6-89 所示。

图 6-89

求生秘籍——技巧提示：按照遮罩调整文字属性

在为文本图层制作路径遮罩时，可以在文本图层上先绘制遮罩，然后再按照遮罩调整文字的【字体大小】。

（3）打开文本图层下的【文本】/【路径选项】，然后设置【路径】为【蒙板 1】。接着将时间线拖到起始帧，单击【首字边距】的按钮，并设置【首字边距】为 0；最后将时间线拖到结束帧，设置【首字边距】为 600，如图 6-90 所示。

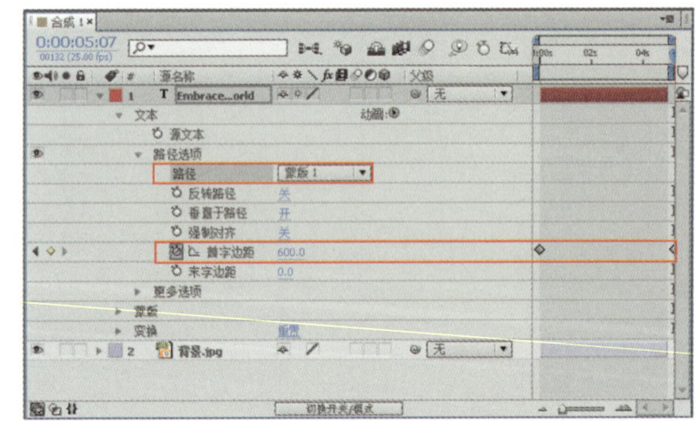

图 6-90

（4）此时拖动时间线滑块查看当前效果，如图 6-91 所示。

图 6-91

（5）选择文本图层，然后在菜单栏中执行【图层】/【图层样式】/【渐变叠加】命令，如图 6-92 所示。

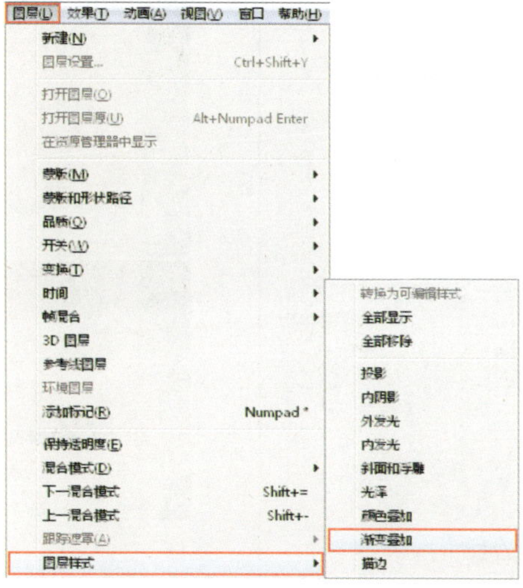

图 6-92

（6）打开文本图层下的【图层样式】/【渐变叠加】，然后单击【颜色】后面的【编辑渐变 ...】，接着在弹出的【渐变编辑器】对话框中设置颜色渐变效果，最后单击【确定】按钮，如图 6-93 所示。

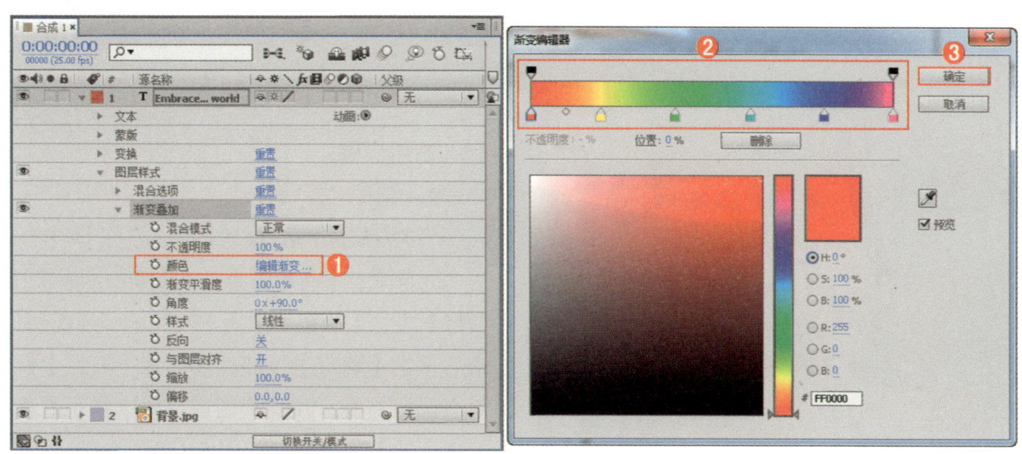

图 6-93

（7）选择文本图层，然后在菜单栏中执行【图层】/【图层样式】/【投影】，如图 6-94 所示。此时效果如图 6-95 所示。

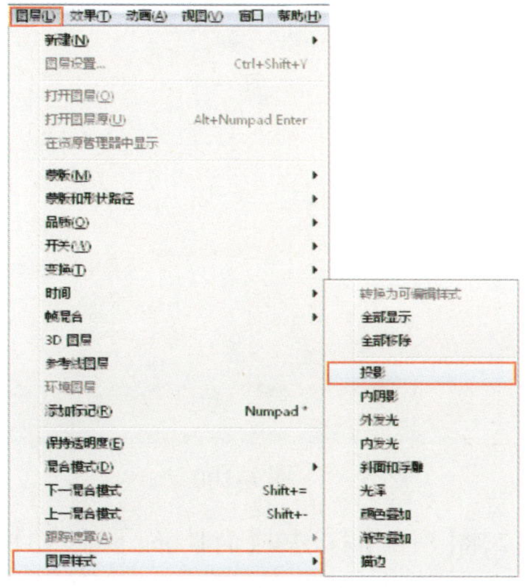

图 6-94

图 6-95

（8）选择 T【横排文字】工具，然后在【合成】窗口中输入文字，并设置合适的【字体系列】和【字体大小】，设置【填充颜色】为黄色（R：255，G：234，B：0），设置【描边颜色】为橙色（R：255，G：138，B：0），接着设置【描边宽度】为19，【类型】为【在描边上填充】，最后单击 T【仿粗体】按钮，如图 6-96 所示。

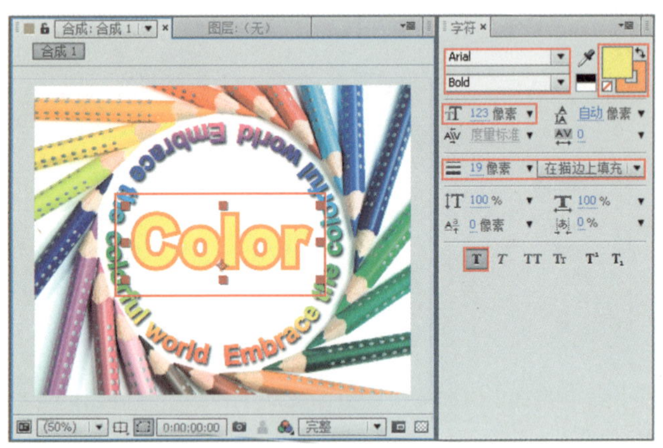

图 6-96

（9）此时拖动时间线滑块查看最终效果，如图 6-97 所示。

图 6-97

重点 进阶案例：手写文字效果

案例文件	进阶案例：手写文字效果 .aep
视频教学	DVD/ 多媒体教学 /Chapter06/ 进阶案例：手写文字效果 .flv
难易指数	★★☆☆☆
技术掌握	掌握手写文字的制作

案例分析：

在本案例中，主要使用路径遮罩、描边效果和关键帧制作手写文字效果，最终的渲染效果，如图 6-98 所示。

图 6-98

思路解析如图 6-99 所示。

图 6-99

制作步骤：

1. 制作背景

（1）新建合成。设置【合成名称】为【合成 1】，【宽度】为 720 像素，【高度】为 576 像素，【像素长宽比】为【方形像素】，【帧速率】为 25 帧 / 秒，【持续时间】为 5 秒，最后单击【确定】按钮，然后在【项目】窗口中的空白处双击鼠标左键，在弹出的窗口中选择所需素材文件，然后单击【导入】按钮，如图 6-100 所示。

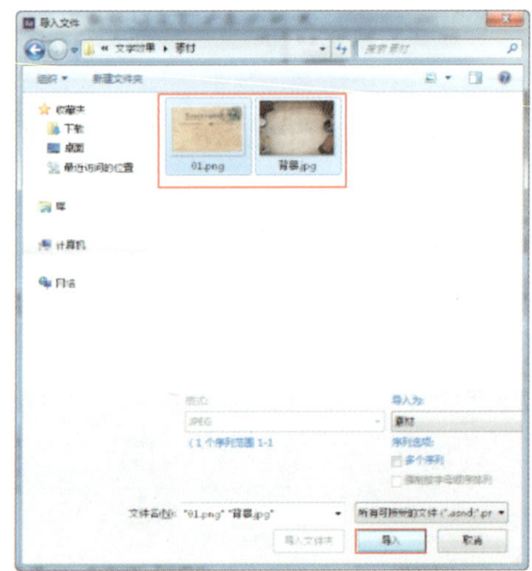

图 6-100

（2）将【项目】窗口中的【背景.jpg】素材文件拖拽到【时间线】窗口中，并设置【缩放】为 82%，如图 6-101 所示。

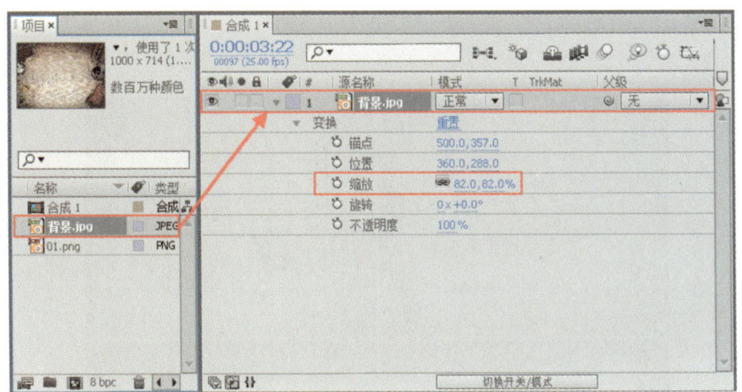

图 6-101

（3）将【项目】窗口中的【01.png】素材文件拖拽到【时间线】窗口中，并设置【位置】为（360.0,311.0），如图 6-102 所示。此时效果如图 6-103 所示。

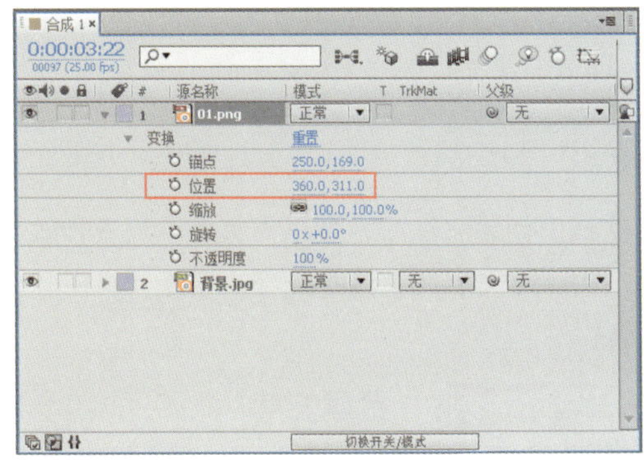

图 6-102

图 6-103

（4）为【01.png】图层添加【投影】效果，然后在【效果控件】面板中设置【不透明度】为 100%，【方向】为 143°，【柔和度】为 40，如图 6-104 所示。此时效果如图 6-105 所示。

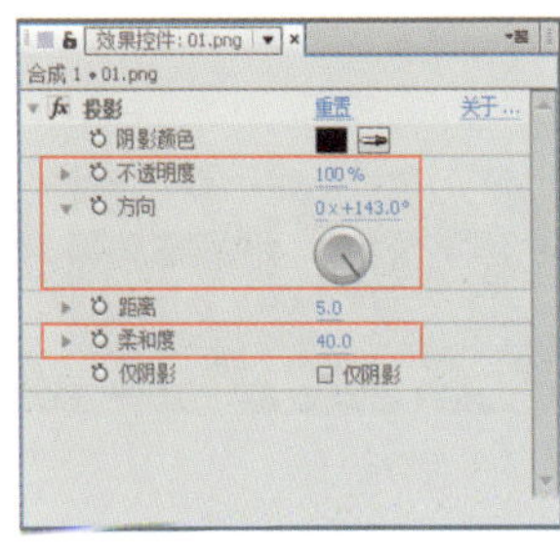

图 6-104

图 6-105

2. 制作手写效果

（1）选择【横排文字】工具，然后在【合成】窗口中输入文字，并设置合适的【字体系列】和【字体大小】，接着设置【填充颜色】为黑色（R：0，G：0，B：0），最后单击【仿粗体】按钮，如图 6-106 所示。

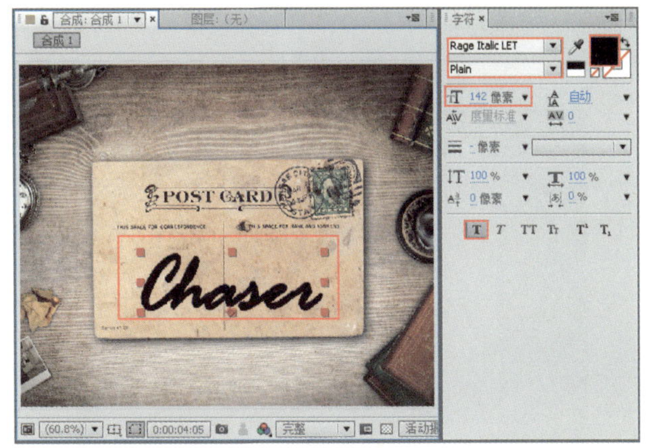

图 6-106

（2）利用【钢笔】工具和【转换顶点】工具按照文字在文字图层上绘制路径遮罩，如图 6-107 所示。

图 6-107

第 6 章

求生秘籍——技巧提示：创建绘制路径遮罩的参照层

文本图层中文字的主要目的是方便按照文字绘制路径遮罩。所以同样的方法，我们可以绘制许多其他文字或图案的路径遮罩。

（3）为文本图层添加【描边】效果，然后在【效果控件】面板中设置【颜色】为黑色（R：0，G：0，B：0），【画笔大小】为6，【绘画样式】为【在透明背景上】，如图6-108所示。此时效果如图6-109所示。

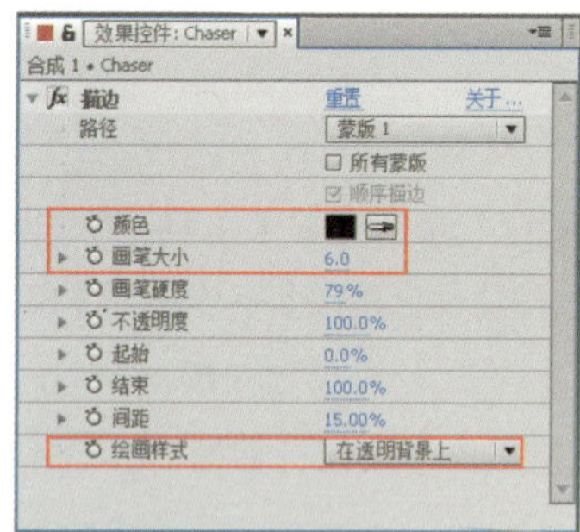

图 6-108

图 6-109

（4）打开文本图层下的【描边】效果，然后将时间线拖到起始帧，单击【结束】前面的⏱按钮，并设置【结束】为0%；接着将时间线拖到第3秒，设置【结束】为100%，如图6-110所示。

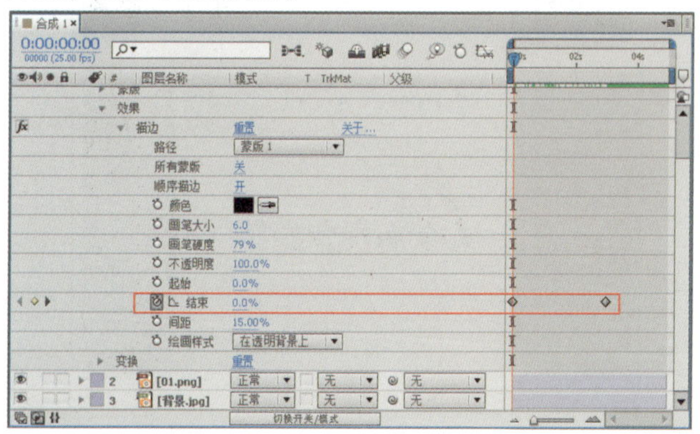

图 6-110

（5）此时拖动时间线滑块查看最终效果，如图6-111所示。

图 6-111

6.6 效果与文字

在项目中创建文字后，可以为文字添加各种效果和图层样式，从而使文字产生具有渐变、反光、斜面和厚度等视觉效果。

重点▶▶进阶案例：金属文字

案例文件	进阶案例：金属文字 .aep
视频教学	DVD/ 多媒体教学 /Chapter06/ 进阶案例：金属文字 .flv
难易指数	★★☆☆☆
技术掌握	掌握文字与效果的结合使用

案例分析：

在本案例中，主要使用【梯度渐变】、【斜面 Alpha】和【CC Light Sweep（CC扫光）】效果制作金属文字，最终渲染效果如图6-112所示。

图 6-112

思路解析如图6-113所示。

图 6-113

制作步骤：

1. 制作背景

（1）新建合成。设置【合成名称】为【合成 1】，【宽度】为 720 像素，【高度】为 576 像素，【像素长宽比】为【方形像素】，【帧速率】为 25 帧 / 秒，【持续时间】为 5 秒，最后单击【确定】按钮，然后在【项目】窗口中的空白处双击鼠标左键，在弹出的窗口中选择所需素材文件，然后单击【导入】按钮，如图 6-114 所示。

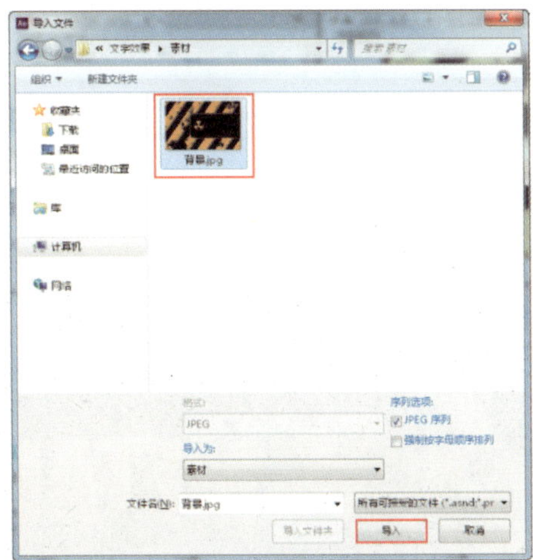

图 6-114

（2）将【项目】窗口中的【背景 .jpg】素材文件拖拽到【时间线】窗口中，并设置【缩放】为 80%，如图 6-115 所示。

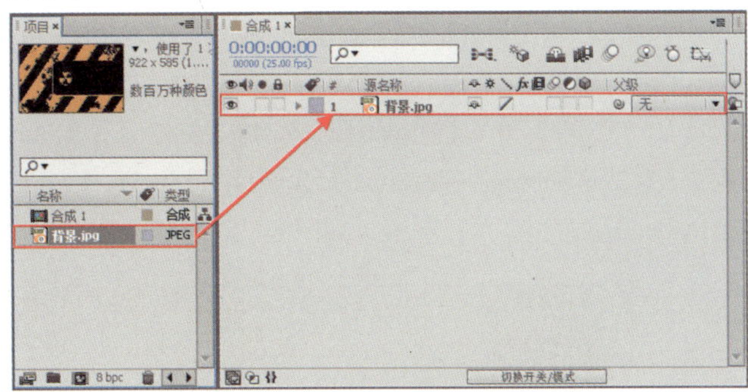

图 6-115

（3）为【背景 .jpg】图层添加【曲线】效果，然后在【效果控件】面板中调整【RGB】曲线的形状，如图 6-116 所示。此时效果如图 6-117 所示。

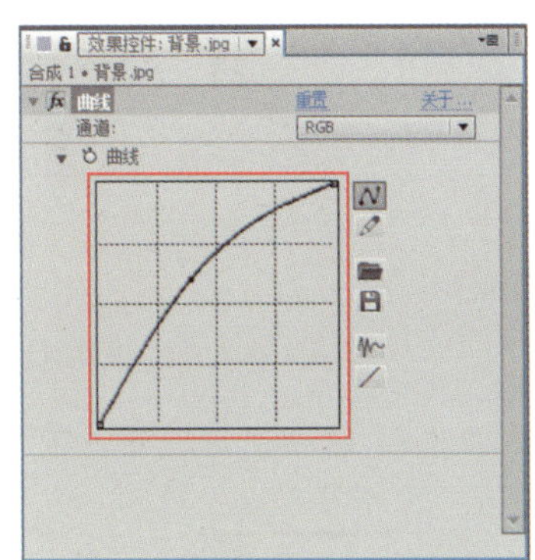

图 6-116

图 6-117

（4）为【背景 .jpg】图层添加【斜面 Alpha】效果，然后在【效果控件】面板中设置【斜面 Alpha】效果的【边缘厚度】为 25，【灯光角度】为 30°，如图 6-118 所示。此时效果如图 6-119 所示。

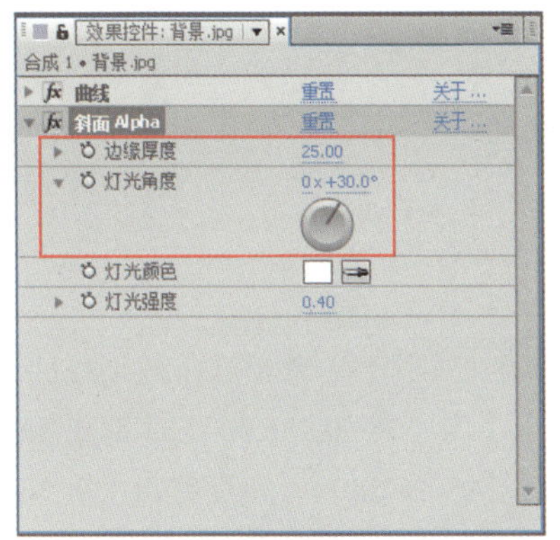

图 6-118

图 6-119

2. 制作金属效果

（1）选择 T【横排文字】工具，然后在【合成】窗口中输入文字，并设置合适的【字体系列】和【字体大小】，如图 6-120 所示。

（2）将【效果和预设】面板中的【梯度渐变】效果添加到文本图层上，如图 6-121 所示。

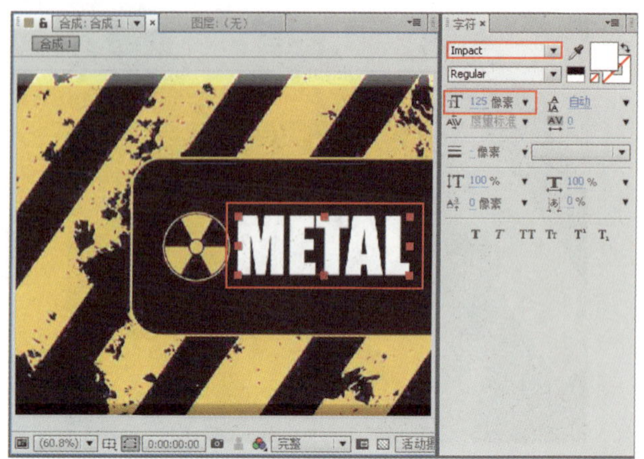

图 6-120

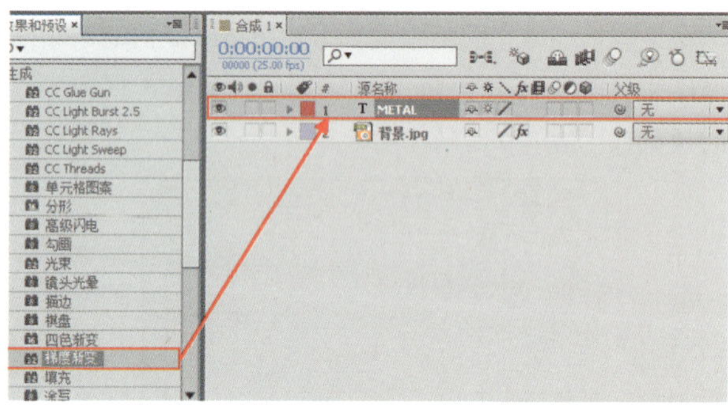

图 6-121

（3）选择文本图层，然后在【效果控件】面板中设置【渐变起点】为（360.0,226.0），【起始颜色】为浅黄色（R：255，G：246，B：149），【渐变终点】为（360.0,340.0），【结束颜色】为深黄色（R：200，G：112，B：5），如图 6-122 所示。此时效果如图 6-123 所示。

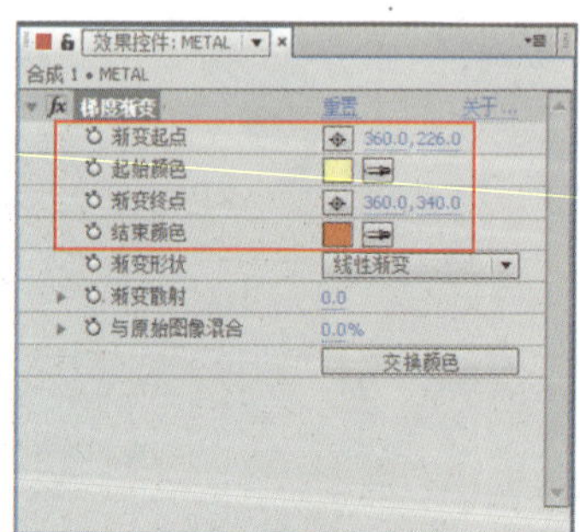

图 6-122

图 6-123

（4）为文本图层添加【斜面 Alpha】效果，然后在【效果控件】面板中设置【斜面 Alpha】效果的【边缘厚度】为 4，如图 6-124 所示。此时效果如图 6-125 所示。

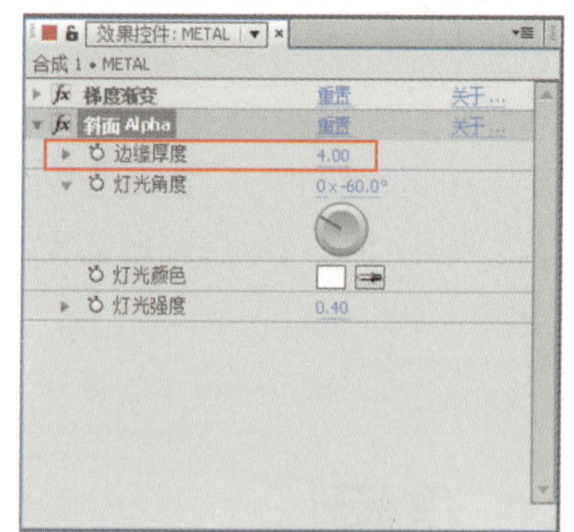

图 6-124

图 6-125

（5）为文本图层添加【CC Light Sweep（CC 扫光）】效果，然后在【效果控件】面板中设置该效果的【Center（中心）】为（532.0,287.0），【Direction（方向）】为 90°，【Width（宽）】为 22，【Sweep Intensity（扫光强度）】为 54，【Edge Intensity（边缘强度）】为 21，如图 6-126 所示。

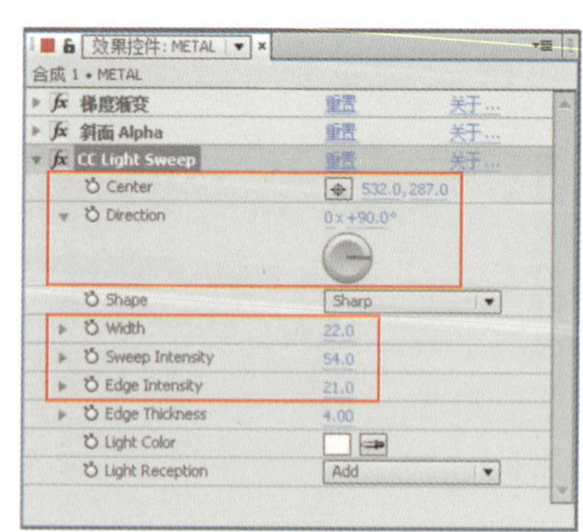

图 6-126

（6）此时在合成窗口中查看最终效果，如图 6-127 所示。

图 6-127

重点▶▶ 进阶案例：凹陷文字效果

案例文件	进阶案例：凹陷文字效果 .aep
视频教学	DVD/ 多媒体教学 /Chapter06/ 进阶案例：凹陷文字效果 .flv
难易指数	★★☆☆☆
技术掌握	掌握对文字使用【图层样式】的方法

案例分析：

在本案例中，主要对文字使用【图层样式】和图层【混合模式】制作凹陷文字效果，最终渲染效果如图 6-128 所示。

图 6-128

思路解析如图 6-129 所示。

图 6-129

制作步骤：

1. 制作书本背景

（1）新建合成。设置【合成名称】为【合成 1】，【宽度】为 720 像素，【高度】为 576 像素，【像素长宽比】为【方形像素】，【帧速率】为 25 帧 / 秒，【持续时间】为 5 秒，最后单击【确定】按钮。然后在【项目】窗口中的空白处双击鼠标左键，在弹出的窗口中选择所需素材文件，然后单击【导入】按钮，如图 6-130 所示。

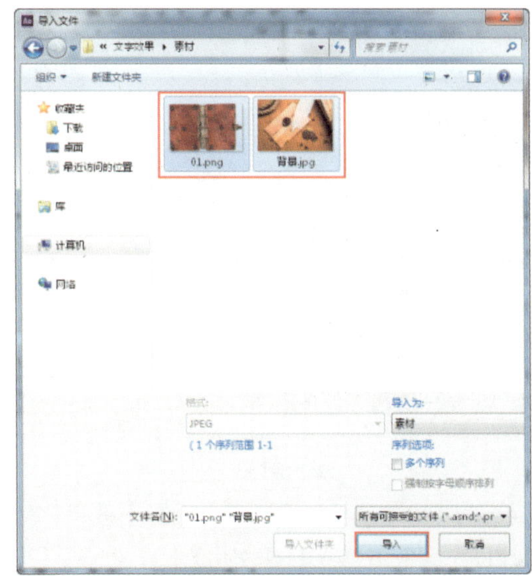

图 6-130

（2）将【项目】窗口中的【背景 .jpg】素材文件拖拽到【时间线】窗口中，并设置【缩放】为 80%，如图 6-131 所示。

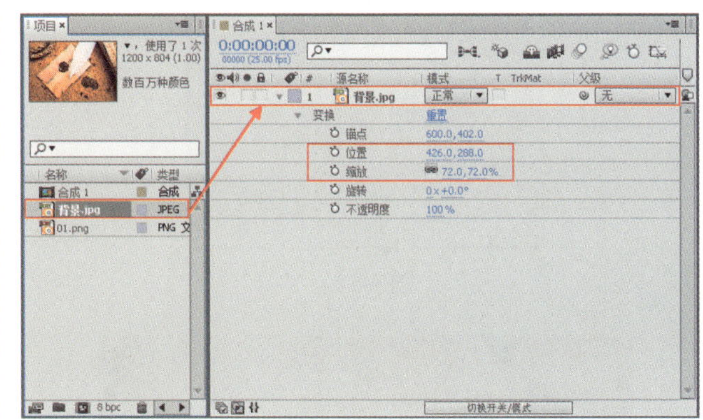

图 6-131

（3）将【项目】窗口中的【01.png】素材文件拖拽到【时间线】窗口中，并设置【缩放】为 42%，【位置】为（280.0,355.0），【旋转】为 – 11°，如图 6-132 所示。此时效果如图 6-133 所示。

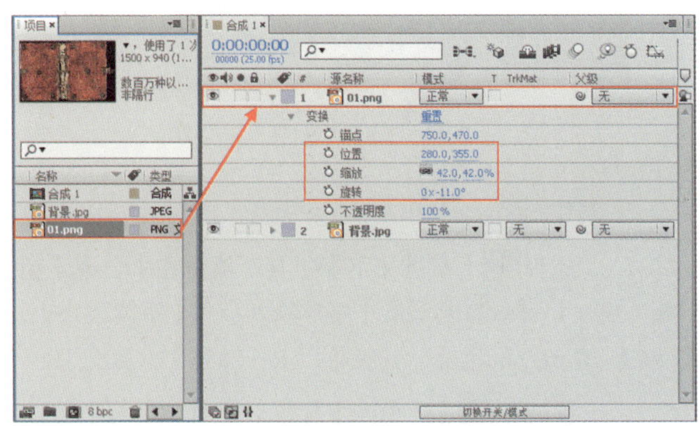

图 6-132

第 6 章

图 6-133

（4）为【01.png】图层添加【投影】效果，然后在【效果控件】面板中设置【不透明度】为 80%，【方向】为 202°，【距离】为 35，【柔和度】为 80，如图 6-134 所示。此时效果如图 6-135 所示。

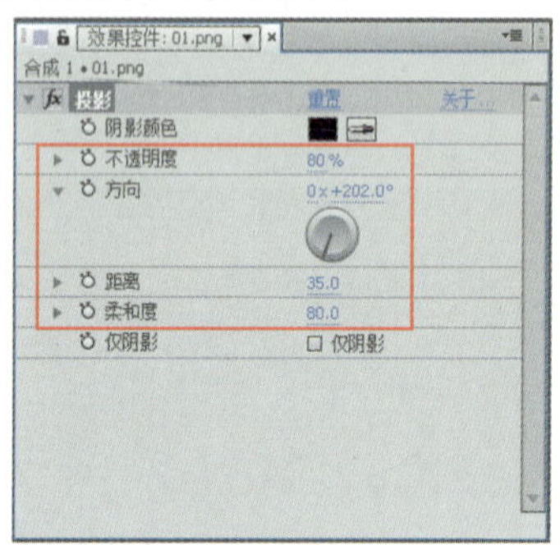

图 6-134

图 6-135

2. 制作凹陷文字

（1）选择 T【横排文字】工具，然后在【合成】窗口输入文字，并设置合适的【字体系列】和【字体大小】，设置【填充颜色】为灰色（R：205，G：205，B：205），接着单击 T【仿粗体】按钮，如图 6-136 所示。

（2）打开文本图层，然后设置【位置】为（393.0,230.0），【旋转】为 – 13°，如图 6-137 所示。

图 6-136

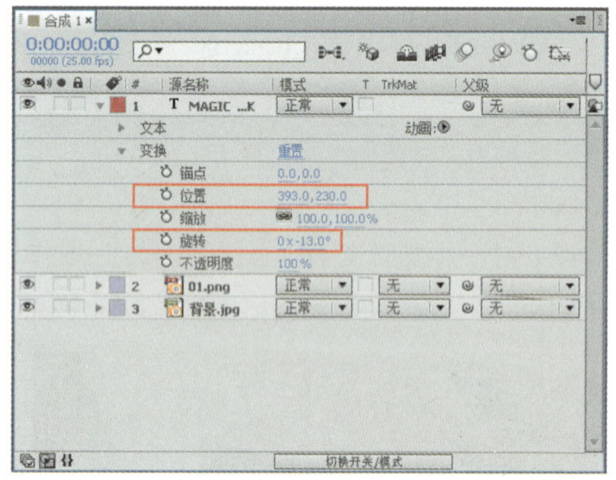

图 6-137

（3）选择【时间线】窗口中的文本图层，然后在菜单栏中执行【图层】/【图层样式】/【内阴影】命令，如图 6-138 所示。此时效果如图 6-139 所示。

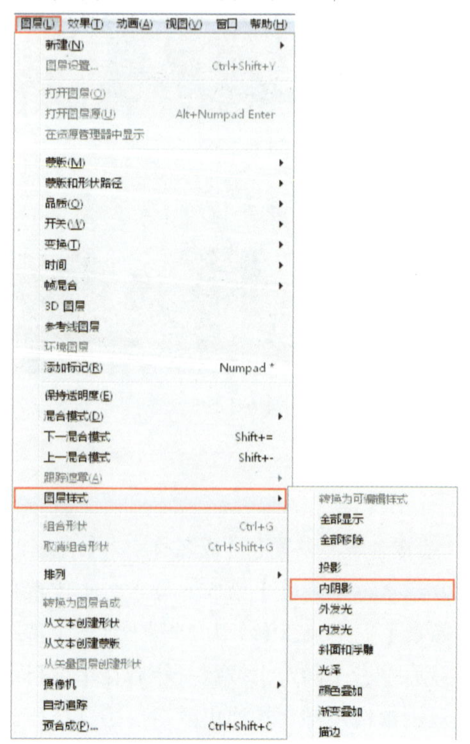

图 6-138

图 6-139

（4）选择【时间线】窗口中的文本图层，然后在菜单栏中执行【图层】/【图层样式】/【斜面和浮雕】命令，如图 6-140 所示。

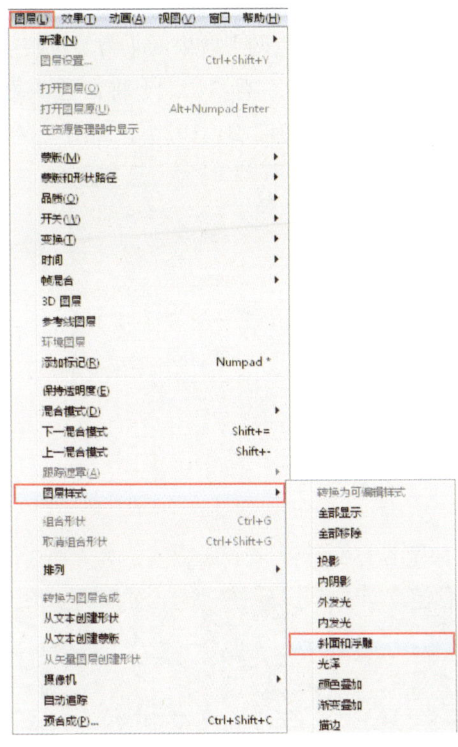

图 6-140

（5）打开文本图层下的【斜面和浮雕】样式，然后设置【样式】为【外斜面】、【方向】为【向下】，【大小】为 1，【柔化】为 1，【高亮模式】为【线性减淡】，【高光不透明度】为 30%，【阴影不透明度】为 30%，如图 6-141 所示。

（6）此时在【合成】窗口中查看当前效果，如图 6-142 所示。

（7）设置【时间线】窗口中文本图层的【混合模式】为【相乘】，如图 6-143 所示。

（8）此时在【合成】窗口中查看最终效果，如图 6-144 所示。

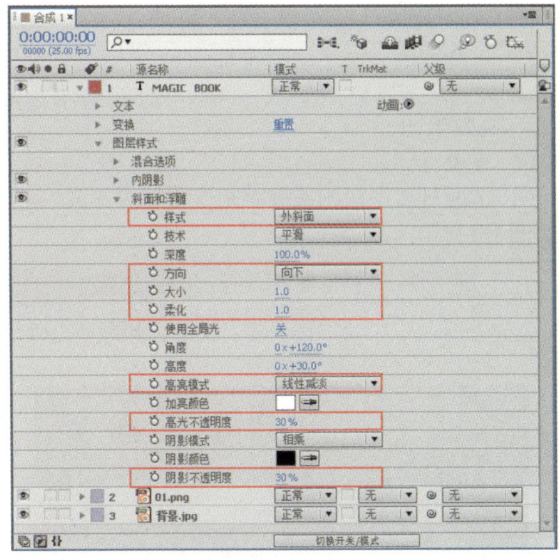

图 6-141

图 6-142

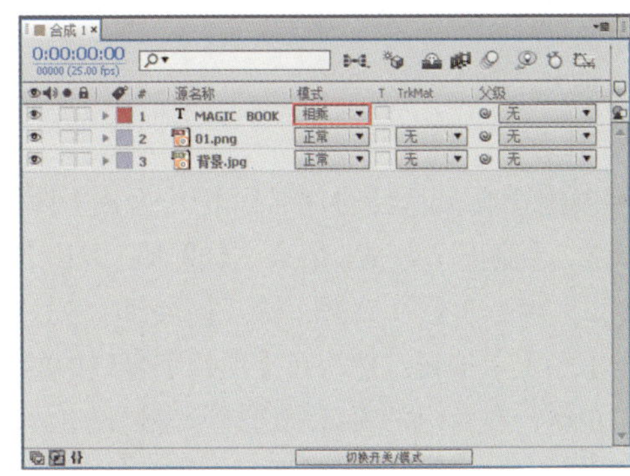

图 6-143

图 6-144

重点 进阶案例：文字动画效果

案例文件	进阶案例：文字动画效果 .aep
视频教学	DVD/ 多媒体教学 /Chapter06/ 进阶案例：文字动画效果 .flv
难易指数	★★☆☆☆
技术掌握	掌握对文字使用关键帧制作动画的方法

案例分析：

在本案例中，主要使用文字、图层样式和关键帧效果制作文字动画效果，最终的渲染效果，如图 6-145 所示。

图 6-145

思路解析如图 6-146 所示。

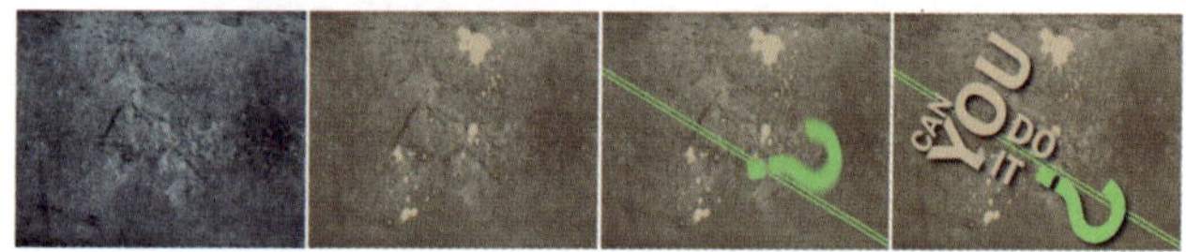

图 6-146

制作步骤：

1. 制作背景

（1）新建合成。设置【合成名称】为【合成 1】，【宽度】为 720 像素，【高度】为 576 像素，【像素长宽比】为【方形像素】，【帧速率】为 25 帧 / 秒，【持续时间】为 5 秒，最后单击【确定】按钮。然后在【项目】窗口中的空白处双击鼠标左键，在弹出的窗口中选择所需素材文件，然后单击【导入】按钮，如图 6-147 所示。

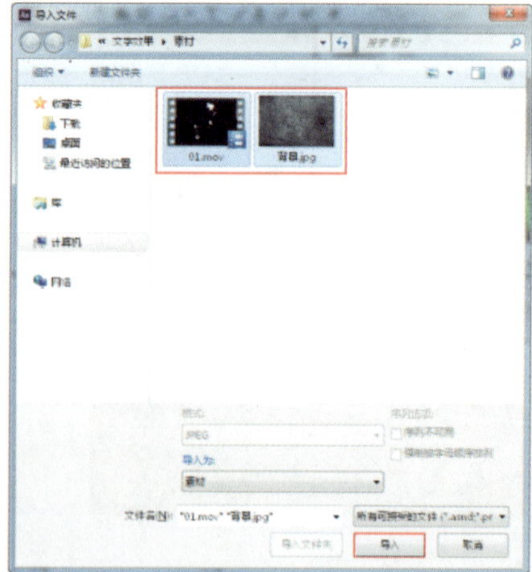

图 6-147

（2）将【项目】窗口中的【背景 .jpg】素材文件拖拽到【时间线】窗口中，并设置【缩放】为 87%，如图 6-148 所示。

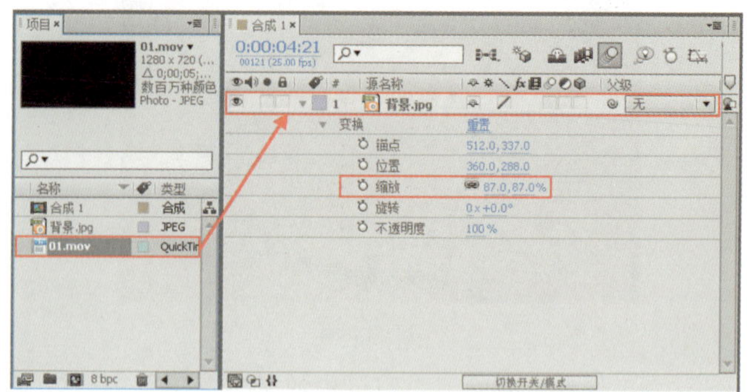

图 6-148

（3）为【背景 .jpg】图层添加【色调】效果，然后在【效果控件】面板中设置【色调】效果的【将黑色映射到】为深褐色（R：66，G：40，B：3），【将白色映射到】为浅褐色（R：208，G：201，B：192），如图 6-149 所示。

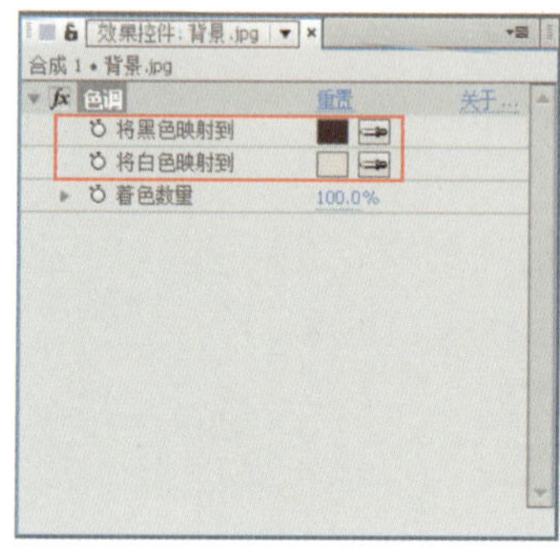

图 6-149

此时效果如图 6-150 所示。

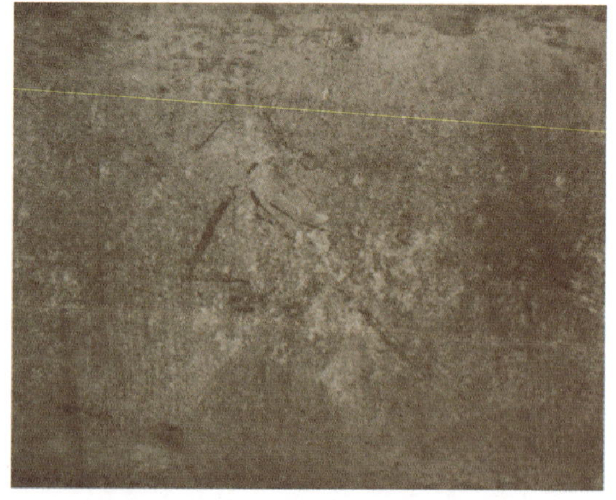

图 6-150

2. 制作路径描边

（1）将【01.mov】素材文件添加到【时间线】窗口中并设置【缩放】为 85%，如图 6-151 所示。此时效果如图 6-152 所示。

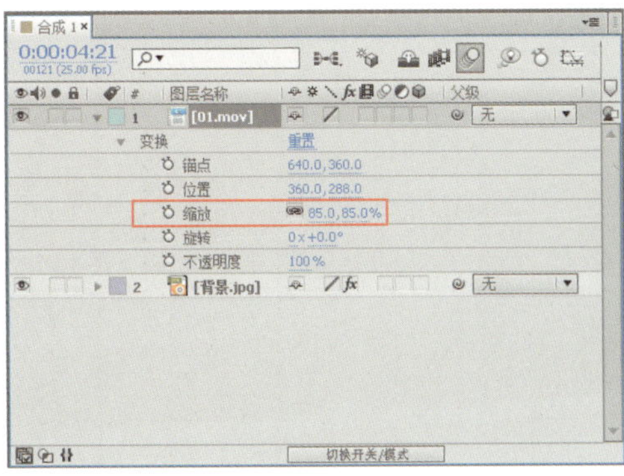
图 6-151

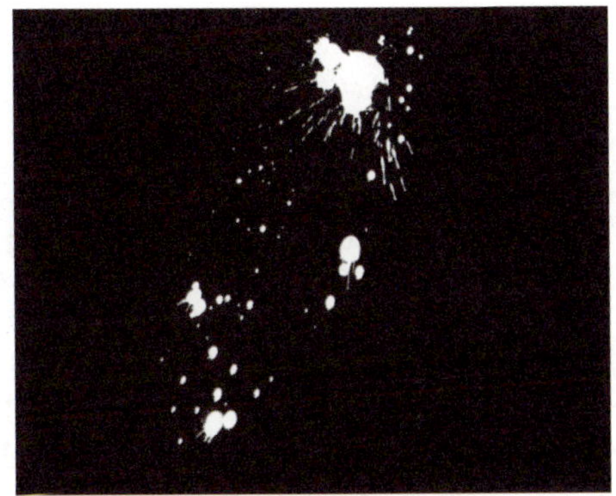
图 6-152

（2）为【01.mov】图层添加【设置通道】效果，然后在【效果控件】面板中设置【将源 4 设置为 Alpha】的选项为【亮度】，如图 6-153 所示。此时效果如图 6-154 所示。

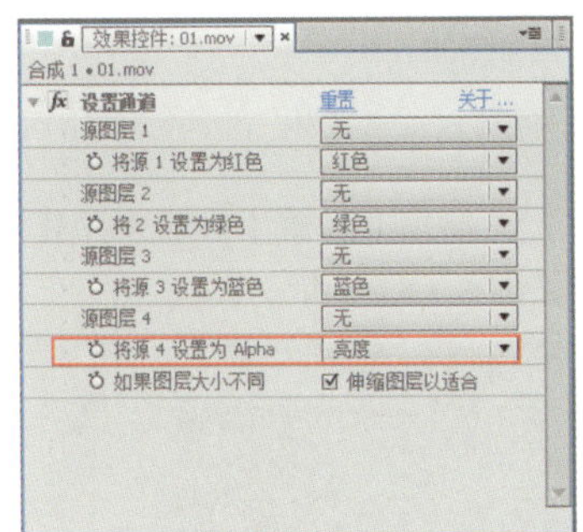
图 6-153

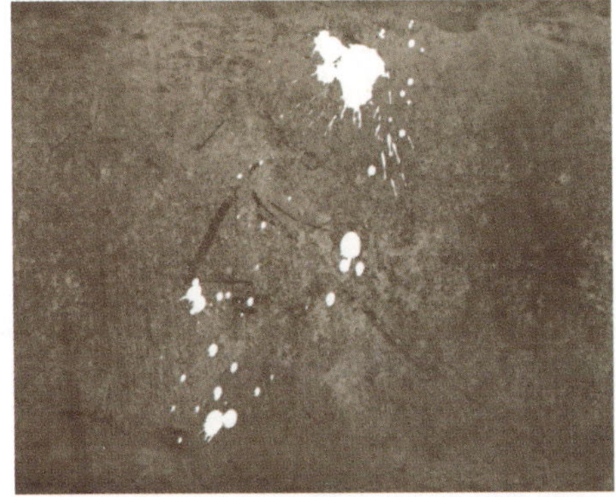
图 6-154

（3）为【01.mov】图层添加【填充】效果，然后在【效果控件】面板中设置【颜色】为浅褐色（R：191，G：168，B：132），如图 6-155 所示。此时效果如图 6-156 所示。

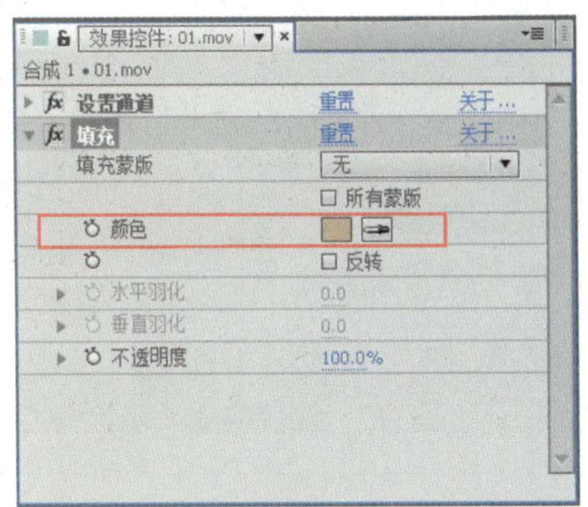
图 6-155

图 6-156

（4）新建一个纯色层，并设置【名称】为【路径】，【宽度】为 720 像素，【高度】为 576 像素，【颜色】为黑色（R：0，G：0，B：0），并单击【确定】按钮，如图 6-157 所示。

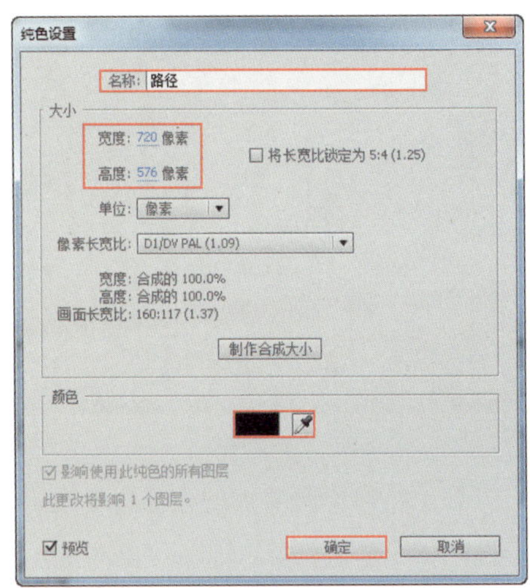
图 6-157

（5）使用【钢笔】工具在【路径】图层上，绘制两条直线，如图 6-158 所示。

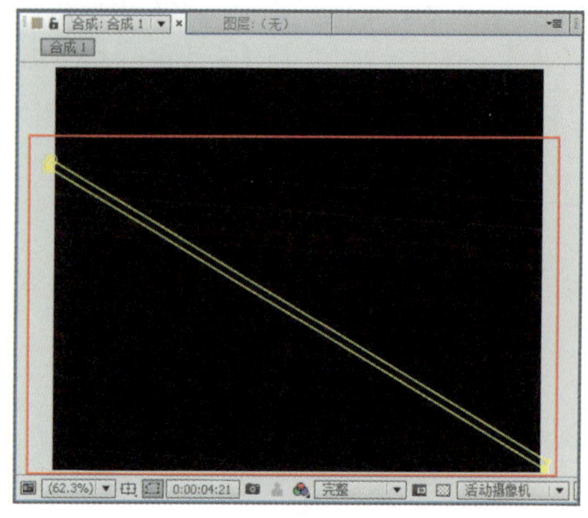

图 6-158

（6）为【路径】图层添加【描边】效果，然后在【效果控件】面板中勾选【所有蒙板】和【顺序描边】，设置【颜色】为绿色（R：148，G：241，B：0），【画笔大小】为 3，【绘画样式】为【在透明背景上】，如图 6-159 所示。此时效果如图 6-160 所示。

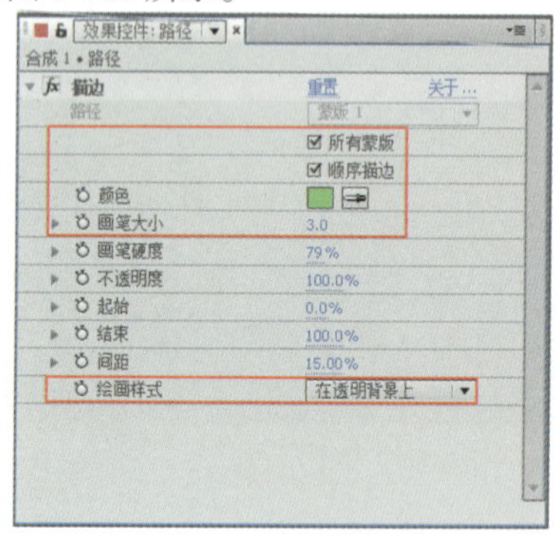

图 6-159

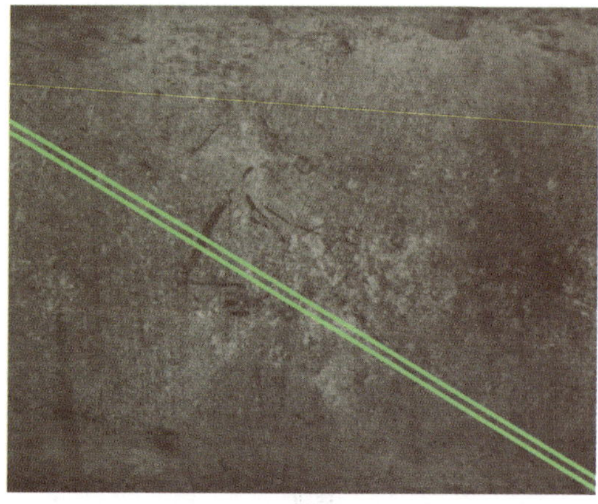

图 6-160

（7）打开【路径】图层下的【描边】效果，然后将时间线拖到起始帧，单击【结束】前面的 按钮，设置【结束】为 0%；接着将时间线拖到第 2 秒，设置【结束】为 100%，如图 6-161 所示。

（8）此时拖动时间线滑块查看当前效果，如图 6-162 所示。

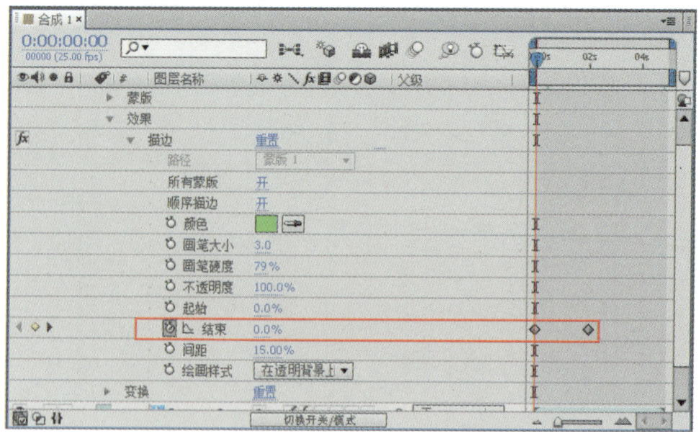

图 6-161

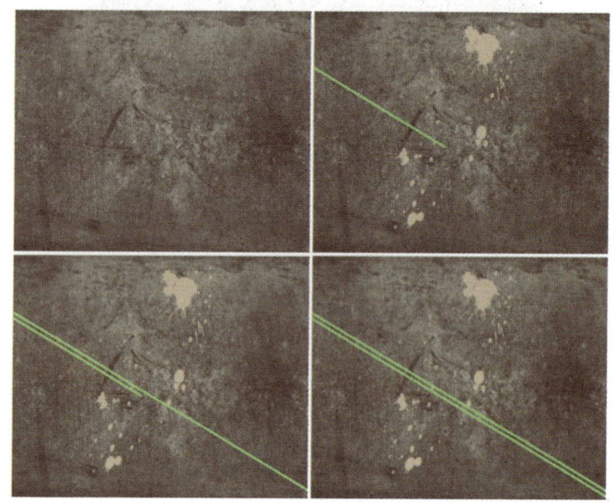

图 6-162

3. 制作文字动画

（1）选择【横排文字】工具，然后在【合成】窗口中输入【？ 】，并在【段落】面板中单击【居中对齐文本】按钮，如图 6-163 所示。

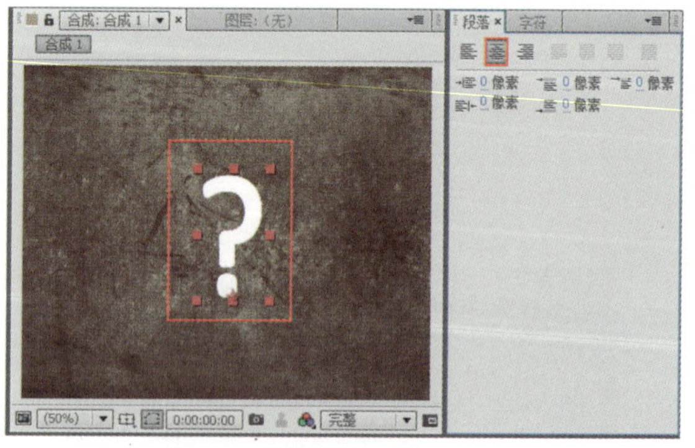

图 6-163

（2）接着在【字符】面板中设置合适的【字体系列】和【字体大小】，设置【填充颜色】为绿色（R：148，G：241，B：0），接着单击【仿粗体】按钮，如图 6-164 所示。

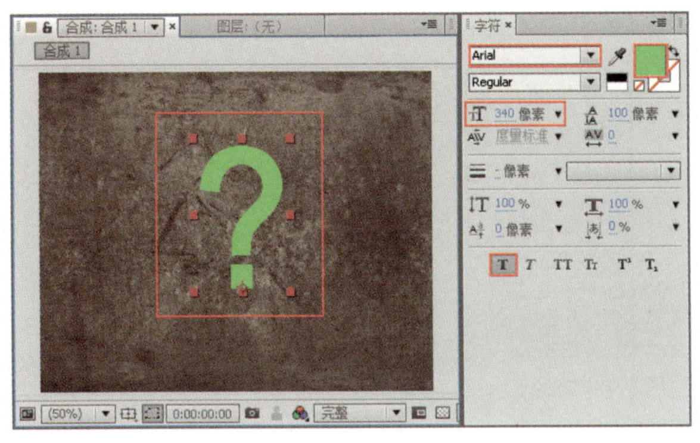

图 6-164

求生秘籍——技巧提示：文本段落对齐可以确定文字中心点

对【？】文本图层使用【居中对齐文本】按钮的目的是为了确定文字的中心点位置，使该文字的中心点为正中央。

（3）选择【？】图层，然后设置【位置】为（372.0,395.0）。然后将时间线拖到第 2 秒，单击【旋转】前面的按钮，设置【旋转】为 0°；接着将时间线拖到第 2 秒 05 帧，设置【旋转】为 120°，如图 6-165 所示。

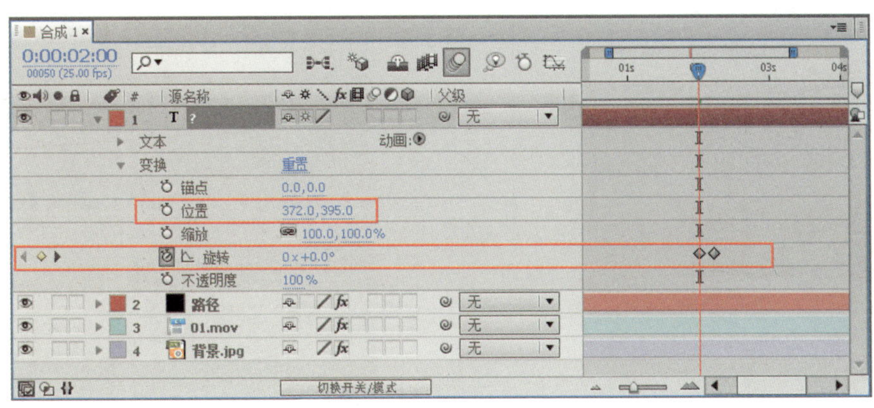

图 6-165

（4）此时拖动时间线滑块查看当前效果，如图 6-166 所示。

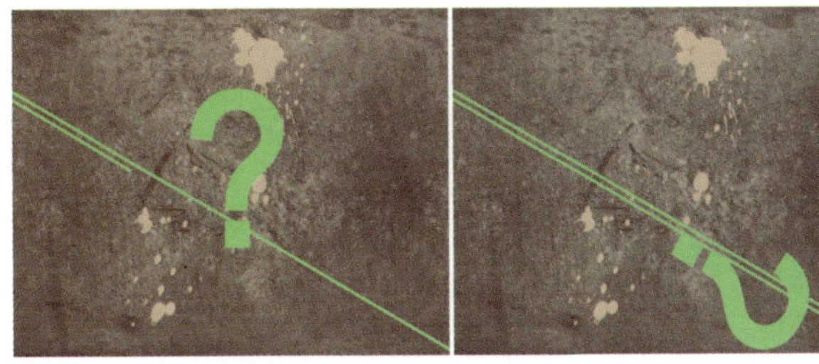

图 6-166

（5）在【合成】窗口中新输入文字“CAN YOU”，并设置合适的【字体系列】和【字体大小】，设置【填充颜色】为浅褐色（R：193，G：169，B：134），接着单击【仿粗体】按钮，如图 6-167 所示。

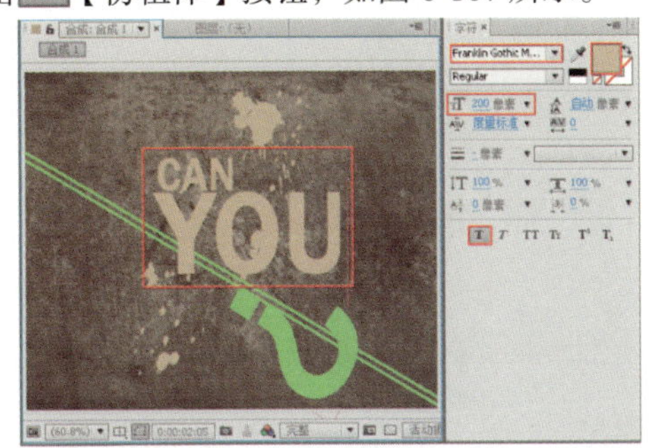

图 6-167

（6）设置【CAN YOU】图层的【锚点】为（186.0,40.0），【旋转】为 − 60°；然后将时间线拖到第 2 秒 05 帧，单击【位置】的按钮，并设置【位置】为（ − 284.0,201.0）。接着将时间线拖到第 3 秒，设置【位置】为（198.0,202.0），如图 6-168 所示。

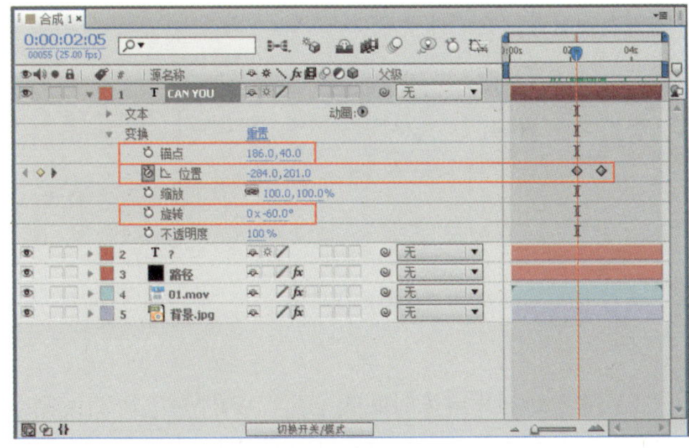

图 6-168

（7）此时拖动时间线滑块查看当前效果，如图 6-169 所示。

（8）在【合成】窗口中新输入文字“DO IT”，并设置合适的【字体系列】和【字体大小】，设置【填充颜色】为浅褐色（R：193，G：169，B：134），接着单击【仿粗体】按钮，如图 6-170 所示。

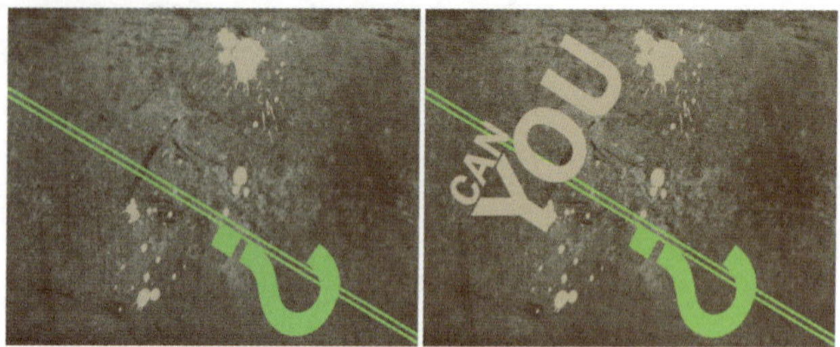

图 6-169

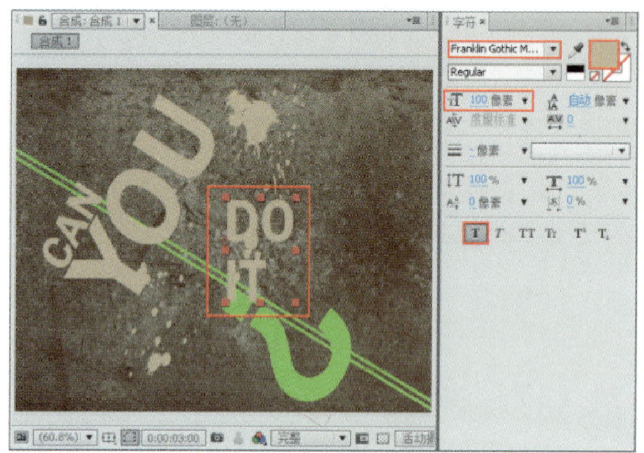

图 6-170

（9）设置【DO IT】图层的【旋转】为 28°。然后将时间线拖到第 3 秒，单击【位置】的按钮，并设置【位置】为（219.0,650.0）。接着将时间线拖到第 3 秒 15 帧，设置【位置】为（281.0,297.0），如图 6-171 所示。

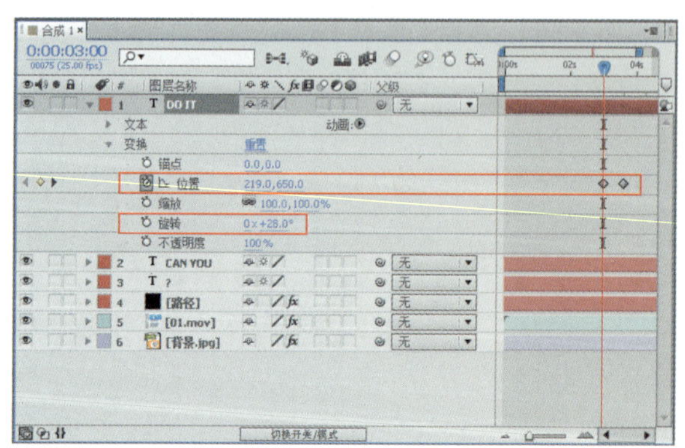

图 6-171

（10）单击开启【时间线】窗口中的【运动模糊】开关，然后分别开启三个文本图层的【运动模糊】效果，如图 6-172 所示。

（11）此时拖动时间线滑块查看当前效果，如图 6-173 所示。

（12）选择三个文本图层，然后按快捷键 <Ctrl+Shift+C>，在弹出的对话框中设置【新合成名称】为【文字】，并单击【确定】按钮，如图 6-174 所示。

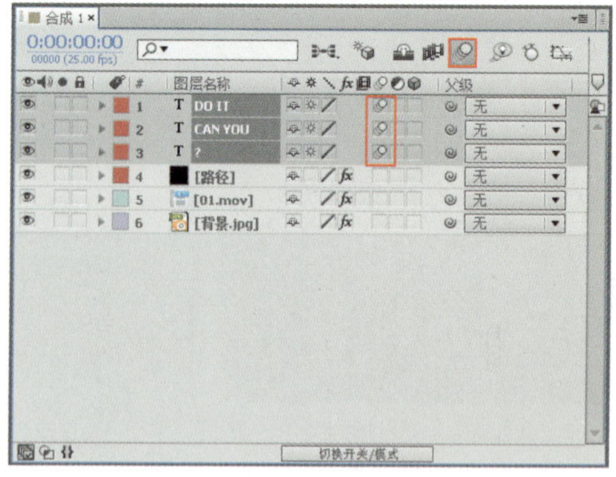

图 6-172

图 6-173

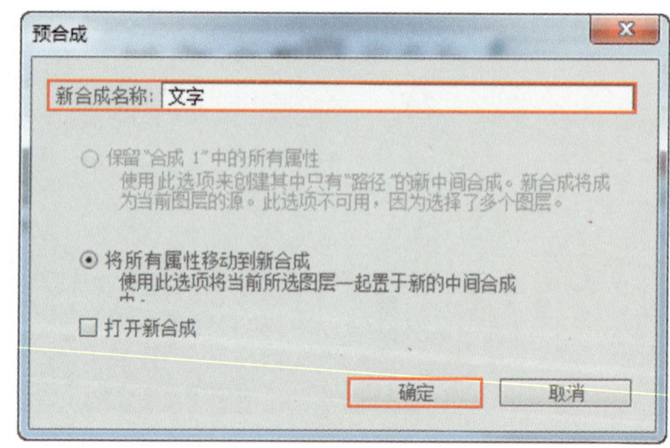

图 6-174

（13）为【文字】图层添加【投影】效果，然后在【效果控件】面板中设置【投影】效果的【不透明度】为 90%，【距离】为 15，【柔和度】为 30，如图 6-175 所示。

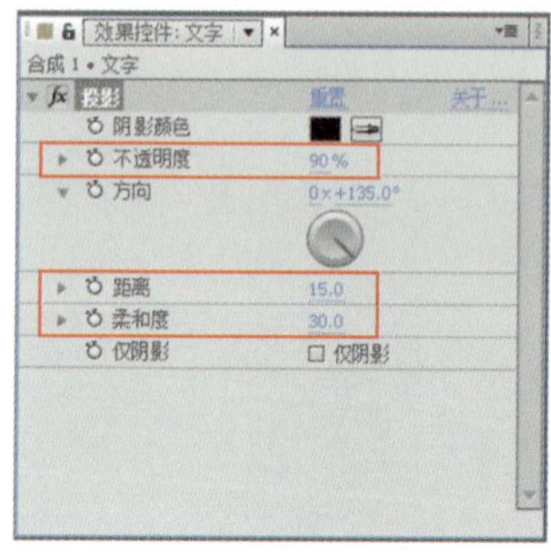

图 6-175

（14）此时拖动时间线滑块查看最终效果，如图 6-176 所示。

图 6-176

6.7　三维文字

在 After Effects CC 中创建立体三维文本图层，并搭配灯光图层可以得到非常显著的画面效果。

6.7.1　设置三维合成

新建合成时，在【合成设置】窗口中的【高级】选项卡中设置【渲染器】为【光线追踪 3D】，然后单击【确定】按钮，如图 6-177 所示。

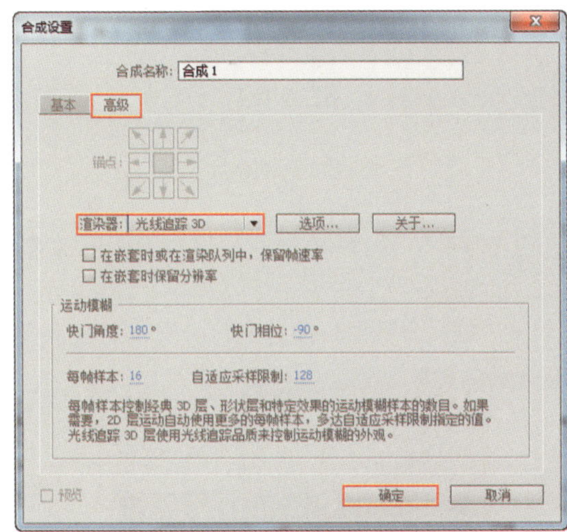

图 6-177

求生秘籍——技巧提示：创建三维文字的主要前提条件

创建三维立体效果的图层，一定要在【合成设置】对话框的【高级】选项卡中设置【渲染器】为【光线追踪 3D】，否则将不能制作出三维效果的文字。

6.7.2　创建三维文字

在合成中创建文本图层后，开启【3D 图层】，此时在相应的文本图层下会出现相关的三维文字参数属性【几何选项】和【材质选项】，如图 6-178 所示。

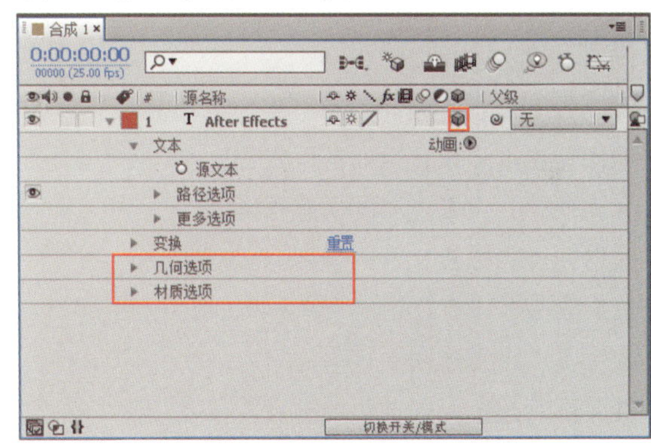

图 6-178

1. 几何选项

几何选项中可以设置三维文字的深度、凸出程度和斜面样式等，如图 6-179 所示。

几何选项	
斜面样式	无
斜面深度	2.0
洞斜面深度	100.0%
凸出深度	0.0

图 6-179

重点参数提醒：

斜面样式：选择斜面的样式，包括【尖角】、【凹面】和【凸面】。

斜面深度：在选择斜面样式后，可以设置斜面的深度效果。

洞斜面深度：空心位置的斜面深度。

凸出深度：设置凸出的深度。

2. 材质选项

材质选项中可以设置三维文字的表面材质效果，包括投影、反射、衰减和透明度等，如图 6-180 所示。

图 6-180

重点参数提醒：

投影：设置投影的开关。

透光率：设置透光的程度。

接受阴影：设置是否接受阴影。

接受灯光：设置是否接受灯光。

漫射：设置漫反射的程度。

镜面强度：设置镜面的效果程度。

镜面反光度：设置镜面的反光程度。

金属质感：设置金属的质感程度。

反射强度：设置反射的强度。

反射衰减：设置反射的衰减程度。

透明度：设置透明度效果。

透明度衰减：设置透明度的衰减程度。

折射率：设置折射的程度。

（1）选择【横排文字】工具，然后在【合成】窗口中输入文字，并设置合适的【字体】和【填充颜色】，如图 6-181 所示。

图 6-181

（2）然后新建一个灯光图层，并设置合适的【灯光类型】和【颜色】等，然后单击【确定】按钮，如图 6-182 所示。

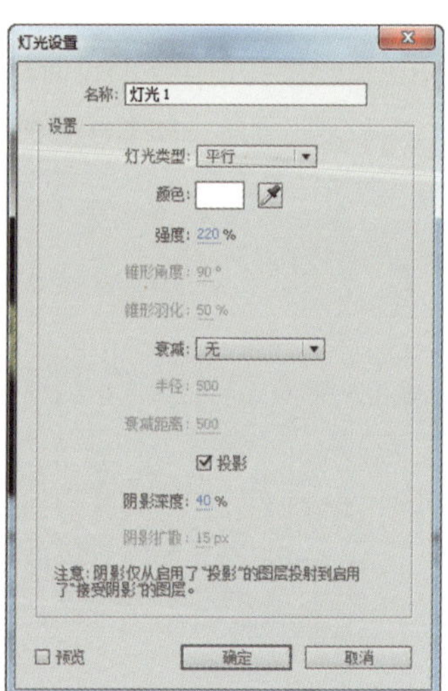

图 6-182

（3）在【时间线】窗口中开启文本图层的【3D 图层】，并设置【变换】和【几何选项】下的参数，如图 6-183 所示，即可制作出三维效果的文字，如图 6-184 所示。

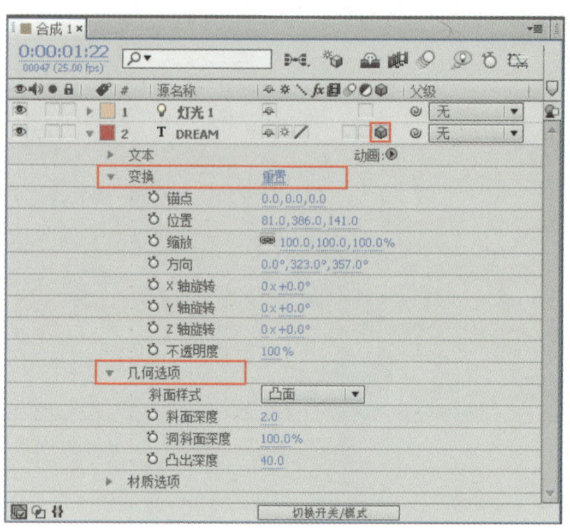

图 6-183

图 6-184

求生秘籍——技巧提示：三维文字图层需要搭配灯光层体现效果

如果三维文本图层没有搭配灯光层，则画面效果无法体现出立体光影效果，如图 6-185 所示。

图 6-185

重点 进阶案例：草地上的三维文字

案例文件	进阶案例：草地上的三维文字 .aep
视频教学	DVD/ 多媒体教学 /Chapter06/ 进阶案例：草地上的三维文字 .flv
难易指数	★★☆☆☆
技术掌握	掌握三维文字的制作

案例分析：

在本案例中，主要使用三维文字功能和聚光灯制作草地上的三维文字效果，最终渲染效果如图 6-186 所示。

图 6-186

思路解析如图 6-187 所示。

图 6-187

制作步骤：

1. 制作背景

（1）在【项目】窗口中的空白处单击鼠标右键，然后选择【新建合成】，如图 6-188 所示。

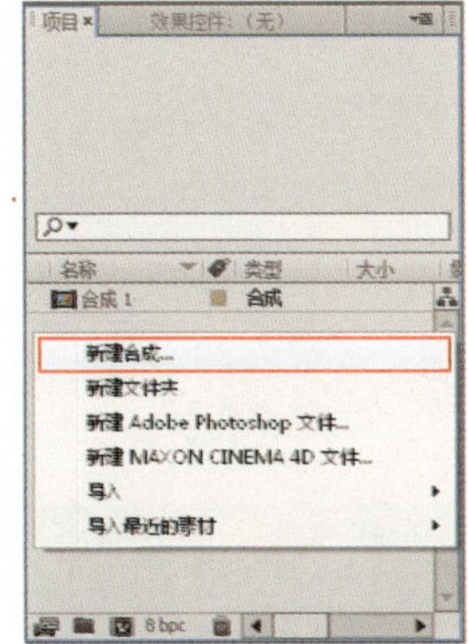

图 6-188

（2）在【合成设置】窗口中，设置【合成名称】为【合成 1】，【宽度】为 720 像素，【高度】为 576 像素，【像素长宽比】为【方形像素】，【帧速率】为 25 帧 / 秒，【持续时间】为 5 秒，最后单击【确定】按钮，如图 6-189 所示。

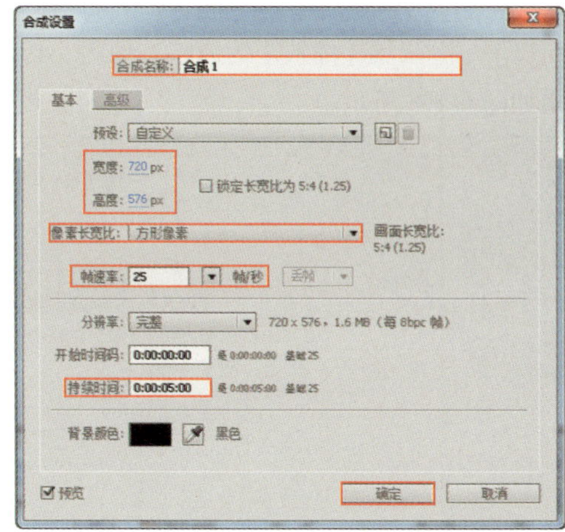

图 6-189

（3）选择【高级】选项卡，然后设置【渲染器】为【光线追踪 3D】，【快门相位】为 0°，【每帧样本】为 8，接着单击【确定】按钮，如图 6-190 所示。

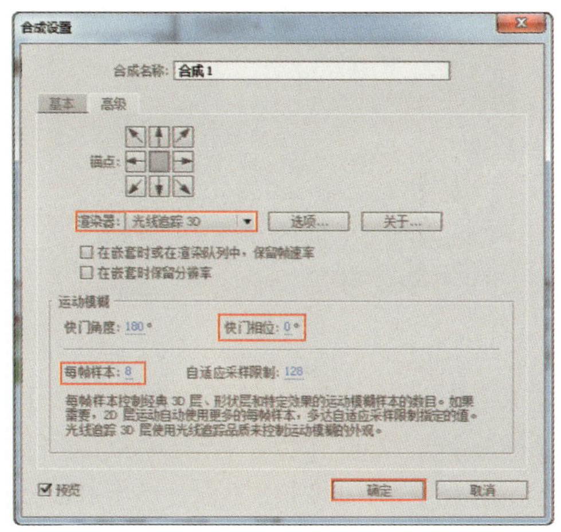

图 6-190

（4）在【项目】窗口中的空白处双击鼠标左键或按快捷键 <Ctrl+I>，在弹出的窗口中选择所需素材文件，然后单击【导入】按钮，如图 6-191 所示。

图 6-191

（5）将【项目】窗口中的【01.jpg】素材文件拖拽到【时间线】窗口中，并设置【缩放】为 80%，如图 6-192 所示。此时效果如图 6-193 所示。

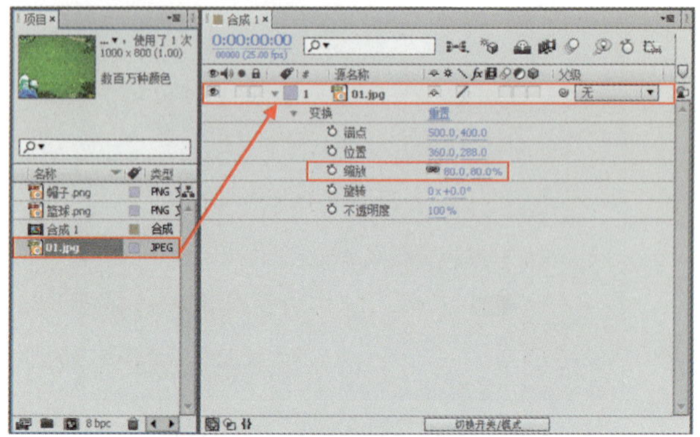

图 6-192

图 6-193

（6）将【篮球.png】素材文件添加到【时间线】窗口中，并设置【缩放】为 77%，【位置】为（33.0,195.0），【旋转】为 22°，如图 6-194 所示。此时效果如图 6-195 所示。

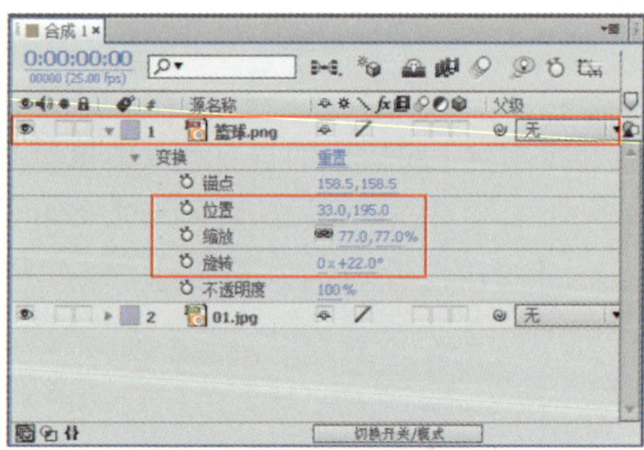

图 6-194

图 6-195

（7）为【篮球.png】图层添加【投影】效果，然后在【效果控件】面板中设置【投影】效果的【不透明度】为 70%，【方向】为 115°，【距离】为 15，【柔和度】为 58，如图 6-196 所示。此时效果如图 6-197 所示。

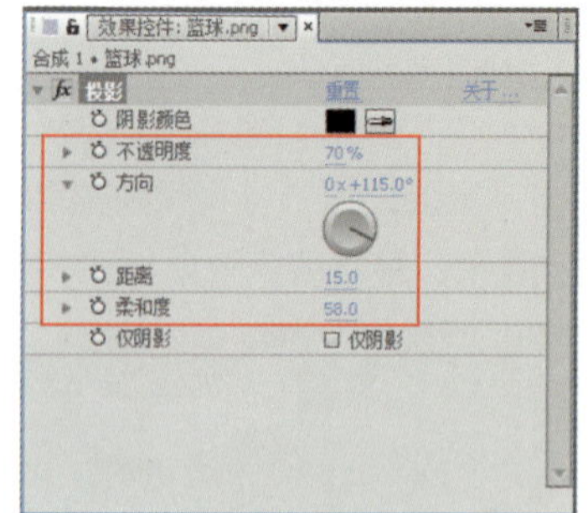

图 6-196

图 6-197

（8）将【帽子.png】素材文件添加到【时间线】窗口中，并设置【缩放】为 75%，【位置】为（469.0,46.0），如图 6-198 所示。此时效果如图 6-199 所示。

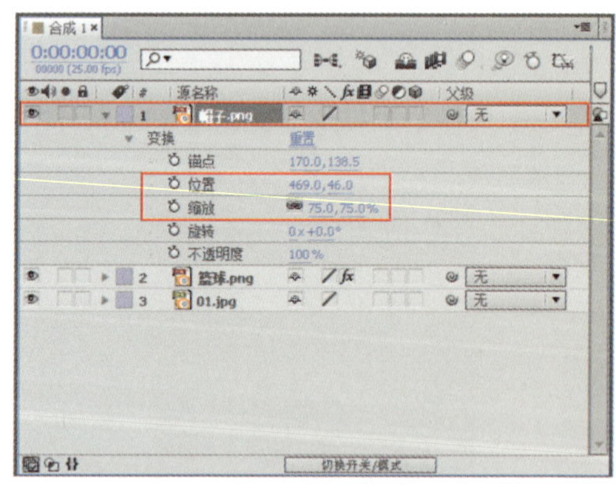

图 6-198

图 6-199

（9）为【帽子 .png】图层添加【投影】效果，然后在【效果控件】面板中设置【投影】效果的【不透明度】为 70%，【距离】为 18，【柔和度】为 56，如图 6-200 所示。此时效果如图 6-201 所示。

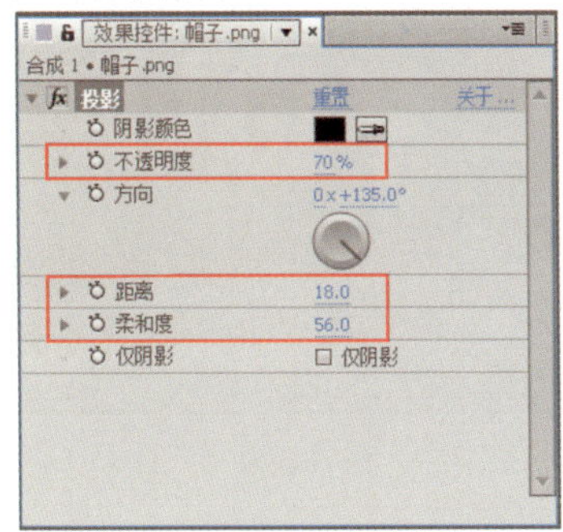

图 6-200

图 6-201

2. 制作三维文字

（1）选择 T【横排文字】工具，然后在【合成】窗口中输入文字，并设置合适的【字体系列】、【字体大小】和【行距】，然后设置【填充颜色】为白色（R：250，G：250，B：250），接着单击 T【仿粗体】按钮，如图 6-202 所示。

图 6-202

（2）在【时间线】窗口中的空白处单击鼠标右键，然后在弹出的菜单中执行【新建】/【灯光】命令，如图 6-203 所示。

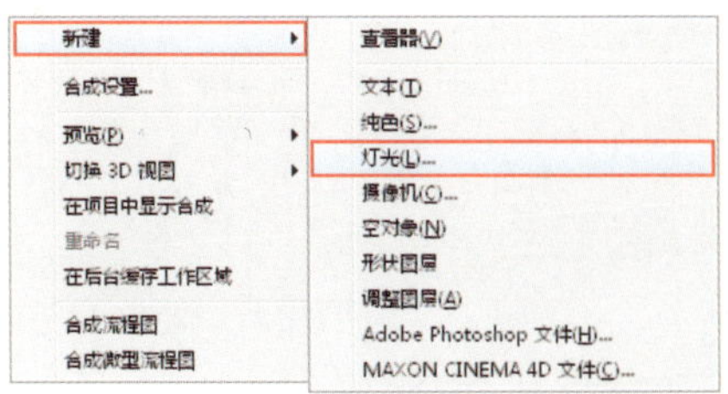

图 6-203

（3）在弹出的【灯光设置】对话框中设置【名称】为【灯光 1】，【颜色】为白色（R：0，G：0，B：0），【强度】为 220，【锥形角度】为 120°，【锥形羽化】为 50%，然后勾选【投影】，接着单击【确定】按钮，如图 6-204 所示。

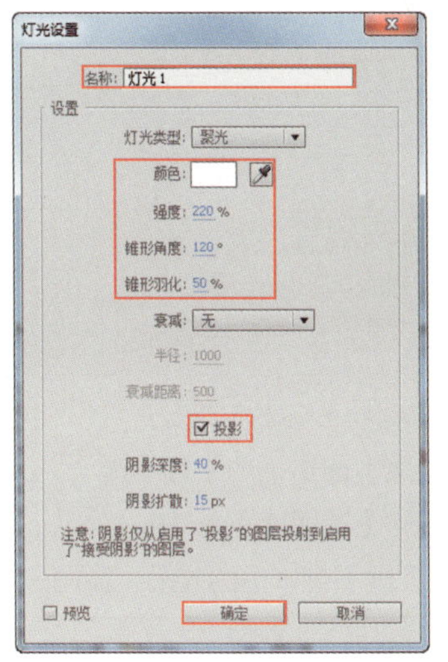

图 6-204

（4）开启文本图层的【3D 图层】，然后设置【灯光 1】图层的【目标点】为（441.0,203.0，－62.0），【位置】为（403.0,351.0，－390.0），如图 6-205 所示。

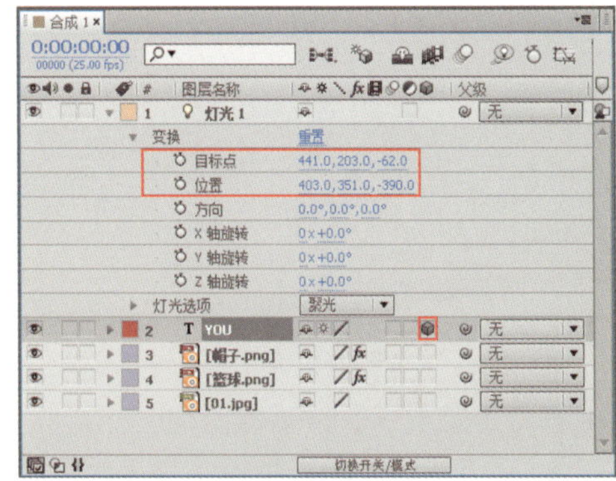

图 6-205

（5）打开文本图层下的【几何选项】，然后设置【斜面样式】为【凸面】，【凸出深度】为 60，如图 6-206 所示。

（6）打开文本图层下的【变换】，然后设置【位置】为（402.0,377.0,0.0），【方向】为（350°，0°，354°），如图 6-207 所示。

第 6 章

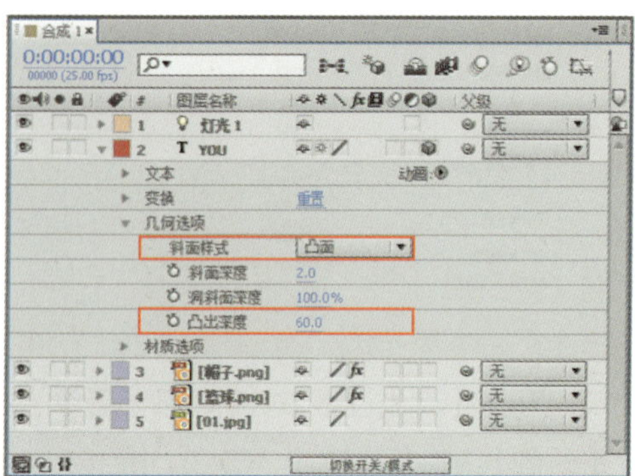

图 6-206

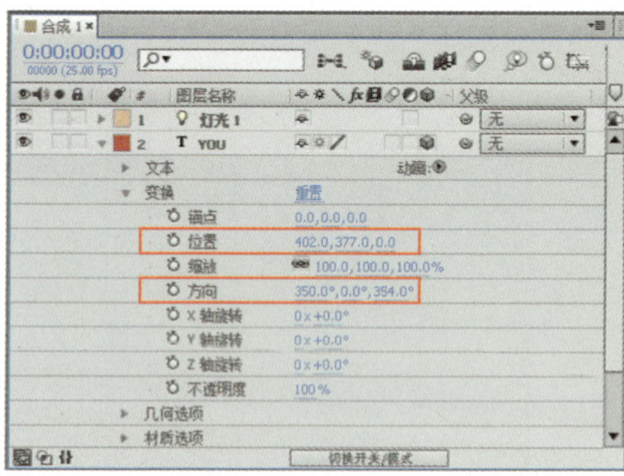

图 6-207

（7）打开文本图层下的【材质选项】，然后设置【透光率】为 100%，【透明度】为 7%，如图 6-208 所示。

此时在【合成】窗口中的效果，如图 6-209 所示。

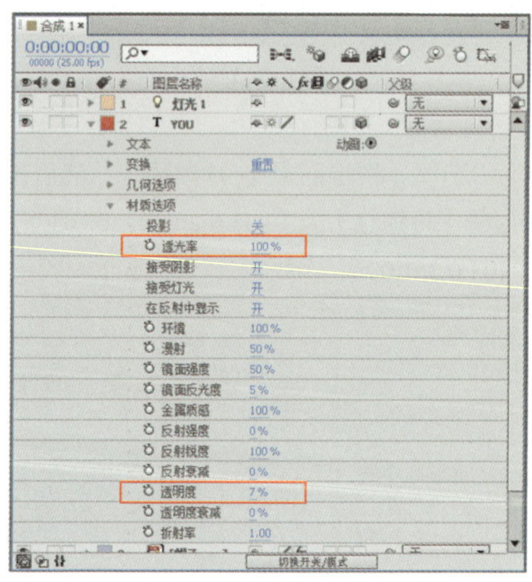

图 6-208

（8）选择【灯光 1】和文本图层，然后按快捷键 <Ctrl+Shift+C>，并在弹出对话框中设置【新合成名称】为【文字】，然后单击【确定】按钮，如图 6-210 所示。

此时在【时间线】窗口中的效果，如图 6-211 所示。

（9）为文本图层添加【投影】效果，然后在【效果控件】面板中设置【不透明度】为 70%，【距离】为 16，【柔和度】为 50，如图 6-212 所示。

图 6-209

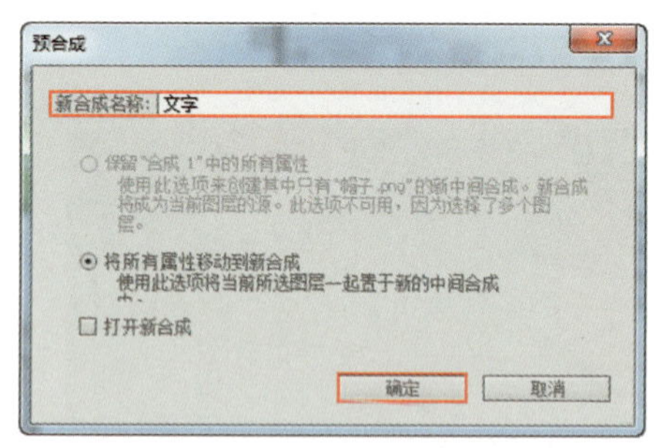

图 6-210

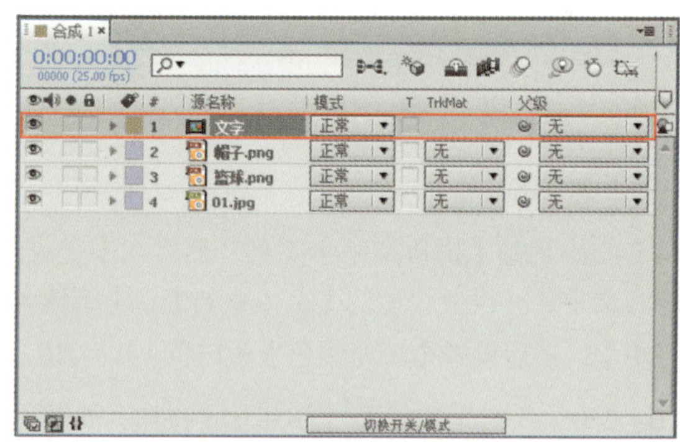

图 6-211

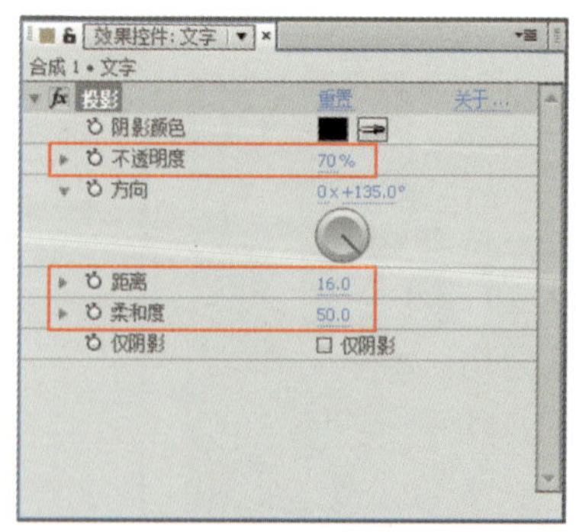

图 6-212

（10）此时查看最终效果，如图 6-213 所示。

图 6-213

重点▶▶ 进阶案例：城市立体文字

案例文件	进阶案例：城市立体文字 .aep
视频教学	DVD/ 多媒体教学 /Chapter06/ 进阶案例：城市立体文字 .flv
难易指数	★★☆☆☆
技术掌握	掌握三维文字的制作

案例分析：

在本案例中，主要使用三维文本图层和平行光制作城市立体文字效果，最终渲染效果如图 6-214 所示。

图 6-214

思路解析如图 6-215 所示。

图 6-215

制作步骤：

1. 制作背景

（1）在【项目】窗口中的空白处单击鼠标右键，然后选择【新建合成】，如图 6-216 所示。

（2）在【合成设置】窗口中，设置【合成名称】为【合成 1】，【预设】为【PAL D1/DV】，【持续时间】为 5，如图 6-217 所示。

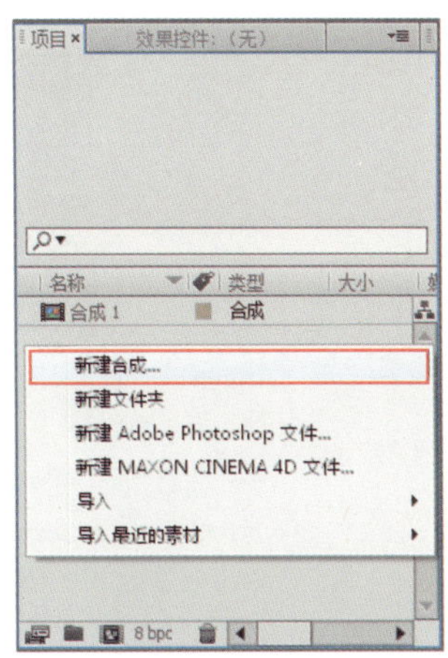

图 6-216

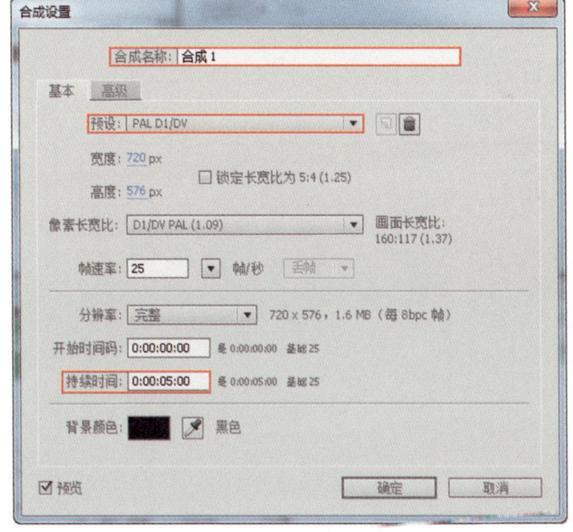

图 6-217

（3）选择【高级】选项卡，然后设置【渲染器】为【光线追踪 3D】，【快门相位】为 0°，【每帧样本】为 8，接着单击【确定】按钮，如图 6-218 所示。

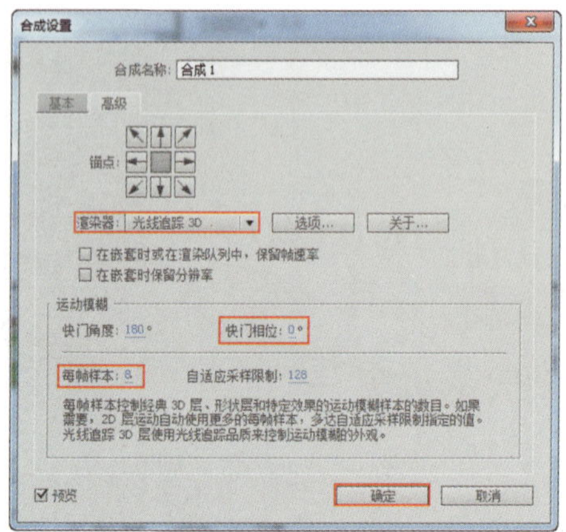

图 6-218

（4）在【项目】窗口中的空白处双击鼠标左键或按快捷键 <Ctrl+I>，在弹出的窗口中选择所需素材文件，然后单击【导入】按钮，如图 6-219 所示。

图 6-219

（5）将【项目】窗口中的【背景.jpg】图层添加到【时间线】窗口中，并设置【缩放】为 54%，如图 6-220 所示。此时效果如图 6-221 所示。

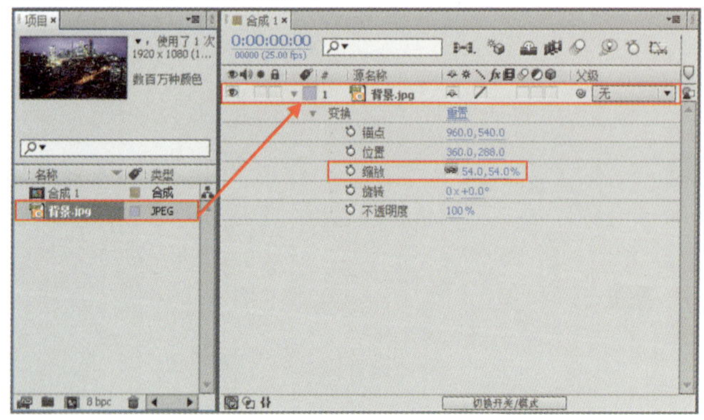

图 6-220

图 6-221

2. 制作三维文字

（1）选择【横排文字】工具，然后在【合成】窗口中输入文字，并设置合适的【字体系列】、【字体大小】和【间距】，设置【填充颜色】为浅蓝色（R：0，G：204，B：255），接着单击【仿粗体】按钮，如图 6-222 所示。

图 6-222

（2）新建灯光图层，并设置【名称】为【灯光 1】，【灯光类型】为【平行】，【颜色】为白色（R：255，G：255，B：255），【强度】为 220%，然后单击【确定】按钮，如图 6-223 所示。

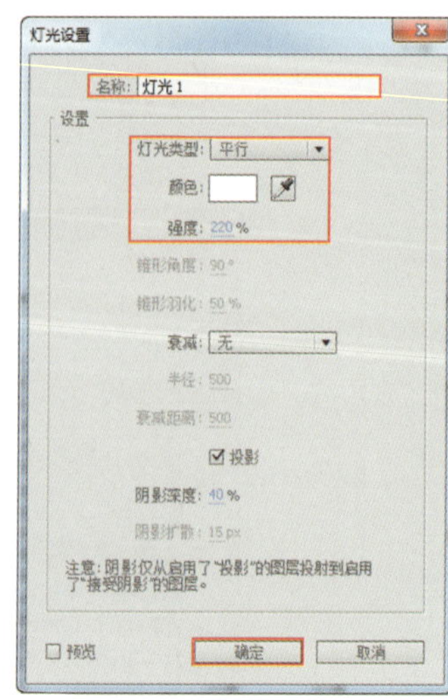

图 6-223

求生秘籍——技巧提示：可以与三维文字层搭配的灯光层

灯光的类型并不是固定的，根据项目需求和画面效果选择合适的灯光类型即可。

（3）在【时间线】窗口中设置开启文本图层的【3D 图层】，然后设置【位置】为（164.0,398.0,141.0），【方向】为（0°，311°，352°），【X 轴旋转】为 5°，如图 6-224 所示。

此时在【合成】窗口中的效果，如图 6-225 所示。

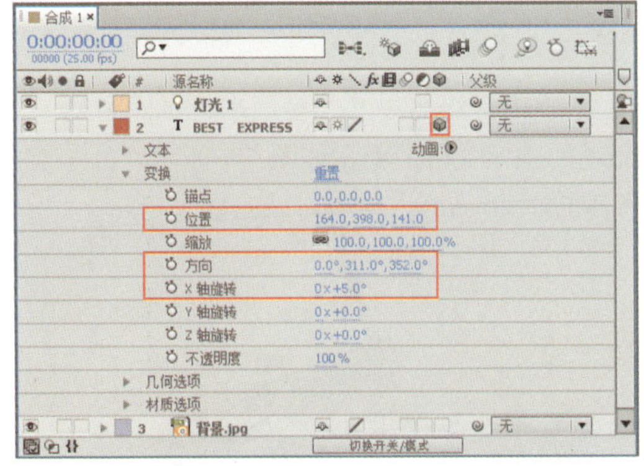

图 6-224

图 6-225

（4）打开文本图层下的【几何选项】，并设置【斜面样式】为【凸面】，【凸出深度】为 40，如图 6-226 所示。

（5）此时查看最终渲染效果，如图 6-227 所示。

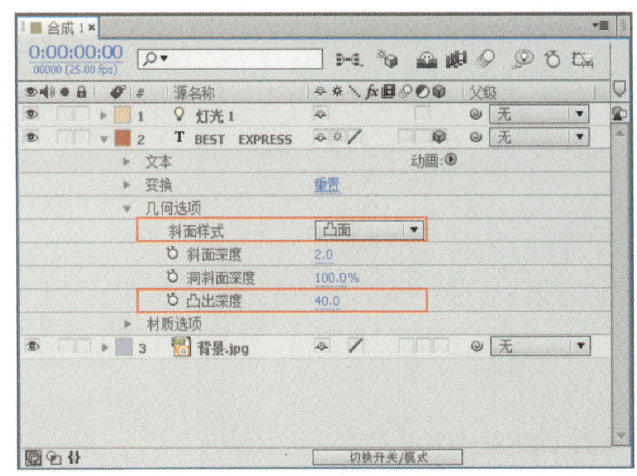

图 6-226

图 6-227

第 6 章

第 7 章
跟踪和稳定

本章学习要点：

★ 跟踪和替换画面效果

★ 稳定晃动的画面效果

7.1　了解跟踪和稳定

跟踪和稳定是影视制作中很常用的技术，多用来将画面中的一部分进行替换和跟随、或是将晃动的视频变得平稳，如图 7-1 所示。

图 7-1

7.1.1　什么是稳定

有些时候在拍摄影片时，会因为环境问题或摄像机的放置问题产生晃动，从而使录制的画面产生抖动问题。After Effects 可以帮我们解决这个问题，利用变形稳定器或跟踪器为画面逐帧添加稳定关键帧，从而使画面整体的抖动效果降低，达到稳定的作用。如图 7-2 所示为画面稳定前后对比效果。

图 7-2

7.1.2　什么是跟踪

跟踪，通常是指在影片画面中跟随某一运动物体进行变化或添加效果。利用亮度或颜色的差别使跟踪点进行动态关键帧跟踪，从而进行画面的替换或添加。在 After Effects 中，可以通过跟踪器进行一点跟踪、四点跟踪等操作。如图 7-3 所示为文字跟踪的前后对比效果。

图 7-3

7.2　应用跟踪与稳定

运动跟踪是指在指定范围内进行运动跟踪分析，并自动创建关键帧，然后将跟踪的结果应用到其他层或效果上，从而制作出跟踪动画效果。例如烟雾跟随飞行的飞机、替换视频中的广告牌等。

求生秘籍——技巧提示：应用跟踪效果的条件

运动跟踪只能够对运动的影片进行跟踪，不能对单帧静止的图像进行跟踪。

一般在前期的拍摄中，摄像师就要注意拍摄时跟踪点的位置，设置较为合适的跟踪点，后期在制作跟踪动画时才会更加方便，效果更加完美。

在制作跟踪效果之前，我们需要了解在 After Effects 中的跟踪点原理。在这里，单点跟踪是位置上的稳定跟踪，双点跟踪是位置和角度上的稳定跟踪，而跟踪点识别的是亮度和颜色信息。跟踪点外面的跟踪框就是当前选择的识别范围，内框识别的是当前范围内的颜色和亮度，外框则是识别与内框颜色和亮度有差别的地方。例如在稳定抖动时，使用的跟踪点会根据内框与外框的颜色和亮度的改变做出记录，并通过相反的位置移动来抵消抖动。如图 7-4 所示为跟踪点的外框与内框。

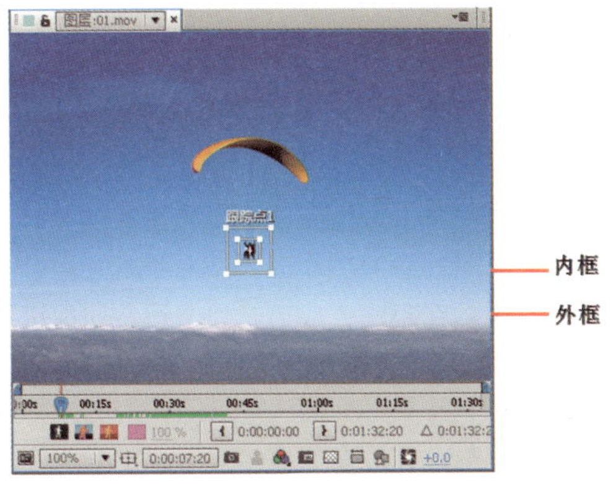

图 7-4

7.3　动态草图绘制轨迹

运用动态草图命令，可以以绘画的形式随意地绘制运动路径，并根据绘制的轨迹自动创建关键帧，制作出运动动画效果。

在菜单栏中，执行【窗口】/【动态草图】命令，如图 7-5 所示，即可弹出【动态草图】面板，如图 7-6 所示。

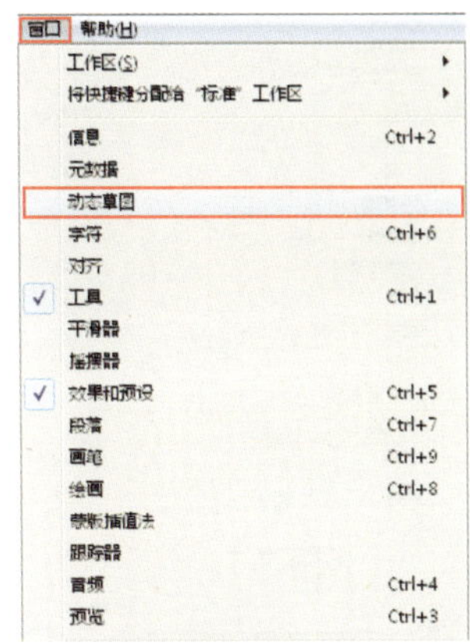

图 7-5

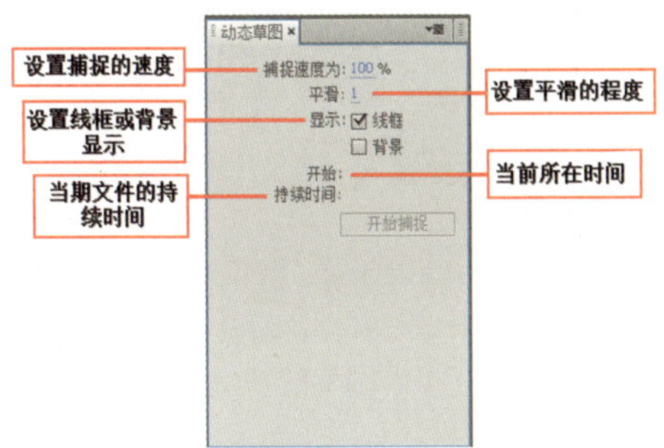

图 7-6

重点参数提醒：

（1）捕捉速度：可以设置捕捉的速度，值越大，捕捉的速度也越快。

（2）平滑：可以设置平滑的程度。

（3）显示：用于捕捉时图像的显示效果，包括【线框】和【背景】两种。【线框】模式是指在捕捉时，图像以线框的形式显示。而【背景】模式是指在捕捉时，在合成预览时显示下一层的图像效果，若没有选择该项，会显示黑色的背景效果。

（4）开始：当前时间线滑块所在的时间位置，即开始捕捉动画的位置。

（5）持续时间：当前合成文件的持续时间。

（6）开始捕捉：单击该按钮，光标的指针将会变成十字形，然后在【合成】窗口中单击并拖动，就可以开始捕捉动画了。

7.4 跟踪器

在 After Effects 中可以在【跟踪器】面板中进行运动跟踪和运动稳定的设置。在菜单栏中执行【窗口】/【跟踪器】命令，如图 7-7 所示。此时可以看到【跟踪器】面板，如图 7-8 所示。

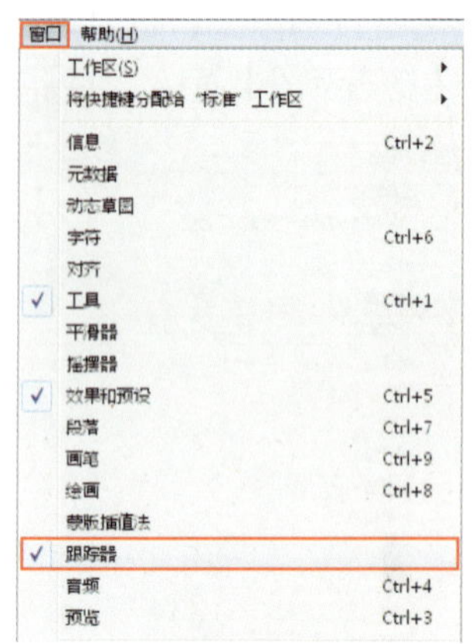

图 7-7

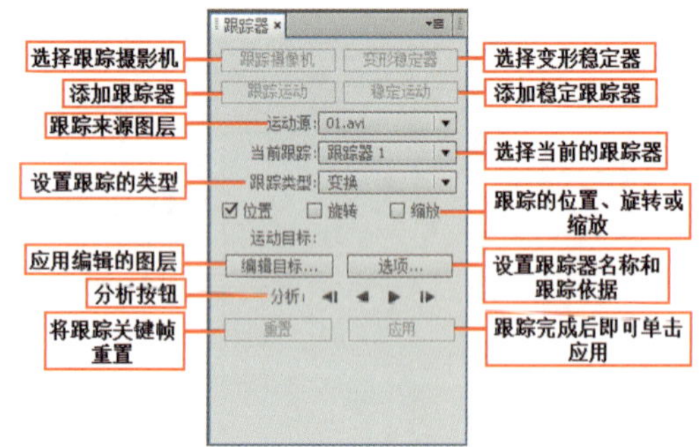

图 7-8

重点参数提醒：

（1）跟踪摄像机：为动态视频添加该效果后，会根据当前影片自动处理动态点，然后在跟踪区域添加跟踪对象等，即可完成自动跟踪，如图 7-9 所示。

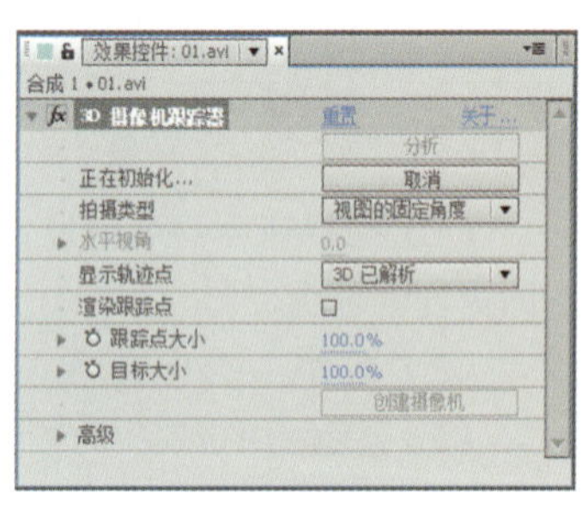

图 7-9

（2）变形稳定器：该稳定器控制能力更强，而且还提供了类似于新的 3D 摄像机跟踪器的控件，如图 7-10 所示。

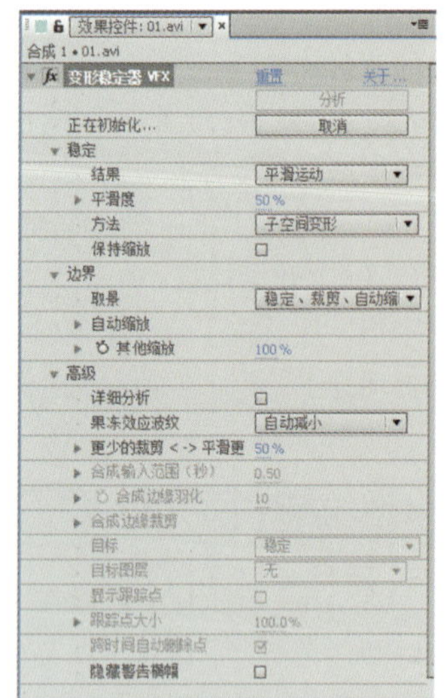

图 7-10

（3）跟踪运动：选择跟着做的视频图层，然后单击该按钮，即可为该图层添加跟踪器。然后能够在【图层】窗口中进行跟踪点调节。

（4）稳定运动：使用该按钮，即可为当前视频图层添加一点跟踪器效果。

（5）运动源：跟踪运动的来源图层。

（6）当前跟踪：选择当前使用的跟踪器。

（7）跟踪类型：设置跟踪的类型，包括【稳定】、【变换】、【平行边角定位】、【透视边角定位】和【原始】。

（8）编辑目标：单击该按钮，即可在弹出的【运动目标】对话框中设置运动应用的图层，如图 7-11 所示。

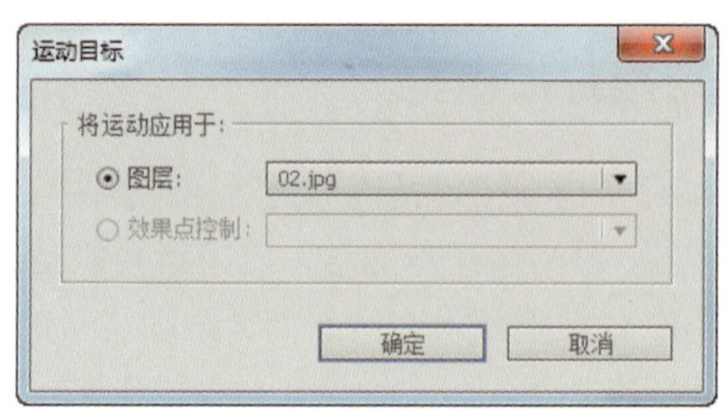

图 7-11

（9）选项：单击该按钮，即可在弹出的【动态跟踪器选项】中设置轨道名称、跟踪通道、处理等，如图 7-12 所示。

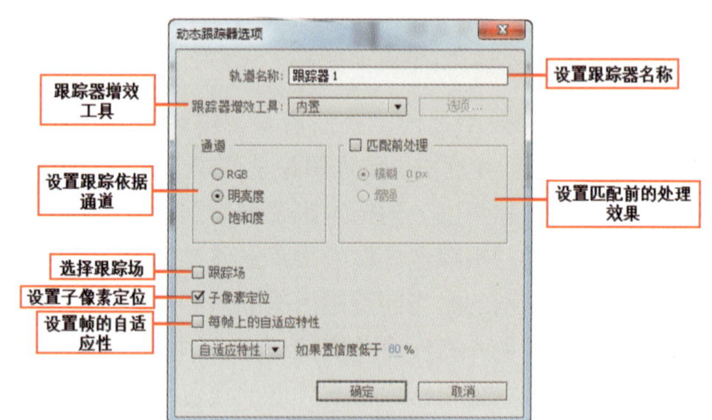

图 7-12

（10）分析：各项按钮便于分析跟踪效果，共包括（向后分析 1 个帧）、（向后分析）、（向前分析）、（向前分析 1 个帧）四个按钮。

（11）重置：单击该按钮，可以将跟踪的关键帧全部重置。

（12）应用：在跟踪完成后，单击该按钮即可应用到相应图层上。

7.4.1 一点跟踪

在【时间线】窗口中选择需要跟踪的视频图层，然后在菜单栏中执行【动画】/【跟踪运动】命令，如图 7-13 所示。即可出现【跟踪器】面板，同时在【图层】窗口中显示出跟踪点，如图 7-14 所示。

此时调整跟踪点位置，并单击【跟踪器】面板中的（分析前进）按钮即可，如图 7-15 所示。

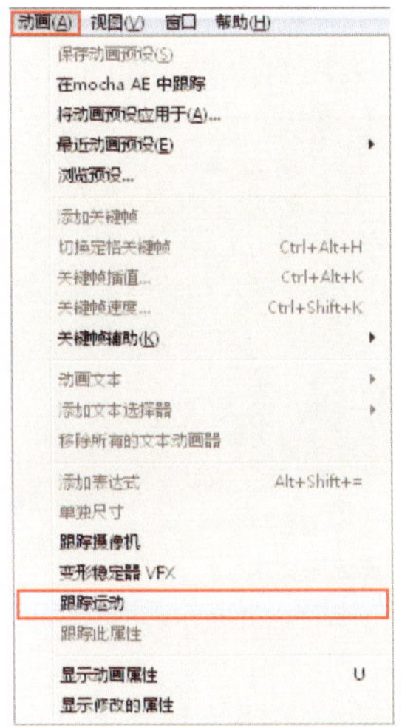

图 7-13

图 7-14

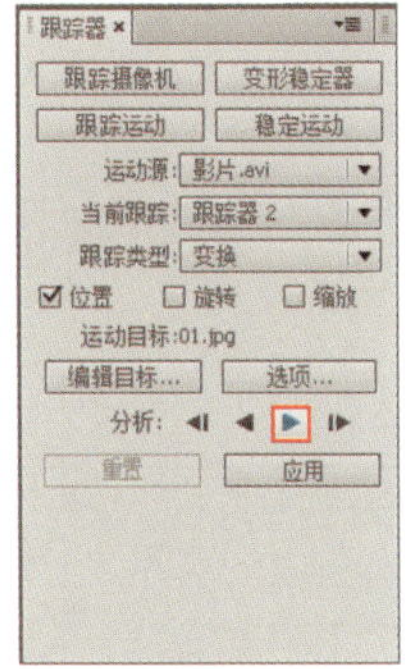

图 7-15

求生秘籍——软件技能：【运动跟踪】工具的跟踪方式

在使用【运动跟踪】时，画面中要有明显的运动物体。而且在【图层】窗口中可以同步预览跟踪的画面，并显示跟踪范围，还可以手动设置跟踪范围。

在 After Effects 中，【运动追踪】工具可以对位置、旋转、位置及旋转、仿射边角与透视边角四种运动方式进行追踪。

重点▶▶进阶案例：望远镜跟踪

案例文件	进阶案例：望远镜跟踪 .aep
视频教学	DVD/ 多媒体教学 /Chapter07/ 进阶案例：望远镜跟踪 .flv
难易指数	★★☆☆☆
技术掌握	主要掌握遮罩和 1 点跟踪的应用

案例分析：

在本案例中，主要学习使用遮罩和跟踪器制作望远镜跟踪效果，案例的最终渲染效果如图 7-16 所示。

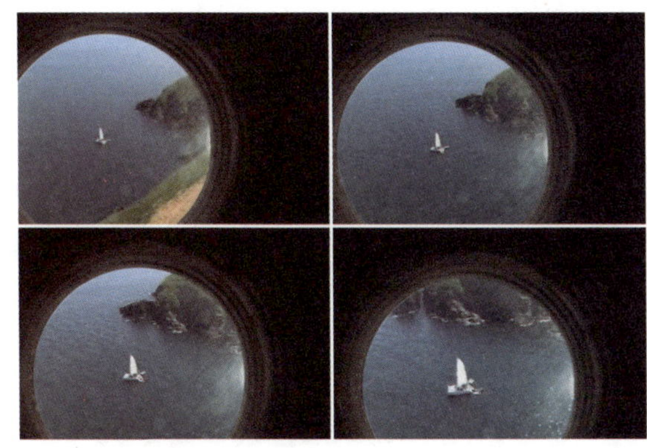

图 7-16

思路解析如图 7-17 所示。

图 7-17

制作步骤：

1. 制作背景

（1）创建新合成。在【项目】窗口中的空白处单击鼠标右键，然后选择【新建合成】，如图 7-18 所示。

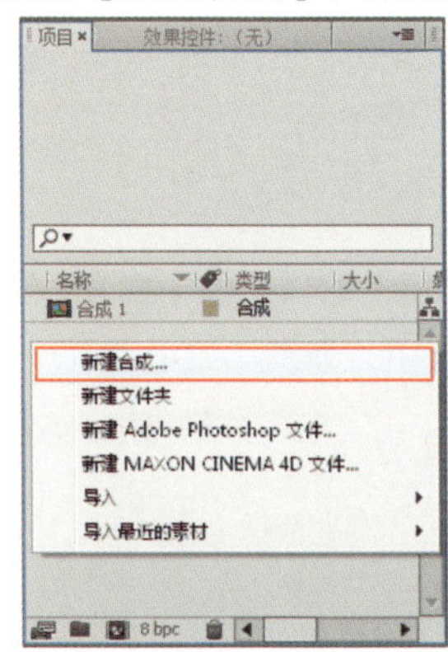

图 7-18

（2）在【合成设置】窗口中，设置【合成名称】为【合成 1】，【宽度】为 640 像素，【高度】为 424 像素，【像素长宽比】为【方形像素】，【帧速率】为 25 帧 / 秒，【持续时间】为 11 秒，最后单击【确定】按钮，如图 7-19 所示。

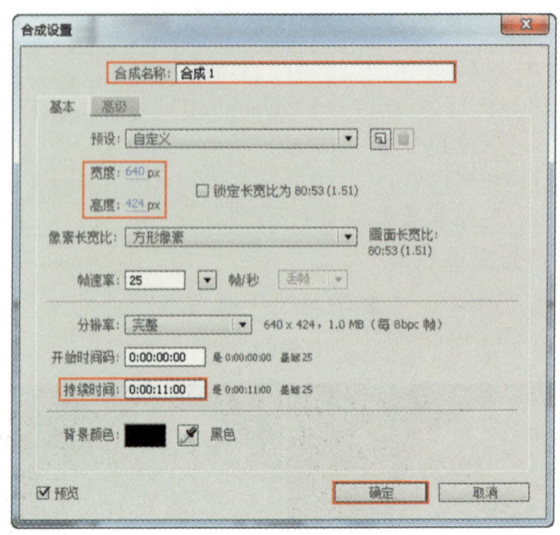

图 7-19

（3）在【项目】窗口中空白处双击鼠标左键或按快捷键【Ctrl+I】，在弹出的窗口中选择所需素材文件，然后单击【导入】按钮，如图 7-20 所示。

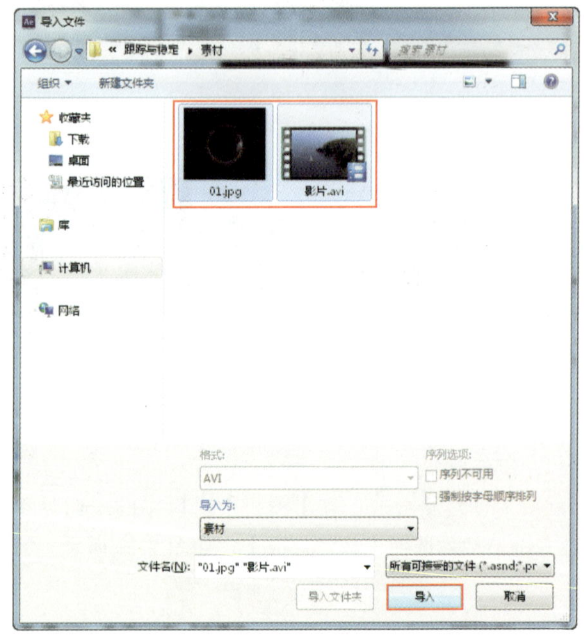

图 7-20

（4）将【项目】窗口中的【影片 .avi】素材文件添加到【时间线】窗口中，如图 7-21 所示。

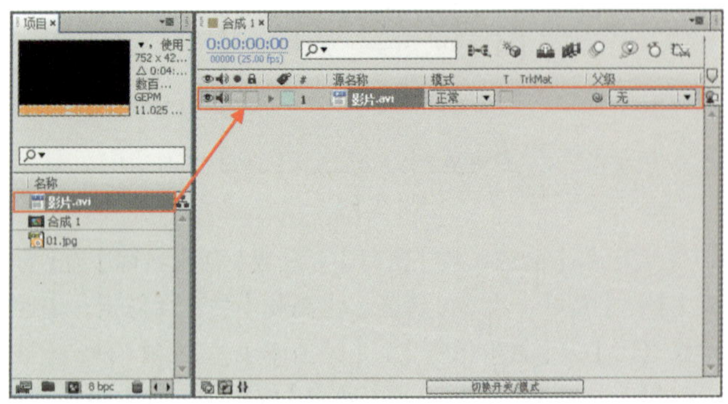

图 7-21

（5）将【影片 .avi】图层的起始位置设置为第 17 帧，设置结束位置为结束帧的位置，如图 7-22 所示。

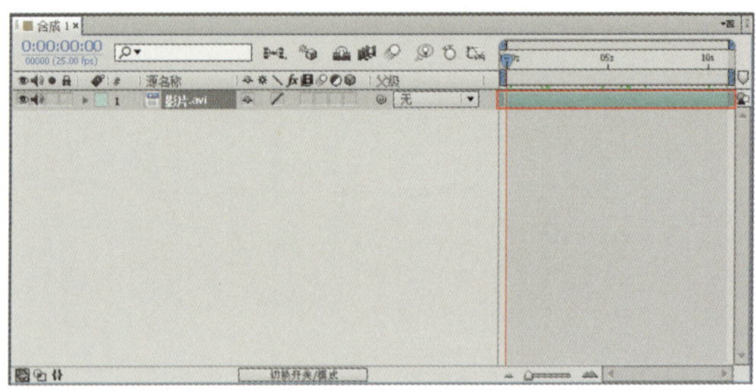

图 7-22

（6）此时拖动时间线滑块查看当前效果，如图 7-23 所示。

图 7-23

2. 制作追踪

（1）将【01.jpg】素材文件添加到【时间线】窗口中，并设置【混合模式】为【屏幕】，【缩放】为 41%，如图所示。此时效果如图 7-24 所示。

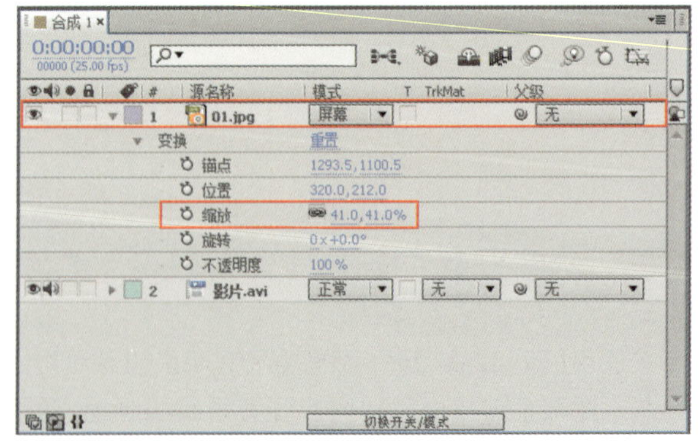

图 7-24

（2）选择【椭圆】工具，然后在【01.jpg】图层上按照镜头形状绘制一个椭圆遮罩，如图 7-25 所示。

图 7-25

求生秘籍——技巧提示：为图层素材设置混合模式

对【01.jpg】素材文件设置【混合模式】为【屏幕】，可以过滤掉黑色的背景，呈现出一种较亮的效果，从而体现玻璃的透明感。

（3）在菜单栏中执行【窗口】/【跟踪器】命令。开启【跟踪器】窗口面板，如图 7-26 所示。

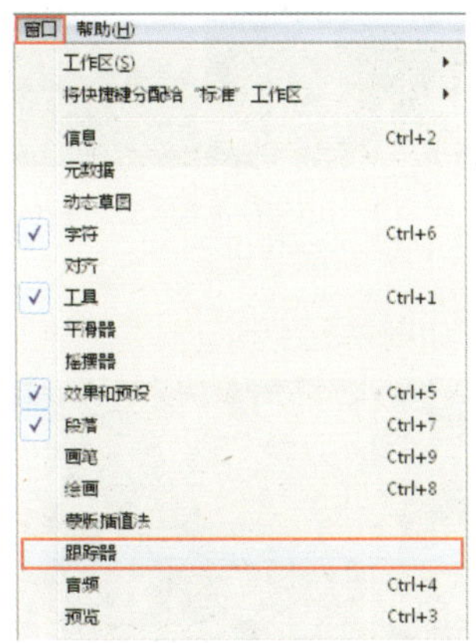

图 7-26

（4）在【时间线】窗口中选择【影片.avi】图层，然后单击【跟踪器】面板中的【跟踪运动】，如图 7-27 所示。

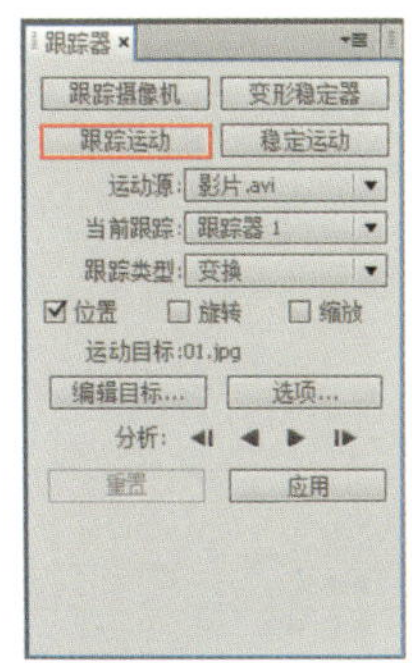

图 7-27

（5）将时间线滑块拖动到起始帧的位置，然后在【影片.avi】图层监视器中调整【跟踪点 1】的位置，并适当调整搜寻范围框和特征范围框的大小，如图 7-28 所示。

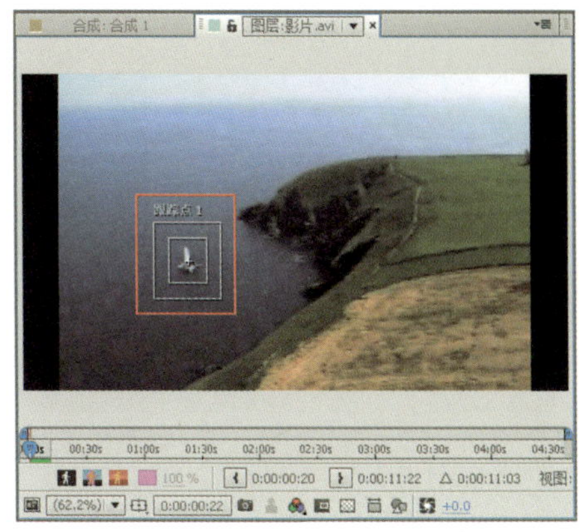

图 7-28

（6）选择【影片.avi】图层，然后单击【跟踪器】面板中的▶【分析前进】按钮，如图 7-29 所示。

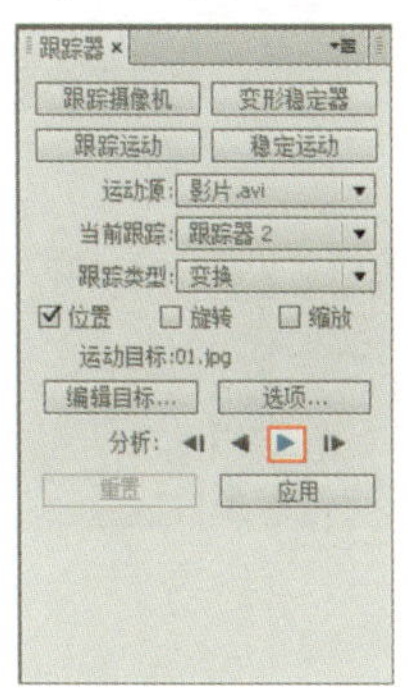

图 7-29

（7）此时【影片.avi】图层下的【跟踪器 1】中出现了许多关键帧，如图 7-30 所示。

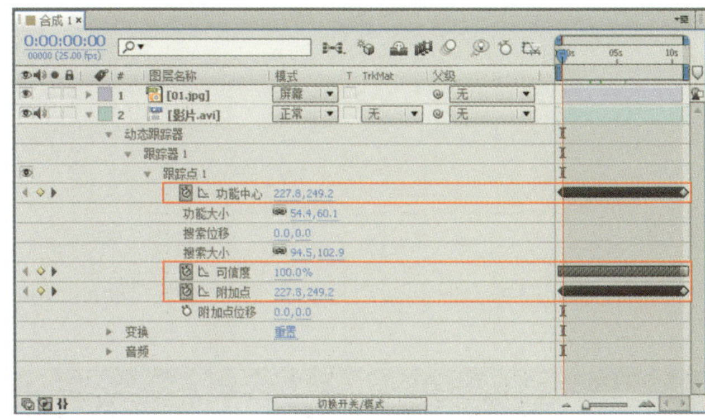

图 7-30

（8）选择【01.jpg】图层，然后单击【跟踪器】面板中的【应用】按钮，并在弹出的窗口中单击【确定】按钮如图 7-31 所示。

（9）此时拖动时间线滑块查看当前效果，如图 7-32 所示。

（10）将【01.jpg】图层进行复制，并重命名为【02.jpg】，然后设置【图层模式】为【正常】。接着打开【02.jpg】图层的【蒙版】，并勾选【蒙版 1】后面的【反转】选项，如图 7-33 所示。

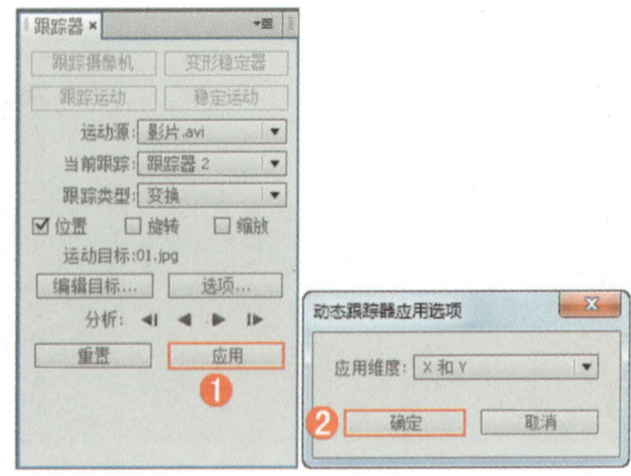

图 7-31

图 7-32

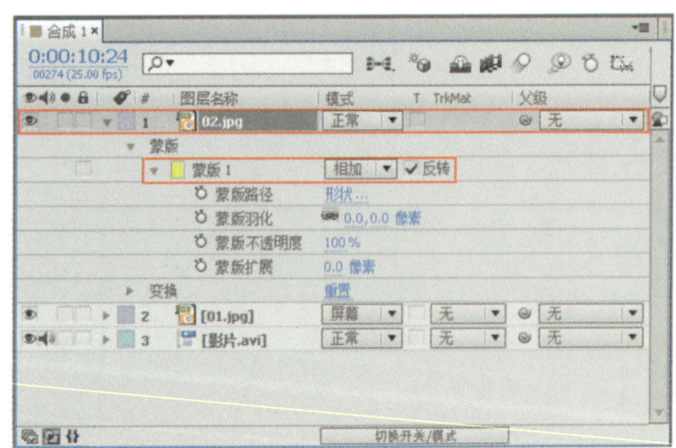

图 7-33

（11）此时拖动时间线滑块查看最终效果，如图 7-34 所示。

图 7-34

重点 进阶案例：马赛克跟随效果

案例文件	进阶案例：马赛克跟随效果 .aep
视频教学	DVD/ 多媒体教学 /Chapter07/ 进阶案例：马赛克跟随效果 .flv
难易指数	★★★☆☆
技术掌握	主要掌握调整图层、马赛克效果和跟踪器的应用

案例分析：

在本案例中，主要学习使用调整图层、马赛克效果和跟踪器制作马赛克跟随效果，案例的最终渲染效果如图 7-35 所示。

图 7-35

思路解析如图 7-36 所示。

图 7-36

制作步骤：

1. 制作背景

（1）创建新合成。在【项目】窗口中的空白处单击鼠标右键，然后选择【新建合成】，如图 7-37 所示。

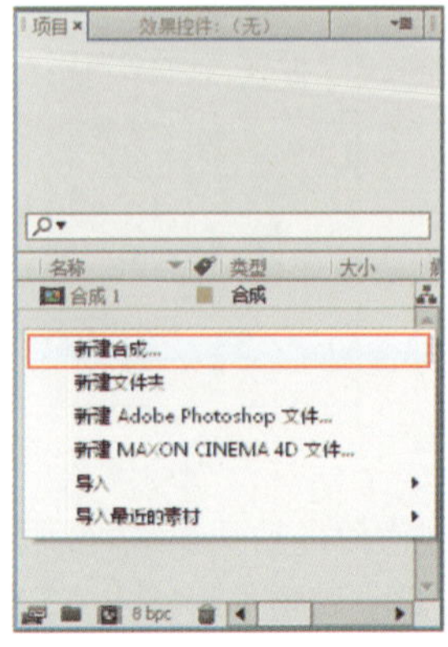

图 7-37

（2）在【合成设置】窗口中设置【合成名称】为【合成 1】，【预设】为【PAL D1/DV】，【持续时间】为 5 秒，然后单击【确定】按钮，如图 7-38 所示。

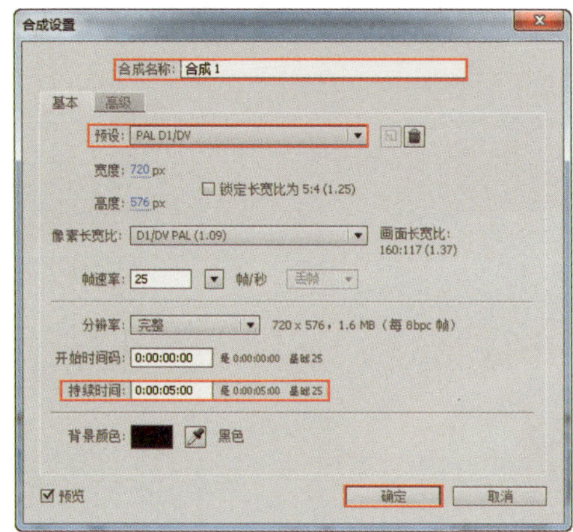

图 7-38

（3）在【项目】窗口中空白处双击鼠标左键或按快捷键 <Ctrl+I>，在弹出的窗口中选择所需素材文件，然后单击【导入】按钮。如图 7-39 所示。

图 7-39

（4）将【项目】窗口中的【01.avi】素材文件添加到【时间线】窗口中，如图 7-40 所示。

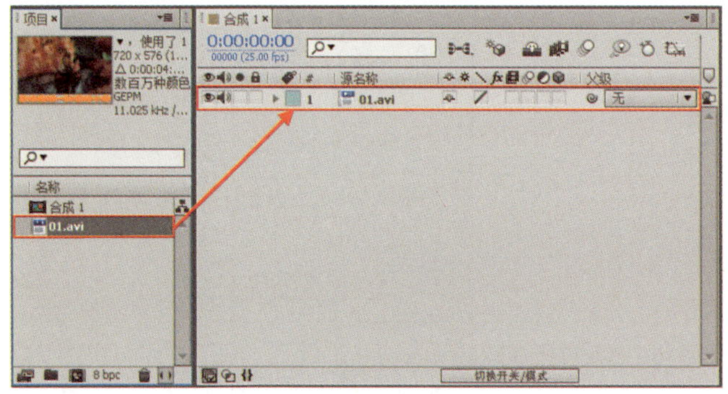

图 7-40

（5）此时拖动时间线滑块查看当前效果，如图 7-41 所示。

图 7-41

2. 制作面部跟踪

（1）在【时间线】窗口中的空白处单击鼠标右键，然后在弹出的菜单中执行【新建】/【调整图层】命令，如图 7-42 所示。

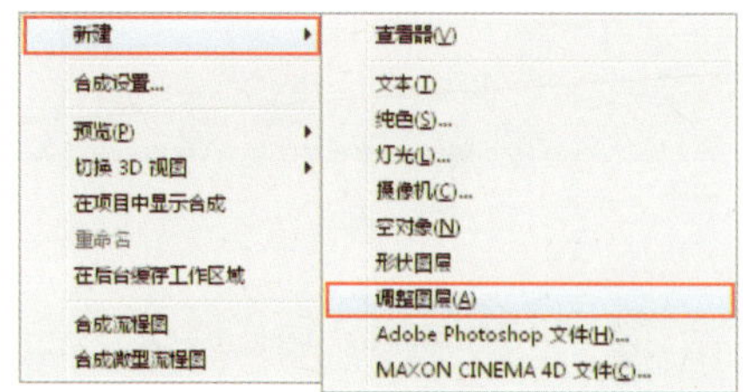

图 7-42

（2）此时在【时间线】窗口中出现了【调整图层 1】，如图 7-43 所示。

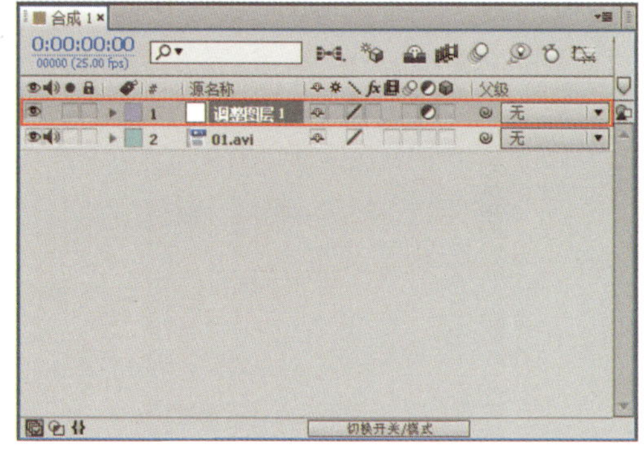

图 7-43

（3）选择【项目】窗口中的【调整图层 1】，然后在菜单栏中执行【图层】/【纯色设置】命令，如图 7-44 所示。

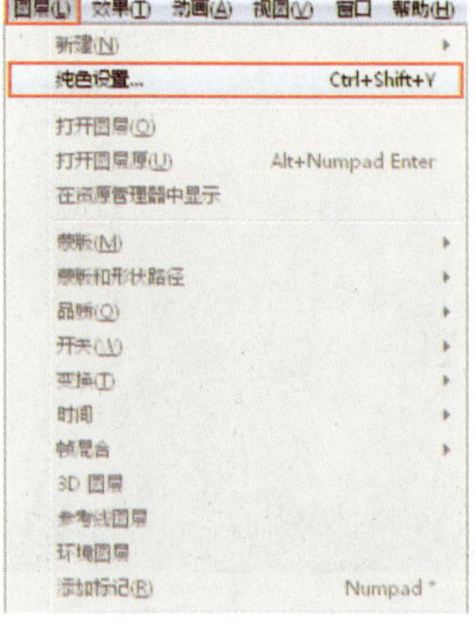

图 7-44

第 7 章

（4）接着在弹出的【纯色设置】对话框中设置【宽度】为200像素，【高度】为200像素，并单击【确定】按钮，如图7-45所示。

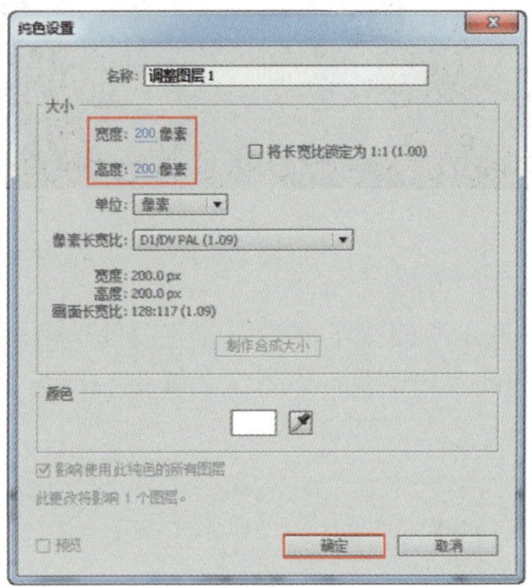

图 7-45

求生秘籍——技巧提示：设置调整图层大小

通过【纯色设置】对话框可以对纯色层和调整图层进行大小等相关设置。在本案例中是根据整体画面比例而设置的调整图层大小，从而确定添加马赛克效果的范围大小。

（5）为【调整图层1】添加【马赛克】效果，然后在【效果控件】面板中设置【马赛克】效果的【水平块】为20，【垂直块】为15，如图7-46所示。此时效果如图7-47所示。

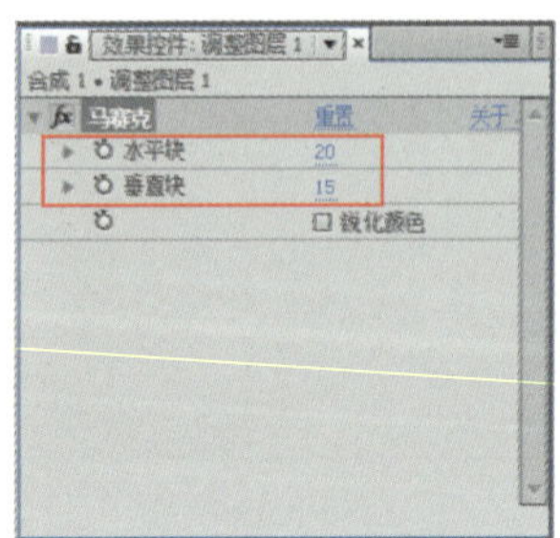

图 7-46

图 7-47

（6）在菜单栏中执行【窗口】/【跟踪器】命令。开启【跟踪器】窗口面板，如图7-48所示。

（7）在【时间线】窗口中选择【01.avi】图层，然后单击【跟踪器】面板中的【跟踪运动】按钮，如图7-49所示。

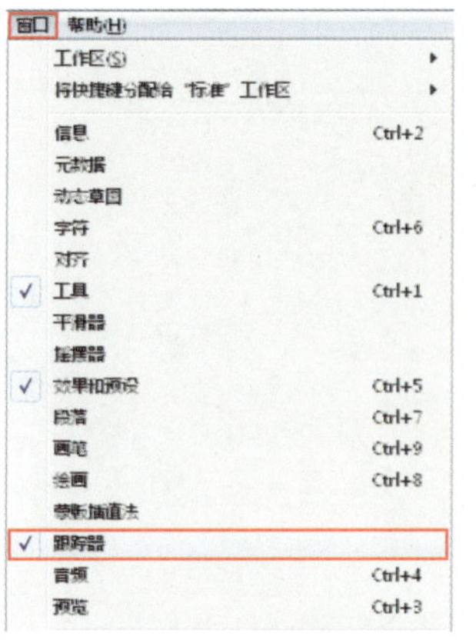

图 7-48

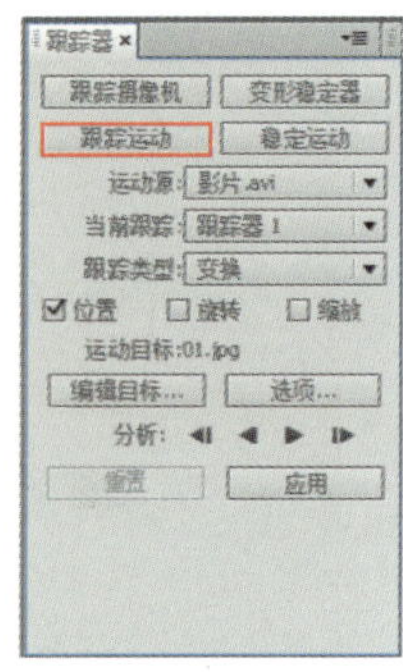

图 7-49

（8）将时间线滑块拖动到起始帧的位置，然后在【01.avi】图层监视器中调整【跟踪点1】的位置，并适当调整搜寻范围框和特征范围框的大小，如图7-50所示。

图 7-50

（9）选择【01.avi】图层，然后单击【跟踪器】面板中的▶【分析前进】按钮，如图7-51所示。

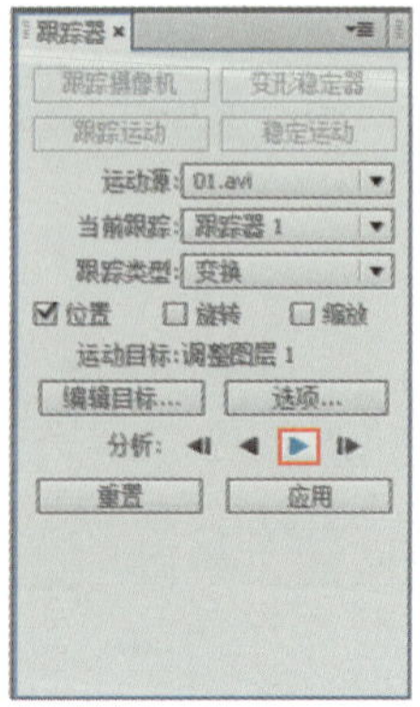

图 7-51

（10）此时在【图层】监视器窗口中已经出现了跟踪动画关键帧，如图 7-52 所示。

图 7-52

（11）选择【调整图层 1】图层，然后单击【跟踪器】面板中的【应用】按钮，并在弹出的窗口中单击【确定】按钮，如图 7-53 所示。

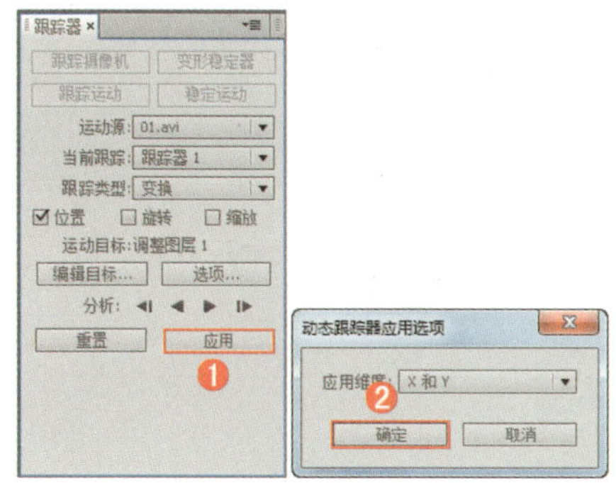

图 7-53

（12）此时拖动时间线滑块查看最终效果，如图 7-54 所示。

图 7-54

7.4.2　四点跟踪

在 After Effects 中不仅可以对某一点进行跟踪，还可以进行四点透视或平行边角跟踪。在【时间线】窗口中选择需要跟踪的视频图层，然后在【跟踪器】面板中单击【跟踪运动】按钮，如图 7-55 所示。

接着设置【跟踪器】面板中的【跟踪类型】为【透视边角定位】，如图 7-56 所示。

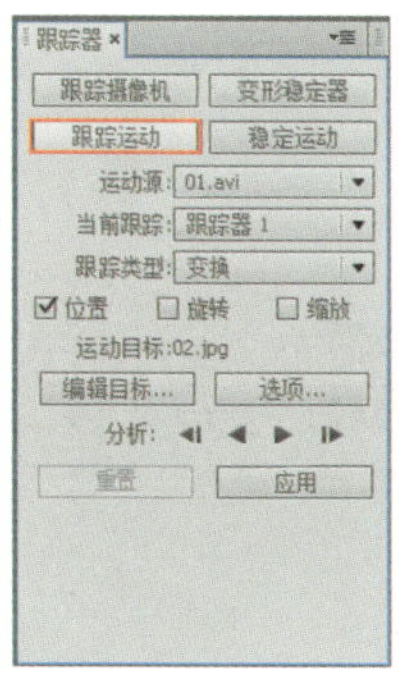

图 7-55

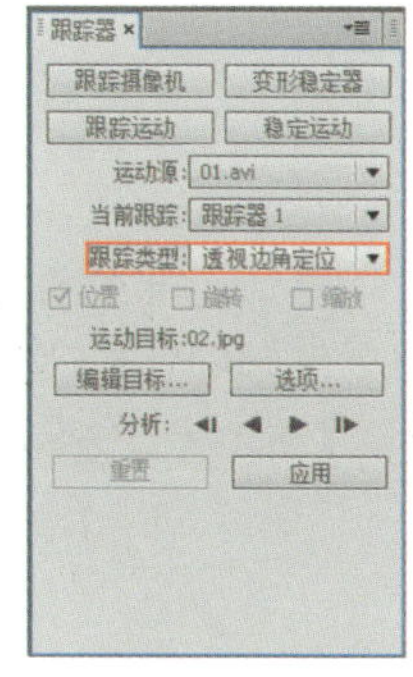

图 7-56

此时在【图层】监视器窗口中调整四个跟踪点的位置，如图 7-57 所示。并在【跟踪器】面板中单击▶【分析前进】按钮即可，如图 7-58 所示。

图 7-57

图 7-58

重点 进阶案例：替换画面效果

案例文件	进阶案例：替换画面效果 .aep
视频教学	DVD/ 多媒体教学 /Chapter07/ 进阶案例：替换画面效果 .flv
难易指数	★★★☆☆
技术掌握	主要掌握四点跟踪的应用

案例分析：

在本案例中，主要学习使用四点跟踪效果制作替换画面效果，案例的最终渲染效果如图 7-59 所示。

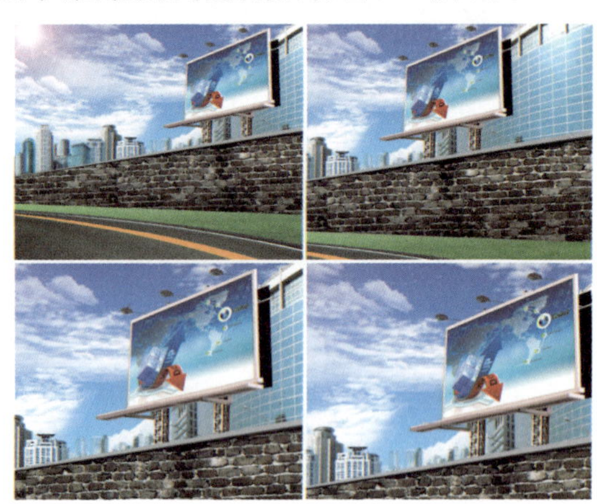

图 7-59

思路解析如图 7-60 所示。

图 7-60

制作步骤：

1. 制作背景

（1）创建新合成。在【项目】窗口中的空白处单击鼠标右键，然后选择【新建合成】，如图 7-61 所示。

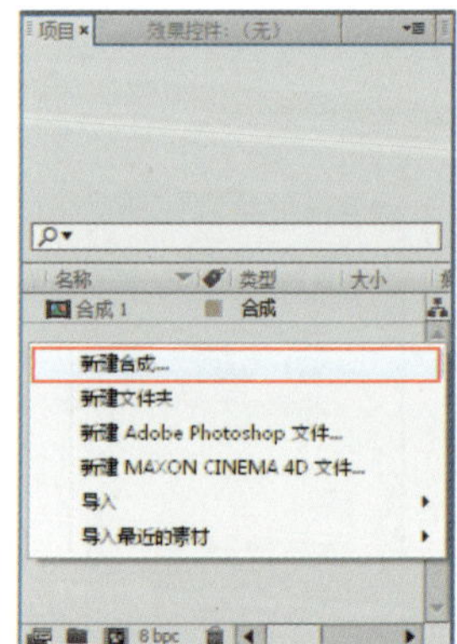

图 7-61

（2）在【合成设置】窗口中，设置【合成名称】为【合成 1】，【宽度】为 720 像素，【高度】为 576 像素，【像素长宽比】为【方形像素】，【帧速率】为 25 帧 / 秒，【持续时间】为 5 秒，最后单击【确定】按钮，如图 7-62 所示。

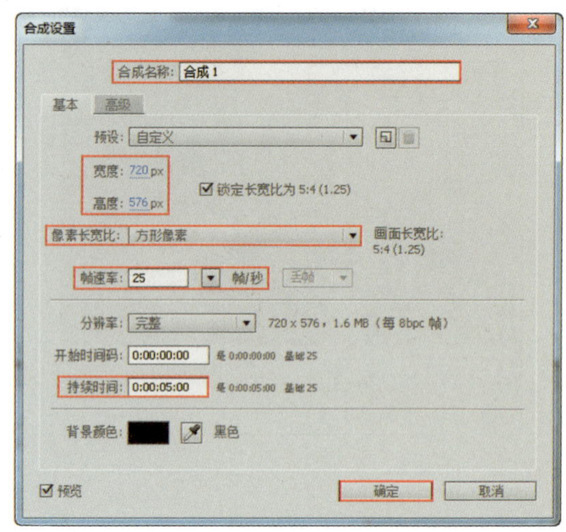

图 7-62

（3）在【项目】窗口中空白处双击鼠标左键或按快捷键 <Ctrl+I>，在弹出的窗口中选择所需素材文件，然后单击【导入】按钮，如图 7-63 所示。

图 7-63

（4）将【项目】窗口中的【01.avi】素材文件添加到【时间线】窗口中，并设置【缩放】为 61%，如图 7-64 所示。

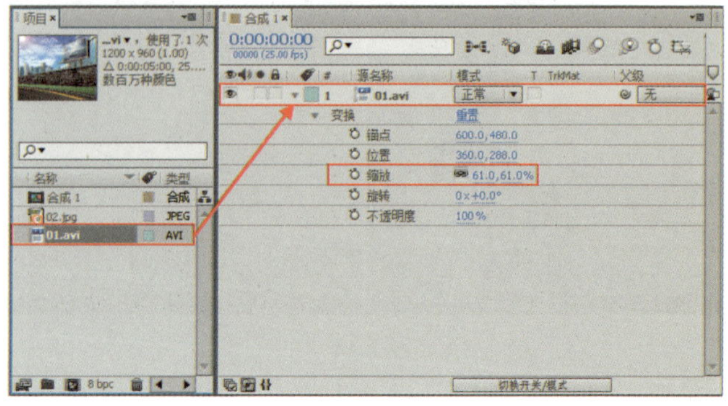

图 7-64

（5）将【02.jpg】素材文件添加到【时间线】窗口中，如图 7-65 所示。

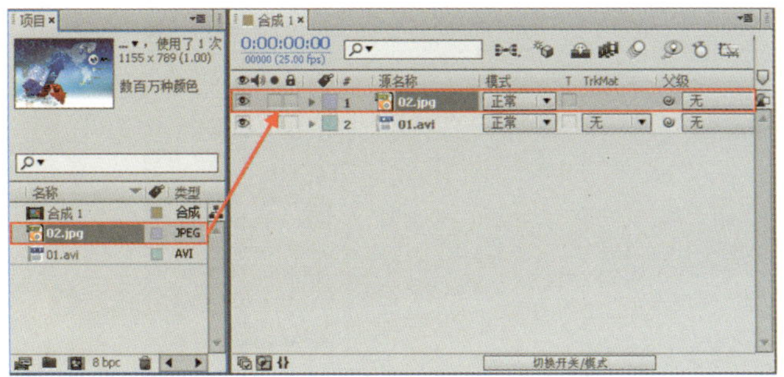

图 7-65

2. 制作四点跟踪

（1）在菜单栏中执行【窗口】/【跟踪器】命令。开启【跟踪器】窗口面板，如图 7-66 所示。

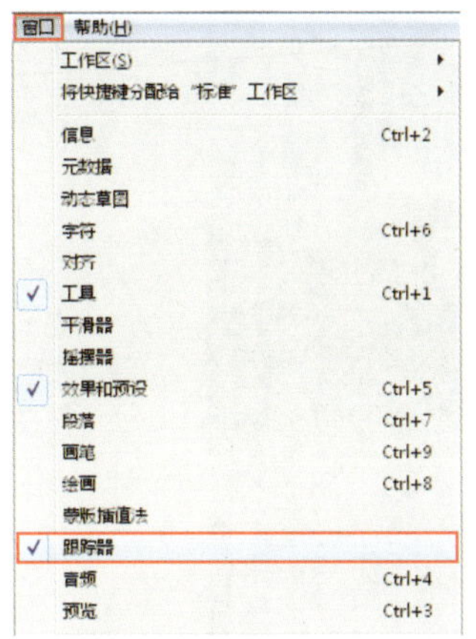

图 7-66

（2）在【时间线】窗口中选择【01.avi】图层，然后单击【跟踪器】面板中的【跟踪运动】按钮，如图 7-67 所示。

（3）将时间线滑块拖动到起始帧的位置，然后在【跟踪器】面板中设置【跟踪类型】为【透视边角定位】，如图 7-68 所示。

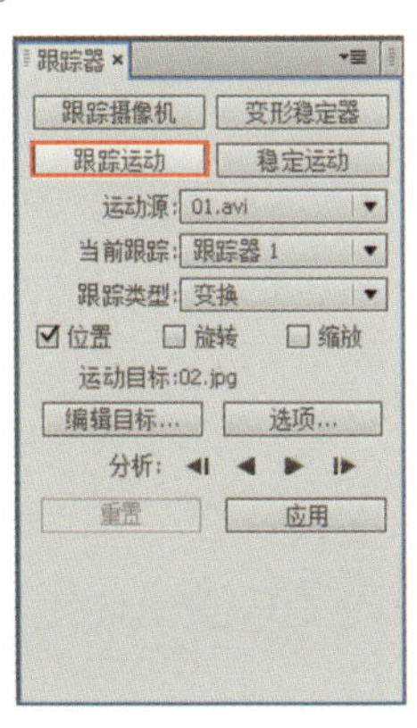

图 7-67

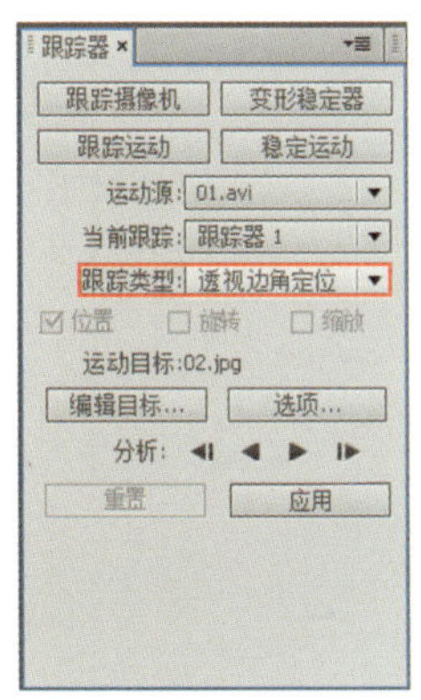

图 7-68

（4）接着在【图层】监视器窗口中调整四个跟踪点的位置，并适当调整四个跟踪点的内框大小，如图 7-69 所示。

图 7-69

求生秘籍——软件技能：使用【透视边角定位】跟踪类型

在制作运动跟踪时，若选择【跟踪类型】为【透视边角定位】，则会出现四个跟踪点，并可以调整四个跟踪点的透视角度和位置。常用于海报、广告牌、屏幕画面的替换和跟踪。

（5）选择【影片 .avi】图层，然后单击【跟踪器】面板中的▶【分析前进】按钮，如图 7-70 所示。

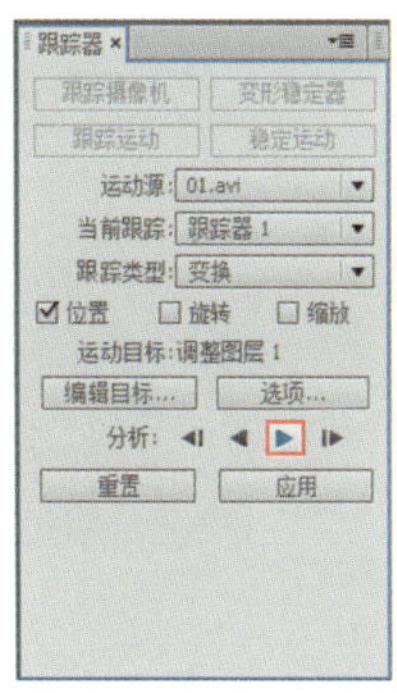

图 7-70

（6）此时在【图层】监视器窗口中已经出现了跟踪动画关键帧，如图 7-71 所示。

图 7-71

（7）接着单击【跟踪器】面板中的【应用】按钮，如图 7-72 所示。此时【02.jpg】图层下会出现了相应的跟踪动画关键帧，如图 7-73 所示。

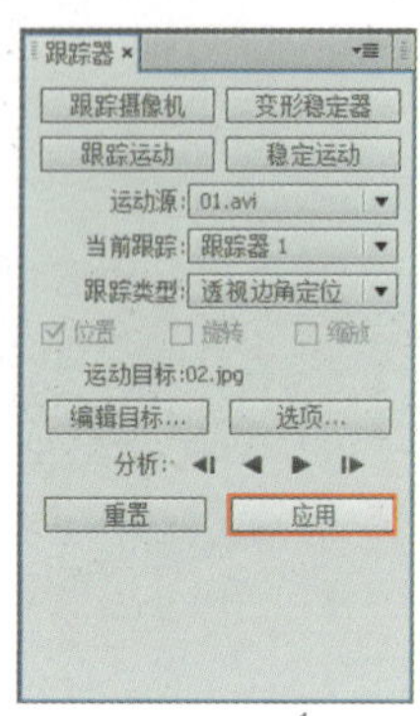

图 7-72

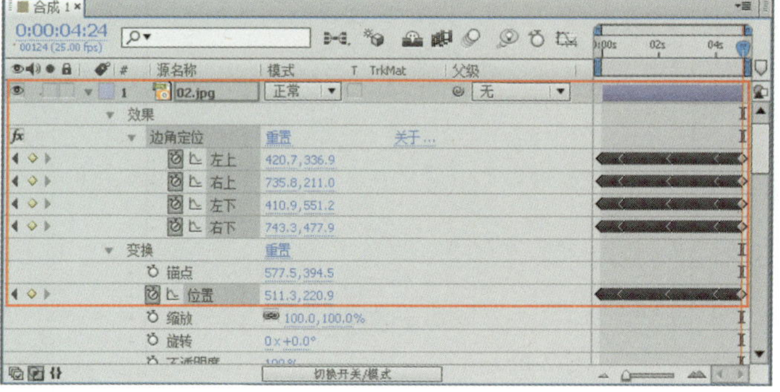

图 7-73

（8）此时切换到【合成】监视器窗口，并拖动时间线滑块查看最终效果，如图 7-74 所示。

图 7-74

第 8 章 滤镜效果

本章学习要点：

- ★ 认识 After Effects 滤镜效果
- ★ 掌握添加滤镜效果的方法
- ★ 了解各种视频效果参数
- ★ 掌握常用视频效果的应用

8.1 了解视频效果

在 After Effects CC 中包含许多视频效果，利用这些视频效果，可以制作出许多特殊的视觉效果。这些视频效果被广泛地应用到电视、电影、广告的制作中。所以 After Effects 作为后期效果软件，适用于电视台、动画公司、后期工作室以及多媒体工作室使用，经常在影片中看到的视频效果很多都是经过 After Effects 加工处理的。

在后期制作中使用视频效果可以使画面变得更加绚丽、奇幻，能够将想象中的效果实现出来。而且通过 After Effects 软件还可以方便的对影片进行色彩调节、追踪、变形等效果的制作，同时也可以降低一些场景的拍摄成本和拍摄难度。后期制作效果，如图 8-1 所示。

图 8-1

8.2 视频效果

在【效果】菜单栏中包含了 After Effects CC 中的所有视频效果，如图 8-2 所示。

在 Adobe After Effects CC 中包含的各项效果一般可以直接应用到合适的素材上，应用视频效果有多种方法，可以根据个人习惯和操作方便而使用不同的方法：

1.【效果】菜单添加

首先在【时间线】窗口中选择需要添加效果的图层，然后在菜单栏中打开【效果】菜单，即可选择所需要的效果类型和相应视频效果。如图 8-3 所示。

2. 右键菜单添加

在【时间线】窗口中，在需要添加视频效果的图层上单击鼠标右键，然后在弹出的菜单中选择【效果】，接着即可选择相应类型和效果，如图 8-4 所示。

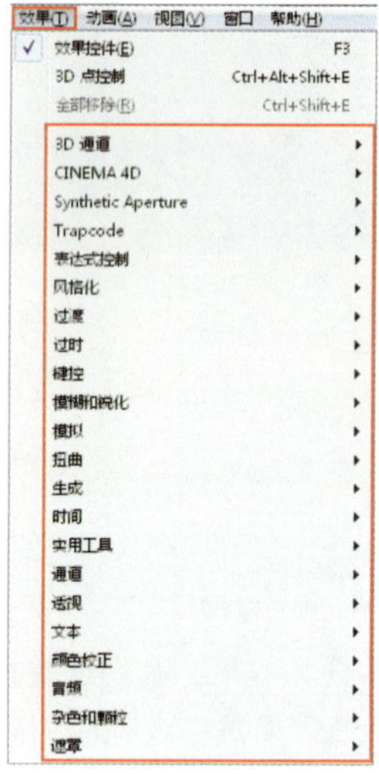

图 8-2

图 8-3

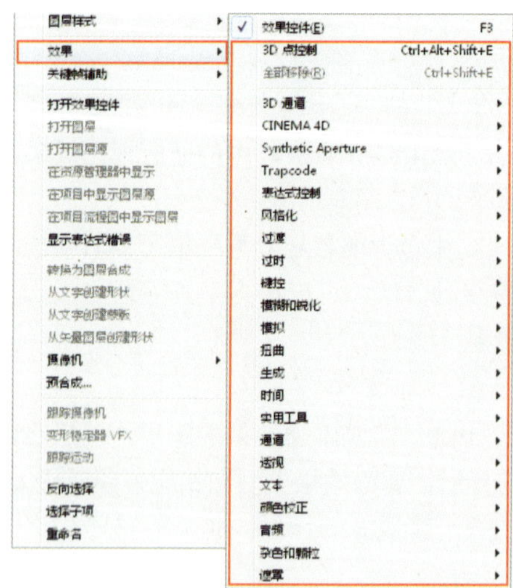

图 8-4

3. 拖拽到图层添加

在【效果和预设】面板中，可以直接选择所需要的视频效果，也可以在面板上方进行视频效果的搜索，然后将选择的效果按住鼠标左键拖拽到【时间线】窗口中的图层上，并释放鼠标左键即可添加，如图 8-5 所示。

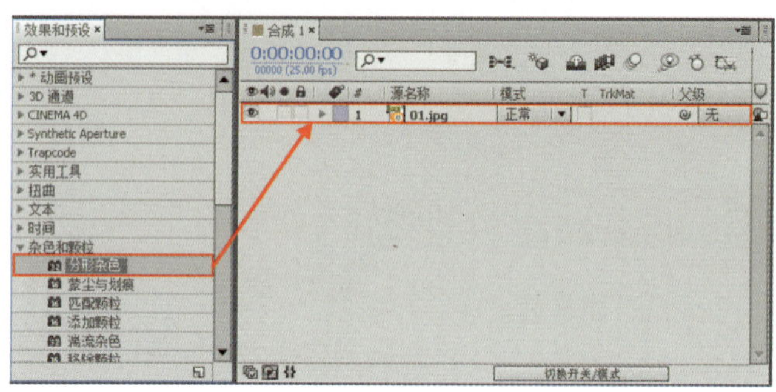

图 8-5

4. 添加到【效果控件】面板

在【效果和预设】中选择某一效果，然后按住鼠标左键，直接拖拽到相应图层的【效果控件】面板中，如图 8-6 所示。接着释放鼠标左键即可添加该效果，如图 8-7 所示。

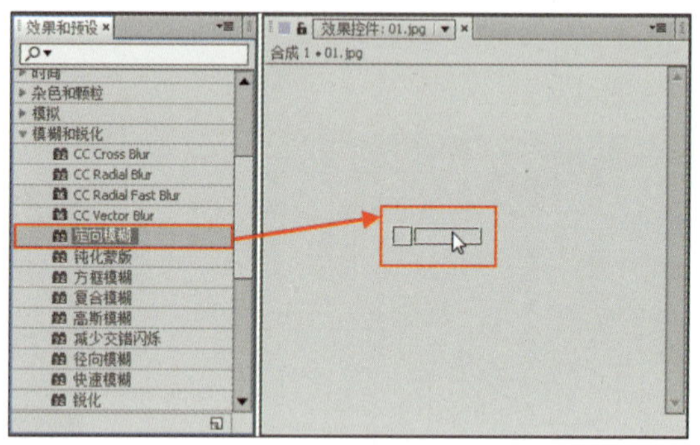

图 8-6

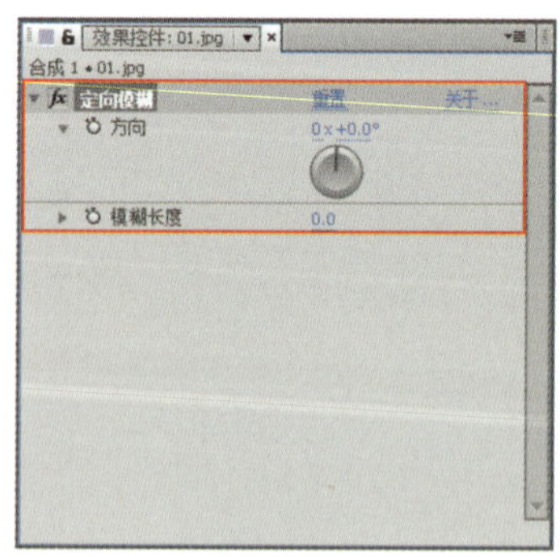

图 8-7

5. 添加到【合成】与【图层】窗口

在【效果和预设】中选择某一效果，然后按住鼠标左键，直接拖拽到显示相应图层的【合成】或【图层】窗口中，如图 8-8 所示。接着释放鼠标左键即可添加该效果，可以在当前图层的【效果控制】面板中查看，如图 8-9 所示。

图 8-8

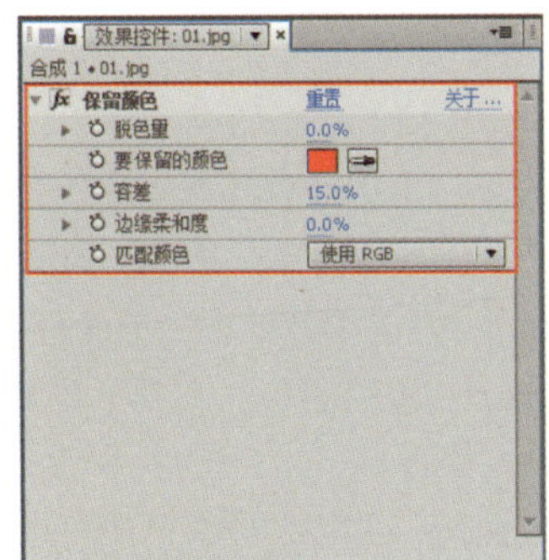

图 8-9

8.3 【3D 通道】效果

Adobe After Effects CC 支持一些 3D 类型的素材导入，包括 RPF、Electric ImageE1/EIZ、RLA 等。所以该软件也相应地具有一些 3D 相关效果，如图 8-10 所示。

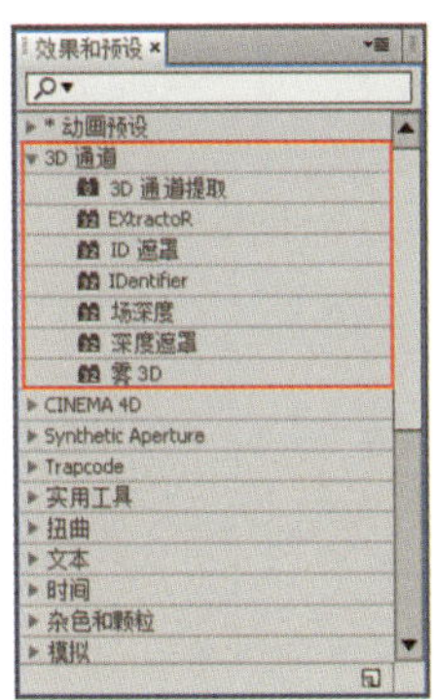

图 8-10

求生秘籍——软件技能：【3D 通道】效果组不会修改素材 3D 信息

使用【3D 通道】效果组的效果，只是读取和编辑某些 3D 信息，而不会修改这些文件。

8.3.1 【3D 通道提取】效果

【3D 通道提取】效果能够将素材通道中的 3D 信息以彩色通道图像或灰度图像显示，可以直观的查看附加在通道上的信息。各项参数如图 8-11 所示。

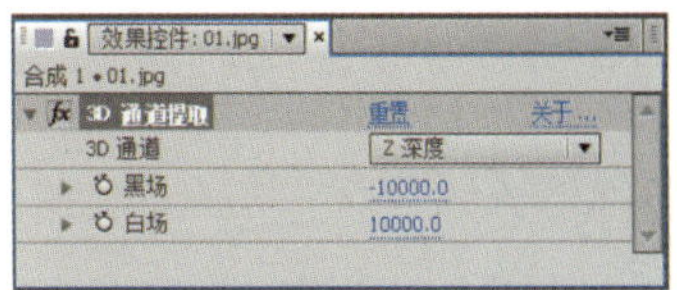

图 8-11

重点参数提醒：

3D 通道：在该选项的下拉菜单中可以选择当前图层相应的 3D 通道信息，包括 Z 深度、对象 ID 和纹理 UV 等，如图 8-12 所示。

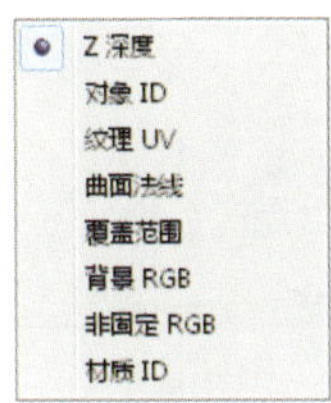

图 8-12

黑场：设置黑场对应的通道信息数值。

白场：设置白场对应的通道信息数值。

8.3.2 【场深度】效果

【场深度】效果能够使以 Z 轴某深度数值为中心一定范围内的图像清晰，而在该范围外的图像则会模糊，各项参数如图 8-13 所示。

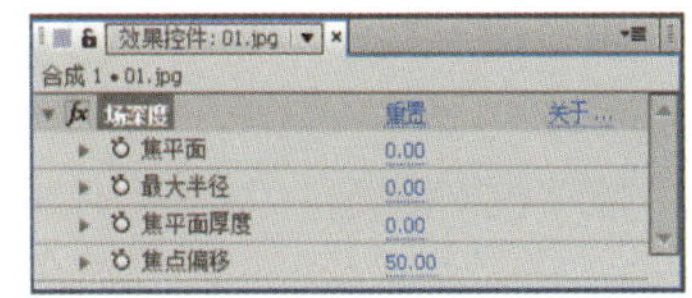

图 8-13

重点参数提醒：

焦平面：可以设置沿 Z 轴聚焦范围的 3D 场景的平面距离。

最大半径：控制聚焦范围之外部分的模糊数值，数值越小则模糊越明显。

焦平面厚度：控制聚焦范围区域的厚度。

焦点偏移：设置焦点偏移的距离。

8.3.3 【深度遮罩】效果

【深度遮罩】效果能够辨别出当前 3D 图像的 Z 轴深度数值，然后根据指定的深度数值创建蒙版，截取显示图像。各项参数如图 8-14 所示。

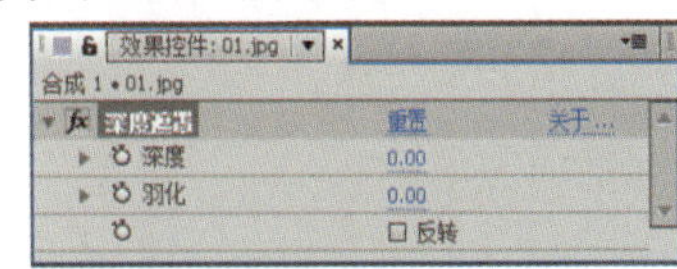

图 8-14

重点参数提醒：

深度：设置创建蒙版的 Z 轴深度数值。

羽化：设置蒙版的羽化值。

反转：设置蒙版的显示。

8.3.4 【雾 3D】效果

【雾 3D】效果可以根据当前 3D 图像中的 Z 轴深度创建雾化的效果，从而能够使雾具有不同浓度的远近层次感和距离感，各项参数如图 8-15 所示。

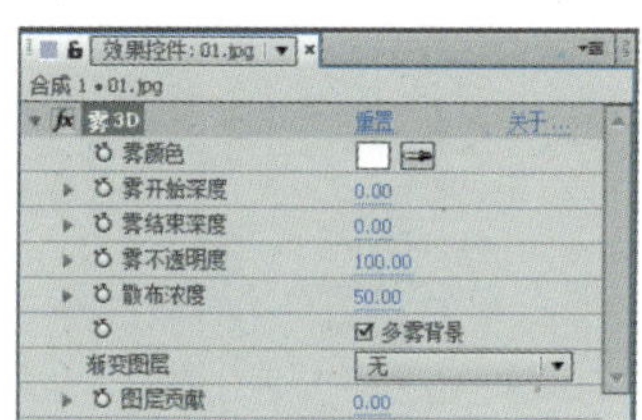

图 8-15

重点参数提醒：

雾颜色：设置创建雾化的颜色。

雾开始深度：雾开始时的 Z 轴深度数值。

雾结束深度：雾结束时的 Z 轴深度数值。

雾不透明度：设置雾的不透明度。

散布浓度：雾散布的浓度。

多雾背景：勾选该选项，即为带有多雾的背景。不勾选时，则背景为透明的。

渐变图层：可以选择一个其他图层作为参考，用于增加或减少雾的浓度。

图层贡献：能够控制渐变图层对雾浓度的影响程度。

8.4 【扭曲】效果

【扭曲】效果组主要对素材图像进行变形、扭曲、旋转等变化操作，即可以对画面形状进行校正，还可以将画面变形为特殊的视觉效果，该效果组如图 8-16 所示。

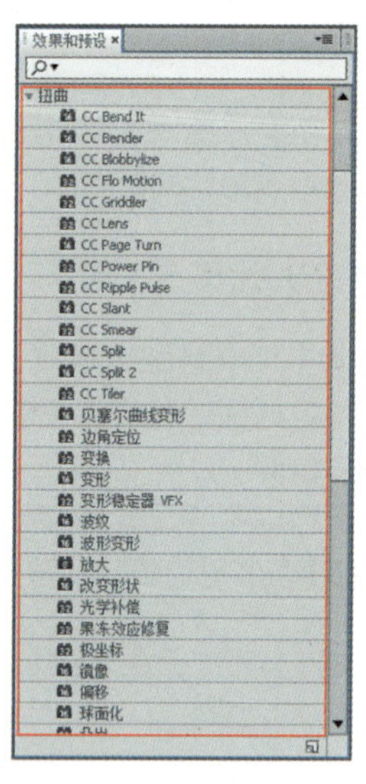

图 8-16

8.4.1 【CC Bend It（CC 弯曲）】效果

【CC Bend It（CC 弯曲）】效果能够通过图像的两个坐标位置对图像进行区域变形。该效果主要用于定位图像，并可以进行拉伸、倾斜和扭曲等操作，各项参数如图 8-17 所示。

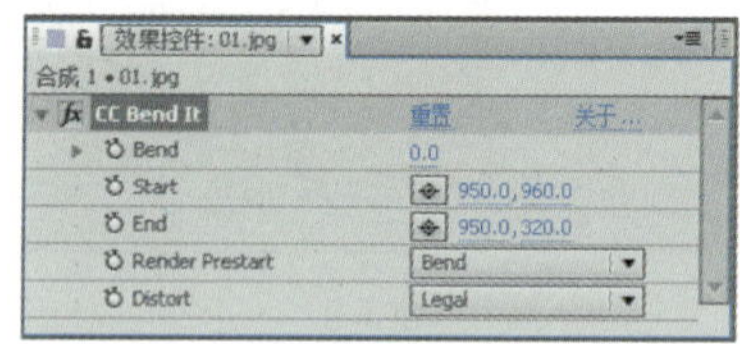

图 8-17

重点参数提醒：

Bend（弯曲）：可以设置坐标点间图像的弯曲程度。

Start（开始）：可以设置开始坐标的位置。

End（结束）：可以设置结束坐标的位置。

Render Prestart（渲染前）：在其下拉菜单中可以选择图像起始点的模式状态。

Distort（扭曲）：在其下拉菜单中可以选择图像结束点的模式状态。

8.4.2 【CC Bender（CC 卷曲）】效果

CC Bender（CC 卷曲）效果可以使图像产生画面弯曲变化效果。各项参数如图 8-18 所示。

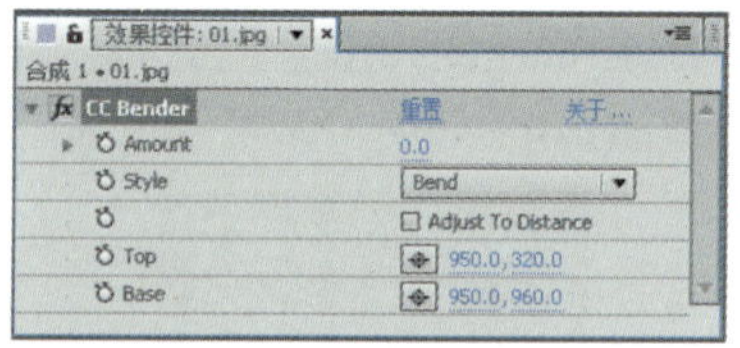

图 8-18

重点参数提醒：

Amount（数量）：设置图像的弯曲程度。

Style（样式）：在该下拉菜单中可以选择图像弯曲方式和圆滑程度的模式。

Top（顶部）：设置顶部坐标的位置。

Base（底部）：设置底部坐标的位置。

8.4.3 【CC Blobbylize（CC 融化）】效果

【CC Blobbylize（CC 融化）】效果能够在素材图像上制作出画面融化效果。各项参数如图 8-19 所示。

重点参数提醒：

Blob Layer（斑点层）：可以选择一个图层作为效果层的遮罩层。

Property（特性）：可以选择融化显示的模式。

Softness（柔和）：设置斑点边缘的柔和程度。

Cut Away（剪切）：设置被剪切的部分大小。

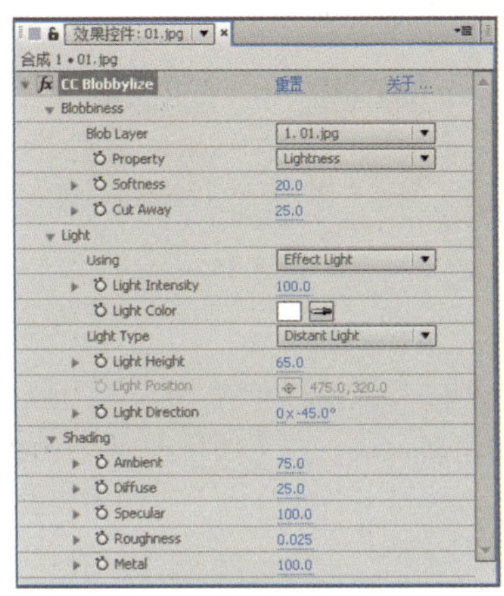

图 8-19

Light Intensity（光强度）：可以调整图像上光的强度。

Light Color（光颜色）：设置光的颜色，可以用来调整图像的整体色调。

Light Type（光类型）：可以设置光的照射类型，包括【Distsnt Light（远距离光）】和【Point Light（点光）】两种类型。

Light Height（光线高度）：通过设置光线的高度来调整图像的曝光度。

Light Position（光的位置）：设置光的位置，而且该参数只有当【Light Type（光类型）】为【Point Light（点光）】时才会被激活。

Light Direction（光方向）：设置光照射的方向。

Ambient（环境）：控制整个图像的明暗程度。

Diffuse（漫反射）：调整漫反射的程度，值越大，反射程度越强，图像越亮。

Specular（高光反射）：设置图像的高光反射强度。

Roughness（边缘粗糙）：设置图像的粗糙程度。

Metal（光泽）：使图像的亮部光泽效果程度。

8.4.4 【CC Flo Motion（CC 折叠运动）】效果

【CC Flo Motion（CC 折叠运动）】效果可以在素材图像上制作出画面两点收缩变形效果。各项参数如图 8-20 所示。

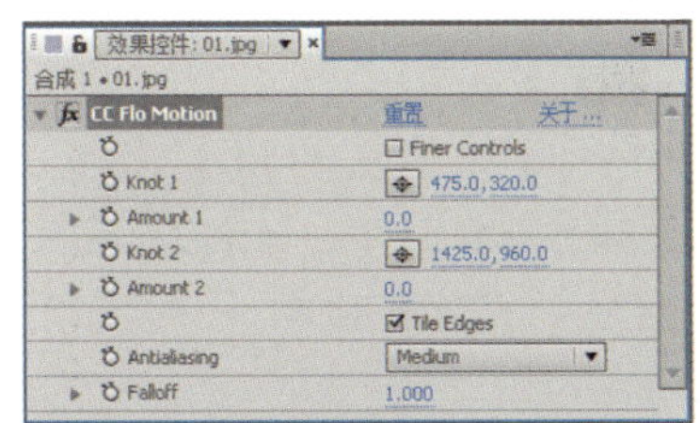

图 8-20

重点参数提醒：

Finer Controls（精细控制）：勾选该选项可以进行更精确地控制。

Kont1（控制点 1）：设置控制点 1 的位置。

Amount1（数量 1）：设置控制点 1 位置图像拉伸的重复程度。

Tile Edges（边缘拼贴）：不勾选该选项，图像会按照一定的边缘进行剪切。

Antialiasing（抗锯齿）：设置拉伸的抗锯齿程度。

Falloff（衰减）：设置图像拉伸的重复程度。值越小，则重复度越大。

8.4.5 【CC Griddler（CC 方格）】效果

【CC Griddler（CC 方格）】效果可以使图像产生方格状的旋转扭曲效果。各项参数如图 8-21 所示。

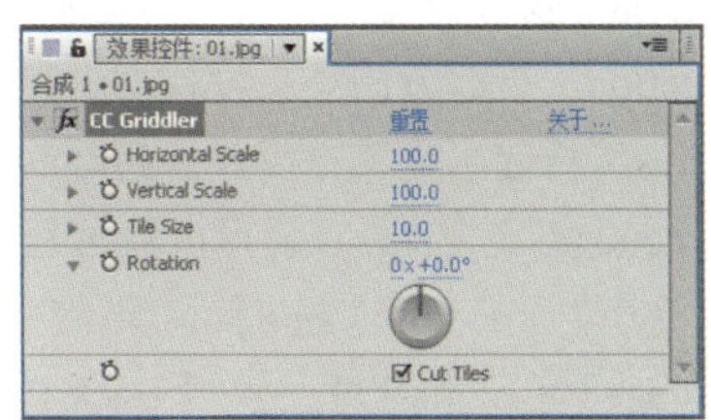

图 8-21

重点参数提醒：

Horizontal Scale（横向缩放）：设置网格横向的缩放程度。

Vertical Scale（纵向缩放）：设置网格纵向的缩放程度。

Tile Size（拼贴大小）：设置方格尺寸的大小。值越大，网格越大；值越小，网格越小。

Rotation（旋转）：设置网格的旋转程度。

Cut Tiles（拼贴剪切）：勾选掉该选项，即使方格之间直接产生拼贴效果。

8.4.6 【CC Lens（CC 镜头）】效果

【CC Lens（CC 镜头）】效果可以使图像产生镜头扭曲效果。各项参数如图 8-22 所示。

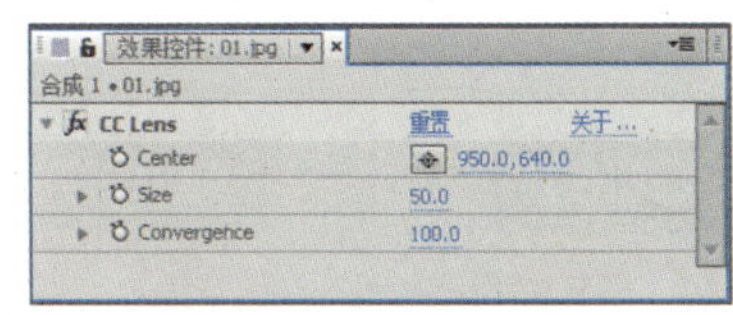

图 8-22

重点参数提醒：

Center（镜头中心）：可以设置镜头中心的位置。

Size（大小）：设置镜头效果的尺寸大小。

Convergence（会聚）：可以使图像产生向中心会聚的效果。

8.4.7 【CC Page Turn（CC 翻页）】效果

【CC Page Turn（CC 翻页）】效果可以使当前素材图

像产生类似书页卷起的效果。各项参数如图 8-23 所示。

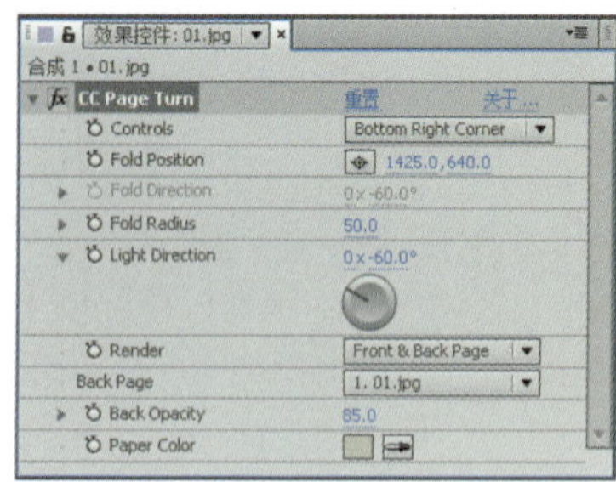

图 8-23

重点参数提醒：

Controls（控制）：可以设置卷页的边角方向。

Fold Position（折起位置）：设置书页卷起的程度。

Fold Direction（折起方向）：设置书页卷起的方向。

Fold Radius（折起半径）：设置折起时的半径大小。

Light Direction（光方向）：设置折起时光的照射方向。

Render（渲染）：可以选择渲染的部分，包括【Front&Back Page（前页和背页）】、【Back Page（背页）】和【Front Page（前页）】三种。

Back Page（背页）：可以选择其他图层作为背面的页面图案。

Back Opacity（背页不透明度）：设置卷起时背页的不透明度。

Paper Color（纸张颜色）：当【背页】设置为【无】时，该属性可以设置背页的颜色效果。

进阶案例：日历翻页效果

案例文件	进阶案例：日历翻页效果 .aep
视频教学	DVD/ 多媒体教学 /Chapter08/ 进阶案例：日历翻页效果 .flv
难易指数	★★☆☆☆
技术掌握	主要掌握纯色层和 CC 翻页效果的应用。

案例分析：

在本案例中，主要学习使用纯色、文本图层和 CC 翻页来制作日历翻页效果，案例的最终效果如图 8-24 所示。

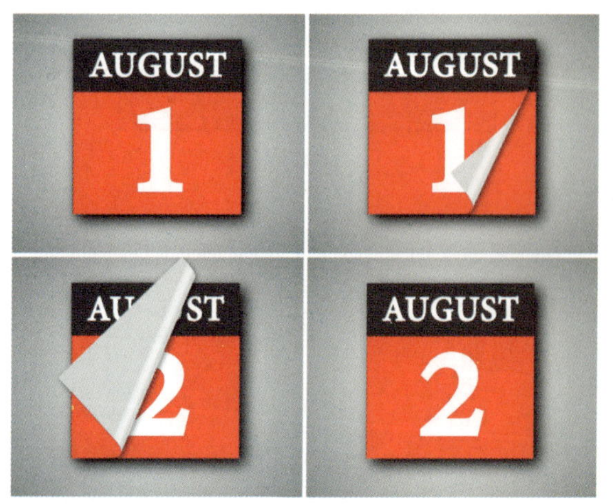

图 8-24

思路解析如图 8-25 所示。

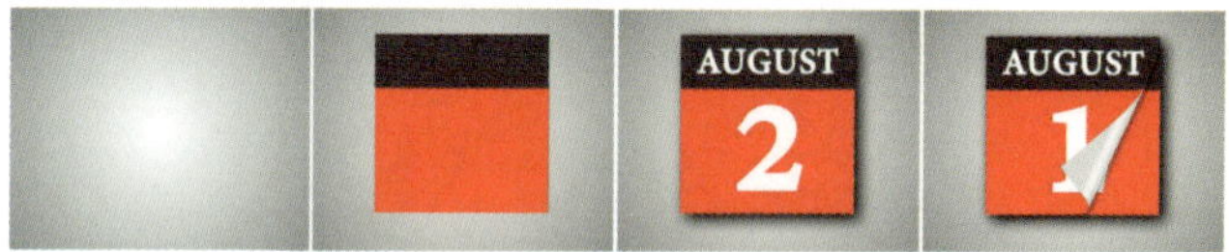

图 8-25

制作步骤：

1. 制作背景

（1）创建新合成。在【项目】窗口中的空白处单击鼠标右键，然后选择【新建合成】，如图 8-26 所示。

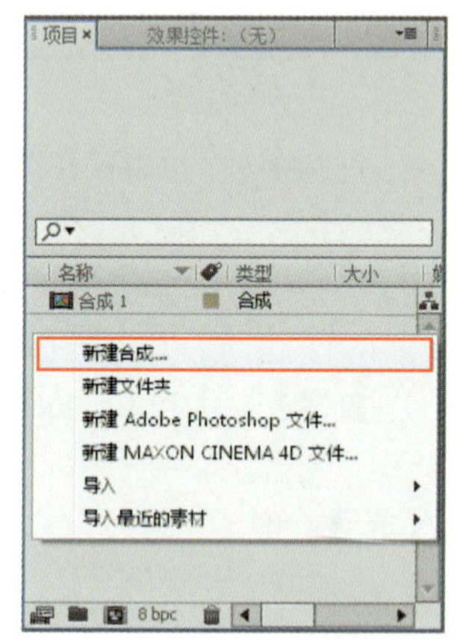

图 8-26

（2）在【合成设置】窗口中，设置【合成名称】为【合成 1】，【宽度】为 720 像素，【高度】为 576 像素，【像素长宽比】为【方形像素】，【帧速率】为 25 帧 / 秒，【持续时间】为 5 秒。最后单击【确定】按钮，如图 8-27 所示。

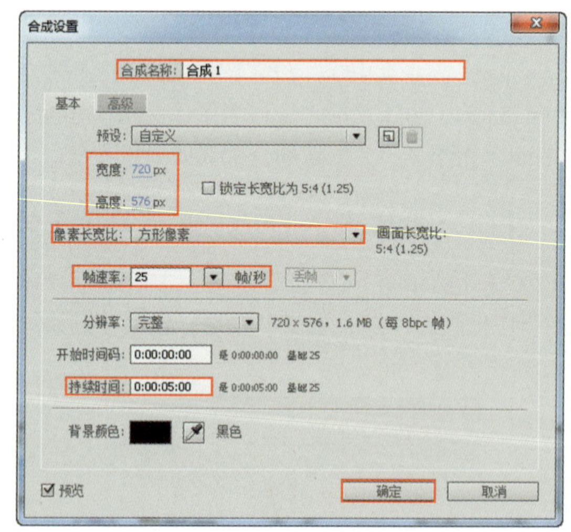

图 8-27

（3）新建一个纯色层，并设置【名称】为【背景】，【宽度】为 720 像素，【高度】为 576 像素，【颜色】为黑色（R：0，G：0，B：0），然后单击【确定】按钮，如图 8-28 所示。

（4）将【效果和预设】面板中的【梯度渐变】效果添加到【背景】图层上，如图 8-29 所示。

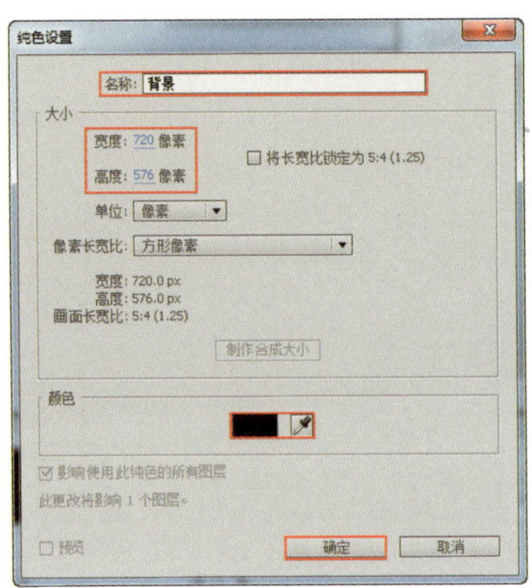

图 8-28

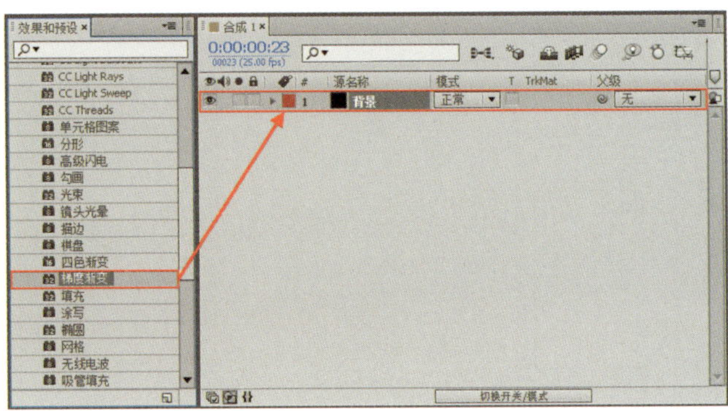

图 8-29

（5）选择【时间线】窗口中的【背景】图层，然后在【效果控件】面板中设置【渐变形状】为【径向渐变】，【渐变起点】为（360.0,288.0），【起始颜色】为白色（R：255，G：255，B：255），【渐变终点】为（360.0,743.0），【结束颜色】为浅灰色（R：143，G：143，B：143），如图 8-30 所示。此时效果如图 8-31 所示。

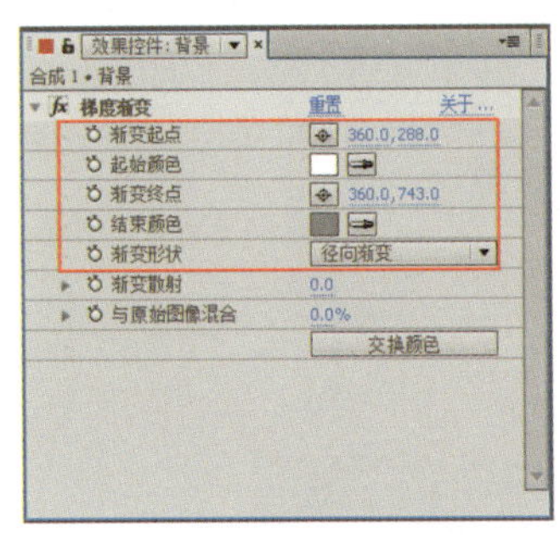

图 8-30

图 8-31

2. 制作日历效果

（1）新建一个纯色层，并设置【名称】为【深灰色】，【宽度】为 720 像素，【高度】为 576 像素，【颜色】为深灰色（R：84，G：84，B：84），然后单击【确定】按钮，如图 8-32 所示。

（2）选择【矩形】工具，然后在【深灰色】图层上绘制一个矩形，如图 8-33 所示。

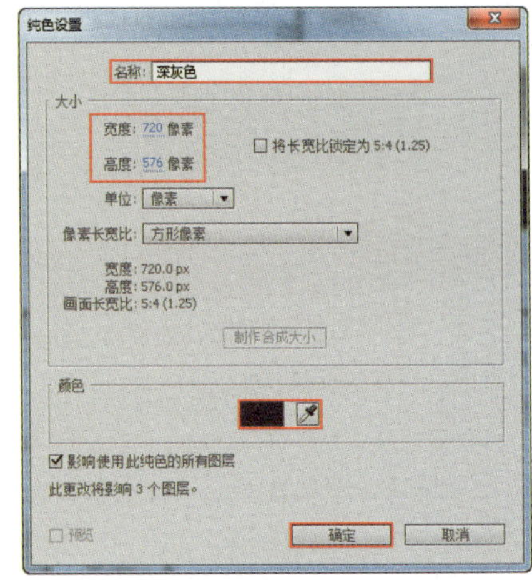

图 8-32

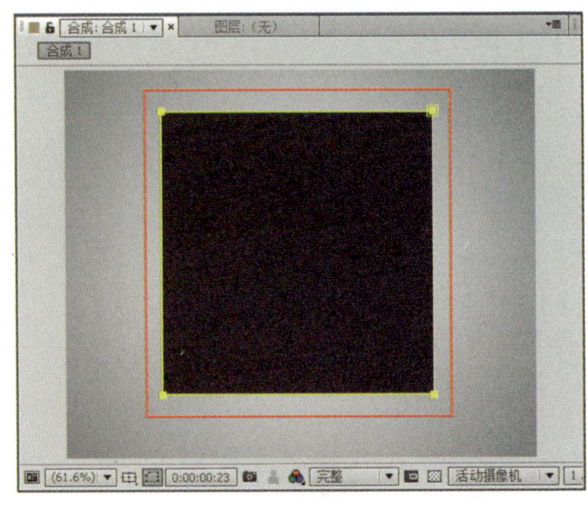

图 8-33

（3）新建一个纯色层，并设置【名称】为【红色】，【宽度】为 720 像素，【高度】为 576 像素，【颜色】为红色（R：203，G：32，B：37），然后单击【确定】按钮，如图 8-34 所示。

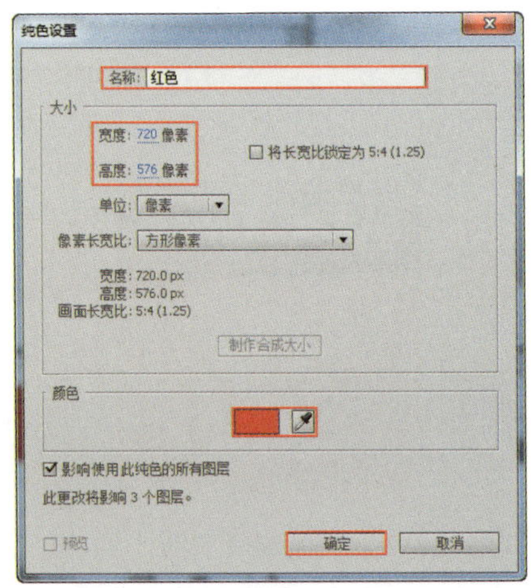

图 8-34

（4）选择【矩形】工具，然后在【红色】图层上绘制一个矩形，如图 8-35 所示。

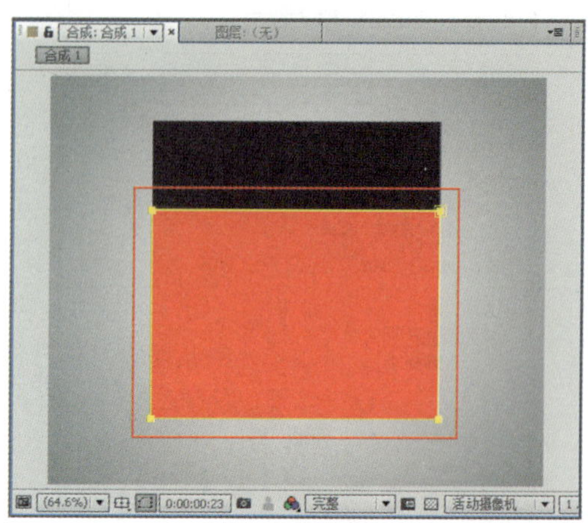

图 8-35

（5）选择【横排文字】工具，然后在【合成】窗口中输入文字，并设置合适的【字体系列】和【字体大小】，接着设置【填充颜色】为白色（R：255，G：255，B：255），最后单击【仿粗体】按钮，如图 8-36 所示。

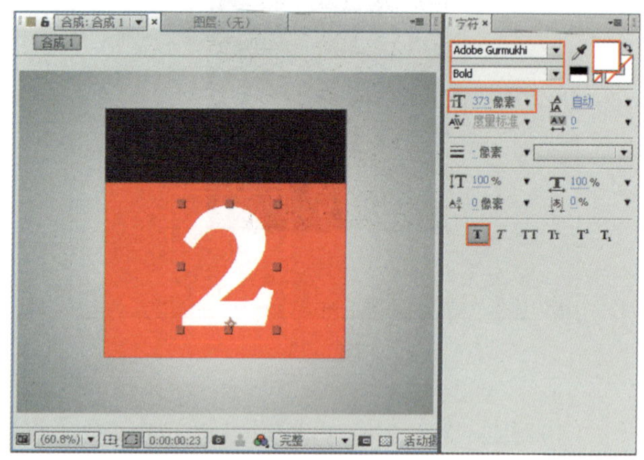

图 8-36

（6）使用同样的方法制作出另一个文字图层，如图 8-37 所示。

图 8-37

（7）选择【深灰色】、【红色】和两个文字图层，然后按快捷键【Ctrl+Shift+C】，接着在弹出的【预合成】对话框中设置【新合成名称】为【日历 2】，并单击【确定】按钮，如图 8-38 所示。

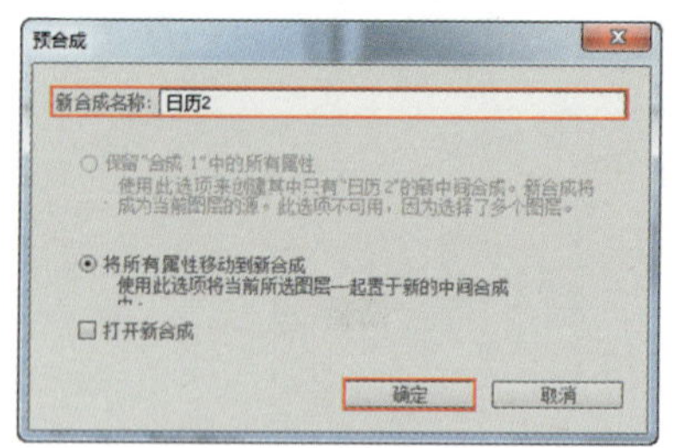

图 8-38

（8）将【效果和预设】面板中的【投影】效果添加到【日历 2】图层上，如图 8-39 所示。

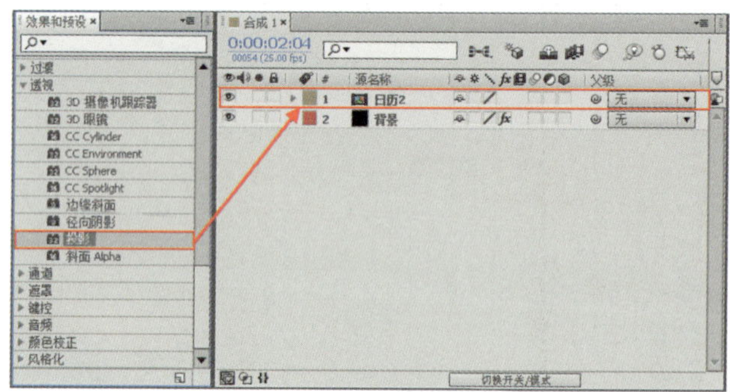

图 8-39

（9）为【日历 2】图层添加【投影】效果，然后在【效果控件】面板中设置【投影】效果的【不透明度】为 100%，【距离】为 20，【柔和度】为 80，如图 8-40 所示。此时效果如图 8-41 所示。

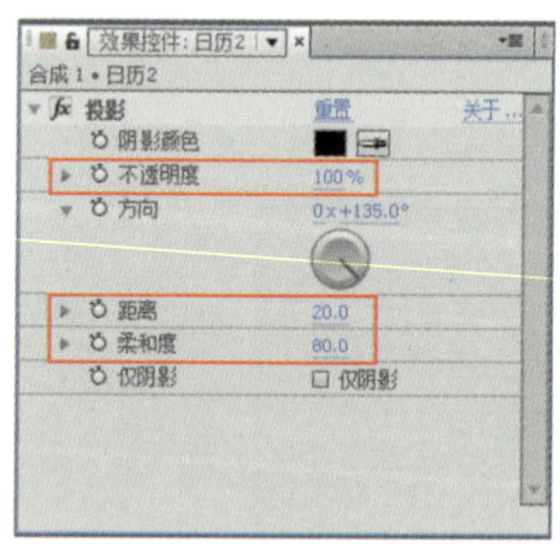

图 8-40

图 8-41

（10）将【项目】窗口中的【日历 2】合成进行复制，并重命名为【日历 1】，接着将该合成拖拽到【时间线】窗口中，如图 8-42 所示。

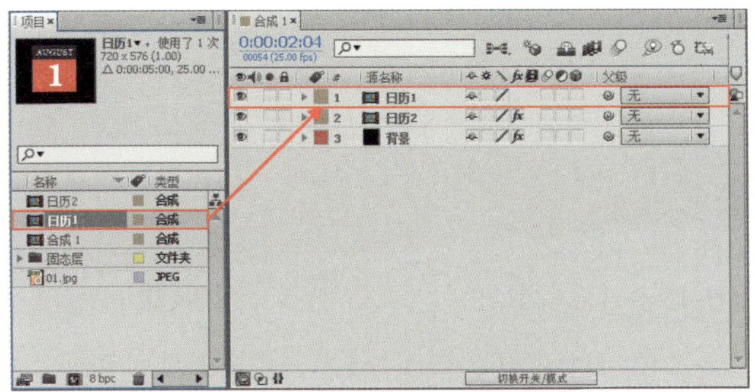

图 8-42

（11）双击打开【日历 1】合成，然后将文字图层的数字重新设置为【1】，如图 8-43 所示。

图 8-43

3. 制作翻页效果

（1）为【日历 1】图层添加【CC Page Turn（CC 翻页）】效果，然后将时间线拖到起始帧，单击【Fold Position（折起位置）】前面的 按钮，并设置【Fold Position（折起位置）】为（512.0,430.0）。接着将时间线拖到第 4 秒，设置【Fold Position（折起位置）】为（－897.0,－30.0）。如图 8-44 所示。

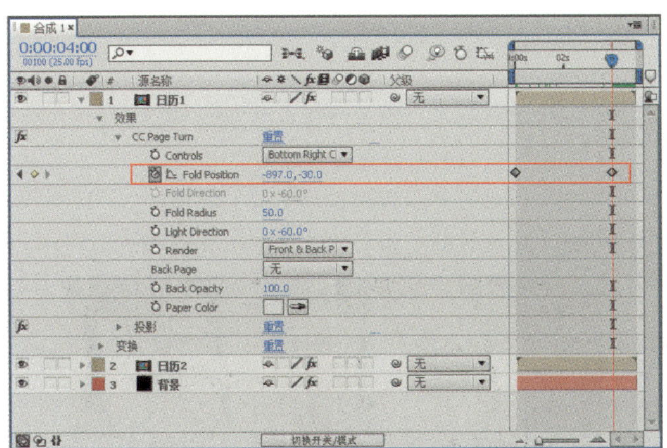

图 8-44

（2）此时拖动时间线滑块查看当前效果，如图 8-45 所示。

图 8-45

求生秘籍——技巧提示：在【合成】图层上应用【CC 翻页】效果

为【日历 1】图层添加【CC Page Turn（CC 翻页）】效果，是以该合成图层为基础的，所以【折起位置】以整体合成大小和位置为依据。

（3）继续设置【Back Page（背页）】为【无】，【Back Opacity（背页不透明度）】为 100，【Paper Color（纸张颜色）】为浅灰色（R：215，G：215，B：215），如图 8-46 所示。

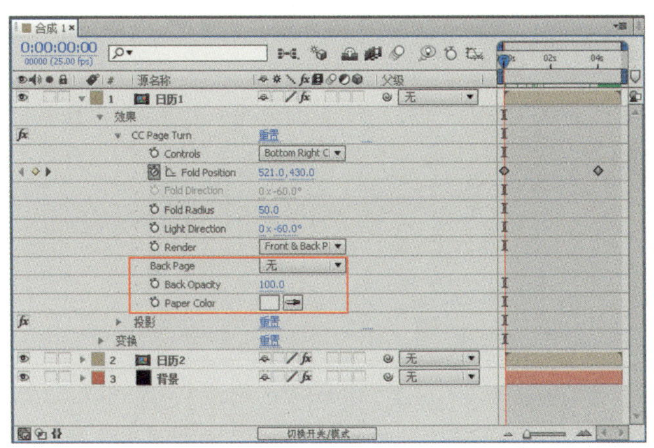

图 8-46

（4）此时拖动时间线滑块查看最终效果，如图 8-47 所示。

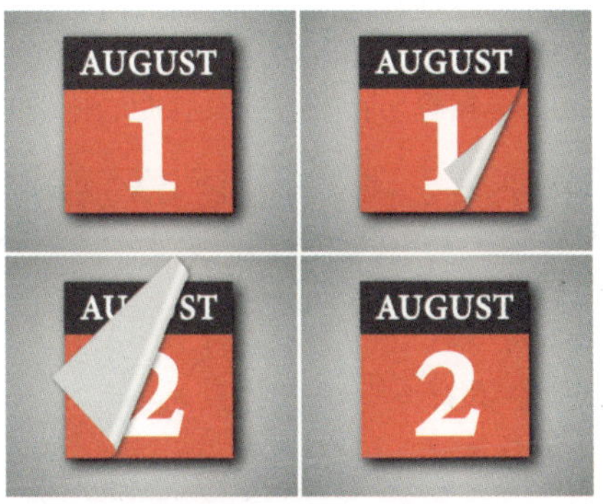

图 8-47

8.4.8 【CC Power Pin（CC 四角扯动）】效果

【CC Power Pin（CC 四角扯动）】效果可以通过调整图像的四个边角坐标对图像进行拉伸、倾斜等处理，也可以用来模拟透视效果，各项参数如图 8-48 所示。

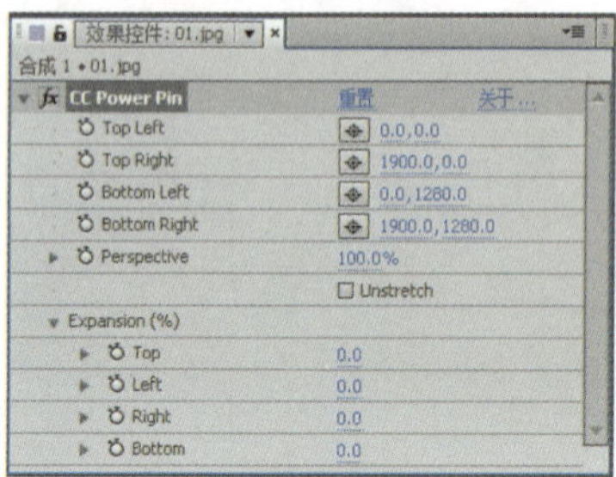

图 8-48

重点参数提醒：

Top Left/ Right/（左 / 右上角）：设置图像左 / 右上角的控制点位置，也可以在合成窗口中直接拖动控制点来进行修改位置。

Bottom Left/Right（左 / 右下角）：设置左 / 右下角控制点的位置。

Perspective（透视）：设置图像的透视强度。

Expansion（扩充）：设置变形后图像边缘的扩充程度。

8.4.9 【CC Ripple Pulse（CC 波纹脉冲）】效果

【CC Ripple Pulse（CC 波纹脉冲）】效果可以在素材图像上产生波纹扩散的变形效果，但需要在相应的参数上设置关键帧才能产生动画效果。各项参数如图 8-49 所示。

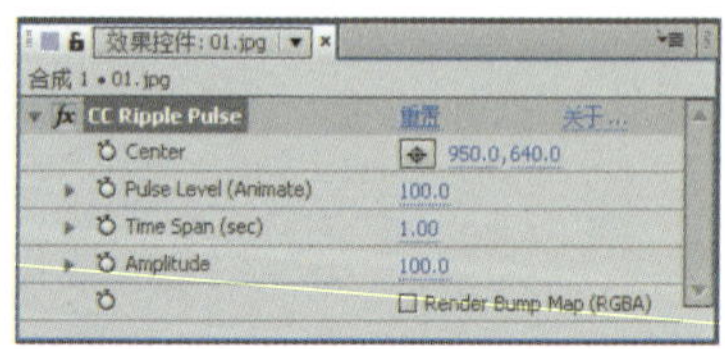

图 8-49

重点参数提醒：

Center（波纹脉冲中心）：设置波纹变形的中心位置。

Pulse Level（脉冲等级）：设置波纹脉冲的扩展程度。

Time Span（时间长度）：设置波纹脉冲的时间长度。当该参数为 0 时，表示没有波纹脉冲效果。

Amplitude（振幅）：设置波纹脉冲的振动幅度。

8.4.10 【CC Slant（CC 倾斜）】效果

【CC Slant（CC 倾斜）】效果可以对素材画面产生倾斜变形效果。各项参数如图 8-50 所示。

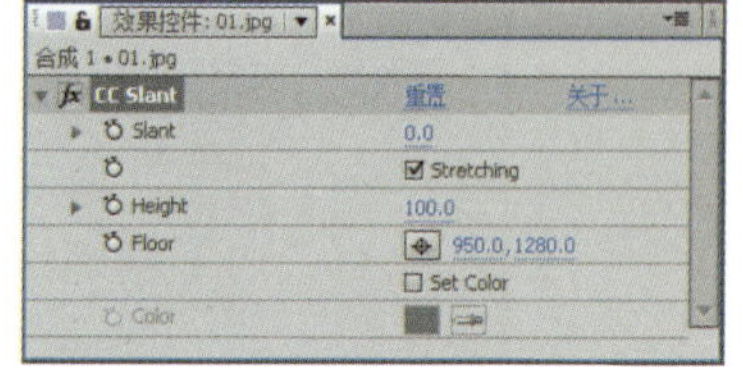

图 8-50

重点参数提醒：

Slant（倾斜）：设置图像的倾斜程度。

Stretching（拉伸）：勾选该选项，可以将倾斜后的图像拉宽。

Height（高度）：设置倾斜后图像的高度。

Floor（地面）：设置倾斜后图像与底部的距离。

Set Color（设置颜色）：勾选该选项，可以设置为图像的填充颜色。

8.4.11 【CC Smear（CC 涂抹）】效果

【CC Smear（CC 涂抹）】效果可以通过调节两个控制点的位置、涂抹范围和半径使图像产生涂抹变形效果。各项参数如图 8-51 所示。

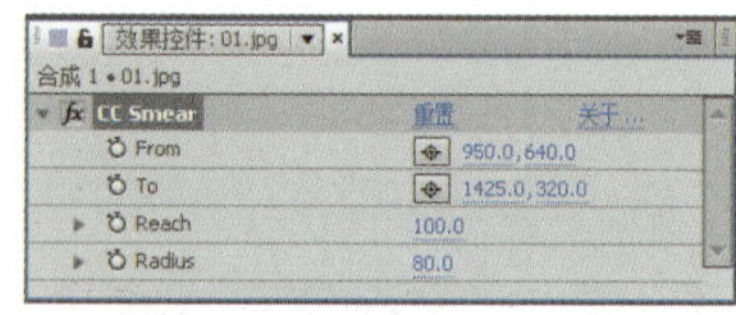

图 8-51

重点参数提醒：

From（开始点）：设置涂抹的开始点位置。

To（结束点）：设置涂抹的结束点位置。

Reach（涂抹范围）：设置开始点与结束点之间的范围大小。

Radius（涂抹半径）：设置涂抹半径的大小。

8.4.12 【CC Split（CC 裂开）】效果

【CC Split（CC 裂开）】效果可以在当前图像上添加两个位置点，并在这两个点之间产生裂开效果。各项参数如图 8-52 所示。

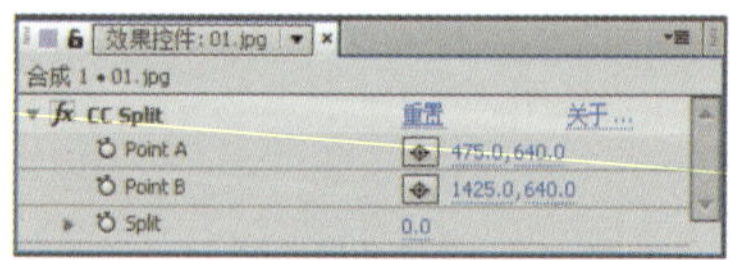

图 8-52

重点参数提醒：

PointA（点 A）：设置位置点 A 的位置。

PointB（点 B）：设置位置点 B 的位置。

Split（分裂）：设置两点之间分裂的程度。

应用 CC 裂开的前后对比效果如图 8-53 所示。

图 8-53

8.4.13 【CC Split2（CC 裂开 2）】效果

【CC Split2（CC 裂开 2）】效果可以在图像在两个点之间产生不对称的裂开效果。各项参数如图 8-54 所示。

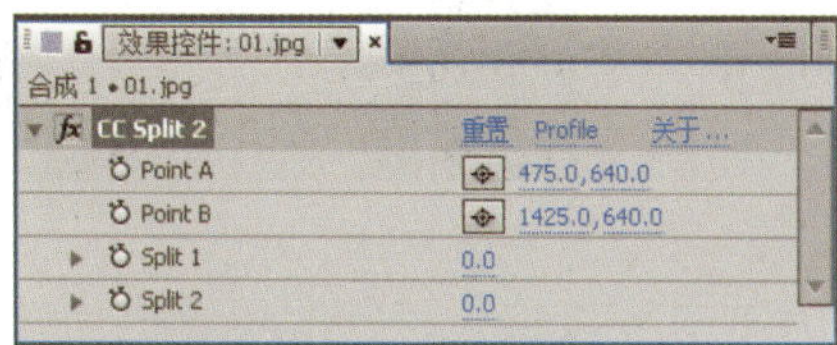

图 8-54

重点参数提醒：

PointA（点 A）：设置位置点 A 的位置。

PointB（点 B）：设置位置点 B 的位置。

Split1（裂开 1）：设置裂开 1 的程度。

Split2（裂开 2）：设置裂开 2 的程度。

8.4.14 【CC Tiler（CC 拼贴）】效果

【CC Tiler（CC 拼贴）】效果可以将图像进行水平和垂直的拼贴，产生重复的多画面效果。各项参数如图 8-55 所示。

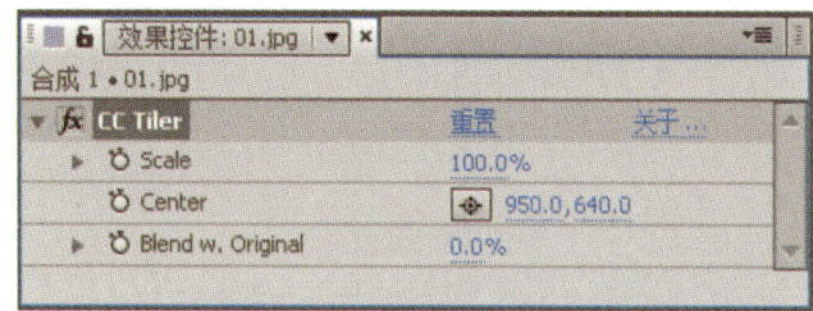

图 8-55

重点参数提醒：

Scale（缩放）：设置拼贴图像的数量和大小。

Center（拼贴中心）：设置图像拼贴的中心位置。

8.4.15 【贝塞尔曲线变形】效果

【贝塞尔曲线变形】效果是通过在素材图像的边界位置创建一个封闭控制线框，并可以通过线框中的多个控制点来控制图像的贝塞尔曲线变形程度。各项参数如图 8-56 所示。

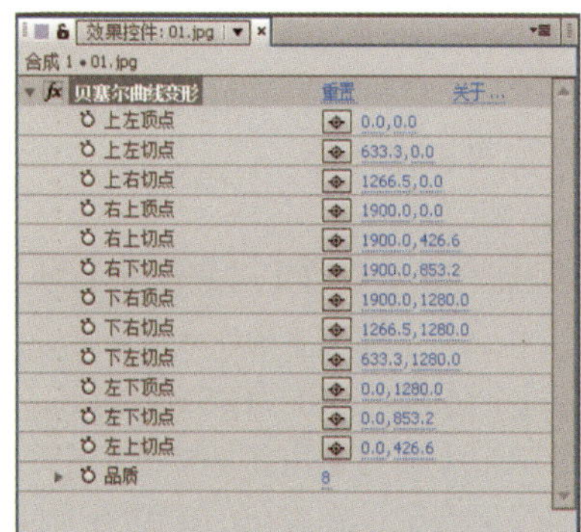

图 8-56

重点参数提醒：

上左 / 右顶点：用于定位图像边缘的左 / 右顶点。

上左 / 右切点：用于定位图像边缘的左 / 右切点。

品质：调节曲线精细程度。

8.4.16 【边角定位】效果

【边角定位】效果可以通过改变素材的四个边角位置来对图像进行变形，可以模拟透视效果。各项参数如图 8-57 所示。

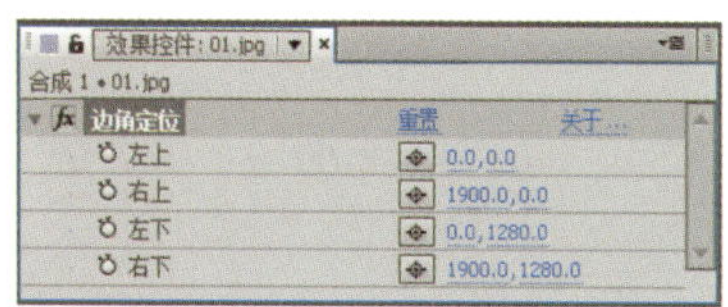

图 8-57

重点参数提醒：

左 / 右上：左上定位点。

左 / 右下：左下定位点。

求生秘籍——技巧提示：【边角定位】效果的应用

【边角定位】效果常用于调整素材图像的四个边角位置，以及制作图像的透视角度效果。

8.4.17 【变形】效果

【变形】效果能使整个图像按参数设置进行扭曲变形，其参数面板如图 8-58 所示。

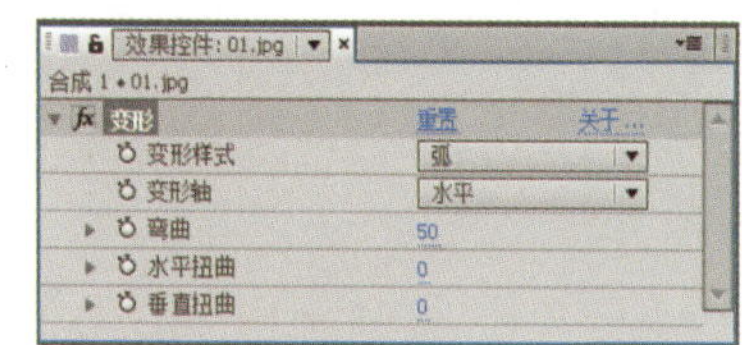

图 8-58

重点参数提醒：

变形样式：可以在下拉菜单中选择变形的样式，共 15 种，如图 8-59 所示。

变形轴：选择图像的轴心变形轴向。

弯曲：设置图像的弯曲程度。

水平扭曲：设置水平扭曲的加强效果。

垂直扭曲：设置垂直扭曲的加强效果。

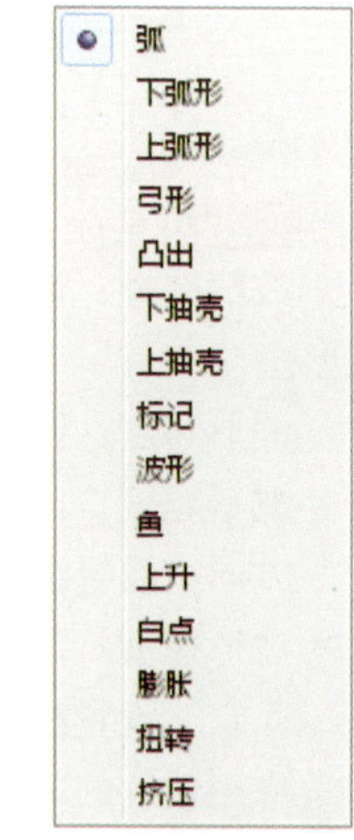

图 8-59

8.4.18 【波纹】效果

【波纹】效果可以使画面产生波纹涟漪效果。各项参数如图 8-60 所示。

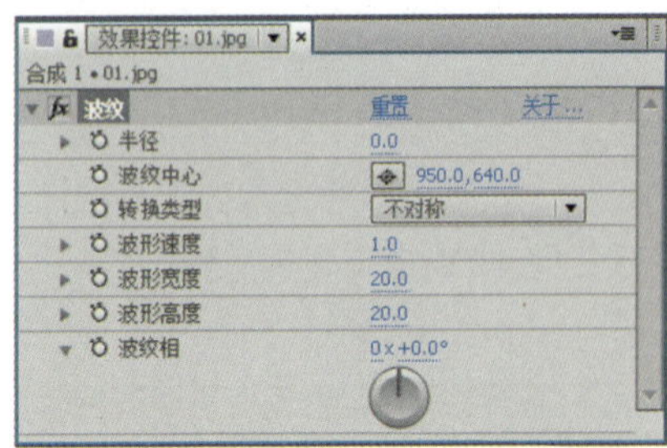

图 8-60

重点参数提醒：

半径：设置波纹效果的半径大小。

波纹中心：指定波纹的中心位置。

转换类型：选择波纹的类型，包括不对称和对称两种。

波形速度：设置波纹扩散的速度，正值为向外扩散，负值为向内收缩。

波形宽度：设置两个波纹高度之间的宽度距离。

波形高度：设置波纹的高度。

波纹相：设置波纹的程度效果。

8.4.19 【波形变形】效果

【波形变形】效果可以将图像设置为波浪的效果，其参数面板如图 8-61 所示。

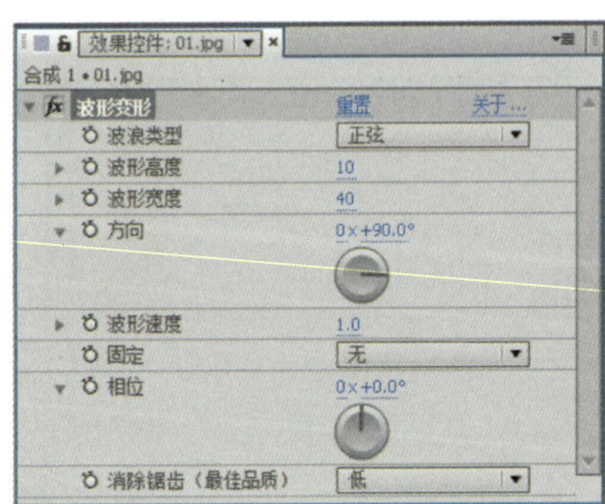

图 8-61

重点参数提醒：

波浪类型：设置波浪的类型，包括正弦、正方形和三角形。

波形高度：设置波形高度。

波形宽度：设置波形宽度。

方向：设置波动的方向。

波形速度：设置波形的速度。

固定：设置波形变形的固定边缘。

应用波纹的前后对比效果，如图 8-62 所示。

图 8-62

8.4.20 【放大】效果

【放大】效果可以使图像的局部位置进行放大，产生类似放大镜的效果。各项参数如图 8-63 所示。

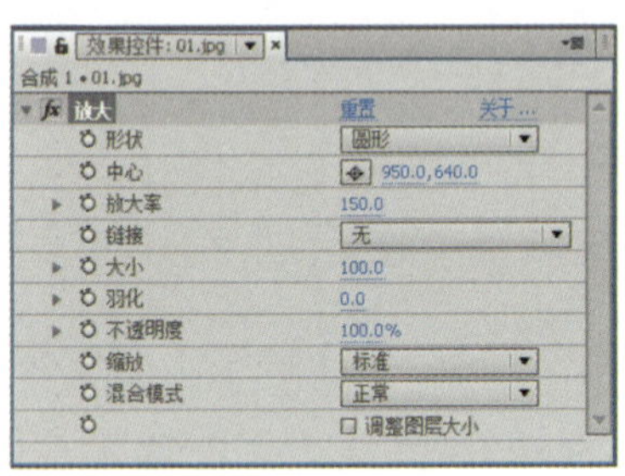

图 8-63

重点参数提醒：

形状：选择放大区域的形状，包括圆形和正方形两种。

中心：设置画面中放大区域的中心位置。

放大率：设置放大的倍率。

链接：设置放大的链接方式，包括【大小至放大率】以及【大小和羽化至放大率】两种。

大小：设置放大区域的大小。

羽化：设置放大区域的边缘羽化效果。

不透明度：设置放大区域的不透明度。

混合模式：选择放大区域与周围原画面的混合方式。

重点 进阶案例：局部放大效果

案例文件	进阶案例：局部放大效果 .aep
视频教学	DVD/ 多媒体教学 /Chapter08/ 进阶案例：局部放大效果 .flv
难易指数	★★☆☆☆
技术掌握	主要掌握【放大】效果的应用

案例分析：

在本案例中，主要学习使用【椭圆】工具和【放大】效果来制作局部放大效果，案例的最终效果如图 8-64 所示。

思路解析如图 8-65 所示。

1. 制作背景

（1）创建新合成。设置【合成名称】为【合成 1】，【宽度】为 720 像素，【高度】为 576 像素，【像素长宽比】为【方形像素】，【帧速率】为 25 帧 / 秒，【持续时间】为 5 秒，然后单击【确定】按钮。接着在【项目】窗口中的空白处双击鼠标左键，在弹出的窗口中选择所需素材文件，最后单击【导入】按钮，如图 8-66 所示。

图 8-64

图 8-65

图 8-66

（2）将【项目】窗口中的【背景.jpg】素材文件拖拽到【时间线】窗口中，并设置【缩放】为 72%，如图 8-67 所示。

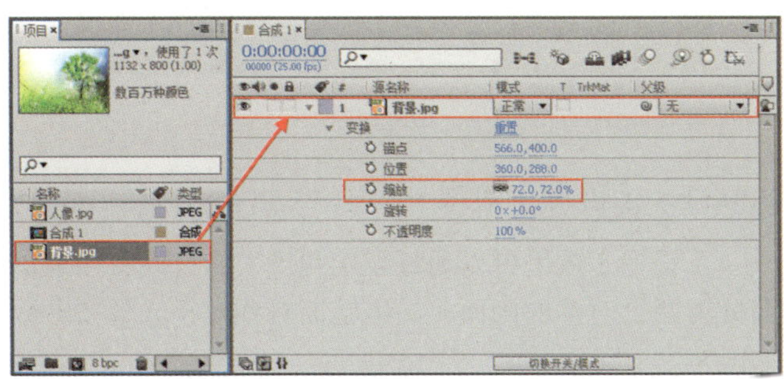

图 8-67

（3）此时在【合成】窗口中查看当前背景效果，如图 8-68 所示。

图 8-68

2. 制作圆形遮罩

（1）将【项目】窗口中的【人像.jpg】素材文件拖动到【时间线】窗口中，并设置【缩放】为 40%，【位置】为（266.0,242.0），如图 8-69 所示。

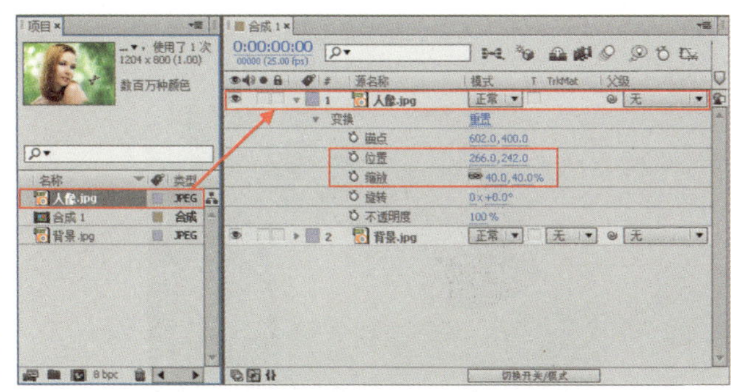

图 8-69

（2）选择【椭圆】工具，然后按住 <Shift> 键，并在【人像.jpg】图层上绘制圆形遮罩，如图 8-70 所示。

图 8-70

第 8 章

求生秘籍——技巧提示：先绘制遮罩，再添加【放大】效果

先在【人像.jpg】图层上绘制圆形遮罩，再添加的【放大】效果可以快速确定放大的中心位置，以及方便放大率的调整。

（3）为【人像.jpg】素材文件添加【放大】效果，并在【效果控件】面板中设置【放大】效果的【中心】为（458.0,400.0），【放大率】为120，【大小】为399，如图8-71所示。此时效果如图8-72所示。

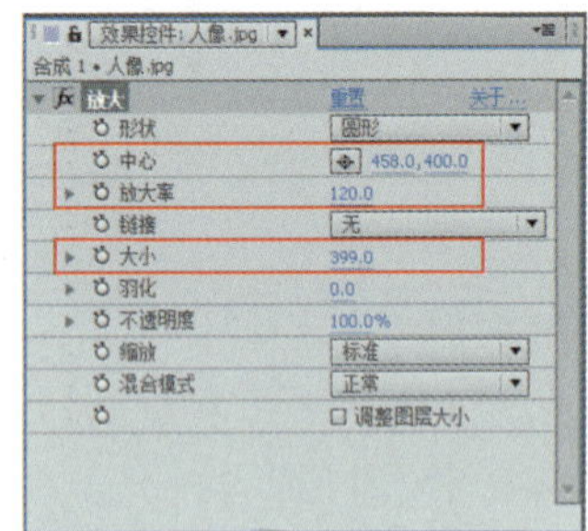

图 8-71

图 8-72

（4）新建纯色层，然后在弹出的对话框中设置【名称】为【圆环】，【宽度】为720像素，【高度】为576像素，【颜色】为黑色（R：0，G：0，B：0），并单击【确定】按钮，如图8-73所示。

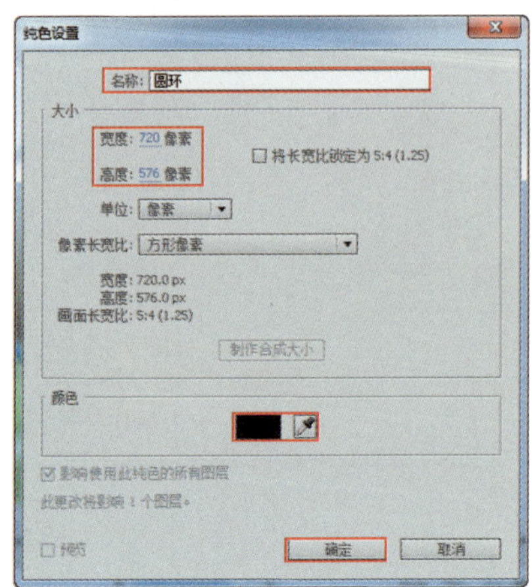

图 8-73

（5）为【时间线】窗口中的【圆环】图层添加【圆形】效果，然后在【效果控件】面板中设置【边缘】为【厚度×半径】，【中心】为（210.0,246.0），【半径】为167，【颜色】为浅蓝色（R：53，G：164，B：222），如图8-74所示。

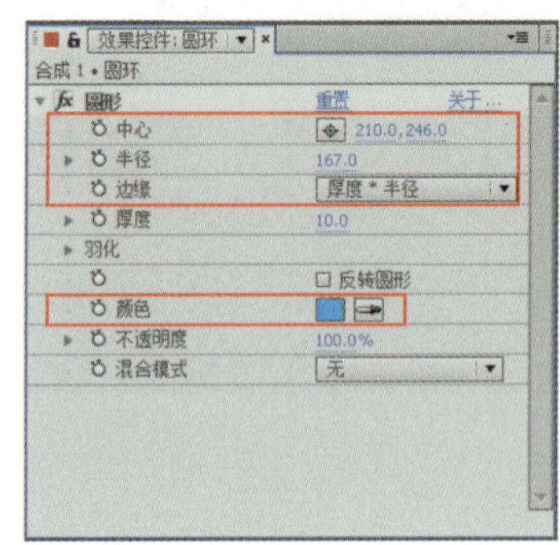

图 8-74

（6）为【圆环】图层添加【斜面Alpha】效果，并在【效果控件】面板中设置【斜面Alpha】的【边缘厚度】为4，【灯光角度】为53°，【灯光强度】为0.5，如图8-75所示。

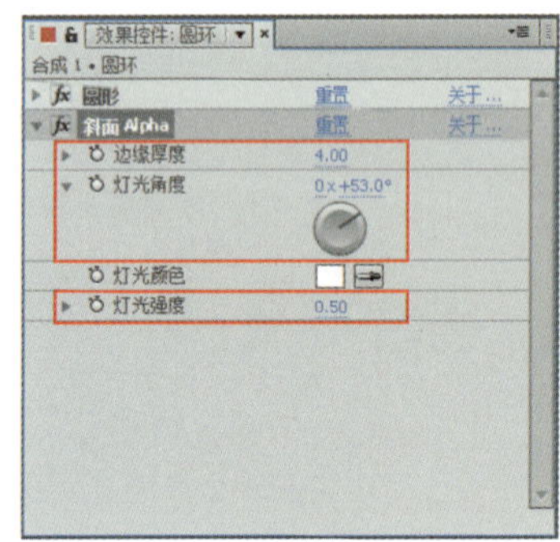

图 8-75

（7）此时查看最终效果，如图8-76所示。

图 8-76

8.4.21 【镜像】效果

【镜像】效果可以通过设定角度，沿直线将当前画面分为两个对称的画面，产生镜面对称效果。各项参数如图8-77所示。

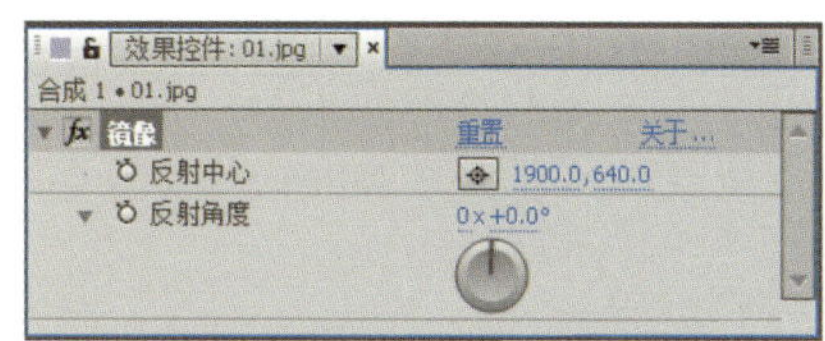

图 8-77

重点参数提醒：

反射中心：设置镜面反射的中心，即为对称中线位置。

反射角度：设置镜面反射的角度，即为对称中线的倾斜角度。

8.4.22 【偏移】效果

【偏移】效果能够使图像产生偏移，空余的位置由偏移出的画面进行填充。各项参数如图 8-78 所示。

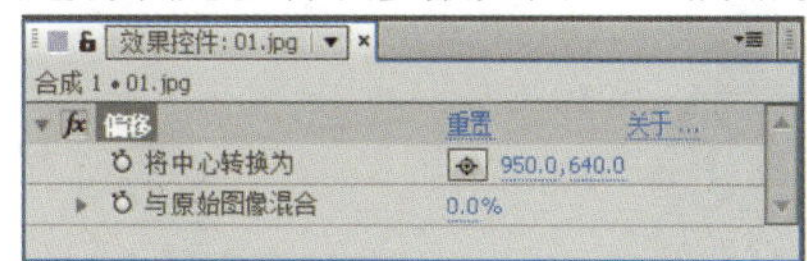

图 8-78

重点参数提醒：

将中心转换为：用于设置原图像的偏移中心。

8.4.23 【球面化】效果

【球面化】效果能使图像在指定半径范围内产生球面变形效果。其参数面板如图 8-79 所示。

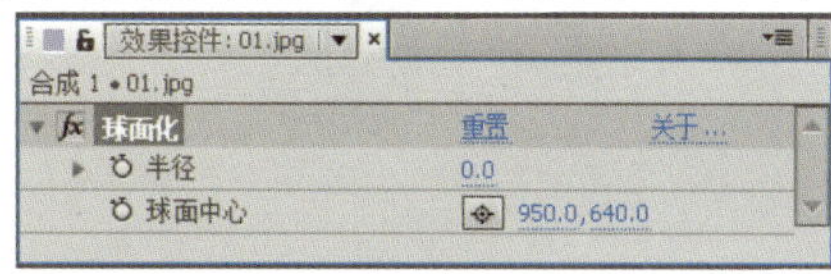

图 8-79

重点参数提醒：

半径：设置图像的球面半径大小。

球面中心：设置球面在图像的位置中心点。

8.4.24 【凸出】效果

【凸出】效果能够在图像的指定范围内制作出凸起效果。各项参数如图 8-80 所示。

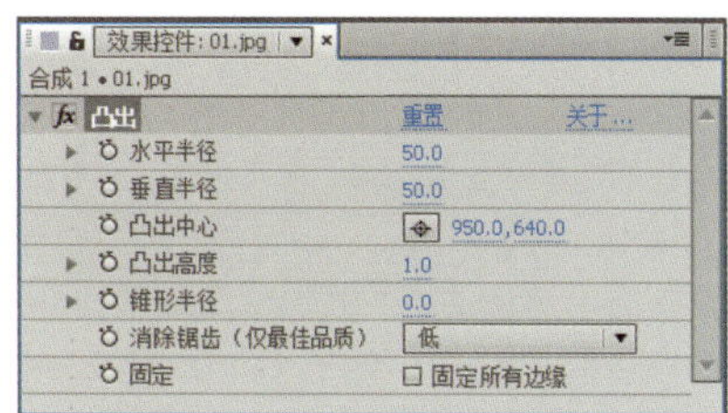

图 8-80

重点参数提醒：

水平半径：凸出范围的水平半径大小。

垂直半径：凸出范围的垂直半径大小。

凸出中心：设置凸出的中心位置点。

凸出高度：设置凸出的高度，正值为凸，负值为凹。

锥形半径：可以设置凸凹边界的锐利程度。

固定：勾选【固定所有边缘】选项，可以将范围边界固定住。

8.4.25 【湍流置换】效果

【湍流置换】效果能够使整个图像的画面产生强烈的偏移和扭曲效果，其参数面板如图 8-81 所示。

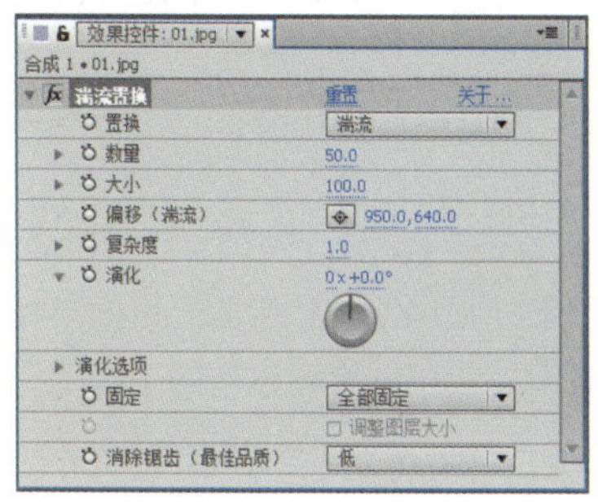

图 8-81

重点参数提醒：

置换：选择置换位移的方式，包括湍流、凸出、扭转等，如图 8-82 所示。

湍流
凸出
扭转
湍流较平滑
凸出较平滑
扭转较平滑
垂直置换
水平置换
交叉置换

图 8-82

数量：设置置换的程度。

大小：设置置换的大小程度，值越小，波纹的效果越明显。

偏移（湍流）：设置偏移的位置。

复杂度：设置湍流的复杂程度。

演化：设置演变的角度。

演化选项：在该选项下可以设置进一步演化效果。

固定：设置固定的边界，被固定的边界将不会被改变。

8.4.26 【网格变形】效果

【网格变形】效果会在图像上添加网格，然后可以在合成窗口中通过改变网格线的节点来控制图像进行变形。各项参数如图 8-83 所示。

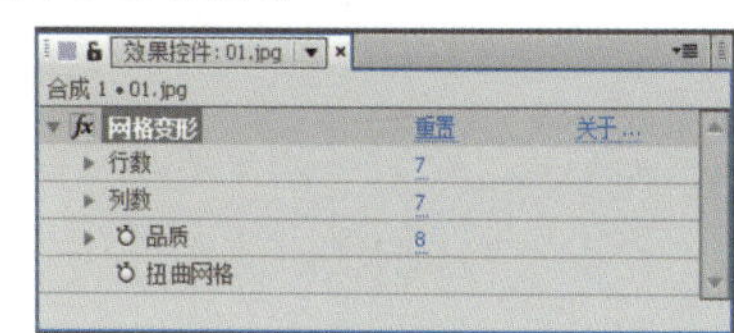

图 8-83

重点参数提醒：

行数：用于设置网格的行数。

列数：用于设置网格的列数。

8.4.27 【旋转扭曲】效果

【旋转扭曲】效果可以通过指定的点进行围绕旋转，进而得到漩涡的效果，其参数面板如图 8-84 所示。

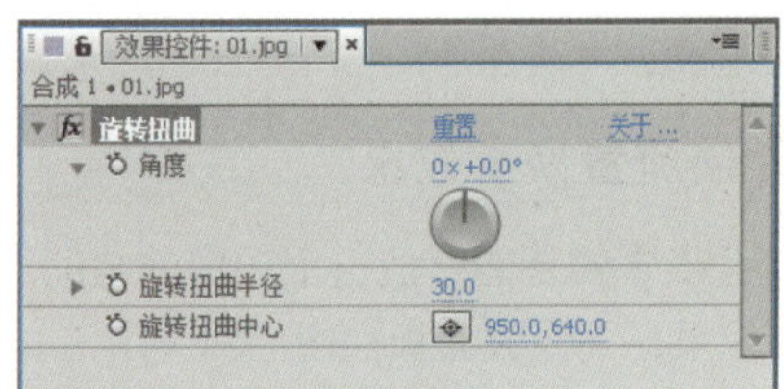

图 8-84

重点参数提醒：

角度：设置旋转的角度，正值为顺时针，负值为逆时针。

旋转扭曲半径：设置旋转扭曲区域的半径。

旋转扭曲中心：设置旋转扭曲的中心位置。

8.4.28 【液化】效果

【液化】效果可以使用多个工具对部分区域进行扭曲、旋转等液化变形效果。各项参数如图 8-85 所示。

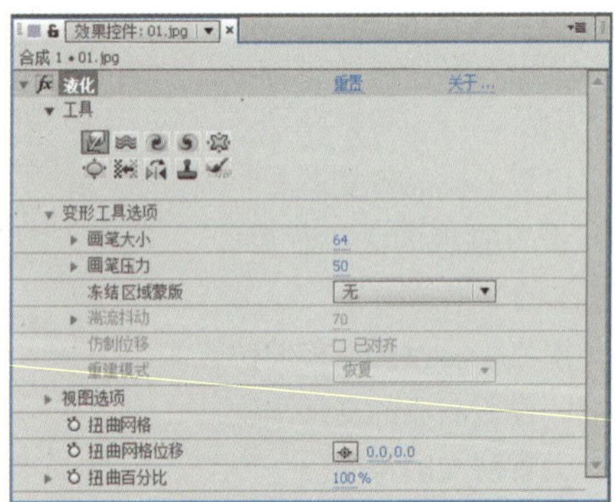

图 8-85

重点参数提醒：

工具：选择可以对图像产生变形的工具，如图 8-86 所示。

图 8-86

画笔大小：设置当前工具的画笔大小。

画笔压力：设置当前工具的画笔压力。

冻结区域蒙版：可以选择在当前图像上添加的蒙版。

湍流抖动：设置湍流抖动的程度。

扭曲网格位移：设置扭曲的网格位置。

重点 进阶案例：瘦脸效果

案例文件	进阶案例：瘦脸效果 .aep
视频教学	DVD/ 多媒体教学 /Chapter08/ 进阶案例：瘦脸效果 .flv
难易指数	★★☆☆☆
技术掌握	主要掌握【液化】效果的应用

案例分析：

在本案例中，主要学习使用【液化】效果制作瘦脸效果，案例的最终渲染效果如图 8-87 所示。

图 8-87

思路解析，如图 8-88 所示。

图 8-88

制作步骤：

（1）创建新合成。在【项目】窗口中的空白处单击鼠标右键，然后选择【新建合成】，如图 8-89 所示。

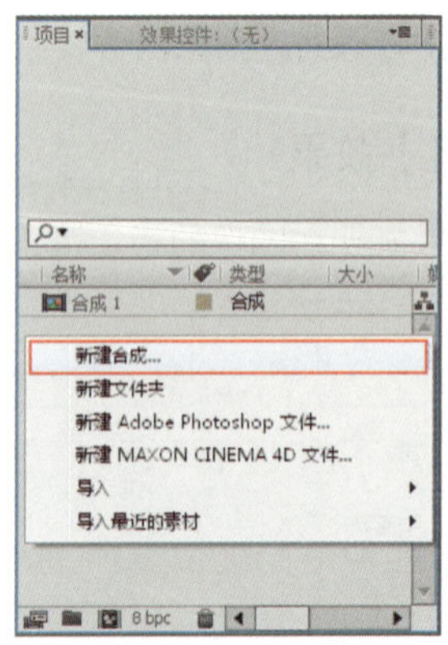

图 8-89

（2）在【合成设置】窗口中，设置【合成名称】为【合成 1】，【宽度】为 720 像素，【高度】为 576 像素，【像素长宽比】为【方形像素】,【帧速率】为 25 帧 / 秒,【持续时间】为 5 秒。最后单击【确定】按钮,如图 8-90 所示。

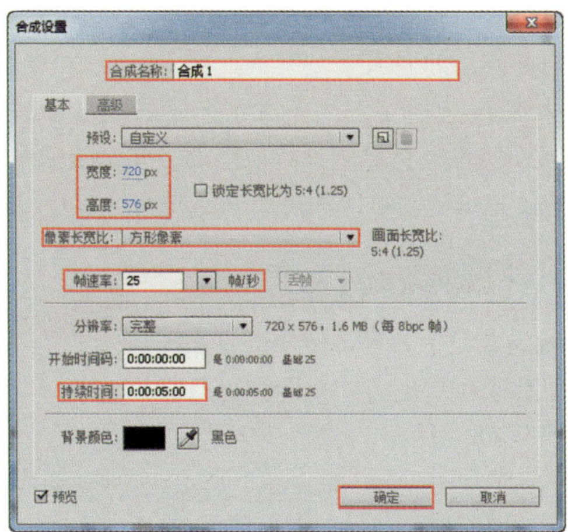

图 8-90

(3)在【项目】窗口中空白处双击鼠标左键或按快捷键 <Ctrl+I>,在弹出的窗口中选择所需素材文件,然后单击【导入】按钮,如图 8-91 所示。

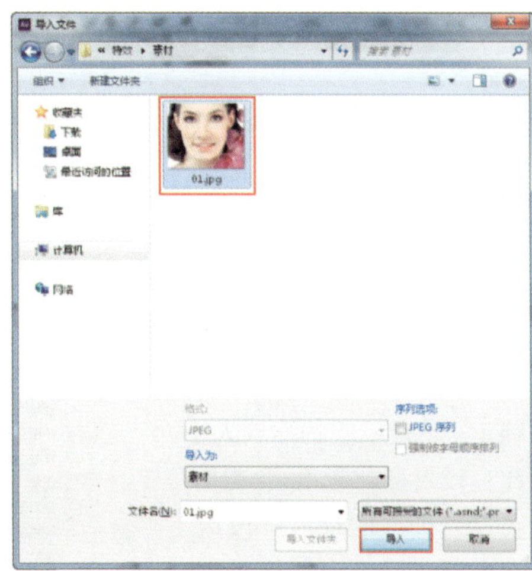

图 8-91

(4)将【项目】窗口中的【01.jpg】素材文件拖拽到【时间线】窗口中,并设置【缩放】为 73%,如图 8-92 所示。

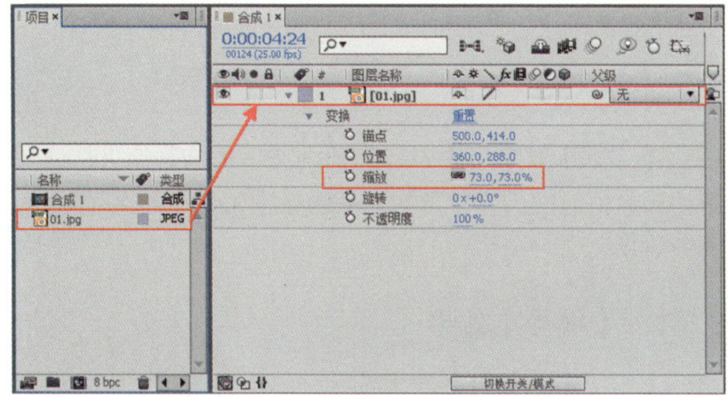

图 8-92

(5)此时在【合成】窗口中的效果如图 8-93 所示。

(6)将【效果和预设】面板中的【液化】效果添加到【01.jpg】素材文件上,如图 8-94 所示。

图 8-93

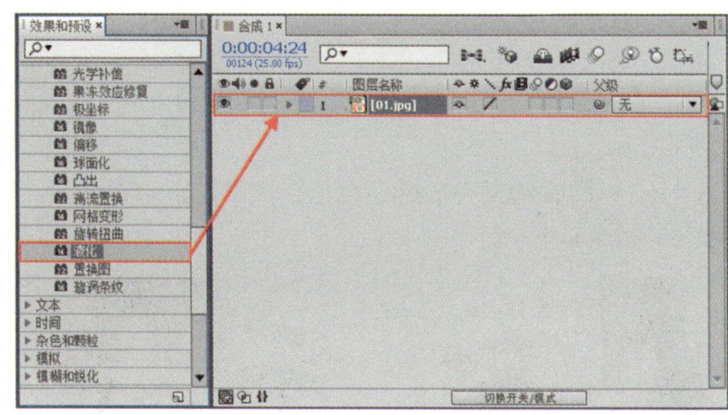

图 8-94

(7)选择【时间线】窗口中的【01.jpg】素材文件,然后在【效果控件】面板中选择【液化】效果的 工具,如图 8-95 所示。接着在【合成】窗口中适当调整人像的脸型,如图 8-96 所示。

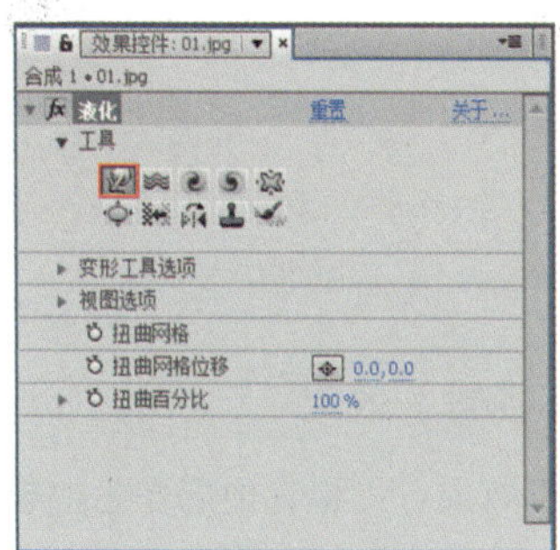

图 8-95

图 8-96

求生秘籍——技巧提示：使用【液化】效果的技巧

根据图像中液化位置的不同，可以适当的调整【变形工具选项】下的【画笔大小】和【画笔压力】，从而使图像液化的更加自然和细致，如图 8–97 所示。

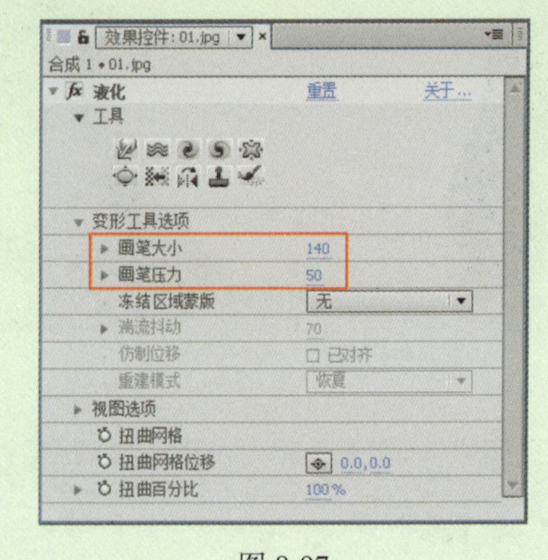

图 8-97

（8）最后调整完成后，在【合成】窗口中查看最终效果，如图 8-98 所示。

图 8-98

8.4.29 【置换图】效果

【置换图】效果可以将其他层作为映射层，该映射层的某个通道值对当前层进行水平或垂直方向的变形，各项参数如图 8-99 所示。

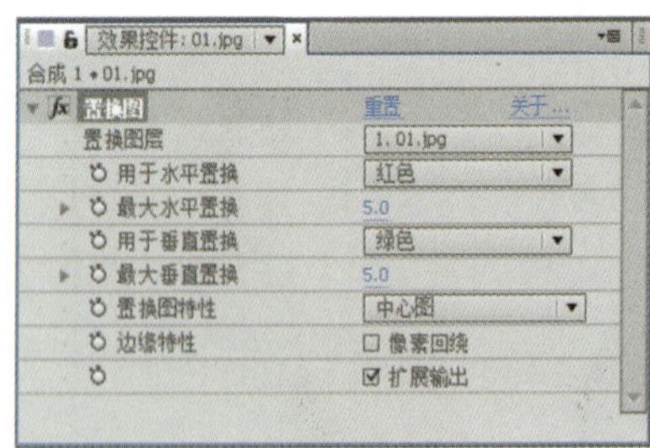

图 8-99

重点参数提醒：

置换图层：选择需要置换的图层。

用于水平 / 垂直置换：选择映射层对当前层的水平或垂直方向起作用的通道。

最大水平 / 垂直置换：最大水平或垂直的变形程度。

置换图特性：可以选择置换图的方式，包括中心图、伸缩对应图以适合拼贴图和拼贴图三种。

8.4.30 【漩涡条纹】效果

【漩涡条纹】效果是使用遮罩在图像中定义区域，然后以遮罩移动位置的方式对图像进行涂抹变形，其参数面板，如图 8-100 所示。

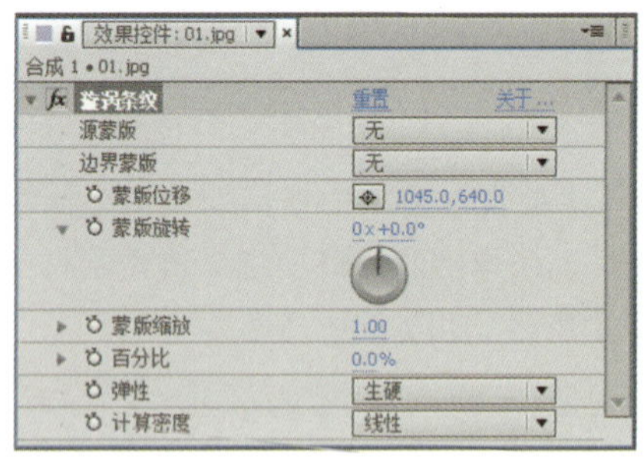

图 8-100

重点参数提醒：

源蒙版：选择来源蒙版。

边界蒙版：选择边界蒙版。

蒙版位移：设置蒙版的偏移位置点。

蒙版旋转：设置蒙版的旋转角度。

蒙版锁定：设置蒙版的缩放大小。

百分比：设置变化程度百分比。

弹性：设置弹性的程度，包括生硬、不那么生硬、标准以下等，如图 8-101 所示。

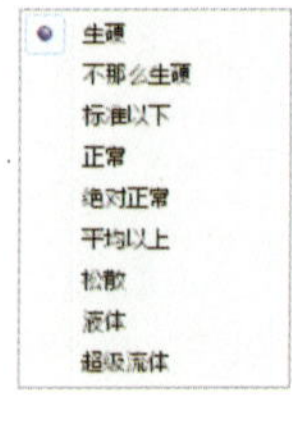

图 8-101

计算密度：计算密度的方式有分离、线性和平滑三种。

8.5 【文本】效果

【文本】效果组主要起到辅助文字工具制作更精确一些计算数值时间的文字效果，共包括【编号】和【时间码】两种效果。

8.5.1 【编号】效果

【编号】效果可以产生数字、编辑时间码、十六进制数字、当前日期等，并可以随时间产生实时更新，各项参数如图 8-102 所示。图 8-103 所示为编号制作的效果。

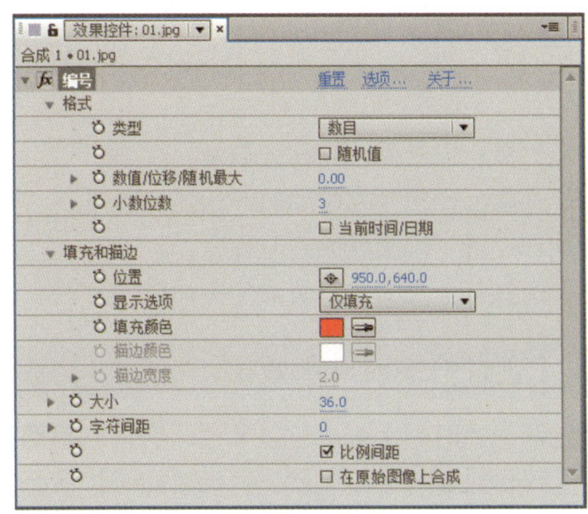

图 8-102

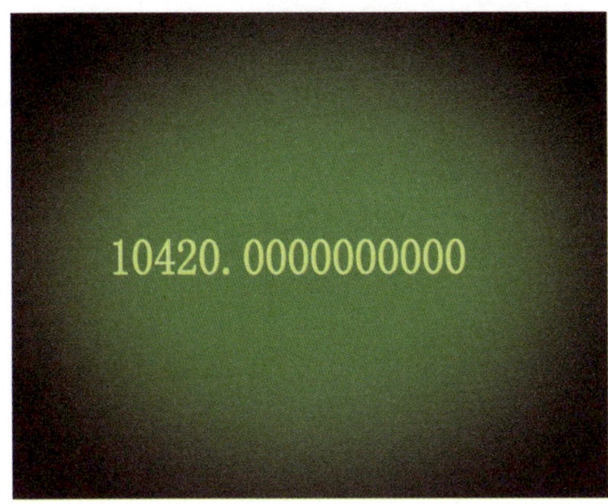

图 8-103

重点参数提醒：

类型：设置数字类型。

随机值：勾选该选项，会使数字产生随机变化效果。

数值 / 位移 / 随机最大：设置当前的数值、位移或随机最大值。

小数位数：数字的小数点的位数。

当前时间 / 日期：勾选该选项，会以系统当前的时间 / 日期显示数字。

位置：设置数字的位置。

显示选项：数字的显示设置，包括【仅填充】、【仅描边】、【在描边上填充】和【在填充上描边】。

填充颜色：设置数字的颜色。

描边颜色：设置数字描边的颜色。

描边宽度：设置数字描边的宽度。

大小：设置数字的大小。

字符间距：设置字间距的大小。

比例间距：勾选该选项，保持比例的间距。

在原始图像上合成：勾选该选项，数字会与原始图像合成。若不勾选，则背景为黑色。

求生秘籍——软件技能：在【编号】对话框中设置字体和对齐方式等

在应用该效果时，会弹出【编号】对话框，在该对话框中可以设置字体和字体大小相关参数，如图 8–104 所示。

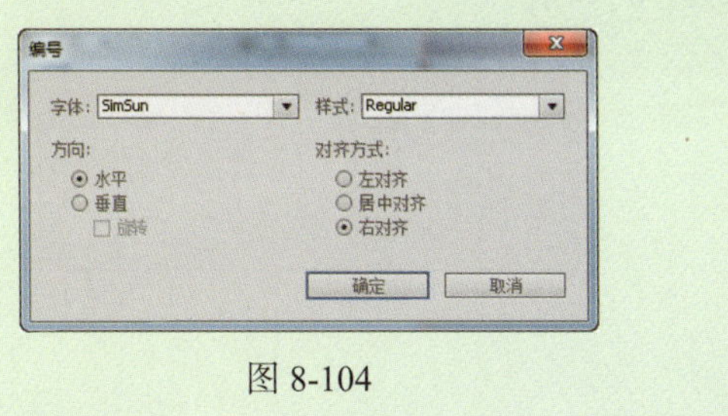

图 8-104

8.5.2 【时间码】效果

【时间码】效果可以为后期制作显示相应的时间依据，也可以利用渲染输出后的其他制作。各项参数如图 8-105 所示。

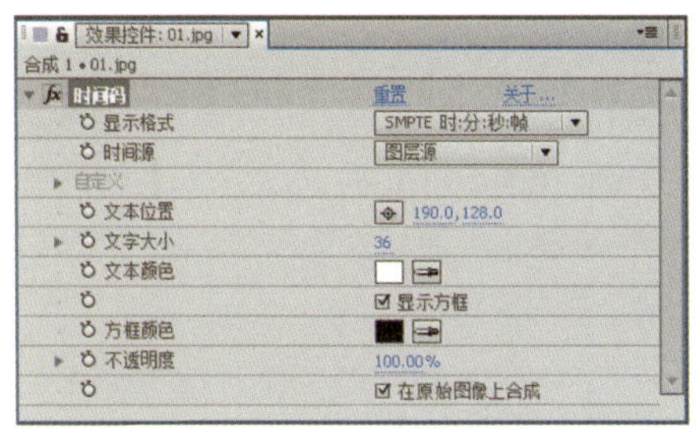

图 8-105

重点参数提醒：

显示格式：可以设置时间码的显示格式，电视通常使用【SMPTE 时：分：秒：帧】选项，电影则选择相应的毫米。

时间源：可以选择相应的图层源、合成、自定义。

文本位置：设置时间编码的显示位置。

文本大小：设置时间编码的数字显示大小。

文本颜色：设置时间编码的颜色。

显示方框：该选项可以设置是否显示时间编码的背景框。

方框颜色：设置背景框的颜色。

不透明度：设置背景框和时间编码的不透明度数值。

8.6 【时间】效果

【时间】效果组主要可以用来控制素材的时间特性，并以当前素材的时间为基础，进行进一步的编辑和更改，如图 8-106 所示。

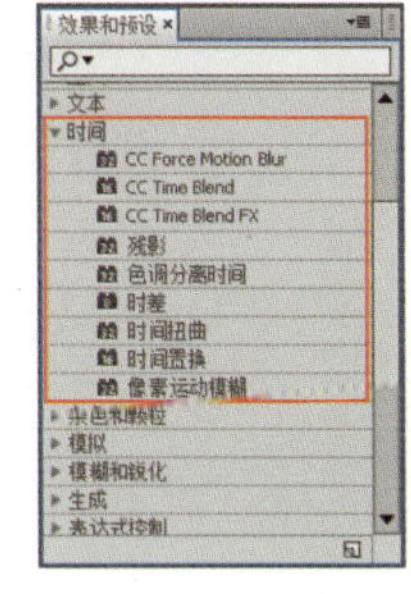

图 8-106

8.6.1 【CC Force Motion Blur（CC 强制运动模糊）】效果

【CC Force Motion Blur（CC 强制运动模糊）】效果可以混合中间帧为画面强制添加运动模糊效果。各项参数如图 8-107 所示。

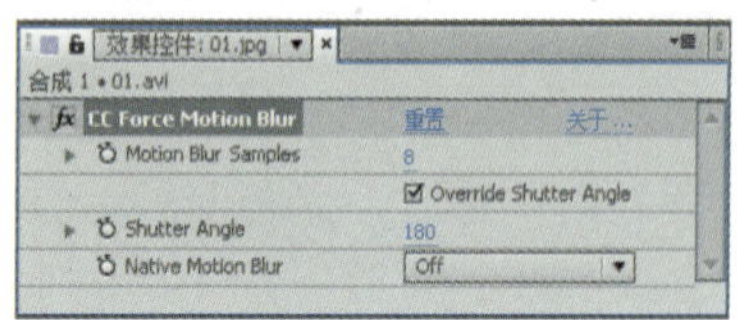

图 8-107

重点参数提醒：

Motion Blur Samples（运动模糊采样）：设置运动模糊的程度。

Shutter Angle（快门角度）：设置运动模糊的快门角度。

Native Motion Blur（本身运动模糊）：选择【Off】（关闭）即可运动模糊，选择【On】（开启）即可打开运动模糊。

8.6.2 【CC Time Blend（CC 时间融合）】效果

【CC Time Blend（CC 时间融合）】效果可以制作带有动态模糊的帧融合效果和重影效果。各项参数如图 8-108 所示。

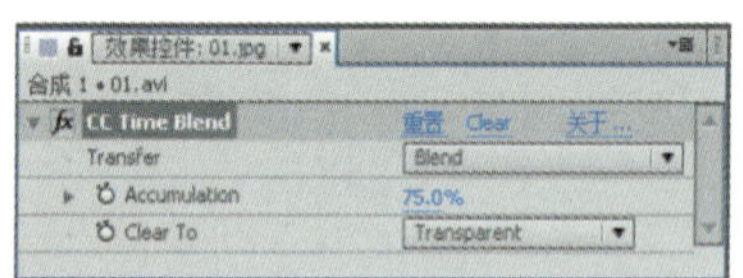

图 8-108

重点参数提醒：

Transfer（转换）：在下拉菜单中可以选择需要的混合方式。

Accumulation（累积）：设置与源图像的累积叠加效果。

Clear To（清除）：在右侧的下拉菜单中，选择【Transparent】（透明）会产生混合模式；选择【Current Frame】（当前帧）则在当前时间没有混合模式。

8.6.3 【残影】效果

【残影】效果可以使运动的画面产生部分帧延迟，从而产生残影效果。各项参数如图 8-109 所示。

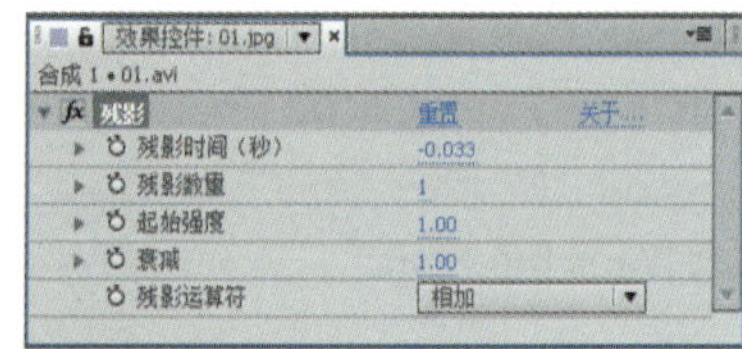

图 8-109

重点参数提醒：

残影时间（秒）：设置延时图像的产生时间，以秒为单位。

残影数量：设置延续画面的数量。

起始强度：设置延续画面的开始强度数值。

衰减：设置延续画面的衰减程度。

残影运算符：选择残影效果的叠加模式。

8.6.4 【色调分离时间】效果

【色调分离时间】效果可以通过改变帧速率将正常的播放速度调制到新的播放速度，但播放的时长不变，若低于标准速度，则会产生跳跃现象。各项参数如图 8-110 所示。

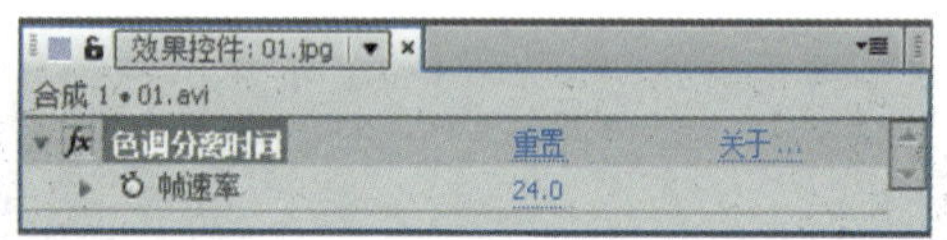

图 8-110

重点参数提醒：

帧速率：将每秒播放的帧数调到新的帧数。

8.6.5 【时差】效果

【时差】效果可以通过对比两个层之间的像素差异产生特殊效果，并可以设置目标层为延迟或提前播放。各项参数如图 8-111 所示。

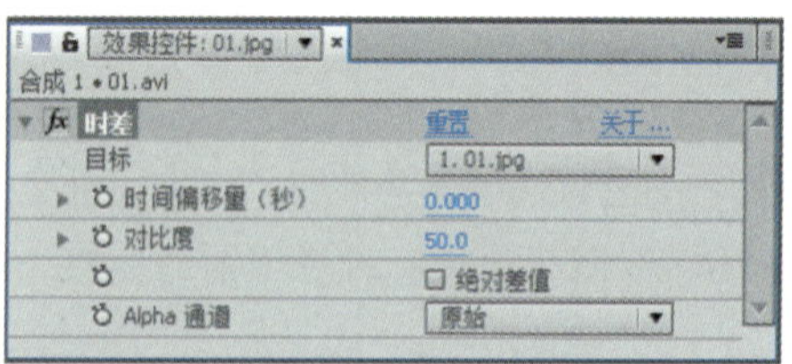

图 8-111

重点参数提醒：

目标：选择目标层。

时间偏移量（秒）：设置时间偏移数值，以秒为单位。

对比度：设置对比度数值。

Alpha 通道：可以选择通道的差值或混合，在其下拉菜单中包括【原始】、【目标】、【混合】、【最大值】、【完全打开】、【结果亮度】、【结果最大值 Alpha 差值】和【仅 Alpha 差值】。

8.6.6 【时间扭曲】效果

【时间扭曲】效果能够基于像素运动、帧融合和所有帧进行时间画面扭曲，使前几秒的图像或后几秒的图像来显示在当前位置上。各项参数如图 8-112 所示。

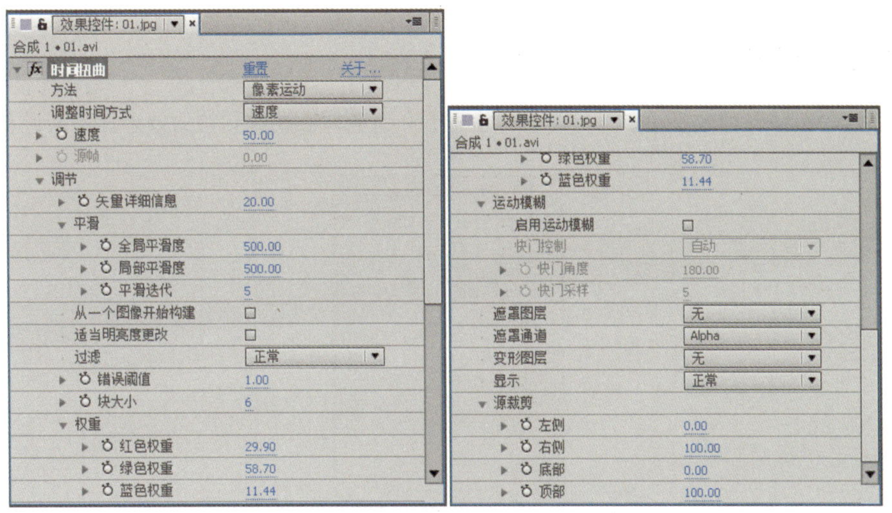

图 8-112

重点参数提醒：

方法：设置显示方法，包括全帧、帧混合以及像素运动。

调整时间方式：选择调整时间的方式，包括速度和帧源两种。

全局平滑度：设置全局的平滑程度。

局部平滑度：设置局部的平滑程度。

平滑迭代：设置平滑的重复程度。

过滤：设置过滤模式，可以选择正常或极端。

错误阈值：设置错误的阈值数值。

块尺寸：设置块的尺寸数值。

红 / 绿 / 蓝权重：设置红 / 绿 / 蓝颜色的权重数值。

启用运动模糊：勾选该选项，即可设置模糊效果。

遮罩图层：可以选择一个层作为遮罩图层。

遮罩通道：设置蒙版通道类型。

显示：设置显示方式，包括正常、遮罩、前景和背景四种。

源修剪：对来源图像进行上下左右的修剪。

8.6.7 【时间置换】效果

【时间置换】效果可以在同一画面中反映出整体的运动效果。应用的时候要设置映射层，然后会基于图像的亮度值，将图像上明亮的区域替换为即将出现的该点像素。各项参数如图 8-113 所示。

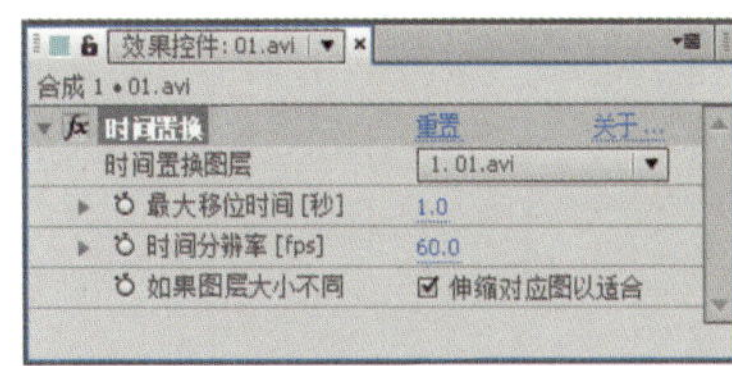

图 8-113

重点参数提醒：

时间置换图层：可以选择时间的置换图层。

最大移位时间 [秒]：设置最大位移时间，以秒为单位。

时间分辨率 [fps]：设置时间分辨率，这个值应该不大于层的标准播放速度。

8.7 【杂色和颗粒】效果

【杂色和颗粒】效果组的各种效果主要可以使素材画面上产生各种噪波或颗粒的效果。【杂色和颗粒】效果组，如图 8-114 所示。

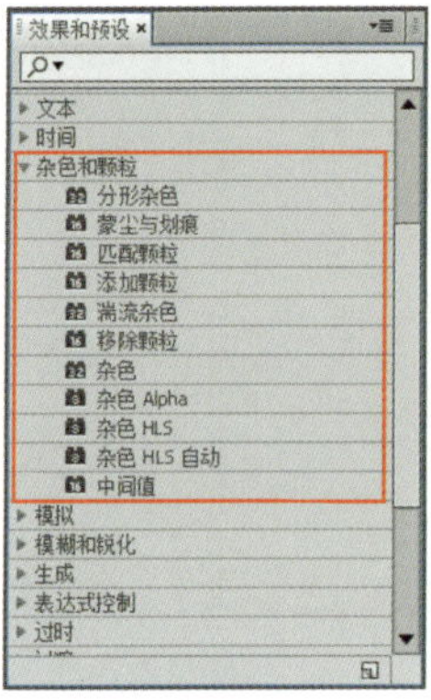

图 8-114

8.7.1 【分形杂色】效果

【分形杂色】效果能够制作出灰色的噪波效果，可以模拟光线、斑点的效果，各项参数如图 8-115 所示。

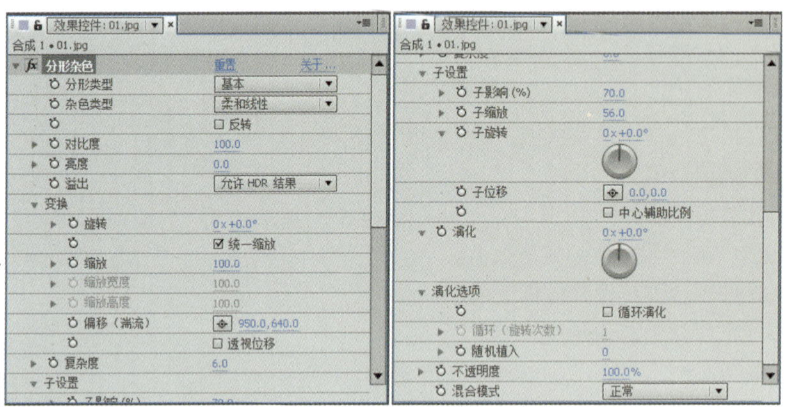

图 8-115

重点参数提醒：

分形类型：设置分形的类型效果。

杂色类型：设置杂色的类型，包括【块】、【线性】、【柔和线性】、【样条】。

反转：勾选该选项可以将图像效果反转。

对比度：设置杂色的对比度效果。

亮度：设置杂色的亮度效果。

溢出：选择溢出方式。

变换：在该项下可以设置旋转缩放等基本变换属性。

旋转：设置杂色旋转的角度。

统一缩放：保持缩放的比例。若取消勾选统一缩放，即可单独设置缩放宽度和高度。

偏移（湍流）：设置偏移的位置。

复杂度：设置噪波图案的复杂程度。

子设置：可以设置相关子选项。

子影响：设置子影响的百分比。

子缩放：设置子旋转角度。

子位移：设置子位移的位置。

演变选项：可以对分形变化的循环、随机种子等细节进行设置。

不透明度：设置噪波图像的不透明度。

混合模式：设置生成的噪波图像与原始图像的混合模式。

进阶案例：怀旧影片效果

案例文件	进阶案例：怀旧影片效果 .aep
视频教学	DVD/ 多媒体教学 /Chapter08/ 进阶案例：怀旧影片效果 .flv
难易指数	★★☆☆☆
技术掌握	主要掌握【分形杂色】效果的应用

案例分析：

在本案例中，主要学习使用【遮罩】和【分形杂色】效果来制作怀旧影片效果，案例的最终效果如图 8-116 所示。

图 8-116

思路解析如图 8-117 所示。

图 8-117

制作步骤：

1. 制作背景

（1）创建新合成。设置【合成名称】为【合成 1】，【宽度】为 720 像素，【高度】为 576 像素，【像素长宽比】为【方形像素】，【帧速率】为 25 帧 / 秒，【持续时间】为 5 秒，然后单击【确定】按钮。接着在【项目】窗口中空白处双击鼠标左键，在弹出的窗口中选择所需素材文件，然后单击【导入】按钮，如图 8-118 所示。

（2）将【项目】窗口中的【02.jpg】素材文件拖拽到【时间线】窗口中，并设置【缩放】为 73%，如图 8-119 所示。

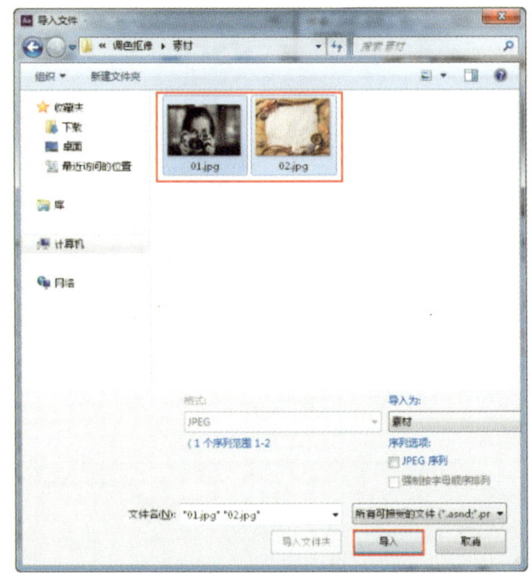

图 8-118

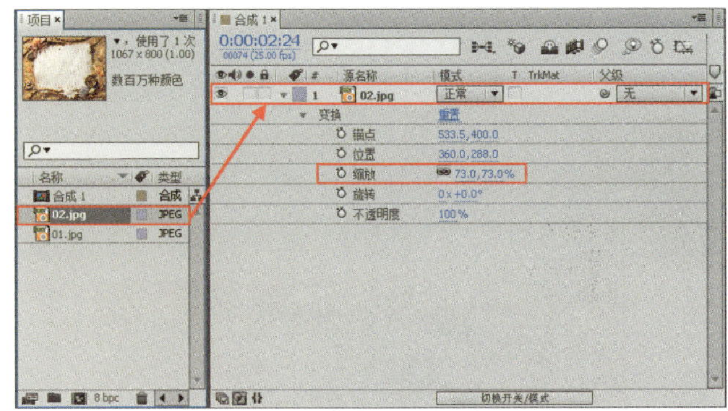

图 8-119

（3）选择【椭圆】工具，然后在【02.jpg】图层上绘制一个椭圆遮罩，如图 8-120 所示。

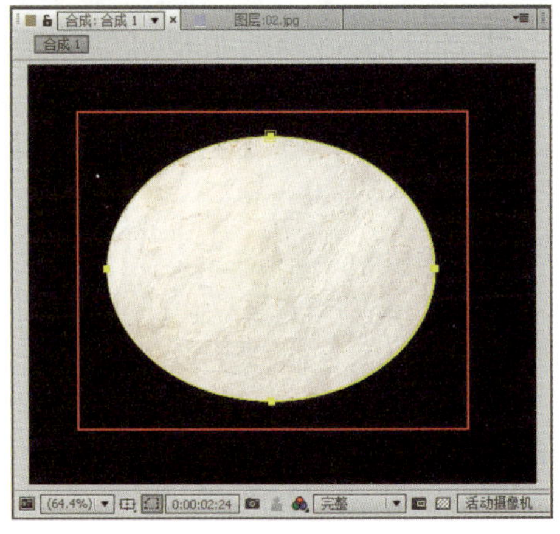

图 8-120

（4）打开【02.jpg】素材文件下的蒙版，然后勾选【蒙版 1】的【反转】，并设置【蒙版羽化】为 190 像素，如图 8-121 所示。

（5）将【01.jpg】素材文件拖动到【时间线】窗口中，并置于【02.jpg】图层下方。然后设置【01.jpg】图层的【缩放】为 57%，如图 8-122 所示。此时效果如图 8-123 所示。

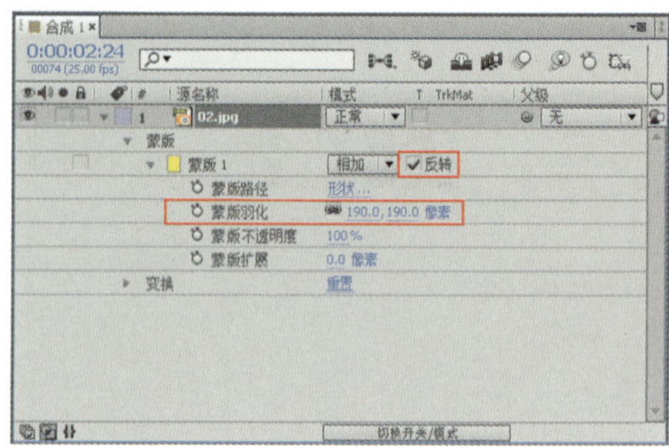

图 8-121

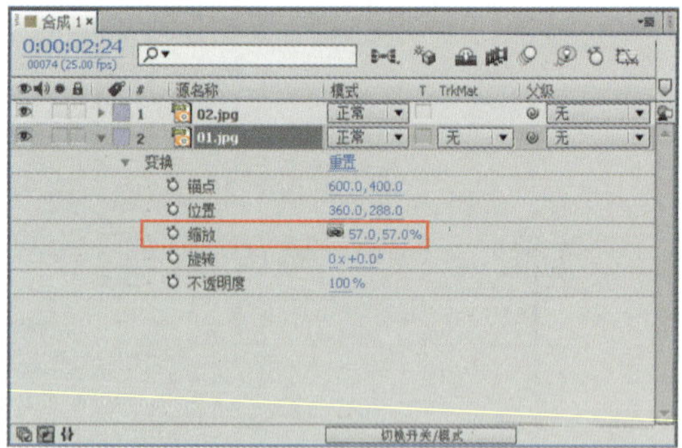

图 8-122

图 8-123

2. 制作杂点效果

（1）新建一个纯色层，并设置【名称】为【光线】，【宽度】为 720 像素，【高度】为 576 像素，【颜色】为黑色（R：0，G：0，B：0），然后单击【确定】按钮，如图 8-124 所示。

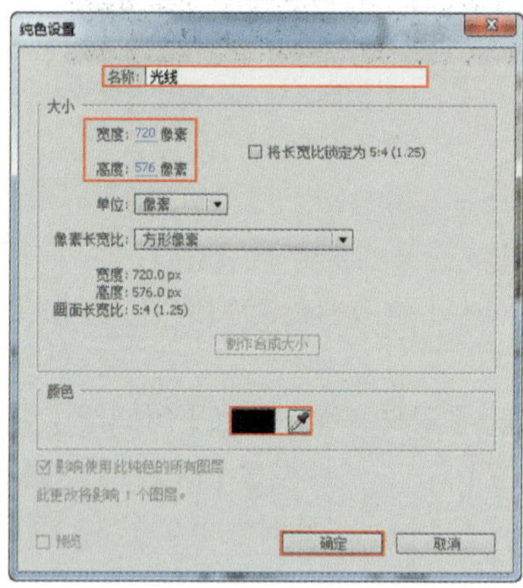

图 8-124

（2）将【时间线】窗口中的【光线】图层拖拽到【02.jpg】图层下方，并设置【光线】图层的【混合模式】为【相加】，如图 8-125 所示。

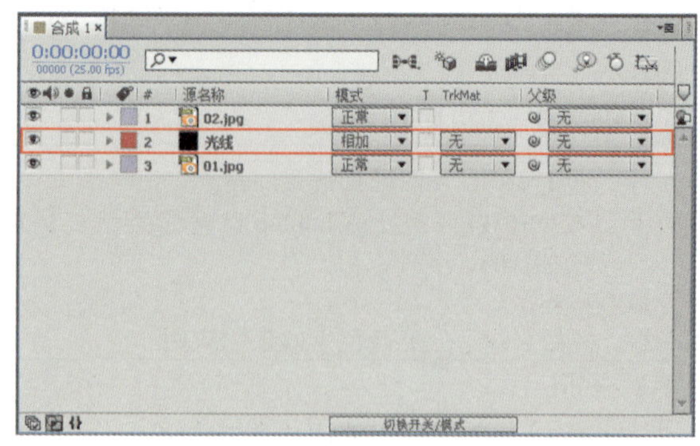

图 8-125

（3）为【光线】图层添加【分形杂色】效果，然后在【效果控件】面板中设置【对比度】为 250，【亮度】为 – 100，【溢出】为【剪切】。接着勾选掉【统一缩放】，并设置【缩放宽度】为 520，【缩放高度】为 10000。最后勾选【透视位移】，如图 8-126 所示。此时效果如图 8-127 所示。

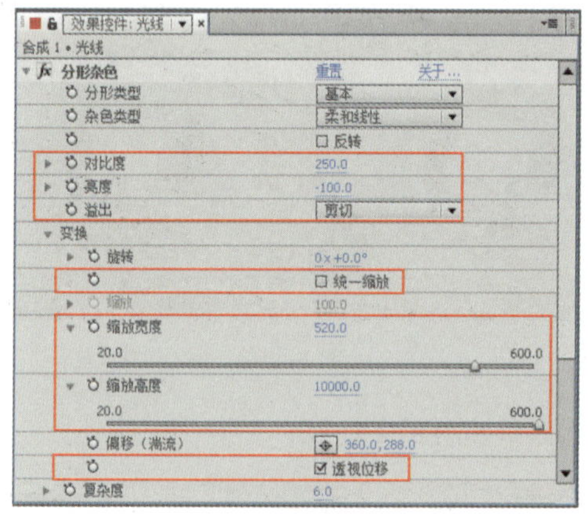

图 8-126

图 8-127

求生秘籍——技巧提示：使用【分形杂色】效果制作长条状光线的技巧

在【分形杂色】效果中，取消勾选【统一缩放】，然后设置【缩放宽度】和【缩放高度】的较大差值，即可制作出横向或纵向的长条状光线效果。

（4）打开【光线】图层下的【分形杂色】效果，然后将时间线拖到起始帧，单击【偏移（湍流）】前面的 按钮，并设置【偏移（湍流）】为（360.0,288.0）。接着将时间线拖到第 3 秒 19 帧，设置【偏移（湍流）】为（240.0,7259.0），如图 8-128 所示。此时拖动时间线滑块查看当前效果，如图 8-129 所示。

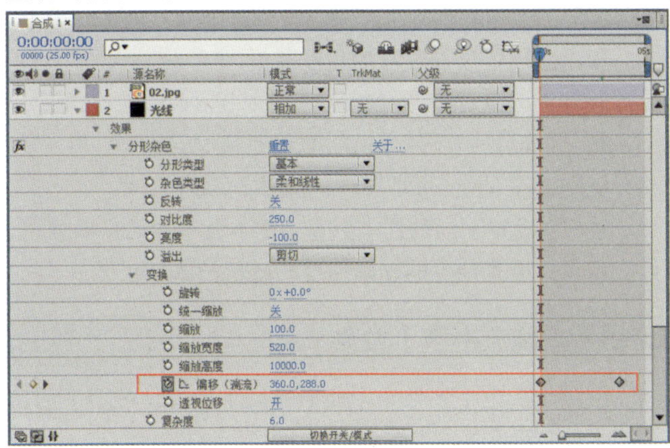

图 8-128

图 8-129

（5）新建一个纯色层，并设置【名称】为【光斑】，【宽度】为 720 像素，【高度】为 576 像素，【颜色】为黑色（R：0，G：0，B：0），然后单击【确定】按钮，如图 8-130 所示。

（6）将【时间线】窗口中的【光斑】图层拖拽到【02.jpg】图层下方，并设置【光斑】图层的【混合模式】为【轮廓亮度】，如图 8-131 所示。

（7）为【光斑】图层添加【分形杂色】效果，然后在【效果控件】面板中设置【对比度】为 350，【亮度】为－100，【不透明度】为 50%，如图 8-132 所示。

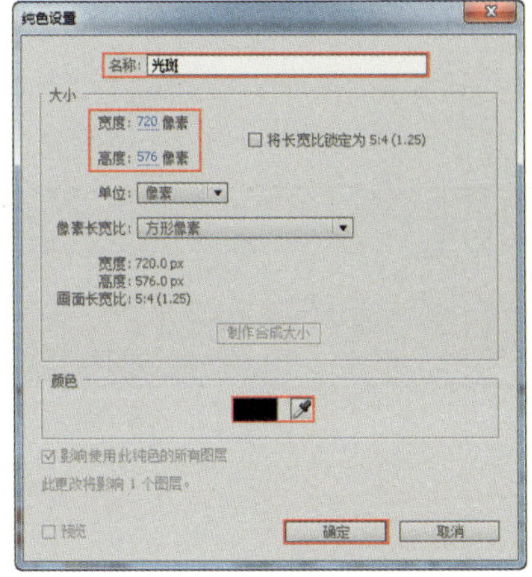

图 8-130

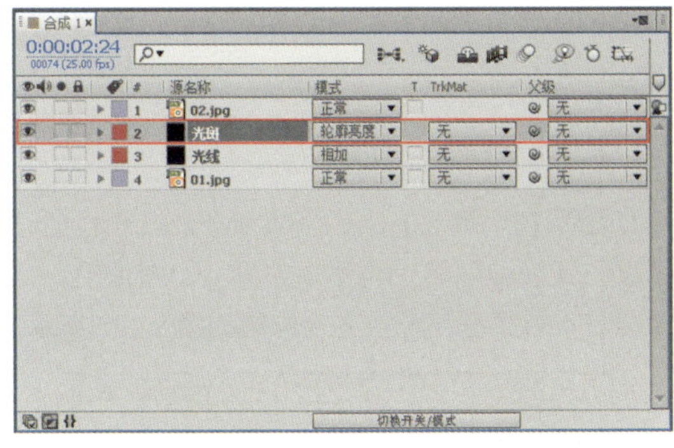

图 8-131

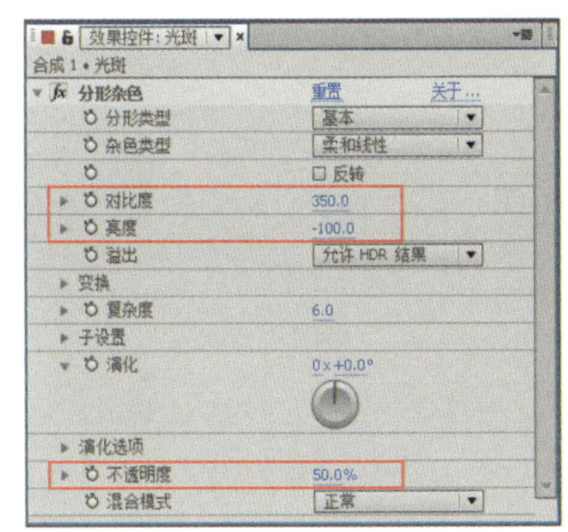

图 8-132

（8）此时拖动时间线滑块查看最终效果，如图 8-133 所示。

图 8-133

第 8 章

8.7.2 【蒙尘与划痕】效果

【蒙尘与划痕】效果可以将图像进行适当的模糊，从而弥补斑点和划痕。各项参数如图 8-134 所示。

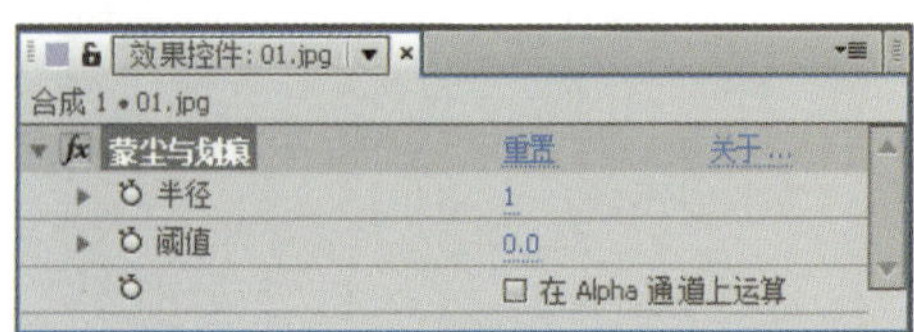

图 8-134

重点参数提醒：

半径：设置蒙尘与划痕的半径大小。

阈值：设置阈值大小。

在 Alpha 通道上运算：勾选该复选框，将该效果应用在 Alpha 通道上。

8.7.3 【匹配颗粒】效果

【匹配颗粒】效果是从已经添加杂点或颗粒的原图像上读取杂点或颗粒信息，再添加到另一个图像上，完成两个图像的噪点效果的匹配。各项参数如图 8-135 所示。

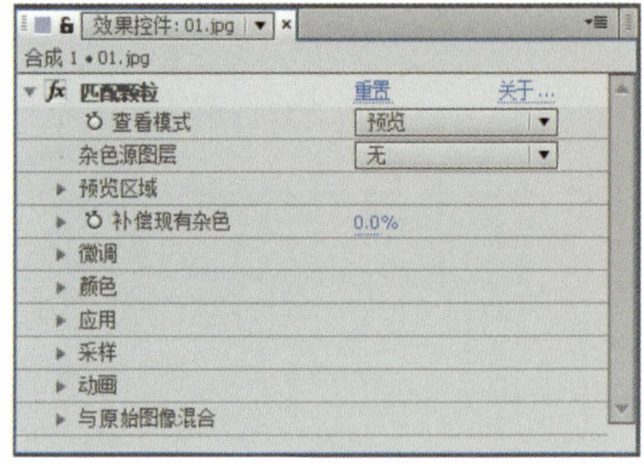

图 8-135

重点参数提醒：

查看模式：设置颗粒的显示模式，包括【预览】、【杂色样本】、【补偿范例】、【混合遮罩】和【最终输出】。

杂色源图层：设置杂色的来源图层。

预览区域：可以设置【查看模式】中的【预览】相关数值。

补偿现有杂色：补偿现有的杂色百分比。

微调：可以对添加的杂色进行大小、柔和度等调整。

颜色：设置杂点的颜色、饱和度等。

应用：设置杂点的阴影、高光和通道平衡等。

采样：设置采样的样本数量、样本大小和采样框颜色。

动画：设置杂点的动画速度和随机植入效果。

8.7.4 【添加颗粒】效果

【添加颗粒】效果可以在画面上添加杂点，模拟出做旧的斑点效果。各项参数如图 8-136 所示。

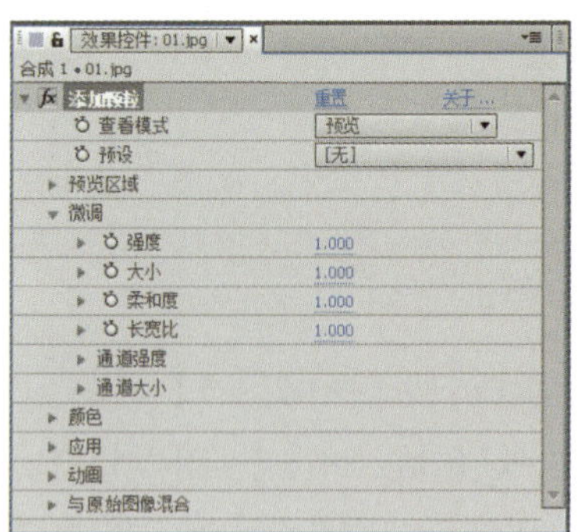

图 8-136

重点参数提醒：

查看模式：设置颗粒的显示模式，包括【预览】、【杂色样本】、【补偿范例】、【混合遮罩】和【最终输出】。

预设：设置添加颗粒的预设效果。

微调：可以对添加的杂色进行大小、柔和度等调整。

颜色：设置杂点的颜色、饱和度等。

应用：设置杂点的阴影、高光和通道平衡等。

采样：设置采样的样本数量、样本大小和采样框颜色。

动画：设置杂点的动画速度和随机植入效果。

8.7.5 【湍流杂色】效果

【湍流杂色】效果与【分形噪波】相似，可用于创建灰度噪波纹理。各项参数如图 8-137 所示。

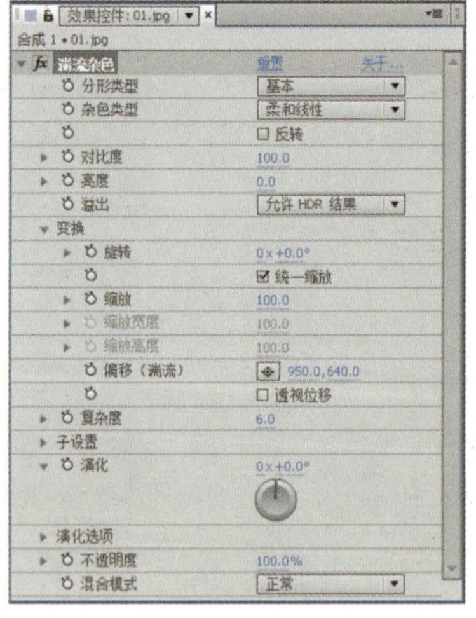

图 8-137

重点参数提醒：

分形类型：选择分形的类型。

杂色类型：选择杂色的类型。

对比度：设置湍流杂色的对比值。

亮度：设置杂色的亮度。

溢出：设置溢出的模式。

变换：该项可以设置旋转、缩放、位置的相关参数。

复杂度：设置紊乱的复杂程度。

子设置：设置分形相关的子设置。

演化：设置演化的程度。

演化选项：设置演化的各项数值。

不透明度：设置紊乱的不透明度。

8.7.6　【移除颗粒】效果

【移除颗粒】效果可以移除画面中的杂点和颗粒。各项参数如图 8-138 所示。

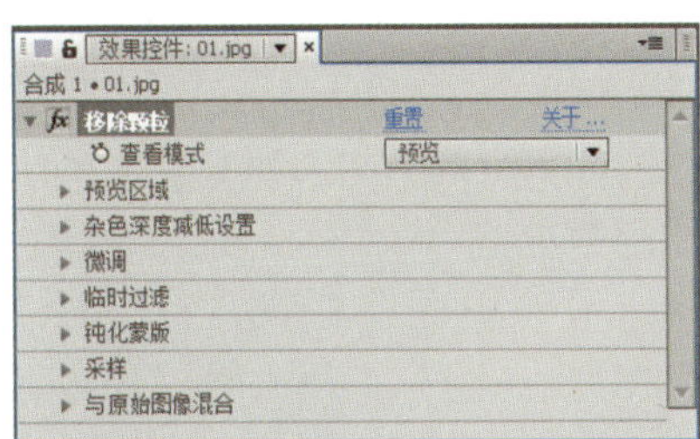

图 8-138

重点参数提醒：

查看模式：选择查看的模式。

预览区域：设置预览区的大小、位置等参数。

杂色深度减低设置：设置噪波减少的各项数值。

微调：可以对该选项组中的噪波进行精细调节，如色相、纹理、固态区域等。

临时过滤：可以设置是否开启实时过滤功能，并可以设置过滤的数量和运动敏感度。

钝化蒙版：可以设置数量、半径和阈值来控制图像的钝化蒙版效果。

采样：该选项组可以设置采样的相关参数，如采样点、数量、大小和采样区等。

8.7.7　【杂色】效果

【杂色】效果可以在画面中添加细小的杂点，并产生动态效果。各项参数如图 8-139 所示。

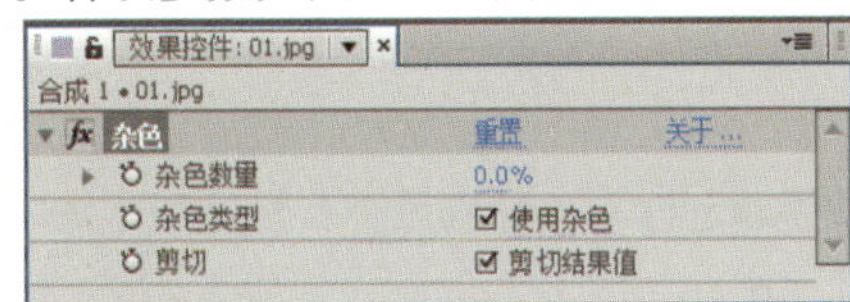

图 8-139

重点参数提醒：

杂色数量：可以设置杂色的数量。

杂色类型：勾选该选项，可以使杂色应用彩色像素。

剪切：使原像素和彩色像素交互出现。

8.7.8　【杂色 Alpha】效果

【杂色 Alpha】效果可以在图像的 Alpha 通道中添加噪波。各项参数如图 8-140 所示。

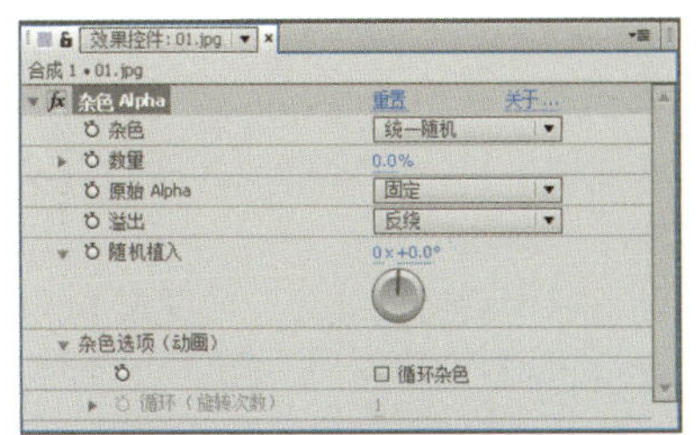

图 8-140

重点参数提醒：

杂色：设置形成杂色的类型。

数量：设置杂色的数量。

原始 Alpha：选择杂色与原始 Alpha 通道的模式，包括【相加】、【固定】、【缩放】和【边缘】。

溢出：选择杂色溢出的方式。

随机植入：设置杂色的随机植入。

杂色选项（动画）：当【杂色】为【统一动画】或【方形动画】时，该项可用。

循环杂色：勾选改选项，即可使杂色产生循环效果。

循环（旋转次数）：设置噪波的循环重复。

8.7.9　【杂色 HLS】效果

【杂色 HLS】效果可以根据图像的色相、亮度、饱和度来添加杂色效果。各项参数如图 8-141 所示。

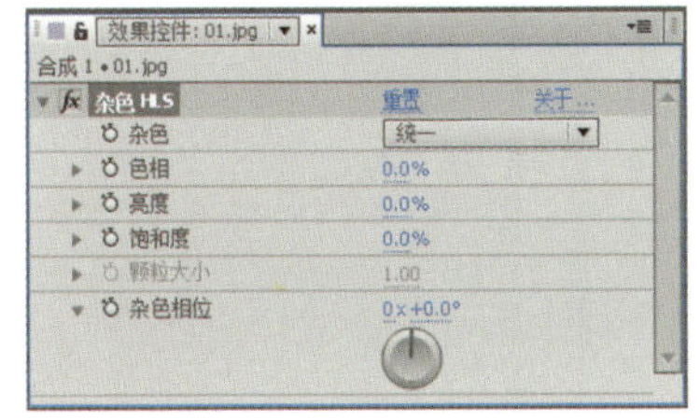

图 8-141

重点参数提醒：

杂色：设置杂色产生的方式，包括【统一】、【方形】、【颗粒】三种。

色相：设置杂色的色相效果。

亮度：设置杂色的亮度效果。

饱和度：设置杂色的饱和度效果。

颗粒大小：设置杂点的颗粒大小。

杂色相位：设置杂色的相位。

8.7.10　【中间值】效果

【中间值】效果可以将指定半径内的像素色彩和亮度进行平均值替换，从而去除噪波。各项参数如图 8-142 所示。

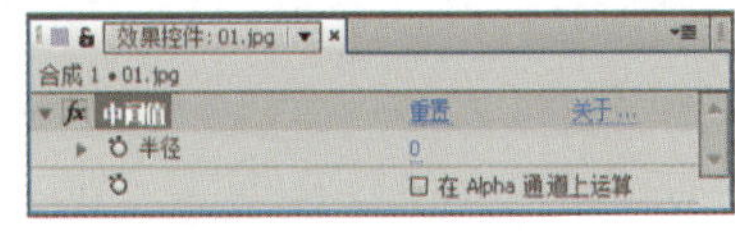

图 8-142

重点参数提醒：

半径：设置半径大小。

在 Alpha 通道上运算：勾选该选项，可以在 Alpha 通道上进行运算。

应用中间值的前后对比效果，如图 8-143 所示。

图 8-143

8.8 【模拟】效果

【模拟】效果组可以对素材进行较为真实的效果添加，如下雨、波纹和粉碎等效果，如图 8-144 所示。

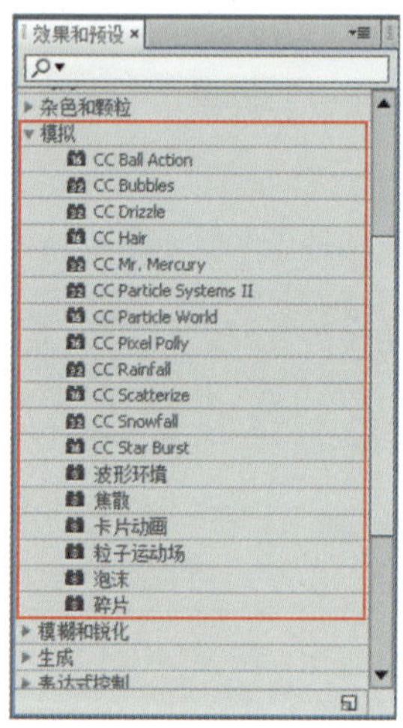

图 8-144

8.8.1 【CC Ball Action（CC 球形粒子化）】效果

【CC Ball Action（CC 球形粒子化）】效果可以使图像画面分成若干个球形。各项参数如图 8-145 所示。

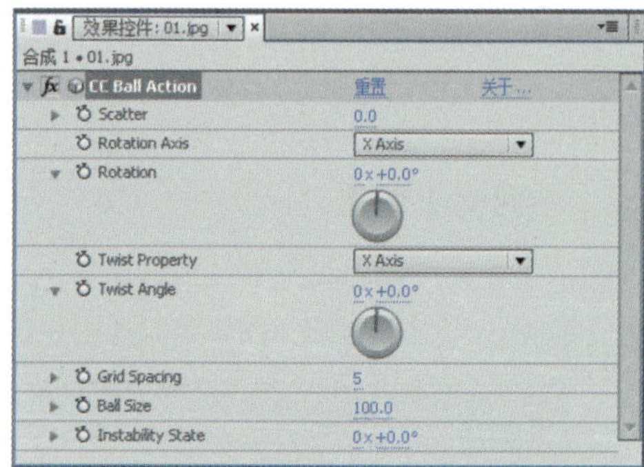

图 8-145

重点参数提醒：

Scatter（分散）：设置分散程度。

Rotation Axis（旋转轴）：设置旋转轴的方向。

Rotation（旋转）：设置旋转的度数。

Twist Property（扭曲属性）：设置扭曲的根据属性。

Twist Angle（扭曲角度）：设置扭曲的角度。

Grid Spacing（网格间距）：设置网格的间距。

Ball Size（球状大小）：设置球的大小。

Instability State（不稳定状态）：设置不稳定的角度。

应用 CC Ball Action（CC 球形粒子化）的前后对比效果，如图 8-146 所示。

图 8-146

8.8.2 【CC Bubbles（CC 气泡）】效果

【CC Bubbles（CC 气泡）】效果可以根据画面内容制作出气泡效果。若要为当前层添加气泡，需要再复制一个相同的层。各项参数如图 8-147 所示。

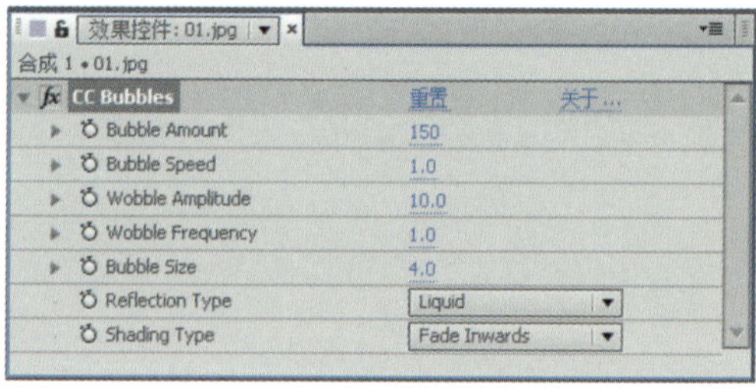

图 8-147

重点参数提醒：

Bubble Amount（气泡数量）：设置气泡的数量。

Bubble Speed（气泡速度）：设置气泡的速度。

Wobble Amplitude（晃动振幅）：设置晃动的振幅。

Wobble Frequency（晃动频率）：设置晃动的频率。

Bubble Size（气泡大小）：设置气泡的大小。

Reflection Type（反射类型）：设置反射的类型。

Shading Type（着色类型）：设置着色的类型。

8.8.3 【CC Drizzle（CC 细雨）】效果

【CC Drizzle（CC 细雨）】效果可以模拟细雨落入水面产生的波纹涟漪效果。各项参数如图 8-148 所示。

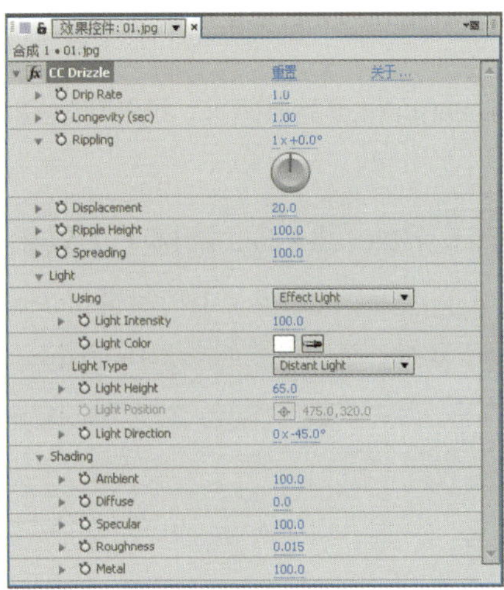

图 8-148

重点参数提醒：

Drip Rate（滴速）：设置雨滴的下落速度。

Longevity(sec)（寿命（秒））：设置雨滴的寿命。

Rippling（涟漪）：设置涟漪的角度。

Displacement（排量）：设置雨滴的排量。

Ripple Height（波纹高度）：设置波纹的高度。

Spreading（蔓延）：设置涟漪的波纹蔓延效果。

Light（光）：设置灯光的角度和强度等。

Using（运用）：设置运用灯光。

Light Intensity（灯光强度）：设置灯光的强度。

Light Color（灯光颜色）：设置灯光的颜色。

Light Type（灯光类型）：设置灯光的类型。

Light Height（灯光高度）：设置灯光的高度。

Light Position（灯光位置）：设置灯光的位置。

Light Direction（灯光方向）：设置灯光的方向。

Shading（阴影）：设置涟漪的阴影。

Ambient（环境）：设置阴影的环境。

Diffuse（扩散）：设置阴影的扩散程度。

Specular（高光）：设置高光的程度。

Roughness（粗糙度）：设置阴影的粗糙度。

Metal（金属）：设置金属的光泽效果。

8.8.4　【CC Hair（CC 毛发）】效果

【CC Hair（CC 毛发）】效果可以将当前的图像画面转变为毛发显示。各项参数如图 8-149 所示。

重点参数提醒：

Length（长度）：设置毛发的长度。

Thickness（厚度）：设置毛发的厚度。

Weight（重量）：设置毛发的重量。

Constant Mass（恒定量）：勾选该选项，即可开启恒定量。

Density（密度）：设置毛发密度。

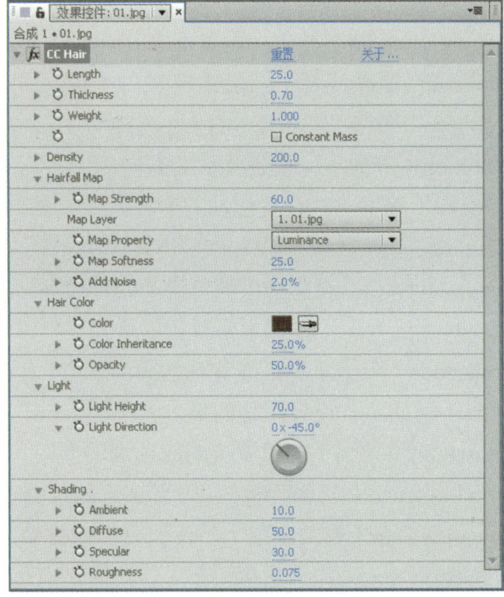

图 8-149

Hairfall Map（毛发映射）：设置毛发的映射。

Map Srength（映射强度）：设置映射的强度。

Map Layer（映射图层）：设置映射的图层。

Map Property（映射属性）：设置映射的属性。

Map Softness（映射柔化）：设置映射的柔化程度。

Add Noise（添加噪波）：添加噪波的百分比。

Hair Color（毛发颜色）：设置毛发的颜色。

Color（颜色）：设置毛发的颜色。

Color Inheritance（颜色继承）：设置颜色的继承。

Opacity（不透明度）：设置毛发的不透明度。

Light（灯光）：设置毛发的照射灯光角度和强度等。

Shading（阴影）：设置毛发的阴影效果。

8.8.5　【CC Mr.Mercury（CC 仿水银流动）】效果

【CC Mr.Mercury（CC 仿水银流动）】效果可以将当前画面制作出类似水银流动的效果。各项参数如图 8-150 所示。

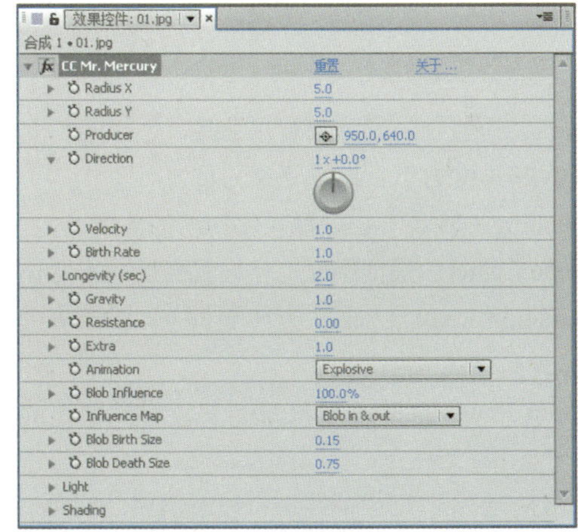

图 8-150

重点参数提醒：

Radius X（X 轴半径）：设置 X 轴的半径。

Radius Y（Y 轴半径）：设置 Y 轴的半径。

Producer（制作）：设置出生的位置。

Direction（方向）：设置流动的方向。

Velocity（速度）：设置流动的速度。

Birth Rate（出生率）：设置出生率。

Longevity(sec)：设置水银颗粒流动的寿命。

Gravity（重力）：设置水银颗粒的重力。

Resistance（阻力）：设置流动的阻力。

Extra（附加）：设置附加的量。

Animation（动画）：设置流动的动画类型。

Blob Influence（斑点影响）：设置斑点的影响百分比。

Influence Map（影响映射）：设置影响的类型。

Blob Birth Size（斑点出生大小）：设置斑点出生时的大小。

Blob Death Size（斑点死亡大小）：设置斑点的死亡大小。

Light（灯光）：设置灯光照射的角度和强度等。

Shading（阴影）：设置水银流动的阴影效果。

8.8.6 【CC Pixel Polly（CC 像素多边形）】效果

【CC Pixel Polly（CC 像素多边形）】效果可以制作画面破碎效果，并以不同的角度抛射移动。各项参数如图 8-151 所示。

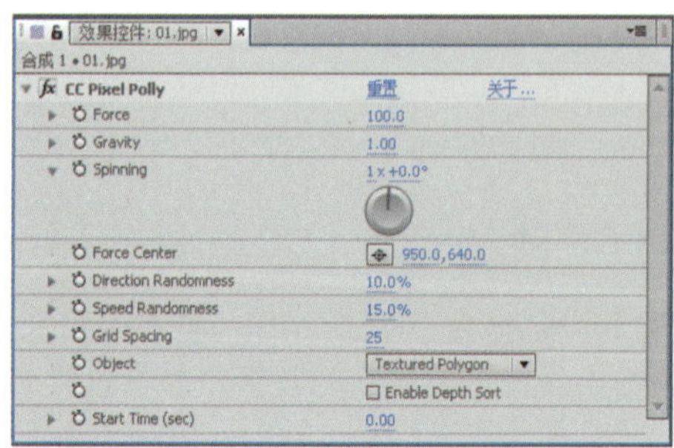

图 8-151

重点参数提醒：

Force（强度）：设置破碎的强度。

Gravity（重力）：设置碎片的重力。

Spinning（转动）：设置碎片转动的角度。

Force Center（强度中心）：设置强度的中心位置。

Direction Randomness（方向随机）：设置方向随机的百分比。

Speed Randomness（速度随机）：设置速度随机的百分比。

Grid Spacing（网格间距）：设置网格的间距。

Object（物体）：设置碎片的物体类型。

Enable Depth Sort（启用深度排序）：勾选即开启深度排序。

Start Time(sec)（开始时间）：设置开始的时间，单位为秒。

8.8.7 【CC Rainfall（CC 降雨）】效果

【CC Rainfall（CC 降雨）】效果可以为画面添加较为真实的下雨效果。各项参数如图 8-152 所示。

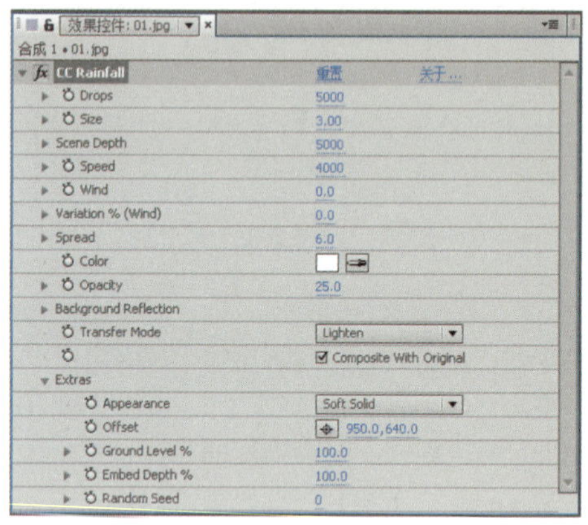

图 8-152

重点参数提醒：

Drops（下降）：下降的雨滴数量。

Size（大小）：雨滴大小。

Scene Depth（场景深度）：雨景的深度效果。

Speed（速度）：下雨的速度。

Wind（风向）：雨的风向。

Variation%(Wind)（风向变化）：风向变化的百分比。

Spread（扩散）：雨滴的扩散程度。

Color（颜色）：雨滴的颜色。

Opacity（不透明度）：雨滴的不透明度。

Background Reflection（背景反射）：背景反射的影响以及背景反射扩散的宽和高。

Transfer Mode（传输模式）：包括综合和照亮两种模式。

Composite With Original（与原始混合）：与原始图案的混合效果。

Extras（附加）：附加的偏移等属性。

重点 进阶案例：下雨效果

案例文件	进阶案例：下雨效果 .aep
视频教学	DVD/ 多媒体教学 /Chapter08/ 进阶案例：下雨效果 .flv
难易指数	★★☆☆☆
技术掌握	主要掌握【CC 雨量】效果的应用

案例分析：

在本案例中，主要学习使用色阶、亮度和对比度、【CC 雨量】效果来制作下雨效果，案例的最终效果如图 8-153 所示。

图 8-153

思路解析如图 8-154 所示。

图 8-154

制作步骤：

1. 制作背景

（1）创建新合成。设置【合成名称】为【合成 1】，【宽度】为 720 像素，【高度】为 576 像素，【像素长宽比】为【方形像素】，【帧速率】为 25 帧 / 秒，【持续时间】为 5 秒，然后单击【确定】按钮。接着在【项目】窗口中空白处双击鼠标左键，在弹出的窗口中选择所需素材文件，然后单击【导入】按钮，如图 8-155 所示。

图 8-155

（2）将【项目】窗口中的【01.jpg】素材文件拖拽到【时间线】窗口中，并设置【缩放】为 73%，如图 8-156 所示。

（3）此时在【合成】窗口中查看当前效果，如图 8-157 所示。

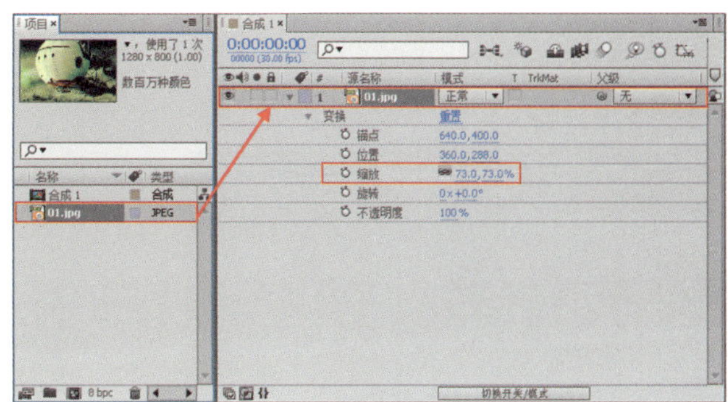

图 8-156

图 8-157

2. 制作下雨效果

（1）为【01.jpg】图层添加【色阶】效果，然后在【效果控件】面板中设置【输入白色】为 324，如图 8-158 所示。此时效果如图 8-159 所示。

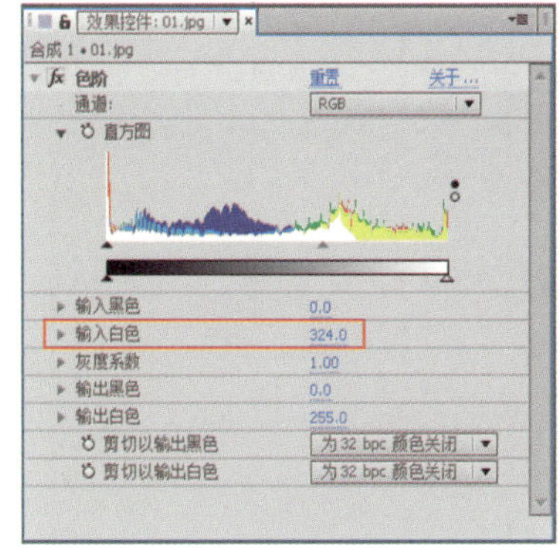

图 8-158

图 8-159

（2）为【01.jpg】图层添加【自然饱和度】效果，然后在【效果控件】面板中设置【自然饱和度】为－34，【饱和度】为0，如图8-160所示。此时效果如图8-161所示。

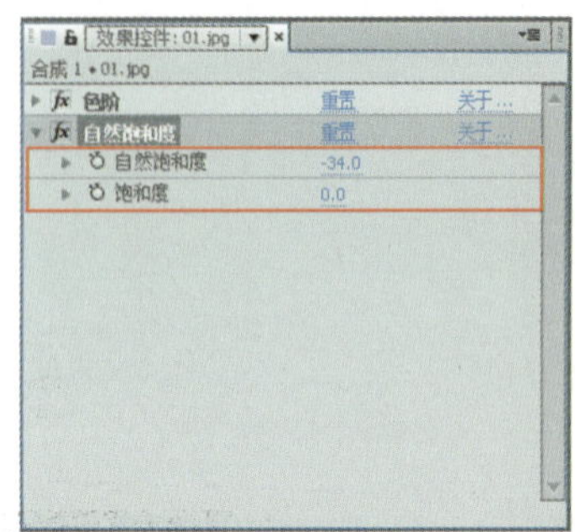

图 8-160

图 8-161

（3）为【01.jpg】图层添加【亮度和对比度】效果，然后在【效果控件】面板中设置【亮度】为－12，【对比度】为17，如图8-162所示。此时效果如图8-163所示。

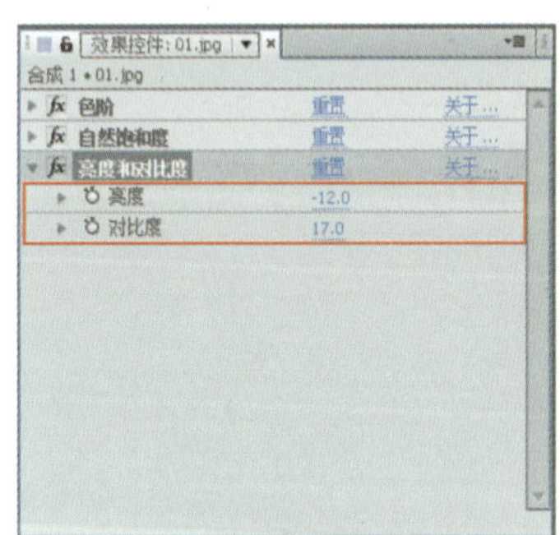

图 8-162

图 8-163

（4）为【01.jpg】图层添加【CC Rainfall（CC 雨量）】效果，然后在【效果控件】面板中设置【CC Rainfall（CC 雨量）】效果的【Drops（下降）】为2200，【Size（大小）】为8，【Speed（速度）】为5230，【Wind（风）】为－1240，【Opacity（不透明度）】为45，如图8-164所示。

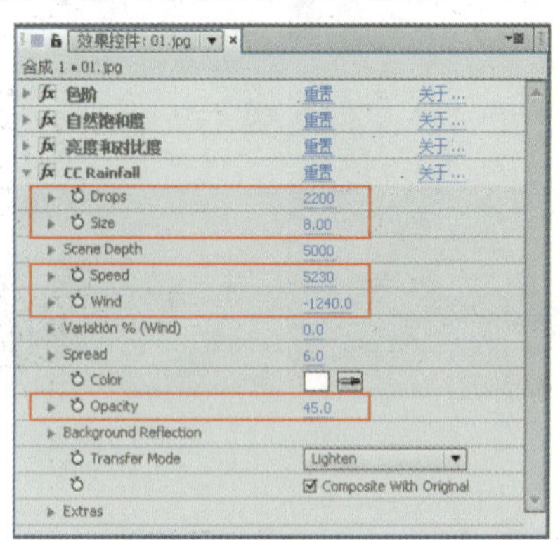

图 8-164

（5）此时拖动时间线滑块查看最终效果，如图8-165所示。

图 8-165

求生秘籍——技巧提示：【CC Rainfall（CC 雨量）】的应用技巧

调整【CC Rainfall（CC 雨量）】效果的下降雨滴数量和速度，能够主要影响下雨效果是小雨还是大雨的程度。

8.8.8 【CC Scatterize（CC 发散粒子）】效果

【CC Scatterize（CC 发散粒子）】效果可以将当前画面分散为粒子状，并可以调整左右两侧的扭曲程度，模拟吹散效果。各项参数如图8-166所示。

图 8-166

重点参数提醒：

Scatter（分散）：设置分散的程度。

Right Twist（左扭曲）：设置左扭曲的角度。

Left Twist（右扭曲）：设置右扭曲的角度。

Transfer Mode（传输模式）：设置分散粒子的输出模式。

8.8.9　【CC Snowfall（CC 下雪）】效果

【CC Snowfall（CC 下雪）】效果可以为当前画面添加较为真实的下雪效果。各项参数如图 8-167 所示。

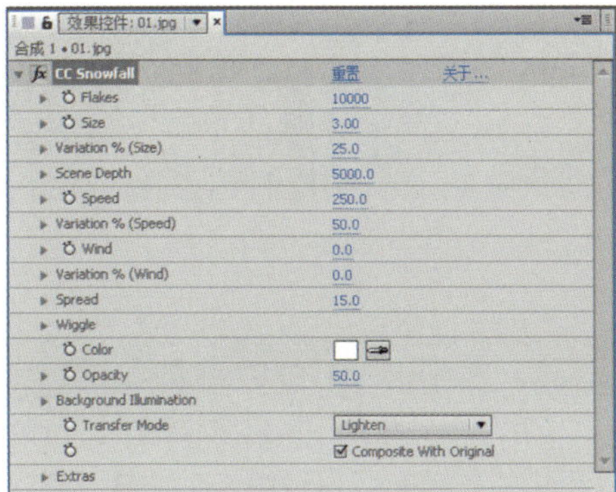

图 8-167

重点参数提醒：

Flakes（片）：设置落雪的数量。

Size（大小）：设置落雪的大小。

Variation%（Size）【变化（大小）】：设置大小变化的程度。

Scene Depth（场景的深度）：设置场景的深度。

Speed（速度）：设置下雪的速度。

Variation%（Speed）【变化（速度）】：设置速度的变化。

Wind（风）：设置风的程度。

Variation%（Wind）【变化（风）】：设置风的变化。

Spread（扩散）：设置雪的扩散程度。

Wiggle（晃动）：设置雪的晃动属性。

Color（颜色）：设置雪的颜色。

Opacity（不透明度）：设置雪花的不透明度。

Background Illumination（背景亮度）：设置雪花的背景亮度。

Transfer Mode（传输模式）：设置雪花的输出模式。

Extras（附加）：落雪的相关附加属性。包括位移、地面、嵌入深度等。

重点 进阶案例：下雪效果

案例文件	进阶案例：下雪效果 .aep
视频教学	DVD/ 多媒体教学 /Chapter08/ 进阶案例：下雪效果 .flv
难易指数	★★☆☆☆
技术掌握	主要掌握 CC 下雪效果的应用

案例分析：

在本案例中，主要学习使用【CC 下雪】效果来制作下雪效果，案例的最终效果如图 8-168 所示。

图 8-168

思路解析如图 8-169 所示。

图 8-169

制作步骤：

1. 制作背景

（1）创建新合成。并设置【合成名称】为【合成 1】，【宽度】为 720 像素，【高度】为 576 像素，【像素长宽比】为【方形像素】，【帧速率】为 25 帧 / 秒，【持续时间】为 5 秒，然后单击【确定】按钮。接着在【项目】窗口中空白处双击鼠标左键，在弹出的窗口中选择所需素材文件，然后单击【导入】按钮，如图 8-170 所示。

图 8-170

（2）将【项目】窗口中的【01.jpg】素材文件拖拽到【时间线】窗口中，并设置【缩放】为73%，【位置】为（439.0,288.0），如图8-171所示。

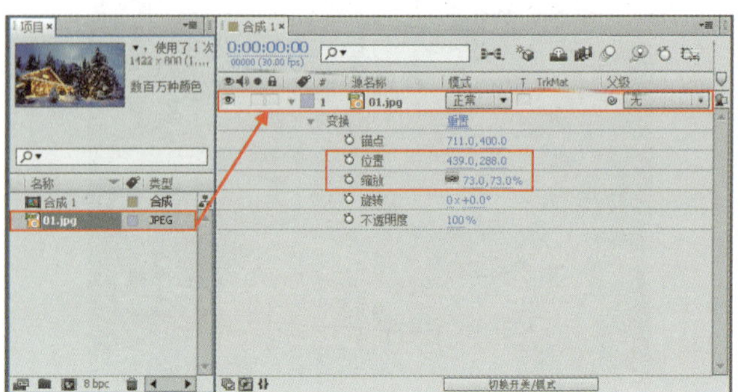

图 8-171

（3）此时在【合成】窗口中查看当前效果，如图8-172所示。

图 8-172

2. 制作下雪效果

（1）为【01.jpg】图层添加【CC Snowfall（CC下雪）】效果，然后在【效果控件】面板中设置【CC Snowfall（CC下雪）】效果的【Size（大小）】为15，【Variation%（Size）（变化大小）】为100，【Opacity（不透明度）】为100，如图8-173所示。

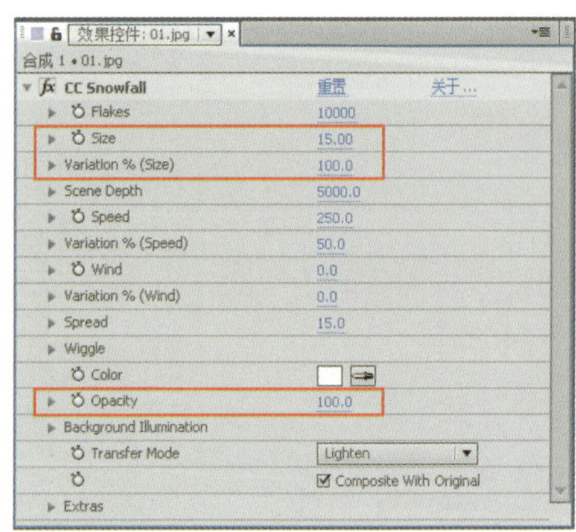

图 8-173

（2）此时拖动时间线滑块查看最终效果，如图8-174所示。

图 8-174

求生秘籍——技巧提示：制作雪大小变化的方法

为【CC Snowfall（CC下雪）】效果下的【Flakes（片）】添加参数变化的关键帧，可以制作出雪越来越大或者雪越来越小的效果。

8.8.10 【CC Star Burst（CC星团）】效果

【CC Star Burst（CC星团）】效果可以模拟太空中的星团效果，各项参数如图8-175所示。

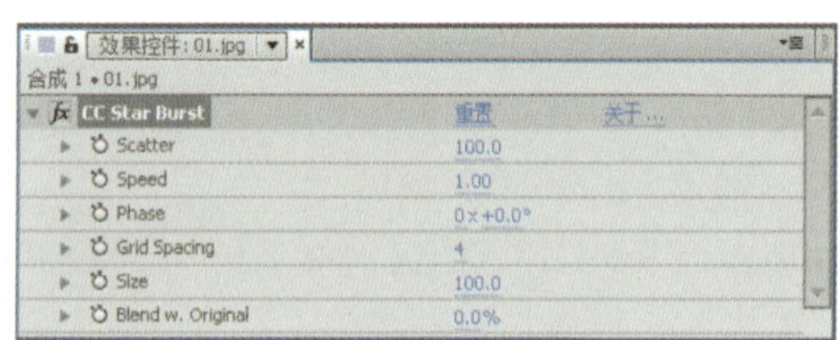

图 8-175

重点参数提醒：

Scatter（分散）：设置星星的分散程度。

Speed（速度）：设置星团运动的速度。

Phase（相位）：设置星星的相位。

Grid Spacing（网格间距）：设置网格的间距。

Size（大小）：设置星星的大小。

8.8.11 【焦散】效果

【焦散】效果可以模拟出水面流动、水面反光和折射等效果，各项参数如图8-176所示。

重点参数提醒：

底部：设置应用【焦散】效果的底部图层。

缩放：可以设置底部图层的缩放。

重复模式：选择层的排列方式。

模糊：调节底部图层模糊程度。

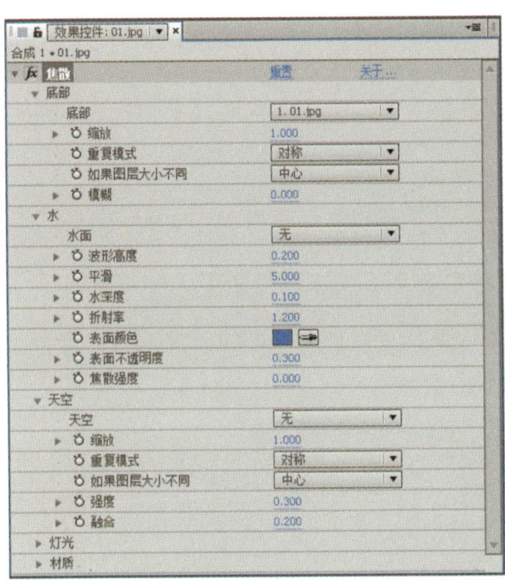

图 8-176

水：以所选层的明度为基准，通过调节各种参数，产生水纹效果。

水面：选择一个层，该层会以明度为基准产生水波纹理。

波形高度：设置水波高度数值。

平滑：设置水波的圆滑度。

水深度：设置水的深度值。

折射率：调节水的折射范围。

表面颜色：设置水面的颜色。

表面不透明度：设置水面的不透明度。

焦散强度：设置焦散数值。

天空：设置水波对水面以外场景的数值。

缩放：设置天空层的大小。

强度：设置天空层明暗度。

融合：调节放射边缘，数值越高，边缘越复杂。

8.8.12 【卡片动画】效果

【卡片动画】效果可以将图像分成规则的卡片形状，并对卡片进行翻转动画设置。各项参数如图 8-177 所示。

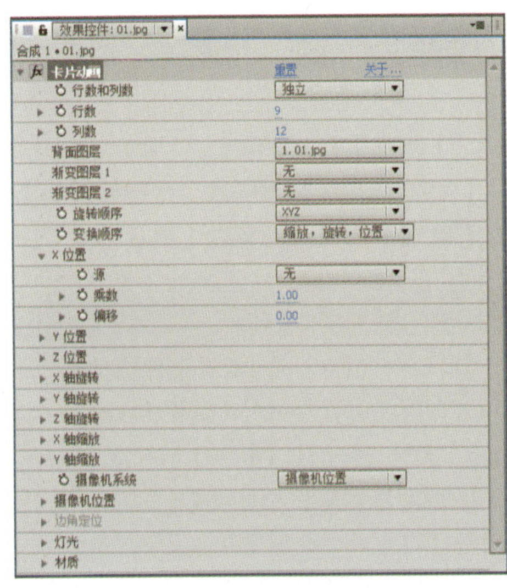

图 8-177

重点参数提醒：

行数和列数：设置卡片动画的行数和列数。

背景图层：选择背景图层。

渐变图层 1/2：设置卡片的渐变图层。

旋转顺序：选择卡片的旋转顺序。

变换顺序：选择卡片的变换顺序。

X/Y/Z 位置：设置卡片在 X/Y/Z 轴上的位置属性。

源：选择影响卡片的素材图。

乘数：用来控制影响效果的强弱，会影响卡片间的位置。

偏移：设置卡片的偏移数值，影响效果层的总体位置。

X/Y/Z 旋转：设置卡片在 X/Y/Z 上的旋转属性。

X/Y 缩放：设置卡片在 X/Y 轴上的缩放属性。

摄影机系统：选择使用摄影机系统。包括摄影机位置、角度和默认摄影机。

摄影机位置：控制摄影机在三维空间的位置属性。在摄影机系统中选择该模式。

边角定位：当【摄像机系统】为【边角定位】时，该项可用，能够调节边角位置。

8.8.13 【泡沫】效果

【泡沫】效果可以制作出气泡效果，并可以设置气泡的形态、流动方向等。各项参数如图 8-178 所示。

重点参数提醒：

视图：设置【视图】的模式，包括【草图】、【草图 + 流动映射】和【已渲染】。

制作者：可以设置泡沫的产生位置，大小和方向。

产生点：设置泡沫的产生点位置。

产生 X/Y 大小：X 轴和 Y 轴产生的泡沫大小。

产生方向：设置产生泡沫的方向。

产生速率：设置泡沫的产生速率。

气泡：对气泡粒子尺寸、生命、强度的控制。

大小：设置泡沫的大小。

大小差异：设置泡沫的大小差异。

寿命：设置泡沫的寿命长度。

气泡增长速度：设置泡沫的增长速度。

强度：设置泡沫的强度。

物理学：设置泡沫的速度、方向、湍流等相关参数。

初始速度：设置泡沫的初始速度。

初始方向：设置泡沫的初始方向。

风速：设置影响泡沫流动的风速。

风向：设置影响泡沫流动的风向。

湍流：设置泡沫的混乱程度。

摇摆量：设置粒子摇摆的强度。

排斥力：粒子间的排斥力。

弹跳速度：设置泡沫的弹跳速度。

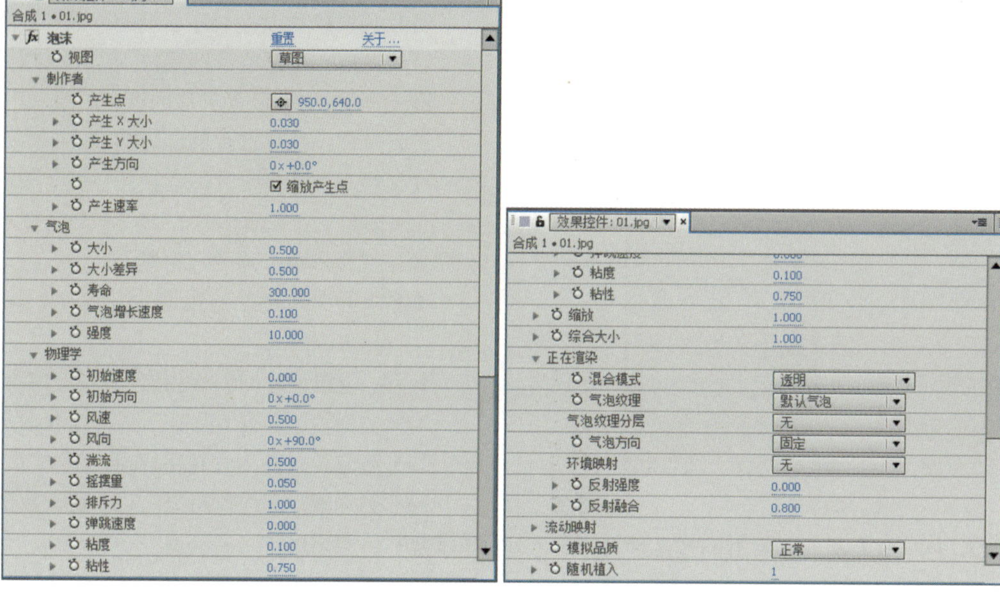

图 8-178

粘度：影响泡沫间的粘性，数值越大，泡沫越密。

粘性：设置泡沫间的粘着性，数值越小，泡沫越紧密。

缩放：设置缩放的数值。

综合大小：设置综合的尺寸。

正在渲染：设置泡沫的渲染属性。

混合模式：设置泡沫间的混合模式。

气泡纹理：选择气泡的纹理效果。

气泡纹理分层：可以设置泡沫的纹理图层。

气泡方向：设置泡沫的方向。

环境映射：设置泡沫的环境映射图层。

反射强度：设置气泡的反射强度。

反射融合：设置反射的聚集度。

流动映射：设置流动映射图层。

模拟品质：设置泡沫的质量。

随机植入：设置气泡的随机种子数。

重点 进阶案例：气泡飞舞效果

案例文件	进阶案例：气泡飞舞效果 .aep
视频教学	DVD/ 多媒体教学 /Chapter08/ 进阶案例：气泡飞舞效果 .flv
难易指数	★★☆☆☆
技术掌握	主要掌握【气泡】效果的应用

案例分析：

在本案例中，主要学习使用【气泡】效果来制作气泡飞舞效果，案例的最终效果如图 8-179 所示。

图 8-179

思路解析如图 8-180 所示。

图 8-180

制作步骤：

1. 制作背景

（1）创建新合成。设置【合成名称】为【合成 1】，【宽度】为 720 像素，【高度】为 576 像素，【像素长宽比】为【方形像素】，【帧速率】为 25 帧 / 秒，【持续时间】为 5 秒，然后单击【确定】按钮。接着在【项目】窗口中空白处双击鼠标左键，在弹出的窗口中选择所需素材文件，然后单击【导入】按钮，如图 8-181 所示。

（2）将【项目】窗口中的【01.jpg】素材文件拖拽到【时间线】窗口中，并设置【缩放】为 92%，如图 8-182 所示。

（3）为【01.jpg】素材文件添加【色相 / 饱和度】效果，然后在【效果控件】面板中设置【主饱和度】为 37，【主亮度】为 – 11，如图 8-183 所示。此时效果如图 8-184 所示。

图 8-181

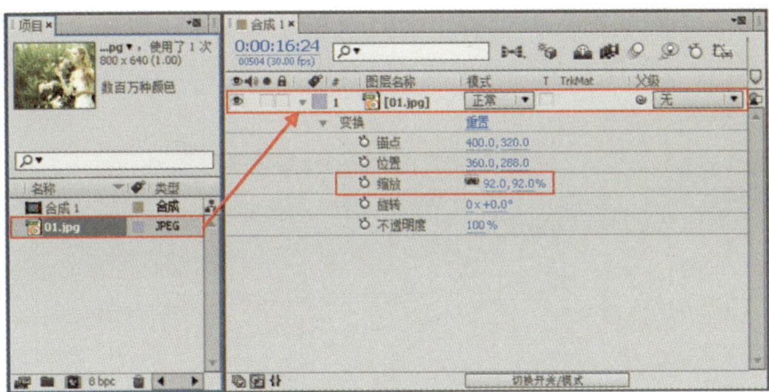

图 8-182

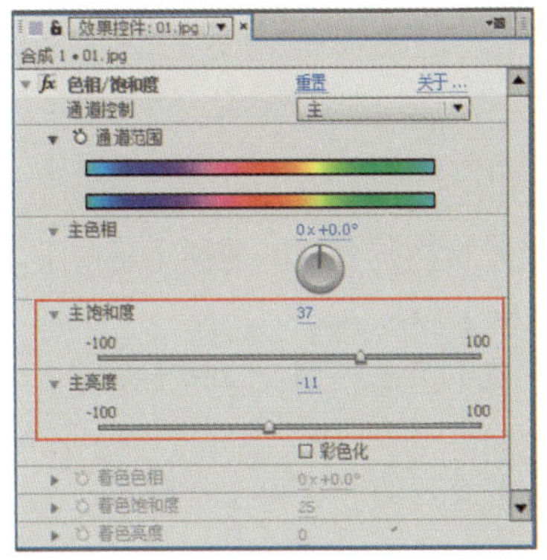

图 8-183

图 8-184

2. 制作气泡效果

（1）新建一个纯色层，并设置【名称】为【气泡】，【宽度】为 720 像素，【高度】为 576 像素，【颜色】为黑色（R：0，G：0，B：0），接着单击【确定】按钮，如图 8-185 所示。

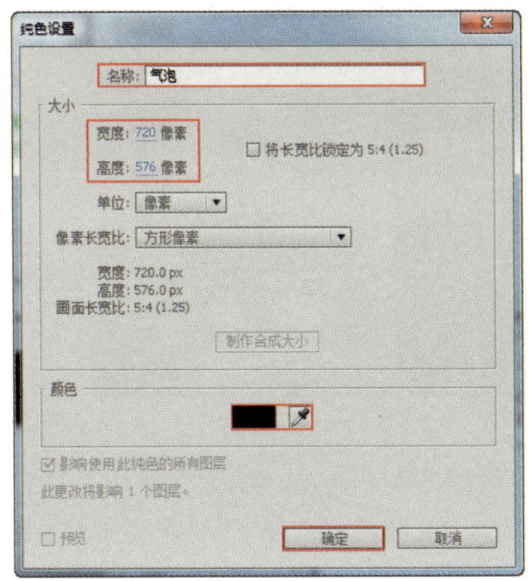

图 8-185

（2）将【效果和预设】面板中的【泡沫】效果添加到【气泡】图层上，如图 8-186 所示。

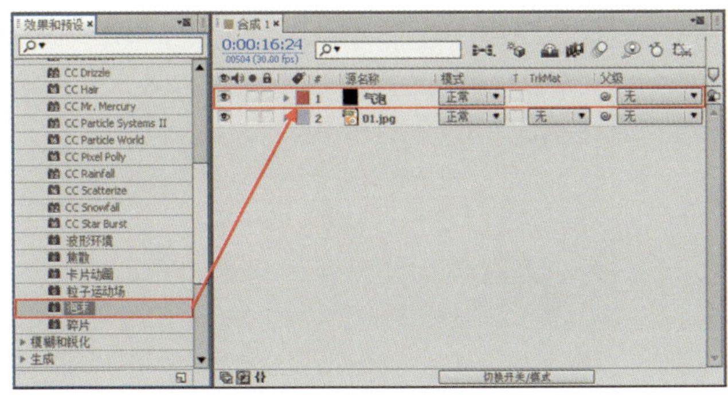

图 8-186

（3）选择【时间线】窗口中的【气泡】图层，然后在【效果控件】面板中设置【视图】为【已渲染】，设置【制作者】属性下的【产生点】为（－11.0,132.0），【产生 X 大小】为 0.4，【产生方向】为 79°。接着设置【气泡】属性下的【大小】为 0.3，如图 8-187 所示。此时效果如图 8-188 所示。

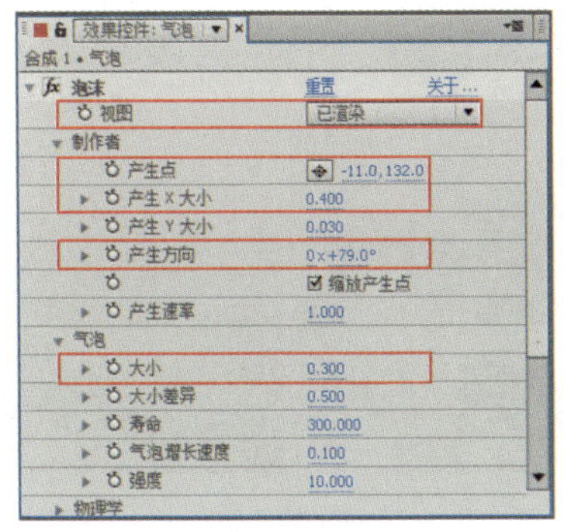

图 8-187

图 8-188

（4）继续设置【泡沫】效果的【缩放】为 3.15，【综合大小】为 2.15，【气泡纹理】为【小雨】，【模拟品质】为【强烈】，如图 8-189 所示。此时查看最终效果如图 8-190 所示。

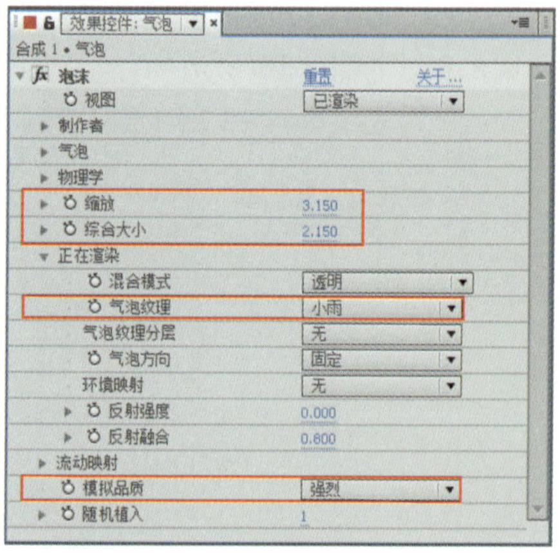

效果控件：气泡
合成 1 • 气泡
fx 泡沫 重置 关于...
视图 已渲染
制作者
气泡
物理学
缩放 3.150
综合大小 2.150
正在渲染
混合模式 透明
气泡纹理 小雨
气泡纹理分层 无
气泡方向 固定
环境映射 无
反射强度 0.000
反射融合 0.800
流动映射
模拟品质 强烈
随机植入 1

图 8-189

图 8-190

求生秘籍——技巧提示：选择不同的气泡纹理效果

通过设置【泡沫】效果下的【气泡纹理】，可以制作出不同纹理效果的气泡效果，选择列表如图 8-191 所示。

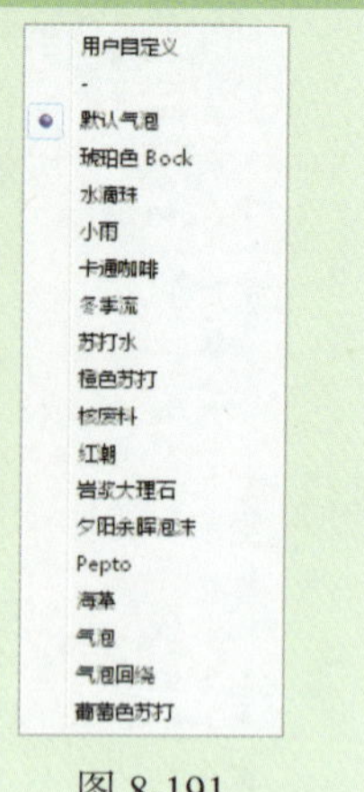

图 8-191

8.8.14 【碎片】效果

【碎片】效果可以将当前画面模拟出爆炸粉碎飞散的效果，并可以设置爆炸的位置、形状等。各项参数如图 8-192 所示。

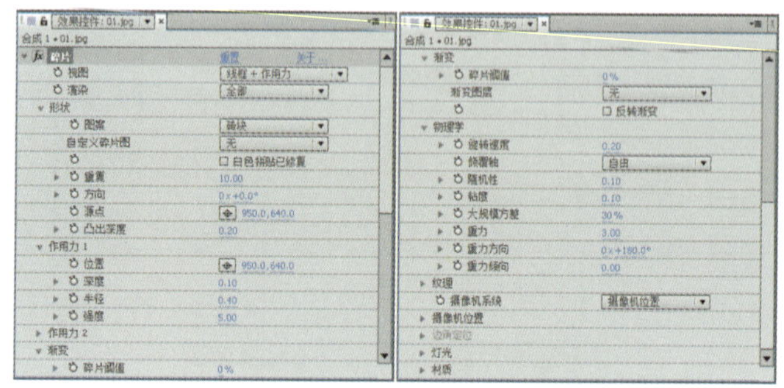

图 8-192

重点参数提醒：

视图：设置视图的方式。包括【已渲染】、【线框正视图】、【线框】等。

渲染：设置渲染的类型。包括【全部】、【图层】和【块】。

形状：设置碎片的形状和方向等。

图案：设置碎片的形状。

自定义碎片图：选择碎片的图案图层。

重复：设置重复的程度。

方向：设置碎片的方向。

源点：设置碎片的中心位置。

凸出深度：设置碎片的凸出深度。

作用力 1/2：设置使用两个不同力量的飞散效果。

渐变：设置渐变相关属性。

碎片阈值：设置碎片的阈值大小。

渐变图层：设置渐变的图层。

反转渐变：勾选该选项，即可反转渐变。

物理学：设置碎片的分散速度、粘度和重力等。

旋转速度：设置碎片自身的旋转速度。

倾覆轴：设置碎片飞散的依据轴向。

随机性：设置碎片的随机性。

粘度：设置碎片的粘度效果。

大规模方差：设置碎片的飞散程度。

重力：设置碎片的下落重力。

重力方向：设置碎片的重力方向。

重力倾向：设置重力的倾向。

纹理：设置碎片的颜色、纹理等质感。

8.9 【模糊和锐化】效果

【模糊和锐化】效果组主要用于对图像进行各种模糊和锐化的处理。能够快速的提升画面的空间感，以及创建特殊的视觉效果，如图 8-193 所示。

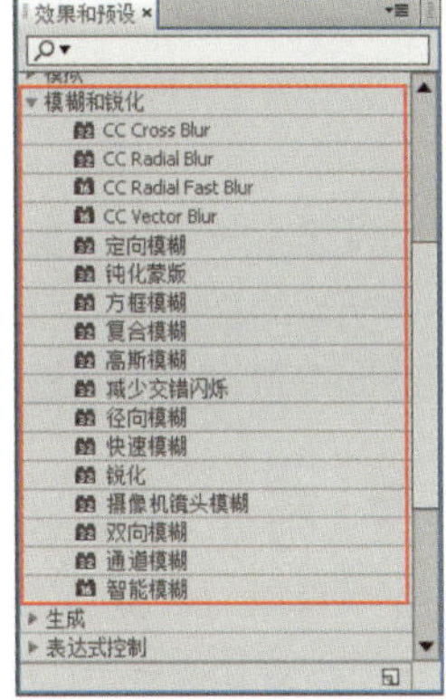

图 8-193

8.9.1 【CC Cross Blur（CC 交叉模糊）】效果

【CC Cross Blur（CC 交叉模糊）】效果可以令素材图像产生 X 轴和 Y 轴方向的交叉模糊效果。各项参数如图 8-194 所示。

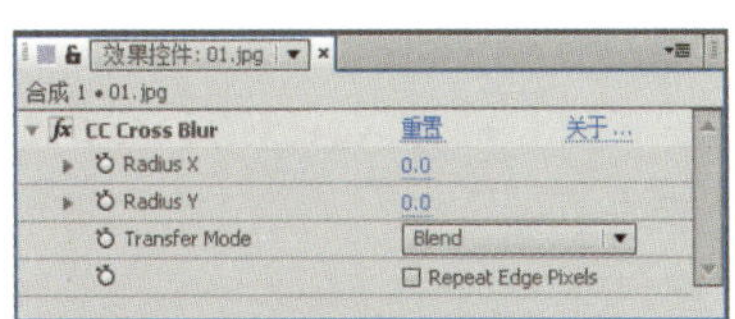

图 8-194

重点参数提醒：

Radius X（X 轴半径）：设置 X 轴的模糊半径。

Radius Y（Y 轴半径）：设置 Y 轴的模糊半径。

Transfer Mode（传输模式）：设置传输的图层混合模式。

8.9.2 【CC Radial Blur（CC 螺旋模糊）】效果

【CC Radial Blur（CC 螺旋模糊）】效果可以在素材图像中指定中心点位置，然后沿该中心点产生螺旋状的模糊效果。各项参数如图 8-195 所示。

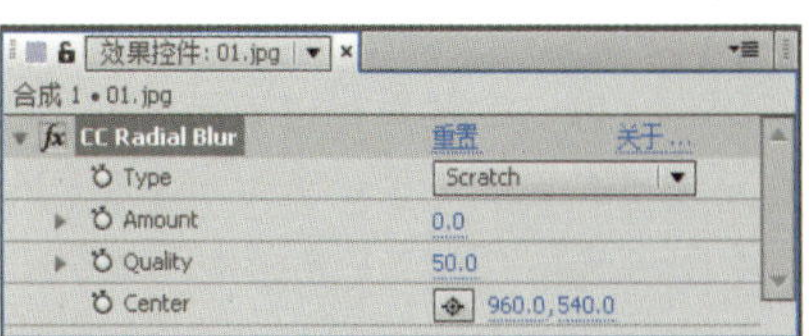

图 8-195

重点参数提醒：

Type（类型）：设置模糊的方式，分别有【Straight Zoom（直线放射）】、【Fading Zoom（变焦放射）】、【Centered（居中）】和【Rotate（旋转）】等。

Amount（数量）：可以设置图像的旋转数。

Quality（质量）：可以设置模糊的程度，值越大，模糊效果越大。

Center（模糊中心）：可以设置模糊的中心点位置。

8.9.3 【CC Radial Fast Blur（CC 快速放射模糊）】效果

【CC Radial Fast Blur（CC 快速放射模糊）】效果可以使画面产生快速变焦式的放射模糊效果。各项参数如图 8-196 所示。

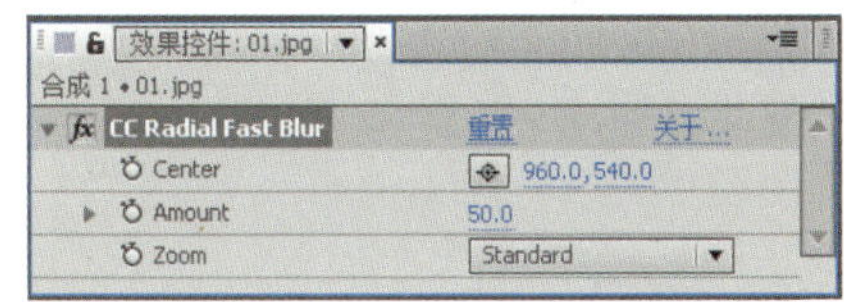

图 8-196

重点参数提醒：

Center（模糊中心）：可以设置模糊的中心点位置。

Amount（数量）：用来设置模糊的程度，值越大，模糊效果越大。

Zoom（放大）：可以选择设置模糊的方式，包括【Standard（标准）】、【Brightest（变亮）】、【Darkest（变暗）】三种。

8.9.4 【CC Vector Blur（CC 向量区域模糊）】效果

【CC Vector Blur(CC 向量区域模糊）】效果可以在素材图像上模拟水纹交融的模糊效果。各项参数如图 8-197 所示。

图 8-197

重点参数提醒：

Type（类型）：可以选择模糊的方式，包括【Natural（自然）】、【Constant Length（固定长度）】、【Perpendicular（垂直）】、【Direction Center（方向中心）】和【Direction Fading（方向衰减）】五种方式。

Amount（数量）：用来设置模糊的程度，值越大，模糊程度也越大。

Angle Offset（角度偏移）：用来设置模糊的偏移角度。

Ridge Smoothness（边缘平滑度）：设置边缘的平滑程度。

Vector Map（矢量图）：可以选择进行模糊的图层。

Property（属性）：可以设置通道的方式。

Map Softness（图柔化）：用来设置图像的柔化程度，值越大，柔化效果越明显。

8.9.5 【定向模糊】效果

【定向模糊】效果可以令素材图像沿任何方向产生运动模糊感觉。各项参数如图 8-198 所示。

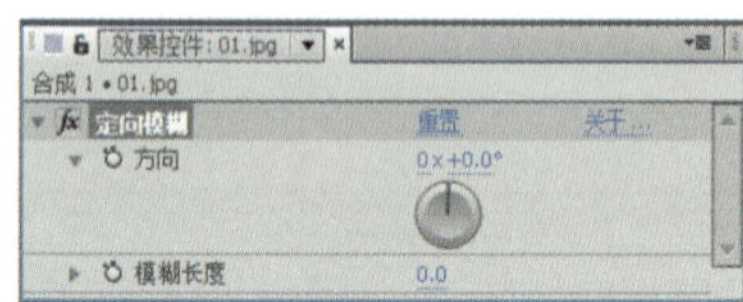

图 8-198

重点参数提醒：

方向：可设置模糊的方向。

模糊长度：可以设置模糊的长度。

应用定向模糊的前后对比效果，如图 8-199 所示。

图 8-199

8.9.6 【方框模糊】效果

【方框模糊】效果以临近像素颜色的平均值为基础，在素材图像的周围形成一个方框的像素边缘，各项参数如图 8-200 所示。

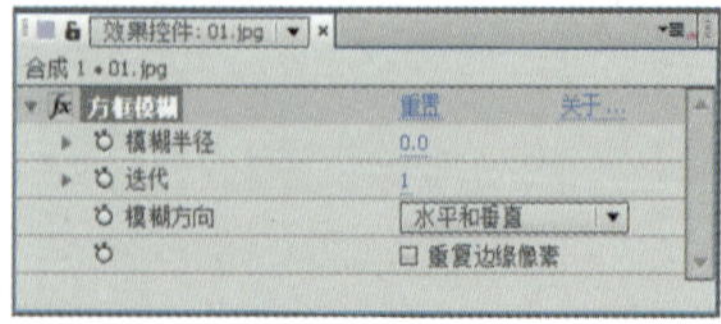

图 8-200

重点参数提醒：

模糊半径：可以设置模糊的半径。

迭代：反复模糊的次数。

模糊方向：可以选择模糊的方向，包括【水平和垂直】、【水平】和【垂直】。

8.9.7 【复合模糊】效果

【复合模糊】效果可以根据图层的亮度对该图层进行模糊处理。也可以对该层指定一个模糊映射层，用映射层的亮度变化控制另一个层的模糊效果，各项参数如图 8-201 所示。

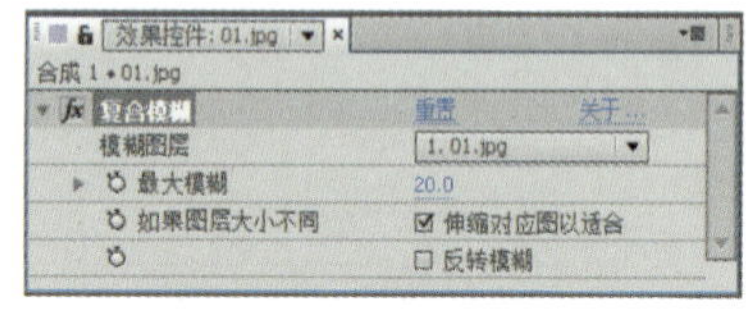

图 8-201

重点参数提醒：

模糊图层：可以设置某一图层为模糊映射层。

最大模糊：设置模糊的程度，以像素为单位。

反转模糊：勾选该选项，可以将模糊效果进行反向。

8.9.8 【高斯模糊】效果

【高斯模糊】效果可以为素材图像去除杂点，添加模糊度和模糊方向，各项参数如图 8-202 所示。

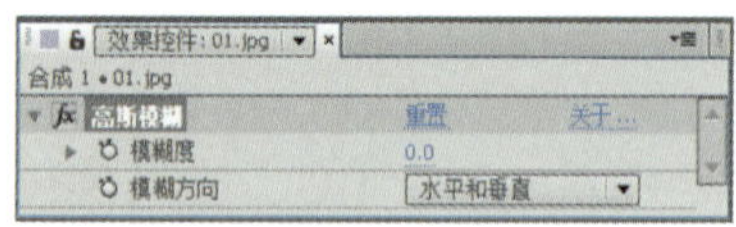

图 8-202

重点参数提醒：

模糊度：设置模糊程度。

模糊方向：设置模糊方向，包括【水平和垂直】、【水平方向】和【垂直方向】。

8.9.9 【径向模糊】效果

【径向模糊】效果可以在素材图像的指定位置产生径向放射的环绕模糊效果，强度由内至外逐渐变强，各项参数如图 8-203 所示。

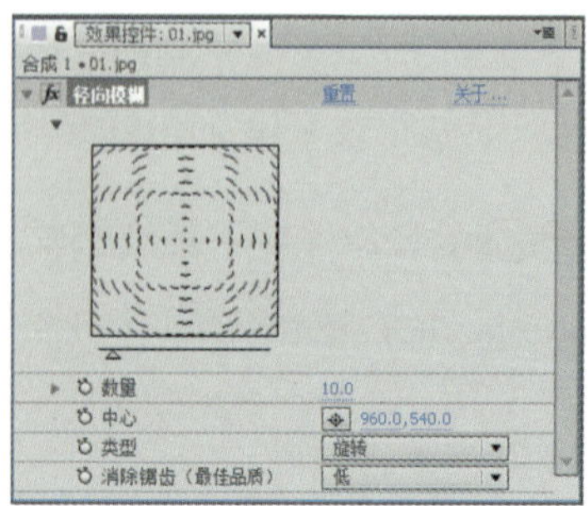

图 8-203

重点参数提醒：

数量：设置模糊的程度。

中心：设置模糊的中心位置。

类型：可以设置模糊的类型，包括【旋转】和【缩放】两种。

8.9.10　【快速模糊】效果

【快速模糊】效果用于为素材图像设置模糊，常应用在面积较大时的快速模糊，各项参数如图 8-204 所示。

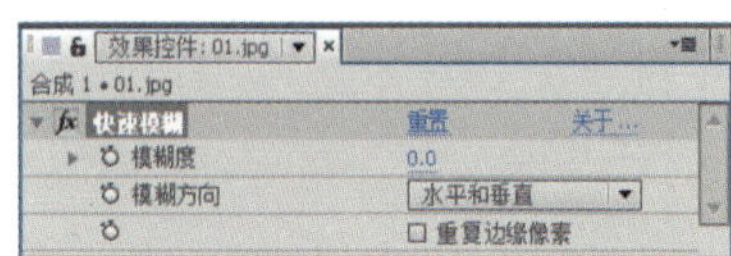

图 8-204

重点参数提醒：

模糊度：设置模糊的程度。

模糊方向：设置模糊的方向。

重点 进阶案例：镜头雨滴下落效果

案例文件	进阶案例：镜头雨滴下落效果 .aep
视频教学	DVD/ 多媒体教学 /Chapter08/ 进阶案例：镜头雨滴下落效果 .flv
难易指数	★★★☆☆
技术掌握	主要掌握【快速模糊】和【CC 仿水银流动】效果的应用

案例分析：

在本案例中，主要学习使用【快速模糊】和【CC 仿水银流动】效果来制作镜头雨滴下落效果，案例的最终效果如图 8-205 所示。

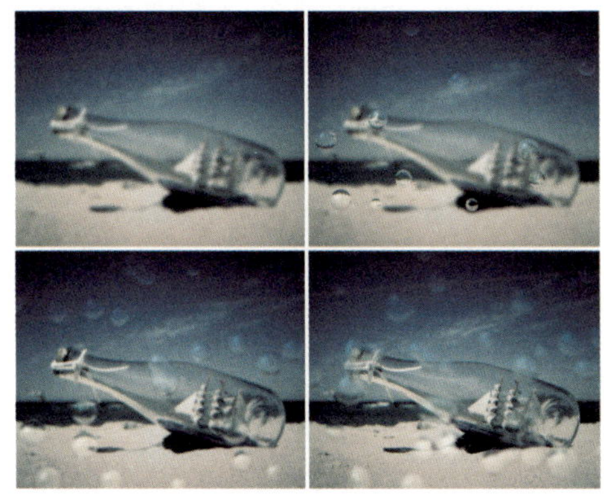

图 8-205

思路解析如图 8-206 所示。

图 8-206

制作步骤：

1. 制作背景

（1）创建新合成。设置【合成名称】为【合成 1】，【宽度】为 720 像素，【高度】为 576 像素，【像素长宽比】为【方形像素】，【帧速率】为 25 帧 / 秒，【持续时间】为 5 秒，然后单击【确定】按钮。接着在【项目】窗口中空白处双击鼠标左键，在弹出的窗口中选择所需素材文件，然后单击【导入】按钮，如图 8-207 所示。

图 8-207

（2）将【项目】窗口中的【01.jpg】素材文件拖拽到【时间线】窗口中，并设置【缩放】为 75%，如图 8-208 所示。

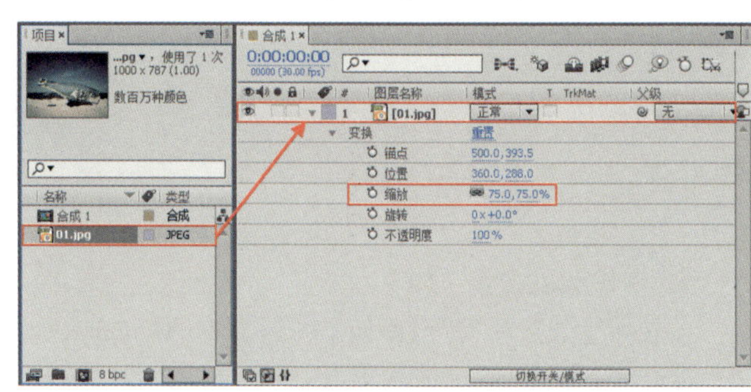

图 8-208

（3）将【效果和预设】面板中的【快速模糊】效果添加到【01.jpg】素材文件，如图 8-209 所示。

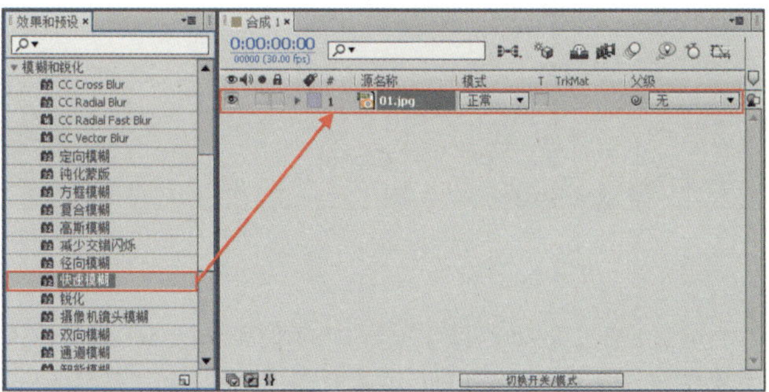

图 8-209

（4）将时间线拖到第 2 秒，然后打开【01.jpg】图层下的【快速模糊】效果，单击【模糊度】前面的⏱按钮，并设置【模糊度】为 13，接着将时间线拖到第 3 秒，设置【模糊度】为 0，如图 8-210 所示。

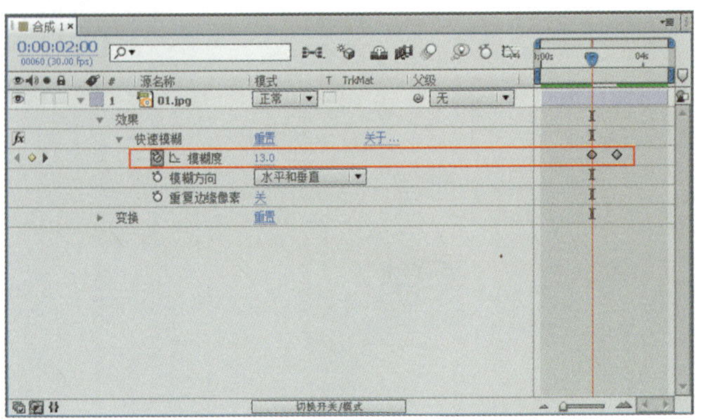

图 8-210

（5）将【01.jpg】图层进行复制，并重命名为【水滴】，然后打开【水滴】图层的【快速模糊】效果，接着将时间线拖到第 2 秒，设置【模糊度】为 0。最后将时间线拖到第 3 秒，设置【模糊度】为 13，如图 8-211 所示。

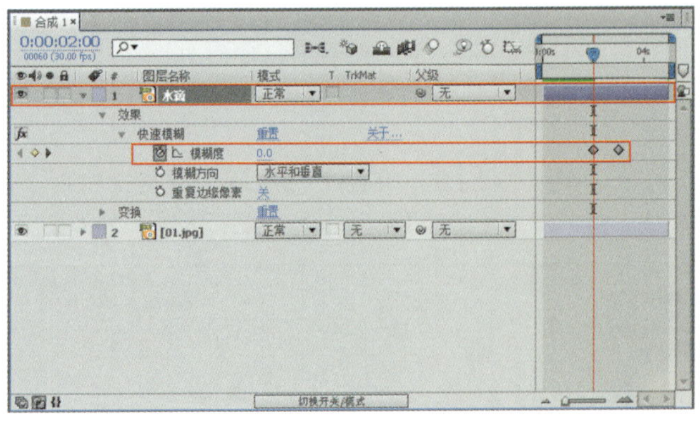

图 8-211

2. 制作水滴效果

（1）将【效果和预设】面板中的【CC Mr.Mercury（CC 仿水银流动）】效果添加到【水滴】图层上，如图 8-212 所示。

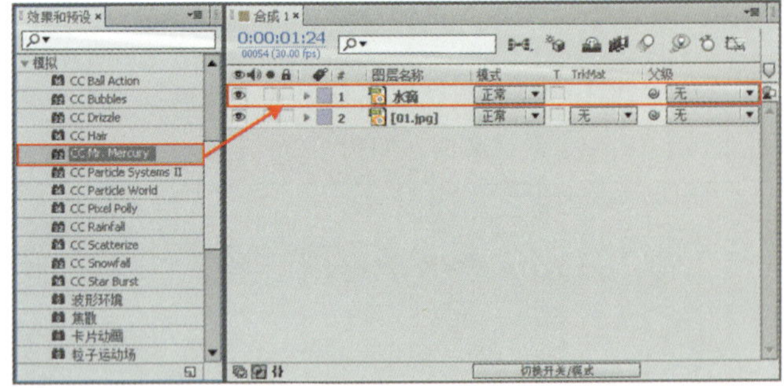

图 8-212

（2）在【效果控件】面板中的【CC Mr.Mercury（CC 仿水银流动）】效果拖动到【快速模糊】上方，并设置【Radius X（X 轴半径）】为 179，【Radius Y（Y 轴半径）】为 107，【Velocity（速率）】为 0，【Birth Rate（出生率）】为 0.3，【Longevity（sec）（寿命）】为 5，【Gravity（重力）】为 0.2，如图 8-213 所示。此时效果如图 8-214 所示。

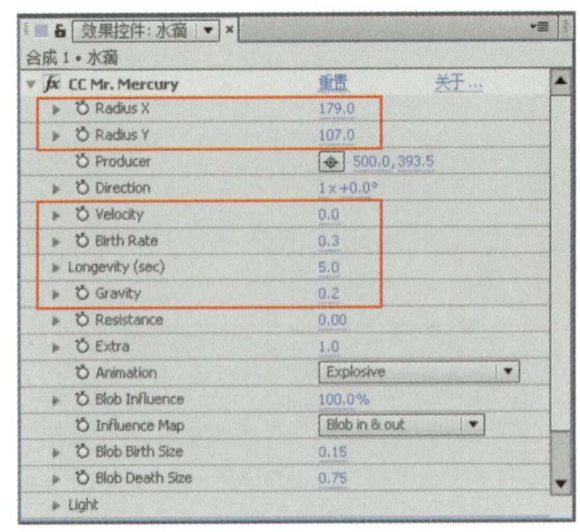

图 8-213

图 8-214

（3）设置【Animation（动画）】为【Direction（方向）】，【Influence Map（影响映射）】为【Constant Blobs（恒定斑点）】,【Blob Birth Size（斑点出生大小）】为 0.45,【Material Opacity（材质不透明度）】为 60，如图 8-215 所示。此时拖动时间线滑块查看最终效果，如图 8-216 所示。

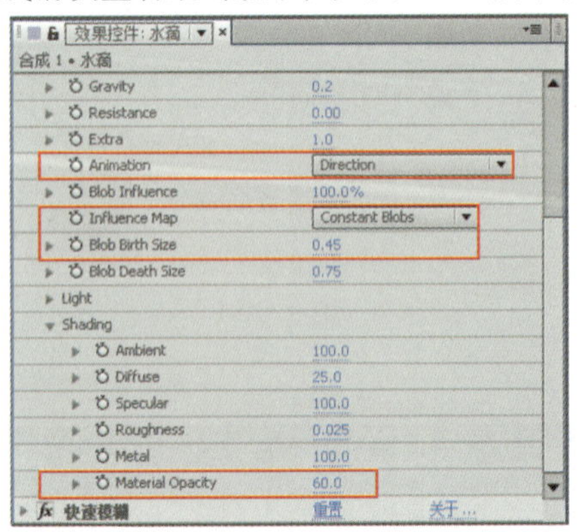

图 8-215

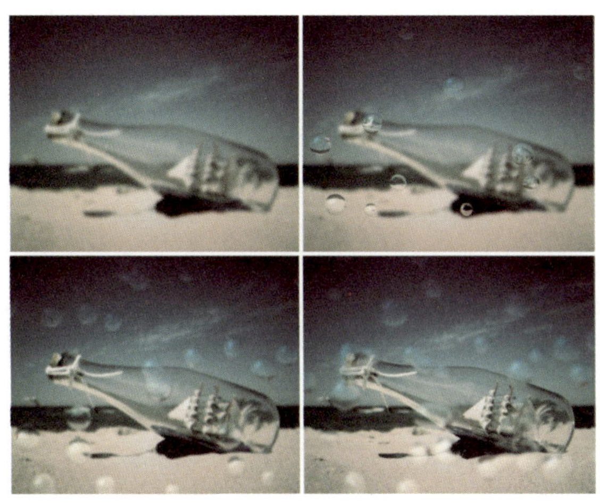

图 8-216

8.9.11　【锐化】效果

【锐化】效果可以强化素材图像的边缘对比度，使画面更加清晰。各项参数如图 8-217 所示。

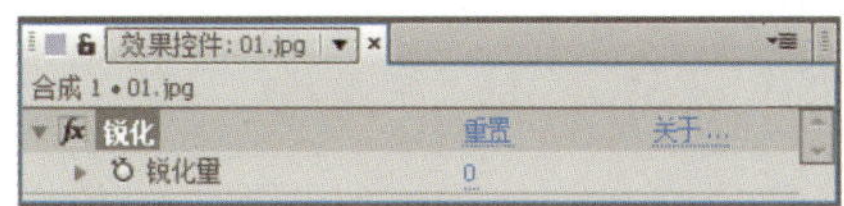

图 8-217

重点参数提醒：

锐化量：可以设置锐化的程度。

8.9.12　【摄像机镜头模糊】效果

【摄像机镜头模糊】效果可以在素材图像上产生类似摄像机镜头的模糊效果。各项参数如图 8-218 所示。

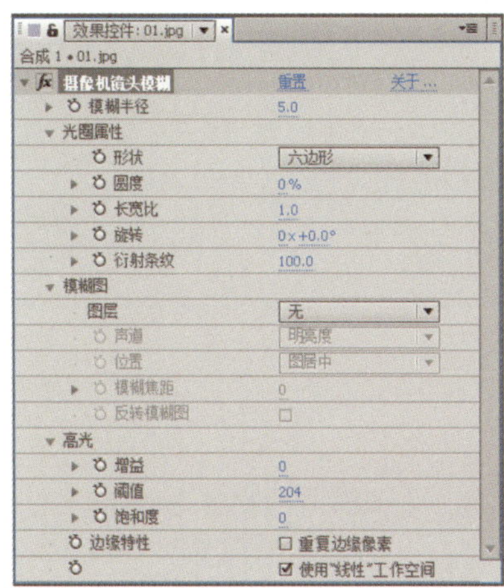

图 8-218

重点参数提醒：

模糊半径：模糊半径的大小。

光圈属性：该选项用来控制镜头的光圈属性。

形状：设置模糊的形状，包括六边形、三角形、方形等。

圆度：设置模糊的圆度。

长宽比：设置模糊的长宽比效果。

旋转：设置模糊的旋转程度。

衍射条纹：设置产生模糊的衍射条纹程度。

模糊图：该选项可以为模糊添加贴图效果。

图层：可以选择模糊映射的图层。

模糊焦距：设置模糊的焦距效果。

反转模糊图：勾选该选项，即可反转模糊的效果。

高光：可以设置模糊的高亮部分。

增益：在图像的高亮部分增加亮度。

阈值：设置模糊的阈值程度。

饱和度：模糊图像的饱和度。

边缘特性：模糊边缘的属性。

重复边缘像素：勾选时可让边缘保持清晰。

8.9.13　【双向模糊】效果

【双向模糊】效果可以自动将素材画面中对比度较低的位置进行选择性模糊，并保留边缘和细节。各项参数如图 8-219 所示。

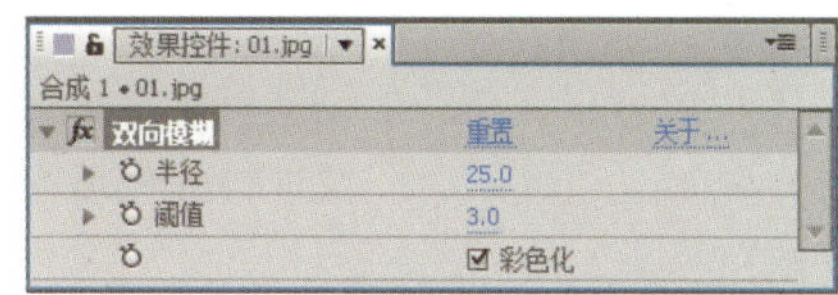

图 8-219

重点参数提醒：

半径：模糊的半径。

阈值：模糊的阈值。

彩色化：画面的色彩化，默认画面为灰度模式，勾选后为彩色模式。

8.9.14　【通道模糊】效果

【通道模糊】效果可以分别对素材图像中的红、绿、蓝和 Alpha 通道进行模糊，并且可以设置水平或垂直模糊，能够根据画面颜色分布，分别进行模糊。各项参数如图 8-220 所示。

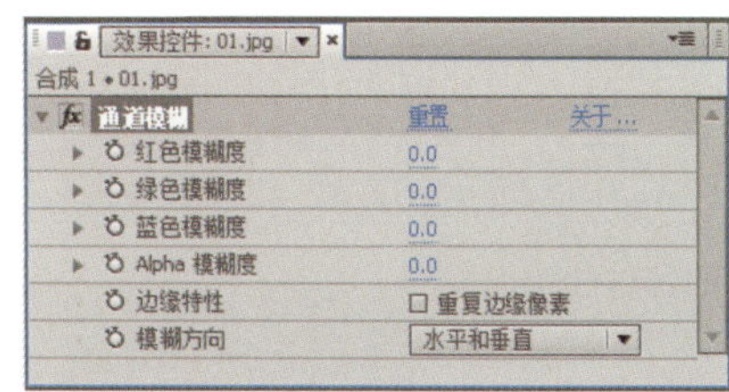

图 8-220

重点参数提醒：

红/绿/蓝色模糊度：设置红/绿/栏色通道的模糊程度。

Alpha 模糊度：设置 Alpha 通道的模糊程度。

模糊方向：设置模糊的方向。

8.9.15 【智能模糊】效果

【智能模糊】效果能够选择图像中的部分区域进行模糊处理，对比较强的区域保持清晰，而对对比较弱的区域进行模糊，如图 8-221 所示。

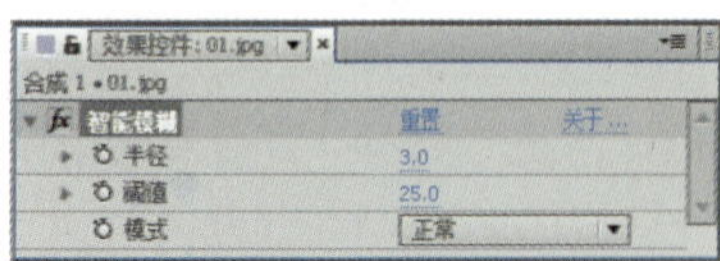

图 8-221

重点参数提醒：

半径：可以设置模糊的半径。

阈值：可以设置模糊的容差值，值越大被模糊的部分就越小。

模式：设置模糊的模式，包括【正常】、【仅限边缘】和【叠加边缘】三种模式。

8.10 【生成】效果

【生成】效果可以在图像上创造各种常见的效果，如闪电、镜头光晕等，还可以对图像进行颜色填充，如四色渐变、滴管填充等，如图 8-222 所示。

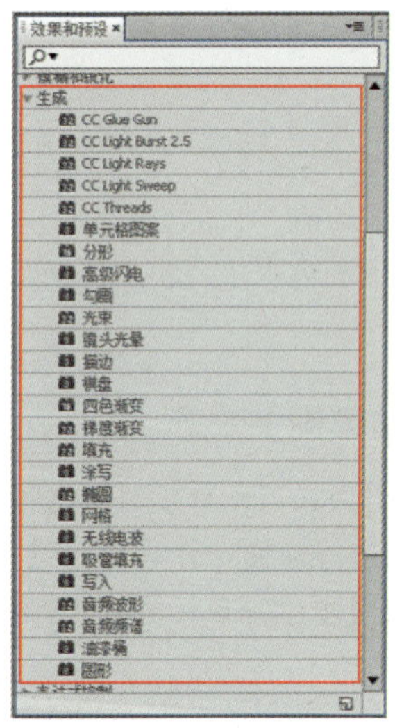

图 8-222

8.10.1 【CC Glue Gun（CC 胶水喷枪）】效果

【CC Glue Gun（CC 胶水喷枪）】效果可以使图像产生胶水喷射的反射和弧度效果。各项参数如图 8-223 所示。

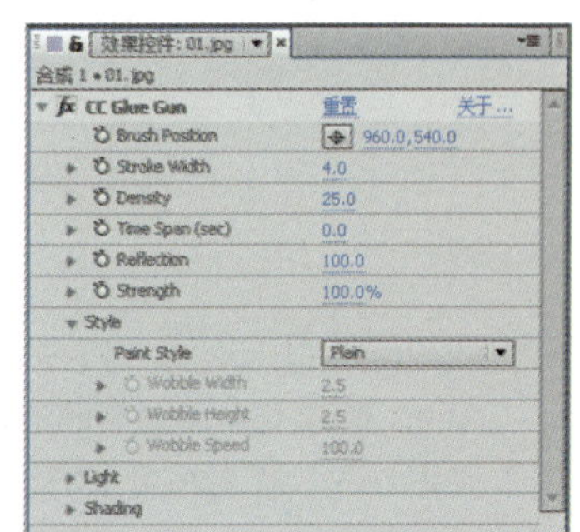

图 8-223

重点参数提醒：

Brush Position（画笔位置）：设置画笔中心点的位置。

Stroke Width（笔触角度）：设置画笔笔触的宽度。

Density（密度）：设置密度。

Time Span(sec)：设置每秒的时间范围。

Reflection（反射）：使图像向中心会聚。

Strength（强度）：设置图像的大小。

求生秘籍——技巧提示：灵活运用【CC Glue Gun（CC 胶水喷枪）】效果

使用【CC Glue Gun（CC 胶水喷枪）】效果可以将画面的某一部分产生变形反射效果，从而可以制作出类似水滴和露珠的效果，如图 8–224 所示。

图 8-224

8.10.2 【CC Threads（CC 线）】效果

【CC Threads（CC 线）】效果可以将当前图像制作出带有纹理编织交叉效果的画面。各项参数如图 8-225 所示。

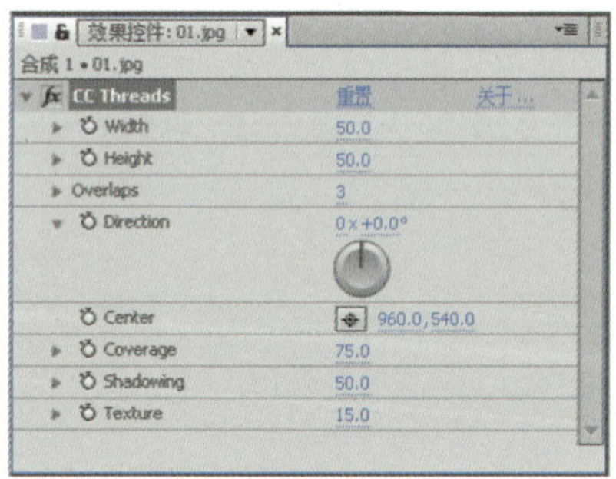

图 8-225

重点参数提醒：

Width（宽）：设置线的宽度。

Height（高）：设置线的高度。

Overlaps（重叠）：设置线的编织重叠次数。

Direction（方向）：设置线的编织方向。

Center（中心）：设置编织线的中心点。

Coverage（覆盖）：设置线与图像的覆盖程度。

Shadowing（阴影）：设置线的阴影。

Texture（纹理）：设置线条上的纹理数量。

重点 进阶案例：编织条纹效果

案例文件	进阶案例：编织条纹效果 .aep
视频教学	DVD/ 多媒体教学 /Chapter08/ 进阶案例：编织条纹效果 .flv
难易指数	★★☆☆☆
技术掌握	主要掌握【CC 线】效果的应用

案例分析：

在本案例中，主要学习使用【CC 线】效果来制作编织条纹效果，案例的最终效果如图 8-226 所示。

图 8-226

思路解析如图 8-227 所示。

图 8-227

制作步骤：

1. 制作背景

（1）创建新合成。设置【合成名称】为【合成 1】，【宽度】为 720 像素，【高度】为 576 像素，【像素长宽比】为【方形像素】，【帧速率】为 25 帧 / 秒，【持续时间】为 5 秒，然后单击【确定】按钮。接着在【项目】窗口中空白处双击鼠标左键，在弹出的窗口中选择所需素材文件，然后单击【导入】按钮，如图 8-228 所示。

（2）将【项目】窗口中的【01.jpg】素材文件拖拽到【时间线】窗口中，并设置【缩放】为 83%，如图 8-229 所示。

（3）此时在【合成】窗口中查看效果，如图 8-230 所示。

2. 制作编织效果

（1）将【效果和预设】面板中的【CC Threshold（CC 线）】效果添加到【01.jpg】素材文件上，如图 8-231 所示。

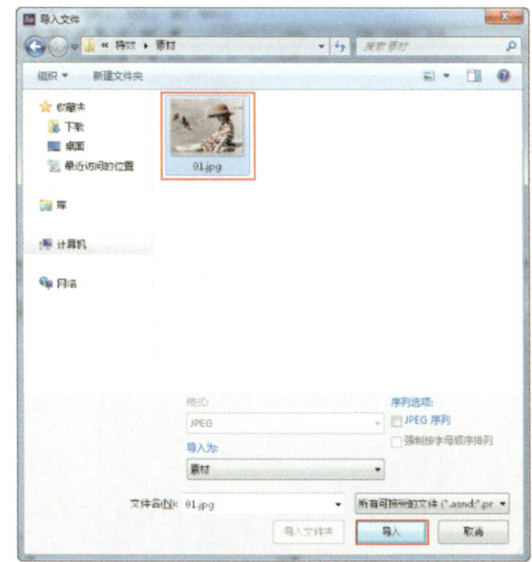

图 8-228

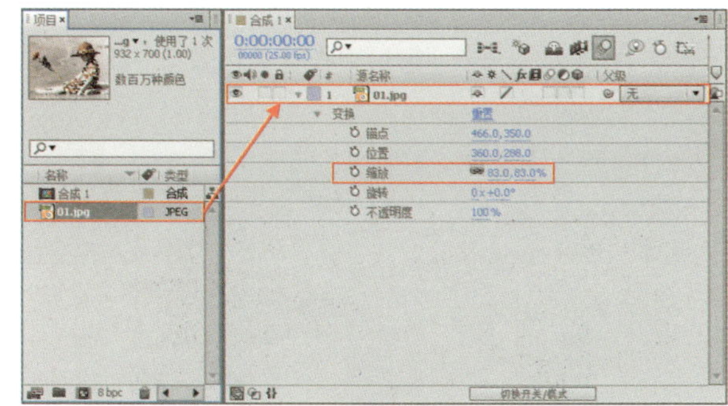

图 8-229

图 8-230

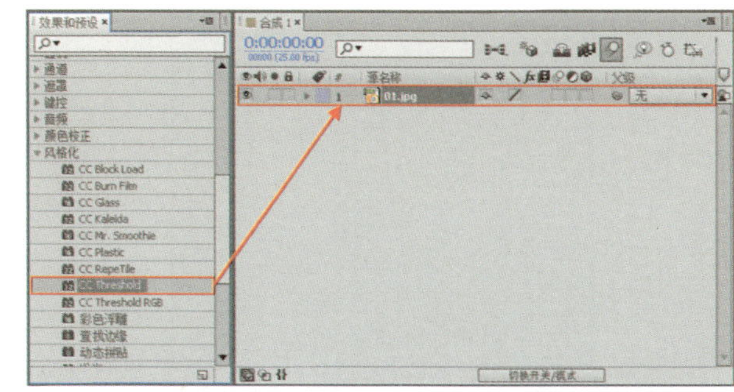

图 8-231

第 8 章

（2）选择【时间线】窗口中的【01.jpg】素材文件，然后在【效果控件】面板中设置【CC Threshold（CC 线）】效果的【Width（宽）】为 40，【Height（高）】为 40，【Overlaps（重叠）】为 2，【Direction（方向）】为 16°，【Center（中心）】为（556.0,373.0），【Coverage（覆盖）】为 90，【Texture（纹理）】为 20，如图 8-232 所示。

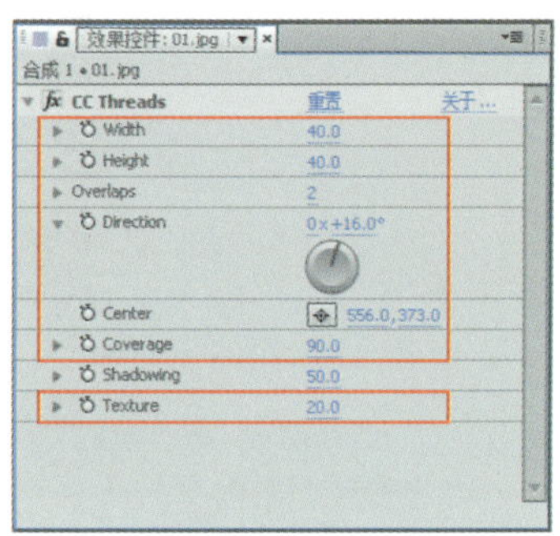

图 8-232

（3）此时在【合成】窗口中查看最终效果，如图 8-233 所示。

图 8-233

8.10.3 【单元格图案】效果

【单元格图案】效果可以制作出多种类型的蜂窝状纹理图案效果。各项参数如图 8-234 所示。

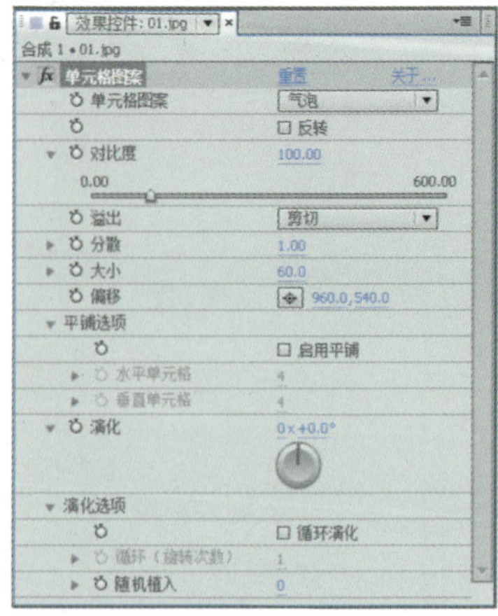

图 8-234

重点参数提醒：

单元格图案：选择单元格图案的类型。

反转：勾选该选项，即可反转图案模式。

对比度：设置图案的对比度效果。

溢出：设置溢出的类型。

分散：设置图案的分散。

大小：设置图案的大小。

偏移：设置图案的偏移值。

平铺选项：勾选【启用平铺】使用此效果，并设置水平单元格、垂直单元格的数值。

演化：设置动画，并记录动画效果。

演变选项：设置演变的各种选项。

循环演变：勾选即可出现循环演变的效果。

随机植入：设置设置图案的随机数量。

8.10.4 【高级闪电】效果

【高级闪电】效果可以模拟出不同形状的真实闪电效果。各项参数如图 8-235 所示。

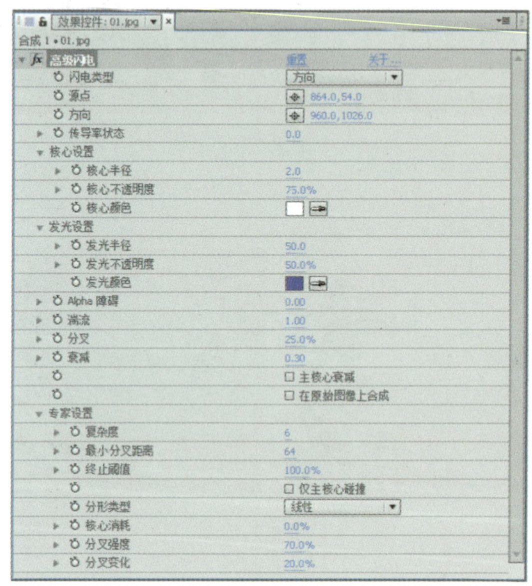

图 8-235

重点参数提醒：

闪电类型：选择闪电的类型，包括【方向】、【击打】、【阻断】、【回弹】、【全方位】、【随机】、【垂直】和【双向击打】。

源点：设置闪电开始位置。

方向：设置闪电结束位置。

传导率状态：设置闪电的传导状态。

核心设置：设置闪电的核心部分。

核心半径：设置闪电的半径大小。

核心不透明度：设置闪电的核心不透明度。

核心颜色：设置闪电的核心颜色。

发光设置：设置闪电外围的发光半径、不透明度和颜色。

Alpha 障碍：设置闪电受 Alpha 通道的影响程度。

湍流：设置闪电的湍流混乱程度。

分叉：设置闪电的分支数量。

衰减：设置分支闪电的衰减数值。

主核心衰减：设置主核心的衰减数值。

在原始图像上合成：显示闪电与原始素材的合成状态。当未勾选该选项，则只会显示闪电。

专家设置：可以对闪电进行更精细的设置。

复杂度：设置闪电的复杂程度。

最小分叉距离：设置闪电分支的分叉疏密程度。

终止阈值：设置闪电分支的阈值。

仅主核心碰撞：勾选该选项，会使仅闪电的分支产生碰撞效果。

分形类型：设置创建闪电分形的类型，包括【线性】、【半线性】和【样条】。

核心消耗：当指定的核心力量创建一个新的分支时，所消耗的百分比。

分叉强度：设置分叉的强度效果。

分叉变化：设置分叉的变化。

重点 进阶案例：魔幻闪电效果

案例文件	进阶案例：魔幻闪电效果 .aep
视频教学	DVD/ 多媒体教学 /Chapter08/ 进阶案例：魔幻闪电效果 .flv
难易指数	★★☆☆☆
技术掌握	主要掌握【高级闪电】效果的应用

案例分析：

在本案例中，主要学习使用【高级闪电】效果来制作魔幻闪电效果，案例的最终效果如图 8-236 所示。

思路解析如图 8-237 所示。

图 8-236

制作步骤：

1. 制作背景

（1）创建新合成。设置【合成名称】为【合成 1】，【宽度】为 720 像素，【高度】为 576 像素，【像素长宽比】为【方形像素】，【帧速率】为 25 帧 / 秒，【持续时间】为 5 秒，然后单击【确定】按钮。接着在【项目】窗口中空白处双击鼠标左键，在弹出的窗口中选择所需素材文件，然后单击【导入】按钮，如图 8-238 所示。

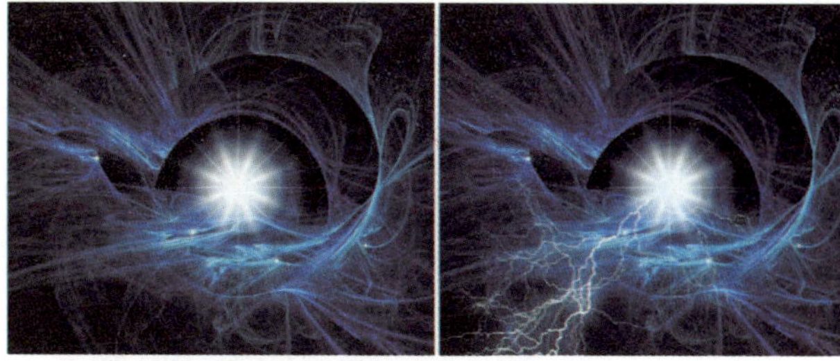

图 8-237

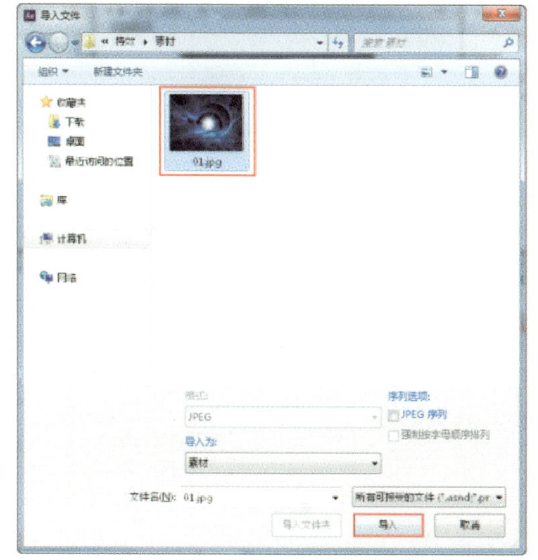

图 8-238

（2）将【项目】窗口中的【01.jpg】素材文件拖拽到【时间线】窗口中，并设置【缩放】为 73%，如图 8-239 所示。

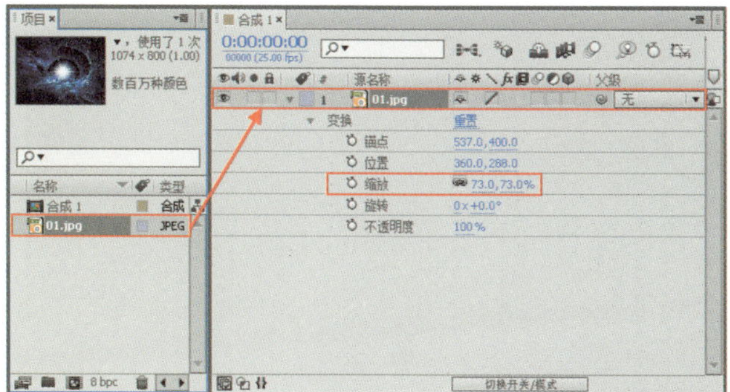

图 8-239

（3）此时在【合成】窗口中查看当前效果，如图 8-240 所示。

2. 制作闪电效果

（1）新建一个纯色图层，并设置【名称】为【电流】，【宽度】为 720 像素，【高度】为 576 像素，【颜色】为黑色（R：0，G：0，B：0），然后单击【确定】按钮，如图 8-241 所示。

图 8-240

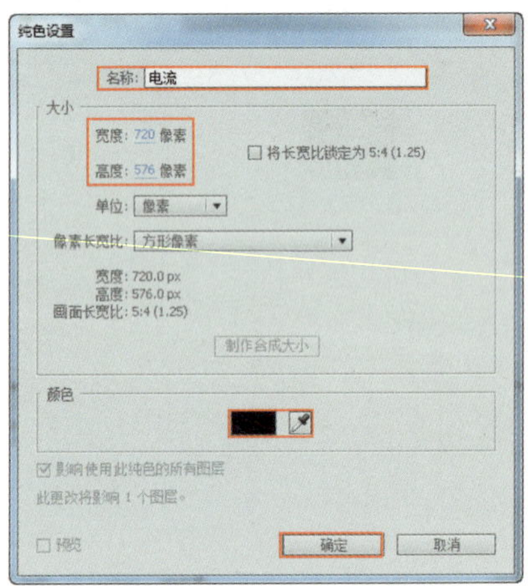

图 8-241

（2）将【效果和预设】面板中的【高级闪电】效果添加到【电流】图层上，如图 8-242 所示。

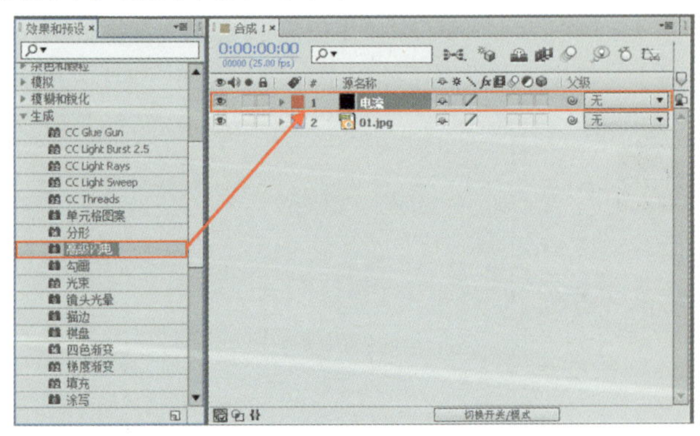

图 8-242

（3）选择【时间线】窗口中的【电流】图层，然后在【效果控件】面板中设置【闪电类型】为【阻断】，【源点】为（400.0，284.0），【方向】为（350.0,347.0），设置【发光设置】属性下的【发光不透明度】为 20%，【发光颜色】为浅蓝色（R：140，G：200，B：255），【湍流】为 1.35，【衰减】为 0.36，如图 8-243 所示。此时效果如图 8-244 所示。

（4）继续设置【专家设置】属性下的【复杂度】为 7，【最小分叉距离】为 65，【分叉强度】为 84%，如图 8-245 所示。

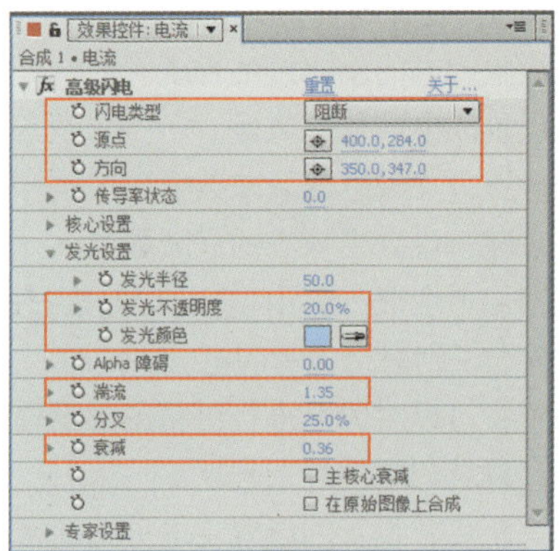

图 8-243

图 8-244

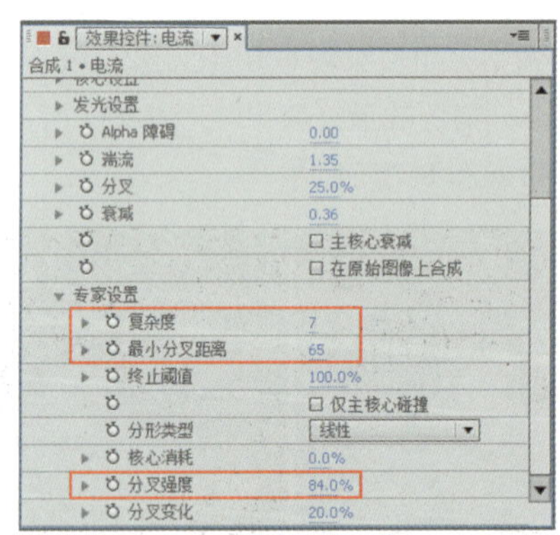

图 8-245

（5）打开图层下的【高级闪电】效果，然后将时间线拖到起始帧，并单击【分叉】前面的 按钮，设置【分叉】为 19%，接着将时间线拖到结束帧，设置【分叉】为 100%，如图 8-246 所示。

（6）此时拖动时间线滑块查看最终效果，如图 8-247 所示。

8.10.5 【勾画】效果

【勾画】效果可以令素材图像凸显轮廓，并能根据遮罩路径的形状进行创建。各项参数如图 8-248 所示。

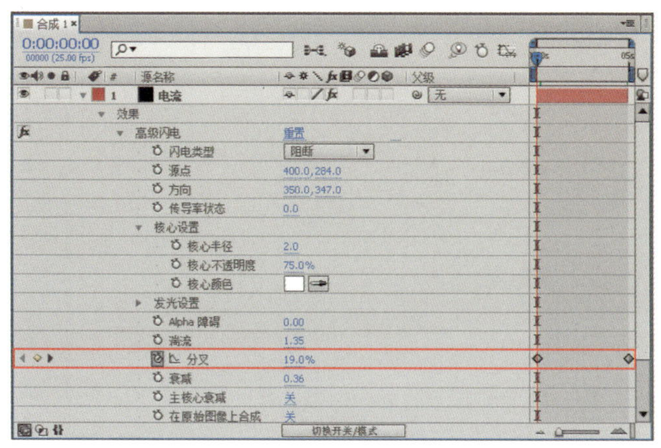

图 8-246

图 8-247

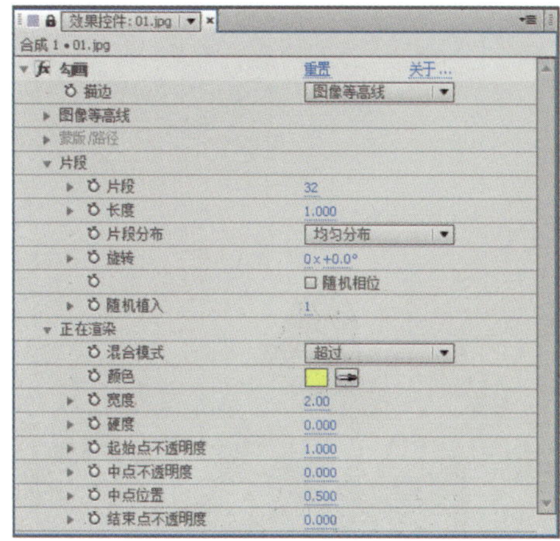

图 8-248

重点参数提醒：

描边：可以设置描边的类型。包括【图像等高线】和【蒙版 / 路径】两种。

图像等高线：设置图像的等高线相关参数，包括通道、阈值和容差等。

蒙版 / 路径：在设置【描边】为【蒙版 / 路径】时，会激活该选项，可以选择图层中相应的蒙版 / 路径。

片段：设置勾画的程度。

长度：设置勾画的长度，最大值为 1。

片段分布：设置勾画片段的分布方式，包括【成簇分布】和【均匀分布】两种。

旋转：设置勾画分布的旋转程度。

随机相位：勾选该选项，会使勾画产生随机相位效果。

随机植入：设置勾画的随机植入效果。

混合模式：设置勾画与原图的混合模式，包括【透明】、【超过】、【曝光不足】和【模板】四种模式。

颜色：设置勾画的颜色显示。

宽度：设置勾画的宽度。

硬度：设置勾画边缘的硬度。

起始点不透明度：设置起始点的不透明度。

8.10.6　【光束】效果

【光束】效果可以在画面上模拟出类似激光的光束效果。各项参数如图 8-249 所示。

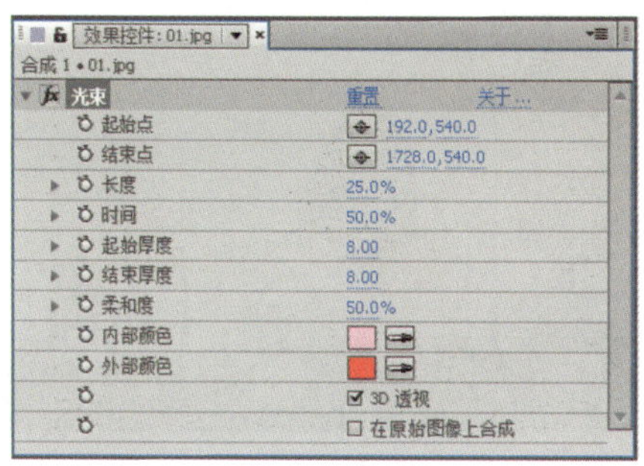

图 8-249

重点参数提醒：

起始点：设置光束的起始点位置。

结束点：设置光束的结束点位置。

长度：设置光束的长度。

时间：设置光束的显示时间百分比。

起始厚度：设置光束的起始厚度。

结束厚度：设置光束的结束厚度。

柔和度：设置光束边缘的柔和度。

内部颜色：设置光束的内部颜色。

外部颜色：设置光束的外部颜色。

8.10.7　【镜头光晕】效果

【镜头光晕】效果可以在画面中模拟强光经过摄像机镜头而产生光环和光斑的效果。各项参数如图 8-250 所示。

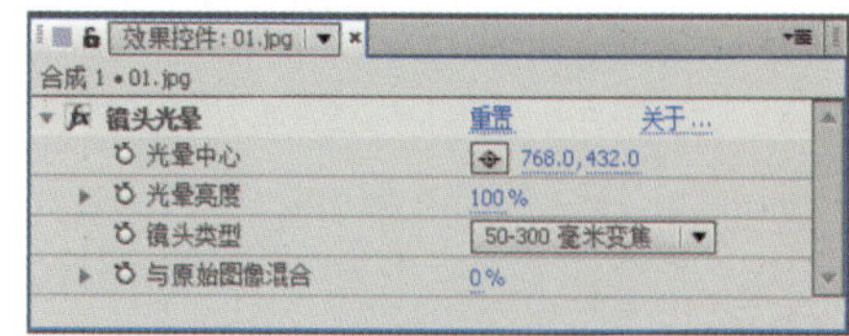

图 8-250

重点参数提醒：

光晕中心：设置镜头光晕的中心点位置。

光晕亮度：设置镜头光晕的亮度。

镜头类型：设置镜头光晕的镜头类型。

重点▶进阶案例：太阳照射效果

案例文件	进阶案例：太阳照射效果 .aep
视频教学	DVD/ 多媒体教学 /Chapter08/ 进阶案例：太阳照射效果 .flv
难易指数	★★☆☆☆
技术掌握	主要掌握【镜头光晕】效果的应用

案例分析：

在本案例中，主要学习使用【镜头光晕】效果来制作太阳照射效果，案例的最终效果如图 8-251 所示。

图 8-251

思路解析如图 8-252 所示。

图 8-252

制作步骤：

（1）创建新合成。设置【合成名称】为【合成 1】，【宽度】为 720 像素，【高度】为 576 像素，【像素长宽比】为【方形像素】，【帧速率】为 25 帧 / 秒，【持续时间】为 5 秒，然后单击【确定】按钮。接着在【项目】窗口中空白处双击鼠标左键，在弹出的窗口中选择所需素材文件，然后单击【导入】按钮，如图 8-253 所示。

图 8-253

（2）将【项目】窗口中的【01.jpg】素材文件拖拽到【时间线】窗口中，并设置【缩放】为 73%，如图 8-254 所示。

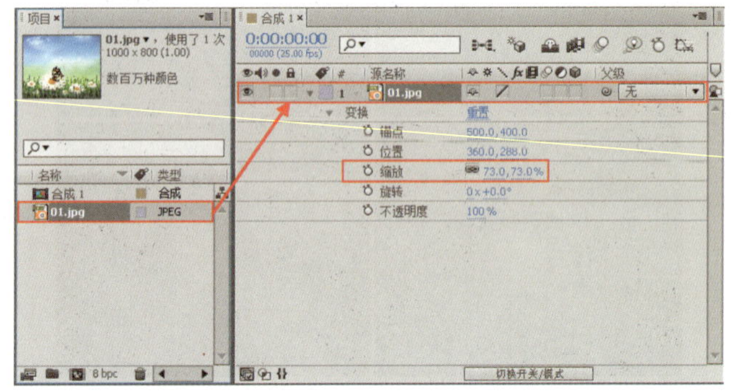

图 8-254

（3）此时在【合成】窗口中查看当前效果，如图 8-255 所示。

图 8-255

（4）将【效果和预设】面板中的【镜头光晕】效果添加到【01.jpg】图层上，如图 8-256 所示。

（5）选择【时间线】窗口中的【01.jpg】图层，然后在【效果控件】面板中设置【镜头光晕】效果的【光晕中心】为（857.0,108.0），【光晕亮度】为 149%，如图 8-257 所示。

（6）此时在【合成】窗口查看最终效果，如图 8-258 所示。

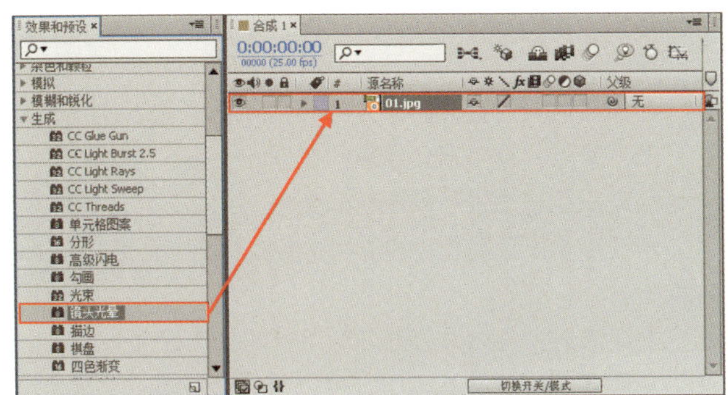

图 8-256

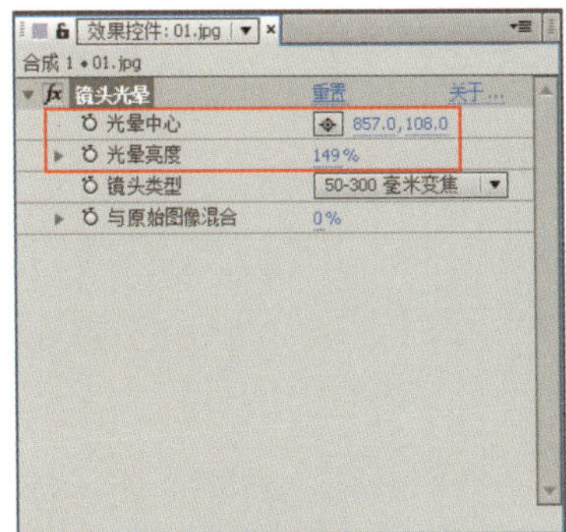

图 8-257

图 8-258

8.10.8 【描边】效果

【描边】效果可以沿素材中添加的某一路径或遮罩产生描边效果，各项参数如图 8-259 所示。

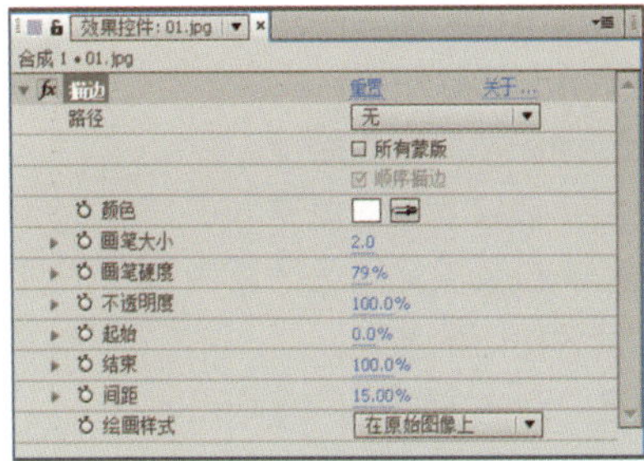

图 8-259

重点参数提醒：

路径：选择描边的路径。

所有蒙版：勾选该选项，即可选择当前图层中的所有蒙版路径。

颜色：设置描边的颜色。

画笔大小：设置描边的画笔大小。

画笔硬度：设置描边的画笔硬度。

不透明度：设置描边的不透明度效果。

起始：设置描边的起始程度。

结束：设置描边的结束程度。

间距：设置描边画笔的间距。

绘画样式：选择描边显示方式，包括【在原始图像上】、【在透明背景上】和【显示原始图像】。

求生秘籍——技巧提示：【描边】效果应用的前提条件

应用【描边】效果需要当前图层上具有遮罩路径或蒙版，否则将无法应用该效果。

8.10.9 【棋盘】效果

【棋盘】效果可以在当前画面中创建类似棋盘格的图案效果，棋盘格会以填充和透明形式间隔呈现。各项参数，如图 8-260 所示。

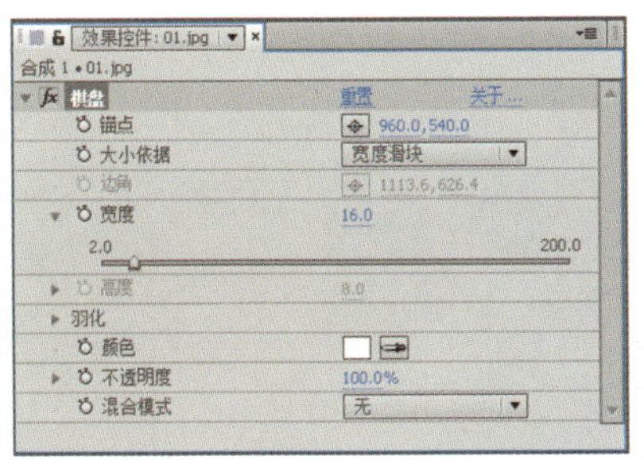

图 8-260

重点参数提醒：

锚点：设置棋盘格的中心位置。

大小依据：选择【棋盘】效果的设置类型，包括【边角点】、【宽度滑块】、【宽度和高度滑块】三种。

边角：在【大小依据】为【边角点】的时候可用，可以设置边角的坐标位置。

宽度：在【大小依据】为【宽度滑块】的时候可用，可以设置棋盘格的大小显示。

高度：在【大小依据】为【宽度和高度滑块】的时候可用，可以设置棋盘格的宽度和高度。

羽化：设置棋盘格宽度或高度的边缘羽化程度。

颜色：设置棋盘格的颜色。

不透明度：设置棋盘格的不透明度。

混合模式：选择棋盘格与原始图像的混合模式。

第 8 章

8.10.10 【四色渐变】效果

【四色渐变】效果可以设置四个颜色点的不同位置，从而使画面产生四种颜色渐变的效果。各项参数如图 8-261 所示。

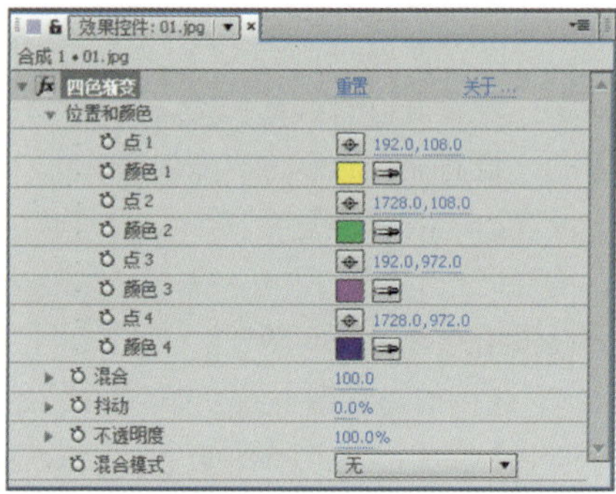

图 8-261

重点参数提醒：

位置和颜色：设置四个点的位置和颜色。

点 1：设置点的位置。

颜色 1：设置点的颜色。

混合：设置 4 种颜色的混合度。

抖动：设置抖动数值。

不透明度：设置不透明度数值。

混合模式：设置混合叠加模式。包括【无】、【正常】、【添加】等模式。

应用四色渐变的前后对比效果如图 8-262 所示。

图 8-262

8.10.11 【梯度渐变】效果

【梯度渐变】效果可以在当前素材画面上添加两种不同颜色的线性或径向渐变效果，各项参数如图 8-263 所示。

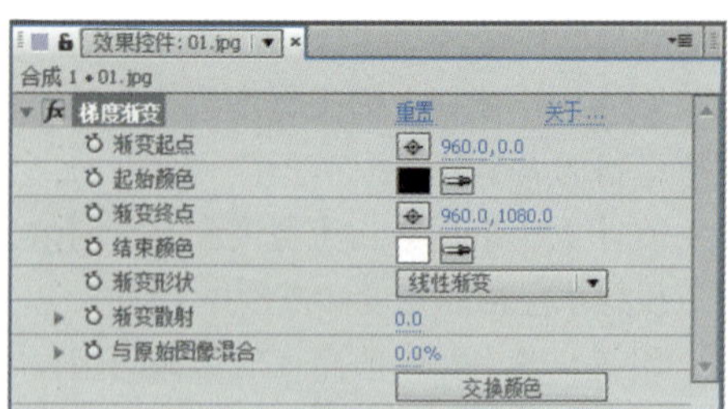

图 8-263

重点参数提醒：

渐变起点：设置渐变开始的位置。

起始颜色：设置开始渐变的颜色。

渐变终点：设置渐变结束的位置。

结束颜色：设置结束渐变的颜色。

渐变形状：设置渐变的形状，包括【线性渐变】和【径向渐变】。

渐变散射：可以设置渐变分散点的分散程度。

交换颜色：单击该按钮，可以将【渐变起点】和【渐变终点】的颜色位置相互交换。

8.10.12 【填充】效果

【填充】效果可以向图层中指定的遮罩内填充指定的颜色，各项参数如图 8-264 所示。

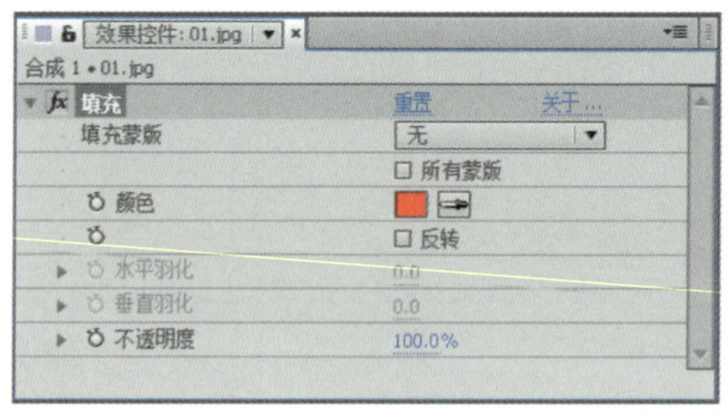

图 8-264

重点参数提醒：

填充蒙版：选择需要填充的蒙版。

所有蒙版：勾选该选项，即可选择当前图层中的所有蒙版。

颜色：设置填充颜色。

反转：勾选该选项，可以反转填充颜色的位置。

水平羽化：填充颜色的水平边缘的羽化。

垂直羽化：垂直边缘羽化。

不透明度：设置填充颜色的透明度。

8.10.13 【涂写】效果

【涂写】效果能够在画面中制作出类似手绘的涂写效果，可以通过遮罩路径进行填充和描边的涂写效果。各项参数如图 8-265 所示。

重点参数提醒：

涂抹：设置涂写的蒙版模式，包括【单个蒙版】、【所有蒙版】和【所有蒙版使用模式】。

蒙版：选择涂写的蒙版路径。

填充类型：设置蒙版的填充方式。

边缘选项：设置涂写的边缘选项。

颜色：设置涂写的颜色。

不透明度：设置涂写的不透明程度。

角度：设置涂写的角度。

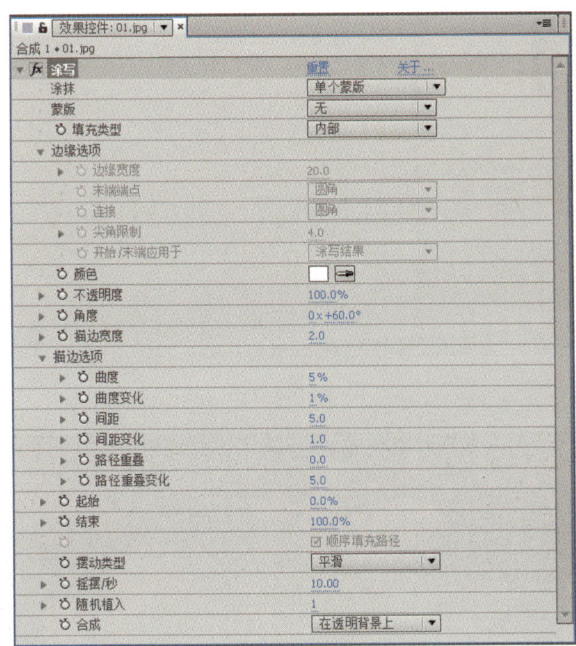

图 8-265

描边宽度：设置涂写笔触的宽度。

描边选项：该选项组可以设置笔触的弯曲、间距和重叠等。

曲度：设置描边的曲度。

曲度变化：设置描边的曲度变化程度。

间距：设置描边的间距。

间距变化：设置描边的变化程度。

路径重叠：设置路径的重叠程度。

路径重叠变化：设置路径的重叠变化程度。

起始：设置笔触绘制的开始设置。

结束：设置笔触绘制的结束位置。

摆动类型：设置摆动类型。

摇摆 / 秒：设置每秒摆动的数量。

随机植入：设置笔触摆动的随机数值。

合成：设置涂写与原始图像的显示方式。

8.10.14　【椭圆】效果

【椭圆】效果可以产生椭圆形状，并能产生柔和的发光效果。各项参数如图 8-266 所示。

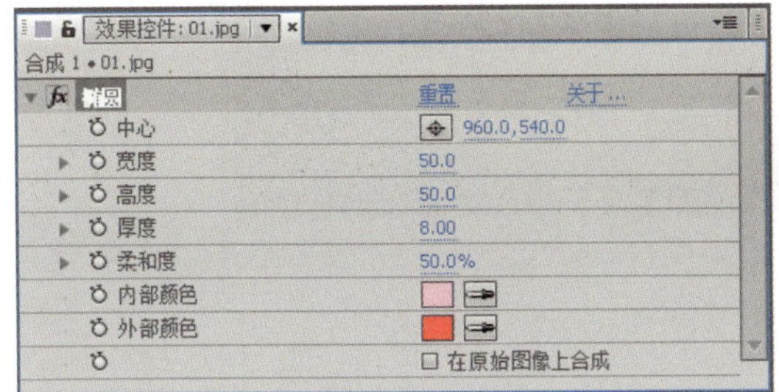

图 8-266

重点参数提醒：

中心：设置椭圆的中心位置。

宽度：设置椭圆的宽度。

高度：设置椭圆的高度。

厚度：设置椭圆的边缘厚度。

柔和度：设置椭圆的边缘柔和度。

内部颜色：设置椭圆边缘的内部颜色。

外部颜色：设置椭圆边缘的外部颜色。

8.10.15　【网格】效果

【网格】效果可以在当前图像上创建出网格，并可以进行大小设定，各项参数如图 8-267 所示。

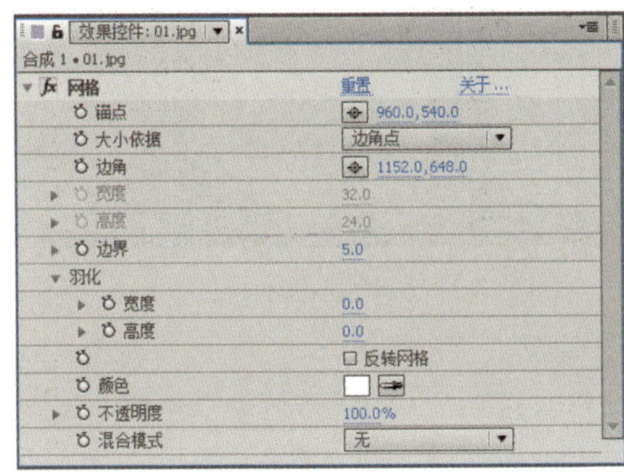

图 8-267

重点参数提醒：

锚点：设置网格的锚点位置。

大小依据：设置网格的大小依据。

边角：当【大小依据】为【边角点】的时候可用，可以设置边角的位置。

宽度：当【大小依据】为【宽度滑块】的时候可用，可以设置网格的大小显示。

高度：当【大小依据】为【宽度和高度滑块】的时候可用，可以设置网格的宽度和高度。

边界：设置网格的边界宽度。

羽化：可以设置网格的宽度和高度边缘的羽化程度。

反转网格：勾选该选项，可以反转网格的显示。

颜色：设置网格的颜色。

不透明度：设置网格的不透明度。

重点 进阶案例：网格文字效果

案例文件	进阶案例：网格文字效果 .aep
视频教学	DVD/ 多媒体教学 /Chapter08/ 进阶案例：网格文字效果 .flv
难易指数	★★☆☆☆
技术掌握	主要掌握【网格】效果的应用

案例分析：

在本案例中，主要学习使用【网格】和【投影】效果来制作网格文字效果，案例的最终效果如图 8-268 所示。

思路解析如图 8-269 所示。

图 8-268

图 8-269

制作步骤：

1. 制作背景

（1）创建新合成。设置【合成名称】为【合成 1】，【宽度】为 720 像素，【高度】为 576 像素，【像素长宽比】为【方形像素】，【帧速率】为 25 帧 / 秒，【持续时间】为 5 秒，然后单击【确定】按钮。接着在【项目】窗口中空白处双击鼠标左键，在弹出的窗口中选择所需素材文件，然后单击【导入】按钮，如图 8-270 所示。

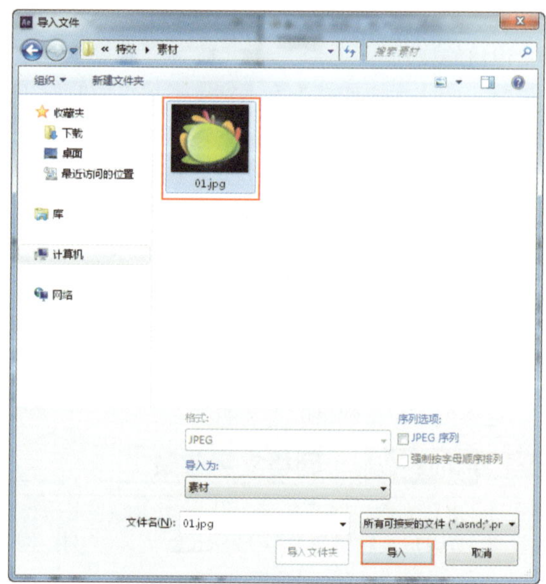

图 8-270

（2）将【项目】窗口中的【01.jpg】素材文件拖拽到【时间线】窗口中，并设置【缩放】为 78%，如图 8-271 所示。

（3）此时在【合成】窗口中查看当前效果，如图 8-272 所示。

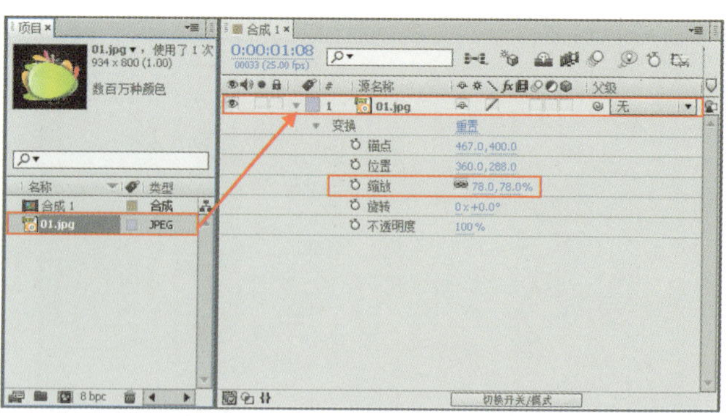

图 8-271

图 8-272

2. 制作文字

（1）选择【横排文字】工具，然后在【合成】窗口中输入文字，并设置合适的【字体系列】和【字体大小】，接着设置【填充颜色】为黑色（R：0，G：0，B：0），最后单击【仿粗体】按钮，如图 8-273 所示。

图 8-273

（2）将【效果和预设】面板中的【网格】效果添加到文字图层上，如图 8-274 所示。

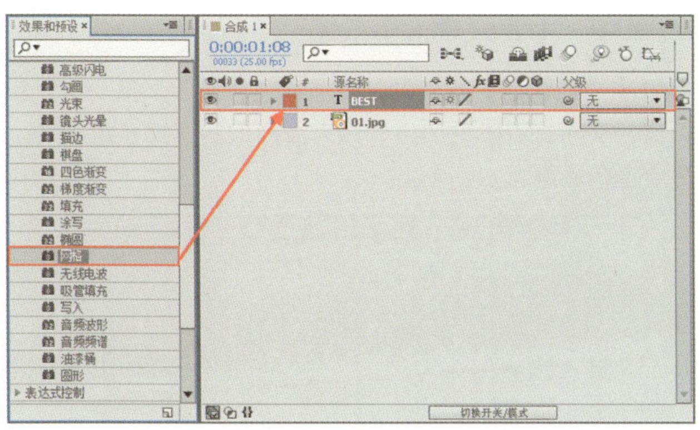

图 8-274

（3）选择文字图层，然后在【效果控件】面板中设置【网格】效果的【大小依据】为【宽度滑块】，【宽度】为 15，【颜色】为黄色（R：226，G：255，B：68），【混合模式】为【相加】，如图 8-275 所示。此时效果如图 8-276 所示。

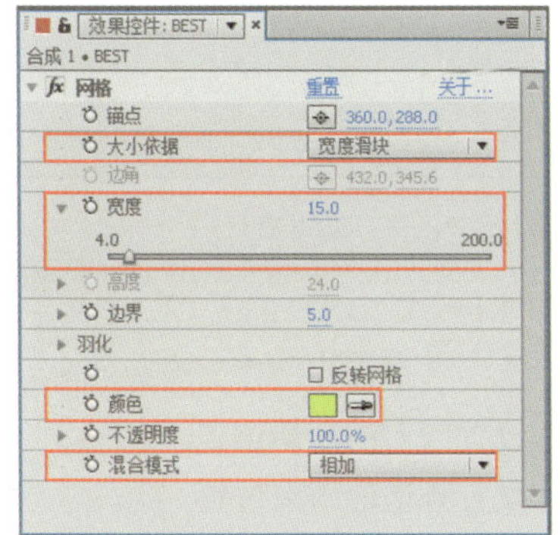

图 8-275

图 8-276

（4）为文字图层添加【投影】效果，然后在【效果控件】面板中设置【投影】效果的【不透明度】为 70%，【柔和度】为 15，如图 8-277 所示。

（5）此时在【合成】窗口中查看最终效果，如图 8-278 所示。

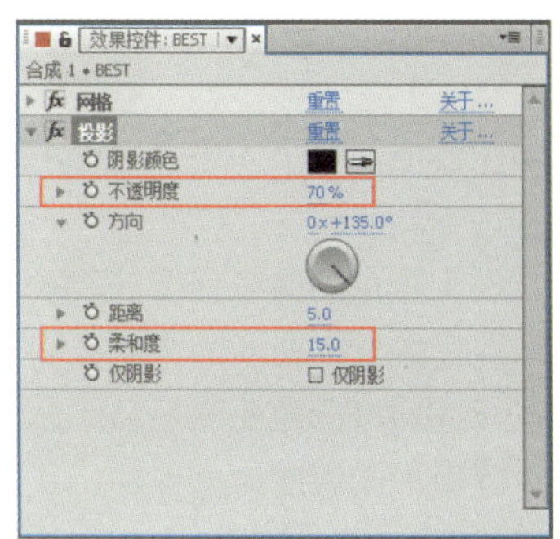

图 8-277

图 8-278

8.10.16　【无线电波】效果

【无线电波】效果可以产生由一个中心点向外扩散的波形效果，各项参数如图 8-279 所示。

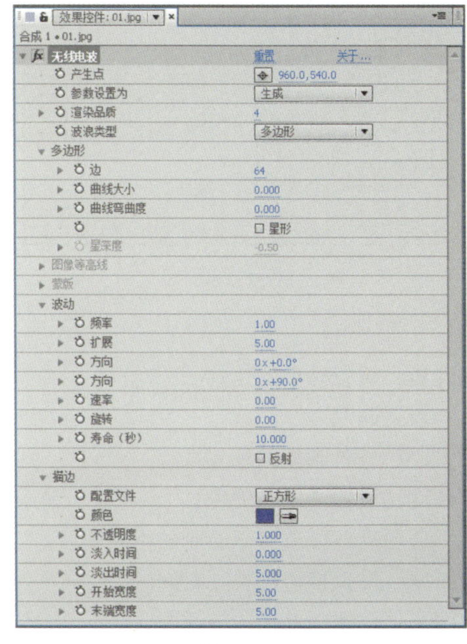

图 8-279

重点参数提醒：

产生点：设置波形产生的中心位置。

参数设置为：设置参数的类型，包括【生成】和【每帧】。

渲染品质：设置渲染的质量。

波浪类型：设置波形的类型，包括【多边形】、【图像等高线】和【蒙版】。

多边形：当【波浪类型】为【多边形】时可用。

边：设置多边形的边数。

曲线大小：设置边角的曲线程度。

曲线弯曲度：设置全部曲线的弯曲程度。

星形：勾选该选项可以使曲线呈星形显示。

星深度：设置星形的深度显示程度。

图像等高线：当【波浪类型】为【图像等高线】时可用，可以设置源图层、阈值和容差等。

蒙版：当【波浪类型】为【蒙版】时可用，可以选择出现波形的依据蒙版。

波动：设置波形的波动相关参数。

频率：设置波动的频率。

扩展：设置波形的扩展程度。

方向：设置波动的方向。

速率：设置波动的速率。

旋转：设置波形的旋转变化程度。

寿命（秒）：设置散发波形的寿命。

描边：设置波形的描边效果。

8.10.17 【写入】效果

【写入】效果可以在画面中制作出逐渐写入的效果，并可以制作写入动画。各项参数如图 8-280 所示。

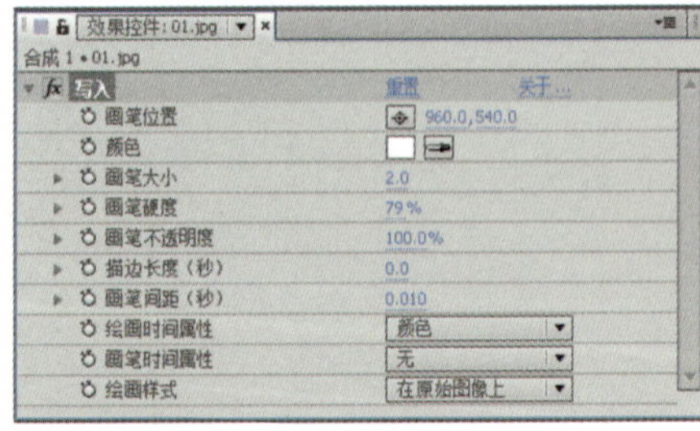

图 8-280

重点参数提醒：

画笔位置：设置画笔的位置。

颜色：设置画笔。

画笔大小：设置画笔的尺寸大小。

画笔硬度：设置画笔的硬度。

画笔不透明度：设置画笔绘制的不透明度。

描边长度：设置描边的长度时间。

描边间距：设置画笔描边的间距。

绘画时间属性：设置绘画的时间属性，包括【无】、【不透明度】和【颜色】。

画笔时间属性：设置画笔时间属性，包括【无】、【大小】、【硬度】、【大小和硬度】。

绘画样式：设置画笔与原始图像的显示模式。

8.10.18 【音频频谱】效果

【音频频谱】效果可以根据音频素材产生相关的音频频谱，从而将看不见的声音以声波图像的方式显示出来。各项参数如图 8-281 所示。

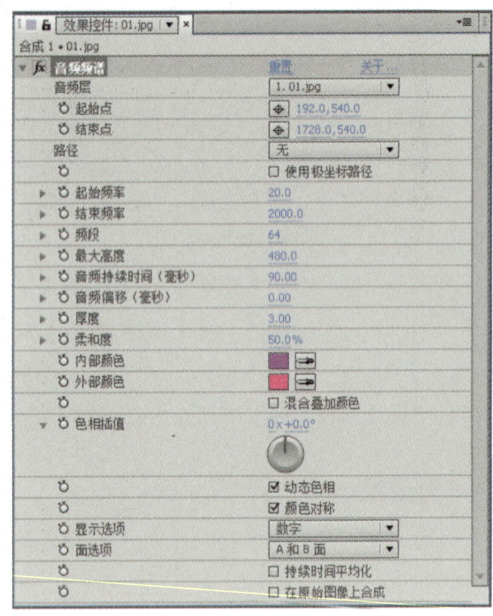

图 8-281

重点参数提醒：

音频层：选择一个音频层作为音频的参考层。

起始点：设置频谱的开始位置。

结束点：设置频谱的结束位置。

路径：可以选择层上添加的路径，并让频谱沿路径发生变化。

使用极坐标路径：勾选使用极地路径。

起始频率：设置参考的最低音频频率。

结束频率：设置参考的最高音频频率。

频段：频率波段的显示数量。

最大高度：设置频谱的最高振幅。

音频持续时间（毫秒）：设置音频的持续时间。

音频偏移（毫秒）：音频的波形偏移。

厚度：音频的频谱厚度。

柔和度：频谱的边缘柔化程度。

内部颜色：设置频谱的中间颜色。

外部颜色：设置频谱的外部颜色。

动态色相：频谱的颜色相位变化。

颜色对称：勾选该选项，可以使用颜色对称。

显示选项：可以设置显示方式，包括【数字】、【模拟谱线】和【模拟频点】三种。

面选项：设置频谱的显示面。

持续时间平均化：勾选该选项会使音频频率呈均化显示。

求生秘籍——软件技能：【音频频谱】的显示方向。

【音频频谱】效果的【面选项】包括 A 面、B 面以及 A 面和 B 面，选择不同面选项，频谱的显示方向也不同，图 8-282 所示为 A 面、B 面以及 A 面和 B 面的效果。

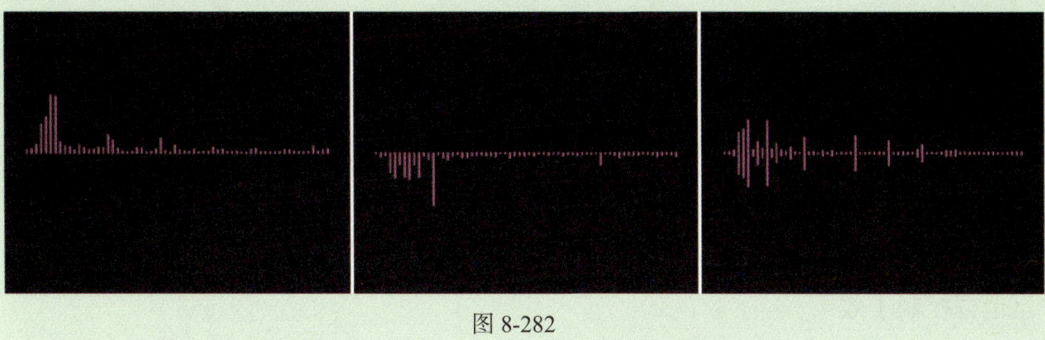

图 8-282

8.10.19 【油漆桶】效果

【油漆桶】效果可以对某颜色区域进行指定颜色的填充。各项参数如图 8-283 所示。

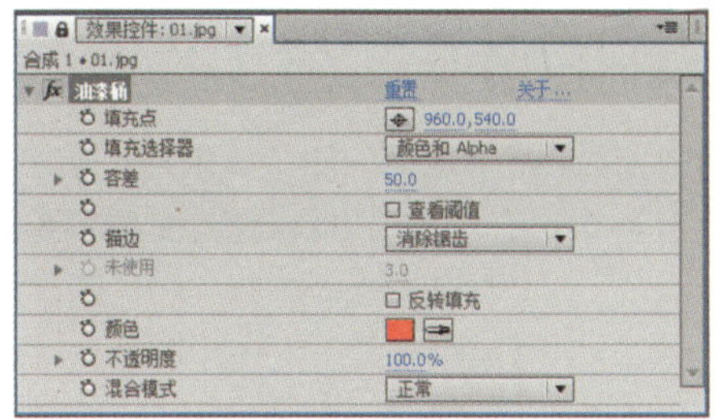

图 8-283

重点参数提醒：

填充点：设置需要填充的位置。

填充选择器：设置填充的类型。

容差：设置填充颜色的容差数值。

查看阈值：勾选显示阈值。

描边：选择填充的边缘类型。

颜色：选择填充的颜色。

8.10.20 【圆形】效果

【圆形】效果可以创建一个圆形或环形的图案，并能够调整羽化程度和混合模式。各项参数如图 8-284 所示。

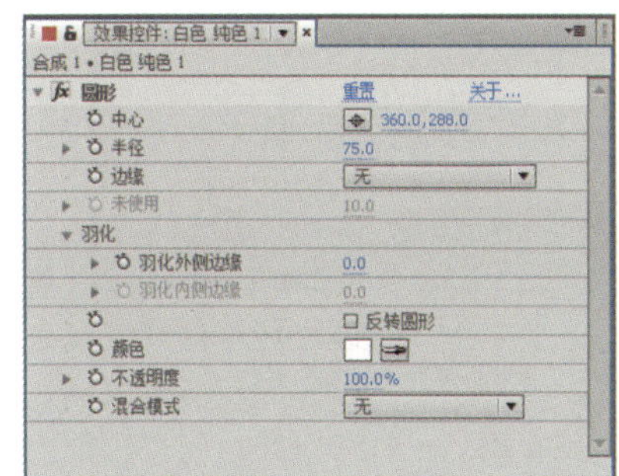

图 8-284

重点参数提醒：

中心：设置圆形的中心位置。

半径：设置圆形的半径大小。

边缘：设置圆形是否具有边缘，以及边缘类型，包括宽度、描边厚度等。

羽化：设置圆形的羽化程度。

羽化外侧边缘：设置圆形或环形的外侧边缘羽化程度。

羽化内侧边缘：设置环形的内侧边缘羽化程度。

反转圆形：勾选该选项，可以对画面中的圆形进行反转互换。

颜色：设置圆形的颜色。

不透明度：设置圆形的不透明度。

8.11 【表达式控制】效果

【表达式控制】效果组可以对图层和表达式进行控制动画，并可通过表达式的参数链接来控制一个或多个参数。如图 8-285 所示。

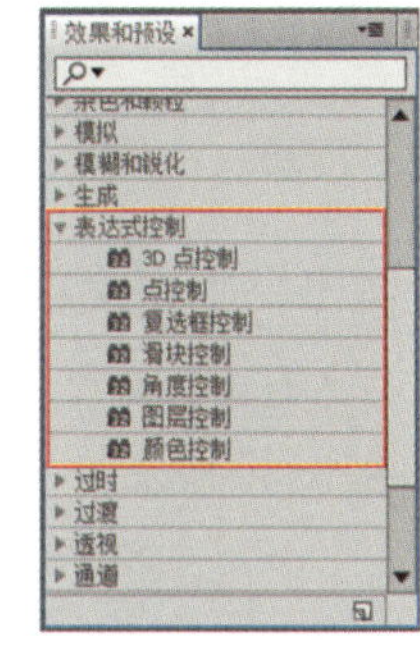

图 8-285

8.11.1 【3D 点控制】效果

【3D 点控制】效果可以设置三维点控制，各项参数如图 8-286 所示。

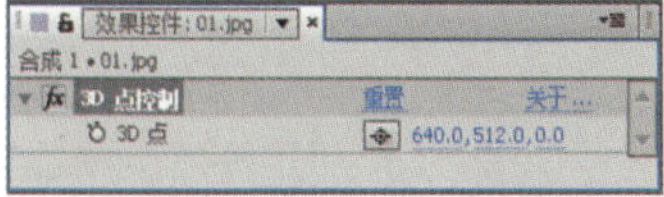

图 8-286

重点参数提醒：

3D 点：设置三维点的位置。

8.11.2 【点控制】效果

【点控制】效果可以控制位置点的动画，各项参数如图 8-287 所示。

图 8-287

重点参数提醒：

点：设置锚点控制的点位置。

8.11.3 【复选框控制】效果

【复选框控制】效果可以勾选打开和关闭参数值来控制动画效果是否启用。各项参数如图 8-288 所示。

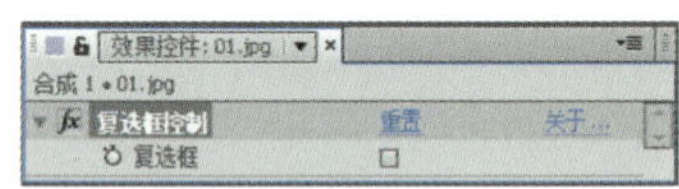

图 8-288

重点参数提醒：

复选框：可以开启和关闭复选框。

8.11.4 【滑块控制】效果

【滑块控制】效果可以设置表达式的数值变化，各项参数如图 8-289 所示。

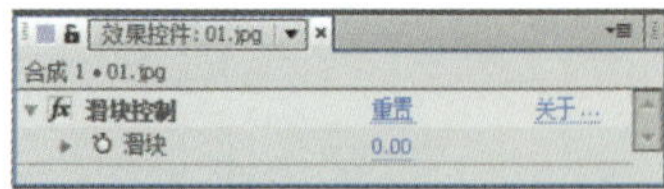

图 8-289

重点参数提醒：

滑块：滑块控制的数值设置。

8.11.5 【角度控制】效果

【角度控制】效果可以设置角度变化控制，各项参数如图 8-290 所示。

图 8-290

重点参数提醒：

角度：设置角度的大小数值。

8.11.6 【图层控制】效果

【图层控制】效果可以选择应用表达式的层，各项参数如图 8-291 所示。

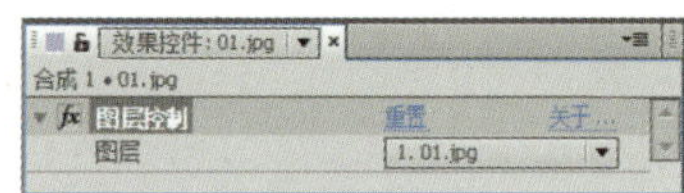

图 8-291

重点参数提醒：

图层：表达式所控制的图层。

8.11.7 【颜色控制】效果

【颜色控制】效果可以控制颜色变化，调整表达式色彩选择或色彩变换程度，各项参数如图 8-292 所示。

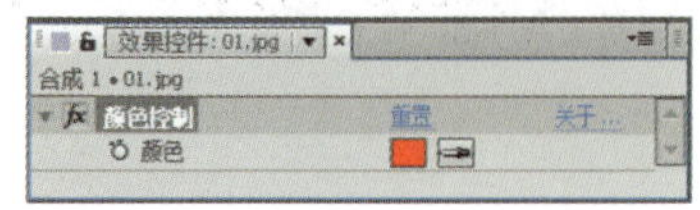

图 8-292

重点参数提醒：

颜色：所要控制的颜色。

8.12 【过时】效果

【过时】效果组中包括的四个效果都是在之前版本中存在的，而且不会再有较大的更新与变化，如图 8-293 所示。

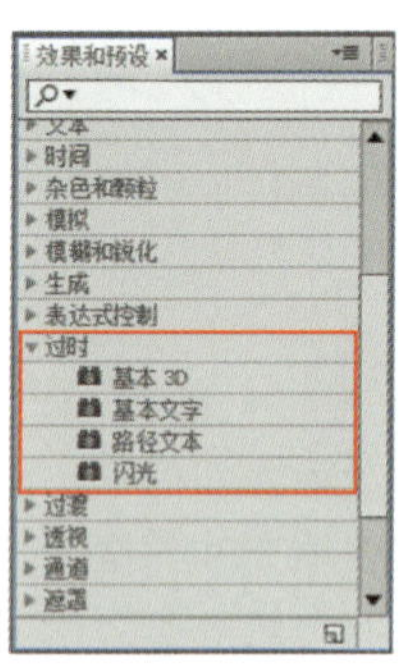

图 8-293

8.12.1 【基本 3D】效果

【基本 3D】效果可以使画面在三维的空间中进行旋转、倾斜、水平或垂直移动等操作，各项参数如图 8-294 所示。

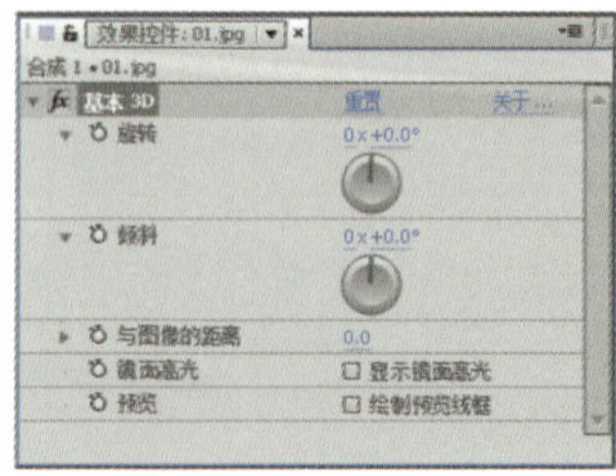

图 8-294

重点参数提醒：

旋转：控制水平方向旋转。

倾斜：控制垂直方向旋转。

与图像的距离：设置图像纵深距离。

镜面高光：用于添加一束光线反射旋转层表面。

预览：选择 Draw Preview Wireframe 用于在预览的时候只显示线框。这主要是因为三维空间对系统的资源占用量相当大，这样可以节约资源，提高响应速度。这种方式仅在草稿质量时有效，最好质量的时候这个设置无效。

8.12.2 【基本文字】效果

【基本文字】效果能够在素材层上添加文字，并可以设置文字的位置、填充和描边、行距等。各项参数如图 8-295 所示。

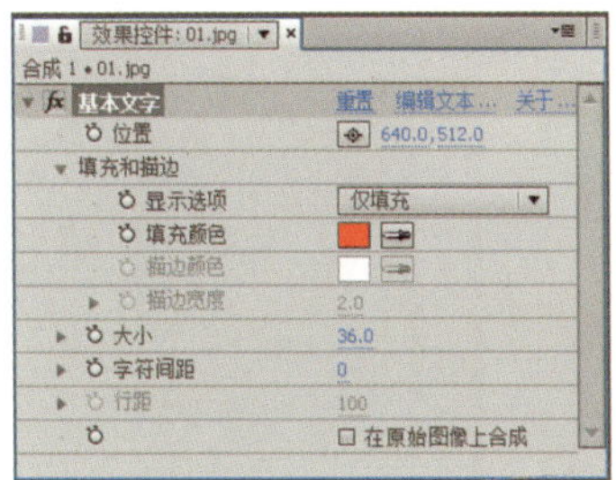

图 8-295

求生秘籍——软件技能：在【基本文字】对话框中可以设置文字属性

在为素材添加该效果时，会弹出【基本文字】对话框，在该对话框中可以输入文字，并设置字体和样式等，如图 8-296 所示。

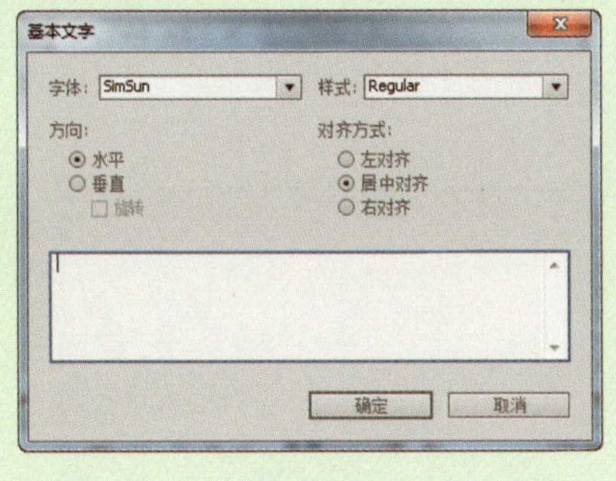

图 8-296

重点参数提醒：

位置：设置文本的位置。

填充和描边：设置文本的填充和描边的外观显示、颜色和描边宽度。

显示选项：设置文本的显示方式。

填充颜色：设置文本的填充颜色。

描边颜色：当【显示选项】为【仅描边】、【在描边上填充】或【在填充上描边】时，激活该项，可以设置文本的描边颜色。

描边宽度：设置文本描边的宽度。

大小：设置文本的大小。

字符间距：设置文本的字间距。

行距：设置文本的行间距。

8.12.3 【路径文字】效果

【路径文字】效果可以使文字沿指定的一条直线或曲线排列运动，各项参数如图 8-297 所示。

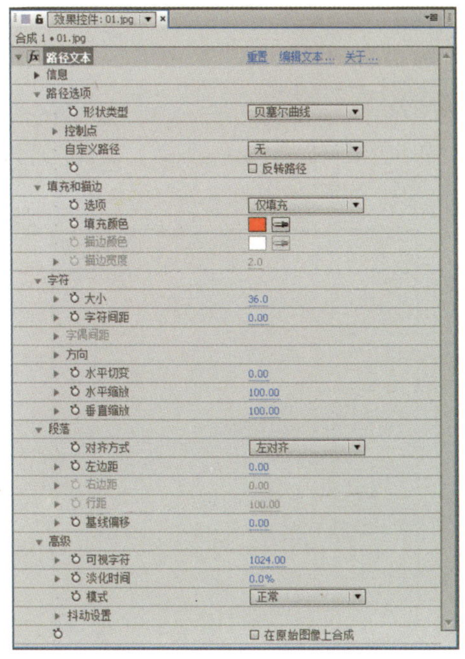

图 8-297

重点参数提醒：

信息：当前的字体、文本长度和路径长度信息。

路径选项：设置路径的相关参数。

形状类型：设置路径的类型，包括【贝塞尔曲线】、【圆形】、【循环】和【线】四种。

控制点：可以设置各个控制点的位置等。

自定义路径：选择当前图层上的自定义路径。

填充和描边：设置文本的填充和描边。

选项：设置是否添加描边，以及描边模式。

填充颜色：设置文本的填充颜色。

描边颜色：设置文本描边的颜色。

描边宽度：设置文本的描边宽度。

字符：该项下包括文本大小、间距等字符相关的参数。

大小：设置文本大小。

字符间距：设置文本字符的间距。

方向：设置文本字符的方向。

水平切变：设置文本的切变角度。

水平缩放：设置文本的水平缩放。

垂直缩放：设置文本的垂直缩放。

段落：设置文字的段落排列方式、左右边距等参数。

对齐方式：设置文本的对齐方式。

左边距：设置文本的左边距大小。

右边距：设置文本的右边距大小。

行距：设置文本的行距。

高级：文本设置的高级选项。

可视字符：设置字符的出现程度。

淡化时间：设置字符的淡化时间。

模式：设置文本在原始图像上的显示模式。

抖动设置：可以设置文本的抖动程度。

8.12.4 【闪光】效果

【闪光】效果可以为画面添加模拟较真实的闪电和放电的动画效果，各项参数如图 8-298 所示。

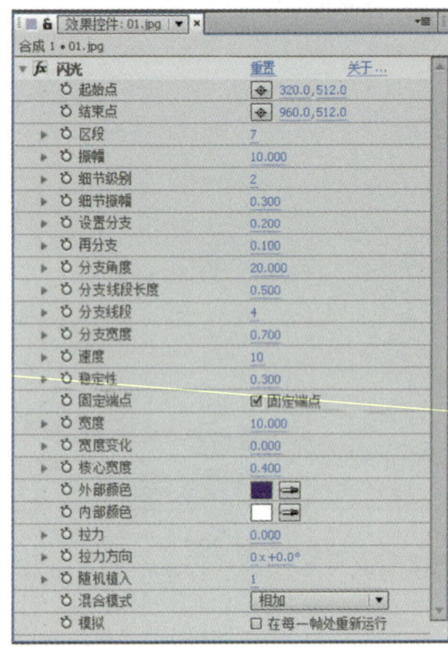

图 8-298

重点参数提醒：

起始点：设置闪电的起始位置。

结束点：设置闪电的结束位置。

区段：设置闪电的段数。

振幅：设置闪电的振幅程度。

细节级别：闪电分支的级别。

细节振幅：闪电分支的振幅。

设置分支：设置闪电分支数量。

再分支：设置闪电再次分支的数量。

分支角度：设置分支与核心闪电的角度。

分支线段长度：设置分支线条的长度。

分支线段：设置分支的段数。

分支宽度：设置分支的宽度。

速度：设置闪电变化速度。

稳定性：设置闪电的动作稳定性。

固定端点：固定闪电的结束点。

宽度：设置闪电的宽度。

宽度变化：设置闪电的宽度变化值。

核心宽度：设置核心闪电的宽度。

外部颜色：设置闪电的外部颜色。

内部颜色：设置闪电内部的颜色。

拉力：弯曲方向的拉力。

拉力方向：设置拉力的方向。

随机植入：设置闪电的随机性。

混合模式：设置闪电与原素材图像的混合模式。

模拟：勾选【在每一帧处重新运行】选项，每一帧会重新生成闪电效果。

8.13 【透视】效果

【透视】效果组可以制作出各种类似透视的视觉效果，也可以将二维图像制作出简单的三维显示效果，如图 8-299 所示。

图 8-299

8.13.1 【3D 摄像机跟踪器】效果

【3D 摄像机跟踪器】效果可以跟踪 3D 元素，可以控制景深、阴影和反射。应用在视频文件上后，会自动在后台分析并在 2D 素材上放置 3D 跟踪点。各项参数如图 8-300 所示。

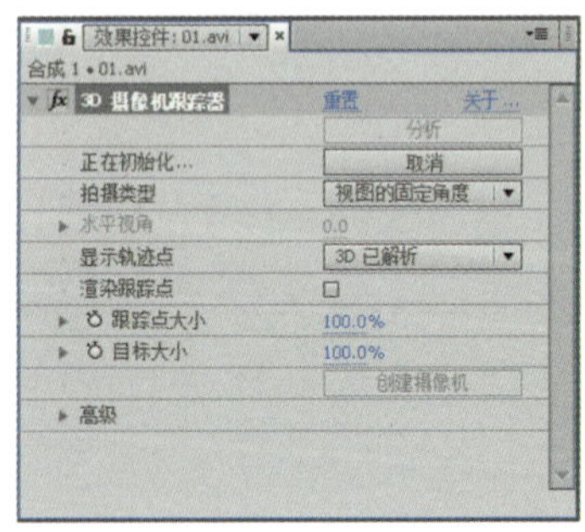

图 8-300

重点参数提醒：

分析：正在分析素材。

取消：单击该按钮可以取消分析。

拍摄类型：设置拍摄的类型。

水平视角：设置摄像机水平视角。

显示轨迹点：包括 2D 来源和 3D 解码器。

渲染跟踪点：设置渲染的跟踪点。

跟踪点大小：设置跟踪点的大小。

目标大小：设置目标的大小。

8.13.2　【3D 眼镜】效果

【3D 眼镜】效果可以将透视画面的左边和右边合并在一起，从而制作出 3D 画面透视效果。各项参数如图 8-301 所示。

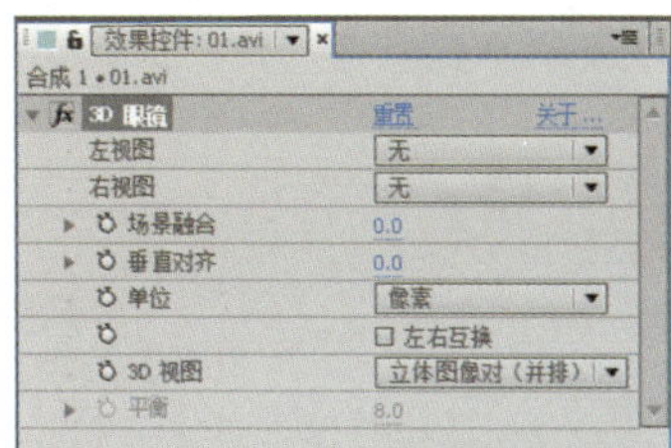

图 8-301

重点参数提醒：

左视图：设置在左边显示的图层。

右视图：设置在右边显示的图层。

场景融合：设置画面场景的融合度。

垂直对齐：控制左右视图相对的垂直偏移。

单位：设置显示的单位。

左右互换：勾选该选项，可以使左右视图进行互换。

3D 视图：设置视图的显示模式。

8.13.3　【CC Cylinder（CC 圆柱体）】效果

【CC Cylinder（CC 圆柱体）】效果可以使当前的画面呈圆柱状卷起，从而产生三维圆筒效果。各项参数如图 8-302 所示。

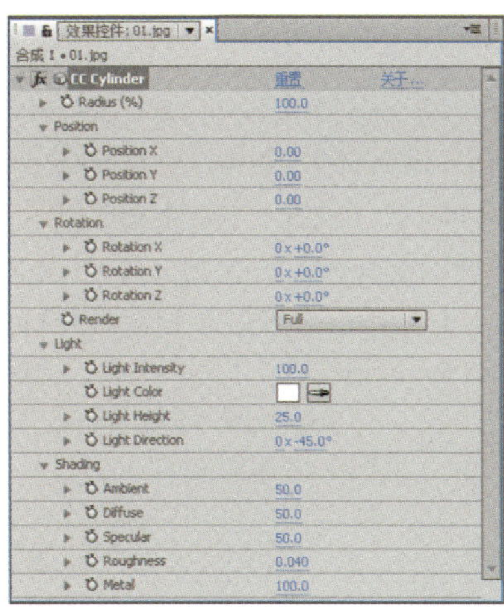

图 8-302

重点参数提醒：

Radius（半径）：设置圆柱体的半径大小。

Position（位置）：设置圆柱体在画面中的位置。

Rotation（旋转）：设置圆柱体的旋转角度。

Render（渲染）：设置圆柱体的显示模式，包括【Full（整体）】、【Outside（外部）】和【Inside（内部）】三个选项中的任意一个。

Light（灯光）：设置圆柱体的灯光效果。

Light Intensity（灯光强度）：灯光的照射强度。

Light Color（灯光颜色）：设置灯光的颜色。

Light Height（灯光高度）：设置灯光的高度。

Light Direction（灯光方向）：设置灯光的方向。

Shading（阴影）：设置圆柱体的阴影效果。

Ambient（环境）：设置暗部环境。

Diffuse（扩散）：设置阴影扩散程度。

Specular（高光）：设置高光程度。

Roughness（粗糙度）：设置表面的粗糙程度。

Metal（金属）：设置金属的反光效果。

重点 进阶案例：纸张卷筒效果

案例文件	进阶案例：纸张卷筒效果 .aep
视频教学	DVD/ 多媒体教学 /Chapter08/ 进阶案例：纸张卷筒效果 .flv
难易指数	★★☆☆☆
技术掌握	主要掌握【CC 圆柱体】效果的应用

案例分析：

在本案例中，主要学习使用【CC 圆柱体】和【投影】效果来制作纸张卷筒效果，案例的最终效果如图 8-303 所示。

图 8-303

思路解析如图 8-304 所示。

图 8-304

制作步骤：

1. 制作背景

（1）创建新合成。设置【合成名称】为【合成 1】，【宽度】为 720 像素，【高度】为 576 像素，【像素长宽比】为【方形像素】，【帧速率】为 25 帧 / 秒，【持续时间】为 5 秒，然后单击【确定】按钮。接着在【项目】窗口中空白处双击鼠标左键，在弹出的窗口中选择所需素材文件，然后单击【导入】按钮，如图 8-305 所示。

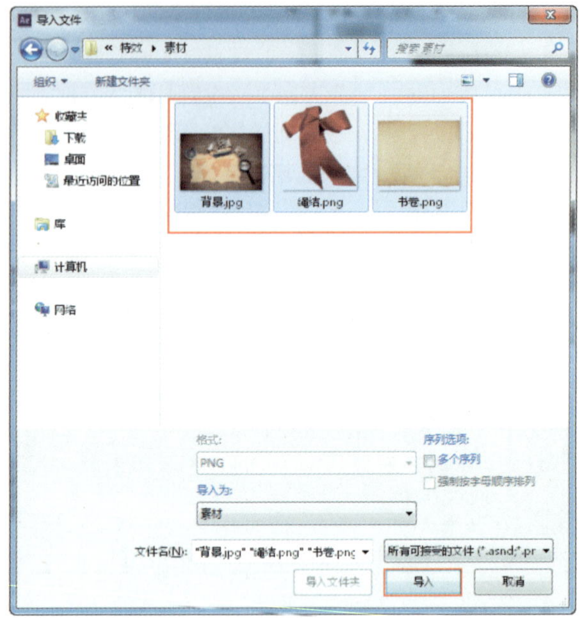

图 8-305

（2）将【项目】窗口中的【背景 .jpg】素材文件拖拽到【时间线】窗口中，并设置【缩放】为 74%，如图 8-306 所示。

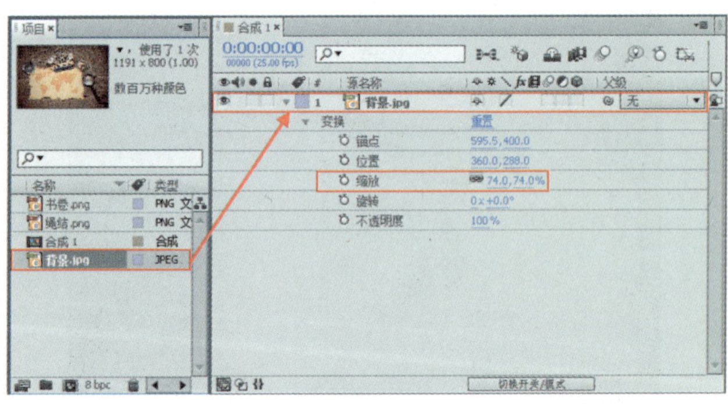

图 8-306

（3）此时在【合成】窗口中查看当前效果，如图 8-307 所示。

图 8-307

2. 制作卷筒效果

（1）将【项目】窗口中的【书卷 .png】素材文件拖拽到【时间线】窗口中，如图 8-308 所示。此时效果如图 8-309 所示。

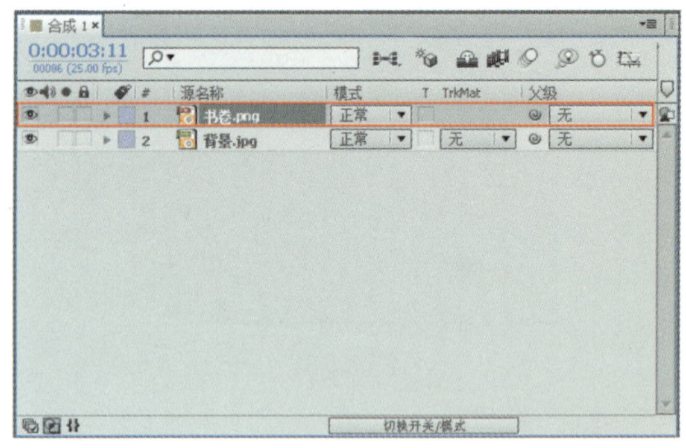

图 8-308

图 8-309

（2）为【书卷 .png】图层添加【CC Cylinder（CC 圆柱体）】效果，然后在【效果控件】面板中设置【Radius（%）（半径）】为 24。设置【Position（位置）】属性下的【Position X（X 轴位置）】为 – 90，【Position Y（Y 轴位置）】为 30，【Position Z（Z 轴位置）】为 150。接着设置【Rotation（旋转）】属性下的【Rotation X（X 轴旋转）】为 – 18°，【Rotation Y（Y 轴旋转）】为 30°，【Rotation Z（Z 轴旋转）】为 – 43°，如图 8-310 所示。此时效果如图 8-311 所示。

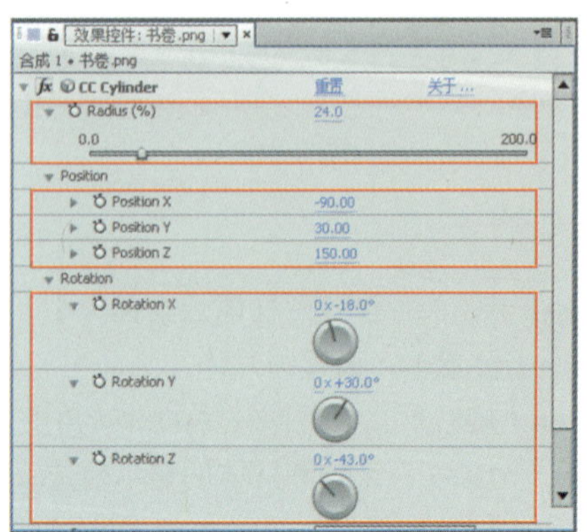

图 8-310

图 8-311

（3）继续设置【CC Cylinder（CC 圆柱体）】效果的【Render（渲染）】为【Inside（内部）】。设置【Shading（阴影）】属性下的【Ambient（环境）】为 81，【Specular（高光）】为 30，如图 8-312 所示。此时效果如图 8-313 所示。

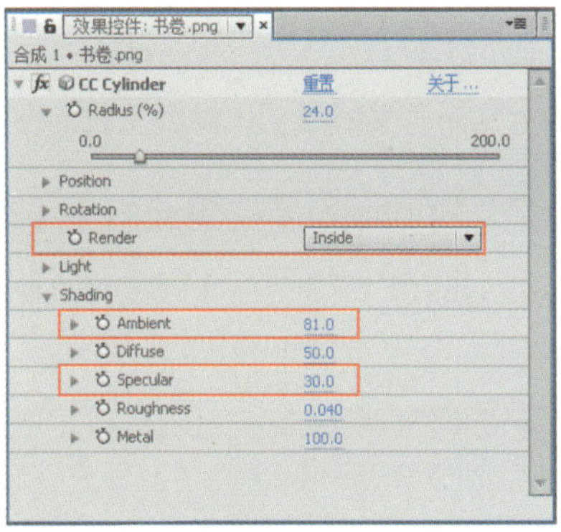

效果控件: 书卷.png
合成 1 • 书卷.png
CC Cylinder 重置 关于...
Radius (%) 24.0
0.0 200.0
Position
Rotation
Render Inside
Light
Shading
Ambient 81.0
Diffuse 50.0
Specular 30.0
Roughness 0.040
Metal 100.0

图 8-312

图 8-313

（4）为【书卷.png】图层添加【投影】效果，然后在【效果控件】面板中设置【不透明度】为 80%，【柔和度】为 40，如图 8-314 所示。此时效果如图 8-315 所示。

（5）将【绳结.png】素材文件拖拽到【时间线】窗口中，并设置【缩放】为 20%，【位置】为（287.0,347.0），【旋转】为 25°，如图 8-316 所示。此时效果如图 8-317 所示。

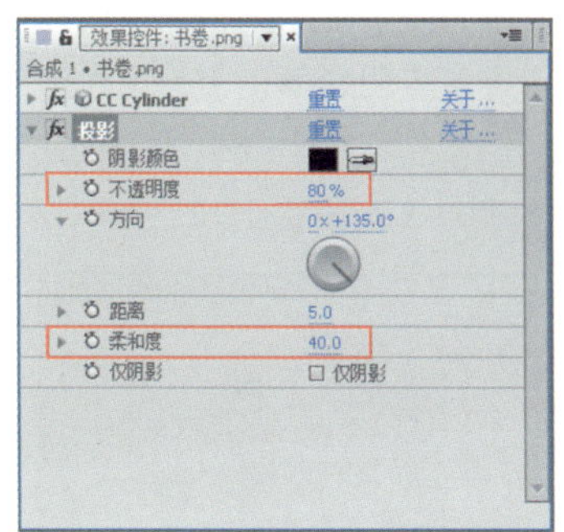

图 8-314

图 8-315

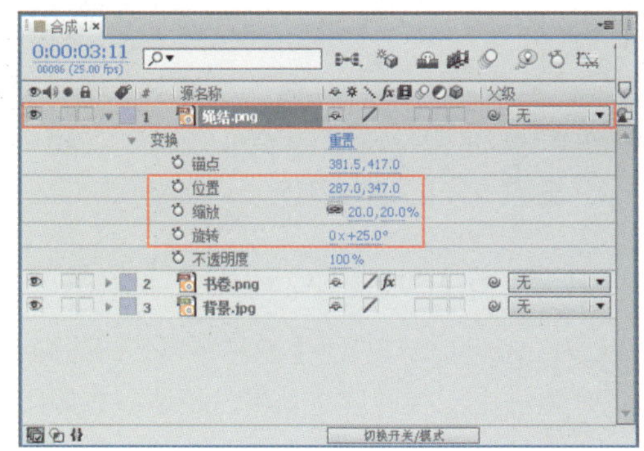

图 8-316

图 8-317

第 8 章

（6）为【绳结 .png】图层添加【投影】效果，然后在【效果控件】面板中设置【阴影颜色】为深红色（R：77，G：16，B：13），【不透明度】为 80%，【方向】为 129°，【柔和度】为 40，如图 8-318 所示。

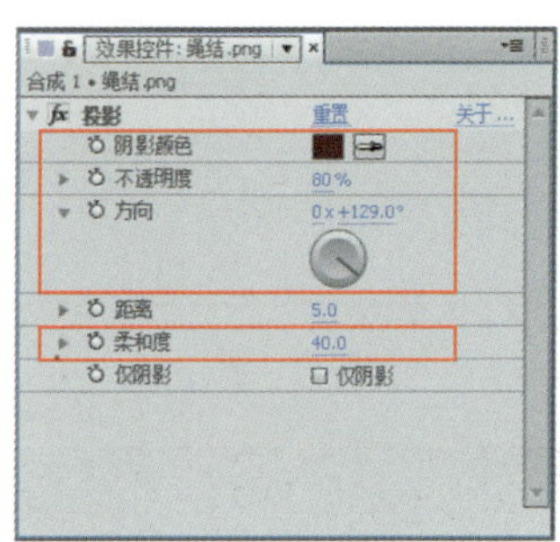

图 8-318

（7）此时查看最终效果，如图 8-319 所示。

图 8-319

8.13.4 【CC Sphere（CC 球体）】效果

【CC Sphere（CC 球体）】效果可以使图像画面呈球体卷起，产生一个三维的球体效果。各项参数如图 8-320 所示。

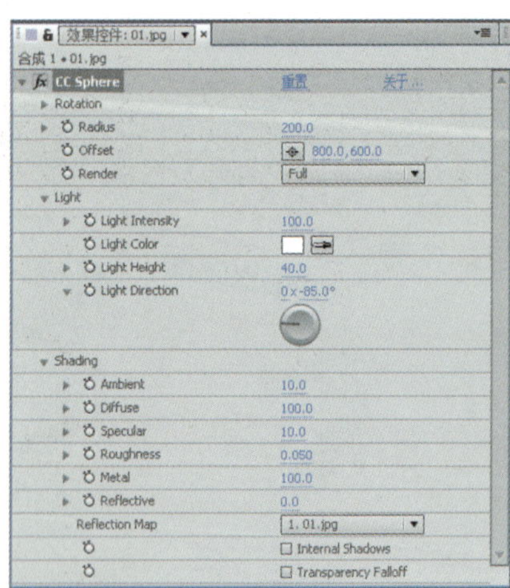

图 8-320

重点参数提醒：

Rotation（旋转）：设置球体的旋转效果。

Radius（半径）：设置球体的半径效果。

Offset（偏移）：设置球体的位置。

Render（渲染）：设置球体的显示模式，包括【Full（整体）】、【Outside（外部）】和【Inside（内部）】。

Light（灯光）：设置球体的灯光照射效果。

Light Intensity（灯光强度）：设置灯光的照射强度。

Light Color（灯光颜色）：设置灯光的颜色。

Light Height（灯光高度）：设置灯光的高度。

Light Direction（灯光方向）：设置灯光的方向。

Shading（阴影）：设置球体的阴影效果。

Ambient（环境）：设置暗部环境。

Diffuse（扩散）：设置阴影扩散程度。

Specular（高光）：设置高光程度。

Roughness（粗糙度）：设置表面的粗糙程度。

Metal（金属）：设置金属的反光效果。

Reflective（反光）：设置球体的反光。

Reflection Map（反射图）：设置反射的图层。

8.13.5 【CC Spotlight(CC 聚光灯）】效果

【CC Spotlight(CC 聚光灯）】效果可以使画面产生聚光灯照射的效果。各项参数如图 8-321 所示。

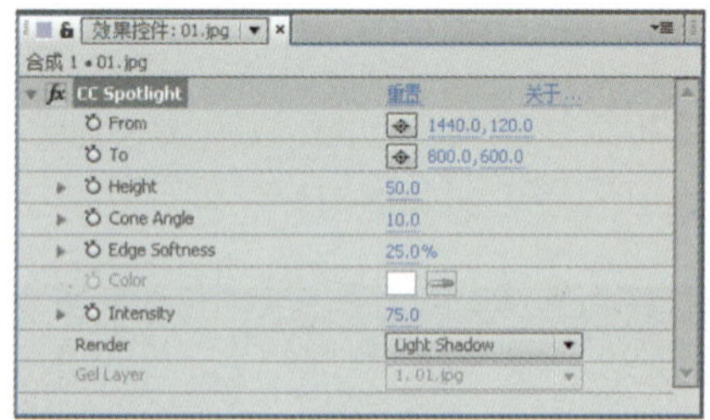

图 8-321

重点参数提醒：

From（开始）：设置聚光灯开始点的位置，可以控制灯光范围的大小。

To（结束）：设置聚光灯结束的位置。

Height（高度）：设置灯光的高度。

Cone Angle（锥角）：设置灯光的半径大小。

Edge Softness（边缘柔化）：设置灯光的边缘柔化程度。

Color（颜色）：设置灯光的颜色。

Intensity（强度）：设置灯光的强度。

Render（渲染）：设置灯光的显示。

8.13.6 【边缘斜面】效果

【边缘斜面】效果使图像的四周边缘产生斜面的效果，且只能制作出矩形斜面，各项参数如图 8-322 所示。

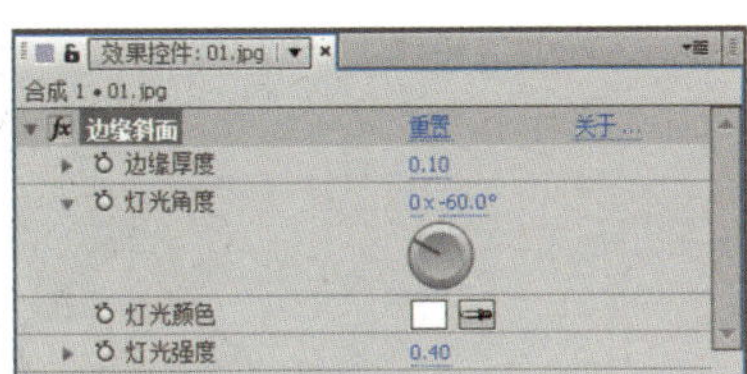

图 8-322

重点参数提醒：

边缘厚度：设置形成的边缘厚度。

灯光角度：设置灯光的角度。

灯光颜色：设置灯光的颜色。

灯光强度：设置灯光的强度。

8.13.7 【径向阴影】效果

【径向阴影】效果可以使当前图像产生因照射而出现的范围阴影，各项参数如图 8-323 所示。

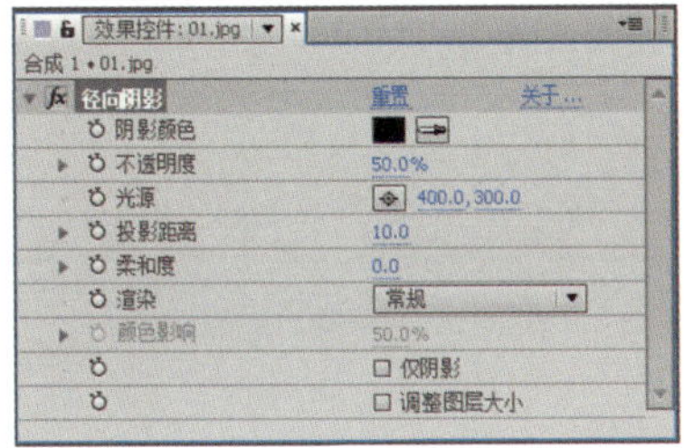

图 8-323

重点参数提醒：

阴影颜色：设置阴影的颜色。

不透明度：设置阴影的不透明度。

光源：设置光源位置。

投影距离：设置投影的距离。

柔和度：设置阴影的柔和程度。

渲染：设置渲染效果，包括【常规】和【玻璃边缘】。

颜色影响：当【渲染】为【玻璃边缘】时，可以设置阴影颜色的影响。

仅阴影：勾选该选项，则会只显示阴影。

8.13.8 【投影】效果

【投影】效果可以使当前的图层产生投影效果，各项参数如图 8-324 所示。

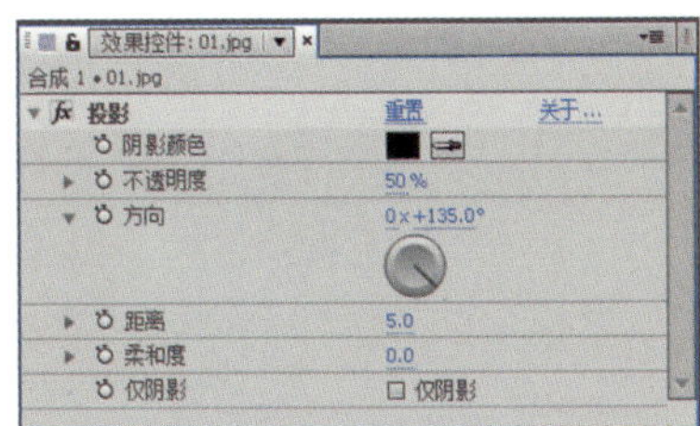

图 8-324

重点参数提醒：

阴影颜色：设置投影的颜色。

不透明度：设置投影的不透明度。

方向：设置投影的方向。

距离：设置投影的距离。

柔和度：设置投影边缘的柔和度。

8.13.9 【倒角 Alpha】效果

【倒角 Alpha】效果可以使图像的边缘产生倒角，并带有高光和阴影，从而形成厚度效果，各项参数如图 8-325 所示。

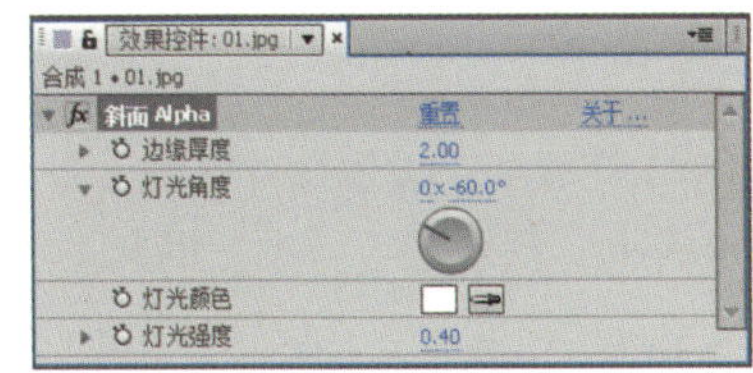

图 8-325

重点参数提醒：

边缘厚度：设置斜面边缘产生的厚度。

灯光角度：设置斜面的灯光照射角度。

灯光颜色：设置灯光的颜色。

灯光强度：设置灯光的强度。

求生秘籍——技巧提示：【倒角 Alpha】效果的应用技巧

【倒角 Alpha】效果可以用于制作类似带有厚度的视觉效果，如带有边缘厚度的文字等，如图 8-326 所示。

图 8-326

8.14 【过渡】效果

【过渡】效果组可以模拟制作出多种切换的画面效果，主要作用在某一图层上，如图 8-327 所示。

8.14.1 【CC Glass Wipe（玻璃擦除）】效果

【CC Glass Wipe（玻璃擦除）】效果可以使图像产生类似玻璃融化的过渡效果。各项参数如图 8-328 所示。

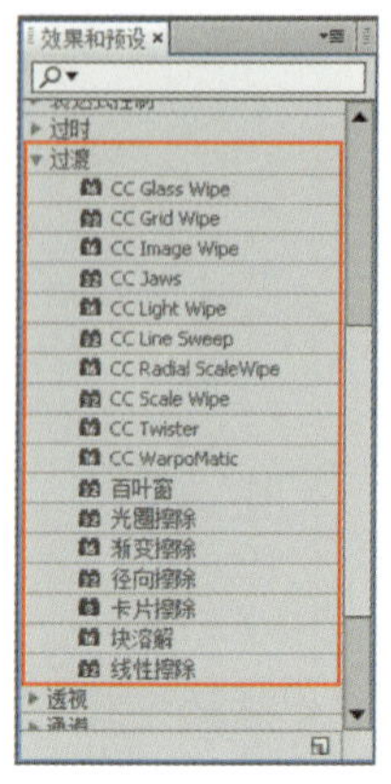

图 8-327

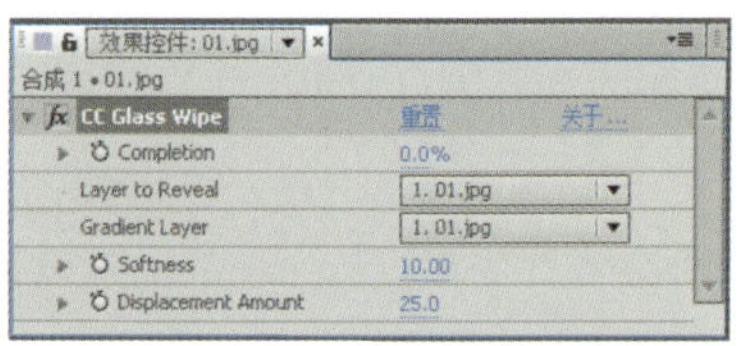

图 8-328

重点参数提醒：

Completion（完成）：设置擦除的程度。

Layer to Reveal（揭示层）：设置揭开显示的图层。

Gradient Layer（梯度层）：设置梯度显示的图层。

Softness（柔化）：设置擦除的边缘柔和程度。

8.14.2 【CC Grid Wipe（CC 网格擦除）】效果

【CC Grid Wipe（CC 网格擦除）】效果可以将当前图像分解成多个方格来擦除图像，各项参数如图 8-329 所示。

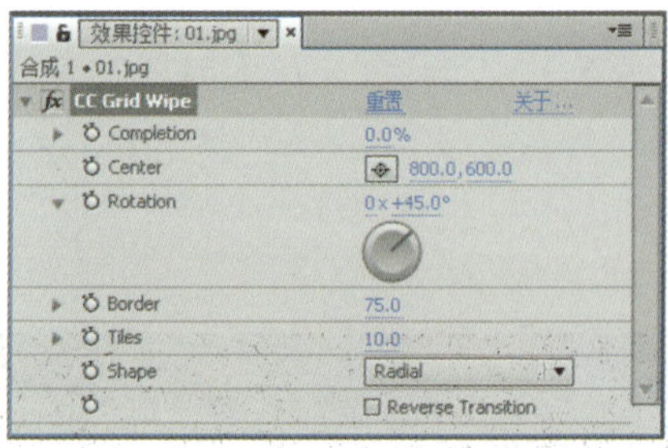

图 8-329

重点参数提醒：

Completion（完成）：设置擦除的程度。

Center（中心）：设置网格擦除的中心位置。

Rotation（旋转）：设置网格的旋转角度。

Border（边界）：设置网格的边界位置。

Tiles（拼贴）：设置网格的大小。

Shape（形状）：可以设置擦除网格的整体形状，包括【Doors（门）】、【Radial（径向）】、【Rectangle（矩形）】三种形状。

Reverse Transition（反转变换）：勾选该选项，可以将网格与当前图像进行转换。

应用【CC Grid Wipe（CC 网格擦除）】的前后对比效果如图 8-330 所示。

图 8-330

8.14.3 【CC Image Wipe（CC 图像擦除）】效果

【CC Image Wipe（CC 图像擦除）】效果可以通过当前层与指定的层像素间的差异，从而产生指定层图像擦除的效果。各项参数如图 8-331 所示。

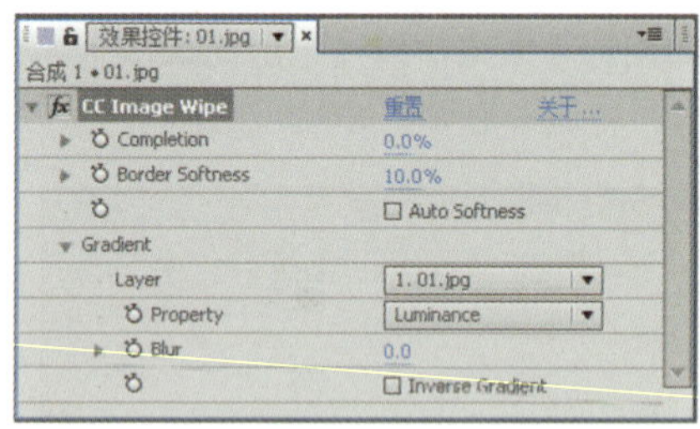

图 8-331

重点参数提醒：

Completion（完成）：设置擦除的程度。

Border Softness（边界柔化）：设置擦除的边缘柔化程度。

Gradient（渐变）：指定一个渐变层。

Layer（层）：设置擦除对比的指定层。

Property（属性）：选择用于对比运算的图像通道。

Blur（模糊）：设置指定层图像的模糊程度。

Inverse Gradient（反转渐变）：勾选该选项，可以将擦除的效果进行反转。

8.14.4 【CC Jaws（CC 锯齿）】效果

【CC Jaws（CC 锯齿）】效果可以将以锯齿的形状一分为二进行擦除。各项参数如图 8-332 所示。

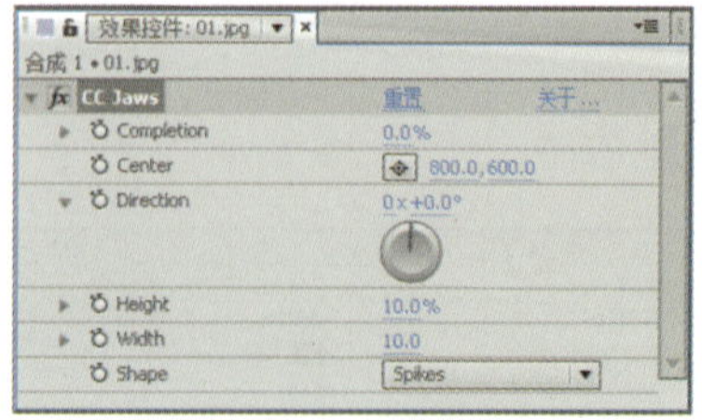

图 8-332

重点参数提醒：

Completion（完成）：设置擦除的程度。

Center（中心）：设置锯齿的中心点位置。

Direction（方向）：设置锯齿的方向。

Height（高度）：设置锯齿的高度。

Width（宽度）：设置锯齿的宽度。

Shape（形状）：可以设置锯齿的形状。

8.14.5　【CC Light Wipe（CC 光线擦除）】效果

【CC Light Wipe（CC 光线擦除）】效果通过边缘加光的形式对图像进行擦除。各项参数如图 8-333 所示。

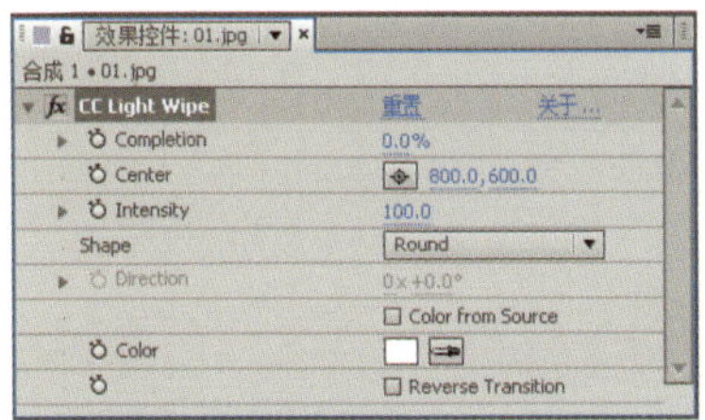

图 8-333

重点参数提醒：

Completion（完成）：设置擦除的程度。

Center（中心）：设置开始擦除的中心。

Intensity（强度）：设置发光的强度。

Shape（形状）：设置擦除的形状。包括【Doors（门）】、【Round（圆形）】和【Square（正方形）】三种。

Direction（方向）：当【Shape（形状）】为【Doors（门）】或【Square（正方形）】时该项可用，可以设置擦除的角度。

Color（颜色）：设置发光的颜色。

8.14.6　【CC Line Sweep（CC 行扫描）】效果

【CC Line Sweep（CC 行扫描）】效果可以对图像进行逐行扫描擦除。各项参数如图 8-334 所示。

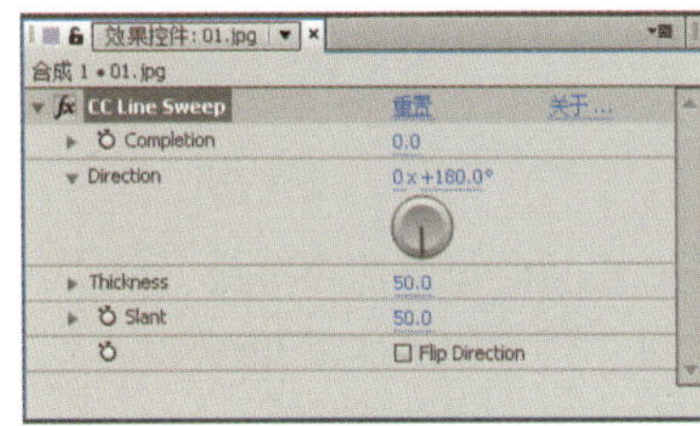

图 8-334

重点参数提醒：

Completion（完成）：扫描画面的完成度。

Direction（方向）：设置扫描的方向。

Thickness（密度）：设置扫描画面的密度。

Slant（倾斜）：设置扫描的倾斜大小。

Flip Direction（反转方向）：将扫描的方向进行反转。

8.14.7　【CC Radial ScaleWipe（CC 径向缩放擦除）】效果

【CC Radial ScaleWipe（CC 径向缩放擦除）】效果可以通过逐渐变大的径向效果进行画面过渡。各项参数如图 8-335 所示。

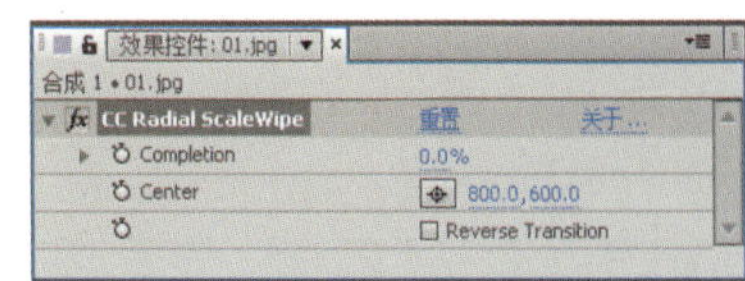

图 8-335

重点参数提醒：

Completion（完成）：设置擦除的程度。

Center（中心）：设置径向缩放的中心位置。

8.14.8　【CC Scale Wipe（CC 缩放擦除）】效果

【CC Scale Wipe（CC 缩放擦除）】效果会通过指定的中心点进行拉伸，从而产生拉伸擦除过渡效果。各项参数如图 8-336 所示。

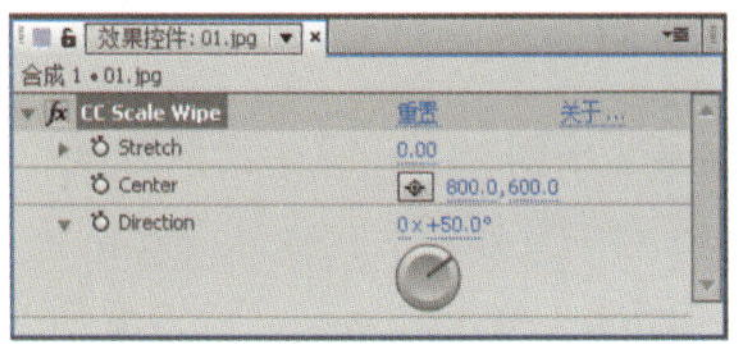

图 8-336

重点参数提醒：

Stretch（拉伸）：设置图像的拉伸程度。

Center（中心）：设置拉伸的中心点位置。

Direction（方向）：设置拉伸的方向。

8.14.9　【CC Twister（CC 扭动）】效果

【CC Twister（CC 扭动）】效果可以使图像产生扭转变化，从而产生画面的切换过渡。各项参数如图 8-337 所示。

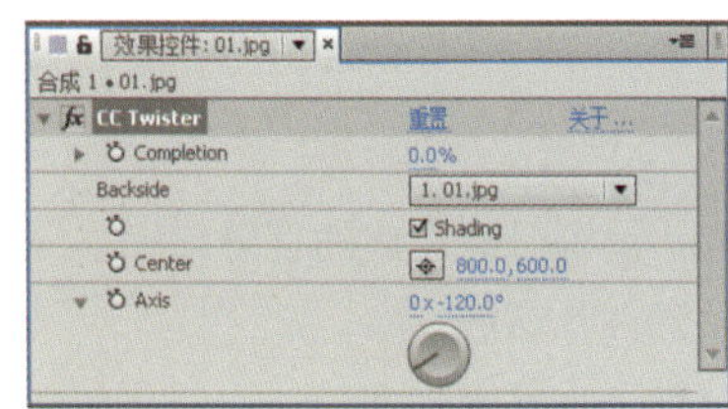

图 8-337

重点参数提醒：

Completion(完成)：用来设置图像扭曲的程度。

Backside（背面）：设置扭转的背面图像层。

Shading（阴影）：勾选该选项，则扭曲的图像会产生阴影效果。

Center（中心）：设置扭曲图像的中心点位置。

Axis（坐标轴）：设置扭曲的旋转角度。

第 8 章

8.14.10 【CC WarpoMatic（CC 变形过渡）】效果

【CC WarpoMatic（CC 变形过渡）】效果可以将当前图像进行弯曲变形，并逐渐变为透明，从而产生画面的过渡。各项参数如图 8-338 所示。

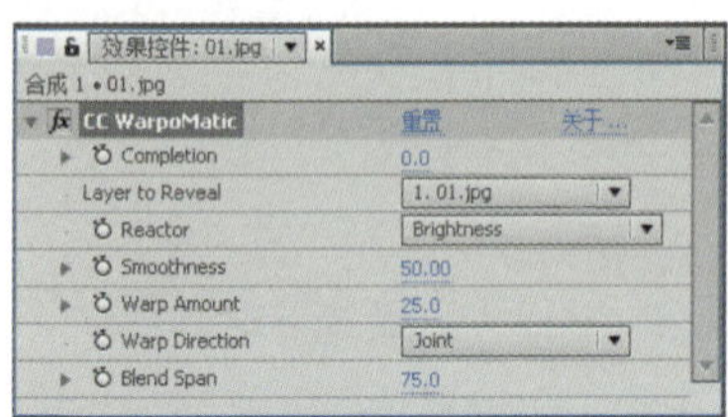

图 8-338

重点参数提醒：

Completion（完成）：用来设置图像过渡的程度。

Layer to Reveal（揭示层）：设置揭开显示的图层。

Reactor（反应器）：设置过渡的模式，包括亮度或对比度差值等。

Smoothness（平滑）：设置平滑的程度。

Warp Amount（变形量）：设置变形的程度。

Warp Direction（变形方向）：设置变形的方向类型。

Blend Span（混合跨度）：设置混合的跨度。

8.14.11 【百叶窗】效果

【百叶窗】效果可以将图像模拟出百叶窗翻转的动画效果，从而进行画面过渡。各项参数如图 8-339 所示。

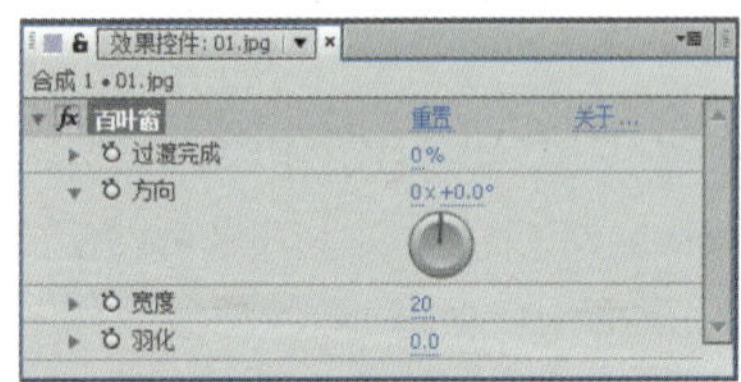

图 8-339

重点参数提醒：

过渡完成：设置过渡完成的百分比。

方向：设置百叶窗的方向。

宽度：设置百叶窗的宽度。

羽化：设置过渡的边缘羽化程度。

应用【百叶窗】效果的前后对比效果，如图 8-340 所示。

图 8-340

8.14.12 【光圈擦除】效果

【光圈擦除】效果是以不同的光圈形状进行径向变化擦除过渡。各项参数如图 8-341 所示。

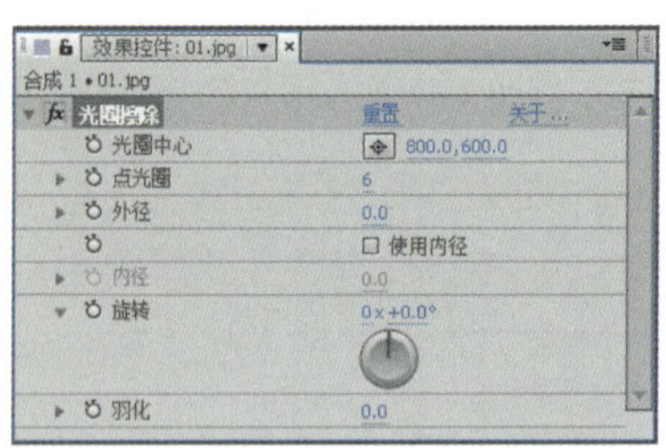

图 8-341

重点参数提醒：

光圈中心：设置开始擦除的中心位置。

点光圈：设置光圈的多边形程度。

外径：设置外半径的程度。

内径：当勾选【使用内径】时，即可设置内径的深度和大小。

旋转：设置旋转的角度。

羽化：设置边缘的羽化程度。

8.14.13 【渐变擦除】效果

【渐变擦除】效果可以根据两个层的亮度值进行逐渐擦除。各项参数如图 8-342 所示。

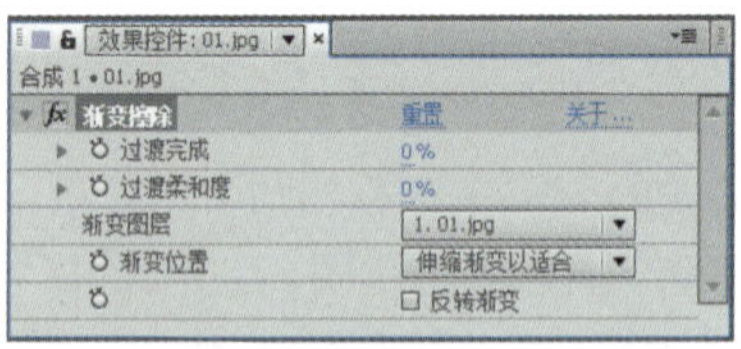

图 8-342

重点参数提醒：

过渡完成：设置转场完成百分比。

过渡柔和度：设置边缘的柔和程度。

渐变图层：设置渐变的图层。

渐变位置：设置渐变层的放置方式。

反转渐变：勾选该选项，可以使当前的过渡效果进行反转。

8.14.14 【径向擦除】效果

【径向擦除】效果是通过径向旋转来完成画面擦除过渡效果。各项参数如图 8-343 所示。

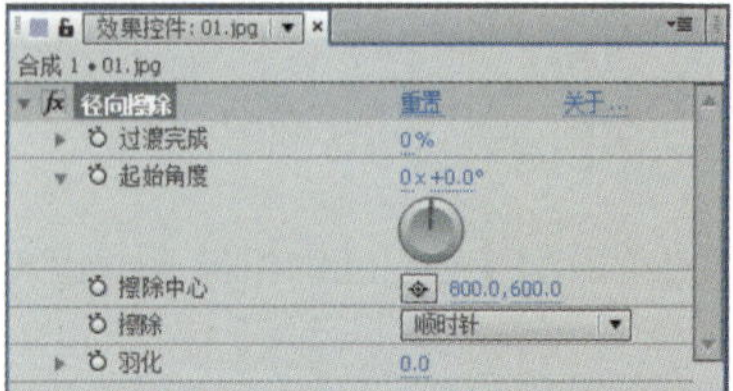

图 8-343

重点参数提醒：

过渡完成：设置转场完成百分比。

起始角度：设置径向擦除开始的角度。

擦除中心：设置擦除的中心位置。

擦除：设置擦除的方向类型，包括【顺时针】、【逆时针】和【两者兼有】。

羽化：设置边缘的羽化数值。

8.14.15 【卡片擦除】效果

【卡片擦除】可以建立多种切换效果，它把图像拆分成小卡片完成切换，各项参数如图 8-344 所示。

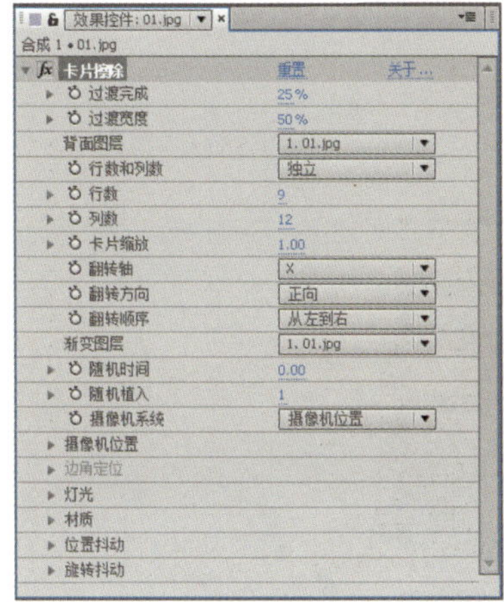

图 8-344

重点参数提醒：

过渡完成：设置转场完成百分比。

过渡宽度：设置过渡的宽度大小。

背面图层：设置卡片翻转擦除的背景图层。

行数和列数：可以设置卡片的行数和列数。

卡片缩放：设置卡片的缩放大小。

翻转轴：设置卡片翻转的轴向。

翻转方向：设置翻转的方向。

翻转顺序：设置开始翻转的顺序。

渐变图层：设置渐变的图层。

随机时间：设置卡片翻转的随机时间。

随机植入：在设置【随机时间】后，可以设置卡片翻转的随机位置。

摄像机系统：可以选择显示模式，包括【摄像机位置】、【边角定位】、【合成摄像机】三种。

摄像机位置：当【摄像机系统】为【摄像机位置】时此项可用，可以设置摄像机位置、旋转和焦距。

边角定位：当【摄像机系统】为【边角定位】时此项可用，可以设置边角位置和焦距。

灯光：在该选项下可以设置灯光照射的强度、颜色、位置等。

材质：可以设置漫反射、镜面反射和高光锐度。

位置抖动：设置抖动轴向的力量和速度。

旋转抖动：设置旋转抖动轴向的力量和速度。

重点 进阶案例：卡片翻转替换效果

案例文件	进阶案例：卡片翻转替换效果 .aep
视频教学	DVD/ 多媒体教学 /Chapter08/ 进阶案例：卡片翻转替换效果 .flv
难易指数	★★☆☆☆
技术掌握	主要掌握【卡片擦除】效果的应用

案例分析：

在本案例中，主要学习使用【卡片擦除】效果来制作卡片翻转替换效果，案例的最终效果如图 8-345 所示。

图 8-345

思路解析如图 8-346 所示。

图 8-346

制作步骤：

（1）创建新合成。设置【合成名称】为【合成 1】，【宽度】为 720 像素，【高度】为 576 像素，【像素长宽比】为【方形像素】，【帧速率】为 25 帧 / 秒，【持续时间】为 5 秒，然后单击【确定】按钮。接着在【项目】窗口中空白处双击鼠标左键，在弹出的窗口中选择所需素材文件，然后单击【导入】按钮，如图 8-347 所示。

（2）将【项目】窗口中的【01.jpg】和【02.jpg】素材文件拖拽到【时间线】窗口中，并设置【缩放】都为 73%，如图 8-348 所示。

（3）将【效果和预设】窗口中的【卡片擦除】效果添加到【01.jpg】图层上，并隐藏【02.jpg】图层，如图 8-349 所示。此时效果如图 8-350 所示。

图 8-347

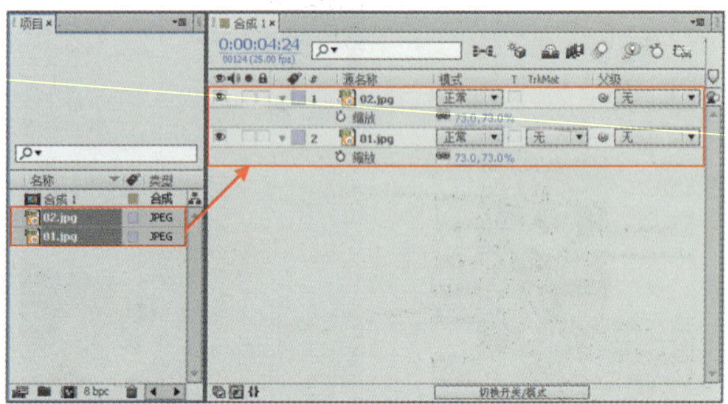

图 8-348

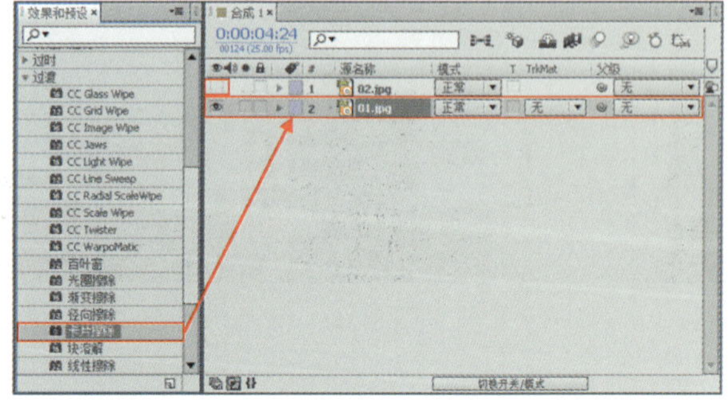

图 8-349

图 8-350

（4）在【效果控件】面板中设置【卡片擦除】效果的【背面图层】为【1.02.jpg】，【行数和列数】为【列数受行数控制】，【随机时间】为 0.2，如图 8-351 所示。此时效果如图 8-352 所示。

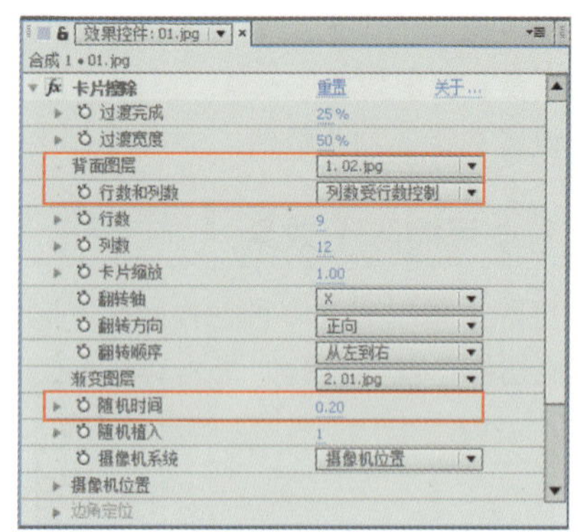

图 8-351

图 8-352

求生秘籍——技巧提示：【卡片擦除】的翻转轴方向应用

【卡片擦除】的【翻转轴】方向影响着卡片过渡的方向，包括 X 轴方向、Y 轴方向和随机方向。图 8–353 所示为 X 轴方向和 Y 轴方向的对比效果。

图 8-353

（5）将时间线拖到起始位置，然后打开【01.jpg】图层下的【卡片擦除】效果，单击【过渡完成】前面的 ，并设置【过渡完成】为 0%，接着将时间线拖到结束位置，并设置【过渡完成】为 100%，如图 8-354 所示。

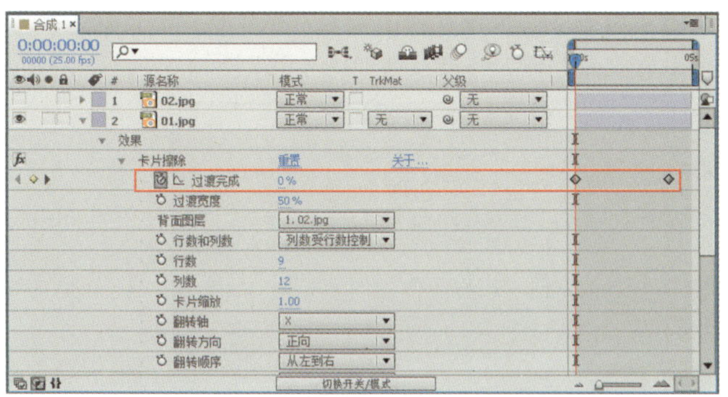

图 8-354

（6）此时拖动时间线滑块查看最终效果，如图 8-355 所示。

图 8-355

8.14.16　【块溶解】效果

【块溶解】效果可以随机产生板块溶解图像的效果，各项参数如图 8-356 所示。

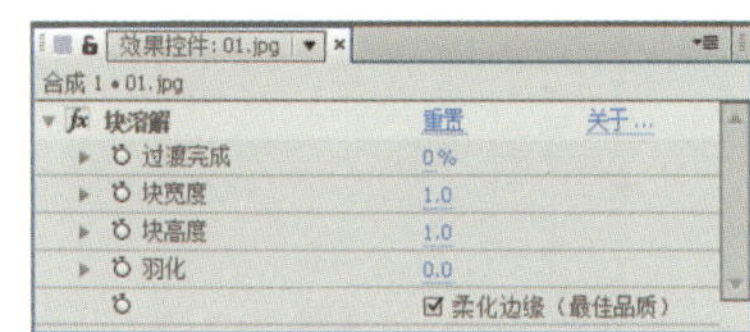

图 8-356

重点参数提醒：

过渡完成：设置转场完成百分比。

块宽度：设置溶解块的宽度。

块高度：设置溶解块的高度。

羽化：设置块的柔化程度。

柔化边缘（最佳品质）：勾选该选项，可以使块的边缘更加柔和。

8.14.17　【线性擦除】效果

【线性擦除】效果可以从某个方向进行擦除，还可以扫出层中遮罩的内容。各项参数如图 8-357 所示。

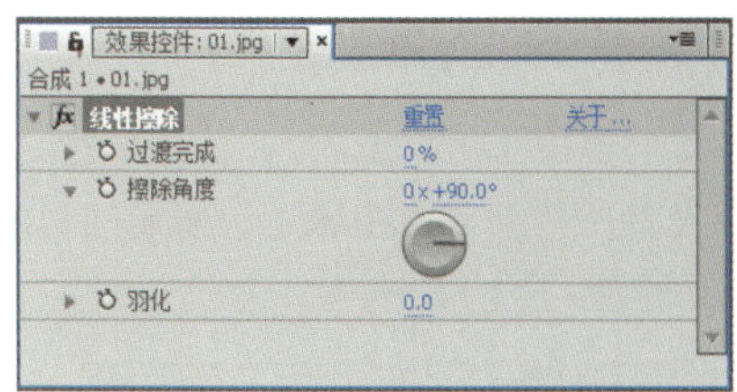

图 8-357

重点参数提醒：

过渡完成：设置转场完成百分比。

擦除角度：设置线性擦除的角度。

羽化：设置擦除线边缘的羽化程度。

8.15　【遮罩】效果

【遮罩】组效果可以创建蒙版用来配合【键控】效果进行抠像处理，可以有效改善抠像的遗留问题。如图 8-358 所示。

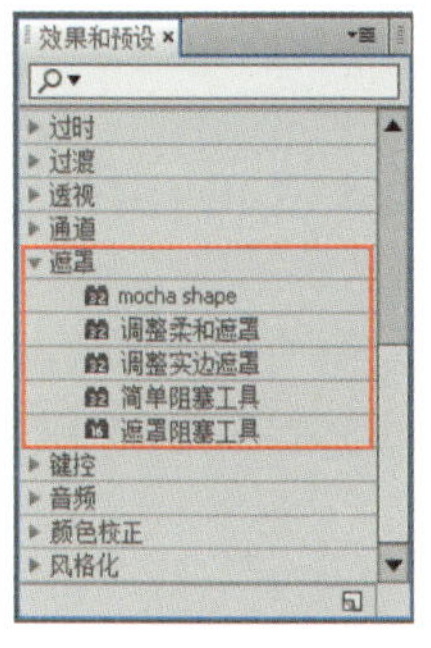

图 8-358

8.15.1　【mocha shape（mocha 形状）】效果

【mocha shape（mocha 形状）】效果能够将 mocha 中的路径转换为蒙版。各项参数如图 8-359 所示。

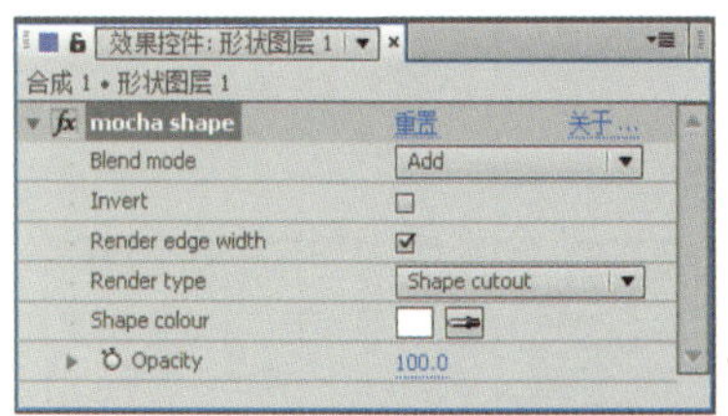

图 8-359

重点参数提醒：

Blend mode（混合模式）：设置蒙版混合模式。

Invert（反转）：勾选即反转。

Render edge width（渲染边缘宽度）：渲染边缘的宽度。

Render type（渲染类型）：设置渲染的类型。

Shape colour（形状颜色）：设置形状的颜色。

Opacity（不透明度）：设置蒙版不透明度。

8.15.2 【调整柔和遮罩】效果

【调整柔和遮罩】效果可以使抠像后的边缘变得平滑，而且还可以设置保留细节及边缘运动模糊的程度。各项参数如图 8-360 所示。

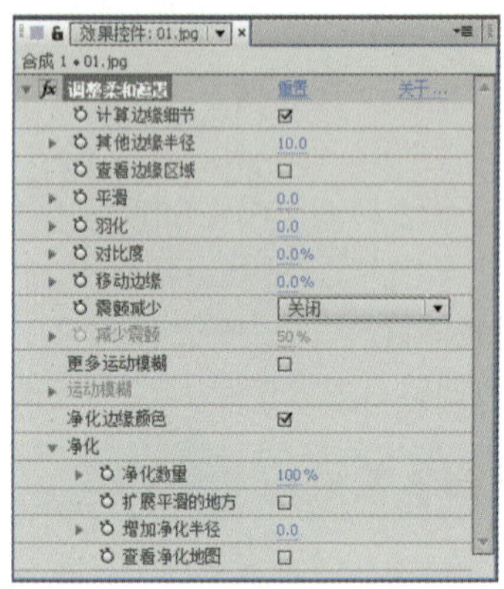

图 8-360

重点参数提醒：

平滑：设置平滑的程度。

羽化：设置羽化的程度。

对比度：设置遮罩对比度。

移动边缘：设置边缘的移动程度。

震颤减少：设置减轻抖动的数值。

更多运动模糊：该选项可以控制是否使用动态模糊效果。

净化边缘颜色：勾选该选项，可以设置净化的程度。

净化：通过【净化数量】、【扩展平滑的地方】、【增加净化半径】和【查看净化地图】选项，对净化边缘颜色进行净化。

8.15.3 【简单阻塞工具】效果

【简单阻塞工具】效果可以对蒙版边界进行简单处理，可以减少或扩大蒙版的边缘，使边缘趋于整齐。各项参数如图 8-361 所示。

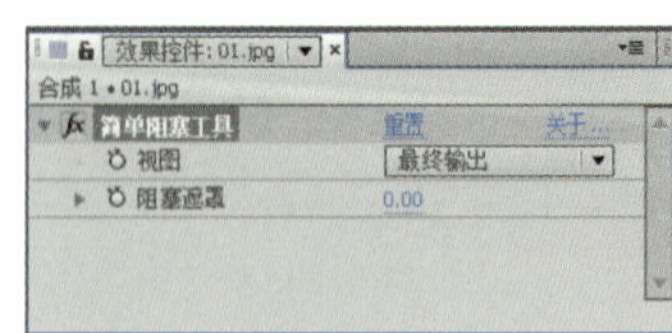

图 8-361

重点参数提醒：

视图：可以设置预览窗口和合成窗口的视图。

阻塞遮罩：设置遮罩阻塞的程度。

8.15.4 【遮罩阻塞工具】效果

【遮罩阻塞工具】效果能够通过 Alpha 通道进行扩展或阻塞通道中剩余像素。该效果常用于抠像后，对边缘进行平滑收缩处理。各项参数如图 8-362 所示。

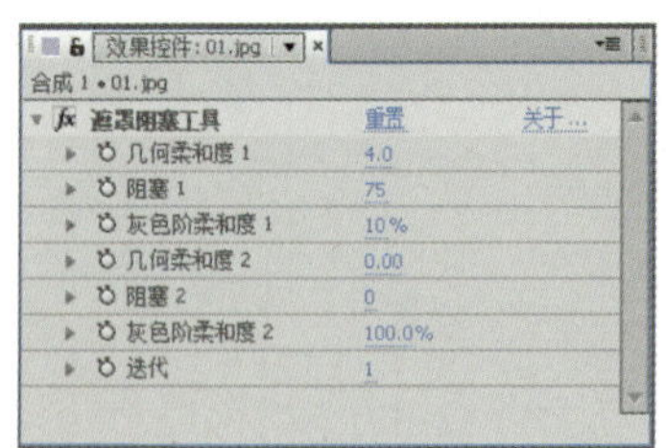

图 8-362

重点参数提醒：

几何柔和度：设置遮罩的柔和程度。

阻塞：设置遮罩的阻塞数值。为正值时收缩，为负值时扩展。

灰色阶柔和度：设置边界的柔和程度。

迭代：设置遮罩的柔和程度与阻塞的反复次数。

8.16 【音频】效果

【音频】效果可以对声音进行处理，从而使音频产生不同的听觉效果。如立体声、回声和变调效果等。在 After Effects 中共包括【变调与合声】、【参数均衡】、【倒放】、【低音和高音】、【调制器】、【高通 / 低通】、【混响】、【立体声混合器】、【延迟】和【音调】10 种音频效果，如图 8-363 所示。

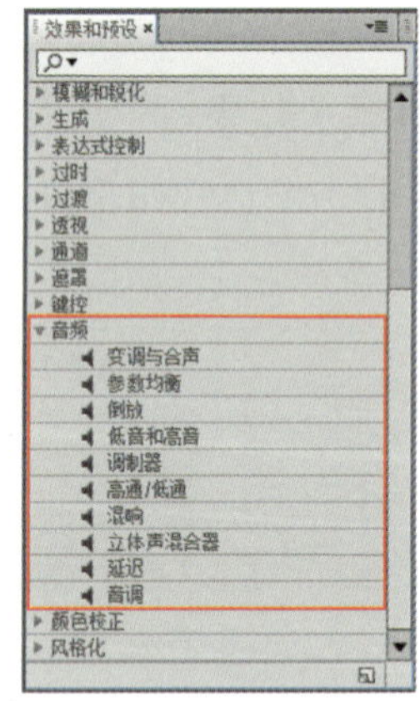

图 8-363

8.16.1 【变调与合声】效果

【变调与合声】效果中包含两个独立效果，可以将声音进行变调与合声处理，使单独的音频效果听起来更具深度，各项参数如图 8-364 所示。

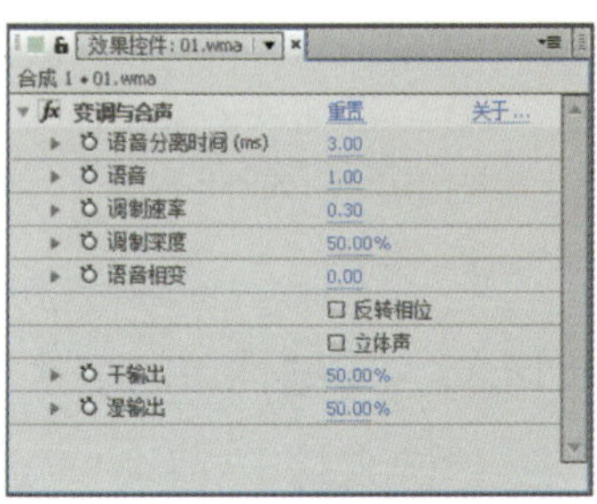

图 8-364

语音分离时间 (ms)：可以将声音分离，分离的声音是原音的延时效果。较低的参数常用于变调效果，较高的参数常用于合声效果。

语音：可以设置和声的数量。

调制速率：可以设置调制的速率。

调制深度：用于设置调制的深度。

语音相变：声音的相位变化。

干输出：即为原音输出，就是不经过修饰的声音输出。

湿输出：即为效果音输出，也就是经过修饰的声音输出。

8.16.2　【参数均衡】效果

【参数均衡】效果可以为音频添加参数均衡器，可以将指定的频率进行强化或衰减。各项参数如图 8-365 所示。

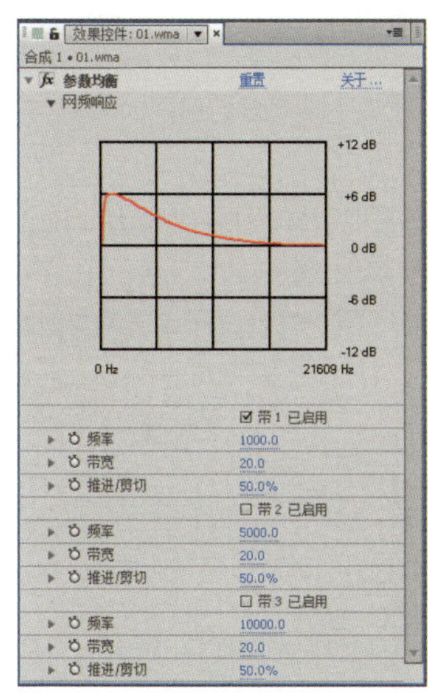

图 8-365

网频响应：频率响应曲线，水平方向代表频率的范围，垂直代表增益值。

带 1 已启用：勾选该项后，可以对相应参数进行调整。最多可以使用三条。

频率：设置调整的频率点。

带宽：设置带宽。

推进 / 剪切：推进或剪切，可以调整增益值。

8.16.3　【倒放】效果

【倒放】效果可以将音频反向播放，即从最后一帧播放到第一帧，而在【时间线】窗口中，这些帧依旧按照原来的顺序排列。各项参数如图 8-366 所示。

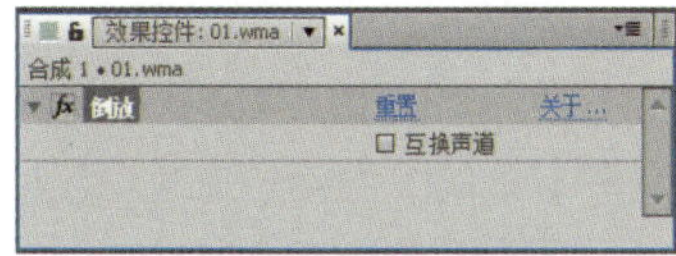

图 8-366

互换声道：通过勾选该选项可以使声道进行互换。

8.16.4　【低音和高音】效果

【低音和高音】效果可以分别调整音频中的低音和高音的音调。各项参数如图 8-367 所示。

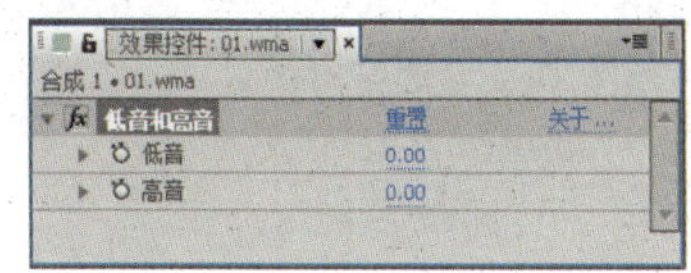

图 8-367

低音：可以调整低音部分音调。

高音：可以调整高音部分音调。

8.16.5　【调制器】效果

【调制器】效果能够改变声音的变化频率和变调程度。各项参数如图 8-368 所示。

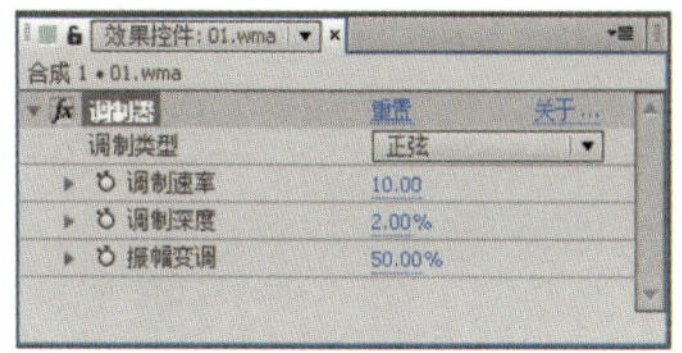

图 8-368

调制类型：可以设置调制音频的类型，包括【正弦】和【三角形】。

调制速率：设置调制的速率。

调制深度：设置调制的深度。

振幅变调：设置变调的百分比。

8.16.6　【高通 / 低通】效果

【高通 / 低通】效果可以在音频中指定一个频率，使只有高于或低于该频率的声音通过，各项参数如图 8-369 所示。

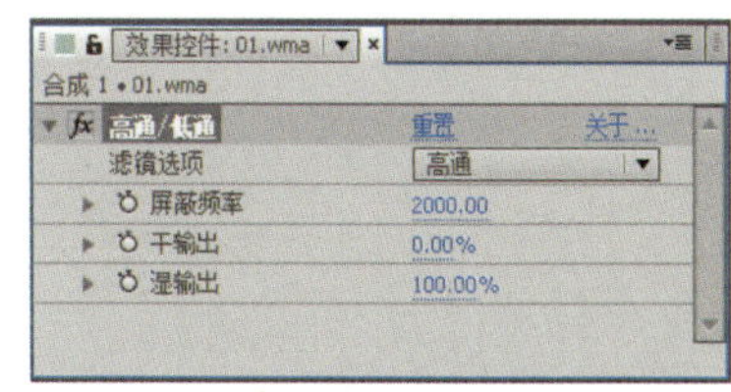

图 8-369

频率选项：设置应用高通滤波器或低通滤波器。

屏蔽频率：设置屏蔽部分的频率。

重点 进阶案例：降低高音效果

案例文件	进阶案例：降低高音效果 .aep
视频教学	DVD/ 多媒体教学 /Chapter07/ 进阶案例：降低高音效果 .flv
难易指数	★★☆☆☆
技术掌握	主要掌握【高通 / 低通】效果的应用

案例分析：

在本案例中，主要学习使用【高通 / 低通】效果来制作降低高音效果，案例的最终效果如图 8-370 所示。

图 8-370

制作步骤：

（1）创建新合成。在【项目】窗口中的空白处单击鼠标右键，然后选择【新建合成】，如图 8-371 所示。

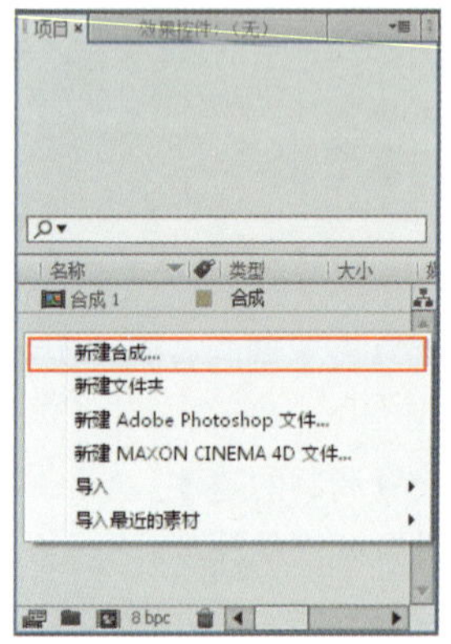

图 8-371

（2）在【合成设置】窗口中，并设置【合成名称】为【合成 1】，【宽度】为 960 像素，【高度】为 540 像素，【像素长宽比】为【方形像素】，【帧速率】为 25 帧 / 秒，【持续时间】为 20 秒。最后单击【确定】按钮，如图 8-372 所示。

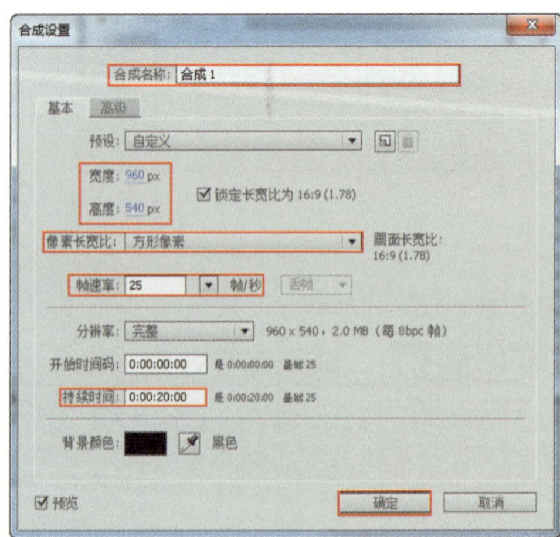

图 8-372

（3）在【项目】窗口中的空白处双击鼠标左键，然后在弹出的对话框中选择所需素材，并单击【导入】按钮，如图 8-373 所示。

图 8-373

（4）将【项目】窗口中的【影片 .avi】和【01.mp3】素材文件按顺序拖拽到【时间线】窗口中，如图 8-374 所示。

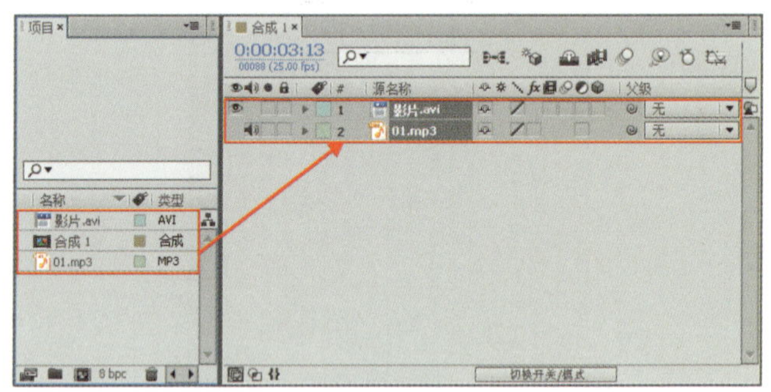

图 8-374

（5）将【效果和预设】面板中的【高通 / 低通】效果添加到【时间线】窗口中的【01.mp3】素材文件上，如图 8-375 所示。

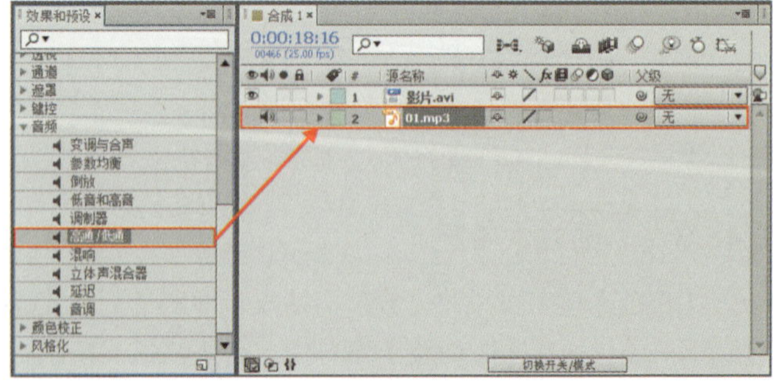

图 8-375

（6）选择【时间线】窗口中的【01.mp3】素材文件，然后在【效果控件】面板中设置【高通 / 低通】效果的【滤镜选项】为【低通】，【屏蔽频率】为 800，如图 8-376 所示。

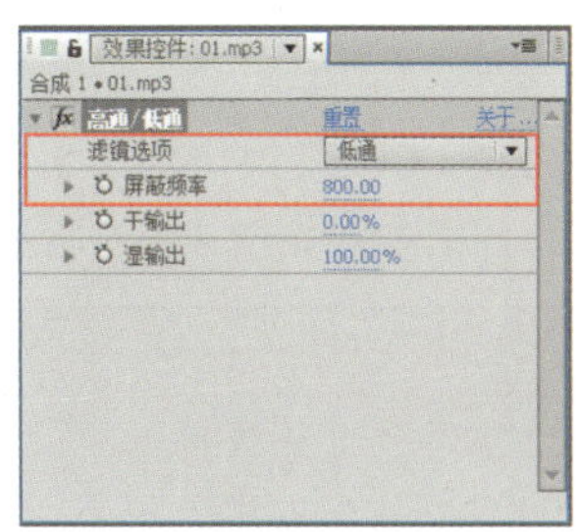

图 8-376

（7）此时按小键盘的 <0> 数字键，即可预览影片和音频效果。此时的画面效果如图 8-377 所示。

图 8-377

求生秘籍——软件技能：单独预览音频

若只想单独预览音频效果，可以按小键盘上的 <.>，即可仅预览音频效果。也可以在菜单栏中执行【合成】/【预览】/【音频预览（从当前处开始）】命令，如图 8-378 所示。

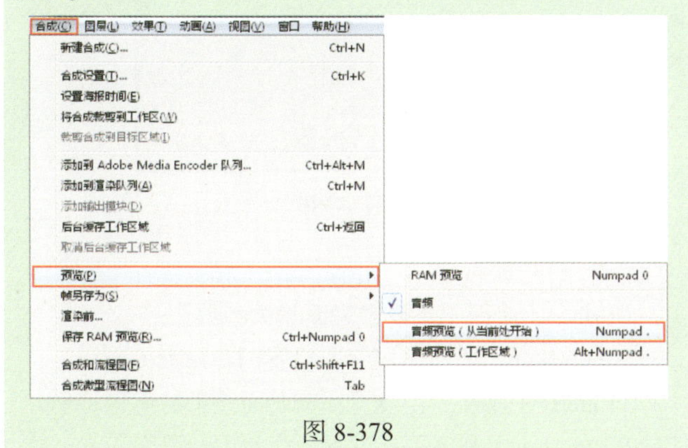

图 8-378

8.16.7 【混响】效果

【混响】效果可以在音频中随机加入声音的反射，模拟混响的声音，各项参数如图 8-379 所示。

混响时间（毫秒）：可以设置混响的时间，以毫秒为单位。

扩散：设置扩散的效果。

衰减：设置声音效果的逐渐消失程度。

亮度：设置声音的明亮度。

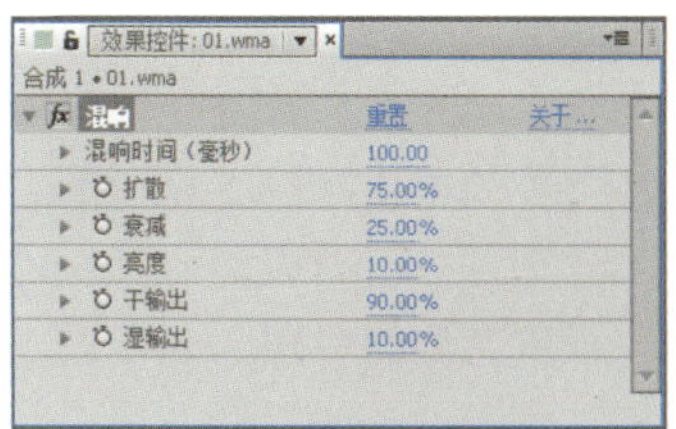

图 8-379

8.16.8 【立体声混合器】效果

【立体声混合器】效果可以设置左声道和右声道的音量大小和相位，从而达到较好的立体声效果。各项参数如图 8-380 所示。

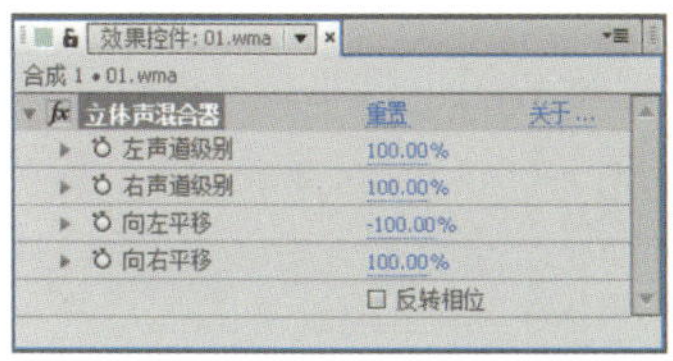

图 8-380

左声道级别：设置左声道的音量级别。

右声道级别：设置右声道的音量级别。

向左平移：设置左声道的相位。

向右平移：设置右声道的相位。

8.16.9 【延迟】效果

【延迟】效果可以使音频的声音在指定的时间产生反复的效果，模拟回声效果。各项参数如图 8-381 所示。

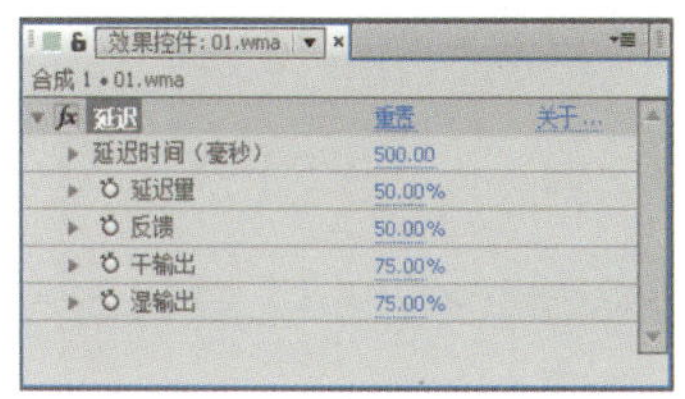

图 8-381

延迟时间（毫秒）：设置延迟的时间，以毫秒为单位。

延迟量：设置延迟的量。

反馈：设置反馈的程度。

8.16.10 【音调】效果

【音调】效果可以将音频改变音调，从而产生特殊的声音效果，如电话铃声、警笛声等。各项参数如图 8-382 所示。

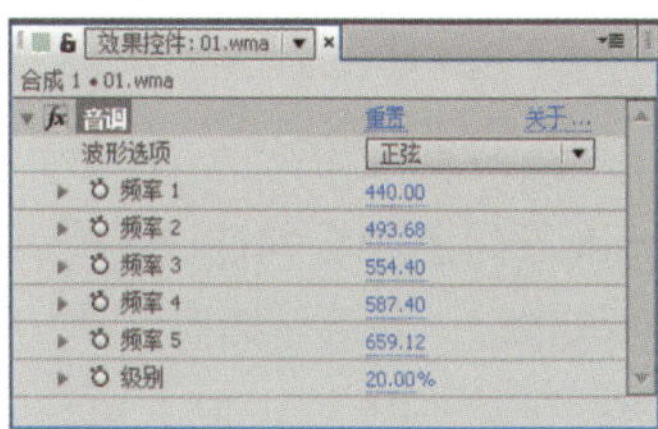

图 8-382

波形选项：设置音频的波形。包括【正弦】、【三角形】、【锯子】和【正方形】。

频率 1/2/3/4/5（频率 1/2/3/4/5）：可以设置五个音调的频率点。

级别：可以设置音调的级别。

求生秘籍——技巧提示：音调级别设置过高会出现警告声

若在音频预览的时候出现警告声，则说明音调的级别设置过高。

8.17 【风格化】效果

【风格化】效果组可以对素材进行比较仿真的效果处理效果，如下雨、波纹、粉碎等等效果。如图 8-383 所示。

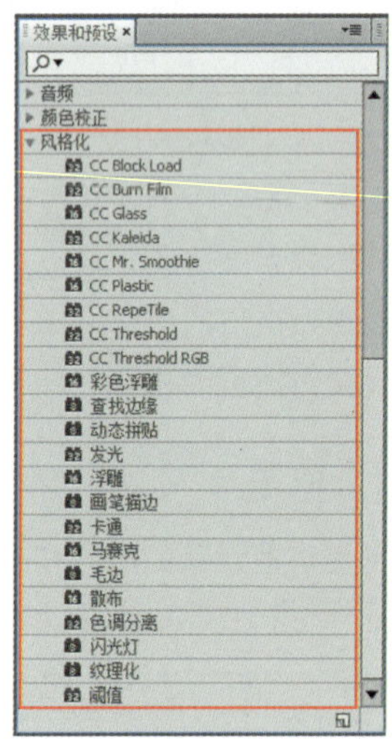

图 8-383

8.17.1 【 CC Block Load（块状载入）】效果

【CC Block Load（块状载入）】效果可以使素材画面以像素块的逐行扫描模式出现，各项参数如图 8-384 所示。

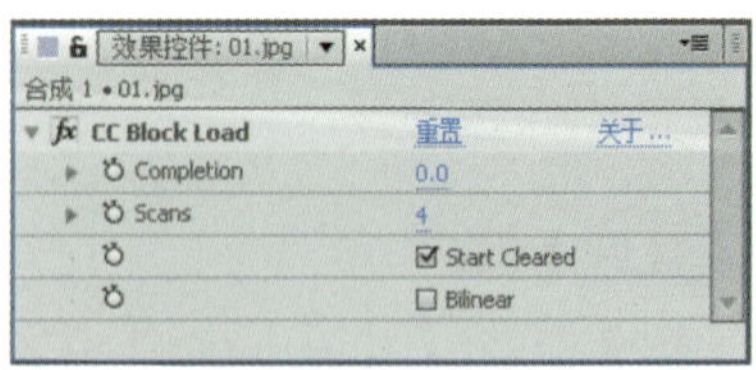

图 8-384

重点参数提醒：

Completion（完成）：设置过渡完成百分比。

Scans（扫描）：设置扫描的次数。

Start Cleared（开始清除）：勾选该选项，即从清除开始。

Bilinear（双线性）：勾选该选项，即为双线扫描模式。

8.17.2 【CC Burn Film（CC 胶片烧灼）】效果

【CC Burn Film（CC 胶片烧灼）】效果能够使图像产生烧灼的效果。各项参数如图 8-385 所示。

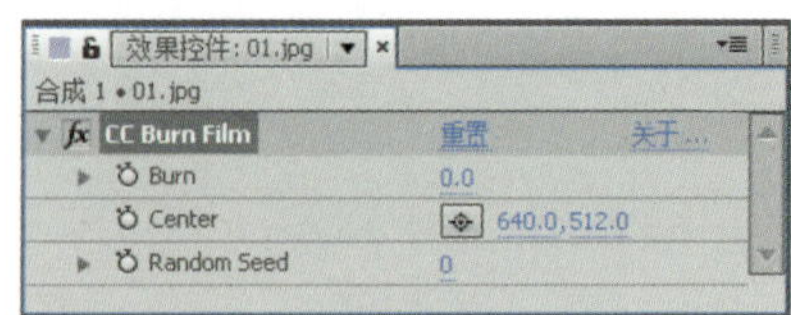

图 8-385

重点参数提醒：

Burn（烧灼）：设置图像上的烧灼程度。

Center（中心）：设置产生烧灼的中心位置。

Random Seed（随机种子）：设置随机种子。

8.17.3 【CC Glass（CC 玻璃）】效果

【CC Glass（CC 玻璃）】效果可以使图像产生玻璃表面的光泽效果，各项参数如图 8-386 所示。

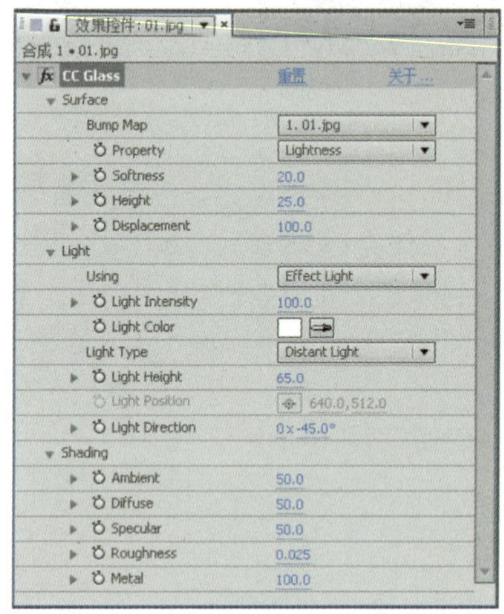

图 8-386

重点参数提醒：

Surface（表面）：设置表面相关参数。

Bump Map（凹凸贴图）：设置凹凸贴图的图层。

Property（属性）：设置当前画面效果的通道类型。

Softness（柔和度）：设置画面的柔和程度。

Height（高度）：设置玻璃的凸起高度效果。

Displacement（移位）：设置图像的移位程度。

Light（灯光）：设置灯光照射的角度和强度等属性。

Shading（阴影）：设置图像的阴影效果。

8.17.4 【CC Kaleida（CC 万花筒）】效果

【CC Kaleida（CC 万花筒）】效果可以使画面产生类似万花筒的效果，各项参数如图 8-387 所示。

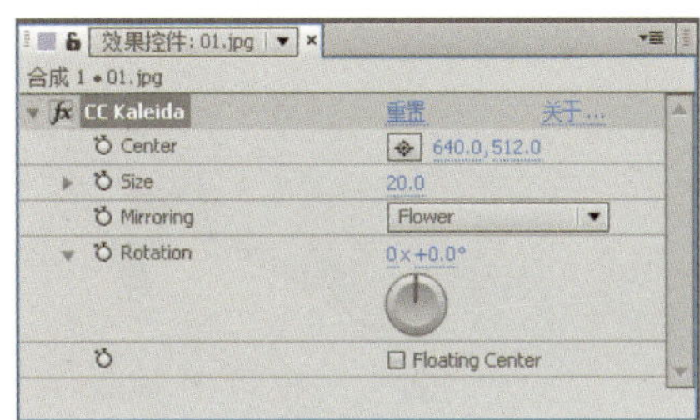

图 8-387

重点参数提醒：

Center（中心）：设置产生效果的中心位置。

Size（大小）：设置产生的万花筒图案大小。

Mirroring（镜像）：设置镜像图案的类型。

Rotation（旋转）：设置万花筒图案的旋转角度。

应用【CC Kaleida（CC 万花筒）】的前后对比效果，如图 8-388 所示。

图 8-388

8.17.5 【CC Mr.Smoothie（CC 像素溶解）】效果

【CC Mr.Smoothie（CC 像素溶解）】效果可以使图像画面产生色彩流动的溶解效果，各项参数如图 8-389 所示。

图 8-389

重点参数提醒：

Flow Layer（流动图层）：设置产生流动效果的图层。

Property（属性）：设置像素溶解依据通道属性。

Sample A（样品 A）：设置 A 点的位置。

Sample B（样品 B）：设置 B 点的位置。

Phase（相位）：设置相位角度。

Color Loop（颜色循环）：设置颜色循环类型。

8.17.6 【CC Plastic（CC 塑料）】效果

【CC Plastic（CC 塑料）】效果可以使素材图像产生类似塑料凸起反光的效果，各项参数如图 8-390 所示。

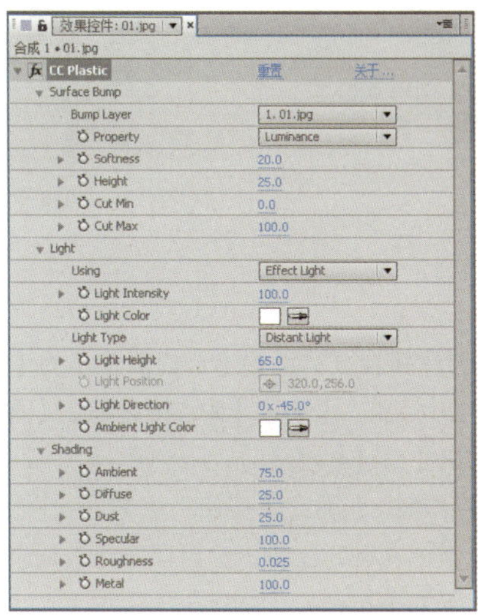

图 8-390

重点参数提醒：

Bump Layer（凹凸图层）：设置出现凹凸效果的图层。

Property（属性）：设置像素依据通道属性。

Softness（柔和度）：设置柔和程度。

Height（高度）：设置凸起高度。

Cut Min（剪切最小）：设置最小的剪切度。

Cut Max（剪切最大）：设置最大的剪切度。

Light（灯光）：设置灯光的角度和灯光强度等。

Shading（阴影）：设置图像的阴影效果。

重点▶ 进阶案例：塑料质感效果

案例文件	进阶案例：塑料质感效果 .aep
视频教学	DVD/ 多媒体教学 /Chapter08/ 进阶案例：塑料质感效果 .flv
难易指数	★★☆☆☆
技术掌握	主要掌握【CC 塑料】效果的应用

案例分析：

在本案例中，主要学习使用【CC 塑料】效果来制作塑料质感效果，案例的最终效果如图 8-391 所示。

图 8-391

思路解析如图 8-392 所示。

图 8-392

制作步骤：

1. 制作背景

（1）创建新合成。设置【合成名称】为【合成 1】，【宽度】为 720 像素，【高度】为 576 像素，【像素长宽比】为【方形像素】，【帧速率】为 25 帧 / 秒，【持续时间】为 5 秒，然后单击【确定】按钮。接着在【项目】窗口中空白处双击鼠标左键，在弹出的窗口中选择所需素材文件，然后单击【导入】按钮，如图 8-393 所示。

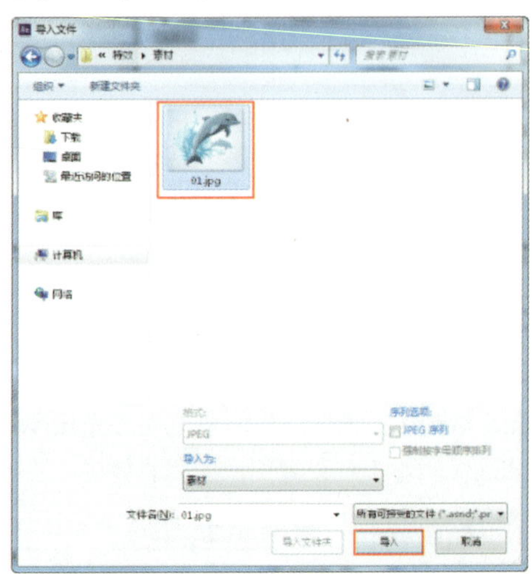

图 8-393

（2）将【项目】窗口中的【背景 .jpg】素材文件拖拽到【时间线】窗口中，并设置【缩放】为 74%，如图 8-394 所示。

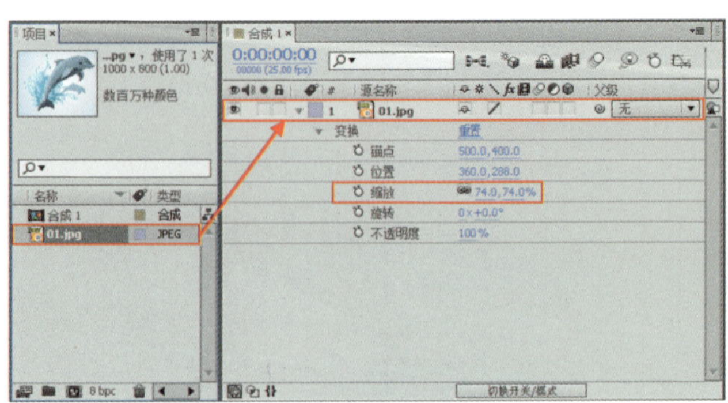

图 8-394

（3）此时在【合成】窗口中查看当前效果，如图 8-395 所示。

图 8-395

2. 制作塑料效果

（1）为【01.jpg】图层添加【CC Plastic（CC 塑料）】效果，然后在【效果控件】面板中设置【Cut Min（剪切最小）】为 12。设置【Light（灯光）】属性下的【Light Height（灯光高度）】为 63，【Light Direction（灯光方向）】为 128° ，如图 8-396 所示。此时效果如图 8-397 所示。

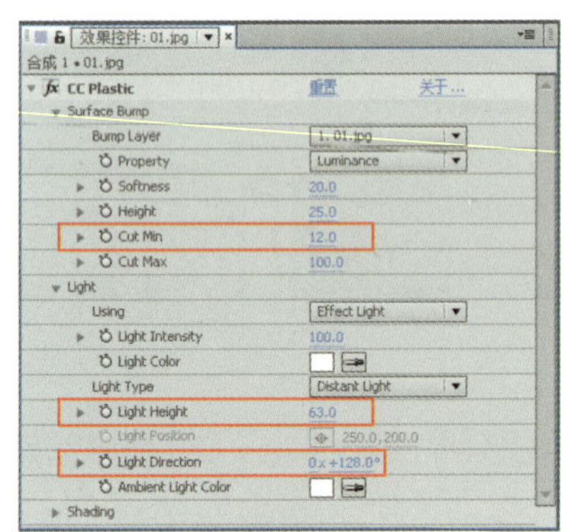

图 8-396

图 8-397

求生秘籍——技巧提示：调整【CC Plastic（CC 塑料）】效果的灯光属性技巧

根据图像的光线来源和色调分布调整【CC Plastic（CC 塑料）】效果的【Light（灯光）】属性，包括【Light Height（灯光高度）】和【Light Direction（灯光方向）】等，这样可以使画面更加和谐。

（2）打开【CC Plastic（CC 塑料）】效果下的【Shading（阴影）】属性，并设置【Roughness（粗糙度）】为 0.012，【Metal（金属）】为 60，如图 8-398 所示。

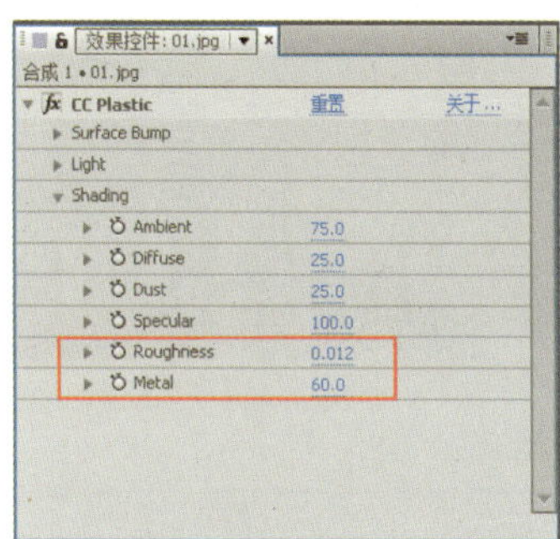

图 8-398

（3）此时查看最终效果，如图 8-399 所示。

图 8-399

8.17.7　【CC Threshold（CC 阈值）】效果

【CC Threshold（CC 阈值）】效果可以使画面中高于指定阈值的部分呈白色，低于指定阈值则呈黑色。各项参数如图 8-400 所示。

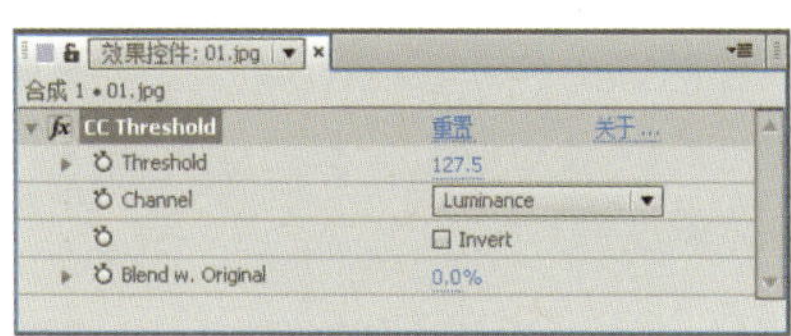

图 8-400

重点参数提醒：

Threshold（阈值）：设置阈值。

Channel（通道）：选择依据的通道。

Invert（反转）：勾选该选项，即可反转阈值效果。

8.17.8　【彩色浮雕】效果

【彩色浮雕】效果可以使画面产生带有本身色彩的浮雕效果，各项参数如图 8-401 所示。

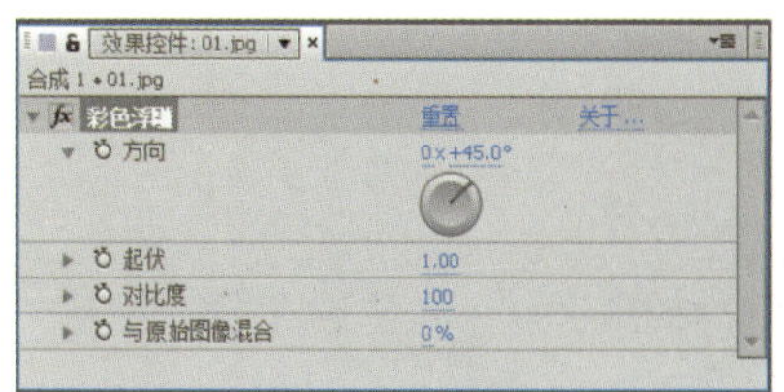

图 8-401

重点参数提醒：

方向：设置浮雕的方向。

起伏：设置浮雕的起伏程度。

对比度：设置浮雕效果的对比度效果。

8.17.9　【查找边缘】效果

【查找边缘】效果可以强化素材图像的边缘，从而产生彩色的轮廓线条。各项参数如图 8-402 所示。

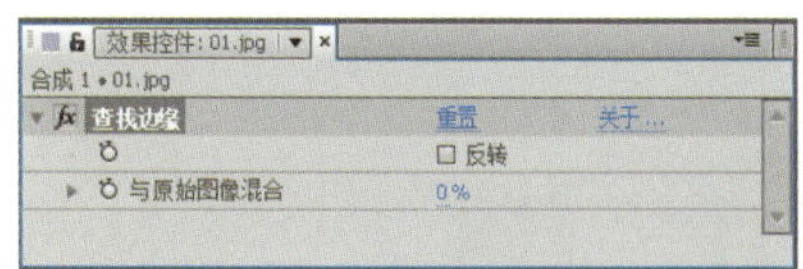

图 8-402

重点参数提醒：

反转：勾选该选项，即可反转边缘效果。

重点 进阶案例：彩色手绘效果

案例文件	进阶案例：彩色手绘效果 .aep
视频教学	DVD/ 多媒体教学 /Chapter08/ 进阶案例：彩色手绘效果 .flv
难易指数	★★☆☆☆
技术掌握	主要掌握【查找边缘】效果的应用

案例分析：

在本案例中，主要学习使用【自动色阶】和【查找边缘】效果来制作彩色手绘效果，案例的最终效果如图 8-403 所示。

图 8-403

思路解析如图 8-404 所示。

图 8-404

制作步骤：

1. 制作背景

（1）创建新合成。设置【合成名称】为【合成 1】，【宽度】为 720 像素，【高度】为 576 像素，【像素长宽比】为【方形像素】，【帧速率】为 25 帧 / 秒，【持续时间】为 5 秒，然后单击【确定】按钮。接着在【项目】窗口中空白处双击鼠标左键，在弹出的窗口中选择所需素材文件，然后单击【导入】按钮，如图 8-405 所示。

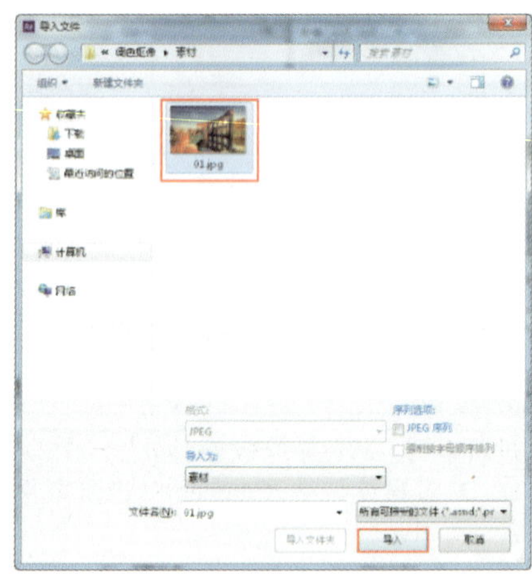

图 8-405

（2）将【项目】窗口中的【01.jpg】素材文件拖拽到【时间线】窗口中，并设置【缩放】为 73%，如图 8-406 所示。

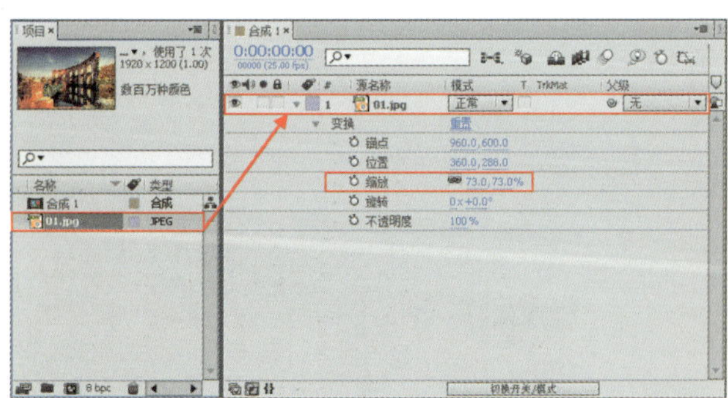

图 8-406

（3）此时在【合成】窗口中查看效果，如图 8-407 所示。

2. 制作手绘效果

（1）为【时间线】窗口中的【01.jpg】图层添加【自动色阶】效果，然后在【效果控件】面板中设置【自动色阶】效果的【修剪黑色】为 3%，如图 8-408 所示。此时效果如图 8-409 所示。

图 8-407

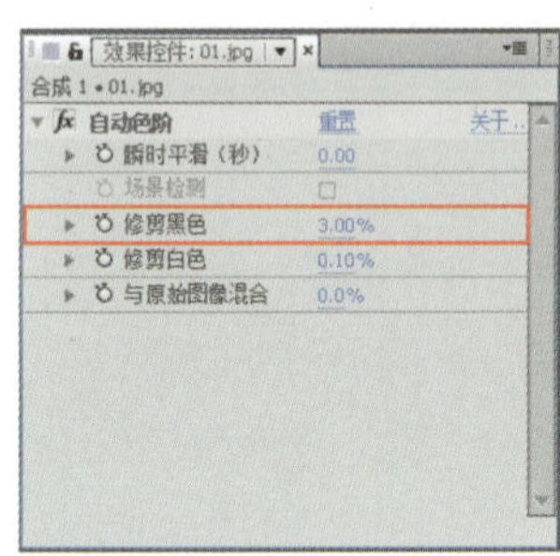

图 8-408

图 8-409

求生秘籍——技巧提示：灵活应用【色阶】效果

通过调整图像的色阶，使图像的边缘更加清晰，颜色更加明朗。此时再添加【查找边缘】效果即可得到较好的颜色和线条效果。

（2）为【01.jpg】图层添加【查找边缘】效果，然后在【效果控件】面板中设置【查找边缘】效果的【与原始图像混合】为 10%，如图 8-410 所示。此时效果如图 8-411 所示。

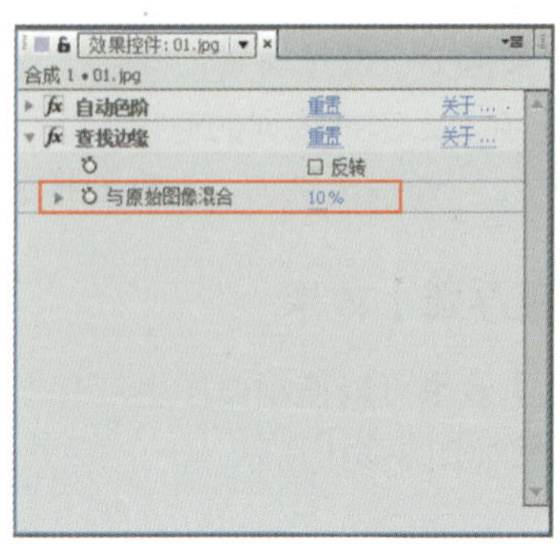

图 8-410

图 8-411

8.17.10　【动态拼贴】效果

【动态拼贴】效果可以使画面变为多个画面拼贴，并能设置拼贴的画面宽度、高度等，各项参数如图 8-412 所示。

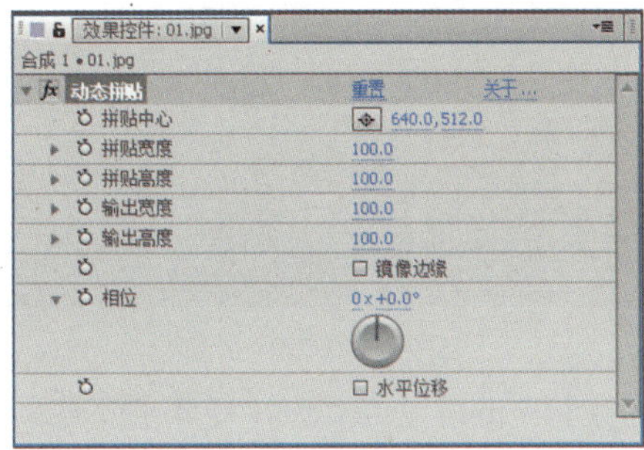

图 8-412

重点参数提醒：

拼贴中心：设置设置拼贴的中心位置。

拼贴宽度：设置拼贴块的宽度。

拼贴高度：设置拼贴块的高度。

输出宽度：设置在屏幕中输出的宽度。

输出高度：设置在屏幕中输出的高度。

镜像边缘：勾选该选项，可以在边缘产生镜像效果。

相位：设置拼贴相位。

水平位移：勾选该选项，可以使画面产生水平位移。

8.17.11　【浮雕】效果

【浮雕】效果与【彩色浮雕】效果相似，但却是灰色的浮雕效果。各项参数如图 8-413 所示。

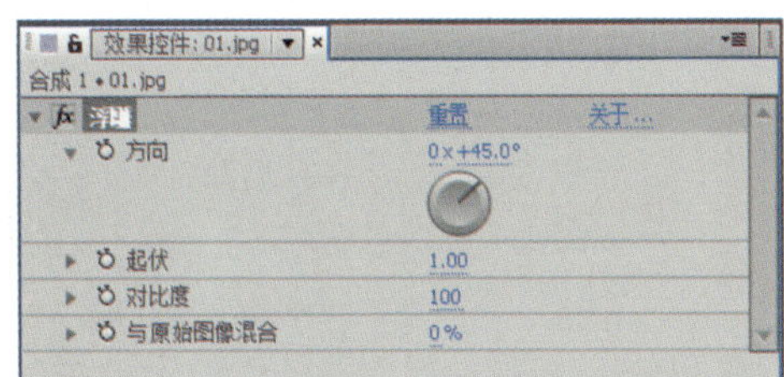

图 8-413

重点参数提醒：

方向：设置浮雕方向。

起伏：设置浮雕的尺寸大小。

对比度：设置与原图的浮雕对比度。

重点 进阶案例：浮雕画效果

案例文件	进阶案例：浮雕画效果 .aep
视频教学	DVD/ 多媒体教学 /Chapter08/ 进阶案例：浮雕画效果 .flv
难易指数	★★☆☆☆
技术掌握	主要掌握【浮雕】效果的应用

案例分析：

在本案例中，主要学习使用【黑色和白色】以及【浮雕】效果来制作浮雕画效果，案例的最终效果如图 8-414 所示。

思路解析如图 8-415 所示。

图 8-414

图 8-415

制作步骤：

1. 制作背景

（1）创建新合成。并设置【合成名称】为【合成 1】，【宽度】为 720 像素，【高度】为 576 像素，【像素长宽比】为【方形像素】，【帧速率】为 25 帧 / 秒，【持续时间】为 5 秒，然后单击【确定】按钮。接着在【项目】窗口中空白处双击鼠标左键，在弹出的窗口中选择所需素材文件，然后单击【导入】按钮，如图 8-416 所示。

（2）将【项目】窗口中的【01.jpg】素材文件拖拽到【时间线】窗口中，并设置【缩放】为 76%，如图 8-417 所示。

（3）在【合成】窗口中查看此时效果，如图 8-418 所示。

图 8-416

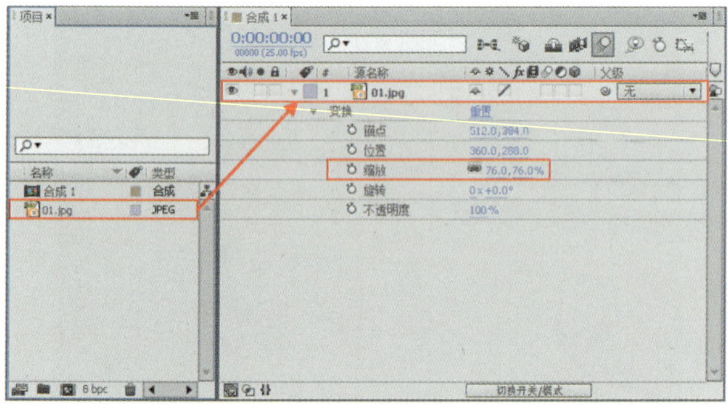

图 8-417

图 8-418

2．制作黑白浮雕

（1）将【效果和预设】面板中的【黑色和白色】效果添加到【01.jpg】素材文件上，如图 8-419 所示。此时效果如图 8-420 所示。

求生秘籍——技巧提示：搭配使用【黑色和白色】效果

因为浮雕的效果多为黑白色调，颜色过多会影响浮雕效果的应用。所以为图像添加【黑色和白色】效果改变其色调，提高浮雕效果的真实度。

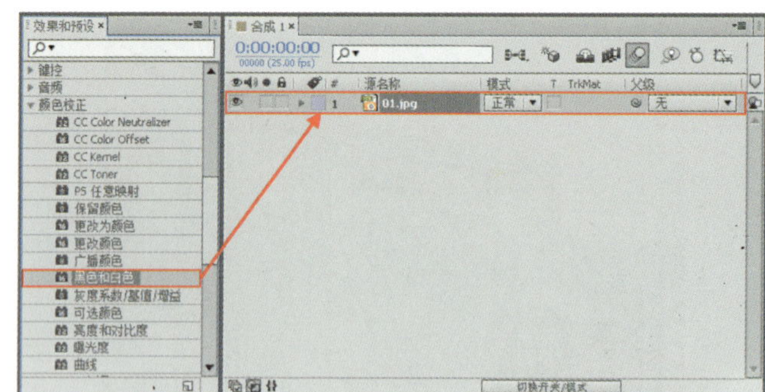

图 8-419

图 8-420

（2）为【01.jpg】图层添加【浮雕】效果，并在【效果控件】面板中设置【方向】为 108°，【起伏】为 2，【对比度】为 60，如图 8-421 所示。此时效果如图 8-422 所示。

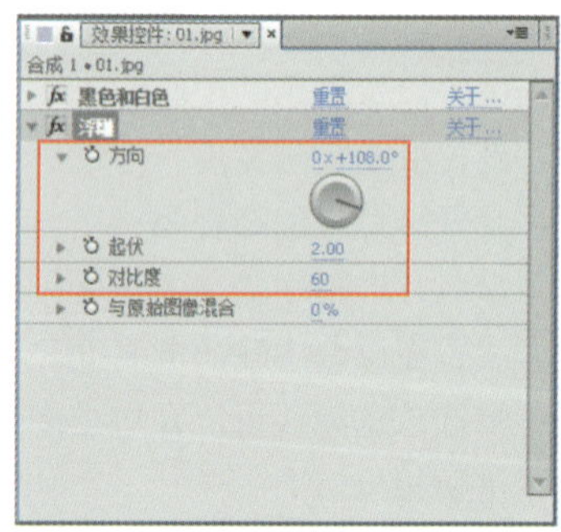

图 8-421

图 8-422

8.17.12　【画笔描边】效果

【画笔描边】效果可以使图像产生类似带有笔触的水彩画效果，各项参数如图 8-423 所示。

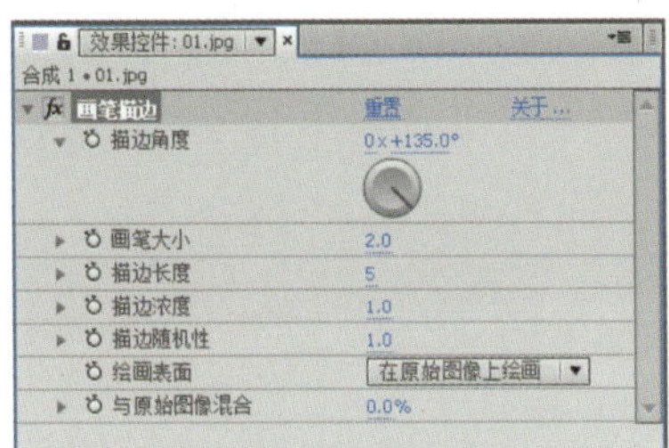

图 8-423

重点参数提醒：

描边角度：设置笔触的角度。

画笔大小：设置画笔的尺寸大小。

描边长度：设置单个笔触的长度。

描边浓度：设置笔触的密度。

描边随机性：设置笔触的随机性。

绘画表面：设置绘画笔触与背景的模式。

8.17.13　【卡通】效果

【卡通】效果可以使图像画面产生实色填充或线描的卡通绘画效果，各项参数如图 8-424 所示。

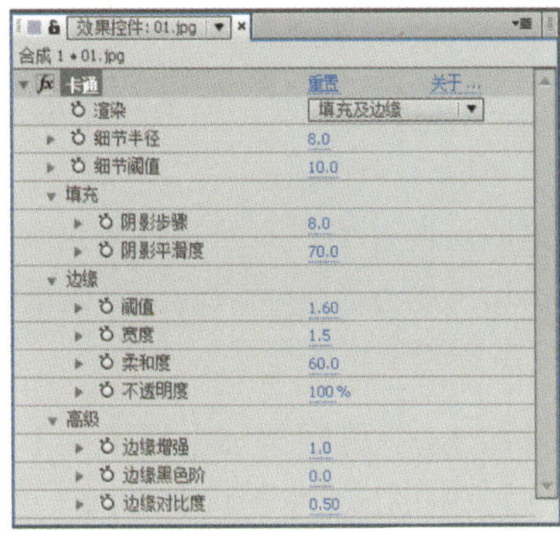

图 8-424

重点参数提醒：

渲染：可以设置渲染的模式，包括【填充】、【边缘】、【填充与边缘】。

细节半径：设置细节的半径数值。

细节阈值：设置细节阈值数值。

填充：该项下的参数可以设置阴影相关参数。

阴影步骤：设置阴影的层次数值。

阴影平滑度：设置阴影的平滑度数值。

边缘：可以设置边缘的阈值、宽度等。

阈值：设置阈值大小。

宽度：设置宽度大小。

柔和度：设置柔化的程度。

不透明度：设置边缘的不透明度。

高级：可以设置边缘的高级属性。

边缘增强：设置边缘强调数值。

边缘黑色阶：设置边缘的黑色阶数值。

边缘对比度：设置边缘的对比度数值。

应用【卡通】的前后对比效果如图 8-425 所示。

图 8-425

8.17.14　【马赛克】效果

【马赛克】效果可以使画面上产生马赛克效果，并可以设置马赛克的数量，各项参数如图 8-426 所示。

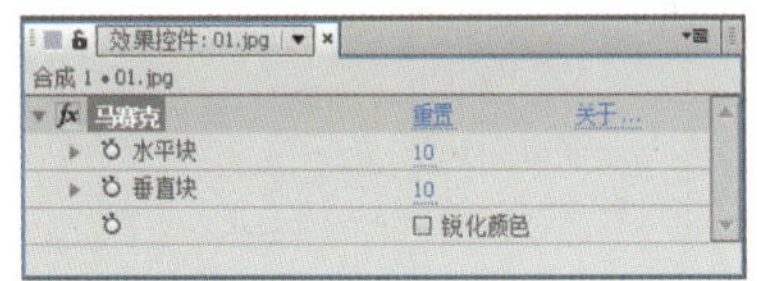

图 8-426

重点参数提醒：

水平块：设置马赛克横块数值。

垂直块：设置马赛克垂直块数值。

锐化颜色：选择形状颜色。

重点 进阶案例：局部马赛克效果

案例文件	进阶案例：局部马赛克效果 .aep
视频教学	DVD/ 多媒体教学 /Chapter08/ 进阶案例：局部马赛克效果 .flv
难易指数	★★☆☆☆
技术掌握	主要掌握【马赛克】效果的应用

案例分析：

在本案例中，主要学习使用【马赛克】效果来制作局部马赛克效果，案例的最终效果如图 8-427 所示。

图 8-427

思路解析如图 8-428 所示。

图 8-428

制作步骤：

（1）创建新合成。设置【合成名称】为【合成 1】，【宽度】为 720 像素，【高度】为 576 像素，【像素长宽比】为【方形像素】，【帧速率】为 25 帧 / 秒，【持续时间】为 5 秒，然后单击【确定】按钮。接着在【项目】窗口中空白处双击鼠标左键，在弹出的窗口中选择所需素材文件，然后单击【导入】按钮，如图 8-429 所示。

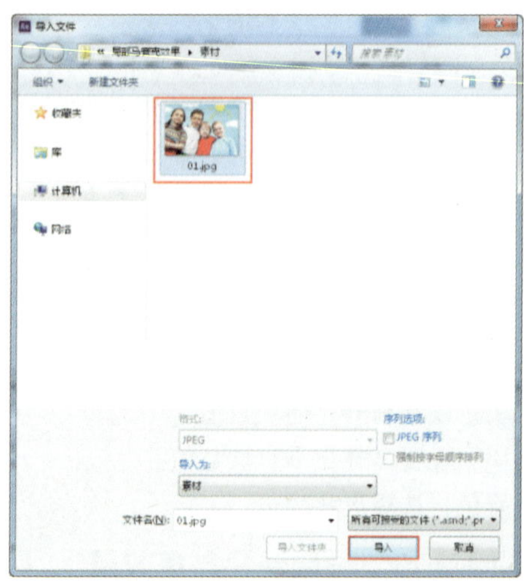

图 8-429

（2）将【项目】窗口中的【01.jpg】素材文件拖拽到【时间线】窗口中，并设置【缩放】为 74%，【位置】为（414.0,288.0），如图 8-430 所示。

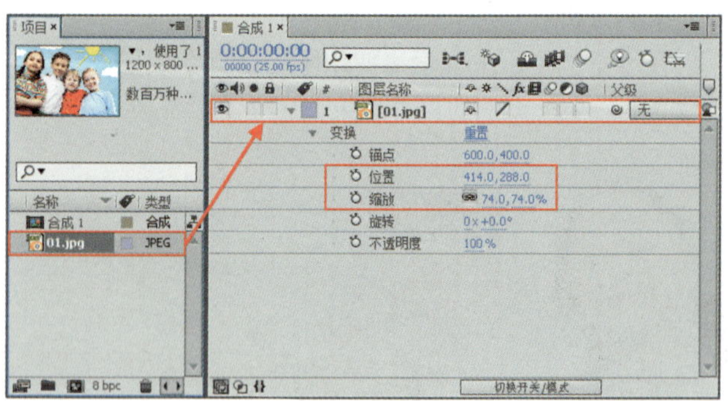

图 8-430

（3）选择【时间线】窗口中的【01.jpg】图层，然后按快捷键 <Ctrl+D> 进行复制，并重命名为【02.jpg】，如图 8-431 所示。

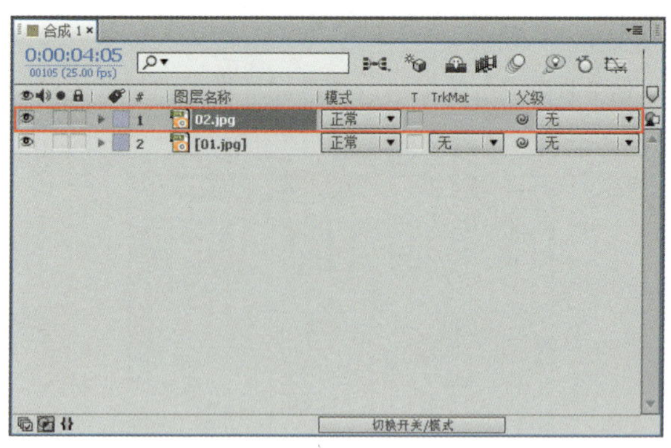

图 8-431

（4）选择【矩形】工具，然后在【02.jpg】图层的合适位置绘制一个矩形遮罩，如图 8-432 所示。

图 8-432

求生秘籍——技巧提示：使用遮罩确定效果应用范围

绘制遮罩的目的是确定添加马赛克效果的范围，所以遮罩的形状和大小并不是固定的，可以根据当前图像进行适当的绘制和调整。

（5）为【02.jpg】图层添加【马赛克】效果，并在【效果控件】面板中设置【水平块】为 20，【垂直块】为 20，如图 8-433 所示。

（6）此时在【合成】窗口中查看最终效果，如图 8-434 所示。

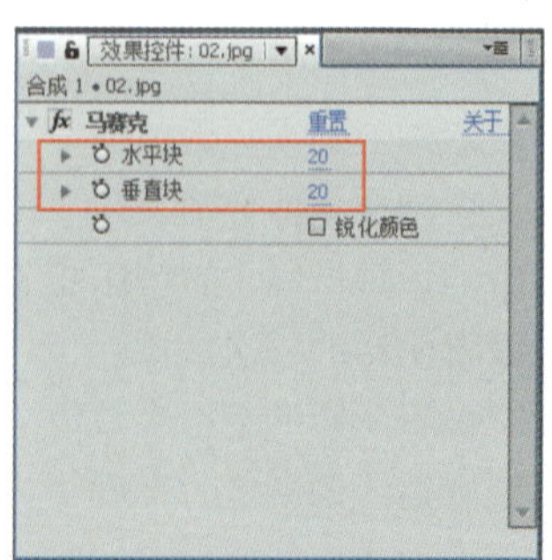

图 8-433

图 8-434

8.17.15 【毛边】效果

【毛边】效果能够将素材画面的边缘模拟出腐蚀和锈迹等效果。各项参数如图 8-435 所示。

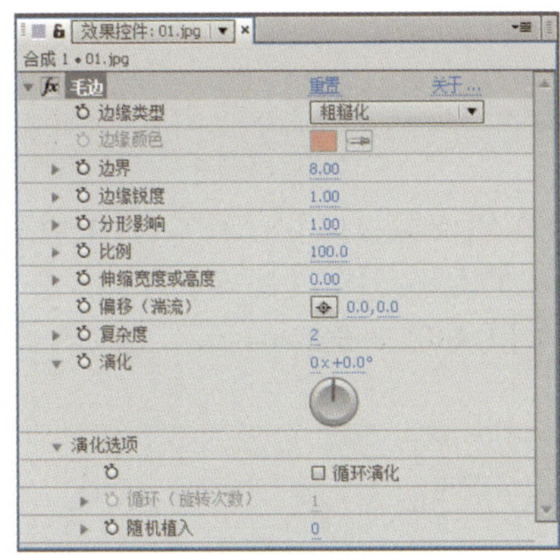

图 8-435

重点参数提醒：

边缘类型：设置边缘的类型。包括【粗糙化】、【剪切】、【生锈】等。

边缘颜色：设置边缘的颜色。

边界：设置边界大小。

边缘锐度：设置边缘的锐度。

分形影响：设置分散的密度。

比例：设置毛边的比例。

伸缩宽度或高度：设置控制宽度和高度的延伸程度。

偏移（湍流）：设置效果的偏移。

复杂度：设置复杂度。

演化：设置边缘的变化程度。

演化选项：演变选项的设置。

随机植入：设置随机效果。

重点 进阶案例：锈迹金属效果

案例文件	进阶案例：锈迹金属效果 .aep
视频教学	DVD/ 多媒体教学 /Chapter08/ 进阶案例：锈迹金属效果 .flv
难易指数	★★☆☆☆
技术掌握	主要掌握【毛边】和【斜面 Alpha】效果的应用

案例分析：

在本案例中，主要学习使用【毛边】、【梯度渐变】、【斜面 Alpha】效果来制作锈迹金属效果，案例的最终效果如图 8-436 所示。

图 8-436

思路解析如图 8-437 所示。

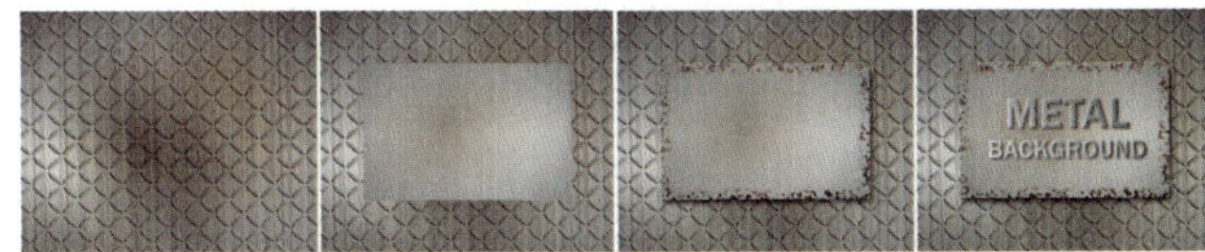

图 8-437

制作步骤：

1. 制作背景

（1）创建新合成。设置【合成名称】为【合成 1】，【宽度】为 720 像素，【高度】为 576 像素，【像素长宽比】为【方形像素】，【帧速率】为 25 帧 / 秒，【持续时间】为 5 秒，然后单击【确定】按钮。接着在【项目】窗口中空白处双击鼠标左键，在弹出的窗口中选择所需素材文件，然后单击【导入】按钮，如图 8-438 所示。

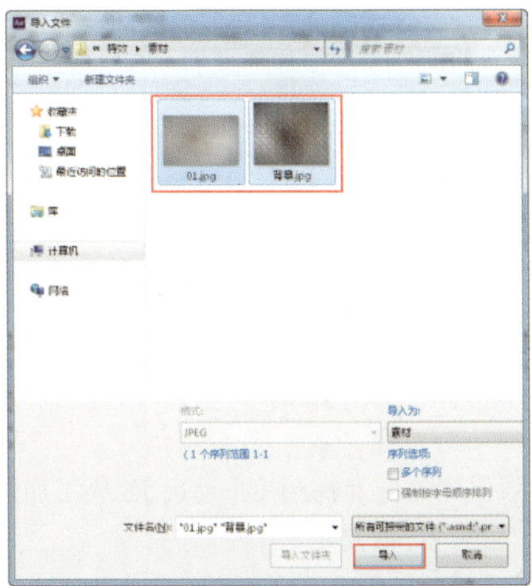

图 8-438

（2）将【项目】窗口中的【背景.jpg】素材文件拖拽到【时间线】窗口中，并设置【缩放】为73%，如图8-439所示。

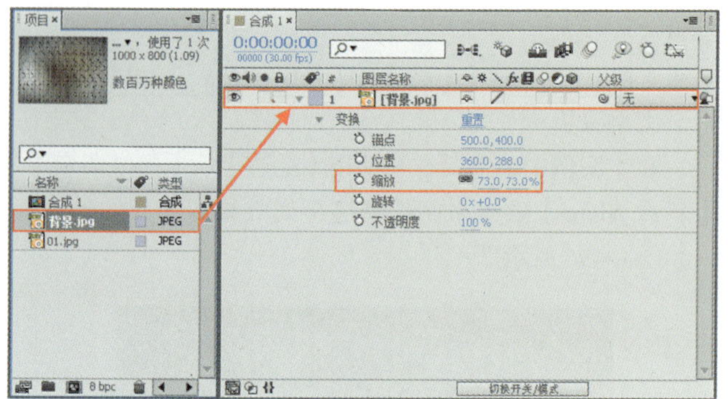

图8-439

（3）此时在【合成】窗口中查看当前效果，如图8-440所示。

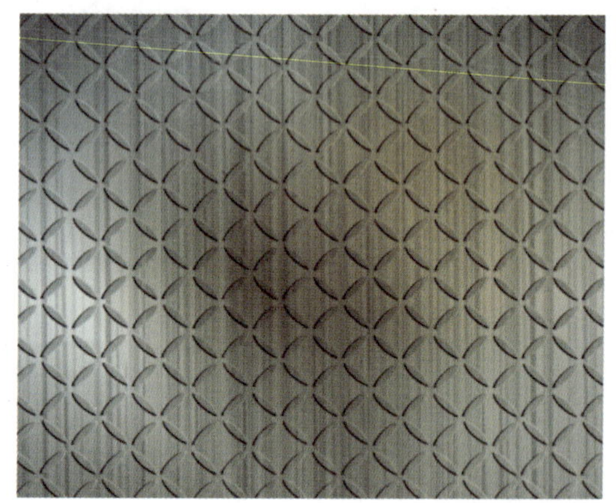

图8-440

2. 制作锈迹效果

（1）将【项目】窗口中的【01.jpg】素材文件拖拽到【时间线】窗口中，并设置【缩放】为66%，如图8-441所示。此时效果如图8-442所示。

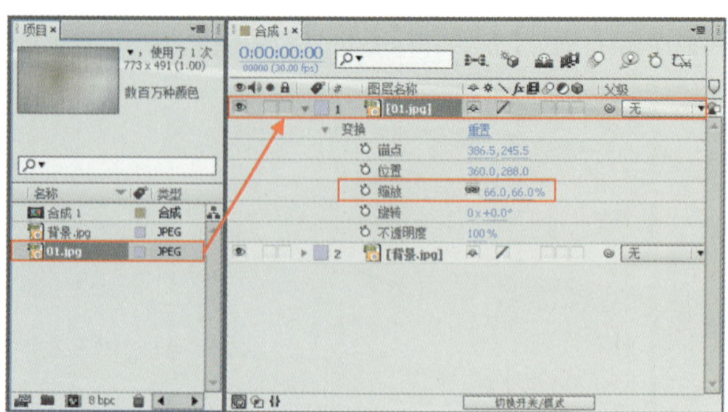

图8-441

（2）将【效果和预设】面板中的【毛边】效果添加到【01.jpg】图层上，如图8-443所示。

图8-442

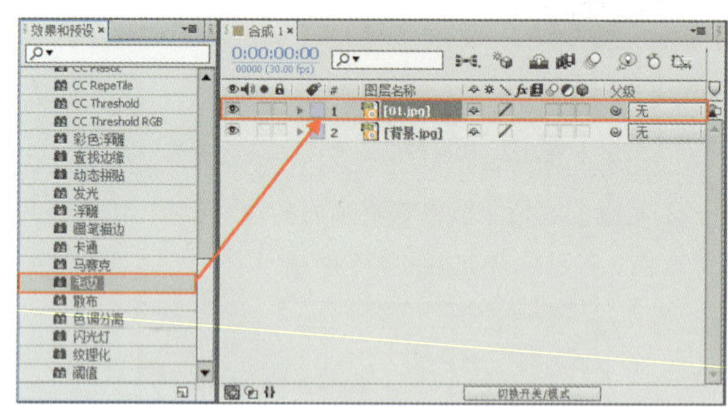

图8-443

（3）接着在【效果控件】面板中设置【毛边】效果的【边缘类型】为【生锈颜色】，【边界】为50，【边缘锐度】为0.8，【比例】为130，如图8-444所示。此时效果如图8-445所示。

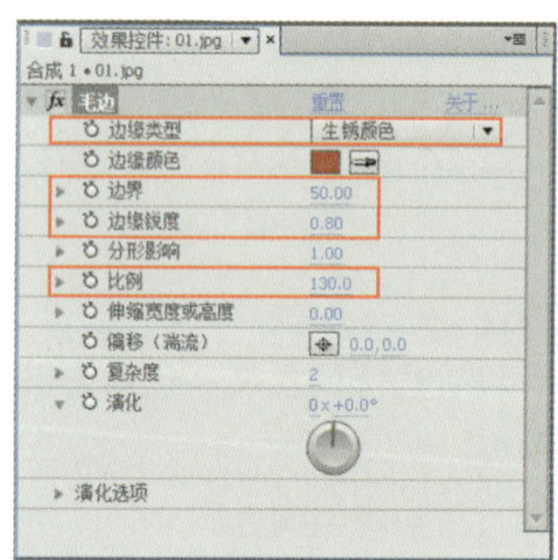

图8-444

图8-445

（4）为【01.jpg】图层添加【斜面 Alpha】效果，然后在【效果控件】面板中设置【边缘厚度】为 3，【灯光角度】为－42°，如图 8-446 所示。此时效果如图 8-447 所示。

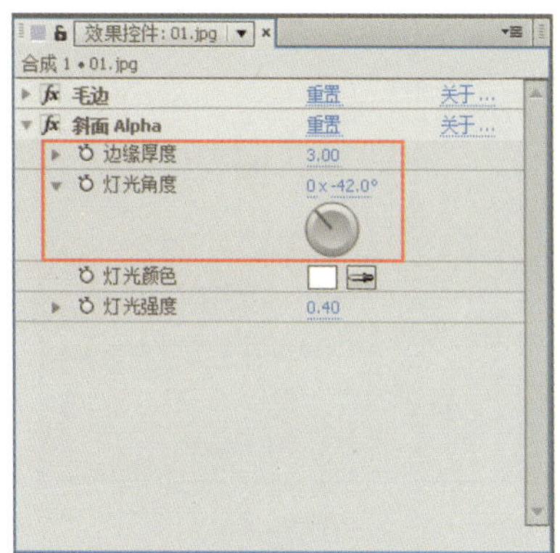

图 8-446

图 8-447

求生秘籍——技巧提示：【斜面 Alpha】效果与【毛边】效果的搭配使用

为添加了【毛边】效果的图像添加【斜面 Alpha】效果可以使其产生一定的厚度效果，使其效果更加真实。

（5）为【01.jpg】图层添加【投影】效果，然后在【效果控件】面板中设置【不透明度】为 100%，【方向】为 150°，【距离】为 15，【柔和度】为 40，如图 8-448 所示。此时效果如图 8-449 所示。

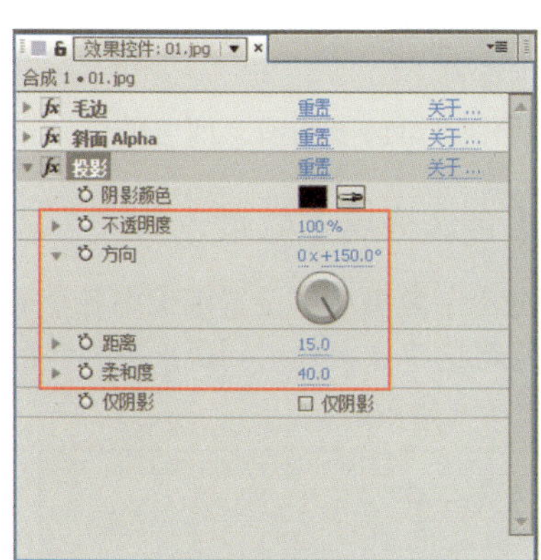

图 8-448

图 8-449

3. 制作金属文字

（1）选择【横排文字】工具，然后在【合成】窗口中输入文字，并设置合适的【字体系列】和【字体大小】，接着单击【仿粗体】按钮，如图 8-450 所示。

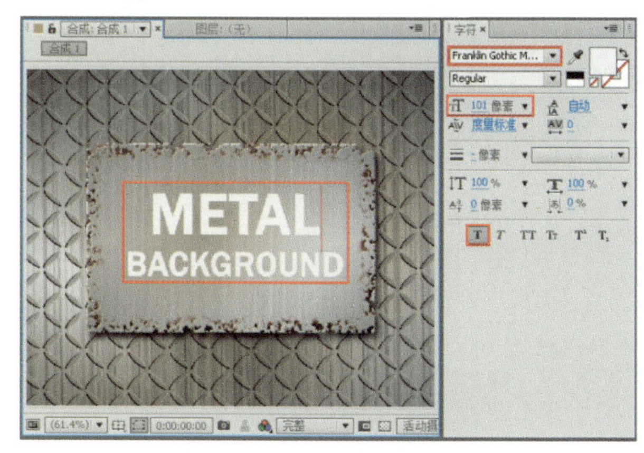

图 8-450

（2）将【效果和预设】面板中的【梯度渐变】效果添加到文字图层上，如图 8-451 所示。

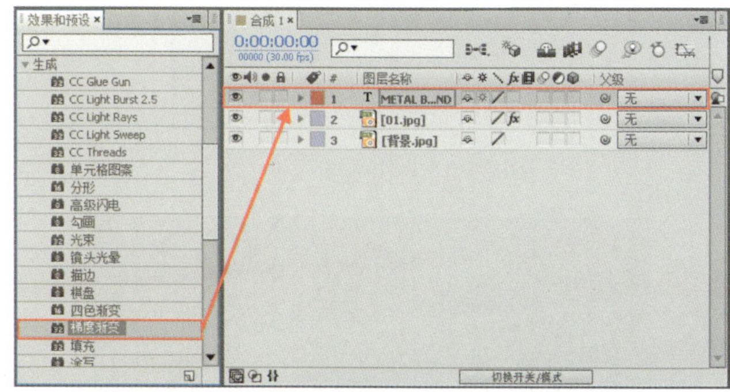

图 8-451

（3）选择文字图层，然后在【效果控件】面板中设置【渐变起点】为（430.0,136.0），【起始颜色】为深灰色（R：102，G：102，B：102）。【渐变终点】为（189.0,392.0），【结束颜色】为浅灰色（R：206，G：206，B：206），如图 8-452 所示。此时效果如图 8-453 所示。

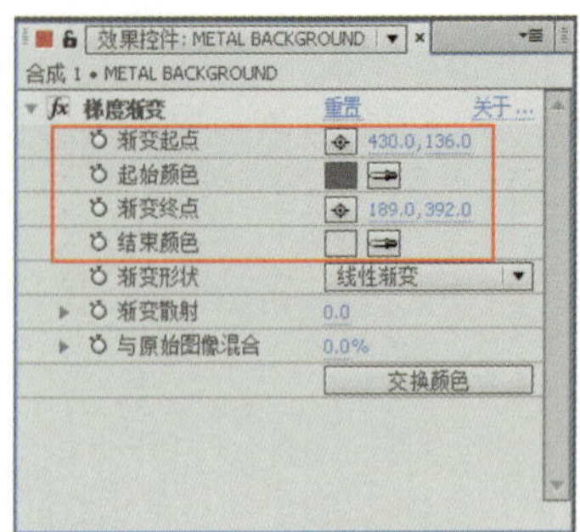

图 8-452

图 8-453

（4）为文字图层添加【斜面 Alpha】效果，然后在【效果控件】面板中设置【斜面 Alpha】效果的【边缘厚度】为 3，如图 8-454 所示。此时效果如图 8-455 所示。

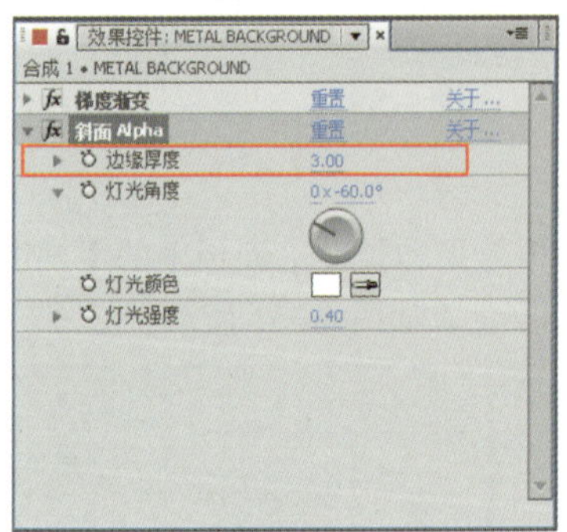

图 8-454

图 8-455

（5）为文字图层添加【投影】效果，然后在【效果控件】面板中设置【投影】效果的【不透明度】为 60%，【柔和度】为 10，如图 8-456 所示。此时效果如图 8-457 所示。

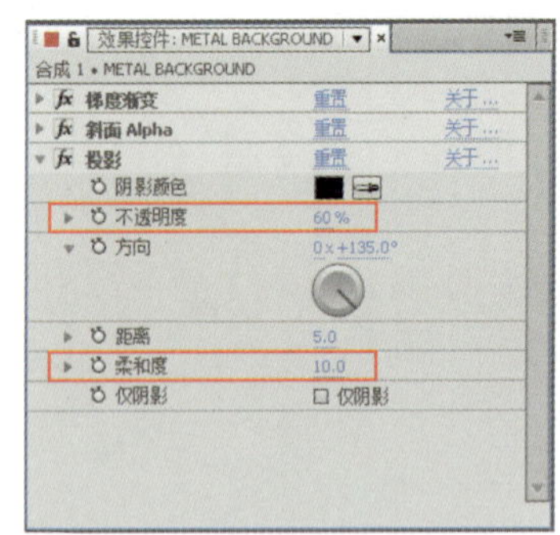

图 8-456

图 8-457

8.17.16 【散布】效果

【散布】效果可以使图像画面产生类似透过毛玻璃查看的效果，各项参数如图 8-458 所示。

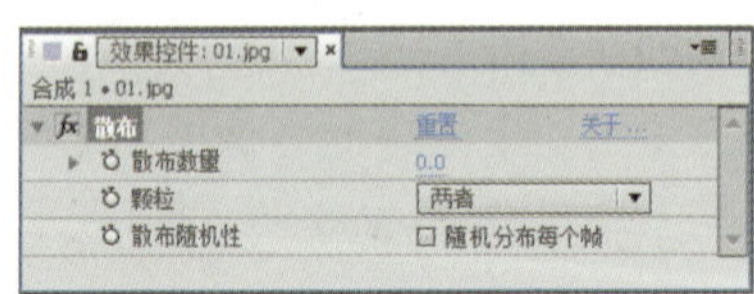

图 8-458

重点参数提醒：

散布数量：设置像素分散数量。

颗粒：设置画面像素颗粒的散布方向，包括【两者】、【水平】和【垂直】。

散布随机性：勾选该选项，即可随机分布每帧。

8.17.17 【色调分离】效果

【色调分离】效果可以设置图像中各个通道的色调或亮度级别，并将这些像素映射到最接近的匹配色调上。各项参数如图 8-459 所示。

图 8-459

重点参数提醒：

级别：设置色调分离的级别。数值越小，效果越明显。

8.17.18　【闪光灯】效果

【闪光灯】效果可以在画面中不断加入一帧闪白或其他颜色，从而产生类似闪光灯的效果。各项参数如图 8-460 所示。

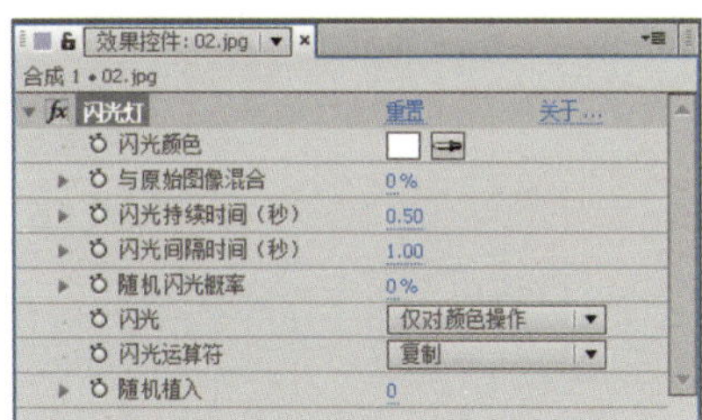

图 8-460

重点参数提醒：

闪光颜色：选择插入的闪烁颜色。

闪光持续时间（秒）：设置闪光的持续时间。

闪光间隔时间（秒）：设置闪光间的间隔时间。

随机闪光概率：设置闪光出现的概率。

闪光：设置闪光的效果，包括【仅对颜色操作】和【使图层透明】。

闪光运算符：选择闪光的运算模式。

随机植入：设置闪光的随机性。

8.17.19　【纹理化】效果

【纹理化】效果可以将其他层上的图像以浮雕贴图的模式应用到当前图层上，各项参数如图 8-461 所示。

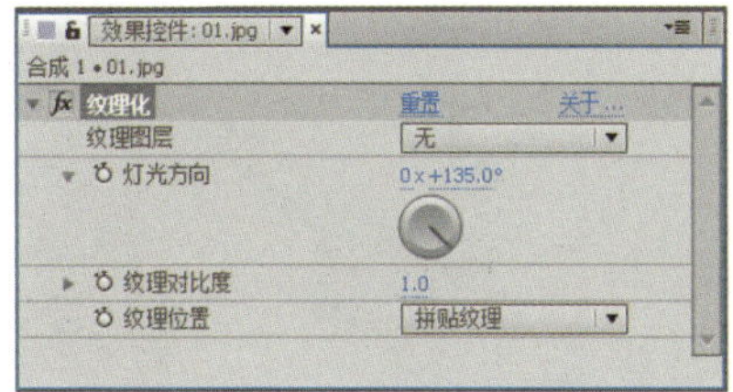

图 8-461

重点参数提醒：

纹理图层：设置纹理的图层。

灯光方向：设置灯光的方向。

纹理对比度：设置纹理的对比度。

纹理位置：设置纹理图案位置，包括【拼贴纹理】、【居中纹理】和【拉伸纹理以适合】。

8.17.20　【阈值】效果

【阈值】效果可以将当前画面转换为高对比度的黑白图像。各项参数如图 8-462 所示。

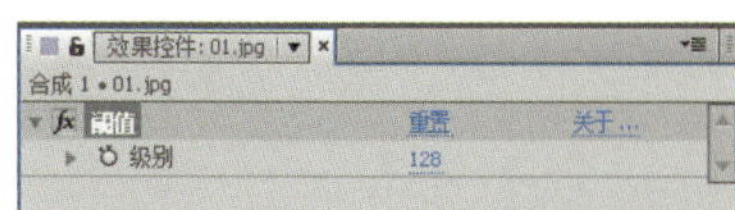

图 8-462

重点参数提醒：

级别：设置阈值的级别。

应用【阈值】的前后对比效果如图 8-463 所示。

图 8-463

第 9 章 调色与抠像

本章学习要点：

★ 认识色彩效果
★ 色彩校正类效果的使用
★ 通道效果的使用
★ 键控抠像效果的使用

9.1 了解色彩

色彩能够展现出整体作品的情感和含义，能够渲染画面氛围。同时颜色可以呈现出很多色彩性格效果，如红色热情似火、蓝色清爽舒适，可以根据不同的理念使用不同的色系，起到吸引和刺激的作用，并且具有强烈的视觉冲击力，如图 9-1 所示。

图 9-1

调色就是将画面中指定的色调或全部的色调进行改变，使颜色更加明显或形成不同感觉的其他色调效果。因为色彩对作品来说，是非常重要的，所以不仅要表现出画面颜色给人的直观感受，还要体现出作品传递的情感和氛围。

9.2 常用调色效果

在 After Effects 中的视频效果包括一些调色效果，通过这些效果可以对视频或素材进行色彩上的调节与校正。在【效果和预设】面板中可以查看这些色彩效果，如图 9-2 所示。

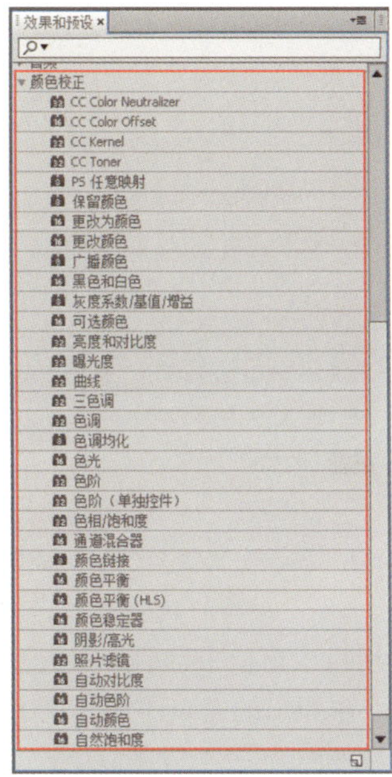

图 9-2

9.2.1 【CC Color Offset（CC 颜色偏移）】效果

【CC Color Offset（CC 颜色偏移）】效果可以调整画面的色相效果，并能够分别对 RGB 通道的色相进行偏移调整。各项参数如图 9-3 所示。

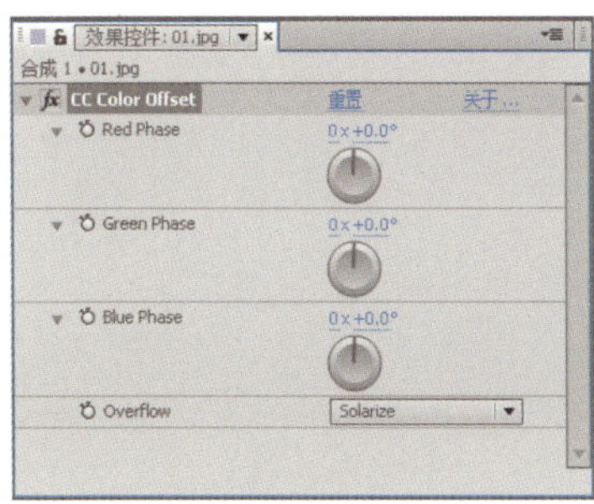

图 9-3

重点参数提醒：

Red/Green/Blue Phase（红色 / 绿色 / 蓝色相）：用于调整图像中的红色 / 绿色 / 蓝色。

图 9-4 所示为更改【Blue Phase（蓝色相）】的前后对比效果。

图 9-4

9.2.2 【CC Toner（CC 调色器）】效果

【CC Toner（CC 调色器）】效果可以分别对当前画面的高光、中间调和阴影等进行颜色替换。各项参数如图 9-5 所示。

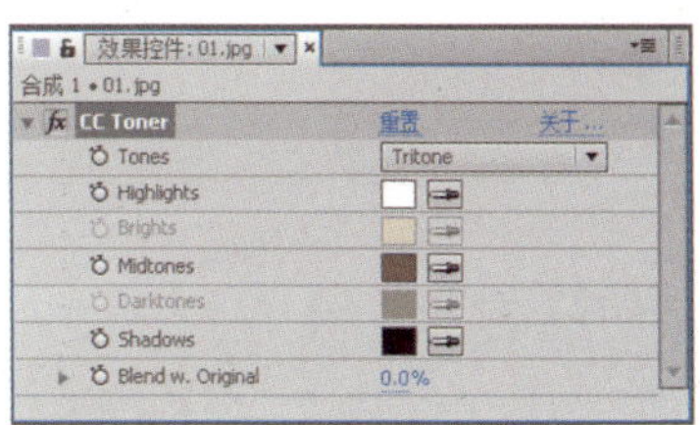

图 9-5

重点参数提醒：

Tones（色调）：色调的方式包括【Duotone（双色调）】、【Tritone（三色阶）】、【Pentone（画笔色调）】和【Solid（纯色）】。

Highlights（高光）：设置图像中的高光颜色。

Brights（亮色）：设置图像高光的亮度颜色。

Midtones（中间调）：设置图像的中间色调颜色。

Darktones（暗色调）：设置图像的中暗色调颜色。

Shadows（阴影）：设置图像中的阴影颜色。

9.2.3 【保留颜色】效果

【保留颜色】效果可以保留某种颜色或色系，并使其他颜色均变为黑白色。各项参数如图 9-6 所示。

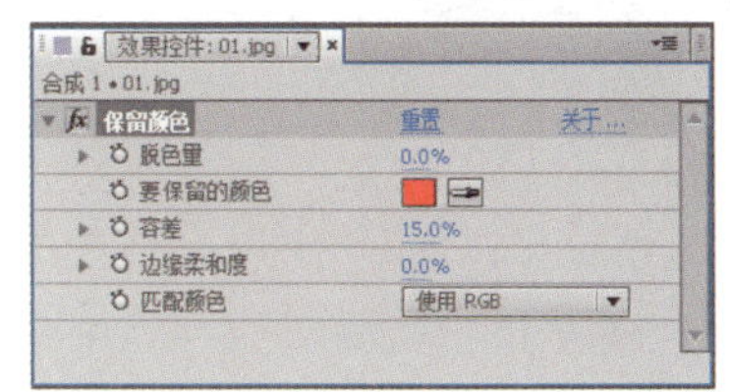

图 9-6

重点参数提醒：

脱色量：设置脱色程度的百分比。

要保留的颜色：设置保留下来的颜色。

容差：设置颜色的容差程度。

边缘柔和度：设置消除颜色和保留颜色之间的边缘羽化柔和程度。

匹配颜色：设置色彩匹配的方式，包括【使用饱和度】与【使用 RGB】两种方式。

重点 进阶案例：红色甲虫效果

案例文件	进阶案例：红色甲虫效果 .aep
视频教学	DVD/ 多媒体教学 /Chapter09/ 进阶案例：红色甲虫效果 .flv
难易指数	★★☆☆☆
技术掌握	主要掌握【保留颜色】效果的应用

案例分析：

在本案例中，主要学习使用【保留颜色】效果制作红色甲虫效果，案例的最终渲染效果如图 9-7 所示。

图 9-7

思路解析如图 9-8 所示。

图 9-8

制作步骤：

（1）创建新合成。在【项目】窗口中的空白处单击鼠标右键，然后选择【新建合成】，如图 9-9 所示。

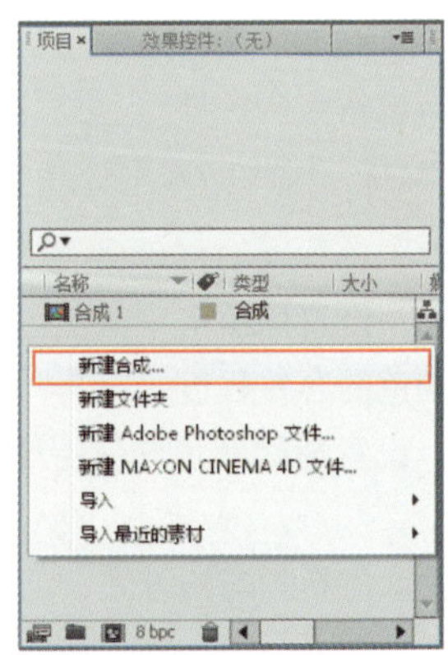

图 9-9

（2）在【合成设置】窗口中，设置【合成名称】为【合成 1】，【宽度】为 720 像素，【高度】为 576 像素，【像素长宽比】为【方形像素】，【帧速率】为 25 帧 / 秒，【持续时间】为 5 秒。最后单击【确定】按钮，如图 9-10 所示。

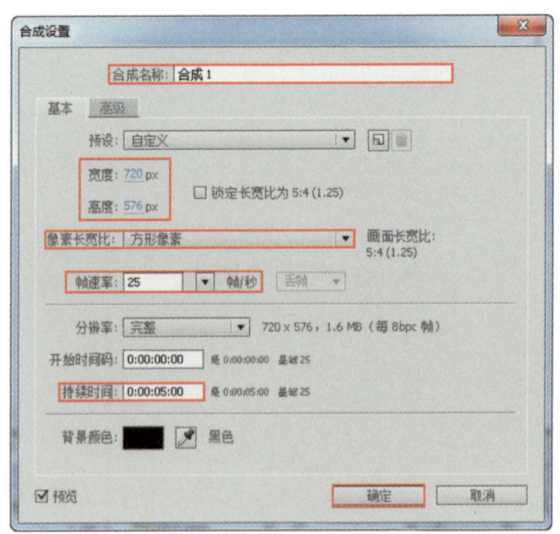

图 9-10

（3）在【项目】窗口中空白处双击鼠标左键或按快捷键〈Ctrl+I〉，在弹出的窗口中选择所需素材文件，然后单击【导入】按钮，如图 9-11 所示。

图 9-11

（4）将【项目】窗口中的【01.jpg】素材文件拖拽到【时间线】窗口中，并设置【缩放】为 75%，如图 9-12 所示。

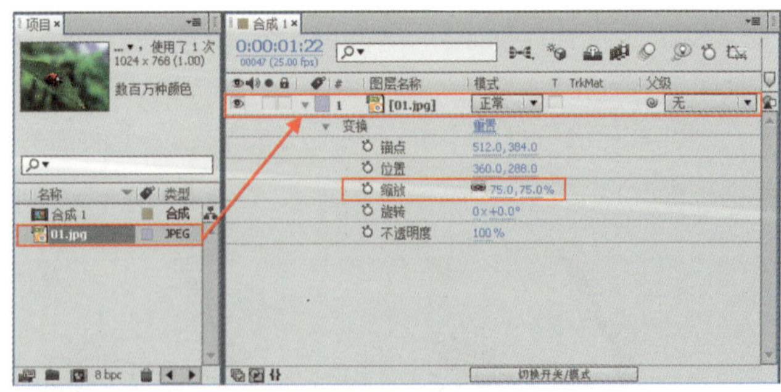

图 9-12

（5）此时在【合成】窗口中查看当前效果，如图 9-13 所示。

（6）将【效果和预设】面板中的【保留颜色】效果添加到【01.jpg】图层上，如图 9-14 所示。

图 9-13

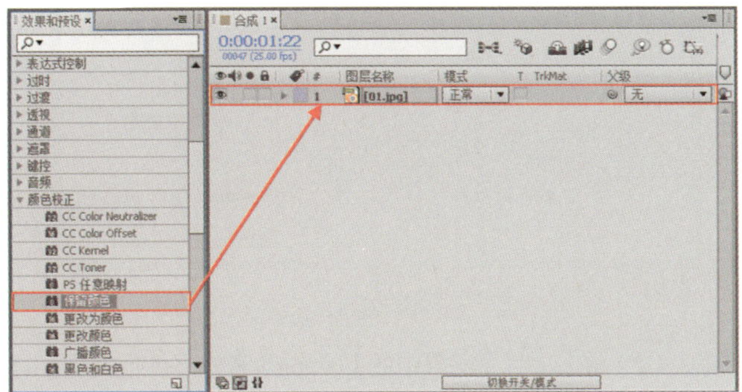

图 9-14

（7）选择【时间线】窗口中的【01.jpg】图层，然后在【效果控件】面板中设置【保留颜色】效果的【匹配颜色】为【使用色相】，【脱色量】为 100%，如图 9-15 所示。

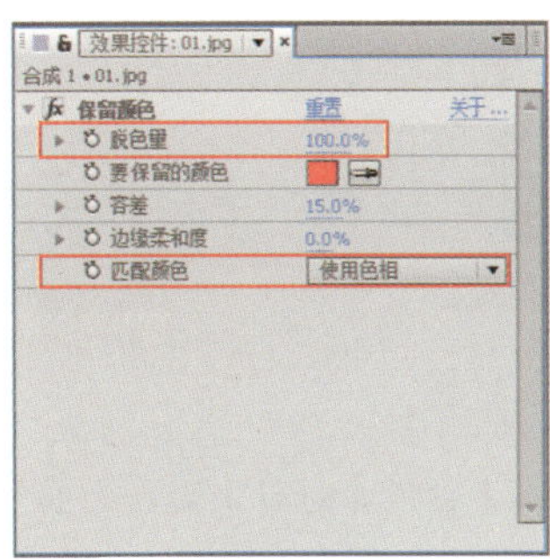

图 9-15

（8）此时查看最终效果，如图 9-16 所示。

图 9-16

求生秘籍——技巧提示：【保留颜色】效果的应用技巧

【保留颜色】效果在默认情况下【要保留的颜色】为红色。所以当设置【匹配颜色】为【使用色相】，而且保留的颜色为红色系时，可以不必再设置【要保留的颜色】。

9.2.4 【更改为颜色】效果

【更改为颜色】效果可以将当前图像中的某种颜色更改为另一种颜色，并可以调整该颜色的色相、亮度和饱和度等，各项参数如图 9-17 所示。

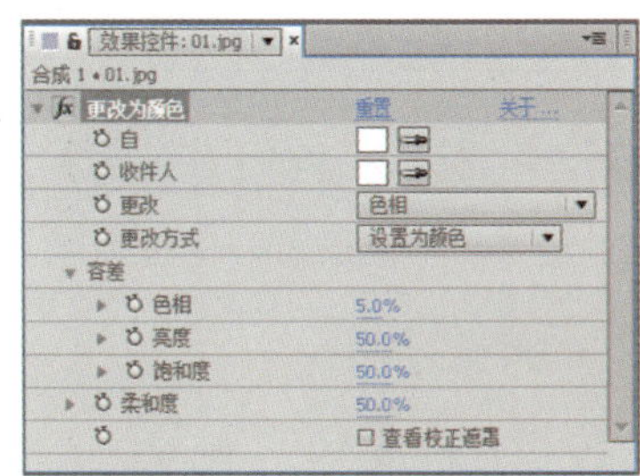

图 9-17

重点参数提醒：

自：设置画面中需要更改的颜色。

收件人：设置更改成为的颜色。

更改：设置颜色更改的类型，包括【色相】、【色相和饱和度】、【色相和亮度】、【色相、亮度和饱和度】四种。

更改方式：设置颜色的更改方式，包括【设置为颜色】和【变换为颜色】两种。

容差：设置颜色的容差，包括【色相】、【亮度】和【饱和度】的容差数值。

柔和度：更改颜色的柔和程度。

9.2.5 【更改颜色】效果

【更改颜色】效果可以改变当前图像中被选择的色彩，并可以调整该颜色的色相、饱和度等，如图 9-18 所示。

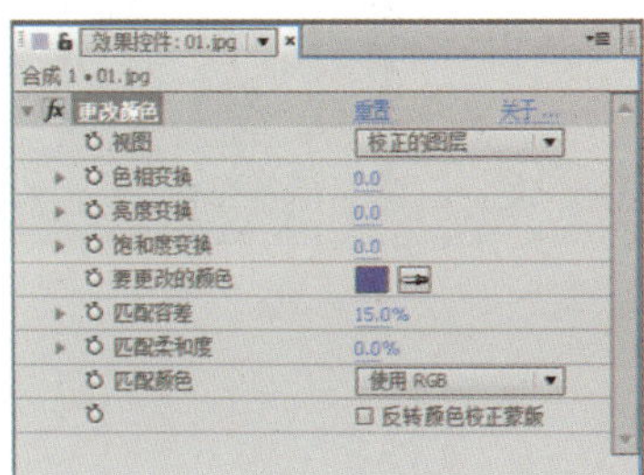

图 9-18

重点参数提醒：

视图：设置更改颜色的视图效果，包括【校正的图层】和【颜色校正蒙版】。

色相变换：设置当前选择的颜色的色相效果。

亮度 / 饱和度变换：设置当前选择的颜色的亮度和饱和度效果。

要更改的颜色：设置要更改的颜色。

匹配颜色：设置更改颜色的色彩类型，包括【使用 RGB】、【使用色相】和【使用色度】三种。

反转颜色校正蒙版：勾选该选项，可以反转视图为【颜色校正蒙版】时的蒙版效果。

重点 进阶案例：秋叶变绿效果

案例文件	进阶案例：.aep
视频教学	DVD/ 多媒体教学 /Chapter09/ 进阶案例：.flv
难易指数	★★☆☆☆
技术掌握	主要掌握【更改颜色】效果的应用

案例分析：

在本案例中，主要学习使用【更改颜色】制作秋叶变绿效果，案例的最终渲染效果如图 9-19 所示。

图 9-19

思路解析如图 9-20 所示。

图 9-20

制作步骤：

1. 制作背景

（1）创建新合成。设置【合成名称】为【合成 1】，【宽度】为 720 像素，【高度】为 576 像素，【像素长宽比】为【方形像素】，【帧速率】为 25 帧 / 秒，【持续时间】为 5 秒，然后单击【确定】按钮。接着在【项目】窗口中空白处双击鼠标左键，在弹出的窗口中选择所需素材文件，然后单击【导入】按钮，如图 9-21 所示。

图 9-21

（2）将【项目】窗口中的【01.jpg】素材文件拖拽到【时间线】窗口中，并设置【缩放】为 49%，如图 9-22 所示。

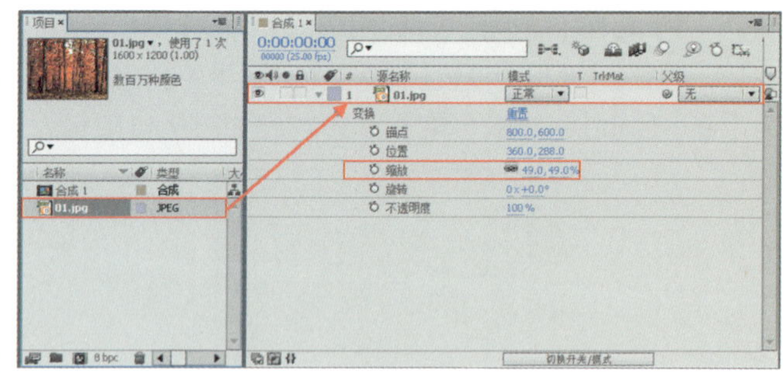

图 9-22

（3）此时在【合成】窗口中查看当前效果，如图 9-23 所示。

图 9-23

2. 制作变色效果

（1）将【效果和预设】面板中的【更改颜色】效果添加到【01.jpg】图层上，如图 9-24 所示。

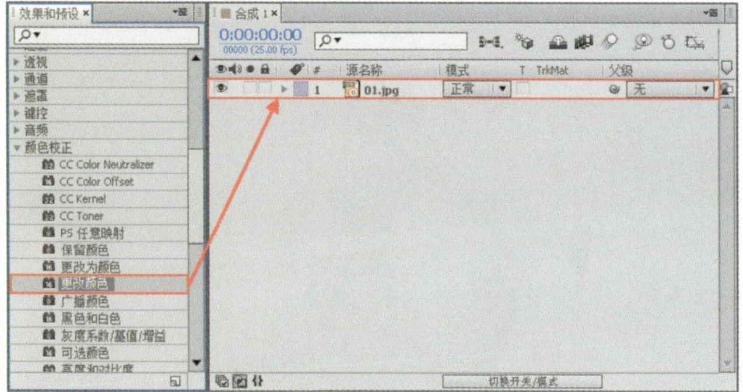

图 9-24

（2）选择【时间线】窗口中的【01.jpg】图层，然后在【效果控件】面板中设置【更改颜色】效果的【匹配颜色】为【使用色相】。接着单击【要更改的颜色】后面的按钮，并在【01.jpg】素材中吸取颜色。最后设置【色相变换】为 59，【饱和度变换】为 – 15，如图 9-25 所示。

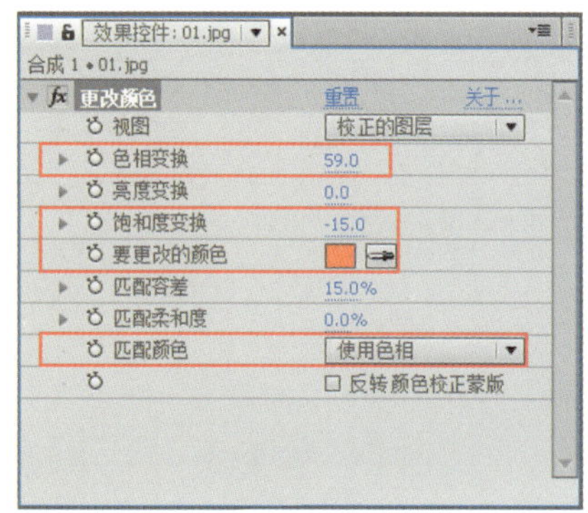

图 9-25

（3）此时在【合成】窗口中查看最终效果，如图 9-26 所示。

图 9-26

重点▶▶进阶案例：服装变色效果

案例文件	进阶案例：服装变色效果 .aep
视频教学	DVD/ 多媒体教学 /Chapter09/ 进阶案例：服装变色效果 .flv
难易指数	★★☆☆☆
技术掌握	主要掌握【更改颜色】效果的应用

案例分析：

在本案例中，主要学习使用【更改颜色】效果制作服装变色效果，案例的最终渲染效果如图 9-27 所示。

图 9-27

思路解析如图 9-28 所示。

图 9-28

制作步骤：

1. 制作背景

（1）创建新合成。设置【合成名称】为【合成 1】，【宽度】为 720 像素，【高度】为 576 像素，【像素长宽比】为【方形像素】，【帧速率】为 25 帧 / 秒，【持续时间】为 5 秒，然后单击【确定】按钮。接着在【项目】窗口中空白处双击鼠标左键，在弹出的窗口中选择所需素材文件，然后单击【导入】按钮，如图 9-29 所示。

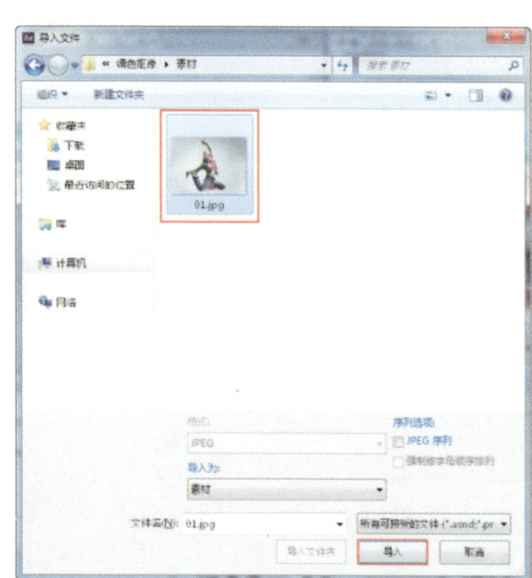

图 9-29

（2）将【项目】窗口中的【01.jpg】素材文件拖拽到【时间线】窗口中，并设置【缩放】为 73%，如图 9-30 所示。

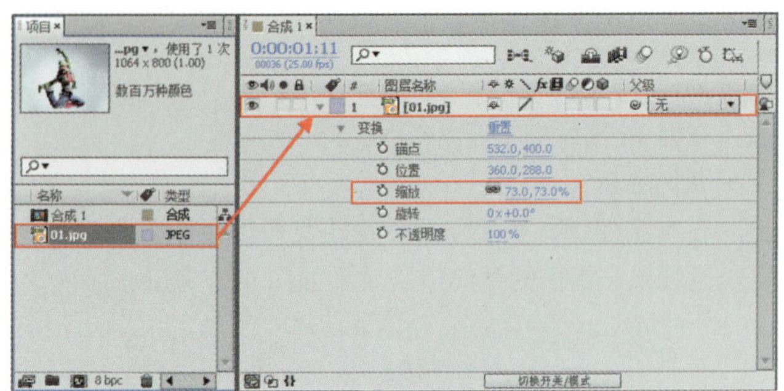

图 9-30

（3）此时在【合成】窗口中查看当前效果，如图 9-31 所示。

图 9-31

2. 制作服装变色效果

（1）为【01.jpg】图层添加【更改颜色】效果，然后在【效果控件】面板中单击【要更改的颜色】后面的工具，并在【01.jpg】素材中吸取色彩。接着设置【匹配颜色】为【使用色相】，【亮度变换】为 14，【饱和度变换】为 20，【匹配容差】为 18%，【匹配柔和度】为 9%，如图 9-32 所示。此时效果如图 9-33 所示。

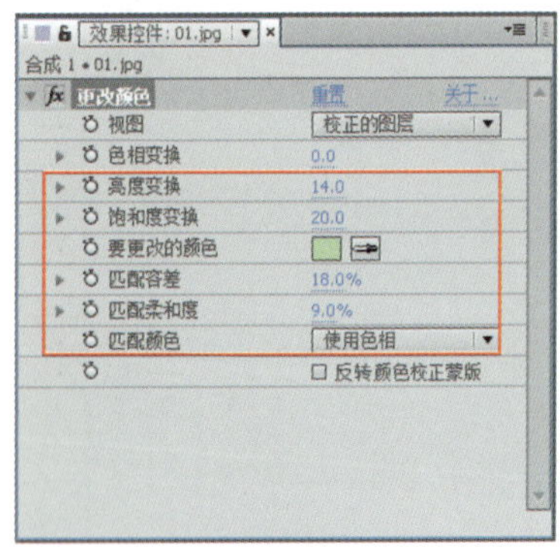

图 9-32

图 9-33

（2）打开【01.jpg】图层下的【更改颜色】效果，然后将时间线拖到起始帧，单击【色相变换】前面的，打一个关键帧。接着将时间线拖到结束帧，并设置【色相变换】为 360，如图 9-34 所示。

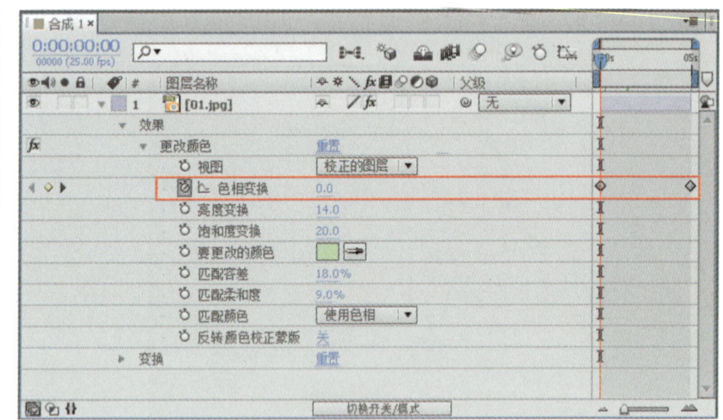

图 9-34

（3）此时拖动时间线滑块查看最终效果，如图 9-35 所示。

图 9-35

求生秘籍——技巧提示：使用【更改颜色】效果的注意事项

若要使用【更改颜色】效果更改图像中某一部分的颜色，首先要确定该部分的颜色与周围有一定的差异，否则周围的颜色也会同时受到影响。

9.2.6　【黑色和白色】效果

【黑色和白色】效果可以将当前图像中的所有色彩清除，变为黑白效果，而且能够调整图像中的色彩比例，以黑白形式显示。各项参数如图 9-36 所示。

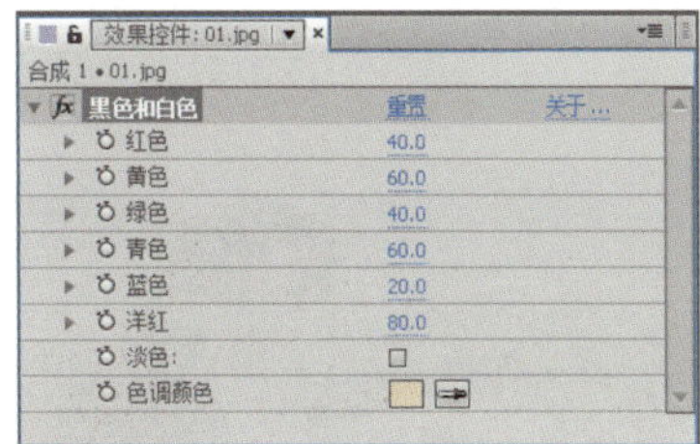

图 9-36

重点参数提醒：

红 / 黄 / 绿 / 青 / 蓝 / 洋红色：设置这些颜色系在画面中的比例程度。

色调颜色：勾选【淡色】选项后，可以设置淡色的色调颜色，使画面呈现某种淡色效果。如图 9-37 所示为设置淡色前后的对比效果。

图 9-37

重点 进阶案例：黑白画面效果

案例文件	进阶案例：黑白画面效果 .aep
视频教学	DVD/ 多媒体教学 /Chapter09/ 进阶案例：黑白画面效果 .flv
难易指数	★★☆☆☆
技术掌握	主要掌握【黑色和白色】效果的应用

案例分析：

在本案例中，主要学习使用【黑色和白色】制作黑白画面效果，案例的最终渲染效果如图 9-38 所示。

思路解析如图 9-39 所示。

制作步骤：

1. 制作背景

（1）创建新合成。设置【合成名称】为【合成 1】，【宽度】为 720 像素，【高度】为 576 像素，【像素长宽比】为【方形像素】，【帧速率】为 25 帧 / 秒，【持续时间】为 5 秒，然后单击【确定】按钮。接着在【项目】窗口中空白处双击鼠标左键，在弹出的窗口中选择所需素材文件，然后单击【导入】按钮，如图 9-40 所示。

图 9-38

图 9-39

图 9-40

（2）将【项目】窗口中的【01.jpg】素材文件拖拽到【时间线】窗口中，并设置【缩放】为 49%，如图 9-41 所示。

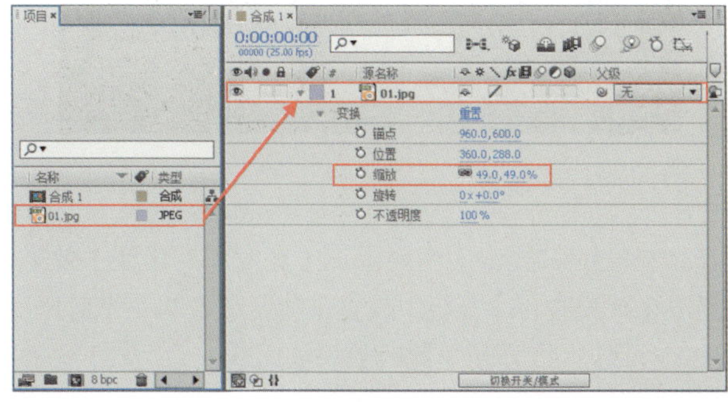

图 9-41

第 9 章

（3）此时在【合成】窗口中查看效果，如图 9-42 所示。

图 9-42

2. 制作黑白效果

（1）为【01.jpg】图层添加【黑色和白色】效果，然后在【效果控件】面板中设置【黑色和白色】效果的【黄色】为 100，如图 9-43 所示。此时效果如图 9-44 所示。

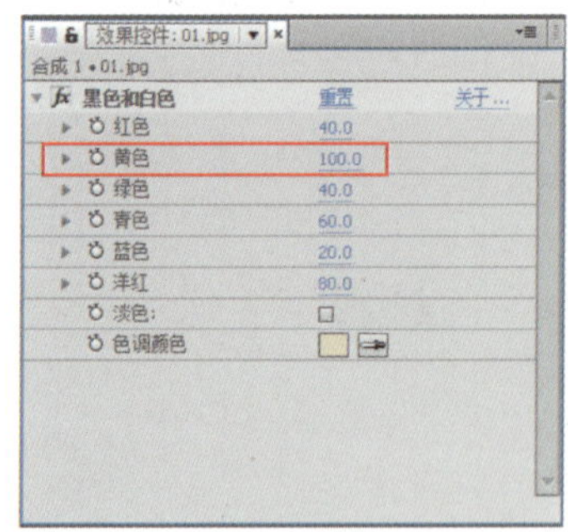

图 9-43

图 9-44

（2）为【01.jpg】图层添加【亮度和对比度】效果，然后在【效果控件】面板中设置【亮度】为 11，【对比度】为 15，如图 9-45 所示。此时效果如图 9-46 所示。

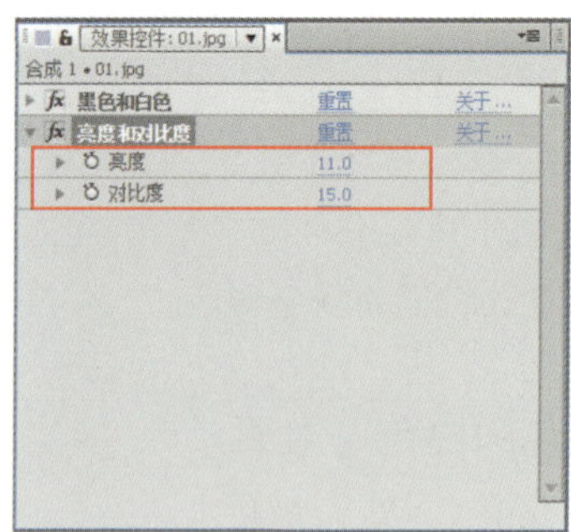

图 9-45

图 9-46

9.2.7 【可选颜色】效果

【可选颜色】效果是利用色彩补色和色彩混合的关系对图像中的某一颜色通道进行调节。通过调整相关补色来控制某一色彩效果。各项参数如图 9-47 所示。

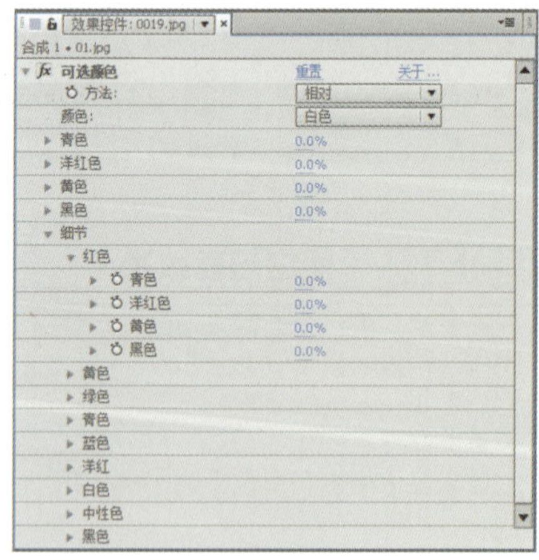

图 9-47

重点参数提醒：

方法：设置可选颜色的方法，包括【相对】和【绝对】两种。

颜色：在该下拉菜单中包含多种颜色，可以选择当前需要调整的色系，如图 9-48 所示。

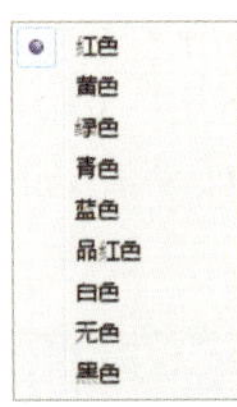

图 9-48

青 / 洋红 / 黄色：设置某中色系中的青 / 洋红 / 黄色的比例，负数为减少，正数为增加。

黑色：设置画面中某种颜色的深浅程度。

细节：可以设置各种颜色下的青 / 洋红 / 黄色和黑色程度，对细节进行调整。

求生秘籍——技巧提示：【可选颜色】效果的通道使用

使用【可选颜色】效果可以依次选择不同的颜色通道，并分别进行调整，从而改变图像的整体色调。

重点 进阶案例：冷色人像效果

案例文件	进阶案例：冷色人像效果 .aep
视频教学	DVD/ 多媒体教学 /Chapter09/ 进阶案例：冷色人像效果 .flv
难易指数	★★☆☆☆
技术掌握	主要掌握【可选颜色】效果的应用

案例分析：

在本案例中，主要学习使用【可选颜色】制作冷色人像效果，案例的最终渲染效果如图 9-49 所示。

图 9-49

思路解析如图 9-50 所示。

图 9-50

制作步骤：

1. 制作背景

（1）创建新合成。设置【合成名称】为【合成 1】，【宽度】为 720 像素，【高度】为 576 像素，【像素长宽比】为【方形像素】，【帧速率】为 25 帧 / 秒，【持续时间】为 5 秒，然后单击【确定】按钮。接着在【项目】窗口中空白处双击鼠标左键，在弹出的窗口中选择所需素材文件，然后单击【导入】按钮，如图 9-51 所示。

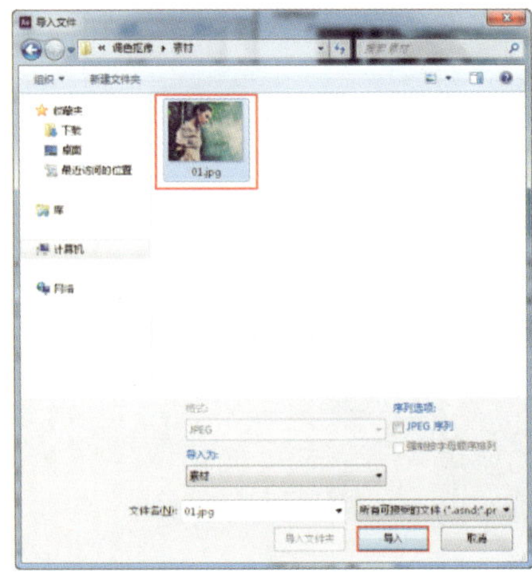

图 9-51

（2）将【项目】窗口中的【01.jpg】素材文件拖拽到【时间线】窗口中，并设置【缩放】为 26%，如图 9-52 所示。

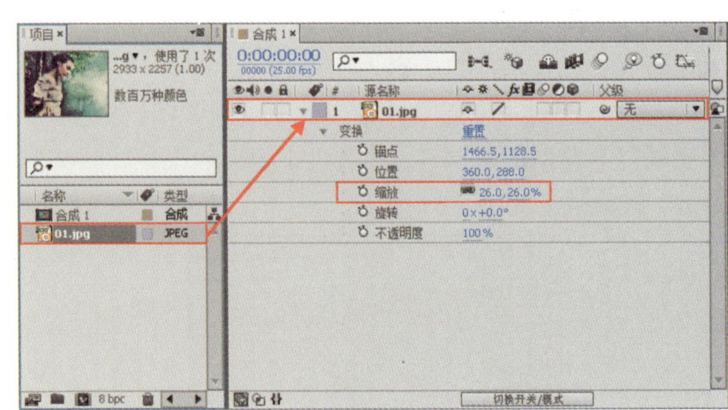

图 9-52

（3）此时查看在【合成】窗口中的效果，如图 9-53 所示。

图 9-53

2. 调整色调效果

（1）为【01.jpg】图层添加【可选颜色】效果，然后在【效果控件】面板中设置【方法】为【绝对】，【青色】为40%，【洋红色】为－50%，【黄色】为－60%，如图9-54所示。此时效果如图9-55所示。

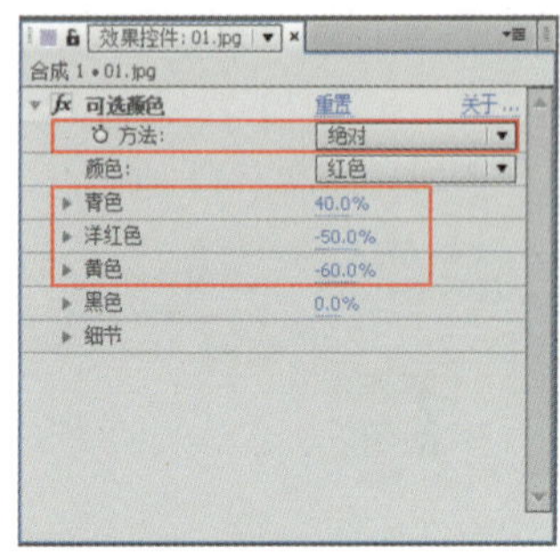

图 9-54

图 9-55

（2）设置【可选颜色】效果的【颜色】为【黄色】，然后设置【青色】为31%，【黄色】为－36%，如图9-56所示。此时效果如图9-57所示。

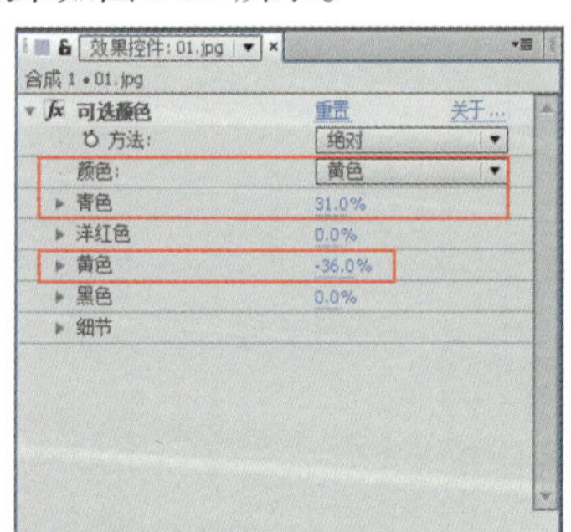

图 9-56

图 9-57

（3）设置【可选颜色】效果的【颜色】为【绿色】，然后设置【青色】为100%，【洋红色】为68%，【黄色】为－100%，【黑色】为38%，如图9-58所示。此时效果如图9-59所示。

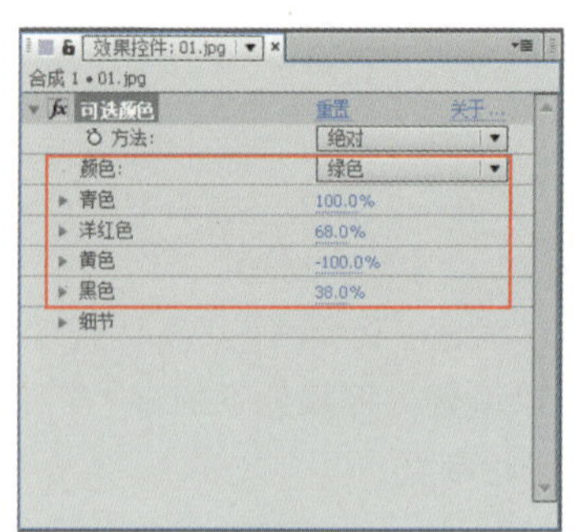

图 9-58

图 9-59

9.2.8 【亮度和对比度】效果

【亮度和对比度】效果可以调整当前画面的整体亮度和对比度效果。各项参数如图9-60所示。

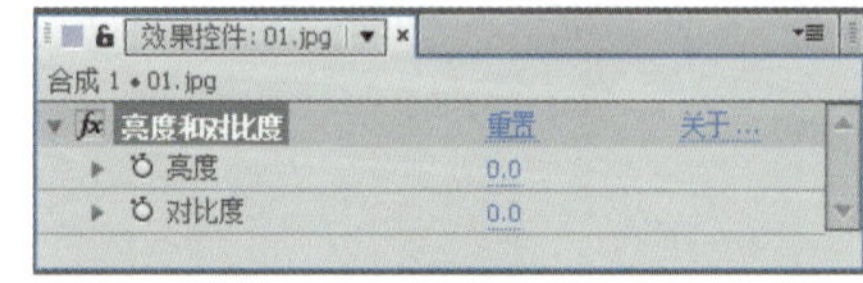

图 9-60

重点参数提醒：

亮度：调整当前图像的整体亮度。

对比度：设置当前图像的整体对比度效果。如图9-61所示为不同对比度的对比效果。

图 9-61

重点 进阶案例：黑白手绘效果

案例文件	进阶案例：黑白手绘效果 .aep
视频教学	DVD/ 多媒体教学 /Chapter09/ 进阶案例：黑白手绘效果 .flv
难易指数	★★☆☆☆
技术掌握	主要掌握【查找边缘】、【黑色和白色】效果的应用

案例分析：

在本案例中，主要学习使用【查找边缘】、【黑色和白色】和【亮度和对比度】效果制作黑白手绘效果，案例的最终渲染效果如图 9-62 所示。

思路解析如图 9-63 所示。

图 9-62

图 9-63

制作步骤：

1. 制作背景

（1）创建新合成。设置【合成名称】为【合成 1】，【宽度】为 720 像素，【高度】为 576 像素，【像素长宽比】为【方形像素】，【帧速率】为 25 帧 / 秒，【持续时间】为 5 秒，然后单击【确定】按钮。接着在【项目】窗口中空白处双击鼠标左键，在弹出的窗口中选择所需素材文件，然后单击【导入】按钮，如图 9-64 所示。

（2）将【项目】窗口中的【01.jpg】素材文件拖拽到【时间线】窗口中，并设置【缩放】为 49%，如图 9-65 所示。

（3）此时在【合成】窗口中查看当前效果，如图 9-66 所示。

图 9-64

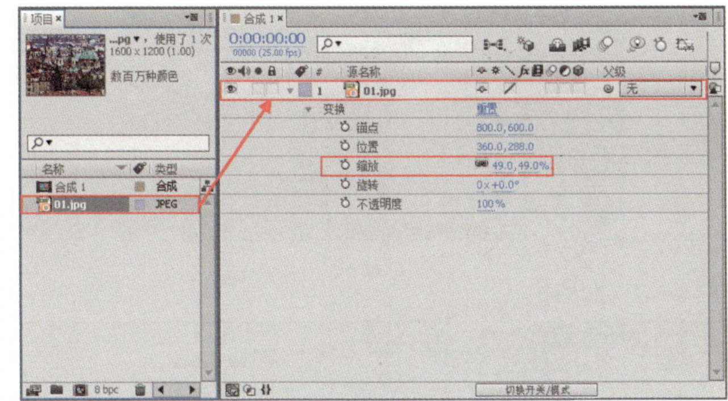

图 9-65

图 9-66

2. 制作手绘效果

（1）将【效果和预设】面板中的【查找边缘】效果添加到【01.jpg】图层上，如图 9-67 所示。此时效果如图 9-68 所示。

（2）将【效果和预设】面板中的【黑色和白色】效果添加到【01.jpg】图层上，如图 9-69 所示。此时效果如图 9-70 所示。

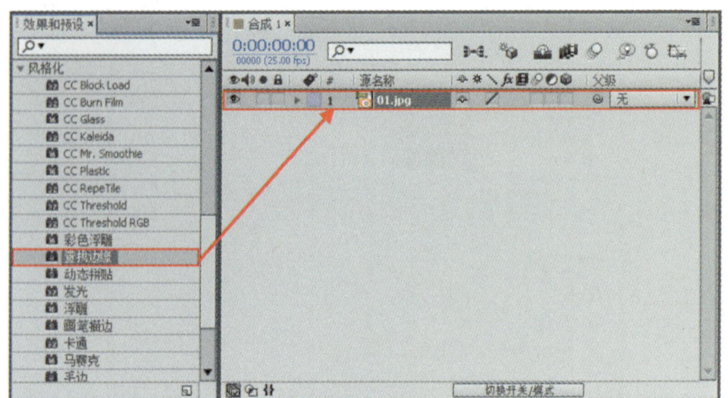

图 9-67

图 9-68

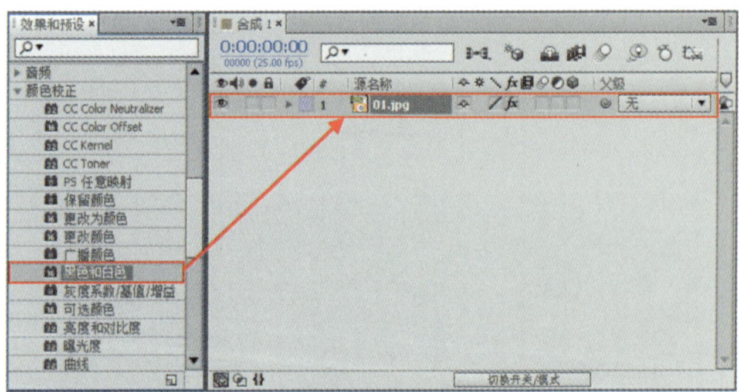

图 9-69

图 9-70

（3）为【01.jpg】图层添加【亮度和对比度】效果，然后在【效果控件】面板中设置【亮度】为 5，【对比度】为 15，如图 9-71 所示。

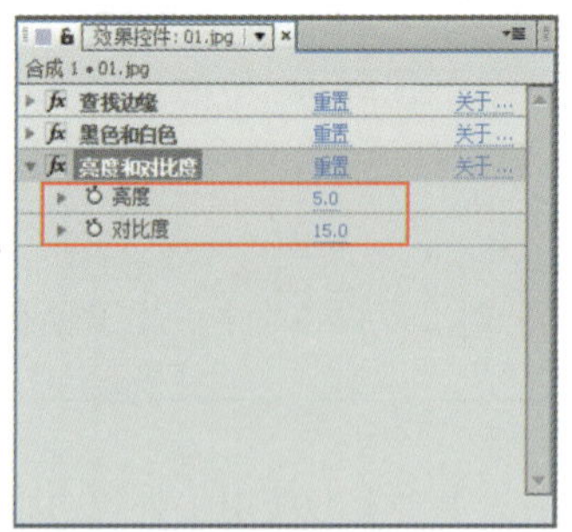

图 9-71

（4）此时在【合成】窗口中查看最终效果，如图 9-72 所示。

图 9-72

9.2.9 【曲线】效果

【曲线】效果可以对画面整体和单独的颜色通道进行亮度和对比度的调节。各项参数如图 9-73 所示。

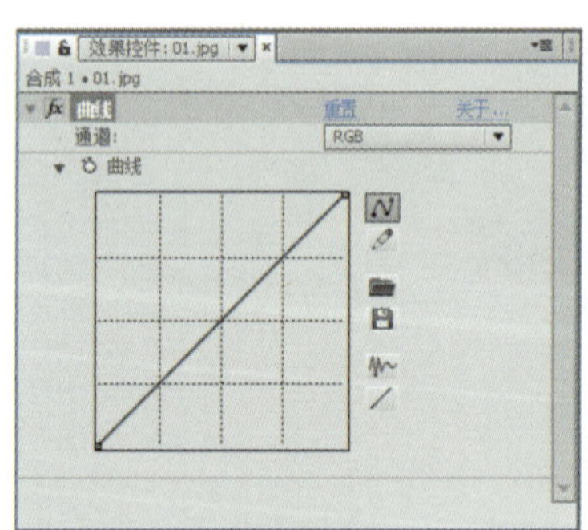

图 9-73

重点参数提醒：

通道：设置需要调整色彩曲线的通道，包括【RGB】、【红色】、【绿色】、【蓝色】和【Alpha 通道】。

曲线：可以在曲线上添加或删除锚点，并调整曲线形状，从而影像通道亮度，X 轴方向代表输入的亮度，Y 轴方向代表输出的亮度。

9.2.10 【色调】效果

【色调】效果可以调整图像中最亮和最暗之间的融合

度。黑色和白色像素映射为指定的颜色，而两者之间的颜色会被赋予相应的中间值。各项参数如图 9-74 所示。

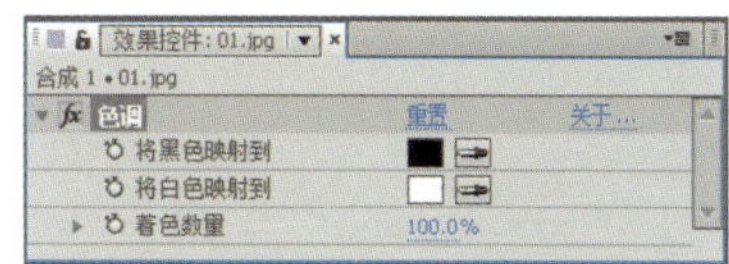

图 9-74

重点参数提醒：

将黑色映射到：映射某种颜色到黑色系部分。

将白色映射到：映射某种颜色到白色系部分。

着色数量：设置颜色映射的着色程度。

重点 进阶案例：单色印画效果

案例文件	进阶案例：单色印画效果 .aep
视频教学	DVD/ 多媒体教学 /Chapter09/ 进阶案例：单色印画效果 .flv
难易指数	★★★☆☆
技术掌握	主要掌握【阈值】、【色调】效果的应用

案例分析：

在本案例中，主要学习使用【遮罩】、【阈值】和【色调】效果制作单色印画效果，案例的最终渲染效果如图 9-75 所示。

图 9-75

思路解析如图 9-76 所示。

图 9-76

制作步骤：

1. 制作背景

（1）创建新合成。设置【合成名称】为【合成 1】，【宽度】为 720 像素，【高度】为 576 像素，【像素长宽比】为【方形像素】，【帧速率】为 25 帧 / 秒，【持续时间】为 5 秒，然后单击【确定】按钮。接着在【项目】窗口中空白处双击鼠标左键，在弹出的窗口中选择所需素材文件，然后单击【导入】按钮，如图 9-77 所示。

图 9-77

（2）将【项目】窗口中的【01.jpg】素材文件拖拽到【时间线】窗口中，并设置【缩放】为 24%，【旋转】为 90°，如图 9-78 所示。

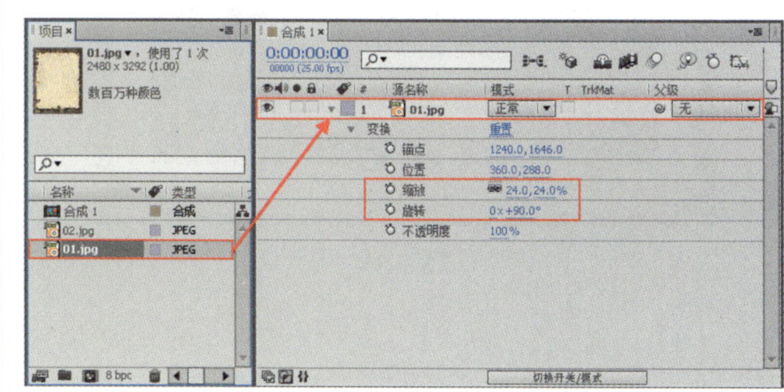

图 9-78

（3）此时在【合成】窗口中查看当前效果，如图 9-79 所示。

图 9-79

第 9 章

2. 制作印画效果

（1）将【02.jpg】素材文件拖拽到【时间线】窗口中，并设置【02.jpg】图层的【缩放】为 55，如图 9-80 所示。此时效果如图 9-81 所示。

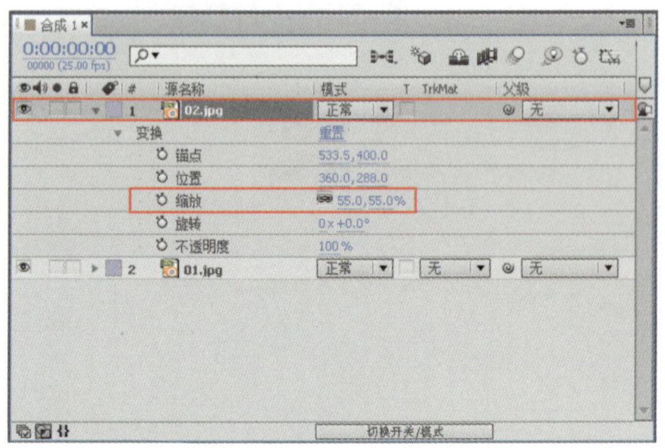

图 9-80

图 9-81

（2）选择【椭圆】工具，然后在【02.jpg】图层上绘制一个椭圆遮罩，如图 9-82 所示。

图 9-82

（3）打开【02.jpg】图层下的【蒙版】，并设置【蒙版 1】的【蒙版羽化】为 95 像素，如图 9-83 所示。

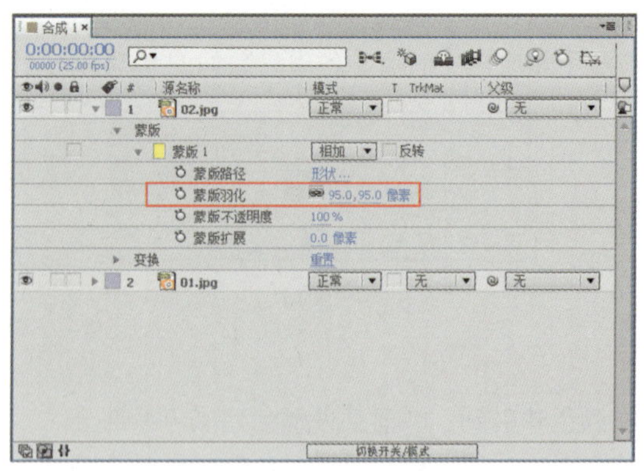

图 9-83

（4）为【02.jpg】图层添加【阈值】效果，然后在【效果控件】面板中设置【阈值】效果的【级别】为 95，如图 9-84 所示。此时效果如图 9-85 所示。

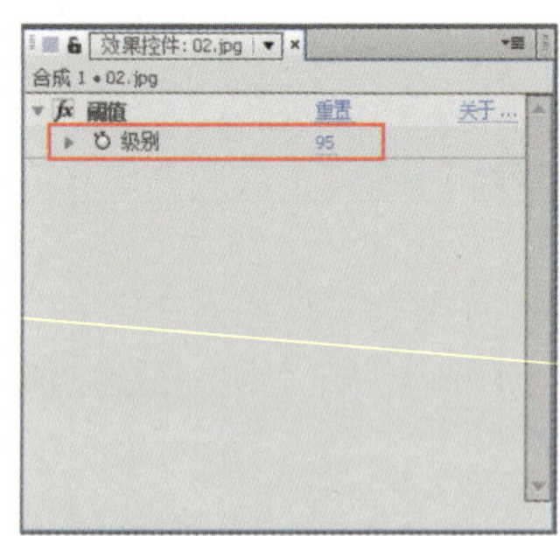

图 9-84

图 9-85

（5）为【02.jpg】图层添加【色调】效果，然后在【效果控件】面板中设置【色调】效果的【将黑色映射到】为蓝色（R：0，G：59，B：140），如图 9-86 所示。此时效果如图 9-87 所示。

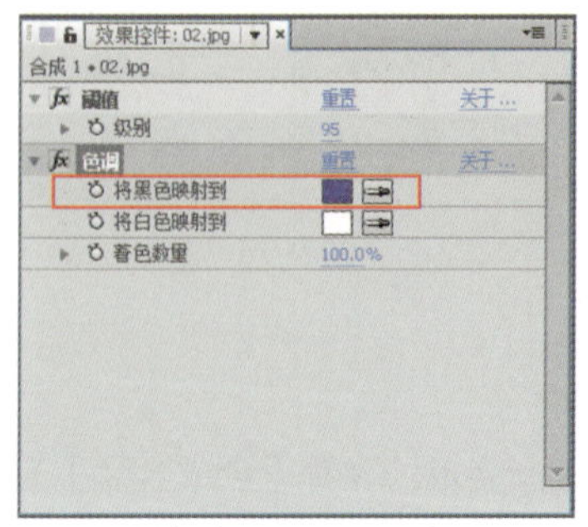

图 9-86

图 9-87

（6）设置【时间线】窗口中【02.jpg】图层的【混合模式】为【相乘】，如图 9-88 所示。

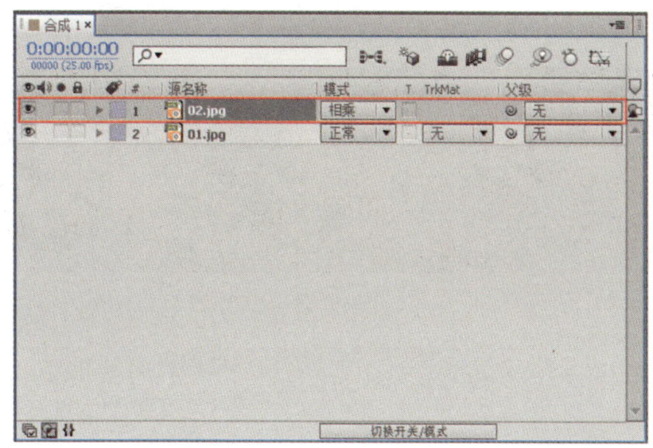

图 9-88

（7）此时在【合成】窗口中查看最终效果，如图 9-89 所示。

图 9-89

9.2.11 【色相 / 饱和度】效果

【色相 / 饱和度】效果可以调整主通道和其他颜色通道的色相、饱和度及亮度，各项参数如图 9-90 所示。

重点参数提醒：

通道控制：设置色相 / 饱和度的通道，除了主通道外还包含各种其他颜色的通道，如图 9-91 所示。

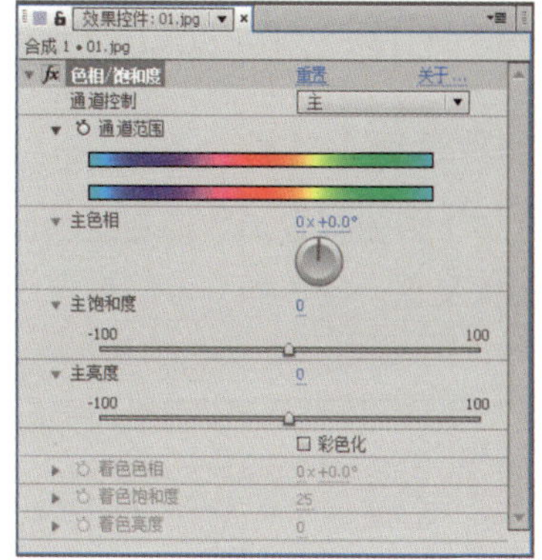

图 9-90

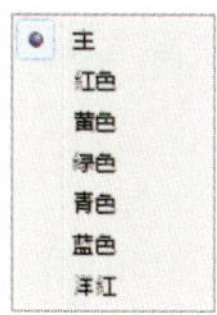

图 9-91

通道范围：显示当前通道的范围效果。

主色相 / 饱和度 / 亮度：设置当前【通道控制】的色相、饱和度和亮度。

彩色化：勾选该选项会激活【着色色相】、【着色饱和度】和【着色亮度】参数，通过调整这些参数可以调节整体颜色效果，如图 9-92 所示。

彩色化
着色色相 0x+0.0°
着色饱和度 25
着色亮度 0

图 9-92

9.2.12 【颜色平衡】效果

【颜色平衡】效果可以对图像的阴影、中间调和亮度部分的 RGB 通道分别进行颜色比例调整，各项参数如图 9-93 所示。

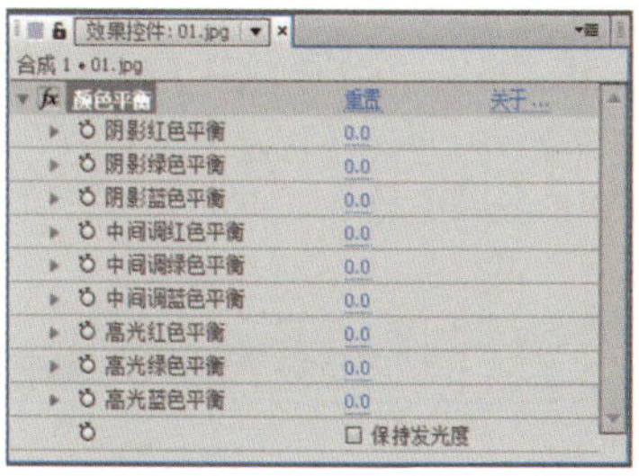

效果控件：01.jpg
合成 1 • 01.jpg
颜色平衡 重置 关于...
阴影红色平衡 0.0
阴影绿色平衡 0.0
阴影蓝色平衡 0.0
中间调红色平衡 0.0
中间调绿色平衡 0.0
中间调蓝色平衡 0.0
高光红色平衡 0.0
高光绿色平衡 0.0
高光蓝色平衡 0.0
保持发光度

图 9-93

重点参数提醒：

阴影红 / 绿 / 蓝色平衡：可以调整 RGB 色彩的阴影平衡效果。

中间调红 / 绿 / 蓝色平衡：可以调整 RGB 色彩的中间调平衡效果。

高光红 / 绿 / 蓝色平衡：可以调整 RGB 色彩的高光平

衡效果。

保持发光度：勾选该选项可以保持图像的平均亮度。

9.2.13 【照片滤镜】效果

【照片滤镜】效果可以为当前画面添加合适的颜色滤镜效果，包括暖色、冷色和自定义颜色等，各项参数如图 9-94 所示。

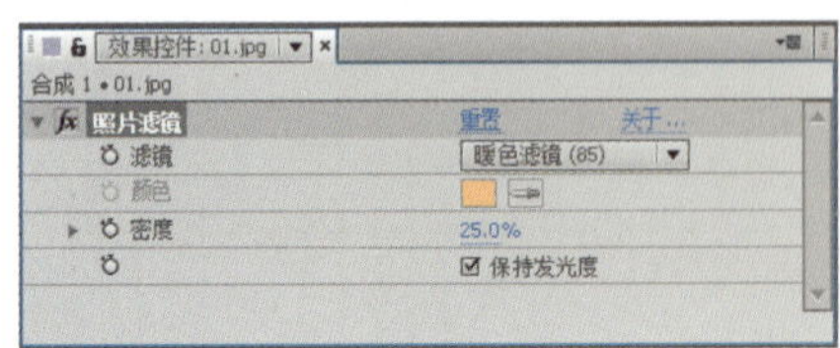

图 9-94

重点参数提醒：

滤镜：设置当前素材的颜色滤镜效果，如图 9-95 所示。

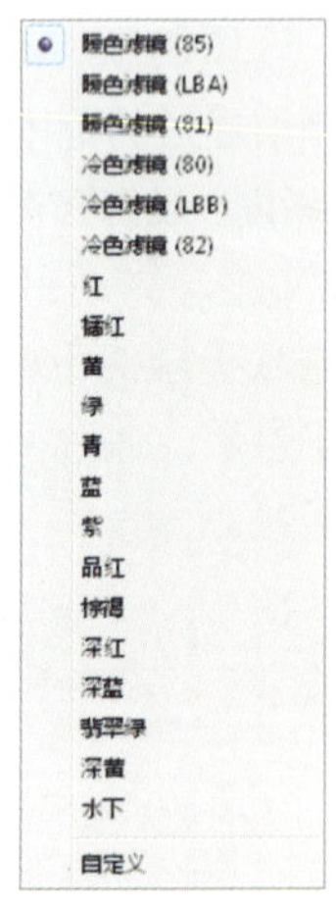

图 9-95

颜色：当【滤镜】为【自定义】时，可以设置照片滤镜的颜色效果。

密度：设置当前颜色滤镜的应用密度。

重点 进阶案例：色调变化效果

案例文件	进阶案例：色调变化效果 .aep
视频教学	DVD/ 多媒体教学 /Chapter09/ 进阶案例：色调变化效果 .flv
难易指数	★★☆☆☆
技术掌握	主要掌握【照片滤镜】效果的应用

案例分析：

在本案例中，主要学习使用【照片滤镜】效果制作色调变化效果，案例的最终渲染效果如图 9-96 所示。

思路解析如图 9-97 所示。

制作步骤：

（1）创建新合成。设置【合成名称】为【合成 1】，【宽度】为 720 像素，【高度】为 576 像素，【像素长宽比】为【方形像素】，【帧速率】为 25 帧 / 秒，【持续时间】为 5 秒，然后单击【确定】按钮。接着在【项目】窗口中空白处双击鼠标左键，在弹出的窗口中选择所需素材文件，然后单击【导入】按钮，如图 9-98 所示。

图 9-96

图 9-97

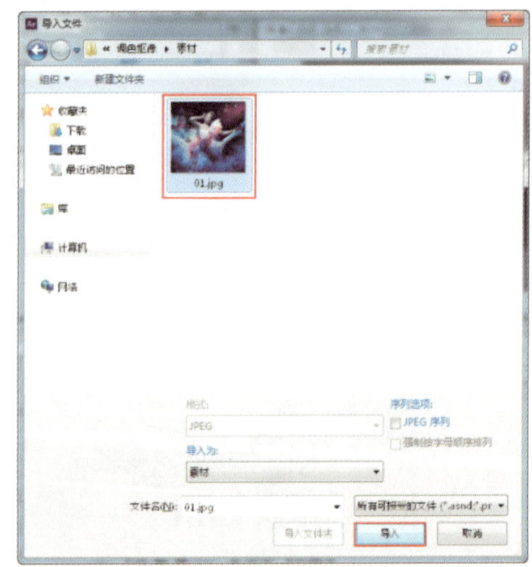

图 9-98

（2）将【项目】窗口中的【01.jpg】素材文件拖拽到【时间线】窗口中，并设置【缩放】为 83%，如图 9-99 所示。

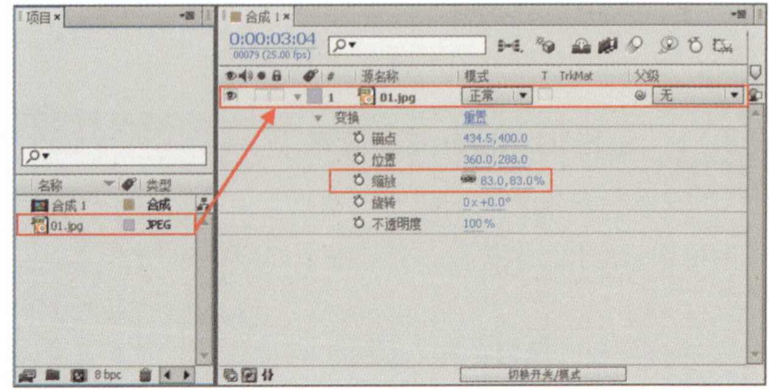

图 9-99

（3）此时在【合成】窗口中查看当前效果，如图 9-100 所示。

图 9-100

（4）将【效果和预设】面板中的【照片滤镜】效果添加到【01.jpg】图层上，如图 9-101 所示。

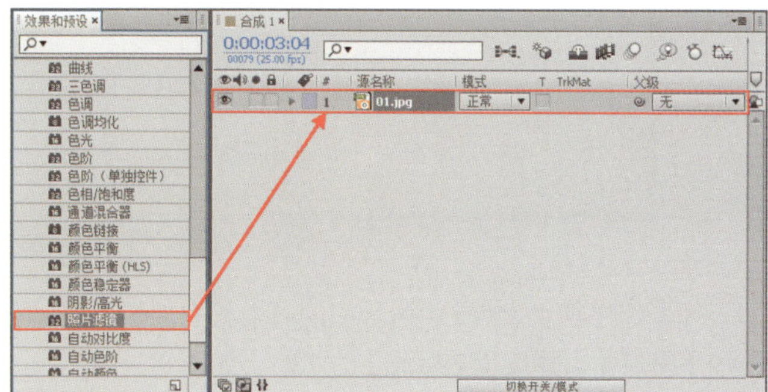

图 9-101

（5）选择【时间线】窗口中的【01.jpg】图层，然后在【效果控件】面板中设置【照片滤镜】效果的【滤镜】为【暖色滤镜（LBA）】，【密度】为 70%，如图 9-102 所示。此时效果如图 9-103 所示。

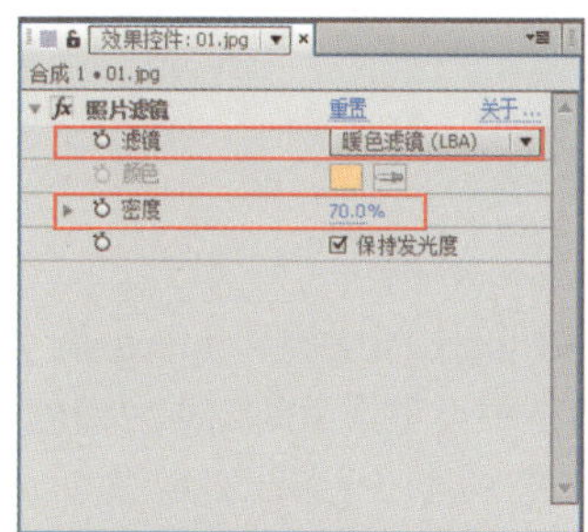

图 9-102

图 9-103

求生秘籍——技巧提示：【照片滤镜】效果的【密度】应用技巧

在为图像添加【照片滤镜】效果后，可以实时根据图像的色彩效果调整滤镜的颜色【密度】百分比。

（6）为【01.jpg】图层添加【亮度和对比度】效果，然后在【效果控件】面板中设置【亮度】为 12，【对比度】为 8，如图 9-104 所示。

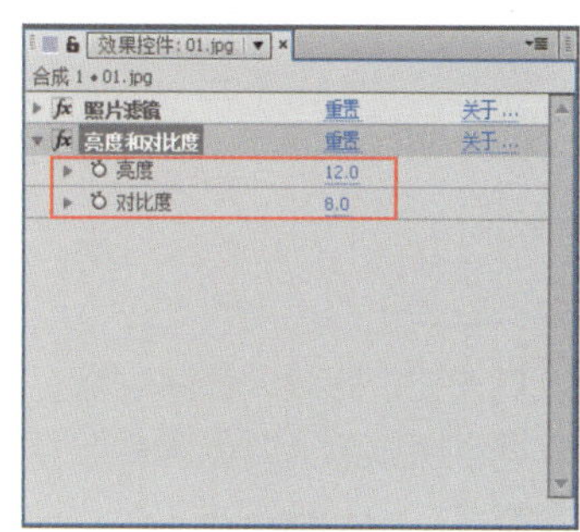

图 9-104

（7）此时在【合成】窗口中查看最终效果，如图 9-105 所示。

图 9-105

9.2.14　【自动色阶】效果

【自动色阶】效果可以对画面中的黑白色阶进行自动化处理，各项参数如图 9-106 所示。

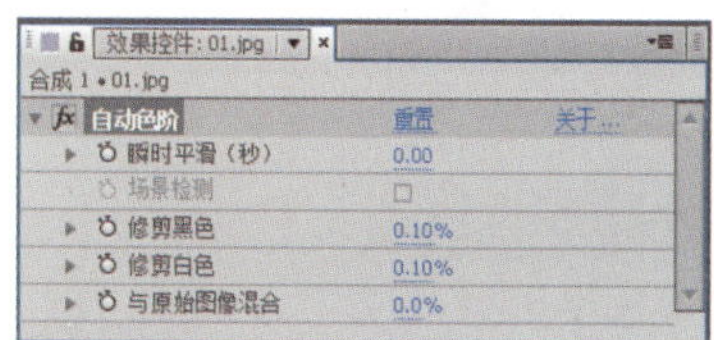

图 9-106

重点参数提醒：

瞬时平滑（秒）：设置一个时间滤波范围，单位为秒。

场景检测：当设置了【瞬时平滑】的时间范围，即可激活该选项。

修剪黑色：可以加深图像中的黑色系部分。

修剪白色：可以加深图像中的白色系部分。

9.2.15 【三色调】效果

【三色调】效果与【色调】效果基本相同，可以调整图像中最亮、最暗和中间调的颜色，如图 9-107 所示。

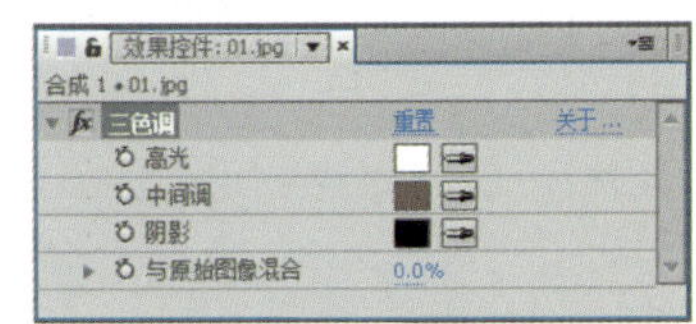

图 9-107

高光：可以调整高光的色调效果。

中间调：可以调整中间调的色调效果。

阴影：可以调整阴影部分的色调效果。

重点 进阶案例：怀旧色彩效果

案例文件	进阶案例：怀旧色彩效果 .aep
视频教学	DVD/ 多媒体教学 /Chapter09/ 进阶案例：怀旧色彩效果 .flv
难易指数	★★★☆☆
技术掌握	主要掌握【三色调】效果的应用

案例分析：

在本案例中，主要学习使用【三色调】和【亮度和对比度】效果制作室外射灯效果，案例的最终渲染效果如图 9-108 所示。

图 9-108

思路解析如图 9-109 所示。

图 9-109

制作步骤：

（1）创建新合成。设置【合成名称】为【合成 1】，【宽度】为 720 像素，【高度】为 576 像素，【像素长宽比】为【方形像素】，【帧速率】为 25 帧 / 秒，【持续时间】为 5 秒，然后单击【确定】按钮。接着在【项目】窗口中空白处双击鼠标左键，在弹出的窗口中选择所需素材文件，然后单击【导入】按钮，如图 9-110 所示。

图 9-110

（2）将【项目】窗口中的【01.jpg】素材文件拖拽到【时间线】窗口中，并设置【缩放】为 73%，如图 9-111 所示。

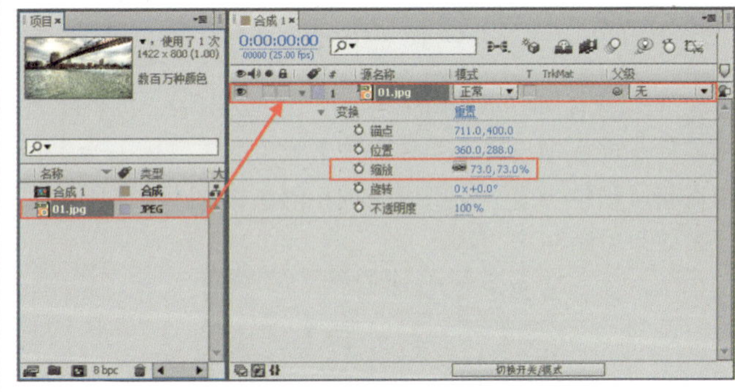

图 9-111

（3）为【01.jpg】图层添加【三色调】效果，然后在【效果控件】面板中设置【中间调】为褐色（R：156，G：103，B：60），如图 9-112 所示。此时效果如图 9-113 所示。

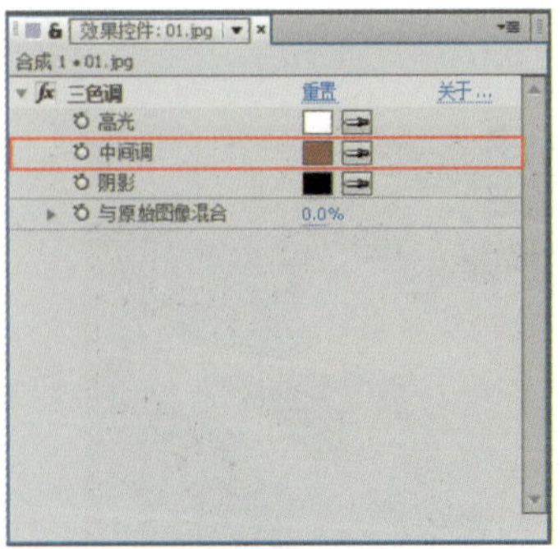

图 9-112

图 9-113

（4）为【01.jpg】图层添加【亮度和对比度】效果，然后在【效果控件】面板中设置【亮度】为－18，【对比度】为 12，如图 9-114 所示。此时效果如图 9-115 所示。

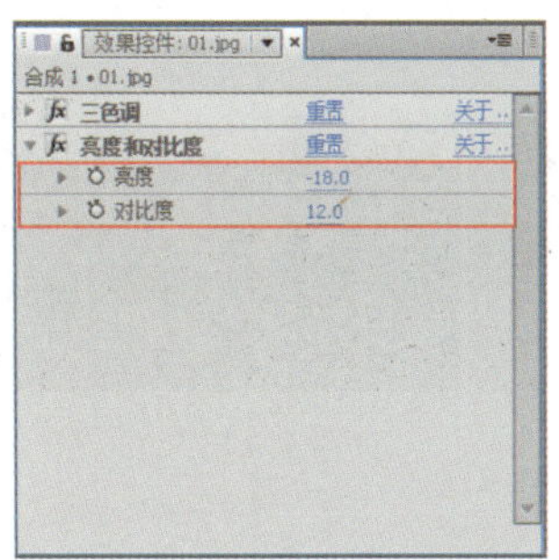

图 9-114

图 9-115

（5）新建一个纯色层，并设置【名称】为【蒙版】，【宽度】为 720 像素，【高度】为 576 像素，【颜色】为深褐色（R：66，G：33，B：19），然后单击【确定】按钮，如图 9-116 所示。

（6）选择【椭圆】工具，然后在【蒙版】图层上绘制一个椭圆遮罩，如图 9-117 所示。

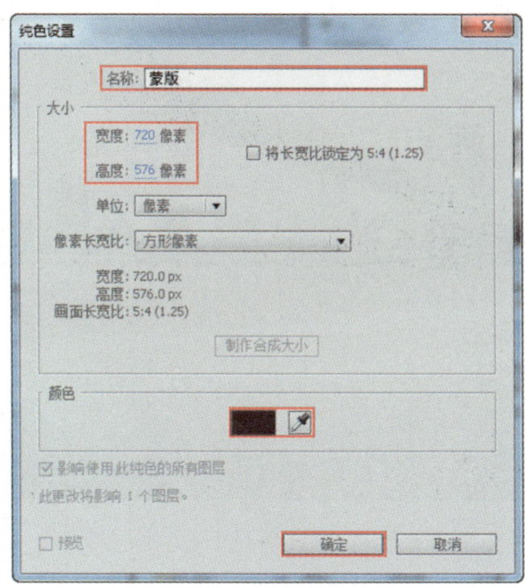

图 9-116

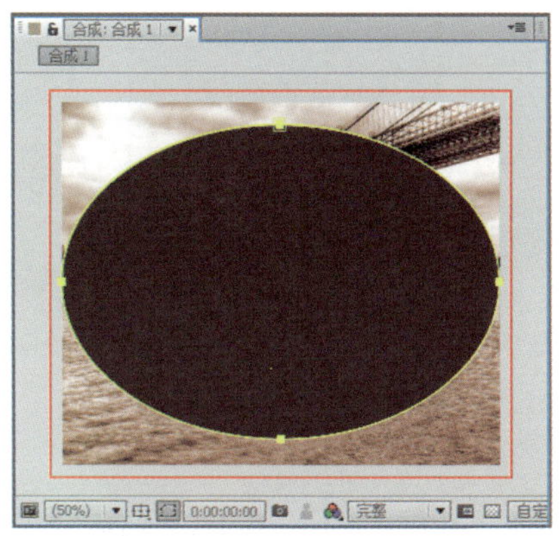

图 9-117

（7）打开【蒙版】图层下的【蒙版 1】，然后勾选【反转】，并设置【蒙版羽化】为 126 像素，【蒙版扩展】为 20 像素，如图 9-118 所示。

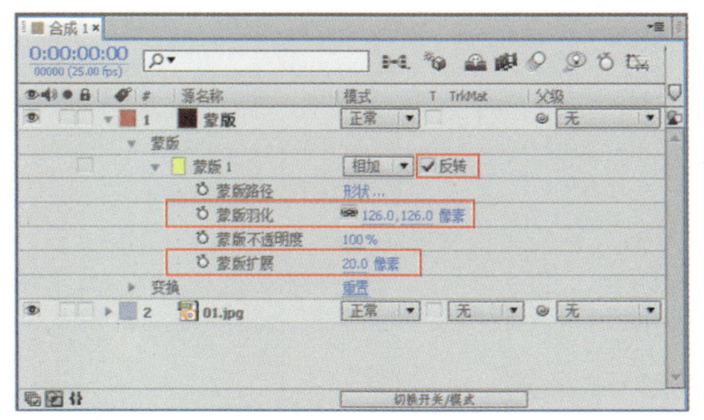

图 9-118

（8）此时查看最终效果，如图 9-119 所示。

9.3　【通道】效果调色

【通道】效果组主要用于转换、混合和移除图像的通道效果。通道包括颜色（RGB）和透明（Alpha）通道。该效果组，如图 9-120 所示。

图 9-119

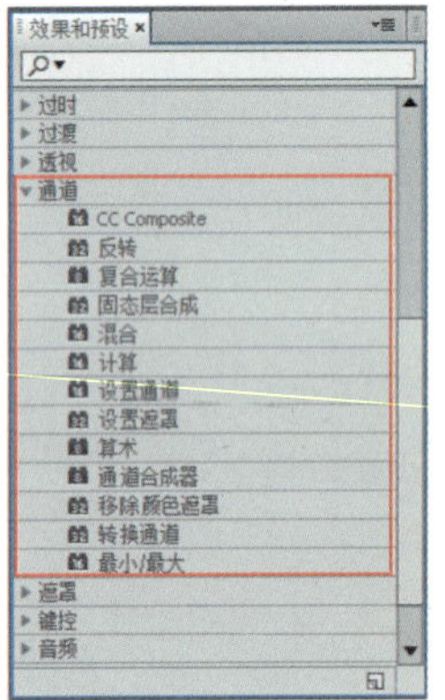

图 9-120

9.3.1 【CC Composite（CC 混合模式处理）】效果

【CC Composite（CC 混合模式处理）】效果可以使图层自身进行混合模式制作。各项参数如图 9-121 所示。

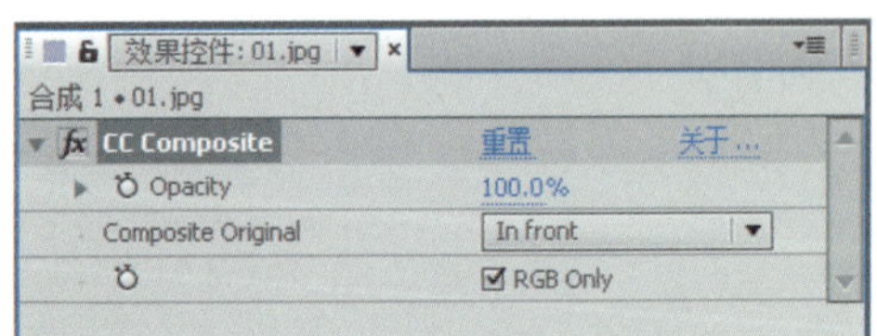

图 9-121

重点参数提醒：

Opacity（不透明度）：设置当前图像混合模式的不透明度。

Composite Original（原始合成）：选择与自身图像进行混合的图层混合模式。

重点 进阶案例：鲜艳画面效果

案例文件	进阶案例：鲜艳画面效果 .aep
视频教学	DVD/ 多媒体教学 /Chapter09/ 进阶案例：鲜艳画面效果 .flv
难易指数	★★☆☆☆
技术掌握	主要掌握【CC 混合模式处理】效果的应用

案例分析：

在本案例中，主要学习使用【CC 混合模式处理】和【曲线】效果制作鲜艳画面效果，案例的最终渲染效果如图 9-122 所示。

图 9-122

思路解析如图 9-123 所示。

图 9-123

制作步骤：

1. 添加素材

（1）创建新合成。设置【合成名称】为【合成 1】，【宽度】为 720 像素，【高度】为 576 像素，【像素长宽比】为【方形像素】，【帧速率】为 25 帧 / 秒，【持续时间】为 5 秒，然后单击【确定】按钮。接着在【项目】窗口中空白处双击鼠标左键，在弹出的窗口中选择所需素材文件，然后单击【导入】按钮，如图 9-124 所示。

图 9-124

（2）将【项目】窗口中的【01.jpg】素材文件拖拽到【时间线】窗口中，并设置【缩放】为 73%，如图 9-125 所示。

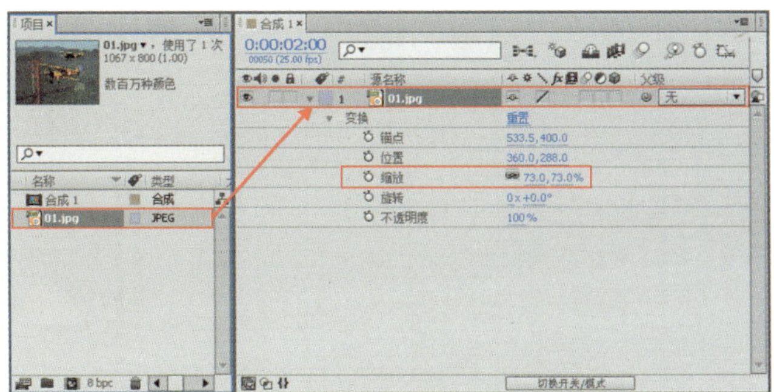

图 9-125

（3）此时在【合成】窗口中查看当前效果，如图 9-126 所示。

图 9-126

2. 调整色彩

（1）为【01.jpg】图层添加【CC Composite（CC 混合模式处理）】效果，然后在【效果控件】面板中设置【Composite Original（原始合成）】为【Hard Light（强光）】，如图 9-127 所示。此时效果如图 9-128 所示。

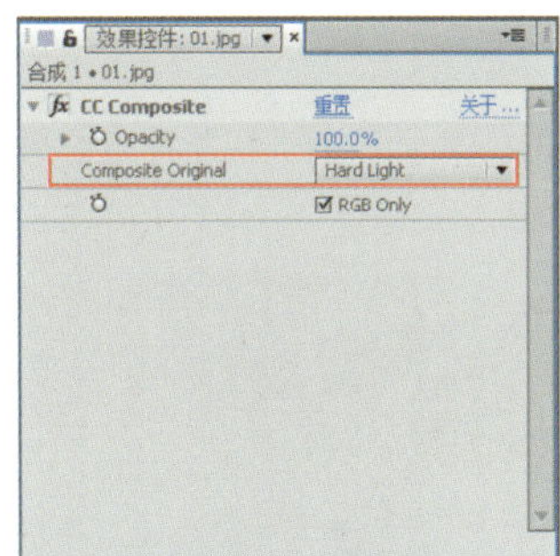

图 9-127

图 9-128

（2）为【01.jpg】图层添加【曲线】效果，然后在【效果控件】面板中适当调整 RGB 曲线的形状，如图 9-129 所示。此时查看最终效果，如图 9-130 所示。

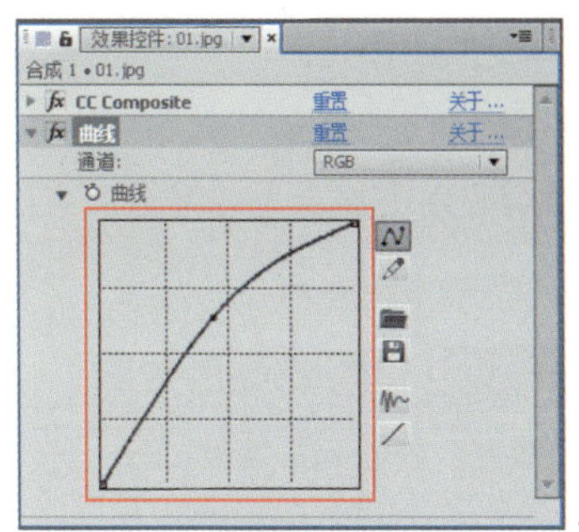

图 9-129

图 9-130

9.3.2 【反转】效果

【Invert（反转）】效果可以反转素材图像的颜色，制成类似相片底片的效果，各项参数如图 9-131 所示。

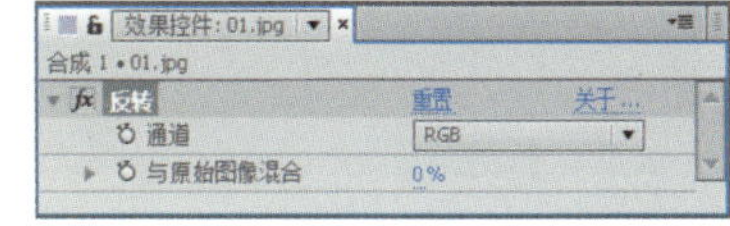

图 9-131

重点参数提醒：

通道：选择应用反转效果的通道。

9.3.3 【混合】效果

【混合】效果可以使两个不同的层之间进行混合，并可以设置混合程度，各项参数如图 9-132 所示。

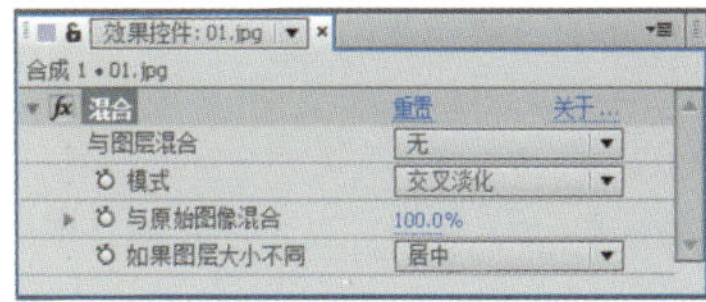

图 9-132

重点参数提醒：

与图层混合：选择与当前图层进行混合的图层。

模式：混合的模式，包括【交叉淡化】、【仅颜色】、

【仅色调】、【仅变暗】和【仅变亮】四种。

如果图层大小不同：当图层大小不同时，可以选择【居中】或【伸缩以适合】进行调整。

求生秘籍——技巧提示：应用【混合】效果时可以隐藏选择的图层

在对一个层应用【混合】效果时，可以将选择的混合图层隐藏。

重点 进阶案例：画面混合效果

案例文件	进阶案例：画面混合效果 .aep
视频教学	DVD/ 多媒体教学 /Chapter09/ 进阶案例：画面混合效果 .flv
难易指数	★★☆☆☆
技术掌握	主要掌握【混合】效果的应用

案例分析：

在本案例中，主要学习使用【混合】效果制作画面混合效果，案例的最终渲染效果如图 9-133 所示。

图 9-133

思路解析如图 9-134 所示。

图 9-134

制作步骤：

（1）创建新合成。设置【合成名称】为【合成 1】，【宽度】为 720 像素，【高度】为 576 像素，【像素长宽比】为【方形像素】，【帧速率】为 25 帧 / 秒，【持续时间】为 5 秒，然后单击【确定】按钮。接着在【项目】窗口中空白处双击鼠标左键，在弹出的窗口中选择所需素材文件，然后单击【导入】按钮，如图 9-135 所示。

图 9-135

（2）将【项目】窗口中的【01.jpg】和【夜晚 .jpg】素材文件拖拽到【时间线】窗口中，然后隐藏【夜晚 .jpg】图层，接着设置【01.jpg】素材图层的【缩放】为 76%，如图 9-136 所示。

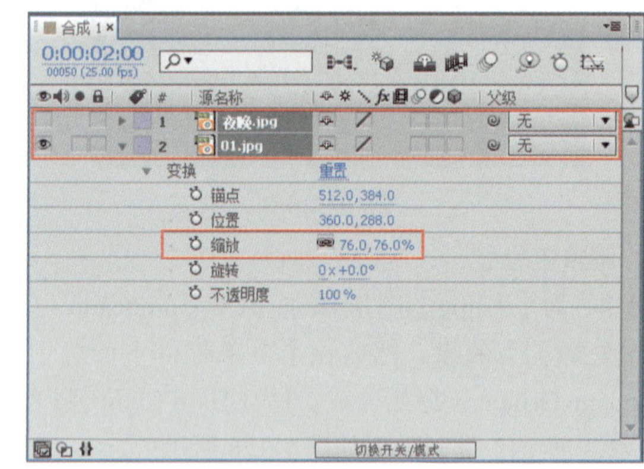

图 9-136

（3）此时在【合成】窗口中查看当前效果，如图 9-137 所示。

图 9-137

（4）为【01.jpg】图层添加【混合】效果，然后在【效果控件】面板中设置【混合】效果的【与图层混合】为【1.夜晚.jpg】，【模式】为【仅变暗】，【与原始图像混合】为28%，【如果图层大小不同】为【伸缩以适合】，如图 9-138 所示。

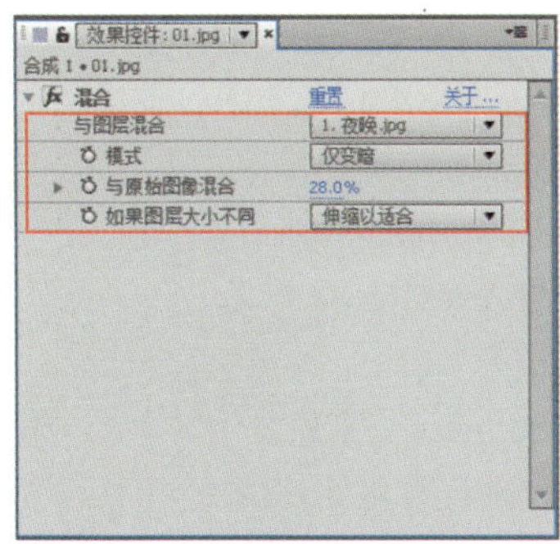

图 9-138

（5）此时查看最终效果，如图 9-139 所示。

图 9-139

9.3.4　【设置通道】效果

【设置通道】效果可以将其他层的颜色和 Alpha 通道替换到当前层的通道中，各项参数如图 9-140 所示。

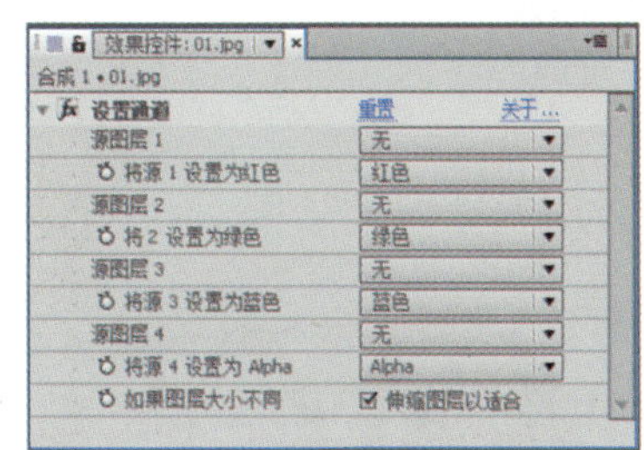

图 9-140

重点参数提醒：

源图层：可以分别将当前层的 RGB 和 Alpha 通道改为其他层。

将源设置为红 / 绿 / 蓝 /Alpha：选择当前层中要被替换的 RGB 和 Alpha 通道。

9.3.5　【设置遮罩】效果

【设置遮罩】效果可以将其他层的通道设置为当前层的遮罩，常用于创建运动遮罩效果。各项参数如图 9-141 所示。

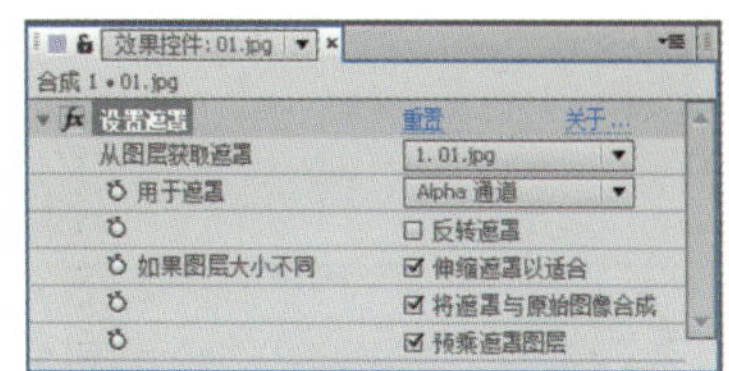

图 9-141

重点参数提醒：

从图层获取遮罩：选择获取遮罩的图层。

用于遮罩：设置用于遮罩的通道模式。

反转遮罩：勾选该选项，可以反转图层遮罩。

9.4　【键控】效果

键控又称为抠像技术，是在影视作品中常用的一种技术。常用的绿屏或蓝屏抠像，当影片在拍摄时，可以使用绿屏或蓝屏代替背景，然后在后期制作中使用其他的画面替换单色背景即可，前后颜色反差越大，键控效果越好。在 After Effects 中提供的各种键控效果，也可以根据亮度、差值等进行抠像，如图 9-142 所示。

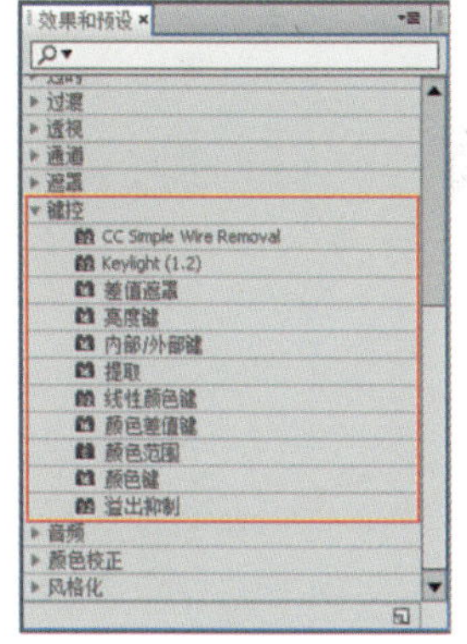

图 9-142

9.4.1　【CC Simple Wire Removal（CC 线性擦除）】效果

【CC Simple Wire Removal（CC 线性擦除）】效果可以去除画面中线性效果，也用于在影片中去除“钢丝威亚”，其本质是模糊和替换线性的效果。其参数面板如图 9-143 所示。

重点参数提醒：

【Point A/B（点 A/B）】：在【合成】窗口的画面中线性擦除的范围。

【Removal Style（擦除风格）】：线性擦除的风格类型，

包括【Fade（褪色）】、【Frame Offset（框架偏移）】、【Displace（替换）】和【Displace Horizontal（水平替换）】四种。

【Thickness（厚度）】：用于设置线性擦除的范围厚度。

【Slope（倾斜）】：可以控制偏离倾斜的程度。

【Mirror Blend（镜像混合）】：对线性擦除的部分进行镜像与混合。

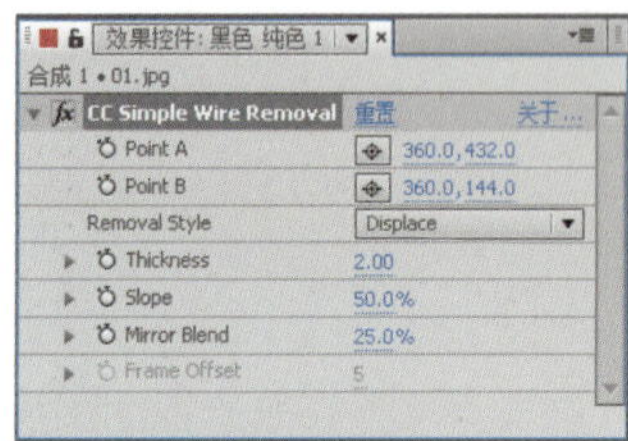

图 9-143

9.4.2 【Keylight（1.2）（键控 1.2）】效果

【Keylight（1.2）（键控 1.2）】效果使用方便，效果显著，而且非常擅长处理反射、半透明区域和头发，【Keylight（1.2）（键控 1.2）】中还包括颜色校正和边缘校正，使抠像更加精细。其参数面板如图 9-144 所示。

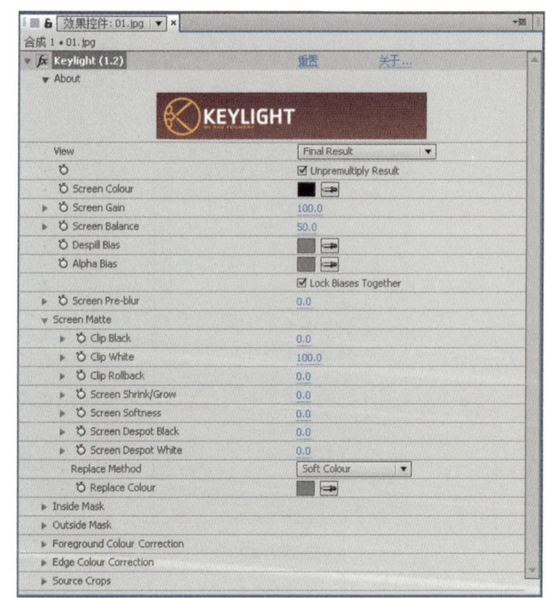

图 9-144

重点参数提醒：

【Screen Colour（屏幕颜色）】：可以设置或选择要抠除的颜色。

【Screen Gain（屏幕增益）】：设置抠像的颜色范围。

【Screen Balance（屏幕平衡）】：设置画面中颜色平衡效果。

【Despill Bias（色彩偏移）】：可以去除溢出的颜色部分。

【Alpha Bias（Alpha 偏移）】：即透明度偏移。可以使 Alpha 通道向某一类颜色偏移。

【Screen PreBlur（屏幕模糊）】：当素材上有噪点时，可以使用该选项进行模糊，从而得到较好的 Alpha 通道。

【Screen Matte（屏幕遮罩）】：该选项下的参数可以控制抠像的细节效果。

【Clip Black（缩减黑色）】：缩减 Alpha 的暗部。

【Clip White（缩减白色）】：缩减 Alpha 的亮部。

【Clip Rollback（缩减复原）】：可以恢复缩减黑色或白色以后损失的 Alpha 的细节。

【Screen Shrink/Grow（屏幕收缩 / 增长）】：可以扩大和收缩 Alpha。

【Screen Softness（屏幕柔化）】：柔化 Alpha，可以在噪点太明显时进行柔化处理。

【Screen Despot Black（屏幕黑）】：当 Alpha 的亮部区域有少许暗色的杂点时，可以调节此参数进行这些杂点的去除。

【Screen Despot White（屏幕白）】：当 Alpha 的暗部区域有少许亮点时，可以调节此参数进行这些亮点的去除。

【Inside Mask（内侧遮罩）】：调节内侧遮罩的边缘，使其与图像更好地融合。

【Outside Mask（外侧遮罩）】：调节外侧遮罩的边缘。

重点 进阶案例：更换天空效果

案例文件	进阶案例：更换天空效果 .aep
视频教学	DVD/ 多媒体教学 /Chapter09/ 进阶案例：更换天空效果 .flv
难易指数	★★☆☆☆
技术掌握	主要掌握【键控 1.2】效果的应用

案例分析：

在本案例中，主要学习使用【键控 1.2】效果制作更换天空效果，案例的最终渲染效果如图 9-145 所示。

思路解析如图 9-146 所示。

图 9-145

图 9-146

制作步骤：

（1）创建新合成。在【项目】窗口中的空白处单击鼠标右键，然后选择【新建合成】。如图 9-147 所示。

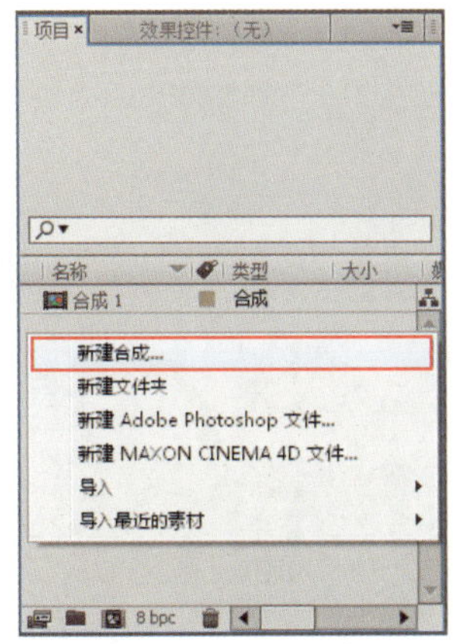

图 9-147

（2）在【合成设置】窗口中，设置【合成名称】为【合成 1】，【宽度】为 720 像素，【高度】为 576 像素，【像素长宽比】为【方形像素】，【帧速率】为 25 帧 / 秒，【持续时间】为 5 秒，最后单击【确定】按钮，如图 9-148 所示。

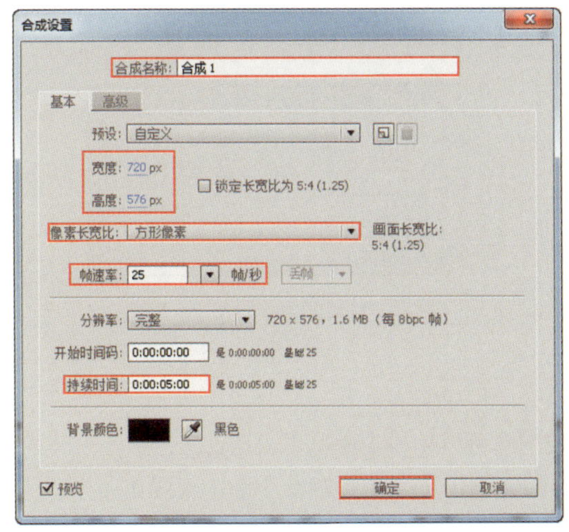

图 9-148

（3）在【项目】窗口中空白处双击鼠标左键或按快捷键〈Ctrl+I〉，在弹出的窗口中选择所需素材文件，然后单击【导入】按钮，如图 9-149 所示。

（4）将【项目】窗口中的【01.jpg】素材文件拖拽到【时间线】窗口中，并设置【缩放】为 44%，如图 9-150 所示。

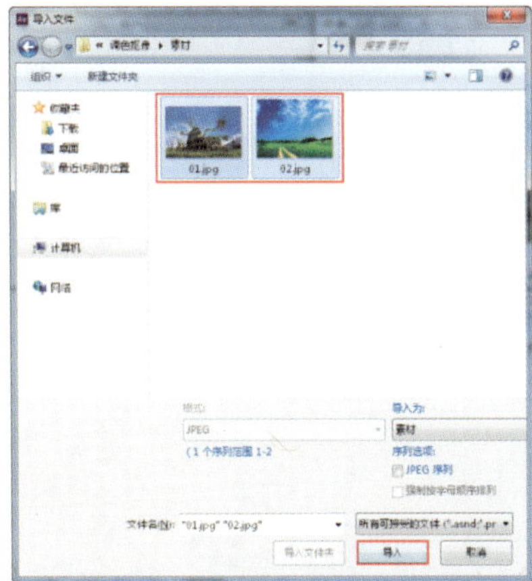

图 9-149

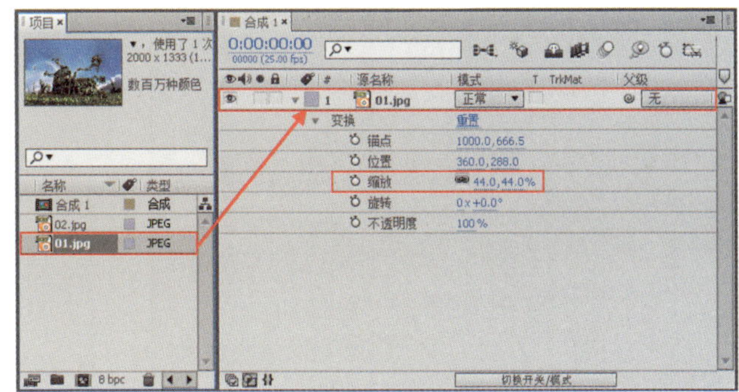

图 9-150

（5）此时在【合成】窗口中查看当前效果，如图 9-151 所示。

图 9-151

（6）将【效果和预设】面板中的【Keylight (1.2)（键控 1.2）】效果添加到【01.jpg】图层上，如图 9-152 所示。

（7）选择【时间线】窗口中的【01.jpg】图层，然后在【效果控件】面板中单击【Screen Colour（屏幕颜色）】后面的按钮，并在【01.jpg】素材中吸取背景天空颜色。

第 9 章

接着设置【Screen Balance（屏幕平衡）】为95，如图9-153所示。此时效果如图9-154所示。

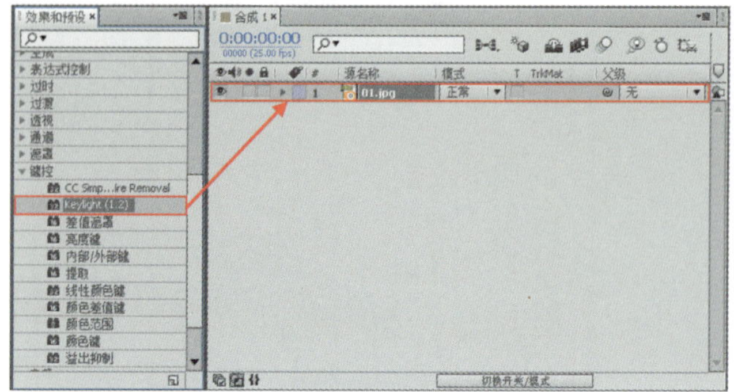

图 9-152

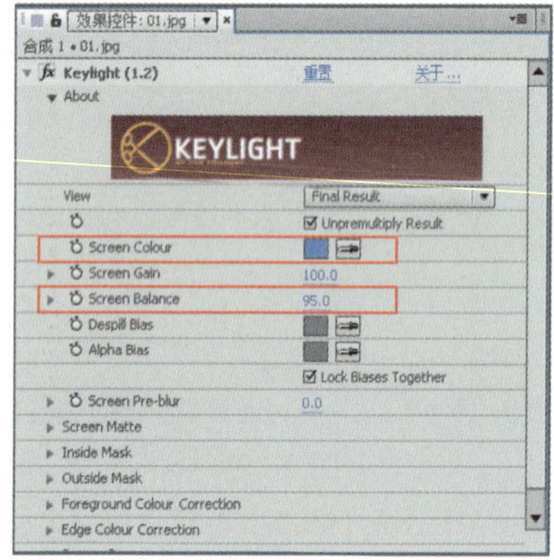

图 9-153

图 9-154

（8）将【02.jpg】素材文件拖拽到【时间线】窗口中，并置于【01.jpg】图层下方。然后设置【02.jpg】图层的【缩放】为95%，【位置】为（360.0，359.0），如图9-155所示。

（9）此时查看最终效果，如图9-156所示。

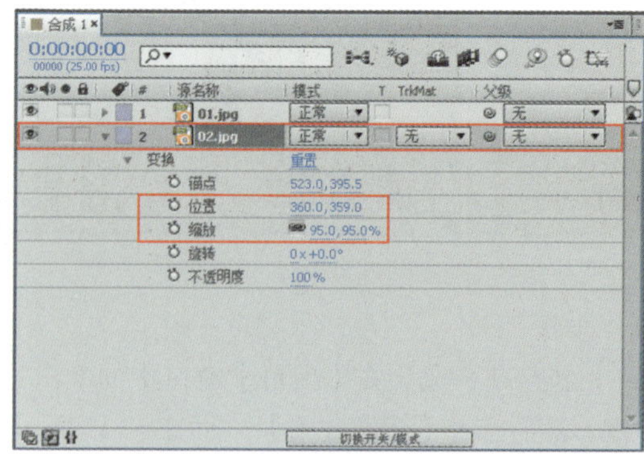

图 9-155

图 9-156

9.4.3 【差值遮罩】效果

【差值遮罩】效果可以通过对比两个图层，键出相应的位置和颜色相同的像素部分。常用于静态背景、固定摄像机的时候，通过一帧背景素材，即可完成前景对象的合成效果，其参数面板如图9-157所示。

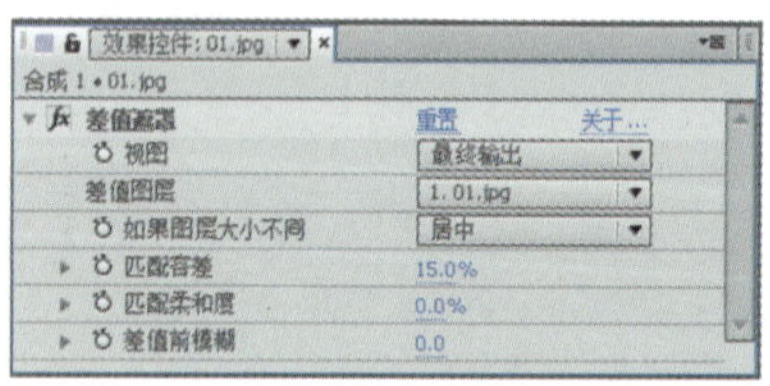

图 9-157

重点参数提醒：

视图：可以切换【预览】窗口与【合成】窗口的视图，包括【最终输出】、【仅限源】和【仅限遮罩】。

差值图层：选择用于比较差值的图层。

匹配容差：可以调整容差的范围。

匹配柔和度：可以调整柔和的程度。

差值前模糊：用于模糊比较的像素部分，从而清除合成图像中的杂点，而不会使整个图像模糊。

9.4.4 【亮度键】效果

【亮度键】效果主要针对明暗对比效果明显的画面，

设置某一两度值的阈值，设置低于或高于这个值的亮度即为透明效果。其参数面板如图 9-158 所示。

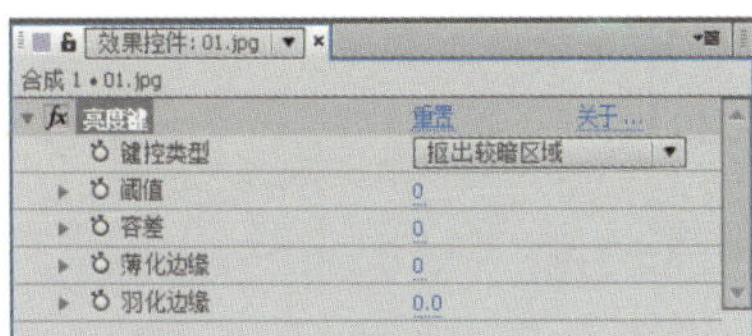

图 9-158

重点参数提醒：

键控类型：可以选择键控的类型，包括【抠出较亮区域】、【抠出较暗区域】、【抠出亮度相似的区域】和【抠出亮度不同的区域】四种类型。

阈值：设置亮度的阈值。

容差：设置容差的范围，数值越小，亮度的范围越小。

薄化边缘：可以调整遮罩的边缘范围大小。

9.4.5 【线性颜色键】效果

【线性颜色键】效果会根据 RGB 颜色或色相、饱和度与制定的健康颜色进行对比，产生透明区域，也可以指定一个色彩范围作为键控色，但并不适合半透明对象。其参数面板，如图 9-159 所示。

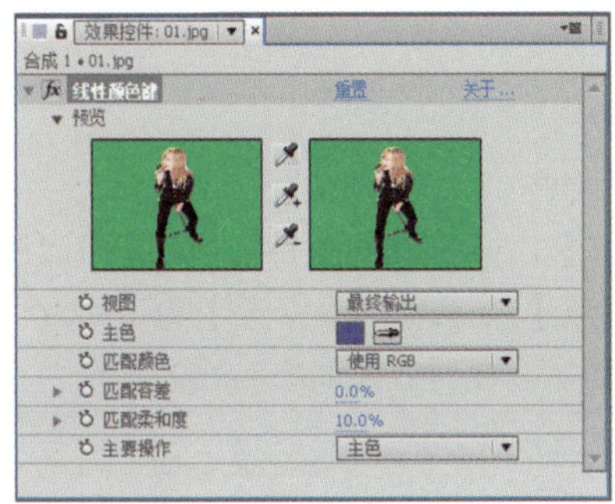

图 9-159

重点参数提醒：

（键控滴管）：用于在素材中选择需要键控的颜色。

（加滴管）：用于为键控的颜色增加颜色范围，可以在素材或预览视图中选项颜色。

（减滴管）：用于为键控的颜色减少颜色范围。

视图：用于切换【预览】窗口与【合成】窗口的视图。

主色：可以选择或设置键控的颜色。

主要操作：可以设置为键控的主色或保持颜色。

9.4.6 【颜色键】效果

【颜色键】效果较适用于单一的颜色上，被选择的键控颜色部分会变为透明，而且可以控制键控的边缘程度等，其参数面板如图 9-160 所示。

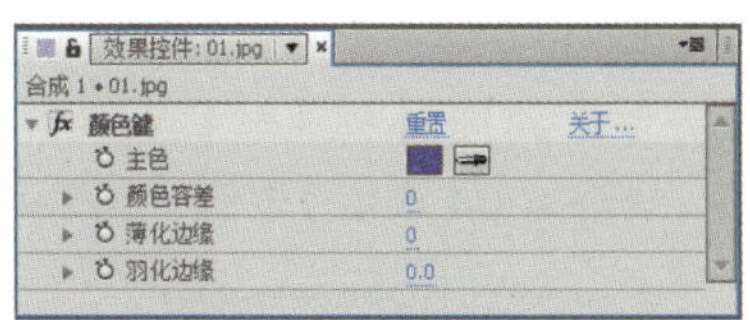

图 9-160

重点参数提醒：

主色：用于选择或设置需要变为透明的键控色。

颜色容差：可以控制容差的范围大小，值越小，则颜色范围就越小。

薄化边缘：用于控制键控颜色的边缘程度，正值为扩大范围，负值为缩小范围。

重点▶▶进阶案例：粉色甜蜜效果

案例文件	进阶案例：粉色甜蜜效果 .aep
视频教学	DVD/ 多媒体教学 /Chapter09/ 进阶案例：粉色甜蜜效果 .flv
难易指数	★★★☆☆
技术掌握	主要掌握【颜色键】效果的应用

案例分析：

在本案例中，主要学习使用【颜色键】制作粉色甜蜜效果，案例的最终渲染效果如图 9-161 所示。

图 9-161

思路解析如图 9-162 所示。

图 9-162

制作步骤：

1. 制作背景

（1）创建新合成。在【项目】窗口中的空白处单击鼠标右键，然后选择【新建合成】，如图 9-163 所示。

（2）在【合成设置】窗口中，设置【合成名称】为【合成 1】，【宽度】为 720 像素，【高度】为 576 像素，【像素长宽比】为【方形像素】，【帧速率】为 25 帧 / 秒，【持续时间】为 5 秒，最后单击【确定】按钮，如图 9-164 所示。

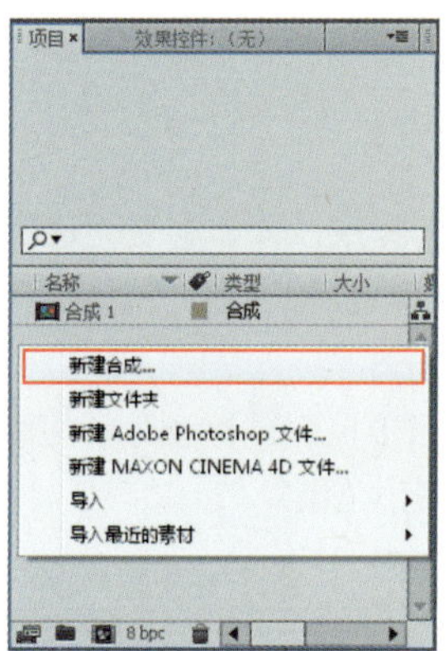

图 9-163

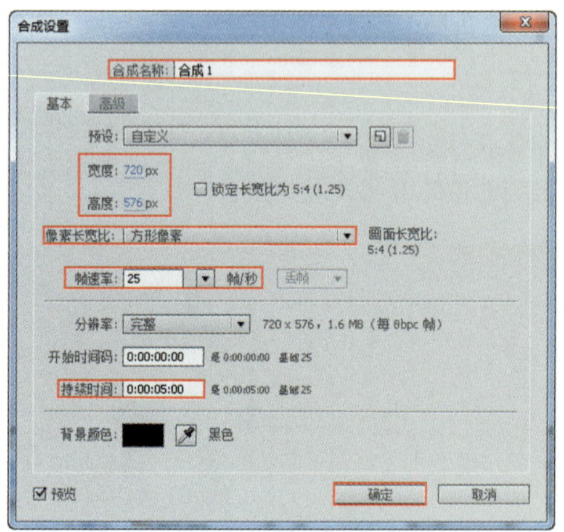

图 9-164

（3）在【项目】窗口中空白处双击鼠标左键或按快捷键〈Ctrl+I〉，在弹出的窗口中选择所需素材文件，然后单击【导入】按钮，如图 9-165 所示。

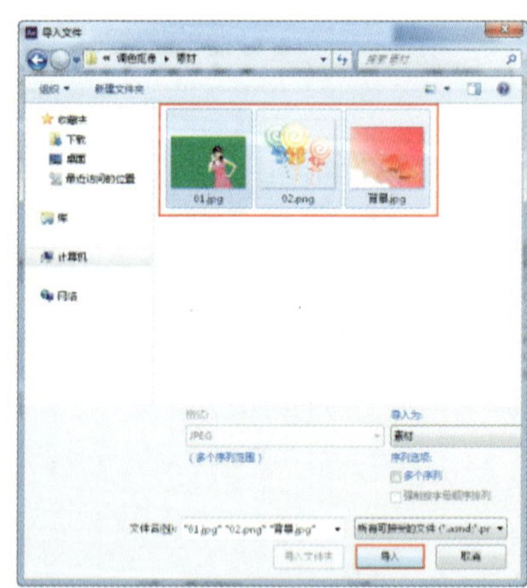

图 9-165

（4）将【项目】窗口中的【背景 .jpg】素材文件拖拽到【时间线】窗口中，并设置【缩放】为 73%，如图 9-166 所示。

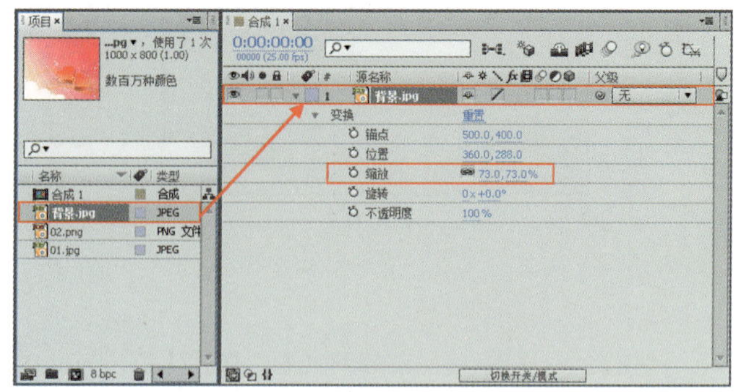

图 9-166

（5）此时在【合成】窗口中查看当前效果，如图 9-167 所示。

图 9-167

2. 抠像效果

（1）将【01.jpg】素材文件拖拽到【时间线】窗口中，并设置【缩放】为 62%，【位置】为（360.0，255.0），如图 9-168 所示。此时效果如图 9-169 所示。

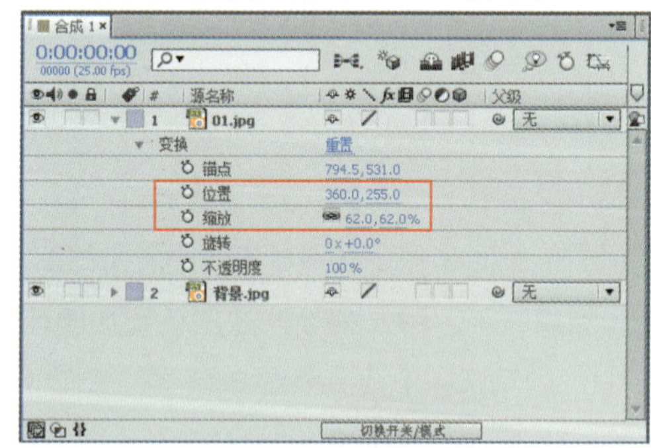

图 9-168

图 9-169

（2）为【01.jpg】图层添加【颜色键】效果，然后在【效果控件】面板中单击【主色】后面的工具，并在【01.jpg】素材中吸取背景色彩，接着设置【颜色容差】为28，【薄化边缘】为1，如图 9-170 所示。此时效果如图 9-171 所示。

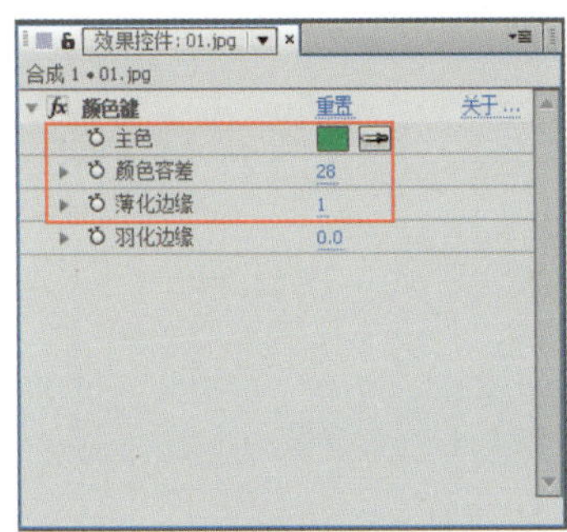

图 9-170

图 9-171

（3）将【02.png】素材文件添加到【时间线】窗口中，并设置【缩放】为 71%，【位置】为（360.0，462.0），如图 9-172 所示。

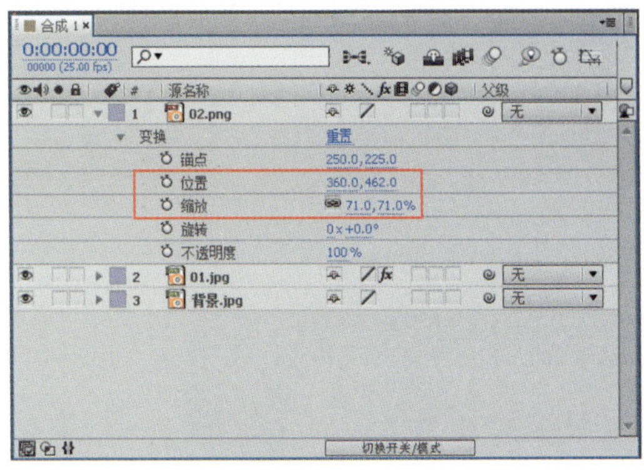

图 9-172

（4）此时在【合成】窗口中查看最终效果，如图 9-173 所示。

图 9-173

第 10 章 表达式

本章学习要点：

★ 认识表达式
★ 掌握输入表达式的方法
★ 使用表达式制作效果

10.1 初识表达式

在 After Effects 中应用的表达式是基于传统的 JavaSeript 语言，可以通过修改简单的表达式，或者通过表达式语言菜单来达到创建表达式的目的。但了解表达式的编写方法可以更加快速地编写一些特殊效果的表达式。

After Effects 中的表达式是由数字、算符、数字分组符号 (即括号)、自由变量和约束变量等组成，可以求得数值。约束变量在表达式中表示已经被指定的数值，而自由变量则可以另行指定其他数值。应用表达式效果，如图 10-1 所示。

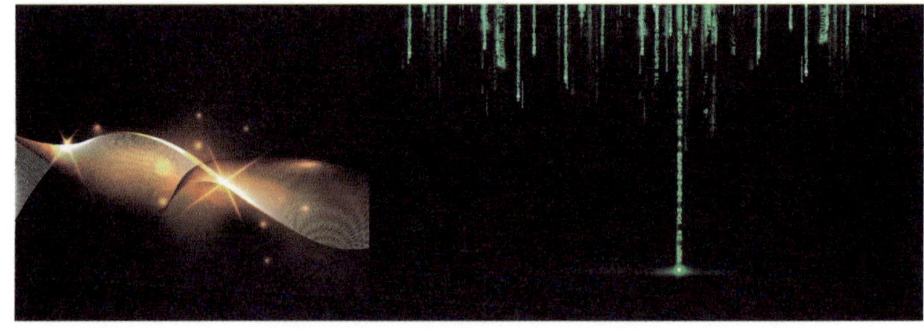

图 10-1

10.2 了解表达式面板

在 After Effects 中，表达式被添加在一些图层的各种属性上。而且表达式可以使图层与图层之间的属性建立关联，使用某一属性的关键帧去控制其他属性的数值变化，从而为图层制作出丰富而特殊的动画效果，免去逐个添加关键帧的麻烦，提高工作效率。

在为某一属性添加表达式后，会出现【表达式】面板，在该面板上共有四个按钮和一个表达式窗口区域。如图 10-2 所示。

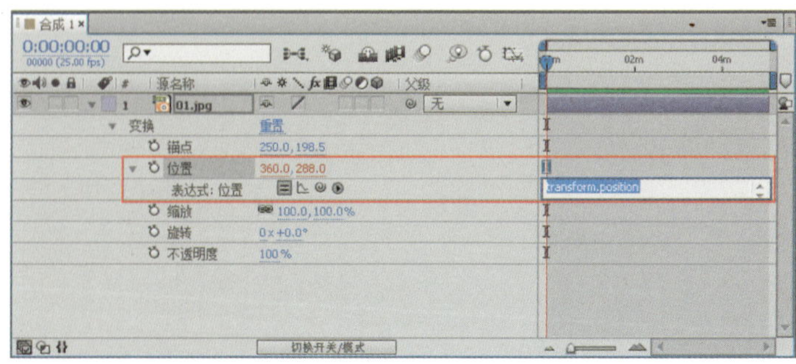

图 10-2

重点参数提醒：

（1）（启用表达式）：该按钮用于控制启用或关闭该属性上的表达式效果。当图标变成 ≠ 时，说明当前表达式已经被关闭，如图 10-3 所示。

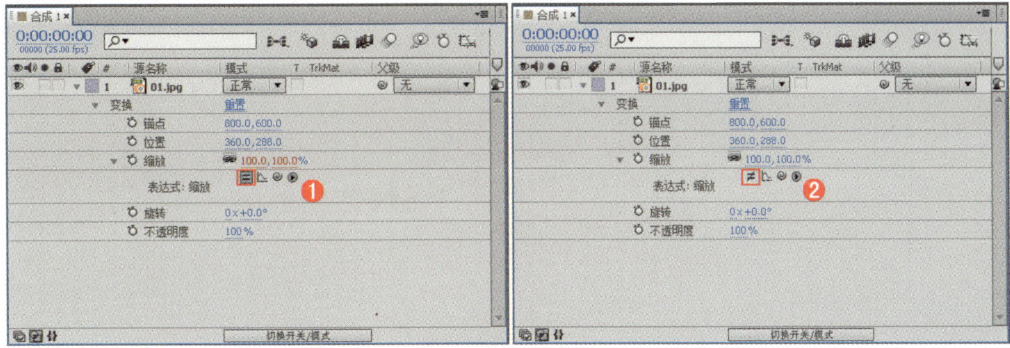

图 10-3

（2）（显示后表达式图表）：开启该按钮可以在【图表编辑器】中查看当前表达式的变化曲线，如图 10-4 所示。

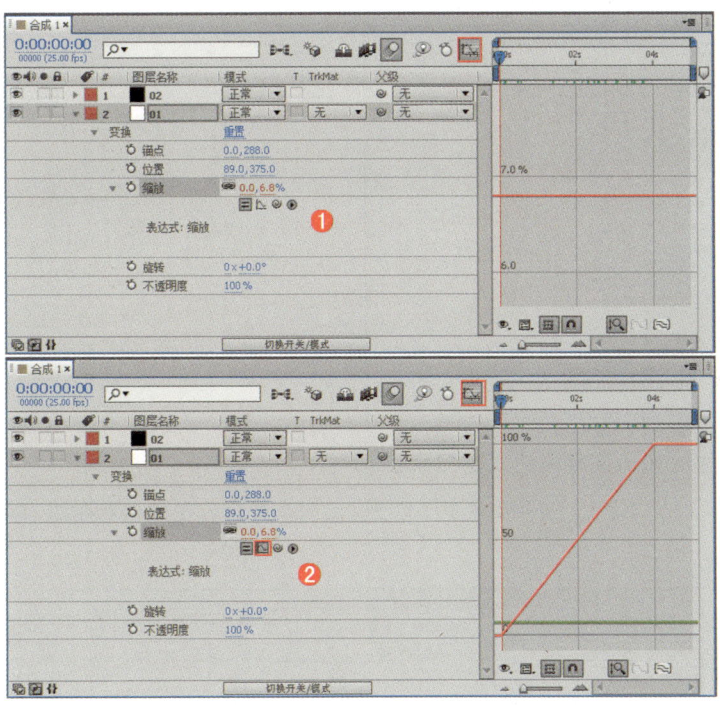

图 10-4

（3）（表达式关联器）：使用该工具可以建立当前属性参数与其他属性参数的链接。在该按钮上按住鼠标左键并拖动，然后将线条拖到其他属性上，即可建立两个属性参数之间的链接关系，如图 10-5 所示。

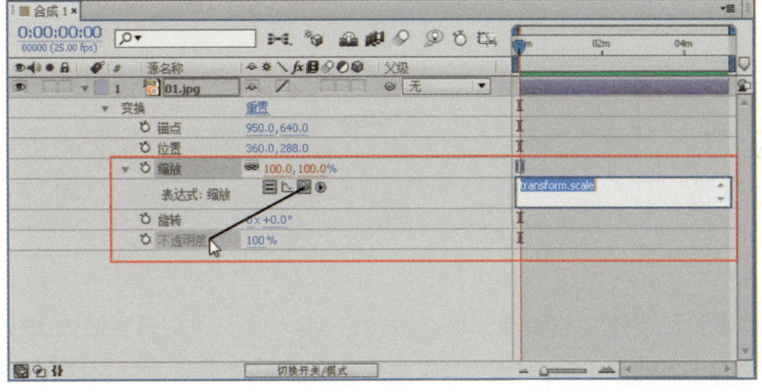

图 10-5

（4）（表达式语言菜单）：单击该按钮会弹出表达式相关的语言菜单，在各个分类及其子菜单中提示了表达式中可以使用到的语言和函数，选择相应表达式会自动添加到表达式窗口中，如图 10-6 所示。

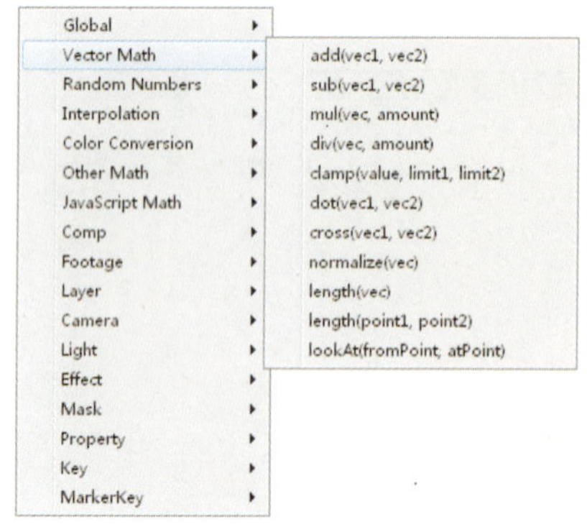

图 10-6

（5）表达式窗口：在该窗口中可以输入相关的表达式，在输入正确后，该属性参数会变红。如果表达式输入错误，会关闭启用按钮，并弹出相关错误对话框，而且该属性下会出现（警告）标志，如图 10-7 所示。

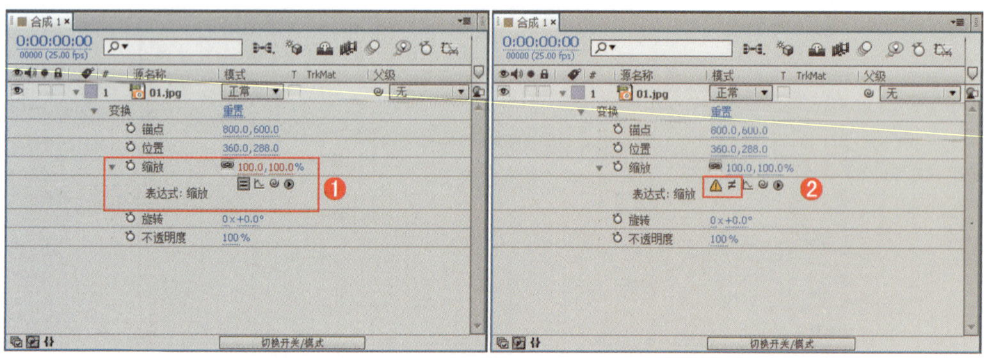

图 10-7

FAQ 常见问题解答：如何调整表达式窗口大小？

将鼠标指针移动到窗口下方边缘上时，会出现上下箭头，此时按住鼠标左键上下拖动，即可调整表达式窗口的大小，如图 10-8 所示。

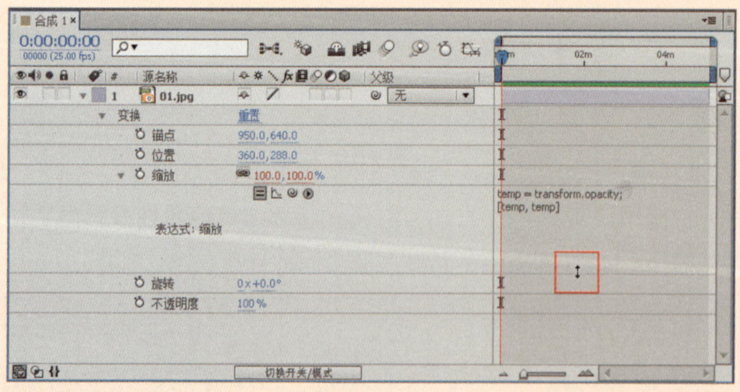

图 10-8

10.3 创建表达式

在 After Effects 中打开需要添加表达式的属性，然后按住〈Alt〉键，并在需要输入表达式的属性前面单击【时间变化秒表】按钮。接着在出现的【表达式】窗口中输入表达式，结束后单击其他位置或按〈Enter〉键即可，如图 10-9 所示。

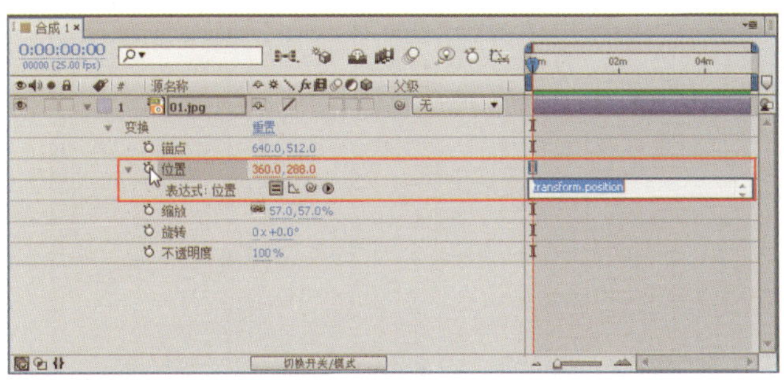

图 10-9

求生秘籍——软件技能：创建表达式的注意事项

1. 单击【时间变化秒表】按钮时产生的默认表达式不会产生任何动画效果。

2. 表达式中的标点和符号必须为英文半角。

在 After Effects 中还可以利用其自带的表达式语言菜单，创建表达式。菜单中被选择的表达式会自动出现在表达式窗口中。该菜单中包含各项表达式语言参数和编写方法，可以按照格式进行编写表达式。单击【表达式语言菜单】按钮即可弹出菜单，如图 10-10 所示。

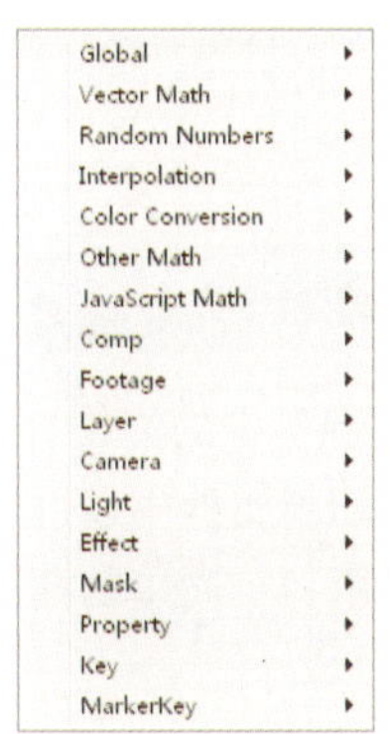

图 10-10

重点参数提醒：

Global（全局）：用于指定表达式的全局对象设置。

Vector Math（向量数学）：向量数学运算的相关数学函数。

Random Numbers（随机数方法）：可以产生随机值的函数。

Interpolation（插值方法）：可以利用插值的方法来制作相关表达式函数。

Color Conversion（色彩转换）：RGB、Alpha 和 HSL、Alpha 的色彩空间转换。

Other Math（其他数学方法）：其他数学方法，包括度和弧度的相互转换。

JavaScript Math（JavaScript 数学）：JavaScript 相关的数学函数。

Comp（合成）：利用合成的相关参数制作表达式。

Footage（脚本）：利用脚本的属性和方法制作表达式。

Layer（层）：包含【Sub-object（层的子对象类）】，【General（层的一般属性类）】，【Properties（层的特殊属性类）】，【3D（三维层类）】，【Space Transforms（层的空间转换类）】五种层的类型，并可以分别利用各层的相关数学制作表达式。

Camera（摄像机）：利用摄像机的相关属性制作表达式。

Light（灯光）：利用灯光的相关属性制作表达式。

Effect（效果）：利用效果的相关属性制作表达式。

Mask（遮罩）：利用遮罩的相关属性制作表达式。

Property（属性）：用于制作速度、速率、抖动等效果的表达式。

Key（关键帧）：利用关键帧的值、时间和指数制作表达式。

MarkerKey（标记关键帧）：利用标记关键帧的方法制作表达式。

10.4　修改和删除表达式

当输入表达式后，表达式参数没有达到预期的效果，或表达式输入错误，都可以对表达式进行修改或删除，从而得到较好的画面效果。

10.4.1　修改表达式

首先打开添加表达式的属性，然后在已经输入的表达式上单击鼠标左键，即可进入编辑状态，可以修改当前的表达式，如图 10-11 所示。

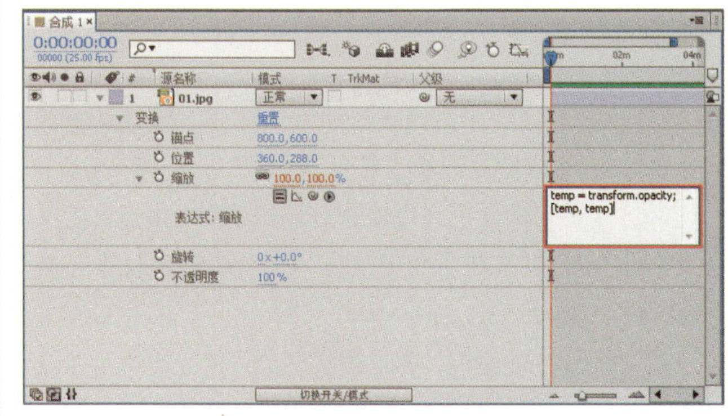

图 10-11

10.4.2　删除表达式

打开添加表达式的属性，然后按住〈Alt〉键，并在已经添加了表达式的属性前面单击【时间变化秒表】按钮，此时即可删除该属性的所有表达式，如图 10-12 所示。

也可以在【表达式】窗口中单击鼠标左键，选择需要删除的部分，然后按〈Delete〉键删除，如图 10-13 所示。

第10章

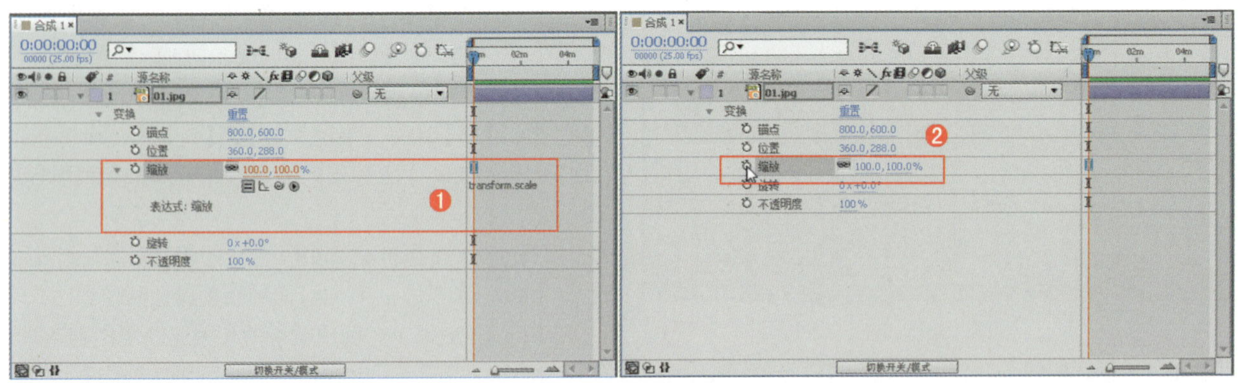
图 10-12

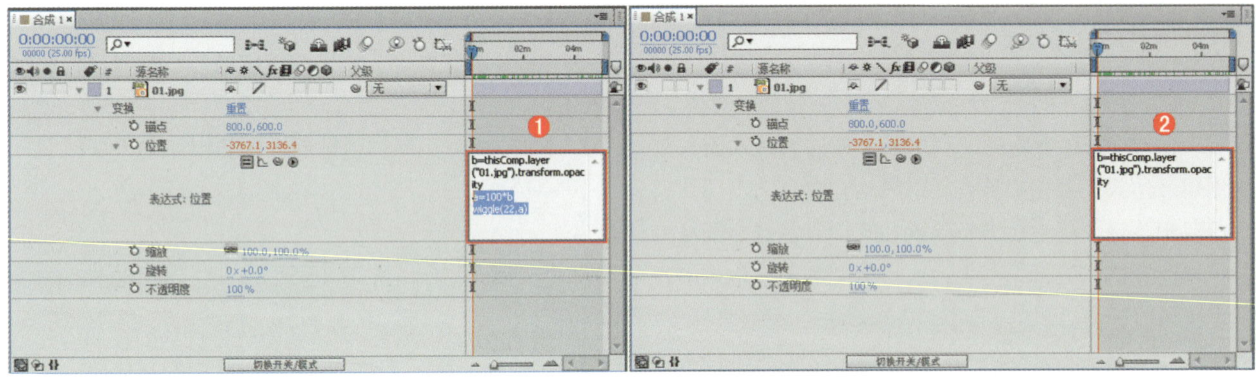
图 10-13

求生秘籍——技巧提示：元素与元素间建立关系的方法

在 After Effects 中，元素与元素之间可以利用各种方法相互建立关系，大概分为五种：

1. 【关键帧】：为元素间设置关键帧可以建立联系，这是常用的方法之一，而且同样灵活多变，但是关键帧过多时，会不方便进行修改或调节。

2. 【合并图层】：将需要合并的多个图层放入一个新的合成中，即可将多个图层作为一个单独素材进行处理操作了。

3. 【父子链接】：使用该方法可以建立层级关系，在父子链接中，父级层的应用变化会影响子级层；而子级层的应用变化不会影响父级层。

4. 【动力学脚本】：动力学脚本是 AE 中内置的一项功能，可以为当前图层创建基于另一个图层或属性的关键帧。但建立的元素关系是暂时的，只有在执行脚本时才会起到作用。

5. 【表达式】：表达式类似于动力学脚本，但是表达式并非暂时的，而是可以保持始终。在应用表达式之后，任何关键帧都会始终保持链接关系。

10.5 表达式控制

使用【表达式控制】中的滤镜，如图 10-14 所示。然后可以在其他的几个动画属性中通过表达式链接该效果的属性，就可以实现使用一个简单的控制滤镜控制多个动画属性的效果。

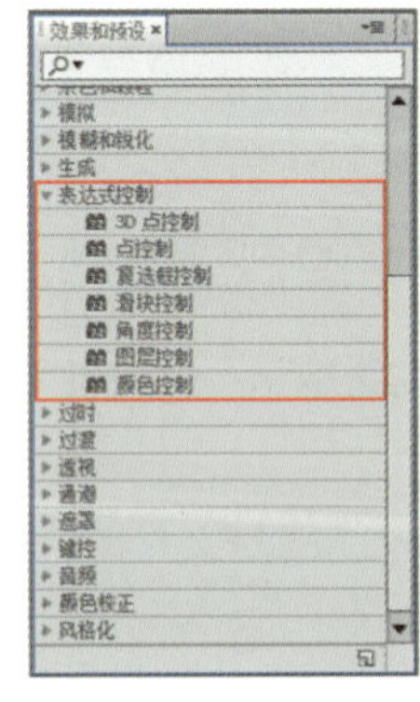
图 10-14

求生秘籍——技巧提示：表达式与【空对象】图层的搭配应用

可以将【表达式控制】中的滤镜效果应用到任意图层上，但最好可以将其应用到【空对象】图层上，这样就可以将【空对象】图层作为一个控制层，然后为其他图层的属性制作表达式效果。

10.6　表达式语法

了解表达式的基础写法，可以进一步帮助我们学习与运用表达式。下面介绍一下简单的表达式语法。

在 After Effects 中，表达式的写法类似于 Java 语言，一条基本的表达式可以由以下几部分组成：

【thisComp.layer(" 空 1").transform.position】

重点参数提醒：

（1）【thisComp】为全局属性，用于指明表达式所应用的最高层级。

（2）【layer(" 空 1")】指明了确切的哪一个图层。

（3）【transform.position】指明了当前图层的哪一属性。

（4）【.】用于分割物体的层级关系。

求生秘籍——技巧提示：表达式中以点分割的原因

JavaScript 语法规定全局对象与次级对象之间必须以点号分割，以说明物体之间的层次关系。

表达式也可以直接使用相对层级的写法，省略全局属性，例如可以将【transform.position=thisComp.layer(" 空 1").transform.position】简写成【thisComp.layer(" 空 1").position】

求生秘籍——技巧提示：创建表达式时的空格应用

在整条的表达式语句中，除了引号中间的图层名称间可以加入空格外，其他位置不允许出现空格。

重点 进阶案例：进度条变化效果

案例文件	进阶案例：进度条变化效果 .aep
视频教学	DVD/ 多媒体教学 /Chapter10/ 进阶案例：进度条变化效果 .flv
难易指数	★★☆☆☆
技术掌握	主要掌握表达式、关键帧和图层的应用

案例分析：

在本案例中，主要学习使用快速模糊、表达式、关键帧和图层样式效果制作进度条变化效果，案例的最终渲染效果如图 10-15 所示。

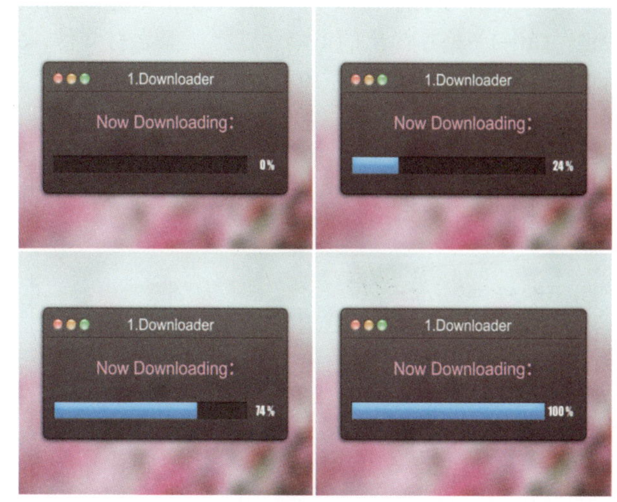

图 10-15

思路解析如图 10-16 所示。

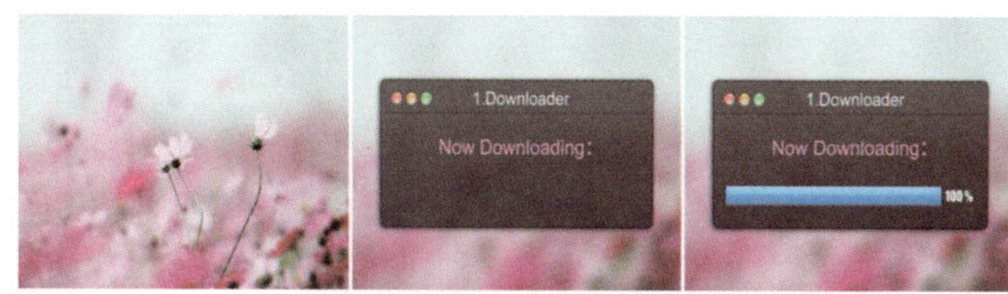

图 10-16

制作步骤：

1. 制作背景

（1）创建新合成。在【项目】窗口中的空白处单击鼠标右键，然后选择【新建合成】，如图 10-17 所示。

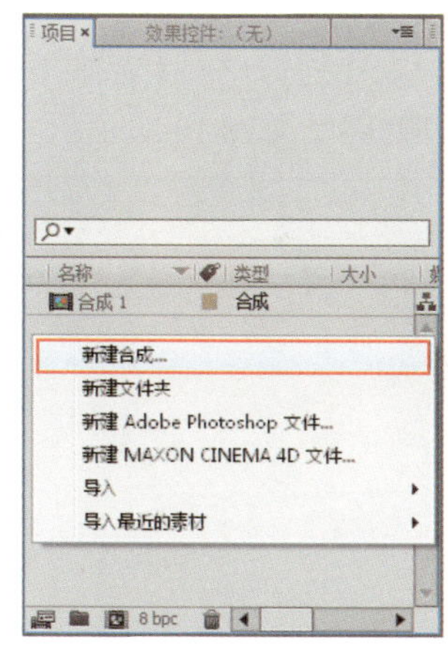

图 10-17

（2）在【合成设置】窗口中，设置【合成名称】为【合成 1】，【宽度】为 720 像素，【高度】为 576 像素，【像素长宽比】为【方形像素】，【帧速率】为 25 帧 / 秒，【持续时间】为 5 秒，最后单击【确定】按钮，如图 10-18 所示。

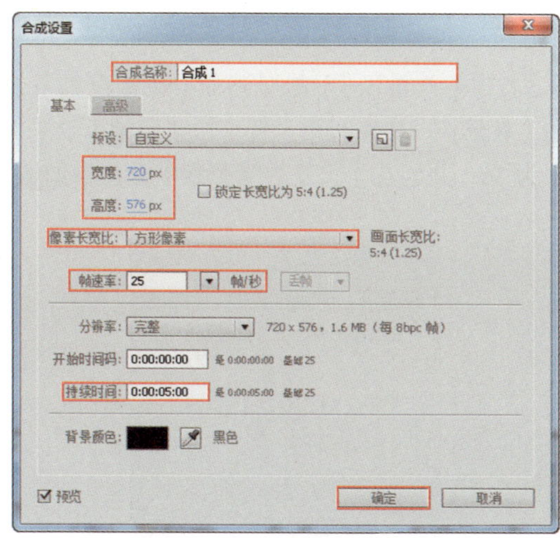

图 10-18

（3）在【项目】窗口中空白处双击鼠标左键或按快捷键〈Ctrl+I〉，在弹出的窗口中选择所需素材文件，然后单击【导入】按钮，如图 10-19 所示。

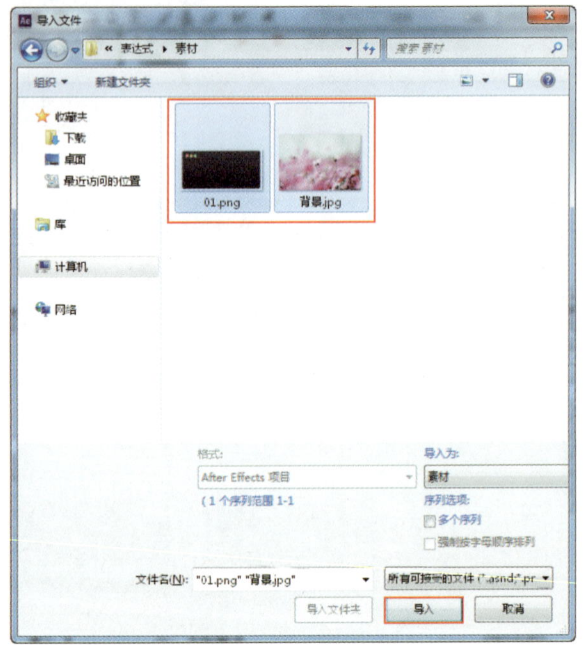

图 10-19

（4）将【项目】窗口中的【背景.jpg】素材文件拖拽到【时间线】窗口中，如图 10-20 所示。

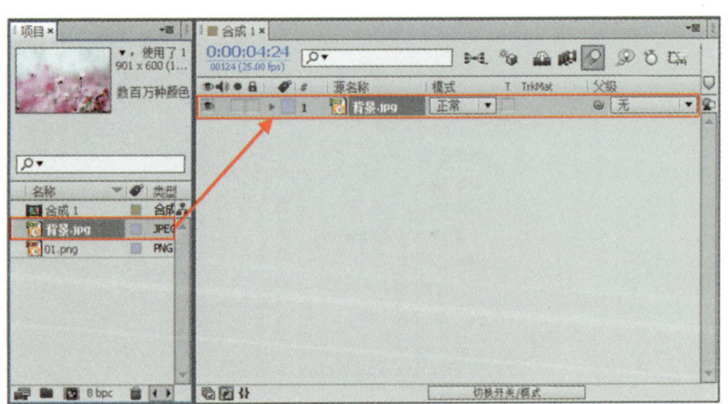

图 10-20

（5）为【背景.jpg】图层添加【快速模糊】效果，然后在【效果控件】面板中设置【快速模糊】效果的【模糊度】为 36，并勾选【重复边缘像素】选项，如图 10-21 所示。

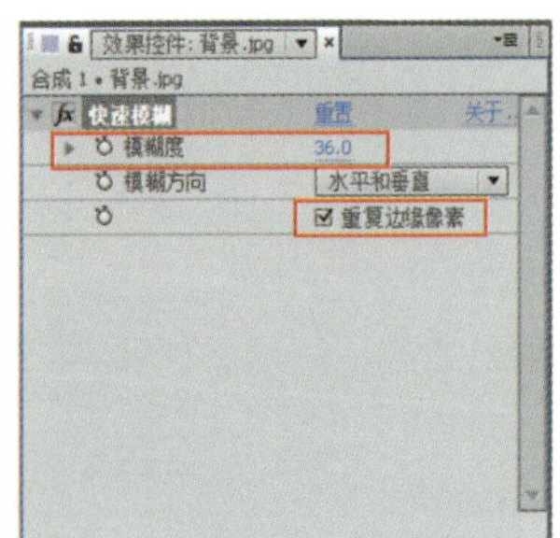

图 10-21

（6）此时在【合成】窗口中查看当前效果，如图 10-22 所示。

图 10-22

2. 制作对话框

（1）将【01.png】素材文件添加到【时间线】窗口中，并设置【缩放】为 86%，【不透明度】为 90%，如图 10-23 所示。此时效果如图 10-24 所示。

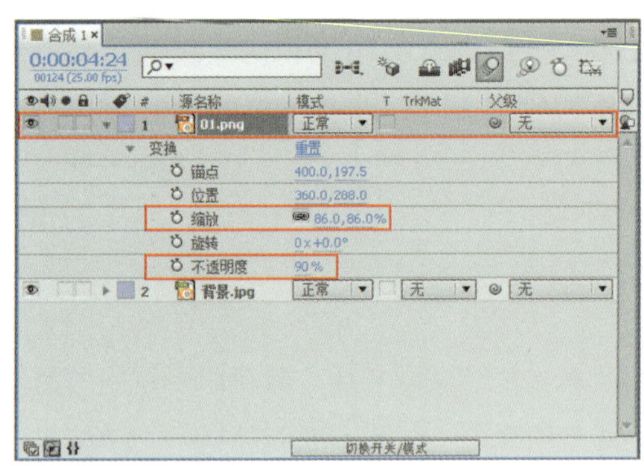

图 10-23

图 10-24

（2）为【01.png】图层添加【投影】效果，然后在【效果控件】面板中设置【投影】效果的【不透明度】为 100%，【方向】为 213°，【柔和度】为 29，如图 10-25 所示。此时效果如图 10-26 所示。

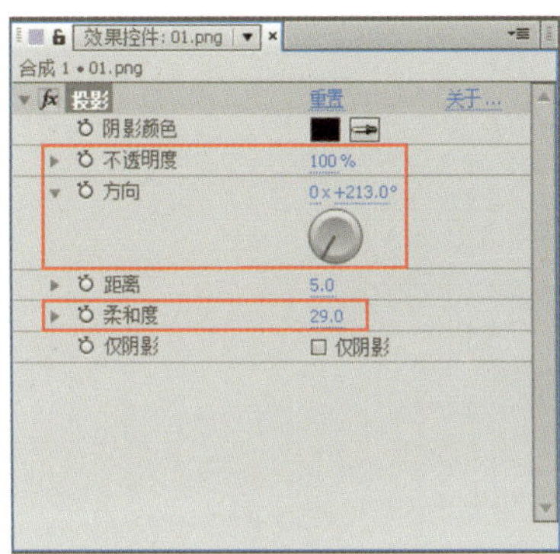

图 10-25

图 10-26

（3）使用【横排文字】工具，然后在【合成】窗口中输入文字，并设置合适的【字体系列】和【字体大小】，接着设置填充颜色为白色（R：255，G：255，B：255）和粉色（R：255，G：159，B：193），如图 10-27 所示。

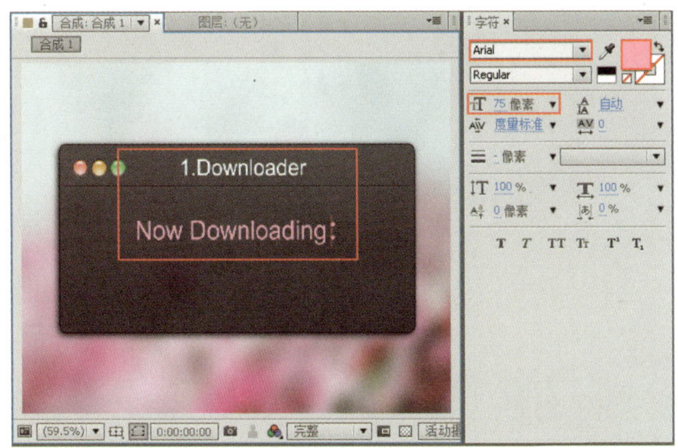

图 10-27

（4）选择【矩形】工具，然后设置【工具栏】中的【填充】为深灰色（R：42，G：42，B：42），接着在【合成】窗口中绘制矩形蒙版，如图 10-28 所示。

（5）选择【形状图层 1】，然后在菜单栏中执行【图层】/【图层样式】/【内阴影】命令，如图 10-29 所示。

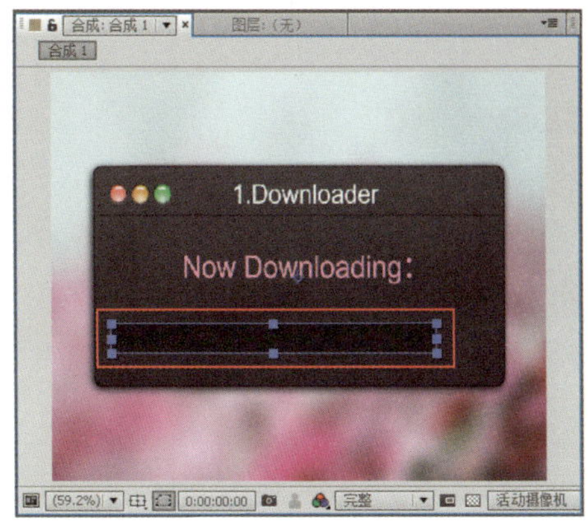

图 10-28

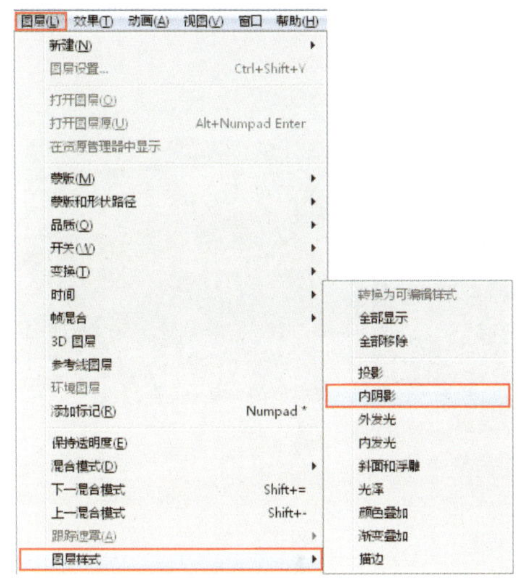

图 10-29

（6）打开【形状图层 1】下的【图层样式】，然后设置【内阴影】的不透明度为 30%，【角度】为 90°，【距离】为 3，如图 10-30 所示。

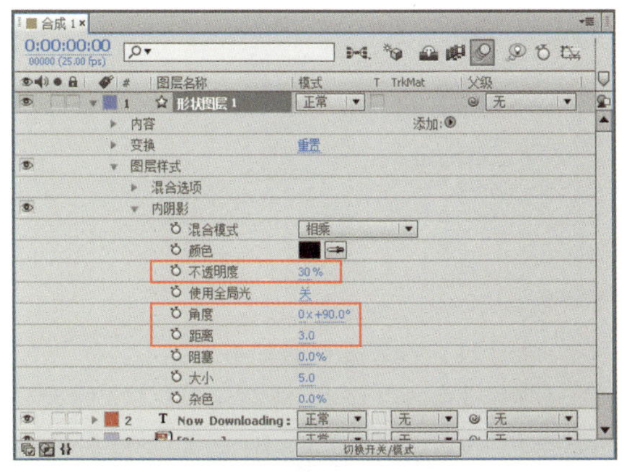

图 10-30

（7）为【形状图层 1】添加【投影】图层样式，然后设置【混合模式】为【柔光】，【颜色】为白色（R：255，G：255，B：255），【不透明度】为 40%，【角度】为 90°，【距离】为 1，【大小】为 0，如图 10-31 所示。此时效果如图 10-32 所示。

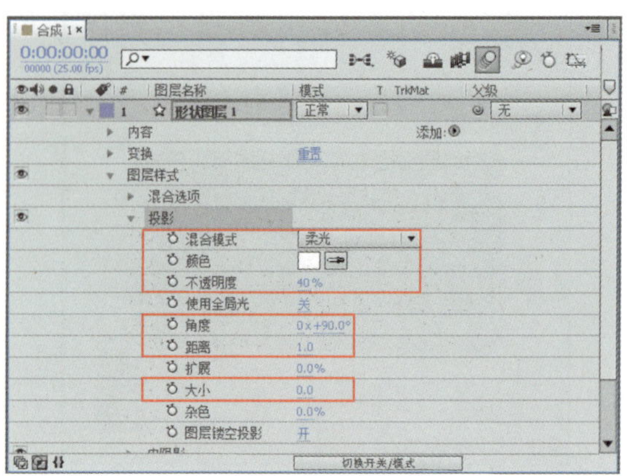

图 10-31

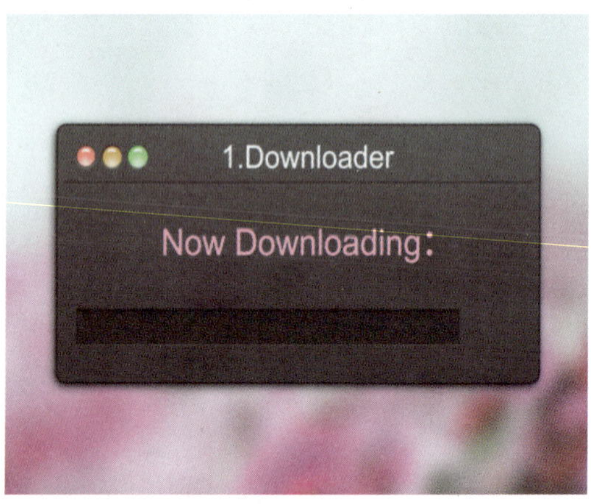

图 10-32

3. 制作进度条

（1）在【时间线】窗口中的空白处单击鼠标右键，然后在弹出的菜单中执行【新建】/【纯色】命令，如图 10-33 所示。

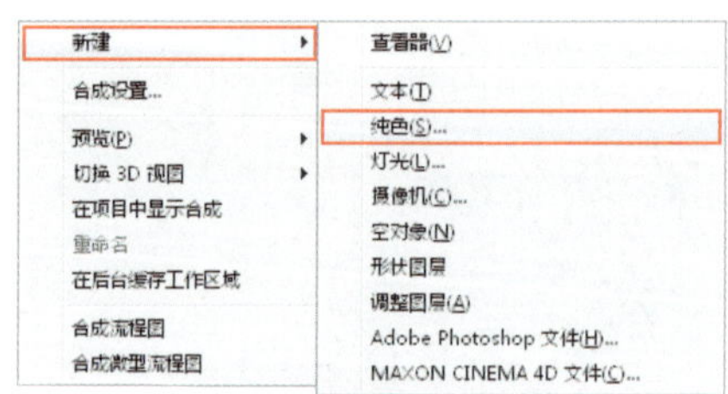

图 10-33

（2）在【纯色设置】对话框中设置【名称】为【进度条】，【宽度】为 513 像素，【高度】为 576 像素，【颜色】为浅蓝色（R：0，G：154，B：255），然后单击【确定】按钮，如图 10-34 所示。

（3）设置【进度条】的【锚点】为（0.0，288.0），【位置】为（89.0，375.0）。然后单击取消【约束比例】，并设置【缩放】为（100.0，6.8），如图 10-35 所示。此时效果如图 10-36 所示。

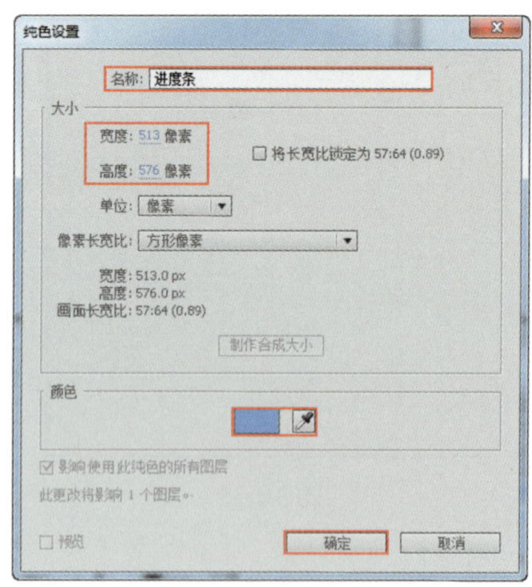

图 10-34

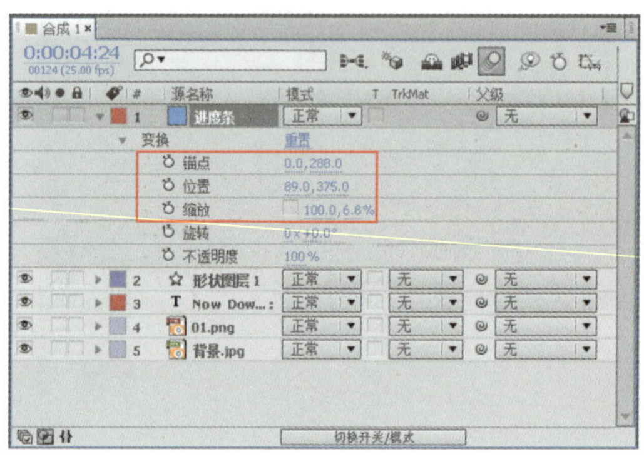

图 10-35

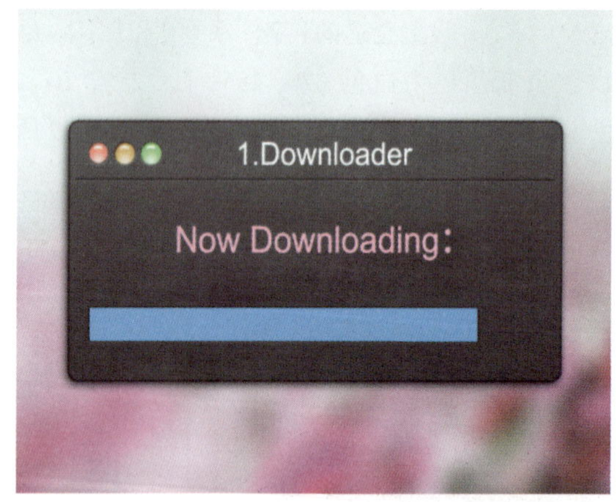

图 10-36

求生秘籍——技巧提示：图层属性设置影响后期表达式的制作

通过更改既定图层的缩放尺寸，确定最终进度条的大小，可以方便后期添加表达式的制作。

（4）为【进度条】图层添加【斜面和浮雕】图层样式，然后设置【斜面和浮雕】效果的【大小】为 26，【角度】为 90°，【高度】为 20°，【高光不透明度】为 60%，【阴影不透明度】为 0%，如图 10-37 所示。

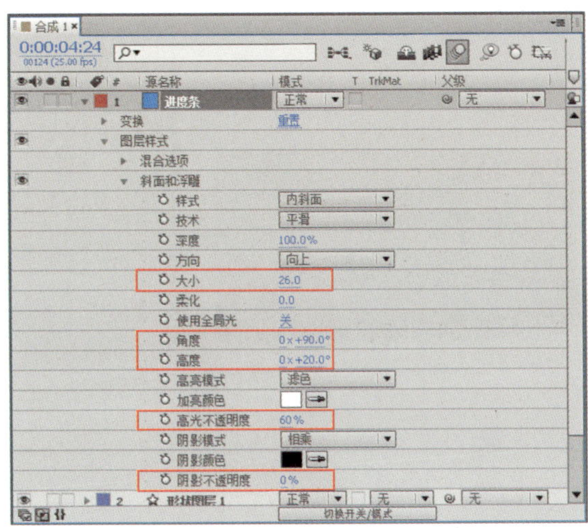

图 10-37

（5）此时在【合成】窗口中查看当前效果，如图 10-38 所示。

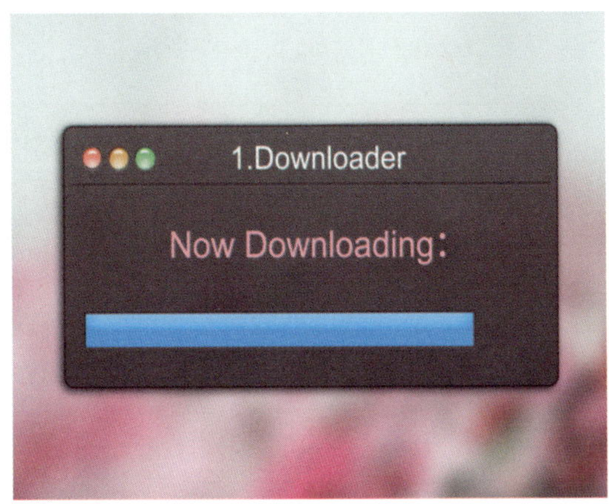

图 10-38

（6）为【进度条】图层添加【渐变叠加】图层样式，并设置【不透明度】为 22%，【角度】为 -90°，如图 10-39 所示。

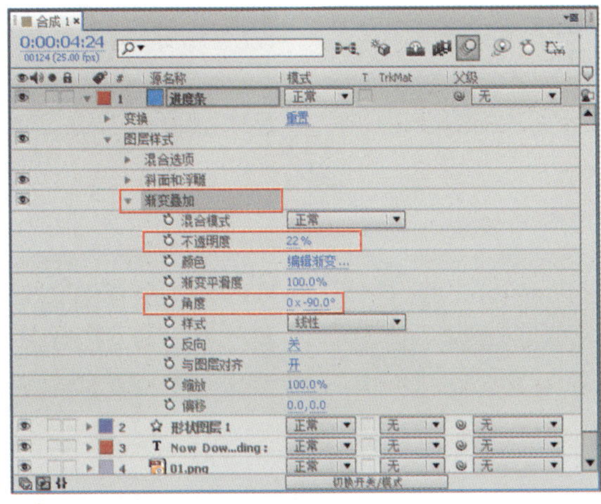

图 10-39

（7）此时在【合成】窗口中查看当前效果，如图 10-40 所示。

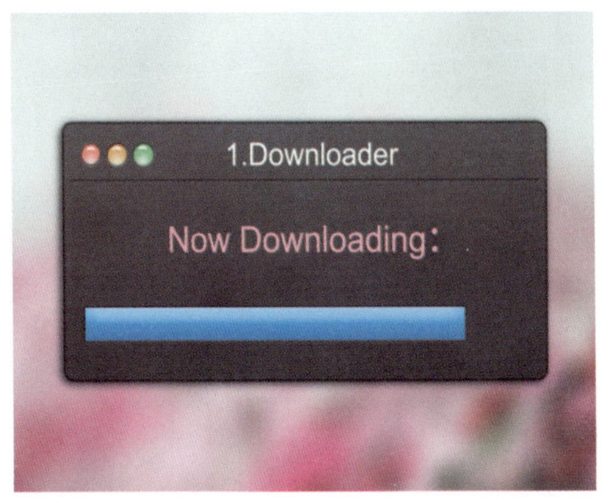

图 10-40

4. 制作数字

（1）新建一个纯色层，并设置【名称】为【数字】，【宽度】为 720 像素，【高度】为 576 像素，然后单击【确定】按钮，如图 10-41 所示。

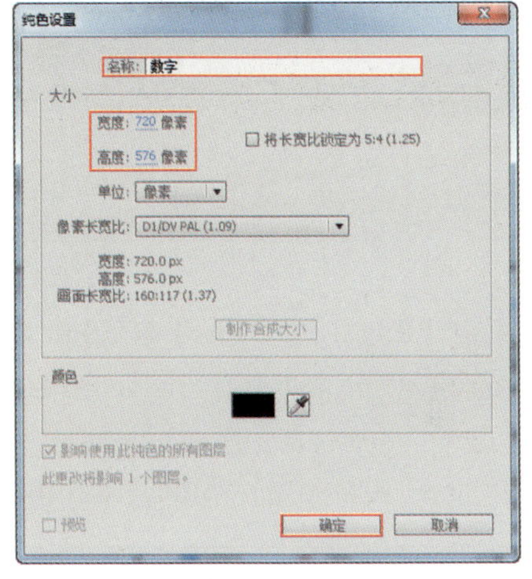

图 10-41

（2）为【数字】图层添加【编号】效果，然后在弹出的【编号】对话框中设置合适的【字体】，并单击【确定】按钮，如图 10-42 所示。

图 10-42

（3）在【效果控件】面板中设置【小数位数】为 0，【位置】为（603.0，371.0），【填充颜色】为白色（R：255，G：255，B：255），【大小】为 29，如图 10-43 所示。此时效果如图 10-44 所示。

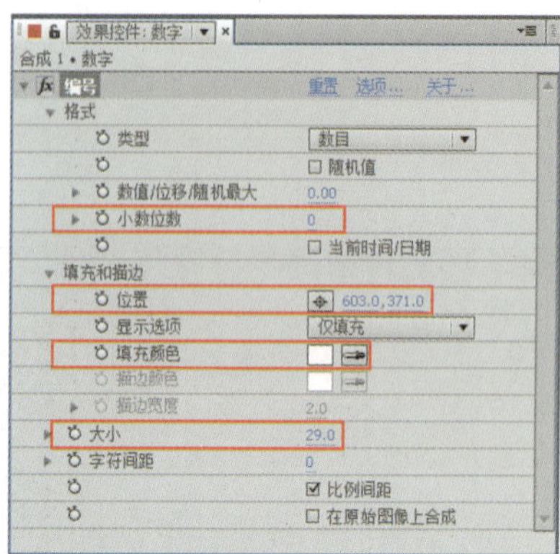

图 10-43

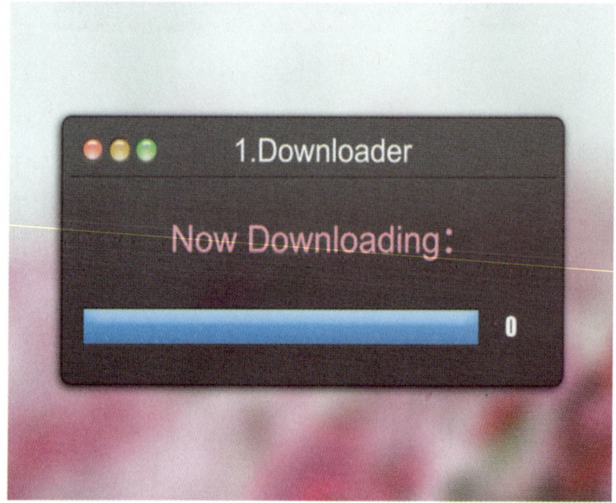

图 10-44

（4）打开【数字】图层下的【编号】效果，然后将时间线拖到起始帧，单击【数值/位移/随机最大】前面的⏱按钮，添加一个关键帧。接着将时间线拖到第 4 秒，设置【数值/位移/随机最大】为 100，如图 10-45 所示。

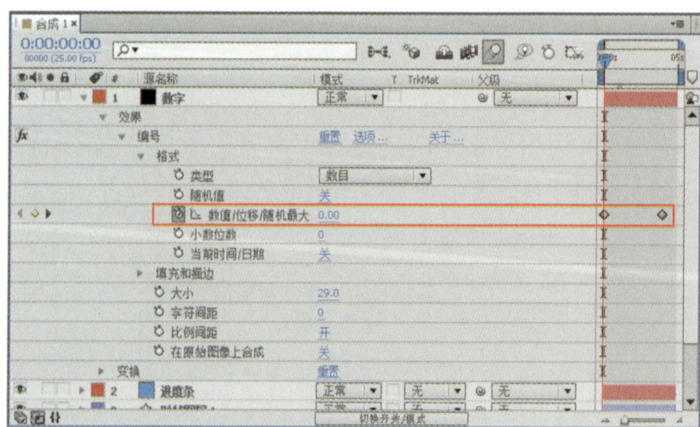

图 10-45

（5）选择 T【横排文字】工具，然后在【合成】窗口中适当的位置输入“%”，并设置合适的【字体系列】和【字体大小】，设置【填充颜色】为白色（R：255，G：255，B：255），如图 10-46 所示。

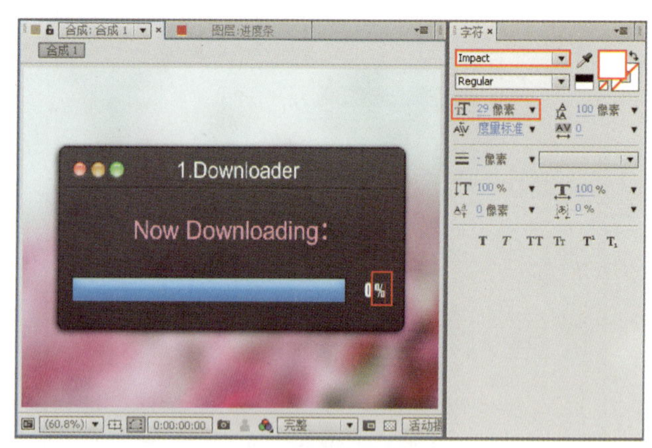

图 10-46

（6）打开【进度条】图层下的【变换】，然后按住〈Alt〉键，并在【缩放】前面的⏱上单击鼠标左键，在出现的【表达式】窗口中输入表达式：temp=[thisComp.layer("数字").effect("编号")("数值/位移/随机最大"),thisComp.layer("进度条").scale[1]]，如图 10-47 所示。

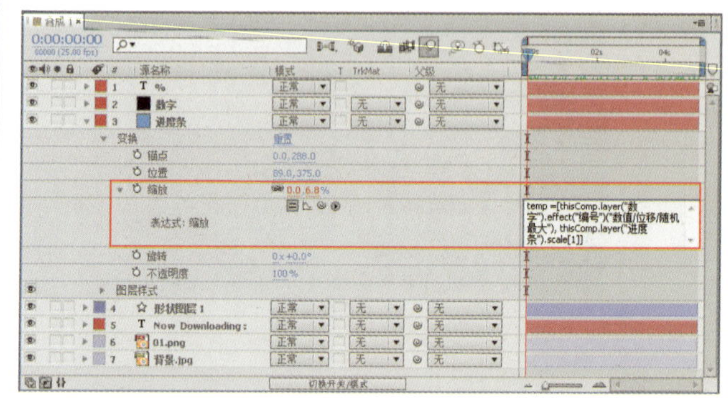

图 10-47

（7）此时拖动时间线滑块查看最终效果，如图 10-48 所示。

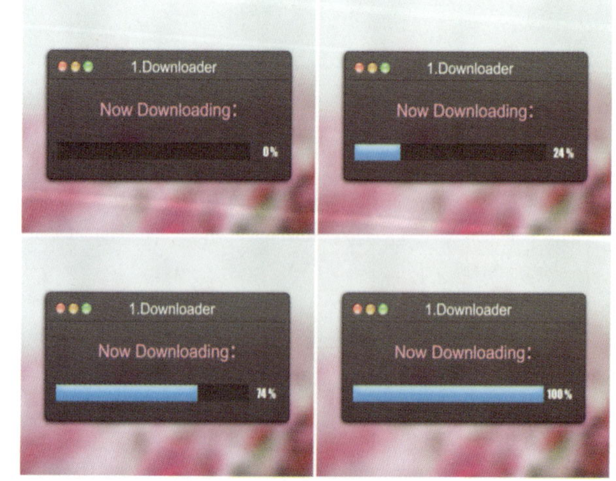

图 10-48

重点 进阶案例：时钟转动效果

案例文件	进阶案例：时钟转动效果 .aep
视频教学	DVD/ 多媒体教学 /Chapter10/ 进阶案例：时钟转动效果 .flv
难易指数	★★☆☆☆
技术掌握	主要掌握转动表达式的应用

案例分析：

在本案例中，主要学习使用表达式和关键帧效果制作时钟转动效果，案例的最终渲染效果如图 10-49 所示。

思路解析如图 10-50 所示。

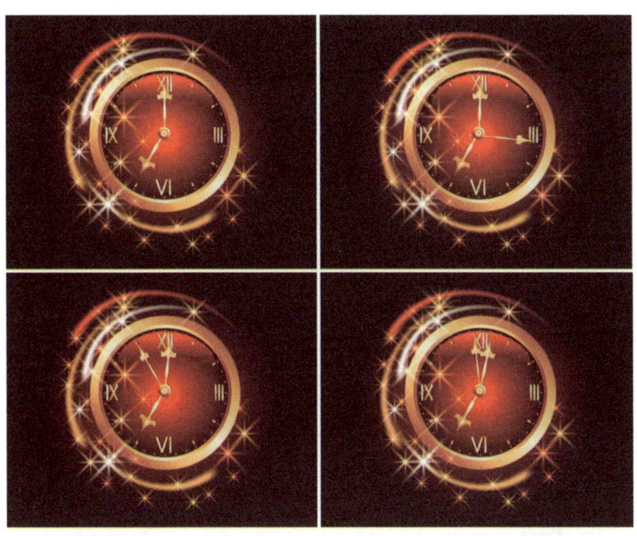

图 10-49

图 10-50

制作步骤：

1. 制作背景效果

（1）创建新合成。设置【合成名称】为【合成 1】，【宽度】为 720 像素，【高度】为 576 像素，【像素长宽比】为【方形像素】，【帧速率】为 25 帧 / 秒，【持续时间】为 5 秒，然后单击【确定】按钮。在【项目】窗口中空白处双击鼠标左键，在弹出的窗口中选择所需素材文件，最后单击【导入】按钮，如图 10-51 所示。

（2）将【项目】窗口中的【背景 .jpg】素材文件拖拽到【时间线】窗口中，并设置【缩放】为 73%，如图 10-52 所示。

（3）此时在【合成】窗口中查看当前效果，如图 10-53 所示。

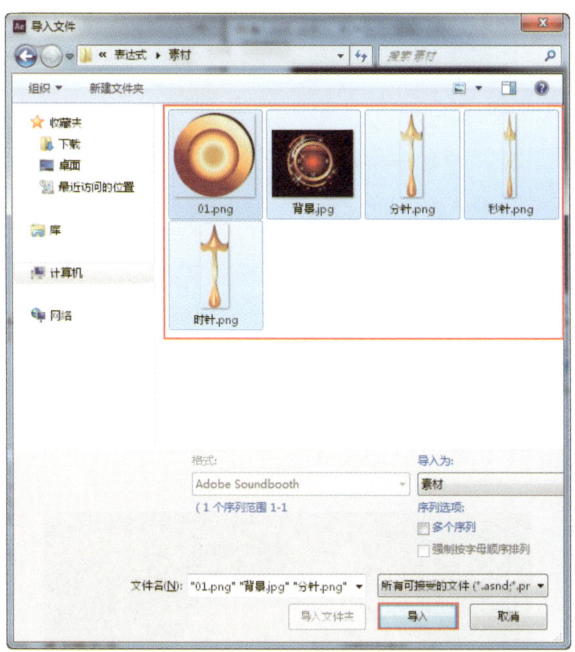

图 10-51

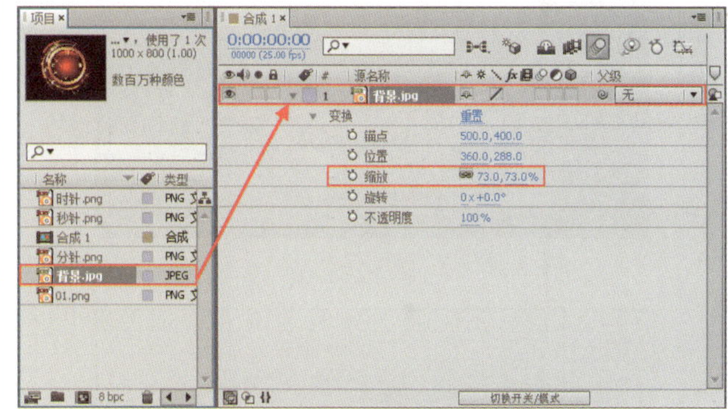

图 10-52

图 10-53

2. 制作表针效果

（1）将【秒针 .png】素材文件添加到【时间线】窗口中，并设置【缩放】为 23%，【锚点】为（43.5, 590.0），【位置】为（368.0, 272.0），如图 10-54 所示。此时效果如图 10-55 所示。

（2）将【分针 .png】素材文件添加到【时间线】窗口中，并设置【缩放】为 22%，【锚点】为（78.0,

552.0），【位置】为（368.0，268.0），如图 10-56 所示。此时效果如图 10-57 所示。

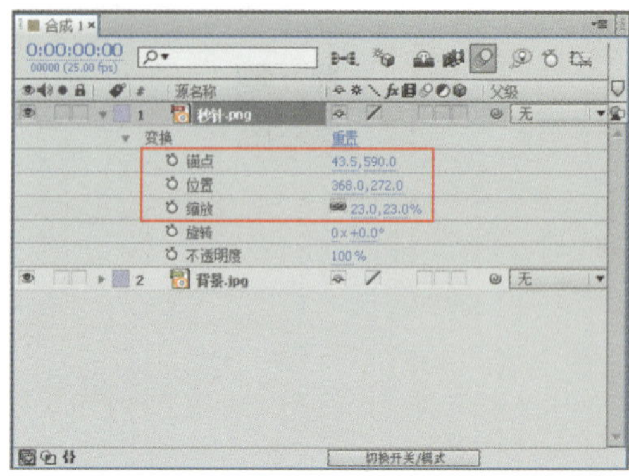

图 10-54

图 10-55

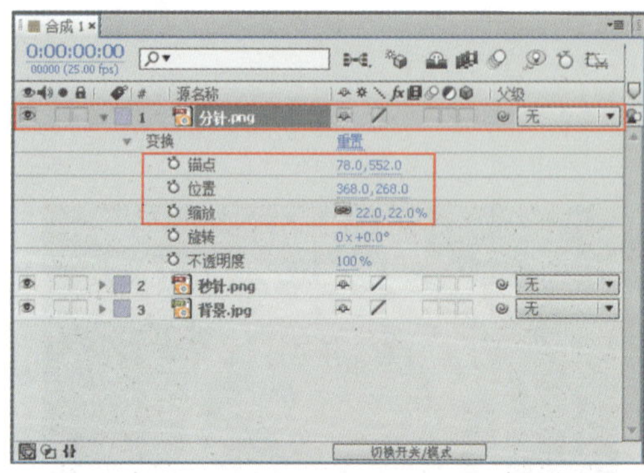

图 10-56

图 10-57

（3）将【时针 .png】素材文件添加到【时间线】窗口中，并设置【缩放】为 22%，【锚点】为（90.0，505.8），【位置】为（368.0，268.0），【旋转】为 210°，如图 10-58 所示。此时效果如图 10-59 所示。

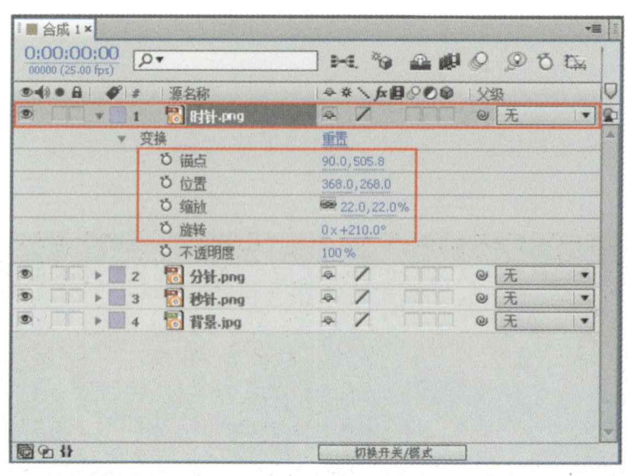

图 10-58

图 10-59

（4）将【01.png】素材文件添加到【时间线】窗口中，并设置【缩放】为 8%，【位置】为（368.0，267.0），如图 10-60 所示。此时效果如图 10-61 所示。

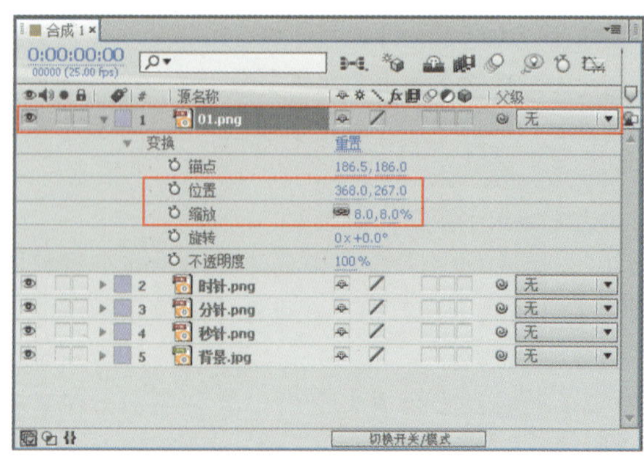

图 10-60

图 10-61

3. 制作时钟跳转效果

（1）打开【秒针 .png】图层下的【变换】，然后将时间线拖到起始帧，单击【旋转】前面的按钮，添加一个关键帧。接着将时间线拖到第 1 秒，设置【旋转】为 6°，如图 10-62 所示。

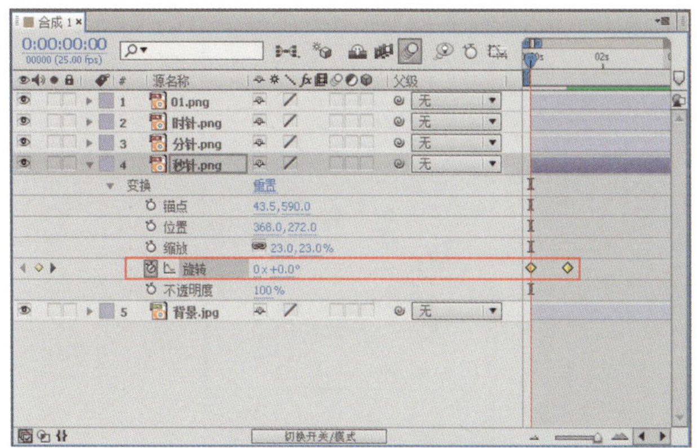

图 10-62

（2）选择【旋转】的第一个关键帧，然后在关键帧上单击鼠标右键，并在弹出的菜单中选择【切换定格关键帧】，如图 10-63 所示。

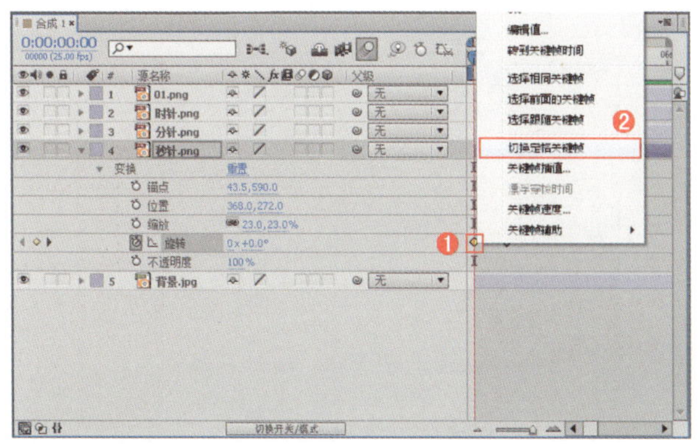

图 10-63

求生秘籍——技巧提示：对关键帧使用【切换定格关键帧】命令

对关键帧使用【切换定格关键帧】命令，可以使当前关键帧产生定格效果，持续到下一个关键帧的时间为止，从而产生位置的跳动效果。

（3）此时【秒针 .png】已经产生跳转动画效果，如图 10-64 所示。

图 10-64

（4）为【秒针 .png】添加表达式。打开【秒针 .png】图层下的【变换】，然后在按住【Alt】键，并单击【旋转】前面的关键帧。在出现的表达式窗口输入表达式：loop_out(type="offset")，如图 10-65 所示。

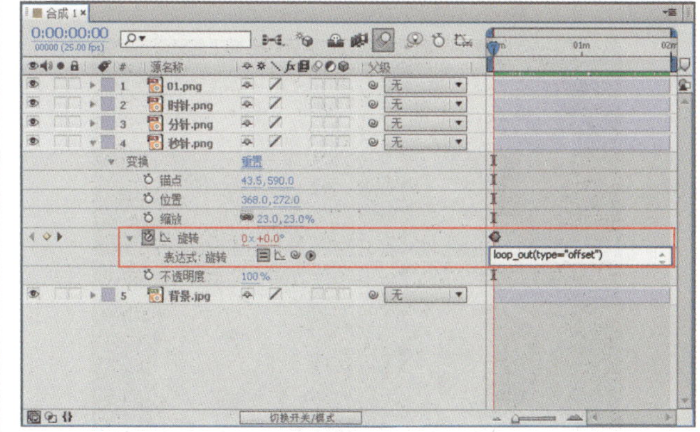

图 10-65

（5）此时拖动时间线滑块查看当前效果，如图 10-66 所示。

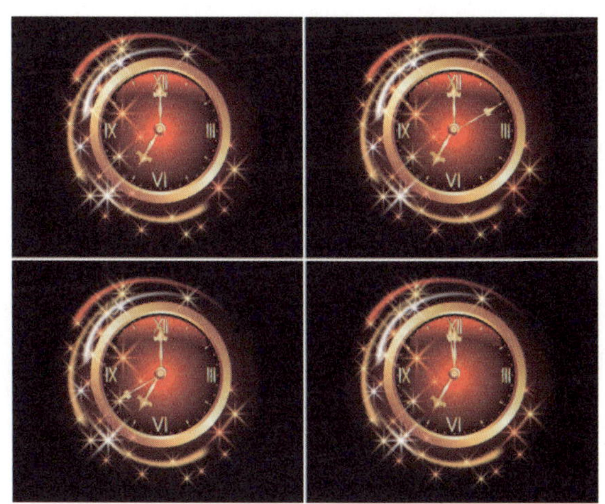

图 10-66

（6）为【分针 .png】添加表达式。打开【分针 .png】图层下的【变换】，然后在按住【Alt】键，并单击【旋转】前面的关键帧。在出现的表达式窗口输入表达式：thisComp.layer(" 秒针 .png").rotation/60，如图 10-67 所示。

（7）此时拖动时间线滑块查看最终效果，如图 10-68 所示。

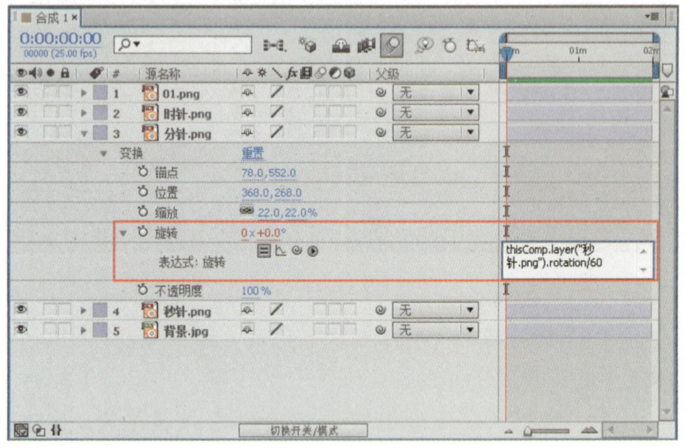

图 10-67

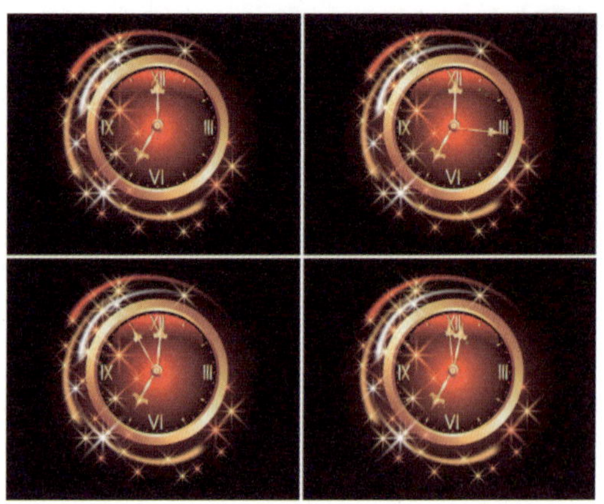

图 10-68

重点▶▶进阶案例：光线舞动效果

案例文件 进阶案例：光线舞动效果 .aep

视频教学 DVD/ 多媒体教学 /Chapter10/ 进阶案例：光线舞动效果 .flv

难易指数 ★★☆☆☆

技术掌握 主要掌握粒子和震动表达式的应用

案例分析：

在本案例中，主要学习使用遮罩、发光、镜头光晕、粒子和表达式制作光线舞动效果，案例的最终渲染效果如图 10-69 所示。

思路解析如图 10-70 所示。

制作步骤：

1. 制作背景效果

（1）创建新合成。在【项目】窗口中的空白处单击鼠标右键，然后选择【新建合成】，如图 10-71 所示。

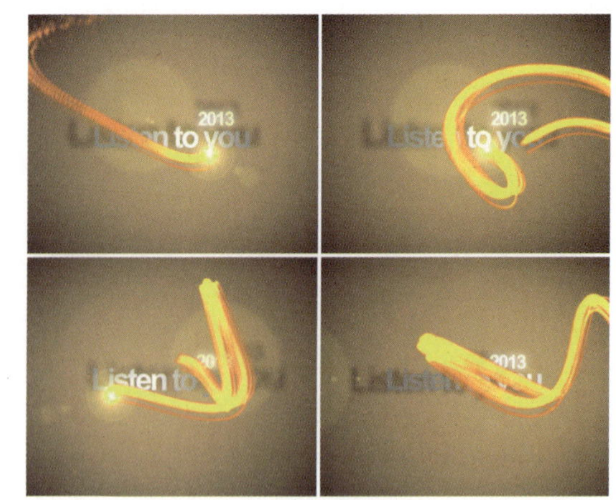

图 10-69

图 10-70

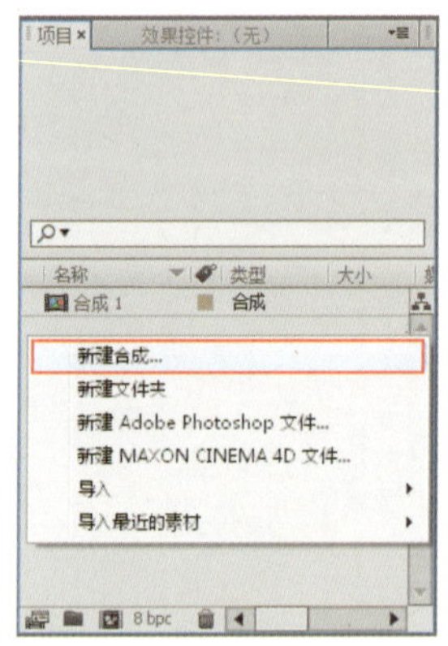

图 10-71

（2）在【合成设置】窗口中，设置【合成名称】为【合成 1】，【宽度】为 720 像素，【高度】为 576 像素，【像素长宽比】为【方形像素】，【帧速率】为 25 帧 / 秒，【持续时间】为 5 秒，最后单击【确定】按钮，如图 10-72 所示。

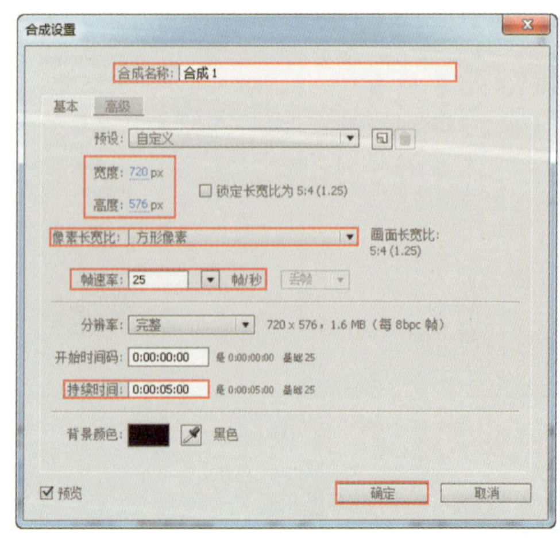

图 10-72

（3）新建一个纯色层，并设置【名称】为【背景】，【宽度】为 720 像素，【高度】为 576 像素，【颜色】为深黄色（R：177，G：147，B：95），然后单击【确定】按钮，如图 10-73 所示。此时效果如图 10-74 所示。

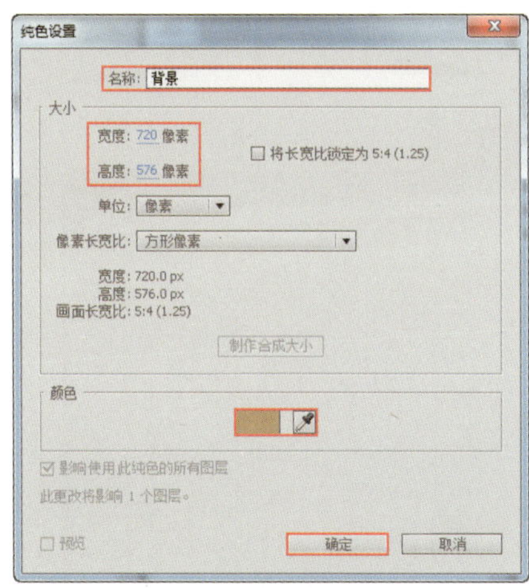

图 10-73

图 10-74

（4）选择【背景】图层，然后双击【椭圆】工具即可在该图层上绘制一个椭圆遮罩，如图 10-75 所示。

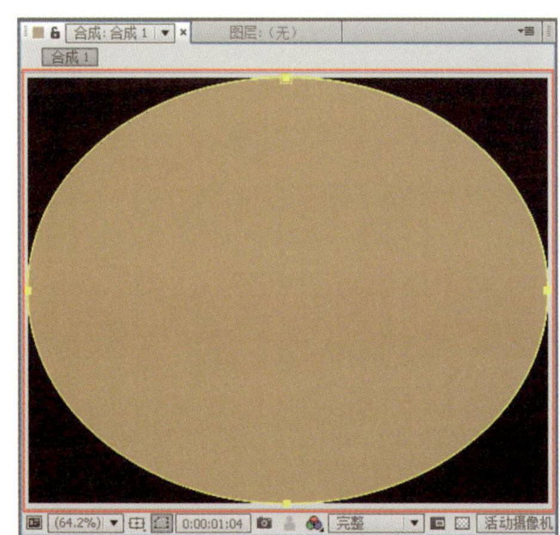

图 10-75

（5）打开【背景】图层下的【蒙版】，然后设置【蒙版 1】的【蒙版羽化】为 300 像素，【蒙版扩展】为 131 像素，如图 10-76 所示。

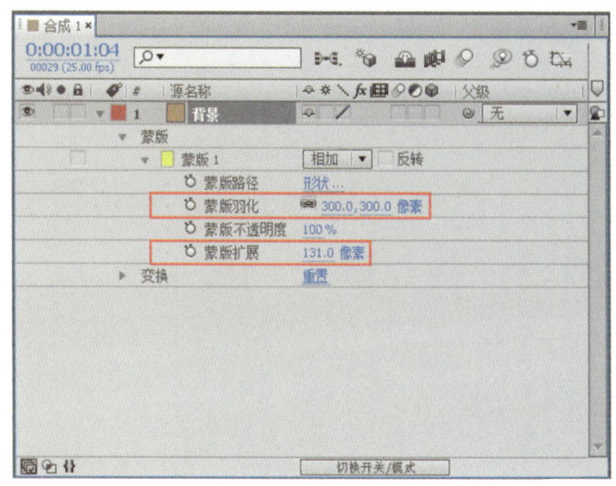

图 10-76

（6）此时在【合成】窗口中查看当前效果，如图 10-77 所示。

图 10-77

2. 制作文字效果

（1）选择【横排文字】工具，然后在【合成】窗口中输入文字，并设置合适的【字体系列】和【字体大小】，设置【颜色】为白色（R：255，G：255，B：255），如图 10-78 所示。

图 10-78

（2）使用【横排文字】工具在【合成】窗口中输入文字，并设置合适的【字体系列】和【字体大小】，设置【颜色】为浅黄色（R：255，G：219，B：93），如图 10-79 所示。

第 10 章

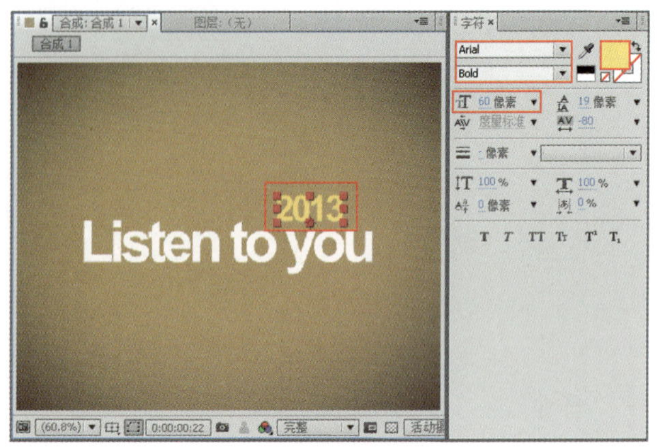

图 10-79

（3）为【2013】文字图层添加【发光】效果，然后在【效果控件】面板中设置【发光阈值】为 0%，【发光半径】为 25，【发光强度】为 10，如图 10-80 所示。此时效果如图 10-81 所示。

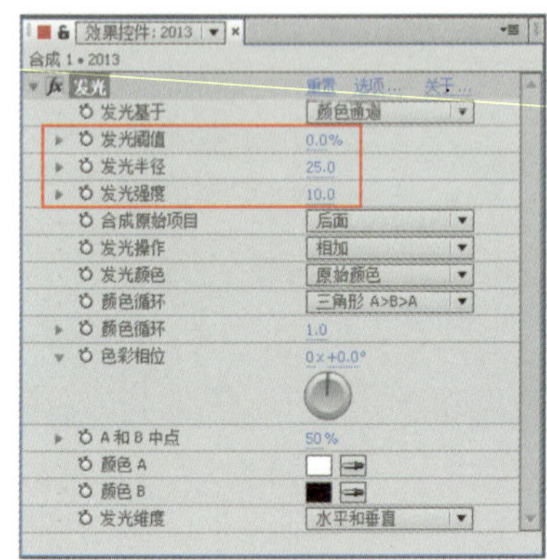

图 10-80

图 10-81

（4）在【时间线】窗口中的空白处单击鼠标右键，然后在弹出的菜单中执行【新建】/【灯光】命令，如图 10-82 所示。

（5）在【灯光设置】窗口中设置【名称】为【Emitter】，【灯光类型】为【点】，【颜色】为白色（R：255，G：255，B：255），【强度】为 96%，【阴影扩散】为 40，然后单击【确定】按钮，如图 10-83 所示。

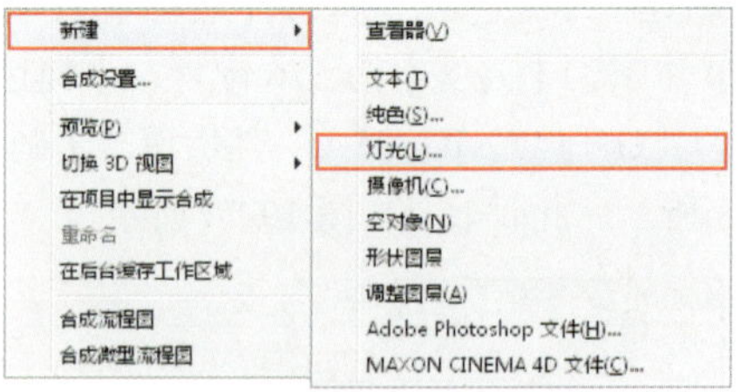

图 10-82

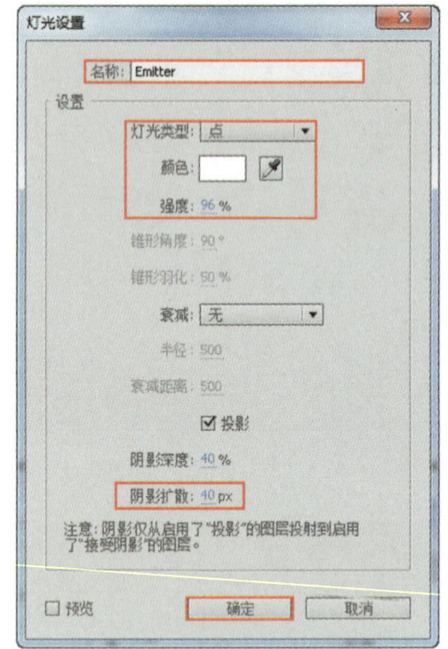

图 10-83

求生秘籍——技巧提示：设置灯光图层的名称为【Emitter】的目的

设置灯光的【名称】为【Emitter】是为了让灯光作为接下来添加的【Particular（特殊）】效果的粒子发射器。当设置【Particular（特殊）】效果在【Emitter Type（发射类型）】为【Light(s)】时，粒子会沿灯光图层设置的动画进行运动。

所以必须将该灯光图层的【名称】设置为【Emitter】，而不能设置为其他的名称。

（6）为灯光图层添加震动表达式。打开【Emitter】图层下的【变换】，然后按住〈Alt〉键，并单击【位置】前面的 按钮，接着在出现的表达式窗口中输入表达式：transform.position.wiggle(2,350)，如图 10-84 所示。

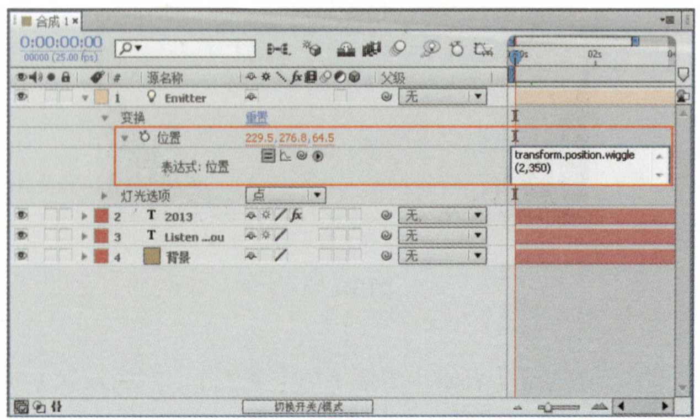

图 10-84

（7）开启【背景】图层的【三维图层】，然后设置【缩放】为 157%，【位置】为（360.0，288.0，542.0），如图 10-85 所示。

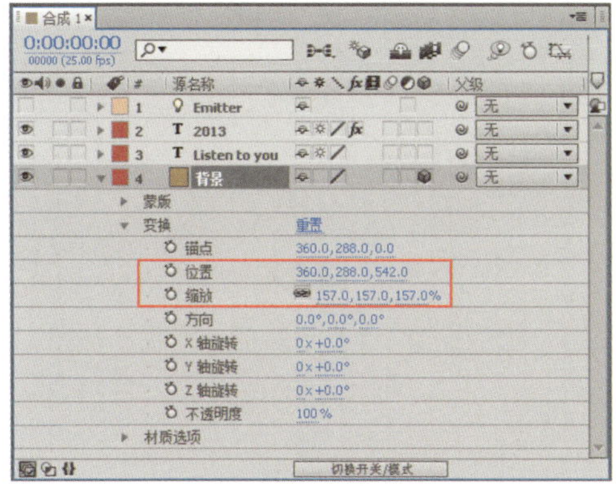

图 10-85

（8）开启两个文字图层的【三维图层】，然后设置文字图层【位置】属性的 Z 轴为 280，如图 10-86 所示。

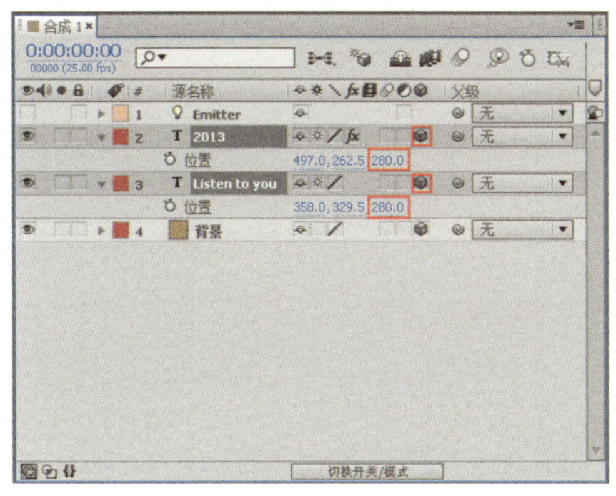

图 10-86

（9）打开【Emitter】图层下的【灯光选项】，然后将时间线拖到起始帧，单击【强度】前面的按钮，并设置【强度】为 0%；将时间线拖到第 10 帧，设置【强度】为 96%，如图 10-87 所示。

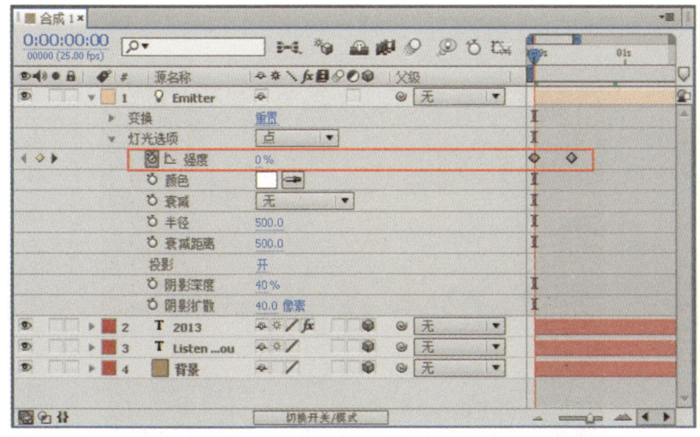

图 10-87

（10）此时拖动时间线滑块查看当前效果，如图 10-88 所示。

图 10-88

3. 制作光线动画

（1）新建一个纯色层，并设置【名称】为【粒子光线】，【宽度】为 720 像素，【高度】为 576 像素，然后单击【确定】按钮，如图 10-89 所示。

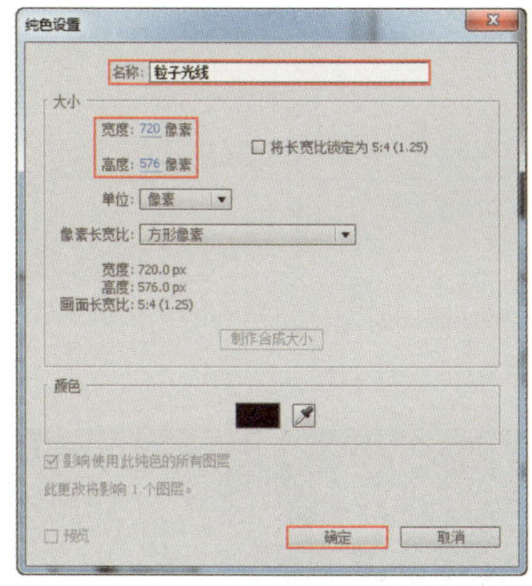

图 10-89

（2）为【粒子光线】图层添加【Particular（特殊）】效果，然后在【效果控件】面板中设置【Emitter（发射器）】下的【Particles/sec（粒子 / 秒）】为 500，【Emitter Type（发射类型）】为【Light(s)】，【Position Subframe（位置子帧）】为【10xLinear】，【Velocity（速率）】为 0，接着设置【Velocity from Motion[%]（运动速度）】至【Emitter Size Z（Z 轴发射大小）】的参数都为 0，如图 10-90 所示。

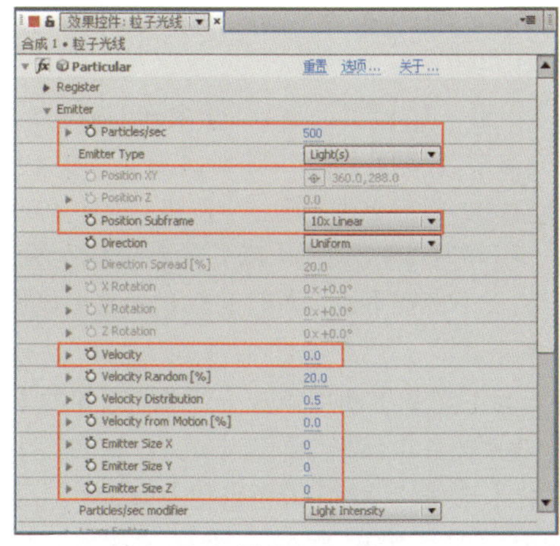

图 10-90

第 10 章

（3）设置【Particle（粒子）】下的【Life[sec]（生命/秒）】为1，【Particle Type（粒子类型）】为【Streaklet（条纹）】，【Size（大小）】为25，【Opacity（不透明度）】为42，【Color（颜色）】为褐色（R：180，G：89，B：0），【Transfer Mode（传输模式）】为【Add（相加）】，如图10-91所示。

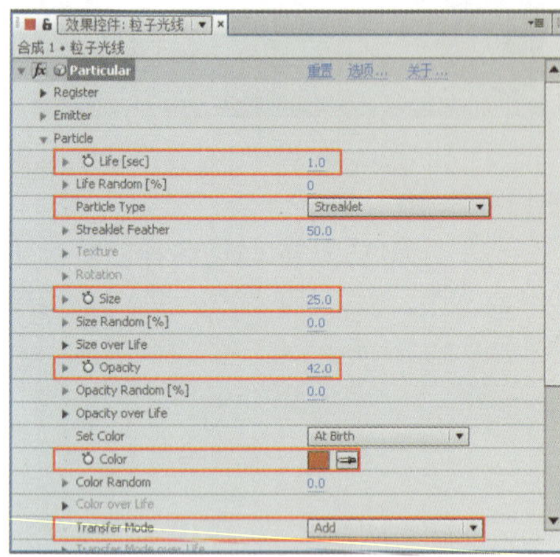

图 10-91

（4）此时拖动时间线滑块查看当前效果，如图10-92所示。

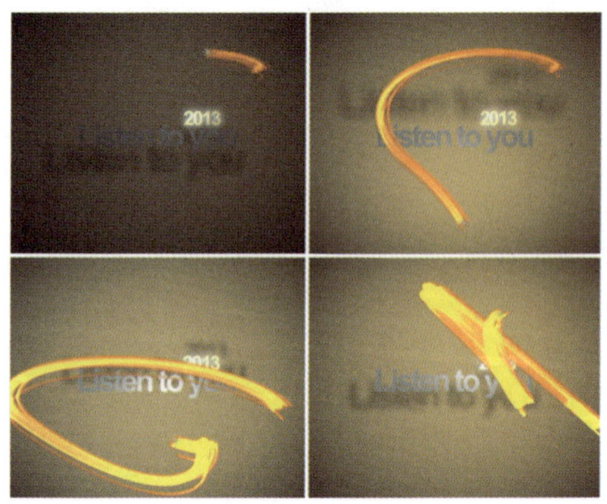

图 10-92

4. 制作跟随光晕

（1）新建一个纯色层，并设置【名称】为【光晕】，【宽度】为720像素，【高度】为576像素，【颜色】为黑色（R：0，G：0，B：0），然后单击【确定】按钮，如图10-93所示。

（2）为【光晕】图层添加【镜头光晕】效果，然后在【效果控件】面板中设置【镜头类型】为【35毫米定焦】，如图10-94所示。

（3）为【光晕】图层添加【色相/饱和度】效果，然后在【效果控件】面板中勾选【色相/饱和度】效果下的【彩色化】选项，设置【着色色相】为55°，【着色饱和度】为80，如图10-95所示。此时效果如图10-96所示。

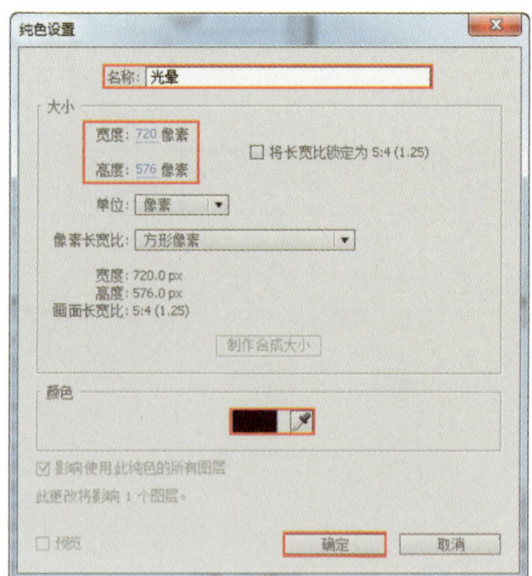

图 10-93

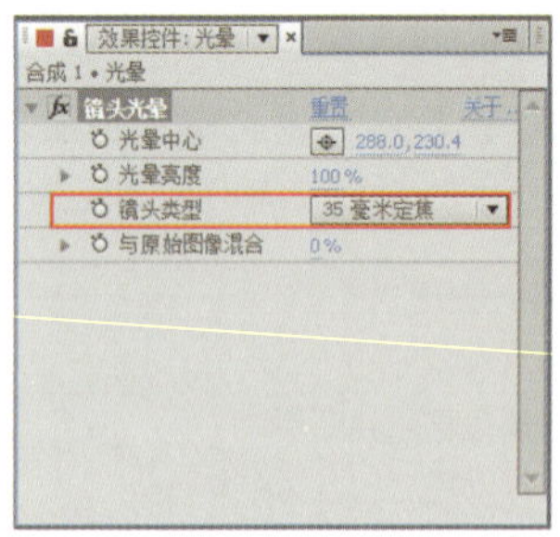

图 10-94

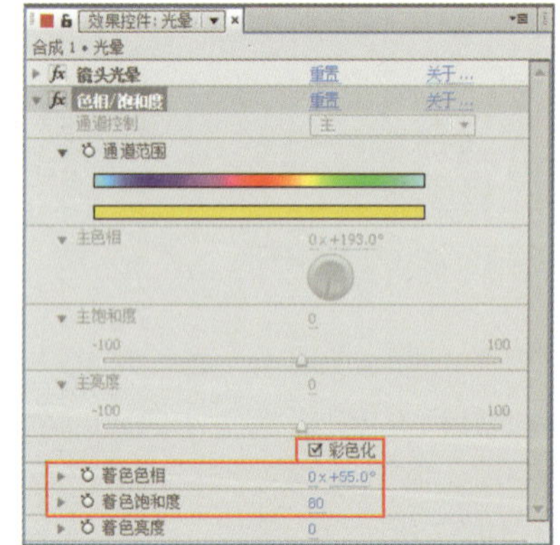

图 10-95

图 10-96

（4）打开【光晕】图层下的【镜头光晕】效果，然后将时间线拖到起始帧，单击【光晕亮度】前面的按钮，并设置【光晕亮度】为 0%；将时间线拖到第 5 帧，设置【光晕亮度】为 43%，如图 10-97 所示。

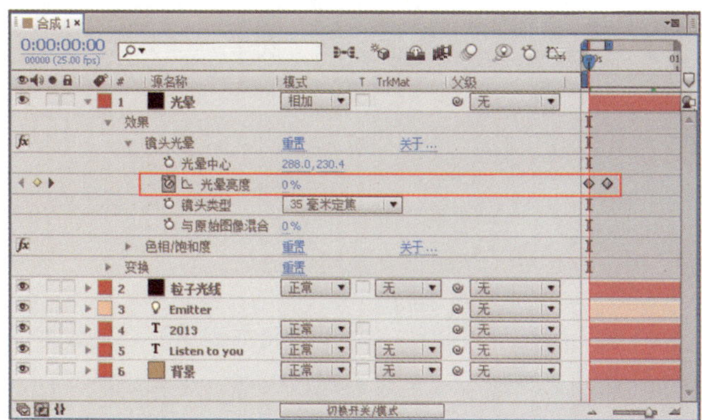

图 10-97

（5）为【镜头光晕】添加表达式。按住〈Alt〉键，并单击【光晕中心】前面的按钮，接着在出现的表达式窗口中输入表达式：thisComp.layer("Emitter").toComp([0,0,0])，如图 10-98 所示。

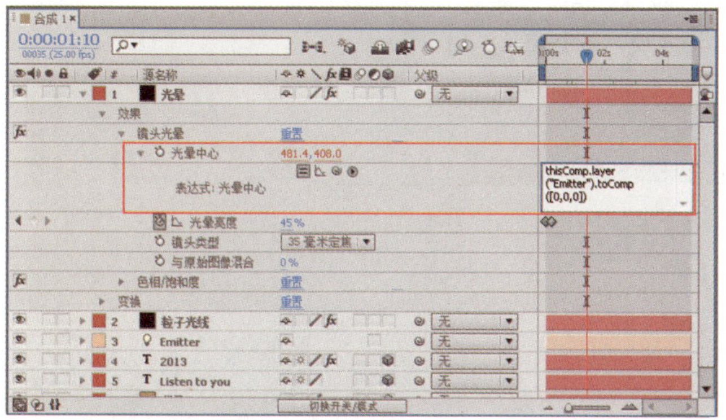

图 10-98

（6）此时查看最终渲染效果，如图 10-99 所示。

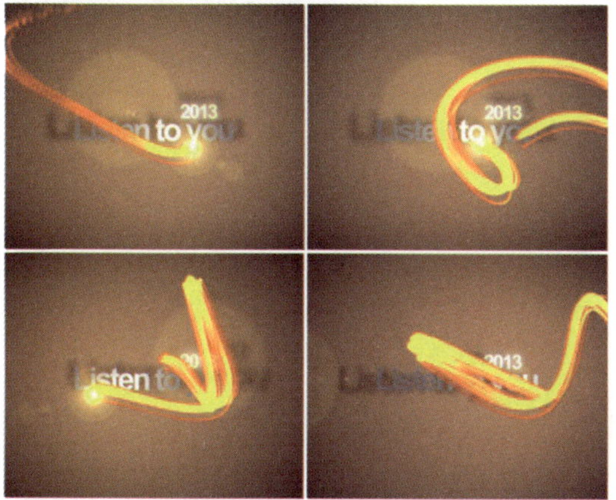

图 10-99

第 10 章

第 11 章 粒子效果

本章学习要点：

★ 了解基本粒子效果

★ 掌握应用粒子效果

粒子效果是 After Effects 中非常常用的一种效果，它可以快速的模拟出云雾、火焰、下雪等效果，而且可以制作出空间感和奇幻感的画面效果，主要用来渲染画面的气氛，让画面看起来更美观、震撼、迷人。根据粒子的不同属性和应用领域，主要的粒子效果包括【CC Particle Systems Ⅱ（CC 粒子系统Ⅱ）】、【CC Particle World（CC 粒子世界）】、【粒子运动场】、【Form（形态）】以及外挂滤镜【Particular（特殊）】效果，如图 11-1 所示。

图 11-1

11.1 【CC Particle Systems II（CC 粒子系统 II）】效果

【CC Particle Systems II（CC 粒子系统 II）】效果是一种二维粒子运动，是较为简单的一种粒子插件，可以制作出一些简单的粒子效果，包括发散、下落、方向发射等，如图 11-2 所示。

重点参数提醒：

Birth Rate（出生率）：设置粒子的出生率。

Longevity(sec)（寿命）：设置粒子的存活寿命。

Producer（生产者）：设置生产粒子的位置和半径相关属性。

Position（位置）：设置生产粒子的位置。

Radius X（X 轴半径）：设置 X 轴半径大小。

Radius Y（Y 轴半径）：设置 Y 轴半径大小。

Physics（物理）：设置粒子的物理相关属性。

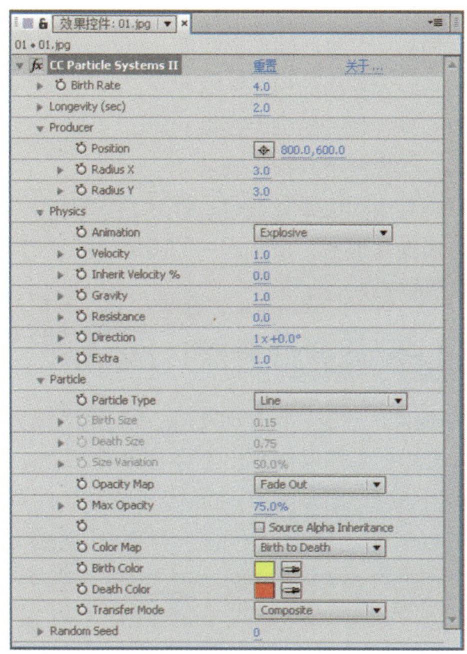

图 11-2

Animation（动画）：设置粒子的动画类型。

Velocity（速率）：设置粒子的速率。

Inherit Velocity%（继承速率）：设置粒子的继承速率。

Gravity（重力）：设置粒子的重力效果。

Resistance（阻力）：设置阻力大小。

Direction（方向）：设置粒子的方向角度。

Particle（粒子）：设置粒子的相关属性。

Particle Type（粒子类型）：设置粒子的类型。

Birth Size（出生大小）：设置粒子的出生大小。

Death Size（死亡大小）：设置粒子的死亡大小。

Size Variation（大小变化）：设置粒子的大小变化。

Opacity Map（不透明度映射）：设置不透明度效果，包括淡入、淡出等。

Max Opacity（最大透明度）：设置粒子的最大透明度。

Color Map（颜色映射）：设置粒子的颜色映射效果。

Birth Color（出生颜色）：设置出生颜色。

Death Color（死亡颜色）：设置死亡颜色。

Transfer Mode（传输模式）：设置粒子的传输混合模式。

Random Seed（随机植入）：设置粒子的随机植入效果。

11.2 【CC Particle World（CC 粒子世界）】效果

【CC Particle World（CC 粒子世界）】效果可以产生三维粒子运动，其主要特点是效果制作方便、快捷、参数简单明了，而且可以调整摄像机位置，使粒子的视觉效果更加丰富。并且其渲染效果较快、较真实，常用于制作一些火焰和背景效果，如图 11-3 所示。

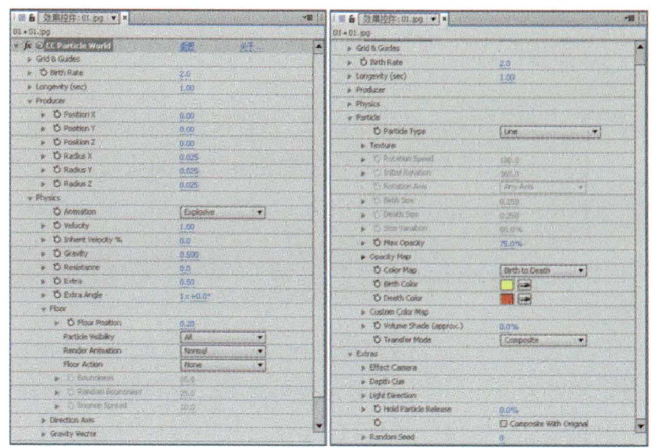

图 11-3

重点参数提醒：

Grid&Guides（网格 & 指导）：设置网格的显示与大小等参数。

Birth Rate（出生率）：设置粒子的出生率。

Longevity(sec)（寿命）：设置粒子的存活寿命。

Producer（生产者）：设置生产粒子的位置和半径相关属性。

Position X（位置）：设置生产粒子的位置。

Radius X（X 轴半径）：设置 X 轴半径大小。

Physics（物理）：设置粒子的物理相关属性。

Animation（动画）：设置粒子的动画类型。

Velocity（速率）：设置粒子的速率。

Inherit Velocity%（继承速率）：设置粒子的继承速率。

Gravity（重力）：设置粒子的重力效果。

Resistance（阻力）：设置阻力大小。

Extra（附加）：设置粒子的附加程度。

Extra Angle（附加角度）：设置粒子的附加角度。

Floor（地面）：设置地面相关属性。

Floor Position（地面位置）：设置产生粒子的地面位置。

Direction Axis（方向轴）：设置 X/Y/Z 三个轴向参数。

Gravity Vector（引力向量）：设置 X/Y/Z 三个轴向的引力向量程度。

Particle（粒子）：设置粒子的相关属性。

Particle Type（粒子类型）：设置粒子的类型。

Texture（纹理）：设置粒子的纹理效果。

Birth Size（出生大小）：设置粒子的出生大小。

Death Size（死亡大小）：设置粒子的死亡大小。

Size Variation（大小变化）：设置粒子的大小变化。

Opacity Map（不透明度映射）：设置不透明度效果，包括淡入、淡出等。

Max Opacity（最大透明度）：设置粒子的最大透明度。

Color Map（颜色映射）：设置粒子的颜色映射效果。

Birth Color（出生颜色）：设置出生颜色。

Death Color（死亡颜色）：设置死亡颜色。

Custom Color Map（自定义颜色映射）：进行自定义颜色映射。

Transfer Mode（传输模式）：设置粒子的传输混合模式。

Extras（附加功能）：设置粒子相关附加功能。

Effect Camera（效果镜头）：设置粒子效果的镜头效果。

11.3 【粒子运动场】效果

【粒子运动场】效果可以通过从物理设置和其他参数设置产生大量相似物体独立运动的效果，例如星星、下雪、下雨和喷泉等效果，如图 11-4 所示。

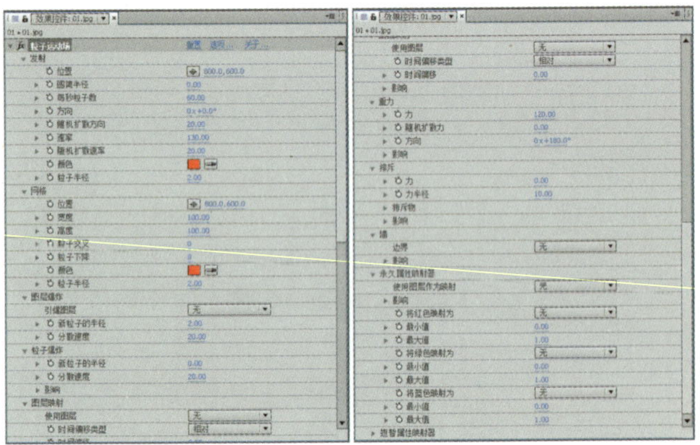

图 11-4

重点参数提醒：

发射：设置粒子发射的相关属性。

位置：设置粒子发射位置。

圆通半径：设置发射半径。

每秒粒子数：设置每秒粒子发出的数量。

方向：设置粒子发射方向。

随机扩散方向：设置粒子随机扩散的方向。

速率：设置粒子发射速率。

随机扩散速率：设置粒子随机扩散的速率。

颜色：设置粒子颜色。

粒子半径：设置粒子的半径大小。

网格：设置网格的位置。

宽度：设置网格宽度。

高度：设置网格高度。

粒子交叉：设置粒子的交叉。

粒子下降：设置粒子的下降。

图层爆炸：设置爆炸图层相关属性。

引爆图层：设置需要发生爆炸的图层。

新粒子的半径：设置粒子的半径效果。

分散速度：设置爆炸的分散速度。

粒子爆炸：设置粒子的爆炸相关属性。

图层映射：设置图层的映射效果。

使用图层：设置映射的图层。

时间偏移类型：设置时间的偏移类型。

时间偏移：设置时间偏移程度。

影响：设置粒子的相关影响。

重力：设置粒子的重力效果。

排斥：设置粒子的排斥效果。

墙：设置墙的边界和影响。

永久属性映射器：设置永久的图层属性映射器，包括颜色映射和影响。

11.4 【Particular（特殊）】效果

【Particular（特殊）】效果是一种三维的粒子系统，功能非常多样，它能够制作出多种自然效果，如火、云、烟雾、烟花、星光、雨和雪等，是一款非常强大的粒子效果。如图 11-5 ~ 图 11-7 所示。

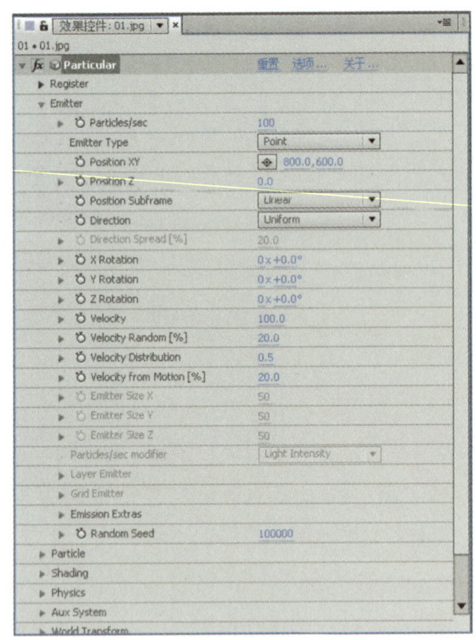

图 11-5

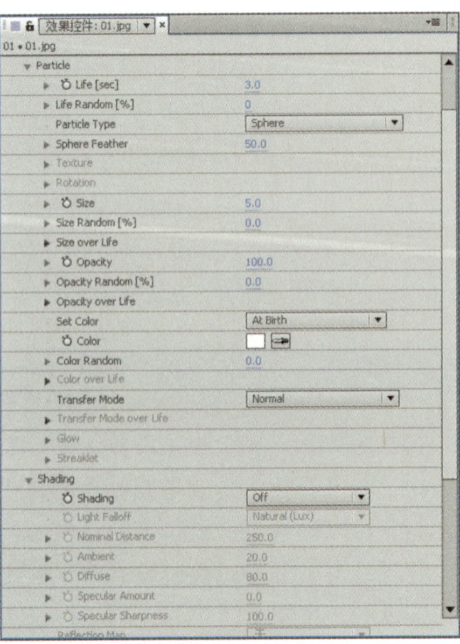

图 11-6

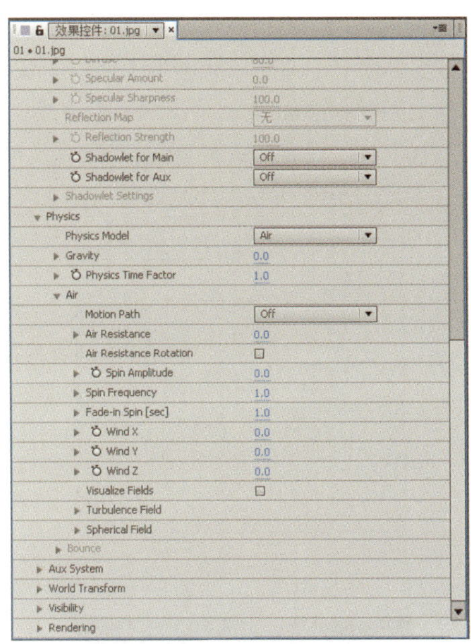

图 11-7

重点参数提醒：

Emitter（发射器）：设置粒子的发射器。

Particles/sec（粒子 / 秒）：设置每秒的粒子发射数量。

Emitter Type（发射类型）：设置发射粒子的发射器类型。

Position XY（XY 轴位置）：设置发射器的 XY 轴位置。

Position Z（Z 轴位置）：设置发射器的 Z 轴位置。

Position Subframe（位置子帧）：设置发射器的子帧效果。

Direction（方向）：设置发射器的方向。

Direction Spread[%]（方向蔓延）：设置方向的蔓延程度。

X Rotation（X 轴旋转）：X 轴旋转角度。

Velocity（速率）：设置粒子发射的速率。

Velocity Random[%]（速度随机）：设置速度的随机效果。

Velocity Distribution（速度分布）：设置速度分布。

Velocity from Motion[%]（运动速度）：设置运动的速度。

Particle（粒子）：设置粒子的相关属性。

Life[sec]（生命）：设置粒子的生命，以秒为单位。

Life Random[%]（生命随机）：设置粒子的随机生命效果。

Particle Type（粒子类型）：设置粒子的类型。

Sphere Feather（球形羽化）：设置球形羽化的程度。

Size（大小）：设置粒子的大小。

Size Random[%]（大小随机）：设置粒子的随机大小。

Size over Life（以上生命大小）：可以调整生命大小的曲线图，如图 11-8 所示。

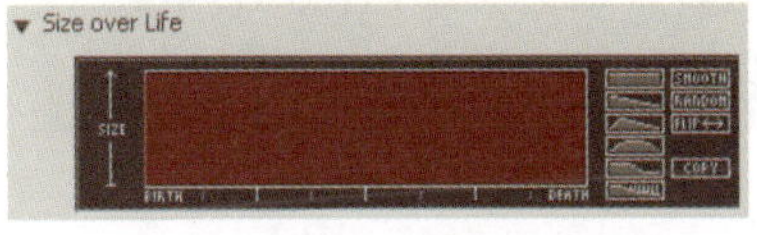

图 11-8

Opacity（不透明度）：设置粒子的不透明度。

Opacity Random[%]：设置粒子的随机不透明度。

Set Color（设置颜色）：设置颜色的显示模式。

Color（颜色）：设置粒子的颜色。

Color Random（颜色随机）：设置颜色的随机程度。

Transfer Mode（传输模式）：设置粒子的传输混合模式。

Shading（阴影）：设置粒子的阴影程度效果。

Physics（物理）：设置粒子的物理效果参数。

Physics Model（物理模式）：设置粒子的物理模式。

Gravity（重力）：设置粒子的重力效果。

Physics Time Factor（物理时间系数）：设置粒子的时间系数。

Air（空气）：设置粒子的空气相关属性。

Motion Path（运动路径）：设置运动的路径。

Air Resistance（空气阻力）：设置空气的阻力。

Spin Amplitude（旋转振幅）：设置旋转的振幅效果。

Fade-in Spin[sec]（旋转的淡入）：设置旋转的淡入效果。

Wind X/Y/Z（X/Y/Z 风）：设置 X/Y/Z 轴向的风。

Turbulence Field（紊流场）：设置粒子的紊流场相关属性。

Spherical Field（球形场）：设置粒子的球形场相关属性。

Bounce（弹跳）：当【Physics Model（物理模式）】为【Bounce（弹跳）】时，该项可用，即可设置粒子的弹跳效果。

Aux System（辅助系统）：设置粒子的辅助系统。

World Transform（世界变换）：设置粒子的世界变换效果。

Visibility（可视性）：设置消失的显示方式。

Rendering（渲染）：设置渲染的模式和效果。

重点 进阶案例：时钟星光效果

案例文件	进阶案例：时钟星光效果 .aep
视频教学	DVD/ 多媒体教学 /Chapter11/ 进阶案例：时钟星光效果 .flv
难易指数	★★★☆☆
技术掌握	主要掌握【Particular（特殊）】的应用

案例分析：

在该案例中，主要学习使用灯光图层、梯度渐变和 Particular（特殊）效果来制作时钟星光效果，案例的最终效果如图 11-9 所示。

思路解析如图 11-10 所示。

制作步骤：

1. 制作背景

（1）创建新合成。设置【合成名称】为【合成 1】，【宽度】为 720 像素，【高度】为 576 像素，【像素长宽比】为【方形像素】，【帧速率】为 25 帧 / 秒，【持续时间】为 5 秒，然后单击【确定】按钮。在【项目】窗口中空白处双击鼠标左键，在弹出的窗口中选择所需素材文件，然后单击【导入】按钮，如图 11-11 所示。

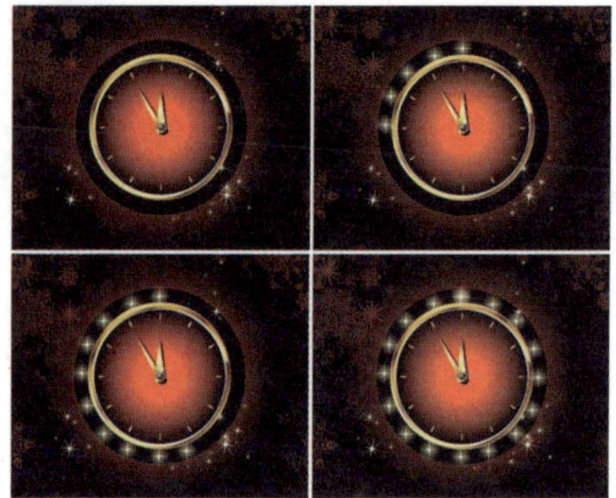

图 11-9

图 11-10

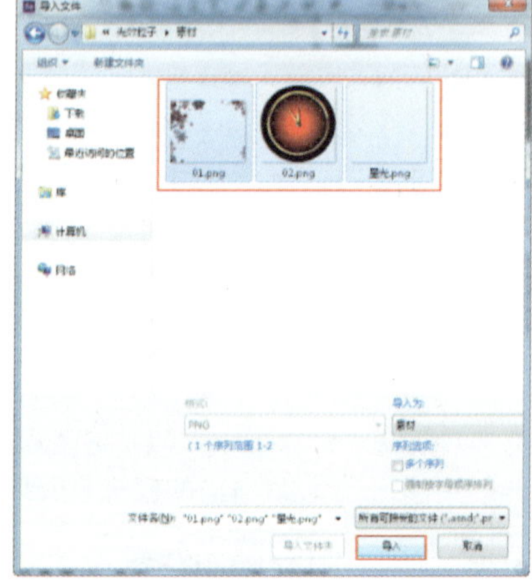

图 11-11

（2）新建一个纯色层，并设置【名称】为【背景】，【宽度】为 720 像素，【高度】为 576 像素，然后单击【确定】按钮，如图 11-12 所示。

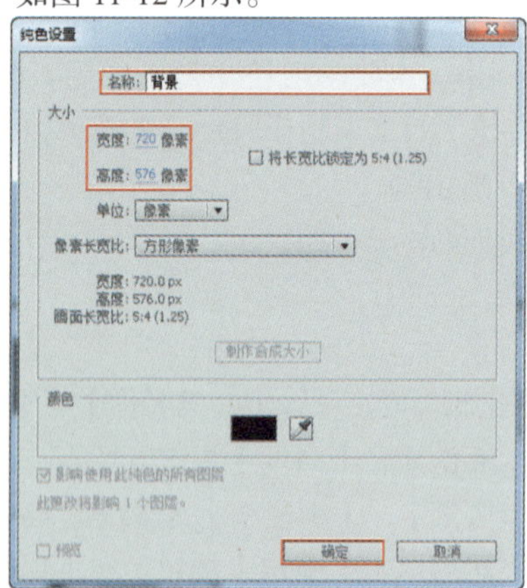

图 11-12

（3）为【背景】图层添加【梯度渐变】效果，然后在【效果控件】面板中设置【渐变形状】为【径向渐变】，【渐变起点】为（360.0，288.0），【起始颜色】为红色（R：237，G：0，B：0），设置【结束颜色】为黑色（R：0，G：0，B：0），如图 11-13 所示。此时效果如图 11-14 所示。

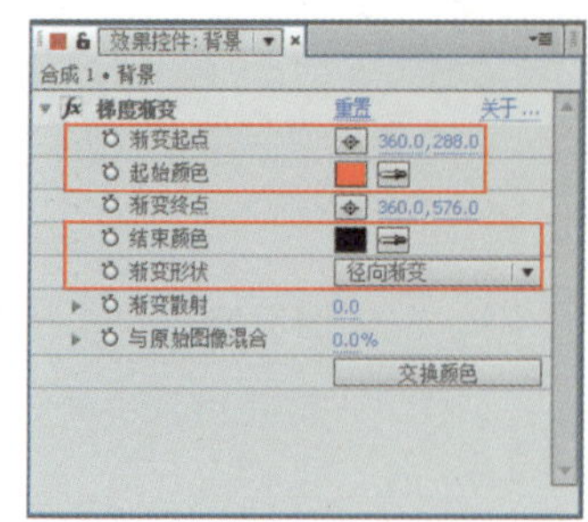

图 11-13

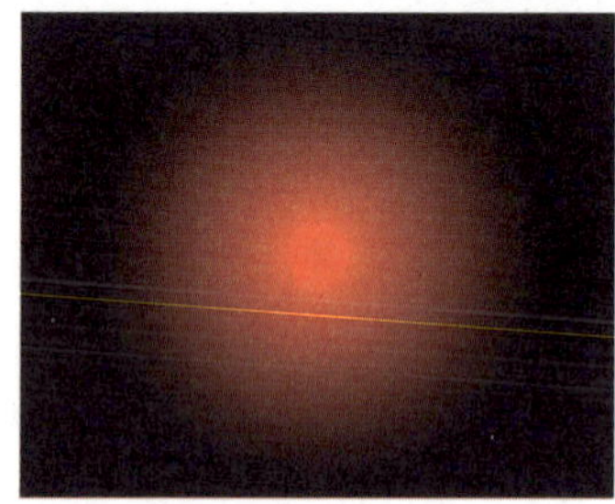

图 11-14

2. 制作时钟

（1）将【项目】窗口中的【01.png】素材文件添加到【时间线】窗口中，如图 11-15 所示。此时效果如图 11-16 所示。

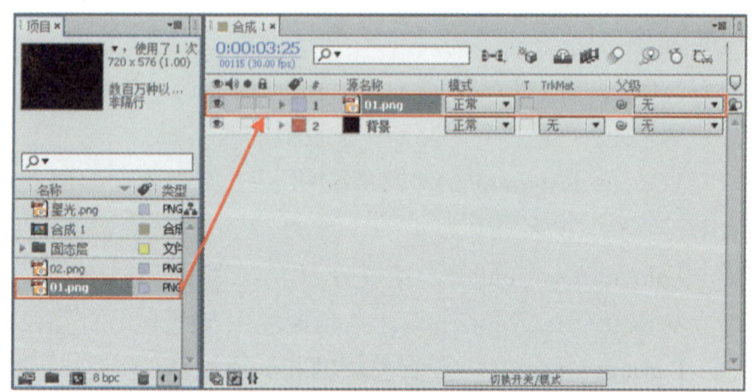

图 11-15

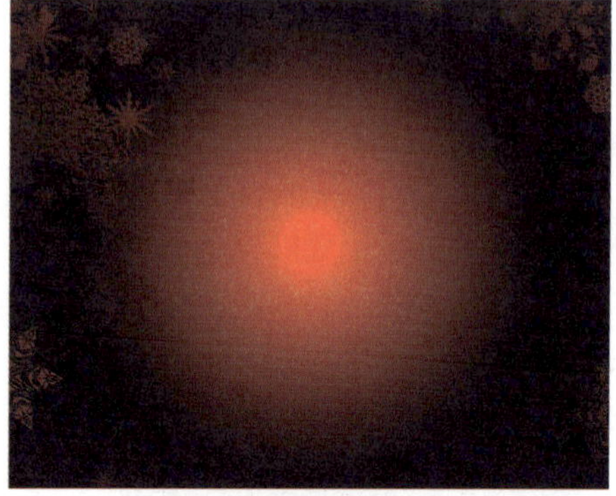

图 11-16

（2）将【02.png】素材文件添加到【时间线】窗口中，并设置【缩放】为 71%，如图 11-17 所示。此时效果如图 11-18 所示。

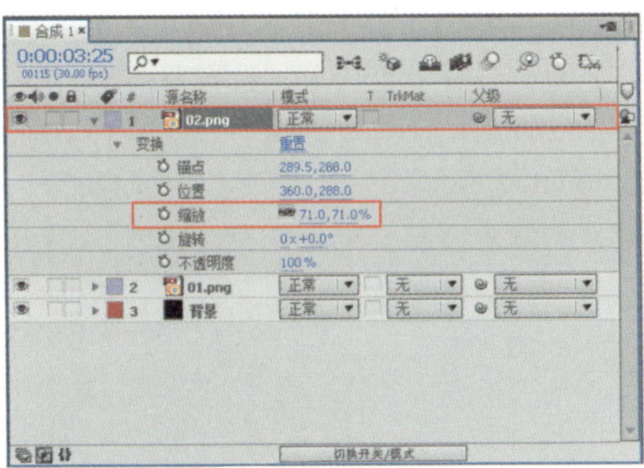

图 11-17

图 11-18

（3）将【星光.png】素材文件添加到【时间线】窗口中，并设置【缩放】为 92%，【位置】为（370.0，245.0），如图 11-19 所示。此时效果如图 11-20 所示。

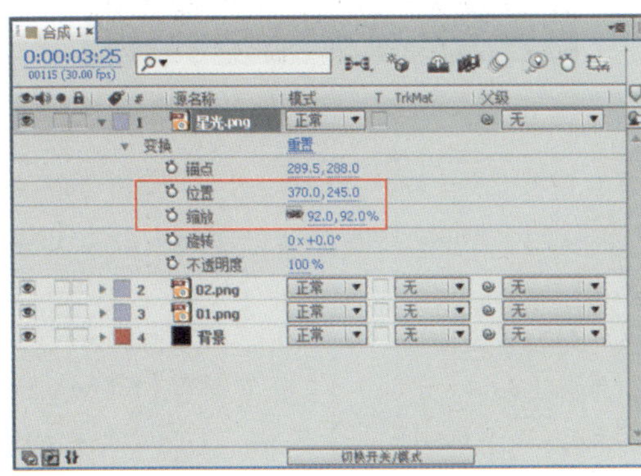

图 11-19

图 11-20

3. 制作星光动画

（1）在【时间线】窗口中的空白处单击鼠标右键，然后在弹出的菜单中执行【新建】/【灯光】命令，如图 11-21 所示。

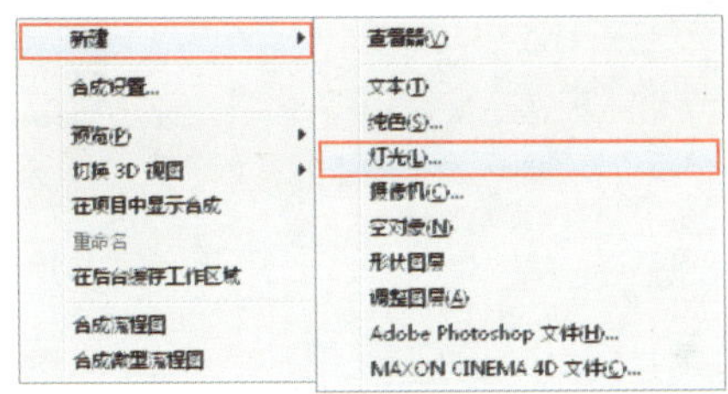

图 11-21

（2）在弹出的【灯光设置】对话框中设置【名称】为【Emitter】，【灯光类型】为【点】，然后单击【确定】按钮，如图 11-22 所示。

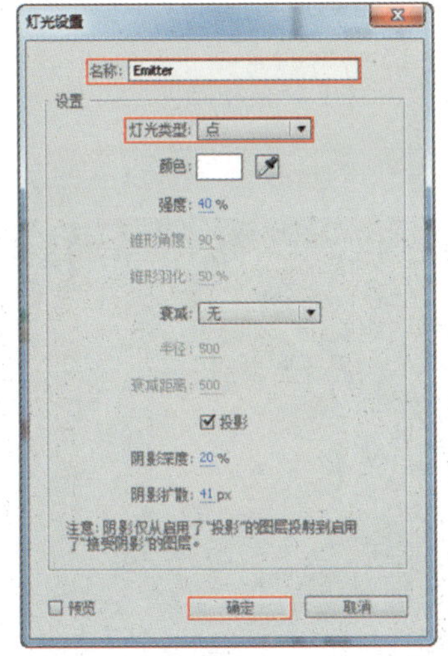

图 11-22

（3）打开【Emitter】图层的【变换】，然后将时间线拖到起始帧，单击【位置】前面的 按钮，并设置【位置】为（358.0，101.0，0.0）；接着将时间线拖到第 1 秒，设置【位置】为（174.0，290.0，0.0），如图 11-23 所示。

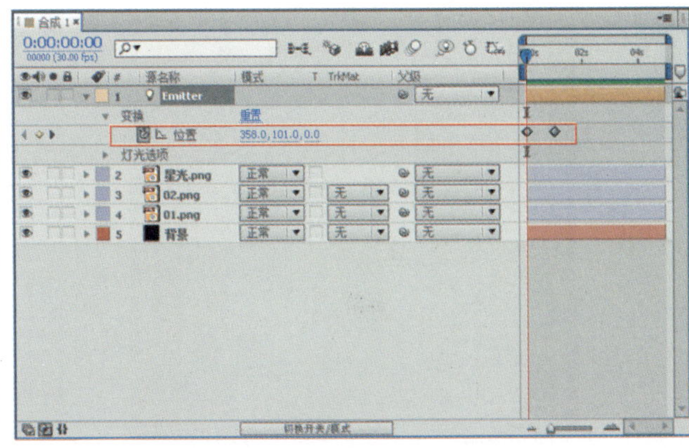

图 11-23

（4）将时间线拖到第 2 秒，设置【位置】为（358.0，474.0，0.0）。继续将时间线拖到第 3 秒，设置【位置】为（544.0，290.0，0.0）。最后将时间线拖到结束帧，设置【位置】为（358.0，101.0），如图 11-24 所示。

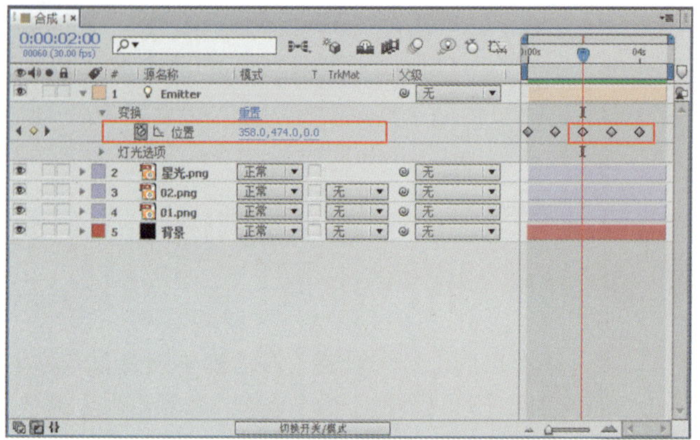

图 11-24

（5）选择【Emitter】图层，然后利用【转换顶点】工具在【合成】窗口中调整动画曲线，如图 11-25 所示。

图 11-25

（6）新建一个纯色层，并设置【名称】为【粒子】，【宽度】为 720 像素，【高度】为 576 像素，【颜色】为黑色（R：0，G：0，B：0），然后单击【确定】按钮，如图 11-26 所示。

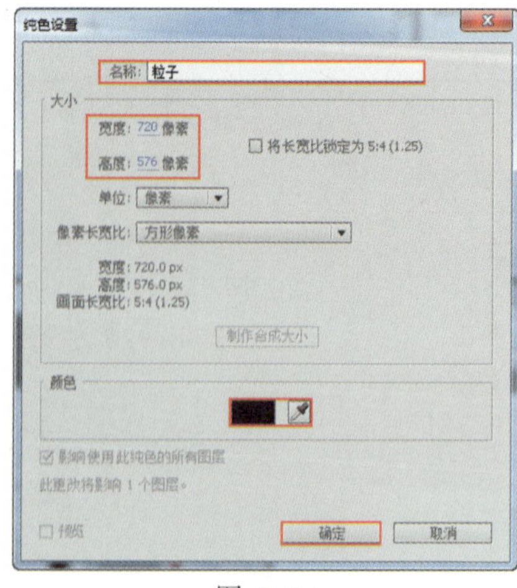

图 11-26

（7）为【粒子】图层添加【Particular（特殊）】效果，然后设置【Emitter（发射器）】下的【Particles /sec（粒子 / 秒）】为 10，【Emitter Type（发射器类型）】为【Light(s)】。接着设置【Velocity（速率）】至【Emitter Size Z（Z 轴发射大小）】的所有参数都为 0，如图 11-27 所示。此时效果如图 11-28 所示。

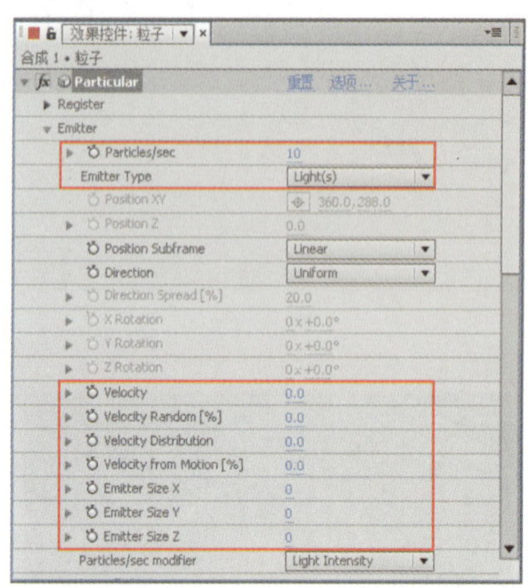

图 11-27

图 11-28

（8）设置【Particle（粒子）】下的【Life[sec]（生命）】为 5，【Particle Type（粒子类型）】为【Star (No DOF)】，【Size（大小）】为 8，【Color（颜色）】为浅黄色（R：255，G：203，B：135），【Transfer Mode（传输模式）】为【Add（相加）】。接着设置【Glow（辉光）】下的【Opacity（不透明度）】为 54，如图 11-29 所示。

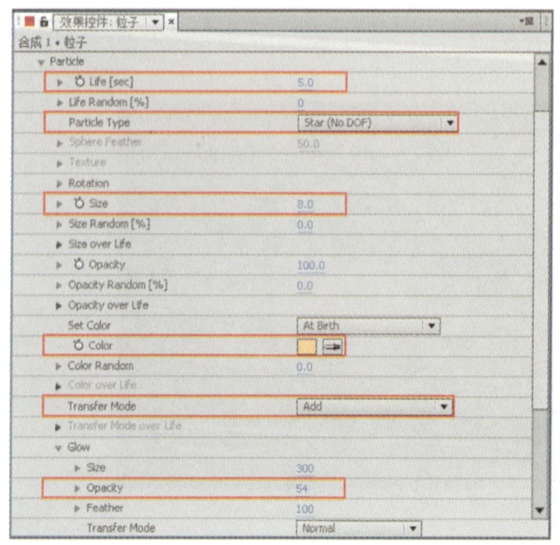

图 11-29

（9）此时隐藏【时间线】窗口中的【Emitter】图层，并拖动时间线滑块查看最终效果，如图 11-30 所示。

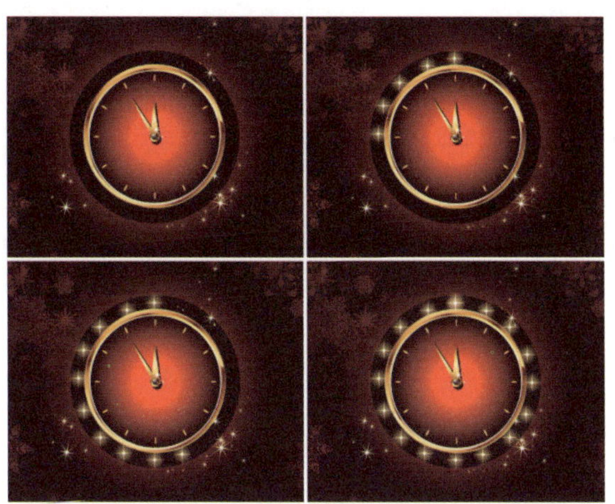

图 11-30

重点 进阶案例：明亮光晕

案例文件	进阶案例：明亮光晕 .aep
视频教学	DVD/ 多媒体教学 /Chapter11/ 进阶案例：明亮光晕 .flv
难易指数	★★★☆☆
技术掌握	主要掌握 [Particular（特殊）] 和 [镜头光晕] 效果的应用

案例分析：

在该案例中，主要学习使用【梯度渐变】、【Particular（特殊）】和【镜头光晕】效果来制作明亮光晕效果，案例的最终效果如图 11-31 所示。

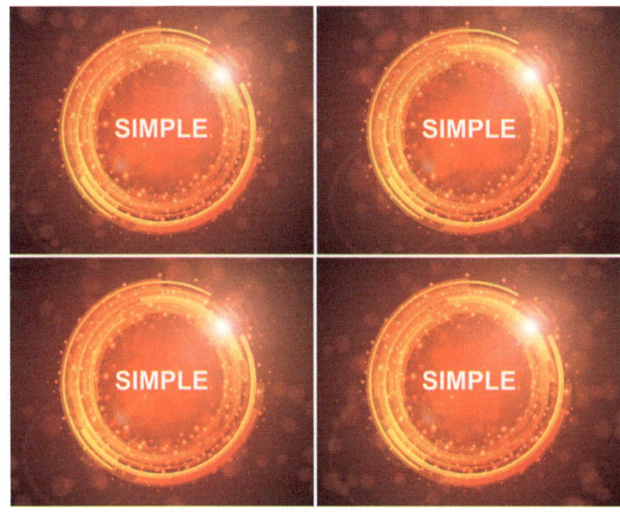

图 11-31

思路解析如图 11-32 所示。

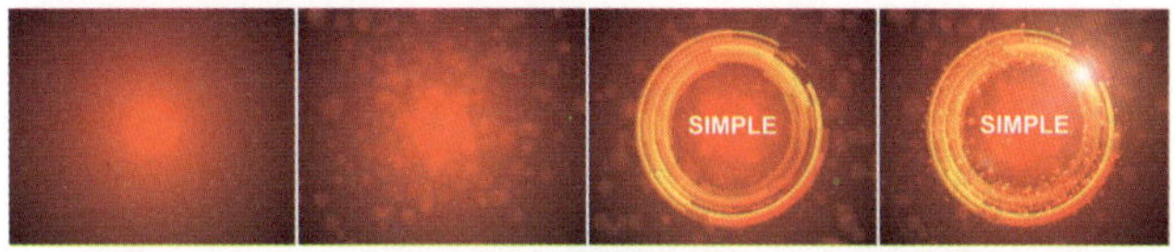

图 11-32

制作步骤：

1. 制作粒子背景

（1）创建新合成。设置【合成名称】为【合成 1】，【宽度】为 720 像素，【高度】为 576 像素，【像素长宽比】为【方形像素】，【帧速率】为 25 帧 / 秒，【持续时间】为 5 秒，然后单击【确定】按钮。在【项目】窗口中空白处双击鼠标左键，在弹出的窗口中选择所需素材文件，然后单击【导入】按钮，如图 11-33 所示。

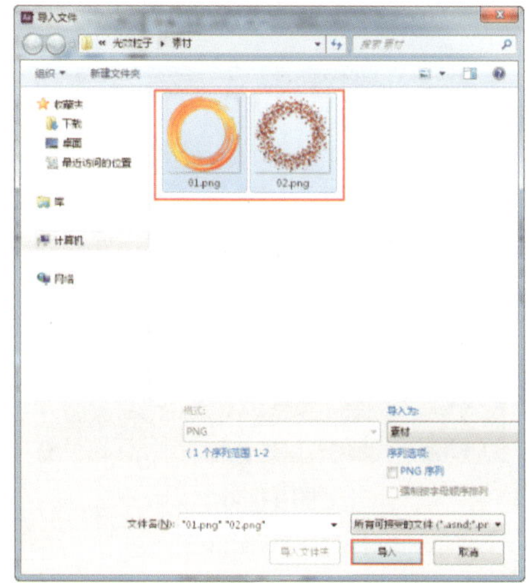

图 11-33

（2）新建一个纯色层，并设置【名称】为【背景】，【宽度】为 720 像素，【高度】为 576 像素，然后单击【确定】按钮，如图 11-34 所示。

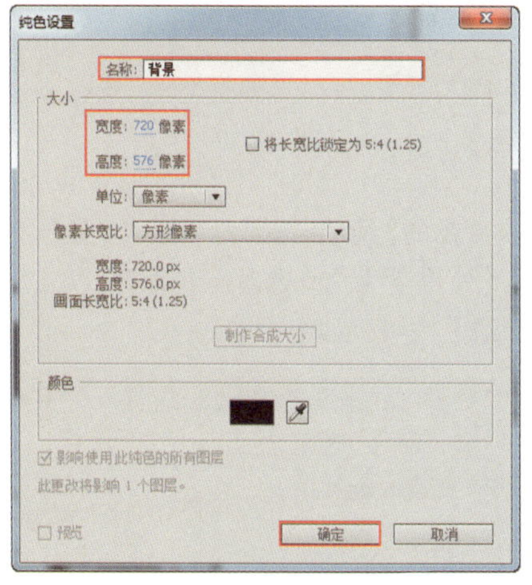

图 11-34

（3）为【背景】图层添加【梯度渐变】效果，然后在【效果控件】面板中设置【渐变形状】为【径向渐变】，【渐变起点】为（360.0，288.0），【起始颜色】为红色（R：235，G：53，B：0），【渐变终点】为（360.0，742.0），【结束颜色】为深红色（R：33，G：0，B：0），如图 11-35 所示。此时效果如图 11-36 所示。

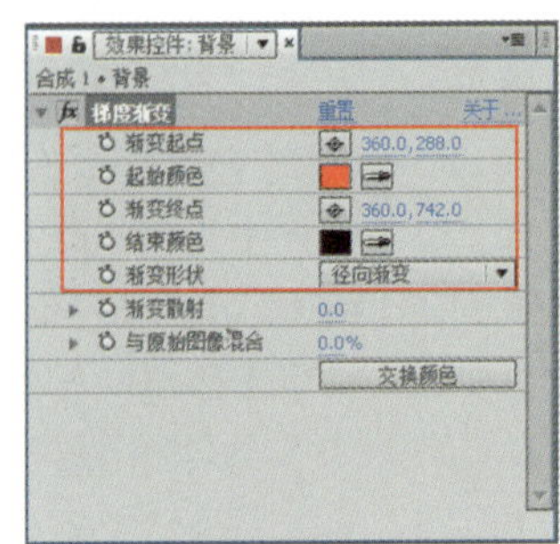

图 11-35

图 11-36

（4）在【时间线】窗口中的空白处单击鼠标右键，然后在弹出的菜单中执行【新建】/【纯色】命令，如图 11-37 所示。

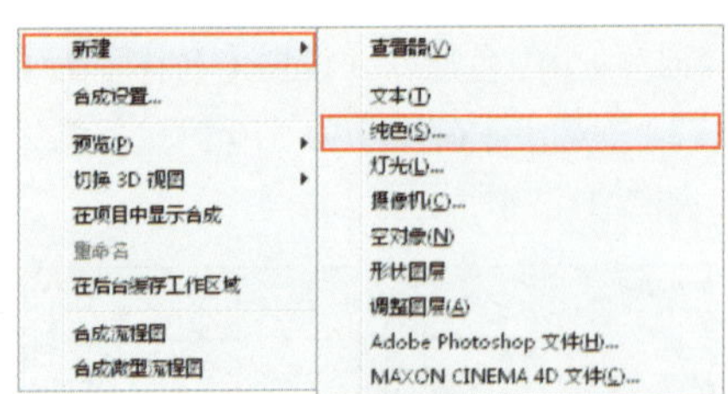

图 11-37

（5）在弹出的【纯色设置】对话框中设置【名称】为【粒子背景】，【宽度】为 720 像素，【高度】为 576 像素，然后单击【确定】按钮，如图 11-38 所示。

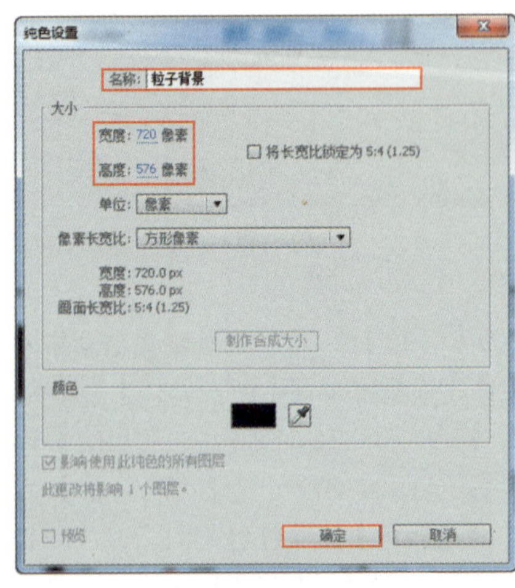

图 11-38

（6）为【粒子背景】添加【Particular（特殊）】效果，然后在【效果控件】面板中设置【Emitter（发射器）】下的【Particles/sec（粒子 / 秒）】为 50，设置【Emission Extras】下的【Pre Run】为 100，如图 11-39 所示。此时效果如图 11-40 所示。

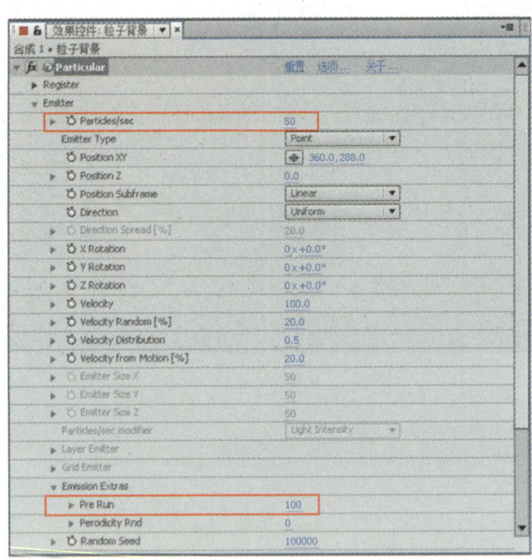

图 11-39

图 11-40

（7）设置【Particle（粒子）】下的【Life[sec]（生命 / 秒）】为 4.5，【Sphere Feather（球形羽化）】为 40，【Size（大小）】为 20，【Size Random[%]（大小随机）】为 40，【Opacity（不透明度）】为 20，【Color（颜色）】为红色（R：225，G：50，B：1），如图 11-41 所示。此时效果如图 11-42 所示。

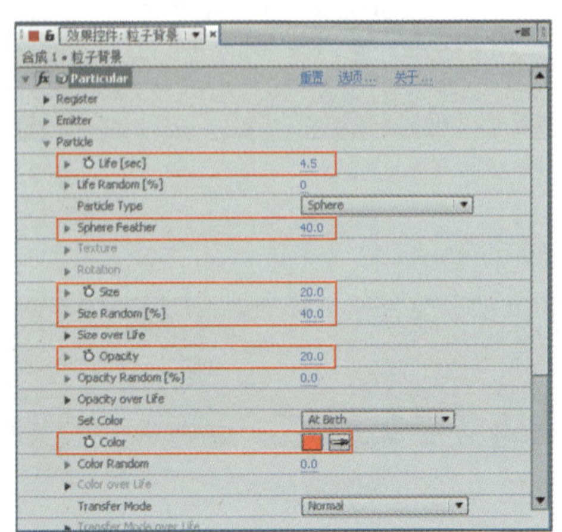

图 11-41

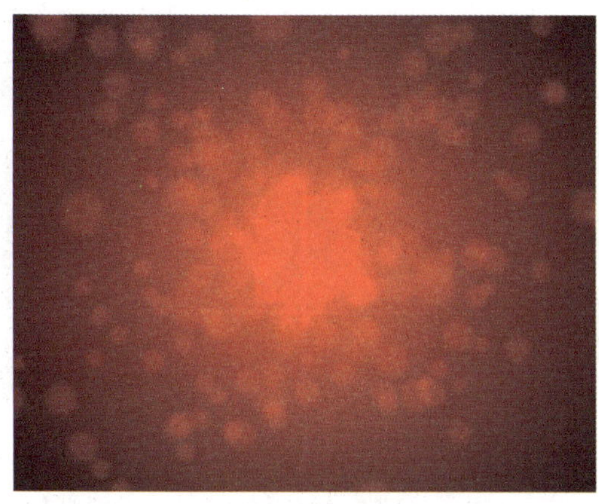

图 11-42

2. 制作文字光晕

（1）选择T【横排文字】工具，然后在【合成】窗口中输入文字，并设置合适的【字体系列】和【字体大小】，【填充颜色】为白色（R：255，G：255，B：255），如图 11-43 所示。

图 11-43

（2）将【01.png】图层添加到【时间线】窗口中，并设置【缩放】为 62%，如图 11-44 所示。

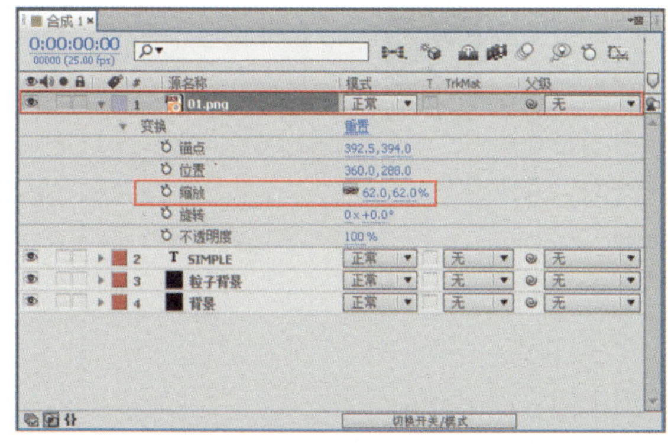

图 11-44

（3）将【02.png】素材文件添加到【时间线】窗口中，然后设置【02.png】图层的【缩放】为 64%，并设置【混合模式】为【屏幕】，如图 11-45 所示。此时效果如图 11-46 所示。

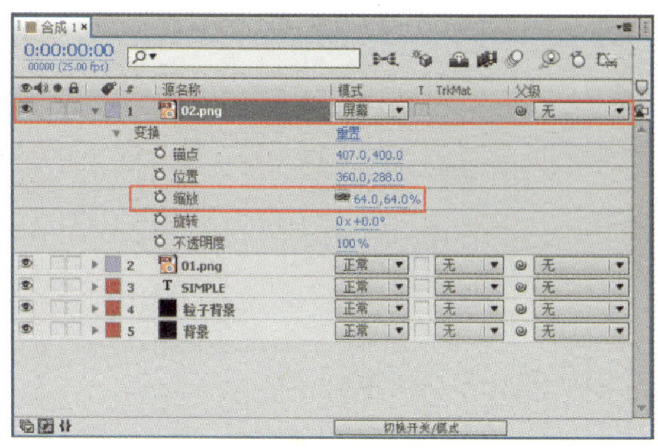

图 11-45

图 11-46

（4）新建纯色层，并设置【名称】为【光晕】，【宽度】为 720 像素，【高度】为 576 像素，【颜色】为黑色（R：0，G：0，B：0），然后单击【确定】按钮，如图 11-47 所示。

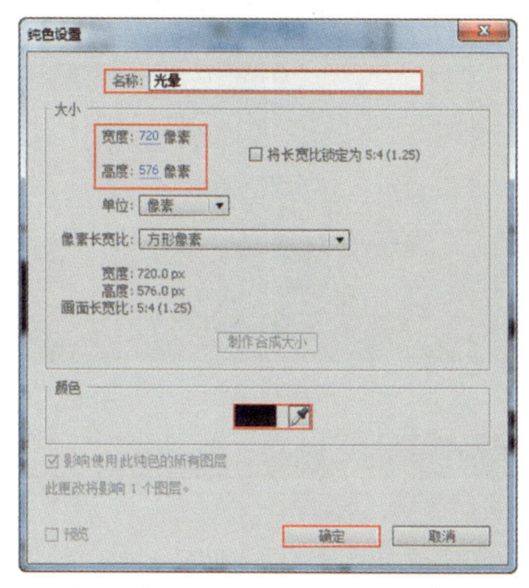

图 11-47

（5）为【光晕】图层添加【镜头光晕】效果，然后在【效果控件】面板中设置【光晕中心】为（505.0，160.4），【光晕亮度】为 120%，如图 11-48 所示。

（6）设置【光晕】图层的【混合模式】为【屏幕】，如图 11-49 所示。此时效果如图 11-50 所示。

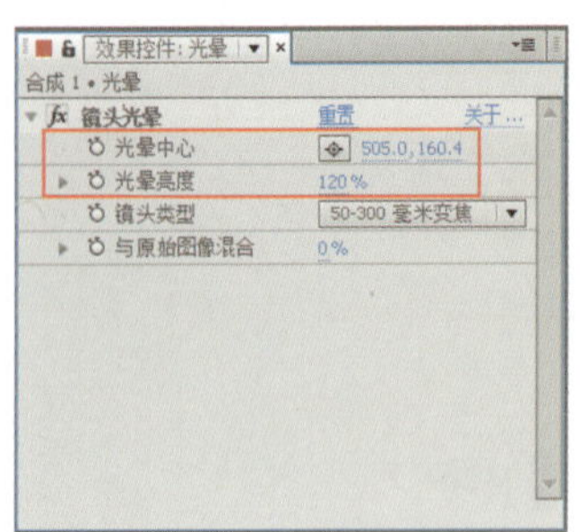

图 11-48

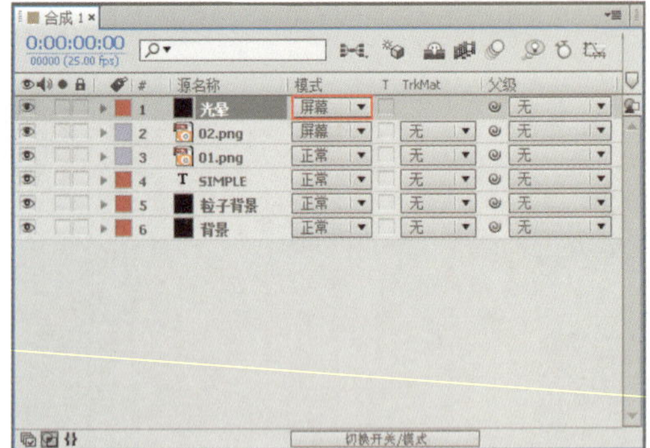

图 11-49

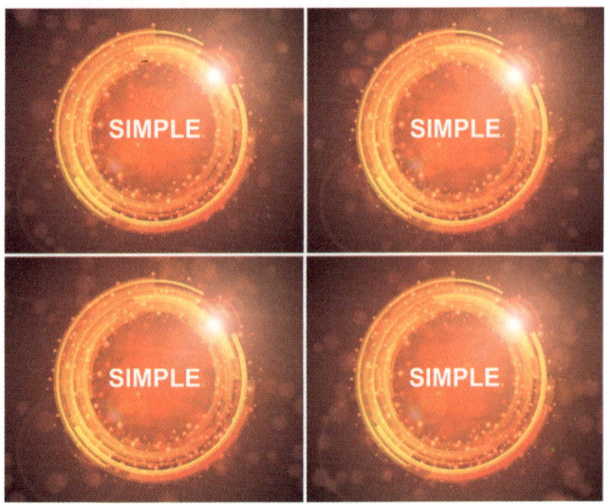

图 11-50

重点▶ 进阶案例：咖啡热气效果

案例文件	进阶案例：咖啡热气效果 .aep
视频教学	DVD/ 多媒体教学 /Chapter11/ 进阶案例：咖啡热气效果 .flv
难易指数	★★★★☆
技术掌握	主要掌握【Particular（特殊）】的应用

案例分析：

在该案例中，主要学习使用【Particular（特殊）】效果来制作咖啡热气效果，案例的最终效果如图 11-51 所示。

思路解析如图 11-52 所示。

图 11-51

图 11-52

制作步骤：

1. 制作背景

（1）创建新合成。设置【合成名称】为【合成 1】，【宽度】为 720 像素，【高度】为 576 像素，【像素长宽比】为【方形像素】，【帧速率】为 25 帧 / 秒，【持续时间】为 5 秒，然后单击【确定】按钮。在【项目】窗口中空白处双击鼠标左键，在弹出的窗口中选择所需素材文件，然后单击【导入】按钮，如图 11-53 所示。

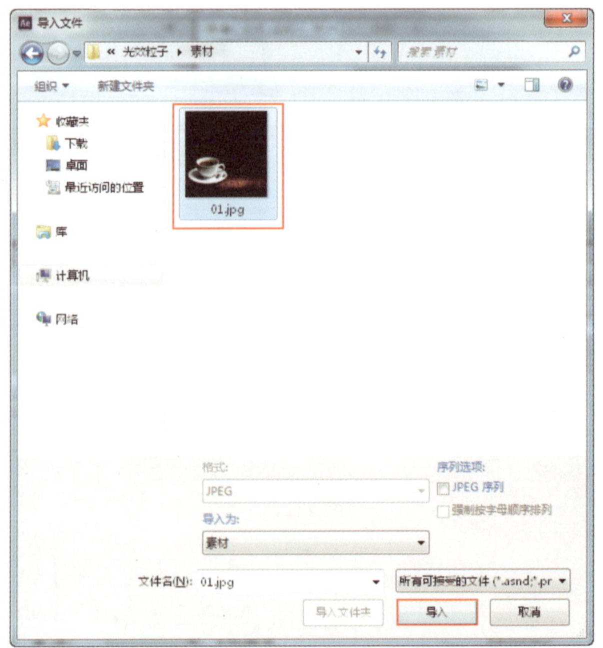

图 11-53

（2）将【项目】窗口中的【01.jpg】素材文件添加到【时间线】窗口中，并设置【01.jpg】图层的【缩放】为 95%，【位置】为（360.0，268.0），如图 11-54 所示。

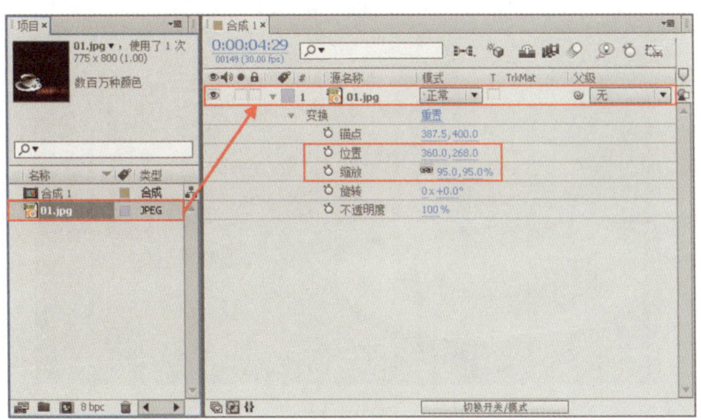

图 11-54

（3）此时在【合成】窗口中查看当前效果，如图 11-55 所示。

图 11-55

2. 制作热气上升

（1）在【时间线】窗口中的空白处单击鼠标右键，然后在弹出的菜单中执行【新建】/【纯色】命令，如图 11-56 所示。

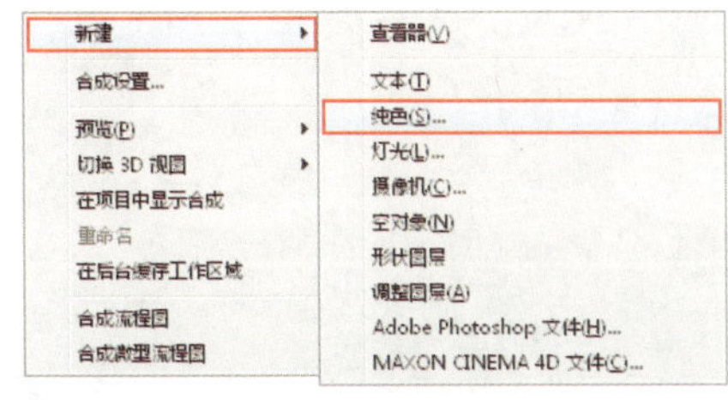

图 11-56

（2）设置【名称】为【热气】，【宽度】为 720 像素，【高度】为 576 像素，【颜色】为黑色（R：0，G：0，B：0），然后单击【确定】按钮，如图 11-57 所示。

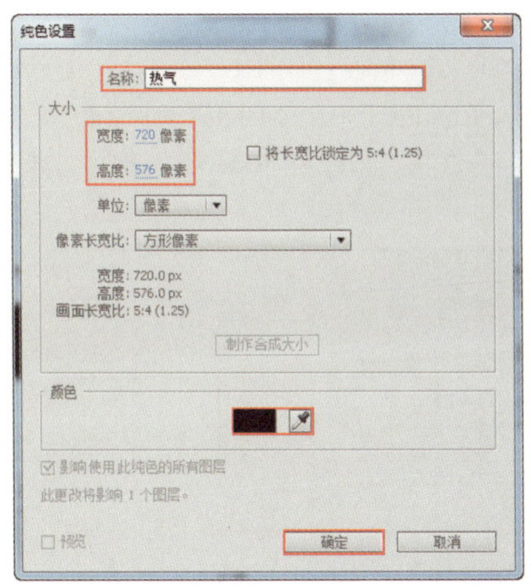

图 11-57

（3）为【热气】图层添加【Particular（特殊）】效果，然后设置【Particles/sec（粒子/秒）】为 120，【Position XY（XY 轴位置）】为（194.0，334.0），【Direction（方向）】为【Directional（定向）】，【Diection Spread[%]（方向扩展）】为 16，【X Rotation（X 轴旋转）】为 125°，【Velocity（速率）】为 580。接着设置【Emission Extras（发射附加功能）】下的【Pre Run（预运行）】为 35。如图 11-58 所示。此时效果如图 11-59 所示。

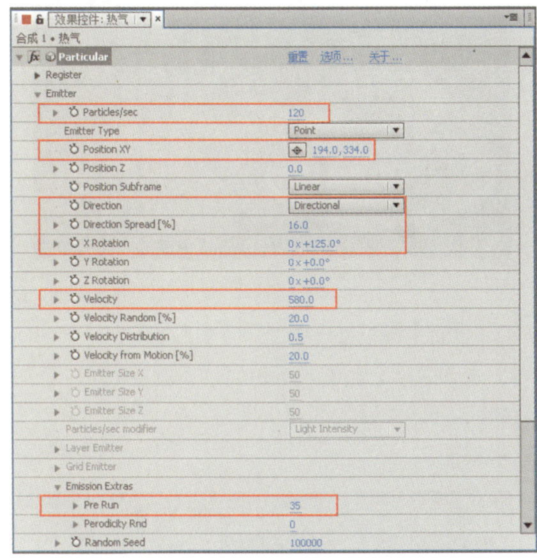

图 11-58

图 11-59

（4）设置【Particle（粒子）】下的【Life[sec]（寿命）】为 2.8，【Sphere Feather（球羽化）】为 55，【Size（大小）】为 55，【Size Random[%]（大小随机）】为 60，【Opacity（不透明度）】为 2.1，如图 11-60 所示。此时效果如图 11-61 所示。

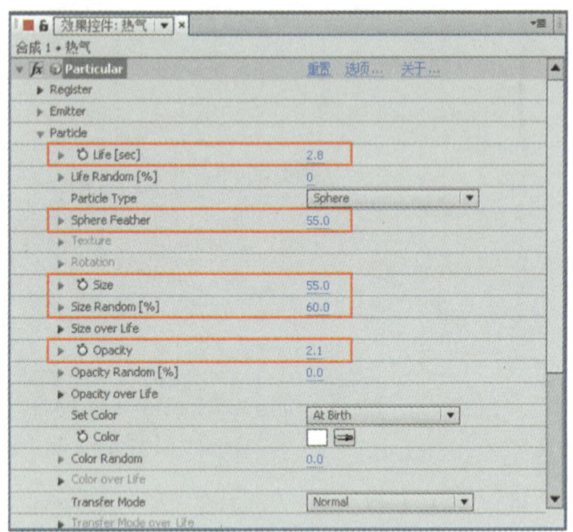

图 11-60

图 11-61

（5）设置【Physics（物理）】下的【Air Resistance（空气阻力）】为 1，【Spin Amplitude（旋转幅度）】为 33，【Spin Frequency（旋转频率）】为 1.4，如图 11-62 所示。此时效果如图 11-63 所示。

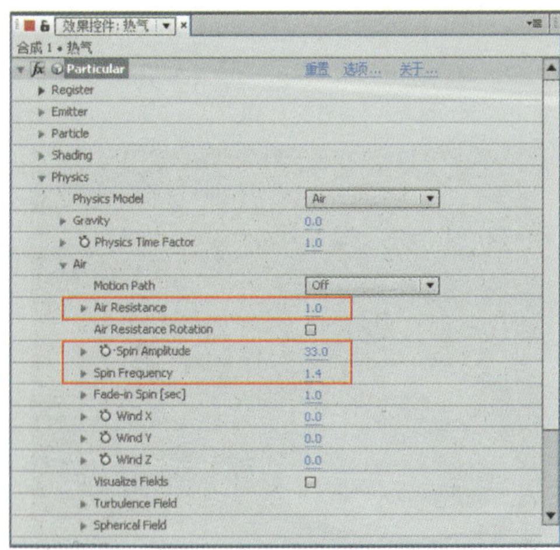

图 11-62

图 11-63

（6）选择 T【横排文字】工具，然后在【合成】窗口中输入文字，并设置合适的【字体系列】和【字体大小】，接着设置【填充颜色】为深黄色（R：188，G：126，B：38），最后单击 T【仿粗体】按钮，如图 11-64 所示。

图 11-64

（7）此时拖动时间线滑块查看最终效果，如图 11-65 所示。

图 11-65

11.5　【Form（形态）】效果

【Form（形态）】效果具有较强的质感变化能力，能够模拟粒子的聚散动画形态。所以该效果也常用来制作文字或图片的消散、聚集效果。相关参数如图 11-66 ~ 图 11-69 所示。

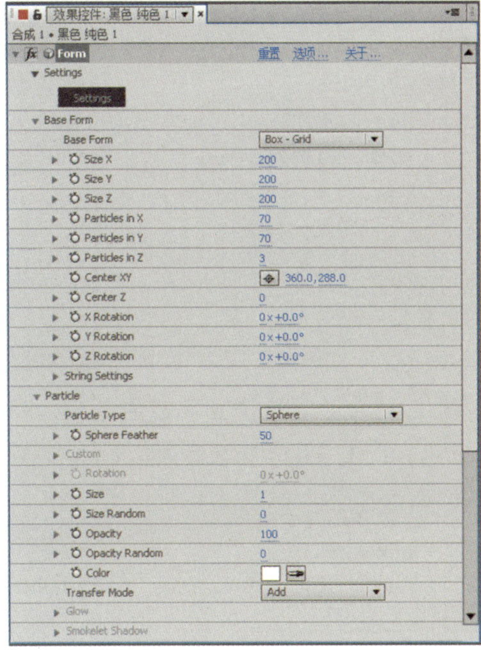

图 11-66

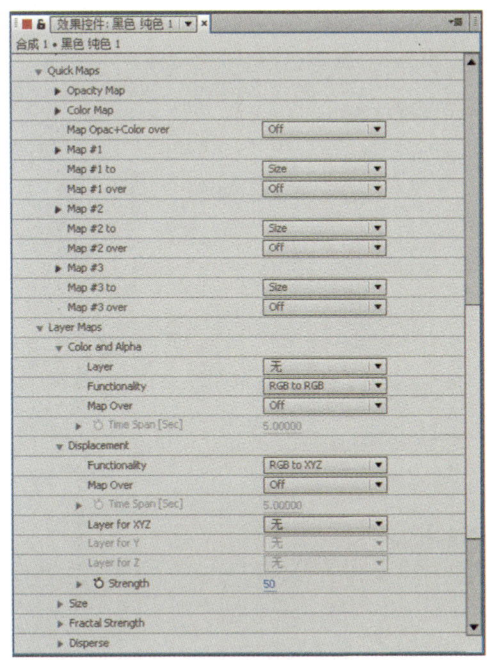

图 11-67

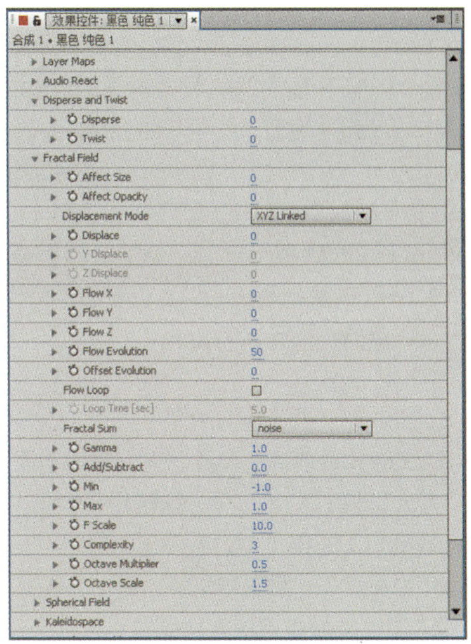

图 11-68

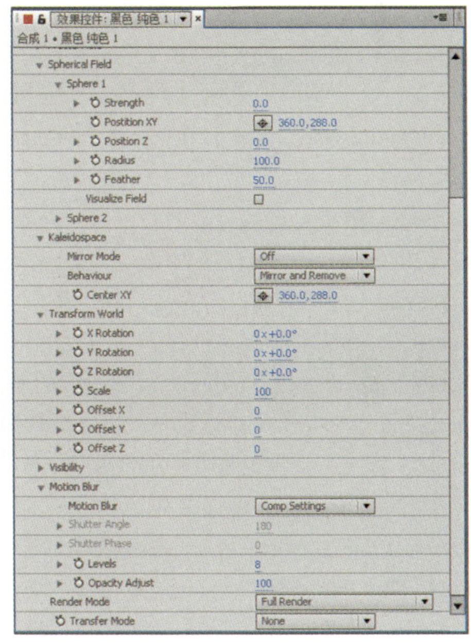

图 11-69

重点参数提醒：

Base Form（基本形式）：设置形态的基本形式效果。

Size X（X 轴大小）：设置 X 轴的大小程度。

Particles in X（在 X 轴的粒子）：设置在 X 轴方向的粒子。

Center XY（XY 中心）：设置 XY 轴的中心位置。

X Rotation（X 轴旋转）：设置 X 轴的旋转效果。

Particle（粒子）：设置粒子的相关属性。

Particle Type（粒子类型）：设置粒子的类型。

Sphere Feather（球形羽化）：设置球形羽化程度。

Size Random（大小随机）：设置粒子的大小随机效果。

Opacity Random（不透明度随机）：设置粒子的不透

明度随机。

Color（颜色）：设置粒子的颜色效果。

Transfer Mode（传输模式）：设置粒子的传输混合模式。

Quick Map（快速映射）：设置粒子的相关映射属性。

Color Map（颜色映射）：设置粒子的颜色映射效果。

Map#1 to（映射 #1 至）：设置 #1 的映射。

Map#1 over（映射 #1 以上）：设置 #1 的轴向映射。

Layer Maps（图层映射）：设置映射的图层相关属性。

Color and Alpha（颜色和 Alpha）：设置颜色和 Alpha 的相关属性。

Layer（图层）：设置映射的图层。

Functionality（功能）：设置映射的通道功能选项。

Map Over（映射以上）：设置映射的轴向。

Displacement（移位）：设置移位映射。

Strength（强度）：设置强度。

Size（大小）：设置图层和映射大小。

Fractal Strength（分形强度）：设置分形的强度效果。

Disperse（分散）：设置分散的程度。

Audio React（音频阵营）：设置音频相关的属性。可以利用音频的节奏影响粒子变化。

Disperse and Twist（分散 & 扭曲）：设置分散和扭曲的效果。

Disperse（分散）：设置分散的程度。

Twist（扭曲）：设置扭曲的程度。

Fractal Field（分形场）：设置分形场效果。

Affect Size（影响大小）：设置影响的大小。

Affect Opacity（影响不透明度）：设置影响的不透明度。

Displacement Mode（位移模式）：设置位移的模式。

Displace（替换）：设置替换的程度。

Flow X（X 轴流动）：设置 X 轴流动效果。

Flow Evolution（流动演变）：设置流动的演变效果。

Offset Evolution（偏移演变）：设置偏移的演变效果。

Flow Loop（流动循环）：勾选该选项，即可进行流动循环。

Fractal Sum（分形总和）：设置分形的总和效果。

Gamma（伽玛）：设置伽玛程度。

Add/Subtract（加 / 减）：设置加 / 减程度。

Min（最小）：设置最小数值。

Max（最大）：设置最大数值。

Complecity（复杂）：设置复杂程度。

Octave Multiplier（八度乘数）：设置八度的乘数。

Octave Scale（八度音阶）：设置八度的音阶效果。

Spherical Field（球形场）：设置球形场的相关属性。

Sphere 1（球 1）：设置球 1 的相关属性。

Strength（强度）：设置强度效果。

Position XY（XY 位置）：设置 XY 轴的位置。

Position Z（Z 位置）：设置 Z 轴的位置。

Radius（半径）：设置半径的大小。

Feather（羽化）：设置羽化效果。

Mirror Mode（镜像模式）：设置镜像的模式。

Behaviour（特效）：设置镜像的相关效果。

Center XY（XY 中心）：设置 XY 轴的中心位置。

Transform World（变换世界）：设置世界的变换属性，包括旋转、缩放、偏移等。

Visibility（可视性）：设置可视性的相关属性，可以控制粒子的范围和距离。

Motion Blur（运动模糊）：设置运动模糊效果。

Levels（级别）设置级别程度。

Opacity Adjust（不透明度调整）：设置不透明度的调整效果。

Render Mode（渲染模式）：选择在【合成】窗口中的预览模式。

Transfer Mode（传输模式）：设置传输的混合模式。

重点 进阶案例：粒子文字效果

案例文件	进阶案例：粒子文字效果 .aep
视频教学	DVD/ 多媒体教学 /Chapter11/ 进阶案例：粒子文字效果 .flv
难易指数	★★★★★
技术掌握	主要掌握【Form（形态）】、【斜面 Alpha】和【投影】效果的应用

案例分析：

在该案例中，主要学习使用【镜头光晕】、【梯度渐变】、【Form（形态）】、【斜面 Alpha】和【投影】效果来制作粒子文字效果，案例的最终效果如图 11-70 所示。

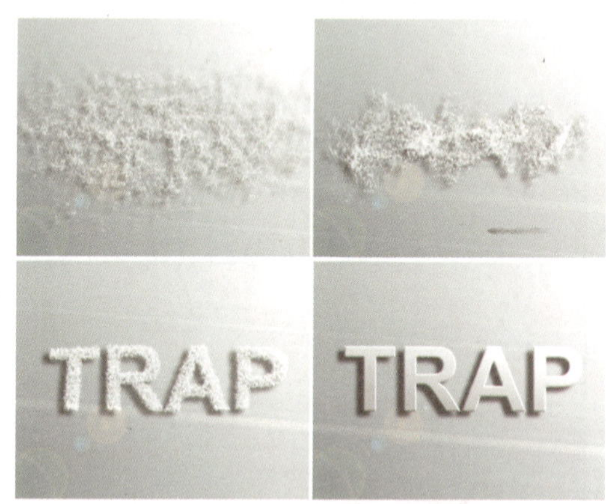

图 11-70

思路解析如图 11-71 所示。

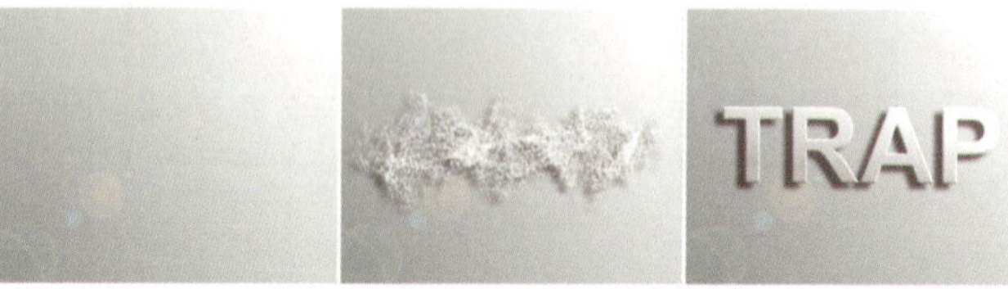

图 11-71

制作步骤：

1. 制作背景

（1）创建新合成。设置【合成名称】为【合成 1】，【宽度】为 720 像素，【高度】为 576 像素，【像素长宽比】为【方形像素】，【帧速率】为 25 帧 / 秒，【持续时间】为 5 秒，然后单击【确定】按钮，如图 11-72 所示。

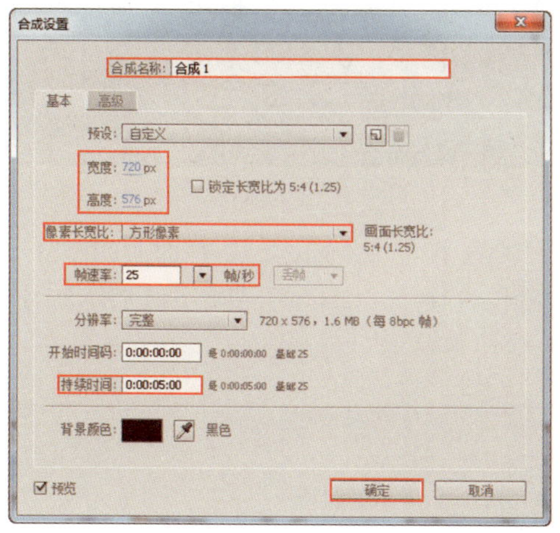

图 11-72

（2）在【时间线】窗口中的空白处单击鼠标右键，然后在弹出的菜单中执行【新建】/【纯色】命令，如图 11-73 所示。

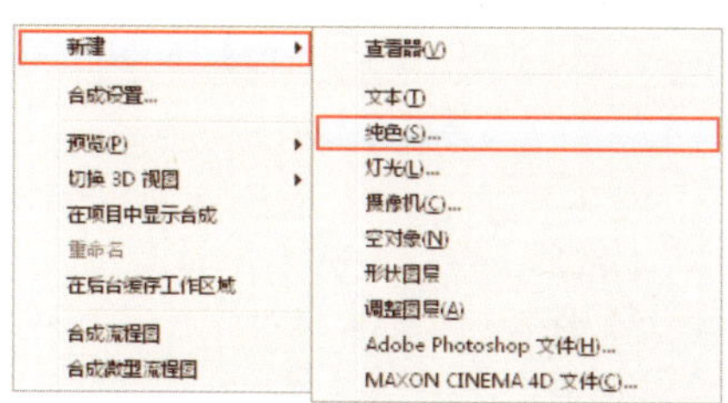

图 11-73

（3）接着在弹出的【纯色设置】对话框中设置【名称】为【背景】，【宽度】为 720 像素，【高度】为 576 像素，并单击【确定】按钮，如图 11-74 所示。

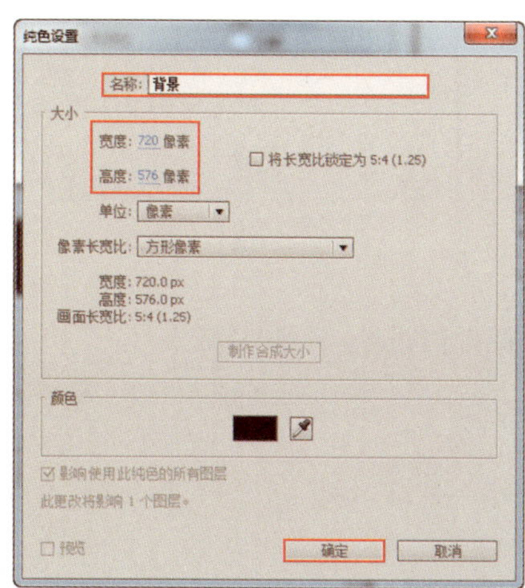

图 11-74

（4）为【背景】图层添加【梯度渐变】效果，然后在【效果控件】面板中设置【渐变起点】为（0.0，576.0），【起始颜色】为浅灰色（R：137，G：145，B：150）。【渐变终点】为（720.0，0.0），【结束颜色】为白色（R：255，G：255，B：255），如图 11-75 所示。

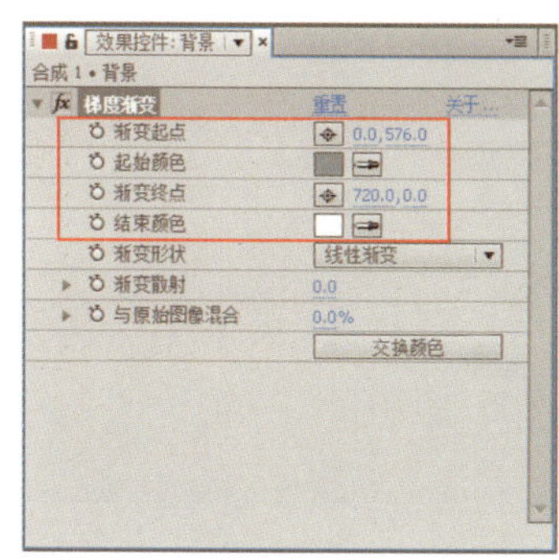

图 11-75

（5）为【背景】图层添加【镜头光晕】效果，然后在【效果控件】面板中设置【光晕中心】为（662.0，53.0），【光晕亮度】为 120%，如图 11-76 所示。此时效果如图 11-77 所示。

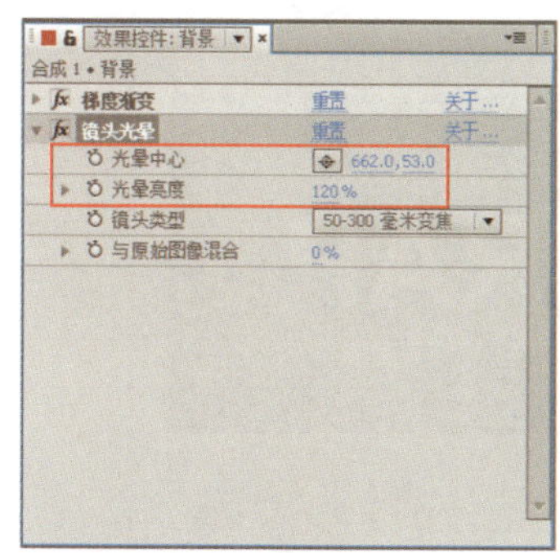

图 11-76

图 11-77

2. 制作文字粒子动画

（1）新建一个合成。设置【合成名称】为【文字】，【宽度】为 1024 像素，【高度】为 576 像素，【帧速率】为 25 帧 / 秒，【持续时间】为 5 秒，然后单击【确定】按钮，如图 11-78 所示。

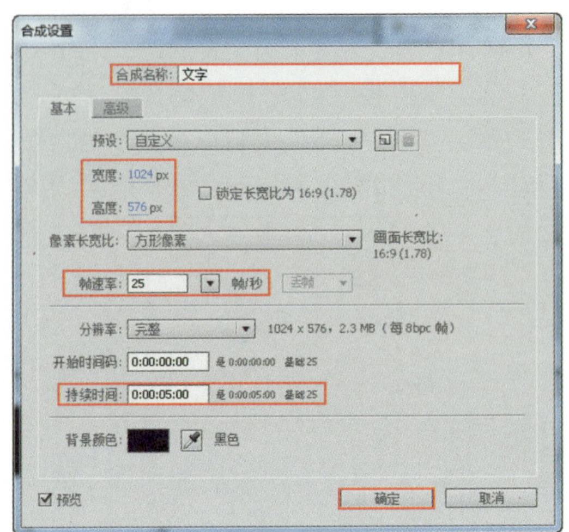

图 11-78

（2）选择T【横排文字】工具，然后【合成】窗口中输入文字，并设置合适的【字体系列】和【字体大小】，如图 11-79 所示。

图 11-79

（3）为文字图层添加【梯度渐变】效果，然后在【效果控件】面板中设置【梯度渐变】效果的【渐变起点】为（533.0，207.0），【起始颜色】为白色（R：255，G：255，B：255），【渐变终点】为（497.0，358.0），【结束颜色】为深灰色（R：184，G：184，B：184），如图 11-80 所示。此时效果如图 11-81 所示。

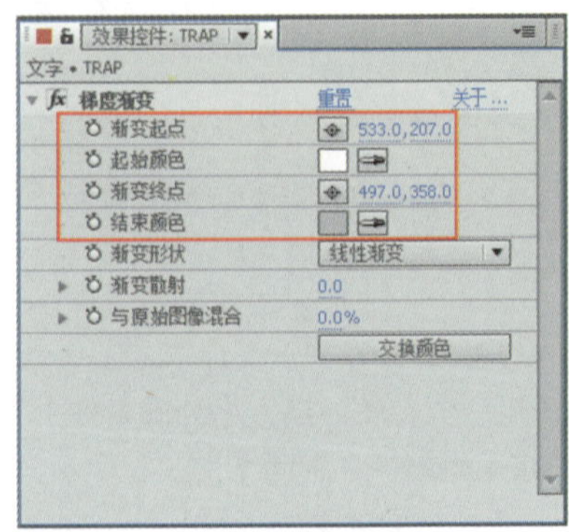

图 11-80

图 11-81

（4）选择【文字】合成中的【TRAP】文字图层，然后按快捷键〈Ctrl+D〉复制出【TRAP 2】图层，如图 11-82 所示。

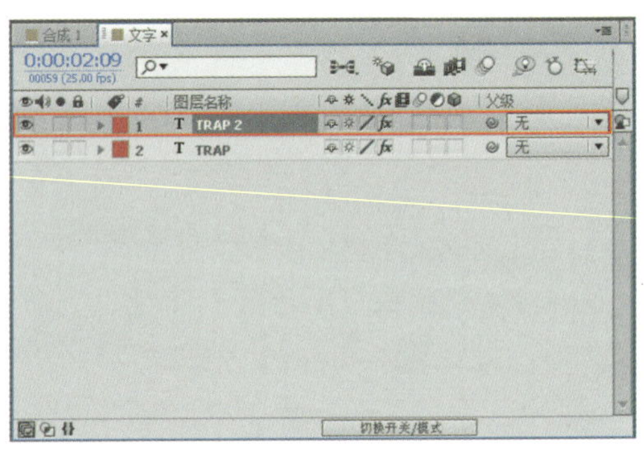

图 11-82

（5）将【项目】窗口中的【Form（形态）】效果添加到【TRAP 2】图层上，如图 11-83 所示。

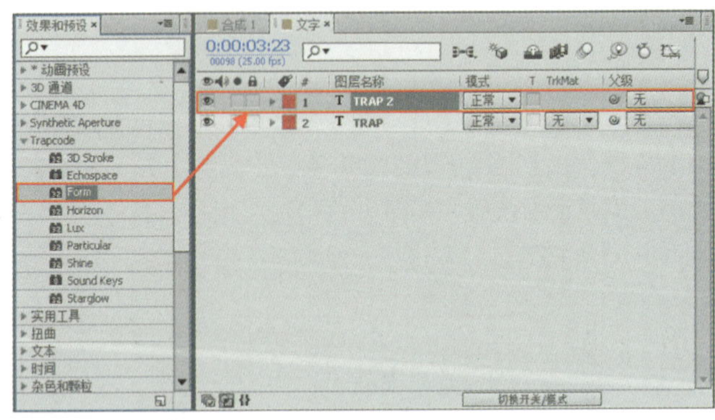

图 11-83

（6）打开【Form（形态）】效果下的【Base Form（基本形态）】，并设置【Size X（X 轴大小）】为 1280，【SizeY（Y 轴大小）】为 720，【Size Z（Z 轴大小）】为 0，【Particles in X（X 轴粒子）】为 640，【Particles in Y（Y 轴粒子）】为 360，【Particles in Z（Z 轴粒子）】为 1，如图 11-84 所示。此时隐藏【TRAP】文字图层，查看当前效果，如图 11-85 所示。

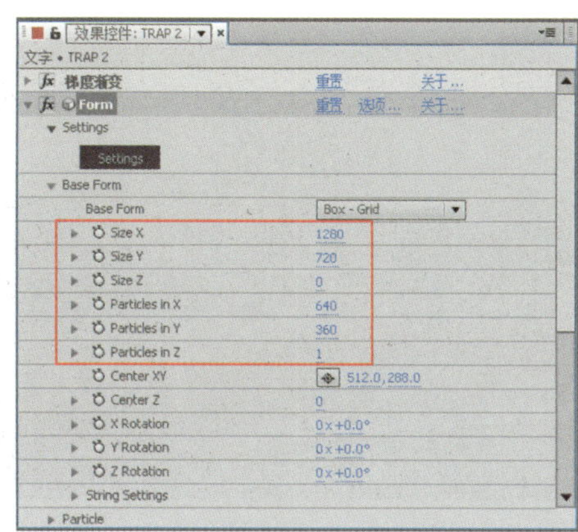

图 11-84

图 11-85

（7）设置【Particle（粒子）】下的【Sphere Feather（球羽化）】为 10，【Size（大小）】为 5，【Size Random（大小随机）】为 90，【Opacity Random（不透明度随机）】为 100，【Transfer Mode（传输模式）】为【Normal（正常）】，如图 11-86 所示。此时效果如图 11-87 所示。

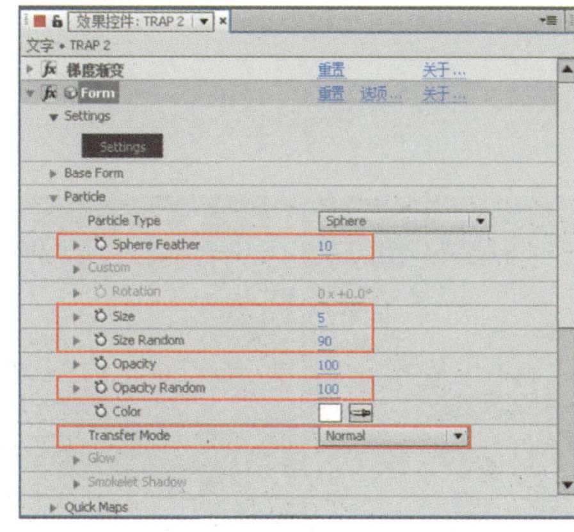

图 11-86

图 11-87

（8）设置【Layer Maps（图层映射）】下的【Layer（图层）】为【1.TRAP 2】，【Functionality（功能）】为【A to A】，【Map Over（映射上）】为【XY】。设置【Fractal Strength（分形强度）】下的【Layer（图层）】为【1.TRAP 2】，【Map Over（映射上）】为【XY,time=Z+time】。设置【Disperse（分散）】下的【Map Over（映射上）】为【XY,time=Z+time】，如图 11-88 所示。此时效果如图 11-89 所示。

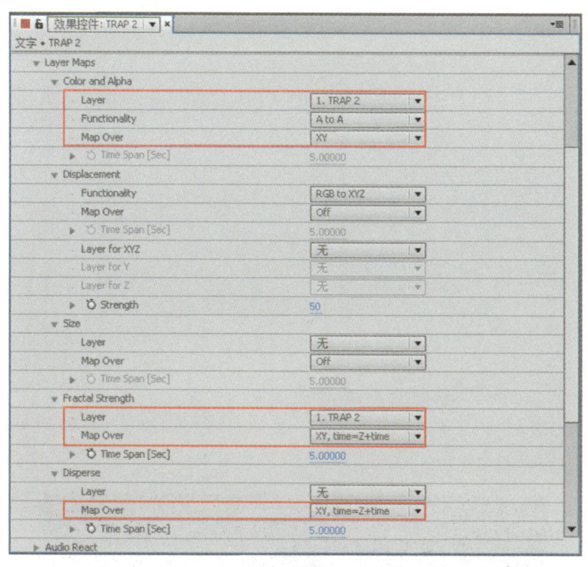

图 11-88

图 11-89

（9）设置【Fractal Field（分形场）】下的【Flow Y（Y 轴流动）】和【Flow Z（Z 轴流动）】都为 200，如图 11-90 所示。

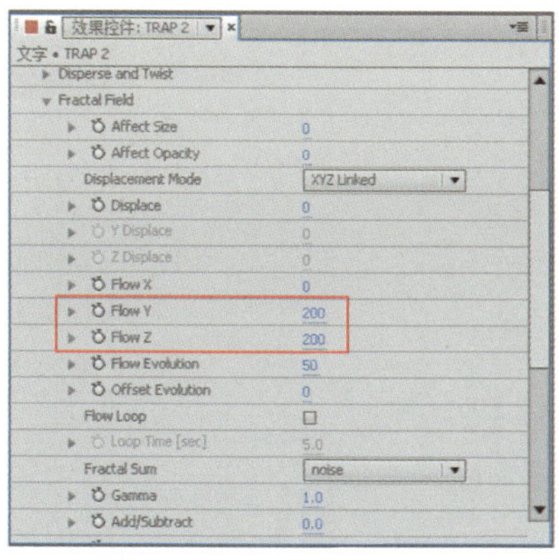

图 11-90

（10）设置【Transform World（变换世界）】下的【Scale（缩放）】为80。设置【Motion Blur（运动模糊）】为【On（开启）】，【Shutter Angle（快门角度）】为240，【Shutter Phase（开门相位）】为4，【Levels（级别）】为7，如图11-91所示。

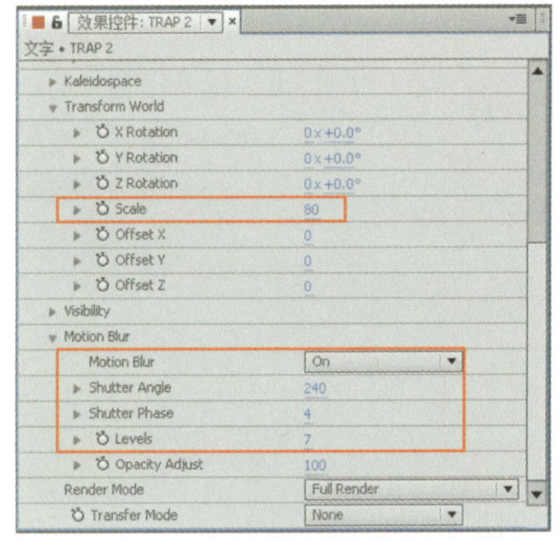

图 11-91

（11）此时在【合成】窗口中查看当前效果，如图11-92所示。

图 11-92

（12）打开【TRAP 2】图层下的【Form（形态）】效果，然后将时间线拖到起始帧，单击【Disperse（分散）】和【Twist（扭曲）】前面的，并设置【Disperse（分散）】为130，【Twist（扭曲）】为35。接着将时间线拖到第2秒，设置【Disperse（分散）】为0，【Twist（扭曲）】为0，如图11-93所示。此时效果如图11-94所示。

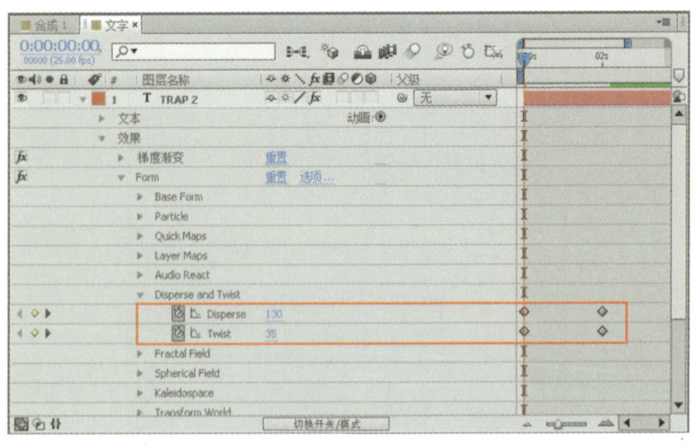

图 11-93

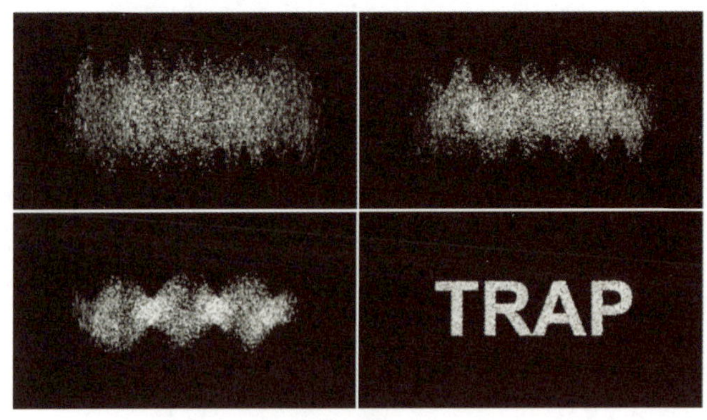

图 11-94

（13）打开【Form（形态）】效果下的【Fractal Field（分形场）】，然后将时间线拖到起始帧，单击【Displace（替换）】前面的，并设置【Displace（替换）】为200。接着将时间线拖到第2秒，设置【Displace（替换）】为0，如图11-95所示。此时效果如图11-96所示。

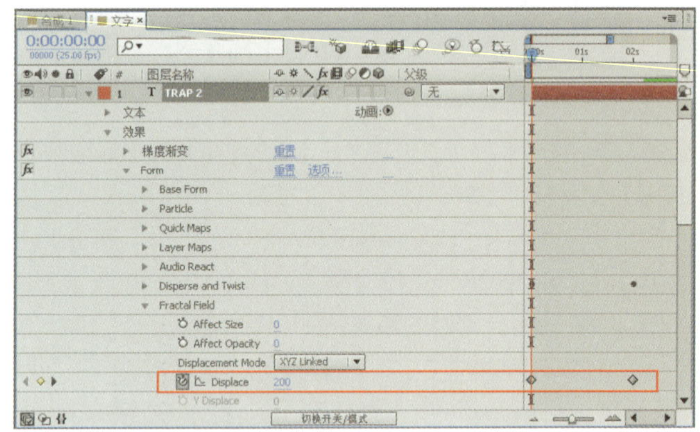

图 11-95

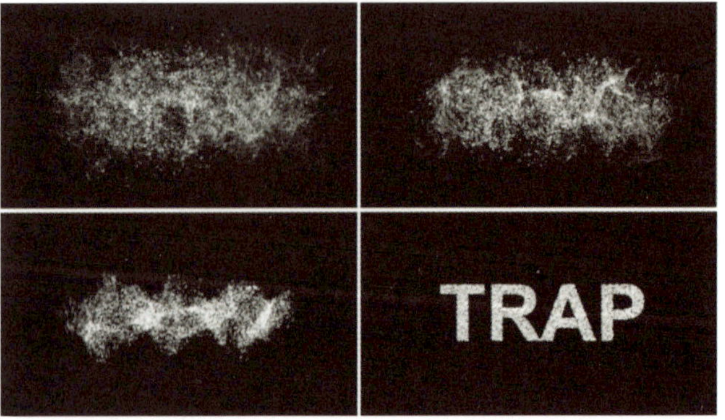

图 11-96

（14）打开【TRAP 2】图层下【变换】，然后将时间线拖到第2秒，单击【不透明度】前面的，并设置【不透明度】为100%，接着将时间线拖到第2秒05帧，设置【不透明度】为0%，如图11-97所示。

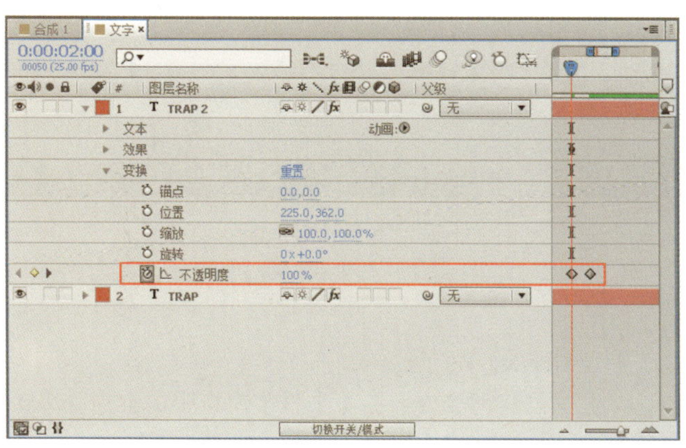

图 11-97

（15）将【TRAP 2】图层的【不透明度】关键帧复制到【TRAP】图层上，然后将时间线拖到第 2 秒，设置【不透明度】为 0%；接着将时间线拖到第 2 秒 05 帧，设置【不透明度】为 100%，如图 11-98 所示。

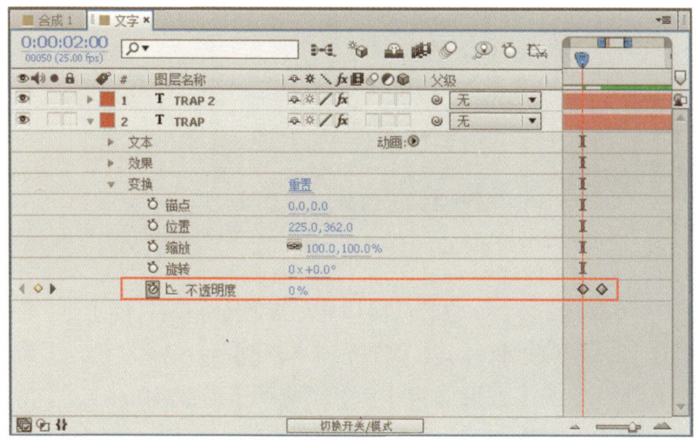

图 11-98

3. 制作最终合成

（1）将【文字】合成拖拽到【时间线】窗口的【合成 1】中，如图 11-99 所示。此时效果如图 11-100 所示。

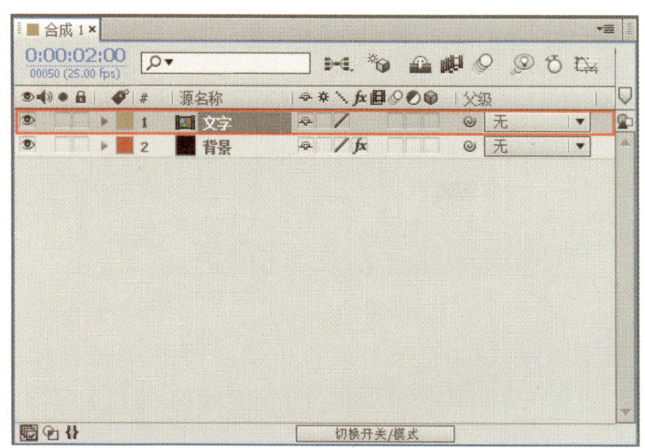

图 11-99

图 11-100

（2）为【文字】图层添加【斜面 Alpha】效果，然后在【效果控件】面板中设置【边缘厚度】为 4，【灯光角度】为 47°，如图 11-101 所示。此时效果如图 11-102 所示。

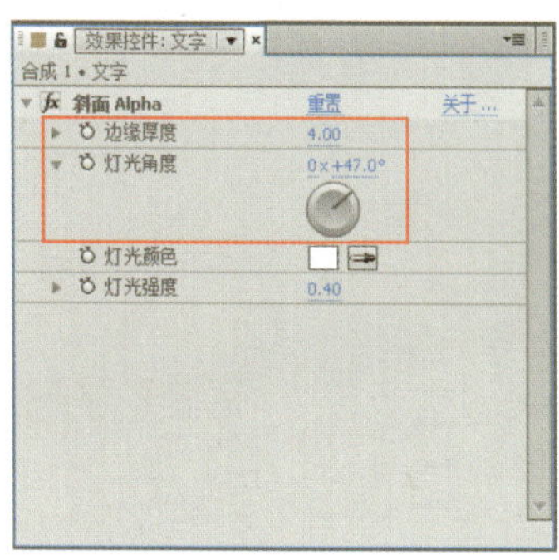

图 11-101

图 11-102

（3）为【文字】图层添加【投影】效果，然后在【效果控件】面板中设置【投影】效果的【不透明度】为 60%，【方向】为 – 125°，【距离】为 20，【柔和度】为 20，如图 11-103 所示。此时效果如图 11-104 所示。

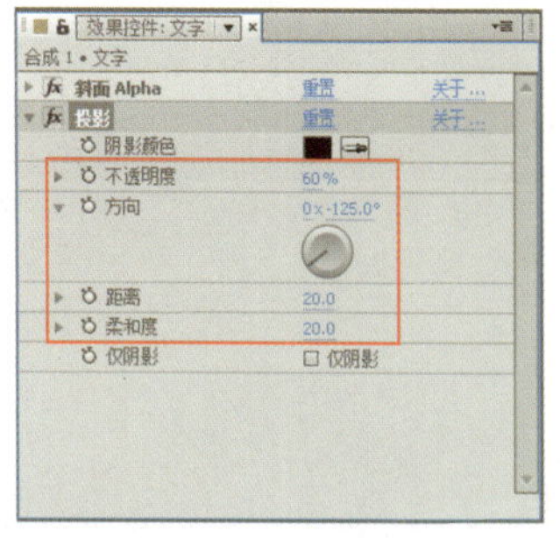

图 11-103

第 11 章

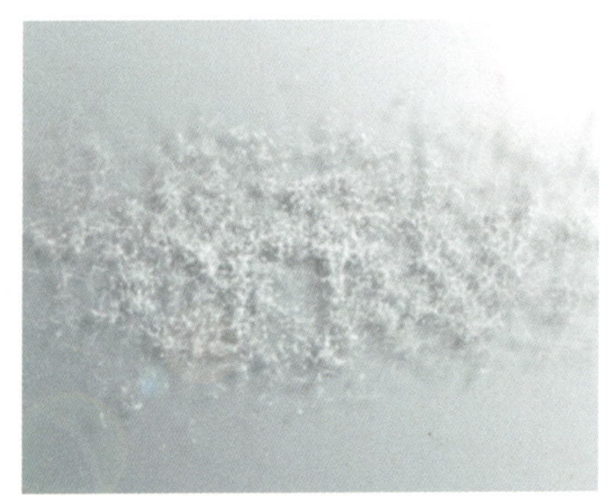

图 11-104

（4）此时拖动时间线滑块查看最终效果，如图 11-105 所示。

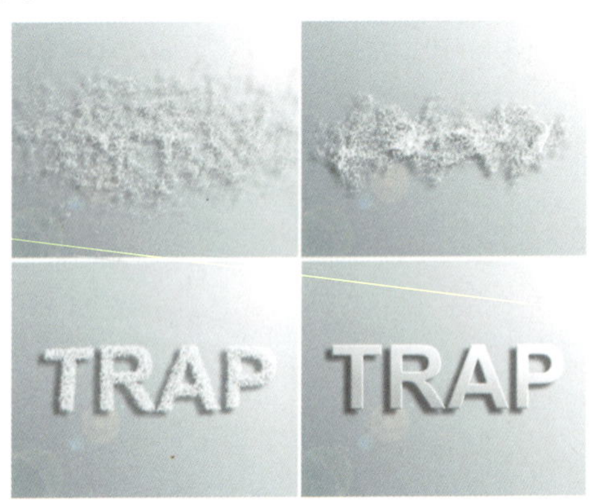

图 11-105

重点▶▶ 进阶案例：梦幻蓝色背景

案例文件	进阶案例：梦幻蓝色背景 .aep
视频教学	DVD/ 多媒体教学 /Chapter11/ 进阶案例：梦幻蓝色背景 .flv
难易指数	★★★★★
技术掌握	主要掌握【Form（形态）】、【CC 径向快速模糊】效果和预设的应用

案例分析：

在该案例中，主要学习使用【梯度渐变】、【描边】、【特殊】、【Form（形态）】、【CC 径向快速模糊】效果和预设来制作发光动画效果，案例的最终效果如图 11-106 所示。

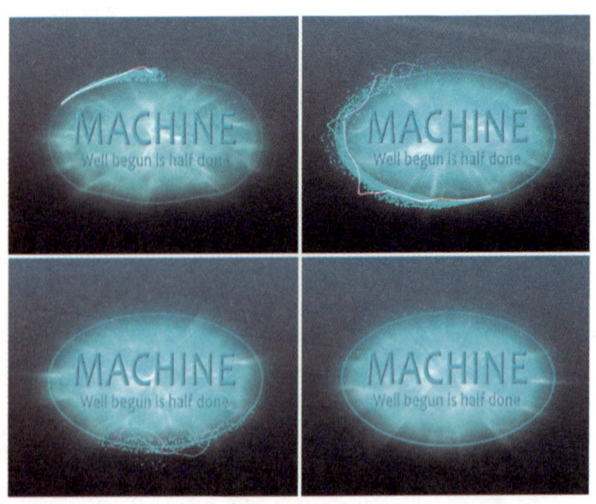

图 11-106

思路解析如图 11-107 所示。

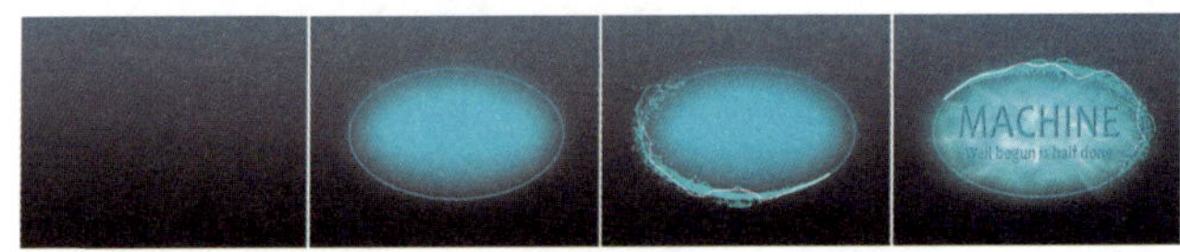

图 11-107

制作步骤：

1. 制作背景

（1）创建新合成。在【项目】窗口中的空白处单击鼠标右键，然后选择【新建合成】，如图 11-108 所示。

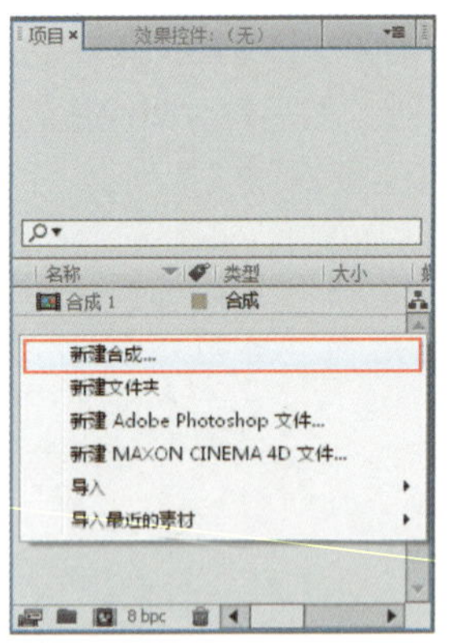

图 11-108

（2）在【合成设置】窗口中，设置【合成名称】为【合成 1】，【宽度】为 720 像素，【高度】为 576 像素，【像素长宽比】为【方形像素】，【帧速率】为 25 帧 / 秒，【持续时间】为 5 秒，最后单击【确定】按钮，如图 11-109 所示。

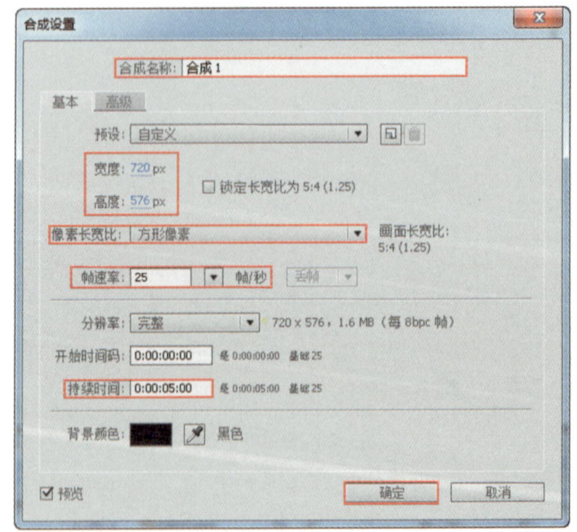

图 11-109

（3）在【时间线】窗口中的空白处单击鼠标右键，然后在弹出的菜单中执行【新建】/【纯色】命令，如图 11-110 所示。

（4）在弹出的【纯色设置】对话框中设置【名称】为【背景】，【宽度】为 720 像素，【高度】为 576 像素，接着单击【确定】按钮，如图 11-111 所示。

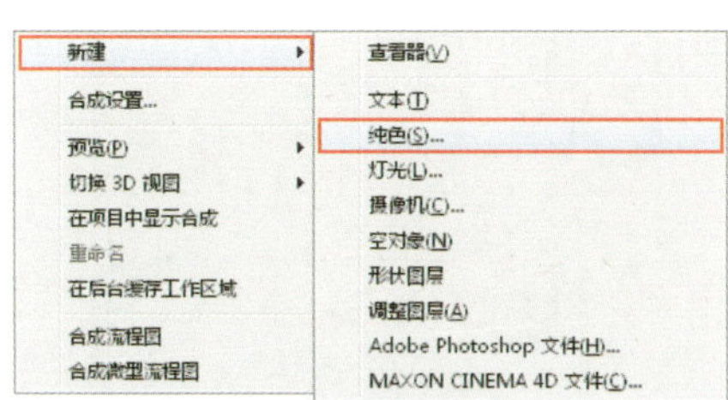

图 11-110

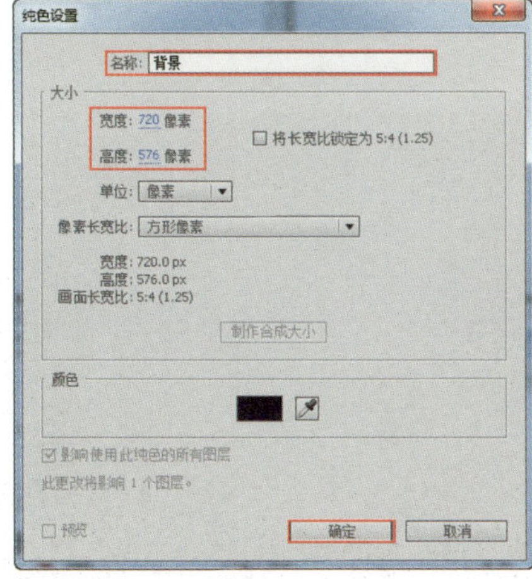

图 11-111

（5）为【背景】图层添加【梯度渐变】效果，然后在【效果控件】面板中设置【起始颜色】为蓝色（R：2，G：85，B：120），【结束颜色】为深蓝色（R：0，G：4，B：6），如图 11-112 所示。此时效果如图 11-113 所示。

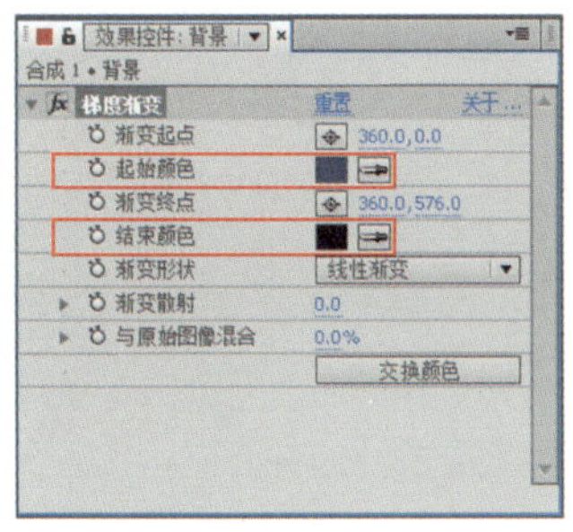

图 11-112

图 11-113

2. 制作圆形效果

（1）新建一个纯色层。设置【名称】为【圆形】，【宽度】为 720 像素，【高度】为 576 像素，【颜色】为黑色（R：0，G：0，B：0），然后单击【确定】按钮，如图 11-114 所示。

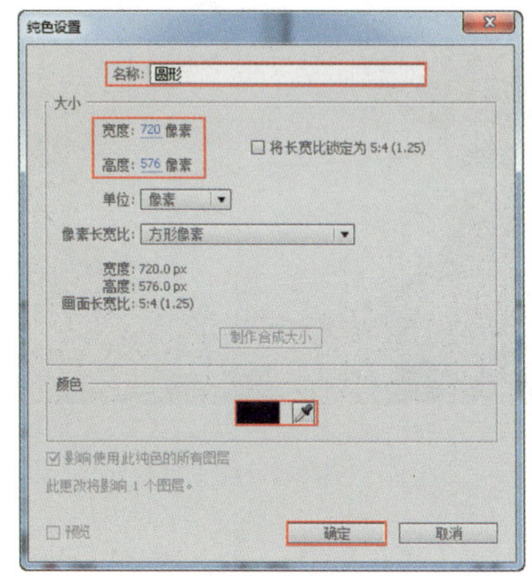

图 11-114

（2）为【圆形】图层添加【梯度渐变】效果，然后在【效果控件】面板中设置【渐变起点】为（360.0，288.0），【起始颜色】为浅蓝色（R：28，G：189，B：236）。接着设置【渐变终点】为（360.0，720.0），【结束颜色】为深蓝色（R：0，G：26，B：45），如图 11-115 所示。

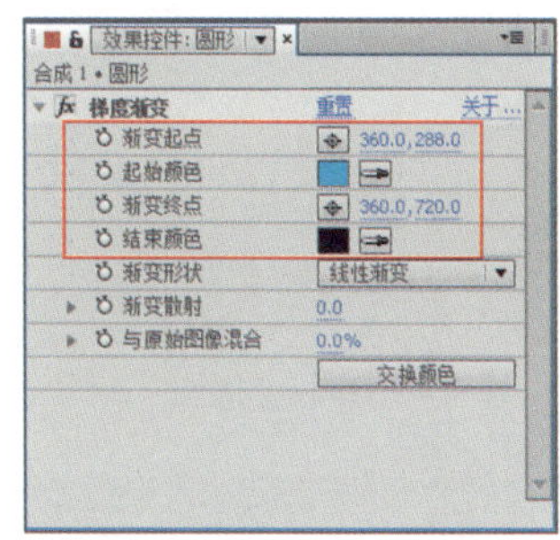

图 11-115

（3）此时在【合成】窗口中的效果，如图 11-116 所示。

图 11-116

（4）选择【椭圆】工具，然后在【圆形】图层上绘制一个椭圆遮罩，如图 11-117 所示。

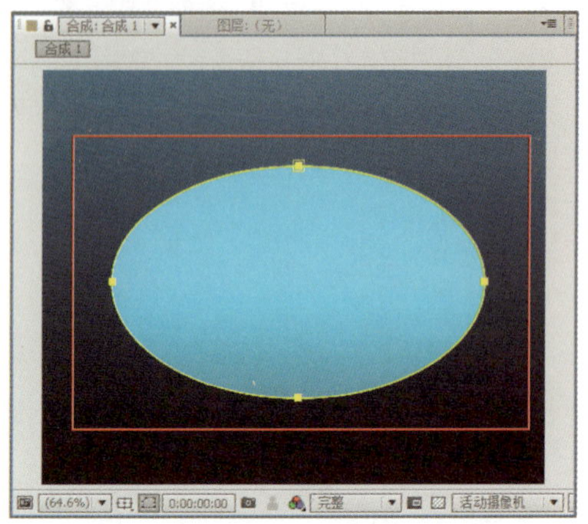

图 11-117

（5）打开【圆形】图层下的【蒙版】，然后设置【蒙版 1】的【蒙版羽化】为 96 像素，【蒙版扩展】为 – 23 像素，如图 11-118 所示。此时效果如图 11-119 所示。

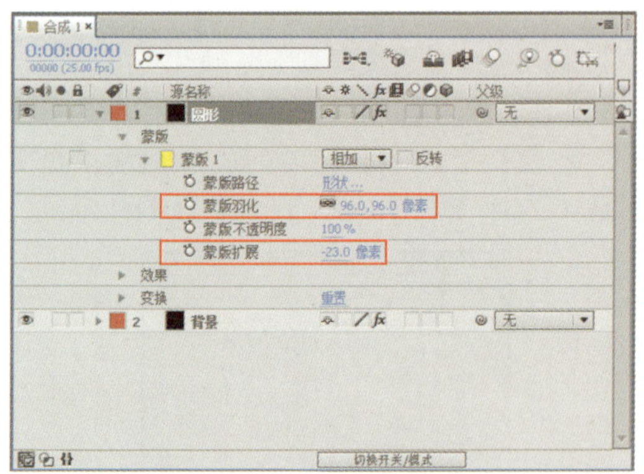

图 11-118

图 11-119

（6）为【圆形】图层添加【描边】效果，然后在【效果控件】面板中设置【描边】效果的【颜色】为深蓝色（R：0，G：126，B：174），【画笔大小】为 3，如图 11-120 所示。此时效果如图 11-121 所示。

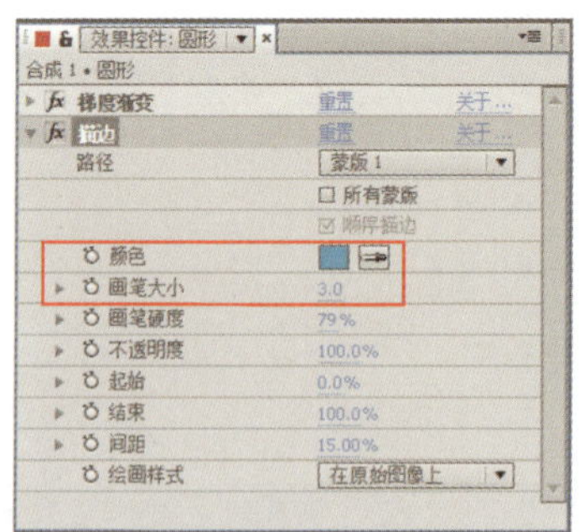

图 11-120

图 11-121

（7）选择【圆形】图层，然后按快捷键〈Ctrl+Shift+C〉，并在弹出的对话框中设置【新合成名称】为【圆形合成】，接着单击【确定】按钮，如图 11-122 所示。

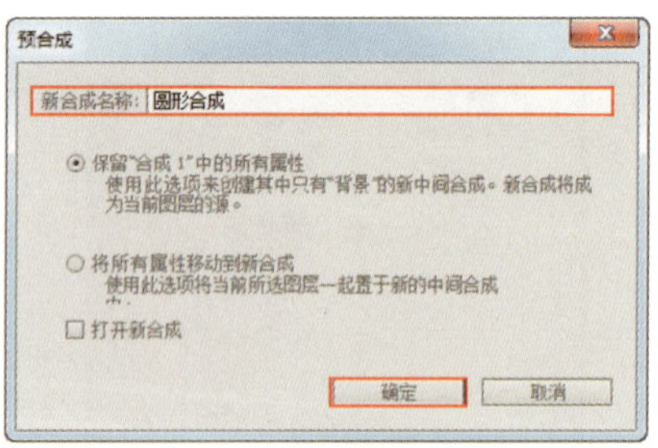

图 11-122

（8）在【效果和预设】面板中的搜索【Dissolve-ripple（溶解 - 波动）】预设效果，然后将其添加到【圆形合成】图层上，如图 11-123 所示。

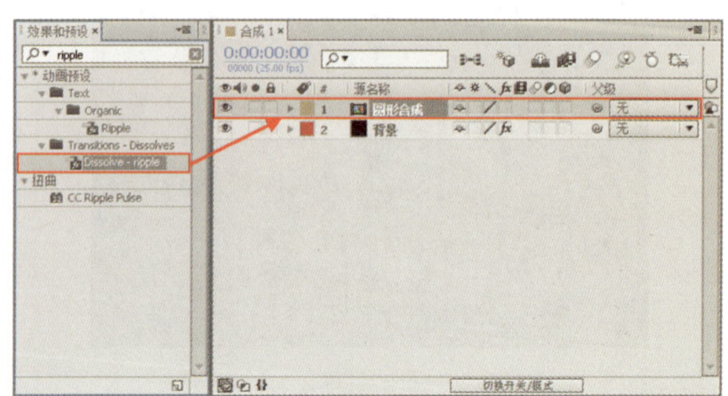

图 11-123

（9）此时拖动时间线滑块查看当前效果，如图 11-124 所示。

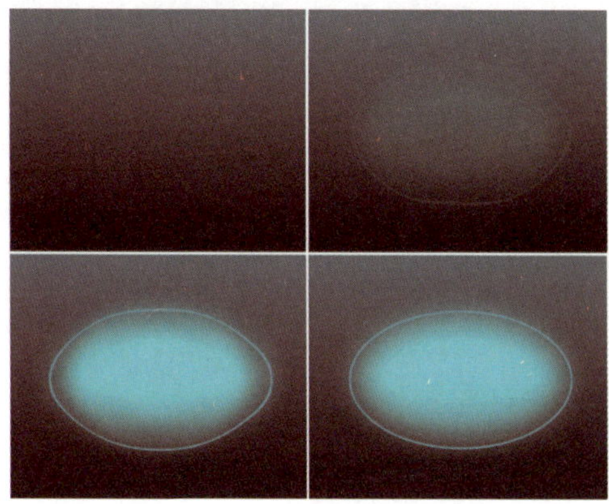

图 11-124

3. 制作粒子跟随动画

（1）新建一个灯光层，并设置【名称】为【Emitter】，【灯光类型】为【点】，然后单击【确定】按钮，如图 11-125 所示。

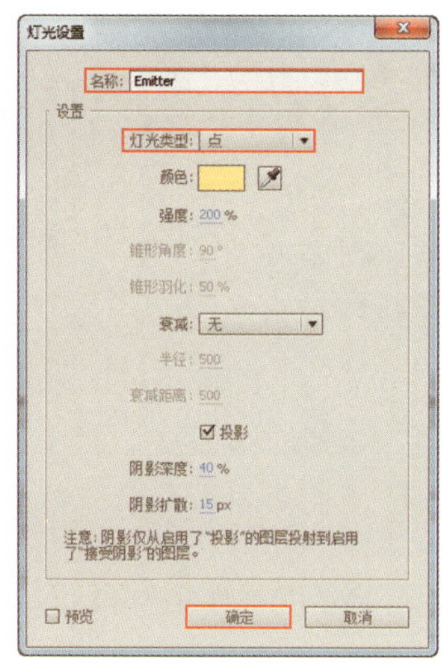

图 11-125

（2）打开【Emitter】图层下的【变换】，然后将时间线拖到起始帧，单击【位置】的按钮，并设置【位置】为（366.0，132.0，0.0）；继续将时间线拖到第 12 帧，设置【位置】为（95.0，284.0，0.0）；再将时间线拖到第 1 秒，设置【位置】为（366.0，453.0，0.0）；最后将时间线拖到第 1 秒 13 帧，设置【位置】为（629.0，284.0，0.0），如图 11-126 所示。

（3）选择【转换顶点】工具，然后选择【Emitter】图层，并调整动画路径形状，如图 11-127 所示。

（4）选择【Emitter】图层下【位置】的 4 个关键帧，然后使用快捷键〈Ctrl+C〉进行复制，接着将时间线拖到第 2 秒，并使用快捷键〈Ctrl+V〉进行粘贴。此时关键帧已经复制完成，如图 11-128 所示。

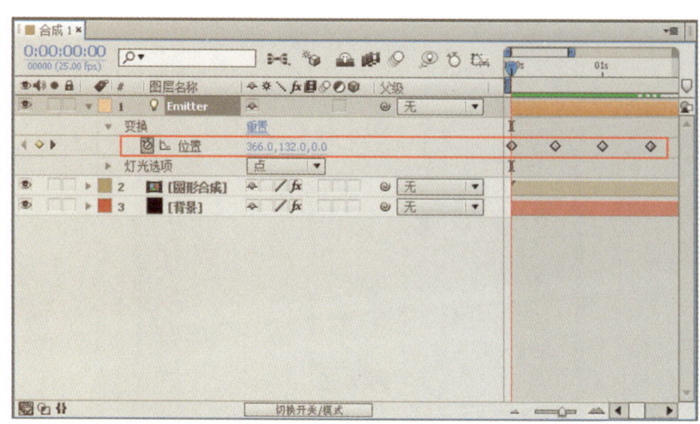

图 11-126

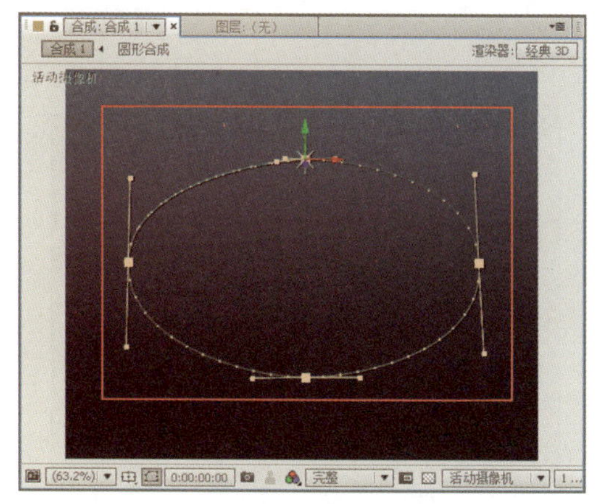

图 11-127

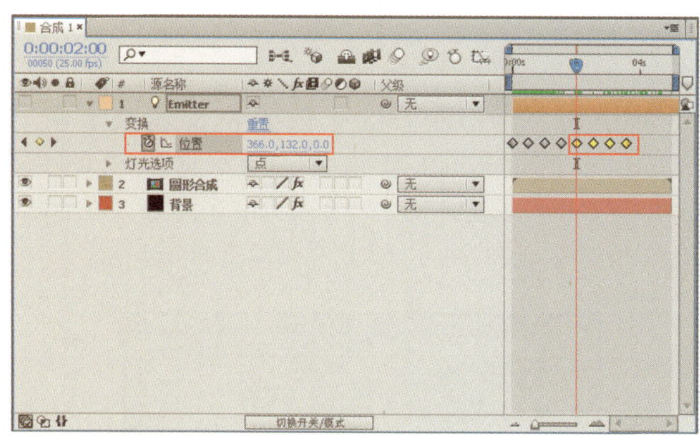

图 11-128

（5）新建一个纯色层，设置【名称】为【粒子】，【宽度】为 720 像素，【高度】为 576 像素，【颜色】为黑色（R：0，G：0，B：0），接着单击【确定】按钮，如图 11-129 所示。

（6）为【粒子】图层添加【Particular（特殊）】效果，然后在【效果控件】面板中设置【Particles/sec（粒子 / 秒）】为 2500，【Emitter Type（发射类型）】为【Light(s)】，【Position Subframe（位置子帧）】为【10 × Smooth】，【Velocity（速率）】为 20。接着设置【Velocity Random[%]（速率随机）】至【Emitter Size Z（Z 轴发射大小）】的所有参数都为 0，如图 11-130 所示。

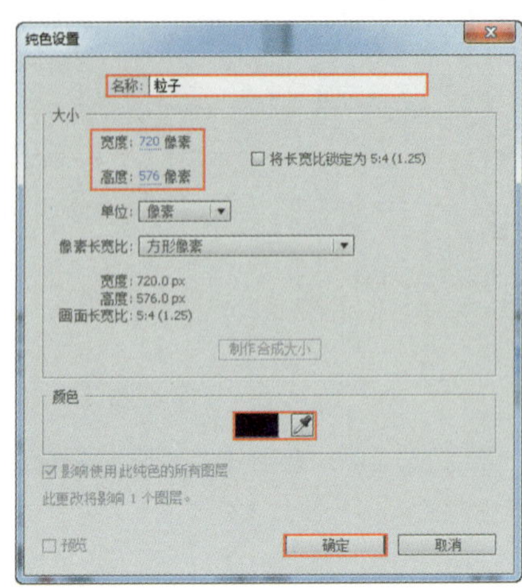

图 11-129

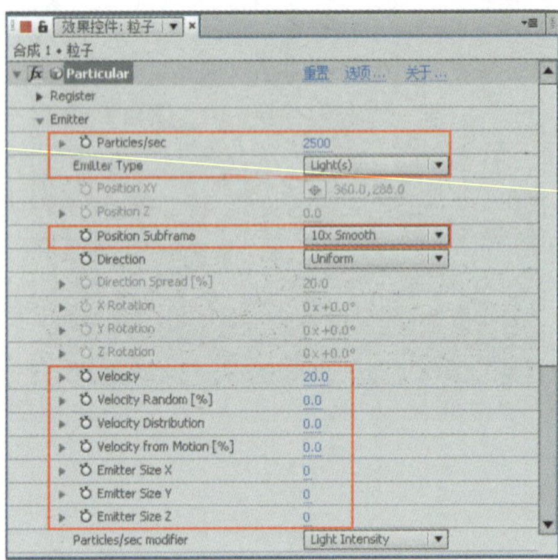

图 11-130

（7）设置【Particle（粒子）】下的【Life[sec]（生命）】为1，【Life Random[%]（生命随机）】为21，【Size（大小）】为3，【Color（颜色）】为浅蓝色（R：0，G：240，B：255），如图 11-131 所示。此时效果如图 11-132 所示。

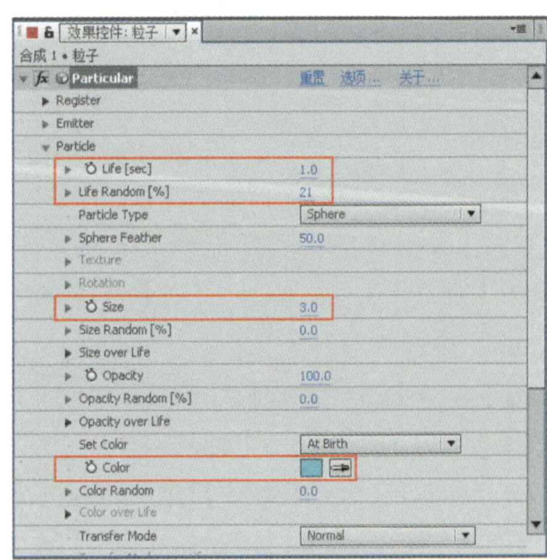

图 11-131

图 11-132

（8）打开【粒子】图层下的【Particular（特殊）】效果，然后将时间线拖到第 3 秒，单击【Particles/sec（粒子/秒）】前面的 ，添加一个关键帧。接着将时间线拖到第 3 秒 19 帧的位置，设置【Particles/sec（粒子/秒）】为 0，如图 11-133 所示。

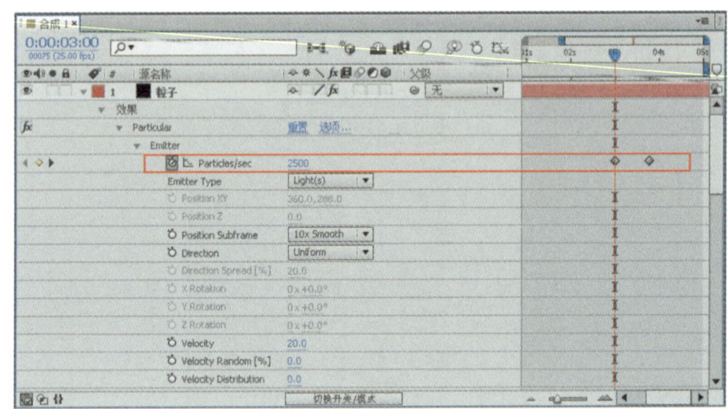

图 11-133

（9）将时间线拖到第 3 秒，单击【Life[sec]（生命）】前面的 按钮，添加一个关键帧。接着将时间线拖到第 3 秒 19 帧的位置，设置【Life[sec]（生命）】为 0。如图 11-134 所示。

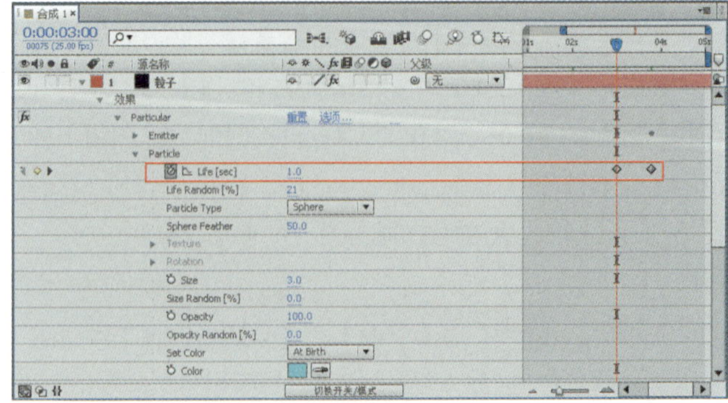

图 11-134

（10）此时拖动时间线滑块查看当前效果，如图 11-135 所示。

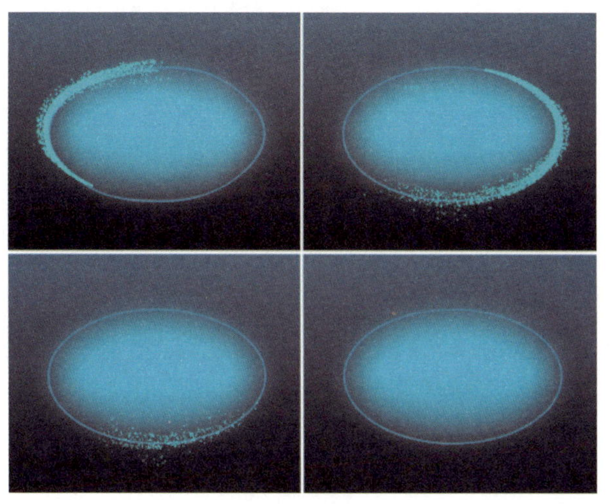

图 11-135

（11）将【粒子】图层进行复制，并命名为【粒子 2】，设置【图层模式】为【相加】。然后打开【粒子 2】图层下的【Particular（特殊）】效果，设置【Velocity（速率）】为 40。接着将时间线拖到第 3 秒，设置【Particles/sec（粒子 / 秒）】为 400。如图 11-136 所示。

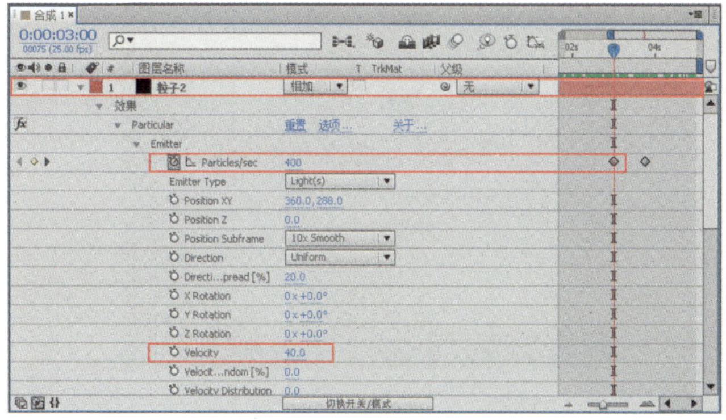

图 11-136

（12）此时拖动时间线滑块查看当前效果，如图 11-137 所示。

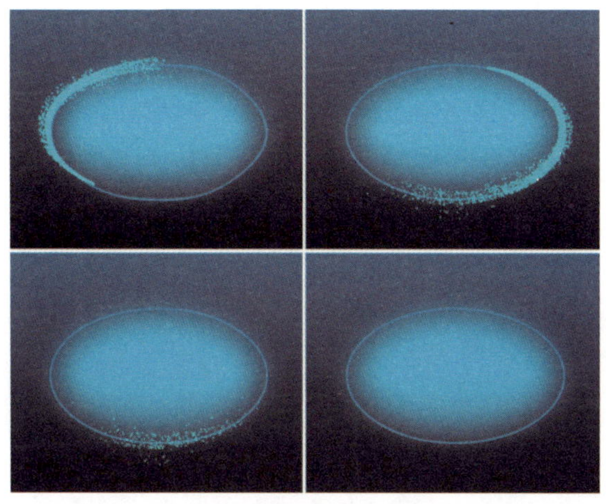

图 11-137

4. 制作彩线效果

（1）将【粒子】图层进行复制，并重命名为【粒子 3】，然后打开【粒子 3】图层下的【Particular（特殊）】效果，设置【Velocity（速率）】为 0。接着将时间线拖到第 3 秒，设置【Particles/sec（粒子 / 秒）】为 3000，如图 11-138 所示。

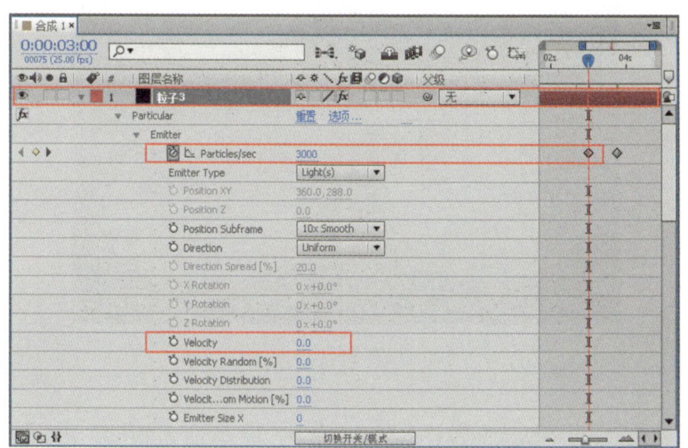

图 11-138

（2）继续设置【Particular（特殊）】/【Particle（粒子）】下的【Size（大小）】为 2，如图 11-139 所示。

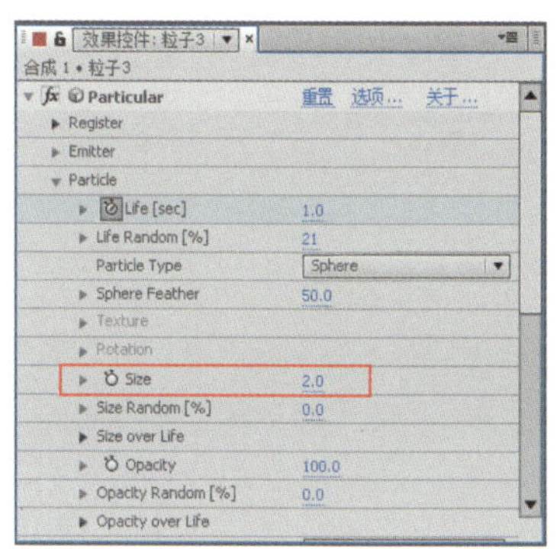

图 11-139

（3）设置【Physics（物理）】/【Air（空气）】/【TurbulenceField（紊流场）】下的【Affect Position（影响位置）】为 120，【Scale（缩放）】为 15，如图 11-140 所示。

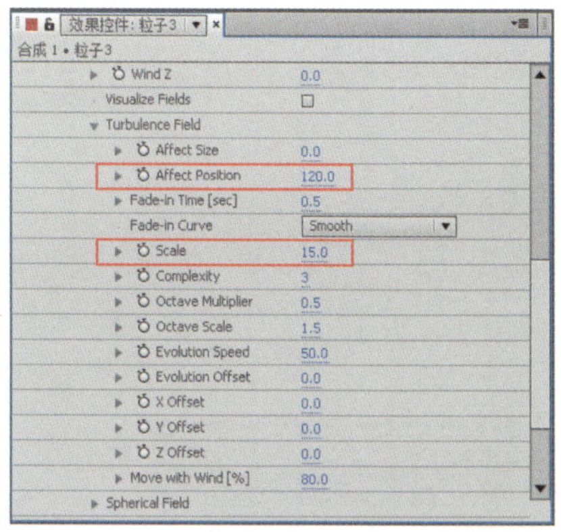

图 11-140

第 11 章

（4）此时拖动时间线滑块查看当前效果，如图 11-141 所示。

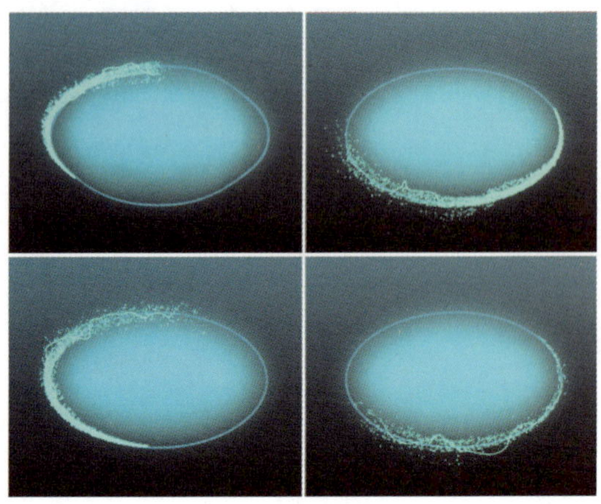

图 11-141

（5）将【粒子 3】图层进行复制，并重命名为【粒子 4】，如图 11-142 所示。

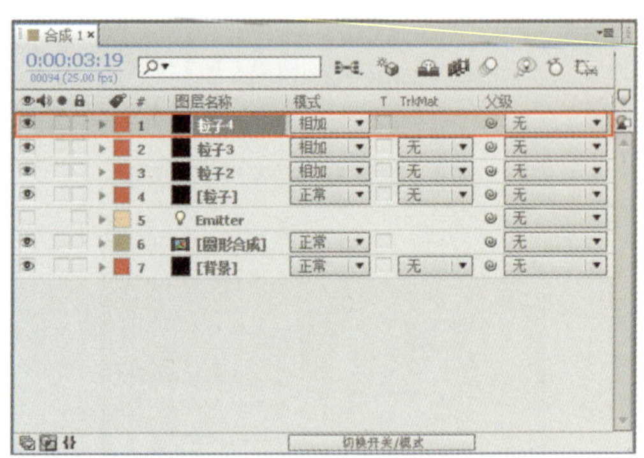

图 11-142

（6）设置【Particular（特殊）】/【Particle（粒子）】下的【Set Color（设置颜色）】为【Over Life（随着生命）】，设置【Color over Life（随着生命颜色）】为不同的颜色效果，如图 11-143 所示。

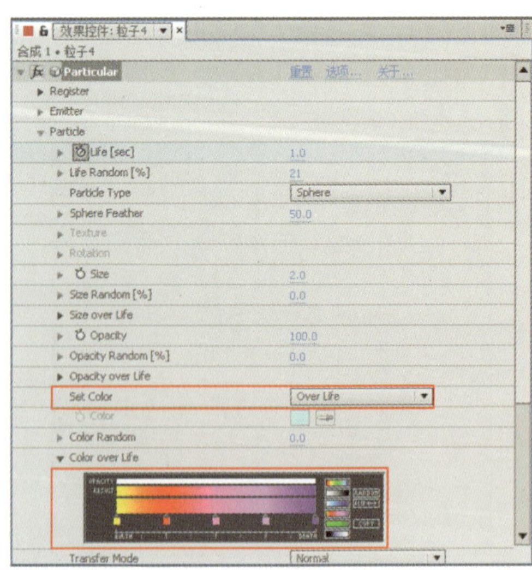

图 11-143

（7）继续设置【Physics（物理）】/【Air（空气）】/【Turbulence Field（紊流场）】下的【Affect Position（影响位置）】为 153，如图 11-144 所示。

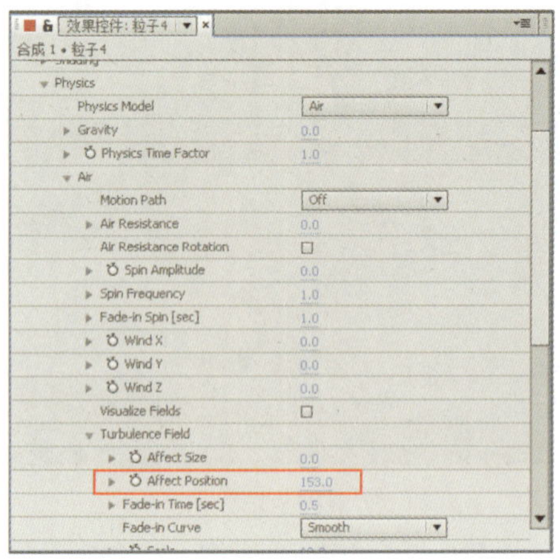

图 11-144

（8）此时拖动时间线滑块查看当前效果，如图 11-145 所示。

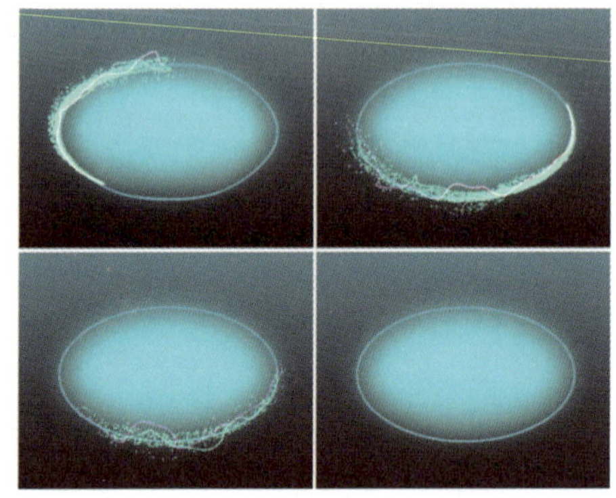

图 11-145

5. 制作发散光效

（1）新建一个纯色层。设置【名称】为【圆内】，【宽度】为 720 像素，【高度】为 576 像素，然后单击【确定】按钮，如图 11-146 所示。

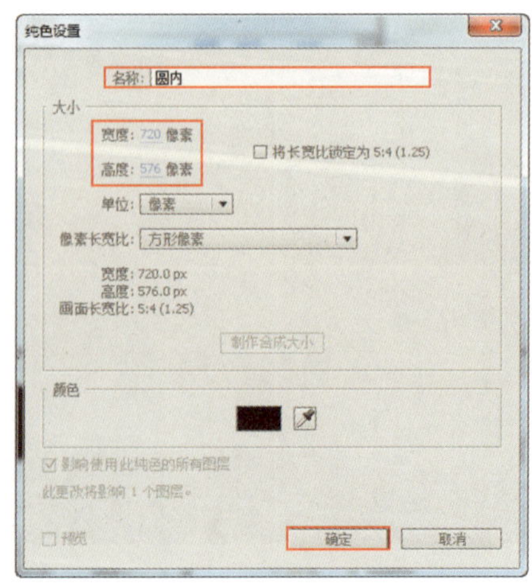

图 11-146

（2）将【效果和预设】面板中的【Form（形态）】效果按住鼠标左键拖拽到【圆内】图层上，如图 11-147 所示。

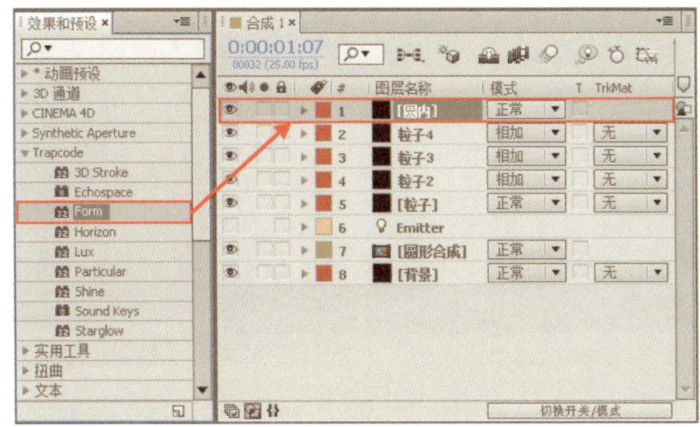

图 11-147

（3）在【效果控件】面板中设置【Base Form（基本形式）】为【Sphere-Layered（球 - 分层）】，【Size X（X 轴大小）】为 500，【Size Y（Y 轴大小）】为 240，【Particles in X（X 轴粒子）】为 450，【Particles in Y（Y 轴粒子）】为 200，【Center XY（XY 轴中心）】为（360.0，304.0），如图 11-148 所示。此时效果如图 11-149 所示。

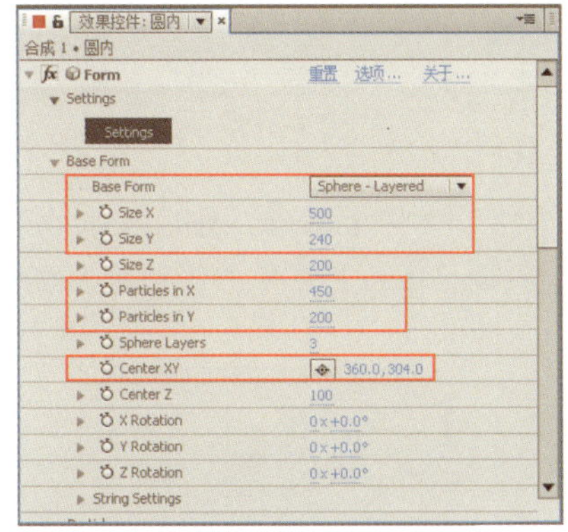

图 11-148

图 11-149

（4）设置【Form（形态）】/【Particle（粒子）】下的【Color（颜色）】为浅蓝色（R：92，G：200，B：222），如图 11-150 所示。此时效果如图 11-151 所示。

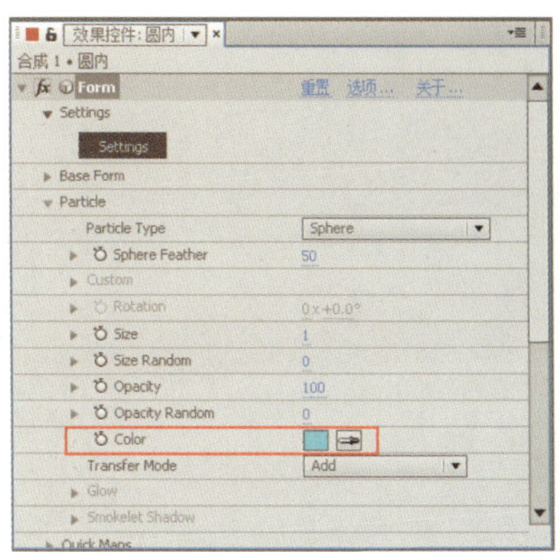

图 11-150

图 11-151

（5）打开【Form（形态）】/【Fractal Field（分形场）】，然后设置【Displace（替换）】为 80，【Flow X（X 轴流动）】为 10，【Flow Y（Y 轴流动）】为 – 50，【F Scale（缩放流动）】为 15，如图 11-152 所示。此时效果如图 11-153 所示。

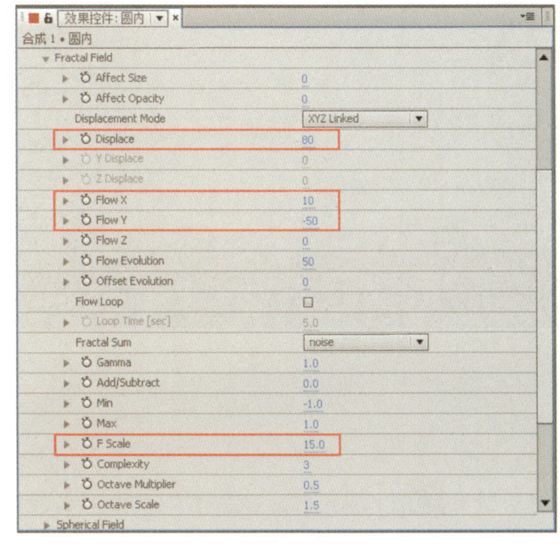

图 11-152

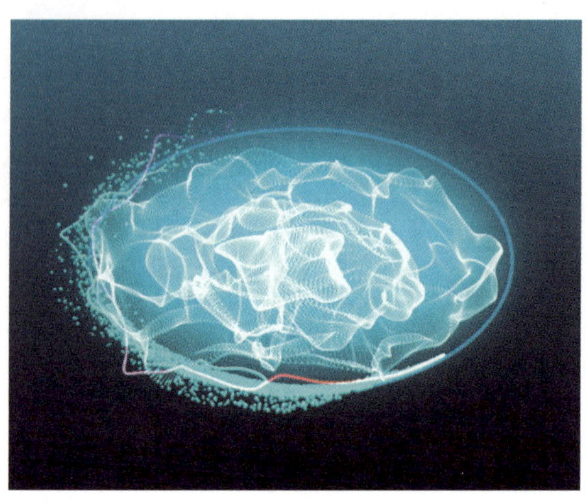

图 11-153

（6）为【圆内】图层添加【CC Radial Fast Blur（CC 径向快速模糊）】效果，然后在【效果控件】面板中设置【CC Radial Fast Blur（CC 径向快速模糊）】效果的【Amount（数量）】为 72，如图 11-154 所示。此时效果如图 11-155 所示。

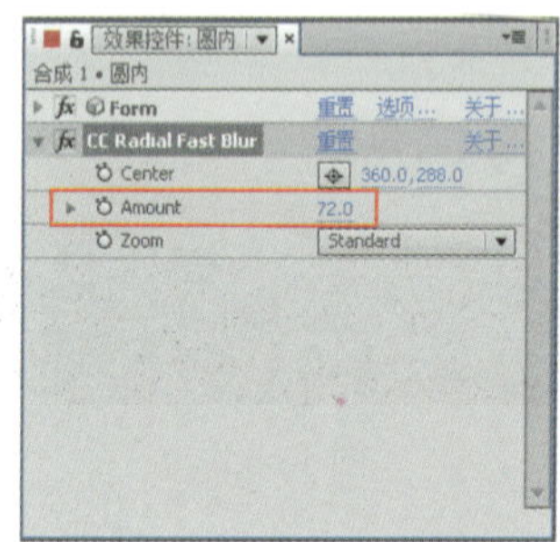

图 11-154

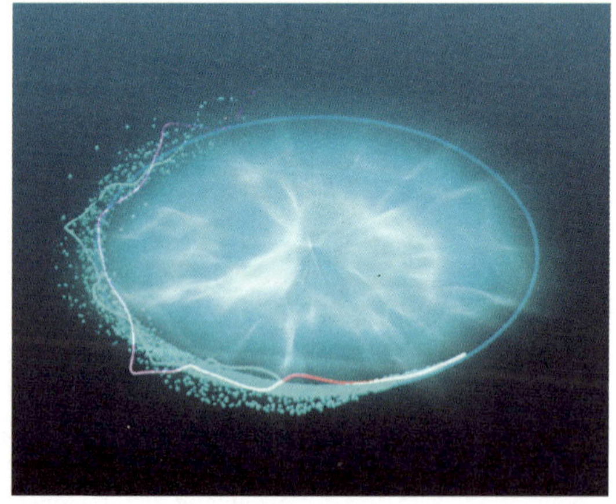

图 11-155

6. 制作文字效果

（1）选择T【横排文字】工具，然后在【合成】窗口中输入文字，并设置合适的【字体系列】和【字体大小】，接着设置【填充颜色】为蓝色（R：0，G：155，B：194），最后单击T【仿粗体】按钮，如图 11-156 所示。

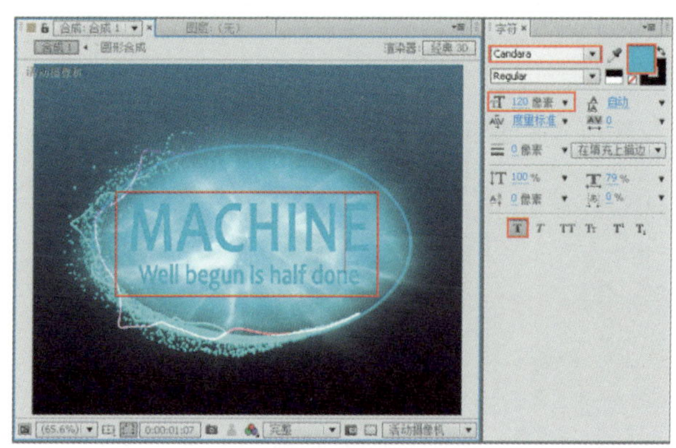

图 11-156

（2）将【效果和预设】面板中的【斜面 Alpha】效果添加到文字图层上，如图 11-157 所示。

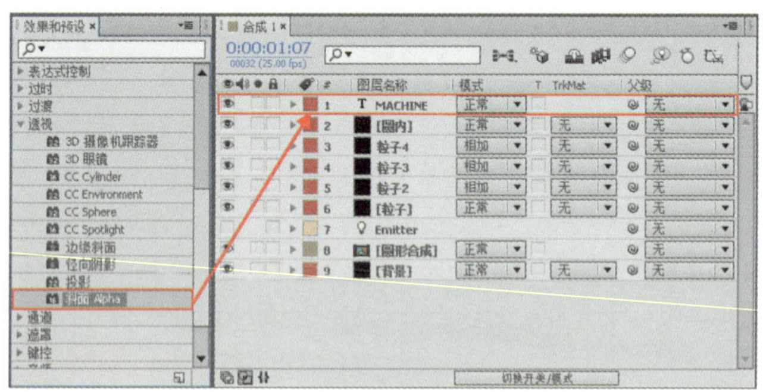

图 11-157

（3）选择【文字】图层，然后在【效果控件】面板中设置【斜面 Alpha】效果的【边缘厚度】为 3，如图 11-158 所示。

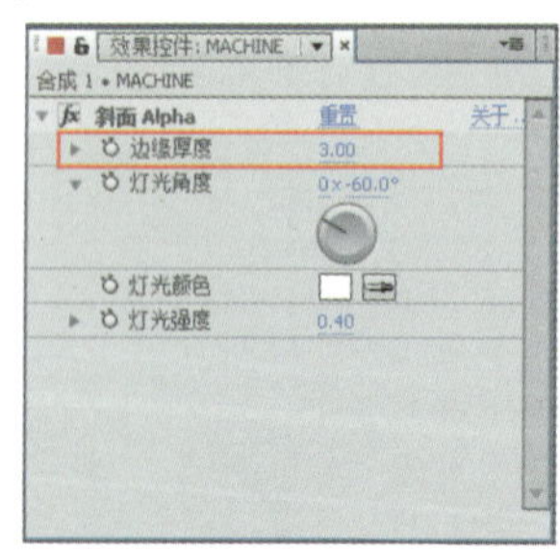

图 11-158

（4）此时拖动时间线滑块查看最终效果，如图 11-159 所示。

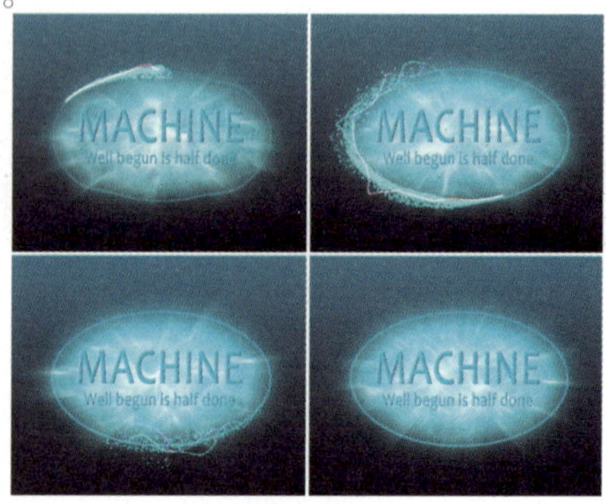

图 11-159

第 12 章 多彩光效

本章学习要点：

★ 认识光效

★ 了解光效滤镜效果

★ 掌握应用光效的方法

12.1 认识光效

发光效果是各种影视节目或片头中常用的效果之一，例如发光的文字或图案等效果。发光效果能够在较短的时间内给人强烈的视觉冲击力，从而令人印象深刻，如图 12-1 所示。在 After Effects 中，可以利用相关的效果对素材进行相应的光效制作。常用的光效包括【CC Light Burst（CC 光线缩放）】、【CC Light Sweep（CC 光线扫描）】、【发光】以及【辉光】效果。

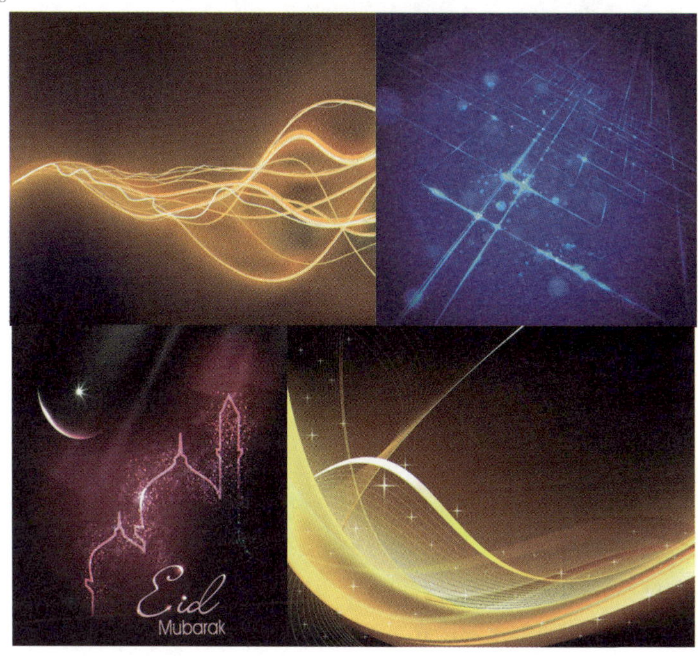

图 12-1

12.2 【CC Light Burst 2.5（CC 光线缩放 2.5）】效果

【CC Light Burst 2.5（CC 光线缩放 2.5）】效果可以使图像局部产生强烈的光线放射效果。各项参数如图 12-2 所示。

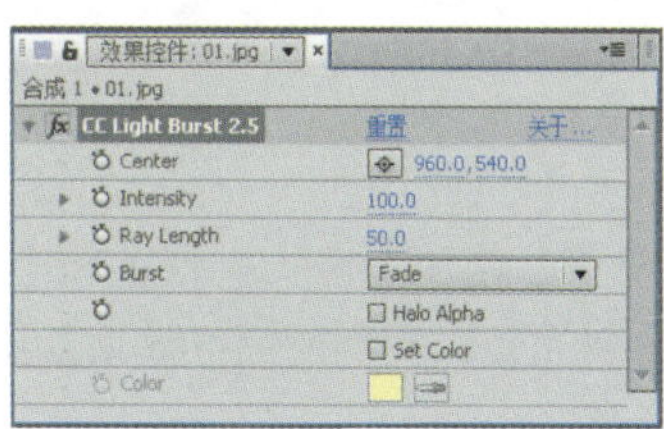

图 12-2

重点参数提醒：

Center（中心）：设置爆裂中心点的位置。

Intensity（亮度）：设置光线的亮度。

Ray Length（光线强度）：设置光线的强度。

Burst（爆裂）：设置爆裂的方式，包括 Straight、Fade 和 Center。

12.3 【CC Light Sweep（CC 光线扫描）】效果

【CC Light Sweep（CC 光线扫描）】效果可以在图像上制作出光线扫描的效果。各项参数如图 12-3 所示。

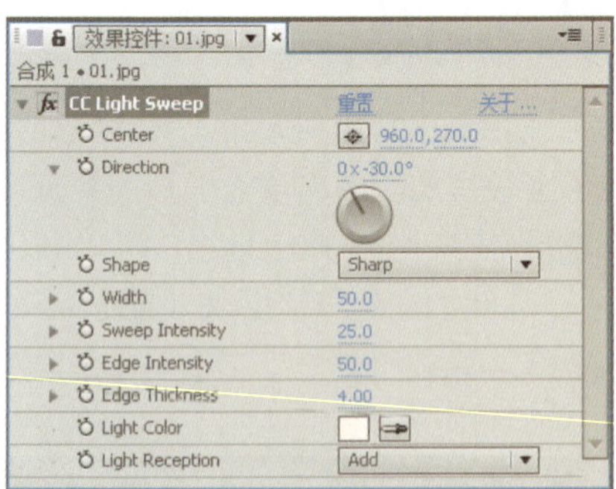

图 12-3

重点参数提醒：

Center（中心）：设置扫光的中心点位置。

Direction（方向）：设置扫光的旋转角度。

Shape（形状）：设置光线的形状，包括【Linear（线性）】、【Smooth（光滑）】、【Sharp（锐利）】三种形状。

Width（宽度）：设置扫光的宽度。

Sweep Intensity（扫光亮度）：调节扫光的亮度。

Edge Intensity（边缘亮度）：调节光线与图像边缘相接触时的明暗程度。

Edge Thickness（边缘厚度）：调节光线与图像边缘相接触时的光线厚度。

Light Color（光线颜色）：设置产生的光线颜色。

Light Reception（光线接收）：用来设置光线与源图像的叠加方式。

重点 进阶案例：宇宙光效

案例文件	进阶案例：宇宙光效 .aep
视频教学	DVD/ 多媒体教学 /Chapter12/ 进阶案例：宇宙光效 .flv
难易指数	★★☆☆☆
技术掌握	主要掌握【镜头光晕】和【CC 光线扫描】效果的应用

案例分析：

在该案例中，主要学习使用【镜头光晕】和【CC 光线扫描】效果来制作宇宙光效，案例的最终效果如图 12-4 所示。

图 12-4

思路解析如图 12-5 所示。

图 12-5

制作步骤：

1. 制作背景

（1）创建新合成。在【项目】窗口中的空白处单击鼠标右键，然后选择【新建合成】，如图 12-6 所示。

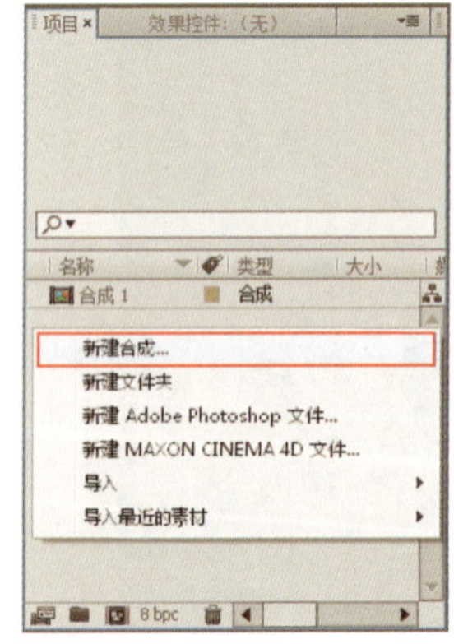

图 12-6

（2）在【合成设置】窗口中，设置【合成名称】为【合成 1】，【宽度】为 720 像素，【高度】为 576 像素，【像素长宽比】为【方形像素】，【帧速率】为 25 帧 / 秒，【持续时间】为 5 秒，最后单击【确定】按钮，如图 12-7 所示。

（3）在【项目】窗口中空白处双击鼠标左键或按快捷键〈Ctrl+I〉，在弹出的窗口中选择所需素材文件，然后单击【导入】按钮，如图 12-8 所示。

（4）将【项目】窗口中的【背景 .jpg】素材文件拖动到【时间线】窗口中，并设置【缩放】为 51%，如图 12-9 所示。

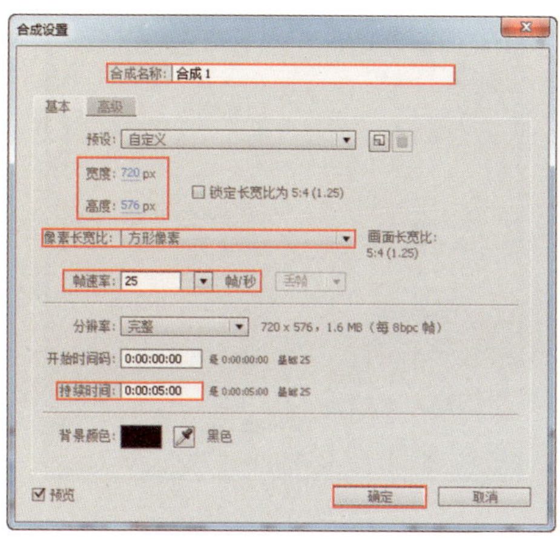

图 12-7

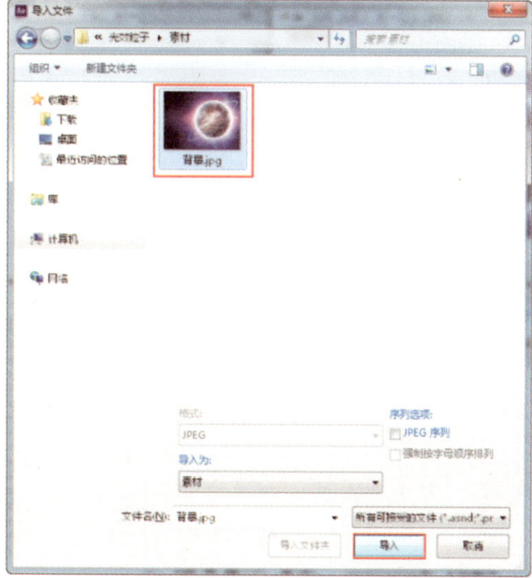

图 12-8

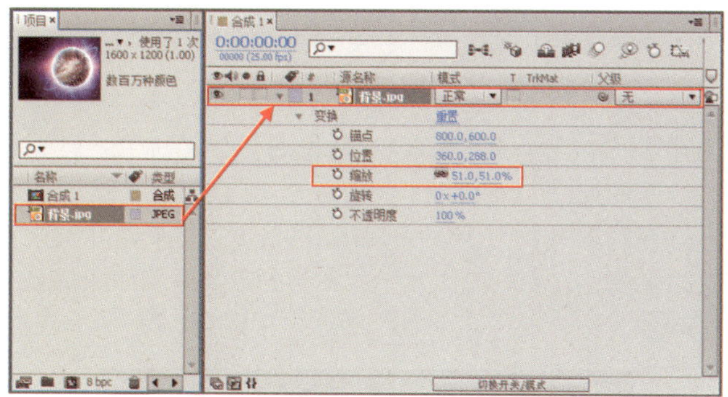

图 12-9

（5）此时在【合成】窗口中查看当前效果，如图 12-10 所示。

图 12-10

2. 制作光效扫光

（1）为【背景.jpg】图层添加【镜头光晕】效果，然后在【效果控件】面板中设置【镜头光晕】效果的【光晕中心】为（480.0，407.0），【光晕高度】为 125%，【镜头类型】为【105 毫米定焦】，如图 12-11 所示。此时效果如图 12-12 所示。

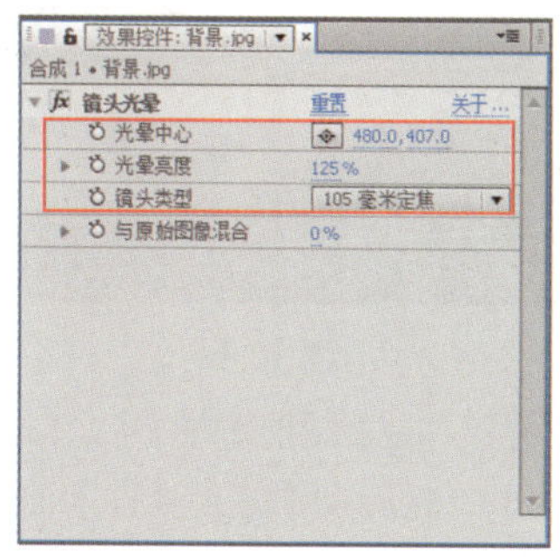

图 12-11

图 12-12

（2）为【背景.jpg】图层添加【CC Light Sweep（CC 光线扫描）】效果，然后在【效果控件】面板中设置【CC Light Sweep（CC 光线扫描）】效果的【Center（中心）】为（470.0，402.0），【Direction（方向）】为 5°，【Width（宽）】为 21，【Light Reception（受光）】为【Composite（合成）】，如图 12-13 所示。此时效果如图 12-14 所示。

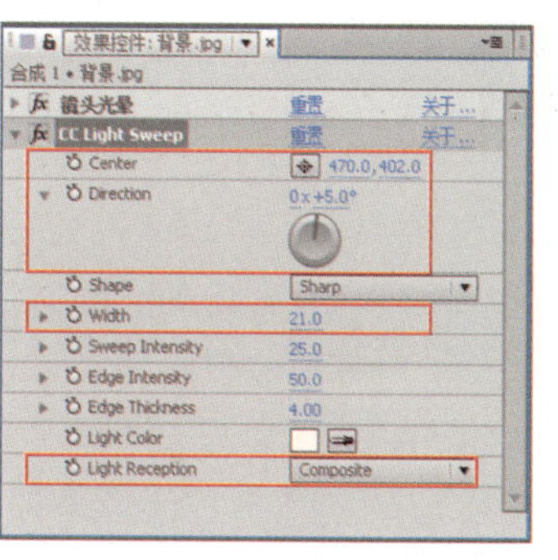

图 12-13

第 12 章

图 12-14

（3）为【背景 .jpg】图层添加【CC Light Sweep（CC 光线扫描）】效果，然后在【效果控件】面板中设置【CC Light Sweep2（CC 光线扫描 2）】效果的【Center（中心）】为（480.0，398.0），【Direction（方向）】为 – 137°，【Width（宽）】为 20，【Sweep Intensity（扫光强度）】为 30，如图 12-15 所示。此时效果，如图 12-16 所示。

图 12-15

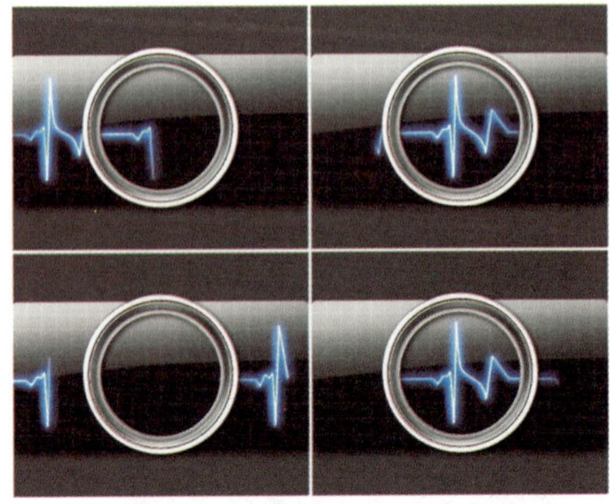

图 12-16

12.4 【发光】效果

【发光】效果可以应用在文字和带有 Alpha 通道的图像素材上，能够产生发光的效果，各项参数如图 12-17 所示。

重点参数提醒：

发光基于：选择发光依据的通道，包括【颜色通道】和【Alpha 通道】。

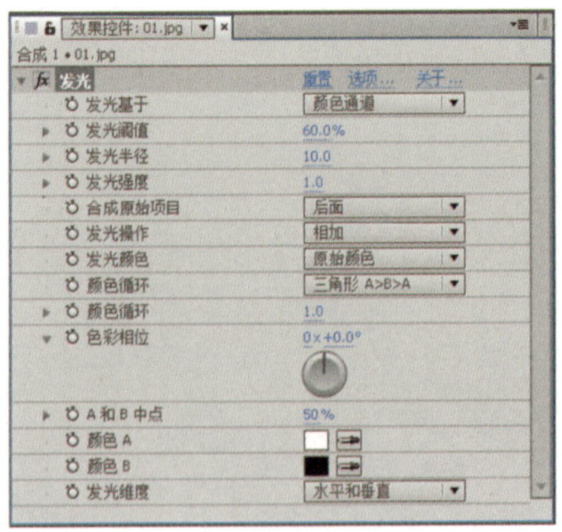

图 12-17

发光阈值：设置发光的阈值百分比。

发光半径：设置发光的半径大小。

发光强度：设置发光的强度。

合成原始项目：可以选择合成项目的位置【顶端】、【后面】、【无】。

发光操作：设置发光的混合模式。

发光颜色：设置发光的颜色。

颜色循环：设置色彩循环的数值。

颜色循环：设置辉光颜色循环方式。

色彩相位：设置光的颜色相位。

A 和 B 中点：设置辉光颜色 A 和 B 的中点百分比。

颜色 A：选择颜色 A。

颜色 B：选择颜色 B。

发光维度：指定发光效果的作用方向。

重点 进阶案例：发光电流波动效果

案例文件	进阶案例：发光电流波动效果 .aep
视频教学	DVD/ 多媒体教学 /Chapter12/ 进阶案例：发光电流波动效果 .flv
难易指数	★★★☆☆
技术掌握	主要掌握【勾画】和【发光】效果的应用

案例分析：

在该案例中，主要学习使用【网格】、【勾画】和【发光】效果来制作发光电流图效果，案例的最终效果如图 12-18 所示。

图 12-18

思路解析如图 12-19 所示。

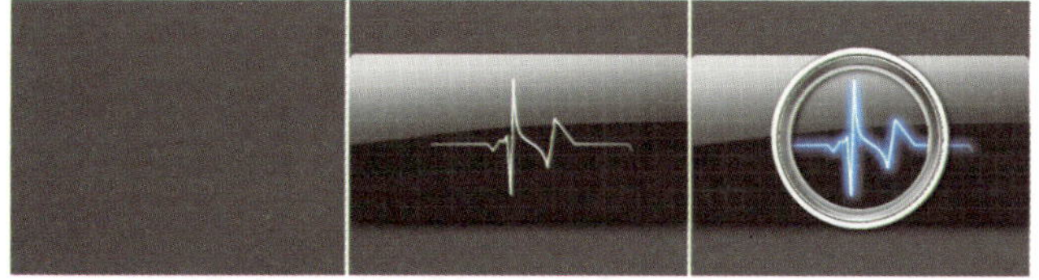

图 12-19

制作步骤：

1. 制作背景

（1）创建新合成。设置【合成名称】为【合成 1】，【宽度】为 720 像素，【高度】为 576 像素，【像素长宽比】为【方形像素】，【帧速率】为 25 帧 / 秒，【持续时间】为 5 秒，然后单击【确定】按钮。接着在【项目】窗口中空白处双击鼠标左键，在弹出的窗口中选择所需素材文件，然后单击【导入】按钮，如图 12-20 所示。

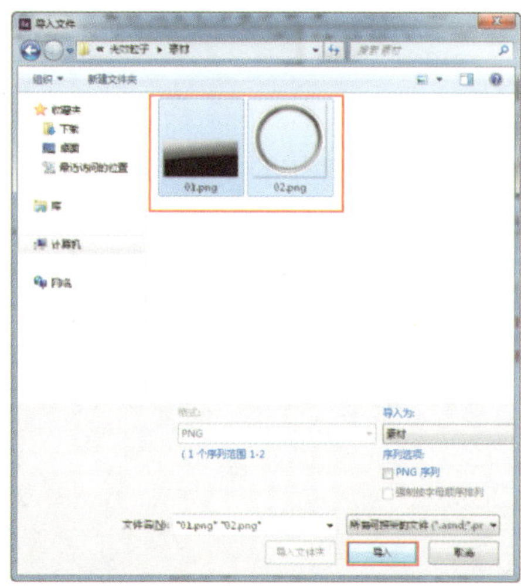

图 12-20

（2）在【时间线】窗口中的空白处单击鼠标右键，然后在弹出的菜单中执行【新建】/【纯色】命令，如图 12-21 所示。

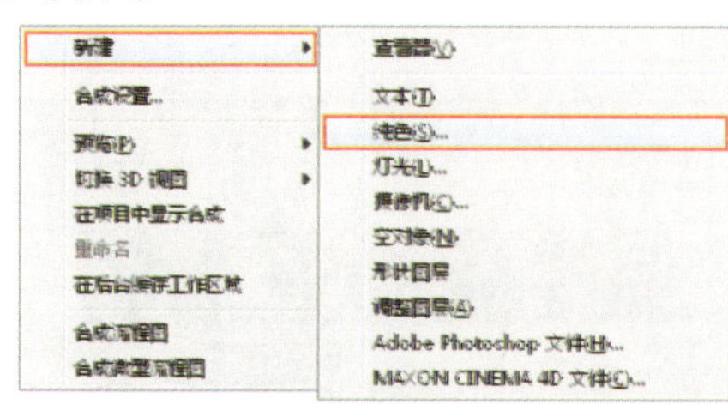

图 12-21

（3）在弹出的【纯色设置】对话框中设置【名称】为【背景】，【宽度】为 720 像素，【高度】为 576 像素，【颜色】为深灰色（R：69，G：69，B：69），然后单击【确定】按钮，如图 12-22 所示。此时效果如图 12-23 所示。

（4）将【01.png】图层添加到【时间线】窗口中，并设置【缩放】为 72%，如图 12-24 所示。此时效果如图 12-25 所示。

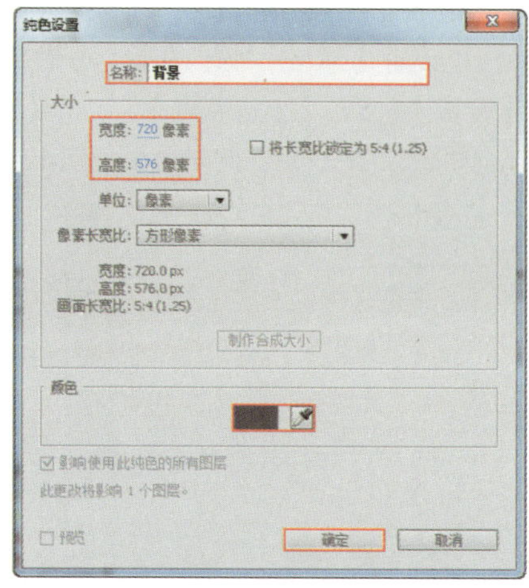

图 12-22

图 12-23

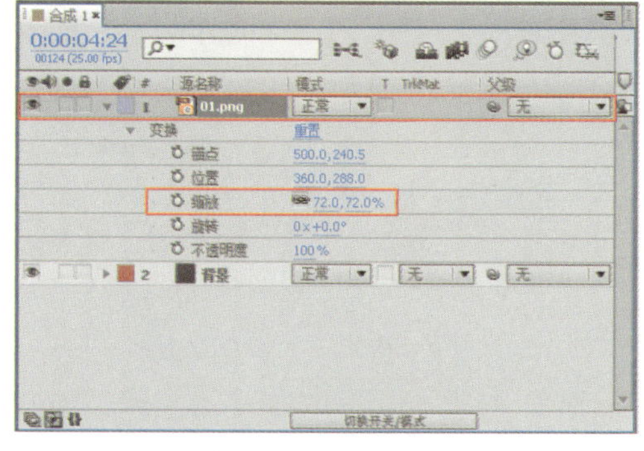

图 12-24

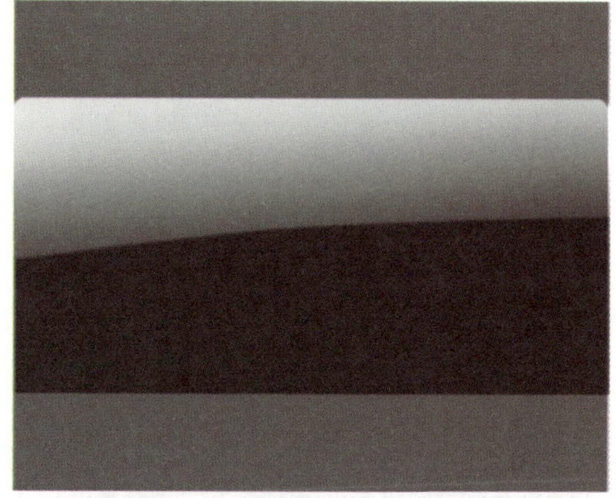

图 12-25

（5）为【01.png】图层添加【网格】效果，然后在【效果控件】面板中设置【网格】效果的【大小依据】为【宽度滑块】,【宽度】为50,【不透明度】为5%,【混合模式】为【相加】，如图12-26所示。此时效果如图12-27所示。

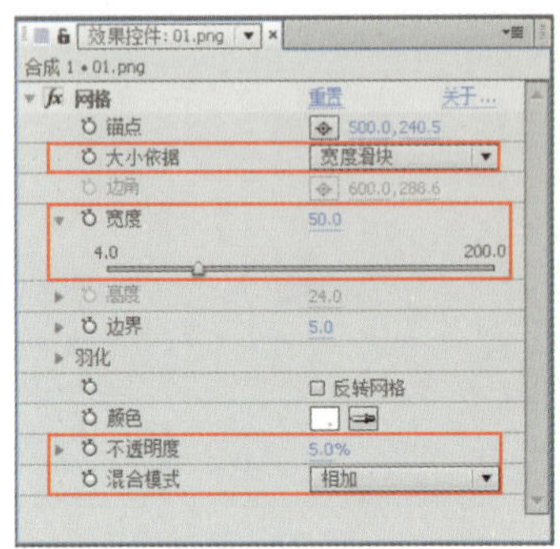

图 12-26

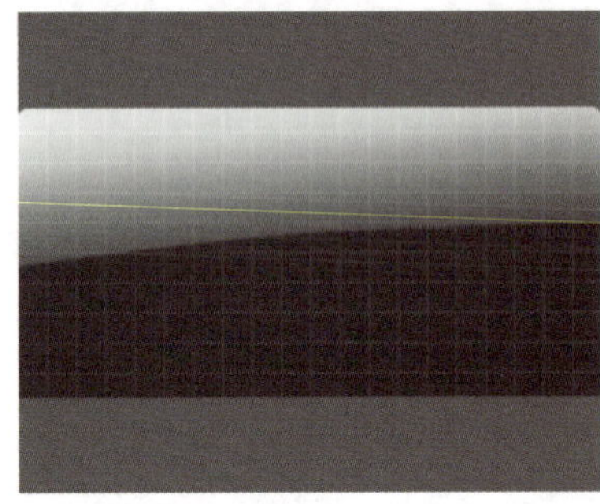
图 12-27

（6）为【01.png】图层添加【投影】效果，然后在【效果控件】面板中设置【不透明度】为75%，【方向】为180°，【距离】为20，【柔和度】为80，如图12-28所示。此时效果如图12-29所示。

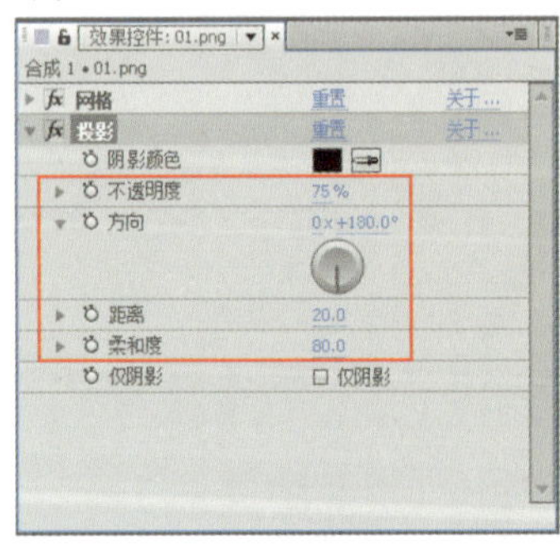

图 12-28

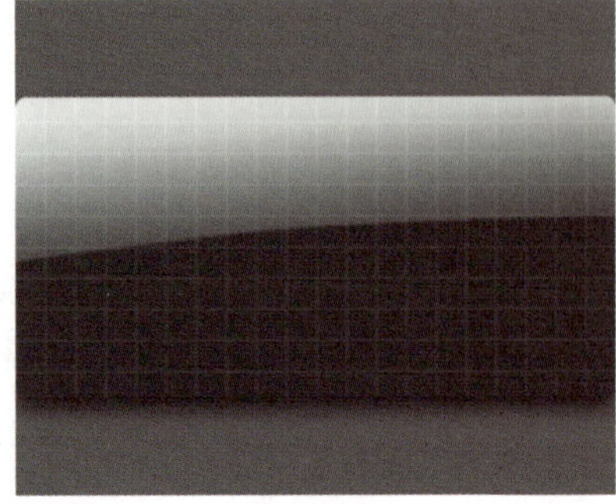
图 12-29

2. 制作曲线路径

（1）新建一个纯色层，并设置【名称】为【路径】,【宽度】为720像素,【高度】为576像素,【颜色】为黑色（R：0，G：0，B：0），然后单击【确定】按钮，如图12-30所示。

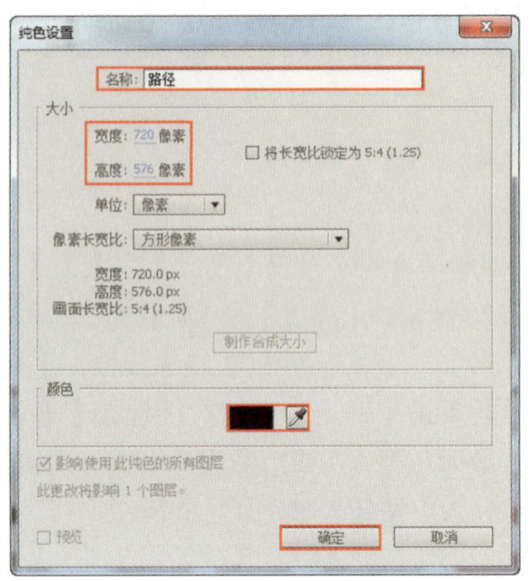

图 12-30

（2）设置【路径】图层的【混合模式】为【屏幕】，如图12-31所示。

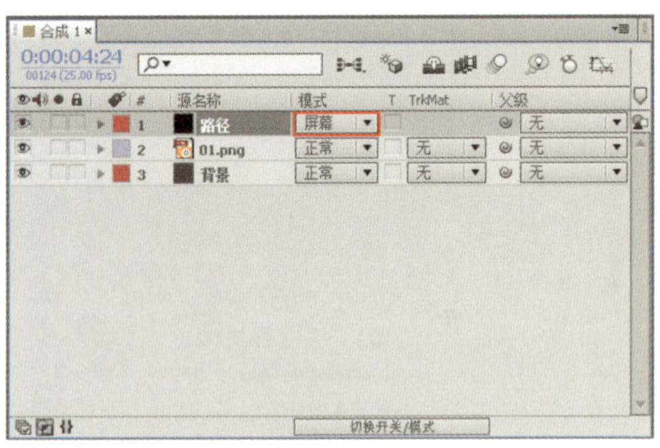

图 12-31

（3）选择【钢笔】工具，然后在【路径】图层上绘制路径遮罩，如图12-32所示。

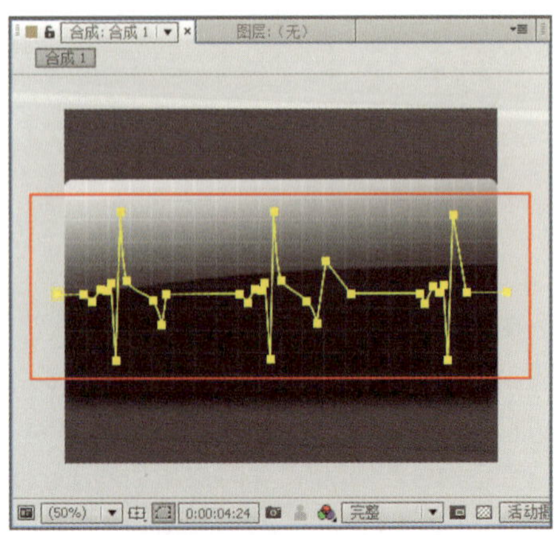

图 12-32

（4）为【路径】图层添加【勾画】效果，然后在【效果控件】面板中设置【描边】为【蒙版 / 路径】，【片段】为 1，【长度】为 0.45，【颜色】为白色（R：255，G：255，B：255），【宽度】为 4，【起始点不透明度】为 0.4，【中点不透明度】为 1，【结束点不透明度】为 0.4，如图 12-33 所示。

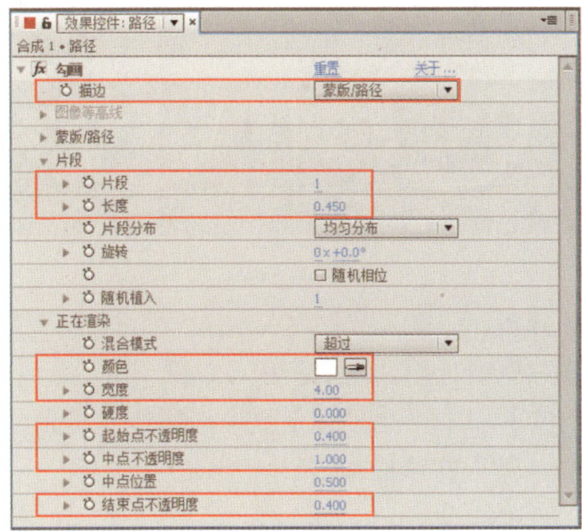

图 12-33

（5）打开【路径】图层下的【勾画】效果，然后将时间线拖到起始帧的位置，单击【旋转】的 按钮，并设置【旋转】为 0°；接着将时间线拖到结束帧，设置【旋转】为 1x+114°，如图 12-34 所示。

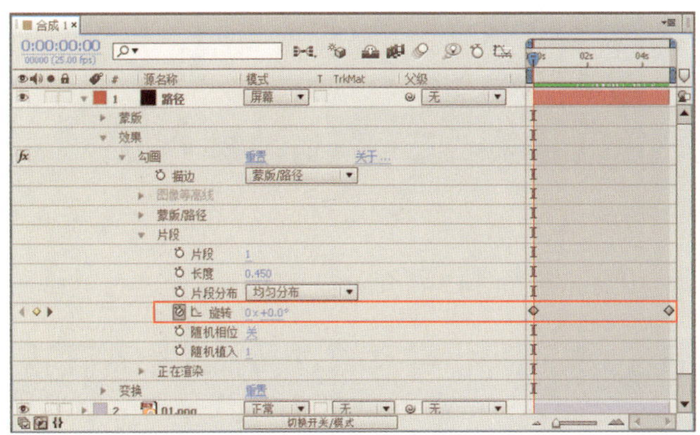

图 12-34

（6）此时拖动时间线滑块查看当前效果，如图 12-35 所示。

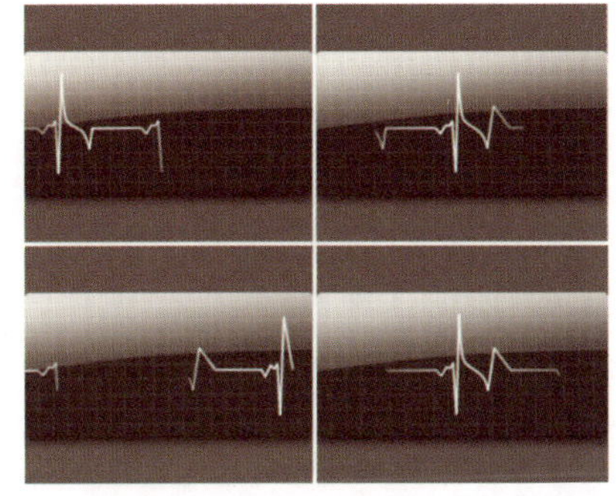

图 12-35

3. 制作路径发光效果

（1）为【路径】图层添加【发光】效果，然后在【效果控件】面板中设置【发光】效果的【发光阈值】为 35%，【发光半径】为 25，【发光强度】为 4，【发光颜色】为【A 和 B 颜色】，【颜色 A】为浅蓝色（R：0，G：162，B：255），【颜色 B】为深蓝色（R：0，G：84，B：255），如图 12-36 所示。此时效果如图 12-37 所示。

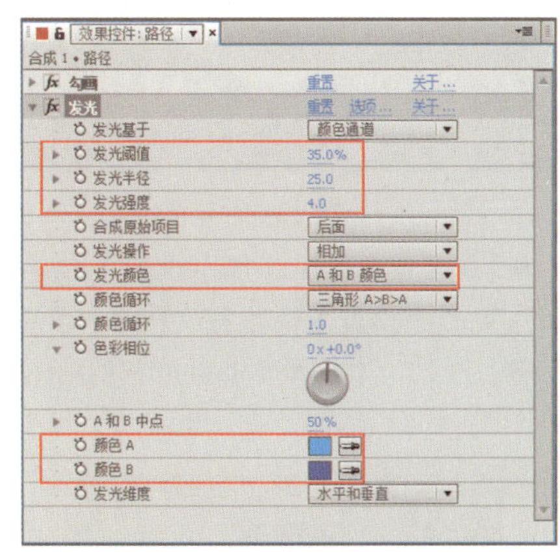

图 12-36

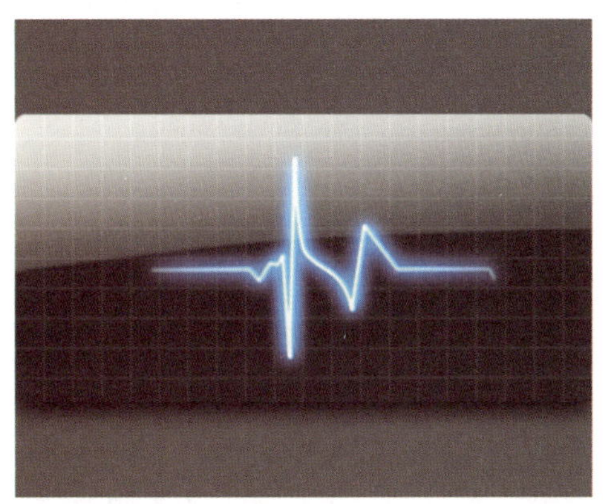

图 12-37

（2）将【02.png】素材文件添加到【时间线】窗口中，并设置【缩放】为 70%，如图 12-38 所示。此时效果如图 12-39 所示。

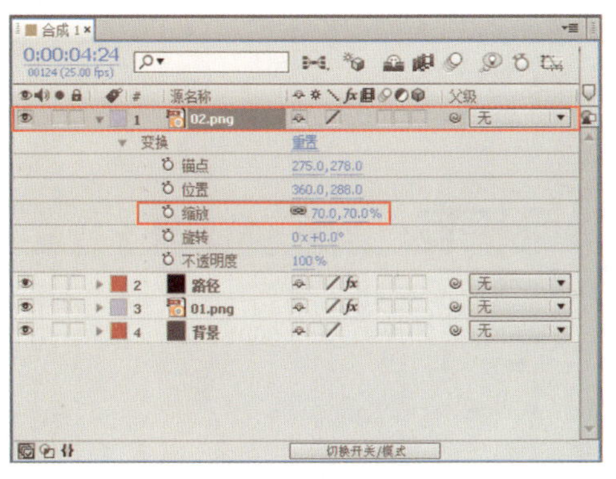

图 12-38

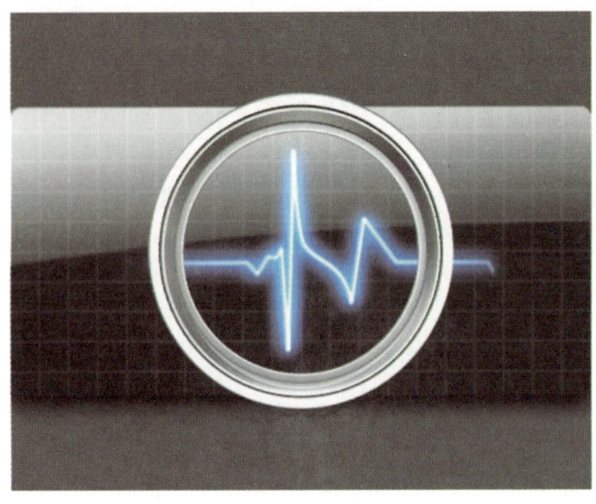

图 12-39

（3）为【02.png】图层添加【投影】效果，然后在【效果控件】面板中设置【投影】效果的【不透明度】为 70%，【距离】为 10，【柔和度】为 40，如图 12-40 所示。此时效果如图 12-41 所示。

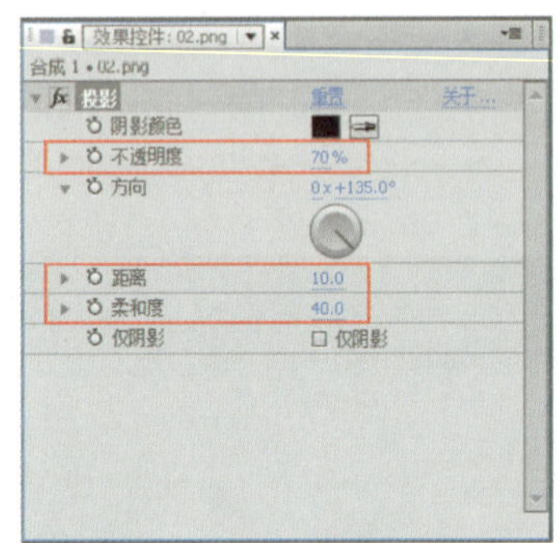

图 12-40

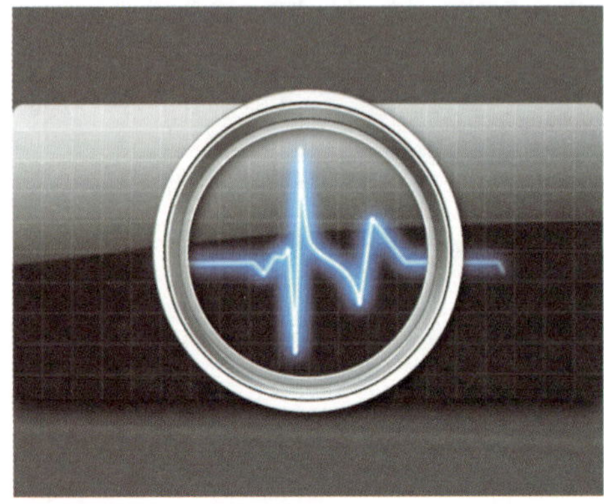

图 12-41

（4）此时拖动时间线滑块查看最终效果，如图 12-42 所示。

重点▶▶ 进阶案例：仙境光线效果

案例文件	进阶案例：仙境光线效果 .aep
视频教学	DVD/ 多媒体教学 /Chapter12/ 进阶案例：仙境光线效果 .flv
难易指数	★★★☆☆
技术掌握	主要掌握【CC 粒子世界】、【发光】和【分形杂色】效果的应用

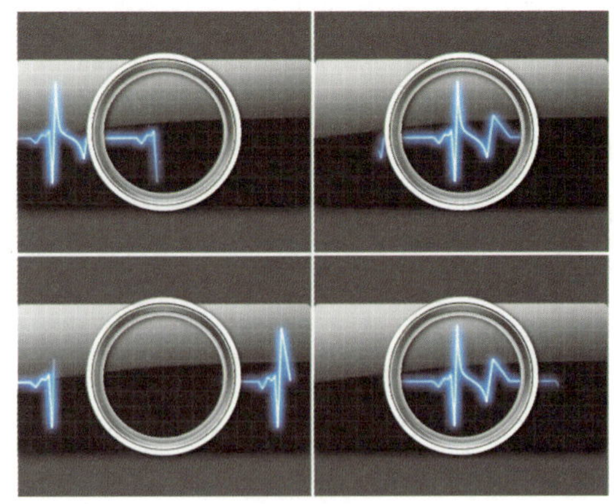

图 12-42

案例分析：

在该案例中，主要学习使用【CC 粒子世界】、【发光】、【分形杂色】和【线性擦除】效果来制作仙境光线效果，案例的最终效果如图 12-43 所示。

图 12-43

思路解析如图 12-44 所示。

图 12-44

制作步骤：

1. 制作背景

（1）创建新合成。设置【合成名称】为【合成 1】，【宽度】为 720 像素，【高度】为 576 像素，【像素长宽比】为【方形像素】，【帧速率】为 25 帧 / 秒，【持续时间】为 5 秒，然后单击【确定】按钮。在【项目】窗口中空白处双击鼠标左键，在弹出的窗口中选择所需素材文件，然后单击【导入】按钮，如图 12-45 所示。

（2）将【项目】窗口中的【01.jpg】素材文件添加到时间线窗口中，并设置【缩放】为 88%，如图 12-46 所示。

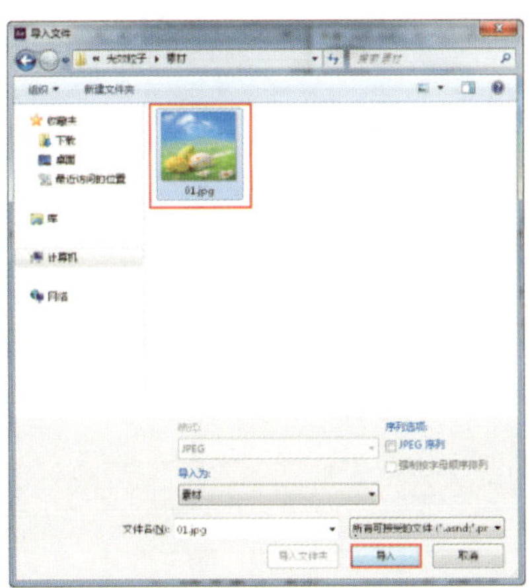

图 12-45

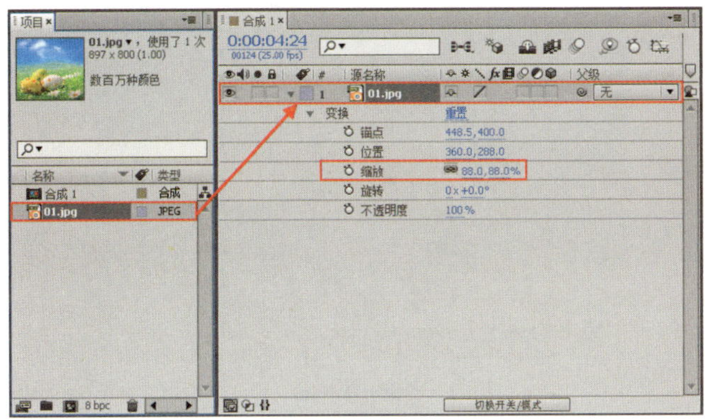

图 12-46

（3）此时在【合成】窗口中查看当前效果，如图 12-47 所示。

图 12-47

2. 制作发光粒子

（1）在【时间线】窗口中的空白处单击鼠标右键，然后在弹出的菜单中执行【新建】/【纯色】命令，如图 12-48 所示。

（2）在弹出的【纯色设置】对话框中设置【名称】为【粒子】，【宽度】为 720 像素，【高度】为 576 像素，【颜色】为黑色（R：0，G：0，B：0），然后单击【确定】按钮，如图 12-49 所示。

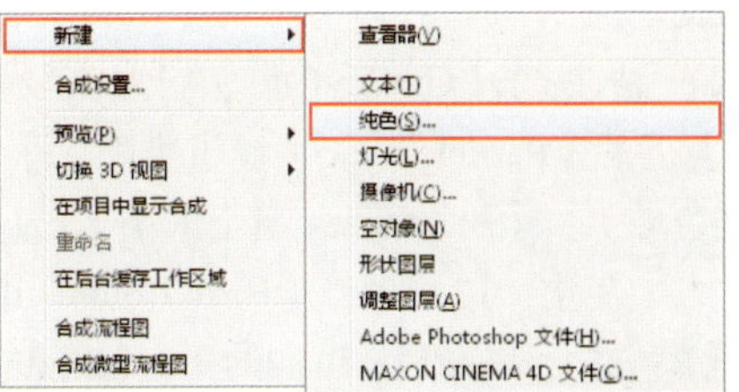

图 12-48

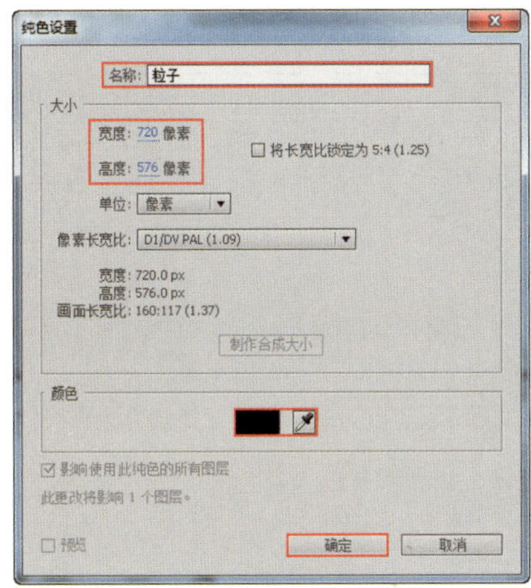

图 12-49

（3）为【粒子】图层添加【CC Particle World（CC 粒子世界）】效果，然后在【效果控件】面板中设置【Birth Rate（出生率）】为 1.2，【Longevity（sec）（寿命）】为 3，【Position Y（Y 轴位置）】为 0.9，【Radius X（X 轴半径）】为 1，【Radius Y（Y 轴半径）】为 0.5，【Radius Z（Z 轴半径）】为 2，如图 12-50 所示。此时效果如图 12-51 所示。

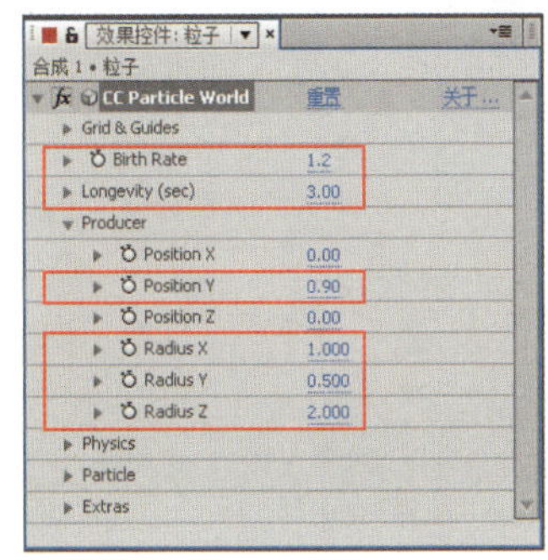

图 12-50

图 12-51

（4）设置【Physics（物理）】下的【Animation（动画）】为【Viscouse（黏性）】，【Gravity（重力）】为0。设置【Particle（粒子）】下的【Particle Type（粒子类型）】为【Faded Sphere（褪色球）】，【Brith Size（出生大小）】为0.4，【Size Variation（大小变化）】为12%，【Birth Color（出生颜色）】为浅黄色（R：252，G：252，B：204），【Death Color（死亡颜色）】为白色（R：255，G：255，B：255），如图12-52所示。此时效果如图12-53所示。

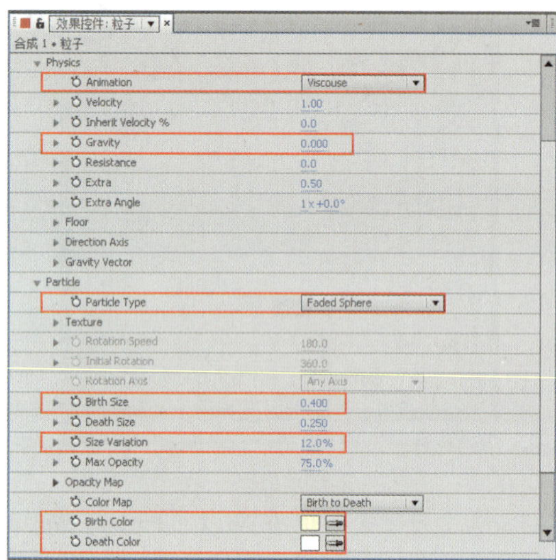

图 12-52

图 12-53

（5）为【粒子】图层添加【发光】效果，然后在【效果控件】面板中设置【发光】效果的【发光基于】为【Alpha通道】，【发光颜色】为【A和B颜色】，【颜色B】为白色（R：255，G：255，B：255），如图12-54所示。此时效果如图12-55所示。

3. 制作光线效果

（1）在【时间线】窗口中的空白处单击鼠标右键，然后在弹出的菜单中执行【新建】/【纯色】命令，如图12-56所示。

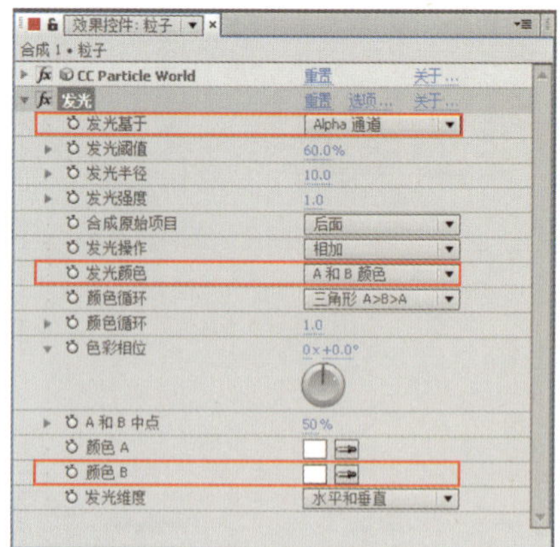

图 12-54

图 12-55

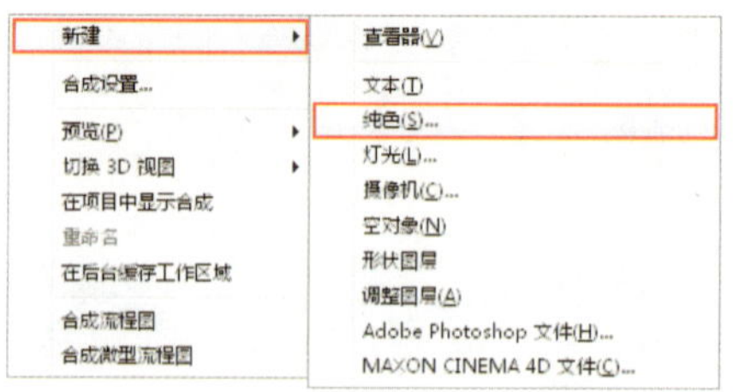

图 12-56

（2）新建一个纯色层，设置【名称】为【光线】，【宽度】为720像素，【高度】为576像素，【颜色】为黑色（R：0，G：0，B：0），然后单击【确定】按钮，如图12-57所示。

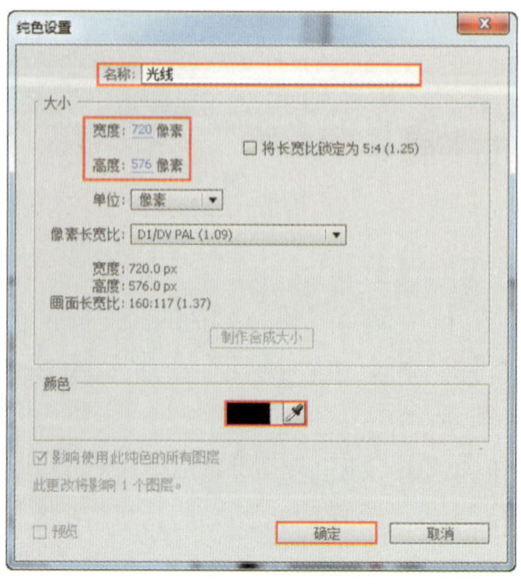

图 12-57

（3）为【光线】图层添加【分形杂色】效果，然后在【效果控件】面板中设置【对比度】为 200，【亮度】为－38。接着勾选掉【统一缩放】，并设置【缩放宽度】为 100，【缩放高度】为 6000。设置【子设置】下的【子影响 %】为 80，【子缩放】为 50，如图 12-58 所示。此时效果如图 12-59 所示。

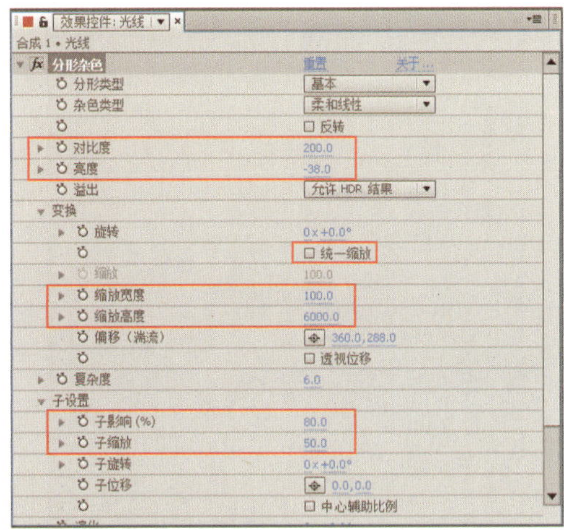

图 12-58

图 12-59

（4）在【时间线】窗口中设置【光线】图层的【混合模式】为【相加】，如图 12-60 所示。此时效果如图 12-61 所示。

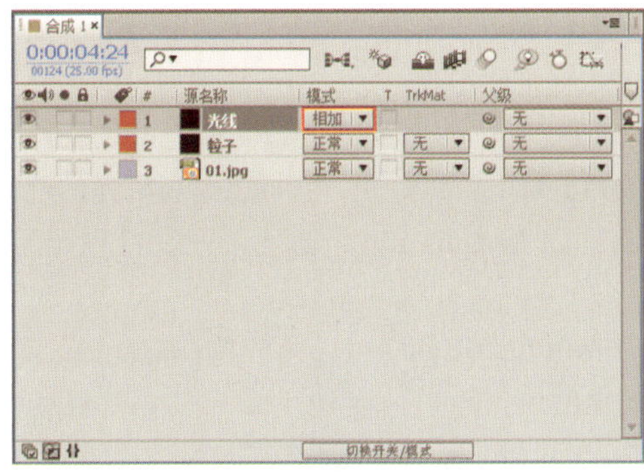

图 12-60

图 12-61

（5）为【光线】图层添加【线性擦除】效果，然后在【效果控件】面板中设置【过渡完成】为 30%，【擦除角度】为 0°，【羽化】为 340，如图 12-62 所示。此时效果如图 12-63 所示。

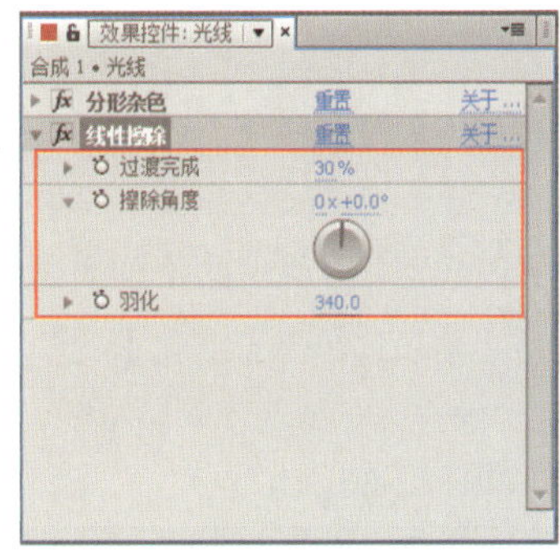

图 12-62

图 12-63

（6）在【时间线】窗口中开启【光线】图层的【三维图层】，然后设置【位置】为（363.0，158.0，－77.0）。接着勾选掉【缩放】的【约束比例】，并设置【缩放】为（120.0，209.0，142.0）。继续设置【方向】为（336°，0°，0°），【X 轴旋转】为－30°，【不透明度】为 60%，如图 12-64 所示。此时效果如图 12-65 所示。

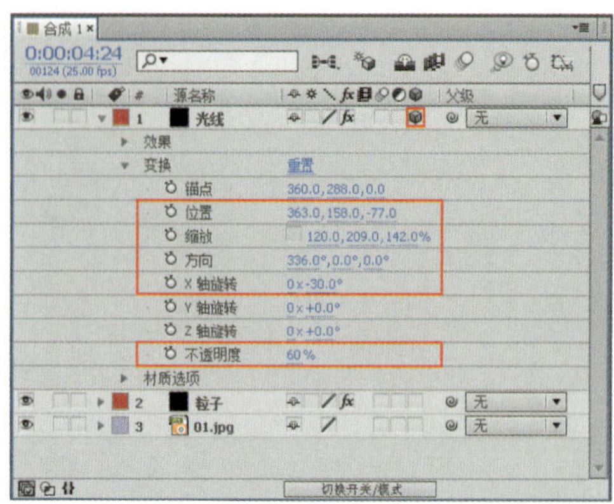

图 12-64

图 12-65

（7）打开【光线】图层下的【分形杂色】效果，然后将时间线拖到起始帧，单击【演化】的 按钮，并设置【演化】为 0°；接着将时间线拖到结束帧，设置【演化】为 2x + 90°，如图 12-66 所示。

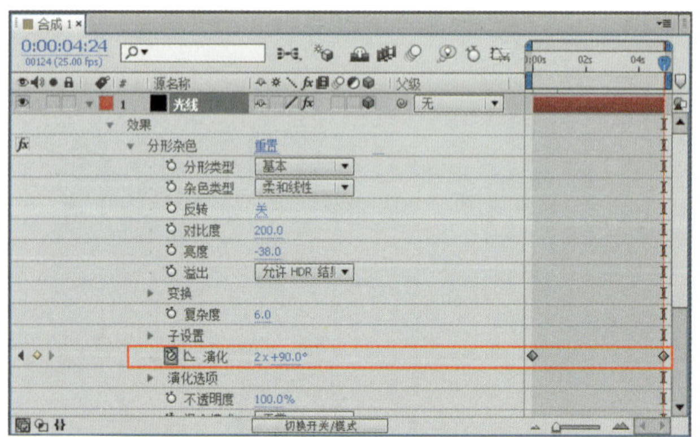

图 12-66

（8）此时拖动时间线滑块查看最终效果，如图 12-67 所示。

图 12-67

12.5 【Starglow（辉光）】效果

【Starglow（辉光）】效果可以制作出光辉闪耀的视觉效果，可以在画面中高亮的部分添加星光闪耀的效果，并可以设置辉光的颜色和长度，相关参数如图 12-68 所示。

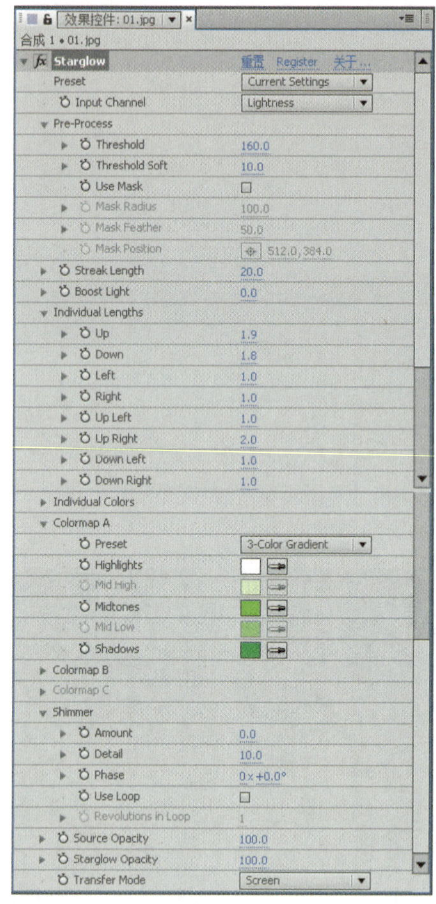

图 12-68

重点参数提醒：

Preset（预设）：可以使用辉光的预设效果。

Input Channel（输入通道）：设置输入的通道效果。

Pre-Process（预先处理）：设置预先处理的效果。

Threshold（阈值）：设置阈值大小。

Threshold Soft（阈值柔化）：设置阈值的柔化程度。

Use Mask（使用遮罩）：勾选该选项，即可使用遮罩。

Streak Length（长度数）：设置辉光的光线长度。

Boost Light（提高灯光）：可以提高辉光的灯光亮度。

Individual Lengths（逐个强度）：设置辉光的单根强度效果。

Up/Down/Left/Right（上 / 下 / 左 / 右）：设置上下左右的辉光强度。

Individual Colors（逐个颜色）：设置上下左右辉光的颜色变化。

Colormap A（颜色映射 A）：设置辉光的颜色映射效果。

Preset（预设）：设置颜色的预设效果。

Highlights（高光）：设置颜色高光效果。

Midtones（中间调）：设置颜色的中间调效果。

Shadows（阴影）：设置颜色阴影部分效果。

Shimmer（微光）：设置辉光的微光效果。

Amount（数量）：设置辉光数量效果。

Detail（细节）：设置辉光的细节。

Phase（相位）：设置辉光的相位。

Source Opacity（来源不透明度）：设置来源的不透明度。

Starglow Opacity（辉光不透明度）：设置辉光的不透明度。

Transfer Mode（传输模式）：设置辉光的传输混合模式。

重点▶▶进阶案例：彩色光线效果

案例文件	进阶案例：彩色光线效果 .aep
视频教学	DVD/ 多媒体教学 /Chapter12/ 进阶案例：彩色光线效果 .flv
难易指数	★★★☆☆
技术掌握	主要掌握【3D 描边】和【辉光】效果的应用

案例分析：

在该案例中，主要学习使用【遮罩路径】、【3D 描边】和【辉光】效果来制作粒子文字效果，案例的最终效果如图 12-69 所示。

图 12-69

思路解析如图 12-70 所示。

图 12-70

制作步骤：

1. 制作背景

（1）创建新合成。设置【合成名称】为【合成 1】，【宽度】为 720 像素，【高度】为 576 像素，【像素长宽比】为【方形像素】，【帧速率】为 25 帧 / 秒，【持续时间】为 5 秒，然后单击【确定】按钮。接着在【项目】窗口中空白处双击鼠标左键，在弹出的窗口中选择所需素材文件，然后单击【导入】按钮，如图 12-71 所示。

图 12-71

（2）将【项目】窗口中的【01.jpg】素材文件拖拽到【时间线】窗口中，并设置【缩放】为 56%，如图 12-72 所示。

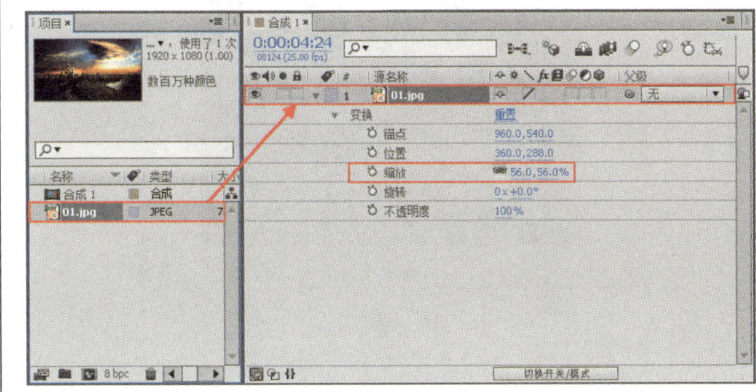

图 12-72

（3）此时在【合成】窗口中查看当前效果，如图 12-73 所示。

图 12-73

2. 制作发光路径

（1）新建一个纯色层，设置【名称】为【流光 1】，【宽度】为 720 像素，【高度】为 576 像素，【颜色】为黑色（R：0，

G：0，B：0），然后单击【确定】按钮，如图 12-74 所示。

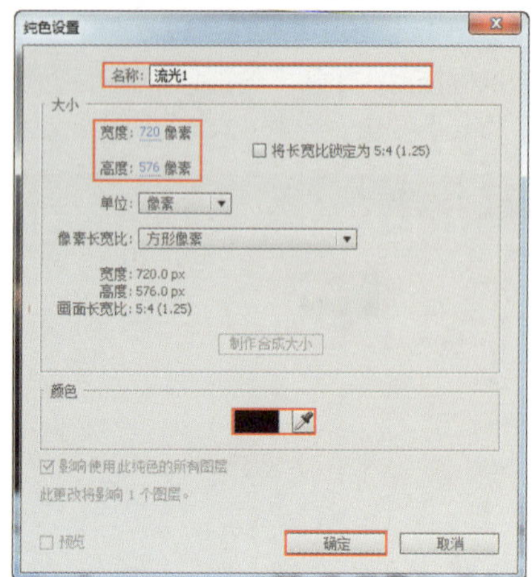

图 12-74

（2）使用【钢笔】工具和【转换顶点】工具在【流光】图层上继续绘制一个路径遮罩，如图 12-75 所示。

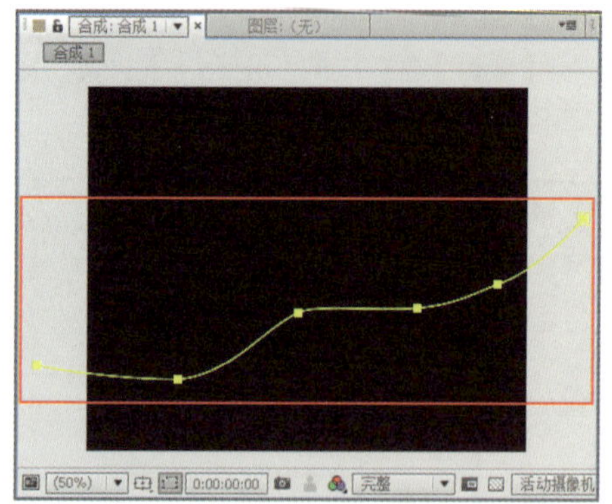

图 12-75

（3）为【流光 1】图层添加【3D Stroke（3D 描边）】效果，然后在【效果控件】面板中设置【Thickness（厚度）】为 0.2，接着勾选【Camera（摄像机）】下的【Comp Camera（合成摄像机）】，如图 12-76 所示。此时效果如图 12-77 所示。

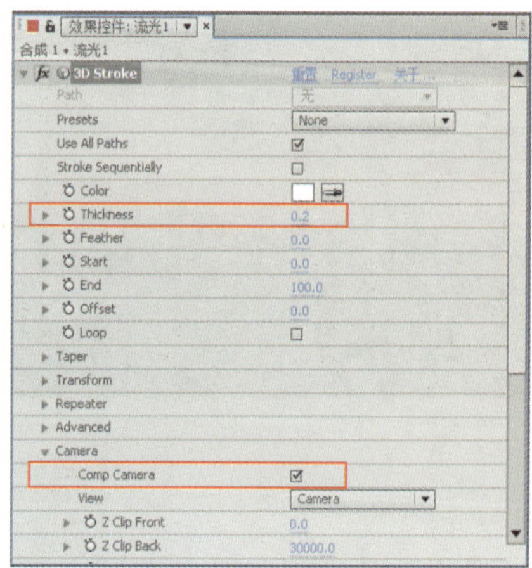

图 12-76

图 12-77

（4）在【时间线】窗口中的空白处单击鼠标右键，然后在弹出的菜单中执行【新建】/【摄像机】命令，如图 12-78 所示。

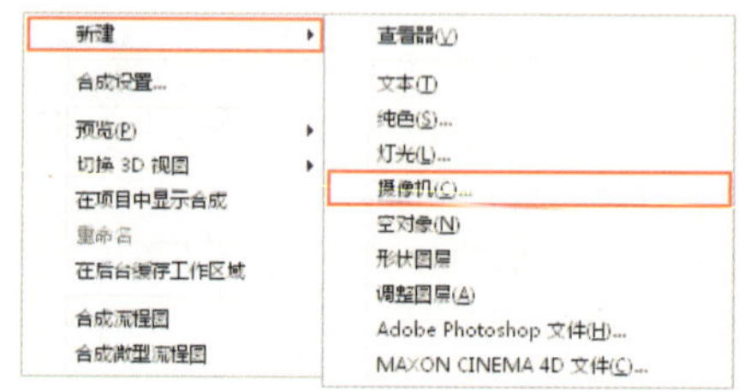

图 12-78

（5）在弹出的【摄像机设置】对话框中设置【名称】为【摄像机 1】，【预设】为【20 毫米】，接着单击【确定】按钮，如图 12-79 所示。

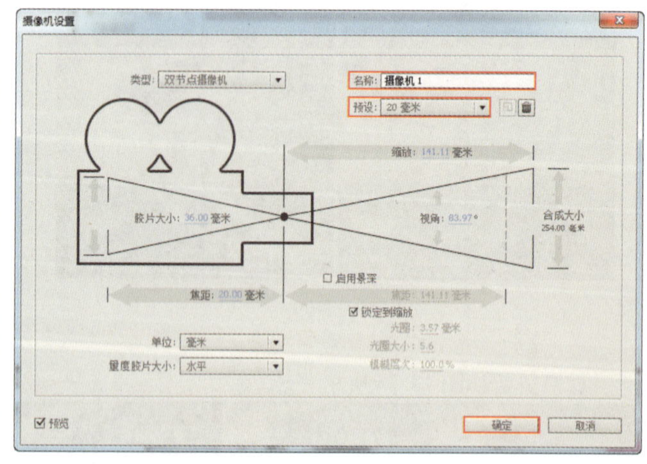

图 12-79

（6）在【时间线】窗口中设置【摄像机 1】的【目标点】为（366.0，340.0，0.0），【位置】为（310.0，335.0，－68.0），如图 12-80 所示。此时效果如图 12-81 所示。

（7）选择【流光 1】图层，然后在【效果控件】面板中勾选【3D Stroke（3D 描边）】效果【Taper（尖细）】下的【Enable（启用）】，如图 12-82 所示。此时效果如图 12-83 所示。

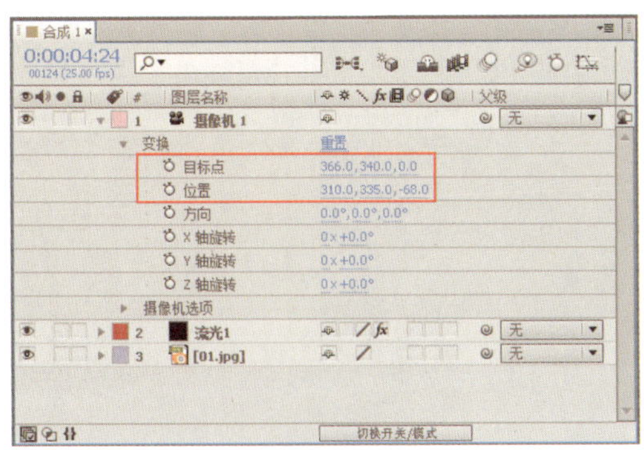

图 12-80

图 12-81

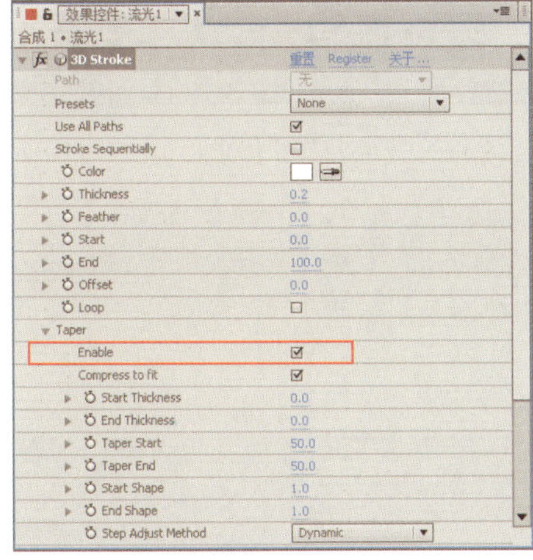

图 12-82

图 12-83

（8）勾选【Repeater（重复）】下的【Enable（启用）】，并设置【Instances（详细）】为 4，【Opacity（不同明度）】为 60，【X Displace（X 轴替换）】为 2，【Z Displace（Z 轴替换）】为 0，如图 12-84 所示。此时效果如图 12-85 所示。

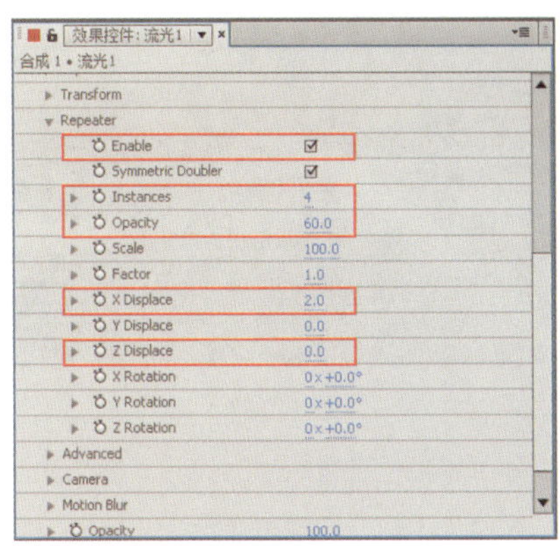

图 12-84

图 12-85

（9）为【流光 1】添加【Starglow（辉光）】效果，然后在【效果控件】面板中设置【Preset（预设）】为【Blue（蓝色）】，设置【Pre-Process（预先处理）】下的【Threshold（阈值）】为 50，【Streak Length（长度数）】为 7，如图 12-86 所示。此时效果如图 12-87 所示。

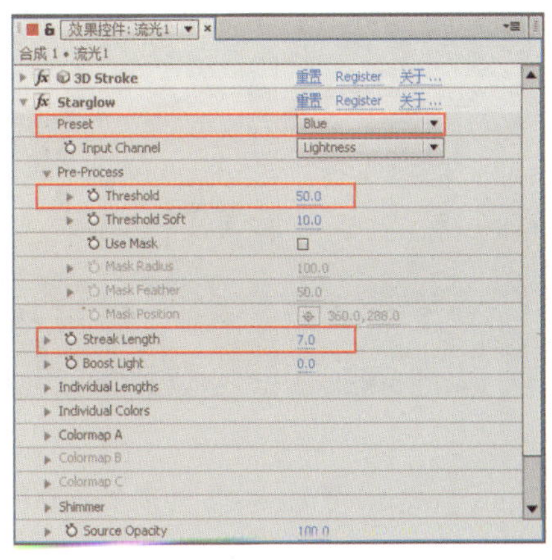

图 12-86

图 12-87

（10）将时间线拖到起始帧的位置，然后单击【End（结束）】前面的按钮，并设置【End（结束）】为 0，接着将时间线拖到结束帧的位置，设置【End（结束）】为 100，如图 12-88 所示。此时效果如图 12-89 所示。

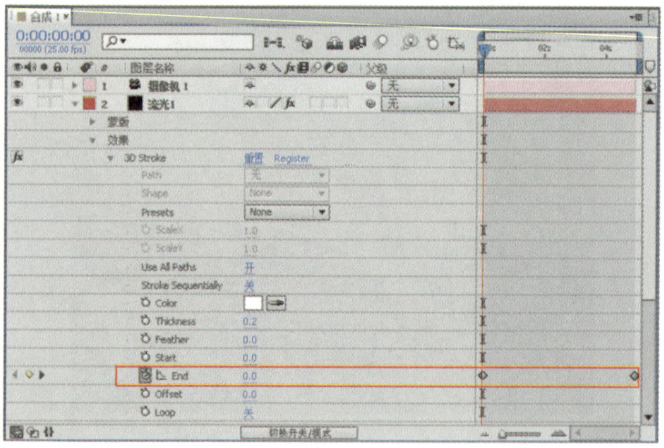

图 12-88

图 12-89

（11）将【流光 1】复制一份，并重命名为【流光 2】，如图 12-90 所示。

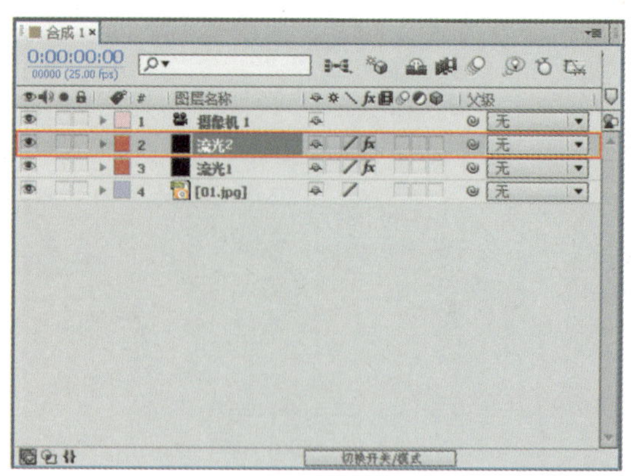

图 12-90

（12）使用【钢笔】工具和【转换顶点】工具调整【流光 2】图层的路径遮罩形状，如图 12-91 所示。

图 12-91

（13）选择【流光 2】图层，然后在【效果控件】面板中设置【Starglow（辉光）】效果的【Preset（预设）】为【Red（红色）】，如图 12-92 所示。

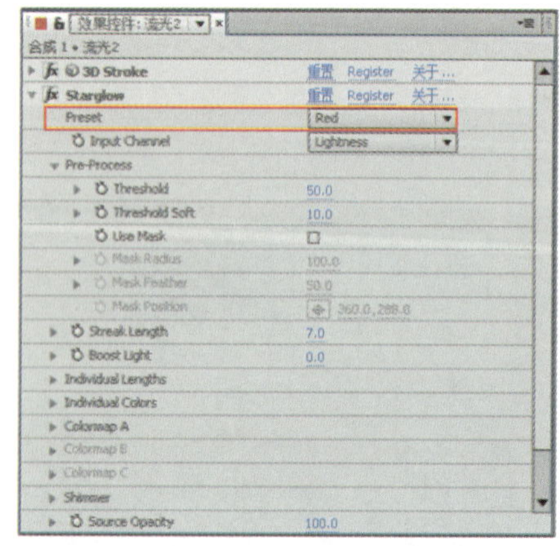

图 12-92

（14）此时拖动时间线滑块查看最终效果，如图 12-93 所示。

图 12-93

重点▶▶进阶案例：　绚丽光效

案例文件	进阶案例：绚丽光效 .aep
视频教学	DVD/ 多媒体教学 /Chapter12/ 进阶案例：绚丽光效 .flv
难易指数	★★★★☆
技术掌握	主要掌握【Particular（特殊）】、【3D 描边】和【辉光】效果的应用

案例分析：

在该案例中，主要学习使用【梯度渐变】、【Particular（特殊）】、【3D 描边】和【辉光】效果来制作发光动画效果，案例的最终效果如图 12-94 所示。

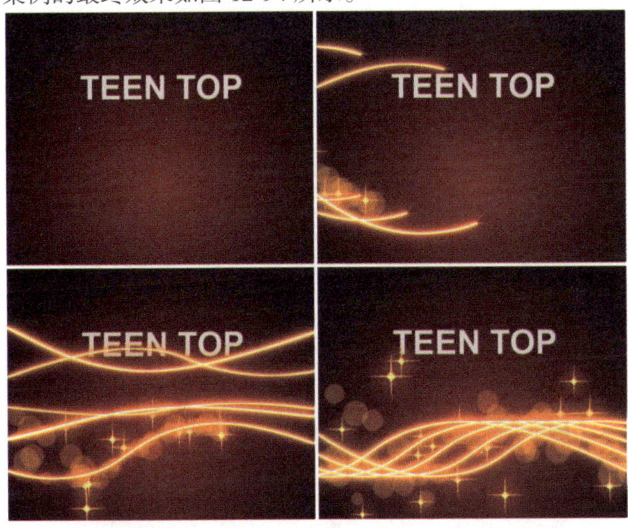

图 12-94

思路解析如图 12-95 所示。

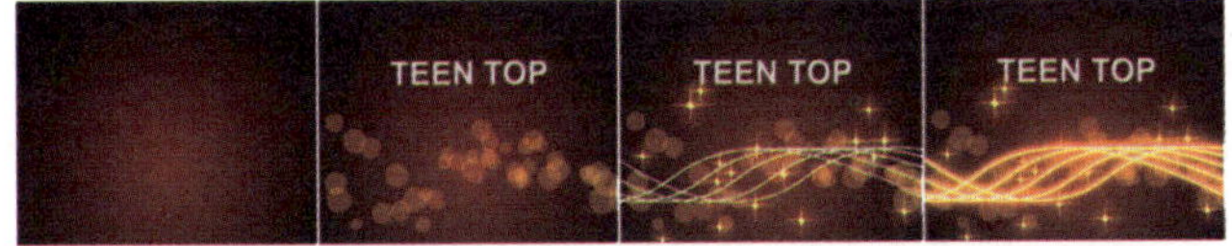

图 12-95

制作步骤：

1. 制作文字背景

（1）创建新合成。在【项目】窗口中的空白处单击鼠标右键，然后选择【新建合成】，如图 12-96 所示。

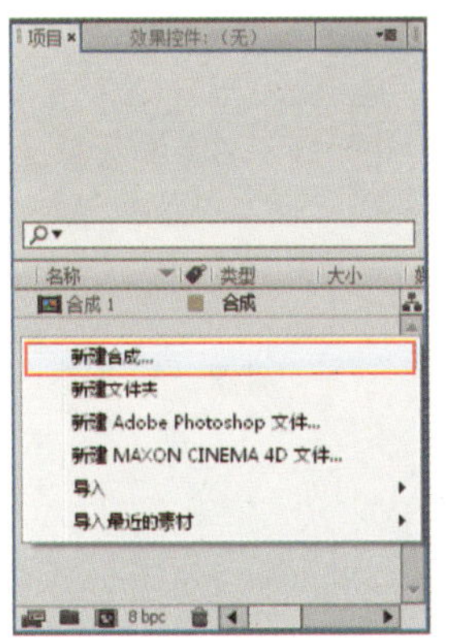

图 12-96

（2）在【合成设置】窗口中，设置【合成名称】为【合成 1】，【宽度】为 720 像素，【高度】为 576 像素，【像素长宽比】为【方形像素】，【帧速率】为 25 帧 / 秒，【持续时间】为 5 秒。最后单击【确定】按钮，如图 12-97 所示。

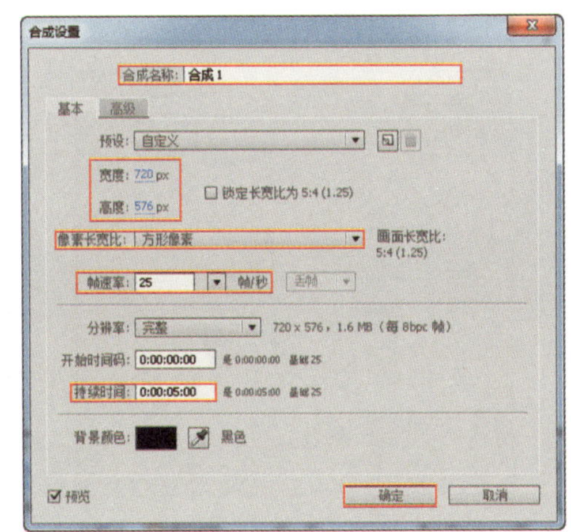

图 12-97

（3）在【时间线】窗口中的空白处单击鼠标右键，然后在弹出的菜单中执行【新建】/【纯色】命令，如图 12-98 所示。

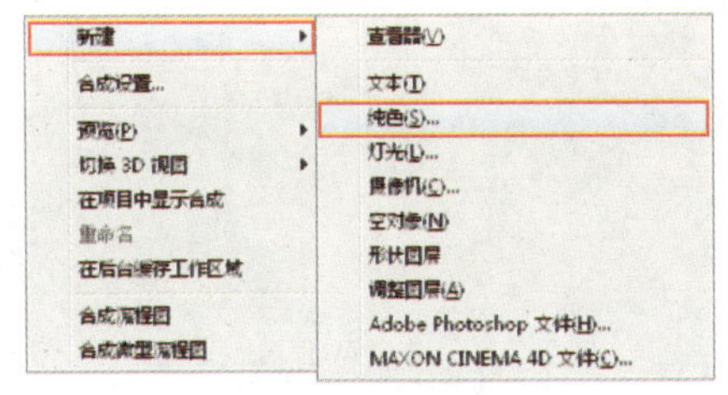

图 12-98

（4）在弹出的对话框中设置【名称】为【背景】，【宽度】为720像素，【高度】为576像素，然后单击【确定】按钮，如图12-99所示。

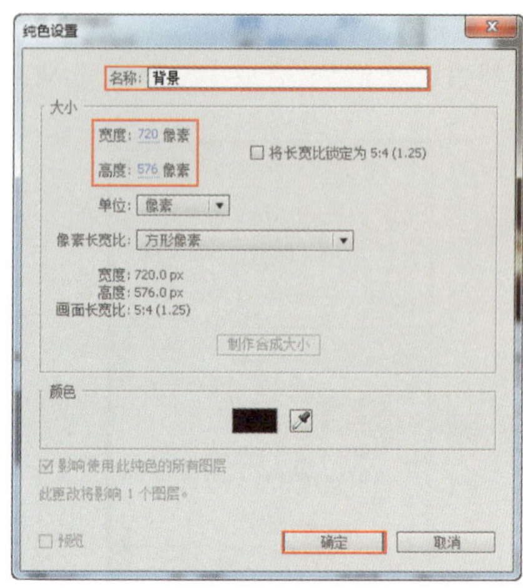

图 12-99

（5）为【背景】图层添加【梯度渐变】效果，然后在【效果控件】面板中设置【渐变形状】为【径向渐变】，【渐变起点】为（360.0，401.0），【起始颜色】为深红色（R：119，G：2，B：0）。【渐变终点】为（360.0，884.0），【结束颜色】为黑色（R：0，G：0，B：0），如图12-100所示。此时效果如图12-101所示。

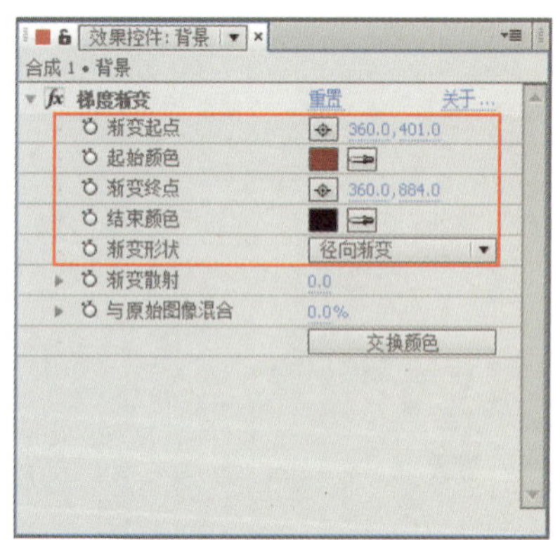

图 12-100

图 12-101

（6）选择T【横排文字】工具，然后在【合成】窗口中输入文字，并设置合适的【字体系列】和【字体大小】，接着设置【填充颜色】为白色（R：255，G：255，B：255），如图12-102所示。

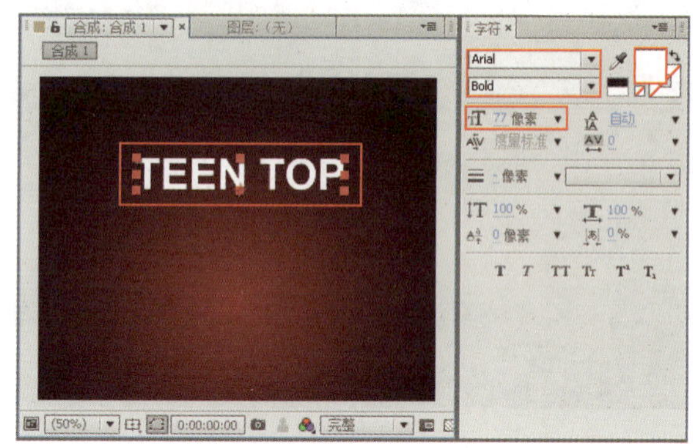

图 12-102

（7）打开文字图层下的【变换】，并设置【不透明度】为80%，如图12-103所示。

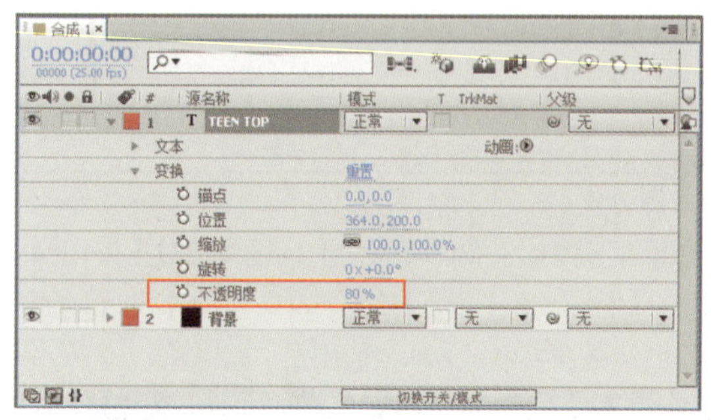

图 12-103

（8）此时在【合成】窗口中查看当前效果，如图12-104所示。

图 12-104

2. 制作粒子动画

（1）新建一个纯色层，并设置【名称】为【粒子】，【宽度】为720像素，【高度】为576像素，【颜色】为黑色（R：0，G：0，B：0），然后单击【确定】按钮，如图12-105所示。

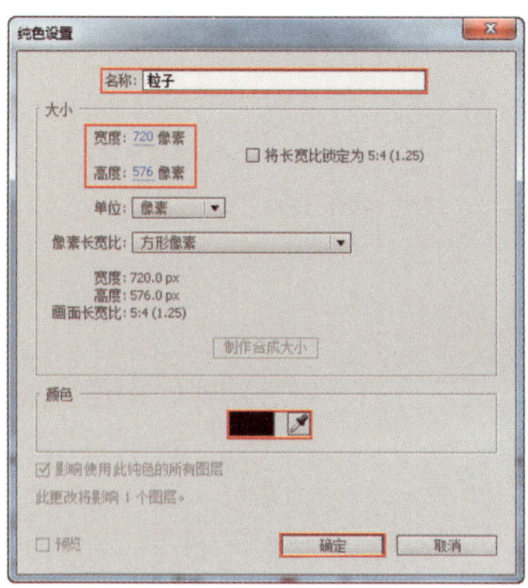

图 12-105

（2）将【项目】窗口中的【Particular（特殊）】效果添加到【粒子】图层上，如图 12-106 所示。

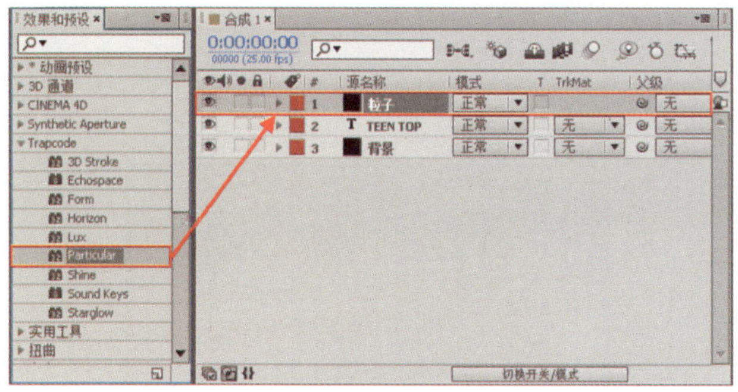

图 12-106

（3）选择【粒子】图层，然后在【效果控件】面板中设置【Emitter（发射）】下的【Particles/sec（粒子/秒）】为 10，【Velocity（速率）】为 22，【Velocity from Motion[%]（运动速度）】为 2，如图 12-107 所示。此时效果如图 12-108 所示。

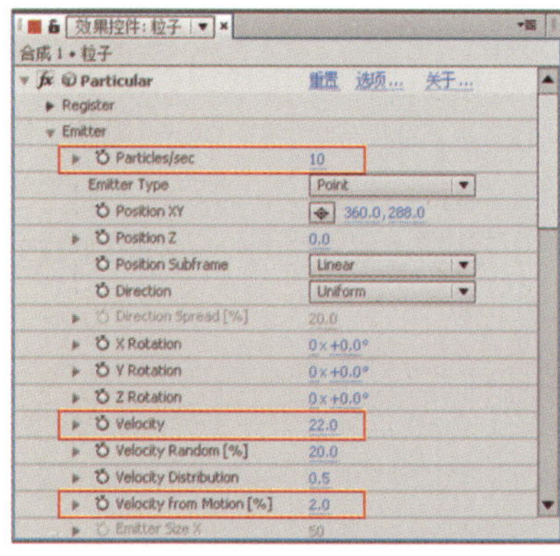

图 12-107

（4）设置【Particle（粒子）】下的【Life[sec]（生命）】为 5，【Sphere Feather（球羽化）】为 5，【Size（大小）】为 25，【Size Random[%]（大小随机）】为 40，【Opacity（不透明度）】为 30，【Color（颜色）】为橙色（R：255，G：149，B：0），如图 12-109 所示。此时效果如图 12-110 所示。

图 12-108

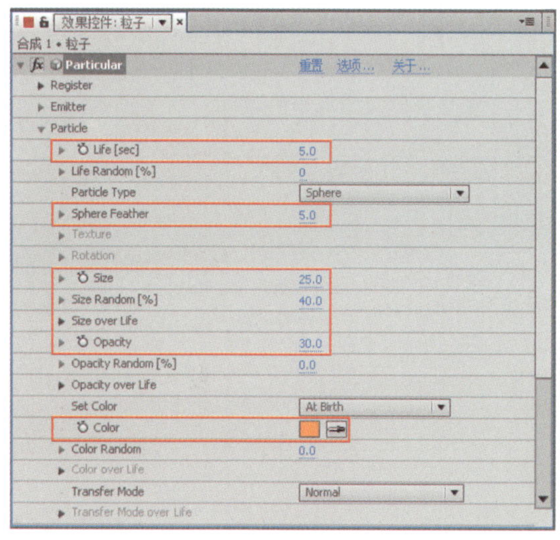

图 12-109

图 12-110

（5）打开【粒子】图层下的【Particular（特殊）】效果，然后将时间线拖到起始帧，单击【Position XY（XY 轴位置）】前面的按钮，并设置【Position XY（XY 轴位置）】为（0.0，385.0）。接着将时间线拖到第 1 秒，设置【Position XY（XY 轴位置）】为（192.0，451.0），如图 12-111 所示。

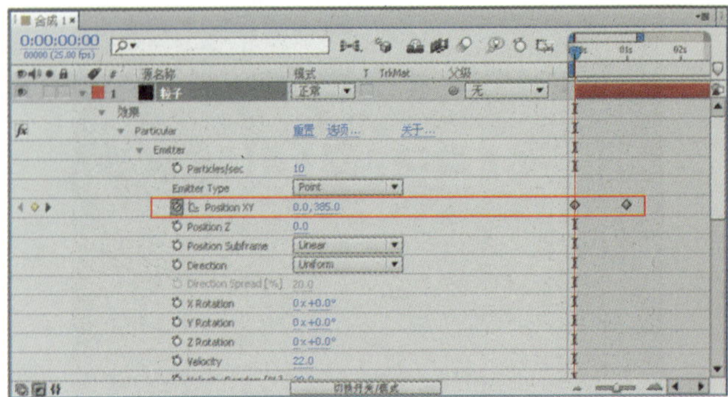

图 12-111

（6）将时间线拖到第 2 秒，设置【Position XY（XY 轴位置）】为（446.0，360.0）。继续将时间线拖到第 3 秒，设置【Position XY（XY 轴位置）】为（538.0，399.0）。最后将时间线拖到第 4 秒，设置【Position XY（XY 轴位置）】为（742.0，465.0），如图 12-112 所示。

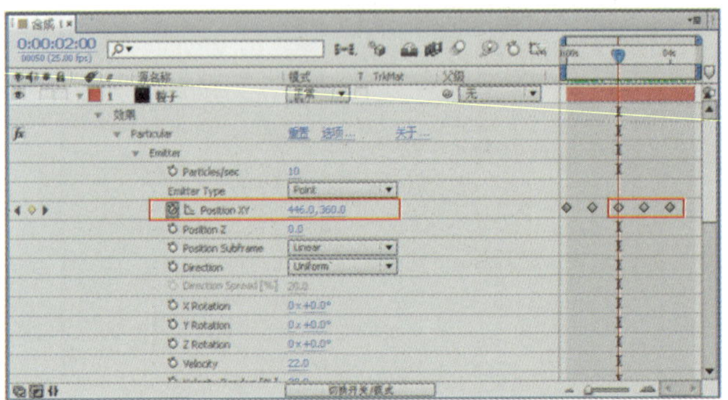

图 12-112

（7）此时拖动时间线滑块查看当前效果，如图 12-113 所示。

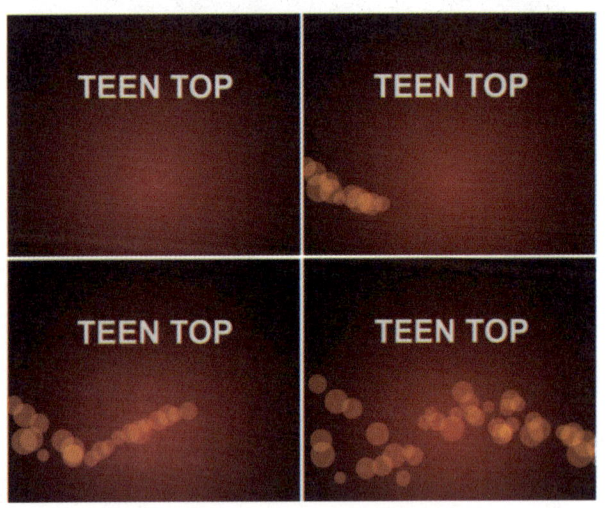

图 12-113

3. 制作星光动画

（1）新建一个纯色层，设置【名称】为【星光】，【宽度】为 720 像素，【高度】为 576 像素，【颜色】为黑色（R：0，G：0，B：0），然后单击【确定】按钮，如图 12-114 所示。

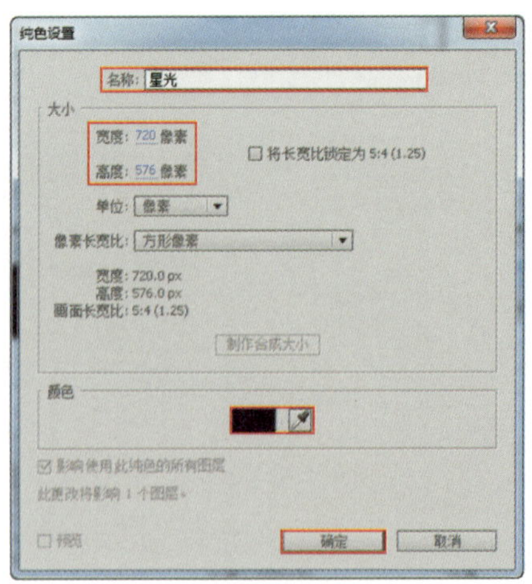

图 12-114

（2）为【星光】图层添加【Particular（特殊）】效果，然后在【效果控件】面板中设置【Particles/sec（粒子 / 秒）】为 5，【Velocity（速率）】为 80，【Velocity Random[%]（随机速率）】为 20，【Velocity from Motion[%]（运动速度）】为 – 18，如图 12-115 所示。

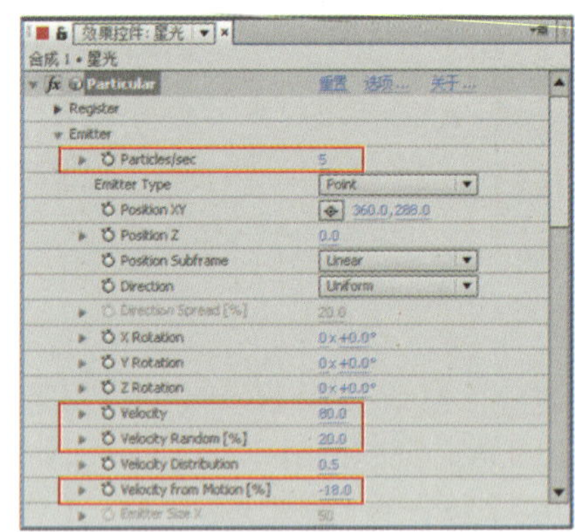

图 12-115

（3）设置【Particle（粒子）】下的【Life[sec]（生命）】为 5，【Particle Type（粒子类型）】为【Star（No DOF）】，【Size（大小）】为 15，【Color（颜色）】为深橙色（R：236，G：143，B：56），【Transfer Mode（传输模式）】为【Add（相加）】，如图 12-116 所示。此时效果如图 12-117 所示。

（4）将【粒子】图层的【Position XY（XY 轴位置）】关键帧复制到【星光】图层上，如图 12-118 所示。

（5）此时拖动时间线滑块查看当前效果，如图 12-119 所示。

4. 制作发光曲线

（1）新建一个纯色层，设置【名称】为【光线】，【宽度】为 720 像素，【高度】为 576 像素，【颜色】为黑色（R：0，G：0，B：0），然后单击【确定】按钮，如图 12-120 所示。

（2）利用【钢笔】工具和【转换顶点】工具在【光线】图层上绘制曲线路径，如图 12-121 所示。

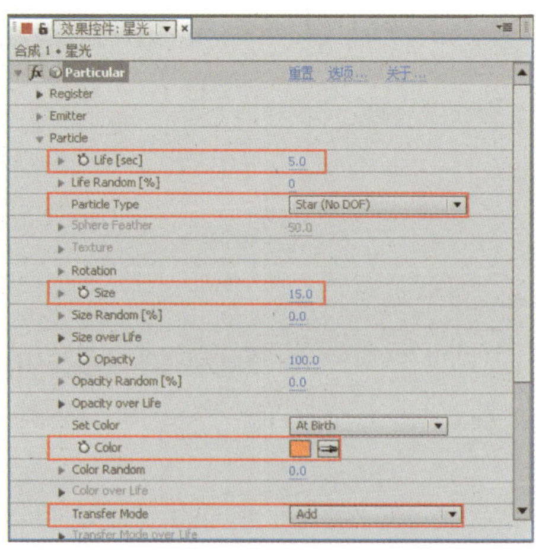

图 12-116

图 12-117

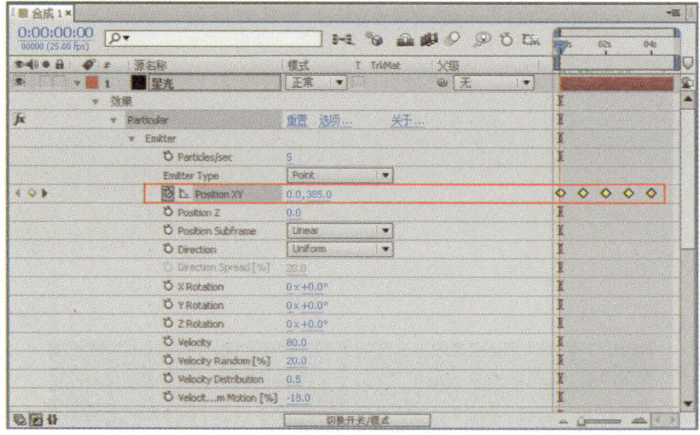

图 12-118

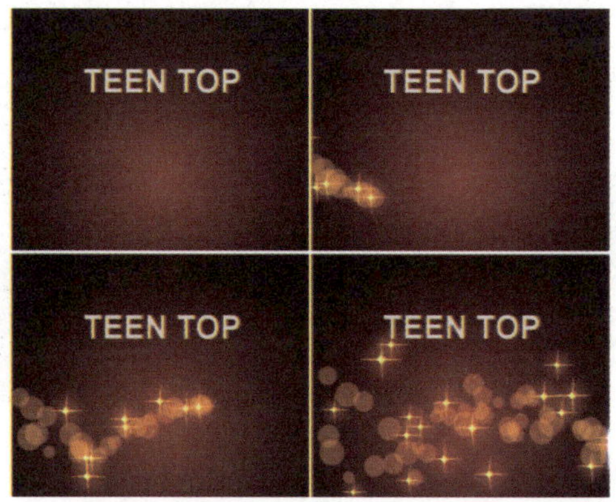

图 12-119

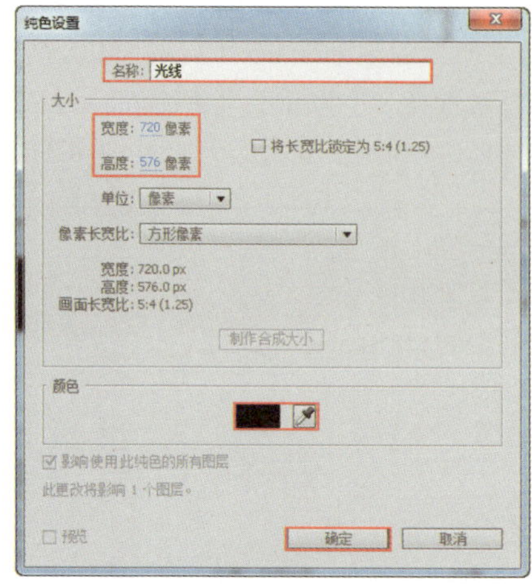

图 12-120

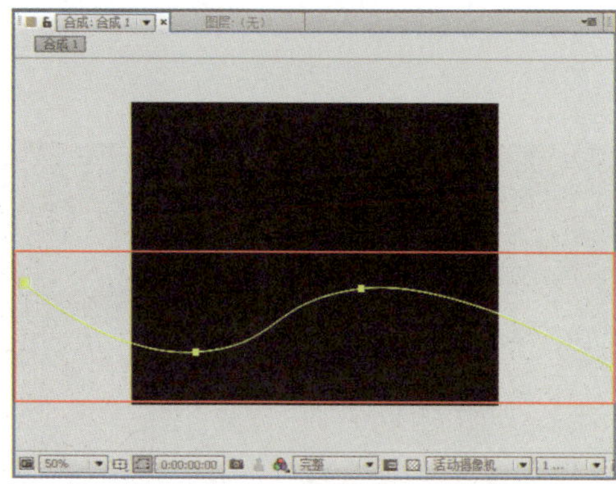

图 12-121

（3）为【光线】图层添加【3D Stroke（3D 描边）】效果，然后在【效果控件】面板中设置【Thickness（厚度）】为 2，如图 12-122 所示。此时效果如图 12-123 所示。

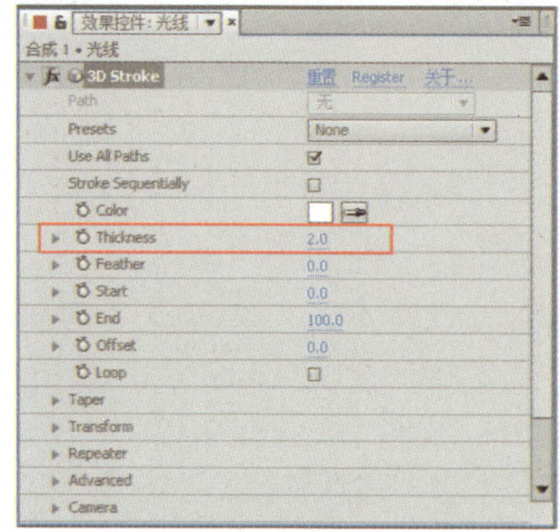

图 12-122

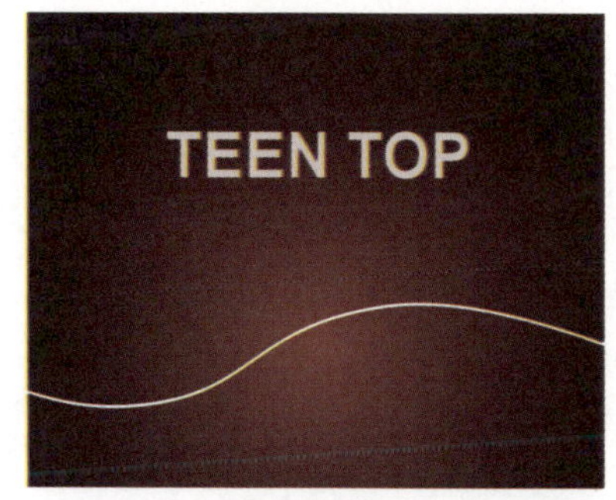

图 12-123

（4）打开【3D Stroke（3D 描边）】效果下的【Repeater（重复）】，然后勾选【Enable（启用）】，接着设置【X Displace（X 轴置换）】为 80，【Z Displace（Z 轴置换）】为 0，如图 12-124 所示。此时效果如图 12-125 所示。

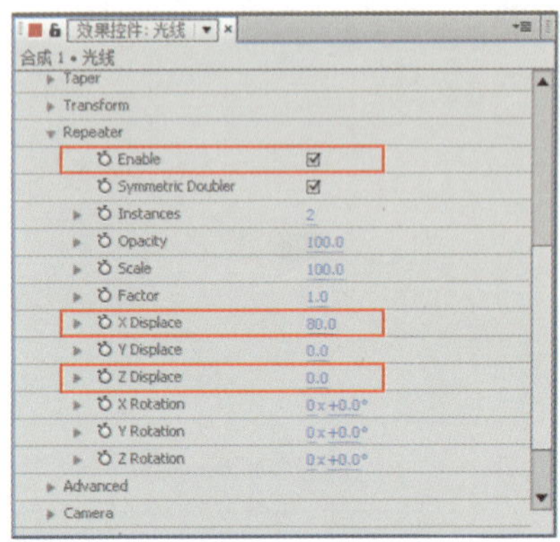

图 12-124

图 12-125

（5）打开【光线】图层下的【3D Stroke（3D 描边）】效果，然后将时间线拖到起始帧，单击【End（结束）】前面的⏱按钮，设置【End（结束）】为 0；接着将时间线拖到第 2 秒，设置【End（结束）】为 100，如图 12-126 所示。此时效果如图 12-127 所示。

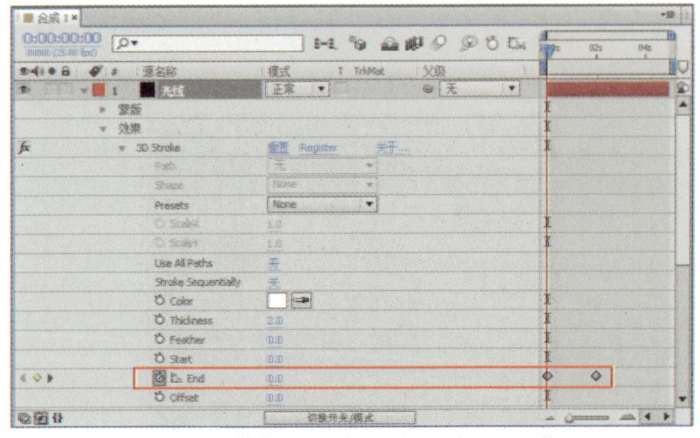

图 12-126

图 12-127

（6）打开【3D Stroke（3D 描边）】效果下的【Repeater（重复）】，然后将时间线拖到起始帧，单击【X Rotation（X 轴旋转）】前面的⏱，并设置【X Rotation（X 轴旋转）】为 205°；接着将时间线拖到第 4 秒，设置【X Rotation（X 轴旋转）】为 0°，如图 12-128 所示。此时效果如图 12-129 所示。

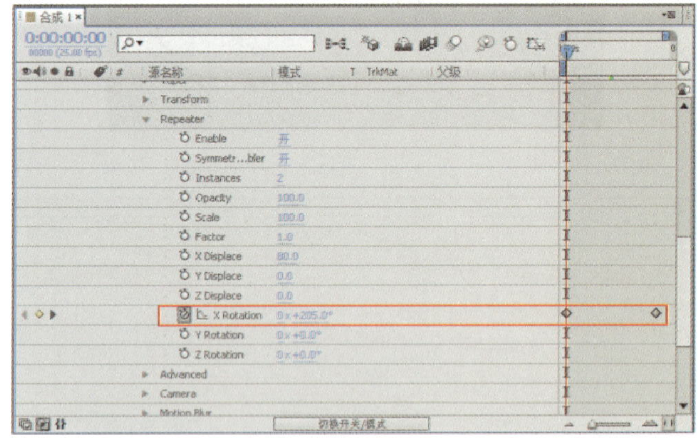

图 12-128

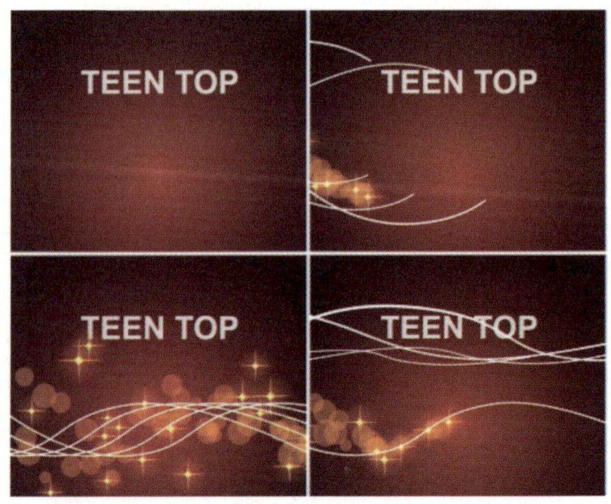

图 12-129

（7）为【光线】图层添加【Starglow（辉光）】效果，然后在【效果控件】中设置【Starglow（辉光）】效果的【Preset（预设）】为【Warm Star（温暖的星）】，【Streak Length（线条长度）】为 10，【Boost Light（提高光）】为 3，如图 12-130 所示。

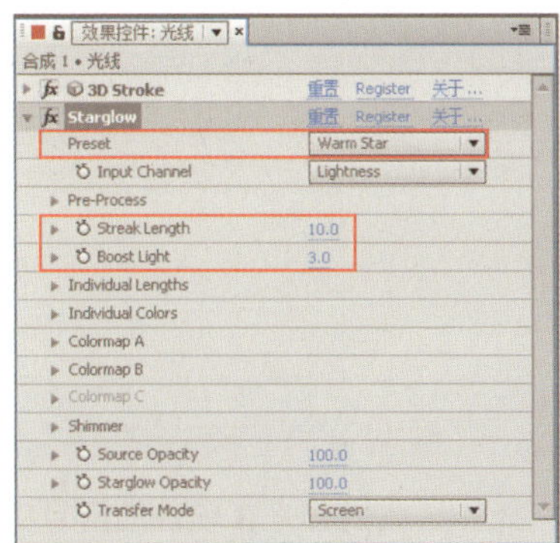

图 12-130

（8）此时拖到时间线滑块查看最终效果，如图 12-131 所示。

图 12-131

第 13 章 影片的渲染和输出

本章学习要点：

- ★ 了解渲染输出流程
- ★ 认识渲染面板
- ★ 掌握渲染的设置与输出方法
- ★ 了解 Adobe Media Encoder 的使用

13.1 什么是渲染

由于在 After Effects 中进行操作，我们都是在软件的窗口中看效果，因此在最终作品制作完成后，可以经过“渲染”这一步骤，将文件渲染为可以进行播放格式的文件，非常方便进行使用电视、电影、广告、播放器等播放使用。

在 After Effects 中，我们可以将素材文件等置入合成，并进行制作项目效果。制作完成后，即可将作品渲染输出为视频文件、音频文件、单帧图片以及序列帧图片等。渲染输出的操作流程如图 13-1 所示。

导入素材 ---> 制作项目效果 ---> 渲染输出

图 13-1

求生秘籍——技巧提示：渲染输出后的剪辑

将作品渲染输出后，使用 Premiere 等相关后期软件对视频、音频文件进行剪辑。

13.2 设置【渲染工作区】

在渲染之前，首先我们要设置渲染工作区。要确定渲染的部分（如全部渲染、一部分渲染）、渲染的尺寸（如大尺寸、小尺寸）、渲染精度（高精度、低精度）等。

【渲染工作区】存在【时间线】面板中，由【工作区域开头】和【工作区域结尾】两个点来控制渲染的区域，如图 13-2 所示。

图 13-2

（1）在【时间线】面板中，将鼠标指针移动到【工作区域开头】的位置上，当鼠标指针变为时，即可按住鼠标左键向左或向右拖动，从而能够修改【工作区域开头】的位置，如图 13-3 所示。

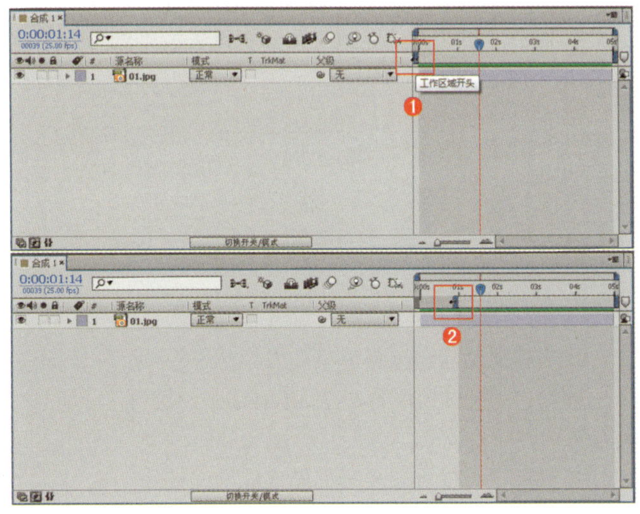

图 13-3

（2）用同样的方法，将鼠标指针移动到【工作区域结尾】的位置上，然后按住鼠标左键向左或向右拖动，即可修改【工作区域结尾】的位置，如图 13-4 所示。

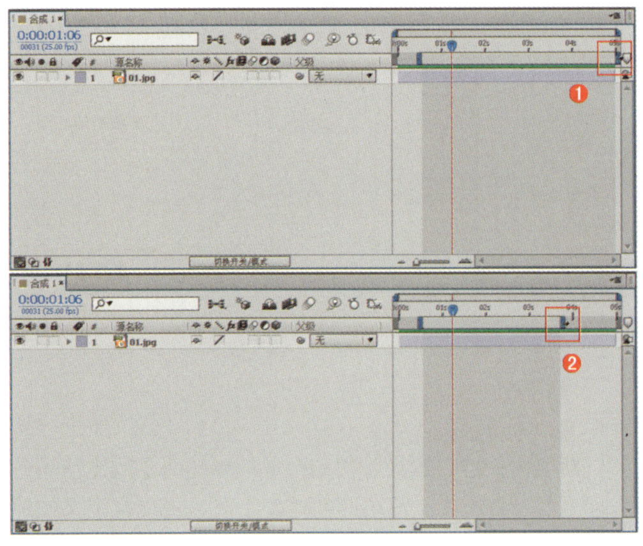

图 13-4

13.3　【渲染队列】窗口参数

对项目进行渲染，需要将当前项目添加到【渲染队列】命令窗口中，执行【合成】/【添加到渲染队列】命令即可（快捷键为〈Ctrl+M〉），如图 13-5 所示。

此时就会打开【渲染队列】窗口，并且当前需要渲染的合成也已经被添加到该窗口中，如图 13-6 所示。

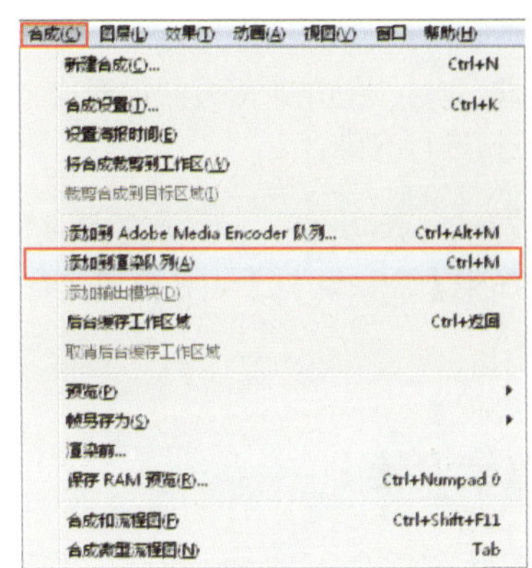

图 13-5

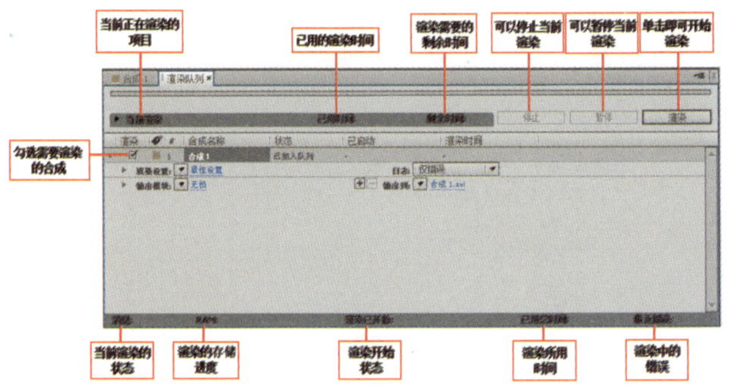

图 13-6

重点参数提醒：

当前渲染：在渲染时，显示当前正在渲染的项目。

已用时间：已经使用的渲染时间。

剩余时间：预计渲染需要的剩余时间。

渲染：开启或关闭渲染。添加到【渲染队列】窗口中的项目，只有勾选的项目才会被渲染。

【标签】：可以设置项目的标签颜色。

合成名称：显示对应合成项目的名称。

状态：显示对应的合成项目当前的状态。

已启动：显示开始渲染的时间。

渲染时间：显示渲染完成总共需要的时间。

渲染设置：单击该项后面的名称即可在弹出的对话框中进行渲染相关设置。

输出模块：单击该项后面的名称即可在弹出的对话框中设置输出模块设置。

输出到：单击该项后面的合成名称即可设置渲染文件的保存位置。

消息：在渲染时所处的状态。

RAM：渲染的存储进度。

已用总时间：渲染时所用的时间。

最近错误：渲染时出现的错误。

停止：在渲染过程中，可以单击【停止】按钮使渲染从当前进度位置停止。

暂停：在渲染过程中，单击【暂停】按钮

可以使渲染暂停，再次单击【继续】按钮，即可继续渲染

渲染：在渲染相关的设置完成后，即可单击【渲染】按钮进行渲染。

求生秘籍——技巧提示：选择需要渲染的项目合成。

只有添加到【渲染队列】中并被勾选的项目合成才能够被渲染。

13.4 【渲染设置】

渲染设置是很关键的一个步骤，可以设置渲染的品质、分辨率等参数。在将项目添加到【渲染队列】窗口后，单击【渲染设置】后面的文字，或者在菜单栏中执行【编辑】/【模板】/【渲染设置】命令，如图 13-7 所示。即可弹出【渲染设置】对话框，如图 13-8 所示。

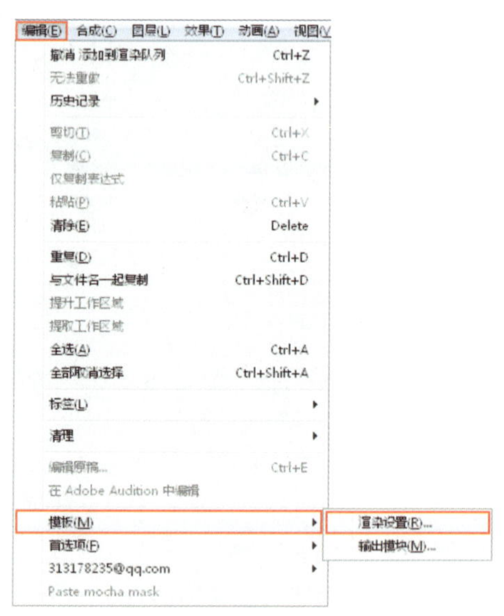

图 13-7

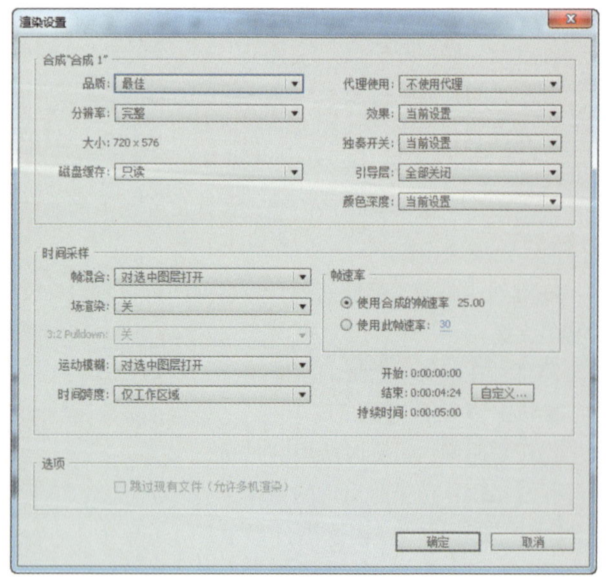

图 13-8

重点参数提醒：

品质：设置渲染的品质效果，包括【最佳】、【草图】和【线框】效果。

分辨率：设置分辨率的效果，包括【完整】、【二分之一】、【三分之一】、【四分之一】以及【自定义】。若单击【自定义】命令，即可在弹出的对话框中设置渲染的分辨率效果，如图 13-9 所示。

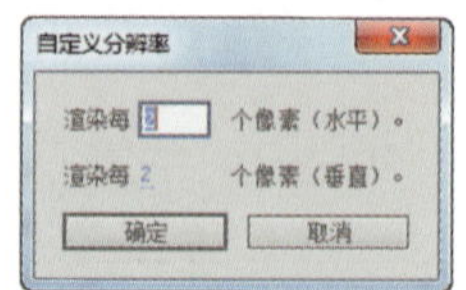

图 13-9

大小：显示当前项目渲染的大小。

帧混合：设置帧混合，包括【对选中图层打开】和【对所有图层关闭】。

场渲染：可以设置高场优先或低场优先。

运动模糊：设置运动模糊，包括【对选中图层打开】和【对所有图层关闭】。

时间跨度：设置时间的跨度，包括【合成长度】、【仅工作区域】和【自定义】，在选择【自定义】命令时，可以在弹出的【自定义时间范围】对话框中设置起始、结束和持续时间，如图 13-10 所示。

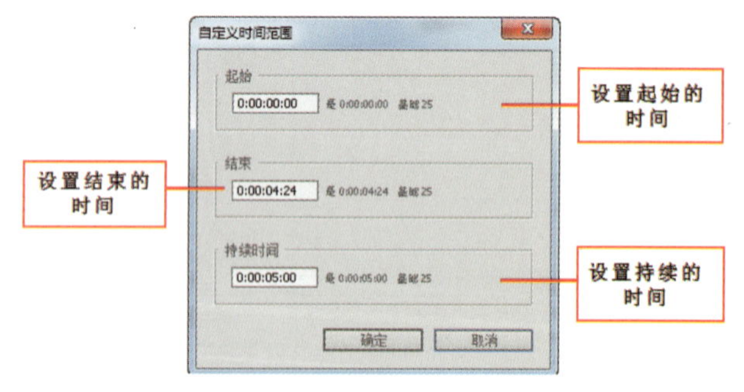

图 13-10

帧速率：可以选择【使用合成的帧速率】或【使用此帧速率】，当选择【使用此帧速率】时，可以自定义帧速率大小。

13.5 【输出模块设置】

在将项目添加到【渲染队列】窗口中后，单击【输出模块】后面的文字，或者在菜单栏中执行【编辑】/【模板】/【输出模块】命令。即可弹出【输出模块设置】对话框，共包含【主要选项】和【色彩管理】两个选项卡，如图 13-11 和图 13-12 所示。

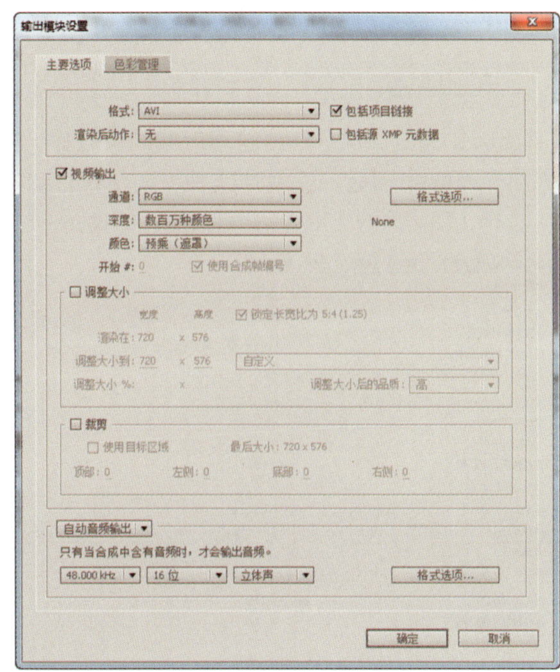

图 13-11

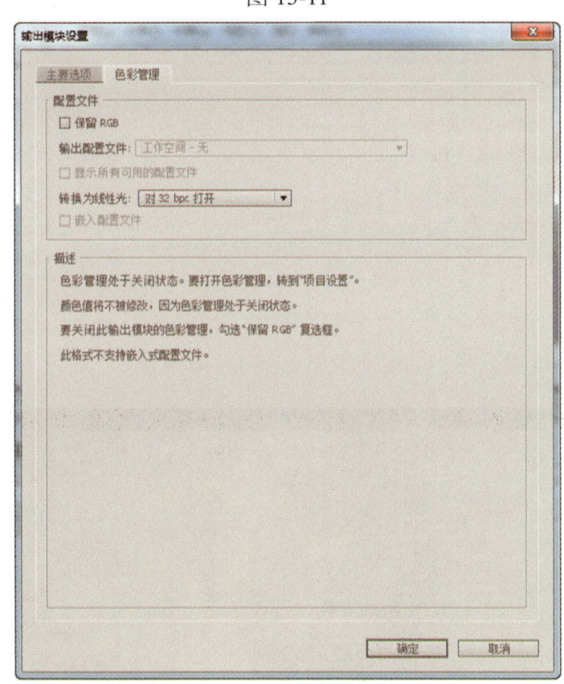

图 13-12

13.5.1　主要选项

重点参数提醒：

格式：在该下拉菜单中选择输出文件格式。

渲染后动作：在渲染完成后的操作动作，包括【导入】、【导入和替换用法】以及【设置代理】。

1. 视频输出

重点参数提醒：

视频输出：设置视频输出的相关参数。

通道：设置视频输出的通道，包括【RGB】、【Alpha】和【RGB+Alpha】通道。

深度：设置深度颜色。默认为【数百万种颜色】。

颜色：设置颜色，包括【直接（无遮罩）】和【预乘（遮罩）】。

2. 调整大小

重点参数提醒：

调整大小：勾选该选项，可以设置相关大小参数。

宽度：设置渲染的宽度。

高度：设置渲染的高度。

锁定长宽比：勾选该选项，即锁定了当前的长宽比例。若勾选掉该选项，可以对长宽比例进行自定义设置。

渲染：当前的渲染大小。

调整大小到：可以在后面的下拉菜单中选择预设大小，也可以选择【自定义】选项，然后自定义大小。

调整大小 %：在勾选择【锁定长宽比】选项后，自定义大小的比例会以百分比的形式显示，会随着【调整大小到】的变化而变化。

3. 裁剪

重点参数提醒：

使用目标区域：勾选该选项，则会使用当前的目标区域大小。

顶 / 底部：顶部或底部的裁剪大小。

左 / 右侧：左侧或右侧的裁剪大小。

4. 音频

重点参数提醒：

音频：设置音频的选项，包括【打开音频输出】、【自动音频输出】和【关闭音频输出】。

kHz：设置音频的频率，即声音每秒振动的次数，也可以称为采样率。

16 位：设置音频的采样位数。

立体声：设置音频的模式，包括【单声道】和【立体声】。

13.5.2　色彩管理

可以对项目渲染的相关色彩参数进行管理设置。默认情况下，色彩管理处于关闭状态，若要开启色彩管理，需要在【项目设置】对话框中进行开启。

在菜单栏中执行【文件】/【项目设置】命令，如图 13-13 所示。即可打开【项目设置】对话框，设置【颜色设置】的【工作空间】为【无】以外的值，即可开启色彩管理，如图 13-14 所示。

1. 配置文件

重点参数提醒：

配置文件：设置色彩的相关配置文件。

保留 RGB：勾选该选项，即可保留 RGB。

输出配置文件：设置输出的配置文件。

转换为线性光：包括【关】、【开】和【对 32bpc 打开】

三个选项。

图 13-13

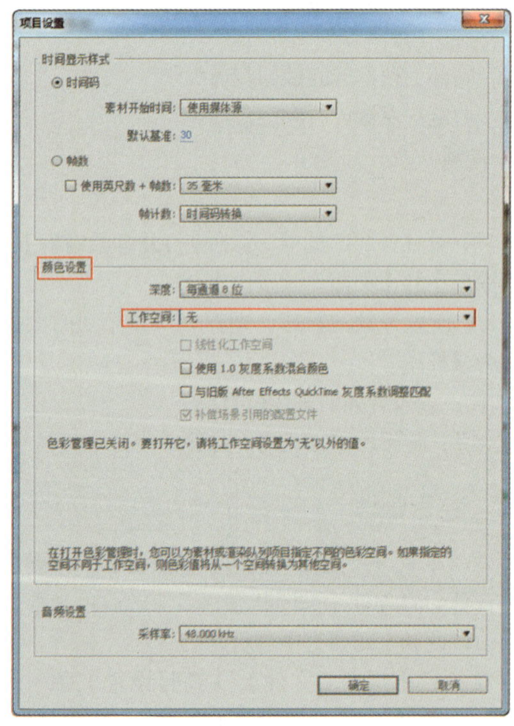

图 13-14

2. 描述

重点参数提醒：

描述：描述当前色彩管理的功能和状态。

13.6 在 After Effects 中渲染文件

在 After Effects 中渲染文件，最常遇到三种情况，分别是输出单帧、输出视频、输出序列。

13.6.1 输出单帧

首先需要将时间线滑块移动到需要渲染的某一帧位置，然后在菜单栏中执行【合成】/【帧另存为】/【文件...】命令，如图 13-15 所示。

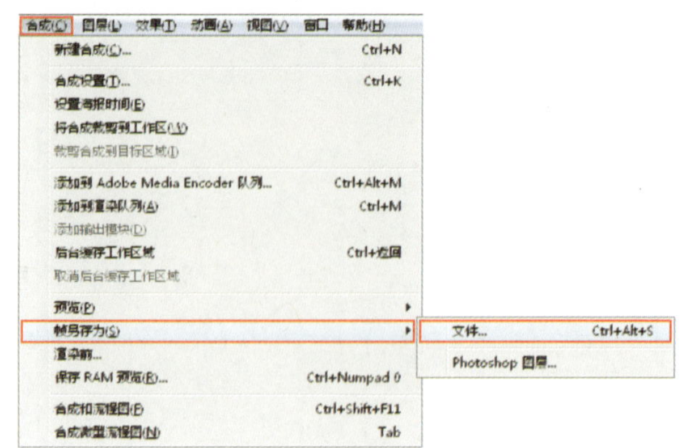

图 13-15

重点 进阶案例：输出单帧图片

场景文件	01.aep
案例文件	进阶案例：输出单帧图片 .aep
视频教学	DVD/ 多媒体教学 /Chapter12/ 进阶案例：输出单帧图片 .flv
难易指数	★★☆☆☆
技术掌握	掌握单帧图片的输出方法

案例分析：

在该案例中，主要学习使用【帧另存为】命令和【渲染】设置，案例的最终效果如图 13-16 所示。

图 13-16

（1）打开本书配套光盘中的【01.aep】素材文件，如图 13-17 所示。

（2）将时间线滑块拖到需要输出单帧图片的时间位置，然后在菜单栏中执行【合成】/【帧另存为】/【文件】命令，或按快捷键〈Ctrl+Alt+S〉，如图 13-18 所示。

（3）在【渲染队列】窗口中单击打开【输出模块设置】对话框，然后设置【格式】为【JPEG 序列】，然后单击【确定】按钮即可，如图 13-19 所示。

图 13-17

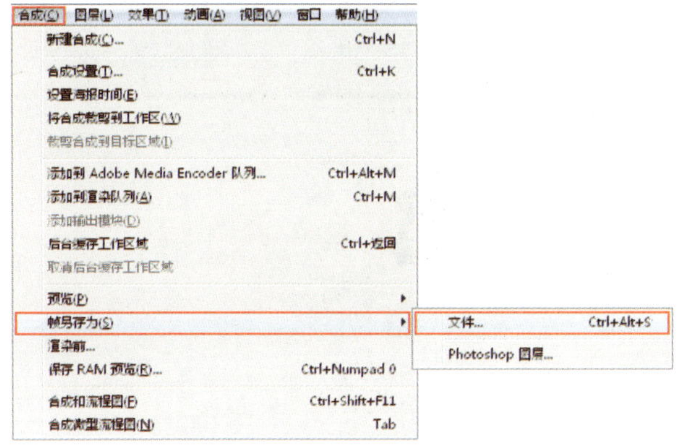

图 13-18

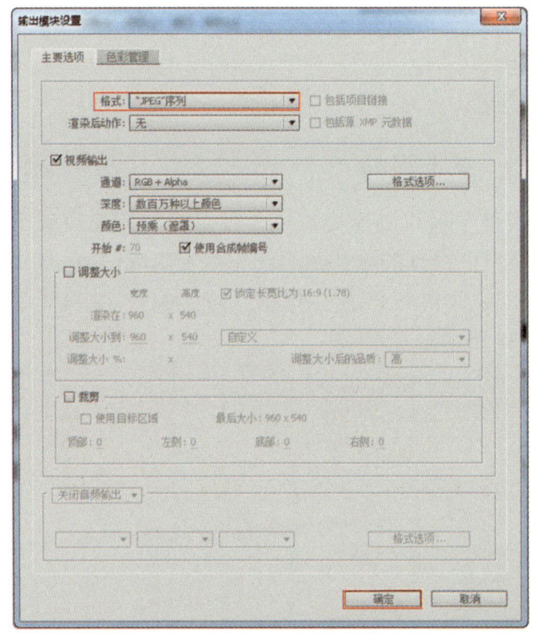

图 13-19

求生秘籍——技巧提示：输出单帧图片的技巧

只有在执行【帧另存为】/【文件】命令，并在【输出模块设置】对话框中设置【格式】为图片格式时，才会输出相应格式的单帧图片。

（4）在【渲染队列】中设置【输出到】的文件保存位置和名称，然后单击【渲染】按钮，如图 13-20 所示。

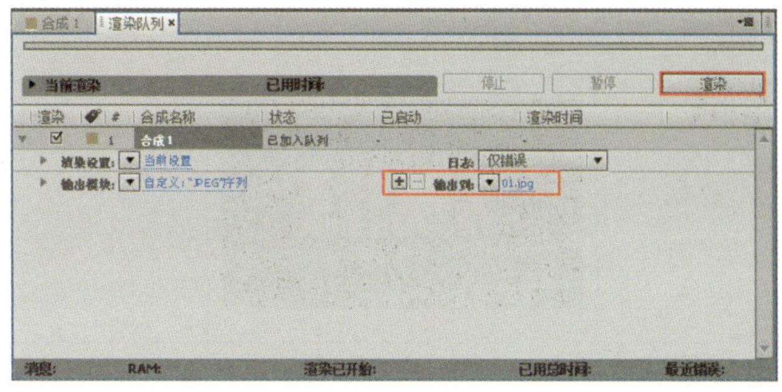

图 13-20

（5）在等待渲染结束后，即可在设置的渲染保存路径下查看当前渲染出来的 JPG 格式图片文件，如图 13-21 所示。

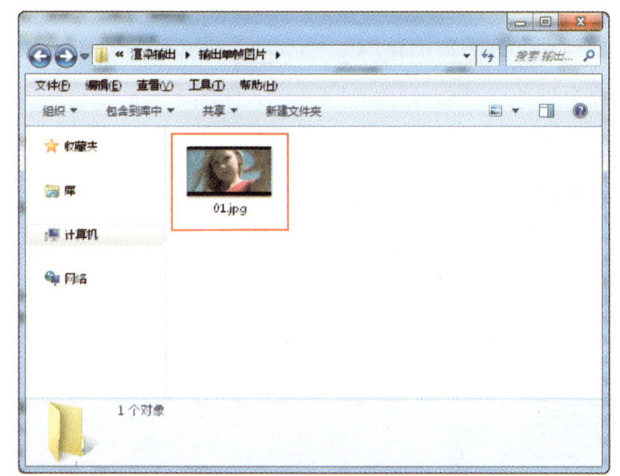

图 13-21

重点 进阶案例：输出 PNG 格式图像

场景文件	02.aep
案例文件	进阶案例：输出 PNG 格式图像 .aep
视频教学	DVD/ 多媒体教学 /Chapter12/ 进阶案例：输出 PNG 格式图像 .flv
难易指数	★★☆☆☆
技术掌握	掌握 PNG 格式图像的输出方法

案例分析：

在该案例中，主要学习渲染 PNG 格式图像文件的方法。最终渲染效果，如图 13-22 所示。

图 13-22

（1）打开本书配套光盘中的【02.aep】素材文件。如图 13-23 所示。

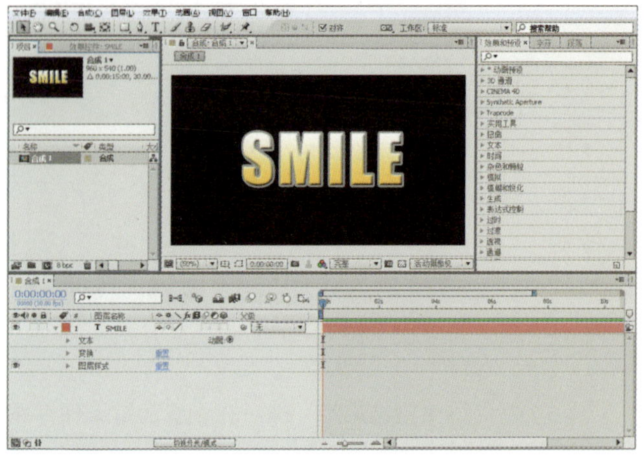

图 13-23

（2）将时间线滑块拖到需要输出单帧图像的时间位置，然后在菜单栏中执行【合成】/【帧另存为】/【文件】命令，或按快捷键〈Ctrl+Alt+S〉，如图 13-24 所示。

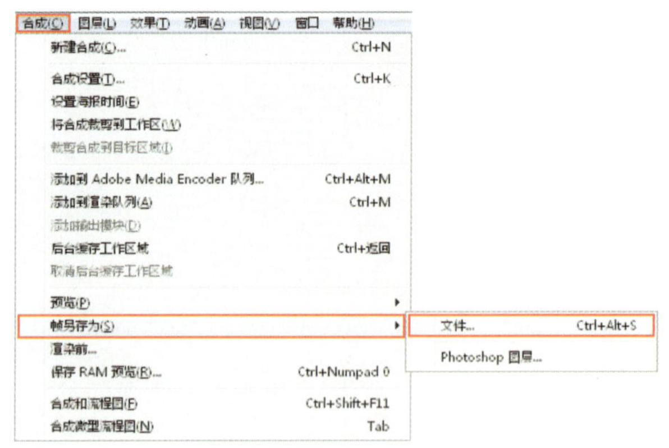

图 13-24

（3）在【渲染队列】窗口中单击打开【输出模块设置】对话框，然后设置【格式】为【PNG 序列】，然后单击【确定】按钮即可，如图 13-25 所示。

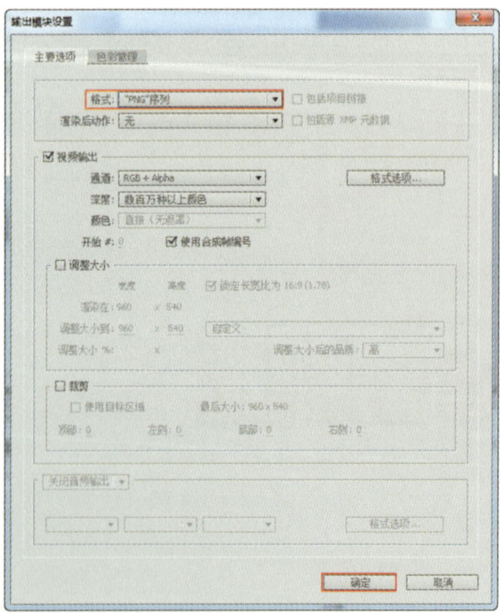

图 13-25

（4）在【渲染队列】中设置【输出到】的文件保存位置和名称，然后单击【渲染】按钮，如图 13-26 所示。

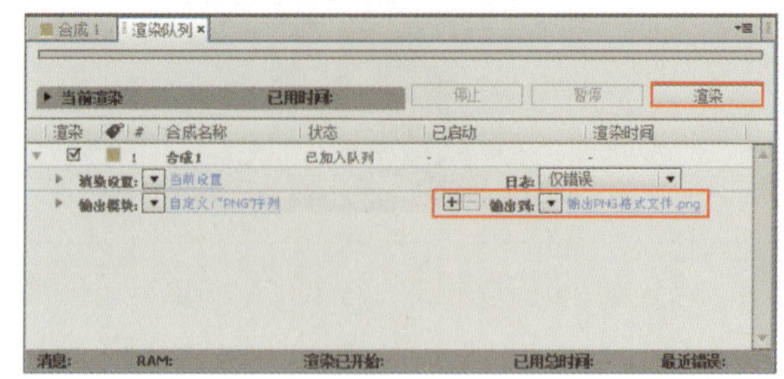

图 13-26

（5）在等待渲染结束后，即可在设置的渲染保存路径下查看渲染出来的 PNG 格式图片文件，如图 13-27 所示。

图 13-27

13.6.2 输出视频

当整个项目制作完成后，可以将整体项目或工作区内的项目以视频的方式渲染出来。在 After Effects 中，可以输出多种视频格式，包括 AVI、MOV 和 FLV 等，如图 13-28 所示。

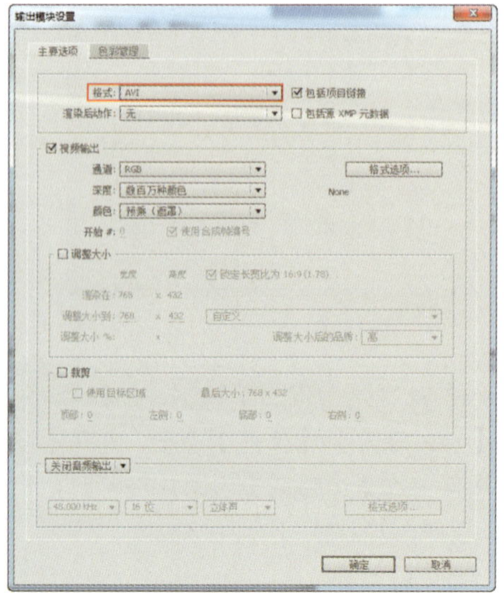

图 13-28

重点 进阶案例：输出 MOV 格式视频

场景文件	03.aep
案例文件	进阶案例：输出 MOV 格式视频 .aep
视频教学	DVD/ 多媒体教学 /Chapter12/ 进阶案例：输出 MOV 格式视频 .flv
难易指数	★★☆☆☆
技术掌握	掌握输出 MOV 格式文件的方法

案例分析：

在该案例中，主要学习渲染 MOV 格式视频的方法。

（1）打开本书配套光盘中的【03.aep】素材文件，如图 13-29 所示。

图 13-29

（2）使用快捷键〈Ctrl+M〉，或者执行【合成】/【添加到渲染队列】命令，如图 13-30 所示。即可将当前项目添加到【渲染队列】窗口中，如图 13-31 所示。

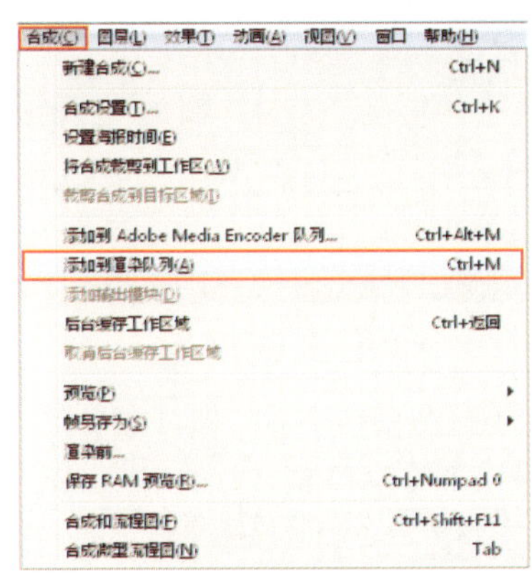

图 13-30

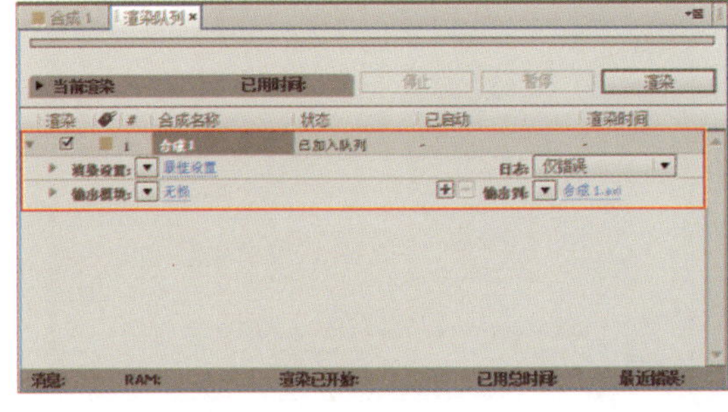

图 13-31

（3）在【渲染队列】窗口中打开【输出模块设置】对话框，然后设置【格式】为【QuickTime】，接着单击【确定】按钮，如图 13-32 所示。也可以设置相关渲染的大小和音频。

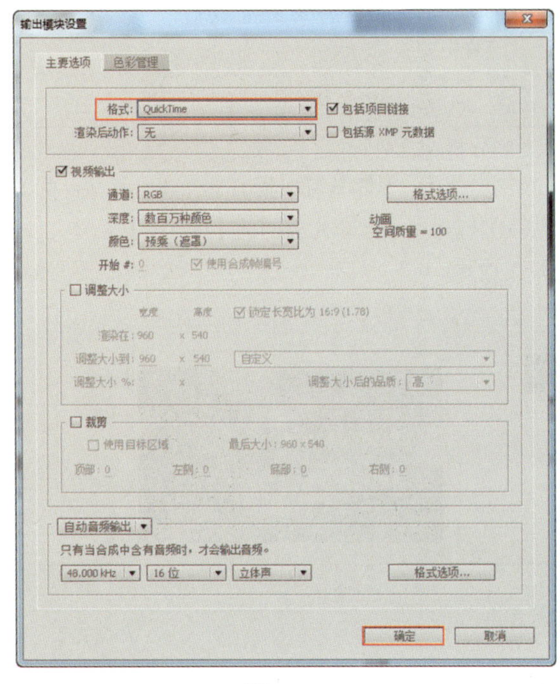

图 13-32

（4）单击【输出到】设置视频文件保存位置和名称，然后单击【渲染】按钮，如图 13-33 所示。

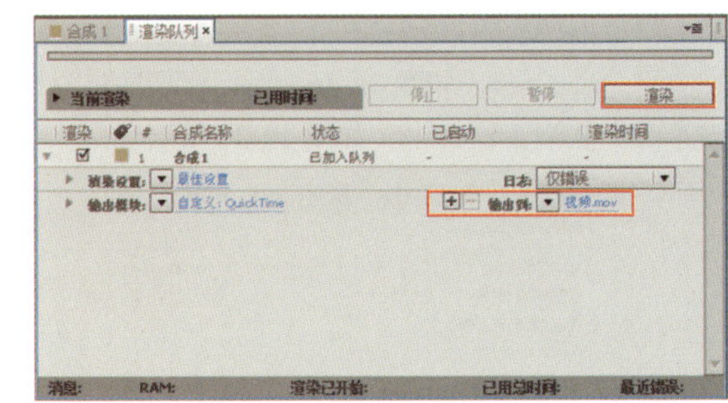

图 13-33

（5）在等待渲染结束后，即可在设置的渲染保存路径下查看渲染出来的 MOV 格式视频文件，如图 13-34 所示。

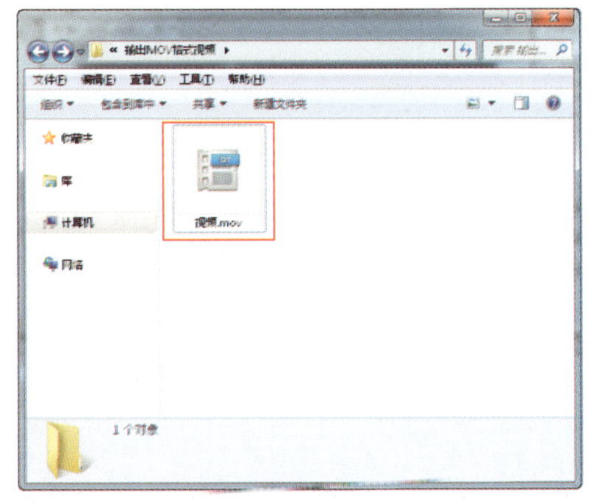

图 13-34

第 13 章

重点 进阶案例：输出影片中的音频

场景文件	04.aep
案例文件	进阶案例：输出影片中的音频 .aep
视频教学	DVD/ 多媒体教学 /Chapter12/ 进阶案例：输出影片中的音频 .flv
难易指数	★★☆☆☆
技术掌握	掌握单独输出音频的方法

案例分析：

在该案例中，主要学习单独渲染音频格式文件的方法。

（1）打开本书配套光盘中的【04.aep】素材文件，如图 13-35 所示。

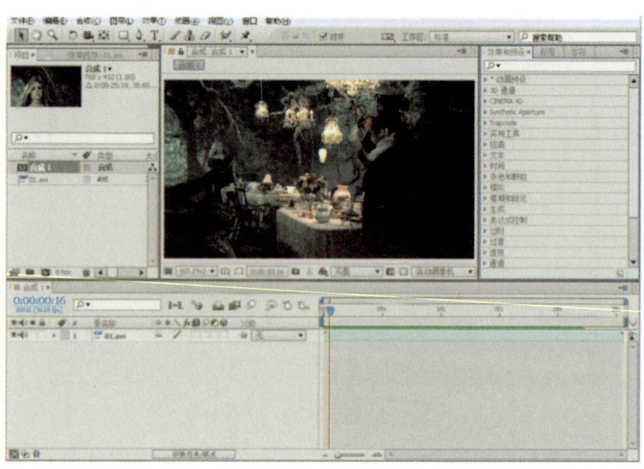

图 13-35

（2）使用快捷键〈Ctrl+M〉，或者执行【合成】/【添加到渲染队列】命令，如图 13-36 所示。即可将当前项目添加到【渲染队列】窗口中，如图 13-37 所示。

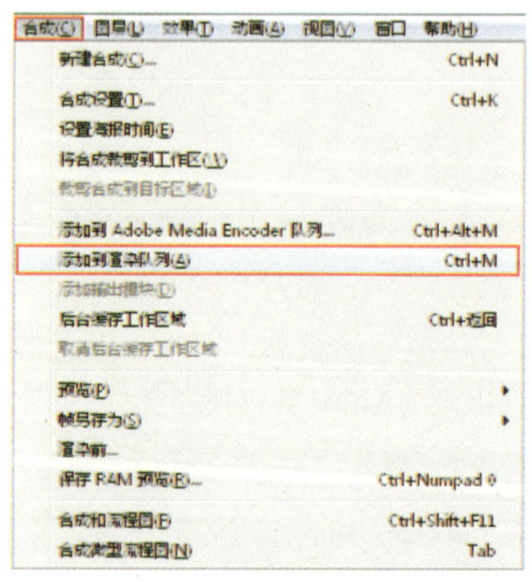

图 13-36

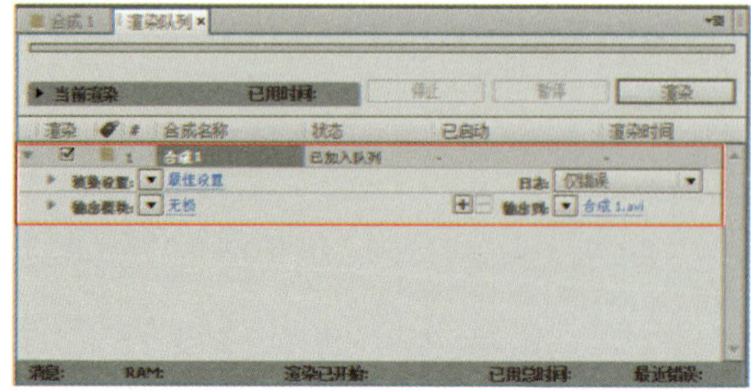

图 13-37

（3）在【渲染队列】窗口中打开【输出模块设置】对话框，然后设置【格式】为【MP3】，接着单击【确定】按钮，如图 13-38 所示。也可以设置相关渲染大小和音频。

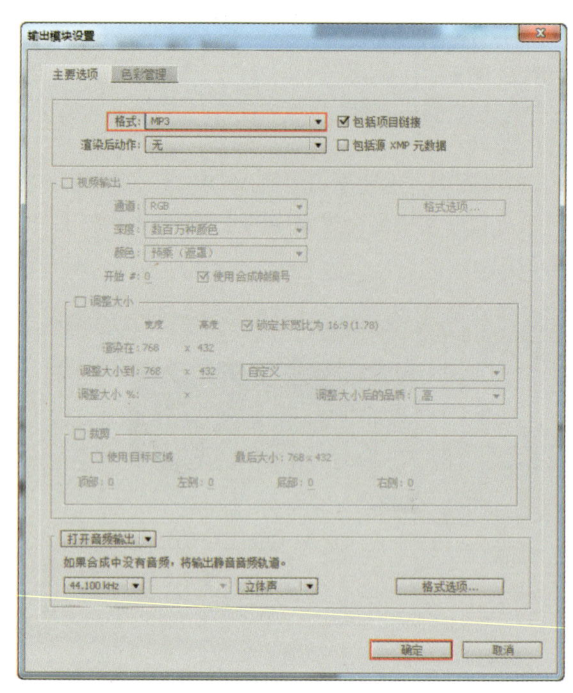

图 13-38

（4）单击【输出到】设置视频文件保存位置和名称，然后单击【渲染】按钮，如图 13-39 所示。

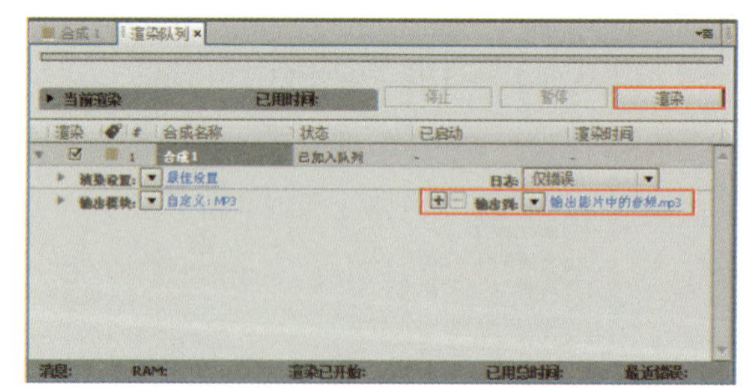

图 13-39

（5）在等待渲染结束后，即可在设置的渲染保存路径下查看渲染出来的 MP3 格式音频文件，如图 13-40 所示。

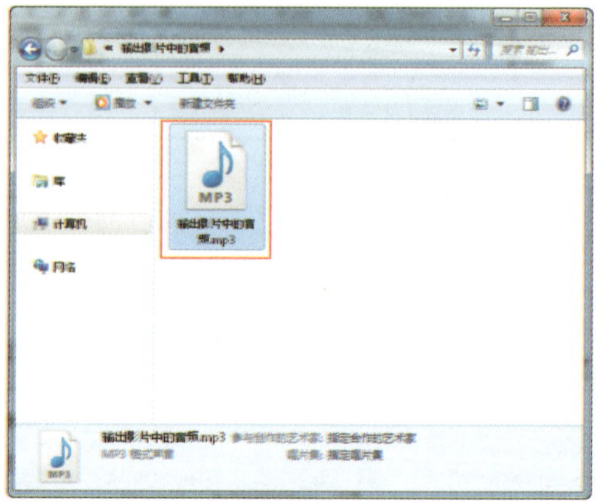

图 13-40

13.6.3　输出序列

在 After Effects 中，可以将带有运动画面的项目以单帧序列的形式渲染出来。与渲染视频的方法基本相同，但是需要选择图片序列格式，如 JPG、PNG 和 TARGA 格式等，如图 13-41 所示。

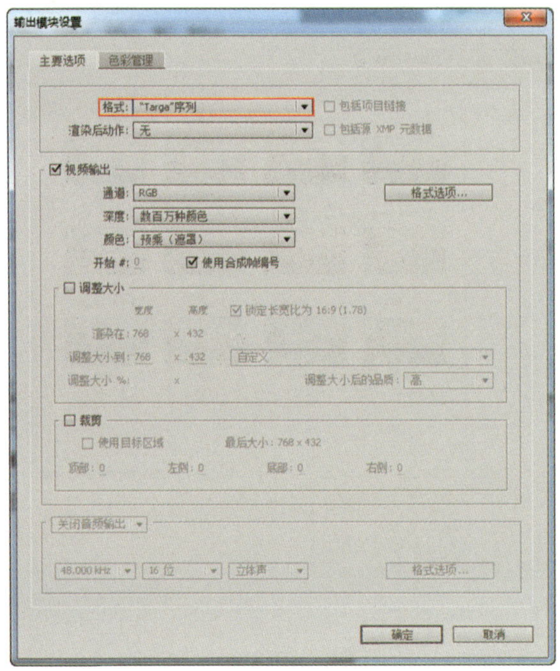

图 13-41

重点 进阶案例：输出序列图片

场景文件	05.aep
案例文件	进阶案例：输出序列图片 .aep
视频教学	DVD/ 多媒体教学 /Chapter12/ 进阶案例：输出序列图片 .flv
难易指数	★★☆☆☆
技术掌握	掌握输出序列的方法

案例分析：

在该案例中，主要学习输出序列帧图片的方法。

（1）打开本书配套光盘中的【05.aep】素材文件，如图 13-42 所示。

图 13-42

（2）使用快捷键〈Ctrl+M〉，或者执行【合成】/【添加到渲染队列】命令，如图 13-43 所示。即可将当前项目添加到【渲染队列】窗口中，如图 13-44 所示。

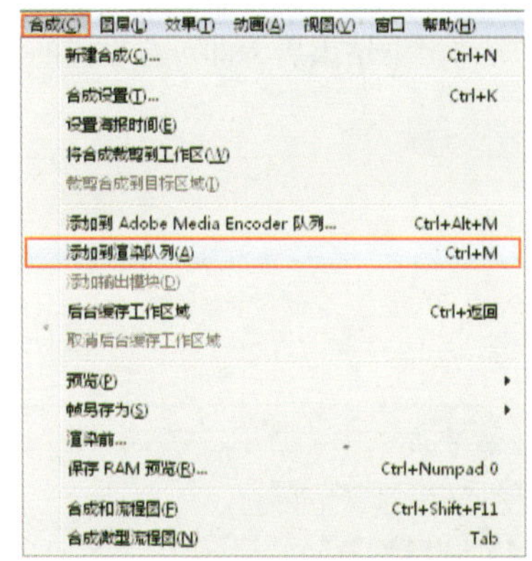

图 13-43

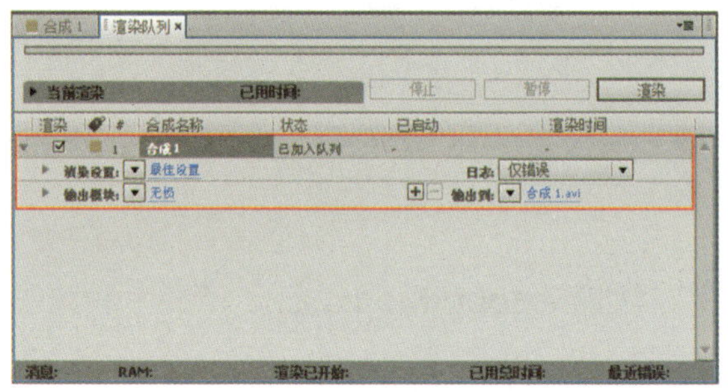

图 13-44

（3）在【渲染队列】窗口中打开【输出模块设置】对话框，然后设置【格式】为【JPEG 序列】，接着单击【确定】，如图 13-45 所示。

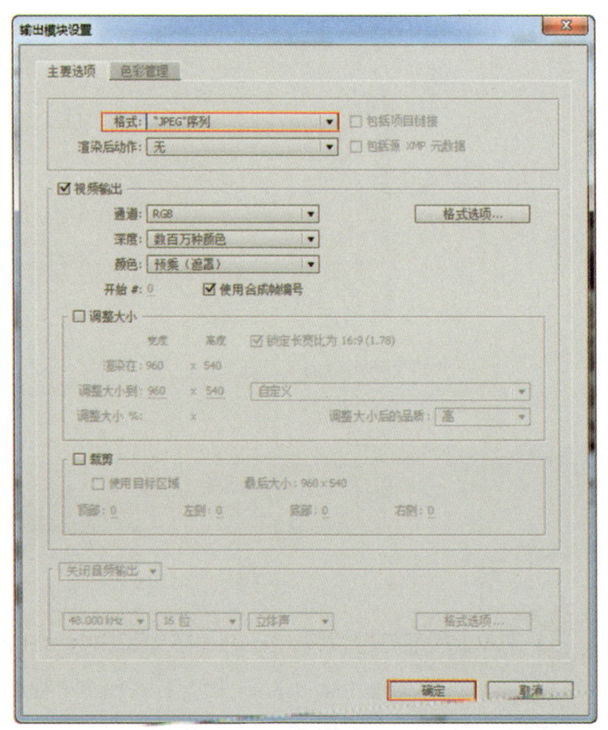

图 13-45

（4）单击【输出到】设置序列文件保存位置和名称，然后单击【渲染】按钮，如图 13-46 所示。

求生秘籍——技巧提示：输出序列图片的技巧

执行【合成】/【添加到渲染队列】命令后，在【输出模块设置】对话框中设置相应图片格式，即可输出序列。

（5）在等待渲染结束后，即可在设置的渲染保存路径下查看渲染出来的序列图片，如图 13-47 所示。

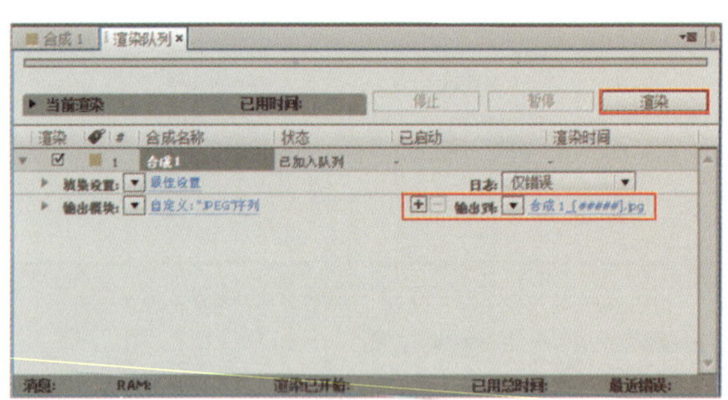

图 13-46

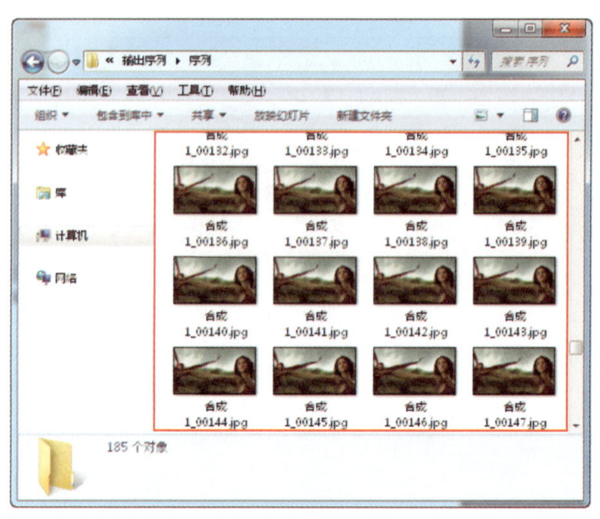

图 13-47

13.7 认识 Adobe Media Encoder

Adobe Media Encoder 是一个附属编码输出端，也是一个视频和音频的编码应用程序，可以对音频和视频文件进行编码和导出。而且包括预设设置，能够快速导出与相关媒体兼容的文件，包括 DVD、网页、手机、高清电视和便携式播放器等。Adobe Media Encoder 界面，如图 13-48 所示。

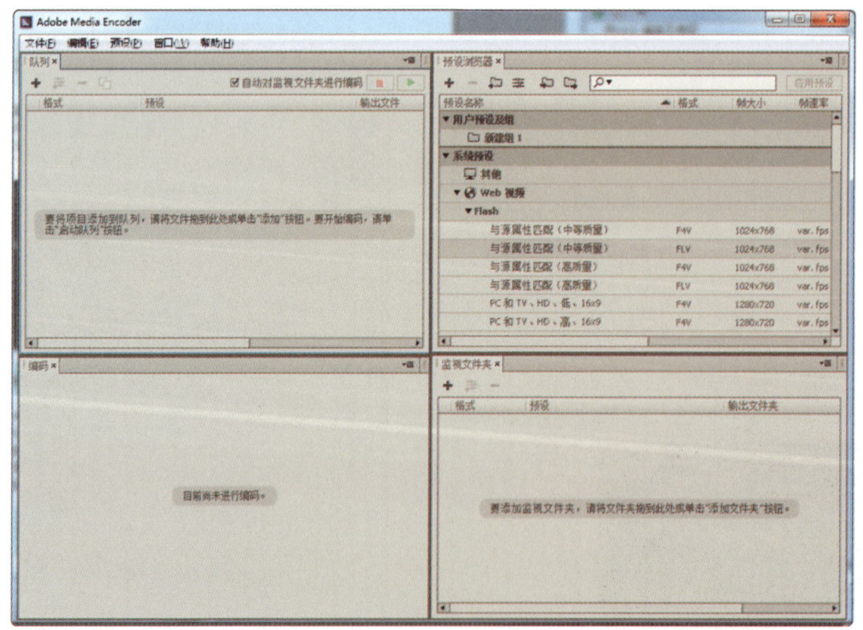

图 13-48

FAQ 常见问题解答：Adobe Media Encoder 的作用有哪些？

使用 Adobe Media Encoder，可以批量处理多个视频和音频文件。而且在对视频文件进行编码时，可以更改批处理文件的编码设置和排列顺序。

13.8　Media Encoder 菜单栏

在菜单栏中共包括【文件】、【编辑】、【预设】、【窗口】和【帮助】五个菜单，如图 13-49 所示。

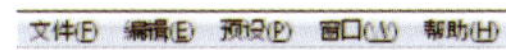

图 13-49

13.8.1　【文件】菜单

在菜单栏中的【文件】菜单主要用来执行添加、启动、停止、保存等操作。其菜单面板如图 13-50 所示。

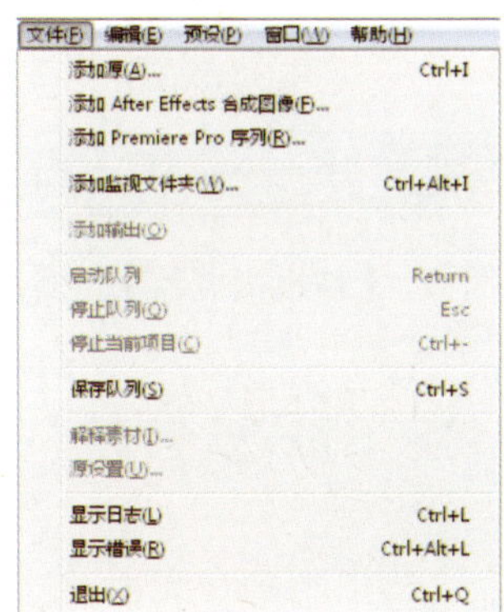

图 13-50

重点参数提醒：

添加源：打开要编码转换的影音源文件。

添加 After Effects 合成图像：添加 After Effects 的合成图像工程文件，通过 Adobe Media Encoder 来渲染输出。

添加监视文件夹：添加一个监视目录。

添加输出：添加一个输出文件。

启动队列：开始渲染输出指定的文件。

停止队列：停止渲染文件。

停止当前项目：停止当前渲染的项目。

保存队列：将待编码渲染的文件存为一个文档，方便以后打开继续渲染输出。

解释素材：解释素材文件的属性。

源设置：源素材设置。

显示错误：显示以往的渲染文件的错误信息。

13.8.2　【编辑】菜单

【编辑】菜单主要用来执行复制、粘贴、选择和清除等编辑操作。其菜单面板如图 13-51 所示。

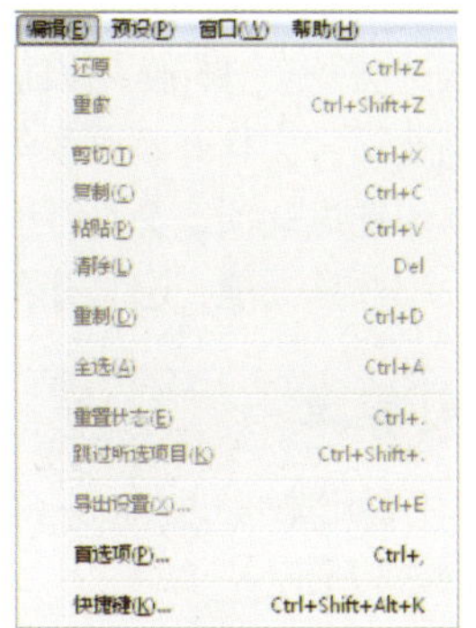

图 13-51

重点参数提醒：

还原：取消上一步的操作，并还原之前一步的操作状态。

重做：重复前一步的操作。

剪切：对选择的文件进行剪切操作。

复制：对选择的文件进行复制操作。

粘贴：将剪切或复制的文件进行粘贴。

清除：将选择的文件进行清除。

重置状态：使当前状态恢复默认设置。

导出设置：打开 Adobe 媒体编码参数设置窗口。

快捷键：设置快捷键。

13.8.3　【预设】菜单

【预设】菜单主要用来设置预设、导入和导出预设。其菜单面板如图 13-52 所示。

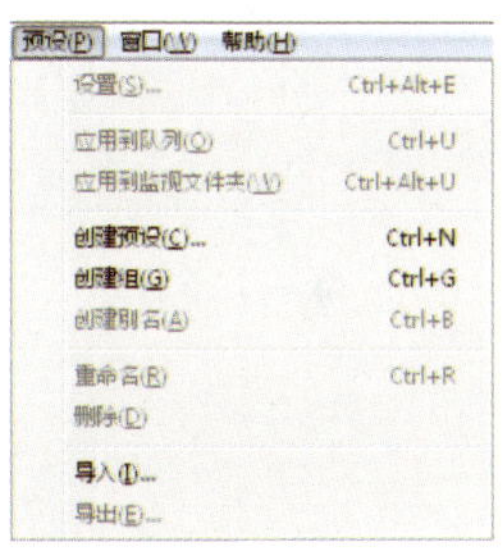

图 13-52

重点参数提醒：

设置：在弹出的对话框中设置预设相关参数。

应用到队列：将素材预设添加到队列。

应用到监视文件夹：把预设导入到监视文件夹。

创建预设：创建需要渲染的预设。

创建组：创建预设组，可以方便进行处理操作。

创建别名：可以将预设再次创建。

重命名：将预设重新命名。

删除：删除预设。

导入：导入预设。

导出：导出预设。

13.8.4　【窗口】菜单

【窗口】菜单主要用来设置工作区和各个面板的开启和关闭，其菜单面板如图 13-53 所示。

重点参数提醒：

工作区：在其子菜单中，可以创建新工作区和修改工作区。

队列：勾选该选项，会打开队列面板。

编码：勾选该选项，会打开编码面板。

监视文件夹：勾选该选项，会打开监视文件夹。

预设浏览器：勾选该选项，会打开预设浏览器。

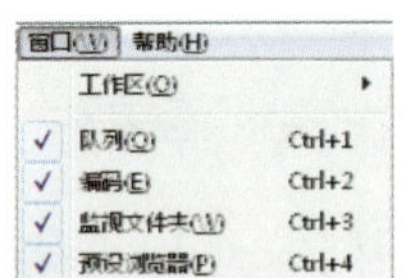

图 13-53

13.8.5 【帮助】菜单

【帮助】菜单主要用来提供 Adobe Media Encoder 相关的帮助信息。其菜单面板如图 13-54 所示。

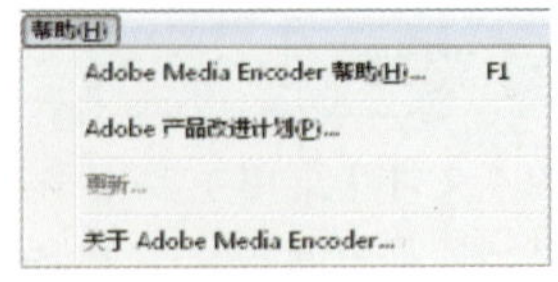

图 13-54

重点参数提醒：

Adobe Media Encoder 帮助：显示目录表形式的帮助文档。

更新：在线更新。

13.9 Adobe Media Encoder 面板

在打开 Adobe Media Encoder 后，会看到界面中的各个面板，包括【队列】面板、【预设浏览器】面板、【监视文件夹】面板和【编码】面板，下面依次介绍每个面板的功能与作用。

13.9.1 【队列】面板

该面板主要用于添加和删除需要渲染的队列文件，如图 13-55 所示。

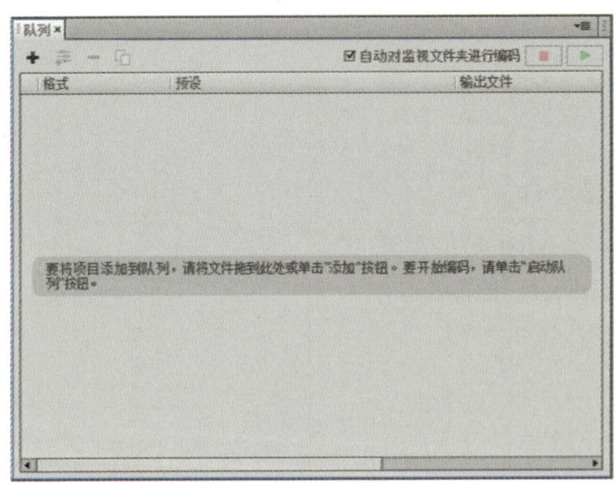

图 13-55

重点参数提醒：

（添加源）：单击该按钮，即可在弹出的对话框中选择需要添加到队列的项目文件。

（添加输出）：可以将文件再次添加输出。选择队列中需要添加输出的文件，然后单击该按钮，即可将当前文件再次添加，如图 13-56 所示。

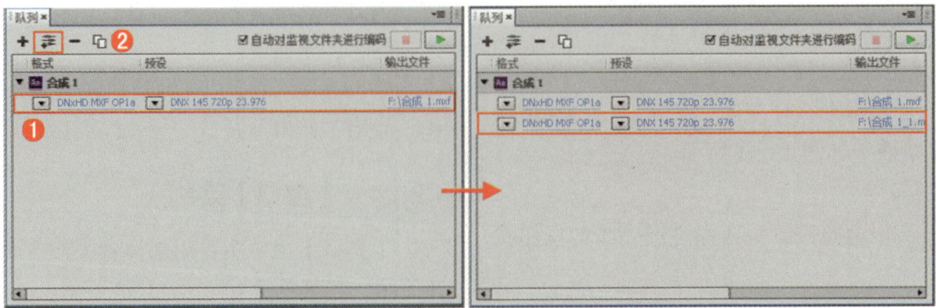

图 13-56

（移除）：可以将队列中选择的文件删除。

（重制）：可以将队列中的文件进行复制和粘贴。选择队列中的文件，然后单击该按钮，即可将选择的文件进行复制和粘贴，如图 13-57 所示。

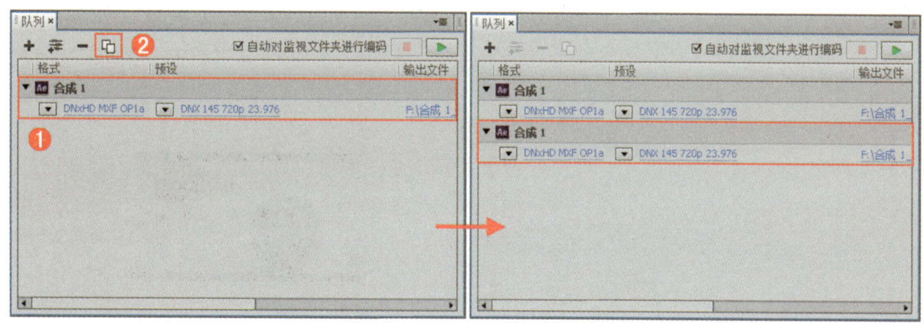

图 13-57

（启动队列）：单击该按钮，可以将队列中的文件进行渲染。

（停止队列）：单击该按钮，可以停止当前渲染的队列。

13.9.2　【预设浏览器】面板

该面板主要用于添加和删除预设文件和预设文件夹，如图 13-58 所示。

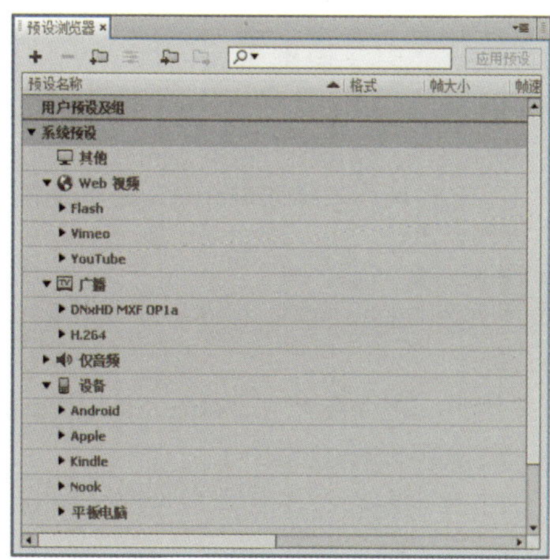

图 13-58

重点参数提醒：

（新建预设）：单击该按钮，可以在弹出的对话框中设置一个新的预设，如图 13-59 所示。

（删除预设）：选择需要删除的预设文件，然后单击该按钮，即可删除当前选择的预设文件。

（新建预设组）：单击该按钮，会新建一个预设组文件夹，并可以将文件夹重新命名，如图 13-60 所示。

（预设设置）：选择一个预设文件，然后单击该按钮，可以在弹出的对话框中对预设文件重新设置。

（导入预设）：单击该按钮，可以在弹出的对话框中选择需要导入的预设文件。

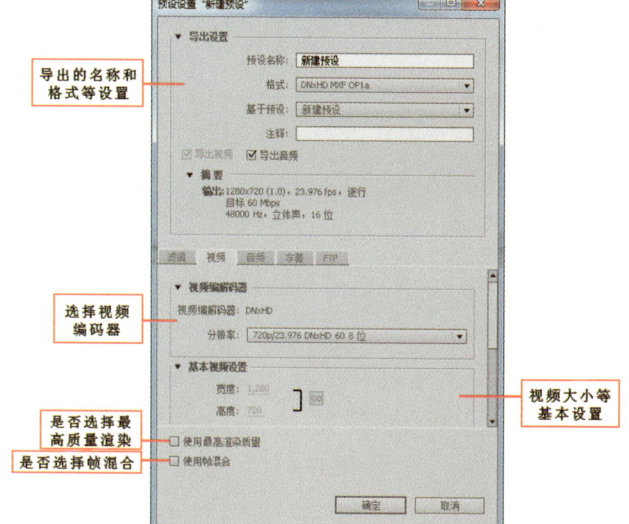

图 13-59

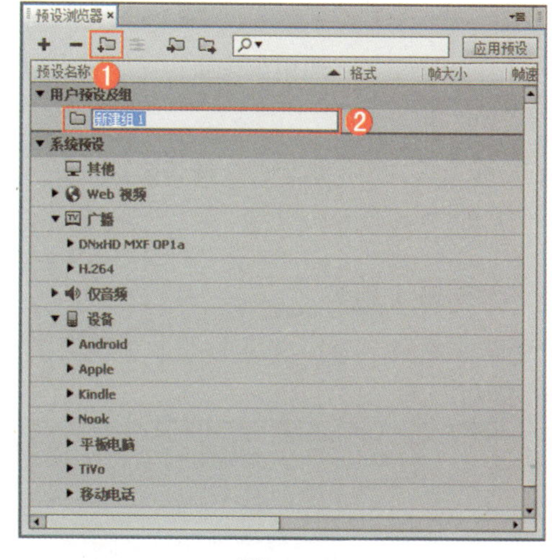

图 13-60

（导出预设）：选择需要导出的预设文件，然后单击该按钮，即可在弹出的对话框中设置导出的保存路径和名称，如图 13-61 所示。

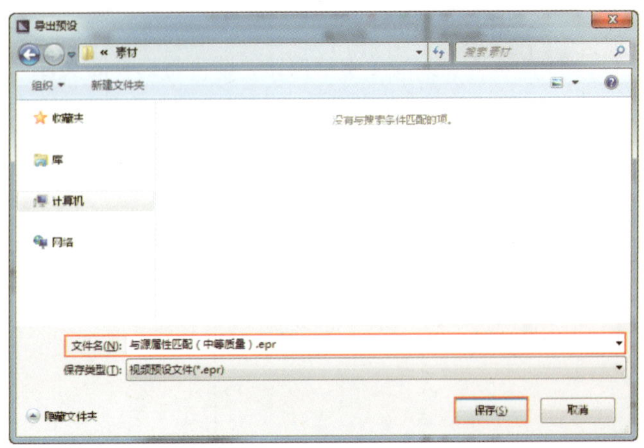

图 13-61

13.9.3 【监视文件夹】面板

该面板主要用于添加预设输出的文件夹路径，如图 13-62 所示。

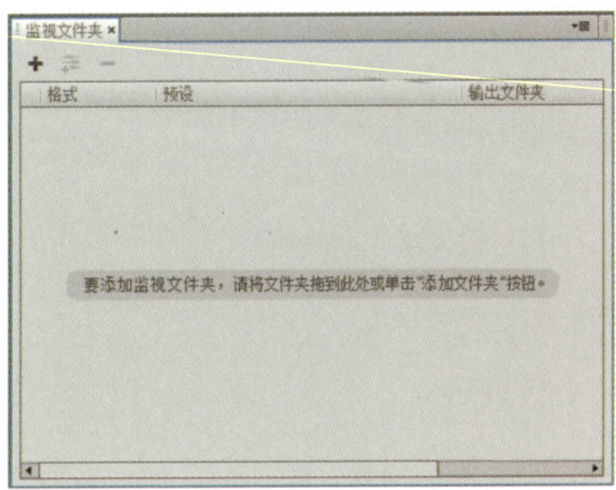

图 13-62

重点参数提醒：

（添加文件夹）：单击该按钮，然后在弹出的对话框中选择文件夹保存路径。

（添加输出）：使用该按钮，可以将当前选择的文件再次添加一份。

（移除）：选择添加的文件夹路径，然后单击该按钮，即可删除该文件夹路径。

13.9.4 【编码】面板

该面板主要用于显示渲染的进度和预览效果，如图 13-63 所示。

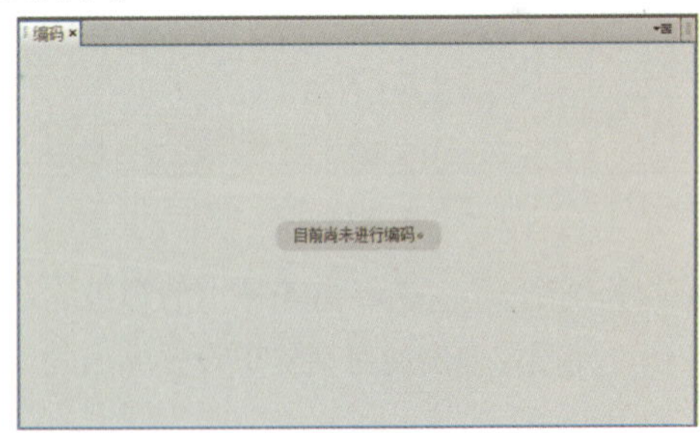

图 13-63

重点参数提醒：

在【队列】面板中单击（启动队列）按钮时，即可开始渲染队列。此时【编码】面板中会出现渲染的名称、路径和预览画面等相关信息，如图 13-64 所示。

图 13-64

求生秘籍——技巧提示：使用 Adobe Media Encoder 的相关技巧

若对 H.264、MPEG-2 和 WMV 格式使用了 Adobe Media Encoder 队列，那么在默认情况下，这些格式不会再在 After Effects 渲染队列中启用。所以在想使用 After Effects 渲染队列时，可以从输出首选项中启用这些格式。

重点 进阶案例：输出预设视频

场景文件	06.aep
案例文件	进阶案例：输出预设视频 .aep
视频教学	DVD/ 多媒体教学 /Chapter12/ 进阶案例：输出预设视频 .flv
难易指数	★★☆☆☆
技术掌握	掌握在 Adobe Media Encoder 中输出视频的方法

案例分析：

在该案例中，主要学习在 Adobe Media Encoder 中使用预设进行渲染视频的方法。

（1）打开本书配套光盘中的【06.aep】素材文件，如图 13-65 所示。

图 13-65

（2）使用快捷键 <Ctrl+Alt+M>，或者执行【合成】/【添加到 Adobe Media Encoder 队列】命令，如图 13-66 所示，即可打开 Adobe Media Encoder 软件，并将当前项目添加到队列面板中，如图 13-67 所示。

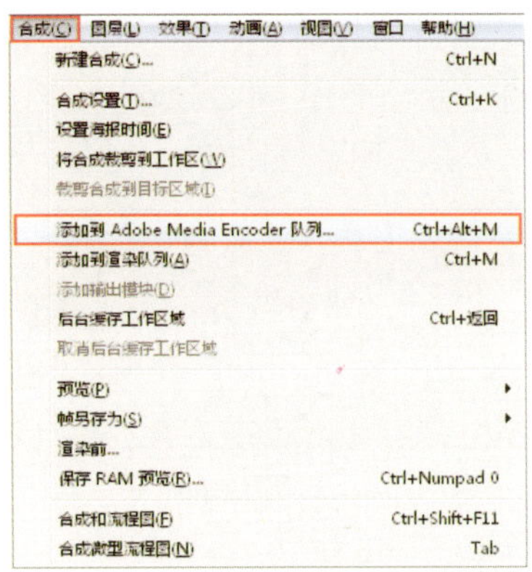

图 13-66

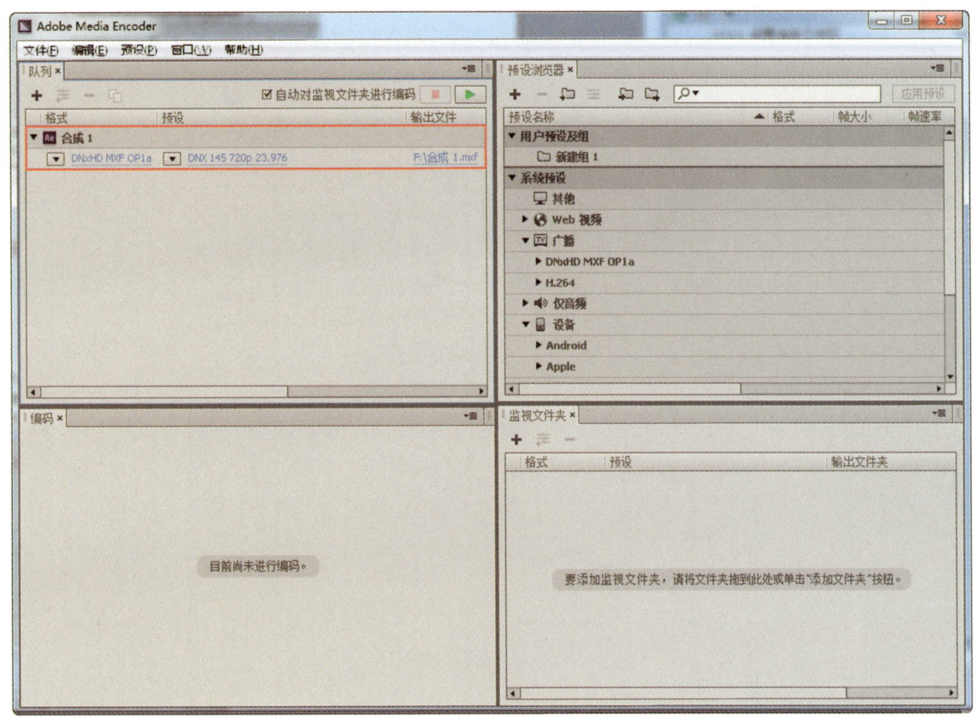

图 13-67

（3）在【队列】面板中单击【格式】或【预设】对应的文字，然后在弹出的【导出设置】对话框中设置【格式】为【FLV】，【预设】为【Web-512x288、16x9、项目帧速率、600kbps】，设置【输出名称】的保存路径和名称，接着单击【确定】，如图 13-68 所示。

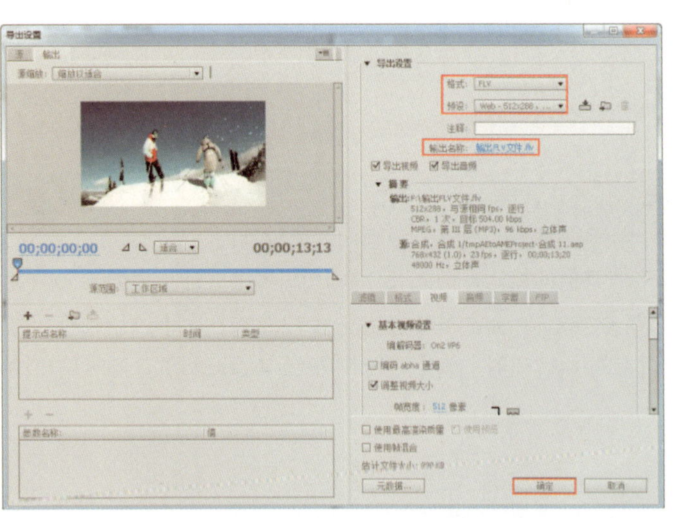

图 13-68

（4）此时【队列】面板中已经显示当前设置，最后单击 ▶（启动队列）按钮，即可开始渲染，如图 13-69 所示。

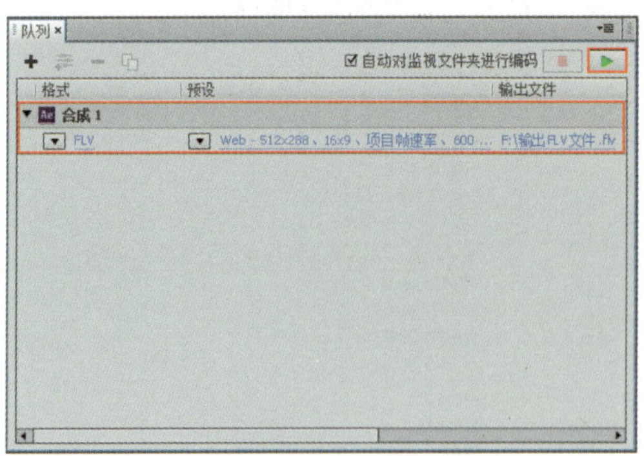

图 13-69

（5）在【编码】面板中可以查看渲染的进度，如图 13-70 所示。在等待渲染结束后，即可在设置的存路径下查看渲染出来的 FLV 格式视频文件，如图 13-71 所示。

图 13-70

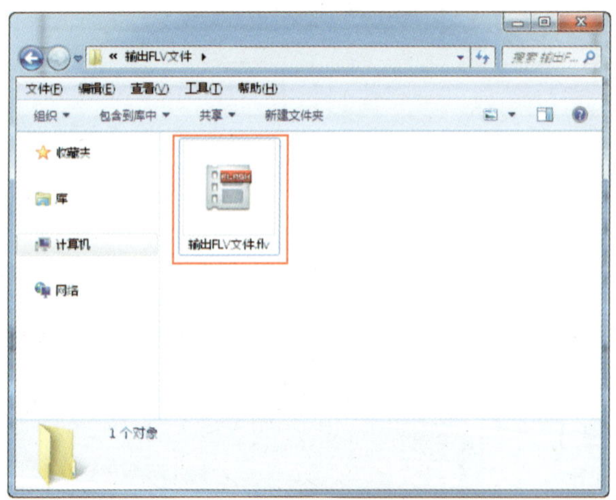

图 13-71

求生秘籍——技巧提示：如何渲染文件较小质量不错的视频文件

因为文件大小和清晰是反比的，视频的质量越高而渲染出来的文件则越大，所以除了会生成较大文件的 AVI 格式，我们可以选择一些其他的格式，例如 flv、MPEG 等格式进行渲染。

也可以在安装了 Xvid MPEG-4 Codec 编码器后，在【输出模块设置】对话框中单击【格式选项】，然后在弹出的窗口中选择【视频编解码器】为【Xvid MPEG-4 Codec】。此时输出的 AVI 格式视频效果较好，文件体积也较小。

第 14 章 综合案例效果

本章学习要点：

- ★ 掌握 After Effects 的各种操作
- ★ 掌握各种效果的综合应用
- ★ 综合 After Effects 技术的应用

After Effects CC 不仅可以制作简单特效，而且可以制作比较完整的项目，如电视广告、栏目包装、影视特效等，如图 14-1 所示。

图 14-1

重点▶▶进阶案例：复古海报效果

案例文件	进阶案例：复古海报效果 .aep
视频教学	DVD/ 多媒体教学 /Chapter14/ 进阶案例：复古海报效果 .flv
难易指数	★★★★☆
技术掌握	主要掌握【文字】、【投影】和【CC 翻页】效果的应用

案例分析：

在本案例中，主要学习使用【遮罩】、【文字】、【线性擦除】、【投影】和【CC 翻页】效果制作复古海报效果，案例的最终渲染效果如图 14-2 所示。

图 14-2

思路解析如图 14-3 所示。

图 14-3

制作步骤：

1. 制作背景

（1）创建新合成。在【项目】窗口中的空白处单击鼠标右键，然后选择【新建合成】，如图 14-4 所示。

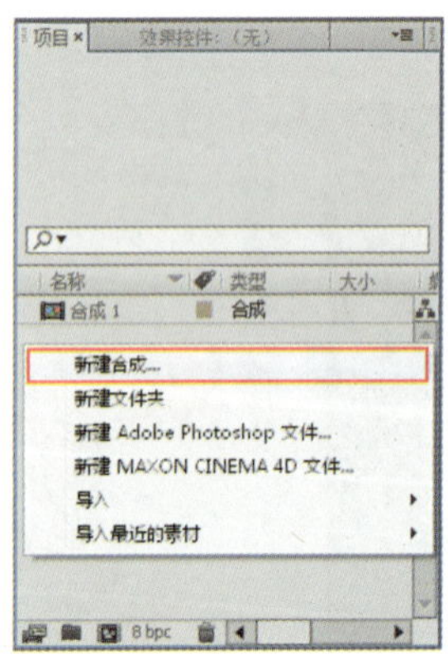

图 14-4

（2）在【合成设置】窗口中，设置【合成名称】为【合成 1】，【宽度】为 1024 像素，【高度】为 819 像素，【像素长宽比】为【方形像素】，【帧速率】为 25 帧 / 秒，【持续时间】为 5 秒，最后单击【确定】按钮，如图 14-5 所示。

（3）在【项目】窗口中空白处双击鼠标左键或按快捷键〈Ctrl+I〉，在弹出的窗口中选择所需素材文件，然后单击【导入】按钮，如图 14-6 所示。

（4）将【项目】窗口中的【背景 .jpg】素材文件拖拽到【时间线】窗口中，并设置【缩放】为 84%，如图 14-7 所示。

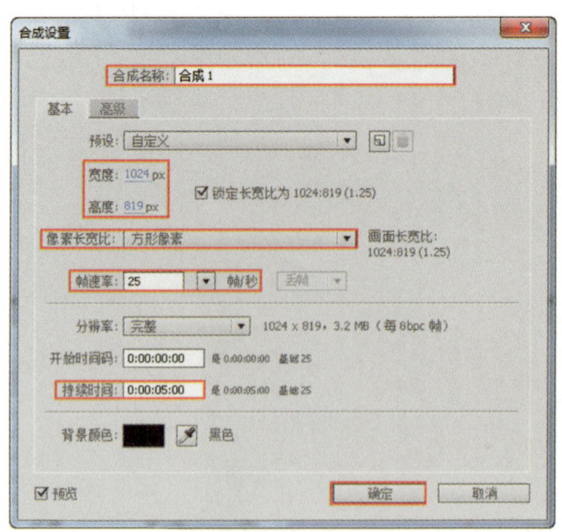

图 14-5

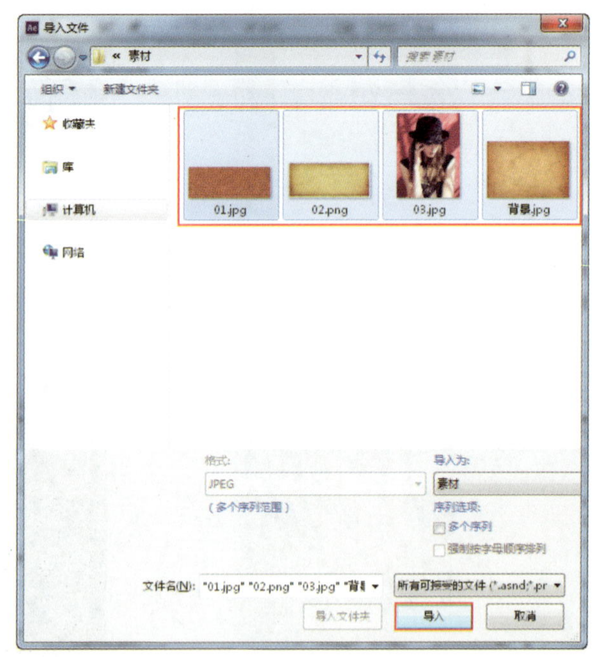

图 14-6

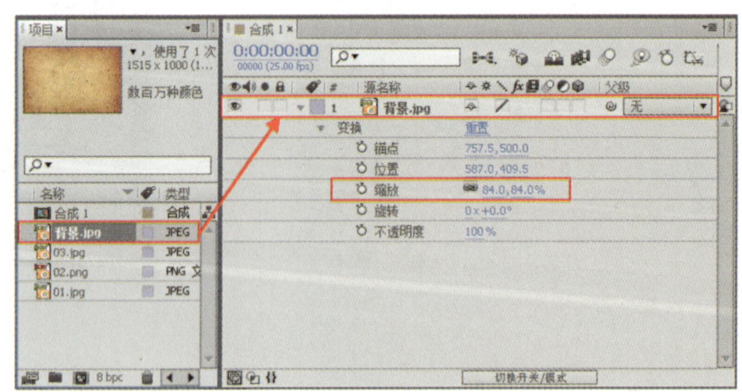

图 14-7

（5）在【时间线】窗口中的空白处单击鼠标右键，然后在弹出的菜单中执行【新建】/【纯色】命令，如图 14-8 所示。

（6）在弹出的【纯色设置】对话框中设置【名称】为【底色】，【颜色】为深红色（R：128，G：54，B：51），如图 14-9 所示。

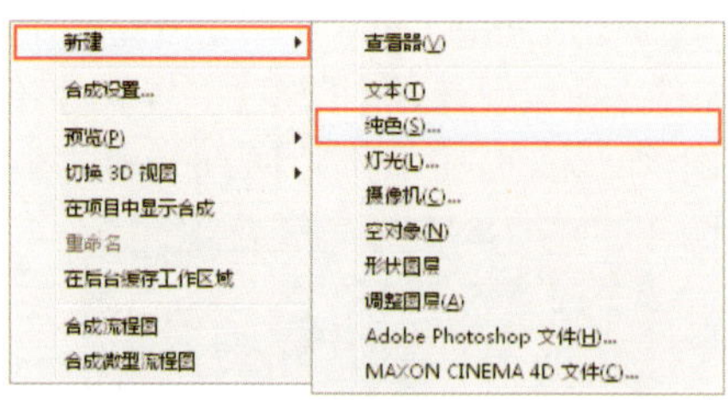

图 14-8

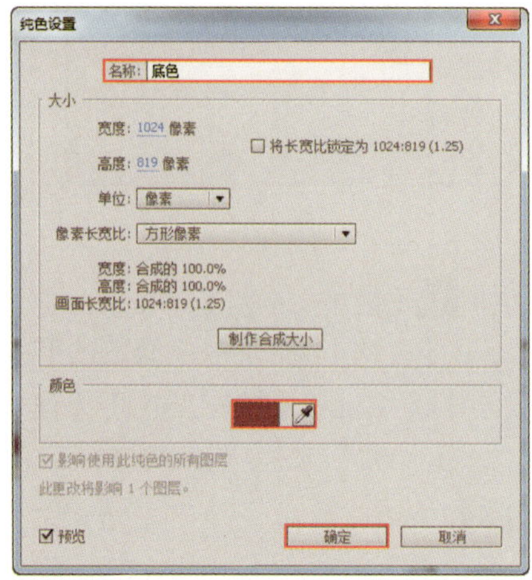

图 14-9

（7）将【效果和预设】面板中的【线性擦除】效果添加到【底色】图层上，如图 14-10 所示。

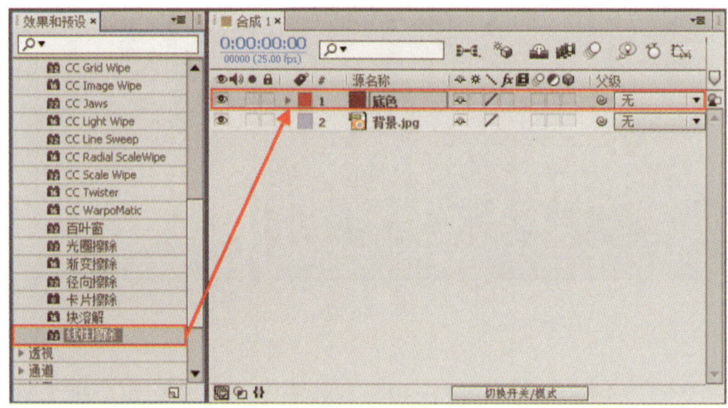

图 14-10

（8）选择【底色】图层，然后在【效果控件】面板中设置【线性擦除】效果的【过渡完成】为 30%，【擦除角度】为 145°，【羽化】为 400，如图 14-11 所示。

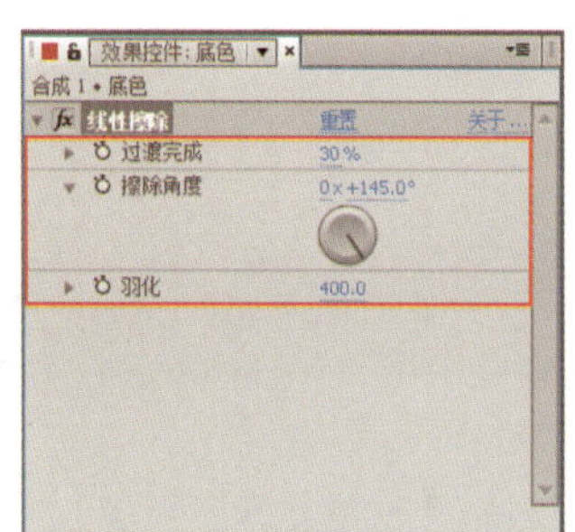

图 14-11

（9）此时在【合成】窗口中查看当前效果，如图 14-12 所示。

图 14-12

2. 制作纸条文字

（1）将【项目】窗口中的【01.jpg】素材文件拖拽到【时间线】窗口中，并设置【缩放】为 88%，【位置】为（555.0，605.5），【旋转】为 – 14°，如图 14-13 所示。此时效果如图 14-14 所示。

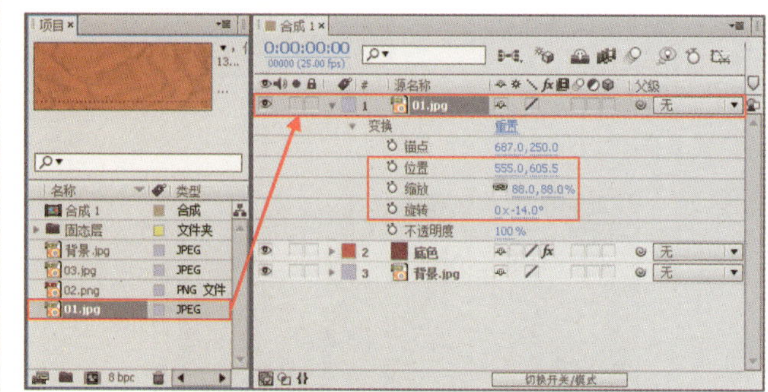

图 14-13

图 14-14

（2）选择【椭圆】工具，然后在【01.jpg】图层上绘制一个圆形遮罩，如图 14-15 所示。然后在该图层下设置【蒙版 1】为【相减】，如图 14-16 所示。

（3）使用【钢笔】工具在【01.jpg】图层上绘制图案，如图 14-17 所示。

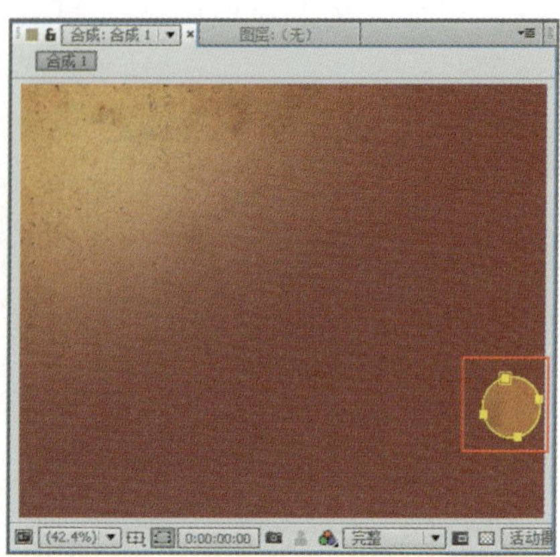

图 14-15

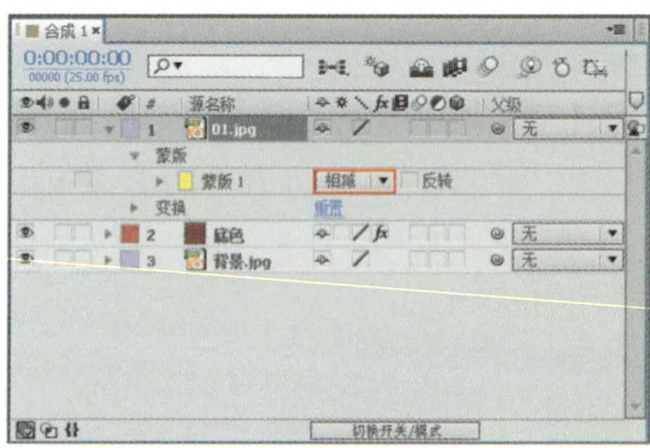

图 14-16

图 14-17

（4）将【效果和预设】面板中的【投影】效果添加到【01.jpg】图层上，如图 14-18 所示。

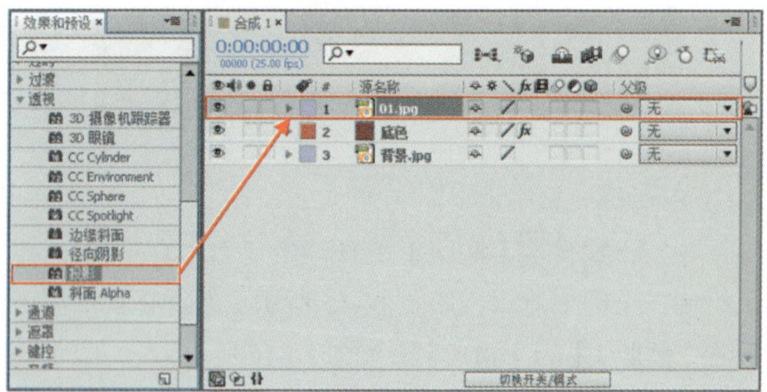

图 14-18

（5）选择【时间线】窗口中的【01.jpg】图层，然后在【效果控件】面板中设置【投影】效果的【不透明度】为 60%，【距离】为 20，【柔和度】为 80，如图 14-19 所示。

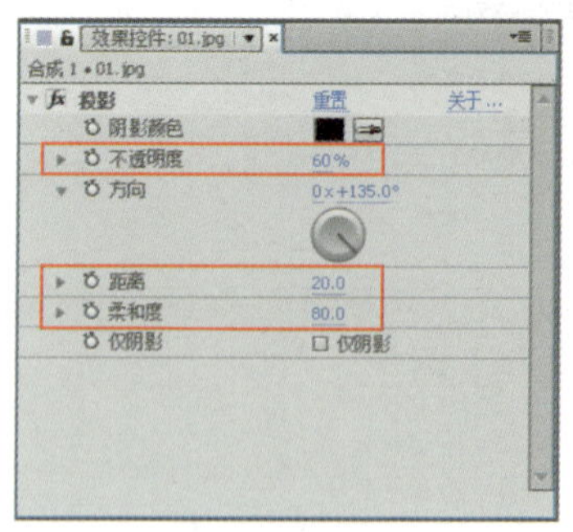

图 14-19

（6）使用T【横排文字】工具在【合成】窗口中输入文字，然后在【字符】面板中设置合适的【字体系列】和【字体大小】，并设置【填充颜色】为浅黄色（R：255，G：245，B：205）和红色（R：175，G：15，B：15），单击T【粗体】按钮，如图 14-20 所示。

图 14-20

（7）在【时间线】窗口中，设置【文字】图层下的【旋转】为 - 14°，如图 14-21 所示。在【合成】窗口中适当调整文字位置，此时效果如图 14-22 所示。

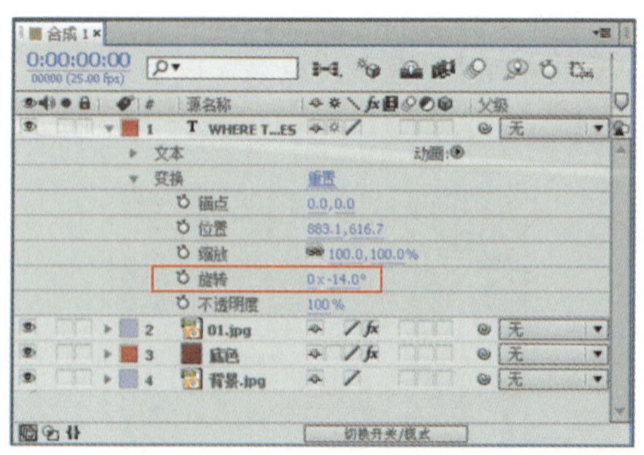

图 14-21

（8）将【02.png】素材文件添加到【时间线】窗口中，并设置【缩放】为 90%，【位置】为（340.0，482.5），【旋转】为 - 14°，如图 14-23 所示。此时效果如图 14-24 所示。

图 14-22

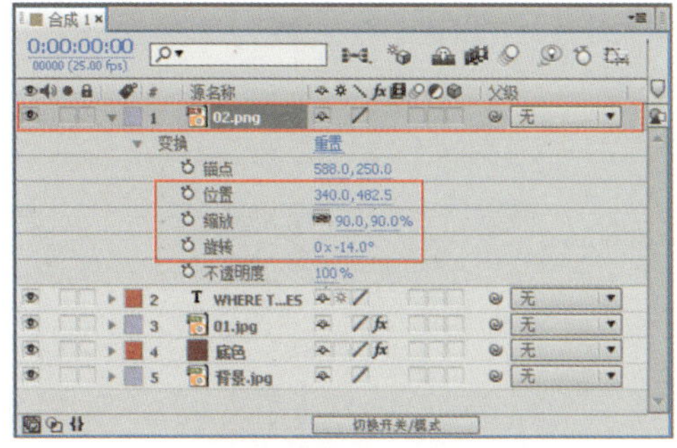

图 14-23

图 14-24

（9）为【02.png】图层添加【投影】效果，并在【效果控件】面板中设置【投影】效果的【不透明度】为 80%，【方向】为 172°，【距离】为 15，【柔和度】为 60，如图 14-25 所示。此时效果如图 14-26 所示。

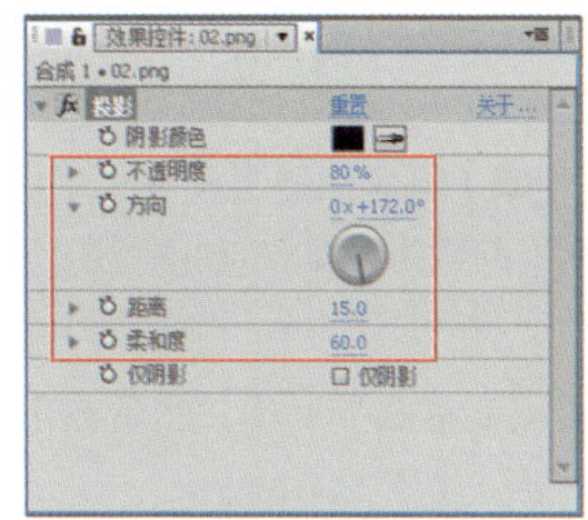

图 14-25

图 14-26

（10）使用 T【横排文字】工具在【合成】窗口中输入文字，然后在【字符】面板中设置合适的【字体系列】和【字体大小】，并设置【填充颜色】为黑色（R：0，G：0，B：0）和红色（R：163，G：0，B：0），单击 T【粗体】按钮，如图 14-27 所示。

图 14-27

（11）在【时间线】窗口中，设置文字图层下的【旋转】为 –14°，如图 14-28 所示。

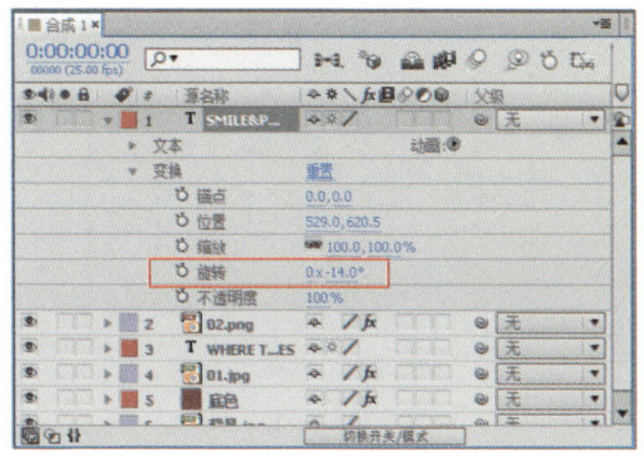

图 14-28

（12）在【合成】窗口中适当调整文字位置，此时效果如图 14-29 所示。

图 14-29

3. 制作圆形标志

（1）在不选择任何图层的情况下，使用【椭圆】工具在【合成】窗口中绘制一个圆形，并设置【填充颜色】为红色（R：160，G：33，B：33），如图 14-30 所示。

图 14-30

（2）为绘制的【形状图层 1】添加【投影】效果，然后在【效果控件】面板中设置【投影】效果的【距离】为 7，【柔和度】为 20，如图 14-31 所示。

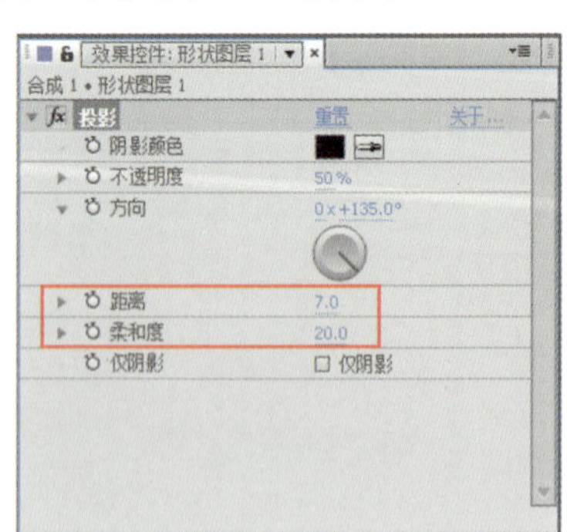

图 14-31

（3）使用【横排文字】工具在【合成】窗口中输入文字，然后在【字符】面板中设置合适的【字体系列】和【字体大小】，并设置【填充颜色】为黄色（R：239，G：225，B：167），如图 14-32 所示。

图 14-32

（4）继续新建文字图层，并设置合适的【字体系列】和【字体大小】，并设置【填充颜色】为黄色（R：236，G：203，B：59），如图 14-33 所示。

图 14-33

（5）在【时间线】窗口中，设置当前输入的两个文字图层下的【旋转】都为 – 14°，如图 14-34 所示。

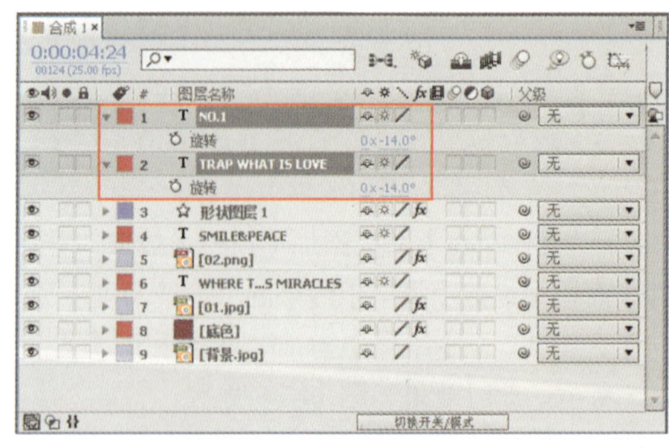

图 14-34

（6）在【合成】窗口中适当调整文字位置，并在【合成】窗口中查看当前效果，如图 14-35 所示。

4. 制作照片合成

（1）使用【矩形】工具，然后在【合成】窗口中绘制一个形状图层，如图 14-36 所示。

（2）将【效果和预设】面板中的【梯度渐变】效果添加到【形状图层 2】上，如图 14-37 所示。

图 14-35

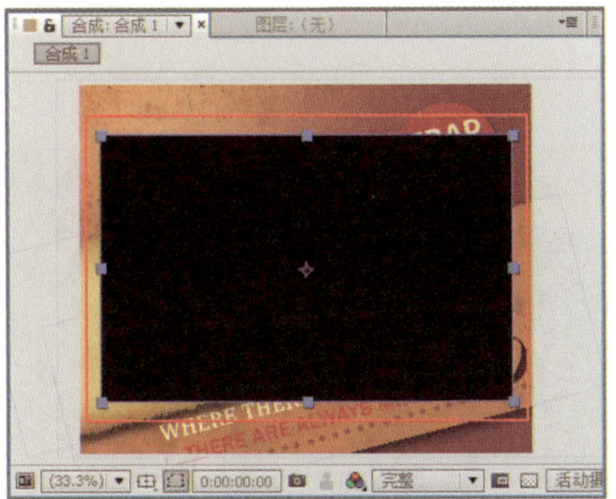

图 14-36

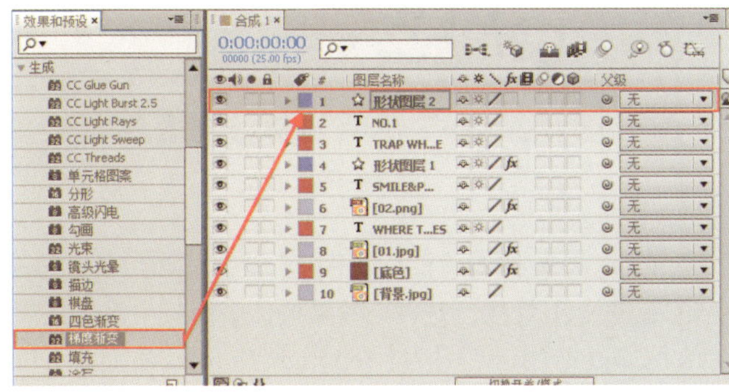

图 14-37

（3）选择【形状图层 2】，然后在【效果控件】面板中设置【渐变起点】为（78.0，436.0），【起始颜色】为深黄色（R：152，G：110，B：51）。设置【渐变终点】为（998.0，445.0），【结束颜色】为黄色（R：216，G：173，B：82），如图 14-38 所示。此时效果如图 14-39 所示。

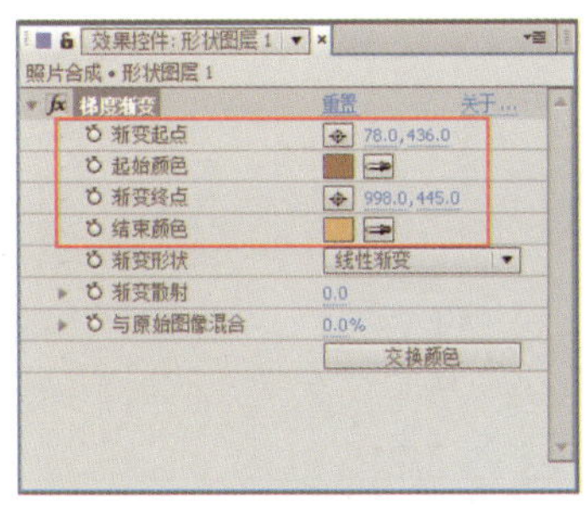

图 14-38

图 14-39

（4）为【形状图层 2】添加【CC Light Sweep（CC 光线扫描）】效果，并在【效果控件】面板中设置该效果的【Center（中心）】为（327.0，205.0），【Direction（方向）】为 – 20°，【Width（宽度）】为 160，【Sweep Intensity（扫光亮度）】为 40，【Edge Thickness（边缘厚度）】为 0，如图 14-40 所示。此时效果如图 14-41 所示。

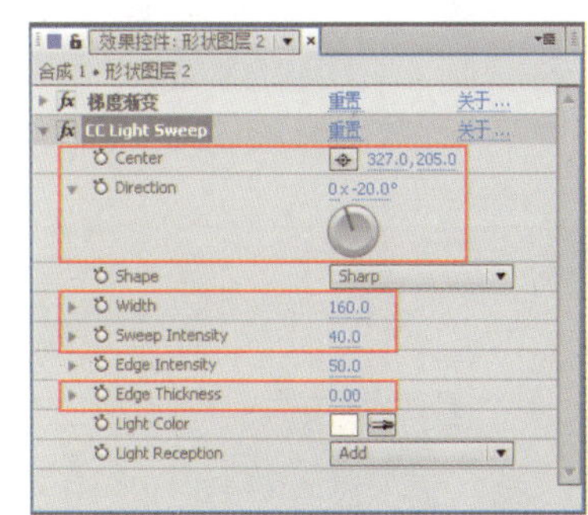

图 14-40

图 14-41

（5）将【03.jpg】素材文件添加到【时间线】窗口中，并设置【缩放】为 87%，【位置】为（512.0，473.0），如图 14-42 所示。此时效果如图 14-43 所示。

（6）使用【矩形】工具在【03.jpg】图层上绘制一个矩形遮罩，如图 14-44 所示。

图 14-42

图 14-43

图 14-44

（7）选择【时间线】窗口中的【形状图层 2】和【03.jpg】图层，然后使用快捷键〈Ctrl+Shift+C〉。在弹出的【预合成】对话框中设置【新合成名称】为【照片合成】，最后单击【确定】按钮，如图 14-45 所示。

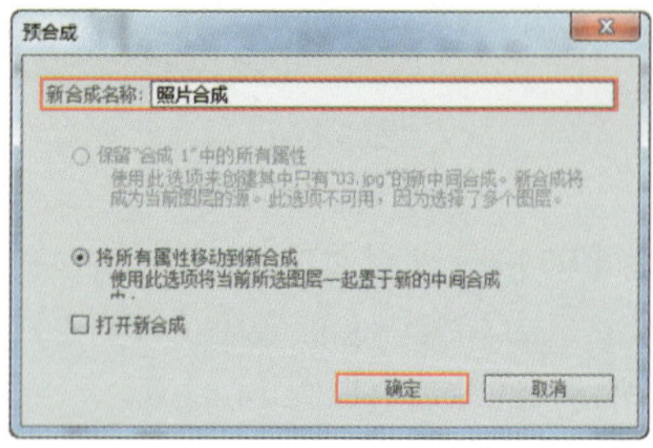
图 14-45

（8）打开【照片合成】图层，并设置【缩放】为 87%，【位置】为（351.0，302.5），【旋转】为 – 14°，如图 14-46 所示。此时效果如图 14-47 所示。

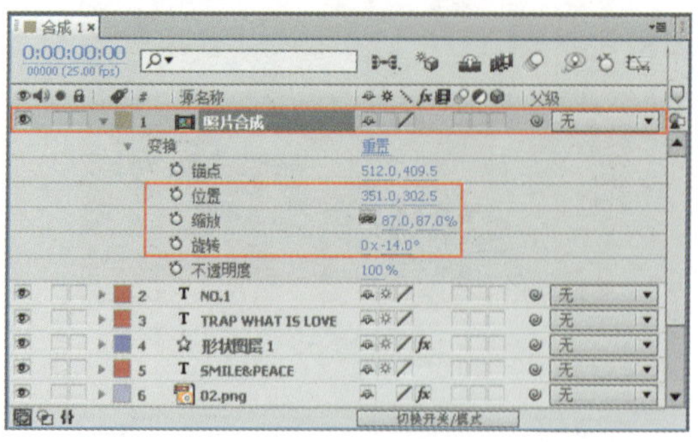
图 14-46

图 14-47

（9）为【照片合成】图层添加【CC Page Turn（CC 翻页）】效果，并在【效果控件】面板中设置该效果的【Controls（控制）】为【Top Right Corner（右上角）】，【Fold Position（折叠位置）】为（640.0，250.0），【Light Direction（光方向）】为 – 87°，【Back Page（背页）】为【无】，【Back Opacity（背页不透明度）】为 100，【Paper Color（纸张颜色）】为浅黄色（R：235，G：200，B：127），如图 14-48 所示。此时效果，如图 14-49 所示。

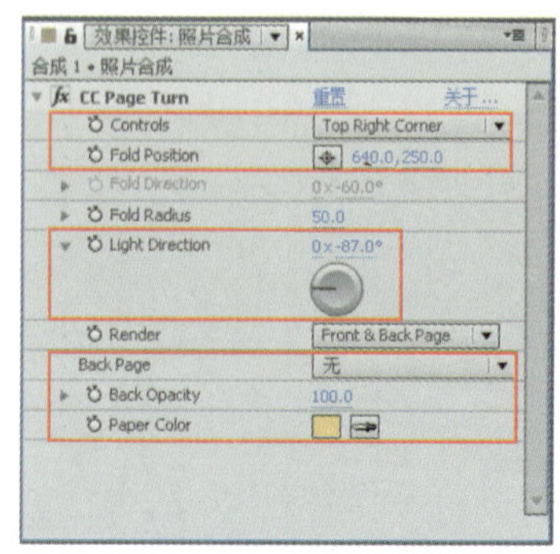
图 14-48

图 14-49

（10）为【照片合成】图层添加【投影】效果，并在【效果控件】面板中设置该效果的【不透明度】为 80%，【方向】为 150°，【距离】为 10，【柔和度】为 45，如图 14-50 所示。此时效果如图 14-51 所示。

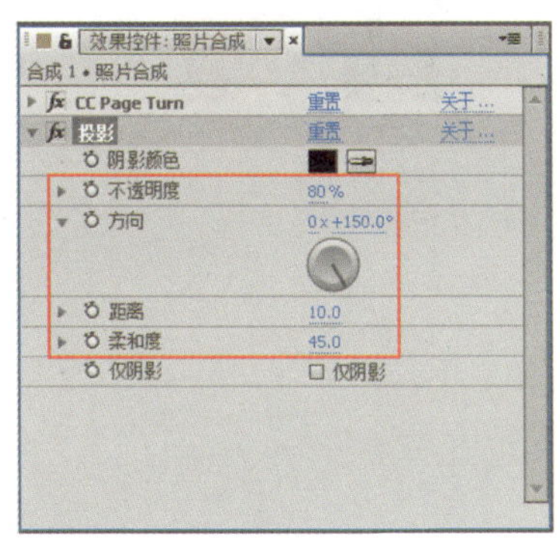

图 14-50

图 14-51

（11）使用【横排文字】工具在【合成】窗口中输入文字，然后在【字符】面板中设置合适的【字体系列】和【字体大小】，并设置【填充颜色】为白色（R：255，G：255，B：255）和浅黄色（R：239，G：191，B：0），接着单击【粗体】按钮，如图 14-52 所示。

图 14-52

（12）在【时间线】窗口中，设置当前文字图层下的【旋转】为 – 14°，如图 14-53 所示。

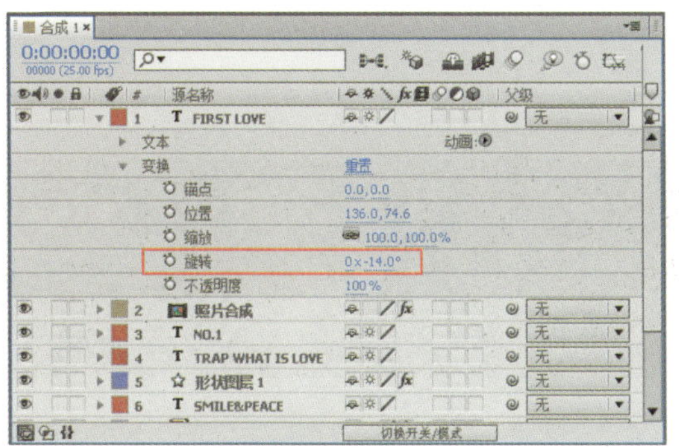

图 14-53

（13）最后在【合成】窗口中适当调整文字的位置，并查看最终效果，如图 14-54 所示。

图 14-54

重点 进阶案例：杂志版式效果

案例文件	进阶案例：杂志版式效果 .aep
视频教学	DVD/ 多媒体教学 /Chapter14/ 进阶案例：杂志版式效果 .flv
难易指数	★★★★☆
技术掌握	主要掌握【形状】图层和【照片滤镜】效果的应用

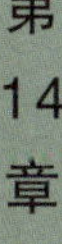

案例分析：

在本案例中，主要学习使用【形状】图层以及【黑色和白色】、【照片滤镜】效果制作杂志版式效果，案例的最终渲染效果如图 14-55 所示。

图 14-55

思路解析如图 14-56 所示。

图 14-56

制作步骤：

1. 制作背景

（1）创建新合成。在【项目】窗口中的空白处单击鼠标右键，然后选择【新建合成】，如图 14-57 所示。

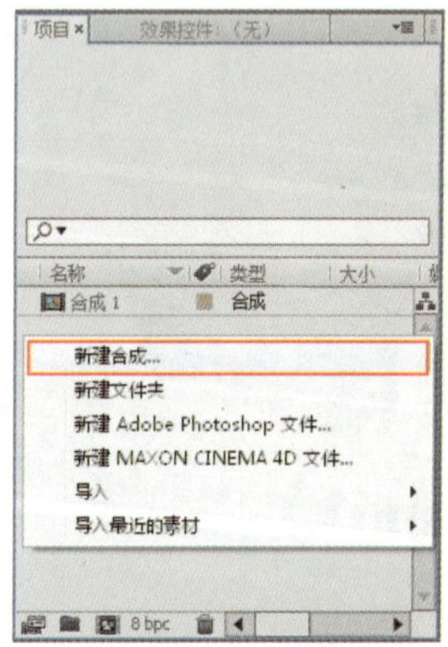

图 14-57

（2）在【合成设置】窗口中，设置【合成名称】为【合成 1】，【宽度】为 1024 像素，【高度】为 819 像素，【像素长宽比】为【方形像素】，【帧速率】为 25 帧 / 秒，【持续时间】为 5 秒，最后单击【确定】按钮，如图 14-58 所示。

（3）在【项目】窗口中空白处双击鼠标左键或按快捷键〈Ctrl+I〉，在弹出的窗口中选择所需素材文件，然后单击【导入】按钮，如图 14-59 所示。

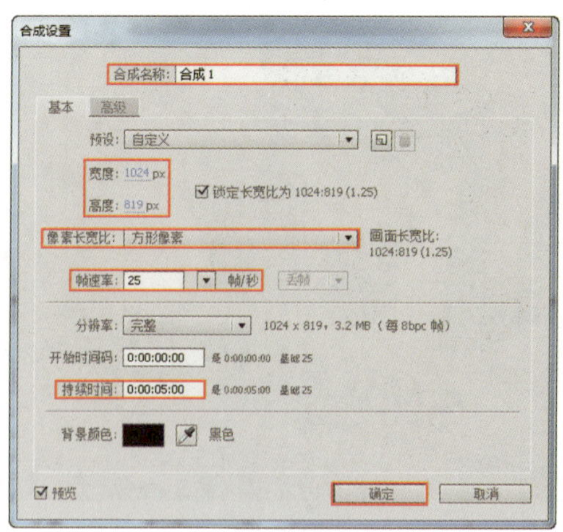

图 14-58

图 14-59

（4）将【项目】窗口中的【背景 .jpg】素材文件拖拽到【时间线】窗口中，并设置【缩放】为 87%，如图 14-60 所示。

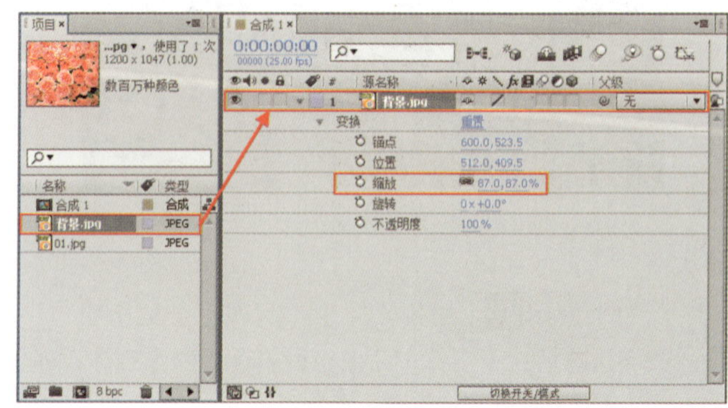

图 14-60

（5）此时在【合成】窗口中的效果，如图 14-61 所示。

图 14-61

（6）将【效果和预设】面板中的【黑色和白色】效果添加到【背景.jpg】图层上，如图 14-62 所示。

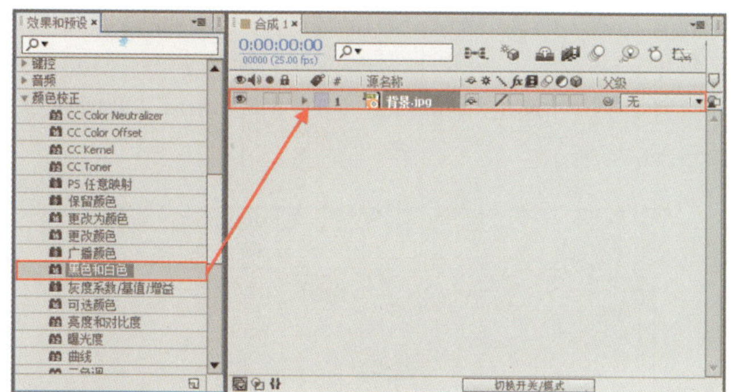
图 14-62

（7）选择【时间线】窗口中的【背景.jpg】图层，然后在【效果控件】面板中设置【黑色和白色】效果的【红色】为 0，【黄色】为 100，如图 14-63 所示。此时效果如图 14-64 所示。

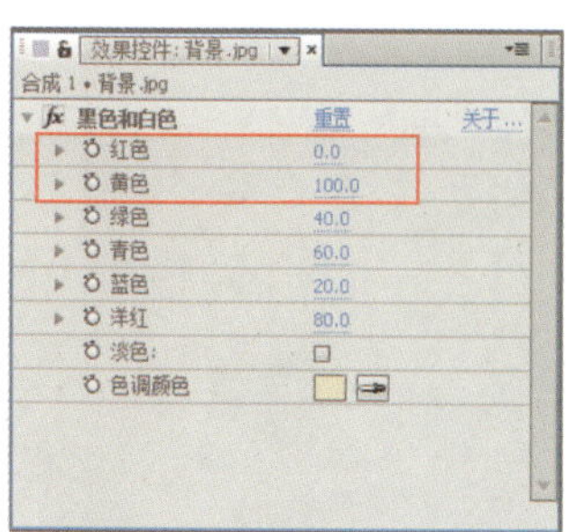
图 14-63

图 14-64

（8）在【时间线】窗口中的空白处单击鼠标右键，然后在弹出的菜单中执行【新建】/【纯色】命令，如图 14-65 所示。

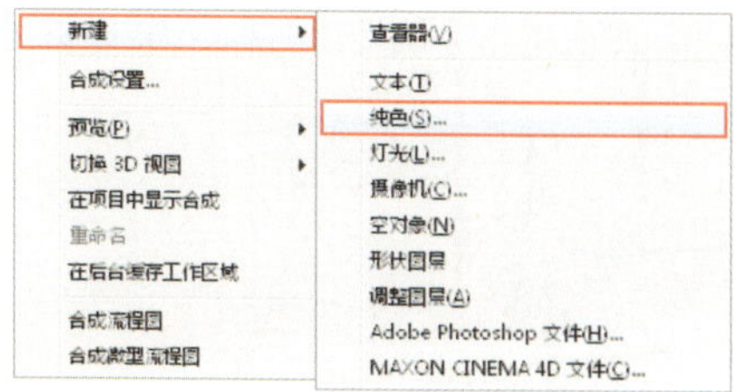
图 14-65

（9）在【纯色设置】对话框中设置【名称】为【底色】，【颜色】为深褐色（R：103，G：93，B：75），然后单击【确定】按钮，如图 14-66 所示。

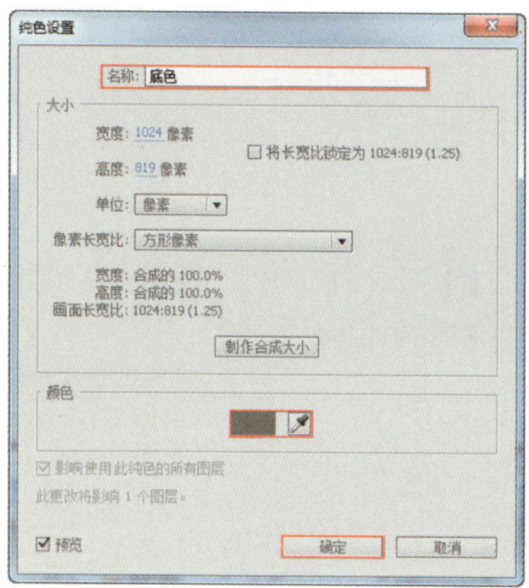
图 14-66

（10）在【时间线】窗口中设置【底色】图层的【模式】为【相乘】，如图 14-67 所示。此时效果如图 14-68 所示。

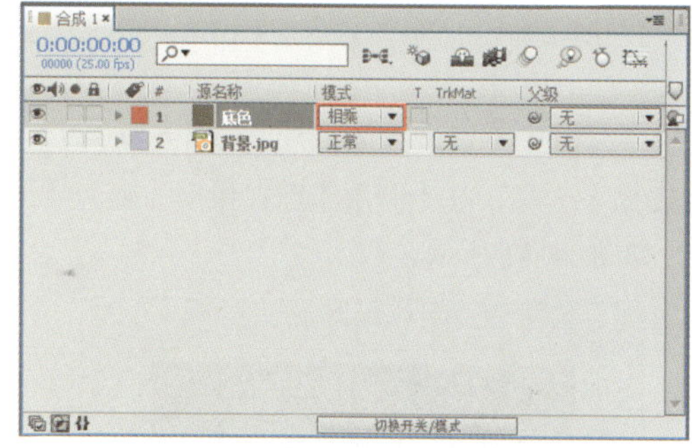
图 14-67

图 14-68

（11）新建一个纯色层，并在【纯色设置】对话框中设置【名称】为【蓝色】，【颜色】为深蓝色（R：2，G：27，B：26），然后单击【确定】按钮，如图 14-69 所示。

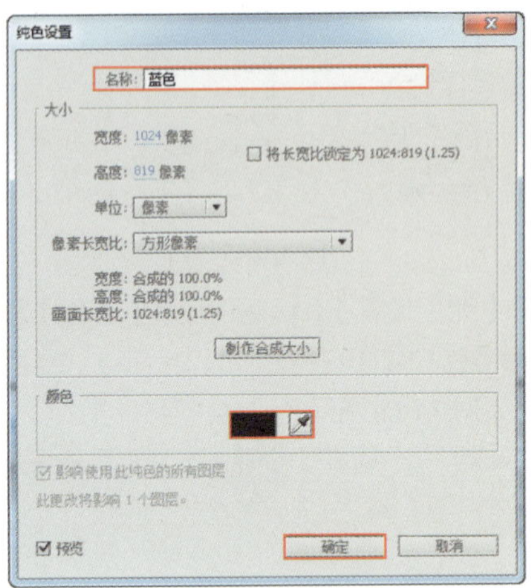

图 14-69

（12）在【时间线】窗口中设置【蓝色】图层的【模式】为【颜色】，如图 14-70 所示。

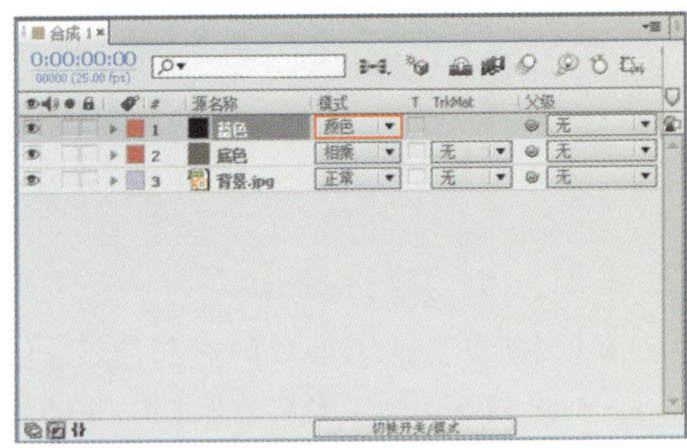

图 14-70

（13）双击【蓝色】图层，打开【图层】窗口，选择【橡皮擦】工具，在【图层】窗口中对【蓝色】图层进行擦拭，如图 14-71 所示。

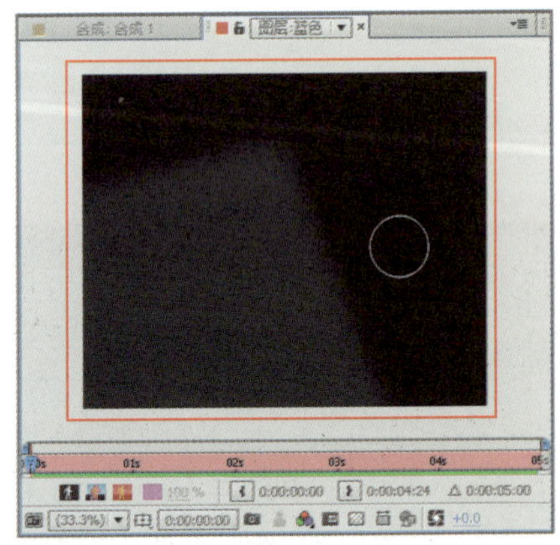

图 14-71

（14）此时切换到【合成】窗口中，查看当前效果如图 14-72 所示。

图 14-72

2. 制作照片效果

（1）将【项目】窗口中的【01.jpg】素材添加到【时间线】窗口中，并设置【缩放】为 67%，【旋转】为 – 30°，【位置】为（709.0，439.5），如图 14-73 所示。此时效果如图 14-74 所示。

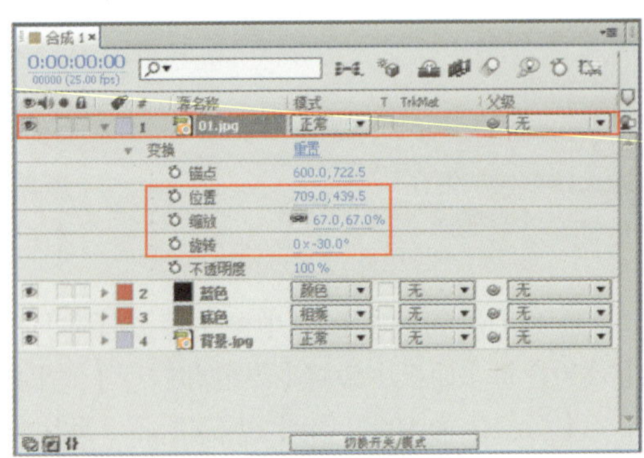

图 14-73

图 14-74

（2）选择【矩形】工具，然后在【01.jpg】图层上绘制一个矩形蒙版，并适当调整蒙版位置，如图 14-75 所示。

（3）将【效果和预设】面板中的【照片滤镜】效果添加到【01.jpg】图层上，如图 14-76 所示。

图 14-75

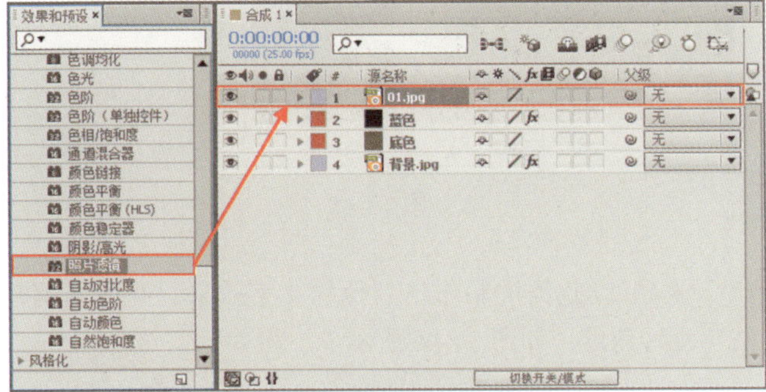

图 14-76

求生秘籍——技巧提示：蒙版跟随当前图层旋转

默认情况下，在图层上绘制的蒙版会与当前图层的旋转角度相一致。

（4）选择【时间线】窗口中的【01.jpg】图层，然后在【效果控件】面板中设置【照片滤镜】效果的【密度】为 60%，如图 14-77 所示。此时效果如图 14-78 所示。

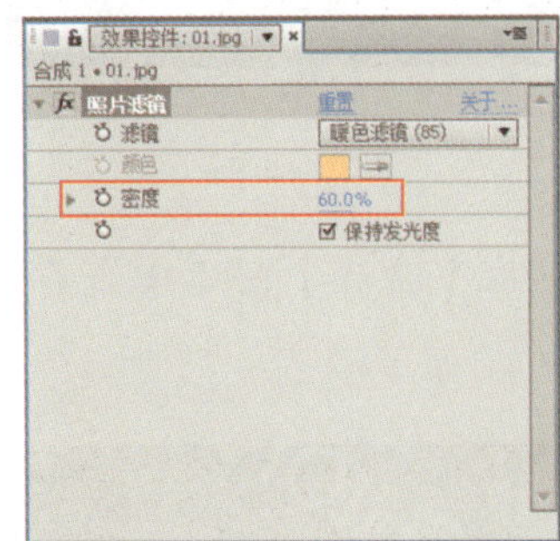

图 14-77

图 14-78

（5）使用 T【横排文字】工具在【合成】窗口中输入文字，然后在【字符】面板中设置合适的【字体系列】和【字体大小】，并设置【填充颜色】为白色（R：255，G：255，B：255），如图 14-79 所示。

图 14-79

（6）在【时间线】窗口中，设置当前文字图层下的【旋转】为 – 30°，如图 14-80 所示。

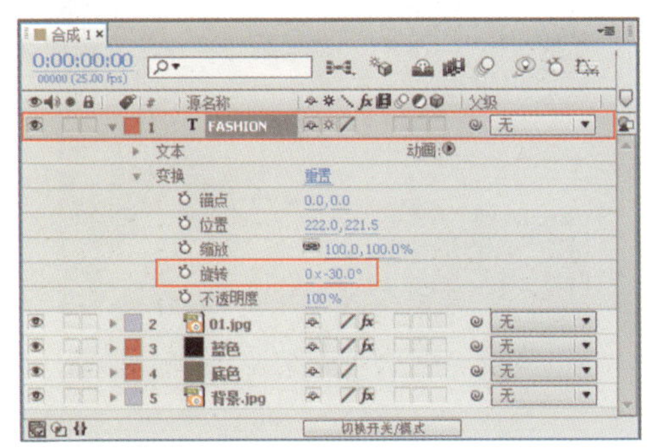

图 14-80

（7）在【合成】窗口中适当调整当前文字的位置，如图 14-81 所示。

图 14-81

（8）以此类推制作出另外的文字效果，此时效果如图 14-82 所示。

图 14-82

3. 制作文字

（1）选择【矩形】工具，然后在【合成】窗口中绘制两个【形状】图层，并适当调整矩形的旋转角度，设置【填充颜色】为白色（R：255，G：255，B：255），如图 14-83 所示。

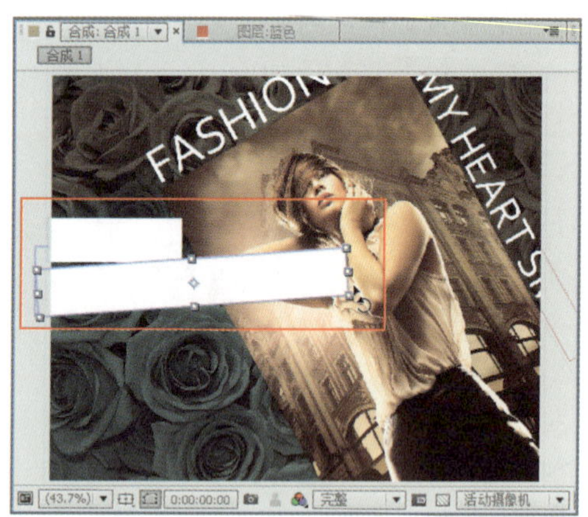

图 14-83

（2）以此类推制作出其他的形状图层，并设置【填充颜色】为深黄色（R：128，G：77，B：3）和黑色（R：0，G：0，B：0），如图 14-84 所示。

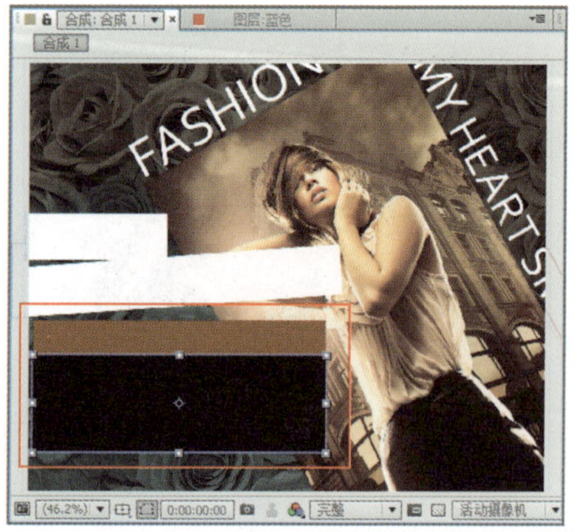

图 14-84

（3）使用【横排文字】工具在【合成】窗口中输入文字，然后在【字符】面板中设置合适的【字体系列】和【字体大小】，并设置【填充颜色】为黑色（R：0，G：0，B：0），如图 14-85 所示。

图 14-85

（4）以此类推制作出其他的文字效果，并适当调整文字旋转角度，如图 14-86 所示。

图 14-86

（5）此时在【合成】窗口中查看最终效果，如图 14-87 所示。

图 14-87

重点 进阶案例：平板电脑广告

案例文件	进阶案例：平板电脑广告 .aep
视频教学	DVD/ 多媒体教学 /Chapter14/ 进阶案例：平板电脑广告 .flv
难易指数	★★★★☆
技术掌握	主要掌握【CC 粒子世界】、【3D 描边】和【辉光】效果的应用

案例分析：

在本案例中，主要学习使用【梯度渐变】、【百叶窗】、【CC 粒子世界】、【3D 描边】和【辉光】效果以及【遮罩】路径制作平板电脑广告效果，案例的最终渲染效果如图 14-88 所示。

图 14-88

思路解析如图 14-89 所示。

图 14-89

制作步骤：

1. 制作背景

（1）创建新合成。在【项目】窗口中的空白处单击鼠标右键，然后选择【新建合成】，如图 14-90 所示。

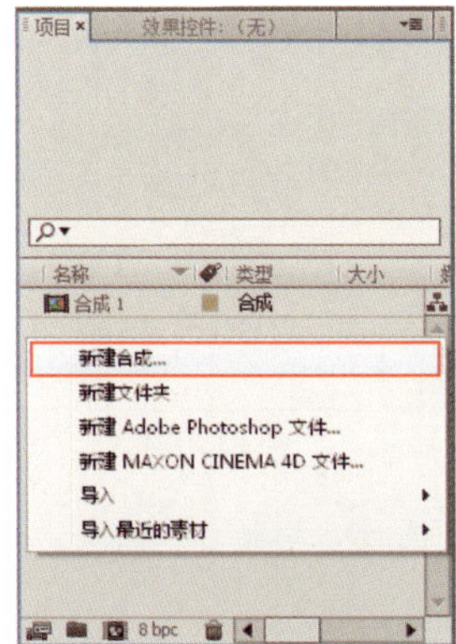

图 14-90

（2）在【合成设置】窗口中，设置【合成名称】为【合成 1】，【宽度】为 1024 像素，【高度】为 819 像素，【像素长宽比】为【方形像素】，【帧速率】为 25 帧 / 秒，【持续时间】为 5 秒，最后单击【确定】按钮，如图 14-91 所示。

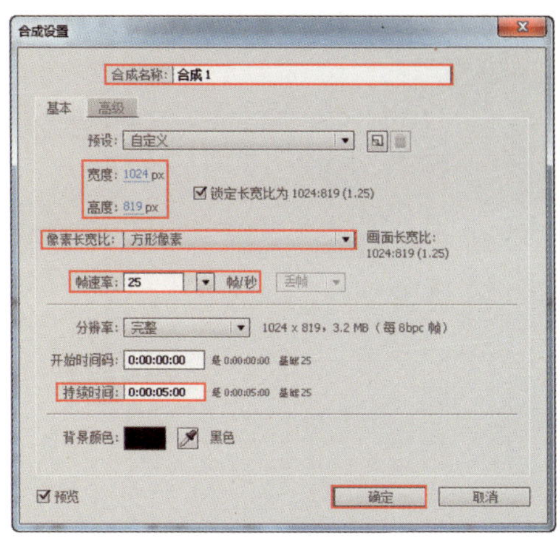

图 14-91

（3）在【项目】窗口中空白处双击鼠标左键或按快捷键〈Ctrl+I〉，在弹出的窗口中选择所需素材文件，然后单击【导入】按钮，如图 14-92 所示。

图 14-92

（4）新建一个纯色层，并在【纯色设置】对话框中设置【名称】为【背景】，【颜色】为浅灰色（R：229，G：229，B：229），单击【确定】按钮，如图 14-93 所示。

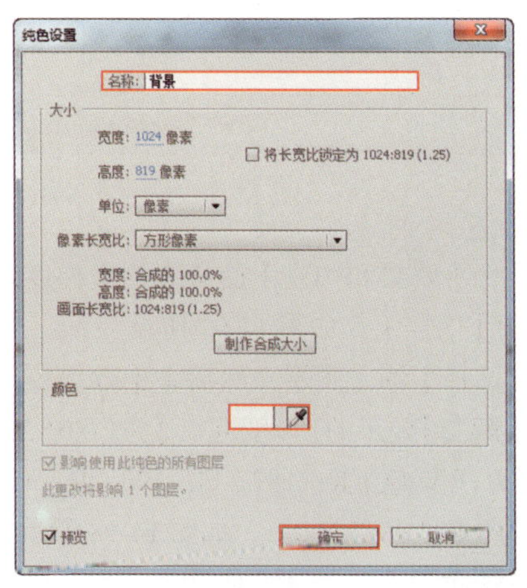

图 14-93

（5）为【背景】图层添加【镜头光晕】效果，然后在【效果控件】面板中设置该效果的【光晕中心】为（108.0，82.0），【光晕亮度】为 170%，如图 14-94 所示。此时效果如图 14-95 所示。

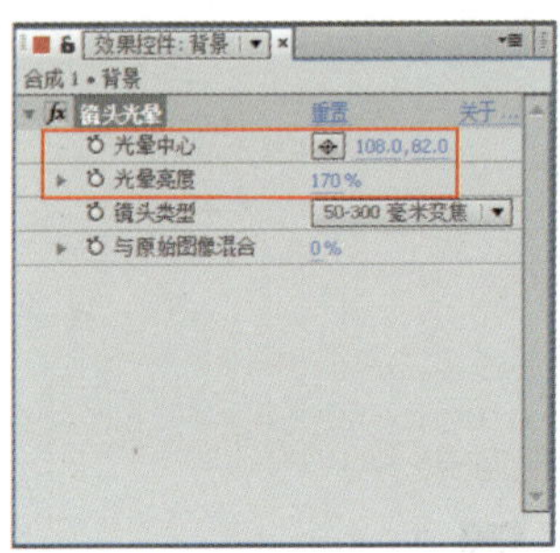

图 14-94

图 14-95

（6）新建一个纯色层，并在【纯色设置】对话框中设置【名称】为【圆】，然后单击【确定】按钮，如图 14-96 所示。

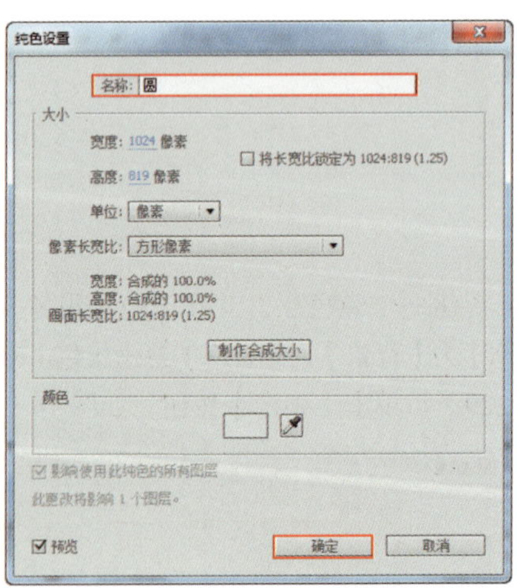

图 14-96

（7）将【效果和预设】面板中的【梯度渐变】效果添加到【圆】图层上，如图 14-97 所示。

（8）选择【圆】图层，然后在【效果控件】面板中设置【梯度渐变】效果的【渐变起点】为（0.0，264.0），【起始颜色】为浅灰色（R：187，G：190，B：191），【渐变终点】为（872.0，377.0），如图 14-98 所示。此时效果如图 14-99 所示。

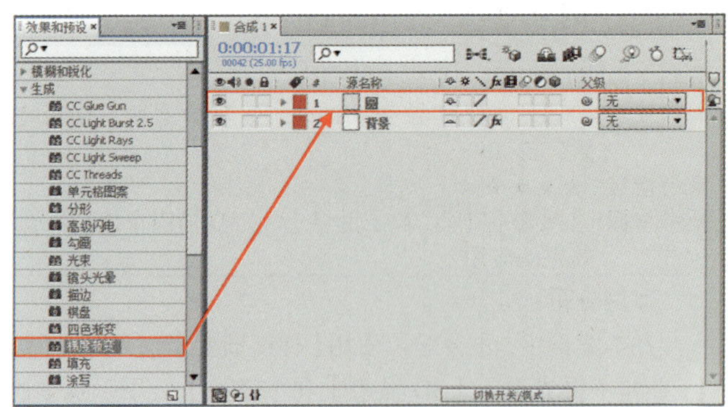

图 14-97

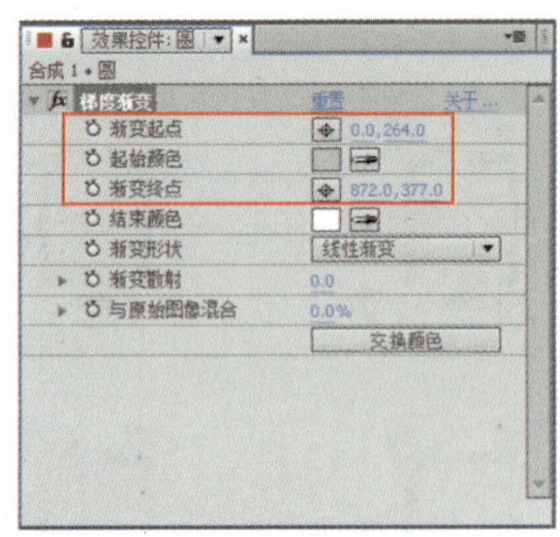

图 14-98

图 14-99

（9）为【圆】图层添加【百叶窗】效果，然后在【效果控件】面板中设置【百叶窗】效果的【过渡完成】为 50%，【方向】为 – 81°，【宽度】为 7，如图 14-100 所示。此时效果如图 14-101 所示。

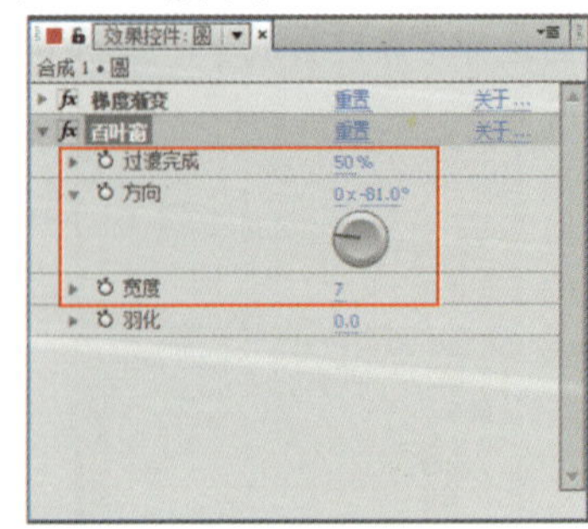

图 14-100

图 14-101

（10）选择【椭圆】工具，然后在【圆】图层上绘制三个圆形遮罩，如图 14-102 所示。

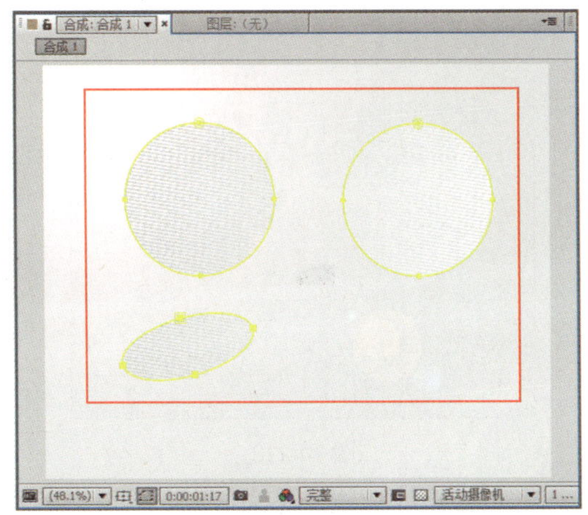

图 14-102

（11）此时在【合成】窗口中查看当前背景效果，如图 14-103 所示。

图 14-103

2. 制作透视效果

（1）将【项目】窗口中的【01.png】素材文件拖拽到【时间线】窗口中，并开启【3D 图层】，然后设置【位置】为（501.0，409.5，0.0），【方向】为（0°，18°，0°），如图 14-104 所示。此时效果如图 14-105 所示。

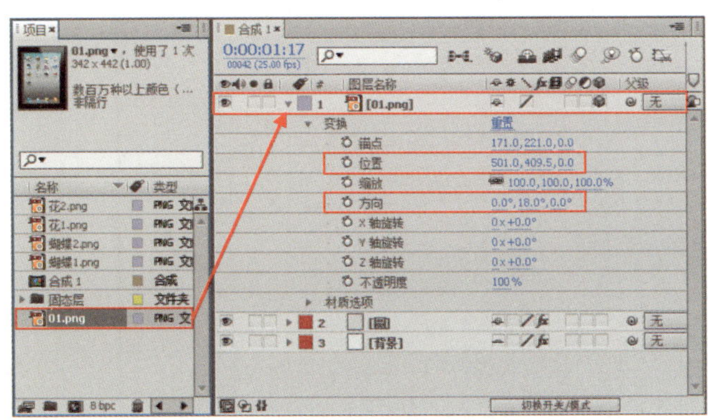

图 14-104

图 14-105

（2）将【01.png】图层复制，并置于【圆】图层上方，然后重命名为【01 倒影 .png】。设置该图层的【位置】为（501.0，842.5，0.0），【方向】为（180°，342°，0°），【不透明度】为 65%，如图 14-106 所示。此时效果如图 14-107 所示。

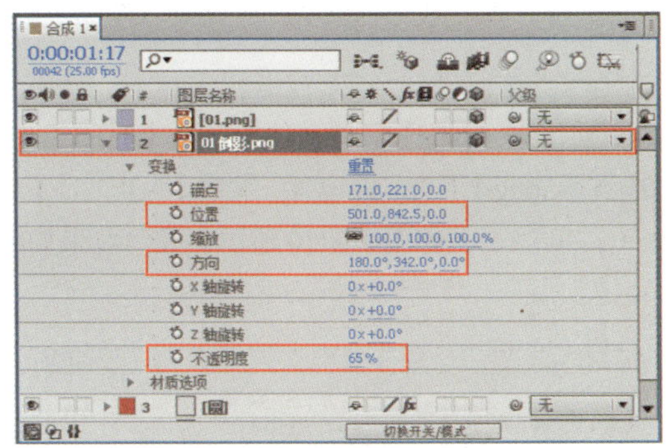

图 14-106

图 14-107

（3）为【01 倒影 .png】图层添加【线性擦除】效果，然后在【效果控件】面板中设置该效果的【过渡完成】为 80%，【擦除角度】为 180°，【羽化】为 200，如图 14-108 所示。此时效果如图 14-109 所示。

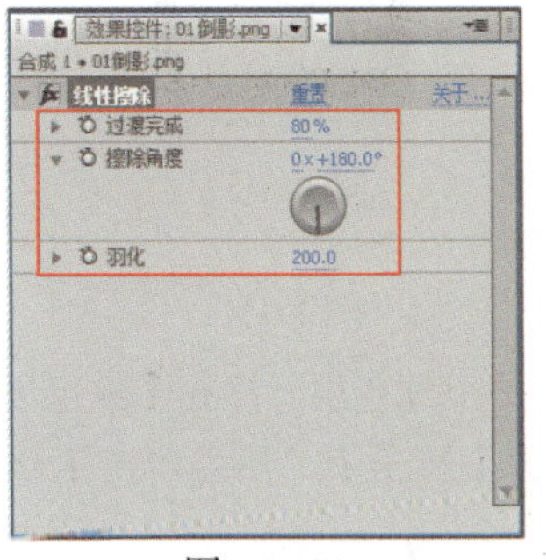

图 14-108

图 14-109

求生秘籍——技巧提示：为【倒影】图层添加【线性擦除】效果

为【倒影】图层添加【线性擦除】效果可以使倒影效果更加真实，体现出光线反射的逐渐衰减效果。

3. 制作装饰粒子

（1）将【花 1.png】素材文件拖动到【时间线】窗口中的【01 倒影 .png】下方，并设置【缩放】为 42%，【位置】为（702.0，406.5），如图 14-110 所示。此时效果如图 14-111 所示。

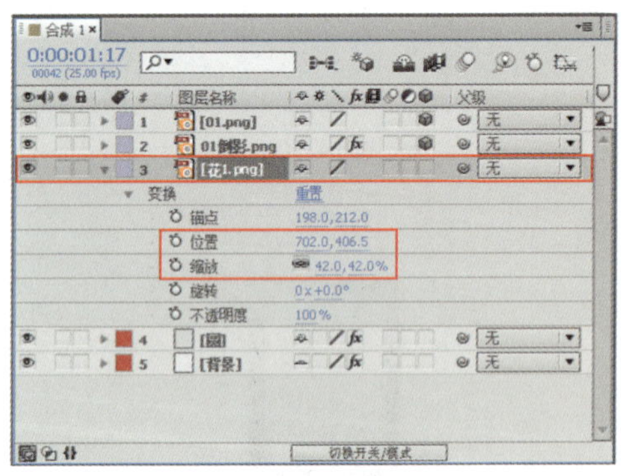

图 14-110

图 14-111

（2）新建一个纯色层，并在【纯色设置】对话框中设置【名称】为【粒子】，然后单击【确定】按钮，如图 14-112 所示。

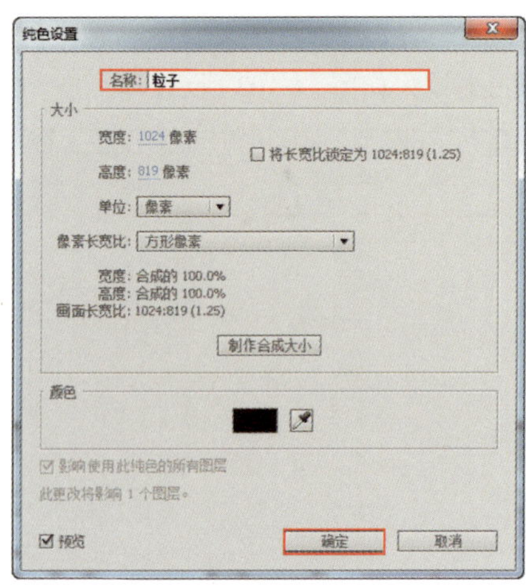

图 14-112

（3）将【粒子】图层拖到【圆】图层上方，然后将【效果和预设】面板中的【CC Particle World（CC 粒子世界）】效果添加到【粒子】图层上，如图 14-113 所示。

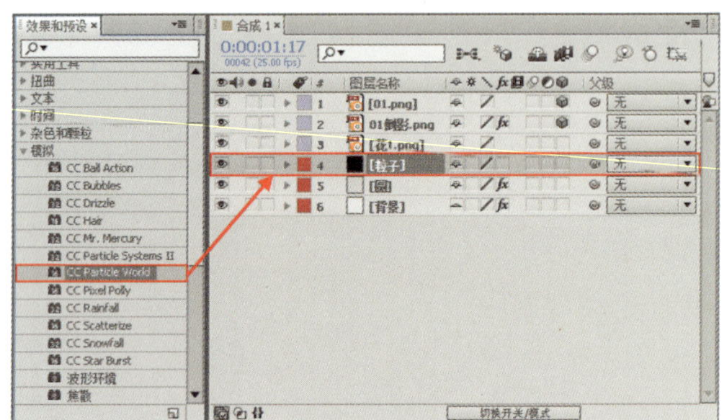

图 14-113

（4）选择【粒子】图层，然后在【CC Particle World（CC 粒子世界）】效果面板中设置【Birth Rate（出生率）】为 0.3，【Longevity(sec)（寿命）】为 0.9。设置【Producer（生产者）】下的【Position Y（Y 轴位置）】为 – 0.07。设置【Physics（物理）】下的【Animation（动画）】为【Cone Axis】，【Gravity（重力）】为 0，【Extra（附加）】为 1.2，如图 14-114 所示。此时效果如图 14-115 所示。

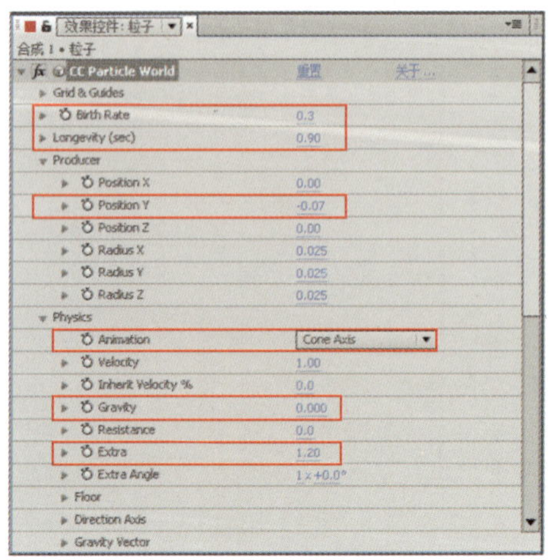

图 14-114

图 14-115

（5）接着设置【Particle（粒子）】下的【Particle Type（粒子类型）】为【TriPolygon（三角形）】，【Birth Size（出生大小）】为 0.6，【Death Size（死亡大小）】为 0.4，【Size Variation（大小变化）】为 30%，【Max Opacity（最大透明度）】为 100%。最后设置【Opacity Map（不透明度映射）】下的【Birth Color（出生颜色）】为黄色（R：255，G：255，B：0），【Death Color（死亡颜色）】为粉色（R：255，G：16，B：230），如图 14-116 所示。此时效果如图 14-117 所示。

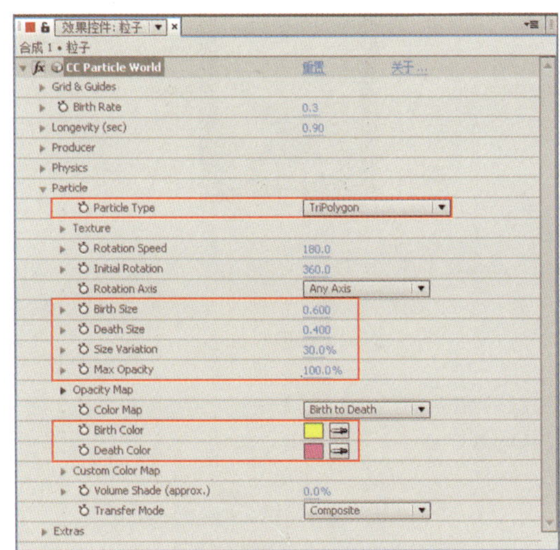

图 14-116

图 14-117

（6）将【蝴蝶 1.png】素材文件拖拽到【时间线】窗口中，并设置【缩放】为 45%，【位置】为（393.0，161.5），如图 14-118 所示。此时效果如图 14-119 所示。

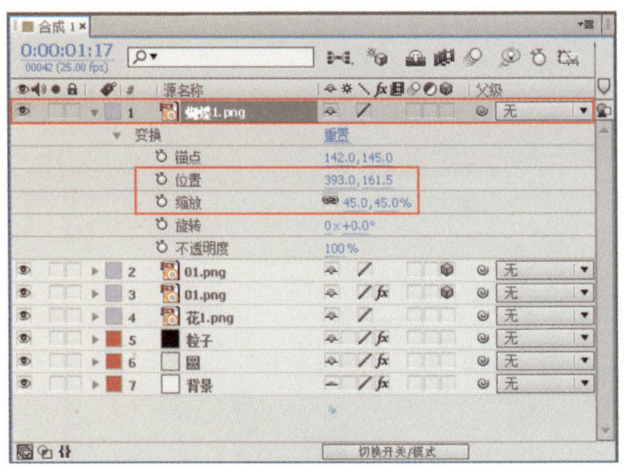

图 14-118

图 14-119

（7）将【蝴蝶 2.png】素材文件拖拽到【时间线】窗口中，并设置【缩放】为 45%，【位置】为（635.0，182.0），如图 14-120 所示。此时效果如图 14-121 所示。

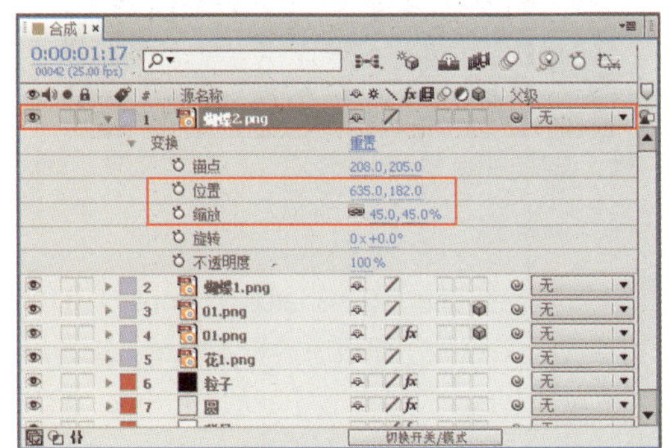

图 14-120

图 14-121

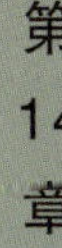

4. 制作彩色光线

（1）新建一个纯色层，并在【纯色设置】对话框中设置【名称】为【蓝色光线】，然后单击【确定】按钮，如图 14-122 所示。

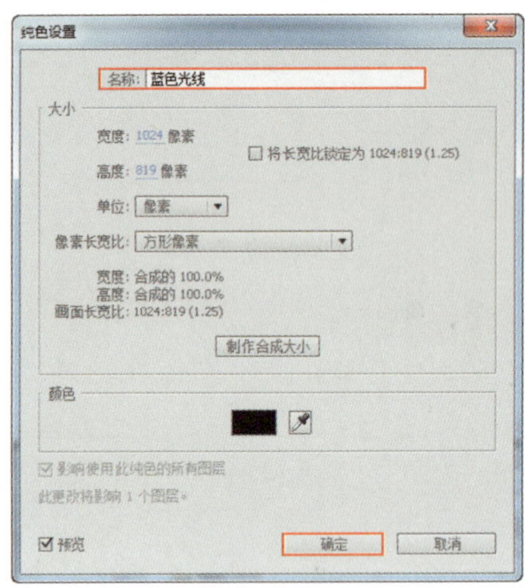

图 14-122

（2）选择【钢笔】工具，然后在【蓝色光线】图层上绘制一个遮罩路径，如图 14-123 所示。

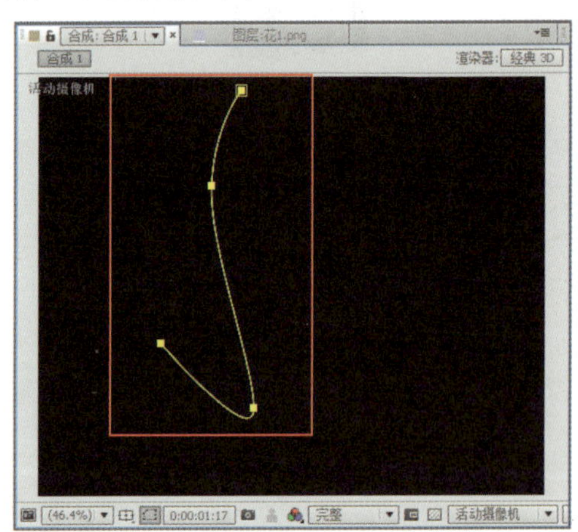

图 14-123

（3）为【蓝色光线】图层添加【3D Stroke（3D 描边）】效果，并在【效果控件】面板中设置【Thickness（厚度）】为 3。然后勾选【Taper（尖细）】下的【Enable（启用）】，设置【Opacity（不透明度）】为 70，如图 14-124 所示。此时效果如图 14-125 所示。

（4）为【蓝色光线】图层添加【Starglow（辉光）】效果，然后在【效果控件】面板中设置该效果的【Streak Length（长度数）】为 10，【Boost Light（提高灯光）】为 3，设置【Individual Colors（逐个颜色）】下的参数都为【Colormap A（颜色映射 A）】。接着设置【Colormap A（颜色映射 A）】的【Preset（预设）】为【Electric（电）】，【Midtones（中间调）】为浅蓝色（R：61，G：255，B：255），【Shadows（阴影）】为蓝色（R：128，G：200，B：255），如图 14-126 所示。此时效果如图 14-127 所示。

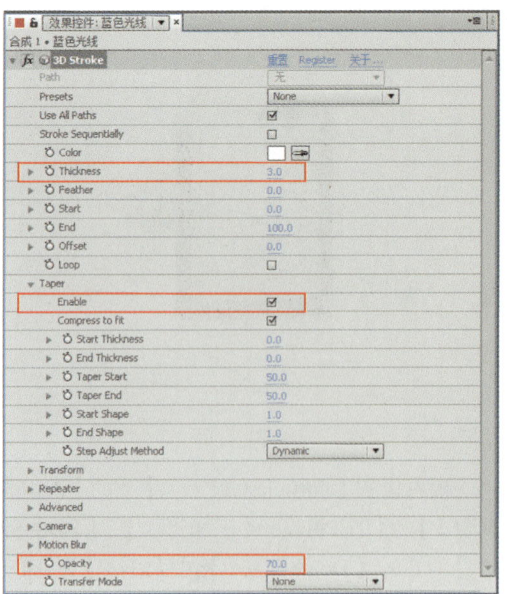

图 14-124

图 14-125

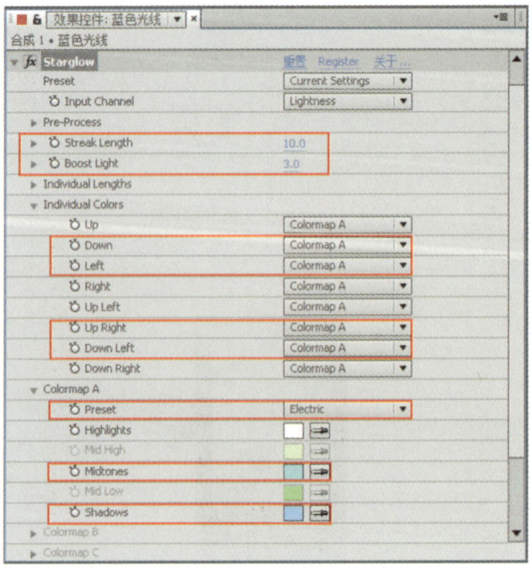

图 14-126

图 14-127

（5）以此类推制作出【红色光线】效果，然后在【合成】窗口中查看当前效果，如图 14-128 所示。

图 14-128

5. 制作花朵装饰

（1）将【花 1.png】素材文件添加到【时间线】窗口中，并重命名为【花 2】，然后设置该图层的【缩放】为 43%，【位置】为（742.0，625.5），如图 14-129 所示。此时效果如图 14-130 所示。

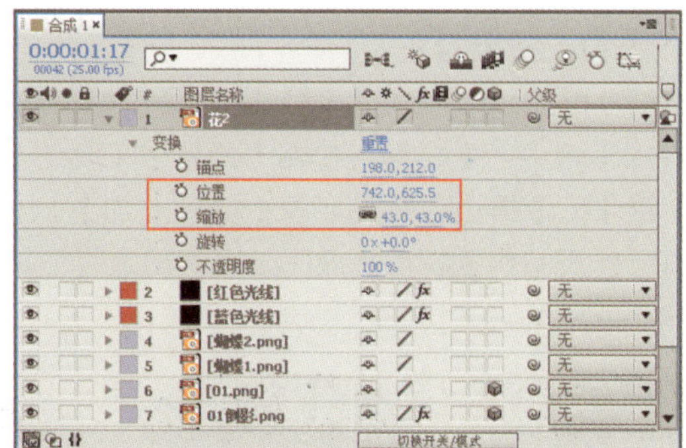

图 14-129

图 14-130

（2）将【花 2.png】素材文件拖拽到【时间线】窗口中，并设置【缩放】为 46%，【位置】为（635.0，661.5），如图 14-131 所示。此时效果如图 14-132 所示。

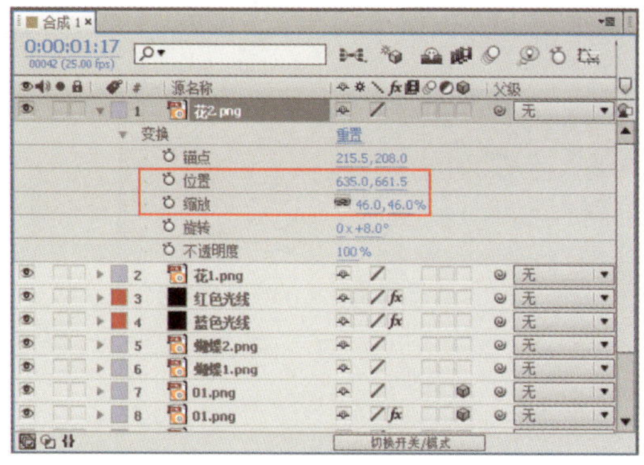

图 14-131

图 14-132

（3）将【花 2.png】图层进行复制，并重命名为【花 2 倒影 .png】，然后设置【位置】为（627.0，767.5），勾选掉【缩放】的【约束比例】，设置【缩放】为（46，－46）%，接着设置【不透明度】为 40%，如图 14-133 所示。此时效果如图 14-134 所示。

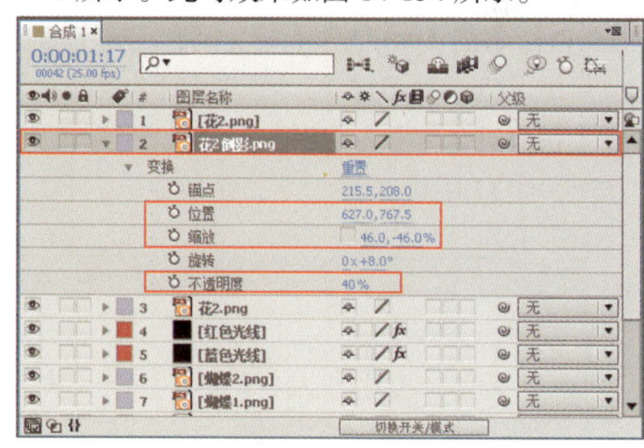

图 14-133

图 14-134

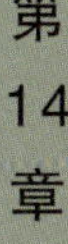

（4）为【花 2 倒影 .png】图层添加【线性擦除】效果，然后在【效果控件】面板中设置【过渡完成】为 50%，【擦除角度】为 188°，【羽化】为 170，如图 14-135 所示。此时效果如图 14-136 所示。

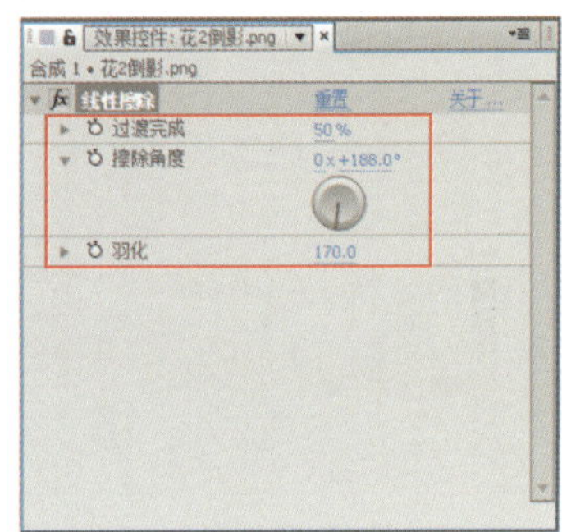

图 14-135

图 14-136

（5）选择【花 2.png】和【花 2 倒影 .png】图层，然后执行快捷键〈Ctrl+Shift+C〉，在弹出的【预合成】对话框中设置【新合成名称】为【花 3 合成】，并单击【确定】按钮，如图 14-137 所示。

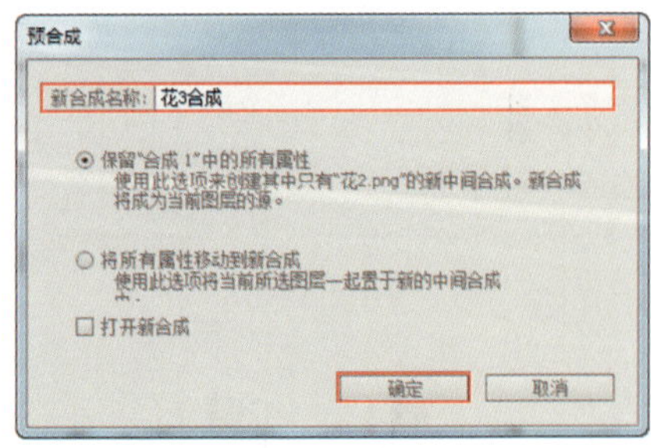

图 14-137

（6）将【花 3 合成】进行复制，并重命名为【花 4 合成】，开启【3D 图层】，接着设置【缩放】为 76%，【方向】为（0°，180°，0°），如图 14-138 所示。

（7）此时拖动时间线滑块查看最终效果，如图 14-139 所示。

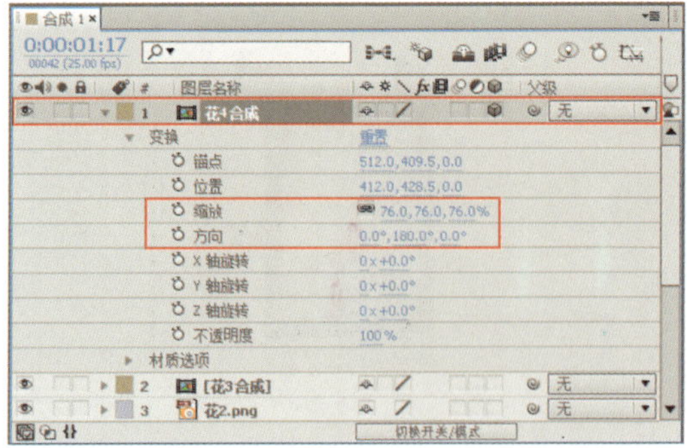

图 14-138

图 14-139

重点 进阶案例：金属播放器效果

案例文件　进阶案例：金属播放器效果 .aep

视频教学　DVD/ 多媒体教学 /Chapter14/ 进阶案例：金属播放器效果 .flv

难易指数　★★★★★

技术掌握　主要掌握【遮罩】、【亮度和对比度】效果、图层样式的应用

案例分析：

在本案例中，主要学习使用【遮罩】工具、【亮度和对比度】、【描边】效果以及【颜色叠加】、【内阴影】图层样式制作复古海报效果，案例的最终渲染效果如图 14-140 所示。

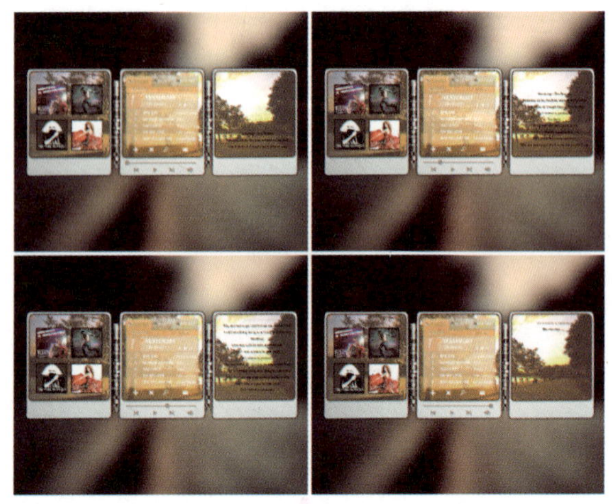

图 14-140

思路解析如图 14-141 所示。

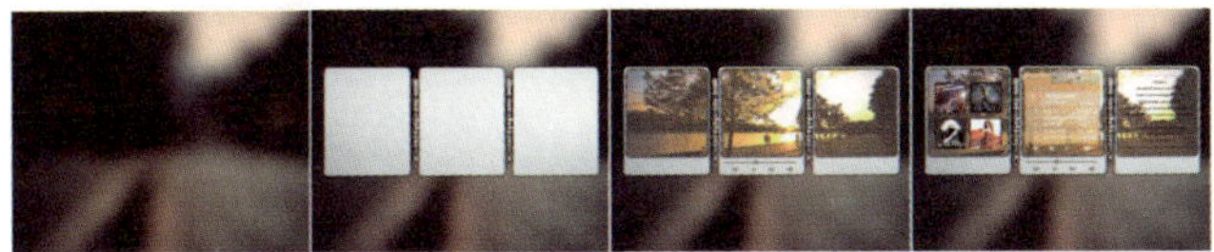

图 14-141

制作步骤：

1. 制作背景

（1）创建新合成。在【项目】窗口中的空白处单击鼠标右键，然后选择【新建合成】，如图 14-142 所示。

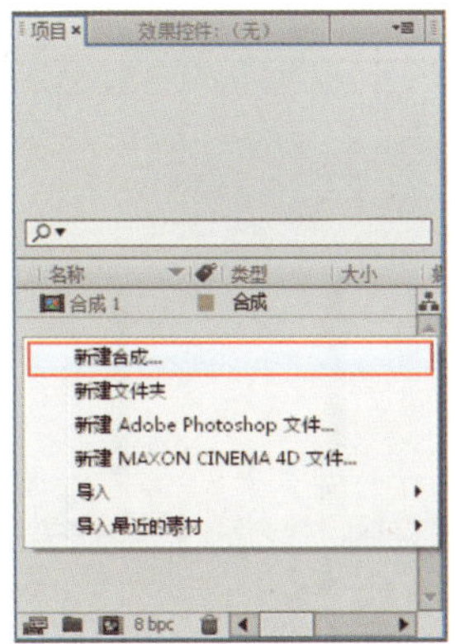

图 14-142

（2）在【合成设置】窗口中，设置【合成名称】为【合成 1】，【宽度】为 1024 像素，【高度】为 819 像素，【像素长宽比】为【方形像素】，【帧速率】为 25 帧 / 秒，【持续时间】为 5 秒，最后单击【确定】按钮，如图 14-143 所示。

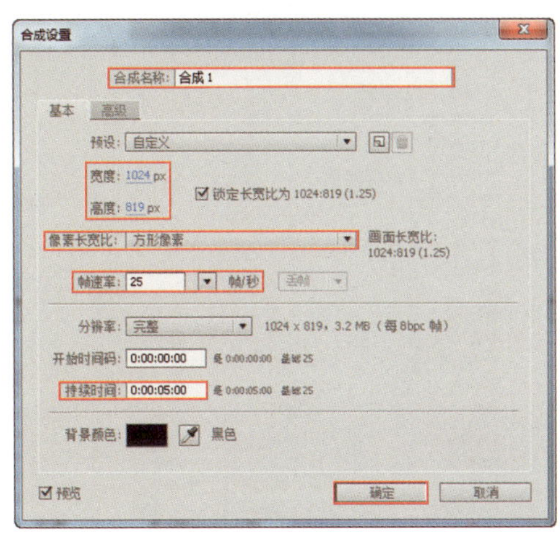

图 14-143

（3）在【项目】窗口中空白处双击鼠标左键或按快捷键〈Ctrl+I〉，在弹出的窗口中选择所需素材文件，然后单击【导入】按钮，如图 14-144 所示。

（4）将【项目】窗口中的【背景.jpg】素材文件拖拽到【时间线】窗口中，如图 14-145 所示。

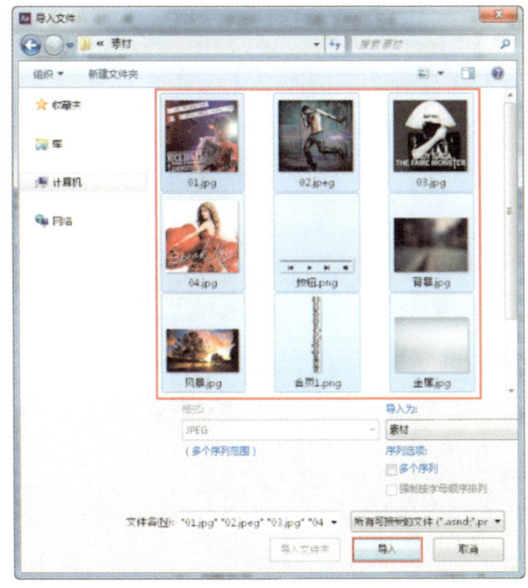

图 14-144

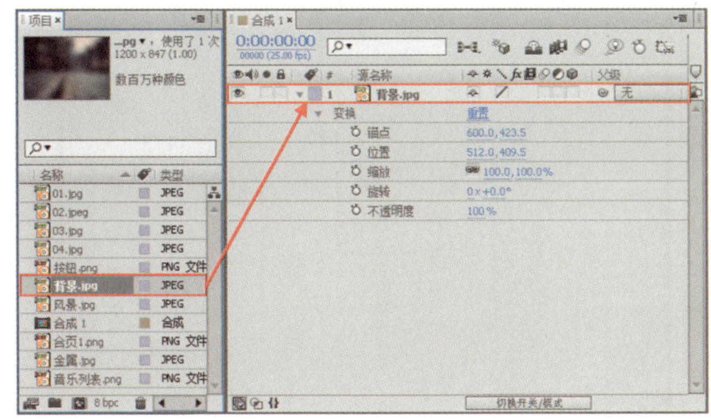

图 14-145

（5）为【背景.jpg】图层添加【亮度和对比度】效果，然后在【效果控件】面板中设置【亮度】为 – 15，【对比度】为 23，如图 14-146 所示。此时效果如图 14-147 所示。

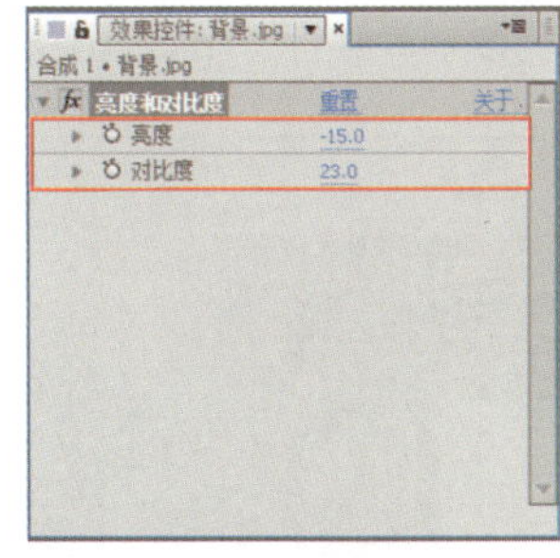

图 14-146

图 14-147

2. 制作金属图案

（1）将【项目】窗口中的【金属 .jpg】素材文件拖拽到【时间线】窗口中，并设置【缩放】为 72%，如图 14-148 所示。此时效果如图 14-149 所示。

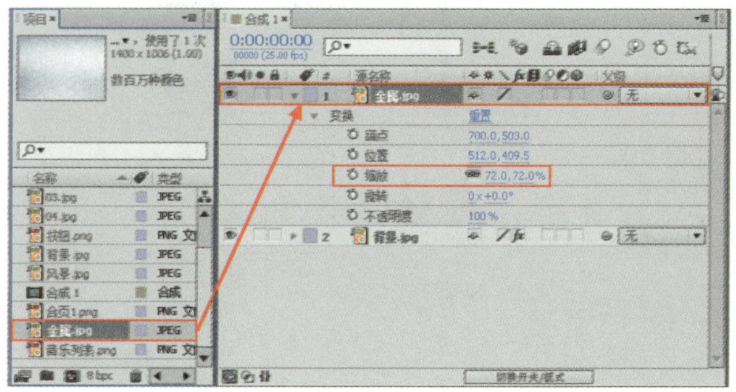

图 14-148

图 14-149

（2）选择【圆角矩形】工具，然后在【金属 .jpg】图层上绘制一个圆角矩形遮罩，如图 14-150 所示。

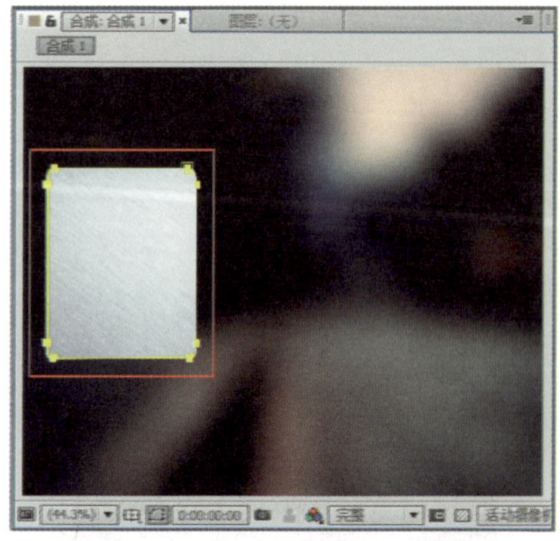

图 14-150

（3）在【金属 .jpg】图层下，将【蒙版 1】复制出【蒙版 2】和【蒙版 3】如图 14-151 所示。

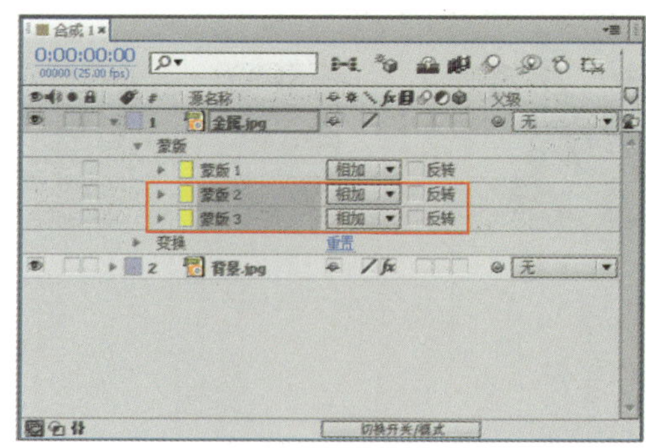

图 14-151

（4）在【合成】窗口中分别调整【蒙版 2】和【蒙版 3】在【金属 .jpg】图层上的位置，如图 14-152 所示。

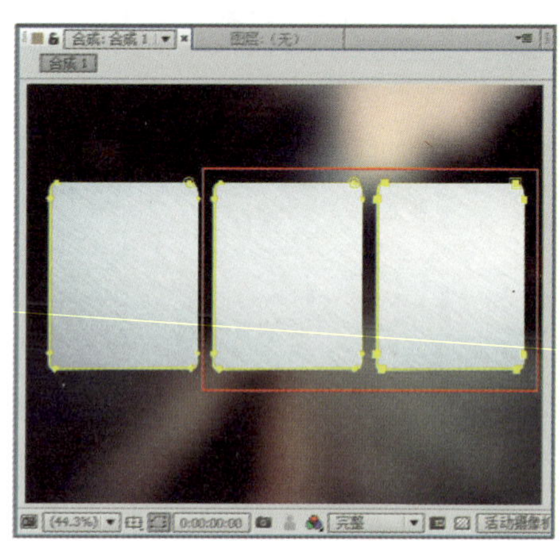

图 14-152

（5）选择【金属 .jpg】图层，然后在菜单栏中执行【图层】/【图层样式】/【投影】命令，如图 14-153 所示。

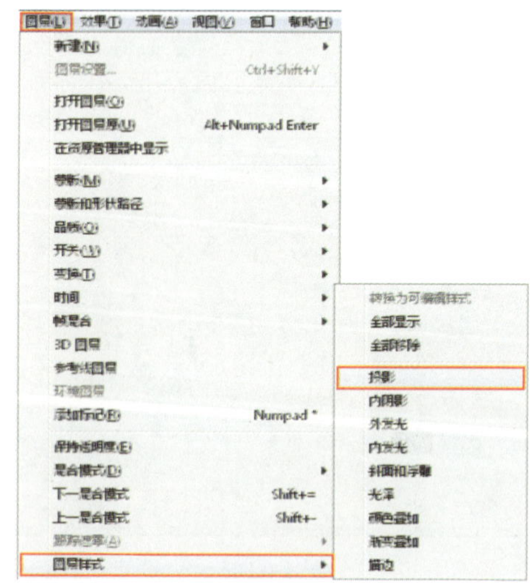

图 14-153

（6）打开【金属 .jpg】图层下的【图层样式】/【投影】，然后设置【不透明度】为 80%，【距离】为 0，【扩展】为 15%，【大小】为 10，如图 14-154 所示。此时效果如图 14-155 所示。

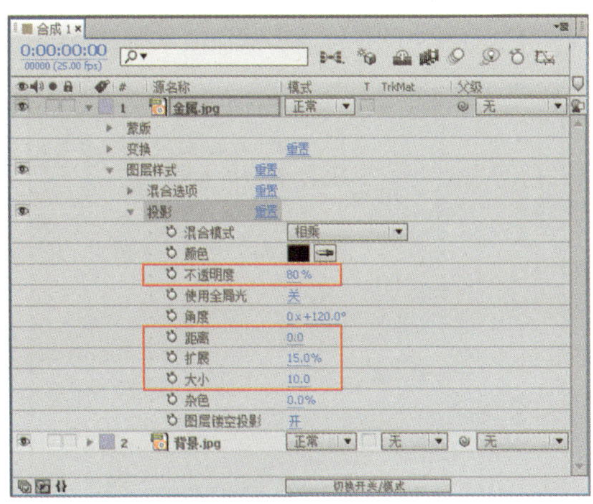

图 14-154

图 14-155

（7）将【项目】窗口中的【合页 1.png】素材文件拖拽到【金属 .jpg】图层下方，并设置【缩放】为 75%，【位置】为（358.0，383.5），如图 14-156 所示。

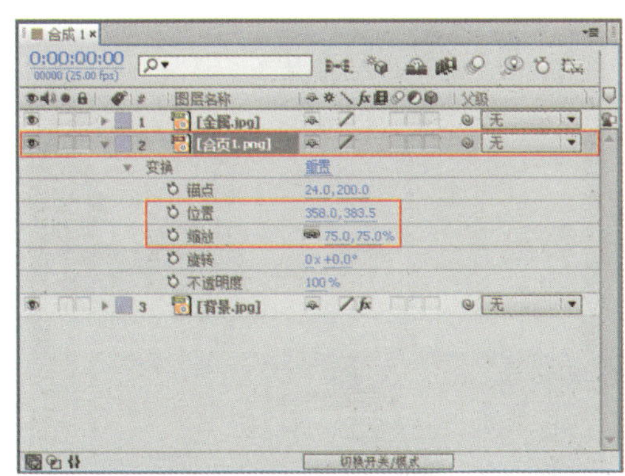

图 14-156

（8）将【合页 1.png】进行复制，并重命名为【合页 2.png】，然后设置图层的【位置】为（678.0，383.5），如图 14-157 所示。

（9）此时在【合成】窗口中的效果，如图 14-158 所示。

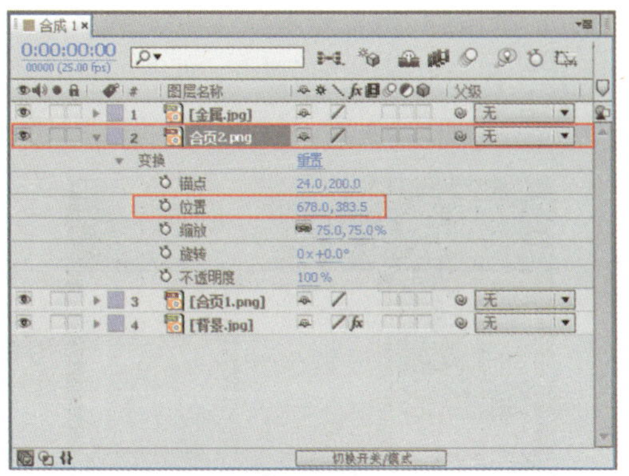

图 14-157

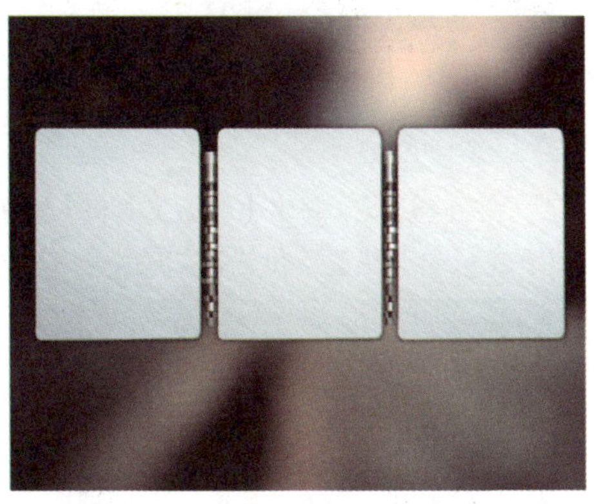

图 14-158

3. 制作播放器背景

（1）将【风景 .jpg】素材文件添加到【时间线】窗口中，并设置【缩放】为 50%，【位置】为（523.0，258.5），如图 14-159 所示。此时效果如图 14-160 所示。

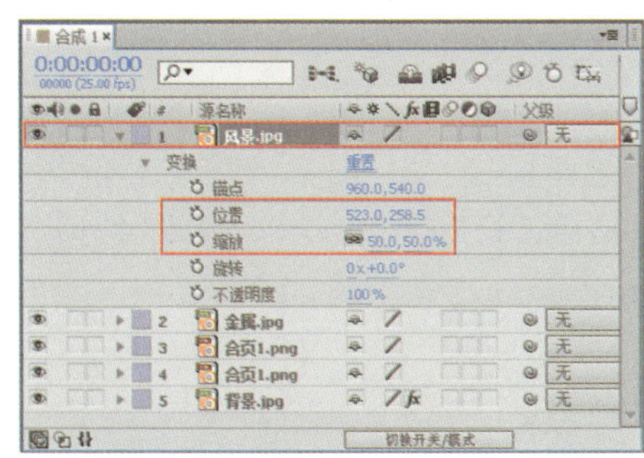

图 14-159

图 14-160

（2）选择【圆角矩形】工具，然后在【风景.jpg】图层上绘制一个圆角矩形遮罩，如图 14-161 所示。

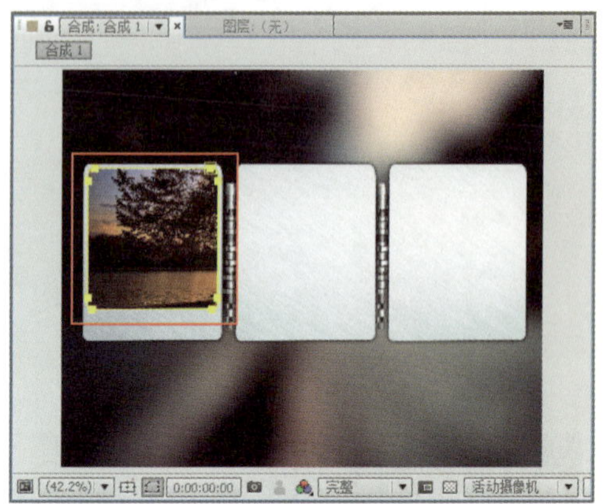

图 14-161

（3）然后将该蒙版复制出【蒙版 2】和【蒙版 3】，并在【合成】窗口中调整遮罩位置，如图 14-162 所示。

图 14-162

（4）选择【风景.jpg】图层，然后在菜单栏中执行【图层】/【图层样式】/【投影】命令，如图 14-163 所示。

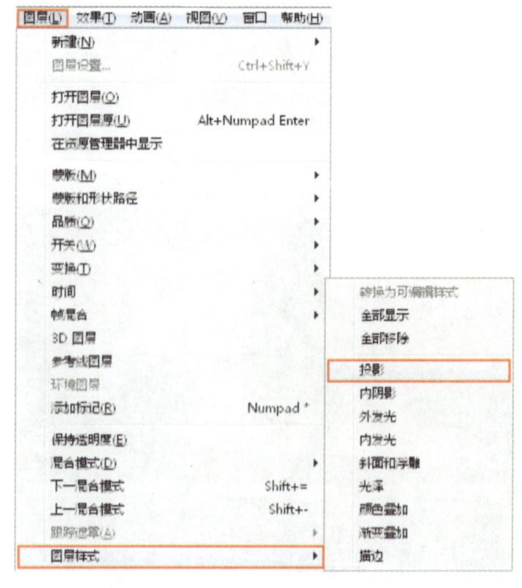

图 14-163

（5）打开【风景.jpg】图层下的【图层样式】/【投影】，然后设置【不透明度】为 80%，【距离】为 0，【扩展】为 50%，【大小】为 8。此时效果如图 14-164 所示。

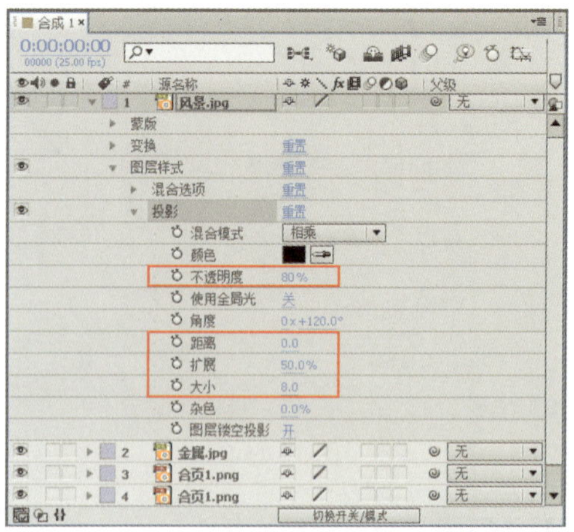

图 14-164

（6）为【风景.jpg】图层添加【亮度和对比度】效果，并在【效果控件】面板中设置【亮度】为 40，【对比度】为 – 15，如图 14-165 所示。此时效果如图 14-166 所示。

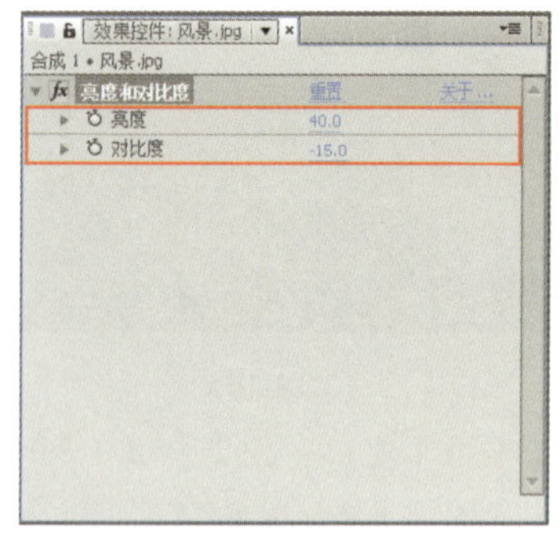

图 14-165

图 14-166

（7）将【项目】窗口中的【按钮.png】素材文件拖拽到【时间线】窗口中，并设置【缩放】为 42%，【位置】为（514.0，528.5），如图 14-167 所示。此时效果如图 14-168 所示。

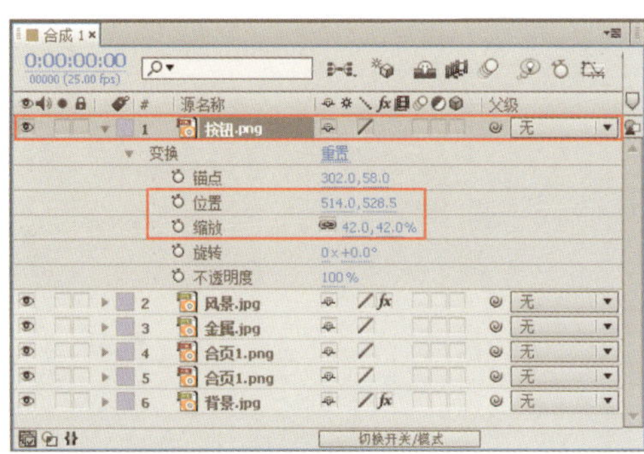

图 14-167

图 14-168

（8）为【按钮 .png】图层添加【颜色叠加】图层样式，然后设置该样式的【颜色】为灰色（R：134，G：134，B：134），如图 14-169 所示。此时效果如图 14-170 所示。

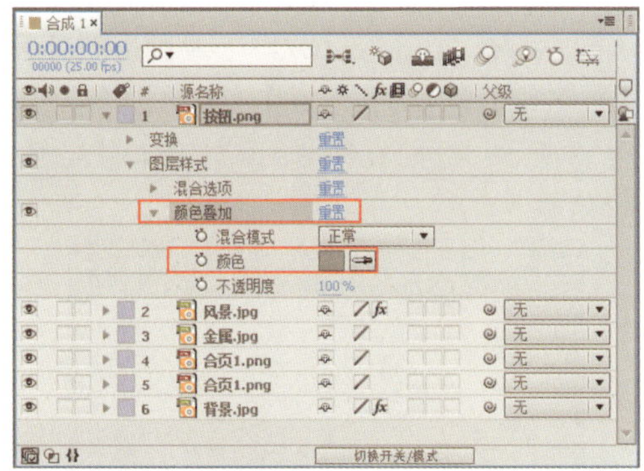

图 14-169

图 14-170

（9）为【按钮 .png】图层添加【内阴影】图层样式，设置该样式的【不透明度】为 50%，【使用全局光】为【开】，【角度】为 135°，【距离】为 1，【大小】为 4，如图 14-171 所示。此时效果如图 14-172 所示。

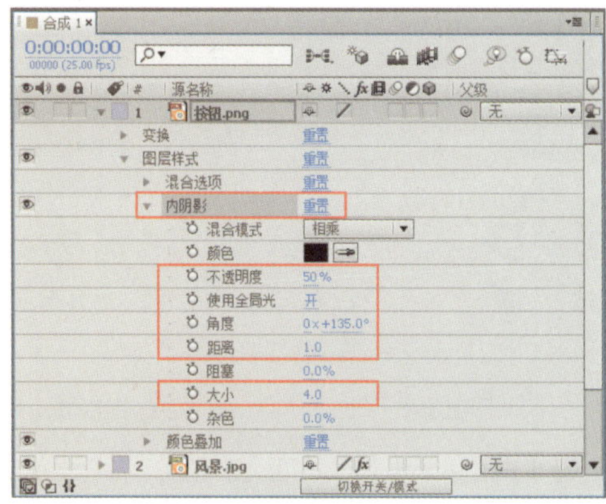

图 14-171

图 14-172

（10）选择【椭圆】工具，然后在【合成】窗口中适当的位置绘制一个圆形，如图 14-173 所示。

图 14-173

（11）将刚绘制的【形状图层 1】重命名为【时间球】，然后将【按钮 .png】图层上的【颜色叠加】和【内阴影】图层样式复制到【时间球】图层上，如图 14-174 所示。

图 14-174

（12）将时间线滑块拖到起始帧位置，单击【时间球】图层【位置】前面的⏱【时间变化秒表】，并设置【位置】为（507.0，409.5），将时间线拖到结束帧，设置【位置】为（740.0，409.5），如图 14-175 所示。此时拖动时间线滑块查看当前效果，如图 14-176 所示。

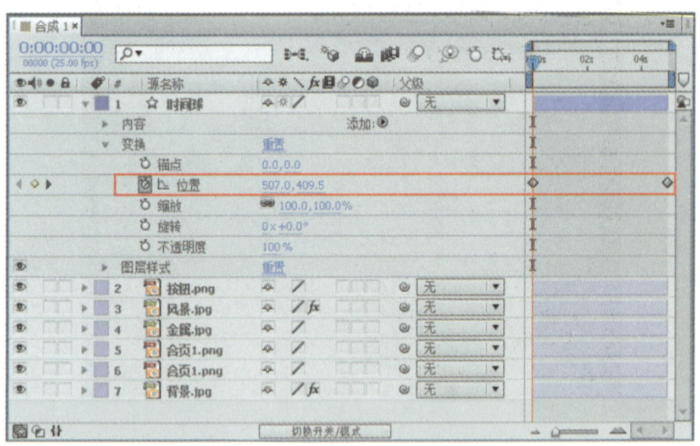

图 14-175

图 14-176

4. 制作音乐界面

（1）将【01.jpg】、【02.jpg】、【03.jpg】和【04.jpg】素材文件拖动到【时间线】窗口中，并设置【缩放】都为 21%，如图 14-177 所示。

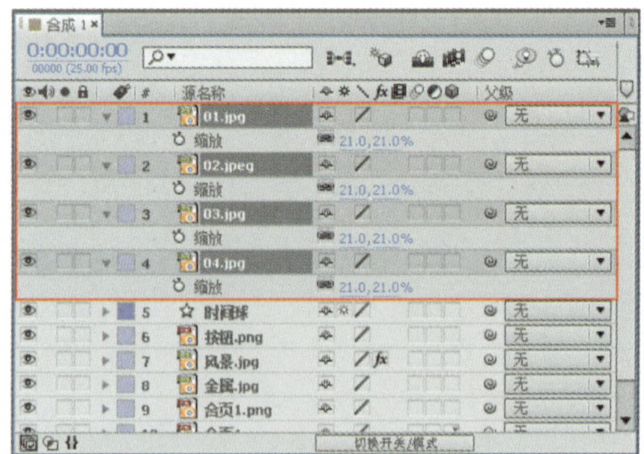

图 14-177

（2）依次调整【01.jpg】、【02.jpg】、【03.jpg】和【04.jpg】图层的位置，如图 14-178 所示。

图 14-178

（3）选择【01.jpg】、【02.jpg】、【03.jpg】和【04.jpg】图层，执行快捷键〈Ctrl+Shift+C〉，在弹出的对话框中设置【新合成名称】为【海报合成】，并单击【确定】按钮，如图 14-179 所示。此时在【时间线】窗口中的效果，如图 14-180 所示。

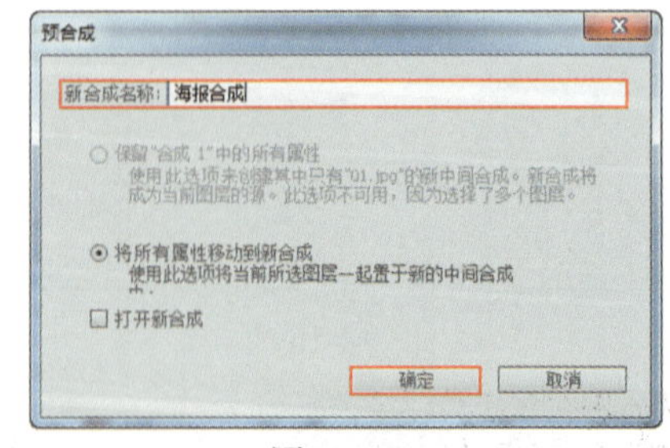

图 14-179

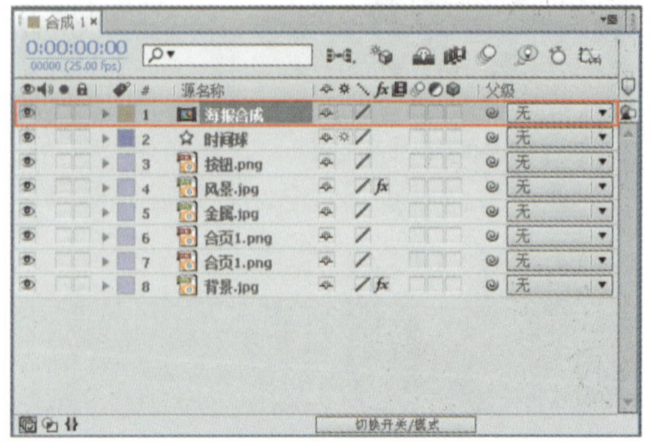

图 14-180

（4）为【海报合成】图层添加【描边】图层样式，并设置该样式的【颜色】为黑色（R：0，G：0，B：0），【大小】为 2，如图 14-181 所示。此时效果如图 14-182 所示。

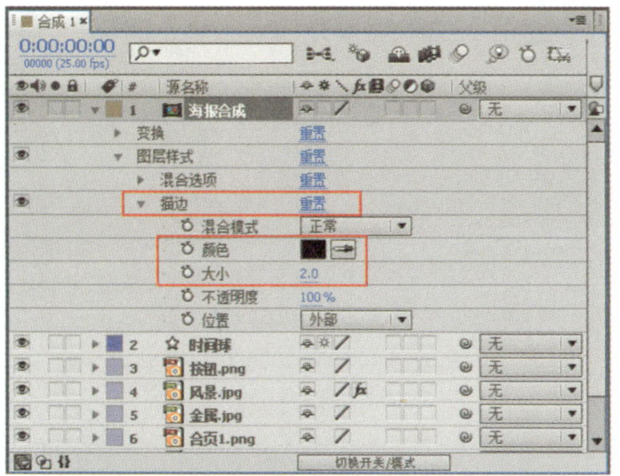

图 14-181

图 14-182

（5）将【音乐列表 .png】素材文件拖拽到【时间线】窗口中，并设置【缩放】为 58%，【位置】为（517.0，348.5），如图 14-183 所示。此时效果如图 14-184 所示。

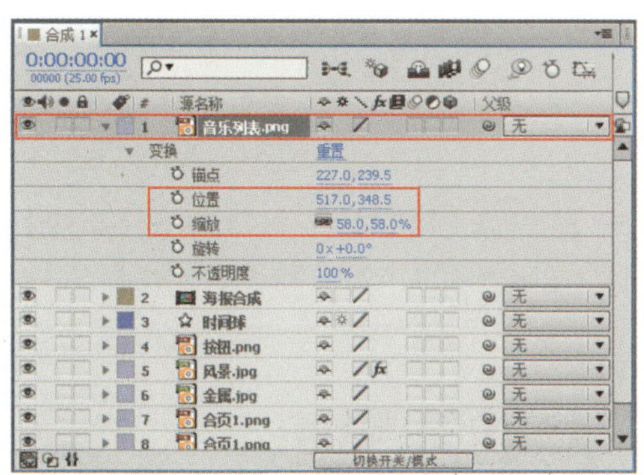

图 14-183

图 14-184

5. 制作文字效果

（1）选择【横排文字】工具，然后在【合成】窗口中输入文字，并在【字符】面板中设置合适的【字体系列】和【字体大小】，设置【填充颜色】为白色（R：255，G：255，B：255），如图 14-185 所示。

图 14-185

（2）在【时间线】窗口中将该文字图层重命名为【当前曲目】，如图 14-186 所示。

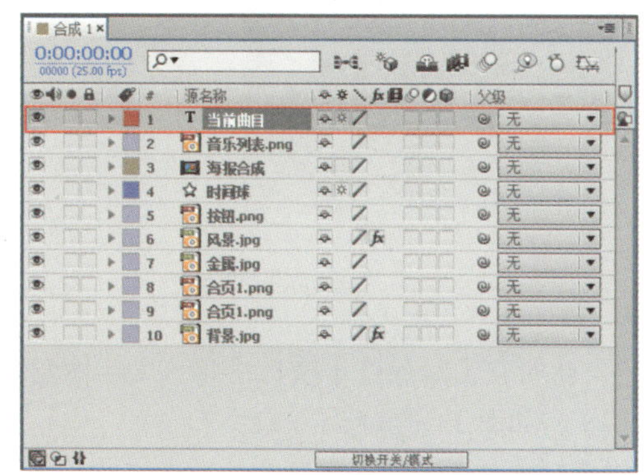

图 14-186

（3）以此类推在【合成】窗口中制作出其他的曲目文字，如图 14-187 所示。在【时间线】窗口中将该文字图层重命名为【目录】，如图 14-188 所示。

图 14-187

第 14 章

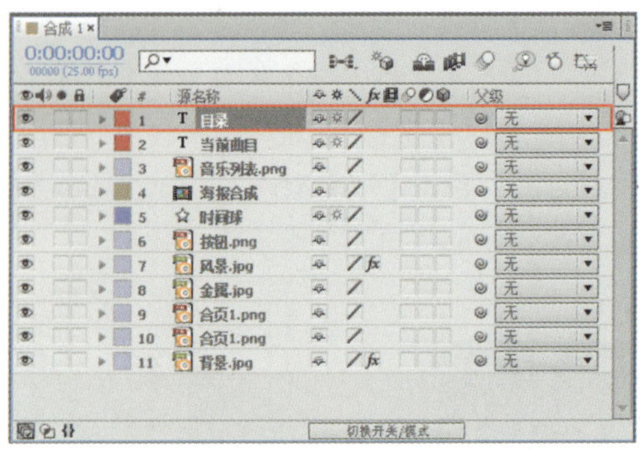

图 14-188

（4）选择T【横排文字】工具，然后在【合成】窗口中输入文字，并在【字符】面板中设置合适的【字体系列】和【字体大小】，设置【填充颜色】为黑色（R：0，G：0，B：0），单击T【粗体】按钮。最后使得调整文字在画面中的位置，如图 14-189 所示。

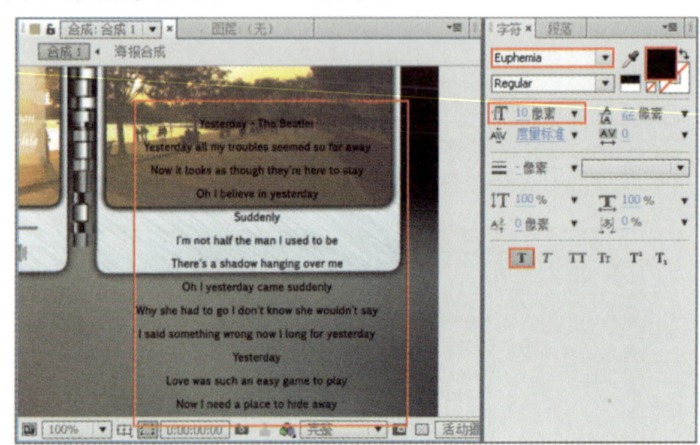

图 14-189

（5）此时在【时间线】窗口中将该文字图层重命名为【歌词】，如图 14-190 所示。

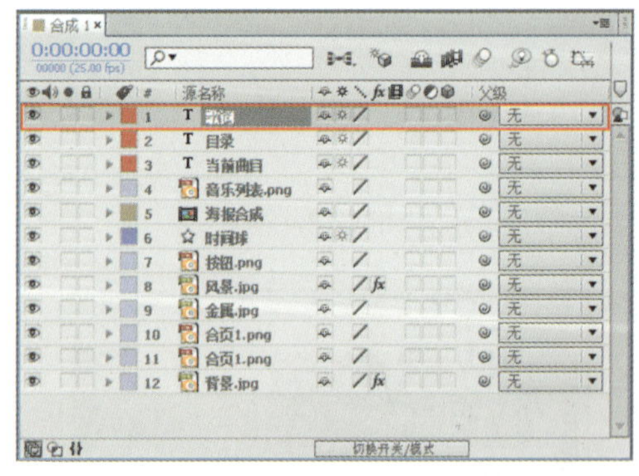

图 14-190

（6）打开【歌词】文字图层下的【文字】选项，然后单击打开【动画】菜单，并选择【位置】属性，如图 14-191 所示。

（7）打开【动画制作工具 1】选项，然后将时间线滑块拖到起始帧，单击【位置】前面的【时间变化秒表】，并设置【位置】为 0。将时间线滑块拖到结束帧，设置【位置】为（0.0，－581.0），如图 14-192 所示。

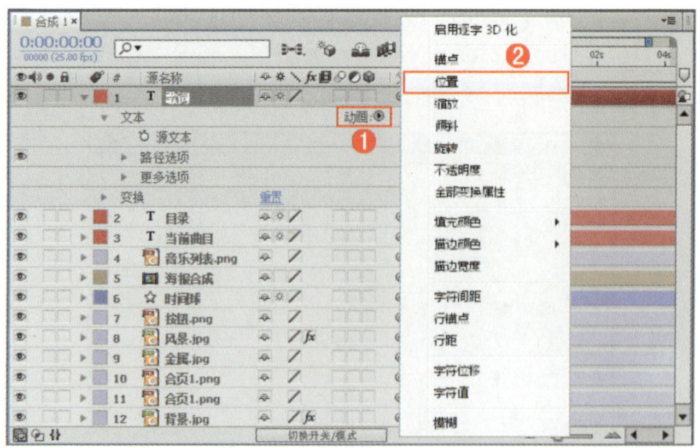

图 14-191

图 14-192

求生秘籍——技巧提示：为文字图层添加动画位置属性

为文字图层添加【位置】动画属性，并添加动画关键帧，可以在不影响图层变换属性的情况下产生动画，而且接下来为文字图层添加的蒙版不会跟随文字的位置移动。

（8）选择【矩形】工具，然后在【歌词】文字图层上绘制一个矩形遮罩，如图 14-193 所示。

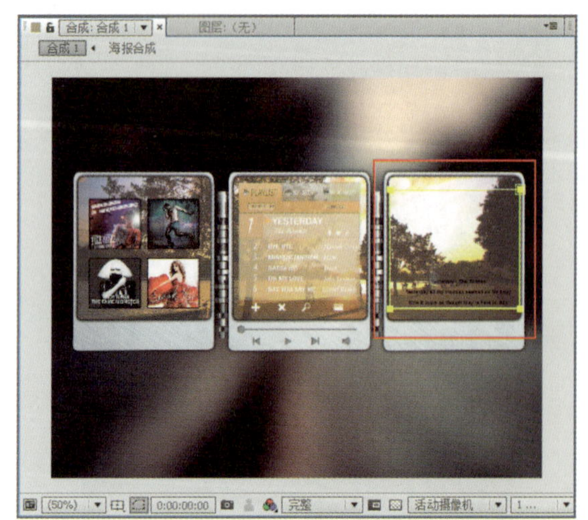

图 14-193

（9）打开【歌词】图层下的【蒙版 1】，并设置【蒙版羽化】为 20 像素，如图 14-194 所示。

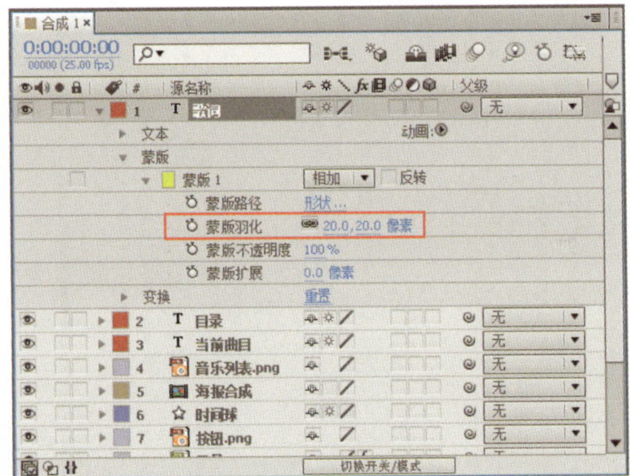

图 14-194

（10）此时拖动时间线滑块查看最终效果，如图 14-195 所示。

图 14-195

重点▶▶进阶案例：纯净水广告

案例文件	进阶案例：纯净水广告 .aep
视频教学	DVD/ 多媒体教学 /Chapter14/ 进阶案例：纯净水广告 .flv
难易指数	★★★★★
技术掌握	主要掌握【梯度渐变】、【键控】效果和关键帧的应用

案例分析：

在本案例中，主要学习使用【梯度渐变】、图层混合模式、【键控】、遮罩和关键帧制作复古海报效果，案例的最终渲染效果如图 14-196 所示。

思路解析如图 14-197 所示。

制作步骤：

1. 制作背景

图 14-196

图 14-197

（1）创建新合成。在【项目】窗口中的空白处单击鼠标右键，然后选择【新建合成】，如图 14-198 所示。

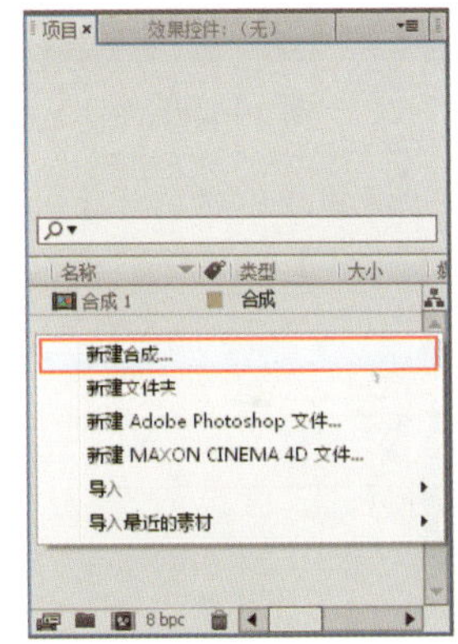

图 14-198

（2）在【合成设置】窗口中，设置【合成名称】为【合成 1】，【宽度】为 1024 像素，【高度】为 819 像素，【像素长宽比】为【方形像素】，【帧速率】为 25 帧 / 秒，【持续时间】为 5 秒，最后单击【确定】按钮，如图 14-199 所示。

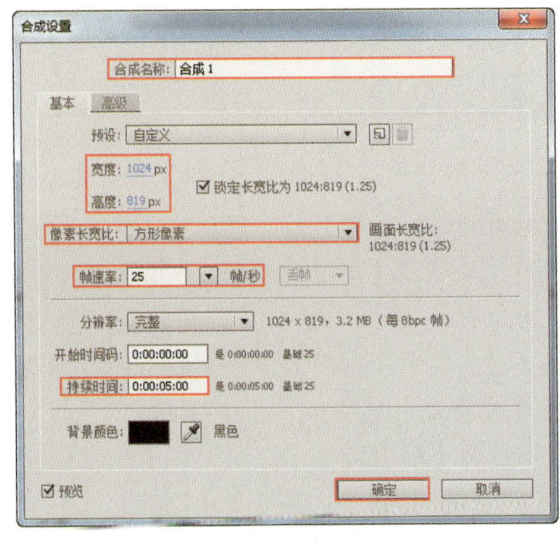

图 14-199

（3）在【项目】窗口中空白处双击鼠标左键或按快捷键〈Ctrl+I〉，在弹出的窗口中选择所需素材文件，然后单击【导入】按钮，如图 14-200 所示。

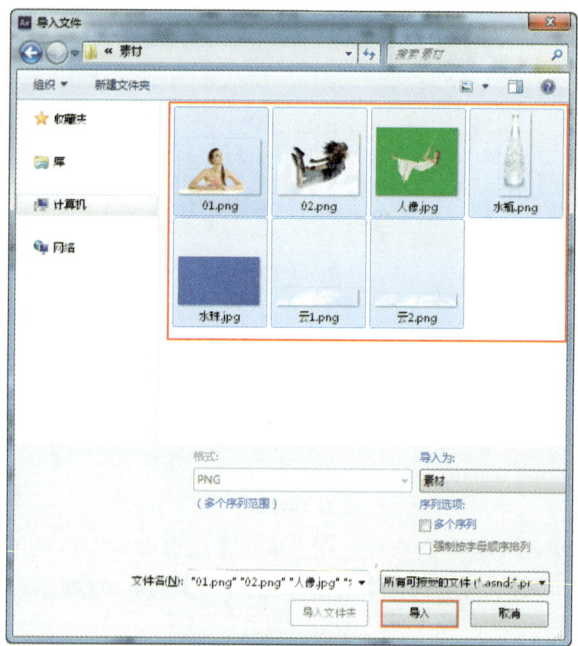

图 14-200

（4）新建一个纯色层，然后在【纯色设置】对话框中设置【名称】为【背景】，【颜色】为白色（R：255，G：255，B：255），如图 14-201 所示。

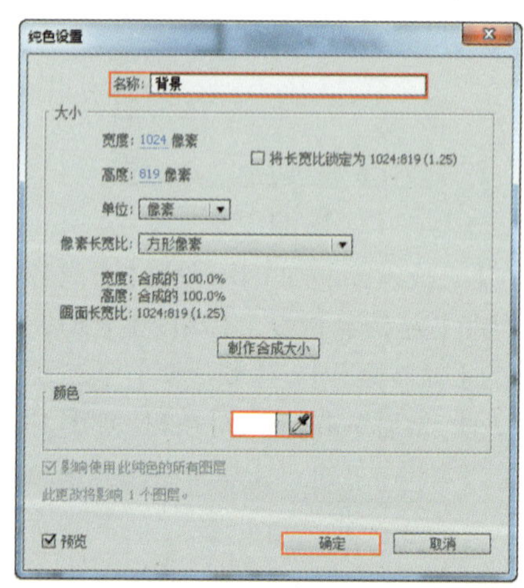

图 14-201

（5）再新建一个纯色层，然后在【纯色设置】对话框中设置【名称】为【渐变背景】，并单击【确定】按钮，如图 14-202 所示。

（6）将【效果和预设】面板中的【梯度渐变】效果添加到【渐变背景】图层上，如图 14-203 所示。

（7）选择【渐变背景】图层，在【效果控件】面板中设置【渐变形状】为【径向渐变】，【渐变起点】为（618.0，314.0），【起始颜色】为白色（R：249，G：251，B：253），【结束颜色】为浅蓝色（R：178，G：207，B：221），如图 14-204 所示。此时效果如图 14-205 所示。

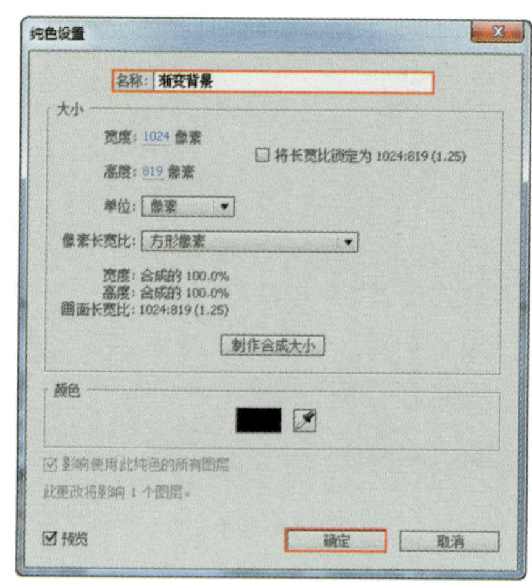

图 14-202

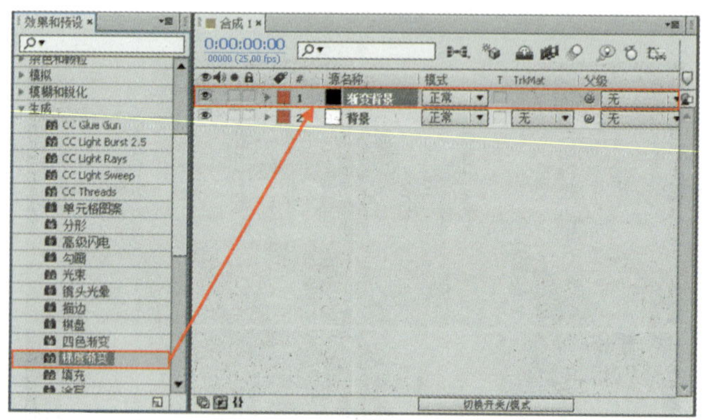

图 14-203

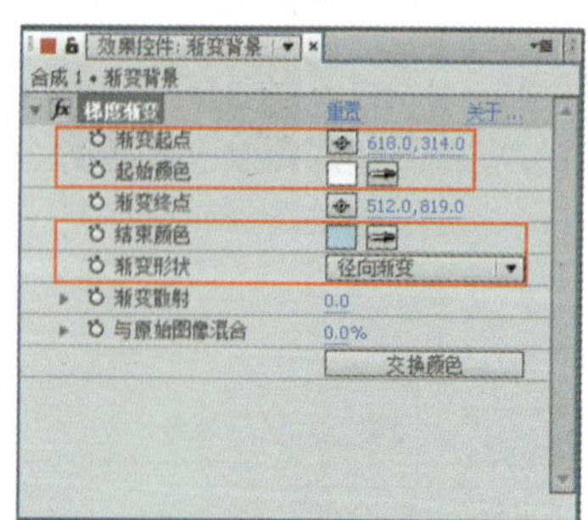

图 14-204

图 14-205

（8）将【水珠.jpg】素材文件拖拽到【时间线】窗口中，并设置【位置】为（512.0，287.5），然后设置图层的【模式】为【屏幕】，如图 14-206 所示。此时效果如图 14-207 所示。

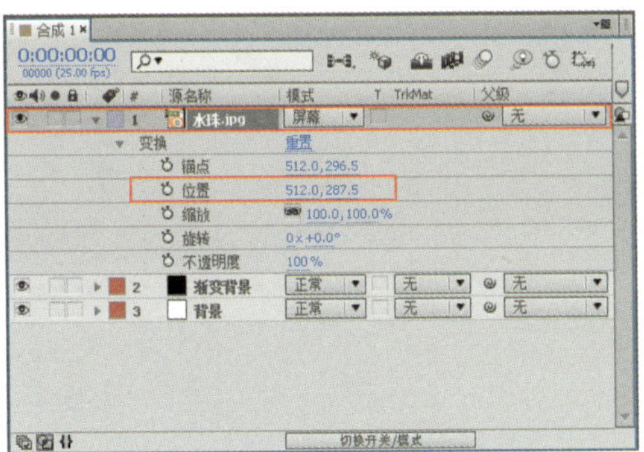

图 14-206

图 14-207

（9）选择【矩形】工具，然后在【渐变背景】图层上绘制一个矩形遮罩，如图 14-208 所示。此时效果如图 14-209 所示。

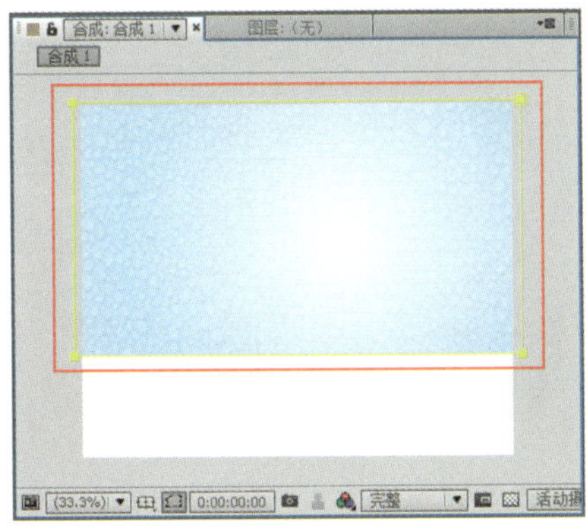

图 14-208

图 14-209

2. 制作人像效果

（1）将【云 1.png】素材文件拖拽到【时间线】窗口中，并设置【缩放】为 88%，【位置】为（500.0，479.5），如图 14-210 所示。此时效果如图 14-211 所示。

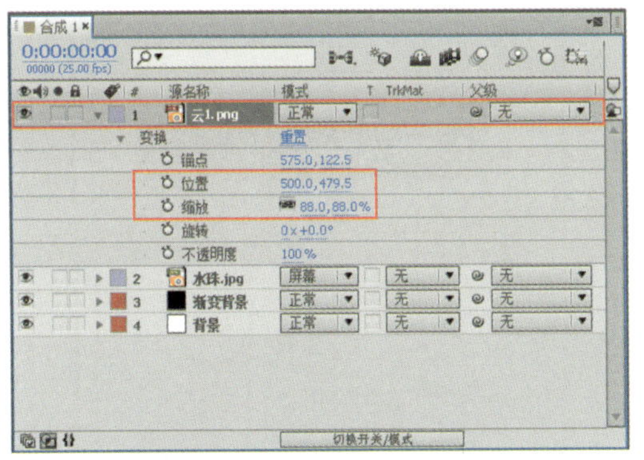

图 14-210

图 14-211

（2）将【人像.jpg】素材文件拖动到【时间线】窗口中，并勾选掉【缩放】的【约束比例】，然后设置【缩放】为（－66，66）%，设置【位置】为（385.0，314.5），如图 14-212 所示。此时效果如图 14-213 所示。

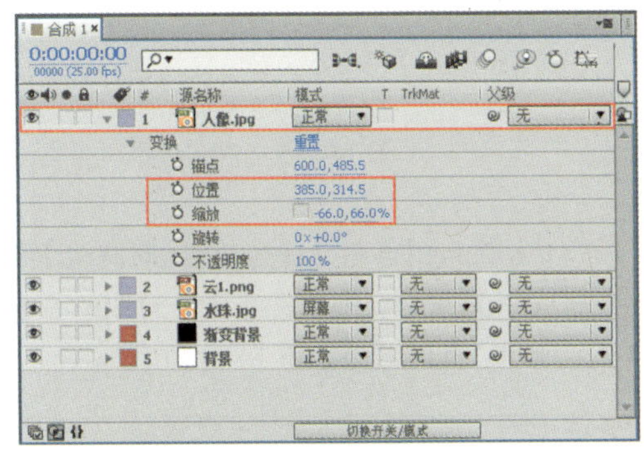

图 14-212

图 14-213

（3）为【人像.jpg】图层添加【Keylight（1.2）(键控1.2)】效果，然后单击【Screen Colour（屏幕颜色）】后面的【吸管】工具吸取人像的背景颜色，如图14-214所示。此时效果如图14-215所示。

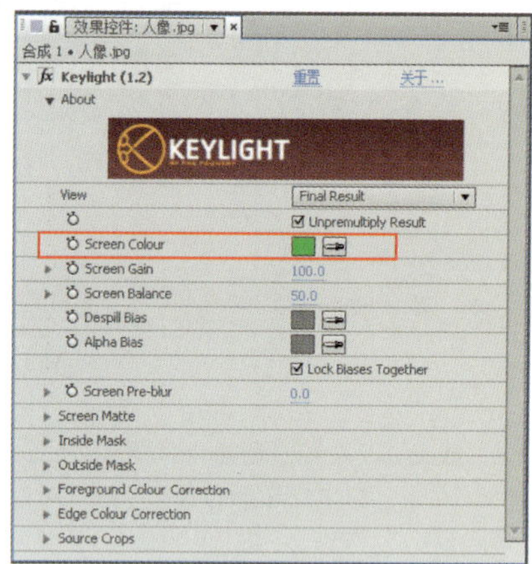

图 14-214

图 14-215

（4）将【云2.png】素材文件拖动到【时间线】窗口中，并设置【缩放】为90%，【位置】为（512.0，505.5），如图14-216所示。此时效果如图14-217所示。

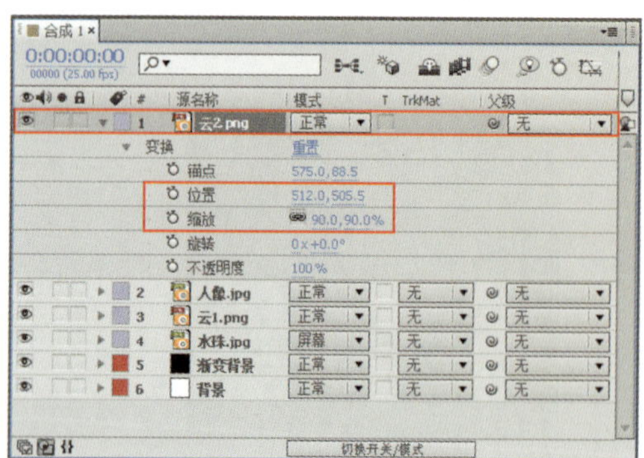

图 14-216

图 14-217

3. 制作图案合成

（1）将【水瓶.png】素材文件拖动到【时间线】窗口中，并设置【缩放】为42%，【位置】为（782.0，353.5），如图14-218所示。此时效果如图14-219所示。

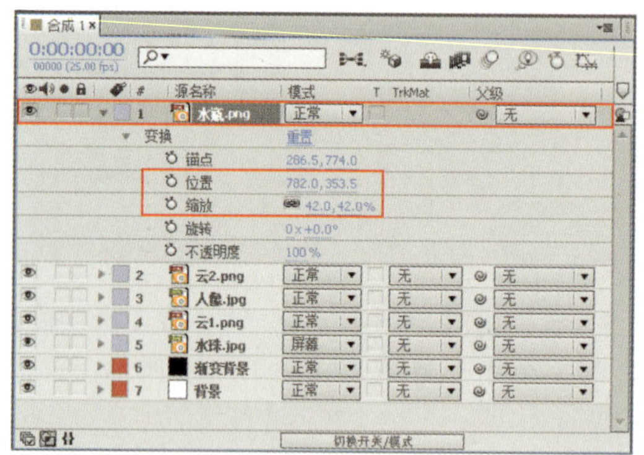

图 14-218

图 14-219

（2）新建一个纯色层，然后在【纯色设置】对话框中设置【名称】为【水滴】，【颜色】为浅蓝色（R：178，G：207，B：221），单击【确定】按钮，如图14-220所示。此时效果如图14-221所示。

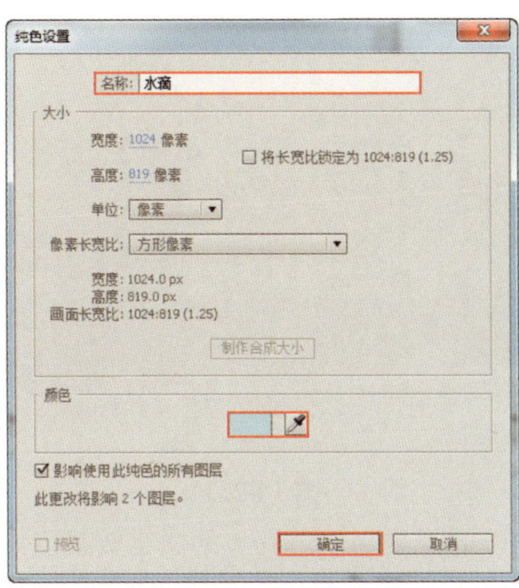
图 14-220

图 14-221

（3）将【01.png】素材文件拖拽到【时间线】窗口中，并设置【缩放】为 24%，【位置】为（146.0，715.5），如图 14-222 所示。此时效果如图 14-223 所示。

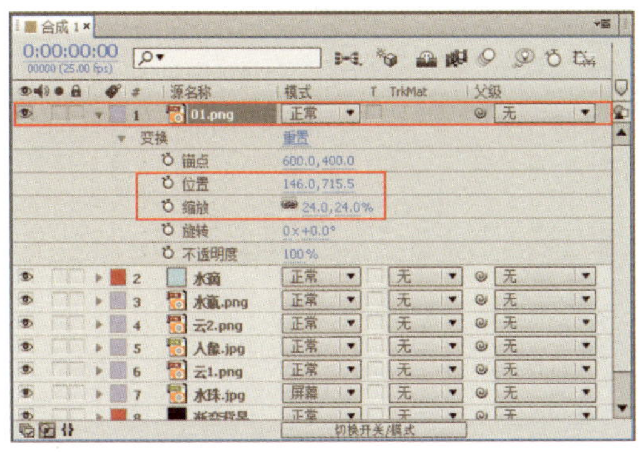
图 14-222

图 14-223

（4）将【02.png】素材文件拖拽到【时间线】窗口中，并设置【缩放】为 31%，【位置】为（622.0，734.5），【旋转】为－41°，如图 14-224 所示。此时效果如图 14-225 所示。

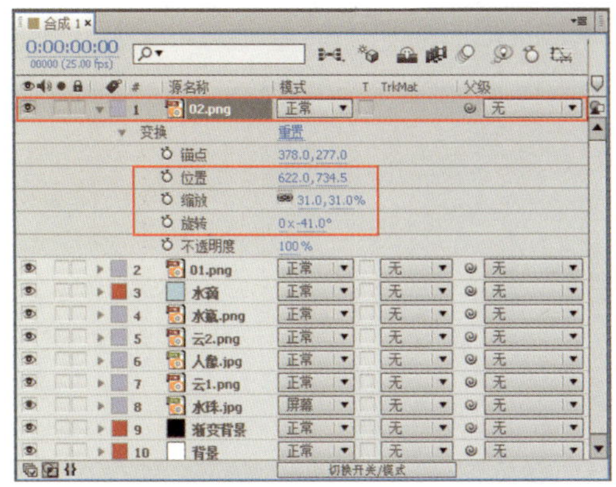
图 14-224

图 14-225

（5）选择【水滴】、【01.png】和【02.png】图层，执行快捷键〈Ctrl+Shift+C〉，在弹出的【预合成】对话框中设置【新合成名称】为【水滴合成】，并单击【确定】按钮，如图 14-226 所示。此时在【时间线】窗口中的效果，如图 14-227 所示。

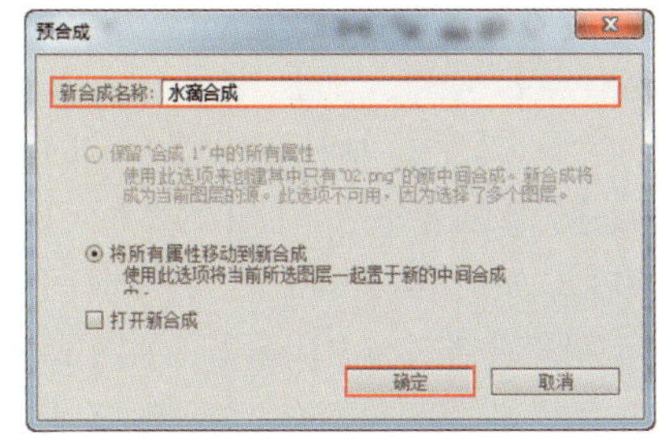
图 14-226

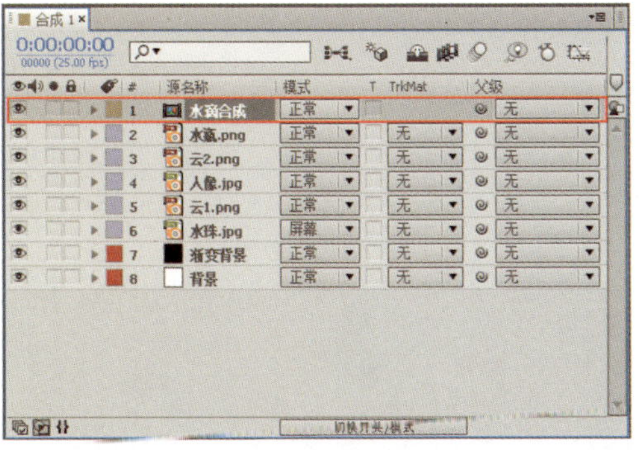
图 14-227

第 14 章

（6）使用【钢笔】工具在【水滴合成】图层上绘制两个水滴形状的遮罩，如图 14-228 所示。此时效果如图 14-229 所示。

图 14-228

图 14-229

（7）选择【横排文字】工具，然后在【合成】窗口中输入文字，并在【字符】面板中设置合适的【字体系列】和【字体大小】，设置【填充颜色】为紫色（R：103，G：135，B：160），如图 14-230 所示。在【时间线】窗口中将当前的文字图层重命名为【标题】，如图 14-231 所示。

图 14-230

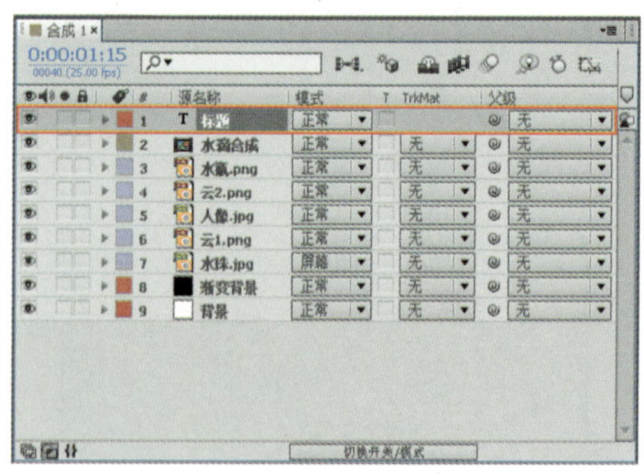

图 14-231

（8）以此类推制作出其他的文字效果，如图 14-232 所示。此时在【合成】窗口中查看当前效果，如图 14-233 所示。

图 14-232

图 14-233

4. 制作动画效果

（1）打开【人像 /jpg】图层，设置【锚点】为（947.0，– 14.5），【位置】为（158.0，– 10.5）。将【时间线】滑块拖到起始帧，单击【旋转】前面的【时间变化秒表】，并设置【旋转】为 86°，接着将【时间线】滑块拖到第 1 秒，设置【旋转】为 0°，如图 14-234 所示。

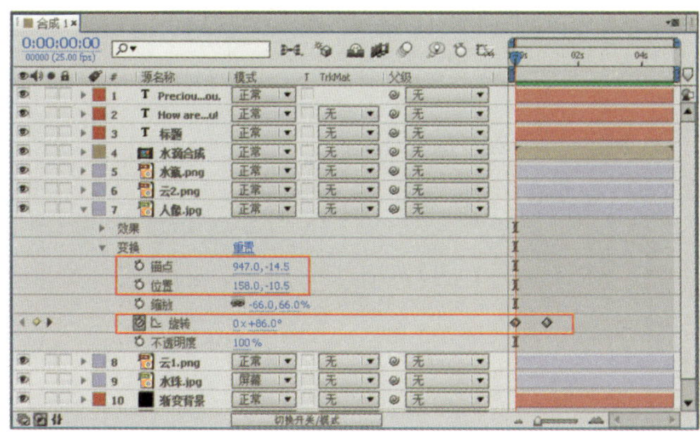

图 14-234

（2）此时拖动时间线滑块查看当前效果，如图 14-235 所示。

图 14-235

求生秘籍——技巧提示：确定锚点以制作旋转动画

在制作图像以某一点为中心进行旋转或缩放运动时，务必提前确定素材层的【锚点】位置，这样才能确定中心点的位置。

（3）打开【水瓶 .png】图层，然后将时间线滑块拖到起始帧，单击【位置】前面的【时间变化秒表】，并设置【位置】为（1209.0，353.5），将时间线滑块拖到第 1 秒，设置【位置】为（782.0，353.5），如图 14-236 所示。

（4）此时拖动时间线滑块查看当前效果，如图 14-237 所示。

（5）打开【水滴合成】图层，然后将时间线滑块拖到第 1 秒位置，单击【不透明度】前面的【时间变化秒表】，并设置【不透明度】为 0%，接着将时间线拖到第 1 秒 15 帧，设置【不透明度】为 100%，如图 14-238 所示。

（6）此时拖动时间线滑块查看当前效果，如图 14-239 所示。

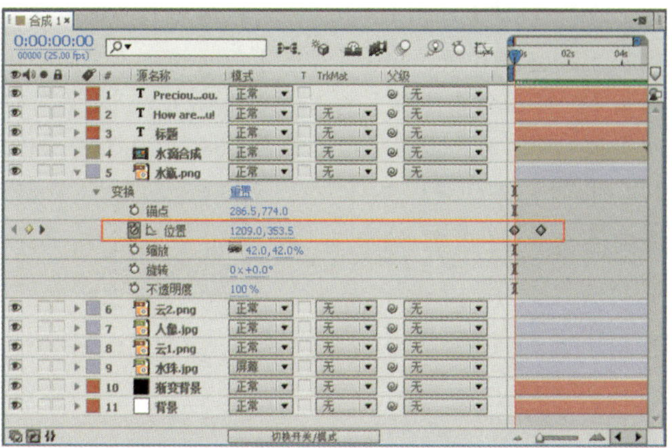

图 14-236

图 14-237

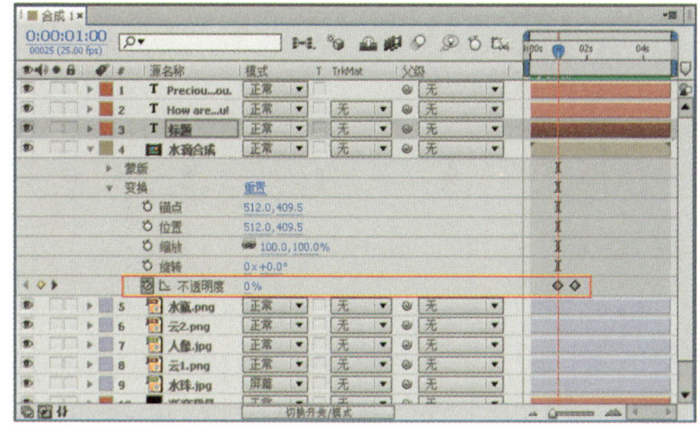

图 14-238

图 14-239

（7）打开【标题】文字图层，然后将时间线滑块拖到第 2 秒 05 帧位置，单击【位置】前面的 【时间变化秒表】，并设置【位置】为（1054.0，72.0），接着将时间线拖到第 3 秒，设置【位置】为（68.0，72.0），如图 14-240 所示。

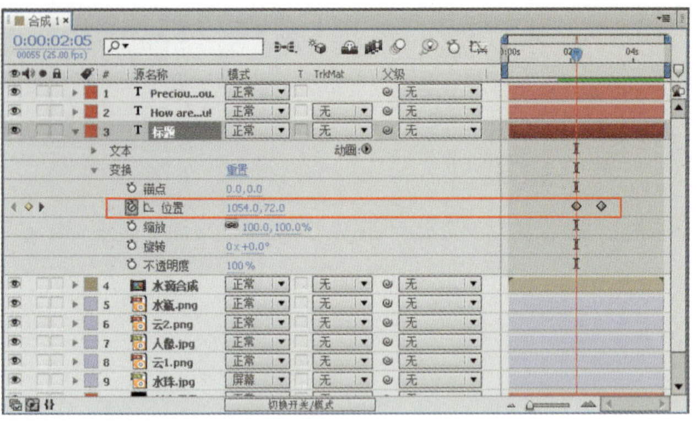

图 14-240

（8）此时拖动时间线滑块查看当前效果，如图 14-241 所示。

图 14-241

（9）打开其他文字图层，然后将时间线滑块拖动第 1 秒 15 帧，单击【不透明度】前面的 【时间变化秒表】，并设置【不透明度】为 0%，接着将时间线拖到第 2 秒 05 帧，设置【不透明度】为 100%，如图 14-242 所示。

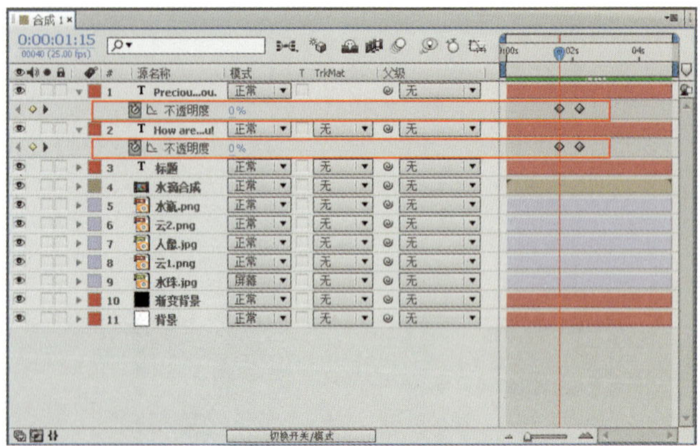

图 14-242

（10）此时拖动时间线滑块查看最终效果，如图 14-243 所示。

图 14-243